스펄전설교전집
창세기

KB192445

스펄전설교전집
창세기

역자 + 고성대

크리스챤
다이제스트사

국립중앙도서관 출판시도서목록(CIP)

창세기 / [저자]: 찰스 스펄전 ; 역자: 고성대. -- 고
양 : 크리스챤다이제스트, 2014
　　p. ;　　cm. -- (스펄전 설교전집 ; 01)

원표제: Treasury of the Bible
원저자명: Charles Haddon Spurgeon
영어 원작을 한국어로 번역
ISBN 978-89-447-2201-1 94230 : ₩30000
ISBN 978-89-447-2200-4 (세트) 94230

창세기[創世記]
설교집[說敎集]

233.211-KDC5
222.11-DDC21　　　　　　　　CIP2014011905

차례

■ 창 세 기

제
1
장
—

창조의 첫째 날

—

"빛이 하나님이 보시기에 좋았더라" — 창 1:4

오늘 아침 우리는, 세계 창조에 대한 모든 쟁점들에 대해서는, 이 주제에 대해 특별한 관심을 두고 연구해 온 전문 신학자들과, 또 이 논쟁에 대해 많이 알고 있거나 어떤 식으로든 알고 있다고 자처하는 전문 지질학자들에게 일임하고자 합니다. 이런 논쟁들은 아주 흥미롭기는 하지만 지금 우리가 고려할 주제는 아니며, 우리의 관심사는 과학적이라기보다는 오히려 도덕적이고 영적이기 때문입니다.

저는 성령님께서 고린도후서 4장 6절을 통해 우리에게 주시는 놀라운 병행 구절을 인용하면서, 오늘 설교를 시작하고자 합니다. 사도 바울은 말합니다. "어두운 데에 빛이 비치라 말씀하셨던 그 하나님께서 예수 그리스도의 얼굴에 있는 하나님의 영광을 아는 빛을 우리 마음에 비추셨느니라." 태초의 창조는 새 창조에 대한 교훈적인 모형이었습니다. 하나님께서 옛 창조 때 행하신 방법들은, 예수 그리스도 안에 있는 새로운 피조물인 하나님의 백성을 예비하고 온전하게 하시는 하나님의 방식을 실례로 보여주고 있습니다. 그러므로 이제 우리는 신약에서 분명히 확증된 말씀으로부터 유추하여 빛에 대해 알아보고자 합니다. 우리는 공상적인 것이나 일부러 꾸민 것이나 혹은 호기심만 자극하는 것들을 만들어 내는 과오를 범하지 않을 것입니다. 우리의 목표는 신앙의 성숙과 위로에 있지, 무언가를 만들어 내는 재간을 과시하려는 데 있지 않다고 확신하기 때문입니다.

성령님의 영원한 빛이 우리에게 비쳐져, 지금 그분께서 비추시는 빛으로 말미암아 우리가 그 빛을 볼 수 있기를 바랍니다.

인간의 타락한 본성이 바로 혼돈입니다. "형체가 없고 공허하며"(창 1:2)라는 말씀대로, 인간의 타락한 본성은 두꺼운 흑암의 상태에서 일곱 겹의 덮개로 모두 감싸여 있습니다. 그런 인간을 돌보시는 성령님의 사역을 필두로, 하나님은 인간에 대한 자신의 사역을 시작하십니다. 성령님은 신비한 방식으로 인간의 영혼에 들어오셔서, 태초에 수면 위에 운행하신 것(창 1:3)과 같이 인간의 영혼을 품고 계십니다. 성령님은 죽은 영혼을 소생케 하는 분이십니다. 하나님은 성령의 임재와 상호 연계하여, 인간의 영혼에게 빛을 최초의 축복으로 내보내십니다. 하나님은 복음으로써 인간의 이해력에 호소하시며, 그 이해력에 빛을 비추십니다. 이 하늘의 빛이 하나님에 대한 인간의 의무를 드러내며, 그 의무를 인간이 잊고 있었다는 사실도 드러냅니다. 이 빛은 죄의 악함, 인간의 허물, 그 허물의 결과로 인한 위험과 인간의 그 어떤 노력으로도 이 위험에서 벗어날 수 없다는 불가능성을 인간에게 보여줍니다. 또한 이 빛은 인간의 구원 방식에 대해서도 드러냅니다. 이 빛은 인간에게 그리스도의 인품, 그리스도의 사역, 그 사역의 적합함, 그 사역의 값없음 등을 보여줍니다. 그래서 인간으로 하여금 믿음이라는 단순한 행위로 구속의 유익을 얻는 방법을 보게 합니다. 주 하나님께서 인간을 향해 "빛이 있으라"고 말씀하신 것은 모든 인간에게 복된 사건입니다. 오늘 본문인 창세기 1장을 자세히 보면, 여러분은 태초에 세상에 비친 그 빛은 말씀으로 임했다는 사실을 알게 됩니다. "하나님이 이르시되 빛이 있으라 하시니"(창 1:3). 그와 마찬가지로 빛이 인간의 영혼에 임하는 것은 이 책, 즉 성경 안에 있는 하나님의 말씀을 통해서 임합니다. 정확하게 말하자면, 빛이 인간의 마음속에 흘러 들어온 것은 로고스라고 불리는 말씀이신 그분을 통해서입니다. "그 안에 생명이 있었으니 이 생명은 사람들의 빛이라"(요 1:4)는 말씀대로 말입니다. 이 빛은 세상에 있는 모든 사람을 비추는 참 빛입니다. 여러분도 알다시피 성령님은 새로운 창조를 위해 일하십니다. 즉 성령님이 인간의 영혼을 품으신다는 말입니다. 또한 하나님의 아들도 창조주이십니다. 지은 것이 하나도 그가 없이는 된 것이 없고(요 1:3), 빛 또한 그분으로부터 임했기 때문입니다. 그분이 바로 말씀이십니다. 아버지 또한 그 동일한 거룩한 사역에 연합하십니다. 왜냐하면 이 사역에 대해 말씀하고 행하는 분이 바로 아버지이시기 때문입니다. 영혼을 새롭게 창조하는 사

역에 삼위일체 하나님이 꼭 함께 하십니다. 오, 삼위일체이신 하나님, 새롭게 창
조된 우리 영혼은 당신의 삼위일체를 닮은 우리의 본성인 영과 혼과 몸(살전
5:23)으로 당신을 찬양합니다.

　　태초의 흑암 위에 비쳐진 그 빛은 아주 신비로운 빛이었습니다. 그 때는 하늘의
궁창에 해나 달 같은 광명체들이(창 1:14) 아직 없었기에, 이 빛은 일반 법칙에
따라 임한 것이 아니었습니다. 그렇다면 어떻게 해서 영적인 빛이 본성의 밤에
처음으로 비춰졌다고 말할 수 있겠습니까? 이 빛은 분명히 어떤 매개 없이 직접
적으로 하나님으로부터 어떤 영혼들을 겨냥해 비춰졌습니다. 사실 하나님께서
는 이런저런 수단들을 통해서 빛을 보내셨습니다. 하지만 빛이 전달된 모든 경
우에 있어서 빛이 비친 것은 하나님 자신의 사역이었습니다. 그리고 그 수단들
의 역할은 아무리 봐도 너무 무능한 것이었기에, 그 사역에 대한 모든 영광은 오
직 하나님에게만 돌려져야 했습니다. 인간의 이해력 가운데 있는 흑암을 제거하
고, 인간의 지성에 어떻게 빛을 비추셨는지는 오직 하나님만이 아시는 비밀입니
다. 이처럼 신비롭게도 빛은 인간의 영혼에 들어왔습니다. 그러나 이와 관련해
서 한 가지 분명한 사실이 있습니다. 어떤 방식으로 이 빛이 들어왔든지 간에, 이
빛이 참된 빛이라면, 그 빛은 항상 하나님이 주신 빛이며, 오직 위대하신 빛들의
아버지께로부터 내려온 것(약 1:17)이라는 사실입니다. 이런 은혜로운 빛은 친
히 하나님으로부터 내려오지 않고서는, 그 어떤 사람에게도 비추이지 않을 것이
며, 비추일 수도 없기 때문입니다. 이 혼돈된 세상 안에는 그 어떤 잠재된 빛도
없고, 태초의 흑암으로부터 발전되어 나오는 그 어떤 광채도 없습니다. 여호와
하나님께서 개입하셔서 위로부터 빛이 내리쬐어라 하는 그분의 명령이 필수적
으로 있어야만 합니다. 오, 인간의 마음이여, 여러분은 흑암 그 자체였습니다. 그
러나 하나님 안에서 여러분은 여러분의 빛을 발견하였습니다.

　　그 빛은 즉각적으로 임했습니다. 이 땅을 조성하는 데는 엿새가 걸렸지만, 이
땅에 빛을 비추는 데는 한순간으로 충분했습니다. 한 영혼을 중생시키는 일도
하나님께서는 순식간에 행하십니다. 마치 번쩍이는 섬광처럼 그 영혼에게 빛과
생명을 주십니다. 은혜의 역사는 점진적이지만, 은혜의 등장은 즉각적입니다.
물론 은혜의 등장이 즉각적이라 해도, 천박하거나 순식간에 사라지는 그런 것은
아닙니다. 빛이 신속하게 임했다고 해서, 금방 사라지지 않듯 말입니다. 이 빛은
이 땅이 그 영광의 시간에 받았던 영원한 축복이었습니다. 그 빛은 계속 머물러

있었습니다. 그러면서 증가했습니다. 물론 이 땅의 모든 곳에서는 필연적으로 빛이 없는 밤이 사이사이에 존재했고, 낮의 첫 자락과 끝자락에는 빛이 거의 없는 저녁과 새벽도 있었지만, 그럼에도 우리의 이 땅은 태초에 영원한 말씀이 깊음 위에 빛을 발하신 그날 이후부터 지금까지 그 복된 빛으로부터 결코 버림받지 않았습니다. 이와 마찬가지로 하나님께서 인간의 영혼에게 은혜를 주실 때도, 그 은혜는 인간에게 즉시 임하지만, 결코 즉시 떠나지 않습니다. "하나님의 은사와 부르심에는 후회하심이 없기"(롬 11:29) 때문입니다. 흑암은 주도권을 장악하기 위해 고군분투하였습니다. 그러나 빛은 한 번 주어진 이상 결코 소멸되지 않았습니다. 빛은 모든 것이 완전해지는 그날까지 더욱더 많이 비춰져야만 하고 또 그렇게 비춰질 것입니다.

우리는 이 모든 것을 주의해서 살펴볼 가치가 있으나, 이 시간에 우리가 곰곰이 생각해 볼 핵심은 바로 다음과 같습니다. 오늘 설교 본문은 오직 창조의 첫째 날과 그 첫째 날에 행하신 사역에 대한 하나님의 배려, 그리고 그 사역을 하나님께서 인정하셨다는 사실에만 관심을 가지고 있습니다. 창조의 첫째 날은 우리의 영적 생명과 우리의 회개와 회심과 예수님을 처음으로 믿게 된 것 등의 이 모든 것들이 어떻게 시작되었는지에 관해서 분명히 묘사하고 있습니다. 오늘 설교의 목적은 신앙생활을 이제 막 시작한 성도들에게는 위로의 말씀을 전하여, 최근에 참 빛을 받기 시작한 성도들을 격려하는데 있으며, 신앙생활을 오래한 성도들에게는 최근에 빛을 받기 시작한 성도들에 대해 그들이 어떤 의무를 가지고 있는지 조언하는데 있습니다.

1. 하나님께서는 창조한 것들을 지켜보고 계십니다.

우리가 먼저 생각해 볼 것은 이것입니다. 하나님께서는 자신이 창조하신 것은 무엇이든지 보고 계신다는 사실입니다. "하나님께서 그 빛을 보시니"(창 1:4 KJV)라고 기록된 대로, 하나님은 빛에 대한 유일한 관찰자였습니다. 그 빛나는 영광을 바라볼 눈이라고는 사람의 눈도, 새의 눈도, 짐승의 눈도 일체 없었습니다. 오직 하나님만이 그 빛을 보셨습니다. 만약 여러분이 새롭게 빛을 받게 된 성도라면, 여러분은 자신의 변화된 마음을 보아줄 그리스도인 친구가 없어서 안타까워할 수도 있습니다. 그러나 마음 아파하지 마십시오. 하나님께서 여러분을 보고 계시기 때문입니다. 여러분은 자신에게서 죄인의 모습을 보고서 조용한 곳에 가서 울어 본 적이 있습니까? 여러분은 주님을 보기 시작하면서, 마음이 외로울 때 주님을 바라보면서 그분 안에서 타인이 참여하지 못하는 마음의 즐거움(잠 14:10)을 찾은 적이 있습니까? 여러분의 회개와 믿음을 아무도 봐주지 않는다는 것은 전혀 중요한 문제가 아닙니다. 왜냐하면 여러분에게 회개와 믿음을 주신 그분께서 여러분의 변화된 모습을 보고 계시기 때문입니다. 어쩌면 여러분의 아버지와 어머니도 여러분에게서 일어난 그 변화를 인식하지 못할 수 있습니다. 설령 여러분의 부모님이 그 변화를 알아차린다 해도 그런 변화에 대해 기뻐하지 않을 수도 있습니다. 그러나 다음의 사실로 여러분의 위로를 삼으십시오. 즉 여러분의 하늘 아버지께서 여러분을 보고 계시며, 하나님의 마음이 여러분을 불쌍히 여기고 계신다는 것입니다. 아직도 거리가 먼데 아버지는 탕자를 보셨습니다(눅 15:20). 이와 마찬가지로 여러분의 하늘 아버지께서도 여러분을 보고 계십니다. 아버지께서 보고 있다는 사실 하나만으로 탕자가 만족하였듯, 여러분도 하나님이 여러분을 보고 계시다는 사실 하나만으로 충분합니다. 여러분의 회개의 눈물에 하나님은 시선을 고정하시며, 여러분이 믿음을 그저 힐긋 쳐다만 보아도 하나님은 여러분의 그 모습마저 눈여겨보십니다. "하나님께서 그 빛을 보시니"라는 이 위대한 하나님의 진리는, 외롭게 신앙생활을 하는 자들과 많은 절망을 겪고 있는 자들과 아무런 동정도 받지 못하는 자들에게 아주 따뜻한 진리임이 분명합니다. 사막에 있던 하갈처럼 여러분은 기뻐하며 말해야 합니다. "주 하나님이 나를 보고 계시나이다"(창 16:13 KJV), "여호와의 눈은 의인을 향하시고 그의 귀는 그들의 부르짖음에 기울이시는도다"(시 34:15)라고 말입니다. 또 다윗은 이렇게 말합니다. "나는 가난하고 궁핍하오나 주께서는 나를 생각하시오니"(시 40:17). 오, 어린 새 신자 여러분, 하나님께서는 여러분 안에 있는 은혜의 사역을 보고 계십니다. 비록 오늘이 은혜의 사역이 일어난 첫날이라 하여도, 하나님은 하나님께서 친히 밝히신 그 빛으로부터 눈을 떼지 않으십니다. 우리를 보고 계시는 하나님에 대해 여러분이 이제 알게 되었으니, 여러분은 두려워할 필요가 없습니다. 고대의 사상가이자 웅변가인 플라톤은 오직 한 명의 청중으로도 만족했습니다. 그러나 여러분은 플라톤보다 훨씬 더 만족할 수 있습니다. 왜냐하면 여러분을 돌보고 여러분에게 필요한 분은 오직 하나님 한 분이시며, 그 한 분이신 하나님은 여러분이 필요로 하는 모든 것이라고 생각할 수 있기 때문입니다. 그래서 여러분은 시편 기자처럼 기쁜 마음으로 기도할 수 있습니다. "나를 보소서 그리고 주께서 주의 이름을 사랑하는 자들에게 행하신 대로 내게도 자비를 베푸소서"(시 119:132 KJV).

그 빛은 소리 없이 세상에 임했지만, 하나님께서는 그 빛을 보셨습니다. 빛을 주신 하나님 말씀의 등장은 "마음의 엄숙한 고요" 속에서 이루어집니다. 만약 사람들이 빛을 내기 위해 불을 지핀다면, 그 장작불 때는 소리를 시내 전역에서 들을 수 있을 것입니다. 그러나 하나님께서 태양으로 이 땅을 비추실 때, 태양은 그 어떤 소리도 없이 떠오릅니다. 고대 사람들은 태양 전차(그리스 신화에 나오는 태양의 신인 헬리오스[Helios]는 매일 아침 말들이 끄는 전차를 몰고 하늘을 가로질러 다녔다 — 역주)를 말했지만, 누가 하늘에 있는 전차를 끄는 말들의 말발굽 소리와 전차의 수레바퀴 소리를 들은 적이 있었습니까? 아침이 그 건강한 모습의 두 날개를 널리 펼칠 때, 그 어떤 소동도 일어나지 않습니다. "아침이 이제 동방에서 그 장밋빛 발자국을 옮기며 빛나는 진주를 대지에 뿌릴 때"(존 밀턴의 「실낙원」 제5권 1-2연에 나오는 구절 — 역주), 아침의 발자국 소리는 들리지 않습니다. 그렇습니다. 새들은 다가오는 아침을 기쁨의 노래로 맞이하지만, 아침은 아무런 소리도 없이 아무도 모르는 사이에 앞으로 지나가 버립니다. 이와 마찬가지로 은혜가 인간의 영혼에 들어옵니다. 속삭이는 숨소리도 들리지 않습니다. 그러나 하나님은 그 빛을 보십니다. 빛은 그 자체로 자신을 알립니다. 빛은 자신을 알리는 나팔이 필요치 않습니다. 이 점에서도 빛과 은혜는 닮았습니다. 사랑하는 어린 새 신자 여러분, 여러분 안에서 일어난 은혜의 사역은 아주 조용한 사역이었습니다. 아마 여러분은 비범한 설교나 끔찍한 꿈이나 병상에서의 체험이나 다른 하나님의 백성들에게 일어났던 것과 같은 율법에 대한 소름끼치는 공포들을 체험하지 못했을 수도 있습니다. 그럼에도 하나님은 여러분을 주께서 그 마음을 열어 주신 루디아(행 16:14)처럼 여겨 주셨고, 디모데처럼 어려서부터 성경을 알았던(딤후 3:15) 사람으로 여겨 주셨습니다. 그러므로 여러분은 여러분의 진심을 의심하지 마십시오. 그리고 은혜의 사역에 대한 실재성도 미심쩍어 하지 마십시오. 여러분의 영혼 안에서 일어난 사역이 너무 조용하고, 인간의 눈에 잘 띄지도 않고 너무 평범하게 보일지라도, 오늘 본문에 나온 대로 "하나님께서 그 빛을 보시니"라는 말씀으로 위로를 받기 바랍니다. 어떤 나팔도 그 빛을 선포하지 않았지만, 하나님께서는 그 빛을 보셨습니다. 빛에 관한 아무런 이야기도 없었지만, 하나님께서는 그 빛을 보셨습니다. 하나님이 보신 것으로 충분합니다. 여러분의 경우도 이와 마찬가지입니다.

　이 땅 자체는 그 빛을 인식할 수 없었습니다. 그러나 하나님은 그 빛을 보셨습니다. 가련하고 어리석은 혼돈의 이 땅이 도대체 무엇을 알 수 있겠습니까? 태초의 밤에 대해 생각해 봅시다. 빛이 흑암 가운데 비춰졌지만, 그 흑암은 빛을 파악하지 못했습니다. 갓 신앙생활을 시작한 신자들도 얼마나 자주 자신에 대해 의심했습니까! "이것은 빛인가, 빛이 아닌가?" 하는 질문을 얼마나 자주 했습니까? 그렇게 큰 양심의 가책은 새신자만 받은 것이 아니었습니다. 우리 가운데 신앙적으로 좀 더 성숙한 성도들도 그럴 때가 많았습니다. 비록 우리가 빛을 볼 수 없었다 해도, 우리는 하나님께서 빛을 보고 계신다는 사실을 생각하면서 아주 기뻐했습니다. 우리는 의심과 두려움과 죄에 대해 예민하게 생각함으로써, 하나님께서 도대체 우리에게 빛을 비춰 주신 것이 맞는가 하는 질문도 여러 번 했습니다. 이런 회의가 충분히 다 자란 성도들에게도 일어나는 것이라면, 생명의 첫 아침을 맞는, 은혜 안에 있는 어린 아기들에게 이런 의심이 생긴다고 해서 그리 크게 놀랄 일은 아닙니다. 때로는 "내가 빛 안에 있는지, 그렇지 않은지?" 하는 아주 심각한 질문이 제기된다 해도, 우리는 놀랄 필요가 없습니다. 왜냐하면 신실한 하나님의 자녀들도 종종 "이것이 빛인가, 아니면 흑암인데 빛으로 보이는 것인가?" 하는 불안한 질문을 하기 때문입니다. 우리는 우리의 흑암을 드러내 보일 정도로 충분한 빛을 가지지 못하여 더 많은 빛을 비춰 달라고 갈망하면서, 얼마나 자주 슬퍼했습니까. 오, 불안해하는 성도 여러분, 여러분의 영혼에 간절히 호소합니다. 비록 이 땅이 빛을 인식하지 못했다 해도, 하나님께서는 빛을 보셨습니다.

　빛이 없이는 그 어떤 아름다움도 없다는 사실을 잊지 마십시오. 태초에 땅은 혼돈하고 공허(창 1:2)하였습니다. 혼돈과 공허는 히브리어로 "토후(tohu)와 보후(bohu)"입니다. 이 히브리어에 가까운 뜻과 발음을 지닌 우리말로는 "애니하우 앤 노하우"(anyhow and nohow)(엉망진창)를 들 수 있습니다. 땅은 혼란스러웠고 텅 비어 있었으며 폐허상태였습니다. 조화롭지도 못했고, 유기적으로 조직되지도 못한 상태였습니다. 이런 상황에서 하나님은 빛에 눈길을 두셨습니다. 결코 혼돈에 눈길을 두지 않으셨습니다. 바로 이것입니다. 사랑하는 성도 여러분, 여러분은 현재 자신이 겪고 있는 것들이 아마 혼돈처럼 보일 것입니다. 엉망진창이라는 표현이 정확하게 잘 맞을 것입니다. 형체도 알 수 없는 생각들과 반쯤 형체가 생긴 것 같은 소원(desire)들과 기형이 되어 버린 기도들로 인해 뒤얽힌 미궁 속으로 빠져 들어가는 상황일 것입니다. 이 모든 것에도 불구하고, 여러분 안에는 은혜가 있습니다. 하나님께서는 그것을 보십니다. 여러분 마음의 극심한 혼란과 엄청난 소동의 한복판에서 하나님은 여러분 안에 있는 은혜를 보십니다. 하나님은 여러분 안에서 친히 창조하신 것을 바라보고 존중하며 기뻐하십니다. 그리고 여러분 안에 있는 죄는 하나님이 사랑하는 아들의 속죄 사역으로 말미암아 보지 않고 단지 덮어 버리십니다.

  이 사실도 기억하십시오. 빛이 임했을 때, 그 빛은 흑암과 싸워야만 했습니다. 그럼에도 불구하고 하나님은 빛을 보셨습니다. 여러분의 영혼 속에는 여전히 타고난 부패, 무지, 나쁜 버릇, 죄의 경향성 같은 흑암이 남아 있어서, 이런 것들이 마찰을 일으킵니다. 그러나 빛은 하나님의 눈길에서 벗어날 수 없습니다. 우리 하나님께서 흑암이 아니라 빛에 눈길을 두신다니, 이 얼마나 큰 긍휼입니까. 오, 저는 이 사실로부터 하나님을 얼마나 찬양해야 할지 모르겠습니다! 만일 하나님께서 우리 안에 있는 빛이 보잘것없다는 이유로 그 빛을 무시해 버리시고, 우리 안에 있는 죄가 너무 크다는 이유로 그 죄만 바라보신다면, 하나님께서는 분명히 우리를 완전히 멸망시키실 것입니다. 그러나 하나님은 그렇게 하지 않으시고, 우리가 지은 죄를 하나님의 등 뒤로 내던져 버리셨습니다. 하나님은 중생의 은혜에 여전히 눈길을 두며 이렇게 말씀하십니다. "나 주가 그 은혜를 지키겠다. 내가 매순간 물을 주어 그 은혜를 풍성히 하겠다. 아무도 이 은혜를 상하지 못하도록 하겠다. 내가 이 은혜를 밤낮으로 지킬 것이다."

  하나님께서 빛을 보시는 이유가 많이 있겠지만, 그 중에서도 주된 이유는, 그 빛을 만든 분이 하나님이시기 때문에, 하나님께서 그 빛을 보시는 것입니다. 그리고 하나님은 친히 손으로 만든 자신의 작품을 버리지 않으십니다. 여러분과 저는 볼 수 없지만, 하나님께서는 인간 안에 있는 은혜를 보실 수 있습니다. 왜냐하면 영혼 속에 감추어진 것을 하나님은 볼 수 있기에, 그 은혜가 어디 있는지를 알고 계시기 때문입니다. 하나님께서 은혜를 베풀지 않으셨다면, 쌀 한 톨만큼의 은혜도 이 세상에는 결코 존재하지 않았을 것입니다. 인간의 마음속에 있는 모든 은혜로 인간은 하나님을 "아버지"로 부르며, 하나님은 그 소리를 듣고 그 소리가 들리는 쪽으로 눈길을 돌리십니다. 하나님은 자신의 친 자녀들을 아십니다. 그리고 하나님의 눈과 마음은 계속해서 영원히 그 자녀들을 향하고 계십니

다. 하나님은 친히 창조하신 그 빛을 알고 계십니다. 우주 안에는 빗나간 햇살이 한 조각도 없으며, 빛 한 조각도 사라져 버리지 않습니다. 조금이라도 잊힌 은혜 는 없습니다. 제 길을 벗어난 구원도 전혀 있을 수 없습니다. 하나님께서 베푸신 그 은혜는 하나님의 마음에 너무나 사랑스러운 사역이고 그 사역의 결과도 하나 님께서 보시기에 매우 귀중한 것이어서, 하나님은 자신이 베푼 은혜를 기억하지 않을 수 없는 것입니다.

제가 지금까지 말한 바를 요약하면 이렇습니다. 여러분은 하나님께 회심했 지만, 여러분의 영혼은 여전히 정돈되어 있지 않고 모든 것이 뒤죽박죽인 것처 럼 느껴져서, 슬퍼하고 있습니다. 여러분은 많은 열매를 맺을 만큼 그렇게 오랫 동안 하나님을 알지 못해서 여러분의 삶에 성장도 없고 열매도 없고 미덕도 없 다고 느낍니다. 그러나 여러분의 유일한 소망인 그리스도를 드러내기에 충분한 빛이 여러분 안에 있다면, 힘을 내십시오. 하나님께서는 성급하게 창조의 넷째 날에 하신 사역의 결과를 창조의 첫째 날에 찾지는 않으시기 때문입니다. 하나 님은 친히 자신께서 여러분에게 주고 창조하신 것, 다시 말해 여러분 안에 있는 그것을 보고 계십니다. 그래서 하나님은 그것을 보고 좋았더라고 말씀하십니다. 하나님은 여러분 안에 있는 빛을 보시며, 그 빛이 영원히 지속되도록 하실 것입 니다. 그리하여 여러분이 결코 흑암가운데 다니지 않도록 하실 것입니다. 하나 님은 그 영광이 여러분에게 분명해지기까지, 그 은혜를 크게 하실 것입니다. 여 러분은 죄를 회개하였습니까? 하나님은 빛을 보십니다. 여러분은 여러분의 부족 한 부분 때문에 슬퍼했던 적이 있습니까? 하나님은 빛을 보십니다. 여러분은 기 도를 시작했던 적이 있습니까? "보라, 그가 기도하고 있느니라"(행 9:11 KJV)고 하나님께서 말씀하십니다. 왜냐하면 하나님은 빛을 보시기 때문입니다. 여러분 은 떨리는 믿음으로라도 예수 그리스도를 믿고 있습니까? 하나님은 그 빛을 보 십니다. 여러분은 하나님의 긍휼에 소망을 갖기 시작했습니까? 하나님은 그 소 망을 보십니다. 왜냐하면 여러분에게 그 빛을 주신 하나님은 여전히 그 빛을 보 고 계시기 때문입니다.

2. 하나님께서는 창조한 것들을 인정하십니다.

이제 우리가 두 번째 대지로 넘어가야 할 시간이 된 것 같습니다. 두 번째는 이것입니다. 하나님께서는 하나님이 창조한 것을 인정하신다는 사실입니다. "빛이 하나님이 보시기에 **좋았더라**"는 말씀대로 말입니다. 하나님은 그 빛을 보고 기뻐하셨습니다. 자, 이 세상의 관점으로 보자면, 그 빛은 한갓 어리고 새로운 것이었습니다. 이와 마찬가지로, 여러분 중 어떤 이에게도 은혜는 아주 새롭고 신기한 것일 수 있습니다. 바로 조금 전에 회심한 성도인 여러분은 자신을 시험해 보거나 여러분이 받은 은혜를 드러내 보일 시간조차 없었습니다. 그런데도 하나님께서는 여러분처럼 이렇게 갓 태어난 생명을 기뻐하십니다. 신앙생활을 한지 오래된 성도들 가운데는 이런 은혜의 새벽을 의심하고, 새롭게 회심한 신자들을 의심의 눈초리로 바라보는 자들이 있습니다. 이 점에서 그들은 하나님의 마음을 갖지 못했다고 볼 수 있습니다. 우리 지역의 교회들 가운데 오랫동안 신앙생활을 한 성도들이 20년 전부터 해오던 말이 있습니다. "우리는 회심한 어린 성도들을 너무 성급히 교회 회원으로 받아들여서는 안 된다. 그들과 함께 여름도 지내고 겨울도 지내보고 나서, 그들이 세례를 받도록 해야 한다"는 말입니다. 그들은 이렇게 신중해야 한다고 생각합니다. 양 우리에 양을 넣기 위해서는 최소한 여름과 겨울 동안 양들을 우리 밖에 있도록 해야 하는 것인지, 신중한 농부들은 그 점에 대해 어떻게 생각하는지, 저는 궁금합니다. 또한 부모의 가슴에 자녀를 안기 전, 최소한 여름과 겨울 동안은 그 어린 아기들을 내버려 두어야 하는 것인지, 신중한 부모들은 이 점에 대해 어떻게 생각하는지, 저는 궁금합니다. 우리는 그 어린 아기들을 은혜 안으로 받아들여서, 하나님을 위해 그들을 양육하는 것을 마땅히 기뻐해야 합니다. 절대로 그들이 어리다 해서 무시해서는 안 됩니다. 하나님께서는 빛이 수년씩 시련을 당하도록 그렇게 내버려 두지 않으셨습니다. 빛을 만드신 바로 그 첫째 날에 그 빛을 보고서 미소지으며 좋았더라고 말씀하셨습니다. 하나님은 그 빛을 보고 기뻐하셨습니다. 왜냐하면 그 빛은 하나님이 창조한 것이었기에, 마치 오래 전에 이미 만들어진 것처럼 참으로 좋게 여겨졌기 때문입니다. 빛은 정오 때의 빛도 좋지만, 새벽녘의 빛도 좋습니다. 하나님의 은혜도 이와 같아서, 비록 최근에 받은 것이라 해도 여전히 좋기 마련인 것입니다. 하나님의 은혜는 여러분을 위해 더 큰 일들을 서서히 해낼 것이고, 여러분을 더욱더 행복하고 거룩하게 만들 것입니다. 그러나 방금 받은 은혜라 해도, 그 은혜 안에는 탁월한 요소들이 모두 들어 있습니다. 창조의 첫째 날에 임한 하나님의 축복이 그 속에 다 들어 있기 때문입니다. 새싹에 깃든 은혜라도 하나님은 기뻐하십니다. 이 하나님의 진리가 최근에 회심한 자들의 가슴속에 강렬한 기쁨으로 충만하도록 합시다.

여기서 우리는 한 가지 사실을 더 말해야 할 것 같습니다. 그 빛은 싸우고 있는 빛이라는 사실입니다. 싸움이기는 하지만, 그것은 하나님께서 인정하신 싸움입니다. 하나님께서 빛과 흑암을 나눌 때까지, 어떻게 빛과 흑암이 함께 있었는지 우리는 이해하지 못하지만, 존 번연이 "확실히 흑암과 빛은 여기서 서로 싸우기 시작했다"(창세기 1장-11장 일부분까지의 주해. 「존 번연 전집」[The Works of John Bunyan], 제2권 363쪽 ― 역주)고 말한 대로, 어떻게 빛이 흑암과 교제를 나눌 수 있겠습니까? 검은 흑암이 자리를 잡고 있는데, 빛의 화살이 그 흑암을 관통하여 뚫고 들어왔습니다. 흑암은 제자리를 지키려고 부단히 애썼지만, 이미 오래 전에 "어둠이 지나가고 참 빛이 벌써 비침이니라"(요일 2:8)는 말씀대로 되었습니다. 여러분은 빛이 여러분 안에 있는 작은 세계를 뚫고 들어왔을 때 어떠했는지 기억이 납니까? 제 경우에는 내적 접전과 극심한 갈등이 있었음을 잘 기억하고 있습니다. 얼마나 극렬한 싸움이었는지 모릅니다! 얼마나 강렬한 논쟁이었는지 모릅니다! 빛이 처음으로 본성의 밤을 뚫고 들어왔을 때 제 영혼은 얼마나 큰 갈등을 겪었는지 모릅니다! 저의 어두운 마음은 그 빛에 저항했습니다. 제 어두운 마음의 행위로 인해 저는 비난받고 싶지 않았기 때문입니다. 그러나 그 빛은 소멸되지도 않았고 제 마음을 비켜가지도 않았습니다. 하나님 명령에 힘입어 그 빛은 계속해서 들어와, 마침내 제가 "너희가 전에는 어둠이더니 이제는 주 안에서 빛이라"(엡 5:8)는 말씀을 듣는 무리 가운데 들기까지, 제 마음을 뚫고 들어왔습니다. 사랑하는 성도 여러분, 여러분에게도 이런 갈등이 전혀 낯설지 않은 줄 압니다. 그리고 이런 갈등이 여러분에게 단순히 과거에 있었던 어떤 일 정도에 그치지 않은 줄 저는 확신합니다. 여러분은 지금도 여전히 갈등 중에 있습니다. 여전히 은혜와 죄는 여러분 안에서 전쟁을 하고 있으며, 이 싸움은 여러분이 천국에 이를 때까지 계속될 것입니다. 오, 어찌할 바 몰라 하는 사랑하는 성도 여러분, 이 말씀이 여러분에게 도움이 되기를 원합니다. 여러분은 그 투쟁을 빛으로 생각하고, 하나님께서 그 빛을 인정하시며, 그 빛을 보고 좋았더라고 말씀하셨다는 사실을 기억하십시오. 비록 제대로 된 회개가 아니어도 회개는 그 자체로 좋은 것입니다. 제대로 된 믿음이 아니어도 신앙은 좋은 것입니다. 젖은 나무에 붙은 불처럼 그을음이 나는 생명이라도 그 생명은 좋은 것입니다. 하나님께서 이 모두를 존중하시기 때문입니다. "상한 갈대를 꺾지 아니하며 꺼져가는 등불을 *끄지 아니하고*"(사 42:3)라는 말씀대로 말입니다.

아직 빛과 어둠이 나누어지지 않았기 때문에, 낮과 밤의 경계가 정해지지 않았습니다. 어린 새 신자들의 경우가 바로 이런 경우입니다. 그들은 어느 것이 은혜이고, 어느 것이 본성인지, 어떤 것이 자신에게 속한 것이고, 어떤 것이 그리스도에게 속한 것인지 잘 알지 못합니다. 그래서 그들은 많은 실수를 저지르기도 합니다. 그러나 하나님은 하나님의 은혜가 그들을 대신해야 하는 것에 대해 실수하지 않으십니다. 그들은 무엇을 보든 보지 못하든 간에 거의 아무것도 분간하지 못합니다. 그들은 사람을 나무 같은 것들이 걸어가는 것으로 봅니다(막 8:24). 그러나 하나님은 그들을 아주 분명하게 보십니다. 그들에게는 밤이나 낮이나 별 차이가 없습니다. 그들은 당황해 있어서 분간할 수 있는 능력이 없습니다. 그러나 하나님은 그들을 알아보십니다. 왜냐하면 하나님은 자신에게 속한 사람들을 아시기 때문입니다. 하나님께서는 자신에게 속한 사람들의 상황을 분석하시고 그들 안에 있는 빛을 아시며 그 빛을 인정하신다는 사실로 그들이 기뻐하게 합시다.

아직은 빛과 어둠이 따로 이름을 갖지 않았기 때문입니다. 하나님께서 빛을 "낮"이라 부르시고, 어둠을 "밤"이라 부르신 것(창 1:5)은 더 나중에 된 일입니다. 아직 빛에 대한 이름이 없었지만, 하나님은 빛을 보고서 좋았더라고 말씀하셨습니다. 이와 마찬가지로, 비록 여러분은 모든 사물의 이름들을 알지 못한다 해도, 하나님은 여러분의 이름까지 다 알고 계십니다. 비록 여러분이 모든 사물들에 대해 정확하게 설명하는 교리들을 이해하지 못한다 해도, 하나님은 여러분을 이해하십니다. 여러분이 용어와 명칭들에 무지하고, 여러분의 정신이 산란하여 유치한 오해를 한다고 해도, 이런 것들로 인해 하나님은 화내지 않으시며, 여러분 안에서 하나님이 행하신 은혜를 못보고 지나치지도 않으십니다. 여러분은 서로 다른 사물들을 보면 그 즉시 어떤 것이 더 좋은지를 재빨리 구분해 냅니다. 그러나 하나님은 여러분 안에 무엇이 있는지를 구분하시고, 여러분에게 주신 그 빛을 사랑하십니다. 왜냐하면 하나님은 친히 사랑하지 않는 은혜는 베풀지 않으시며, 친히 인정하지 않는 사람의 영혼 안에서는 역사하지 않으시기 때문입니다.

첫째 날에 창조된 그 빛은 아름다운 많은 것들을 드러낼 수 없었습니다. 왜냐하면 아직 아무도 없었기 때문입니다. 사랑하는 성도 여러분, 이 경우는 여러분에게도 마찬가지입니다. 여러분 안에 있는 그 빛은 아직까지 여러분에게 많은 것을 드러내지 않았습니다. 그리고 그 빛이 드러낸 것도 그리 대단한 것이 아닙니다. 그러나 그 빛은 그 자체로 좋은 것입니다. 그 빛이 무엇을 드러내든 상관없이 말입니다. 사랑하는 성도 여러분, 설령 여러분에게 주어진 은혜가 부패한 여러분의 본성만을 드러내더라도, 또는 여러분 안에 있는 정결하지 못한 새들이 들어 있는 새장과 여러분의 본성 안에서 사납게 날뛰는 야수들만을 여러분에게 보여준다 해도, 또는 이런 야수들의 아수라장이 끝날 때가 된 것을 알고는 야수들이 우리 안에서 예전보다 더욱 맹렬하게 으르렁거리게 한다 해도, 그럼에도 빛은 여전히 빛입니다. 만약 빛이 여러분의 본성을 비참한 소동과 곤고한 무질서 안에서 요동하는 것으로 보여준다 해도, 그럼에도 빛은 좋은 것이며, 하나님은 그 빛을 기뻐하십니다. 여러분의 시선을 끌 만한 땅이나 바다, 산이나 호수, 초원이나 숲 등의 다양한 멋진 경치가 없을 때에도, 하나님은 그 형체가 없는(창 1:2) 무언가를 비추던 그 빛을 인정하셨습니다. 이와 마찬가지로, 하나님의 손길로 여러분 안에서 창조된 은혜는 그것이 무엇이든지 간에 하나님께서 인정하셨다는 사실을 여러분이 받아들임으로써, 힘을 얻고 위로를 받기 바랍니다.

그런데 왜 하나님은 빛을 보시고 좋았더라고 말씀하셨을까요? 빛의 창조는 하나님의 속성을 보여주기 때문이라고 저는 생각합니다. 빛이 즉시 임한 것은 하나님의 능력, 하나님의 주권, 하나님의 선하심, 하나님의 지혜와 하나님 사랑을 드러냅니다. 하나님은 자신의 영광이 어둠 속에 있을 수 있는 그런 신이 아닙니다. "주께서 옷을 입음 같이 빛을 입으시며"(시 104:2)라는 말씀대로, 은혜는 하나님의 성품을 한층 더 영광스럽게 나타내며, 은혜 안에서 하나님은 하나님의 이름을 영광스럽게 하십니다. 여러분 안에 있는 은혜는 여러분에게 하나님의 능력과 하나님의 의와 하나님의 긍휼과 하나님의 사랑에 대한 무언가를 보여주기에 충분합니다. 하늘의 천사들도 여러분 안에서 행하신 하나님의 역사를 통해 이와 동일한 거룩한 속성을 보았습니다. 그러므로 하나님은 은혜를 사랑하십니다. 왜냐하면 은혜는 하나님의 무수한 영광스러운 속성들을 드러내어 하나님을 알도록 하기 때문입니다.

하나님은 또한 빛을 사랑하십니다. 왜냐하면 빛은 하나님 자신을 닮았기 때문입니다. "하나님은 빛이시라 그에게는 어둠이 조금도 없으시다는 것이니라"(요일 1:5)는 말씀대로 말입니다. 빛은 에테르(ether) 같은 것이며, 거의 영적인 것입니다. 이 점에서 빛은 영이신 하나님을 닮았습니다. 빛은 하나님의 진리를 드러냅니다. 이 점에서 빛은 진리의 하나님을 닮았습니다. 여러분 안에 있는 은혜가 만일 참된 은혜라면, 여러분은 하나님의 성품을 더 바르게 닮을 것입니다. 왜냐하면 그 은혜는 살아 있고 썩지 아니할 씨(벧전 1:23)로서, 여러분이 정욕 때문에 세상에서 썩어질 것을 피하여 신성한 성품에 참여하는 자가 되게(벧후 1:4) 하기 때문입니다. 사탄은 흑암의 권세(골 1:13)를 다스리는 왕입니다. 그러나 흑암 외에 다른 원리도 있습니다. 예수님을 믿는 사람 안에는 하나님의 빛의 원리가 있습니다. 이 원리는 좋을 수밖에 없습니다. 왜냐하면 이 원리는 하나님에게 속한 것이기 때문입니다.

빛은 뛰어나게 좋은 것입니다. 하나님께서는 이 빛을 창조하고 정리하시는데 하루를 온전히 쓰셨기 때문입니다. 창조사역의 전체 육 일 중 하루를 온전히 할애하셨습니다. 이 사실은 빛이 아주 중요하다는 것을 말해 줍니다. 더욱이 하나님은 빛의 창조를 창조 주간의 첫째 날 중에서도 가장 앞 순서에 두셨습니다. 이와 마찬가지로, 은혜의 경륜도 하나님의 심중에 일찍부터 있었습니다. 하나님의 은혜 경륜은 과거에도 하나님의 걸작이었고, 현재에도 걸작입니다. 하나님은 이 경륜을 뒷전에 방치하신 것이 아니었습니다. 하나님의 영원한 지혜로 오래 전부터 고안하신 것이며, 그 동일한 지혜로 은혜의 이 오랜 날들을 거치면서, 모든 사람의 마음속에 계속해서 머무르도록 하셨습니다. 여러분 안에 있는 작은 은혜도 하나님께서 인정하신 것입니다. 왜냐하면 이 은혜는 오래 전부터 하나님이 생각해 오신 열매이며, 이 은혜를 통해 하나님은 하나님의 새로운 창조를 여러분 안에서 시작하셨기 때문입니다.

빛은 그 시기에 꼭 적절한 것이었기 때문에, 하나님께서 빛을 인정하셨다고 저는 생각합니다. 창조를 시작하기 위해 제일 먼저 필요했던 것이 빛이었습니다. 그렇다고 해서 하나님이 어둠 가운데서는 일하지 못하셨다는 것이 아닙니다. 왜냐하면 자연적인 빛의 측면에서 보자면, 빛이나 흑암이나 모두 하나님에게는 별 차이가 없기 때문입니다. 하지만 하나님의 오묘한 솜씨로 만드신 피조물들에게는 빛이 필요하다는 사실을 우리는 모두 알고 있습니다. 빛이 없이 어떻게 식물이나 동물이나 사람이 살 수 있겠습니까? 하나님의 성령께서 행하시는 성화의 사역도 분명히 인간의 영혼 안에 빛을 필요로 합니다. 인간의 이해력은 빛을 받아야 하고 계몽되어야 합니다. 왜냐하면 참된 종교는 무지에서 번창할 수 없기 때문입니다. 하나님에 대한 지식이 조금이라도 있어야 은혜의 싹들이 꽃필 수 있습니다. 성령 하나님께서 한 인간을 새롭게 창조하실 때, 이 목적을 향해 가장 먼저 해야 하는 핵심 사항은, 인간의 영혼을 지식과 거룩함으로 빛을 비추어 아버지와 아들과 성령을 알게 하는 것입니다. 이 일이 매우 핵심적인 일이었기에, 하나님께서 좋았더라고 말씀하신 것입니다.

자, 사랑하는 성도 여러분, 저는 지금까지 하나님께서는 자신이 친히 행하신 사역을 기뻐하셨다는 사실을 여러분에게 전했고, 왜 하나님께서 그렇게 기뻐하셨는지에 대한 몇 가지 이유들에 대해서도 설명했습니다. 그럼에도 여전히 두려워 떨고 있는 새 신자 여러분, 저는 여러분이 좀 더 확신을 가졌으면 좋겠습니다. 하나님께서 여러분 안에서 행하신 그 은혜를 인정하셨다면, 하나님께서는 또한 그 은혜를 유지하고 보존하실 것입니다. 하나님은 자신이 처음 빛을 밝힌 그 빛이 세상이나 육신이나 사탄의 공격으로부터 소멸되도록 내버려 두지 않으실 것입니다. 그렇습니다. 하나님께서는 그 빛을 더욱 풍성하게 하셔서, 여러분의 어스레한 빛이 완전한 날을 향해 밝히 빛나게 하실 것입니다. 저는 몇몇 불쌍하고 고난 받는 성도들이 이런 생각을 갖도록 하나님께 간구합니다. 왜냐하면 제 경우에 이런 생각이 제게 엄청난 위로가 되었음을 뚜렷이 기억하고 있기 때문입니다. 그 때 저는 오랫동안 신앙생활을 한 성도들과 저를 비교해 보면서, 하나님이 제 안에서는 거의 역사하지 않는 것 같아 두려웠습니다. 그러나 하나님의 역사는 그 시작부터 하나님에 의해 인정받은 것이었으며, 영혼 안에 있는 은혜의 기초와 요소들마저 하나님께서 지극히 만족해하며 보고 계셨다는 사실을 알고 나서야 기뻐했지만, 그것을 좀 더 일찍이 알았더라면, 제 마음은 더할 나위 없이 기뻤을 것이라 생각합니다. 한 떼의 양 무리 같은 여러분은 이런 부드러운 꼴을 맘껏 먹기를 바랍니다. 이것은 아주 맛있는 음식이며, 여러분처럼 신앙생활을 처음 시작하는 시기에 적합한 음식입니다. 두려워하지 마십시오. 작은 양 무리 같은 여러분, 여러분의 멋진 목자께서 여러분으로 인해 기뻐하고 계십니다.

3. 하나님께서는 창조한 것들의 좋은 것과
아름다운 것을 모두 구분해 내십니다.

이제 세 번째 대지를 말씀드리겠습니다. 아마 비슷한 이야기처럼 들릴 수도 있겠지만, 전혀 비슷하지 않습니다. 하나님께서는 자신이 창조한 것들 가운데서 모든 좋은 것과 아름다운 것을 즉시 구분해 내신다는 것이 그것입니다. 하나님은 그저 단순하게 빛을 인정하신 것이 아니었습니다. 하나님은 그럴 만한 이유를 알고 계셨습니다. 하나님께서 보시니 빛이 좋았습니다. 아마 아무도 그렇게 볼 수 없었겠지만, 하나님은 그 빛 안에 있는 좋음을 보실 수 있었습니다.

그러므로 빛은 그 자체로 좋다는 사실과 하나님의 은혜도 그 자체로 좋다는 사실을 주목해 봅시다. 빛은 그 얼마나 멋진 것입니까! 빛에 대해 한 번 생각해 봅시다! 빛은 단순해 보이지만 얼마나 복잡한지 모릅니다. 빛을 연구하는 자들도 아직까지 빛의 그 다양한 속성에 대해 십 퍼센트도 알지 못한다고 합니다. 빛을 연구하는 자들에게는 빛이 보여주는 경이로운 광경들이 펼쳐지지만, 그중에 많은 부분들은 여전히 미스터리로 남아 있습니다. 우리가 좋아하는 이 백색의 단순한 빛깔 속에 얼마나 많은 색들이 서로 복합적으로 구성되어 있는지 모릅니다. 은혜 역시 단순해 보이지만 복합적입니다. 소생하게 하는 은혜, 죄를 깨닫게 하는 은혜, 위로하는 은혜, 가르치는 은혜, 유지하는 은혜, 성화하는 은혜, 온전케 하는 은혜 등, 이 모든 은혜가 아주 단순한 것 같아도, 그 역사하는 사역은 아주 다양합니다. 하나님이 능히 "모든 은혜"를 여러분에게 넘치게 하신다(고후 9:8)는 말씀이 얼마나 놀랍습니까! 우리가 은혜 안에서 발견하게 되는 은혜의 삼중적인 빛을 한 번 생각해 보십시오. 선택하시는 아버지의 은혜, 구속하시는 아들의 은혜, 중생하게 하시는 성령의 은혜를 말입니다. 하나님이 주시는 은혜의 그 다양성을 생각해 보고 감탄하며 찬양하십시오.

빛은 또한 얼마나 일반적인지 모릅니다! 우리는 빛을 어디에서나 봅니다. 일 년 내내 빛을 볼 수 있습니다. 극악한 전제군주라도 자기만 누리기 위해 빛을 가둬둘 수 없습니다. 가장 비천한 거지라도 왕과 똑같이 빛을 공유합니다. 빛은 독점될 수 없습니다. 빛은 모든 사람을 똑같이 기쁨으로 맞이합니다. 이와 마찬가지로, 성경은 값없는 하나님의 은혜를 계시하고 있습니다. 경험으로 봐도, 은혜는 가장 가난한 자들과 가장 천한 자들에게도 비칩니다. 그리고 바보들과 무지한 자들도 은혜로 깨우치게 됩니다. 이처럼 빛은 얼마나 귀중한 것입니까? 장님인 자들도 이 빛을 보고 싶어 하지 않겠습니까! 만약 여러분과 제가 무덤 속에 갇혀 있다면, 한 번이라도 하늘의 빛 가운데 걸어보기를 열렬히 갈망할 것입니다. 돈으로 살 수 없는 귀한 하나님의 은혜도 이와 마찬가지입니다. 이 은혜를 흡족히 누릴 수 있는 눈을 가진 모든 사람에게 이 은혜는 값없이 주어집니다.

또한 빛은 연약해 보이지만 얼마나 강합니까! 빛이 가진 미세한 광선은 거미줄의 반 정도 밖에 안 되는 힘을 지닌 것처럼 보이지만, 실제로 그 힘은 얼마나 강력한지, 아주 대단한 힘을 가지고 있습니다! 하나님이 만드신 우주 가운데 빛보다 더 강한 힘을 지니고 있는 것도 거의 없습니다. 이와 마찬가지로, 하나님의 은혜도 인간의 눈에는 하찮은 것으로 보일지 모르지만, 그 안에는 전능한 위엄이 있으며, 그 어떤 정복자보다도 더 위대합니다. 앞서 말한 바대로, 빛은 소음도 없습니다! 여러분은 빛이 오는 발자국 소리를 듣지 못했을 것입니다. 하지만 그 효력은 강력합니다. 이와 마찬가지로, 하나님의 은혜도 눈에 띄게 임하지 않았으나, 그 은혜의 변화는 이루 비할 데가 없습니다. 빛은 또한 얼마나 다양한지 모릅니다. 우리는 서로 다른 측면에서 서로 다른 매개체를 통해서 빛을 봅니다. 그러나 빛은 또 얼마나 일정한지 모릅니다! 빛은 일정하게 좋은 것이기도 합니다! 은혜 역시 아주 다른 방식으로 임하여 매우 다양하게 활동하지만, 또한 항상 동일하기도 합니다. 은혜의 결과들은 항상 순수하고 사랑스럽고 아주 좋은 평판을 얻습니다. 빛이 좋았더라고 하나님께서 분명히 말씀하셨는데, 누가 감히 달리 말할 수 있겠습니까? 누가 빛을 더럽힐 수 있겠습니까? 빛의 광선은 똥 무더기까지 비추지만, 빛의 순수함은 백합화 위의 흰 눈처럼 남아 있습니다. 누가 빛의 아름다움을 제거할 수 있겠습니까? 빛은 어두컴컴한 암흑의 굴 속과 매스꺼운 오물로 가득 차 부글부글 끓어오르는 곳까지 비추지만, 그 빛의 탁월성은 여전히 밝게 빛나고 있습니다. 빛은 흑암 속에서도 동요하지 않으며, 어둠 속에서도 부패하지 않습니다. 나무에 붙은 잎들은 계속되는 가을바람에 시들어 땅에 떨어져 썩습니다. 그러나 빛의 광선은 절대 시들지 않습니다. 이 땅에서 일어나는 많은 변화들은 지나가 버립니다. 그러나 빛은 항상 동일합니다. 빛이 지닌 눈부신 영광도 계속 지속됩니다. 눈부신 광선은 불길 한가운데에서 뛰쳐나와 지치지 않는 두 날개로 우리를 방문합니다. 광선은 이 땅이 생성된 이래로 온갖 땅의 신선한 것들로 자신을 치장하고 있습니다. 이 모든 것을 하나님의 은혜에 적용해 보십시오. 그러면 그 강조점이 나타날 것입니다. 은혜는 부패할 수 없습니다. 은혜는 항상 순수하고 좋습니다. 은혜는 질 수도 없습니다. 은혜는 그 목표를 완수해 낼 것입니다. 은혜는 썩지도 않고 영원히 살아서 지속되는 하나님의 씨앗입니다. 오, 귀중한 은혜, 만약 그 은혜가 영혼 안에 있다면, 아직까지는 그저 그 은혜가 창조된 첫째 날에 불과하다 해도, 그 은혜는 보기에 좋습니다.

빛은 그 자체로 좋을 뿐 아니라, 싸움 중에 있어서 좋은 것입니다. 빛은 흑암과 싸웠습니다. 흑암이 빛과 싸우게 된 것은 좋은 일이었습니다. 믿음이 어린 사랑하는 성도 여러분, 은혜가 여러분에게 임했다면, 은혜는 여러분의 죄악들과 싸우게 될 것입니다. 여러분의 죄악들은 빛과 맞붙어 싸워야 하고, 결국 죄악들은 지게 됩니다.

하나님으로부터 임한 빛은 적당해서 좋습니다. 너무 많지도 않고, 그렇다고 너무 적지도 않습니다. 하나님께서 너무 많은 빛을 이 땅에 보내신다면, 우리 모두는 너무 눈이 부셔서 장님이 되어 버렸을 것입니다. 반면 너무 적게 빛을 보내신다면, 우리는 어두컴컴한 가운데서 손으로 더듬으며 살아가야 했을 것입니다. 하나님은 새롭게 태어난 기독교인에게 그가 꼭 감당할 만큼의 은혜만을 주십니다. 하나님은 수년 후에나 성숙하게 될 그런 은혜를 지금 주지 않으십니다. 왜냐하면 그런 은혜는 적당하지가 않기 때문입니다. 예수님께서 이렇게 말씀하지 않으셨습니까? "내가 아직도 너희에게 이를 것이 많으나 지금은 너희가 감당하지 못하리라"(요 16:12). 새벽도 정오만큼이나 좋은 때입니다. 은혜 안에 있는 아기는 아름답습니다. 그 아기 안에 있는 은혜는 아기의 상황에 적당합니다. 사랑하는 성도 여러분, 충분히 장성한 어른에게나 어울리는 빛과 은혜를 어린 아기가 가지지 못했다고 해서, 그 아기를 비난하지 마십시오. 그런 비난은 부당한 것입니다.

빛은 하나님의 또 다른 사역을 위한 하나의 준비이기에 좋은 것입니다. 위대한 창조주께서는 식물들을 만들고자 하셨습니다. 그런데 빛 없이 식물이 살 수 있겠습니까? 하나님은 광활한 궁창에 날아다닐 새를 만들고, 풀밭에서 풀을 뜯는 짐승을 곧 만들고자 하셨습니다. 그런데 이 모든 것들이 빛을 필요로 하지 않습니까? 처음부터 빛이 그랬던 것이 아니라 해도, 그 빛은 하나님의 창조 완성에 꼭 필요한 것이었습니다. 인간의 눈이 하나님의 창조 사역을 보고 기뻐하기 위해서도 빛은 꼭 필요했습니다. 앞으로 장차 창조될 것들과 관련해서도 하나님은 빛을 보고 좋았더라고 말씀하신 것입니다. 그러므로 오, 믿음이 어린 성도들을 대하는 여러분에게 부탁합니다. 그 어린 성도들 안에 있는 은혜가 장차 앞으로 어떻게 될 것인지 생각하면서 그들을 바라보기 바랍니다. 그들이 단지 어린 잎처럼 연약하다는 사실 하나만 생각하지 마십시오. 그 연약한 잎에서 새싹이 돋아나 황금빛 열매를 맺을 것이라는 믿음의 눈을 가지기 바랍니다. 도토리 안에 있는 거대한 도토리나무를 보고, 어린 아이 안에 있는 어른을 보십시오. 그러고 나서 그들을 보고 좋았더라고 말하십시오.

　　빛이 좋다는 것과 은혜도 좋다는 이 하나님의 진리로부터, 사람들은 대부분 이 진리의 결과들에 대해 생각합니다. 빛은 세상을 장식하는 아름다움을 만들어 냅니다. 왜냐하면 빛이 없이는 모든 세상이 꼴불견의 암흑천지가 될 것이기 때문입니다. 빛이라는 붓으로 온 세상에 색이 입혀집니다. 이와 마찬가지로, 인격의 아름다움은 모두 은혜의 결과입니다. 빛은 생명을 유지시켜 줍니다. 그러다가 생명은 때가 되면 서서히 쇠하여 빛 없이 죽게 됩니다. 마찬가지로 은혜만이 신자의 덕과 축복을 유지시켜 줍니다. 일용할 은혜가 없다면, 우리는 영적으로 죽은 몸일 것입니다. 빛은 많은 질병들을 치유하며, 은혜는 그 은혜의 날개에 치유하는 힘을 가지고 옵니다. 빛은 위로이며, 빛은 기쁨입니다. 흑암 속에 갇혀 본 죄수라면 이런 사실을 잘 알 것입니다. 이와 마찬가지로, 하나님의 은혜도 이 은혜가 부어지는 곳이면 어디서든 기쁨과 평안을 일으킵니다. 빛도 드러내지만, 은혜도 드러냅니다. 은혜의 빛이 없었다면, 우리는 예수 그리스도의 얼굴에 있는 하나님의 영광을(고후 4:6) 볼 수 없었을 것입니다. 오, 하나님께서 빛 가운데 행하시는 것처럼, 여러분도 빛 가운데 행하십시오. 그래서 여러분과 하나님이 서로 사귐이 있도록 하십시오. 오, 주님, "주의 빛과 주의 진리를 보내시어 나를 인도하시고 주의 거룩한 산과 주께서 계시는 곳에 이르게 하소서"(시 43:3).

　　이제 여러분은 두 가지 사실을 알게 되었습니다. 하나님께서 드러나지 않았던 많은 좋은 것들을 빛 가운데서 알게 되셨다는 사실과, 이와 마찬가지로, 영혼 안에 있는 은혜의 최초 사역을 통해서 하나님은 아주 많은 좋은 것들을 알게 되셨다는 사실입니다. 이 좋은 것들은 영혼 그 자체도 전혀 몰랐던 것이며, 사랑스런 눈빛을 가지고 자세히 살펴본 기독교인조차도 전혀 감지할 수 없었던 것입니다.

4. 하나님께서는 창조한 것들을 격려하십니다.

　　이제 우리가 실제로 주목해야 할 것을 언급하면서 이 말씀을 맺으려고 합니다. 우리가 주목해야 할 것은 하나님께서 이 첫째 날에 만드신 것에 대한 그 자신의 평가입니다. 여기서 우리는 하나님의 판단이 공포된 것을 봅니다. "빛이 하나님이 보시기에 좋았더라." 이 말씀으로 인해 저는 믿음이 어린 기독교인에게 말할 수 있게 되었습니다. 하나님은 여러분을 격려하고 싶어 하신다고 말입니다. 여러분은 회심한 후로, 계속해서 여러분 자신을 보아 왔습니다. 아마도 여러분은 낙담해서 이렇게 소리쳤을 것입니다. "비참한 일이지만, 나는 나쁜 놈이었다. 내 안에 이런 것이 숨어 있었는지 알지 못했다." 맞습니다. 여러분은 지금도 여러분 안에 무엇이 있는지 다 알지 못합니다. "여하튼 나는 나쁜 놈이다." 제가 여러분에게 확실히 말할 수 있는 것, 여러분은 지금 여러분이 생각하고 있는 것보다 훨씬 더 나쁜 사람이라는 것입니다. "무슨 말씀입니까, 목사님! 저는 지금도 충분히 낙심하고 있는데 말입니다." 알고 있습니다. 하지만 만약 여러분이 자신에 대한 진면목을 제대로 보게 된다면, 여러분은 지금보다 열 배나 더 깊은 자괴감에 빠지게 될 것입니다. 여러분은 가망이 없을 만큼 나쁜 사람입니다. 여러분도 이 사실을 너무 잘 알고 있습니다. 하나님께서 저의 옛 본성이 죽어 부패했다는 사실을 가르쳐 주신 것에 대해 저는 자주 감사를 드립니다. 그 후로 저는 그 어떤 사실로도 놀라지 않습니다. 저는 돈 한 푼 없는 파산자로 시작했기 때문에, 더 이상 가난해질 수 없습니다. 저는 벌거벗은 몸으로 시작했기 때문에, 더 이상 잃어버릴 누더기 옷도 없습니다. 저는 죽었습니다. 완전히 죽었습니다. 그래서 제게는 어떻게 더 해 볼 힘이 하나도 없습니다. 여러분의 육체 안에는 선한 것이 하나도 없다는 사실을 여러분은 반드시 알아야 합니다. "육신의 생각은 하나님과 원수가 되나니 이는 하나님의 법에 굴복하지 아니할 뿐 아니라 할 수도 없음이라"(롬 8:7). 먼저 진정하고, 이 말씀을 확실한 사실로 받아들이십시오. 그러면 이후로 그 어떤 말에도 여러분은 놀라지 않을 것입니다. 여러분의 본성은 구제불능이며, 교정도 불가능합니다. 그러나 여러분 안에는 하나님께서 여러분의 마음에 주신 은혜로운 빛이 있습니다. 여러분 안에 있는 그 빛 때문에 하나님은 여러분을 기뻐하십니다. 비록 여러분이 일주일 전에 하나님 앞에서 갓 태어나 하나님의 집에서 양육되고 있는, 울고 있는 불쌍한 어린 아기라 해도, 여러분의 아버지는 여러분을 사랑하셔서 여러분에게 은혜를 주셨고, 그 은혜로 말미암아 여러분을 대단히 소중한 사람으로 여기십니다. 그러므로 이제는 절망하지 말고, 여러분 자신에게 말하십시오. "하나님께서는 나에게 믿음을 주셨고, 나에게 있는 이 믿음을 보시고서 좋다고 말씀하셨다. 내가 하나님에 대해 가지고 있는 이 작은 사랑도 하나님께서는 좋다고 말씀하셨다. 나는 새 힘을 낼 것이다. 왜냐하면 내 속에서 착한 일을 시작한 이가 이루실 것(빌 1:6)이기 때문이다."

저는 마지막으로 신앙생활한 지 오래된 성도들에게 당부하고자 합니다. 하나님께서 첫째 날에 행하신 사역에 대해 좋았더라고 말씀하셨다면, 여러분도 믿음이 어린 성도들에게 그렇게 말해 주기를 원합니다. 어린 성도들의 회심에 대해 여러분이 확신을 얻고 난 뒤에 그들과 교제를 해야겠다고 생각하고는, 둘째 날, 셋째 날, 넷째 날, 다섯째 날, 여섯째 날이 되도록 기다리지 말았으면 좋겠습니다. 하나님께서 그렇게 빨리 격려의 말씀을 하셨다면, 여러분도 똑같이 지체 없이 말해 주었으면 합니다. 어린 신자에게 하는 몇 마디 말들이 그들에게는 큰 힘이 될 것입니다. 그들은 연약하기에, 그런 격려의 말들이 절실히 필요합니다. 지금까지 우리가 오랜 세월 동안 하나님의 가르침대로 살아왔다 해도, 어린 성도들에게 무뚝뚝하고 까다롭고 비판적으로 대했다면, 우리는 마땅히 부끄러워해야 할 것입니다. "아버지의 살림을 창녀들과 함께 삼켜 버린 이 아들이 돌아오매"(눅 15:30)라고 말한 사람은 나이 어린 동생이 아니라, 나이 많은 맏형이었다는 사실을 여러분도 알 것입니다. 저는 여러분이 맏형의 마음으로 타락하지 않도록 기도하고 있습니다. 여러분은 해가 지나면서 나이를 먹어가겠지만, 마음만은 젊어지도록 노력하십시오. 여러분은 갓 회심한 어린 성도에게 너무 많은 것을 요구하거나 일반적인 기대보다 더 많은 것을 기대하는 경향이 있습니다. 이것은 잘못된 것입니다. 그들을 비판한다고 해서 그들에게 유익이 되는 것이 아닙니다. 오히려 그들을 격려해 주는 것이 큰 도움이 됩니다. 이번 주에 우리는 신문을 통해서 웹 선장이 수영으로 해협을 건넜다는 기사를 보았습니다(매튜 웹[Matthew Webb, 1848-1883] 선장은 1875년 8월 25일에 64km 거리인 도버 해협을 최초로 22시간의 수영으로 건넜다 — 역주). 매 순간 그의 친구들이 그를 격려해 주었다는 사실도 우리는 알게 되었습니다. 정말 그런 격려가 그에게 도움이 되었을까요? 분명히 큰 도움이 되었을 것입니다. 무기력하고 연약한 친구를 격려하는 것보다 더 큰 도움은 없습니다. 연약한 형제를 격려해 주십시오. 부탁하건대, 마음이 흔들리는 어린 성도들을 만나면 격려해 주십시오. 그에게 진심어린 격려를 해주십시오. 전망 있는 선택을 할 수 있도록 말해 주십시오. 하나님께서 여러분을 어떻게 도우셨는지도 함께 말해 주십시오. 여러분의 몇 마디 말이 여러분에게는 그리 대단한 것이 아니어도, 듣는 사람에게는 아주 중요한 것이 될 수 있습니다. 반대로, 여러분의 본심은 그게 아니라 해도, 여러분의 얼굴이 성난 모습으로 비쳐져 그 어린 성도의 뼛속까지 오싹하게 할 수도 있습니다. 엄격한 성도들의 싸늘한 모습에 서

투른 어른 신자들이 동상을 입게 된 경우가 부지기수입니다. 앞으로 어린 성도들을 격려하고 돕는 것을 원칙으로 삼읍시다. 왜냐하면 이런 격려의 사역이야말로 그들의 장래에 전적으로 영향을 끼칠 수 있기 때문입니다. 하나님께서 창조 첫날에 좋았더라고 말씀하셨듯이, 하나님께서는 이후에도 계속해서 이와 동일한 말씀을 하셨습니다. 그래서 마침내는 하나님이 "심히 좋았더라"(창 1:31)고 선포하셨습니다. 이런 식으로 저는 어린 회심자들이 처음부터 끝까지 "좋게" 될 것이라고 확신합니다. 여러분이 매개체가 되어 어린 성도들에게 미리 전한 축복은, 최종적으로 듣게 될 "잘 하였도다 착하고 충성된 종아"(마 25:21)라는 칭찬과 함께, 수천 가지 칭찬들 중의 맨 첫 번째 칭찬이 될 것입니다. 어쨌든, 사랑하는 성도 여러분, 여러분이 이렇게만 한다면, 여러분 안에서 하나님을 닮은 기질이 드러날 것입니다. 하나님께서는 그 첫째 날의 일을 좋았더라고 말씀하셨습니다. 여러분도 하나님처럼, 비록 첫째 날이 다소 미흡해 보여도, 좋은 것을 보려고 하고 그것에 대해 좋게 말하려고 하십시오.

어린 신자들에게 일어난 은혜의 첫 사역을 보고 칭찬하는 것은 여러분 자신에게도 위로가 될 것입니다. 만약 여러분이 갓 믿은 성도에게서나 오래 믿은 성도에게서나 동일하게 그들로부터 좋은 것을 발견하는 눈을 가지고 있다면, 그것은 아주 복된 능력일 것입니다. 그러나 다른 사람들의 허물에만 예민한 눈을 가진 사람은 비참한 존재입니다. 그런 사람들은 태양을 보고 "태양에 얼룩덜룩한 것들이 있다"고 말하고, 달을 쳐다보고도 달빛이 너무 창백하다고 말합니다. 이런 식으로 세상을 바라보기보다는 차라리 장님이 되는 것이 더 나을 것입니다. 이런 자들이 여러분 가운데는 없기를 바랍니다. 하나님께서 빛을 보고 좋았더라고 말씀하셨던 것처럼, 여러분도 빛을 바라보고서 즐거워하기를 바랍니다. 연약한 은혜의 편에 서십시오. 그러면 여러분 자신의 은혜가 더 강해질 것입니다. 마음이 약한 자들을 격려하고 힘이 없는 자들을 붙들어 주며 모든 사람에게 오래 참으십시오(살전 5:14). 거룩한 사랑은 악한 것을 생각하지 아니하며 진리와 함께 기뻐합니다(고전 13:5-6). 아멘.

제
2
장
—

간교한 사탄에 대한 대책

—

"뱀은 여호와 하나님이 지으신 들짐승 중에
가장 간교하니라." — 창 3:1

오늘의 본문은 "옛 뱀 곧 마귀라고도 하고 사탄이라고도"(계 12:9) 하는 말씀과 일맥상통한다는 것을 우리는 잘 알고 있습니다. 사마리아 역(사마리아 지역에서 사용되던 모세오경의 번역본으로, 사마리아 오경이라고도 불리며, 이스라엘의 역사성과 종교성의 기원을 예루살렘이 아니라 사마리아를 중심으로 기술하고 있다 — 역주)에서는 "뱀"이라는 말 대신에, "속이는 자" 또는 "거짓말하는 자"로 번역하고 있습니다. 이 사마리아 역본의 번역이 참된 본문은 아니겠지만, 진리의 한 측면을 보여주고 있는 것은 분명합니다. 우리 주 예수님은 유대인들에게 말씀하셨습니다. "거짓을 말할 때마다 제 것으로 말하나니 이는 그가 거짓말쟁이요 거짓의 아비가 되었음이라"(요 8:44). 이 예수님의 말씀에서 가리키고 있는 것이 바로 "여호와 하나님이 지으신 들짐승 중에 가장 간교"한 존재였습니다. 하나님은 많은 짐승들에게 기꺼이 이런 지각을 주셨습니다. 어떤 짐승에게는 지각과 교활함과 함께 힘까지 주셨습니다. 이렇게 하신 목적은 개체수가 너무 많이 불어나는 어떤 무리의 짐승들을 더 잘 잡아먹도록 하기 위함이었습니다. 힘이 아주 세지 못한 짐승들에게 하나님은 자기 보존과 포획자에게 대적하고 먹잇감을 확보하기 위한 아주 놀라울 정도의 지혜로운 본능을 주셨습니다. 그러나 들짐승들의 모든 지혜로운 본능과 간교함도 사탄의 간교함에는 미치지 못했습니다. 동물의 본능이 때로는 인간의 이성을 능가하는 것처럼 보이기도 하지만, 사실 조금만 더 생각해보면, 인간은 그 어떤 다른 피조물보다 훨씬 더 교활합니다. 하지만 사탄은 인간을 포함해 주 하나님께서 만드신 모든 피조물들 중에 더욱더 많은 간교함을 자기 속에 지니고 있습니다.

사탄은 재간을 많이 가지고 있으며, 다양한 명목들로 우리를 능히 이길 수 있습니다. 제 생각에, 사탄이 간교한 이유는 아마도 사탄이 악한 의지로 가득 차 있기 때문이라고 설명할 수 있을 것 같습니다. 왜냐하면 악한 의지야말로 간교함이 만들어 내는 가장 대표적인 산물이기 때문입니다. 사람도 복수하겠다는 결심을 하게 되면, 자신의 원한을 앙갚음할 기회를 찾기에 얼마나 교활해지는지 그저 놀라울 따름입니다. 만약 어떤 사람이 다른 사람에 대해 적의를 가지고 있고, 그 적의가 그의 영혼을 철저히 사로잡고 있어서, 소위 적의의 독이 그의 핏줄에까지 흐른다면, 그 사람은 그의 원수에게 고통을 가하고 해를 입힐 수단을 찾기 위해 물불을 가리지 않을 만큼 극도로 교활해질 것입니다. 자, 사탄은 어떠합니까? 인간에 대해서 사탄보다 더 악한 의지로 가득 찬 존재는 아마 없을 것입니다. 이 사실은 사탄이 매일 증명하는 바이기도 합니다. 사탄이 가진 그 악한 의지는 사탄이 타고난 지혜를 더욱 예리하게 합니다. 그래서 사탄은 극도로 간교해집니다.

더욱이, 사탄은 천사입니다. 물론 타락한 천사이지만 말입니다. 사탄은 타락하기 이전에 천사들의 위계질서 가운데서도 아주 높은 지위에 있었던 것으로 분명히 성경에 암시되고 있습니다. 그래서 그런 막강한 존재들은 보통 인간 존재들에게 주어지는 지적 능력을 훨씬 능가하는 막강한 지적 능력을 받았을 것으로 우리는 알고 있습니다. 그러므로 위로부터의 도움 없이 한 인간이 천사와 맞붙을 수 있으리라는 기대, 다시 말해 타고난 지적 능력에다가 우리를 대적하는 극심한 앙심을 품은 악한 의지로 그 능력이 더욱 예리해진 그런 천사를 인간이 특별히 상대할 수 있으리라는 그런 기대를 우리가 해서는 안 되는 것입니다.

다시 한 번 말합니다. 사탄은 지금도 간사합니다. 더 정확하게 말하자면, 사탄은 아담 때보다 더욱 간교해졌습니다. 왜냐하면 사탄은 지금까지 인류를 아주 오랫동안 대해왔기 때문입니다. 사탄이 하와를 유혹할 때만 해도 그것은 사탄이 인간을 대하는 첫 번째 순간이었습니다. 그 때에도 사탄은 "여호와 하나님이 지으신 들짐승 중에 가장 간교"했습니다. 그 이후로 사탄은 인간을 괴롭히고 파멸시키기 위해 자신이 가진 모든 악마적 사고와 강력한 능력들을 다 발휘하였습니다. 사탄이 괴롭히지 않은 성도는 단 한 명도 없었으며, 사탄이 현혹하지 않은 죄인은 단 한 명도 없었습니다. 악한 영들로 구성된 사탄의 군대와 합세해서, 사탄은 인간의 아들들에 대한 끔찍한 통제를 지속적으로 행사해 왔습니다. 그 결과 사탄은 인간을 시험하는 모든 종류의 기술을 통달하게 되었습니다. 그 어떤 해부학자라도 사탄만큼 그렇게 인간에 대해서 잘 알지는 못할 것입니다. 사탄은 "모든 일에 시험을 받은"(히 4:15) 일은 없지만, 다른 사람을 모든 일에 시험하는 존재입니다. 사탄은 우리의 머리 꼭대기부터 발끝까지 우리의 몸 구석구석에서 공격할 틈을 찾습니다. 우리의 본성이 행하는 모든 것을 조사할 뿐만 아니라, 우리 영혼의 아주 은밀한 곳까지 파고들어옵니다. 사탄은 우리 마음의 최후 요새까지 기어 올라와서는 거기에서 살아갑니다. 또한 우리 마음의 가장 깊은 곳에 있는 후미진 곳까지 찾아와서, 그 가장 깊은 곳까지 뛰어듭니다. 사탄이 풀어헤치지 못할 인간 본성은 없다고 생각합니다. 그러나 제가 가진 또 하나의 확신은, 사탄이야말로 지금껏 존재했던 어리석은 자들 중에 가장 어리석은 자라는 점입니다. 역사가 계속해서 증명하듯이, 사탄이야말로 바보들 중에서 가장 교활한 바보입니다. 이것은 분명한 사실입니다. 하지만 이것은 대단한 역설이 아니라는 말도 해야겠습니다. 왜냐하면 교활함은 항상 어리석은 것이며, 교활함은 지혜로부터 이탈된 다른 형태에 불과하기 때문입니다.

이제, 사랑하는 성도 여러분, 저는 첫 번째로 사탄의 간사함과 간교함, 그리고 사탄이 우리의 영혼을 공격하는 모습들에 대해 주목하고자 합니다. 두 번째로는 우리가 사탄을 대적할 때 사용해야 할 지혜와 관련해서 권고의 말씀을 드리고, 또한 간교한 사탄으로부터 우리가 파멸의 도구가 되는 것을 방지하기 위해 우리가 효과적으로 사용할 수 있는 유일한 수단들에 대해서 전하고자 합니다.

1. 사탄의 간사함과 간교함

첫 번째로, 우리가 직접 경험으로 알게 된 사탄의 간사함과 간교함에 대해 살펴보겠습니다. 첫째로 사탄은 공격 대상에 맞춰서 자기의 간사함과 간교함을 드러낸다는 사실부터 주목해 보려고 합니다. 여기에 온화하고 조용하며 마음이 평안한 한 사람이 있습니다. 사탄은 이 사람을 불안이나 불신 등으로 공격하지 않습니다. 사탄은 이보다는 훨씬 약한 방식, 즉 자기애, 자기만족, 세속적인 취향

등으로 그 사람을 공격합니다. 이런 사람들을 공격하는 데 사탄이 주로 사용하는 무기들이 바로 그런 것들입니다. 여기 또 다른 사람이 있습니다. 이 사람은 겸손한 마음과, 활동적이기보다는 얌전한 마음의 소유자로 널리 알려져 있습니다. 이런 사람은 사탄이 교만으로 뽐내게 하지는 않을 것입니다. 사탄은 이런 사람의 약점이 어디에 있는지 연구하고 알아낼 것입니다. 사탄은 그가 자신의 소명을 의심하도록 시험에 들게 해서, 그가 절망에 빠지도록 만들 것입니다. 여기 또 다른 사람이 있습니다. 그는 하나님이 하시는 모든 일에 기뻐하고, 그분의 약속을 즐거워하면서, 강인한 정신력과 정열적인 실천력까지 겸비한 사람입니다. 사탄은 이런 사람에게 불신으로 공격할 수 없을 것입니다. 왜냐하면 그런 사람은 개별 사안들에 대해서 만반의 무장을 한 상태라는 것을 사탄도 알기 때문입니다. 따라서 사탄은 그 사람을 교만이나 정욕의 유혹으로 공격할 것입니다. 사탄은 우리를 아주 철저하고 자세하게 파악하고 있습니다. 아킬레스(호메로스의 일리아드 중의 그리스 영웅으로서, 그의 유일한 약점인 발꿈치에 활을 맞아 전사함 — 역주)에게는 발꿈치가 가장 약한 곳이었던 것처럼, 사탄은 우리에게도 그런 약점이 발견되기만 하면, 그 화살을 우리의 발꿈치를 향해 쏠 것입니다. 사탄은 사람의 강점을 찾아내서 그 부분을 공격하지 않는다고 저는 믿습니다. 일반적으로 사탄은 사람이 가진 죄에 빠지기 쉬운 약점을 아주 잘 찾아냅니다. 그러고는 말합니다. "바로 거기에, 내가 한방 먹이겠어." 그러나 하나님은 싸움의 시간, 갈등의 시기에도 우리를 도우십니다! 그러므로 우리는 "하나님, 우리를 도와주옵소서!"라고 말해야 할 필요가 있습니다. 왜냐하면 실제로 하나님께서 우리를 도와주지 않으신다면, 이 간사한 원수는 우리가 입고 있는 갑옷의 이음새마저 쉽게 알아내서 우리의 영혼에 치명적인 화살을 곧 쏘아댈 것이고, 그로 인해 우리는 상처를 입은 채로 사탄 앞에 넘어져 고꾸라질 것이기 때문입니다. 제가 알게 된 사실은 이것입니다. 사탄은 아주 이상하게도, 여러분이 생각하기에 전혀 이런 것으로는 공격하지 않을 것이라는 바로 그것으로 여러분을 자주 시험한다는 것입니다. 존 녹스(John Knox)가 자기 침상에서 숨을 거둘 때, 여러분은 그가 마지막으로 어떤 시험을 받았을 것이라고 생각합니까? "은혜로 말미암아 여러분이 구원을 받는다"는 위대한 교리를 존 녹스보다 더 완전히 이해한 사람은 아마 아무도 없을 것입니다. 그는 강단에서 이 교리를 천둥처럼 선포했으며, 만약 여러분이 이 교리가 조금 의심스럽다고 그에게 말했다면, 그는 인간의 공로로 구원을 얻는다는 교황주의자들의 교리를 온 힘을 다해 거부하면서, 아주 담대하고 용감하게 여러분에게 이 교리를 선언했을 것입니다. 이 정도로 과감했던 녹스가 아무리 쇠약해졌다고 해도 그렇지, 우리 영혼의 옛 원수인 사탄이 녹스에게 자기 의라는 무기로 공격했다는 것을 여러분은 믿을 수 있습니까? 사탄은 녹스에게 다가와 말했습니다. "존! 당신은 얼마나 용감하게 주님을 섬겨왔습니까. 당신은 사람들 앞에서 결코 기죽지 않았습니다. 당신은 왕들과 군주들 앞에 맞서면서도 두려워 떨지 않았습니다. 당신 같은 사람이야말로 하늘나라에 당신의 두 발로 당당히 걸어가, 가장 높으신 분의 결혼예식에 당신의 예복을 입을 자격이 있습니다." 존 녹스가 이렇게 시험하는 영혼의 원수인 사탄과 직면했던 그 갈등은 격렬하고 극심한 투쟁이었습니다.

저는 여러분에게 이와 비슷한 제 자신의 경험을 말씀드리겠습니다. 저는 속으로 이런 생각을 했습니다. 이 세상에 있는 다른 사람들과는 달리 나는 절대로 걱정을 하지 않는 사람이라고 말입니다. 제 생각에, 제게는 한순간도 저 자신을 괴롭히는 일도 없었고 당면한 걱정거리도 없었습니다. 저는 제가 원하는 것은 무엇이든 항상 가질 수 있었기 때문에, 스스로 어떤 것을 걱정하는 것과는 거리가 멀다고 여겼습니다. 그러다가 이상하게도 요 얼마 전에 극심한 두려움의 시험이 저를 엄습했습니다. 그 시험은 저를 세상의 염려와 고민으로 몰아넣었습니다. 저는 괴로움에 짓눌려 신음하면서, 온 힘을 다해 이 시험과 맞붙어 싸웠습니다. 이미 예전에 저는 하나님의 섭리에 관한 이런 의심의 마음을 극복했었습니다. 솔직히 말해서, 하나님의 섭리를 의심하는 생각이 왜 제 마음에 생긴 것인지, 제가 아는 한에서는 어떤 이유도 없는 것 같은데, 아직까지도 그 부분에 대해서는 잘 모르겠습니다. 이런 이유로도 그렇고, 또 다른 많은 이유들로 인해, 저는 사탄을 날마다 더욱더 싫어하게 되었습니다. 가능하다면 저는 하나님의 말씀을 전해서 사탄의 왕국을 지탱하는 그 기둥들을 뒤흔들어 놓겠다고 맹세했습니다. 하나님의 종이라면 누구나 우리 영혼의 철천지원수에 대한 적대감이 날마다 커져만 갈 것이라고 저는 생각합니다. 왜냐하면 그 원수는 우리를 대적하여 악의에 가득 찬 예상치도 못한 공격을 계속해서 우리에게 퍼붓고 있기 때문입니다.

이제는 사탄의 공격 유형들을 훑어볼 텐데, 아직 여러분이 이 유형들에 대해 잘 모른다면, 앞으로 빠른 시간 내에 알게 될 것입니다. 이런 유형들을 통해서 사탄의 간교함이 드러납니다. 아, 사랑하는 성도 여러분, 여러분이 머리를 보호하려고 머리에 투구를 쓰고 있다면, 사탄은 날카로운 칼을 여러분의 가슴에 꽂으려고 할 것입니다. 그래서 여러분이 가슴을 보호하는 호심경(살전 5:8)이 잘 장착되었는지 살피려는 순간, 사탄은 여러분의 머리를 가르기 위해 전투용 도끼를 높이 쳐들 것입니다. 여러분이 투구와 호심경을 보고 있는 찰나, 사탄은 여러분의 발을 걸어 넘어뜨리려고 할 것입니다. 사탄은 항상 여러분이 보지 않는 곳이 어디인지를 찾으려고 혈안이 되어있습니다. 여러분이 자고 있는 동안에도, 사탄은 항상 깨어있습니다. 그러므로 여러분은 항상 주의하십시오. "하나님의 전신 갑주를 입으라"(엡 6:11). "근신하라 깨어라 너희 대적 마귀가 우는 사자 같이 두루 다니며 삼킬 자를 찾나니 너희는 믿음을 굳건하게 하여 그를 대적하라"(벧전 5:8-9)는 말씀대로 말입니다. 하나님께서 여러분을 도우셔서 사탄을 능히 이기게 해주시기를 기원합니다!

둘째로, 사탄은 우리를 대적하기 위해 자주 사용하는 무기들을 통해서 자신의 간사함을 드러냅니다. 사탄은 종종 하나님의 자녀들이 예전에 육체적 상태에 있을 때 들었던 상스런 노래나, 음담패설 같은 농담을 기억나게 함으로써 그들을 공격합니다. 그러나 이런 것보다 더 흔하게는 성경 말씀을 가지고 하나님의 자녀들을 공격합니다. 그런 일이 일어난다는 게 이상하기는 하지만, 정말로 그렇습니다. 사탄이 자기 화살로 기독교인들을 향해 쏠 때, 그 화살에 하나님의 말씀을 묶어서 날려 보내는 경우가 종종 있습니다. 이런 경우는 어떤 시인의 말대로, 지독한 슬픔 그 자체인 것 같습니다. 화살에 맞아 피를 토하며 죽게 된 독수리가 자기 가슴을 찌른 그 화살이 바로 자기의 가슴 깃털로 만들어진 것임을 알게 되는 것이니 말입니다(이솝 우화에 나오는 '독수리와 화살' 이야기 — 역주). 기독교인들도 종종 이와 비슷한 경험을 하게 됩니다. "아, 이 말씀은 내가 귀하게 여기는 성경책에 기록된, 내가 좋아하는 바로 그 구절이다. 하지만 지금 이 말씀은 나를 대적하고 있다. 하나님이 친히 마련한 무기고에 있는 무기가 내 영혼을 대적하는 죽음의 도구가 되다니." 사랑하는 성도 여러분, 여러분에게는 이런 경우가 없었습니까? 사탄이 그리스도를 공격할 때, "기록되었으되"(마 4:4)라는 말로 공격한 것처럼, 사탄이 여러분에게도 이렇게 공격하는 것을 경험해 본 적이 없습니까? 성경이 여러분을 파멸로 인도하지 않도록, 여러분은 하나님의 말씀이 왜곡되고 거룩한 성경이 악용되는 것을 조심해야 한다고 배운 적이 없습니까?

어떤 때는 사탄이 우리의 경험을 무기로 사용하기도 합니다. 마귀는 이렇게 말합니다. "한 번 봅시다. 당신은 몇 년 몇 월 며칠에 이러이러한 죄를 지었군요. 그러고도 당신은 하나님의 자녀라고 할 수 있습니까?" 또 어떤 때는 이렇게 말하기도 합니다. "당신은 자기 의를 내세우는 사람이군요. 그러니 당신은 하늘나라의 상속자가 될 수 없습니다." 또 어떤 때는, 우리가 믿음이 없을 때, 우리가 방황하며 돌아다닐 때 했던 것들, 즉 이미 오래 전에 잊어버렸던 그 옛날 지나간 이야기들을 사탄은 하나씩하나씩 들추어내서 우리를 책망하기 시작합니다. 사탄은 말합니다. "뭐라고? 그러고도, 당신이, 당신이 기독교인이라고? 좀 멋진 기독교인이 되어야지!" 어떤 때는 이런 식으로 여러분을 시험하기 시작합니다. "전에 보니까 당신은 사업을 하면서도 이러이러한 일을 하지 않은 것 같던데, 그것 때문에 엄청난 손해를 보지 않았소! 누구누구도 기독교인이지만, 다 그런 일을 합니다. 저기 길을 건너고 있는 당신의 이웃도 교회 집사이지 않습니까. 그 집사도 그렇게 하지 않았소? 그런데 왜 유독 당신만 그렇게 하지 않는 것입니까? 그렇게만 한다면, 큰 이익이 될 텐데 말이오. 아무개도 그렇게 하면서 잘 지내고 있습니다. 당신만큼이나 큰 존경도 받으면서 말이오. 그런데 왜 당신은 그렇게 하지 않으려는 것입니까?" 이런 식으로 마귀는 여러분이 겪은 경험이나 여러분이 다니는 교회에서 가지고 온 무기로 여러분을 공격합니다. 아, 조심하십시오. 왜냐하면 사탄은 무슨 무기로 우리를 공격해야 좋을지 알고 있기 때문입니다. 만약 여러분이 아주 큰 거인이라면, 사탄은 투석기나 돌을 가지고 여러분을 공격하러 나오지는 않을 것입니다. 여러분을 때려눕히기 위해 아마도 완전무장을 해서 나올 것입니다. 만약 여러분이 철갑옷으로 완전 무장한 상태여서, 사탄이 아무리 칼을 휘둘러봤자 여러분의 갑옷에 칼날만 무더질 뿐이라는 사실을 알고 있다면, 사탄은 치명적인 독약으로 여러분을 공격해 올 것입니다. 그런데 여러분이 해독제를 손에 넣은 것을 보고서 그런 방법으로는 여러분을 멸망시킬 수 없다는 것을 사탄이 알게 된다면, 이제 사탄은 여러분을 빠뜨릴 함정을 파려고 할 것입니다. 그런데 여러분이 주의하는 바람에 이 함정에도 빠지지 않게 된다면, 그 때는 극심한 문제들과 어찌할 수 없는 재난의 상황으로 여러분을 몰고 가서, 여러분을 넘어뜨리려고 할 것입니다. 사탄의 전술 무기는 언제나 악한 것들입니다. 때로는 영적이기도 하고 눈에 보이지도 않기 때문에, 우리 같은 연약한 피조물에게는 막강한 것들입니다.

셋째로, 마귀의 간교함은 바로 그가 고용하는 하수인들에게서도 발견됩니다.

마귀는 자신이 벌이는 궂은일을 혼자만 하지 않습니다. 마귀는 종종 다른 사람들을 고용해서 자기를 위해 일하도록 합니다. 머리카락이 잘려 나가서, 즉 삼손이 지켜야 할 나실 인 규정을 어기게 해서, 그가 아무 맥도 못 쓰게 만들었을 때, 마귀는 이미 들릴라를 유혹해서 삼손이 탈선하게 했습니다. 마귀는 삼손이 어떤 생각을 하고 있는지도 알았고, 삼손의 약점이 무엇인지도 알았습니다. 그래서 삼손이 사랑하는 여인을 수단으로 삼아 그를 유혹하였던 것입니다(삿 16:4). 예전에 신앙의 한 선배는 이렇게 말했습니다. "자기 갈비뼈에 자기 머리가 깨진 사람들이 허다하다"(영국의 주교였던 조셉 홀[bishop Joseph Hall, 1574-1656]의 말로, 매튜 헨리의 열왕기상 11장 1절의 주석에 언급되어 있다 — 역주)고 말입니다. 이 말은 확실히 옳습니다. 사탄은 때로 한 사람을 넘어뜨리기 위해 아내를 내세우기도 하고 친한 친구를 파멸의 도구로 사용하기도 합니다.

다윗이 이런 악에 대해 얼마나 슬퍼했는지를 기억하십시오. "나를 책망하는 자는 원수가 아니라 원수일진대 내가 참았으리라 나를 대하여 자기를 높이는 자는 나를 미워하는 자가 아니라 미워하는 자일진대 내가 그를 피하여 숨었으리라 그는 곧 너로다 나의 동료, 나의 친구요 나의 가까운 친우로다 우리가 같이 재미있게 의논하며 무리와 함께 하여 하나님의 집 안에서 다녔도다"(시 55:12-14). 마귀는 또 이렇게 말합니다. "아! 내가 당신에 대해서 악평할 원수를 세워둘 작정인 것을 당신은 생각도 못했지요? 그래봤자 그것으로는 당신을 다치게 할 수 없지요. 나는 어떤 하수인을 선택해서 써먹어야 하는지 잘 알고 있어요. 나는 당신의 친구나 지인을 선택할 수도 있어요. 그래서 그가 당신에게 가까이 다가가 당신이 입고 있는 몇 겹의 옷들을 걷어내고는 당신을 찌르게 할 것입니다." 만약 어떤 목회자가 사탄으로부터 공격을 받게 된다면, 사탄은 그 목회자를 괴롭히기 위해 집사 한 사람을 선택할 것입니다. 목회자는 교회의 성도로부터는 공격을 받지 않을 것이라 생각해서 신경도 쓰지 않을 것입니다. 그러다가 몇몇 집사들이 자만해지더니 그 목회자를 좌지우지하려 들 것이고, 그 결과 목회자는 밤에 잠도 못하고 낮에도 걱정만 하며 지내게 될 것입니다. 이번에는 사탄이 교회의 집사 한 명을 괴롭히려고 한다면, 다른 성도 한 명이나 동료 집사 중에 한 명을 앞세워 그를 공격할 것입니다. 정 마땅한 사람이 없으면, 가장 가깝고 친한 친구를 택해서라도 그에게 비열한 공격을 퍼부을 것입니다.

마귀의 손에는 물고기가 잘 잡히는 촘촘한 그물과 새들이 잘 잡히는 덫이 항상 들려 있습니다. 만약 여러분이 신앙 고백을 한 신앙인으로 오랫동안 살아왔다면, 여러분은 술 취하는 것으로는 공격을 받지 않을 것이라고 생각합니다. 그게 아니라 여러분이 독실한 신앙인인 체하는 위선으로 여러분은 공격을 받을 것입니다. 저는 또한 여러분의 원수가 직접 여러분을 공격하거나 중상모략하지 않을 것이라고 생각합니다. 오히려 여러분의 친구가 여러분을 공격할 것입니다. 사탄은 자기 하수인들을 어떻게 사용해야 하는지, 어떻게 변장시켜야 하는지 잘 알고 있습니다. 사탄은 말합니다. "아! 양의 옷을 입고 있는 이리가 진짜 이리보다 내 말을 더 잘 듣는구나. 교회 안에 있는 사람이 교회 밖에 있는 사람보다 훨씬 내가 하는 일에 도움이 되고, 내가 하려는 일을 쉽게 해내는구나." 사탄이 자기 하수인을 선정하는 방식도 사탄의 간교함과 잔꾀를 보여줍니다. 하와를 유혹할 목적으로 뱀을 선정한 것도 사탄이 꾸민 아주 교활한 행동이었습니다. 하와는 뱀의 외모에 끌린 것이 분명합니다. 이브는 아마도 뱀의 윤기 나는 피부에 감탄했을 것입니다. 에덴 동산에서 그 시절의 뱀은 지금의 뱀보다 훨씬 매력적인 피조물이었으리라 짐작합니다. 아마 그 때는 뱀이 똬리를 틀고 일어설 수도 있었을 것이기 때문에, 하와는 이 동물을 매우 마음에 들어 했고 좋아했습니다. 게다가 하와가 가지고 놀기에도 아주 친숙한 피조물이었을 것입니다. 마귀가 뱀 속에 들어가기 전까지 그랬을 것이라 저는 생각합니다. 마귀가 우리 각자의 마음속에 얼마나 자주 들어오는지 여러분도 알 것입니다. 사탄이 누군가에게 심한 말을 하고 싶었을 때, 여러 번 제게 들어왔다는 것을 저는 알고 있습니다. 사탄은 말합니다. "아무도 그 사람에게 싫은 소리나 마음 아픈 이야기를 해줄 수 없어요. 스펄전 씨만 그 사람에게 그런 말을 해줄 수 있어요. 왜냐하면 스펄전 씨는 자신의 영혼을 사랑하듯, 그 사람을 그 만큼 사랑하기 때문이지요. 그는 이 정도의 불쾌한 말은 들어도 마땅하니, 이 말은 꼭 해줘야 합니다." 그래서 저는 하나님의 귀한 몇몇 자녀들에게 잘못된 행동들이 있다고 믿게 되고, 결국 그 점에 대해 말하게 됩니다. 그렇게 말하고 난 후에야 저는, 내가 내 마음과 혀를 마귀에게 빌려줄 정도로 너무 어리석음을 생각하고는 슬퍼합니다. 그러므로 저는 여러분 각자에게 특히 저 자신에게, 그리고 하나님의 귀한 자녀들을 너무 많이 사랑하는 모든 사람들에게 이런 경고의 말씀을 드릴 수 있습니다. 우리가 그들을 도와주지는 못할망정, 이미 스스로도 낙담해 있는 하나님의 백성들을 한 번 더 좌절시키고 그들의 마음을 아프게 하는 사탄의 도구가 되지 않도록 주의하십시오.

넷째로, 사탄이 얼마나 간교한지는 사탄이 우리를 공격하는 때를 봐도 알 수 있습니다. 아파 누워 있었을 때, 저는 이런 생각을 했습니다. 내가 다시 건강해져서 병상에서 일어나기만 하면, 저 마귀를 가만두지 않고 가장 심하게 때려 죽일 것이라고 말입니다. 꼭 내가 아플 때, 마귀가 내 마음을 흔들어놓기 때문입니다. 겁쟁이 같으니라고! 왜 사탄은 제가 건강할 때는 건드리지 못했던 것일까요? 제가 보기에 늘 그랬던 것 같습니다. 제 마음이 가라앉아서 축 처져 있을 때, 사탄은 특별히 그럴 때만 골라서 불신앙으로 저를 공격했습니다. 하나님의 약속이 우리의 기억 속에 생생하고, 하나님 앞에서 우리가 기도하면서 마음에 응어리진 것을 토로하는 그 귀한 시간을 즐기고 있을 때, 사탄에게 한 번 우리 앞에 나와 보라고 말해 보십시오. 그러면 사탄은 우리가 자기를 어떻게 대적할지 알고 있기에 나오지 않을 것입니다. 그 때는 우리가 사탄을 대적할 힘을 가지고 있고, 하나님과 합세하여 사탄을 이길 수 있다는 것을 사탄이 알고 있기 때문입니다. 그래서 사탄은 우리와 하나님 사이에 구름이 끼여 우리의 몸이 약해지고 우리의 마음이 의기소침해질 때, 바로 그 때 우리에게 다가와 우리를 시험하고 우리가 하나님을 불신하게 만듭니다. 또 어떤 때는 우리가 교만해지도록 우리를 시험하기도 합니다. 우리가 몸이 아프고 마음이 낙담해 있을 때는 왜 그런 교만으로 우리를 시험하지 않겠습니까? 사탄은 말합니다. "그 때는 그렇게 하면 안 되지요. 그 때 그 때 상황을 봐가면서 잘해야 합니다." 사람이 건강하고 하나님의 약속으로 크게 즐거워하면서 하나님을 기쁨으로 잘 섬길 수 있을 그 때를 잘 포착해서 사탄은 그 사람을 교만하도록 유혹합니다. 사탄이 평상시에 하는 공격보다 열 배나 더 강력한 공격이 되게 하고, 그로 인해 사탄의 간교함을 제대로 보여주게 되는 계기가 바로 사탄의 공격 시점 파악 능력입니다. 이 능력에 의해 사탄의 공격은 적절한 때에 제대로 실행됩니다. 참으로 옛 뱀은 여호와 하나님이 지으신 들짐승 중에 가장 간교합니다.

항상 저를 놀라게 하던, 지옥의 세력들에 관한 한 가지 사실이 있습니다. 그리스도의 교회는 항상 서로 간에 싸움이 있습니다. 하지만 마귀와 마귀의 일당들이 서로 싸운다는 이야기를 여러분은 들어본 적이 있습니까? 거대한 무리의 타락한 영들이 있지만, 그 영들 모두가 한 마음이 된다는 것은 대단한 일이지 않습니까! 그들은 너무 연합이 잘되기 때문에, 어떤 특별한 순간에 지옥의 저 대단한 흑태자가 자신의 총병력을 어느 한 곳에 집결시키고자 하면, 일사불란하게 집결하여, 사탄이 보기에 승산이 있는 싸움이라고 생각할 때는 유혹의 총공세를 퍼붓습니다. 아, 우리 하나님의 교회도 그렇게 한 마음을 가진다면, 우리 모두가 우리를 인도하는 그리스도의 손짓에 일사불란하게 움직인다면, 예를 들어 모든 교회들이 대동단결하여 어떤 악을 공격하기 위한 절호의 시간에 함께 움직인다면, 우리는 얼마나 훨씬 더 쉽게 사탄을 이길 수 있겠습니까! 하지만 애석하게도, 사탄은 그 간교함에서 우리를 능가합니다. 그리고 지옥의 세력들은 그 일치단결하는 능력에서 우리보다 월등히 뛰어납니다. 결론적으로, 사탄은 공격해야 할 시기를 항상 지혜롭게 아주 잘 선택한다는 것이 바로 사탄의 간교함을 보여주는 극치라 할 수 있습니다.

　　한 가지 사실만 더 전하겠습니다. 이것으로 이 대지를 끝내고자 합니다. 사탄의 또 다른 간교함은 사탄이 움츠려 있을 때도 아주 분명히 드러납니다. 제가 그리스도의 교회에서 신앙생활을 처음 시작할 때, 나이가 많은 성도 한 사람이 "가장 무서운 유혹은 아직까지 기회를 엿보고 있는 유혹이다"라고 한 말을 잘 이해하지 못했습니다. 이 말과 함께, "나는 잠자고 있는 마귀보다 포효하는 마귀를 훨씬 더 좋아한다"는 러더퍼드(Samuel Rutherford, 1600-1661. 스코틀랜드 장로교 신학자이자 저술가)의 말도 저는 전혀 이해하지 못했습니다. 그러다가 이제는 이 말들을 이해하게 되었습니다. 하나님의 자녀이며 수년간 하나님의 뜻대로 살아온 여러분도 이 말을 이해할 것입니다.

> "내 머리 위의 폭풍우보다
> 폭풍전야 같은 이 고요를 나는 더 두려워한다"
> (헌팅던[Huntingdon]).

　　이런 마음 상태도 있습니다. 여러분도 한 번 느껴보고 싶기는 하지만, 느끼지 못하는 그런 마음 말입니다. 여러분은 의심할 뿐이지만, 그 의심을 대단한 성과로 여깁니다. 그럴 뿐 아니라 여러분은 참담한 절망 속에 빠져 있을 때조차, 그 절망을 여러분이 감당해야만 하는 것으로 그렇게 생각합니다. 여러분은 말합니다. "내가 영원히 산다는 그 점에 대해서는 의심이 없습니다. 비록 내가 확신을 가지고 말하지는 못한다 해도, 그렇다고 말할 수 있다고 생각해요. 그냥 내가 추측해서 하는 말일까 봐 두렵기는 하지만, 그래도 나는 천국의 상속자라고 말할 수 있다고 믿습니다. 그런데 그런 말들이 내게 아무 기쁨도 주지 않아요. 이제 하나님의 일을 하러 가봐야겠습니다. 나는 그런 일을 하는 게 좋다고 느끼고 있어요. 하지만 그것이 정말 하나님의 일이라고는 느껴지지 않아요. 다람쥐 쳇바퀴 돌듯, 나는 그렇게 하루하루 살아갈 뿐입니다. 마치 앞을 못 보는 말이 무작정 앞으로 가야 하기 때문에 계속 가듯이 말이에요. 나는 약속의 말씀을 읽기는 합니다. 하지만 그 약속 안에서 나에게 주시는 다정한 말씀을 보지는 못해요. 사실 나에게는 이제 하나님의 약속도 더 이상 필요하지 않은 것 같아요. 그 어떤 위협도 내게는 두렵게 느껴지지가 않아요. 그 위협 안에 있는 공포도 제게는 공포로 느껴지지 않아요. 저는 하나님의 말씀을 듣기도 합니다. 목사님이 하는 말씀에 내 마음이 울컥 할 때도 있습니다. 그러나 목사님처럼 그렇게 진지한 감동을 받지는 못해요. 기도하지 않고서는 살 수 없다고 느끼긴 하지만, 내 영혼에 기름부음은 아직 없는 것 같아요. 그렇다고 해서 제가 감히 죄를 짓고 그러는 것은 아닙니다. 아직까지 제 삶은 다른 사람들이 보기에는 흠 없는 삶처럼 보일 거예요. 제가 슬퍼하는 것은 바로 무기력한 제 마음입니다. 제 마음은 영적 기쁨이나 영적 찬양에도 무감각하며, 콜리지(Samuel Taylor Coleridge 1772-1834. 영국 시인, 비평가 — 역주)가 쓴 '노수부의 노래'(The Rime of the Ancient Mariner, 영국 낭만문학의 대표적인 장편 서사시 — 역주)에 나오는 무시무시한 고요처럼, 그런 죽은 고요가 내 영혼 안에 있습니다.

> '바다도 썩었어,
> 이런 일이!
> 그래, 끈적거리는 것들이 발로
> 미끈거리는 바다 위를 기어다니는 거야'"
> (콜리지, 노수부의 노래, 제2부 120-124행 — 역주).

자, 사랑하는 성도 여러분, 바로 지금 여러분은 여러분의 마음 상태에 대해 뭔가를 알게 되었습니까? 만약 그렇다면, 이 수수께끼에 대한 대답은 바로 시험을 받는 것이 안 받는 것보다 더 좋다는 것입니다. 사실 제 영혼이 겪은 과거의 경험에 비추어 보아도, 마귀가 다가와 저를 휘저어 놓으면, 저는 마귀에게 별 수 없이 당했던 때가 여러 번 있었습니다. 그에 대해서 저는, 하나님께서 마뜩찮게 여기는 마귀를 시켜서라도 제가 깨어 진리의 투쟁을 하게 하여 제게 영원한 도움이 되게 하셨다고 느꼈습니다. 만약 마귀가 마법의 땅에 한 번이라도 들어가서 거기 있는 순례자들을 공격했다면, 그 순례자들에게 얼마나 유익했겠습니까! 그러나 여러분도 알다시피, 존 번연은 그 마법의 땅에 마귀를 등장시키지 않았습니다. 왜냐하면 그 땅은 마귀가 할 일이 전혀 없기 때문입니다(「천로역정」에 나오는 '마법의 땅'에서는 사람이 자기도 모르게 잠에 빠지게 된다. 스스로 게으름과 나태에 빠진 자를 사탄은 굳이 공격하지 않는다 ― 역주). 사탄과 진검승부를 벌여야 할 일이 많았던 곳은 겸손의 골짜기(크리스천이 더러운 마귀 아볼루온을 만나 치열한 싸움을 벌였던 곳 ― 역주)였습니다. 하지만 마법의 땅에 사는 순례자들은 배의 돛대 위에서 졸고 있는 사람들처럼 모두 그렇게 잠들어 있었습니다. 순례자들은 술에 취해서 아무것도 할 수 없었습니다. 그래서 마귀는 그런 곳이라면 자신이 해야 할 일은 따로 없으며, 단지 그들이 계속 자도록 내버려 두기만 하면 된다는 것을 알았습니다. 거품 마님과 졸음이 마귀의 역할을 잘 감당하였습니다. 그러나 마귀가 나가서 불쌍한 크리스천과 치열한 전투를 벌였던 곳은 바로 겸손의 골짜기였습니다. 사랑하는 성도 여러분, 여러분이 지금 졸음과 무관심과 허송세월이 지배하는 마법의 땅을 지나고 있다면, 때때로 여러분이 가는 길을 훼방하지 않고 놔두는 마귀의 간교함을 이해하게 될 것입니다.

2. 사탄을 대적할 때 사용해야 할 지혜

이제 두 번째 대지로, 이 원수를 우리가 어떻게 해야 하는가 하는 질문을 아주 간략히 살펴보겠습니다. 저와 여러분이 느끼는 대로, 우리는 하늘나라에 들어가야만 하는데, 우리가 가만히 서 있기만 한다면 거기에 들어갈 수 없습니다. 우리 뒤에는 멸망의 성읍(사 19:18)이 있고, 사망이 우리를 뒤쫓고 있습니다. 우리는 하늘나라를 향해 서둘러 걸어가야 하지만, 그 길에는 "두루 다니며 삼킬 자를 찾는 우는 사자"(벧전 5:8)가 있습니다. 그런 상황에서 우리는 어떻게 해야 합니까? 그 원수는 아주 간교한데, 우리가 그를 이기려면 어떻게 해야 합니까? 우리도 그 마귀처럼 간교해야 할까요? 오! 그것은 쓸데없는 생각이며, 실제로는 정말 악한 생각입니다. 마귀처럼 간교해지려고 노력해서 설령 그렇게 되었다 해도, 아무 소용이 없을 것입니다. 그렇다면 우리는 어떻게 해야 합니까? 그 원수를 우리의 지혜로 공격해 보면 어떻겠습니까? 하지만 애석하게도, 우리의 지혜는 어리석을 뿐입니다. "미련한 사람이 똑똑해지기를 바라느니 차라리 들나귀가 사람 낳기를 기다려라"(욥 11:12 새번역)는 말씀대로 말입니다. 그렇다면 우리는 어떻게 해야 합니까?

사탄의 간교함을 물리칠 수 있는 유일한 방법은 참된 지혜를 얻는 것입니다. 참된 지혜에 대해서 다시 한 번 전하겠습니다. 인간 안에는 참된 지혜가 하나도 없습니다. 그렇다면 무엇이 참된 지혜입니까? 여기에 참된 지혜가 있습니다. 만약 여러분이 사탄과 맞붙어 이기고 싶다면, 성경 말씀을 여러분이 매일 의지할 수단으로 생각하십시오. 이 거룩한 무기고로부터 여러분이 사용할 무기와 군수품을 계속해서 공급받으십시오. 하나님의 말씀이 전하는 영광스러운 가르침들을 굳게 붙잡으십시오. 이 가르침들을 여러분이 일용할 양식과 음료로 삼으십시오. 그러면 여러분은 마귀를 대적하기 충분할 정도로 강해질 것이며, 마귀가 여러분을 보고서 도망가는 즐거운 결과를 얻게 될 것입니다. "청년이 무엇으로 그의 행실을 깨끗하게 할 수 있겠습니까?"(시 119:9). 청년뿐 아니라 모든 기독교인들이 어떻게 마귀에 대항해 자신을 지킬 수 있겠습니까? "주의 말씀만 지킬 따름입니다"(시 119:9). "기록되었으되"(마 4:4)라는 무기로 항상 사탄과 싸웁시다. 성경 말씀 이외에 그 철천지원수를 대적할 만큼 강력한 무기는 아직까지 없기 때문입니다. 인간의 이성으로 만든 목검(木劍)을 가지고 사탄과 싸워 보십시오. 사탄은 여러분을 쉽게 제압해 버릴 것입니다. 그러나 하나님의 말씀이라는 이 예루살렘 칼을 사용해 보십시오. 이 칼로 사탄은 여러 곳에 상처를 입게 될 것이고, 결국 얼마 되지 않아서 사탄을 제압하게 될 것입니다.

그러나 무엇보다도 우리가 사탄을 성공적으로 대항하려면, 우리는 계시된 지혜만 바라봐서는 안 되며, 성육신하신 지혜도 함께 바라봐야 합니다. 오, 사랑하는 성도 여러분, 여기에 시험 당하고 있는 모든 영혼을 위한 최고의 안식처가 있습니다! 우리는 "하나님으로부터 나와서 우리에게 지혜와 의로움과 거룩함과 구원함이 되신"(고전 1:30) 예수님에게로 도망쳐야 합니다. 예수님께서 우리를 가르쳐야 하고, 우리를 인도하셔야 하며, 우리의 모든 것이 되셔야 합니다. 우리는 예수님과 아주 친밀한 교제를 나눠야 합니다. 양이 목자에게 가까이 있을 때, 바로 그때가 양이 이리로부터 제일 안전할 때입니다. 우리도 구세주의 품에 안길 때, 바로 그 때가 사탄의 화살로부터 제일 안전할 때입니다. 사랑하는 성도 여러분, 예수님이 보여주신 모범을 따라 행하십시오. 매일 주님과 교제하며 살아가십시오. 항상 주님의 피를 의지하십시오. 이렇게 생활한다면 여러분은 사탄의 간사함과 간교함을 넉넉히 이기게 될 것입니다. 결국 사탄의 계략이 모두 좌절되고, 성도들을 대적하기 위한 사탄의 모든 악한 계획들이 아무런 성과도 없이 수포로 돌아간 것을 알게 되었을 때 그 기독교인은 확실히 기뻐할 것입니다. 사랑하는 성도 여러분, 여러분은 모든 시험이 끝나고 천국에 들어갈 그 날을 바라보고 있지 않습니까? 그때 여러분은 거룩하게 미소를 지으며 이 철천지원수를 내려다보고 있지 않겠습니까? 성도들은 자신을 공격한 사탄을 생각하면서 "말할 수 없는 … 즐거움으로 기뻐할 것이며"(벧전 1:8), 이와 함께 사탄의 간교함이 좌절되는 것을 보면서 그 성도들의 영혼은 결국 사탄이 제값을 받는다고 느낄 것이라 저는 확신합니다. 지난 수천 년 동안 마귀는 무슨 일들을 해 왔습니까? 그는 뜻하지 않게도 하나님과 하나님 교회의 종으로서 일해 온 것이지 않습니까? 마귀는 항상 살아 있는 나무를 넘어뜨리려고 노력했습니다. 하지만 그가 실제로 나무를 뿌리 뽑으려고 애썼을 때, 마귀의 그 행동은 마치 정원사가 삽으로 정원의 나무뿌리를 파헤쳐 그 나무뿌리가 더 멀리 뿌리를 내리게 하듯, 오히려 나무에게 유익이 되었습니다. 또한 마귀는 주님의 나무들을 도끼로 쳐서 나무의 미관을 해치려고 노력해 왔습니다. 하지만 마귀가 한 그 행동은 결국 하나님의 손에 들린 전지용 칼처럼 열매 맺지 못하는 가지들은 잘라내고, 열매가 조금 열리는 가지는 손질해서 이전보다 더 많은 열매를 맺도록 한 것이지 않습니까? 여러분도 알다시피, 그리스도의 교회는 아주 오랜 옛날에는 작은 시냇물 같았습니다. 아주 작은 개울이 작고 가느다란 골짜기를 따라 흐르고 있었습니다. 몇 명 안 되는 성도들만이 예루살렘에 함께 모였습니다. 마귀는 속으로 이렇게 생각했습니다. '이 정도로 흐르는 물에는 큰 돌 하나만 갖다 놓으면, 더 이상 물이 흐르지 않을 거야.' 마귀는 큰 돌을 구해 가지고 와서 냇물의 중간을 막았습니다. 이렇게 해서 더 이상 흐르지 못하게 하려는 생각이었습니다. 그러나 그 일은 흐르는 물을 막기는커녕 그 물을 전 세계 곳곳에 흩어놓는 계기가 되었습니다. 그 물의 한 방울 한 방울이 신선한 샘의 발원지가 되었기 때문입니다. 여러분은 그 돌이 무엇인지 알 것입니다. 그 돌은 바로 핍박이었습니다. 핍박으로 인해 성도들은 각지로 흩어졌으나, 그렇게 흩어져 "그 흩어진 사람들이 두루 다니며 복음의 말씀을 전할 새"(행 8:4) 교회는 늘어났고, 마귀는 패배했습니다. 너 사탄아, 네 앞에서 똑똑히 말한다. 너는 살아 숨 쉬는 것 중에 가장 어리석은 자다. 하나님이 최후 심판하시는 그 날에, 너는 지금도 나의 원수지만 그때도 여전히 나의 원수로 서서, 너의 어리석음을 만 천하에 드러내게 될 것이다. 사랑하는 성도 여러분, 사 탄이 여러분을 공격할 때마다 앞서 사탄에게 말한 대로 그렇게 말하십시오. 사 탄의 말을 듣지 마십시오. 믿음에 굳게 서서 사탄을 대적하십시오. 그러면 사탄 을 이기게 될 것입니다. 아멘.

제
3
장
—

최초의 죄인에게 하신
하나님의 최초의 말씀

—

**"여호와 하나님이 아담을 부르시며
그에게 이르시되 네가 어디 있느냐." — 창 3:9**

　　흥미로운 사실 하나를 여러분에게 전하자면, 바로 오늘 본문인 창세기 3장
9절을 가지고 윌리엄 윌린(William Wallin) 목사가 설교를 했는데, 그의 설교를
듣고서, 제가 존경하고 영광스럽게 생각하는 선배 목사인 길 박사(Dr John Gill,
1697-1771, 영국 침례교 목사이자 성경신학자로 스펄전이 사역한 태버너클 교회에서 51년간 사
역했고, 전6권으로 된 주석서를 펴냈는데 스펄전은 이 책을 애독하였다 — 역주)가 예수님에
게 나타난 진리에 대해 알게 되어 회심을 하게 되었습니다(길 박사는 윌리엄 윌린의
창세기 3장 9절 설교를 듣고서, 1716년 11월 1일에 공개적으로 신앙을 고백했다. 조셉 아이비메
이[Joseph Ivimey], 「영국 침례교회사」[A History of the English Baptists], 제3권 432쪽 — 역주).
저는 이 본문에 대한 길 박사의 해석에 대해 어느 정도 관심을 가지고 살펴보았
습니다. 그로 하여금 회심하게 했던 어떤 실마리를 찾을 수 있지 않을까 하고 내
심 기대했지만, 저는 찾을 수 없었습니다. 그럼에도 저는 이 구절에 대한 길 박사
의 명확하고도 조직적인 주석을 통해 많은 것을 깨닫게 되었으며, 오늘 전하는
제 설교에 많은 도움이 되었습니다. 이 본문이 지금까지 하나님의 손에 들린 도
구가 되어 하나님의 진리를 용감하게 수호하는 성도들을 교회에 배출하였고, 또

은혜의 교리를 아주 분명하게 설명하는 도구가 되었던 것처럼, 오늘 이곳에서도 존 길 박사처럼 능력으로 이 말씀을 듣고 영혼이 소생케 되는 사람들이 생겨나기를 바랍니다. "네가 어디 있느냐" 하는 말씀이 회중들 가운데 읽혀질 때, 이 말씀을 하나님의 질문으로 소수가 아닌 많은 이들이 받게 되고, 그들의 귓가에 맴돌 뿐만 아니라 그들의 마음에까지 전해지기를 우리 함께 기도합시다. "네가 어디 있느냐" 하는 질문에 대답하기 위해 하나님 앞에 불려나왔다가, 사죄의 확신과 함께 평안한 마음으로 돌아가는 이들이 있기를 원합니다. 오늘의 본문인 이 질문이 어떻게 해서 나오게 되었는지 그 상황을 제가 상세히 설명할 필요는 없을 것 같습니다. 인간은 하나님을 대적해 죄를 지었습니다. 죄가 죄인 안에서 일으키는 마음의 소외를 주목하십시오. 아담은 자신을 만드신 그분을 찾아야 했습니다. 아담은 동산 여기저기를 다니며 하나님께 부르짖어야 했습니다. "나의 하나님, 나의 하나님, 나는 당신에게 죄를 지었습니다. 당신은 어디에 계십니까? 당신의 발 앞에 당신의 피조물이 엎드려, 당신의 손이 베푸시는 긍휼을 기다립니다. 나의 하나님, 당신은 이 아름다운 낙원에 저를 두셨습니다. 그런데 저는 제가 먹는 날에는 정녕 죽을 것이기 때문에 저에게 먹지 말라고 한 그 열매를 사악하게 고의적으로 먹었습니다. 나의 아버지, 보시옵소서. 저는 달게 형벌을 받겠습니다. 저는 당신의 공의를 인정합니다. 당신의 긍휼을 저 같은 죄인에게도 베풀어 주실 수 있다면, 제게도 당신의 긍휼을 베풀어 주소서."

아담은 이렇게 부르짖지 않고, 그 대신 하나님의 낯을 피하여 숨어 버렸습니다. 죄인은 하나님께 다가가지 않지만, 하나님은 죄인에게 다가가십니다. 최초의 외침은 "나의 하나님, 당신이 어디 계십니까?"가 아니라, "죄인아 네가 어디 있느냐?" 하는 은혜의 음성입니다. 하나님은 인간에게 다가가지만, 인간은 그의 하나님을 찾지 않습니다. 교만한 인간의 자유의지가 만들어 낸 수많은 교리들에도 불구하고, 아담의 때로부터 지금까지 죄인이 먼저 그의 하나님을 찾았다는 경우는 단 한 번도 발견되지 않았습니다. 하나님께서 먼저 인간을 찾으신 것이 분명합니다. 양은 저 혼자서 길을 잃었습니다. 그러나 위대한 목자가 찾지 않으면 그 양은 절대 양 우리로 돌아오지 못합니다. "잘못을 저지르는 것이 인간이고, 용서하시는 분이 하나님이다"(J. Howell Proverbs — 역주)라는 말이 있습니다. 인간은 죄만 지을 뿐이며, 그것이 죄인 줄 알고 그 죄에 대한 죄책감을 느끼는 것조차 모두 하나님이 주시는 은혜의 선물입니다. 우리가 가진 것이라고는 아무것도 없으며, 설령 가진 게 있다 해도 그것은 사악함뿐입니다. 우리에게 하나님을 닮은 것이 있다면, 즉 공의와 참된 거룩함을 향한 열망이 있다고 한다면, 그것은 모두 가장 높으신 분으로부터 나온 것입니다.

오늘 본문이 분명히 말씀하고 있는 것처럼, 인간의 마음은 하나님으로부터 소외되었습니다. 그래서 인간은 그를 만드신 분을 피하고, 그분과 교제하기를 원하지 않으며, 죄가 불러일으키는 어리석음만 드러냅니다. 죄는 인간을 바보로 만들었습니다. 인간은 이전에는 하나님의 형상을 지녀 지혜로웠습니다. 그러나 뱀의 꼬리가 인간의 본성을 훑고 지나간 후로 인간은 교만한 바보가 되어 버렸습니다. 죄가 드러난 것을 무화과 잎으로 가리려고 하다니, 정말 바보이지 않습니까? 모든 것을 아시는 여호와 하나님을 피하려고 나뭇가지 아래 숨으려 하다니, 정말 미친 사람이지 않습니까? 하나님은 모든 공간에 충만하고 모든 곳에 거하시며, 가장 높은 하늘과 가장 깊은 지옥에 숨더라도 하나님이 아신다는 사실을 아담은 몰랐을까요? 그러나 아담은 너무나 무지하고 미련해서 하나님을 피해 볼 셈으로, 동산의 나무를 은신처로 삼아, 진노하시는 하나님의 그 불꽃 같은 눈을 피하려고 했습니다. 아, 우리 또한 얼마나 어리석은지요! 날마다 우리도 우리의 첫 조상이 저지른 어리석음을 얼마나 반복하고 있는지 모릅니다. 죄를 지은 후 양심의 가책만 받지 않는다면, 우리는 그것이 하나님에게도 죄가 되지 않는다고 생각합니다. 우리는 바보들입니다. 우리는 영원하신 분께서 바라보시는 것보다 인간의 눈을 더 두려워합니다. 어떤 은밀한 죄를 짓고서도 그것이 사회법이나 관습법을 침해하지 않는다면 우리는 그런 오점을 남기고도 편안하게 잠자리에 들며, 사람들이 그 죄를 보지 못했다면 하나님도 당연히 눈치 채지 못하셨을 것이라고 생각하기 때문입니다. 오, 죄! 너는 인간으로 하여금 "내가 … 주의 앞에서 어디로 피하리이까"(시 139:7)라고 말하도록 하였다. 그러나 한편으로 너는 "내가 하늘에 올라갈지라도 거기 계시며 스올에 내 자리를 펼지라도 거기 계시니이다. 내가 혹시 말하기를 흑암이 반드시 나를 덮고 나를 두른 빛은 밤이 되리라 할지라도"(시 139:8, 11) 하나님이 거기 계신다는 이 말씀을 인간이 잊도록 하였다.

그런데 그때 하나님께서 아담에게 다가오셨습니다. 하나님께서 어떻게 오셨는지 주목해 봅시다. 하나님은 동산을 거닐고 계셨습니다. 하나님은 범죄자를 벌하기 위해 서두르지 않았고, 바람 날개를 타고 날아오지도 않았으며, 불타는 칼을 뽑아 들고 급히 오지도 않으셨습니다. 동산 가운데서 거닐며 오셨습니다. "그 날 바람이 불 때"(창 3:8) 다가오셨습니다. 자연의 어두컴컴한 흑암이 죄를 지은 자에게 공포를 더하는, 죽은 듯이 고요한 밤에 오신 것이 아니었습니다. 하나님께서 한창 울화가 치밀어 올랐을 때로 생각되는, 뜨거운 한낮에 오신 것도 아니었고, 빨리 죽여 버리고야 말겠다는 듯이 이른 아침에 오신 것도 아니었습니다. 하나님은 그날 느지막하게 다가오셨습니다. 왜냐하면 하나님은 오래 참고 노하기를 더디 하며 인자와 진실이 많은 하나님(출 34:6)이시기 때문입니다. 바람이 부는 저녁 때는 에덴 동산에서의 마지막 영광의 날에 해가 저물 때이며, 이슬이 인간의 비참함으로 그렁그렁 눈물을 머금을 때이며, 긍휼의 숨결을 지닌 부드러운 바람이 두려움으로 상기된 뺨에 불어올 때입니다. 인간이 생각할 수 있도록 땅이 고요하던 때, 인간이 흑암 속에서 소망을 가지도록 하늘이 저녁 빛을 비출 때, 그 때, 그 때가 되자 비로소 아버지께서는 그 죄인들에게 다가오셨습니다. 아담은 한때 마치 아들과 아버지가 대화를 나누듯 그렇게 다정하게 교제를 나누고 자신 있게 만났던 바로 그 하나님을 피해 달아나려고 했습니다. 그러다가 이제 하나님께서 부르시는 음성을 듣게 됩니다. "아담아, 네가 어디 있느냐?" 오! 이 짧은 부름에는 두 가지의 진리가 들어 있습니다. 첫째, 이 말은 아담을 잃어버렸다는 사실을 보여줍니다. 다시 말해서, 아담을 잃지 않았다면, 하나님께서 아담이 어디 있는지 물을 필요가 없었다는 것입니다. 우리도 어떤 물건을 잃기 전까지는 그 물건이 어디 있는지 물어볼 필요가 없습니다. 하나님께서 "아담아, 네가 어디 있느냐?"라고 말씀하셨을 때, 이 말은 자기의 잃은 양을 찾아 양의 행방을 묻는 목자의 음성이었습니다. "네가 어디 있느냐?" 하는 이 외침은 아버지를 버리고 도망친 자녀를 찾는, 사랑하는 부모의 외침이라고 보는 게 더 나을 것 같습니다. 고작 세 마디에 불과하지만 이 말 안에 길 잃은 우리 상태에 대한 놀라운 가르침이 다 들어 있습니다. 하나님께서 "네가 어디 있느냐?"라고 물으신 것을 보아, 하나님은 인간을 잃어버린 것이 분명해 보입니다. 인간이 어디 있는지 친히 물으신 것은, 여러분과 제가 충분히 알지 못하는 그런 엄청난 의미에서 하나님이 인간을 잃어버린 것이 분명합니다. 둘째, 이 말에는 **긍휼의 의미도** 들어 있습니다. 이 물음은 하나님께서 인간에게 긍휼을 베풀 작정이셨다는 사실을 보여주기 때문입니다. 그럴 작정이 아니었다면, 하나님께서는 인간을 잃어버린 채로 방치했을 것이며, 또 "네가 어디 있느냐?"라고 묻지도 않으셨을 것입니다. 사람들은 자신이 소중히 여기지 않는 것을 찾으려 하지 않습니다. "네가 어디 있느냐?" 하는 이 세 마디 하나님의 말씀은 울창한 수풀 속을 뚫고 들어가 그 도망자의 귓가를 강타하였던 한 편의 복음적인 설교였다고 저는 생각합니다. 여러분의 하나님이 여러분을 잃어버리고 싶지 않아서 말입니다. 하나님은 "아담아, 네가 어디 있느냐?" 하며 여러분을 찾으러 다가오셨습니다. 이것은 아담의 때로부터 머지않은 시기에 하나님께서 그의 아들의 인성으로 다가오셔서 지금 잃어버린 자들을 찾을 뿐만 아니라 구원하실 것을 작정하신 것과 같은 것입니다. 오, 하나님께서 인류를 멸망시키기로 작정하셨다면, 하나님께서는 즉시 천둥번개를 내리셔서 나무들을 불태우고 죄인의 유골을 하나님의 진노의 매서운 눈빛 아래 내던지셨을 것입니다. 하나님께서는 회오리바람과 폭풍으로 엄습하여 백향목과 석류나무를 뿌리째 뽑으셨을 것입니다. 그러고는 "너 반역한 이 놈, 여기 있었구나. 배반자 이 놈, 네가 지은 죗값을 받아라! 지옥은 입을 열어 이 놈을 받아 영원히 삼켜라" 하고 말씀하셨을 것입니다. 그러나 하나님은 그러지 않으셨습니다. 하나님은 인간을 사랑하십니다. 하나님은 인간을 돌보십니다. 그래서 지금도 조용한 음성으로 "아담아, 네가 어디 있느냐, 네가 어디 있느냐?"라고 아담이 어디 있는지 묻고 계십니다.

　하나님께서 아담에게 물으신 이 물음은 다섯 가지 서로 다른 의미에서 사용되었습니다. 이 중에 하나님께서 의도하신 의미가 정확히 무엇이었는지는 우리가 확실히 알 수 없습니다. 아마도 모든 의미가 다 들어 있을 것 같은데, 왜냐하면 거룩하신 분의 말씀은 그 배후에 함축된 의미가 항상 깊고 위대하기 때문입니다. 우리 인간이 하는 말들은 한 가지 뜻만 제대로 전해도 잘하는 것이지만, 하나님은 제대로 말하는 법을 아시기 때문에 적은 말로도 많은 진리들을 가르치실 수 있습니다. 우리 인간은 많은 말로 적은 의미를 전달하지만, 하나님은 적은 말로도 많은 의미를 말씀하십니다. 많은 말을 하지만 별 뜻이 없는 것, 이것이 인간의 일반적인 화법이지만, 적은 말로 많은 의미를 전달하는 것, 이것이 바로 하나님의 일반적인 화법입니다. 우리 인간은 말하면서 얇은 금박으로 된 내용만 전하지만, 하나님은 말씀하실 때 금괴 같은 내용을 전하십니다. 우리는 말할 때 그저 보석의 가루 정도가 떨어지지만, 하나님이 우리에게 말씀하실 때는 그분의 입에서 진주 알맹이들이 떨어집니다. 하나님의 말씀이 얼마나 거룩하고 얼마나 광대하고 무한한지, 우리는 아마 영원히 알지 못할 것입니다.

1. 이 물음은 우리의 잠자는 영혼을 깨우기 위한 것입니다.

"아담아, 네가 어디 있느냐?"고 하는 하나님의 물음은 의식을 깨우기 위한 의도로 사용되었다고 믿습니다. 죄는 양심을 무능하게 만들고 지성을 마비시킵니다. 그래서 죄를 짓고 난 이후의 인간은 죄를 짓기 전에 자신이 감지했던 죄의 위험을 예전처럼 감지할 수 없게 됩니다. 죄는 양심을 마비시켜 고통 없이 죽이는 독약입니다. 사람들이 알프스 산맥에서 동사하는 것처럼 인간은 죄로 말미암아 죽습니다. 그들은 잠을 자다가 죽게 됩니다. 죽음으로 인생의 1막을 끝내고 지옥의 고통 속에서 잠을 깰 때까지, 그들은 자고 자고 자고 계속해서 잠을 잡니다. 하나님께서 인간에게 베푸신 은혜의 사역 중 가장 첫째 되는 사역은, 바로 이런 인간을 잠에서 깨워 주셔서 인간으로 하여금 자신이 빠진 혼수상태에 놀라게 하여 눈을 뜨게 만들고 자신이 처한 위험을 발견하게 하시는 것입니다. 그 선한 의사께서 행하시는 구급처치 중 하나가 우리 몸의 감각을 되살리는 것입니다. 우리의 육체는 언 상태로 죽어 마비된 상태였습니다. 의사는 이런 육체에 생기를 되찾게 합니다. 물론 거기에는 고통이 따릅니다. 하지만 바로 그 고통이 있어야 나을 기미가 보인다고 할 수 있습니다. 하나님께서 "네가 어디 있느냐?" 하며 물은 것도 아담으로 하여금 생각하게 하시려는 의도로 보입니다. 아담도 자신이 범한 죄가 자신에게 초래한 상태에 대해 어느 정도 알고 있었습니다. 그러나 하나님은 이런 물음을 통해서 아담의 영혼 깊은 곳을 뒤흔들어 아담이 다가올 진노를 피하고자 애써야 할 만큼 얼마나 위험한 상황에 처해 있는지를 일깨우려고 하셨습니다.

"아담아, 네가 어디 있느냐?" 하는 이 말씀은, 벌거벗은 채로 너의 하나님으로부터 소외되어 너를 만드신 분 앞에 서기를 두려워하는 비참하고도 온전하지 못한 너 자신을 바라보라는 것입니다. "아담아, 네가 어디 있느냐?" 하는 이 말씀은, 아담, 너는 그 완악한 마음 때문에 원래 네가 지닌 그 고상한 상태에서 타락에 타락을 거듭한, 타락한 반역의 의지를 지닌 자라는 의미입니다. "아담아, 네가 어디 있느냐?" 하는 이 말씀은 잃어버린 것!, 즉 너의 하나님과 행복과 평안과 시간과 영원 모두를 잃어버린 것을 뜻합니다. 죄인아, "네가 어디 있느냐?" 오, 사랑하는 성도 여러분, 제가 지금 전하는 이 진지한 말씀을 통해서, 무감각하고 무관심했던 죄인들 중에 몇몇이라도 마음이 동하여, 이 하나님의 물음에 대답하게 되기를 원합니다! 사랑하는 성도 여러분, 여러분은 어디 있습니까? 오늘 아침에 여러분은 어디 있습니까? 제가 대신 말해 볼까요? 지금 여러분은 여러분의 양심이 자신을 정죄하는 그 상태에 있습니다. 여러분 중에 아직도 죄를 회개하지 않고 그리스도를 믿지 않는 자들이 얼마나 많은지 모릅니다! 제가 여러분에게 묻겠습니다. 여러분의 양심은 평안합니까? 여러분의 양심은 항상 평안합니까? 여러분의 양심에 종종 천둥소리가 들릴 때가 있지 않습니까? 파수꾼이 등불을 밝히고 여러분의 영혼 속에 있는 은밀한 부분을 들추어내서 여러분의 허물을 발견해 내는 때가 있지 않습니까? 그 때 여러분은 어디 있습니까? 낚시꾼이 낚싯바늘을 준비하듯이, 하나님은 양심을 준비하십니다. 하나님의 손에 들린 낚싯바늘처럼, 양심은 오늘 여러분의 입에 걸려 있고, 그것을 물면 하나님은 여지없이 낚싯줄을 당기시며, 여러분은 그 소멸하는 불(신 4:24) 속에 들어오게 됩니다. 여러분이 아무리 양심의 가책을 받는다 해도, 하나님의 공의는 여러분이 가진 그 초라하고 불완전한 양심보다 여러분에게 더 엄격합니다. 여러분의 마음이 아무리 여러분을 정죄한다 해도, 하나님은 여러분의 마음보다 더 엄격히 정죄하시며 모든 것을 다 알고 계십니다. 그러므로 여러분의 양심이 여러분이 잘못 행하고 있다고 말한다면, 오, 여러분은 정말 잘못된 사람인 것이 분명합니다.

　사랑하는 성도 여러분, 정말 여러분은 여러분이 하나님과 소외되어 있다는 사실을 모르고 있습니까? 여러분 가운데 많은 이들이 하나님에 대해 거의 생각하지 않습니다. 일상에서 상투적으로 말할 때나 맹세할 때면 모를까, 그 외에는 며칠이나 몇 주가 지나도 하나님에 대해 말하지 않고 지냅니다. 여러분은 하나님 없이는 잘 지내도, 친구 없이는 잘 지내지 못할 정도입니다. 여러분은 잘 먹고 잘 마시고 만족하면서 잘 지냅니다. 이 세상만으로도 여러분은 충분합니다. 세상의 덧없는 기쁨들이 여러분의 마음을 충족시킵니다. 만약 여러분이 지금 여기서 하나님을 보게 된다면, 여러분은 하나님으로부터 도망칠 것입니다. 여러분은 하나님과 원수이기 때문입니다. 오, 피조물이 하나님과 원수된 것이 바람직한 상태입니까? 여러분에게 저는 이 질문을 드리고 싶습니다. "네가 어디 있느냐?" 피조물이 자기를 만든 창조주를 두려워하는 이런 비참한 처지에 놓여야만 하는 것입니까? 여러분은 하나님께 영광을 돌리기 위해 지음 받았습니다. 여러분은 그분의 임재와 선하심을 즐거워하기 위해 지음 받았습니다. 그런데도 여러분은 여러분을 유지시켜 주는 이 음식들을 좋아하지 않는 것 같습니다. 따라서 여러분은 병이 나게 될 것입니다. 정말로 여러분은 병이 날 수밖에 없습니다! "네가 어디 있느냐?' 이 말씀을 기억하십시오. 전능하신 하나님이 여러분에게 화내고 계십니다. 하나님의 계명들이 마치 무수한 총처럼 모든 총구가 오늘 이 아침에 여러분을 겨냥해 있습니다. 거룩하신 분께서 방아쇠를 당기기만 하면, 여러분은 곧 멸망하고 산산조각 날 것입니다. 단두대에 목이 올라가고 도끼날이 머리 위에서 번쩍이는 상황이라면 여러분은 편안할 수 있겠습니까? 이것이 바로 오늘 여러분이 처한 상황입니다. 여러분이 처한 상황은 디오니시우스(Dionysius)의 연회에 등장하는 신하처럼, 한 올의 말총에 매달린 칼 아래에 앉아 있는 그 신하의 처지와 같습니다(그리스 전설에 나오는 '다모클레스의 칼'[Sword of Damokles] 이야기로, 권좌는 항상 위기와 불안 속에 유지되고 있음을 암시한다 — 역주). 이미 선고는 내려졌습니다!! "매일 분노하시는 하나님이시로다 사람이 회개하지 아니하면 그가 그의 칼을 가심이여 그의 활을 이미 당기어 예비하셨도다"(시 7:11-12)라는 말씀대로 말입니다. 사랑하는 성도 여러분, 여러분은 어디 있습니까? 오 하나님, 인간으로 하여금 자기가 어디 있는지 보게 하옵소서! 그의 눈을 열어 주옵소서. 그 물음에 인간이 놀라게 하옵소서. 잠자는 그가 인기척이라도 듣게 하옵소서. 그리하여 그가 깨어나 자신이 어디에 있는지 알게 하옵소서. 자신이 하나님의 진노를 살 만큼 역겨운 존재이며, 하나님의 노여움의 대상인 것을 깨닫게 하옵소서!

　"네가 어디 있느냐?" 여러분의 삶은 깨어지기 쉽습니다. 그 어떤 것보다도 여러분의 삶은 더 연약합니다. 여러분의 삶이 굵게 꼰 줄로 든든히 연결된 것처럼 보여도, 실제로 여러분의 삶은 가는 거미줄에 연결되어 있습니다. 여러분이 꾸는 꿈들이 돌로 만든 튼튼한 구조물처럼 보여도, 실제로 여러분의 꿈들은 거품으로 만든 구조물에 불과합니다. 여러분은 여기 있다가 사라지는 존재입니다. 지금은 여기에 앉아 있지만, 일주일도 못 되어 여러분은 다른 세상에서 울부짖고 있을 수도 있습니다. 오, 사랑하는 성도 여러분, 여러분은 어디 있습니까? 용서받지 못한 채 죽어가고 있는 인간이 바로 여러분입니다! 선고를 받은 채 무작정 파멸해가고 있는 자가 바로 여러분입니다! 죄로 뒤덮여진 채 자신을 심판할 그분의 무서운 심판대로 치닫고 있는 자가 바로 여러분입니다! 여기에서 길을 잃은 것도 모자라, 영영 돌아올 수 없는 곳으로 매순간 독수리 날개 치듯 서둘러 나아가고 있는 자가 여러분입니다! 우리가 우리 자신을 안다는 것이 얼마나 힘든 일인지 모릅니다! 예를 들자면, 어떤 사람이 몸이 좀 아프다고 했을 때, 그의 몸 상태에 대해 알기 위해서는 의사를 찾아가야하는 것과 마찬가지입니다. 그런 상황인데도 그 사람은 "괜찮다. 괜찮다. 긁어 부스럼 만들지 마라"고 말합니다. 우리는 내가 가진 재산이 모두 날아갈 상황이 되면 너무 두려워서 밤낮 걱정하고 고민할 것입니다. 그런데 우리는 우리의 불쌍하고 가련한 영혼을 마치 어린 아이들이 길거리에서 가지고 놀다가 내버리는, 하찮은 장난감 동전이나 소꿉처럼 가지고 놀고 있습니다! 이것이 바로 죄인들이 행하는 짓입니다! 여러분은 죄인입니다! 두말할 필요도 없는 죄인입니다! 여러분이 아직 잠에서 깨지 않았고 여전히 쾌락을 꿈꾸고 있기 때문에, 여러분은 여러분의 영혼쯤은 잃어도 된다고 생각하면서, 그렇게 영혼을 시시하게 여기는 것입니까? 오, 한 형제의 마음이 여러분의 마음을 움직일 수 있고, 한 형제의 음성이 여러분의 잠자는 눈을 깨울 수 있다면, 제가 그 형제가 되어 여러분에게 전하겠습니다. "오, 잠자고 있는 여러분, 도대체 어떻게 된 것입니까? 깨어나서 여러분의 하나님을 부르십시오! 깨어나십시오! 왜 여러분은 잠자고 있습니까? 깨어나 '네가 어디 있느냐?'고 하는 물음에 대답하십시오. 여러분은 지금 길을 잃고 멸망해가는 불안한 상태에 있습니다! 오, 죄인인 여러분, 여러분은 어디 있습니까?"

2. 이 물음은 우리의 죄를 깨닫게 하기 위한 것입니다.

　두 번째로, 이 물음은 죄를 깨닫고, 그 죄를 고백하게 하려는 의도로 사용되었습니다. 만약 아담의 마음이 바른 상태에 있었다면, 아담은 자신의 죄를 전적으로 고백했을 것입니다. 오늘 우리가 하나님과 그리스도 밖에 있다면, "네가 어디 있느냐?"고 우리에게 말씀하시는 그 하나님의 음성을 듣도록 합시다. "아담아, 네가 어디 있느냐? 나는 너를 나의 형상대로 만들었다(창 1:27). 나는 너를 천사들보다 조금 못하게 만들었다(시 8:5). 나는 너로 하여금 내 손으로 만든 모든 것을 다스리게 하였다. 나는 하늘의 모든 새와 바다의 물고기와 깊은 바다에 거니는 것은 무엇이든지 모든 만물을 너의 발 아래에 두었다(창 1:28). 나는 이 모든 기쁨의 동산을 너의 집으로 주었다. 내가 친히 너와 함께 함으로 너를 존귀하게 했으며, 나는 너의 번영을 생각하였다. 너의 모든 소원들을 들어주었다. 낮의 해가 너를 상하게 하지 아니하며 밤의 달도 너를 해치지 못하게 하였다(시 121:6). 나는 너를 위해 바람도 잠잠케 하였으며, 네가 배불리 먹도록 나무 열매를 주렁주렁 맺도록 하였고, 모든 만물들이 너의 행복을 위해 합력하도록 하였다. 그런데, 네가 어디 있느냐? 나는 네게 아주 작은 것을 요구하였다. 나를 위하여 따로 둔 나무 열매는 만지지 말라고 요구하였다. 그런데, 네가 어디 있느냐? 너는 지금 도둑과 반역자와 배신자의 방 안에 있느냐? 네가 죄를 지었느냐? 오, 아담아, 네가 어디 있느냐?'

자, 죄인인 여러분, 제 말을 들어 보십시오. "여러분은 어디 있습니까?" 여러분 중 많은 이들에게 하나님이 말씀하십니다. "나는 너의 어린 시절에 너를 돌봐 줄 경건한 어머니를 네게 주었다. 나는 너의 회심을 바라는 거룩한 아버지를 네게 주었다. 나는 너를 섭리로 인도하여 모든 것을 은혜로 주었다. 그로 인해 너는 끼니를 거른 적이 없었다. 나는 네가 헐벗지 않게 하였고, 너에게 안락한 삶의 환경을 마련해 주었다. 나는 너를 병상에서 일으켜 주었고, 네가 저지른 수많은 어리석은 일들을 그냥 넘어가 주었다. 나는 네게 긍휼을 베풀어 강물처럼 흐르게 하였고, 네가 아침에 눈을 뜨면 나의 선함을 보게 하였다. 밤이 되어 네가 잠들기 전까지 나는 너를 도왔으며, 혹시라도 모를 위험에 대비하여 나는 너의 머리맡에 휘장까지 쳐 두었다. 나는 나의 깃털로 너를 덮었으며, 나의 날개로 너를 품어 주었다. 그런데 지금, 너는 어디 있느냐? 너는 나의 계명을 잊고서 나 자체를 싫어하고 나의 법을 위반하고 나의 아들을 거부하지 않았느냐? 너는 오늘날까지 네 자신의 업적만을 믿으며 만족할 뿐, 세상의 구세주인 내 사랑하는 아들이 완성한 의를 얻으려고 하지 않는 불신자이지 않느냐? 너를 위해 그토록 큰 일을 한 내 아들을 위해 너는 지금까지 무엇을 하였느냐? 너는 도대체 뭐하는 사람이냐? 토양의 양분을 흡수하고도 과실을 맺지 못하는 나무, 다시 말해 하늘에서 내리는 그 맑은 빗물을 받아 마시고도 감사의 과실을 전혀 맺지 못하는, 아무짝에도 쓸모없는 존재가 바로 너이지 않았느냐? 네가 어디 있느냐? 너는 오늘 내 원수의 진영에 있지 않느냐? 너는 나를 무시하면서, 너를 만들고 너의 코로 숨을 쉬게 하고 너의 생명과 네가 가는 모든 길을 인도하는 하나님을 대적하는 너의 보잘 것없는 팔을 들면서, 사탄의 편에 서 있지 않느냐? 죄인아, 네가 어디 있느냐? 하나님께서 베풀어 주신 그 모든 선하심에도 불구하고 결국 너는 죄인이 되었구나!'

이제 다시 이 물음을 읽어 봅시다. "네가 어디 있느냐?" 뱀은 여러분이 하나님이 되어야 한다고 말합니다. 여러분이 최고로 영광을 받아야 한다고 생각합니다. 그런데 아담이 정말 그렇게 되었습니까? 정말 그렇게 되었습니까? 여러분이 그렇게 자랑하던 지식은 어디 있습니까? 명예는 또 어디 있습니까? 반역이 여러분에게 가져다준, 그렇게 힘들게 얻은 그 지식은 어디 있습니까? 천사의 옷을 입기는커녕 여러분은 자신이 벌거벗고 있다는 사실만 알게 되었고, 영광은커녕 수치만 당하게 되었습니다. 영광의 자리로 올라가기는커녕 망신거리만 되고 말았습니다. 아담아, 네가 어디 있느냐? 죄인인 여러분, 여러분은 어디 있습니까? 죄가 여러분에게 말합니다. "나는 당신에게 기쁨을 주겠어요"라고 말입니다. 사실 여러분은 죄가 주는 기쁨을 맛보기도 했습니다. 그런데 그 기쁨 뒤에 따라온 고통은 어떻게 된 것입니까? 죄는 혼합한 술(잠 23:30)을 한 잔 가득 여러분에게 따라 주었습니다. 그런데 그 뒤에 충혈된 눈과 술로 인한 화는 어떻게 된 것입니까? 죄는 여러분에게 또 말합니다. "나는 당신을 대단한 사람으로 만들어 주겠어요"라고 말입니다. 그런데 지금 여러분은 어떻게 되었습니까? 술꾼인 여러분, 도대체 술이 여러분에게 해준 것이 무엇입니까? 해어진 옷을 입고 가난하게 될 뿐입니다(잠 23:21). 간음과 행음하는 여러분, 정욕대로 살아서 여러분은 어떻게 되었습니까? 여러분의 몸은 성병으로 시달리고, 여러분의 영혼은 심한 고통 속에 있지 않습니까? 도둑질하고 사기치는 자들이 혹시 있습니까? 그렇게 살아서 여러분은 어떻게 되었습니까? 여러분은 망신만 당하고, 여러 사람들의 눈에 안 좋은 인상만 주었습니다. 은밀하게 죄를 짓는 여러분! 세련되게 죄를 짓는 여러분! 그렇게 살아서 여러분은 어떻게 되었습니까? 여러분에게 달콤하던 것들에는 시큼한 냄새가 나기 시작했고, 여러분이 즐기던 모든 것들에는 독이 들어 있었습니다. 여러분은 어디 있습니까? 여러분은 도대체 어디 있습니까? 죄는 어느 경우든지 거짓말쟁이로 행세해 왔습니다. 반역 또한 그에 합당한 형벌을 받지 않는 한, 예외 없이 거짓말쟁이로 행세할 것입니다. 그리고 죄인들은 자신의 죄된 방식만 고집할 것입니다.

아담이 죄를 깨닫도록 하기 위해서, 하나님께서 "네가 어디 있느냐?"라고 물으신 것은 "누구 때문에 네가 지금 그 자리에 있게 되었느냐?"라고 묻는 것과 같습니다. 아담, 당신은 당신 자신 때문에 지금 거기에 있게 된 것입니다. 당신이 바르게 행동했다면, 하와는 당신을 넘어뜨릴 수 없었을 것입니다. 또 하와가 생각하듯이 사태를 이 지경으로 만든 장본인은 거짓말을 한 뱀이 아닙니다. 당신이 그 말에 귀 기울이지 않았다면 그만이었을 것입니다. 뱀은 당신이 귀머거리였다 해도 계속해서 유혹했을 것이기 때문입니다. 오늘날에도 하나님은 죄인들에게 말씀하십니다. "네가 어디 있느냐?" 여러분은 여러분이 자초한 일 때문에 지금 거기에 있는 것입니다. 여러분이 지은 죄는 여러분 자신의 허물이며, 절대 다른 사람 때문에 생긴 것이 아니라 여러분 자신 때문에 생긴 것입니다. 오, 죄는 자신만의 소유물이라는 사실을 죄인들이 알기란 참 어렵습니다. 죄는 우리가 지닌 유일한 것입니다. 우리가 창조한 것이 단 하나 있는데, 그것이 바로 죄입니다. 죄는 우리 자신의 것입니다. 만약 제가 어떤 것이든 악한 것을 용인하게 된다면, 저는 그 죄가 나 자신의 내부에서, 다시 말해 내 안에서 태어난 나의 자녀라는 사실을 고백하지 않을 수 없을 것입니다. 우리가 인간의 타락에 대해 말하면, 사람들은 보통 인류의 죄를 인간의 조상인 아담 때문인 것으로 치부합니다. 사람들은 인간 본성의 타락에 대해 말하면서, 늘 변명거리를 생각합니다. 즉 인간의 본성이 타락했다고 해서 절대적으로 인간이 악하다고 증명된 것은 아니라는 식으로, 그리고 죄는 인간의 본성에 본질적인 것으로서 인간의 뼈와 피 속에 죄가 들어 있다고 말할 수는 없다는 식으로 변명을 합니다. 우리가 죄인이라면, 우리에게 변명의 여지는 전혀 없습니다. 만약 우리가 죄인으로 살다가 그렇게 죽는다면, 그 죄의 책임은 전적으로 우리에게 있는 것이지, 다른 곳에 있지 않습니다. "아담아, 네가 어디 있느냐?" 여러분이 지금 있는 곳은 여러분이 자의(自意)로 선택한 상황이며, 하나님을 대적하고, 하나님과 소외된 그 절망적인 상태에 머무르는 것 또한 동일하게 여러분의 자의에 의한 것입니다.

　　오늘 이 아침에 죄인을 깨우고 그 마음속에 깨달음을 주는 역사가 일어나기를 저는 하나님께 간구합니다. 잠자고 있는 사람에게 호통을 치는 일은 쉽겠지만, 그 사람을 깨워서 그가 자던 그 지긋지긋한 침상을 불태우도록 하는 것은 어려운 일일 것입니다. 그러나 이 일이야말로 죄인들이 반드시 해야 할 일이고, 하나님께서 그 사람 속에 역사하신다면 할 수 있는 일입니다. 죄인은 잠에서 깨어나 자신이 길 잃은 자임을 알게 될 것입니다. 죄를 깨닫게 되면 자신이 자신을 망치고 있었다는 사실을 알고서, 자기가 예전에 사랑하던 죄들을 이후로는 혐오하게 될 것입니다. 그러고는 지금까지 안식처로 삼던 거짓 피난처에서 벗어나 자기가 즐기던 것들을 포기하고, 그리스도의 보혈에서만 찾을 수 있는 영원한 구원을 추구할 것입니다.

3. 이 물음은 인간을 잃어버린 것을 슬퍼하시는 하나님의 음성입니다.
　이제 우리는 오늘 본문의 물음과 관련된 세 번째 대지를 살펴보고자 합니다. 여호와 하나님께서 아담을 부르시고, 그에게 말씀하셨습니다. "네가 어디 있느냐?" 우리는 이 말씀을 인간을 잃어버린 상태를 슬퍼하시는 하나님의 음성으로 보고자 합니다. 어떤 사람들은 "네가 어디 있느냐?"에 해당하는 히브리어 본문을 과감하게 "너를 보니 슬프도다. 너를 보니 슬프도다!"라고 번역하였습니다. 이런 번역은 하나님께서 선지자의 어투로 말씀하시는 것처럼 표현한 것입니다. "내가 어찌 너를 놓겠느냐 … 내가 어찌 너를 버리겠느냐 내가 어찌 너를 아드마 같이 놓겠느냐 어찌 너를 스보임 같이 두겠느냐 내 마음이 내 속에서 돌이키어 나의 긍휼이 온전히 불붙듯 하도다(호 11:8). 내 가련한 아담아 네가 어디 있느냐? 예전에 너는 나와 대화를 나누곤 했지만, 이제는 나를 피하고 있구나. 예전에 너는 행복했었는데, 지금 너는 어디 있느냐? 벌거벗은 채 가련하고도 비참한 모습의 너, 예전에 너는 영광스럽고 죽음을 모르는 복된 나의 형상이었는데, 이제 불쌍한 아담아, 너는 어디 있느냐? 나의 형상은 네게서 손상되었고, 네 친 아버지의 모습도 볼 수 없으며, 이제는 너에게서 세상적이고 감각적인 마귀의 모습만 보이는구나. 불쌍한 아담아, 너는 어디 있느냐?" 오, 하나님께서 불쌍한 아담에 대해 어떻게 느끼시는지를 여러분이 안다면, 여러분은 대단히 놀랄 것입니다. 하나님은 느끼지도 못하고 고통도 받을 수 없다는 사실을 모든 신학자들은 기정사실로 받아들입니다. 사실 하나님의 말씀 안에는 그런 내용이 없습니다. 그런데 만약 하나님께서 못하시는 어떤 일이 있고, 조금이라도 이것저것을 할 수 없는 분이라고 말한다면, 우리는 하나님께서 전능하시다고 말할 수 없을 것입니다. 그러나 하나님은 모든 일을 하실 수 있습니다. 더구나 우리의 하나님은 감동도 받을 수 없는 그런 하나님이 아니십니다. 우리의 하나님은 느끼실 뿐만 아니라, 자신에 대해 아버지의 애끓는 심정과 어머니의 더없이 자애로운 마음을 갖고 있음을 인간의 언어로 표현하기까지 하는 하나님이십니다. 마치 아버지가 반항하는 아들에 대해 울부짖듯이, 영원하신 아버지께서도 "불쌍한 아담아, 네가 어디 있느냐?"라고 부르짖고 계십니다.

　자, 오늘 본문의 전반부인 "여호와 하나님이 아담을 부르셨다"는 이 말씀을 듣고, 지금 이 자리에 혹시라도 어떤 감동을 받게 된 영혼이 있지는 않습니까? 여러분은 여러분 자신이 길을 잃었다는 생각이 듭니까? 그리고 이렇게 길을 잃게 된 것이 다른 사람 때문이 아니라, 바로 여러분의 자의적인 어리석음 때문이라는 것을 알고 있습니까? 여러분은 이 사실에 대해 스스로 슬퍼하고 있습니까?

아, 그렇다면 하나님께서도 여러분에 대해 슬퍼하고 계실 것입니다. 하나님은 여러분을 내려다보며 이렇게 말씀하십니다. "아, 불쌍한 술주정뱅이야, 왜 너는 술잔을 끼고 살고 있느냐? 그 술잔에서 무슨 비참한 꼴을 더 보려고 하느냐?" 이 제 자신이 지은 죄에 대해 슬피 울고 있는 여러분에게 하나님은 이렇게 말씀하십니다. "아, 불쌍한 아들아, 네가 선택한 너의 그 어리석음 때문에 겪는 고통이 얼마나 심하냐!" 아버지는 애끓는 심정이 되어, 자기 가슴에 그 에브라임을 꼭 껴안고 싶어 하십니다(호 11:3). 죄인들이여, 하나님을 목석 같은 분이라고 생각하지 마십시오. 여러분이 목석 같은 마음을 가지고 있지, 하나님은 그런 분이 아니십니다. 하나님은 감동을 잘 받지 않으신다고 생각하지 마십시오. 여러분이 감동을 잘 받지 못하지, 하나님은 감동을 잘 받으십니다. 냉정한 쪽은 바로 여러분입니다. 만약 여러분이 어디서든 고생한다고 느낀다면, 그것은 여러분의 마음이 문제인 것이지, 하나님의 문제는 아닙니다. 하나님은 영혼을, 즉 죄를 깨닫는 영혼을 사랑하십니다! 하나님은 여러분을 사랑하시며, 또 여러분을 얼마나 사랑하는지 보여주고 싶어 하십니다. 그 아들의 인성 안에서 하나님은 여러분을 보고 울면서 이렇게 외치셨습니다. "너도 오늘 평화에 관한 일을 알았더라면 좋을 뻔하였거니와 지금 네 눈에 숨겨졌도다"(눅 19:42). 저는 하나님께서 여러분에게 이렇게 말씀하시는 것을 듣고 있습니다. "예루살렘아 예루살렘아 선지자들을 죽이고 네게 파송된 자들을 돌로 치는 자여 암탉이 그 새끼를 날개 아래에 모음 같이 내가 네 자녀를 모으려 한 일이 몇 번이더냐 그러나 너희가 원하지 아니하였도다"(마 23:37). 저는 여러분을 위해 기도합니다. 영원한 하나님의 이 슬피 울부짖는 음성이 여러분의 귓가에 이르러 여러분이 회개하는 역사가 일어나도록 말입니다! "주 여호와의 말씀이니라 죽을 자가 죽는 것도 내가 기뻐하지 아니하노니 너희는 스스로 돌이키고 살지니라"(겔 18:32). 오, 여러분이 지은 죄와 그 죄가 여러분에게 초래한 비참함 때문에, 여러분은 가슴이 터져 버릴 것만 같은 그런 심정입니까? 불쌍한 죄인들이여, 기도하십시오. "내가 일어나 아버지께 가서 이르기를 아버지 내가 하늘과 아버지께 죄를 지었사오니 지금부터는 아버지의 아들이라 일컬음을 감당하지 못하겠나이다"(눅 15:18-19)라고 말입니다. 아버지는 죄인인 여러분을 보고 계십니다. 아직도 거리가 먼 데 아버지가 그를 보고(눅 15:20) 계십니다. 여기 긍휼의 눈이 있습니다! 아버지는 달려갑니다. 여기 긍휼의 발이 있습니다! 아버지는 여러분을 껴안습니다. 여기 긍휼의 팔이 있습니다! 아

버지는 여러분에게 입을 맞춥니다. 여기 긍휼의 입이 있습니다! 아버지는 말씀하
십니다. "누더기 옷을 벗겨라." 여기 긍휼의 말씀이 있습니다. 아버지는 여러분에
게 입히십니다. 여기 긍휼의 행동이 있습니다. 놀라운 긍휼입니다. 지극한 긍휼
입니다! 오, 긍휼의 하나님께서 죄인을 어떻게 맞이하시는지 여러분은 알고 있
었습니까? 여러분이 알고 있었다면, 그렇게 멀리 떠나가지는 않았을 것입니다.
존 번연이 말한 바대로, 디아볼로스에게 점령당한 인간영혼이라는 성을 재탈환
하기 위해서, 성을 포위한 임마누엘 장군 휘하의 샤다이 왕 군대가 무서운 형벌
을 뜻하는 흑색 깃발을 내걸면, 성 안에 있는 백성들은 그 장군을 대적해 끝까지
싸울 것입니다. 그러나 장군이 호의를 베풀겠다는 뜻의 흰색 깃발을 내걸고서,
만약 성 안에 있는 백성들이 문을 열면 그가 그들에게 긍휼을 베풀 뿐 아니라, 그
성에 새로운 헌장까지 제정할 것이라고 말한다면, 그들은 "문을 열어주자"라고
말하며 마음의 준비를 하고 너나 할 것 없이 서두르는 바람에 서로 발이 걸려 넘
어지도록 성을 넘어 임마누엘 장군에게 나아올 것입니다(존 번연, 「거룩한 전쟁」[The
Holy War], 2부와 3부 ― 역주). 하나님은 완악하고 무정하며 웬만해서는 용서하지
않으신다고 말하는 사탄의 속임수에 우리의 영혼이 속아 넘어가지 않도록 합시
다! 하나님을 시험해 보십시오. 한 번이라도 하나님을 시험해 보십시오. 만약 죄
로 사악해지고 더러워져서 스스로도 구제할 수 없을 정도가 된 여러분을 과연
하나님께서 용서하실까 하는 생각으로 여러분이 하나님을 시험해 보고 싶다면,
에덴 동산의 나무 사이에 울려 퍼지는 하나님의 애처로운 음성을 다시 들으십시
오. "아담아, 불쌍한 아담아, 내가 만든 피조물인 아담아, 어디에, 네가 어디에 있
느냐?"

4. 이 물음은 우리를 찾는 음성입니다.

남은 설교시간이 얼마 되지 않기에, 오늘 본문이 분명히 의도하고 있는 네
번째 목적을 바로 전해야 할 것 같습니다. 오늘 본문의 물음은 잠자는 영혼을 깨
우는 음성이며, 죄를 깨닫게 하는 음성이며, 한탄하는 음성입니다. 이와 함께 네
번째로 이 음성은 **찾는** 음성입니다. "아담아, 네가 어디 있느냐?" 네가 어디 있든
지 간에 나는 너를 찾으러 왔다. 나의 사랑의 눈길이 너를 보는 한, 나는 너를 찾
을 것이다. 나의 사랑의 손길이 너에게 머무르는 한, 나는 너를 따라갈 것이다.
너를 내게로 데려와서 내가 진심으로 너와 화해하기까지 나는 너를 끝까지 붙들

겠다는 그런 말씀입니다.

　다시 말씀드립니다. 여러분이 앞서 전한 이 설교의 세 대지의 내용을 잘 따라왔다면, 저는 여러분에게 확신 있게 이런 말씀을 드릴 수 있습니다. 여러분이 잠에서 깨어나 죄를 깨닫고 하나님을 어느 정도 갈망하게 되었다면, 하나님께서는 오늘 이 아침에 여러분을 찾으러 나오실 것입니다. 하나님께서 친히 택한 자를 찾으러 나오기만 하신다면, 하나님은 이들이 어디에 있는지를 알고 있기에 절대로 놓치지 않으신다는 것과 이들이 설령 아주 먼 곳까지 나아가 방황했다 해도, 하나님께는 그리 먼 곳이 아니라는 사실은 정말 대단한 일이지 않습니까? 그들이 지옥문 앞까지 이르렀고, 지옥문이 그들을 삼키려고 입을 반쯤 연 상태였다 해도, 하나님은 그들을 구해 내셨을 것입니다. 그들은 너무나 많은 죄를 지은 탓에, 그들 자신도 스스로를 포기해 버렸으며, 제대로 신앙 생활하는 모든 그리스도인들도 그들을 포기해 버린 사람들이었을 것입니다. 그로 인해 사탄이 그들을 자기 사람으로 생각하고서 자기에게로 끌어 들일 채비를 다 갖추었다 해도, 하나님께서 그들을 찾으러 나오신다면, 틀림없이 그들을 찾아 내시고, 결국에는 그들을 하나님의 사람으로 만들고야 말 것입니다. 길을 잃고 멸망해가는 죄인인 여러분, 하나님의 음성을 들으십시오. 왜냐하면 그 음성은 여러분 개인에게 말하는 음성이기 때문입니다. "네가 어디 있느냐?" 이 물음은 나는 너를 찾기 위해 왔다는 말씀입니다. "하나님, 제 힘으로는 어떻게 해 볼 수 없는 그런 처지에 제가 있습니다." "그런 처지에 몰린 너를 찾기 위해 내가 왔다. 내가 내 힘으로 너를 위해 모든 것을 해 주겠다." "하나님, 저는 율법이 저를 위협하고 공의가 저를 협박하는 처지에 있습니다." "나는 율법의 위협에 답변하고 공의의 모든 진노를 감당하기 위해 왔다." "그러나 하나님, 제가 회개라도 할 수 있으면 좋으련만 저는 회개조차 할 수 없는 그런 처지에 놓여 있습니다." "나는 너를 찾아서 회개시키고 죄를 용서해 주어 너를 고귀하게 하려고 왔다." "그러나 하나님, 저는 하나님이 믿어지지가 않습니다. 하나님을 믿으면 좋으련만 저는 믿을 수가 없습니다." "나는 상한 갈대를 꺾지 아니하며 꺼져가는 등불을 끄지 아니한다(사 42:3). 나는 너에게 믿음을 주기 위해 왔다." "그러나 하나님, 제가 드리는 기도는 차마 하나님이 들으시지 않을 것 같은 입장에 놓여 있습니다." "나는 너를 대신해 기도하기 위해 왔다. 네가 바라는 것을 너에게 주겠노라." "그러나 하나님, 하나님은 제가 얼마나 곤고한 사람인줄 모르시는 것 같습니다." "아니다. 나는 너를 잘 알고 있다. '네가 어디 있느냐?'라고 내가 너에게 물었다만, 사실 그렇게 물은 것도 네가 지금 어디 있는지 네가 알도록 하기 위해서였다. 그만큼 나는 너를 잘 알고 있다." "그러나 하나님, 저는 죄인 중에 괴수였습니다(딤전 1:15). 그 누구도 제가 저지른 것만큼 그렇게 잔인하게 죄를 짓지 않았습니다." "네가 어떤 처지에 있든지 나는 너를 구하기 위해 왔다." "그러나, 저는 이 사회에서 쫓겨나 버림받은 사람입니다." "나는 이스라엘의 흩어진 자들을 모으기 위해 왔다"(시 147:2). "오, 하지만 저는 모든 소망이 무색할 정도로 그렇게 죄를 지었습니다." "그래, 그러나 나는 소망 없는 죄인들에게 소망을 주기 위해서 왔다." "맞습니다. 그래도 저는 멸망 받아 마땅한 사람입니다." "맞다. 하지만 나는 율법을 칭송하고 율법을 영화롭게 하기 위해서 네가 받아야 할 형벌을 그리스도의 인성이 감당하도록 하여, 그리스도의 공로로 말미암아 나의 긍휼을 네가 받게 하려고 왔다." 자신이 길 잃은 죄인이라는 것을 알고 있는 사람이라면, 자신을 그렇게 만든 그 죄악의 자리에 계속 있을 수 없을 것입니다. 제가 생각하는 최악의 경우는, 이렇게 하나님의 마음을 가르쳐 주었더니, 이 지식을 역이용하여, 악마의 회당에서 최고의 학위를 받아 죄악의 달인이 되는 사람을 키우고 마는 꼴이 되는 것입니다. 설령 그런 죄악의 달인들이라 해도, 죄인들을 위해 자신의 피를 흘려 주신 주님의 상처들을 눈물어린 눈으로 바라보기만 한다면, 주님께서는 주님으로 말미암아 그들도 하나님에게 나아갈 수 있도록 구원하실 것입니다.

오, 오늘 이 아침에 저는 제가 하고 싶은 대로 실컷 말씀을 전하지도 못했고, 여러분도 아마 여러분이 듣고 싶은 만큼 말씀을 다 듣지 못했을 수 있습니다. 하지만 제가 미처 전하지 못한 것은 하나님께서 여러분에게 전해 주시기를 바라며, 여기 절망 가운데 있는 몇몇 죄인들에게 하나님께서 이렇게 말씀해 주시기를 원합니다. "영혼아, 네 때가 되었다. 오늘 지금 이 시간에, 나는 너를 기가 막힐 웅덩이와 수렁에서 끌어올리고 네 발을 반석 위에 두겠다(시 40:2). 새 노래를 네 입에 둘 것이며(시 40:3 KJV), 네 걸음을 견고하게 하겠다(시 40:2)." 이런 일을 행하신 지극히 높으신 여호와의 이름을 찬송 찬송할지로다(시 113:2).

5. 이 물음은 주님의 음성을 거부하는 자들을 소환하는 공의의 음성입니다.

이제 마지막으로, 오늘의 본문은 지금까지 우리가 전한 의미와는 다른 뜻으로 사용될 수 있으며, 어쩌면 반드시 이 뜻으로 사용되어야만 한다는 확신마저

듭니다. 오늘 본문의 물음을, 잠자는 영혼을 깨우는 음성으로, 죄를 깨닫게 하는 음성으로, 죄인들을 위해 슬퍼하는 긍휼의 음성으로, 다시 말해 그들을 찾는 선한 음성으로 듣기를 거부하는 사람들에게, 이 물음은 전혀 다른 의미로 다가갑니다. 이 물음은 그렇게 거부하는 사람들을 소환하는 공의의 음성이기 때문입니다. 아담은 도망쳤지만, 하나님은 그를 하나님의 법정에 세워야만 했습니다. "아담아, 네가 어디 있느냐? 이리 와라. 이리와 봐라. 나는 너를 심판해야겠다. 죄는 처벌을 받아야 한다. 이리 와서 너와 네 처가 함께 공모한 죄를 말하여라. 이리 와라. 나는 너를 심문해야 하고, 나는 너의 해명을 들어야만 한다. 만약 너의 해명이 공허하고 입증이 되지 않는다면, 나는 너에게 유죄선고를 내릴 수밖에 없다." 하나님의 물음 안에는 불쌍히 여기는 마음도 많지만, 엄중한 그 무언가도 들어 있습니다. "아담아, 아담아, 네가 어디 있느냐? 심판을 받으러 이리 나와라" 하는 말씀인 것입니다. 오늘날 여러분은 이런 음성을 듣지 않고 있습니다. 다행히 이런 음성을 듣는 일이 지연되고 있기 때문입니다. 그러나 여러분은 이 음성을 곧 듣게 될 것입니다. 폭풍우가 치기 전 천둥이 천지를 뒤흔들 때, 여러분은 처음으로 이 음성을 듣게 될지도 모릅니다. 여러분이 질병으로 병상에 눕게 되고, 사망이 죽음의 눈길로 바라보면서 송장 같은 손으로 여러분을 어루만지며 "너의 하나님을 만날 준비를 하라"고 말할 때, 여러분은 이 음성을 들을 수도 있습니다. 여러분은 이 질문을 오늘은 연기할 수 있습니다. 그러나 하나님께서 오늘보다는 더 가까이 다가오셔서 여러분의 본성을 대면하실 때, 그때는 여러분이 이 음성을 피할 수 없을 것입니다. 그때 여러분의 뼈들은 젤리가 되고, 여러분의 갈비뼈들은 흔들리며, 여러분의 그 심장은 밀랍처럼 녹아내릴 것입니다. 여러분은 아픔이나 질병의 고통과 사투를 벌일 것입니다. 그러나 이보다 더 무서운 고통이 있습니다. 여러분은 죽음을 지켜봐야만 할 것입니다. 그러나 이 죽음도 여러분이 겪어야 할 최고의 두려움이 아닐 것입니다. 왜냐하면 여러분은 죽음 후에 있을 심판과 파멸을 맞이해야 할 것이기 때문입니다. 그때가 되어서야 비로소 여러분은 아내와 자녀의 음성도 들리지 않는 고요한 방 안에서 이 음성을 듣게 될 것입니다. 시계의 초침소리만이 들릴 때, 여러분은 "네가 어디 있느냐? 이제야 네가 나를 만나게 되는구나. 네 허리를 동여라! 더 이상 긍휼의 초청도 네게는 없다. 긍휼의 날은 지나갔다. 목회자가 전하는 경고의 말도 이제 다시 없다. 이제 너는 얼굴과 얼굴을 대하여 나를 보게 될 것이다(고전 13:12)"라고 여러분에게 말씀하시면서 여러분의 삶의 황혼에 다가오시는 하나님의 발자국 소리를 듣게 될 것입니다. "네가 어디 있느냐?" 걸어가야 할 길이 남았는데도 극심한 다리 통증으로 인해 여러분이 냈던 용기가 부담으로 다가오고, 여러분의 능력은 다 소진되어 가서, 여러분이 거의 꺼지기 직전의 촛불 같은 상황에 있게 되었을 때, 자, 그 때도 여러분은 호언장담할 수 있습니까? 여러분이 했던 그 맹세들은 이제 어디에 있습니까? 여러분이 웃고 즐기며 하던 그 농담들은 이제 어디에 있습니까? 이제 여러분은 어디에 있습니까? 여러분은 밤에 잠을 이루지 못하고 엎치락뒤치락할 것입니다. 그래도 여러분은 이 물음을 피할 수 없을 것입니다. 여러분은 여러분의 삶을 되돌리고 싶겠지만, 여러분은 자신에게 다가오는 생명이나 사망을 기다릴 수밖에 없을 것입니다. 그때도 여전히 하나님은 여러분의 귓가에 속삭이실 것입니다. "네가 어디 있느냐? 네가 어디 있느냐?" 그러고 나면 마지막 사투가 벌어질 것입니다. 그 강한 자가 고꾸라지면서, 밝고 빛나던 눈빛은 얇은 막으로 덮일 것이고, 혀는 입천장에 붙을 것이며, 손은 힘을 잃은 채 침상에 떨어질 것이고, 발은 더 이상 몸을 지탱해 주지 못할 것입니다. 맥박이 떨어지고 차고 축축한 죽음의 땀이 이마에 맺히는 이 마지막 순간에도, 그 무서운 음성은 웅장하고 무서운 폭풍우를 전면에 동반한 초강력 태풍의 기세로 들려올 것입니다. "네가 어디 있느냐?"

　　요단 강가에 하나님 없이 서 있습니다. 무덤가에 소망 없이 서 있습니다. 죽어가고 있지만, 여러분을 도울 그리스도는 계시지 않습니다. 영원이라는 시간 속에 들어서지만, 영원한 구원의 소망은 없습니다. 모든 것이 끝났습니다. 마지막 고통을 지나고 있습니다. 영혼이 육체에 매여 있던 마지막 실오라기가 맥없이 끊어집니다. 여러분은 이제 다른 세상으로 들어갑니다. 그래도 그 물음은 여전히 여러분을 따라옵니다. "네가 어디 있느냐?" 여러분의 영혼은 이제 깨어났고, 더 이상 잠들지 않습니다. 여러분의 영혼을 우둔하게 하던 그 육체가 여러분의 영혼에서 제거됩니다. 여러분의 육체가 여러분의 영혼을 음울하고 둔감하고 어리석게 죽도록 만들었던 것입니다. 이제 비로소 여러분의 영혼은 그 음성을 참으로 듣게 됩니다. 여러분의 영혼은 그 음성에 말할 수 없을 정도로 전율합니다. 왜냐하면 영혼이 바로 하나님 앞에 서 있기 때문입니다. "네가 어디 있느냐? 네가 어디 있느냐?" 하는 고함소리가 양심을 소생케 하기 때문입니다. 그러자 하나님께서 대답하십니다. "저주를 받은 자들아 나를 떠나라!"(마 25:41).

이 영혼은 하나님을 떠납니다. 이제는 에덴 동산의 나무들 사이에 자신을 숨길 수도 없으니, 고통의 바다에 스스로 뛰어들 수밖에 없습니다. 그리고 수년이 흘렀을 때, 비록 영혼은 살아서 고통을 받고 있다 해도, 육체는 무덤 속에서 여전히 잠자고 있었을 것이며, 벌레들이 그 육체를 탐하고 있었을 것입니다. 그러다가, 심판의 날, 큰 우렛소리가 나는 그 날이 이르렀다는 소리가 들립니다. 모든 우렛소리보다 더 강렬하고 무서운 나팔소리가 들려옵니다. 그 나팔 소리 후에 한 음성이 들려옵니다. "깨어라, 너희 죽은 자들아 심판대 앞으로 나아오라!" 이런 무시무시한 소란 가운데 이 음성이 들려옵니다. "네가 어디 있느냐?" 하나님의 사자인 천사들이 여러분의 몸을 찾아냅니다. 푸른 잔디가 자라고 있는 무덤 속에서 여러분의 육체를 움직이게 합니다. 여러분의 몸은 일으켜져서 "네가 어디 있느냐?"는 물음에 답하기 위해 휙 옮겨집니다. 무시무시한 영혼이 끔찍하게 다시 돌아옵니다. 오랫동안 고통을 받았던 그 영혼이 부활한 육체 안으로 다시 돌아오는 것입니다. 그래서 죄악에 한 패였던 몸과 영혼이 이제 심판대 앞에 다시 한 패가 되어 섭니다. "네가 어디 있느냐?" 하는 고함소리가 한 번 더 울려 퍼지며, 지금 우리가 말씀을 듣고 있는 바로 이 귀로 그 음성을 듣게 될 것입니다. 그때 크고 흰 보좌(계 20:11)가 나타나고, 지금 저를 바라보고 있는 바로 그 눈으로 이 보좌를 보게 될 것입니다. 그리고 나면 끔찍한 최후의 심판이 시작됩니다. 지금은 움직이지 않던 마음들이 그때가 되면 기가 꺾일 것입니다. 그런 다음 여러분 개인의 재판이 진행됩니다. 오, 죄인인 여러분, 죄인인 여러분, 여러분이 겪을 그 두려움을 제가 다 형용할 수 없을 것 같습니다. 하나님이 말씀하시는 이 선고를 여러분이 듣게 되는 그 처절한 모습을 저는 더 이상 표현할 수 없을 것 같습니다. 왜냐하면 그 음성은 여러분의 영혼이 죽지 않고 영원히 겪어야 할 사망의 소리, 죽음의 소리이기 때문입니다. "내가 주릴 때에 너희가 먹을 것을 주지 아니하였고 목마를 때에 마시게 하지 아니하였고 … 이 지극히 작은 자 하나에게 하지 아니한 것이 곧 내게 하지 아니한 것이니라 하시리니 그들은 영벌에, 의인들은 영생에 들어가리라"(마 25:42-46).

오, "땅이여! 땅이여! 땅이여! 여호와의 말을 들을지니라"(렘 22:29). 저는 여러분을 위해 기도합니다. 여러분 각자가 이 음성을 개인적으로 듣게 되기를 원합니다. 저는 지금까지 여러분에게 꿈 같은 이야기를 전한 것이 아닙니다. 여러분은 제가 전한 이 모든 것들이 실제상황이라는 것을 알아야 합니다. 지금은 비록 여러분이 모르겠지만, 오래지 않아 여러분은 알게 될 것입니다. 죄인들을 위해 피 흘려 죽으신 그분으로 말미암아 여러분에게 간청합니다. 이 물음을 생각하십시오. 이 물음보다 더 강력한 설명이 어디에 있겠습니까? "네가 어디 있느냐?" 여러분이 지금 어디 있는지 하나님께서 여러분에게 보여주시기를 기원합니다. 여러분에 대해 구슬피 울며 한탄하시는 하나님의 음성이 여기에 있습니다. 여러분을 찾고 계시는 하나님의 얼굴을 구하십시오. 하나님의 얼굴을 찾은 여러분이라면, "네가 어디 있느냐"라고 최후에 말씀하시는 그분의 음성을 두려워할 필요가 없습니다. 대신 이렇게 말해야 할 것입니다. "여기, 나와 및 주께서 내게 주신 아이들이(사 8:18) 있나이다. 우리는 어린 양의 피에 그 옷을 씻어 희게 하였습니다(계 7:14). 그리고 아버지, 여기 우리는 주의 앞에서 영원히 살기를 소망합니다(시 140:13)." 오, 어떤 사람이 자신의 생명을 구하기 위해 간청하듯이, 저는 그런 심정으로 여러분에게 간청합니다! 흙으로 빚어진 여러분의 입술들이 이제는 불의 입술들이 되기를 원합니다. 그 혀들 또한 더 이상 육체의 혀가 아니라 제단의 불집게로 꺼낸 불타는 숯불이 되기를 원합니다!('혀'[tongue]와 '불집게'[tong]의 유사한 발음으로 의미를 강조하는 재담 ─ 역주). 오! 이런 말들은 여러분의 영혼 속에 새겨야 할 말씀입니다!

오 죄인인 여러분, 죄인인 여러분, 여러분은 왜 죽으려고 합니까? 왜 멸망하려고 합니까? 사랑하는 성도 여러분, 영원의 일이란 무서운 것이며, 진노하는 하나님은 생각만 해도 끔찍한 일입니다. 하물며 심판을 받고 정죄를 받는 일이라니, 그 공포를 어떻게 말로 다 설명할 수 있겠습니까? 도망하여 여러분의 생명을 보존하십시오! 돌아보거나 들에 머물지 말고(창 19:17), 골고다 산으로 도망하여 멸망을 면하십시오. "주 예수 그리스도를 믿으십시오"(행 16:31 KJV). 여러분의 영혼으로 그분을 의지하십시오. 지금 당장, 여러분의 영혼으로 그분을 의지하십시오. "그리하면 너와 네 집이 구원을 받을 것입니다." 아멘.

제
4
장
—

사탄의 정복자,
그리스도

—

"내가 너로 여자와 원수가 되게 하고 네 후손도 여자의 후손
과 원수가 되게 하리니 여자의 후손은 네 머리를 상하게 할
것이요 너는 그의 발꿈치를 상하게 할 것이니라."
— 창세기 3:15

이것은 지금까지 이 땅에 선포된 복음에 관한 최초의 설교입니다. 그것은
참으로 기념비적인 설교로서, 여호와 자신이 설교자이고, 전체 인류와 흑암의
왕자가 그 청중입니다. 그것은 우리의 가장 큰 관심을 끌 만한 가치가 있습니다.

이 위대한 복음의 약속이 타락 후 곧바로 주어졌다는 것은 주목할 만한 일
이 아닙니까? 하지만 두 인간 범죄자에 관한 문장에서 선언되지 않고, 뱀에 관한
문장에서 약속이 주어졌습니다. 아직 여자는 임신하는 고통으로 정죄를 받기 전
이었고, 남자는 평생에 수고해야 소산을 먹는 정죄를 받기 전이었으며, 심지어
는 땅도 가시덤불과 엉겅퀴를 내는 저주를 받기 전이었습니다. 진실로 "긍휼은
심판을 이기고 자랑합니다"(약 2:13). 주님은 "너는 흙이니 흙으로 돌아갈 것이
니라"(창 3:19)고 말씀하시기 전, 여자의 후손이 뱀의 머리를 상하게 할 것이라
고 기쁘게 말씀하셨습니다. 그러기에 우리는 죄의 밤이 찾아오기 전에 우리에게
위로의 말씀을 주신 하나님의 신속한 자비에 대해 감사해야 합니다.

이 위로의 말씀은 아담과 하와에게 직접 주어진 말씀이 아니라 독특하게 뱀에게 주어진 것으로, 그가 범한 일로 말미암아 형벌로 그에게 주어진 것이었습니다. 그것은 그에게는 잔인한 승리의 날이었습니다. 그의 음흉한 마음속에 즐거움이 가득 채워질 수 있습니다. 왜냐하면 그는 그의 악의를 만족시켰고, 그의 앙심을 충족시켰기 때문입니다. 그는 가장 악질적으로 하나님의 사역의 한 부분을 파괴시켰습니다. 그는 새로운 세계 속에 죄를 소개했고, 인류에게 그 자신의 형상을 각인시키고, 반역을 촉진시키고, 불법을 가중시키는데 새로운 힘을 제공했습니다. 그러므로 인류는 마귀가 자기 속에 지옥을 끌어들인 자를 알 수 있는 것에 대해 감사의 기분을 느꼈습니다.

그러나 이제는 하나님이 오셔서 개인적으로 그 전쟁을 치르시고, 마귀가 일시적으로 승리를 구가했던 바로 그 전쟁터에서 그를 치욕적인 패배로 내몰 것입니다. 그분은 용에게 그를 처단하겠다고 말씀하십니다. 이 싸움은 뱀과 사람 사이에 벌어지는 것이 아니라 하나님과 뱀 사이에 벌어지는 것입니다. 하나님은 엄숙한 어조로 "내가 너로 여자와 원수가 되게 하고 네 후손도 여자의 후손과 원수가 되게 하리니"라고 말씀하십니다. 그분은 비록 고난은 받으실지언정 뱀의 머리를 상하게 함으로써 악의 권세의 생명력에 치명타를 가하실 왕을 때가 차면 일으키실 것을 약속하십니다. 이것이 아담과 하와에게는 은혜에 관한 참으로 큰 위로의 메시지가 되었을 것이라고 저는 생각합니다. 왜냐하면 그들은 유혹자가 형벌을 받고, 그 형벌이 그들에게는 축복을 포함하고 있기 때문에 뱀에게 주어지는 저주가 그들에게 은혜에 대한 보증이 된다고 확실히 느꼈을 것이기 때문입니다.

그러나 이 약속을 간접적으로 주심으로써, 주님은 아마 "내가 이렇게 하는 것은 타락한 너희 두 사람만을 위해서도 아니고, 너희 자손들을 위해서도 아니다. 아니 그것은 오히려 내 자신의 이름과 영광을 위해서이다. 타락한 영들이 그것을 모독하고 더럽히지 않도록 하기 위해서이다. 나는 내 이름과 내 영광이 그것들을 무시하는 타락한 영들 사이에서 소멸되지 않도록 하기 위해서 유혹자로 말미암아 초래된 죄악을 해소하려고 한다"는 뜻을 의미했을 것입니다. 이 모든 것은 시시해 보이지만, 우리의 첫 조상들에게는 이것을 생각만 해도 커다란 위로가 되었을 것이고, 하나님을 위해 주어진 은혜가 항상 우리를 위해 주어진 어떤 은혜의 약속보다 훨씬 더 확실하게 우리의 불안한 마음을 비추고 있음을 보게 되었을 것입니다. 하나님의 주권과 영광은 비록 그것을 인정받을 수 있다 하더라도 우리가 하나님께 쌓은 공로보다 훨씬 더 강력한 소망의 근거가 됩니다.

이제 우리는 인류의 첫 신자들이 견고하게 서 있었던 이 최초의 복음 설교에 관해 살펴보아야 합니다. 이것이 아담이 계시를 통해 받은 전부였고, 아벨이 받았던 것의 전부였습니다. 이 독보적인 별 하나가 아벨의 하늘을 밝게 비추었습니다. 그는 그것을 올려다보고 믿었습니다. 그 빛을 따라 그는 "희생제물"을 생각해 내었고, 그래서 그는 기르는 양의 첫 소생을 취해 제단에 올렸습니다. 그는 뱀의 후손이 여자의 후손을 어떻게 상하게 하는지 자신의 인격을 통해 증거했습니다. 왜냐하면 그의 형이 그 증거를 위해 그를 돌로 쳐 죽였기 때문입니다. 비록 아담의 7대 후손인 에녹이 재림에 관해서는 예언했지만, 초림에 관해서는 새로운 것을 전혀 보여 주지 못했고, 그래서 지금도 이 독보적인 약속은 사람의 유일한 소망의 단어로서 남아 있습니다. 에덴 동산의 문 안에 있는 사람 앞에서 불타올랐던 횃불은 주님이 기꺼이 그 빛을 더욱 확산시켜, 그의 종 노아에게 말씀하심으로써 그의 언약의 계시를 새롭게 하고 확대하셨을 때에 비로소 세계 속에 비추어져 모든 신자들을 인도하는 빛이 되었습니다.

홍수 이전에 살았던 백발의 조상들은 이 신비로운 본문의 말씀을 즐거워했습니다. 그것을 액면 그대로 믿은 그들은 믿음을 지니고 죽었습니다. 그러나 사랑하는 형제들이여, 여러분도 그것을 가벼운 계시로 생각해서는 안됩니다. 왜냐하면 여러분이 그것을 주의 깊게 살펴본다면, 참으로 놀라운 의미로 가득 차 있기 때문입니다. 만일 지금 제 마음판에 교리적으로 그것을 새겨 넣는다면, 저는 그것이 복음 전체를 포함하고 있음을 여러분에게 보여 줄 수 있습니다. 상수리나무가 도토리를 안에 담고 있는 것처럼, 그 안에는 그리스도의 복음을 구성하는 모든 위대한 진리들이 들어 있습니다.

성육신의 위대한 신비가 이 안에 들어 있음을 주목합시다. 그리스도가 여기서 말하는 여자의 후손이십니다. 본문은 성육신이 어떻게 일어날지에 대해 폭넓은 암시를 드러내고 있습니다. 예수님은 보통 사람의 아들들이 태어나는 방식으로 태어나시지 않았습니다. 마리아는 성령을 통해 잉태하게 되었고, 그녀에게서 태어난 거룩하신 분은, 그분의 인성으로 볼 때, 오직 여자의 후손이었습니다. 기록된 대로 "보라 처녀가 잉태하여 아들을 낳을 것이요 그의 이름을 임마누엘이라 하리라"(사 7:14)와 같습니다. 이 약속은 분명히 구원자가 여자로부터 태어나게 될 것이라는 점을 가르칩니다. 조심스럽게 살펴보면, 그것은 또한 구속주의 잉태와 탄생의 초자연적 방법을 예시하고 있습니다.

또한 두 후손 교리가 여기서 명백히 가르치는 것도 똑같습니다: "내가 너로 여자와 원수가 되게 하고 네 후손도 여자의 후손과 원수가 되게 하리니." 오늘날까지 세상에는 항상 뱀에게 대항하며 하나님 편에 속해 있는 여자의 후손과 악한 자의 편에 서 있는 뱀의 후손, 이 두 부류의 사람들이 명백히 존재해 왔습니다. 하나님의 교회와 사탄의 성전은 공존합니다. 우리는 아벨과 가인, 이삭과 이스마엘, 야곱과 에서, 이 두 부류의 사람을 봅니다. 육체를 따라 난 사람들은 그들의 아비 마귀의 행위를 하기 때문에 그의 자식들입니다. 그러나 거듭난 사람들 곧 그리스도의 생명의 능력을 따라 성령으로 태어난 사람들은 그리스도 예수 안에서 여자의 후손이고, 항상 용과 그의 후손을 대적합니다.

여기에는 또 그리스도의 고난에 대한 위대한 진리가 암시되고 있습니다: "너는 그의 발꿈치를 상하게 할 것이니라." 이 말씀 속에서 우리는 베들레헴으로부터 골고다에 이르는 우리 주님의 고난에 관한 전체 이야기를 발견합니다.

"여자의 후손은 네 머리를 상하게 할 것이요." 이 말씀 속에는 사탄의 막강한 권세가 파괴될 것이라는 뜻이 담겨 있습니다. 이 속에는 죄를 깨끗이 제거하는 역사가 들어 있습니다. 이 속에는 부활을 통한 죽음의 권세가 박살날 것이라는 의미가 들어 있습니다. 이 속에는 승천을 통한 포로로부터의 해방의 역사가 들어 있습니다. 이 속에는 성령의 강림을 통해 세상 속에서 진리가 승리한다는 소식이 들어 있습니다. 이 속에는 사탄이 결박당하리라는 마지막 때의 영광이 들어 있습니다. 그리고 마지막으로 이 속에는 악한 자와 그를 따르는 모든 세력들이 불못 속에 던져지는 역사가 들어 있습니다. 이 짤막한 진리의 말씀 속에는 전쟁과 정복이 함께 포괄되어 있습니다.

그 말씀은 그것을 처음 들은 사람들에게는 충분히 이해되지 않을 수 있지만, 우리에게 지금 그것은 그 빛이 충분히 비추어지고 있습니다. 얼핏 보면 그 본문은 단단하고 차가운 부싯돌처럼 보이지만, 그것으로부터 섬광이 찬란하게 솟아오릅니다. 왜냐하면 무한한 사랑과 은혜의 불꽃들이 그 안에 감추어져 있기 때문입니다. 그러므로 은혜로우신 하나님의 이 약속에 대해 우리는 특별히 즐거워해야 합니다.

우리는 우리의 처음 조상들이 그 말씀으로부터 무엇을 이해했는지는 잘 모르지만, 그들이 그것을 통해 커다란 위로를 받았다는 것에 대해서는 확신할 수 있습니다. 그들은 그 자리에서 당장 진멸당하지 않으리라는 것을 이해했음이 틀림없습니다. 왜냐하면 주님은 "후손"에 관해 말씀하셨기 때문입니다. 그들은 하와로부터 태어난 후손이 있었다면 그녀 역시 살아 남을 것이 확실하다고 추론할 수 있었을 것입니다. 그들은 또한 만일 그 후손이 뱀을 정복하고 그의 머리에 상처를 입히도록 되어 있다면, 그것은 그들에게도 좋은 소식이 될 것이 틀림없다고 이해했습니다. 그들은 그들의 후손이 그들의 멸망의 선동자를 정복하는 승리를 통해 그들에게 주어지는 크고도 신비로운 은혜가 어느 정도 있다는 것을 볼 수 있었습니다. 그들은 믿음으로 이것을 계속 붙잡고 있었고, 고난과 수고 속에서 위로받았습니다. 저는 아담과 그의 아내 하와가 이 믿음으로 영원한 안식에 들어갔다는 사실을 의심하지 않습니다.

저는 이 본문을 세 가지 면에서 다루고자 합니다. 첫째로, 우리는 그것의 사실들을 확인해 볼 것이라는 것. 둘째로, 우리는 각 신자의 마음속에 존재하는 그 사실들을 증명하는 경험을 살펴볼 것이라는 것, 그리고 셋째로, 우리는 본문과 그와 관련된 전체 본문들이 우리에게 제공해 주는 위로를 찾아볼 것이라는 것입니다.

1. 사실들

그 사실들은 4가지가 있습니다. 저는 여러분이 그것들에 대해 진지한 관심을 갖기를 바랍니다. 첫 번째는, 적대감이 일어났다는 것입니다. 본문은 "내가 너로 여자와 원수가 되게 하고"라는 말씀으로 시작됩니다. 여자와 뱀은 굉장히 친했습니다. 그들은 서로 대화를 나눌 정도였습니다. 그녀는 그때 뱀이 자기의 친구라고 생각했습니다. 그녀는 하나님의 명령에도 불구하고 그의 말을 듣고, 이 사악하고 교활한 뱀이 심어 주는 위대하신 창조주에 관한 부정적인 얘기들을 의심 없이 믿을 정도로 그의 절친한 친구였습니다. 그런데 하나님이 말씀하신 순간에 여자와 뱀 사이의 친분은 이미 어느 정도 끝장이 나 있었습니다. 왜냐하면 그녀는 "뱀이 나를 꾀므로 내가 먹었나이다"(창 3:13)라고 대답함으로써 하나님께 뱀을 고소하고 있기 때문입니다. 여기까지는 좋았습니다. 죄인들 간의 친분은 오래 지속되지 못합니다. 하와와 뱀은 이미 다투기 시작했고, 그때 주님은 다가와 시작된 다툼을 이용하셨습니다. 이때 그분은 "나는 이 불화를 더 크게 할 것이다. 나는 뱀과 여자가 원수가 되게 할 것이다"라고 말씀하셨습니다.

사탄은 자기편에 속하는 인간의 후손들을 믿었지만, 하나님은 이 언약을 지옥과 함께 파기하고 사탄의 권세에 대항하여 전쟁을 할 후손을 일으키십니다. 그래서 하나님이 죄와 사탄의 폭정에 대항하는 라이벌 왕국을 세우시리라는 것, 그분이 택하신 후손들의 마음속에 악을 대적하여 싸우고, 많은 투쟁과 수고를 통해 흑암의 왕자를 물리치도록 그것에 저항하는 적의를 심으실 것이라는 것이 최초의 선언 속에 들어 있습니다. 하나님의 영은 이 주님의 계획과 목적을 충분히 성취시키기 위해 영광스러운 사람을 통해 타락한 천사장과 싸우고 인간을 사탄의 원수이자 정복자로 만드셨습니다.

이 관점에 따르면, 여자는 악한 자를 미워해야 했고, 저는 그녀가 그렇게 했음을 의심하지 않습니다. 그녀가 그렇게 했다는 충분한 이유가 있었습니다. 그녀는 뱀에 관해 생각할 때마다 그의 악의적이고 기만적인 속임수에 넘어간 것에 대해 크게 후회했습니다. 여자의 후손은 항상 악한 자에 대하여 적의를 가졌습니다. 저는 바울이 "곧 육신의 자녀가 하나님의 자녀가 아니요 오직 약속의 자녀가 씨로 여기심을 받느니라"(롬 9:8)고 우리에게 말하는 말씀에 나오는 육신의 자녀를 말하는 것이 아닙니다. 저는 남자와 여자의 육신의 후손을 말하는 것이 아니라 그리스도 예수와 그분을 믿는 사람들을 가리키는 영적 후손을 말하는 것입니다. 여러분이 이들을 만나는 곳은 어디서든 그들이 확고하게 미워하는 마음을 갖고 뱀을 대적합니다. 만일 우리가 우리의 영혼을 통해 사탄의 모든 역사를 파괴시킬 수 있다면, 이 신음하고 있는 세상으로부터 우리는 그가 심어 놓은 모든 악을 완전히 뿌리 뽑을 것입니다.

그 영광스러운 여자의 후손 ― 하나님이 많은 후손들이 아니라 오직 하나의 후손이라고 말씀하셨기 때문에 ― 이 얼마나 마귀와 그의 모든 궤계들을 싫어하는지 여러분은 알 것입니다. 그리스도와 사탄은 원수 사이이기 때문에 그분은 마귀의 역사를 파멸시키고 그에게 붙잡혀 속박 아래 있는 사람들을 구원하기 위해 오셨습니다. 그 목적을 위해 그분은 육신을 입은 존재로 태어나셨고, 그 목적을 위해 사셨고, 그 목적을 위해 죽으셨고, 그 목적을 위해 영광에 들어가셨고, 그 목적을 위해 다시 오실 것입니다. 그리하여 모든 곳에서 그분은 그의 원수를 정복하고, 마귀와 그의 역사를 사람의 후손들 사이에서 완전히 근절시킬 것입니다.

두 후손이 원수가 되는 것은 은혜의 계획의 시작 곧 은혜의 계획의 첫 번째 활동이었습니다. 이후로 여자의 후손에 관해서는 "왕은 정의를 사랑하고 악을 미워하시나니 그러므로 하나님 곧 왕의 하나님이 즐거움의 기름을 왕에게 부어 왕의 동료보다 뛰어나게 하셨나이다"(시 45:7)라고 말하게 되었습니다.

역시 사실로 판명된 두 번째 예언은 왕의 오심과 관련되어 있습니다. 여자의 후손은 약속을 통해 용을 대적할 것입니다. 그 후손은 주 예수 그리스도이십니다. 선지자 미가는 다음과 같이 예언했습니다: "베들레헴 에브라다야 너는 유다 족속 중에 작을지라도 이스라엘을 다스릴 자가 네게서 나올 것이라 그의 근본은 상고에, 영원에 있느니라 그러므로 여인이 해산하기까지 그들을 붙여 두시겠고 그 후에는 그의 형제 가운데에 남은 자가 이스라엘 자손에게로 돌아오리니"(미 5:2-3).

복 받은 처녀로부터 베들레헴에서 태어난 아기 외에 그 누구에게도 이 예언의 말씀을 적용시킬 수 없습니다. 그 아들을 잉태하고 낳은 것은 바로 그녀였습니다. 그녀의 아들에 관해 우리는 이렇게 찬송합니다: "이는 한 아기가 우리에게 났고 한 아들을 우리에게 주신 바 되었는데 그의 어깨에는 정사를 메었고 그의 이름은 기묘자라 모사라 전능하신 하나님이라 영존하시는 아버지라 평강의 왕이라 할 것임이라"(사 9:6). 천사들이 하늘에서 찬송했던 베들레헴의 그 기념비적인 날 밤에 여자의 후손은 태어났습니다. 옛 뱀 곧 마귀는 헤롯의 마음속에 예수님을 죽이려는 욕망을 심었지만, 아버지는 그분을 보호하셨고, 그분에게 아무도 손대지 못하도록 역사하셨습니다.

30년 후 예수님이 공생애 활동을 시작하시자 사탄은 그분과 서로 마주보고 만났습니다. 여러분은 광야에서 시험당하신 주님의 이야기를 잘 알지요. 거기서 여자의 후손은 처음부터 거짓말쟁이였던 자와 어떻게 싸우셨는지도 익히 알 것입니다. 마귀는 아첨, 악의, 궤계 그리고 거짓말 같은 모든 무기를 총동원하여 세 번에 걸쳐 그분을 공격했으나 비교할 수 없는 능력의 왕은 상처 하나 없이 견고했고, 광야로부터 그의 원수를 쫓아 보냈습니다. 그때 우리 주님은 자신의 나라를 세우고, 사람들을 자신에게 부르서 원수의 나라와 전쟁을 수행했습니다. 많은 곳에서 그분은 귀신들을 쫓아내셨습니다. 그분은 악하고 불결한 영에게 "말 못하고 못 듣는 귀신아 내가 네게 명하노니 그 아이에게서 나오고 다시 들어가지 말라"(막 9:25)고 말씀하셨고, 귀신은 축출되었습니다. 군대귀신은 그분 앞에서 도망갔고, 그것들은 그분 앞에서 벗어나기 위해 돼지 떼 속으로 들어가 자기들을 숨기고자 했습니다. "때가 이르기 전에 우리를 괴롭게 하려고 여기 오셨나이까"(마 8:29)라는 그들의 부르짖음은 이적 행사자인 그리스도께서 그들이 고통을 준 육체로부터 쫓아날 때 주어졌습니다. 진실로 그분은 제자들에게 악한 자를 이길 수 있는 힘을 주셨습니다. 그들은 예수님이 "사탄이 하늘로부터 번개같이 떨어지는 것을 내가 보았노라"(눅 10:18)고 말씀하실 정도로 그분의 이름으로 귀신들을 쫓아냈습니다.

그때 두 번째 인간적 투쟁이 있었습니다. 왜냐하면 우리 주님이 "이제는 너희 때요 어둠의 권세로다"(눅 22:53)라고 말씀하실 정도로, 겟세마네 동산에서 사탄의 인격적 공격으로 말미암아 깊은 고뇌에 빠졌기 때문입니다. 그분은 또 "이 세상의 임금이 오겠음이라 그러나 그는 내게 관계할 것이 없으니"(요 14:30)라고도 말씀하셨습니다. 그것이 얼마나 힘든 투쟁이었을까요!

사탄은 가능한 한 그분의 위대하신 희생이 진행되지 못하도록 획책했습니다. 거기서 우리 주님은 "힘쓰고 애써 더욱 간절히 기도하시니 땀이 땅에 떨어지는 핏방울 같이 될"(눅 22:44) 정도로 고뇌 속에 있었는데, 그것은 그분이 원수와 투쟁하기 위해 치르신 대가였습니다. 그때 우리 주님은 최후의 싸움을 시작하셨고, 뱀의 머리를 상하게 하는 승리를 거두셨습니다. 그분은 정사와 권세들을 박살내고, 그것들이 공개적으로 조롱거리가 될 때까지 멈추지 아니하셨습니다.

> "이제 어둠의 시간은 지나고,
> 그리스도께서 그 다스리는 권세를 취하셨네.
> 대참소자가 더 이상 군림하지 못하고
> 그 보좌로부터 던져지는 것을 보라."

영광의 주님이 겪으신 갈등은 그분의 후손들에게서도 나타납니다. 우리는 십자가에 달리신 그리스도를 설교하고, 모든 설교는 지옥문을 흔듭니다. 우리는 성령의 능력으로 죄인들을 예수님께 인도하고, 모든 회심자는 사탄의 막강한 성벽으로부터 떨어져나온 돌입니다. 그렇습니다. 곳곳에서 악한 자가 정복당하는 날이 도래할 것이고, 계시록에서 요한이 한 말씀들이 이루어질 것입니다: "큰 용이 내쫓기니 옛 뱀 곧 마귀라고도 하고 사탄이라고도 하며 온 천하를 꾀는 자라 그가 땅으로 내쫓기니 … 내가 또 들으니 하늘에 큰 음성이 있어 이르되 이제 우리 하나님의 구원과 능력과 나라와 또 그의 그리스도의 권세가 나타났으니 우리 형제들을 참소하던 자 곧 우리 하나님 앞에서 밤낮 참소하던 자가 쫓겨났고"(계 12:9-10).

그래서 본문의 말씀을 통해 주 하나님은 여자의 후손으로 오실 왕을 약속하셨고, 그 왕과 사탄 사이에 영원토록 전쟁이 있을 것임을 말씀하셨습니다. 그 왕은 오셨습니다. 사람의 아들로 태어나셨습니다. 용은 여자에 대해 분노하고, 예수 그리스도를 증거하는 그녀의 후손의 남은 자들과 전쟁을 벌이지만, 그 전쟁은 주님의 전쟁으로, 승리는 그 이름이 "충신과 진실로서, 공의로 심판하며 싸우실"(계 19:11) 분에게 주어집니다.

본문에 나오는 세 번째 사실은, 그 순서는 정확하지 않지만, 우리 왕의 발꿈치가 상처를 입을 것이라는 것입니다. 여러분은 이것을 저에게 설명할 필요가 있습니까? 여러분은 그리스도는 전 생애를 통해 얼마나 그의 발꿈치 — 즉 그분의 낮아진 부분 곧 그분의 인성 — 가 계속적으로 고난 속에 있었는지를 알고 있습니다. 그분은 질병과 슬픔에 매여 있었습니다. 그러나 그 상처는 육체와 정신 곧 그분의 인성이 고뇌 속에 있을 때, 그분의 영혼이 죽음 때문에 깊은 슬픔 속에 빠져 있었을 때, 그분의 원수들이 그분의 손과 발을 못 박았을 때, 그리고 그분이 십자가 사건을 통해 수치와 죽음의 고통을 당하셨을 때 주로 주어졌습니다.

피와 흙먼지로 완전히 얼룩진 십자가상의 우리 주님을 바라보십시오! 그분의 발꿈치는 아주 잔혹하게 상처를 입었습니다. 그분의 보배로운 몸을 거두어서 세마포로 싸고 향유를 뿌린 후 요셉의 무덤에 장사지냈을 때, 그들은 신성이 거했던 몸을 다루고 있었기 때문에 슬피 울었습니다. 그때 사탄은 다시 한 번 그분의 발꿈치를 상하게 했던 것입니다. 그것은 "여호와께서 그에게 상함을 받게 하시기를 원하셨기"(사 53:10) 때문에 하나님은 그분을 상하도록 하신 것이었습니다. 그러나 마귀는 헤롯, 빌라도, 가야바, 유대인들 그리고 로마인들 — 그들 모두 마귀의 도구들입니다 — 로 하여금 그가 그리스도로 알고 있는 그분을 공격하도록 함으로써 그분은 옛 뱀에 의해 상함을 입게 되었습니다.

그러나 그것이 전부입니다! 그것은 그분의 머리가 아니라 발꿈치에 불과했습니다. 왕은 다시 살아나셨습니다. 상처는 치명적인 것도 고질적인 것도 아니었습니다. 그분은 죽으셨지만 무덤 속에서 잠자는 기간은 짧았고 그분의 거룩하신 육체는 조금도 부패되지 않았고, 그분은 안식 없는 수고를 그치고 오랫동안 신선한 수면을 취하신 것처럼 무덤으로부터 부활하심으로써 완전하고도 아름다운 인간으로 다시 나타나셨습니다! 오, 그 순간 얼마나 놀라운 승리가 있었던가! 야곱이 천사를 이겼을 때 단지 그의 환도뼈가 위골되었을 뿐인 것처럼 예수님도 그분의 발꿈치에 약간의 상처가 났을 뿐, 그분은 그분의 영광과 미덕을 천국에서처럼 그대로 간직하고 있습니다. 보좌 앞에서 그분은 죽임을 당한 어린 양처럼 보이지만, 영생의 능력으로 그분은 하나님 앞에 영존하십니다.

그 다음 네 번째 사실이 나오는데, 그것은 그분의 발꿈치는 상처를 입었지만, 그분은 뱀의 머리를 상하게 하신다는 것이었습니다. 본문은 용을 왕의 발꿈치에 상처를 내는 존재로 묘사하지만, 그 순간 왕은 그 발꿈치로 뱀의 머리에 치명적인 타격을 가합니다. 자신의 고난을 통해 그리스도는 사탄을 압도했습니다. 상처를 당한 발꿈치로 그분은 자기에게 상처를 준 머리를 짓밟았습니다.

> "보라, 그분이 지옥의 아들들을 죽이신다.
> 그러나 그분은 하늘과 땅 사이에 매달려 계실 때,
> 그들의 임금에게 치명적인 타격을 가하고,
> 그 권세들을 짓밟고 승리를 취하시네."

사랑하는 형제들이여, 사탄은 완전히 죽지 않았지만, 그를 그렇게 한 것은 하나님이셨습니다. 그는 회개하지 않았고, 또 회개하지도 않을 것이고, 그의 마음의 악을 결코 포기하지도 않겠지만, 그리스도는 지금까지 그분의 머리를 박살냈고, 그래서 그는 완전히 패배자가 되었습니다. 그는 인간들을 자신의 권세의 포로로 만들고자 획책했지만, 그들은 그의 쇠사슬로부터 구원을 받습니다. 하나님은 그들 가운데 많은 사람들을 구원하셨고, 그분이 뱀의 더러운 흔적으로부터 온 땅을 깨끗하게 하실 것입니다. 그리하여 온 세계는 하나님을 찬양하는 찬송소리로 충만하게 될 것입니다. 사탄은 이 세상이 하나님과 선을 이기는 자신의 승리의 영역이라고 생각했습니다. 그러나 이곳은 이미 하나님의 지혜, 사랑, 은혜 그리고 능력의 가장 큰 무대입니다. 천국 자체는 땅에서만큼 은혜로 빛나는 곳은 아닙니다. 왜냐하면 구주께서 보혈을 흘리신 곳은 바로 이 땅이기 때문입니다.

확실히 사탄은 우리들을 미혹시켜 죽음의 길로 끌고 간다면 결과적으로 주님의 사역을 망쳐 놓을 것으로 생각했습니다. 그는 우리가 죽음의 차가운 관문을 통과하고, 우리의 육신을 무덤 속에서 썩게 만들자 기뻐했습니다. 그가 그의 위대하신 주님의 사역을 손상시켰습니까? 하나님은 사람을 혈관과 신경, 힘줄과 근육 등이 서로 얽혀 있는 신묘막측한 피조물로 만드시고, 그의 코에 생기를 불어넣으셨습니다. 그러나 사탄은 "아, 나는 그에게 그가 원래 취했던 흙으로 돌아가게 만들 수 있는 독을 주입했다"고 말합니다.

하지만 이제 보십시오, 발꿈치에 상처를 입은 우리의 왕이 죽은 자로부터 다시 살아나서서 우리에게 자기의 모든 제자들도 자기처럼 똑같이 부활하리라는 보증을 주셨습니다. 그래서 사탄은 실패했습니다. 죽음은 결코 여자의 후손에게 속해 있는 사람들 중 어느 하나라도 뼈만 남도록, 뼈 한 조각만 남도록 하지 못했습니다. 천사장의 나팔 소리가 들릴 때 우리는 땅과 바다로부터 일어날 것이고, 그리하여 "사망아 너의 승리가 어디 있느냐 사망아 네가 쏘는 것이 어디 있느냐"(고전 15:55), 이것이 우리의 외침이 될 것입니다. 이것을 알고 있는 사탄은 부활로 인해 자신의 머리가 박살났다는 것을 이미 느끼고 있습니다. 이것을 행하신 하나님의 그리스도께 영광이 임하시기를!

다양한 방법으로 마귀는 우리 주 예수님으로 말미암아 패배를 당했고, 그래서 그는 불못 속에 던져질 때가 멀지 않았습니다.

2. 우리 경험들의 비교

우리는 이제 우리의 경험들이 이러한 사실들과 어떻게 부합하고 있는지에 대해 살펴보아야 합니다. 형제 자매들이여, 우리가 비록 구원받았다고 할지라도 본질상으로는 다른 이들과 같이 진노의 자녀들이었습니다. 아무리 우리의 부모들이 경건했다고 하더라도 처음 출생할 때 우리는 영적 생명을 갖고 있지 못했습니다. 왜냐하면 생명에 대한 약속은 "혈통으로나 육정으로나 사람의 뜻으로 나지 아니하고 오직 하나님께로부터 난 자들"(요 1:13)에게 주어졌기 때문입니다. "육으로 난 것은 육이요"(요 3:6). 여러분은 다른 어떤 방법으로 생명을 얻을 수 없습니다. 육체 또는 육적인 마음은 죽음에 매여 있습니다. 그것은 하나님과 화해가 되지 않습니다. 참으로 그것은 그렇게 될 수 없습니다. 일단 이 세상에 태어나 거듭남에 대해 모르는 사람은 뱀의 후손 가운데 하나로 자리를 잡아야 합니다. 왜냐하면 우리는 오직 거듭남을 통해서만 참된 후손이 된다는 것을 알 수 있기 때문입니다. 하나님은 자신의 부르심을 받고 택함을 받은 우리를 어떻게 다루실까요? 그분은 우리를 구원하기로 하셨는데, 그분은 어떻게 그 목적을 이루실까요?

이를 위해 그분이 하시는 첫 번째 일은 은혜로 우리에게 나아오셔서 우리와 뱀이 서로 원수가 되도록 하시는 것입니다. 그것이 첫 번째 은혜의 역사입니다. 과거에 우리와 사탄 사이에는 평화가 있었습니다. 그가 유혹했을 때 우리는 굴복했습니다. 그가 우리를 가르치는 것은 무엇이든 우리는 믿었습니다. 우리는 자발적인 그의 종들이었습니다.

그러나 사랑하는 형제들이여, 여러분은 아마 처음에 불안과 불만을 느끼기 시작했을 때를 상기할 수 있을 것입니다. 세상이 주는 쾌락은 더 이상 여러분에게 즐거움이 아니었습니다. 사과로부터 주스는 몽땅 빠져 나가 버리고, 여러분에게는 결코 먹을 수 없는 씨 외에는 남은 것이 아무것도 없는 것처럼 보입니다. 그때 여러분은 자신이 죄 가운데 살고 있고, 그것 때문에 참으로 비참하다는 것을 갑자기 깨닫습니다. 여러분은 죄를 제거할 수 없지만, 그것을 미워하고 그것 때문에 한숨짓고, 부르짖으며 신음했습니다. 여러분의 마음의 중심은 더 이상 악의 편에 서 있지 않고, "오호라 나는 곤고한 사람이로다 이 사망의 몸에서 누가 나를 건져내랴"(롬 7:24) 하고 부르짖기 시작했습니다.

원복음의 은혜 언약에 따라 여러분은 이미 여자의 후손으로 지명되었고, 지금 하나님의 작정은, 여러분에게 주어지고 여러분에게 역사하고 있는 생명 속에서 발견되기 시작했습니다. 주님은 무한한 자비로써 여러분의 영혼 속에 신적 생명을 부여하셨습니다. 여러분은 그것을 몰랐지만, 거기서 그것은 천국의 불꽃이요, 영원히 존재하는 살아 있고 결코 썩지 않는 씨였습니다. 여러분은 죄를 미워하기 시작했고, 조어드는 멍에를 멘 것처럼 그 아래서 신음했습니다. 그것은 갈수록 여러분을 압박했습니다. 여러분은 그것을 감당할 수 없었고, 그것을 생각하는 것마저 혐오했습니다. 그렇게 그것은 여러분과 함께 했습니다. 그것이 지금도 그렇습니까? 아직도 여러분과 뱀은 원수가 되어 있습니까? 참으로 여러분은 악에 대한 적대감을 더욱 크게 갖고 있고, 기꺼이 그것을 인정합니다.

그때 왕이 오셨습니다. 말하자면 "여러분 안에 계신 그리스도 곧 영광의 소망"(골 1:27)이 형성되었습니다. 여러분은 그분에 관해 들었고, 그분에 관한 진리를 이해했습니다. 그분이 여러분의 대리인이 되어 여러분의 자리를 취했다는 것,

그분이 여러분의 죄와 그 모든 저주와 형벌을 대신 담당하셨다는 것, 그리고 그분이 여러분을 구원하기 위해 여러분에게 자신의 의와 자신의 자아를 내주셨다는 것은 참으로 놀라운 일이 아닐 수 없습니다. 아, 그때 여러분은 죄가 어떻게 극복될 수 있었는지 보았습니다. 그렇지 않습니까? 여러분의 마음이 그리스도를 이해하는 순간 여러분은 "율법이 육신으로 말미암아 연약하여 할 수 없는 그것을"(롬 8:3) 그리스도께서 성취하실 수 있었음을 보았습니다. 여러분은 과거에 여러분이 속박 속에 있었고, 지금은 지극히 싫어하는 죄와 사탄의 권세가, 그리스도께서 그것을 정복하기 위해서 세상에 오셨기 때문에 깨어지고 파괴될 수 있었고, 또 그렇게 되었습니다.

그 다음, 여러분은 그리스도의 발꿈치의 상처를 보고, 뱀의 악의가 그분에게 무엇을 역사했는가를 관찰하도록 어떻게 인도받았는지 기억합니까? 여러분은 상처 난 발꿈치가 여러분에게 느껴지기 시작하지 않았습니까? 죄가 여러분을 고통스럽게 하지 않았습니까? 그것을 생각만 해도 여러분은 곤혹스럽지 않았습니까? 여러분 자신의 마음이 여러분에게 저주가 되지 않았습니까? 사탄이 여러분을 시험하기 시작하지 않았습니까? 그가 여러분의 마음속으로 불경스러운 생각들을 집어넣고, 여러분을 절망의 길로 이끌지 않았습니까? 그가 여러분에게 하나님의 존재, 하나님의 은혜, 그리고 여러분의 구원 가능성 등과 같은 것들을 의심하도록 가르치지 않았습니까? 이것들은 사탄이 여러분의 발꿈치를 조금씩 물어뜯는 것이었습니다. 그는 그의 노련한 궤계를 아직도 꾀하고 있습니다. 그는 악랄한 즐거움으로 잡아먹을 수 없는 사람들을 괴롭힙니다. 여러분의 세상 친구들이 여러분을 괴롭히지 않았습니까? 그들이 그들의 취향에 따라 여러분에게서 이상하고 생소한 것들을 보았기 때문에 여러분에게 냉랭한 반응을 보인 적은 없었습니까? 그들이 광신, 교만, 완고, 편견 등과 같은 여러분의 행동을 고소하지 않았습니까? 아, 이 박해는 뱀의 후손이 여자의 후손을 발견하고 옛 전쟁을 수행하기 시작한 것입니다. 바울이 뭐라고 말했습니까? "그러나 그 때에 육체를 따라 난 자가 성령을 따라 난 자를 박해한 것 같이 이제도 그러하도다"(갈 4:29). 참된 경건은 그들에게 부자연스럽고 생소한 것이고, 그들은 그것을 제거할 수 없습니다. 이제 화형대나 고문대는 없지만, 그리스도와 그분의 씨를 향한 인간의 마음의 적의는 똑같고, 그것은 빈번하게 부드러운 마음을 가진 자는 감당키 어려운 "조롱"(히 11:36)으로 나타납니다. 그러나 이것은 영광스러운 여자의 후손의 발꿈치를 상하게 하는 상처와 동일하게 여러분의 발꿈치를 상하게 하는 것입니다.

그러나 사랑하는 형제들이여, 여러분은 다른 사실 곧 뱀의 머리가 우리 안에서 박살났기 때문에 우리가 정복자라는 사실에 관해 얼마나 알고 있습니까? 죄의 권세와 지배는 여러분 안에서 파괴되지 않았습니까? 여러분은 하나님으로부터 났기 때문에 죄를 범할 수 없다는 것을 느끼지 않습니까? 과거에 여러분을 지배했던 어떤 죄들이 지금은 여러분을 괴롭히지 못합니다. 저는 하나님을 저주하는 욕을 입에 달고 다니던 사람을 알고 있습니다. 그런데 회심한 후 그는 절대로 그 문제로 어려움을 겪지 않았습니다. 저는 술주정뱅이였던 한 사람을 알고 있습니다. 하나님의 은혜로 치유 받은 결과는 참으로 놀랍고 완벽했습니다. 저는 불결한 인생으로부터 구원받은 사람들을 압니다. 그들은 그리스도께서 옛 용을 다시는 그들에게 그 권세를 행사하지 못하도록 처치하셨기 때문에 즉각 순결하고 순전한 사람들이 되었습니다. 택함 받은 후손들은 죄를 범하고 그것을 슬퍼합니다. 그러나 그들은 이제 더 이상 죄의 종이 아닙니다. 그들의 마음은 죄를 따라 가지 않습니다. 그들은 때때로 "내가 도리어 원하지 아니하는 바 악을 행하는도다"(롬 7:19) 하고 고백해야 합니다. 하지만 그들은 비록 그런다고 할지라도 비참한 상태에 빠지지 않습니다. 그들은 마음으로 하나님의 법을 즐거워하고, 그것이 선입니다. 그들은 그 법에 순종하도록 도와 달라고 탄식하고 부르짖습니다. 왜냐하면 그들은 더 이상 죄의 종으로 살 수 없기 때문입니다. 뱀의 지배하는 권세와 통치는 그들에게는 이미 파괴되었습니다.

죄책이 사라지는 것이 그 다음 파괴의 결과입니다. 뱀의 큰 권세는 용서받을 수 없는 죄 속에 있습니다. 그는 "나는 너를 죄책에 빠뜨렸다. 나는 너를 저주 아래 끌고 왔다"고 외칩니다. 그러나 우리는 "아니다. 우리는 저주로부터 구원받아 지금 축복 속에 있다. 왜냐하면 '허물의 사함을 받고 자신의 죄가 가려진 자는 복이 있도다'(시 32:1)라고 기록되어 있기 때문이다"라고 말합니다. 우리는 더 이상 죄책이 없는데, 누가 하나님의 택하신 자들을 고발할 수 있습니까? 그리스도께서 의롭게 하셨는데, 누가 우리를 정죄할 수 있습니까?(롬 8:33-34) 결코 회복하지 못할 용의 머리가 피를 철철 흘리고 있습니다.

때로는 주님도 우리에게 시험을 극복하고 원수의 머리를 박살내는 법을 알려 주십니다. 사탄은 다양한 덫으로 우리를 유혹합니다. 그는 우리의 상태를 정확하게 연구했습니다. 그는 육체의 연약함을 알고 있습니다. 그러나 많은 경우에 우리는 완전하게 그를 영원한 수치 속에 몰아넣었으니, 그렇게 하도록 역사하신 하나님을 찬미합니다. 마귀는 욥을 파멸시키고자 했을 때, 그를 재 가운데 두고, 그로부터 모든 것을 빼앗고, 그를 슬픔으로 탄식하게 했으나 결코 그를 항복시킬 수 없었을 때, 바로 그날 그는 자신이 얼마나 초라한 존재인가를 느꼈을 것이 틀림없습니다. 욥이 "그가 나를 죽이실지라도 나는 그를 의뢰하리라"(욥 13:15 난하주)라고 부르짖었을 때 승리했습니다. 연약한 사람이, 태풍을 일으키고, 집을 쓰러뜨리며, 그 안에서 향연을 벌이던 가족들을 파멸시킬 수 있었던 막강한 마귀를 패배시켰습니다. 그는 마귀요, 공중의 권세 잡은 임금이었지만, 살소망이 끊어진 힘없는 족장은 여자의 후손으로서 내적 생명의 힘을 통해 그를 이기고 승리했습니다.

> "너희 하나님의 아들들아, 마귀의 분노를 자극하고,
> 저항하라, 그러면 그는 떠나가리라.
> 이때 우리 사랑하는 주님이 도우시고,
> 오직 그가 승리하리라."

나아가, 사랑하는 형제들이여, 우리는 우리 안에 있는 죄의 근본 뿌리가 파괴될 것이라는 소망을 갖고 있습니다. 우리가 점도 없고 티도 없고 흠도 없이 하나님 보좌 앞에 설 날이 올 것입니다. 그때 우리는 타락으로부터 그리고 사탄의 모든 궤계로부터 어떤 상처도 받지 않은 상태가 될 것입니다. 왜냐하면 "그들이 보좌 앞에서 흠이 없는 자들이더라"(계 14:5)고 말씀하고 있기 때문입니다. 그 놀라운 승리가 임할 것입니다! "평강의 하나님께서 속히 사탄을 너희 발 아래서 상하게 하시리라"(롬 16:20). 그분이 자기 자신처럼 여러분을 모든 죄로부터 완전하게 하고 자유롭게 하실 때 여러분은 진실로 뱀의 머리를 상하게 할 것입니다. 또한 사탄이, 향수 탕에서 향수를 바르고 나온 사람들처럼 여러분이 무덤에서 일어나는 것을 볼 때, 또 그가 여러분이 그리스도의 형상으로 부활하는 것 ─ 썩은 것과 약한 것으로 심었던 똑같은 육체가 썩지 아니할 것과 강한 것으로 다시 살아나는 것(고전 15:42-43) ─ 을 볼 때, 그는 무한한 분노를 느끼고 그의 머리가 여자의 후손들에 의해 상처를 받았다는 것을 알게 될 것입니다.

구원 받은 영혼들로서 유익한 존재가 된 우리는 누구나 항상 계속해서 뱀의

머리를 상하게 한다는 사실을 저는 덧붙이고자 합니다. 사랑하는 성도들이여, 여러분이, 불쌍한 아이들이 사탄의 밥이 되고, 사탄이 그들을 강도와 범죄자들로 만들기에 충분한 미끼들을 얼마든지 찾아내는 빈민가로 가 그들을 구해낼 때, 그리고 여러분이 수고하여 하나님의 은혜로 말미암아 그 어린 심령들을 살아 계신 하나님의 아들로 만들 때, 그만큼 뱀의 머리를 상하게 할 것입니다. 사탄을 그냥 놔두지 마십시오. 우리가 복음을 전파함으로써 죄인들이 흑암의 권세를 떨쳐버리고 그 잘못된 길에서 돌이킬 때, 우리는 뱀의 머리를 상하게 합니다. 어쨌든 여러분이 세상 속에서 진리와 의를 일으키는데 도움을 줄 때마다 과거에 사탄의 권세를 짓밟았던 여러분은 때때로 그가 여러분의 발꿈치를 조금씩 물어뜯는 고난을 당해야 하지만, 실제로는 여러분이 그의 머리를 짓밟고 있습니다. 모든 구원과 승리의 역사 속에서 여러분은 다음의 약속이 참되다는 것을 발견하고 입증할 것입니다: "네가 사자와 독사를 밟으며 젊은 사자와 뱀을 발로 누르리로다 하나님이 이르시되 그가 나를 사랑한즉 내가 그를 건지리라 그가 내 이름을 안즉 내가 그를 높이리라"(시 91:13-14).

3. 위로
우리는 여기서 잠깐 본문과 본문의 문맥이 우리에게 전해 주는 위로에 관해 생각해 보아야 합니다. 제가 보기에는 그것이 참으로 풍성합니다. 사랑하는 형제들이여, 저는 여러분이 본문의 약속을 확신을 갖고 적용하고, 또 그것으로 위로받기를 바랍니다.

본문은 분명히 아담에게 크나큰 위로가 되었습니다. 하나님이 아담에게 말씀하신 후 그의 행위에 얼마나 중요한 의미가 있게 되었는지 저는 생각하지 못합니다. 그가 자기의 믿음에 부여한 단순하지만 결정적인 증거를 주목해 봅시다. 때때로 어떤 행동은 아주 작고 사소하지만 지푸라기 한 올이 바람이 부는 방향을 보여 주는 것처럼, 곰곰이 생각해 보면 그 작은 한 행동은 즉각 인간의 마음의 전체 상태를 보여줄 수 있습니다. 아담은 하나님이 말씀하신 것에 대해 믿음으로 반응했습니다. 왜냐하면 우리는 "아담이 그의 아내의 이름을 하와라 불렀으니 그는 모든 산 자의 어머니가 됨이더라"(창 3:20)는 말씀을 읽기 때문입니다. 하와는 아직 어머니가 아니었지만 생명이 약속의 씨를 통해 그녀로부터 나오도록 되어 있었기 때문에, 아담은 그 약속의 진리성에 대해 분명한 확신을 보여주었습니다.

아담은 두려우신 하나님의 앞에 새롭게 서 있었습니다. 그가 뭐라고 말할 수 있었습니까? 그는 시편 기자처럼 "내 육체가 주를 두려워하므로 떨며"(시 119:120)라고 말할 수 있었습니다. 하지만 그때에도 그는 자기의 동반자인 하와 곧 그가 그녀의 이름을 모든 산 자의 어머니인 하와라고 불렀던 그녀와 함께 똑같이 거기서 떨고 서 있었습니다. 그것은 아버지 아담에 의해 당당하게 이야기되었습니다. 그것은 그를 우리의 존귀한 자로 만듭니다. 그가 자신만 생각했더라면, 그는 불평하거나 아니면 최소한 절망했겠지만, 그는 그렇지 않았고, 새 약속에 대한 그의 믿음이 그를 소망으로 이끌었습니다. 그는 황무한 땅에서 땀을 흘려 수고하도록 저주를 받은 것에 대해 한탄하지 않았고, 또 하와가 어머니로서 해산의 수고를 감당해야 하는 것에 대해서도 슬퍼하지 않았습니다. 그들은 각자 그들의 체념이 완전히 내포된 침묵으로 그 저주를 받아들였습니다. 그들의 유일한 말은 단순한 믿음으로 충만했습니다. 그들의 소망을 채워 줄 자녀도 없었고, 또한 오랜 세월 동안 참된 후손도 태어나지 않았습니다. 그러나 하와는 모든 산 자의 어머니로 지명 받았고, 아담은 그녀를 그렇게 불렀습니다.

나의 형제들이여, 하나님이 여러분에게 주신 폭넓은 계시를 따라 아담과 똑같은 믿음을 행사하십시오. 그리하여 항상 거기서 가장 큰 위로를 얻으십시오. 여러분이 하나님으로부터 약속을 받을 때마다 그것으로부터 얻을 수 있는 모든 것을 증명하십시오. 만일 여러분이 그 법대로 한다면, 그것은 여러분에게 참으로 놀라운 위로를 줄 것입니다. 어떤 사람들은 하나님의 말씀의 의미를 가능한 한 축소시켜 취하는 원칙을 갖고 있습니다. 저는 이런 원칙이 인간의 말에 대해서라면 적절하다고 생각합니다. 인간의 말은 언제나 최소한으로 의미를 축소시켜 이해해야 합니다. 왜냐하면 그 말은 사실이 그렇기 때문입니다. 그러나 하나님의 말씀은 최대한으로 의미를 확대시켜 이해되어야 합니다. 왜냐하면 그분은 여러분이 구하거나 생각하는 것 이상으로 훨씬 더 풍성하게 역사하시는 분이기 때문입니다(엡 3:20).

우리가 그리스도의 의를 받아들이는 것은 마귀를 최종적으로 결박짓는 일의 시작으로 간주할 수 있다는 것을 또 하나의 위로로 주목하기를 원합니다. "여호와 하나님이 아담과 그의 아내를 위하여 가죽옷을 지어 입히시니라"(창 3:21). 얼마나 은혜롭고, 지혜롭고, 유익한 하나님의 사랑의 행위일까요! 하나님은 아담이 그의 아내에게 말한 것을 들으셨고, 그가 신자임을 보셨습니다. 그래서 그분은 오셔서 그에게 신자의 분깃인 완전한 의의 모범을 주셨습니다. 그분은 그에게 영원한 옷을 지어 입히셨습니다. 더 이상 모조품에 불과한 무화과나무 잎이 아니라 희생제물의 죽음을 통해 만들어진 꼭 맞는 옷이었습니다. 주님은 그것을 가져와 그에게 입히셨고, 그래서 아담은 "내가 벌거벗었다"고 말할 필요가 없었습니다. 그가 어떻게 그럴 수 있었습니까? 하나님이 그에게 옷을 입히셨기 때문입니다.

그런데 사랑하는 형제들이여, 우리는 마귀를 이기신 우리 주님의 승리에 관해 우리에게 주어지는 약속으로부터 이 한 가지 항목을 취하고, 그것을 기뻐해야 합니다. 그리스도는 우리의 눈을 밝아지게 하고, 우리가 벌거벗었다고 말한 뱀의 권세로부터 우리를 구원하셨습니다. 우리를 머리끝부터 발끝까지 장식하고 보호하는 의의 옷을 입히심으로써 그분은 우리에게 심령의 위로를 주시고, 하나님 보시기에 아름답게 하시고, 그래서 우리는 더 이상 부끄러워하지 않아도 됩니다.

다음으로, 마귀로부터 공격당하기 쉬운 젊은 그리스도인들이 그리스도인의 삶을 살아갈 때 그것으로 큰 위로가 되리라고 생각합니다. 만일 여러분이 그리스도인이라는 이유로 환난 속에 빠졌다면, 그것을 생각하고 힘을 내십시오. 그것을 전혀 두려워하거나 낙심하지 마십시오. 언약의 확실한 보증을 기억하고 그 날에 즐거워하고 뛰놀며 기뻐하십시오(눅 6:22-23). 여자의 후손과 뱀의 후손은 지금도 원수지간입니다. 만일 여러분이 그것을 전혀 경험하지 못했다면, 잘못된 길로 간 것에 대해 두려워해야 할 것입니다. 여러분은 조롱과 박해 아래 고통 받을 때 즐거워하고 승리를 기대하십시오. 그 이유는 지금 여러분은 그분의 발꿈치에 상처를 당하는 데에 영광스러운 여자의 후손과 동반자가 되기 때문입니다.

이것으로부터 또 다른 위로가 계속해서 나옵니다. 그리스도인으로서 당하는 여러분의 고난은 여러분 자신을 위해 주어지는 것이 아닙니다. 여러분은 위대하신 여자의 후손의 동반자이고, 그리스도의 동지입니다. 여러분은 마귀가 여러분에 관해 크게 신경 쓰고 있다고 생각하지 마십시오. 전쟁은 여러분 안에 계시는 그리스도와 하는 것입니다. 당신이 그리스도 안에 있지 않다면 마귀는 당신을 괴롭히지 않을 것입니다. 그러나 만일 여러분이 그리스도 없이 세상 속에 있다면, 여러분은 당신이 좋아하는 대로 범죄에 빠져 버릴 것입니다. 여러분의 친척들과 동료들은 여러분에 대해 전혀 슬퍼하지 않을 것입니다. 그들은 오히려 여러분의 죄에 참여할 것입니다. 그러나 이제는 뱀의 후손이 여러분 안에 계신 그리스도를 미워합니다. 이것은 보통 당하는 고통보다 훨씬 무거운 박해의 고통을 가져올 것입니다.

메리 여왕 시대에 신앙 때문에 화형을 당한 한 여인에 대해 들은 얘기가 있습니다. 화형에 처해질 시간이 되기 전 한 아이가 그녀에게서 태어났습니다. 그녀는 고통 속에서 부르짖었습니다. 그녀 곁에 서 있던 악한 대적자가 "그런 소동을 벌인다면, 당신의 신앙을 위해 어떻게 죽는 것을 감당할 수 있겠는가?"라고 말했습니다. "아, 지금 나는 여자라는 내 인성 때문에 고통스럽습니다. 하지만 내 안에 있는 그리스도 때문에는 절대로 고통스럽지 않습니다"라고 그녀는 말했습니다. 이 말은 결코 헛된 말이 아니었습니다. 왜냐하면 그녀는 모범적인 인내심을 갖고 순교를 했고, 거룩한 천국의 승전가와 함께 불마차가 내려와 그녀를 데리고 갔기 때문입니다. 만일 그리스도께서 여러분 안에 거하신다면, 그 어떤 것도 여러분을 당황시키지 못하고 여러분은 세상, 육체 그리고 마귀를 믿음으로 정복할 것입니다.

마지막으로, 우리는 항상 마귀는 박살난 머리를 갖고 있다는 사실에 대한 믿음을 갖고 그에게 저항해야 합니다. 저는 루터가 마귀를 조롱한 방법이 아주 좋은 방법이라고 생각하고 싶습니다. 왜냐하면 마귀는 수치를 당하고 영원한 조롱거리가 될 것이기 때문입니다. 루터는 전에 마귀가 자기를 극도로 괴롭히며 유혹하자 마귀의 머리를 향해 잉크병을 냅다 던졌습니다. 행위 그 자체는 불합리한 것처럼 보이지만, 그것은 한평생 그가 얼마나 위대한 개혁가인가를 보여주는 참된 표상이었습니다. 그가 쓴 책은 참으로 원수의 머리를 향해 잉크병을 내던진 행위였습니다.

그것이 우리가 해야 할 일입니다. 우리는 모든 수단을 통해 그를 대적해야 합니다. 우리는 담대하게 이 일을 해야 하고, 그의 얼굴에 대고 그를 절대로 두려워하지 않는다는 것을 말해 주어야 합니다. 그에게 그의 박살난 머리를 상기하라고 말해 주십시오. 비록 그가 교만의 면류관이나 교황의 겉옷이나 불신(不信) 박사의 후드를 두르려고 하지만, 그의 머리는 피를 철철 흘리고 있습니다. 우리는 그를 알고 그가 치명적인 상처를 갖고 있음을 봅니다. 그의 권세는 사라지고, 그는 패배한 전쟁을 치르고 있습니다. 그는 전능자와 겨루고 있습니다. 그는 성

부의 약속, 성육신하신 성자의 보혈, 복되신 성령의 영원하신 능력 — 전쟁의 날
에 여자의 후손을 옹호하기 위한 모든 것 — 에 대항하여 서 있습니다. 그러므로
사랑하는 형제들이여, 견고하게 서서 악한 자를 대적함으로써, 믿음 안에 강건
하게 되고 하나님께 영광을 돌리십시오.

> "불멸하시는 어린 양, 그분의 보혈로,
> 그분의 군대는 유혹자를 짓밟네.
> 그분의 말씀과 권세 있는 이름으로,
> 그들은 승리와 명성을 얻네.
>
> 하늘이여 즐거워하라.
> 모든 별들이여 하늘 가득 새 영광을 밝게 비추라.
> 성도들이여, 하늘의 전쟁을 찬양하고,
> 그대들의 구원자의 이름을 드높이라."

제
5
장
—

내가 내 아우를
지키는 자니이까?

—

"내가 내 아우를 지키는 자니이까?" — 창 4:9

　　가인이 이런 식으로 여호와 하나님께 말함으로써, 가인의 도를 넘은 뻔뻔함은 극도의 수치를 당하게 되었습니다. 가인의 이 말이 영감된 성경 속에 기록되지 않았다면, 하나님께서 친히 자신과 이야기를 하고 있다는 것을 알면서도, 사람이 어떻게 저토록 건방지게 하나님께 말할 수 있었을까 하고 우리 모두 거의 의심했을 것입니다. 사람들은 지독하게도 하나님을 모독합니다. 하지만 이런 일은 흔한 일입니다. 사람들은 하나님을 잊고서 하나님의 임재를 무시하기 때문입니다. 그러나 가인은 하나님께서 지금 자기와 얘기하고 있다는 사실을 알고 있었습니다. 가인은 하나님께서 "네 아우 아벨이 어디 있느냐"(창 4:9)라고 하시는 말씀을 들었습니다. 하나님의 물음에도, 그는 냉정하고 뻔뻔스럽게 "내가 알지 못하나이다 내가 내 아우를 지키는 자니이까"라고 하나님께 대답하였습니다. 가인의 대답은 이런 말이었습니다. "내 동생 아벨이 자기 양을 돌보듯이 그렇게 내가 내 동생을 돌봐야 한다고 하나님은 생각하십니까? 아벨이 양치기라고 해서 저도 양치기이어야 합니까? 아벨이 다리를 저는 양을 돌보는 것처럼 저도 동생에게 그렇게 관심을 많이 두어야 합니까?"

　　가인의 이런 냉정한 뻔뻔함은 자기 동생을 살인하게 만든 그의 마음 상태를 잘 보여주는 것이며, 그런 끔찍한 범죄를 저지른 결과에 이를 수밖에 없었던 한 이유이기도 합니다. 애초에 가인에게 자신이 하나님으로부터 버림을 받았다는 생각에서 생겨난 하나님을 두려워하는 마음을 버리고 자신을 만드신 그분께 반항하려는 마음이 없었다면, 가인은 아마도 자기 동생의 피를 흘리게 하는 그런 잔인한 범행까지는 저지르지 않았을 것입니다. 살인을 저지르자마자, 가인의 마음에 생긴 죄의 완악한 영향력은 틀림없이 더욱 강렬해졌을 것입니다. 그래서 결국 가인은 하나님의 면전에서 자기 마음이 느낀 그대로를 하나님께 말하게 되었던 것입니다. "내가 내 아우를 지키는 자니이까?" 이 심리상태를 이해하기 위해서는, 사실 많은 사람들이 의아하게 생각한 것으로, 피고석에 들어선 흉악범이 놀라우리만치 차분한 모습을 보여주었던 바로 그 이야기가 도움이 될 것 같습니다. 저도 누군가에게 들은 이야기로 기억합니다. 그 흉악범은 아주 끔찍한 살인을 저지른 것이 확실했지만, 그의 겉모습은 정말 무죄한 사람처럼 보였습니다. 그는 자신을 기소한 자들 앞에서 마치 무죄한 자가 하는 것처럼 아주 차분하고 침착하게 섰습니다. 그 당시 제가 느낀 감정은 아무리 무죄한 사람이라도 저 정도로 침착하지는 못할 것이라고 생각했습니다. 아무리 무죄한 사람이라도 저렇게 기소를 당한 상태라면 마음이 초조해서, 저 범죄자처럼 그 정도로 냉정하지는 못할 것이기 때문입니다. 흉악범으로 기소되었을 때 그 범죄자가 보여준 뻔뻔스러운 얼굴은 그가 무죄하다는 증거로 작용하기는커녕, 현명한 사람들이 보기에 분명히 그에게 불리하게 작용하는 증거로 채택될 것입니다. 자기 손에 피를 묻히는 것에 대해 이미 아무 감각이 없어진 사람이 동요도 없이 침착해 보이는 것은 당연한 일입니다. 만약 그런 사람이라면 어떤 행동이든 무심하게 저지르며, 그런 행동의 영향을 자신이 받는다 해도, 그의 마음이 그리 유순해지지는 않을 것 같습니다.

오, 사랑하는 성도 여러분, 죄를 피합시다. 죄는 우리 마음에 악영향만 끼칠 뿐입니다. 죄는 마음의 독입니다. 죄는 양심을 마비시키고, 양심에 치명적인 해를 끼치고 양심을 잠들게 합니다. 죄는 판단을 흐리게 하며, 모든 능력들을 말하자면 술 취한 상태로 만들어 버립니다. 그래서 우리는 어처구니없는 만용을 부리기도 하며 맹목적으로 뻔뻔해지려고 합니다. 급기야 하나님의 면전에서 하나님을 감히 모욕하기도 하는 그런 미친 사람이 되기도 합니다. 오, 하나님, 쇠가 해머로 단련되듯, 죄로 단련되고 있는 우리 완악한 마음으로부터 우리를 구해 주옵소서. 하나님의 은혜로 우리가 하나님 앞에 민감하고 부드러워지도록, 하나님 말씀에 두려워 떨 수 있도록 우리를 매일매일 지켜 주옵소서.

자, 이쯤해서 주목해보아야 할 문제가 하나 있습니다. 우리가 이렇게 가인을 몹시 비난하고 있지만, 혹시 우리도 잘못한 것이 없는지 자신을 살펴야만 합니다. 사심 없이 우리 자신을 들여다본다면, 우리가 하나님께 둘러대는 온갖 종류의 변명들은 아주 고도로 뻔뻔스러운 것들입니다. 우리가 어떤 유형의 죄든지 간에 그 죄로 인해 비난을 받을 때, 만약 우리가 죄를 부인하거나 그럴 수밖에 없었다는 이유를 대기 시작한다면, 우리도 하나님 앞에서 뻔뻔하게 행동했던 가인의 죄를 범하게 되는 것입니다. 그리고 우리가 행해야 할 어떤 의무가 있는데 그것을 게을리하거나 이행하지 못한 것에 대해 변명을 한다면, 우리는 혹시 우리가 누구 앞에 서 있는지를 잊고 있는 것은 아니겠습니까? 하나님께서 나에게 어떤 명령을 분부하시는데 내가 사악하게 그 명령을 거부하려고 해서야 되겠습니까? 하나님께서 내가 이행해야 할 일을 명령하시는데, 내가 주저하거나 질문하거나, 또는 속으로 "할까 하지 말까"라고 고민하는 것이 합당한 일입니까? 오, 대담한 반역이란 바로 이런 모습들입니다! 반역의 핵심은 순종하기를 주저하는 모습 속에 숨어 있습니다. 그리고 우리가 이미 불순종했을 때 우리의 잘못에 대해 늘어놓는 모든 변명들 속에 깃들어 있습니다. 여러분은 가인을 생각할 때, 감히 하나님을 무시하여 아무렇지도 않게 하나님을 대면한 극악무도한 사람으로 생각합니다. 그렇지 않습니까? 그러나 하나님은 어느 곳에나 계십니다. 그리고 모든 죄는 하나님께서 보고 계시는 그 앞에서 일어납니다. 하나님을 반항해서 우리는 죄를 짓고, 하나님이 계시는 가운데서 우리는 악을 행합니다. 그러므로 우리가 잘못을 행하고도 변명을 하기 시작하거나 분부 받은 명령에 주저할 때, 우리는 여호와 우리 하나님이 계신 그 앞에서 불순종하고 있는 것입니다. 틀림없이 우리는 지금까지 이러한 죄를 저질러 왔을 테니, 이런 죄를 겸손하게 하나님께 고백합시다. 그리고 이제부터는 하나님께서 말씀하신 모든 것에 대해 일체 의문을 제기하지 말고, 우리가 여호와를 두려워할 수 있도록 우리에게 진정 유순한 양심을 주시기를 하나님께 간구합시다.

성경의 진리를 거부하는 이유들의 밑바탕에는 틀림없이 이와 같은 뻔뻔함이 있다고 봅니다. 어떤 사람들은 성경에 있는 것을 꺼내기 위해 성경에 다가가는 것이 아니라, 성경에 분명히 계시된 것을 보고는 그것을 자신의 고정관념, 즉 자신이 기존에 갖고 있던 성경에 대한 개념을 기준으로 삼아 성경의 내용을 의심하고 판단하며 결론짓습니다. 사랑하는 성도 여러분, 이래서는 안 됩니다. 하나님께 말대꾸하는 여러분은 도대체 어떤 사람들입니까? 하나님께서 그렇게 말씀하셨다면, 그렇게 말씀하신 것은 틀림없는 사실입니다. 말씀하신 그것을 믿으십시오. 여러분이 그것을 이해할 수 없다고요? 반드시 이해해야겠다고 말하는 여러분은 도대체 어떤 사람들입니까? 여러분은 여러분의 작은 손으로 바다를 담을 수 있습니까, 아니면 여러분의 손아귀로 바람을 움켜쥘 수 있습니까? 여러분은 미물에 불과한 존재입니다. 무한하신 그분은 항상 여러분 너머에 계십니다! 영광스러운 하나님에 관해서는 우리가 다 이해할 수 없는 무언가가 항상 있기 마련입니다. 여러분이 이해할 수 없기 때문에 여러분이 의심하기보다는 오히려 여러분을 만드시고 손에 여러분의 호흡을 쥐고 계시는(단 5:23 KJV) 하나님의 임재 앞에 겸손하게 경배해야 합니다. "여호와가 누구이기에 내가 그의 목소리를 듣겠는가?"(출 5:2)라고 감히 말한 바로처럼 그런 무례한 억측을 하지 않도록, 그리고 가인의 마음을 닮아 그렇게 하나님께 불손하게 대답하여 하나님을 모독하지 않도록, 하나님께서 우리를 도와주옵소서.

이제, 가인이 말한 것을 조용히 살펴보도록 합시다. 가인은 하나님께 이렇게 말했습니다. "내가 내 아우를 지키는 자니이까?" 성령님께서 가인의 이 질문을 우리가 잘 살펴볼 수 있도록 도와주시기를 간구합니다.

1. 어떤 의미에서 보면 인간은 자기 아우를 지키는 자가 아닙니다.

첫 번째로 주목해야 할 사실은, 어떤 의미에서 보면 인간은 자기 아우를 지키는 자가 아니라고 하는 것입니다. 가인이 한 말은 일정 부분 타당합니다. 일반적으로 모든 거짓말에도 어느 정도 맞는 부분이 있기 마련입니다. 심지어 극악한 모독적인 발언 안에도 어느 정도 그럴 듯한 부분이 없잖아 있습니다. 비록 통탄할 정도로 왜곡되고 뒤틀려졌지만 말입니다. 그러므로 가인이 말한 이 형편없는 물음에도 생각해 볼 점이 없는 것이 아닙니다. 어떤 의미에서 보면 인간은 자기 아우를 지키는 자가 아니기 때문입니다.

좀 더 자세하게 설명하겠습니다. 첫째로, 모든 사람은 전능하신 하나님 앞에서 자신이 저지른 행동에 대해 오직 자신이 책임을 져야 합니다. 지극히 높으신 분에게 행해야 할 자신의 의무를 다른 사람의 어깨에 짊어지게 하는 것은 가능하지 않습니다. 하나님의 율법에 순종하는 일은 개인적으로 자신이 해야 합니다. 그렇지 않으면 그 사람은 범죄 하는 것입니다. 자기 아버지가 얼마나 거룩한지, 혹은 자기 어머니가 얼마나 의로운지는 상관없습니다. 하나님의 심판석 앞에서는 자기 발로 서서 자신이 대답해야 할 것입니다. 복음을 듣는 각 사람은 복음을 들은 것에 대한 책임이 있습니다. 다른 사람이 자신을 위해 복음을 믿어줄 수도 없고, 자신을 위해 회개할 수도 없고, 자신을 위해 중생할 수도 없고, 자신을 위해 기독교인이 될 수도 없습니다. 자신이 개인적으로 죄를 회개해야 하고, 개인적으로 예수 그리스도를 믿어야 하고, 개인적으로 회심해야 하고, 개인적으로 하나님께 봉사하고 영광을 돌리면서 살아야 합니다. "모든 통은 제 바닥을 땅에 대고 서야 합니다"(Every tub must stand on its own bottom. 사람은 누구나 제 힘으로 살아야 한다는 의미로, 개인의 주체적인 독립성을 강조하는 서양속담 — 역주). 자기가 져야 할 책임을 경우에 따라서 사제나 목사 등으로 불리는 특정 계층의 사람들에게 짊어지게 하려는 게으른 시도들을 하기도 합니다. 그러나 이렇게 해서는 안 됩니다. 각자가 스스로 하나님을 찾아야만 합니다. 각자가 자신의 죄 짐을 십자가 아래에 내려놓고, 그 자신이 구세주를 자신의 구세주로 받아들여야 합니다. 여러분의 영혼에 관계된 문제는 여러분의 재산문제를 처리하듯 그렇게 처리할 수 없습니다. 여러분을 대신할 법정 대리인을 세워서 처리하듯이, 그렇게 성직자를 고용해서 처리할 수 없다는 것입니다. 우리를 위해서 변호하실 수 있는 대리인이자 대언자(요일 2:1)인 분은 오직 한 분이십니다. 이 땅의 보증인은 아무도 하늘의 문제와 관련해서 여러분을 도울 수 없습니다. 사람은 마음으로 믿어 의에 이릅니다(롬 10:10). 자신의 마음으로 믿어야만 합니다. 아무도 자신을 대신해 줄 수 없습니다. 위대하신 임금님께서는 개인적으로 섬기기를 요구하십니다. 이런 개인적인 섬김에는 영원히 멸망할 것 같은 그런 고통도 분명히 있기 마련입니다. 자신의 책임을 다른 사람에게 지게 할 수 없다는 의미에서, 아무도 자기 아우를 지키는 자가 될 수는 없습니다.

둘째로, 아무리 적극적으로 애를 써도, 다른 사람의 구원을 얻어줄 수 있는 사람은 아무도 없습니다. 친한 친구라도 그 친구가 스스로 믿지 않는다면, 그가 구원받을 것을 기대할 수 없습니다. 오, 회심하지 않은 성도 여러분, 우리는 여러분을 위해 기도합니다. 우리는 하나님의 성령으로 말미암아 여러분이 새로워지기를 하나님께 간구할 뿐, 우리가 여러분을 위해 할 수 있는 것은 아무것도 없습니다.

우리가 드리는 기도도, 여러분이 스스로 여러분의 죄를 고백하고 구원을 위해 그리스도의 품에 안기기 전까지는 기도 응답을 받을 수 없을 것입니다. 여러분의 이름을 가슴에 품고서 하나님 앞에 아뢰는 친구가 있다면, 그것은 분명히 대단한 축복입니다. 그러나 여러분이 기도하지 않으면서, 그 친구들의 기도만을 전적으로 의지하지는 마십시오. 다른 사람들이 우리를 위해 믿음으로 기도해 줄 수 있다는 사실은 물론 매우 감사한 일입니다. 하지만 우리 스스로가 여전히 불신상태에 있다면, 우리는 결코 구원받지 못할 것입니다. 자 보십시오. 우리가 다른 사람들을 회심시킬 수 없었다고 해서, 그 일에 대해 우리가 책임을 지는 것은 아닙니다. 우리 아우가 예수님을 영접하고 받아들이도록 해야 할 전적인 책임은 우리에게 없습니다. 그러므로 이런 측면에서 보자면, 우리는 우리 아우를 지키는 자가 아닙니다.

　이제 셋째로 이 말씀을 전해야겠습니다. 확신이나 기대가 전혀 소용없는 사람인데도 불구하고, 이 문제에서 그 사람들을 위하여 서약이나 맹세를 하는 것은 아주 잘못된 일입니다. 아직 제대로 알지도 못하는 어린 아이를 두고서, 남녀 불문하고 어른이면 모두, 그 아이가 하나님의 거룩한 계명들을 모두 잘 지키면서 일평생 그렇게 살아갈 것이고, 지금 이 악한 세상의 온갖 허식과 공허한 삶을 거부하면서 살게 될 것이라는 그런 장엄한 서약을 하고 있습니다. 저는 이런 모습이 나타나는 이유가 전적으로 이 세대의 불신앙과 뻔뻔함 때문이라는 언급 외에는 달리 설명이 안 되는 일로서, 이것은 제게 항상 수수께끼 같은 일로 남아 있습니다. 제가 이런 말까지 하려고 하지 않았지만, 조심스럽게 언급하려고 합니다. 그런 서약의 주체가 여러분이라면, 여러분은 새빨간 거짓말을 하고 있는 것입니다. 여러분은 단순히 거짓말의 차원을 넘어서, 전능하신 하나님 앞에서 말도 안 되는 서약을 하는 죄를 짓고 있는 것입니다. 하나님의 영광이 가득하다고 여겨지는 성전 안에서, 그것도 하나님의 사자라고 특별히 구별되는 예복을 입고 있는 자들 앞에서, 그들의 능력보다 월등한 일들을 하게 될 것이라고 말하는 그런 사람들을 하나님께서는 진노하시며 내려다보고 계심이 분명합니다. 여러분은 그런 일을 할 수 없습니다. 여러분도 이 사실을 잘 알고 있습니다. 잘은 모르지만, 여러분 자신도 이 세상의 허식과 공허한 삶을 거부하면서 그렇게 살고 있지 않습니다. 분명히 여러분은 하나님의 거룩한 계명들을 모두 지키고 있지 않습니다. 그런데도 어떻게 여러분은 자신도 못 하는 일을 남에 대해 확신할 수 있단 말입니까? 여러분이 성전에 서서 하나님 앞에서, 이 어린 아이는 키가 이 미터가 넘을 것이며 머리 색깔은 노란색이고 눈은 푸른색이 될 것이라고 서약했다면, 차라리 그런 맹세가 여러분이 영국국교회 기도서에 기록된 내용에 서약하는 것보다 훨씬 합당했을 것입니다. 이것은 그저 웃기는 일일 뿐입니다. 하지만 이런 모습을 보면서 그저 웃을 수만은 없는 것이, 한편으로 마냥 서글퍼지기 때문입니다. 언어들을 사용해서 일종의 거짓말을 경건한 행동인 것처럼 감히 떠들고 난 후에, 아무 문제 없이 하나님을 기쁘게 해드린 것처럼 평안하고 고요하게 집으로 돌아갈 수 있다는 것이 인간의 마음인가 하는 생각에 슬퍼지는 것입니다. 여러분은 절대로 다른 사람을 지키는 자가 될 수 없습니다. 그러므로 여러분이 타인을 지키는 자라는 기대를 받는 그런 끔찍한 위치에 서지 않도록 하십시오.

이쯤해서 다음의 말씀을 전하는 것이 합당할 것 같습니다. 즉 아무리 성실한 그리스도의 사역자라 해도, 자신의 책임감을 극단적으로 고수해서는 안 된다는 것입니다. 자신의 책임을 너무 중시하면 자신의 위치에 대해 거의 병적인 시각을 갖게 되고, 그로 인해 자신의 사역에 스스로 부적격자가 되기 때문입니다. 만약 그 사역자가 신실하게 복음을 전했으나 그가 전한 메시지가 거부를 당했다면, 그는 자신을 정죄하지 말고 소망 가운데서 인내해야 합니다. 수년 전에 제게 있었던 일이 떠오릅니다. 그 때 저는 제게 맡겨진 영혼들에 대한 책임감 때문에 고심하고 있었습니다. 제 마음은 너무 상심한 상태였고, 절망 가운데 사역을 포기하고 싶은 유혹까지 받고 있었습니다. 당연히 저는 그 영혼들에 대해 책임감을 느껴야 한다고 생각하며, 믿지 않는 어떤 영혼에 대해서 제가 변명하고 싶은 것은 아닙니다. 하지만 그 때 제 경우를 보자면, 저는 같은 말을 계속 되풀이하는 성격으로 변하면서, 급기야 제 속에 있던 선을 행할 힘을 모두 상실해 버리고 말았습니다. 저는 제 영혼을 다시 회복시킬 능력마저 모두 사라져 버렸을 만큼 너무 비참한 상태였기 때문입니다. 그제야 저는 다음의 사실을 깨닫게 되었습니다. 만약 제가 여러분 앞에 신실하게 복음을 제시하고 강권했지만, 그럼에도 여러분이 이 복음을 거부한다면, 저는 이 문제를 앞에 놓고 기도하는 것 외에는 달리 더 할 것이 없다는 사실 말입니다. 하나님께서 복을 내려 주셔서 여러분이 하나님과 화목할 수 있도록 여러분의 양심에 거듭거듭 호소하고 강권하며 하나님께 은혜를 내려 달라고 열심히 간구하였지만, 결국 제가 실패했다면, 이것은 저는 제가 할 수 없는 것임을, 즉 돌 같은 마음을 살로 된 마음(겔 36:26 KJV)으로 바꾸고, 죽은 죄인들을 생명으로 살려야 할 책임이 제게는 없다는 것을 떠올리게 되었습니다. 우리가 맡은 책임에 대해서는 과장해 말하지 않아도, 우리의 책임은 충분히 무겁습니다. 우리는 인간들의 후원자가 아닙니다. 따라서 우리가 진심으로 전한 우리의 구세주를 만약 사람들이 거절한다면, 그 피는 그들의 머리로 돌아갈 것입니다(행 18:6). 우리 주님이 항상 예루살렘을 보고서 우신 것만은 아닙니다(눅 19:41). 주님은 때로 성령으로 기뻐하셨습니다(눅 10:21). 우리의 마음은 영혼을 보고서 우는 것과 기뻐하는 것, 이 두 가지 중에 어느 한 가지만 생각해서는 안 됩니다. 우리가 한 가지만 생각한다면, 우리의 실제적인 삶은 아무짝에도 쓸모없는 것이 되어 버릴 것입니다. 우리는 다른 사람의 영혼을 무제한적인 의미에서 지키는 자가 아닙니다. 우리의 책임에는 한계가 있습니다. 이 부담 때문에 우리가 너무 민감해져서 거의 미칠 지경이 되는 것은 어리석은 일입니다.

물론 어떤 의미에서 우리는 우리의 아우를 지키는 자이기도 하며, 그 의미에 대해서 이제 말씀드리려고 합니다. 하지만 그 전에 제가 지금 여러분에게 전한 이 주의사항을 꼭 염두에 두십시오. 이 사항은 제가 전하려는 주제의 중요성을 약화시키기보다는 그것을 더 비중 있게 다루는 데 도움이 될 것입니다. 여러분도 느끼겠지만, 저는 이 주제에 대해 여러 가지를 생각하며 전하고 있습니다.

2. 엄밀한 의미에서 보면 우리는 각자 우리의 아우를 지키는 자입니다.

자 이제 두 번째 사실을 전하겠습니다. 엄밀한 의미에서 보면 우리는 각자 우리의 아우를 지키는 자라는 사실입니다. 우리는 이런 관점에서 우리 자신을 주목해야 합니다. 우리로 하여금 이와는 다르게 생각하게 하고 우리를 완악하게 만들어, "다른 사람일이야 어떻게 되든 그건 내 알 바가 아니다. 내가 내 아우를 지키는 자인가?"라고 말하게 하는 것이, 바로 가인의 마음입니다. 우리는 이런 마음을 갖지 않도록 합시다.

첫째로, 기독교인이라면 누구나 구원받지 못한 모든 영혼에 대해 관심을 가지는 것이 인지상정일 것입니다. 제가 "인지상정"(人之常情)이라고 말씀드렸습니다. 이 말은 인간이라면 누구나 가지고 있는 "인정"을 뜻하는 말입니다. 실제로 우리는 일상생활에서도 저 사람은 인간이라면 가져야 하는 정이 없다고 말하기도 합니다. 인지상정이라고 말했으나, 이 말이 함축하고 있는 대로, 인간의 정이 항상 자비로운 것인가 하는 문제에 대해서는 제게 별 확신이 없습니다. 저 쪽 러시아나 터키에 있는 인간성은 잘 가꿀 만한 가치 있는 꽃으로 보이지가 않습니다. 오히려 그런 인간성이라면 탈출을 위해 기도해야 할 것 같습니다. 그런 곳에서는 가장 끔찍한 야수도 인간의 모습으로 나타납니다. 불가리아의 인간성은 어떠합니까! 하나님, 그런 인간성으로부터 우리를 구해 주옵소서. 그러나 저는 인지상정으로 표현되는 이 인정이 우리의 마음 가운데 있으며, 이 인정의 마음 때문에 우리 속에는 다른 사람을 구원하고자 하는 바람이 있다고 생각합니다. 사랑하는 성도 여러분, 빵 한 조각이 없어 죽어가는 어떤 사람을 여러분이 보게 된다면, 아마 틀림없이 여러분은 딱딱한 빵 조각이라도 그 사람에게 나눠 주고자 할 것입니다. 하물며 생명의 떡(요 6:35)이 없어 죽어가는 영혼들을 보고서 어떻게 여러분이 긍휼도 베풀지 않고 도와주지도 않은 채 그냥 내버려 둘 수 있겠습니까? 추운 겨울에 밖에서 떨고 있는 불쌍한 사람을 보게 된다면, 우리는 입고 있던 옷의 일부라도 기꺼이 벗어서 그에게 입힐 것입니다. 하물며 공의의 겉옷(사 61:10)을 입지 않은 죄인들을 보고서도, 어떻게 우리가 빛난 세마포 옷(계 15:6)을 그들에게 입히실 그분에 대해 그들에게 말해 주고 싶은 간절한 마음이 생기지 않을 수 있겠습니까? 어떤 사람이 사고를 당해 위급한 상황에 처해 있다면, 그 사고 현장이 어디든 우리는 급히 달려가서, 그를 구조할 수단을 모두 동원하여 구해낼 것입니다. 하지만 그렇게 우리가 구하려고 하는 이 생명은 영생에 비하면 보잘것없는 생명입니다. 그런데도 우리는 영생 없이 죽어가는 사람들에 대해 무관심하며, 회개하지 않는 죄인들에게 영원토록 내려질 그 끔찍한 화에 대해서도 무관심합니다. 우리의 이런 무관심은 우리 가슴속에 형제사랑이 없다는 것을 보여줍니다. 사랑하는 성도 여러분, 여러분과 여러분의 모든 형제들은 한 조상의 후손들이며, 한 분이신 영원한 아버지의 한 하늘 지붕 아래에서 살고 있습니다. 이런 근본적인 이유에서라도 여러분은 다른 사람들의 영혼에 관심을 갖고 각자 다른 사람을 지키는 자가 되기를 간곡히 부탁합니다.

둘째로, 우리 모두는, 특히 기독교인인 우리는 다른 사람에게 선을 행할 능력을 가지고 있다는 것입니다. 우리는 모두 동일한 능력을 가지고 있지 않습니다. 또한 동일한 은사를 가지고 있는 것도 아니고, 동일한 위치에 있는 것도 아닙니다. 그러나 나아만의 아내에게 수종들던 어린 소녀(왕하 5:2)가 자기 주인의 병을 고칠 수 있는 선지자에 대해 말할 수 있는 기회를 가졌던 것처럼, 여기 있는 사람들 중

에 아무리 믿음이 어린 성도라 해도, 다른 사람들에게 선을 행할 수 있는 조금의
능력이라도 갖고 있지 않은 사람은 아무도 없습니다. 회심한 성도라면 옹알이를
하는 어린 아이라도 예수님의 이름을 부르면서 엄마 아빠에게 축복해 줄 수 있
습니다. 우리 모두는 선을 행할 어떤 능력을 가지고 있습니다. 선을 행할 능력이
있다는 것은 선을 행할 의무가 있다는 것을 드러낸다는 자명한 사실을 우리의
출발점으로 삼도록 합시다. 여러분이 어떤 형편에 있든지 간에, 한 사람을 축복
할 수 있다면 여러분은 그렇게 해야만 합니다. 능력을 갖고 있으면서도 그 능력
을 사용하지 않는 것, 그것이 바로 죄입니다. 여러분이 여러분의 친구를 위해 선
을 행할 수 있음에도 불구하고, 먼저 손을 내밀지 않는 것은 사랑의 법을 깨뜨리
는 행동입니다. 죄인들에게 예수님에 관해 말해 주기 위해서는 어떤 특별한 부
르심이 필요한 게 아닙니다. 어린 아이를 붙잡고서 구세주의 사랑을 말해 주는
데도 특별한 부르심이 필요한 게 아닙니다. 여러분에게 유익했던 것이 여러분의
동료에게도 유익할 것이라는 사실을 알기 위해서, 여러분이 하늘의 천사로부터
계시를 받아야 하는 것도 아닙니다. 여러분의 모든 지식, 여러분의 모든 체험, 은
혜로 말미암아 현재 여러분이 가지고 있는 모든 것은 봉사의 형태로 다시 다른
사람들에게 돌려 주어야 하는 것입니다. 유대인들은 하나님으로부터 선택받은
민족이었습니다. 모든 민족을 위한 하나님의 말씀을 간직하기 위해 특별히 선택
받은 민족이었지만, 그들은 실패하고 말았습니다. 왜냐하면 그들은 하나님의 저
위대한 진리들을 이방인에게 전하는데 관심을 기울이지 않았기 때문입니다. 그
들은 자신만의 특별한 유익을 위해 하나님의 진리를 받았다고 착각했습니다. 유
대인들에게 이기적인 마음이 생기는 바람에, 하나님의 은혜가 이방인에게도 전
해져야 한다는 이야기를 듣자마자, 그들은 격분하여 미칠 지경이 되었던 것입니
다. 구원받은 사랑하는 성도 여러분, 여러분은 하나님으로부터 많은 은혜를 받
았습니다. 그러나 여러분이 이렇게 많은 은혜를 받은 것이 자신만의 특별한 유
익을 위해서라고 생각하지 마십시오. 이런 은혜가 여러분에게 엄청난 유익을 주
는 것은 사실이지만, 이 은혜는 빛처럼 여러분에게 주어진 것입니다. 따라서 여
러분은 이 빛을 어둠 속에 있는 다른 사람들에게 다시 전해야만 하는 것입니다.
이 은혜는 광야에서 주님께서 주님의 제자들에게 주신 떡(막 8:4)과 같습니다.
제자들은 이 떡을 무리에게 나누어 주어 모두가 배불리 먹게 했습니다. 한 가지
만 생각하십시오. 선을 행할 능력 안에는 그 능력이 필요한 곳이라면 어디서든

그 능력을 발휘해야 할 책임도 포함되어 있다는 것 말입니다. 그러므로 여러분이 이런 능력을 가지고 있는 한, 여러분은 여러분이 이 능력을 가지고 있다는 바로 이 사실로 인해, 바로 여러분의 아우를 지키는 자가 되는 것입니다.

셋째로, 우리는 율법에 대한 우리 주님의 해석에 기초해서 우리의 아우를 지키는 자가 됩니다. 우리 주님이 말씀하신 두 번째 큰 계명이 무엇입니까? "네 이웃을 네 자신 같이 사랑하라"(마 22:39)는 계명입니다. 자, 생각해 봅시다. 지금까지 우리는 우리 자신을 너무나 사랑해서 우리의 죄가 용서받기를 갈구해 왔고, 그래서 결국 용서를 받아냈습니다. 그렇다면 이제 우리는 우리의 이웃도 자신의 죄를 깨닫고 죄용서 받기를 간구하도록 뜨겁게 사랑해야 하지 않겠습니까? 영생을 우리의 최고 관심사로 삼는 것은 우리에게 바람직한 일입니다. 그런데 우리가 우리의 이웃을 우리 몸과 같이 사랑한다고 하면서도, 많은 사람들이 그리스도를 무시하고 구원을 거부하는 이 상황에서 우리가 평안을 누리고 있다면 말이 되겠습니까? 사랑하는 성도 여러분, 우리가 가만히 있어서는 안 됩니다. 우리는 아직도 미흡한 부분이 많습니다. 하지만 우리가 아무리 미흡하다 해도, 우리가 우리 몸과 같이 이웃을 사랑하면 할수록, 하나님께서는 우리를 우리의 아우를 지키는 자로 만들어 주시는 것을 우리가 분명히 느끼게 될 것입니다.

넷째로, 우리가 다른 사람의 영혼에 우리의 시선을 돌리지 않고서는, 우리는 주님께서 율법을 요약해서 제시하신 두 가지의 큰 계명 중 첫 번째 계명도 지킬 수가 없습니다. 첫 번째 계명은 이것입니다. "네 마음을 다하고 목숨을 다하고 뜻을 다하여 주 너의 하나님을 사랑하라"(마 22:37). 하지만 우리가 우리 형제의 영혼을 사랑하지 않는다면, 아마도 이 계명을 지킬 수 없을 것입니다. 그 이유에 대해서는 요한 사도가 적절하게 잘 답변하고 있습니다. "어떤 사람이 … 자기가 본 자기 형제를 사랑하지 아니하는 자가 어찌 자기가 보지 못한 하나님을 사랑할 수 있으리요?"(요일 4:20 KJV). 일어서서 하나님에 대한 여러분의 사랑을 찬양하는 것은 매우 좋은 일입니다. 하지만 여러분의 눈이 하늘은 쳐다보면서, 선교 헌금함은 못 본 체하며 지나가는 것은 어떻게 된 일입니까? 이방인들의 영혼에 관심을 갖지 않으면서, 어떻게 하나님께 관심이 있을 수 있습니까? 그리스도의 사랑에 푹 빠져 달콤한 체험을 하고, 그분께 받은 것에 대해 생각해 보는 것은 아주 좋은 일입니다. 하지만 런던에 있는 저 불쌍한 사람들이 구세주를 알지 못한 채 저렇게 비참하게 죽어가고 있는데도, 어떻게 여러분은 그들이 죽어가는 것에 아랑곳하지 않고 매정하게 지옥에 떨어지도록 내버려 둘 수 있습니까? 하나님, 이런 식의 경건으로부터 우리를 구해 주옵소서. 옛날 장터에서 파는 장식품은 금색으로 도금하여 번지르르한 게 겉으로 보기에 좋아 보였지만, 그 안에는 전혀 금이 들어 있지 않았습니다. 이와 마찬가지로 사랑 없는 종교는 아무짝에도 쓸모가 없습니다. 자기 친구의 구원을 갈망하고 이 구원을 삶의 목표로 삼을 만큼 그 친구를 사랑하지 않는 자는 하나님을 사랑한다는 증거를 전혀 제시할 수 없는 사람입니다. 이러한 것들을 생각하면서, 제 주장을 허심탄회하게 심사숙고해 보기를 바랍니다.

다섯째로, 기독교인이 다른 사람들을 사랑해야 할 가장 강력한 이유는 이것입니다. 우리가 주님 또는 선생님으로 부르는 예수 그리스도께서 몸소 보여주신 모든 것의 목적이, 우리로 하여금 우리 아우를 지키는 자가 되게 하려는 것이기 때문입니다. 예수님의 삶이 전적으로 이타적인 삶이 아니었다면, 도대체 어떤 삶이었습니까? 예수님이 돌아가실 때 그분은 무슨 말을 들었습니까? "그가 남은 구원하였으되 자기는 구원할 수 없도다"(마 27:42). 그리스도께서 이 땅에 계셨다는 이 사실은 바로 다른 사람을 돌본 한 분이 계셨다는 뜻입니다. 우리 주님께서 사람이 되셨다는 사실은 자기 원수들을 사랑해서 자기의 권위를 대항해 거역하는 자들을 구원하기 위해 이 땅에 오셨다는 뜻입니다. 만약 우리가 이기적이라면, 그래서 우리 자신만 천국에 가는 것을 우리 생애의 유일한 목적으로 삼는다면, 우리는 기독교인들이 아닙니다. 우리는 우리가 원하는 대로 마음껏 선생님을 부르고는 있지만, 정작 예수 그리스도를 따르지는 않고 있는 것입니다. 여러분은 눈물을 흘립니까? 여러분은 예루살렘을 보고서 웁니까? 다른 사람들을 위해 눈물을 흘리지 않고, 여러분 자신만을 위해 눈물을 흘리는 것은 초라한 일입니다. 여러분은 기도하고 괴로워하기도 합니다. 그러나 여러분의 이러한 슬픔이 여러분이 지고 있는 다른 사람의 영혼의 짐 때문입니까? 우리가 기억하듯이 겟세마네라는 곳에서 심히 고민하여 죽게 될 정도로 괴로워하신 예수님을 여러분은 닮아가고 있습니까? 오, 우리 몸을 불사르게 내줄지라도, 인류를 위한 사랑이 없으면 우리에게 아무 유익이 없습니다(고전 13:3). 우리는 적당히 허울뿐인 기독교의 모습을 하고 겉으로 보기에는 아무런 문제 없이 지낼 수도 있습니다. 그러나 우리의 마음이 인류를 위한 마음으로 간절해지지 않는다면, 우리는 예수님을 최고의 수반으로 한 공화국에서 여전히 이방인인 것입니다. 이 사실은 분명히 제가 확신하는 바입니다. 저는 지금 제 마음을 전하는 것이 아니라, 그리스도의 마음을 전하고 있습니다. 스스로 그리스도의 제자라고 남들에게 말하면서도, 뜨겁게 타오르는 불길로부터 죄인들을 구출하여 그 잘못된 길에서 구해 내고자 입을 열어 말도 하지 않고 기도도 하지 않는 사람이 설마 이 자리에 있지는 않겠지요. 그런 사람이 되어서는 안 됩니다. 그러므로 우리는 우리의 아우를 지키는 자들이 되어야 합니다.

여섯째로, 마음에 다음과 같은 사실이 떠오릅니다. 우리가 아우를 지키는 직분을 맡은 것은 분명하다는 사실입니다. 왜냐하면 우리는 이 맡은 직분에 대해 결산할 것을 요구받을 것이기 때문입니다. 가인에게는 결산할 것이 요구되었습니다. "네 아우 아벨이 어디 있느냐"(창 4:9). 사랑하는 성도 여러분, 특별히 오늘 밤 제게 선교에 관해 말해 주기를 부탁한 젊은 대학생들에게 전합니다. "네 아우 아벨이 어디 있느냐?"라고 젊은 여러분에게 말씀하시는 하나님의 음성을 지금 여러분이 듣도록 저는 하나님께 간구합니다.

혈육의 연으로 우리와 연결된 "형제"라는 이름을 지니게 된 가족들에게 먼저 관심을 가지십시오. 그들은 같은 부모에게서 태어난 자들이며 근친이기 때문입니다. 존은 어디 있습니까? 토머스는 어디 있습니까? 여러분의 아우 헨리는 어디 있습니까? 구원받지 못한 자들은 어디 있습니까? 하나님 없이 사는 자들은 어디 있습니까? 여러분은 이들을 위해 무엇을 해보았습니까? 여러분은 이들을 위해 얼마나 기도했습니까? 얼마나 자주 여러분은 이들의 영적 상태에 대해서 그들에게 진지하게 이야기해 주었습니까? 이들을 가르치고 설득하고 확신시키기 위해 여러분은 어떤 방법들을 이용해 보았습니까? 사랑하는 여성도 여러분, 여성도라고 해서 저는 봐주지 않을 겁니다. 여러분의 오빠는 어디 있습니까? 여자 형제는 남자형제보다 오빠들에게 끼치는 영향력이 더 큽니다. 사랑하는 어머니 성도 여러분, 어머니 된 성도들에게 아주 부드럽게 질문하겠습니다. 여러분의 아들딸은 어디 있습니까? 어머니가 바라는 대로 자녀들이 말을 잘 안 듣는다고 대답하겠습니까? 그러나 그 사랑스러운 여러분의 자녀가 멸망한다면, 그 피에 대해 어머니 된 여러분이 책임이 없다고 말할 수 있겠습니까? 아버지 성도 여러분, 아들들이 여러분의 마음을 상하게 하지 않습니까? 여러분의 아들이 짓는 그 골치 아픈 죄들이 아들의 마음에 심기는데 여러분은 아무 영향도 끼치지 않았다고 딱 잘라 말할 수 있습니까? 자, 생각해 보십시오. 여러분은 아버지로서 아버지가 할 수 있는 모든 것을 해보았습니까? 만약 일주일 후에 여러분의 아들이 죽어 그 기막힌 장례행렬에 아버지인 여러분이 뒤따르게 된다면, 그래도 여러분은 책임이 없다고 말할 수 있겠습니까? 정말 아무 책임이 없겠습니까? 그 밖의 모든 성도들에게 말씀드립니다. 친지가 되는 여러분, 여러분 친지의 피에 대해 여러분은 전혀 책임이 없습니까? "네 아우 아벨이 어디 있느냐?" 하는 질문을 아주 분명하게 묻는 그 날이 다가오고 있습니다. 어떤 사람이 죄 가운데 살면서 불신자나 깡패가 되는 것에 대해 여러분이 어쩔 수 없다는 것을 저도 알고 있습니다. 사실 여러분이 어쩔 수 없다는 것은 맞는 말입니다. 하지만 그 영혼을 생명과 평안의 길로 인도하여 죄를 막는 방향으로 여러분이 할 수 있는 모든 것을 해봤습니까? 이번에는 이 장엄한 질문을 여러분 모두의 가정에 물어보고자 합니다. "사랑은 가정에서부터 시작한다"(Charity must begin at home. 다른 사람들보다 우선적으로 자신의 가족과 친지들부터 돌봐야 한다는 서양속담 — 역주)는 속담이 있습니다. 분명히 기독교의 사랑은 가정에서부터 시작되어야 합니다. 우리 가정에는 더 이상 손볼 곳이 없습니까? 우리 자녀들과 하인들과 형제와 자매들, 다시 말해 우리 집안에 있는 많은 사람들이 그리스도를 얻도록 우리는 애를 썼습니까? 제 생각은 이렇습니다. 자녀를 둔 기독교인 어머니가 집안일은 제쳐두고 다른 곳에서 선한 일을 하려고 한다면, 저는 그런 생각에 반대합니다. 자기 집안은 돌보지 않고서 다른 곳에 봉사하러 쫓아다니는 사람들의 열정을 저는 우려합니다. 아직도 이런 사람들이 종종 눈에 보입니다. 하나님께서 맡겨 주신 사랑스러운 일곱 자녀에게는 그렇게 특별한 관심을 두지 않으면서, 요한계시록에 나오는 일곱 나팔(계 8:2)과 일곱 인(계 5:1)에 대해서는 큰 관심을 지닌 사람들을 저는 잘 알고 있습니다. 그런 이들에게 전합니다. 계시록은 다른 사람들이 펼쳐보도록 놔두고, 여러분은 여러분 슬하의 자녀들을 돌보십시오. 여러분의 아들들이 저녁마다 어디에 있는지 신경을 쓰십시오! 그리고 여러분의 딸들이 최소 복음에 대해 알고 있는지 주목해 주십시오. 부모들은 제대로 신앙을 고백한 신자들이지만, 그 자녀들은 하나님의 구원 경륜에 대해서 전혀 모르고 있는 가정들이 더러 있기 때문입니다. 그런 일이 있어서는 안 됩니다. 네 아우 아벨이 어디 있느냐? 여러분의 아들은 어디 있습니까? 여러분의 딸, 여러분의 자매, 여러분의 아버지, 여러분의 사촌은 어디 있습니까? 여러 친지들의 구원까지 이제 진지하게 간구해야 한다는 사실을 염두에 두십시오.

그러나, 사랑하는 성도 여러분, 우리는 여기에서 그쳐서는 안 됩니다. 왜냐하면 형제는 모든 계층, 모든 인종, 모든 신분의 사람으로 확대되기 때문입니다. 각자의 능력에 따라, 그가 보지 못한 사람들일지라도 그 영혼에 대해 책임이 있을 수 있습니다. 여러분의 아우 아벨은 어디 있습니까? 런던의 뒷골목으로 내려가고 있지는 않습니까? 그는 지금 술집을 향하고 있습니다. 그는 이미 거나하게 술이 취해 있습니다. 사랑하는 성도 여러분, 여러분은 그 술 취한 자를 그런 삶에서 돌이키기 위해 어떤 일을 해보았습니까? 여러분의 자매는 어디 있습니까? 여러분의 자매는 자주 한밤중에 거리를 배회하지는 않습니까? 여러분은 그런 사람들을 꺼리며 이렇게 말합니다. "그 여자와 저는 친자매가 아니에요." 좋습니다. 하지만 만약 여러분이 그녀가 멸망하도록 방치한다면, 하나님께서는 그녀의 피값을 여러분의 손에서 찾을 것입니다(겔 3:18). 여러분은 그녀를 그런 삶에서 돌이키기 위해 어떤 일을 해보았습니까? 그런 죄악을 저지름에도 불구하고 그녀는 마음이 여린 사람입니다. 하지만 안타깝게도, 그런 죄악의 길에 서 있는 자들을 뜻밖에 만나게 된 많은 기독교인들은 마치 위선자들처럼 바리새주의로 무장해서는 꼿꼿이 서서 그 발의 먼지를 떨어 버리고(마 10:14), 그런 죄인들과 함께 있었다는 것 자체만으로 자신들이 더럽혀졌다고 느낍니다. 그러나 기독교인이라면 마땅히 잘못에 빠진 자들과 죄를 범한 자들을 사랑해야 합니다. 만약 우리가 그렇게 하지 못한다면, 우리는 그렇게 하지 못한 것에 대해서 결산하도록 요구받을 것입니다. 가장 악한 자라도 그에게 선을 행할 기회가 있었는데 행하지 않았다면, 우리는 우리의 허물을 면치 못할 것입니다. 여러분 중에는 런던에서 살다가 부유해져서 교외로 나가 사는 자들이 있습니다. 그런 자들을 저는 비난하지 않습니다. 그렇게 살면 안 될 이유가 없습니다. 그러나 그런 여러분이 은혜의 축복을 전혀 누리지 못하는 노동자들이 있는 런던 중심부를 떠나 자기 혼자서 복음을 듣는데 만족하고는, 가난한 자들 속에서 고군분투하는 교회들에게 재정적인 후원을 인색하게 한다면, 하나님은 언젠가 여러분에게 "네 아우 아벨이 어디 있느냐?"고 말씀하실 것입니다. 시내에서 장사를 하는 여러분, 여러분에게 부를 가져다준 가난한 사람들이 어디 있습니까? 여러분을 부자로 만든 것은 한 마디로 그 사람들의 뼈와 근육이지 않습니까? 그런데도 여러분은 그들이 마치 역병에라도 걸린 것처럼 그들을 피하고, 그들이 전적인 무지 가운데서 죽어가도록 내버려 두지는 않습니까? 오, 부자인 성도 여러분, 여러분은 책임 있는 위치에 있습니다. 이 점을 유념해 주십시오. 모든 일에 대해 결산을 해야 하는 최후의 심판 날에, 런던에 있는 가난한 자들의 피가 여러분의 영혼에게 대답을 요구할 것입니다. 하지만 이 땅 위에 런던만 있는 것이 아닙니다. 영국이라는 작은 섬이 전부가 아닙니다. 볼 수 있다면 눈을 들어 바다 건너 인도를 보십시오. 그곳에도 여러분과 똑같은 사람들이 살고 있습니다. 하지만 안타깝게도, 지금 이 순간 그곳 사람들은 기근으로 인해 죽어가고 있습니다. 하나님께서 영국의 기독교인들에게 이렇게 말씀하시는 그 날이 다가오고 있습니다. "네 아우, 인도인들은 어디 있느냐? 네 아우, 브라만은 어디 있느냐? 네 아우, 수드라는 어디 있느냐?"(브라만, 크샤트리아, 바이샤, 수드라는 인도 카스트 제도에 속해 있는 네 계층을 말함 — 역주). 마땅히 그곳에 있어야 하고, 그곳에 있을 능력을 지닌 사람들은 그 질문에 어떻게 대답합니까? 수백만의 사람들이 그리스도를 알지 못한 채 멸망하며 고통 받고 있어도, 그들에게 도움의 손길조차 닿지 않는데, 그곳에 보낼 선교사를 후원해야 할 부유한 성도들은 그 질문에 어떻게 대답할까요? 중국은 더 열악한 상황입니다. 중국은 상상도 못할 그런 곳입니다. 예수라는 이름조차 들어보지 못한 사람들이 수백만 명이 넘습니다. 그 수를 이루 다 헤아릴 수도 없습니다. 그들의 운명에 대해서 우리는 하나님께 맡기지만, 그래도 하나님과 하나님의 그리스도를 알지 못한다는 것이 얼마나 끔찍한 일인지 우리도 알고 있지 않습니까? 빛을 가진 성도라면 누구나 자신의 의무에 충실하게 허리를 동이고(벧전 1:13), 하나님의 이름으로 말해야 합니다. "나는 인도의 피가 뚝뚝 떨어져 내 옷이 피로 물들지 않게 하고, 중국의 피가 저주가 되어 내 머리 위에 쏟아지지 않도록 하겠습니다." 하나님께서는 모든 기독교인들로 하여금 그들이 인류와 맺은 관계를 보게 하시고, 그 모든 종족들에게 한 형제의 역할을 감당하도록 하셨습니다.

　　요구 받게 될 결산 항목이 하나 더 있습니다. 어떤 사람의 궁핍과 결핍의 정도가 크면 클수록, 결산 장부에 따른 우리에 대한 그들의 요구도 더욱 커집니다. 성경을 한 번 찾아볼까요? 아마 여러분도 기억하는 말씀일 것입니다. 우리가 주로 결산해야 할 사람들이 바로 이런 사람들입니다. "내가 주릴 때에 너희가 먹을 것을 주지 아니하였고 목마를 때에 마시게 하지 아니하였고 … 헐벗었을 때에 옷 입히지 아니하였고 병들었을 때와 옥에 갇혔을 때에 돌보지 아니하였느니라"(마 25:42-43). 이 사랑의 대상들은 모든 사람들 가운데 가장 궁핍하고 가난한 사람들이었습니다. 마지막 날의 최후질문은 이런 **사람들**을 위해 한 것이 무엇인지에 관한 물음입니다. 그러므로 어떤 나라가 다른 나라들보다 더욱 그리스도를 모른다면, 우리의 소명은 우선적으로 그곳에 있어야 합니다. 그리고 어느 한 민족이 다른 민족들보다 더욱 타락하고 몰락해간다면, 우리가 특별히 결산해야 할 사람들은 바로 그런 사람들인 것입니다.

이제 저는 이 말씀을 드리면서, 우리의 아우를 지키는 자인 우리의 참된 존재에 관한 두 번째 대지를 마치고자 합니다. 우리 가운데 몇몇은 자원해서 우리의 형제를 지키는 자가 된 사람들도 있지만, 대부분은 장엄한 직분에 의해 임명을 받았습니다. 우리는 목회자들입니다. 오, 사랑하는 목회자 여러분, 우리는 우리의 형제들을 지키는 사람입니다. "파수꾼이 …… 백성에게 경고하지 아니하므로(겔 33:6), 반드시 죽으리라(겔 33:8)." 여기 "반드시 죽으리라"는 말씀은 제게 너무나 무서운 말씀입니다. 그 다음 말씀은 그 정도로 무섭지는 않았지만, 그래도 여전히 제게는 아주 두려운 말씀입니다. "그의 피는 내가 파수꾼의 손에서 요구하리라"(겔 33:6 KJV). 여러분은 여러분에게 필수적인 전능하신 은혜를 받지 않고서는 기독교 사역에 헌신할 수 없습니다. 그 전능하신 은혜가 다른 영혼들의 피에 대해서 여러분을 깨끗하게 하기 때문입니다. 주일학교 교사인 여러분도 마찬가지입니다. 여러분도 주일학교 공과를 가르치려면, 가장 엄숙한 책임을 져야 합니다. 예수님의 이름을 부르는 여러분 모두에게 한 말씀 더 드리겠습니다. 여러분이 예수님의 이름을 부른다는 바로 이 사실로 인해, 여러분에게도 어느 정도는 책임이 있다는 것입니다. 왜냐하면 그리스도께서는 목회자들이나 주일학교 교사들에게만 이 말씀을 하신 것이 아니라, 모두에게 이 말씀을 하셨기 때문입니다. "너희는 세상의 빛이라"(마 5:14)고 하셨는데, 만약 여러분이 빛을 내지 않는다면, 여러분은 그분에게서 무슨 말을 듣게 되겠습니까? "너희는 세상의 소금이니"(마 5:13)라고 하셨는데, 만약 여러분에게서 소금의 맛이 나지 않는다면, 여러분은 다만 밖에 버려져 사람에게 밟힐 뿐입니다.

3. 우리는 우리의 형제를 지키는 자로서 책임을 다해야 합니다.

제게 주어진 시간이 얼마 남지 않은 것 같습니다. 시간이 조금만 더 있으면 좋겠지만, 본문과 관련된 다른 생각들은 여러분에게 맡기는 것으로 만족하고자 합니다. 하지만 이 세 번째 대지와 관련해서는 아무래도 좀 길게 말씀을 전해야 할 것 같습니다. 오늘 밤 이후부터 우리가 우리의 형제를 지키는 자로서 그 책임을 회피

한다면, 그것은 우리가 행하는 극도로 건방진 행동일 것입니다.

저는 이 사실을 강력한 빛으로 아주 간단히 제시하고자 합니다. 우리가 받은 명령을 거부한다면, 그것은 법을 만들고 우리로 하여금 순종하도록 부르신 하나님의 권리를 부정하는 것입니다. 하나님께서는 빛을 받는 모든 사람들이 그 빛을 발하도록 그렇게 사회를 조직하셨습니다. 그런데 만약 여러분이 그 복된 봉사를 거절한다면, 여러분은 여러분에게 그렇게 봉사하도록 요구하시는 하나님의 권리를 실제적으로 부정하는 것입니다. 여러분이 여러분의 재판장을 재판하는 것이며, 여러분이 하나님 위에 서서 군림하는 꼴이 되고 맙니다. 따라서 이런 행동 속에는 큰 반역의 죄가 숨어 있는 것입니다.

다음으로 이런 점도 주목해 보아야 합니다. 만약 여러분이 다른 사람들에게 사랑을 베풀지 않고 그래서 다른 사람들에 대한 여러분의 책임을 전적으로 회피한다면, 여러분은 "나는 다른 사람이 필요치 않습니다"라고 말하는 격이 되어, 결과적으로 하나님의 도움도 필요치 않다고 하는 꼴이 됩니다. 그로 인해 여러분은 여러분의 입장에서 하나님의 긍휼을 받을 모든 권리를 거부하게 됩니다. 여러분이 베푼 긍휼만큼 여러분은 긍휼을 받게 될 것입니다. 만약 여러분이 이교도들에게 그리스도를 전하지 않는다면 그 이교도들이 어떻게 되느냐가 중요한 문제가 아닙니다. 더 큰 문제는 여러분이 그리스도를 전하지 않는다면, 여러분이 어떻게 되느냐는 것입니다. 만약 여러분이 죄인들로 하여금 그냥 죽도록 방치한다면, 여러분이 어떻게 되느냐는 것입니다. 이 문제가 바로 핵심입니다. 여러분이 긍휼 베풀기를 거절했기 때문에, 여러분은 여러분이 받아야 할 긍휼의 범주에서 벗어나게 되는 것입니다. 또한 여러분이 기도하기 위해 무릎을 꿇을 때마다, 여러분은 자신을 저주하게 됩니다. 왜냐하면 여러분은 우리가 우리에게 죄 지은 자를 사하여 준 것 같이 우리 죄를 사하여 주시라고(마 6:12) 하나님께 기도하는데, 결과적으로 여러분은 여러분이 다른 사람들을 냉대한 것처럼 하나님께서도 여러분에게 그렇게 해 달라고 간구하는 꼴이 되기 때문입니다. 이런 기도에서 여러분이 무슨 긍휼을 기대할 수 있겠습니까?

이와 관련해서 실제로 이런 문제도 있습니다. 만약 여러분이 다른 사람들이 멸망하도록 방치한다면, 여러분의 그런 행동은 여러분 자신의 죄에 대한 비난을 하나님 탓으로 돌리는 경우가 된다는 것입니다. 가인이 "내가 내 아우를 지키는 자니이까?"라고 말했을 때, 그는 아마도 이렇게 생각했을 것입니다. '하나님, 당신이 인간을 지키는 자인데, 왜 나더러 아벨을 지키지 못했느냐고 묻습니까? 나는 아벨을 지키는 자가 아닙니다.' 어떤 사람은 자신이 게을러서 일이 잘 안 된 것을 하나님의 주권 탓으로 돌리기도 합니다. 만약 한 영혼이 복음에 대해 배우지 못한 채 멸망한다고 해서, 여러분은 기독교를 전하는 교회가 최선을 다해 복음을 전하지 못해서 그런 것이 아니냐는 식으로 하나님의 주권을 탓할 수 없습니다. 만약 신자들인 우리 모두가 할 수 있는 것은 다 해보았지만, 여전히 그 영혼들이 멸망한다면, 그 비난은 멸망하는 사람들이 받아야 합니다. 그러므로 그 결과가 우리의 기대에 미흡하다면, 그것은 우리가 우리의 아우를 지키는 자로서 노력이 미흡한 것일 뿐, 그것으로 하나님을 비난해서는 안 됩니다.

다시 한 번 말씀드립니다. 제 생각에, "나는 다른 사람들에 대해서는 조금도 책임지지 않겠다"고 말하는 사람은 구원 경륜의 전반에 대해 전혀 모르는 사람이라고 저는 생각합니다. 왜냐하면 구원의 전체적인 경륜은 대속, 즉 우리를 위해 다른 사람이 행한 돌보심에, 우리를 위해 다른 사람이 행하신 희생에 그 토대를 두고 있기 때문입니다. 이 대속의 주요 정신은 자기희생과 다른 사람에 대한 사랑입니다. 만약 여러분이 "나는 사랑하지 않겠다"고 말한다 합시다. 그러면 여러분의 사고방식 전체가 이 생각을 따르는 것은 당연한 일이기에, 정말로 여러분이 사랑하지 않는다면, 여러분은 구원과 대속의 모든 것들을 거부하는 것이며, 사랑의 축복도 받을 수 없게 됩니다. 여러분이 사랑하지 않는다면, 여러분은 사랑으로 말미암는 구원도 받을 수 없습니다. 그리고 기독교인이라는 믿음만 가진다면 다른 사람을 사랑하지 않아도, 또는 이기적이어도 천국에 갈 수 있지 않을까 하는 착각을 하고 있다면, 여러분은 중대한 실수를 범하는 것입니다. 하나님의 말씀으로 선포된 기독교는 그런 종교가 아닙니다. 예수님을 믿는 이 종교는 그리스도께서 친히 우리를 매우 사랑하셨기에, 우리 또한 서로 피차 사랑하며, 경건치 못한 자들을 강권해 구세주의 발 아래로 인도하기까지 사랑해야 한다고 가르치고 있기 때문입니다. 하나님의 성령의 능력으로 말미암아, 이 모든 말씀들이 여러분의 영혼에 적용되어 구원의 열매를 맺게 되기를 기원합니다.

우리가 우리의 형제를 지키는 자가 아니라면, 제일 먼저 다음과 같은 사실이 드러날 것입니다. 즉 우리가 우리 형제의 살인자라는 사실이 드러날지도 모른다는 것입니다. 우리 중에 이미 살인자가 되어 버린 사람은 없습니까? 언제 여러분은 회심했습니까? 회심하기 전에 여러분이 지은 죄들을 회상해 보십시오. 회심 전에 다른 사람에게 해를 끼친 죄들을 범하지 않았다면 정말 다행한 경우입니다. 그러나 어떤 사람들은 그리스도에게로 돌아오기 전에, 곤경에 처해 멸망으로 치닫던 다른 사람들과 한패가 되어 한 짓거리를 하며 끔찍하게 살았습니다. 저는 악한 생활을 하던 자가 회심한 후에, 함께 죄 짓던 다른 사람들을 기억하면서, 심하게 울던 사람을 본 적이 있습니다. "나는 용서받고 구원을 받았습니다. 그런데 저 불쌍한 소녀는 어떻게 되는 겁니까? 나만 구원받고! 나만 용서받고!"라고 하면서 울며 말했습니다. 또 어떤 사람은 예전에 신앙을 갖지 않았을 뿐 아니라 다른 사람들도 신앙을 갖지 못하게 막았습니다. 그러다가 그는 혼자서 신앙을 갖고 구원을 받게 되었습니다. 하지만 그는 예전에 자신이 무신론자가 되도록 가르친 사람들을 다시 무신론을 접하기 이전으로 돌아가도록 돌이킬 수 없었습니다. 회심하기 이전에, 여러분은 어쩌면 수많은 영혼들을 죽이는 살인자였을지도 모릅니다. 이런 이야기를 들으면 여러분은 힘닿는 대로, 예전에 여러분이 잘못된 길로 인도했던 자들을 그리스도에게로 인도하고 싶지 않습니까? 이전에는 영혼을 멸망으로 이끄는 사망의 이야기들을 가르쳤지만, 이제는 살아 있는 말씀으로 그들에게 가르치고 싶은 뜨거운 마음이 생기지 않습니까? 이런 뜨거운 마음에서 아주 진지한 생각들이 생겨나야 합니다. 여러분이 끼친 악한 영향력으로 인해 악의 구렁텅이에 빠진 사람들의 구원을 위해, 여러분에게 성령님의 능력이 강하게 역사하시기를 기도합시다.

그러면 우리가 회심한 이후에는 우리의 행동에 대해서 어떤 말을 들어야겠습니까? 혹시 회심한 이후로도 우리가 영혼들을 죽이는 일에 일조하고 있지는 않습니까? 제가 여러분에게 하고 싶은 말은, 세상 사람들은 마음이 냉랭한 기독교인을 보고서, 기독교는 거짓말쟁이들의 종교라고 생각한다는 것입니다. 말과 행동이 일치하지 않는 기독교인들이, 정말로 그런 자들이 있습니다. 화로다, 화로다! 정말 안타까운 일입니다! 성격 안 좋고, 욕심 많고, 심술궂고 냉소적이고 발끈하는 사람들도 물론 주님의 사람들이 될 수 있습니다. 하지만 이런 사람들에 대해서 우리는 어떤 말을 해야 할지 잘 모르겠습니다. 그들은 전혀 그들이 믿는 주님을 닮지 않았으니 말입니다. 그들은 사망을 선전하는 자들입니다. 어떻게 보면 기독교인 같고 또 어떻게 보면 아닌 것 같은 그런 기독교인으로서, 세상에 자기의 나쁜 면들을 지속적으로 드러내면서도, 다른 한편으로 자기의 경건을 떠벌리고 다니는 사람보다 기독교에 더 해가 되는 사람은 없을 것이라고 저는 확신합니다. 그런 사람은 예수님의 이름으로 세상을 역겹게 만들고 있습니다. 아마 여러분 중에도 회심한 이후에 다시 원래의 악습으로 되돌아간 사람들이 있을 것이고, 그로 인해 원수들로 하여금 그리스도의 이름을 모독하게 할 만한 행동들을 하고 있을 것입니다. 저는 하나님의 사랑으로 그런 자들에게 권면합니다. 이런 악한 행동을 회개하십시오. 여러분이 저질러 놓은 일들을 보십시오. 다른 사람들을 여러분이 어떻게 타락시켰는지를 살펴보십시오. 지금 바로 곧 똑똑히 보십시오. 다윗은 밧세바와 더불어 죄를 지었지만, 그가 회개하고 용서를 받았던 것을 여러분도 알 것입니다. 하지만 다윗은 불쌍하게 살해된 우리아를 다시 살릴 수는 없었습니다(삼하 11:15). 우리아는 죽었습니다. 여러분은 한 영혼을 타락시키고 그에게 영원히 해를 끼쳤을 수도 있습니다. 그렇게 한 행동들을 여러분은 없었던 일로 할 수 없습니다. 여러분이 죽인 자를 다시 살릴 수 없다면, 적어도 여러분은 그 죄악에 대해 슬퍼할 수는 있습니다. 깨어나십시오. 일어나십시오. 게으른 성도 여러분, 지금부터라도 여러분의 온 힘을 다해 여러분의 형제를 지키는 자가 되도록, 성령님께서 여러분을 도와 달라고 간구하십시오.

어떤 사람으로 하여금 복음을 거부하도록 만드는 것이 바로 그 사람에게 심각한 해를 끼치는 것이라는 생각을 여러분은 해보지 않았습니까? 만약 여러분이 어떤 사람을 죽이고 싶다면, 그를 칼로 찌를 필요가 없습니다. 그가 굶어죽도록 하면 됩니다. 만약 여러분이 어떤 사람을 멸망시키고 싶다면, 그 사람에게 음주를 가르치거나 신성모독을 가르칠 필요가 없습니다. 그 사람이 복음을 멀리하도록 하면 됩니다. 그와 친분을 유지하면서도 그리스도에 대해서는 한 마디도 하지 않으면 됩니다. 마땅히 말해야 할 곳에서 죄악의 침묵을 지키면 됩니다. 여러분의 집 문 앞에 얼마나 많은 피가 흘러내리고 있을지 누가 알겠습니까? 어떤 사람에게 냉수 한 그릇을 주지 않아서 그가 목말라 죽었다면, 그것이 바로 살인이라는 생각을 여러분은 해보지 않았습니까? 복음을 전하지 않은 것, 예수님에 대해 한 마디도 하지 않은 것, 이것이 바로 영혼을 살인한 것이지 않겠습니까? 하나님께서는 이 모든 것에 대해서 결산을 하십니다. 어떤 사람은 이렇게 말합니다. "그런데요. 저는 말을 잘 못하고, 설교는 더더욱 못해요." 못할 수 있습니다. 그러나 그 사람의 회심을 위해서 기도는 할 수 있지 않습니까? 어떤 사람들은 자신이 맡고 있는 많은 돈이 있습니다. 그들은 제가 이미 말한 바와 같이 복음이 전해지지 않은 인도나 중국으로 갈 수는 없을 것입니다. 하지만 그곳으로 가려고 준비된 다른 사람들을 파송하는 일에 마땅히 도움을 주어야 합니다. 우리 대학에는 파송을 받고자 준비하는 많은 학생들이 있습니다(1857년에 스펄전은 '목회자 대학'[Pastors' College]을 런던에 설립했다 — 역주). 하지만 저는 그들을 파송할 능력이 없습니다. 선교회는 빚이 많습니다. 그래서 파송하고 싶은 대로 선교사들을 파송할 수가 없습니다. 하지만 이곳 영국에는 자신에게 다 필요하지도 않은 수천 파운드의 돈을 가진 사람들이 많습니다. 이들이 자신의 금화들을 내놓기 전에, 어쩌면 인도와 중국의 이교도들은 죽어 멸망할지도 모릅니다. 그런데도 이 모든 일에 대해서 여러분은 죄가 없다고 하겠습니까? 여러분의 아우의 핏소리가 땅에서부터 하나님께 호소하고 있지 않습니까?(창 4:10) 저는 지금 호소하고 있다고 믿습니다. 여러분은 여러분이 할 수 없는 일은 하지 않습니다. 그런데 여러분은 여러분이 할 수 있는 일도 하지 않고 있습니다. 이 정도의 일에 대해서는 어떤 어려움도 없으리라 저는 확신합니다. 만약 여러분이 위기에 처한 사람들을 보게 되었다면, 다시 말해 여러분이 해변에 서 있는데 한 척의 멋진 배가 파선되는 것을 보게 되었다면, 아무리 작은 배라도 여러분이 노를 저을 수만 있다면, 여러분은 그 배를 저어서 난파선에서 내린 구명정에 가까이 다가가고자 할 것입니다. 그런 일에 나서는 자기 남편을 말린다거나, 또는 그 구명정이 파도에 휩쓸려가지 않고 해변에 무사히 이르도록 힘닿는 대로 돕지 않으려는 부인은, 아마도 여기 있는 여러분 중에는 없을 것입니다. 생명을 위해서 하는 일입니다. 우리 동료인 인간들의 귀중한 생명을 위해서라면, 우리는 무슨 일이든 할 것입니다. 우리가 지금 믿고 있는 대로, 새로운 세상과 끔찍한 지옥이 다가오고 있으며, 예수 그리스도 외에는 구원의 길이 없다는 것을 우리가 믿는다면, 다가오는 진노로부터 인간 영혼들을 구해 내려는 심적 부담을 열 배는 더 느껴야 합니다.

　　제가 전한 이 말씀으로 마음이 뜨거워진 사람들이 있다면, 저 또한 크게 기쁠 것입니다. 설령 여러분이 깨닫게 되었다 해도, 여러분이 가진 능력으로만 애쓰고자 해서는 안 됩니다. 그 일에 대해 하나님께 기도하십시오. 여러분 자신을 하나님께 맡기고, 성령님께서 여러분을 선한 방향으로 인도하셔서, 여러분이 앞으로 가는 길마다 많은 영혼들을 예수님께로 인도할 수 있도록, 그리고 예수님의 이름이 영원 영원히 영광을 받으시도록 성령님께 간구하십시오. 아멘.

제
6
장

—

나는 그의 피에 대한
책임이 없는가?

—

"네 아우의 핏소리가 땅에서부터 내게 호소하느니라."
— 창 4:10

가인은 사악한 사람이어서 자기 아우를 죽였습니다. "가인의 길"은 설명하기도 어렵지 않습니다. 그는 너무나 교만해서 자기가 범한 죄에 대한 속죄제를 드리지 않았습니다. 그는 자신의 방식대로 제사 드리는 것을 더 선호했습니다. 그는 피 없는 제물을 바쳤습니다. 그는 믿음의 순종을 싫어했습니다. 그는 믿음 있는 아벨을 쳤습니다. 여러분, 가인의 길을 한 번 보십시오. 오, 교만한 자기 의로 가득한 여러분, 이 가인의 길로 달리지 않도록 주의하십시오. 왜냐하면 참된 신자들을 증오하는 교만한 자기 의(自己義)는 불과 몇 걸음밖에 떨어져 있지 않으며, 살인도 그리 멀리 떨어져 있지 않기 때문입니다. 자기를 정당화하는 교만한 마음속에 모든 파렴치한 행동의 씨앗이 들어 있습니다. 그 씨앗이 끔찍하게 자라 무르익어 그 본색을 자주 드러내지 않는 것이 참으로 다행일 따름입니다. 자신의 공로를 담대하게 자랑하는 여러분, 인류 최초 순교자의 난도질당한 그 몸을 한 번 보십시오. 이것이 바로 여러분이 가진 반항하는 자기기만이 싹터 만개한 것입니다. 좋으신 하나님, 모든 교만과 헛된 영광, 모든 자기 의와 그리스도의 십자가를 증오하는 마음으로부터 우리를 구해 주옵소서. 하지만 오늘 이 아침에 제가 전하고자는 설교는 그런 것이 아닙니다. 가인과 마찬가지로 우리도 우리의 형제를 피 흘리게 하는 죄를 짓게 되는 방식을 드러내 보이고자 합니다.

사랑하는 성도 여러분, 오늘 아침의 본문이 가인의 귀에 분명히 끔찍하게 들렸던 것과 마찬가지로, 이 자리에 있는 여러분과 저의 귀에도 역시 끔찍한 소리로 울려 퍼질 것이라 저는 확신합니다. 비록 수천 년의 시간 차이는 있겠지만, 이 땅의 부르짖음이 오늘 다시 들려온다면, 이 소리는 여기 있는 어떤 이들의 죄의식을 일깨울 것이고, 그로 인해 회심하고 싶은 마음이 생기도록 할 것입니다. 그러므로 그들에게는 이 아벨의 피가 끔찍한 일이라 해도, 결국 아벨의 피는 선한 것을 말할 것이며, 그들의 귀는 "아벨의 피보다 더 나은 것을 말하는 … 피"(히 12:24)인 또 다른 피의 소리를 들을 수 있도록 준비될 것입니다.

첫 번째로, 우리는 오늘 아침에 아우의 피가 땅에서부터 호소하고 있는 범죄자들에게 질문할 것입니다. 두 번째로, 이 범죄에서 드러나는 증오의 모습을 보여주고자 노력할 것입니다. 그런 다음 세 번째로, 우리는 심판을 기대할 것입니다. 그리고 네 번째로, 우리는 그 범죄자가 자기 길에서 돌이켜 긍휼의 소리를 들을 수 있도록 권면할 것입니다.

1. 아우의 피가 땅에서부터 호소하고 있는 범죄자들에게 엄중하게 질문합니다.

그럼 첫 번째로 우리는 이 범죄자들에게 엄중한 심문을 하고자 합니다. 저는 오늘 아침 자신의 아우를 실제로 살해하는 행위에 대해서는 많은 말을 하지 않으려고 합니다. 전쟁의 정당성에 관한 문제는 도덕적인 사람들 가운데서도 하나의 논쟁거리입니다. 성경을 읽는 사람들 중에서도 방어적인 전쟁이라면 허용해야 하는 것이 아닌가 하는 주장이 제기되지만, 이 또한 여전히 논란 중에 있습니다. 그러나 주 예수 그리스도의 제자라면 어떤 형태의 전쟁이든 단호히 정죄해야 합니다. 아무런 이유도 없이 나라들을 전쟁의 소용돌이로 몰아넣는 야욕적이고 사악한 사람들에 대해서는 일체 언급하지 않거나 될 수 있으면 언급하지 않을 것입니다. 지배욕과 거짓된 자존심이 지금 미국을 불바다로 만들고 있습니다(스펄전의 본 설교는 1861년 4월부터 1865년 사이에 발발한 미국 남북전쟁 기간 중인 1862년 7월 20일에 행해졌다 — 역주). 이 시각 현재 미국에서 일어나고 있는 전쟁과 관련한 비극적인 사건을 저는 알고 있습니다. 우리 마을인 옥스퍼드셔(Oxfordshire)

에 살고 있던 네 명의 형제가 고향을 떠났습니다. 지금 전사하지 않았다면, 그들 중 둘은 이쪽 편 군인이 되었고, 나머지 둘은 저쪽 편 군인이 되었을 것입니다. 그들이 속한 전투부대는 필사적으로 다른 군대의 피를 흘리기에 혈안이 되어 있을 것이 분명합니다. 이 내전을 둘러싼 죄악이 얼마나 참혹합니까! 땅에서부터 호소하는 아우의 핏소리가 저 먼 땅 위에서 들려옵니다. 아무런 정당한 명분도 없이 이 처절한 투쟁 가운데서, 인간들은 각기 서로를 대적해 싸우고 있습니다. 전쟁의 정당한 명분이라 생각될 수 있는 유일한 명분인 노예들을 그 족쇄로부터 해방시키는 일은 이제 안중에도 없습니다. 노예 해방은 선포되지 않았고, 노예 문제는 잊혔습니다. 인권을 위한 투쟁이라고 하던 것이 이제는 형제가 형제를 학살하는 치욕적이고 잔인무도한 짓거리가 되어 버렸습니다. 저 피로 붉게 물든 들판에서부터 호소의 부르짖음이 하늘로 올라갑니다. 하나님께서는 그 소리를 들으시고, 양쪽 편 모두에게 보응하실 것입니다. 오, 부디 양편이 서로 그들의 칼을 칼집에 다시 꽂고 모두를 위해 즉시 전쟁을 종결하기를 기원합니다! 두 나라가 되든지 한 나라가 되든지 그게 무슨 상관입니까? 내전으로 한 나라가 둘로 나뉘는 것보다, 평화롭게 두 나라로 사는 것이 더 낫습니다! 난도질당한 시체들로 이뤄진 한 나라보다, 살아 있는 사람들로 이뤄진 스무 개의 나라라도 해도 그런 나라가 훨씬 더 좋습니다! 팔꿈치에 자기 동료의 피를 묻히고서도 승리자라는 모든 명예와 위엄을 지닌다면, 자기 친구를 죽이면서까지 살아 남은 자들에게 무슨 의미가 있겠습니까? 그래서 주 이스라엘의 하나님께서 이렇게 말씀하십니다. "너희는 자기의 행위를 살필지니라"(학 1:7). 여러분의 동료를 대적하기 위해 칼을 든 여러분이여, 일어나서, 옛 라마에서 슬퍼하던 것처럼(렘 31:15) 그렇게 슬퍼하십시오. 여호와께 제사를 드렸던 보김(삿 2:5)처럼 그렇게 여러분의 도시를 만드십시오. 이 모든 것이 다 여러분이 범한 죄악들 때문입니다. 평안히 집으로 돌아가서, 여러분의 칼을 쳐서 보습을 만들고, 여러분의 창을 쳐서 낫을 만드십시오(사 2:4). 여호와 하나님은 칼과 창 같은 것들과 상관없는 분이시기 때문입니다. 하나님께서는 여러분의 무기를 쓰레기처럼 들판에 내던져 버리십니다. 왜냐하면 여러분 같은 모든 사람들이 이 무기로 자기 친척과 친구들을 쳤기 때문입니다! 하지만 오늘 아침, 제 설교의 주제는 이것이 아닙니다. 이 끔찍한 전쟁이 어떻게 끝이 나든 하나님의 이름이 영광을 받으시기를 기원합니다. 지금 제 눈에 보이는 것은 미친 자들의 광란뿐입니다. 활짝 열린 지옥의 모습뿐입니다.

제가 우려하는 바는 이것입니다. 악한 마귀가 두 나라를 꾀어서, 이 두 나라가 굶주린 이리와 울부짖는 사자가 되지는 않을까 하는 것입니다.

그런데 제가 설교를 전하고 싶은 대상은 바다 건너에 있는 사람들이 아니라, 바로 여기 있는 여러분입니다. 이제 다시 본문으로 돌아가 말씀드리겠습니다. 그 아우의 피가 땅에서부터 하나님께 호소하도록 만든 많은 사람들이 있습니다. 첫째로, 성적으로 유혹하는 자들입니다. 그는 달콤한 말로 속삭이며, 사랑의 말을 구사합니다. 그러나 그 혀 아래 독사의 독을 품고 있습니다. 왜냐하면 그 마음속에 정욕이 있기 때문입니다. 그는 아름다운 성전에 예배드리는 자로 나아옵니다. 그러고는 파렴치한 추행을 저지릅니다. 그런 추행이 방치되어서, 결국 예전에는 순결한 궁전이었던 곳이 이제 악마들의 소굴이 되고 맙니다. 사회에서는 이런 사람들이 환대를 받습니다. 이런 사람들은 신사로 여겨집니다. 타락한 여성들과 매춘부들은 스스로 밤의 어둠 속에 숨어 지내야 합니다. 이 타락한 여성의 죄에 대해서는 아무도 변호하려고 하지 않지만, 이 남자, 즉 존경할 만하고 훌륭한 사람으로 불리는 이 범죄자는 믿음직하며 명예로운 지위를 지닌 자로 여겨지기 때문에, 아무도 그를 비난하며 손가락질하지 않습니다. 사랑하는 성도 여러분, 여러분을 대적하는 그 불쌍한 거리의 여인들의 핏소리가 하늘에까지 울려 퍼집니다. 그리고 그녀들이 피부은 저주가 심판 날에 여러분의 옷에 떨어질 것입니다. 여러분이 그녀들과 나뒹굴던 그 수치가 여러분의 문 앞에 있습니다. 지옥의 끔찍한 광경들 가운데서, 두 눈들은 그 음산한 어둠 속을 뚫어보는 뱀눈처럼 여러분을 노려보고 있을 것입니다. 이글거리는 눈빛으로 여러분 마음 깊은 곳의 영혼을 꿰뚫어 볼 것입니다. 그 여자들이 말합니다. "네 놈이 나를 속였어. 네 놈이 나를 구렁텅이로 유혹했어. 네 놈의 두 팔이 나를 지옥으로 끌어내렸어. 나는 여기서 나를 이렇게 영원한 파멸로 이끈 장본인인 너를 영원토록 저주할 거야." 오늘 아침에 제가 전하는 이 말씀에 아마도 몇몇은 해당될 것이라고 생각합니다. 여기에 있는 모든 이들이 흠 없고 순결할 수만은 없기 때문입니다. 제 말씀을 들으십시오. 여러분에게는 아직 회개할 시간이 있습니다. 하나님에게까지 울리는 그녀의 핏소리가 땅에서부터 하나님께 호소하고 있습니다.

둘째로, 젊은이들로 하여금 죄를 짓도록 가르치는 사람들이 있습니다. 그들은 사탄의 지휘관이며 집행관들입니다. 타락한 마음을 지닌 강력한 사람들이며, 악의 씨앗이 싹터 충분히 성장해서 죄악으로 열매 맺는 것을 보기를 가장 기뻐하는 사람들입니다. 우리는 그런 사람 몇몇을 알고 있습니다. 스스로 죄를 사랑할 뿐만 아니라, 다른 사람들 속에 있는 악을 즐기는 그런 악한 눈을 가진 사람들 말입니다. 어린 소년이 나쁜 일을 해보겠다고 처음으로 맹세할 때, 그들은 소년의 등을 가볍게 치면서 격려해 줍니다. 그 소년이 처음으로 도둑질을 했을 때, 그들은 소년을 치하하는 상을 줍니다. 사탄도 자신이 운영하는 주일학교 교사들을 가지고 있습니다. 지옥도 지옥을 전파하는 선교사들이 있습니다. 그래서 바다와 육지를 돌아다니면서 한 사람이라도 더 천국에서 지옥으로 데려오려고 노력하며, 그렇게 지옥 선교사의 선교를 받은 사람을 예전보다 열 배나 더 철저한 지옥의 자녀가 되게 만들고, 그로 인해 우리 마을들 대부분은 그런 지경에 이르게 됩니다. 런던에 있는 거리 중 이런 악마의 소굴이 아닌 곳이 한 군데라도 있습니까? 젊은이들이 비행의 길에 들어서기 시작했을 때, 그들을 성원하고 칭찬했던 사람들이 지금 여기에도 있기에 제가 이런 말을 하는 것이지 않습니까? 부끄러운 줄도 모르는 사람들입니다. 여러분은 여러분의 그물로 젊은이들을 죄악으로 끌어넣으려고 하지 않았습니까? 여러분은 거미처럼 처음에는 아주 가느다란 줄 한 겹을 그들 주변에 쳐 놓다가, 그 후에 한 겹 한 겹씩 더 쳐 놓아서 결국에는 빠져나가지 못하도록 그들을 둘둘 휘감아 바알세불의 소굴로 끌고 내려가지 않았습니까? 그러므로 여러분의 아우의 핏소리가 땅에서부터 들리는 것입니다. 이것이 바로 심판 때에 여러분이 꼼짝 못할 증거이며, 여러분이 부정하고 악한 방식으로 양성하여 파멸시킨 영혼들의 피에 대한 증거입니다. 귀한 생명을 사냥하는 (잠 6:26) 여러분이여 조심하십시오!

셋째로, 이런 사람들 외에도 또 다른 비열한 사람들이 있습니다. 이들은 갓 회심한 신자들만 보면, 그들의 행로에 장애물을 놓는 것을 뿌듯해하는 사람들입니다. 갓 회심한 신자들의 양심에 무언가 작은 변화라도 생기면, 이들은 그것을 곧바로 알아차리고는 회심한 신자들을 비웃고 조롱하며 손가락질 해댑니다. 아내가 하나님의 집에 가는 것을 못 가게 막는 남편에게서, 그리고 친구가 교회 나가는 것을 보고서 기독교의 능력에 대해 뭔가를 느끼고는 교회 나가는 친구를 비웃는 사람에게서, 저는 이런 모습을 자주 보곤 했습니다! 이런 모습들은 런던에 있는 저 대단한 사회의 기득권층에서 흔히 볼 수 있는 모습이지 않습니까? 어떤 곳에서 한 청년이 무릎을 꿇고 기도를 한다면, 많은 사람들은 괜히 그를 비웃으며, 기도하는 그의 머리에 거친 욕설을 퍼붓기도 합니다. 자기들만 멸망하는 것으로는 성이 차지 않은 모양입니다. 사슴을 쫓아가는 사냥개들처럼, 사악한 자들은 경건한 자들을 따라다니며 괴롭히기 마련입니다. 오! 어둠의 검은 황태자에게 충성을 맹세하며 입대한 마귀의 장병 여러분, 여러분이 쳐 놓은 덫으로 영혼들을 유혹하고 그들이 멸망당하는 모습을 보면서 더할 나위 없이 기뻐하는 여러분, 저는 여러분에게 엄히 경고합니다. 오! 하나님께서 보내신 복수하는 천사가 사전 경고도 없이 여러분을 습격해서 그 날선 칼에 여러분의 목이 베이지 않으려면, 이 경고의 말씀을 들으십시오. 그러고 나서 살아 계신 하나님의 종들을 파멸시키려고 한 것이 얼마나 끔찍한 일이었는지를 깨닫기 바랍니다.

넷째로, 무신론자들이 있습니다. 이들은 자기의 죄를 자기 가슴에 묻어 두는 것으로 만족하지 않고, 자기가 저지른 비행을 꼭 남들에게 공개해야 직성이 풀리는 사람들입니다. 연단에 올라가 하나님의 면전에서 전능하신 그분을 모독합니다. 영원하신 그분을 무시하며, 성경 말씀을 경건하지 못한 농담거리로 만들면서 기독교를 코미디(희극)의 주제로 생각합니다. 그런 무신론자들에게 한 마디 하겠습니다. 여러분이 주인공이 되어 실제로 겪게 될 비극이 서서히 다가온다는 사실을 염두에 두십시오! 그들이 하나님의 사역자들보다 배나 더 부지런히 설치는 것을 보면, 어이가 없어 할 말을 잃을 지경입니다. 그들의 이름이 모든 게시판에 도배가 되어 있지 않습니까? 그들은 이 마을 저 마을 많은 곳으로 돌아다닙니다. 특히 많은 예술가들이 살고 있는 곳에 가서는, 순결하고 사랑스럽고 선한 모든 소식에 반하는 것들을 전하지 않으면 만족이 안 되는 것 같습니다. 그들이 전하는 말들을 듣게 된다면, 여러분은 어이가 없어서 얼굴이 붉어질 것이며, 그저 읽기만 해도 여러분의 뼈의 골수가 녹아내릴 정도로 가장 높으신 분을 대적하는 끔찍한 것들을 말합니다. 다윗이 바로 이런 자들에 대해 듣고서 이렇게 말했습니다. "주의 율법을 버린 악인들로 말미암아 내가 맹렬한 분노에 사로잡혔나이다"(시 119:53). 오, 여기에도 있을지 모르는 이런 자들에게 한 마디 하겠습니다! 여러분의 아우의 핏소리가 땅에서부터 여호와 하나님께 오늘 호소하고 있습니다. 여러분이 미혹시켰던 젊은이들, 여러분이 잘못된 길로 인도했던 노동자들, 여러분이 부추겼던 죄인들, 여러분이 마시게 한 부정한 한 모금의 독약으로 죽어간 영혼들, 여러분이 지금까지 속인 그 무수한 모든 자들이, 마지막 날에 엄청나게 큰 무리를 이루어 손가락으로 여러분을 가리키면서, 여러분을 속히 멸망시켜 달라고 요구할 것입니다. 그 이유는 오직 하나입니다. 여러분이 그들을 속여서 그들의 운명을 그 지경으로 만들었기 때문입니다.

다섯째로, 신실하지 않은 설교자들에 대해서는 제가 무슨 말을 해야 할까요? 영혼의 파수꾼들이라는 자들이 잠을 자고 있으니 말입니다. 하나님의 말씀을 설교하기 위해 성령님의 부르심을 받아 하나님의 제단에서 맹세한 그들이지 않습니까? 이스라엘 백성에게 하나님의 법을 가르치기 위해 하나님의 제단 앞에 섰던 제사장처럼, 모든 사람들이 귀를 쫑긋 세워 그의 입술만 주목하여 바라보고 있지 않습니까? 설교자의 임무를 비몽사몽간에 지루하고 아무 생각 없이 수행해서 청중들을 졸게 만들어, 결국 기독교를 몽상에 불과한 것으로 여기게 하는 그들이지 않습니까? 거룩하지 않은 생활을 하는 목회자들에 대해서는 제가 무슨 말을 해야 할까요? 강단 밖에서 실제로 행하는 그들의 부패한 생활은 강단에서 전한 가장 중요한 것들을 아무 소용이 없게 만들어 버립니다. 그리고 성령님의 날선 검을 무디게 만들며, 마귀와 접전을 할 때 하나님의 군대를 후퇴하게 만듭니다. 맞습니다. 마땅히 사람들의 양심을 일깨워야 할 때에 정말 별것도 아닌 것을 가지고 청중들을 웃기려고 하는 사람, 마땅히 하나님의 심판을 선포해야 할 때에 부드럽게 돌려 말하면서 슬쩍 넘어가는 사람, 모세가 광야에서 뱀을 든 것 같이 그리스도도 들려야 할(요 3:14) 때에 맥 빠진 도덕 설교만 하는 사람, 이런 사람들에 대해서 제가 무슨 말을 해야 할까요? 사랑하는 성도 여러분, 전에는 그렇게 즐겁고 평화롭게 성장하던 그리스도의 교회들 안에 갈등과 분란의 씨를 뿌리고, 교인들의 숫자가 점점 줄게 만든 사람들에 대해서 제가 무슨 말을 해야 할까요? 강단 밖에서는 가장 진지해야 할 것들을 농담조로 말하고, 거룩한 열정과 경건한 열심이 전혀 없는 삶을 살고, 그래서 하나님의 진리를 허구로, 기독교를 무대 연극으로, 기도를 쓸데없는 것으로, 하나님의 성령을 유령으로, 영원을 농담으로 여기도록 하는 사람들에 대해서 제가 무슨 말을 해야 할까요? 신실하지 못하고 경건하지 않으며 진지하지 못한 그리스도의 사역자들이야말로 영원히 불쌍히 여김을 받아야 할 사람들 중에 가장 가련한 사람이 분명합니다. 다시 말합니다! 그런 사람들이야말로 가장 멸시받아야 할 사람이고, 가장 야비한 사람이며, 가장 저주받아야 할 사람입니다! 틀림없이 마른 날에 날벼락은 그런 자의 이마를 겨냥할 것이며, 하나님의 모든 화살은 그의 양심을 과녁으로 삼을 것입니다. 제가 만약 무기력한 목회 스타일과 영혼에 대한 열정도 없이 강단을 더럽혔다면, 저는 사역자로서 제가 받아야 할 고난을 어떻게든 받을 것입니다. 다른 영혼들의 피 값을 제 손에서 찾을(겔 3:18) 그런 두려움 때문에 제가 얼마나 떨었는지 하나님은 알고 계십니다. 안타까운 일이지만, 사역자들 사이에 너무나 만연되어 있는, 냉랭하고 무관심한 때우기 식의 봉사와 생명력 없는 직무 수행을 저는 할 수도 없고, 왜 그렇게 하는지 이해도 되지 않습니다. 제 자신은 그러지 않았으면 하는 것이 제 바람입니다. 성도들을 대할 때는 하나님의 이름으로 대하듯이 정직하게 대해야 함에도 불구하고, 사태를 얼버무리거나 세련된 감언이설로 응하고, 침착하지 못하고 흥분한 태도로 평강하다 평강하다(렘 6:14) 말하면서 성도들을 대하는 자들은 하나님의 심판대 앞에서 이 모든 행동들에 대해 어떻게 대답할까요? 오, 사랑하는 성도 여러분, 우리가 보아너게(우레의 아들, 막 3:17) 형제처럼 경솔히 행한다면, 우리는 하나님께서 발하시는 우레를 영원 영원히 우리의 두 귀로 듣게 될 것이며, 인간으로부터의 저주와 가장 높으신 분으로부터의 저주를 끊임없이 받게 될 것입니다. 도벳(렘 7:32, 힌놈의 아들의 골짜기 혹은 죽임의 골짜기로 구약의 매장지 — 역주)에서 우리는 바로 우리 자신을 바라보며 이렇게 구슬피 울부짖을 것입니다. "우리는 우리 마음에 없는 것들을 전했다. 우리는 우리가 알지도 못한 것들을 증언했다. 성도들은 우리가 전한 증언을 믿지 않았다. 우리가 위선자고 기만자였기 때문이다. 그래서 지금 우리는 이 모든 것에 대한 철저한 보응을 받아 지옥의 가장 깊은 곳으로 내려가고 있다."

그러나 지금 제 설교를 듣고 있는 사랑하는 성도 여러분, 제가 지금까지 사역자들에게만 해당되는 이야기를 했다고 생각하지 마십시오. 제가 한 말이 여러분에게는 해당되지 않는다고 생각하지 마십시오. 물론 여러분은 그런 믿음 없는 설교자도 아니고, 그렇게 방탕한 생활을 하지도 않았으며, 이단 사설을 가르치지도 않았고, 분열을 조장하지도 않았습니다. 그럼에도 불구하고 여러분의 아우의 핏소리가 땅에서부터 하나님께 호소하고 있습니다. 여러분도 경건하게 살지 않는다면, 여러분의 아우의 피가 여러분의 옷에 떨어지게 하는 것입니다. 어떤 사람은 이렇게 말할 것입니다. "아니, 왜요? 내가 죄를 지으면, 나만 잘못되는 것 아닌가요?" 아니요. 전혀 그렇지 않습니다! 만약 그렇다면 독가스도 이렇게 말할 수 있을 것입니다. "내 가스는 내게만 치명적이야." 콜레라 세균도 이렇게 말할 수 있을 것입니다. "나의 독한 기운은 내게만 해당되는 거야." 여러분이 하는 행동들은 주위에 영향을 끼칩니다. 마치 나병처럼 여러분이 손대는 모든 것이 다 부정해집니다. 여러분을 둘러싸고 있는 바로 그 환경이 감염을 일으키는 것입니다. 여러분이 행동하는 것을 다른 사람들이 보고서, 그들은 그 행동을 배우게 됩니다. 그중 어떤 사람은 여러분과 막상막하가 되기도 하고, 여러분을 능가하기도 합니다. 비록 여러분이 그들에게 알파벳만 가르쳤다 해도, 그들은 여러분보다 지옥의 악한 책을 더 잘 읽을 수 있게 될 것입니다. 그들이 배운 모든 것은 후에 여러분의 집 앞에 돌아올 것입니다. 왜냐하면 그들이 배운 죄의 여러 요소들은 여러분의 행동에서 배운 것이기 때문입니다. 많은 사람들은 자신의 허물을 절대 이런 관점에서 보지 않는데, 저는 이 점이 염려스럽습니다. 그런데 어쩌지요? 여러분은 지도자나 교사가 되지 않을 수 없으니 말입니다. 만약 여러분이 여러분의 가정에서 술꾼으로 지낸다면, 여러분의 자녀들도 술꾼이 될 것입니다! 자녀에게 매를 댈 때마다 매번 입에 담지 못할 욕을 하면서 두들겨 패는 아버지에 대해 제가 들은 적이 있습니다. 자녀들이 자기와 똑같이 자라는 꼴을 보니, 차라리 아이가 죽기를 바란다고 하는 부모에 대해서도 우리는 알고 있습니다. 이런 상황에서 아버지가 자녀에게 무슨 도움이 되겠습니까? 여러분의 행동은 여러분의 자녀에게 영향을 끼쳐야 하고, 또 끼치게 되어 있습니다. 여러분의 자녀에게 뿐만 아니라, 여러분이 사업상 만나게 되는 모든 사람에게도 영향을 끼칩니다. 사랑하는 성도 여러분, 만약 여러분이 크게 사업을 하는 고용주라면, 여러분의 직원들은 여러분이 실제로 어떻게 살고 있는지에 대한 구체적인 정보가 없어도, 대강 여러분의 삶이 어떨지 다 알 수 있다고 생각해 본 적이 없습니까? 직원들 중에는 어떤 유혹에도 굴하지 않는 내적 원칙을 가진 사람들도 다소 있을 것입니다. 그러나 다수의 직원들에게 가장 위험한 것은 그들에게 귀감이 되어 존경을 받는 사람이, 실제로 온갖 범죄에 통달해 있으면서 그들의 영혼을 지옥에 빠뜨리는데 박사급이라는 사실과 이런 사람을 그들이 지속적으로 대면해야 한다는 사실입니다. 오! 여러분 자신을 위해서가 아니라, 다른 사람을 위해서 주의하십시오. 그렇지 않으면 지금 여러분이 살아 있다는 사실이 확실하듯, 여러분의 아우의 핏소리가 땅에서부터 하나님께 호소할 것이라는 사실도 그만큼 확실한 사실이 될 것입니다.

여기 참석한 성도 여러분에게 좀 더 피부에 와 닿게 말씀드리겠습니다. 신앙고백까지 한 무관심한 성도들의 문 앞에 얼마나 많은 사람들의 피가 흐르고 있는지 모릅니다. 기독교인이 되겠다고 신앙 고백까지 한 여러분이 여전히 죄 가운데 살아간다면, 여러분은 수천의 영혼들을 죽인 살인자입니다. 그리고 여러분이 나누는 대화를 들어보면 여러분은 더할 나위 없는 도덕군자이며, 기독교인임을 드러내는 방식인 예배에도 빠지지 않고 참석하지만, 여러분은 죄인들에 대해 절대 슬퍼하지 않고, 그들을 위해 절대 기도하지도 않고, 그들에게 절대 말도 건네지 않으며, 이러한 모든 것들을 목회자에게 떠넘기면서 자신은 이런 것과 관계가 없다고 생각합니다. 여러분의 아우의 핏소리가 땅에서부터 하나님께 호소하고 있습니다. 지난번에도 여러분 집의 뜰에서 한 사람이 죽었습니다. 여러분은 그의 영혼에 관해서 그에게 한 마디도 건네지 않았습니다. 그의 피가 여러분을 고소하여 하나님께 호소하고 있습니다. 여러분은 시골의 한 마을에서 살고 있습니다. 여러분의 집 가까이에는 이웃들이 있습니다. 여러분은 그들과 얘기를 주고받을 정도의 관계가 되었음에도 불구하고, 그 이웃들의 영혼에 관해서는 대화를 나누지 않습니다. 그리고 그 이웃들이 죽습니다. 그들은 이제 끝이 났습니다. 그런데 이제 그들의 피가 여러분을 고소하여 하나님께 호소하고 있습니다! 여러분에게는 허물없이 얘기를 나눌 친척들이 있습니다. 그들과 여러분은 사업상의 얘기들을 많이 나누며, 친척들과 좋은 관계를 유지하고 있습니다. 아마 그들이 필요한 것을 도와주기도 할 것입니다. 그러나 여러분은 그들이 지옥에서 벗어나 천국으로 들어가는 것에 대해서는 한 마디도 하지 않습니다. 그러다가 그들이 이 땅의 삶을 마쳤다는 부고(訃告)를 여러분이 듣게 될 때, 그들의 핏소리가 그들이 묻힌 땅에서부터 여러분을 고소하여 호소하지 않겠습니까? 젊은이 여러분, 여러분은 다소 전망 있는 직장에 다니고 있습니다. 여러분은 누가 시키지 않아도 직장상사에게 좋은 얘기들을 종종 할 것입니다. 그러나 사실 여러분은 정말 좋은 소식은 말하지 않습니다. 만약 여러분의 동료들이 멸망한다면, 그들의 핏소리가 여러분을 고소해 호소할 것입니다! 목회자만이 영혼을 책임지는 자라고 생각하지 마십시오. 하나님은 여러분 모두를 파수꾼으로 세우셨습니다. 여러분이 처한 곳에서 여러분 모두가 사람들의 영혼을 책임지는 파수꾼이 되어야 합니다. 그러므로 하나님께서는 이렇게 말씀하십니다. "파수꾼이 보고도 나팔을 불지 아니하여 백성이 경고를 받지 못하였으므로 … 그는 자기 불법 가운데서 제거되었거니와, 그의 피는 내가 파수꾼의 손에서 요구하리라"(겔 33:6 KJV).

　　여러분이 생각하지 못한 것이 바로 이런 것인 줄 저는 알고 있습니다. 제 자신도 이 사실을 진작 알아차렸어야 하는데 그러지 못해 서글플 따름입니다. 아! 사탄의 종들이 나를 부끄럽게 합니다. 그들은 나에게 창피를 주고, 나를 수치스럽게 합니다! 그들은 밤에 사탄의 종들인 여러분 중 어떤 이들에게 이런 메시지를 보냅니다. "주인님께서 나타나셔서, 너를 부르신다." 그러면 여러분은 아내와 자녀를 눈물 한 방울 흘리지 않고 버려두고는, 여러분의 주인의 집으로 달려갑니다. 거기에는 술잔들이 놓여 있습니다. 악취가 나는 술잔이지만 돌려가면서 마십니다. 마시고 또 마십니다. 계속해서 마셔댑니다. 당신의 주인을 결코 부인하지 않겠다고 하고 주인에 대해 수많은 맹세를 하면서, 여러분이 불쌍한 영혼들에게 해를 끼친 그 많은 얘기들을 여러분의 동료들에게 지껄입니다. 여러분 자신이 해악을 끼치는데 얼마나 용기가 있고 얼마나 과감한지 과시하기도 합니다! 그러다가 아침이 되어 잠에서 깨어나 정신이 들면, 여러분은 어떻게 자신이 밤에 집으로 돌아왔는지 기억이 없습니다. 눈은 붉게 충혈되어 있고 머리는 깨질듯 아파오고 속은 쓰립니다. 하지만 그날 밤 다시 여러분의 주인이 여러분을 부르면, 여러분은 또 달려갑니다. 거의 정신착란 같은 이상 증세에 휩싸여, 여러분은 자신이 갈가리 찢어져도, 이런 식으로 한 해 한 해 살아갑니다. 그러나 여기 하나님의 종인 제가 서 있습니다. 저의 주인이 저를 불러 주인에 대한 충성을 맹세하라고 명령하시면, 저는 말하지 않고 가만히 있고 싶은 유혹을 받습니다. 이번에는 저기 있는 저 사람에게 말을 하라는 명령을 받게 되면, 저는 그 명령을 교묘하게 회피합니다. 여러분은 여러분의 주인인 사탄에게 충성을 맹세하면서, 여러분의 머리에 저주를 쏟아 붓습니다. 하지만 정작 우리는 우리의 참된 주인에게 충성을 맹세하고 있습니까? 고작 저주를 받지 않으려면 신앙 고백이 필요하니까, 다시 말해 저주를 받을까봐 무서운 마음에, 그렇게라도 우리 중 일부는 종종 주님께 신앙 고백을 합니다! 오, 죄인들이 자기 주인이자 대장에게 신앙 고백을 하는 것을 보면, 기독교인의 이런 모습은 생각만 해도 부끄럽기 그지없습니다! 죄인들이 밤에 술에 취해 비틀거리며 거리를 배회하면서 하는 얘기들을 들어보십시오. 그들은 자신의 주인과 대장을 전혀 부끄러워하지 않습니다. 그들이 천국을 얼마나 욕하고 무시하는지 한 번 들어보십시오! 그들은 자신의 주님에 대해 전혀 부끄러움이 없습니다. 하지만 우리는 어떠합니까? 우리는 천국을 상으로 받았으며, 우리에게 매우 선하고 은혜로우신 오직 한 분 그리스도를 섬기고 있는데, 우리의 모습은 어떠합니까? 우리를 살펴보십시오. 우리를 살펴보시기 바랍니다! 우리는 우리의 구세주를 너무나 초라하게 사랑하고 있지 않습니까! 우리는 인간의 영혼을 너무 초라하게 사랑하고 있지 않습니까! 이런 말들이 여러분 모두에게 해당되지 않는 것을 저도 알고 있습니다. 여러분 중에는 인간의 영혼을 사랑하는 자들도 있기 때문입니다. 여러분 중의 많은 수가 매우 진지하게 다른 사람들의 회심을 갈망하고 있습니다. 그런 모습을 볼 때마다 제가 얼마나 기쁜지 모릅니다. 비록 여러분이 바라는 만큼 말을 잘하지 못한다 해도, 길모퉁이에 서서 불쌍한 영혼들을 바라보며 흘리는 여러분의 눈물은 그 진지함을 증명하기에 충분합니다. 그런 여러분 중에는 낯선 곳에서 그리스도의 복된 소식을 전하는 여자 성도들이 많습니다. 그런 이들은 그리스도를 부끄러워하지 않는 사람들입니다. 하지만, 오, 이 자리에 있는 여러분 중의 몇몇 사람들은 이 교회의 성도로 이름은 올려놓았지만, 과연 그들이 그리스도를 위해 무엇을 하겠는가 하여 영광스러운 천사들도 슬퍼하는 사람들이 있습니다. 그런 여러분은 그리스도에게 무엇을 드리겠습니까? 여러분은 혼자 천국에 가는 것으로 만족하고 있습니다. 여러분의 이웃들은 그리스도를 모른 채 멸망하도록 내버려 둡니다. 여러분은 선교회를 후원하지도 않고 다른 곳도 돕지 않습니다. 피, 죽어가는 런던의 핏소리가 여러분을 고소하여 땅에서부터 하나님 앞에 호소하고 있습니다. 모든 거리와 모든 공터와 모든 골목에 있는, 저 죽어가는 무리들이 하늘을 향해 울부짖습니다. "오, 하나님! 하나님을 믿는다고 신앙 고백까지 한 자들이 우리를 잊고 있습니다." 시온의 딸들은 광야의 타조 같이 되었으며, 젖먹이가 목말라서 혀가 입천장에 붙음(애 4:3-4) 같이 되었습니다! 오, 하나님, 이들을 위해 당신의 교회에 당신께서 오지 않으시렵니까? 그리하여 인간의 영혼들을 잊고 있는 당신의 이 백성들을 철저히 깨우쳐 주옵소서!

제가 드린 말씀이 여러분의 양심에 어느 정도로 영향을 끼치고 있는지 저는 잘 모르겠습니다. 하지만 제가 드린 말씀과 함께 여러분이 다음과 같은 말을 할 수 있도록 성령님께서 여러분을 사로잡아 움직이게 하시기를 기원합니다. "위대하신 하나님, 하나님의 이름을 걸고 약속하겠습니다. 다음번에 누군가의 임종을 알리는 종이 울릴 때, 저는 스스로 이런 말을 할 수 있을 정도로 뭔가를 하겠습니다. 나는 그를 위해 내가 할 수 있는 모든 것을 했다. 그럼에도 불구하고 그의 영혼이 멸망한다면, 그의 피가 내 집 문 앞에는 흐르고 있지 않을 것이다. 왜냐하면 나는 그에게 구원의 도리를 전했고, 다가오는 진노로부터 피하라고 권면했기 때문이다." 여기 있는 우리 모두 다 허물이 있기에 저는 두렵습니다. 우리 모두 어느 정도는 양심에 거리끼는 죄들이 틀림없이 있을 것입니다. 우리의 게으름 때문에 우리 모두를 고발하는 우리 아우의 핏소리가 하늘에 호소하고 있으면 어쩌나 하는 두려운 마음을 저는 감출 수 없습니다.

2. 이 범죄야말로 통탄할 만한 죄악입니다.

이제 두 번째 대지로 넘어가겠습니다. 저는 이 범죄야말로 통탄할 만한 죄악임을 드러내 보이고자 합니다. 핵심은 누구의 피냐 하는 것입니다. 그 피는 우리 아우의 것입니다. "네 아우의 핏소리가 땅에서부터 내게 호소하느니라." 모든 사람이 우리의 형제들입니다. 우리 형제 중 누구라도 멸망한다면, 다시 말해 그들의 회심을 위해 우리가 최선을 다하지 않았다면, 멸망한 그들의 피가 하늘에 올라가 우리를 고소하며 두렵고 서글프게 호소할 것입니다. 오늘 아침에 저는 한 특정한 대상을 염두에 두고 말씀을 전할까 합니다. 바로, 젊은 성도들입니다.

첫째로, 여러분을 고소해서 호소하는 것은 여러분의 친 형제의 피입니다. 여러분이 하나님께 회심한지가 3년, 4년, 10년 혹은 20년이 되었습니다. 그런데도 여러분은 여러분의 형제의 회심을 위해 아무것도 하지 않았습니다. 여러분의 형제의 영적 상태에 대해 생각해 보기를 간구하는 편지 한 통도 쓴 적이 없습니다. 그리스도에 관해 다정하고 따뜻한 말을 한 마디도 건네지 않았습니다. 아무것도 하지 않으면서, 여러분이 기독교인이라는 사실을 형제들이 알든 모르든 신경도 쓰지 않았습니다. 아니면, 내심 그들이 알까봐 두려워하는 마음마저 있었습니다. 어쨌든 여러분은 형제들을 위해 아무것도 하지 않았습니다. 만약 여러분의 형제가 멸망한다면, 그 멸망한 형제는 이렇게 말하지 않겠습니까? "우리 형제들은 같이 엄마 품에 안겨서, 흔들리는 같은 요람에서 잠을 잤어. 우리는 함께 놀면서 재미있게 한 집에서 같이 생활했지. 그런데 형은 생명의 길을 알고 고백했지만, 동생인 내게는 그 길을 말해주지 않았어. 형은 자기가 지은 죄에 대해서 용서를 받았지만, 내가 내 죄를 용서받는 것에 대해서 형은 한 마디도 해 주지 않았어. 나의 이 비참한 운명에 대해 형은 매정하게도 내가 그냥 고통을 받도록 내버려 둔 게 분명해." 우리가 이런 죄를 범했다면, 그 동생의 핏소리가 우리를 고소해서 호소하지 않겠습니까?

둘째로, 이 피는 여러분의 아버지나 어머니의 피일 수도 있습니다. 여러분 가운데 어떤 젊은이들은 외지에서 런던으로 오게 되었고, 하나님은 이 기도하는 집인 교회에서 여러분을 만나 주셨습니다. 고향집에는 여전히 믿지 않는 부모가 있습니다. 설마 그 부모를 여러분이 잊고 있는 건 아니겠지요? 백발이 되어 연로한 여러분의 아버지가 임종한다면 어떡합니까! 여러분은 아버지가 하나님에 대해 아무 생각도 하지 않는다는 것을 알고 있습니다. 아들이 아버지에게 복음을 전하기도 전에 아버지가 죽음을 맞이한다면 어떡합니까! 오, 여러분처럼 자녀된 아들딸들은 부모에게 어떤 이상한 힘, 다시 말해 자녀 이기는 부모 없듯이 그런 힘을 부모에게 끼칠 수 있습니다. 나이든 아버지의 소매를 잡고서 말해 보십시오. "아버지, 자녀 된 도리로서 아버지를 사랑해서 말씀드립니다. 저는 아버지가 구원을 얻는 것을 간절히 보고 싶습니다!" 이런 자녀의 힘을 자녀 된 여러분이 한 번 써보지 않겠습니까? 자녀 된 여러분은 여러분의 아버지와 어머니가 노예로 팔려가는 것을 보고 싶습니까? 만약 부모를 구해낼 능력이 여러분에게 있다면, 여러분은 자신이 가진 그 구차한 돈을 아끼려고 하겠습니까? 또는 여러분이 부모가 병든 것을 알았다면, 가만히 앉아 있겠습니까? 곧장 의사에게 달려가지 않겠습니까? 또는 부모가 강물에 떠내려가는 것을 본다면, 여러분은 생명의 위협을 무릅쓰고라도 강물에 뛰어들어 그들을 구해내지 않겠습니까? 자녀 된 도리로서 노력도 안 해보고 부모가 멸망하도록, 그것도 영원히 멸망하도록 방치하겠습니까? 부모가 깊은 곳으로 내려가는 것을 보면서도 여러분은 손을 뻗어 그들을 돕지 않을 것입니까? 만약 하나님께서 여러분의 마음을 어루만지신다면, 아마 여러분은 그렇게 할 수 없을 것입니다!

셋째로, 자기 부모에게 마음이 없을 뿐만 아니라, 자기가 낳은 자녀들도 돌보지 않는 사람들에 대해서는 제가 무슨 말을 해야 할까요? 어머니인 성도들이 있습니까? 여러분의 자녀의 핏소리가 여러분을 고소해 하나님께 호소한다면 어떻게 되겠습니까? 여러분은 자녀들이 하나님을 경외하도록 키우지 않았습니다. 여러분의 아들딸들을 주일에도 학교에 보냈습니다. 이것은 사실입니다. 이런 행동은 자녀들의 신앙교육을 포기한 것과 똑같습니다. 여러분은 자녀들이 보기에 믿음의 본을 보이면서 살았습니까? 전혀 그러지 않았습니다. 아버지는 믿음의 본을 보였습니까? 아버지도 마찬가지였습니다. 그러니 여러분의 자녀가 자라면서, 그 자녀도 분별없이 살아갈 것입니다. 여러분의 자녀들이 다 자란 지금, 여러분은 그 자녀들이 예배를 드리도록 교회에 데리고 오지도 못합니다. 만약 여러분이 자녀가 어렸을 때 교회에 데리고 왔다면, 아마 지금쯤은 여기서 예배를 드리고 있었을 것입니다. 여러분이 자녀들을 교육시킨다고 한 것이 결국 사탄을 위한 교육만 시킨 셈이 되고 말았습니다. 여러분의 자녀들이 지옥에 떨어진다면, 그 영혼은 여러분을 고소해 호소할 것입니다. 그 호소하는 비명 소리는 하늘에 까지 들릴 것입니다. "오 하나님! 나를 낳은 어머니와 나를 키운 아버지는 저를 주워온 자녀처럼 그렇게 잔인하게 대했습니다. 저를 위해 슬퍼하지 않았고, 저를 위해 기도하지도 않았으며, 사랑의 팔로 저를 안고서 제가 구원받을 수 있도록 저를 위해 간구하지도 않았기 때문입니다!"

넷째로, 이런 경우도 있습니다. 여러분 중에는 여러분의 일꾼들에게 해를 끼쳐서 고소를 당한 사람은 없습니까? 오! 많은 사람들을 고용해 사업을 하면서 책임져야 할 일이 많은, 큰 사업을 하는 목화 재배 업자들과 건축업자들과 무역업자들을 저는 알고 있습니다. 그들에게 전합니다. 여러분에게 부를 가져다준 것은 여러분이 가진 기술력과 자본일 것입니다. 그러나 여러분을 위해 밤낮으로 수고한 그 일꾼들에 대해서 여러분은 전혀 책임이 없습니까? 물론 여러분은 그들에게 임금을 지불했을 것입니다. 그러나 그것으로 여러분은 여러분의 책임을 다했다고 생각합니까? 그 일꾼들이야말로 사람의 몸에 비유하자면 피와 살처럼, 여러분의 사업체에 없어서는 안 될 사람들입니다. 그들을 위해 모든 것을 배려하고, 보수도 매우 후하게 준다고 해도, 여러분은 그들로부터 더 많은 이익을 얻고 있지 않습니까? 그런데 여러분이 그런 일꾼들의 영적 상태를 생각하지도 않고 그냥 방치한 채, 이렇게 말하면 어떻게 되겠습니까? "오, 일꾼들이 주일마다 뭘 하든 그건 내 알 바가 아니. 그들이 작업 현장이나 공장 밖에서 무슨 일을 하든, 그것이 내가 왈가왈부할 일이 아니지 않은가?" 자, 보십시오. 사랑하는 성도 여러분, 여러분은 그 수많은 영혼들이 하나님 앞에 가서 여러분을 고발해 비난할 것이라고는 생각하지 않습니까? 그들이 여러분을 하나님의 법정에 소환할 것이라는 생각은 해보지 않느냐 말입니다. 여러분에게 말합니다. 제가 이런 말을 하는 것은 하나님의 성령께서 제 안에서 말씀하시기에 말하는 것입니다. 여러분이 무시했던 그 노동자들의 소리, 여러분이 영적인 관심으로 지도하려고 애쓰지 않았던 그들의 소리가 여러분을 고발해 땅에서부터 호소하는 것을 여러분은 보게 될 것입니다. 지금 당장이라도 저는 사업을 하는 많은 사람들이 모인 곳이라면 달려가서 이런 말을 하고 싶습니다! 여기 있는 사람들 중에는 이런 얘기에 해당되지 않는 자들도 있으리라 생각합니다. 그들은 자기를 위해 수고하는 많은 사람들에게 많은 영적인 영향력을 끼치고 있습니다. 그런데 제가 우려하는 것은 이런 자들이 다수가 아니라, 예외적인 경우로 매우 소수라는 사실입니다. 자기를 위해 일하는 노동자들을 자기 집에 있는 말처럼 생각하거나, 아니면 그 보다도 조금 못하다고 생각하고, 위로 올라가는 인간의 영혼에 대한 관심보다는 아래 곧 땅으로 내려가는 짐승의 혼(전 3:21)에 더 관심을 가진 자들이 지금도 여전히 많습니다. 그렇게 생각하는 사람들이 더 이상 없었으면 합니다. 고용주들과 공사 시행업자 여러분, 여러분은 큰 영향력을 가진 자들입니다. 그런 여러분에게 부탁합니다. 이 부탁의 말을 하기 위해 제가 무릎이라도 꿇어야 할까요? 제가 할 수 있는 한 최고로 진지하게 여러분에게 말합니다. 여러분의 형제의 피가 영원토록 여러분의 옷에 떨어지지 않게 주의하십시오!

오! 장엄한 빛 가운데서 이 모든 것을 보고 있는 한 죄인이 있습니다! 지옥으로 내려가고 있는 저 사람은 누구입니까? 저기 지금 가고 있는 저 사람은 며칠 전에 죽은 사람입니다. 자기 영혼을 사랑하듯이 그렇게 여러분을 사랑했던 여자입니다. 여러분을 맹목적으로 사랑했고, 여러분을 천사처럼 생각한 사람입니다. 하나님 앞과 여러분이 보고 있는 앞에서 제가 이런 말을 해도 될까요? 여러분이 그녀를 파멸시킨 것입니다. 여러분은 그녀를 파멸시킨 후에 어떻게 했습니까? 여러분은 그녀와의 모든 관계를 끊고서, 마치 오물처럼 그녀를 내쫓아 버렸습니다. 여러분은 그녀의 마음을 상하게 한 후 그녀를 길가 하수구에 내동댕이쳐 버렸습니다. 그녀가 그토록 사랑했던 그녀에게 있어 신과 같은 존재는 바로 여러분이었습니다. 그녀의 신으로부터 버림을 받게 되자 그녀는 절망했고, 그 절망은 끔찍한 결과를 초래했으며, 비참한 몰락으로 치닫게 되었습니다. 그녀는 여러분과 헤어져 가버렸고, 여러분은 그녀와 헤어진 것에 대해 기뻐하고 있습니다. 그 일로 기뻐하고 있습니다. 왜냐하면 여러분이 더 이상 그녀의 음성을 듣지 않을 것이기 때문이라고 여러분은 말합니다. 사랑하는 성도 여러분, 장차 여러분은 그녀의 음성을 듣게 될 것입니다. 장차 여러분은 그녀의 음성을 듣게 될 것입니다. 장차 여러분은 그녀의 음성을 듣게 될 것입니다! 그녀의 영혼이 살아 있는 한, 여러분을 쫓아다니면서 괴롭힐 것입니다. 여러분이 장래의 계획으로 세웠던 그 부정한 기쁨까지 들추어내면서 뒤쫓아 올 것입니다. 여러분이 죽을 때 그녀는 여러분의 침상에 와서 그녀의 손가락으로 여러분의 머리카락을 쓸어내리며, 여러분의 영혼을 여러분의 몸에서 발라내어, 여러분 같은 잔인한 사람들을 위해 지정된 지옥으로 여러분의 영혼을 끌고 내려갈 것입니다. 이 모든 이유는, 여러분이 그녀의 피를 흘리게 했기 때문입니다. 여러분을 그토록 믿었던 그녀의 피를 여러분이 흘리게 했기 때문입니다. 천사와 자매지간이라 할 만큼 아름답고 싱그러웠던 그녀의 피를 여러분이 흘리게 했기 때문입니다. 그토록 아름다웠던 그녀를 여러분이 허물어트렸고, 그녀를 마귀의 도구로 만들었습니다! 하나님께서 여러분을 구원해 주시기를 바랍니다! 왜냐하면 하나님께서 여러분을 구원해 주시지 않는 한, 여러분은 벌을 칠 배나(창 4:15) 받을 것이기 때문입니다. 오! 벨리알의 아들(삼상 25:17 KJV; 고전 6:15 참고 — 역주) 같은 여러분, 여러분이 행한 대로 하나님께서 갚으신다면, 여러분의 운명은 어떻게 되겠습니까? 저의 이런 표현들이 너무 과격한가요? 하지만 이것은 제가 하고 싶은 말의 반도 표현하지 못한 것입니다. 할 수만 있다면, 저는 이보다 더 과격한 말로 여러분의 영혼을 퍽 하고 세차게 갈겼으면 좋겠습니다. 여러분이 저지른 해악을 여러분이 선으로 만들 수는 없겠지만, 그래도 여러분에게는 자신이 행한 잘못에서 돌아서서 구세주의 피를 찾고 그 큰 잘못을 용서받고 싶은 마음이 있기에, 저는 여러분을 저주하기보다는 오히려 여러분에 대해 소망을 가져 봅니다. 오! 사랑하는 성도 여러분, 오늘의 본문에서 우리 모두가 무언가를 얻었으면 합니다. 이제는 죽어 다시 못 보게 될 친구를 생각할 때, 우리 중에는 이 친구의 마지막 육신을 보면서 다음과 같이 말할 수밖에 없는 사람이 있지 않습니까? "나는 이 남자를 위해 내가 할 수 있는 것을 다하지 못했어. 나는 이 여자를 위해 내가 할 수 있는 것을 다하지 못했어." 제가 설교하러 가곤 했던 한 마을이 있습니다. 저는 그 동네에 있는 집들을 바라볼 때마다, 제 자신에게 이런 질문을 하곤 합니다. "나는 이 사람들에게 언제나 성실하게 대했는가?" 하고 말입니다. 제가 비록 거칠고 때로는 과격하게 말했다 해도, 하나님의 진리를 전하는 일에서는 조금도 주저하지 않았다고 말할 수 있었으면 좋겠습니다. 그러나 하나님은 알고 계실 것입니다. 그들을 위해 좀 더 많이 슬퍼하지 못하고, 그리스도를 믿으라고 좀 더 간청하지 못했다는 생각에, 제 마음이 한없이 괴로울 때가 한두 번이 아니라는 것을 말입니다. 이 자리에 너무 자주 앉아 있는 여러분도 마찬가지일 것입니다. 여러분 가운데 많은 수는 기쁨으로 그리스도께 회심하였지만, 그래도 여러분 가운데 적지 않은 수가 여전히 구원받지 못한 채로 그냥 앉아 있습니다. 여러분 중의 한 사람이라도 마지막 날에 이렇게 말하는 자가 있으면 어떡하겠습니까. "우리는 우리 목사님만 믿었는데. 우리는 목사님의 말씀을 한 마디도 놓치지 않으려고 귀를 기울였는데. 우리는 절대로 예배에 **빠지지** 않았는데. 우리는 주일을 그렇게도 사모했는데. 그런데, 오, 우리 목사님은 우리의 죄에 대해서는 우리에게 말하지 않았습니다. 우리가 구원을 받기를 간구하지도 않고, 우리를 그냥 내버려 두셨습니다. 목사님의 마음이 사랑으로 뜨거워야 했지만, 우리 목사님은 냉랭했습니다. 그는 눈물도 없고, 우리에 대한 동정심도 전혀 없었습니다." 오! 사랑하는 성도 여러분, 하나님께서 도우셔서, 제가 이런 말을 듣지 않았으면 좋겠습니다. 하나님께서 여러분을 구원해 주시기를 기원합니다. 왜냐하면 제 영혼이 여러분의 구원을 애타게 원하기 때문입니다. 저의 주님이자 구세주인 예수 그리스도의 심장으로 제가 여러분 모두의 구원을 얼마나 갈망하는지 하나님께서 증인이 되십니다! 예수 그리스도에게로 나아오십시오! 그분에게 나아오십시오! 여러분의 피가 저를 고발해 호소하지 않게 하십시오! 오, 주 예수 그리스도를 믿고, 그분을 의지하십시오. 지금 그분을 의지하십시오. 그러면 여러분은 구원받게 될 것입니다. 그제야 마지막 날에 저는 이렇게 말할 수 있을 것입니다. "아버지여 내게 주신 자도 나 있는 곳에 나와 함께 있습니다(요 17:24). 우리는 말세에 나타내기로 예비하신 … 하나님의 능력으로 보호하심을 받았습니다(벧전 1:5). 하나님 곧 우리 아버지께 세세 무궁하도록 영광을 돌립니다(빌 4:20)."

3. 심판을 기대하십시오.

　세 번째 대지를 전하겠습니다. 남은 짧은 시간동안, 심판을 기대하는 것에 대해 말씀드리겠습니다. "네 아우의 핏소리가 땅에서부터 내게 호소하느니라." 이 핏소리는 듣지 못하는 귀에 대해 호소하는 소리가 아닙니다. 이 핏소리는 호소를 듣고 느끼고, 범죄한 자를 치며 행악자를 복수하시기 위해 틀림없이 그의 팔을 나타내시는(사 52:10), 한 분이신 하나님의 귀에 호소하고 있습니다. 여자를 유혹한 자, 믿음 없는 자, 젊은이를 미혹한 자들에게 말합니다. 여러분을 고발해 올라가는 그 호소를 하나님께서 들으십니다. 이 호소는 여러분이 져야 할 짐입니다. 이 호소는 여러분이 끼친 행악 때문에 저주를 받은 영혼들로부터 제기됩니다. 그 영혼들은 이렇게 말합니다. "하나님, 그가 끼친 행악에 해당하는 고통의 분깃을 그에게 주옵소서. 그도 고통을 받게 하옵소서. 우리도 고통 받고 있기 때문입니다. 그는 **우리를** 죽였습니다. 우리의 죽음에 보응해 주옵소서!" 이에 하나님께서는 이 일을 하실 것입니다. 그리고 즉각적인 파멸이 여러분에게 엄습하는 그 날이 다가올 것입니다. 그분이 철장을 가지고 그들을 다스려 질그릇을 깨뜨리는 것과 같이 하실 것입니다(계 2:27). 감히 누가 하나님의 손에서 여러분을 구해 낼 수 있겠습니까?

믿음에 대해 배우지도 못하고 훈련도 받지 못한 채, 지금도 죽음의 문턱에서 침상에 누워 있는 사람들이 런던에 많이 있습니다. 이 사람들이 무능하고, 마음 없고, 냉랭하게 신앙생활을 하는 우리 신앙 고백자들을 고발하는 호소가 하늘에 올라가고 있습니다. 그들은 자기들에게 전혀 신경을 쓰지 않는 기독교인들인 여러분을 고발해서 이렇게 호소합니다. "하나님, 그들의 특권을 박탈해 주십시오. 하나님, 그들로 인해 교회가 손상을 받고 영광이 가려졌습니다. 그들을 교회에서 내쫓아 주십시오. 하나님, 만국을 치료하기 위한 나무 잎사귀(계 22:2)를 내지 못하는 이 나무들을 뽑아 주십시오. 그 맛을 잃은 이 소금(마 5:13)을 제거해 주십시오. 하나님, 불빛을 내지 못하는 이 양초들을 내버려 주십시오. 오, 하나님, 산 위에 있지 않고 사람의 눈에 보이지 않게 숨어 있는(마 5:14) 이 모든 도시들을 제거해 주십시오. 단호히 없애 주십시오." 예를 들어, 만약 하나님께서 이 교회에 와서 여러분 가운데 쓸모없는 모든 사람들을 다 끄집어 내신다면, 여러분은 무슨 말을 할 수 있겠습니까? 결국 교인 명부에 남아 있는 사람의 숫자만 줄어들 것입니다! 그렇게 되면 교인 명부 여기저기에 이름을 지운 검은 펜 자국이 얼마나 많겠습니까! 만약 여러분이 영혼을 얻기 위해 아무 일도 하지 않았다면, 여러분의 형제의 핏소리가 땅에서부터 하나님께 호소할 것입니다. 여러분이 지닌 특권들을 빼앗고, 촛대를 그 자리에서 옮기라고 호소할 것입니다. 사랑하는 성도 여러분, 정말 그렇게 될 것입니다. 우리 모두가 주님을 섬기기 위해 일어나지 않는 한, 분명히 그렇게 될 것입니다. 하나님께서 우리를 번성케 하실 때 우리는 행복합니다. 그러나 우리 가운데 많은 자들이 그리스도를 위해 아무 일도 하지 않는다면, 우리의 벽에 "이가봇"(영광이 이스라엘에서 떠났다는 뜻, 삼상 4:21 참고 ― 역주)이라는 글씨가 적힐 것입니다. 지금은 수많은 사람들의 찬양소리가 울려 퍼지는 이 벽이지만, 그렇게 되면 쓸쓸히 남은 몇 명 안 되는 자들의 울부짖음만 들리게 될 것입니다. 지금 하나님의 음성이 우레처럼 발하는 이 강단은 생기 없고 황량한 무언의 연설대가 될 것입니다. 그 때가 되면 더 이상 집사와 장로들의 열정은 보지 못할 것이며, 한밤중에 장님처럼 손으로 더듬으면서 이렇게 말할 것입니다. "오, 하나님, 우리가 부주의하게 허송세월하면서 시간들을, 우리가 미지근하게 열정 없이 지내며 잃어버린 시간들을, 그저 습관적으로 생활하며 보낸 그 시간들을 다시 한 번만 되돌려 주십시오."

더욱이, 목회자를 고발하기 위해 땅에서부터 호소하는 소리가 들린다면 이는 분명 끔찍한 일일 것입니다! 땅에서부터, 하늘에서부터, 지옥에서부터 호소하는 이 소리를 제가 듣는다고 가정해 보겠습니다. "그를 강단으로부터 *끄*집어 내라. 그가 입고 있는 예복을 찢어 버려라! 피 묻은 그의 손에서 성경책을 빼앗아라! 짖지 않는 저 개의 입을 족쳐라. 사람들이 보는 앞에서 그의 관 뚜껑을 열어라. 그의 이름을 경멸의 웃음거리로 만들어라. 그가 영혼을 얻는 일을 감히 하찮은 것으로 여기고, 죄악으로 포위된 도시를 지키는 파수꾼의 역할을 감히 망각하고 엎드려 잤기 때문이다." "그를 넘어뜨려라, 그를 때려잡아라, 그의 각을 떠라" 하며 수백 명이 소리를 지릅니다. "그가 교회의 감독이든 아니면 교회의 거물급이든 상관없다. 아무도 당해낼 수 없을 정도의 말솜씨를 가진 자라도 상관없다. 무적의 권력을 가진 자라도 상관없다. 그를 그의 높은 자리에서 *끄*집어 내려라. 그는 사람들의 시간을 허송세월하게 하고 사람들의 영혼을 영원히 파멸시킨 극악무도한 자다!"

그리고, 본이 안 되는 나쁜 행실로 계속해서 다른 사람들을 죄악으로 이끌고 있는 여러분, 다시 말해 누가 봐도 죄인이며 불신자인 여러분에 대해서는 어떤 고발로 호소할 수 있겠습니까? 누군가가 저주받기를 위해 기도한다는 것은 끔찍한 일입니다. 하지만 너무나 많은 악행을 저지르며 살아가기에, 그가 죽으면 비로소 다른 사람들이 자유롭게 숨 쉬며 살아갈 수 있는 사람이 있다는 것을 저는 알고 있습니다. 저는 한 동네의 주민들을 반도 넘게 타락시킨 사람이 살고 있는 동네를 압니다. 그의 얼굴은 늘 어떤 선행 앞에서도 부끄러워할 줄 모르고 남을 깔보는 것 같은 표정을 하고 있습니다. 아무리 용감한 사람이라도 그 앞에서는 한 눈에 기가 죽도록 그렇게 비웃음을 당합니다. 그는 원래부터 똑똑한 사람이며, 부정을 저지르는 데는 최고의 전문교육을 받은 정말 나쁜 사람입니다. 그래서 그가 어디를 가든지, 그의 약삭빠른 계산이나 악한 쪽으로 머리를 돌려 뭔가를 결정하는 일에서는 그와 견줄 자를 찾아볼 수가 없습니다. 그는 자기 나무 그늘 아래 앉아 쉬는 모두에게 검은 독을 내뿜는, 치명적인 유퍼스 나무(자바 지역에서 자라는 독성이 아주 강한 식물로, 주변 2-3㎞ 이내의 식생을 죽인다 — 역주)와 같습니다. 저는 이런 생각을 해보았습니다. 이제 그만 그 사람이 죽어서 그의 악행도 끝이 나도록 기도하면 어떨까 하고 말입니다. 하지만 그래서는 안 되겠지요. 그래도 그가 없어지면, 성도들은 "평안하다"라고 말할 것입니다. 그것은 마치 바벨론이 패망함에 따라 그 고통의 연기가 영원히 피어오를 때(계 18:9-10), 성도들이 "할렐루야"라고 말할 것과 같습니다. 이와 마찬가지로, 많은 젊은이들의 핏소리가 땅에서부터 호소하며 고발하는 이 사람들에 대해 저는 이런 생각을 했습니다. 그런 악한 사람들이 마침내 죽게 될 때, 거의 모든 사람들이 "할렐루야, 땅에 사는 자들로 하여금 그 음행의 포도주에 취하게(계 17:2) 만든 극악무도한 죄인들을 하나님께서 심판하셨도다" 하고 말할 것이라고 말입니다.

4. 권면의 소리를 들으십시오.

이 끔찍한 이야기들로 인해, 우리의 마음이 권면의 소리를 더 잘 듣게 되었으면 하는 바람입니다. 우리를 고발하며 호소하는 핏소리가 오늘날에도 당연히 있으므로, 우리 중 어느 누구도 이 핏소리로부터 예외일 수 없다는 사실을 우리는 수긍합니다. 그렇다면 우리가 과거에 지은 죄악들은 어떻게 해야 제거될 수 있을까요? 회개의 눈물로 죄를 없앨 수 있을까요? 없앨 수 없습니다. 마음을 고쳐먹겠다는 호언장담으로 그렇게 많은 흠과 허물로 얼룩진 마음이 백지처럼 희게 될 수 있을까요? 아, 절대로 그렇게 될 수 없습니다! 우리의 죄를 없애기 위해서 우리가 할 수 있는 것은 아무것도 없습니다. 앞으로 열심히 살아가면 과거에 잘못한 것들이 제거되지 않을까요? 미래를 바라보며 성실히 생활한다면, 과거 생활에서 범한 악행이나 게으름들이 보상되지 않을까요? 그렇지 않습니다. 우리 형제는 이미 피를 흘렸고, 우리는 그것을 없었던 일로 할 수 없습니다. 이미 엎질러진 물과 같이, 우리가 행한 비행은 철회될 수 없습니다! 오, 하나님! 우리로 말미암아 멸망하게 된 영혼들은 이제 구원받을 수 없습니다. 지옥의 문들은 굳게 닫혔고, 다시는 열리지 않습니다. 우리는 어떤 식의 배상도 할 수 없습니다. 영혼을 위한 속전은 감당할 수 없이 큰 가치로 거래되기에, 그 거래는 영원히 중지되었습니다. 죄는 회개로 제거되지 않으며, 개선으로 회복되지도 않습니다. 그렇다면 도대체 어떻게 해야 합니까? 아벨의 피와 마찬가지로 땅에서부터 호소하는 예수님이라 불리는 오직 한 분이신 그분의 피, 다시 말해 "아버지 저들을 사하여 주옵소서. 아버지 저들을 사하여 주옵소서"(눅 23:34)라고 외치는, 인간과는 다른 그분의 핏소리가 없었다면, 여러분과 저를 포함한 우리 모두는 소망 없이 절망가운데 있어야 했을 것입니다. 저는 "보복이라, 보복이라, 보복이라"고 말하는 소리도 듣습니다. 이 소리는 니느웨에 대한 요나의 경고(욘 1:1-2)처럼, 이 소리를 듣는 모든 사람으로 하여금 굵은 베 옷을 입게 하기에 충분합니다(욘 3:5). 그러나 하늘 위에서는 다정하고도 우렁찬 소리가 들려옵니다. "긍휼이라, 긍휼이라, 긍휼이라"고 말입니다. 아버지께서 아래를 굽어보며 말씀하십니다. "저 소리는 누구의 핏소리인가?" 그러자 그 소리가 대답합니다. "이 소리는 죄를 사하기 위해 골고다에서 흘린 당신의 하나밖에 없는 독생자의 핏소리입니다." 그러자 아버지는 자신의 우레를 치우고 칼을 칼집에 도로 넣으며 팔을 내밀어 인간의 아들들인 여러분에게 말씀하십니다. "내게로 나아오라. 돌아오라 돌이키라. 그리하면 내가 긍휼히 여기리라(사 55:7). 내가 또 내 영을 너희 속에 두어 너희가 살아나게 하리라(겔 37:14)." 그리고 "회개하고 복음을 믿으라"(막 1:15)고 말입니다. 여러분, 과거에 지은 죄를 미워하십시오. 그리고 미래를 위해 예수님을 믿으십시오. 예수님은 예수님 자신을 통해 하나님께 나아가는 모든 자들을 모두 구원하실 수 있습니다. 왜냐하면 하나님께서 사랑하는 아들인 예수 그리스도의 피가 우리를 모든 죄에서 깨끗하게 하기 때문입니다. 죄인인 여러분, 피하십시오. 피하십시오. 여러분이 흘리게 한 그 피의 복수자가 황급히 여러분을 쫓아오고 있습니다. 발에는 날개를 달고서, 피에 굶주린 마음으로 여러분을 추적해 오고 있습니다. 여러분, 달리십시오. 달리십시오. 도피성이 여러분 앞에 있습니다. 도피성은 믿음의 오솔길을 따라 가다보면 나옵니다. 여러분, 서두르십시오. 서두르십시오. 여러분이 그 도피성에 이르기 전에, 피의 복수자인 그 추격자가 여러분을 뒤따라 잡는다면, 그는 여러분을 내려칠 것입니다. 내려치는 그 한 방으로도 여러분은 영원히 멸망할 것입니다. 여러분, 제발 빈둥거리지 마십시오! 여러분의 가는 길 왼편에는 꽃들이 피어 있습니다. 그래도 그 꽃들에 신경 쓰지 마십시오. 만약 여러분이 그 꽃길에서 지체한다면, 그 들판은 여러분의 피로 붉게 물들여질 것입니다. 가는 길 오른쪽에는 휴게소가 있지요? 이런 곳에서도 절대 머물지 마십시오. 그 피의 추격자가 쫓아오고 있습니다! 힘들게 고생하며 쫓아가는 그의 발자국 소리를 들어보십시오! 그가 쫓아오고 있습니다. 그가 추적해 오고 있습니다. 그 피의 추격자가 지금 다가오고 있습니다! 오, 부디 여러분이 그 도피성 입구를 통과하시기를 바랍니다! 하나님의 아들을 믿기만 하면, 죄를 용서받고, 여러분은 영생에 들어가게 됩니다.

선하신 하나님, 당신의 축복을 내려 주옵소서! 우리는 힘이 다 빠졌습니다. 우리는 더 이상 말할 기력도 없습니다. 제발 "그리스도께서 당하신 고통과 흘리신 피땀과 그리스도의 십자가와 수난과, 그리스도의 귀한 죽음과 장사지내신 것을 보시고" 이 영혼들을 축복해 주옵소서. 아멘.

제
7
장
—

에녹

—

"에녹은 육십오 세에 므두셀라를 낳았고 므두셀라를 낳은 후 삼백 년을 하나님과 동행하며 자녀들을 낳았으며 그는 삼백육십오 세를 살았더라. 에녹이 하나님과 동행하더니 하나님이 그를 데려가시므로 세상에 있지 아니하였더라."
　　　　　　　　　　— 창 5:21-24

"믿음으로 에녹은 죽음을 보지 않고 옮겨졌으니 하나님이 그를 옮기심으로 다시 보이지 아니하였느니라. 그는 옮겨지기 전에 하나님을 기쁘시게 하는 자라 하는 증거를 받았느니라. 믿음이 없이는 하나님을 기쁘시게 하지 못하나니 하나님께 나아가는 자는 반드시 그가 계신 것과 또한 그가 자기를 찾는 자들에게 상 주시는 이심을 믿어야 할지니라."
　　　　　　　　　　— 히 11:5, 6

"아담의 칠대 손 에녹이 이 사람들에 대하여도 예언하여 이르되 보라, 주께서 그 수만의 거룩한 자와 함께 임하셨나니 이는 뭇 사람을 심판하사 모든 경건하지 않은 자가 경건하지 않게 행한 모든 경건하지 않은 일과 또 경건하지 않은 죄인들이 주를 거슬러 한 모든 완악한 말로 말미암아 그들을 정죄하려 하심이라 하였느니라." — 유 1:14, 15

방금 읽은 이 세 곳의 본문 말씀들은 모두 우리가 에녹에 대해 접할 수 있는 신빙성 있는 정보들입니다. 따라서 옛 주석가들이 꾸며낸 이야기들을 여기에 추가하여 언급하는 것은 쓸데없는 일일 것입니다. 오늘 본문에 나오는 에녹은 아담의 칠대 손으로서, 이 에녹은 가인의 계열로 아담의 삼대 손인 에녹(창 4:17)과는 다른 인물입니다. 하나님께서는 참된 신앙과 관련된 진리의 일부분을 사람들에게 드러내 보이실 때, 그 진리들을 첫 족장들에게 드러내기를 기뻐하셨습니다. 이 고대의 족장들은 하나님으로부터 가르침을 받은 자들이었을 뿐만 아니라, 그 시대의 사람들을 가르치는 자들이기도 하였고, 위대한 진리들이 드러나는 모형들(types)이기도 하였습니다. 아벨은 희생제사로 여호와께 나아가야 할 필요성과 피로 말미암는 대속의 필요성을 가르쳐 주었습니다. 그는 제단에 어린 양을 바치고는 그 자신의 피로 자신의 증거를 확증하였습니다. 이처럼 대속은 매우 귀한 진리였기에, 이 진리를 지키기 위해 죽는 것은 가치 있는 일이었으며, 이 대속은 가장 처음부터 순교자들을 확보한 교리가 되었습니다. 죽었으나 여전히 말하고 있는 그 순교자들은 지금도 이 대속에 대하여 증언하고 있습니다.

셋과 에노스도 여호와에 대한 분명한 신앙 고백의 필요성과 그분을 예배하기 위해 모여야 할 필요성을 사람들에게 가르쳤습니다. 우리는 셋과 에노스의 시대와 관련하여 "그 때에 사람들이 비로소 여호와의 이름을 불렀더라"(창 4:26)고 한 말씀을 통해 이 사실을 알 수 있습니다. 대속의 희생 제사를 통해 예배를 드림으로써 이들은 다른 사람들과 구별되었을 뿐만 아니라, 하나님의 이름을 믿는 교회에 모여 예배를 드리고 여호와의 이름을 부르면서도 그들은 다른 사람들과 구별되었습니다. 먼저는 마음으로 아벨이 드린 위대한 희생 제사를 믿어야 했고, 그런 다음에는 입으로 셋과 함께 동일한 신앙 고백을 해야 했습니다. 하지만 에녹의 삶은 이 대속을 받아들이고 고백하는 것 그 이상의 삶이었습니다. 왜냐하면 그는 사람들 앞에서 하나님과 교제하는 위대한 진리를 드러내 주었기 때문입니다. 그는 지극히 높으신 그분과 신자 사이의 관계를 자신의 삶으로 보여 주었을 뿐만 아니라, 살아 계신 하나님께서 그 자녀들과 함께 하기 위해서 얼마나 자신을 낮추어 가까이 다가오시는지도 보여주었습니다. 우리의 지식도 진일보하여 이 족장의 가르침까지 성장할 수 있기를 기원합니다. 사랑하는 성도 여러분, 아벨이 어린 양을 희생제사로 드린 것을 여러분은 알 것입니다. 여러분 또한 그 귀한 보혈을 확신하고 있습니다. 그러므로 여러분도 이 믿음으로 모든 제물들 가운데 하나님께서 가장 받으실 만한 제물을 하나님께 드리십시오. 여기까지 나아가게 되면, 우리는 한 걸음 더 진일보하게 되어, 하나님의 이름을 부르게 되고, 예수님을 인정하며 따르는 자들이 됩니다. 우리가 성부, 성자, 성령의 이름으로 세례를 받을 때, 이 세례로 우리는 우리 자신을 엄숙하게 장사 지내고, 주님께 헌신하게 됩니다. 왜냐하면 이제 우리는 그리스도 안에 있기에, 모든 세상에 대하여 죽은 바가 되고, 그분과 더불어 새 생명으로 부활한 자가 되기 때문입니다. 이제부터는 그 거룩한 이름이 우리의 이름 위에 덧입혀지며, 우리는 더 이상 우리 자신의 것이 아닌 것이 됩니다. 그래서 지금 우리는 교회라는 우리의 건물에 함께 모이고, 친교의 식탁 주위로 모여들며, 기도와 예배를 위한 우리의 만남에 하나가 되어 있습니다. 우리 모두를 위한 그 중심에 주님의 이름이 있습니다. 우리는 세상과 분리되어, 그분의 이름을 선포하는 백성으로 구별되어 있습니다. 여기까지 여러분은 제 설명을 잘 따라왔습니다. 다시 말해, 우리는 아벨과 더불어 길 되신 예수님의 희생 제사를 보았습니다. 그리고 우리는 셋과 더불어 진리를 인정하였습니다. 그러므로 이제는 한 걸음 더 내딛어 우리가 에녹과 더불어 생명(life, '생활' 로도 옮길 수 있다. 아벨, 셋, 에녹이 "길이요 진리요 생명이신 예수님"[요 14:6]을 드러낸다는 서론의 구조 속에서, 스펄전은 본론으로 들어가 하나님과 동행[walk with God, 하나님과 함께 걸음]했던 에녹의 생활[life]을 살피고자 한다 ― 역주)을 알아보겠습니다. 에녹이 했던 것처럼 하나님과 동행하고자 노력하는 우리가 됩시다.

이 거룩한 족장의 삶에 대한 묵상은 우리가 그 삶을 닮아가는 데 도움이 될 것입니다. 에녹이 과연 어떤 사람이었는지, 그가 **어떤** 상황에서 그런 사람이 될 수 있었는지 등을 살펴보면서, 우리는 성령님의 도움으로 그분이 이끄시는 지점까지 이르게 될 것입니다. 성부 하나님과 교제하는 것, 그 아들이신 예수 그리스도와 교제하는 것, 이것이 바로 모든 경건한 자들의 바람이자, 모든 거룩한 자들의 열망입니다. 우리의 영혼이 우리 주님을 향해 지속적으로 부르짖는 것이 바로 "나와 함께 하소서"(Abide with me. 스코틀랜드 시인이자 찬송가 작사가인 라이트[Henry Francis Lyte]가 지은 찬송가 제목으로, 21세기 찬송가 481장[때 저물어서 날이 어두니]에 실려 있다 ― 역주)라는 것입니다. 저는 어제 이 땅에서 훌륭한 한 사람의 장례식에 참여하였습니다. 그는 대부분의 우리 같은 사람들보다 훨씬 더 하나님을 사랑하고 경외하며 섬겼던 자였습니다. 또한 그는 현저하게 경건한 형제였습니다. 그는 임종이 가까웠는데도 죽음에 대해서는 조금도 생각하지 않고, 자기 마음속에 있던 마지막 바람들 가운데 하나를 편지로 써서 친구에게 보내줄 것을 부탁하였습니다. 그 편지 내용은 이러합니다. "나는 에녹의 삶, 즉 하나님과 동행하는 삶을 실현하기를 지금까지 갈망해 왔다."

"오, 하나님과 좀 더 가까이 동행했으면!"
(윌리엄 쿠퍼[William Cowper]의 찬송가 제목 - 역주).

그는 단지 여러분과 제가 느끼고 있는 바를 썼을 뿐입니다. 여러분의 바람도 이와 같다면, 물론 저는 그럴 것이라 확신하지만, 정말 그렇다면 여러분은 틀림없이 하나님의 백성입니다. 그러므로 에녹의 삶에 대한 이러한 성찰이 여러분의 바람을 실현하는데 도움이 되기를 바랍니다.

첫 번째, 에녹이 하나님과 동행하였다는 말에는 무엇이 함축되어 있습니까? 이 말은 한 사람의 삶에 대한 짧은 서술이지만, 이 말 속에는 의미의 보고(寶庫)가 들어 있습니다. 두 번째, 그의 주목할 만한 삶은 어떤 상황들과 관련되어 있습니까? 이런 상황들을 살펴봄으로써 대단한 교훈을 얻을 수 있습니다. 그리고 세 번째, 하나님과 동행한 에녹의 삶은 어떻게 끝을 맺었습니까? 이것은 에녹의 삶 자체만큼이나 주목해 볼 만한 주제입니다.

1. 에녹이 하나님과 동행했다는 말의 의미

그렇다면 에녹이 하나님과 동행하였다는 것이 무슨 뜻입니까? 오늘 두 번째 본문인 히브리서의 저자인 바울은 이 첫 번째 주제에 관한 도움말을 히브리서에서 각주처럼 우리에게 제시하고 있습니다. 첫째로, 에녹이 하나님과 동행하였다는 것은 에녹이 하나님을 참으로 기쁘시게 하였다는 것이라고 바울은 말합니다. "그는 옮겨지기 전에 하나님을 기쁘시게 하는 자라 하는 증거를 받았느니라." 이것이 바로 에녹이 하나님과 동행하였다는 것에 대한 이 사도의 분명한 해석이며, 이 해석은 아주 타당한 것입니다. 왜냐하면 주님께서는 자신이 기뻐하지 않는 사람과는 동행하지 않으시기 때문입니다. 두 사람이 마음이 맞지도 않는데도, 그 둘이 동행할 수 있겠습니까? 만약 사람들이 하나님과 반대로 걷는다면, 하나님은 결코 그들과 더불어 걷지 않으시고, 그 반대로 걸으실 것입니다. 동행, 즉 함께 걷는다는 말에는 친목, 우정, 친밀, 사랑 등의 뜻이 포함되어 있습니다. 따라서 어떤 사람이 주님께서 받으실 만한 사람이 아니라면, 하나님과 그 영혼 사이에는 그런 것들이 존재할 수 없습니다. 엘리야와 마찬가지로 에녹도 분명히 우리와 같은 성정을 가진 사람이었습니다. 에녹도 아담의 죄악 가운데서 다른 인간들과 함께 타락한 존재였습니다. 본성적으로 우리에게 죄악이 있는 것처럼 그에게도 죄악이 있었습니다. 우리는 다 양 같아서 그릇 행하여 각기 제 길로 갔던 것처럼, 그 또한 우리 모두가 행한 것과 마찬가지로 그 행동과 행위에서 그릇된 길로 나갔습니다. 죄 용서와 죄 씻음이 우리에게 필요했던 것처럼 그에게도 이런 것들이 필요하였습니다. 그러므로 그가 하나님을 기쁘시게 하기 위해서는, 우리가 용서받아 의롭다 하심을 얻은 것처럼, 그도 용서받고 의롭다 하심을 얻는 것이 필요했습니다. 자신의 죄를 용서받고 의롭다 하심을 얻기 전까지는 그 어떤 인간도 하나님을 기쁘시게 할 수 없습니다. 하나님을 기쁘시게 하려는 이 목적을 위해서는 반드시 믿음이 있어야만 합니다. 왜냐하면 믿음이 없이는 의롭다 하심을 얻을 수 없기 때문입니다. 우리가 이미 말한 바와 같이, 우리의 인격이 의롭다 하심을 얻지 못하고서는 결코 하나님을 기쁘시게 할 수 없습니다. 그러므로 "믿음이 없이는 하나님을 기쁘시게 하지 못하나니"라고 한 사도의 말은 옳습니다. 오늘날의 우리도 마찬가지이지만, 에녹 또한 믿음으로 하나님을 기쁘시게 하였던 것입니다. 사랑하는 성도 여러분, 이 믿음은 우리가 열정을 가지고 주목할 만한 가치가 있는 것입니다. 왜냐하면 이 믿음의 길은 우리에게도 열려 있기 때문입니다. 만약 에녹이 어떤 비범한 은사나 재능으로, 또는 놀라운 업적이나 기적적인 공로 등으로 하나님을 기쁘시게 하였다면, 우리는 절망할 수밖에 없을 것입니다. 그러나 그가 하나님을 기쁘시게 한 것이 바로 믿음이었다면, 다시 말해 죽어가던 강도를 구원한 믿음, 여러분과 제 속에서 역사하는 믿음, 바로 그 믿음과 동일한 믿음으로 하나님을 기쁘시게 한 것이라면, 사람들이 하나님과 동행할 수 있는 길로 갈 수 있는 그 좁은 문이 우리에게도 열려 있는 것입니다. 우리가 이 믿음을 가진다면, 우리도 주님과의 교제를 시작할 수 있습니다. 이런 믿음이 우리에게 있기를 얼마나 열정적으로 갈망해야 하는지 모릅니다! 가장 높은 수준의 영적 생활은 가장 낮은 수준의 영적 생활과 완전히 동떨어져 있는 것이 아닙니다. 그 낮은 수준에서부터 점점 높이 올라가는 것입니다. 여러분이 이 하나님의 사람처럼 하나님과 동행하기를 원한다면, 여러분은 주 예수 그리스도를 믿음으로, 다시 말해 마치 은혜에 있어서 어린 아이처럼 단순하게 시작해야만 합니다. 가장 높은 수준의 신자가 되는 것도, 우리 자신이 죄인이라는 것을 고백하고, 십자가에 못 박히신 그리스도를 굳게 붙잡는 것에서 시작해야 합니다. 이 과정을 거쳐 가장 연약한 신자들이 생명을 얻는 것처럼, 가장 강한 신자들도 이 과정을 거쳐서 생명을 얻게 됩니다. 만약 여러분이 성장하여 가장 강한 주님의 용사가 되고자 한다면, 그 바람은 오로지 거룩한 능력을 붙잡는 믿음으로만 가능합니다. 성령 안에서 시작하였다가 이제는 육체로 완전해져서는 안 됩니다(갈 3:3[KJV], "성령으로 시작하였다가 이제는 육체로 마치겠느냐?"[개역개정] ― 역주). 여러분은 그리스도를 믿는 믿음에서 다소 거리를 둔 채 걸음을 지속해서는 안 됩니다. 그렇게 하는 것은 여러분의 공로로 살아가는 걸음을 시작하는 것입니다. 여러분의 걸음은 그 걸음이 시작되었을 때와 똑같이 지속되어야 합니다. "그러므로 너희가 그리스도 예수를 주로 받았으니 그 안에서 행하되(walk)"(골 2:6)라는 말씀대로 말입니다. 에녹은 항상 하나님을 기쁘시게 하였습니다. 하지만 그가 그렇게 할 수 있었던 것은, 그가 항상 하나님을 믿었을 뿐만 아니라, 그분을 믿는 믿음의 능력 안에서 살았기 때문입니다. 이것이야말로 우리가 알고 기억할 만한 가치가 있는 사실입니다. 왜냐하면 우리는 오직 주님을 바라보려는 노력보다는 오히려 우리 자신의 감정들을 바라보면서, 경건한 삶이라는 좀 더 고차원적인 유형의 허상을 쫓아가려는 노력을 하고 있기 때문입니다. 예수님 그분만을 바라보는 것으로 그분의 형상을 우리 속에서 존경하게 되기까지, 우리는 그분에게서 절대 눈을 떼어서는 안 될 것입니다. 혹시라도 우리가 그분에게서 눈을 뗀다면, 우리는 앞으로 나아가기는커녕 뒤로 물러날 것이기 때문입니다. 사랑하는 성도 여러분, 절대로 그렇게 해서는 안 될 것입니다. 믿음으로 에녹은 하나님을 기쁘시게 하였습니다. 그리고 믿음으로 그는 하나님과 동행하였습니다. 그러므로 우리도 그가 갔던 길을 따라가도록 합시다.

둘째로, 에녹이 하나님과 동행하였다는 말씀을 읽음으로써, 우리는 에녹이 하나님의 거룩한 임재를 실제로 인식하고 있었다는 사실을 알 수 있습니다. 여러분은 여러분이 잘 모르는 어떤 존재를 가까이 할 수도 없고, 그런 존재를 자각하면서 그와 더불어 걸어갈 수도 없습니다. 우리가 어떤 사람과 걸을 때, 그 사람이 거기에 있다는 것을 우리는 알고 있습니다. 그리고 그 사람의 얼굴을 볼 수 없다 해도, 우리는 그가 걷고 있는 발자국 소리를 들을 수는 있습니다. 다시 말해, 어떤 사람이 우리 옆에 있다는 사실을 우리는 아주 분명하게 인식한다는 것입니다.

자, 오늘 설교의 두 번째 본문인 히브리서를 다시 살펴보겠습니다. 사도 바울은 우리에게 다음과 같이 말합니다. "하나님께 나아가는 자는 반드시 그가 계신 것과 또한 그가 자기를 찾는 자들에게 상 주시는 이심을 믿어야 할지니라." 이렇게 에녹의 믿음은 인식하는 믿음이었습니다. 너무나 많은 사람들이 믿음을 신조의 문제(matter of creed)로 치부해 버리고, 믿음을 철지나 쓸모 없는 것으로 여겨 선반에 올려 놓아야 하는 것쯤으로 생각합니다. 하지만 에녹은 그렇지 않았습니다. 그의 머리에 정통신앙이 자리 잡고 있었을 뿐 아니라, 그 정통신앙에서 발하는 진리가 그의 가슴에까지 스며들어 있어서, 그가 믿고 있는 모든 것들은 그에게 참된 것이었습니다. 특히 그의 일상에서 그 믿음은 사실의 문제(matter of fact)로 여겨질 만큼 진정 참된 것이었습니다. 그는 하나님과 동행하였습니다. 이 말은 그가 그저 하나님에 대해 생각했다는 것이 아닙니다. 또한 그가 하나님에 대해 묵상했다는 것도 아니며, 그가 하나님에 대해 논증했다는 것도 아니고, 그가 하나님에 대해 읽었다는 것도 아니고, 그가 하나님에 관해 이야기를 나누었다는 것도 아닙니다. 그는 하나님과 동행, 즉 하나님과 함께 걸었습니다. 이것이 바로 참된 경건의 실천적이고 체험적인 부분입니다. 그는 일상에서 하나님이 자신과 함께 하고 있다는 것을 인식하였으며, 그분을 살아 있는 친구로 여겼습니다. 그래서 에녹은 그분에게서 신뢰감을 느끼고, 그분에게서 사랑받고 있다는 감정을 느끼게 되었습니다. 오, 사랑하는 성도 여러분, 만약 여러분이 그리스도인의 삶으로서 가장 높은 수준에 이르고자 한다면, 여러분은 이미 믿음으로 받은 것들에 대해 분명한 인식을 갖고 있어야만 합니다. 여러분은 그렇게 생각하지 않습니까? 믿음으로 이미 받은 것들을 붙잡으십시오. 그것들이 여러분에게 실체와 증거가 되게 하십시오. 그것들을 확신하고, 그것들을 바라보고, 그것들을 만져보고, 그것들을 여러분의 영혼 가장 깊은 곳에서 경험하십시오. 그러면 여러분은 모든 의문 너머에 있는 것들을 알게 될 것입니다. 여러분은 눈에 보이지 않는 그분을 보아야 하며, 아직 누릴 수 없는 것들을 간직해야 합니다. 하나님이 존재한다는 사실뿐만 아니라, 그분은 자신을 부지런히 찾는 자들에게 상 주시는 이심을 여러분은 믿으십시오. 사도 바울의 말에 따르자면, 이것이 바로 에녹의 믿음이었습니다. 하나님은 실제로 존재하시며, 인간의 행동들을 살펴보시며, 심판하시며, 상 주시는 분이십니다. 이렇게 실제적인 하나님께서 우리와 실제로 함께 하십니다. 이 사실을 우리는 알아야만 합니다. 만약 이 사실을 모른다면, 우리는 결코 하나님과 동행하고 있는 것이 아닙니다.

셋째로, 에녹이 하나님과 동행하였다는 말씀을 읽으면서, 이는 에녹이 지극히 높으신 그분과 아주 친밀한 교제를 하였다는 사실을 분명히 의미하고 있음을 우리는 알 수 있습니다. 제가 알고 지내는 친구들 가운데 가장 자유롭고 유쾌하고 진심어린 교제를 나누는 친구가 있습니다. 그 친구와 나눈 이러한 교제는 틀림없이 그와 쉬지 않고 걸으면서 생겼을 것입니다. 만약 제가 어떤 사람에게 자신과 가장 친한 친구가 누구인지 묻는다면, 틀림없이 그는 자신과 매일 함께 걸었던 친구라고 대답할 것입니다. 만약 여러분에게 "저는 그 친구와 때때로 그의 집에 가서 잠시 그와 함께 앉아 있곤 하였습니다"라고 말할 수 있는 친구관계가 있다면, 이 관계는 "저는 날이면 날마다 그와 함께 들판을 걸으며 언덕을 올라다녔습니다"라고 말하는 친구관계와는 비교조차 할 수 없을 것입니다. 친구들은 걸으면서 서로 대화를 나눕니다. 한 사람은 자신의 고민을 말하고, 또 다른 사람은 그 문제로 고민하는 친구를 위로해 주려고 애쓰기도 하며, 이번에는 그 친구에게 자신의 비밀을 털어놓기도 합니다. 어떤 사람들이 서로 선택하여 함께 계속해서 걷는 습관이 생길 때, 그들 간에는 제삼자가 개입할 수 없는 많은 교감들이 생긴다는 것을 여러분도 분명히 알 것입니다. 만약 제가 어떤 사람을 속속들이 알고 싶다면, 저는 그 사람과 함께 잠시 걸어보기를 원할 것입니다. 걸으면서 교감을 나누는 가운데 심지어 가족들도 알지 못하는 그의 삶의 일부분들이 드러나기 때문입니다. 이처럼 계속해서 함께 걷는다는 것은 두 사람의 친구관계에서 밀접한 교우관계나 대단히 친밀한 관계임을 의미하기도 하고, 그런 친밀감을 형성하기도 합니다. 그렇다면 하나님께서도 바로 이와 같은 방식으로, 즉 사람들과 함께 걷는 행동으로 동행하셨을까요? 그렇습니다. 그분은 에녹과 함께 그렇게 하셨습니다. 그분은 그 이후로도 많은 그의 백성들과 함께 그렇게 하셨습니다. 그분은 자신의 비밀, 즉 그분을 경외하는 자들에게만 드러내는 주님의 비밀을 우리에게 말씀하십니다. 그리고 우리도 그와 마찬가지로 찬양으로 우리의 즐거움을, 기도로 우리의 슬픔을, 고백으로 우리의 죄악들을 그분에게 말합니다. 우리는 마음에 있는 모든 근심의 짐들을 그분의 마음에 내려놓습니다. 왜냐하면 그분은 우리의 근심을 돌보는 분이시기 때문입니다. 그러면 주님께서는 그분의 선함을 홍수처럼 쏟아부어 주십니다. 또한 그분께서는 그 사랑하는 자들로 하여금 그들을 향한 그분의 영원한 사랑을 깨닫게 해주십니다. 이것이 바로 그리스

도인들이 체험할 수 있는 바로 그 꽃이자 달콤함이며, 백합화이고 장미이며 창
포와 몰약입니다. 만약 여러분이 그리스도인들의 삶에서 달콤한 크림을 맛보기
를 원한다면, 인식하는 믿음과 하늘 아버지와의 친밀한 교제를 시작하는 것에서
그 맛을 찾을 수 있을 것입니다. 에녹도 이와 마찬가지로 하나님과 동행하였습
니다.

　넷째로, "동행했다"는 말 속에는 그가 누린 하나님과의 교제가 지속적이었다는
뜻이 포함되어 있습니다. 한 옛 신학자가 잘 언급한 바와 같이, 에녹은 한두 번
하나님과 함께 산책하다가 그분과의 교제를 그만둔 것이 아니라, 삼백 년 동안
하나님과 걸었습니다. 오늘 창세기 본문에 따르면, 이 동행은 그의 평생토록, 즉
삼백육십 년이라는 세월 동안 줄곧 지속되었다는 내용이 암시되어 있습니다.
에녹은 므두셀라가 태어난 후에도 계속해서 삼백 년 동안 하나님과 동행하였습
니다. 틀림없이 그는 므두셀라를 낳기 전에도 하나님과 동행했을 것입니다. 이
얼마나 멋진 동행입니까! 삼백년 동안이나 동행하다니! 만약 한 사람이 어떤 다
른 사람과 동행했다면, 이번에는 다른 사람과 교제해 보고 싶다는 마음이 들었
을 것입니다. 하지만 하나님과 함께 삼백 년이나 동행했다는 것은, 그 족장에게
는 이 일이 매우 행복한 일이어서, 그가 시간과 공간을 넘어서서 낙원에 이를 때
까지, 그와 동일한 신적 교제를 이 땅에서도 계속해서 나누며 행진했다는 사실
을 말해 주고 있습니다. 에녹은 이 땅에서 천국을 소유하고 있었습니다. 그러므
로 그가 이 땅에서 천국으로 미끄러지듯이 쉽게 올라간 것은 그렇게 놀랄 만한
일이 아닙니다. 그는 일시적인 기분이나 처음에 잠시만 하나님과 교제를 나눈
것이 아니라, 진정으로 하나님의 사랑을 의식하며 그 안에 거하였던 것입니다.
그는 가끔씩 경건이라는 우뚝 솟은 높은 산에 올랐다가 뜨겁지도 않고 차지도
않은 축축한 계곡으로 내려온 것이 아니었습니다. 그는 날마다 지속적으로 하나
님과 고요하고 행복하며 기쁜 교제의 즐거움을 누렸습니다. 한 날의 괴로움들도
이 하나님과의 교제를 방해하지 못했습니다. 이 동행은 달리기나 뜀뛰기나 역주
(力走)가 아니라, 꾸준히 걷는 것이었습니다. 계속해서 쭉 행복했던 3세기 동안
내내, 아니 그 이상으로 에녹은 지속적으로 하나님과 동행했던 것입니다.

　다섯째로, 하나님과 동행했다는 이 표현에는 그의 삶이 발전적이었다는 뜻이
포함되어 있습니다. 사람이 혼자 걷든 아니면 다른 사람과 함께 걷든, 그 사람은
걸을 때마다 전진합니다. 다시 말해 그는 앞으로 나아가게 되는 것입니다. 에녹

은 하나님과 동행하였습니다. 이백 년 동안의 동행이 끝나갈 무렵, 그는 처음 동행했을 때의 자리에 있지 않았습니다. 그는 하나님과 함께 계속해서 동일한 교제를 나누고 있었지만, 옳은 길을 향해 앞으로 나아가 있었습니다. 삼백 년 동안의 동행이 끝나갈 무렵, 그는 더욱더 많은 기쁨을 누렸고, 더욱더 많은 것을 이해했고, 더욱더 많은 것을 사랑했으며, 더욱더 많은 것을 받았고, 더욱더 많은 것을 베풀 수 있었습니다. 왜냐하면 그는 모든 면에서 전진해 있었기 때문입니다. 하나님과 동행하는 사람은 은혜와 하나님을 아는 지식과 그리스도를 닮아가는 일에서 필연적으로 성장하기 마련입니다. 은혜를 입은 사람이 능력을 얻지도 못하고, 성화되지도 않고, 가르침도 받지 못하고, 더욱더 하나님께 영광을 돌리지도 못한 채, 한 해 한 해 하나님과 영속적으로 동행한다는 것을 여러분은 도저히 상상할 수 없을 것입니다. 그러므로 저는 에녹의 삶이 영적으로 진보하는 삶이었음을 알게 되었습니다. 그는 능력에서 능력으로 나아갔으며, 은혜로운 순례의 길을 전진해 나아갔던 것입니다. 하나님께서 우리를 도우시어 우리도 서둘러 앞으로 나아가기를 기원합니다.

청컨대 저는 에녹의 동행에 대해 조금만 더 살펴보고자 합니다. 키토의 「매일 성경 읽기」(*Kitto's Daily Bible Readings*, 영국 성경학자인 존 키토[John Kitto, 1804-1854]가 쓴 성경해설집으로, 원제는 '매일 성경 도해' [Daily Bible illustrations, 1866]이다 — 역주)라는 책자에 보면, 하나님과 동행하는 것이 어떤 것인지를 삽화로 그려 놓은 아주 흥미로운 부분이 있습니다. 그 그림에는 한 아버지가 어린 아이를 손으로 잡고서, 그 아들과 함께 산들 바람이 부는 언덕으로 걸어 올라가는 장면이 나옵니다. 이 그림에 대해 키토는 다음과 같이 말합니다. "이 어린 아이가 아버지인 여러분과 함께 걸어갈 때처럼, 여러분도 하나님과 함께 걸어가십시오. 그 아이는 지금 여러분을 사랑하고 있습니다. 아무리 춥고 잔인한 세상이라 해도, 지금까지 세상은 이 어린 아이의 마음과 여러분의 마음 사이에 들어오지 못했습니다. 지금 이 아이가 느끼는 사랑이야말로 가장 순수하고 아름다운 사랑일 것입니다. 아이는 이 사랑을 영원히 느낄 것이며, 여러분도 이 사랑을 영원히 받게 될 것입니다. 이 사랑을 아주 소중히 간직하십시오. 이 어린 아이가 아버지인 여러분과 함께 걸어가는 것을 사모한 것처럼, 여러분도 하나님과 함께 걸어가는 것을 사모하십시오." 이런 아이들에게는 자기 아버지와 함께 있는 것이 즐거움입니다. 험한 길이나 궂은 날씨 등은 이 아이들에게 전혀 문제가 되지 않습니다. 아버지와 함께 걸어가는 것 자체가 충분한 기쁨이기 때문입니다. 아버지가 아이를 잡고서 언덕이나 계곡 등 평평하지 않은 곳을 지날 때, 아버지는 아이를 사랑의 손길로 더욱 포근히 감싸며, 눈가에 기쁨의 미소를 짓습니다. 아이 또한 이런 아버지의 모습을 바라봅니다. 이런 동행은 겸손한 동행이기도 합니다. 왜냐하면 그 어린 아이는 자기 아버지를 이 세상에 살고 있는 많은 사람들 가운데 가장 위대하고 가장 현명한 사람으로 바라보기 때문입니다. 이 아이는 자기 아버지를 볼 때, 강하고 현명한 모든 것이 구체화된 화신(化身)으로 여깁니다. 아버지를 따라 걸으면서 아이는 아버지의 최고의 사랑을 느낍니다. 그러면서도 이 사랑의 정도와 동일하게 자기 아버지를 경외합니다. 어린 아이는 자기 아버지와 아주 가까워지지만, 그럼에도 불구하고 자기가 한갓 어린 아이에 불과한 것을 알고 아버지를 왕으로 우러러 봅니다. 또한 이러한 동행은 완전한 신뢰의 동행이기도 합니다. 소년은 길을 잃을까봐 두려워하지 않습니다. 그는 아버지의 인도를 절대적으로 신뢰합니다. 아버지의 팔은 모든 위험에서 자기를 지켜 주는 울타리가 될 것입니다. 따라서 위험한 일이 일어나면 어떡하나 하는 생각조차 하지 않습니다. 왜 그렇습니까? 설령 가는 길에 문제가 생겨 살펴볼 필요가 생긴다 해도, 그 일은 하나님의 일일 것이기 때문입니다. 그러므로 그 어린 아이는 불안한 일이 생길 것이라고는 꿈에도 생각하지 않습니다. 왜 그렇습니까? 힘든 곳을 지날 때면, 그 아버지가 그 곳에서 소년을 덥석 들어주거나 아니면 소년이 그 곳을 무사히 지나도록 도와줄 것이기 때문입니다. 그러는 동안 어린 아이는 마치 한 마리 새처럼 즐거워할 것입니다. 그렇게 즐거워하지 못할 이유가 어디 있겠습니까? 이처럼 신자들은 영원한 긍휼을 의지하고, 의심할 수 없는 사랑을 즐거워하면서, 하나님과 동행해야 합니다. 또한 신자들은 현재나 미래에 대한 두려움을 의식해서는 안 됩니다. 그리스도 안에서 사랑하는 성도 여러분, 아버지 하나님을 신뢰하기 바랍니다. 그리하여 그분께서 여러분의 모든 필요를 충분히 채워 주시기를 기원합니다.

> "하늘 아래 그리고 땅 위에 살았던 그 어떤 천사나 사람도
> 당신이 받은 만큼의 큰 관심을 그분으로부터 받지 못하였다."
> (영국의 성직자이자 시인인 키블[John. Keble. 1792-1866]이 지은 '당신은 내게
> 사랑스러운 아버지이자 어머니이시며' 로 시작되는 시의 한 소절 — 역주).

어린 아이가, 이렇게 현명하고 대화가 통하는 부모와 동행하는 것은 얼마나 교훈적인 동행인지 모릅니다! 그 아버지의 지혜로 어린 아이가 궁금해하던 수수 께끼들이 얼마나 풀리고, 자기 주변에 있는 모든 것이 얼마나 환히 밝혀졌는지 모릅니다! 소년이 한 걸음 한 걸음 내디딜 때마다, 아버지와의 교제로 그는 더욱 더 지혜로워집니다. 오, 행복한 하나님의 자녀들이여, 그들은 자기 아버지와 동 행하면서 아버지로부터 얼마나 많은 것을 배우게 되는지 모릅니다! 에녹도 거룩 한 것들에 관해 심오한 지식과 대단한 지혜를 틀림없이 가지고 있었을 것입니 다. 그는 대부분의 사람들이 생각하기 어려운 하나님의 깊은 것까지도(고전 2:10) 몰두했을 것입니다.

에녹의 삶은 또한 틀림없이 거룩한 삶이었을 것입니다. 왜냐하면 절대로 거 룩한 길에서 벗어나지 않으시는 하나님과 동행하였기 때문입니다. 우리가 하나 님과 함께 걷게 된다면, 우리는 틀림없이 진리와 의와 사랑을 따라 걷게 될 것입 니다. 주님은 불의한 자와 반역하는 자들과는 절대로 교제하지 않으시기에, 하 나님과 동행한 사람은 틀림없이 바르고 거룩한 자였다는 사실을 우리는 알게 됩 니다.

게다가 에녹은 틀림없이 행복한 삶을 살았을 것입니다. 하나님과 이런 교제 를 나누는 사람 가운데 도대체 누가 불행한 삶을 살 수 있겠습니까! 친히 하나님 께서 우리와 함께 하신다면, 그 어떤 길도 무섭게 여겨지지 않을 것입니다. "내 가 사망의 음침한 골짜기로 다닐지라도 해를 두려워하지 않을 것은 주께서 나와 함께 하심이라"(시 23:4). 하나님이 여러분의 동반자가 되신다면, 여러분이 가는 길은 틀림없이 즐겁고 평화로운 길이 될 것입니다.

이렇게 에녹이 하나님과 동행하였다면, 그의 순례의 길은 틀림없이 안전한 길이었을 것입니다. 위대한 여호와 하나님께서 얼마나 든든한 인도자가 되어 주 시겠습니까! 그분은 해와 방패이시며, 은혜와 영광을 베풀어 주십니다. 지존자 의 은밀한 곳에 거주하며, 전능자의 그늘 아래에 사는 자여(시 91:1), 주 하나님 께서 그 우편에서 함께 걷는 자는 아무런 해도 받지 않을 것입니다.

그리고 오, 영원한 그분과 동행한다는 것은 얼마나 영광스러운 일인지 모릅 니다! 수많은 사람들이 왕과 동행하기를 원하고 있습니다. 왕이 그들을 향해 미 소만 지어줘도 기뻐서 거의 실신할 정도로 그 왕의 위엄을 숭상하는 자들이 부 지기수(不知其數)입니다. 그렇다면 만왕의 왕이신 그분과 동행하는 영광은 도대체 어떠하겠습니까? 복되신 분이며, 유일한 능력자이신 그분과 평생토록 그렇게 오랫동안 동행할 수 있도록 허락되었다는 것은 정말 대단하고 고귀한 특권이지 않겠습니까? 이렇게 왕의 동반자가 되어 총애를 받으면서, 오로지 그분과 동행하며 그분의 절친한 친구가 되는 그는 과연 어떤 사람이겠습니까? 여호와는 하늘과 땅 그리고 음부를 다스리는 분이시며, 자신과 동행할 모든 자들의 주님이십니다! 오, 그리스도인들이여, 여러분이 하나님과 동행하는 이런 영광을 누릴 수만 있다면, 여러분은 얼마나 하나님과의 동행을 갈망해야 하겠습니까? 하나님과의 동행이 이렇게 안전하고, 행복하고, 거룩하고, 영광스러운 것인 줄 에녹은 알고 있었습니다. 하나님과 동행하는 이런 삶은 틀림없이 황금과 같은 삶이었습니다. 저는 이보다 더 탁월한 삶이 어떤 것인지 알지 못합니다. 우리가 감히 어디서 이에 견줄 만한 삶을 찾을 수 있겠습니까?

2. 에녹이 하나님과 동행한 삶의 상황들

두 번째로, 에녹이 하나님과 동행한 것은 어떤 상황들과 관련되어 있었는지에 대해 살펴보겠습니다. 이에 대해 우선적으로 말할 수 있는 것은 그의 삶에 대한 자세한 내용들이 거의 없다는 점입니다. 우리는 에녹에 대해 많은 것을 알지 못합니다. 저는 이것이 그의 삶이 지닌 장점이라고 생각합니다. 역사를 가지지 않은 나라는 행복한 나라입니다. 왜냐하면 한 나라가 역사를 가졌다는 것은 지금까지 수많은 전쟁과 혁명과 유혈참사 등으로 많은 고초를 당했다는 의미이기 때문입니다. 그러나 항상 행복하고 평화롭고 번성하는 나라에는 화젯거리를 좋아하는 자들의 눈길을 끌 만한 사건들이 연대기적으로 일어나지 않습니다. 우리는 에녹의 일대기를 쓸 수 없습니다. 이것이 에녹에게는 얼마나 복된 일인지 모릅니다. "에녹이 하나님과 동행하더니 하나님이 그를 데려가시므로 세상에 있지 아니하였더라." 이 짧은 말로 그의 전체 인생여정을 서술하기에 충분했습니다. 여러분은 밖에 나가서 어떤 농부가 일군 들판을 바라보고는, 돌아서서 그 들판에 대해 다음과 같이 말할 수 있을 것입니다. "나는 마치 황금 옷을 입은 것처럼 노란 꽃들이 온 들판을 뒤덮고 있는 것을 보았습니다. 그런데 여기저기 자세히 살펴보니, 흰 꽃들이 황금 옷에 달린 은 단추처럼 피어 있었고, 푸른 수레국화들은 그 단추들의 아름다운 눈처럼 보였으며, 그 단추의 눈들이 온 들녘에 반짝이고 있었습니다." 만약 여러분이 어린 아이라면, 아마 그런 들판이 아주 예쁘다고 생각했을 것입니다. 그러나 정작 농부는 자신의 들판이 아름답다는 그 어린 아이의 말에 고개를 가로저을 것입니다. 왜냐하면 잡초들이 마구 자라나고 있어서 이 땅이 지금 좋지 않은 상태에 있다는 것을 알고 있기 때문입니다. 하지만 이 들판을 둘러본 여러분이 돌아와서는, "낟알이 패어 영글어 곡식들은 잘 자라고 있습니다. 그게 전부입니다"라고 간단히 말했다면, 여러분의 설명이 짧긴 해도 그 들판에 대한 아주 흡족할 만한 설명이 되었을 것입니다. 수많은 휘황찬란한 사건들과 충격적인 일들과 선정적인 모험들이 하나의 흥미로운 일대기를 이루어 여러 사람들의 눈길을 끌게 할 수는 있겠지만, 이런 것들로 인해 한 사람의 삶이 실제로 탁월한 가치를 지니게 되는 것은 아닙니다. 하나님의 섭리에 따라 자신이 처한 자리에서 조용하게 하나님을 지속적으로 섬기는 삶보다 더 나은 삶은 있을 수 없습니다. 천사들은 물론 순결한 마음을 가진 모든 자들이, 가장 칭송할 만한 여인의 삶이라고 판단하리라 믿는 한 삶이 있습니다. 그녀의 삶에 대한 평가는 다음과 같은 간단한 말로 이루어져 있습니다. "그 여인은 자기가 할 수 있는 일을 다 행하였으니"("She did what she could"[막 14:8 KJV], "그는 힘을 다하여"[개역개정] ― 역주). 또한 가장 주목할 만한 삶을 산 한 남자의 삶에 대해서는 다음과 같은 간단한 말로 평가되리라고 저는 생각합니다. "여호와를 온전히 따랐은즉"("He followed the Lord fully"[민 32:12]). 에녹의 삶에는 어떤 진기한 일들이 일어나지 않았습니다. 하지만 사람이 하나님과 동행했다는 이것이야말로 참으로 진기한 일이지 않겠습니까? 영원하신 그분과의 교제 가운데 거하는 것보다 더 고귀한 야망이 어디 있겠습니까?

그러나 어떤 사람은 다음과 같이 말할 것입니다. "글쎄요. 틀림없이 에녹은 아주 특별한 상황 가운데 있었을 것입니다. 그는 분명히 경건한 삶을 살 수 있는 아주 유리한 환경에 처해 있었을 거예요." 자, 이것이 사실이 아니라는 점을 살펴보겠습니다.

첫째, 그는 공인(公人)이었습니다. 그는 "아담의 칠대 손"으로 불리고 있었으며, 주목받는 사람이었습니다. 사람들은 그를 당대의 선조들 가운데 한 사람으로 우러러보았습니다. 그 당시 족장은 명망 있는 사람으로서, 명예와 함께 부담스러운 책임까지 맡고 있었습니다. 고대의 관습에 따르면, 한 집안의 수장(首長)은 가정에서 제사장이면서 선지자이기도 하였고, 왕이기도 하였습니다. 그리고 대외적으로는 만약 그가 지체 높은 가문의 사람이거나 실세를 가진 사람이었다면, 모사나 재상이나 통치자가 되었습니다. 에녹은 당대에 위인이었으며, 그 시대에 가장 중요한 사람들 가운데 한 명이었습니다. 그러므로 그의 경건한 태도들은 틀림없이 그것에 반대하는 경건하지 않은 무리들로부터 날카로운 공격을 받았을 것입니다. 에녹은 귀족의 명단 가운데 언급되고 있습니다. 어떤 사람들은 지혜롭지 못하게 다음과 같은 생각을 하기도 합니다. "내가 조그마한 오두막한 채를 짓고 조용한 시골 마을에서 살았다면, 나는 하나님과 동행했을 것입니다. 하지만 당신도 알다시피 나는 공인으로서, 책임 있는 위치에 있기 때문에, 동료들과 함께 뒤엉켜 살아야만 합니다. 따라서 어떻게 해야 내가 하나님과 동행할 수 있는지 나는 잘 모르겠습니다." 아, 사랑하는 성도 여러분, 하지만 에녹은 이런 상황에서도 하나님과 동행하였습니다. 그는 틀림없이 그 당시에 유명한 사람이었으며, 많은 공무(公務)를 감당했던 사람이었을 것입니다. 그럼에도 불구하고 그는 천국과 소통할 수 있는 거룩한 대화의 끈을 놓지 않았으며, 수 세기에 이르는 자신의 거룩한 생애 동안 계속해서 그 끈을 붙잡고 있었습니다.

둘째로, 에녹은 가정을 이룬 사람이었다는 사실에 여러분은 주목하기 바랍니다. "에녹은 …… 하나님과 동행하며 자녀들을 낳았으며." 어떤 사람은 다음과 같이 말합니다. "아, 여러분에게 자녀가 많으면, 여러분은 여러분이 원하는 대로 살아갈 수 없습니다. 여러분의 가정이 어린 아이들이 있는 대가족이라면, 기도 시간을 지키는 것과 조용하게 성경책을 읽는 것에 대해서 제게 말하지 마십시오. 여러분은 소란스러운 가운데 있게 될 것이며, 많은 가정 일에 치여서 틀림없이 화를 내기도 하고, 평정심을 잃게 되기도 할 것입니다. 숲 속으로 도망쳐, 은둔자들을 위한 작은 수도원을 찾으십시오. 거기서 여러분은 갈색 항아리에 담긴 물과 여러분 몫의 빵 한 조각으로 연명하면서 비로소 하나님과 동행할 수 있게 될 것입니다. 하지만 지금처럼 항상 상냥하지 않은 아내와, 밤이나 낮이나 절대로 조용하지 않을 한 무리의 어린 아이들이 있는 상태에서, 어떻게 사람이 하나님과 동행하기를 기대할 수 있겠습니까?" 이번에는 반대로 아내가 다음과 같이 소리칩니다. "만약 내가 아직 독신이었다면, 나는 하나님과 동행했을 것이라 생각합니다. 내가 아가씨였을 때는 전적으로 헌신했으니 말입니다. 지금은 늘 평정심을 유지하지 못하는 남편과, 결코 만족하지 못하면서 끝없이 무수한 요구들을 해대는 어린 자녀들이 있으니, 내가 하나님과 동행한다는 것이 가능하겠습니까?" 다시 에녹에게로 돌아가 봅시다. 그러면 그런 동행이 틀림없이 가능하리라 우리는 확신하게 됩니다. "에녹은 육십오 세에 므두셀라를 낳았고, 므두셀라를 낳은 후 삼백 년을 하나님과 동행하며 자녀들을 낳았으며, 그는 삼백육십오 세를 살았더라." 여러분이 아는 바와 같이 에녹은 공인이었으며, 가정을 이룬 사람이었습니다. 그럼에도 불구하고 그는 삼백 년 이상이나 하나님과 동행하였습니다. 하나님을 가까이하여 살기 위해 꼭 은둔자가 되거나 결혼 생활을 포기할 필요가 전혀 없습니다.

셋째로, 에녹은 아주 악한 시대에 살았습니다. 그는 죄가 지면을 덮기 시작하던 시기, 즉 여호와께서 사람의 죄악이 세상에 가득함을 보시고 여호와께서 창조한 모든 것을 지면에서 쓸어 버리기로 작정한 때로부터 그리 멀지 않은 시대에 살았습니다. 에녹은 조롱하는 자들과 멸시하는 자들의 시대에 살았던 것입니다. 유다서에 기록된 그의 예언을 통해 여러분은 다음과 같은 사실을 알 수 있을 것입니다. "보라 주께서 그 수만의 거룩한 자와 함께 임하셨나니 이는 뭇 사람을 심판하사 모든 경건하지 않은 자가 경건하지 않게 행한 모든 경건하지 않은 일과 또 경건하지 않은 죄인들이 주를 거슬러 한 모든 완악한 말로 말미암아 그들을 정죄하려 하심이라 하였느니라." 그가 살던 시대는 하나님을 사랑하는 사람이 거의 없었으며, 비록 하나님을 사랑한다고 말을 하는 자들도 사람의 딸들의 유혹에 정신을 못 차리던 그런 때였습니다. 교회와 국가가 결탁하였으며, 세상 풍조와 쾌락이 시간을 지배했고, 거룩하지 않은 타협이 대세를 이루었습니다. 오랫동안 살면서 큰 죄인들이 양산되고, 또 그 큰 죄인들은 하나님을 크게 격노케 할 무언가를 모색하던 바로 그 원시적인 시대가 끝을 향해 가던 무렵에 에녹은 살고 있었습니다. 그러므로 여러분은 여러분의 시대와, 여러분의 이웃과, 다른 환경들에 대해 불평하지 마십시오. 왜냐하면 이 모든 상황들 가운데서도 여러분은 여전히 하나님과 동행할 수 있기 때문입니다.

에녹은 하나님과 동행하였습니다. 그 결과 그는 하나님을 증언하게 되었습니다. "아담의 칠대 손 에녹이 …… 예언하여 이르되." 그는 잠잠할 수 없었습니다. 그의 영혼 속에서 불이 타오르는 것 같아서 그는 억제할 수 없었습니다. 하나님을 증언했을 때, 그는 틀림없이 박해를 받았을 것입니다. 유다서의 상황을 통해 저는 그가 박해를 받았을 것이라는 사실을 확신할 수 있습니다. 왜냐하면 유다서의 말씀은 불평하는 자들과 관련되어 있기 때문입니다. "이 사람들은 원망하는 자며 불만을 토하는 자며 그 정욕대로 행하는 자라"(유 16). 에녹은 이런 자들에게 해야 할 일을 감당하다가, 배척을 당하기도 하였습니다. 그의 설교에 비친 그의 모습은 쇄도하는 비난과 신성모독적인 언동 가운데서도 굳건히 하나님의 진리를 위해서 그 시대의 사악한 자들의 삶과 조롱하는 자들의 부도덕한 혀를 대적하여 위대한 논쟁을 벌인 자로 나타났습니다. 그는 다음과 같이 외쳤습니다. "보라 주께서 그 수만의 거룩한 자와 함께 임하셨나니 이는 뭇 사람을 심판하사 모든 경건하지 않은 자가 경건하지 않게 행한 모든 경건하지 않은 일과 또 경건하지 않은 죄인들이 주를 거슬러 한 모든 완악한 말로 말미암아 그들을 정죄하려 하심이라." 그들이 에녹을 대적하여 말하고, 그의 증언에도 대적했던 것은 분명합니다. 그들은 그의 마음을 슬프게 하였습니다. 하지만 그가 슬퍼했던 것은 이런 일로 인해 그들이 하나님을 대적하게 되었다는 데에 있었습니다. "경건하지 않은 죄인들이 주를 거슬러 한 모든 완악한 말로 말미암아"라고 에녹은 말하고 있습니다. 에녹은 그들의 경건하지 않은 삶을 보고서 그들을 대적하여 증언했습니다. 그가 전한 위대한 주제가 바로 주님의 재림이라는 사실 또한 주목할 만합니다. 하나님과 가장 가까이에서 살았던 사람으로 누구나 선택하는 두 사람, 즉 다니엘과 요한도 에녹과 마찬가지로 주님의 오심과 큰 심판의 날에 대해 매우 많이 언급하였다는 사실은 더욱더 주목할 만합니다. 제가 다니엘의 이야기를 인용할 필요는 없을 것 같습니다. 그는 시작된 심판과 그분의 보좌에 앉으실 옛적부터 항상 계신 이(단 7:9)에 대하여 우리에게 말하고 있습니다. 또한 저는 주님의 재림에 관한 요한의 계속되는 증언도 반복할 필요가 없을 것 같습니다. 그저 "아멘 주 예수여 오시옵소서"(계 22:20)라고 말한 요한의 뜨거운 절규만으로도 충분하다고 생각합니다.

이제 여러분은 에녹이 하나님의 말씀을 전한 전도자였다는 사실과, 이 말씀 전도자의 일 외에도, 그가 우리 대다수에게 사명으로 주어진 일상적인 일에 관심을 기울였다는 사실을 알았을 것입니다. 그리고 그는 자신의 삶이 끝날 때까지 모든 것이 합력하여 하나님을 기쁘시게 하도록 하였습니다. 제가 감히 인생의 끝, 즉 끝없는 기쁨의 상태를 마주하게 되는 것에 대해 말한다면, 에녹은 이 땅에서 믿음으로 하나님과 동행하였기에 계속해서 하나님을 기쁘시게 하는 방식으로 걸어갔을 것입니다. 그래서 주님과 함께 한 그의 교제는 결코 중단되지 않았을 것입니다.

3. 하나님과 동행한 에녹의 삶의 끝

이 설교를 마감하게 되는 세 번째 대지에 이르게 되었습니다. 세 번째로는 하나님과 동행한 에녹의 삶의 끝은 어떻게 되었는가? 하는 주제를 다루고자 합니다. 첫째로, 그는 자신의 일을 일찌감치 끝마쳤다는 사실을 언급하고자 합니다. 에녹은 하나님과 동행하였습니다. 그 동행은 선하고 확실하며 발전적인 것이었기에, 그는 우리 같은 사람들, 즉 가끔씩 하나님과 동행하면서 다른 때는 세상과 동행하는 자들보다 훨씬 더 빠르게 자신의 여정을 끝내고 본향에 이르렀습니다. 삼백육십오 년이라는 나이는 오늘의 우리에게는 긴 시간이지만, 몇몇 족장들은 거의 천 년에 가까운 세월을 살았던 그 당시의 수명과 비교하자면, 에녹의 삶은 비교적 짧은 것이었습니다. 에녹의 삶을 그 당시의 일반적인 수명과 비교해 보면, 그의 생애는 오늘날 단명(短命)한 나이로 여기는 서른이나 서른다섯 정도의 삶이었다고 할 수 있습니다. 사실 이 정도의 수명은 우리 주님의 생애와 매우 잘 들어맞습니다. 에녹 당시의 사람들의 긴 수명과 비교해서 오늘날 우리의 수명으로 생각할 때 에녹의 삶은 주 예수님의 수명과 동일하게 짧은 것이었습니다. 에녹은 최근에 떠난 우리가 사랑하는 형제인 버던 장로(elder Verdon, 영혼 구원에 남다른 열정을 가져 전도를 많이 하였던 스펄전 교회의 교인 — 역주)처럼 비교적 젊은 나이에 이 세상을 떠났습니다. 그래서 우리는 사람이 젊은 나이에 죽는 것에 대해 그리 이상하게 생각하지 않습니다. 세상 사람들은 "신들이 사랑하는 사람은 젊어 죽는다"(Whom the gods love die young, '곧은 나무가 먼저 찍힌다'와 비슷한 서양속담 — 역주)라고 말합니다. 에녹과 버던, 이 두 사람은 크게 사랑을 받던 사람들이었습니다. 이렇게 거룩한 사람들의 경우에는 이 땅에서의 삶이 빨리 끝이 나는 것 같습니다. 왜냐하면 이들은 이 땅에서 자신들이 해야 할 일을 매우 부지런히 해서 정해진 때보다 이르게 그 일을 마치기 때문입니다. 여러분의 집에 한나절이면 끝날 일이 있어서 어떤 일꾼들에게 그 일을 시켜보면, 일주일이나 시간을 들여 일해도 끝이 나지 않고 오히려 더 엉망진창이 되는 경우가 있습니다. 어떤 자들이 오래 사는 것은 어떤 일이든 서둘러 해야 할 필요성을 전혀 느끼지 못해서 그런 것이므로, 전혀 이상하게 생각하지 마십시오! 그러나 이 에녹은 자신의 일을 아주 잘 수행했습니다. 그러면서도 그는 하나님과 매우 가까이 지냈기 때문에, 그가 하루 종일 해야 마칠 수 있는 일이 정오에 끝나버렸던 것입니다. 그러자 주님께서 말씀하셨습니다. "에녹, 집으로 오너라. 네가 천국을 그렇게 오랫동안 떠나 있을 필요가 없겠구나. 네가 해야 할 증언을 다 했고, 네게 정해진 연수를 다 살았다. 만세의 사람들이 너를 모범적인 사람으로 여길 것이니, 이제 너는 집으로 오너라." 하나님께서는 자신의 알곡을 필요 이상으로 오랫동안 밭에 내버려 두지 않으십니다. 곡식이 익었을 때, 그분은 즉시 추수하십니다. 자기 백성이 집으로 돌아갈 준비가 되었을 때, 그분께서는 그들을 집으로 데려가실 것입니다. 선한 사람이 젊어 죽는 것을 섭섭하게 생각하지 마십시오. 오히려 지금도 여전히 서둘러 성숙해지는 사람들이 세상에 있고, 그의 성도들 가운데 그렇게 신속하게 성화가 되는 자들이 있다는 사실에 대해 하나님을 찬양하십시오.

　　그런데 에녹이 하나님과 동행한 후에 그에게 어떤 일이 벌어졌습니까? 제가 혹시라도 에녹이 죽었다고 말했을까봐, 아니면 앞으로도 제가 무심결에 그렇게 말하게 될까봐 두렵습니다. 사람들이 죽는 것에 대해 그렇게 말하는 것은 자연스러운 일입니다. 하지만 에녹 이 한 사람과 또 다른 한 사람을 제외한 모든 인류는 지금까지 죽음의 강을 건너가 하늘에 있는 저 가나안으로 들어갔습니다. 에녹과 관련하여 우리는 "세상에 있지 아니하였더라"는 말씀을 들었을 뿐입니다. "죽는다"는 말을 멸절(滅絶, annihilated)된다는 의미로 믿는 모든 사람들은 오늘 본문에 기록된 대로 "세상에 있지 아니하였더라"는 말씀으로 자신의 생각을 더욱더 확증하려고 할 것입니다. 그래서 그들은 세상을 떠난 모든 사람들에게 다 그 의미를 적용할 것입니다. 왜냐하면 "죽는다"는 표현이나 "세상에 있지 아니하였더라"는 표현이나 이것들은 모두 옮겨진다는 형태로 멸절을 의미한다고 생각하기 때문입니다. 하지만 이것은 "세상에 있지 아니하였더라"는 말씀에 대한 하나의 해석에 지나지 않습니다. "세상에 있지 아니하였더라"는 말씀은 그가 멸절되었다는 뜻도 아니고, 죽었다와 같은 뜻이긴 하나 좀 더 순화해서 표현한 것도 아닙니다. "세상에 있지 아니하였더라"는 것은 말하자면, 그가 여기에(here) 있지 않다는 뜻입니다. 그 이상도 그 이하도 아닙니다. 그는 이 땅을 떠났습니다. 그래서 그는 저기에(there) 있습니다. 하나님께서 저기로 그를 옮기셨습니다. 그는 죽음을 맛보지 않은 채, 과거에도 하나님과 동행하였으며, 지금도 하나님과 동행하고 있을 뿐입니다. 여러분은 그가 죽음을 피한 것에 대해 질투하지 마십시오. 그것은 은혜일 뿐, 어떤 사람들이 생각하는 것처럼 아주 특별한 것이 아닙니다. 죽지 않는 자들은 이런 변화를 경험해야만 하기 때문입니다. 그래서 에녹은 그 변화를 경험했던 것입니다. 사도 바울은 "우리가 다 잠 잘 것이 아니요 …… 홀연히 다 변화되리니"(고전 15:51)라고 말했습니다. 혈과 육을 가진 에녹은 하나님의 나라를 유업으로 받을 수 없었습니다. 하지만 에녹은 한순간에 변화를 경험하였습니다. 이 변화를 여러분과 저도 장차 부활의 날에 경험하게 될 것입니다. 그래서 그는 이 땅에 있지 않고 옮겨졌습니다., 즉 그는 이 땅의 정원에서 옮겨져 하늘의 낙원에 심겨졌습니다. 자, 이처럼 세상에서 죽지 않을 사람이 있다면, 그 사람은 바로 하나님과 동행하는 사람입니다. 죽음을 아무것도 아닌 것처럼 여기는 사람이 있다면, 그는 바로 그리스도의 재림을 고대하며, 그 재림으로 영광을 돌려드리는 사람입니다. 죽음의 철문을 지나면서도 죽음의 공포를 전혀 느끼지 않는 사람이 있다면, 그는 바로 이 땅에 살면서 지속적으로 하나님과 동행한 사람입니다. 죽음의 고통을 피할 다른 방법은 없는지 여기저기 절대로 기웃거리지 마십시오. 오직 하나님과 동행하십시오. 그러면 여러분은 "사망아 너의 승리가 어디 있느냐? 사망아 네가 쏘는 것이 어디 있느냐?"(고전 15:55)라고 말할 수 있을 것입니다.

둘째로, 에녹에 대해 "하나님이 그를 데려가시므로"라고 말씀하고 있습니다. 이 말씀도 아주 눈여겨볼 만한 표현입니다. 아마도 하나님께서는 어떤 가시적(可視的)인 방식으로 그를 데려가셨을 것입니다. 저는 이것을 이상하게 생각하지 않습니다. 우리 주님께서 하늘로 승천하실 때 사도들이 그 자리에 있었던 것처럼, 하나님이 에녹을 데려가실 때도 모든 족장들이 그가 떠나는 것을 보았을 것입니다. 어쨌든 그 자리에는 어떤 특별한 환희가 있었을 것이며, 어떤 분명한 방식으로, 즉 이렇게 엄선된 방식으로 하나님께서는 그를 지극히 높으신 분의 보좌로 데리고 가셨을 것입니다. "하나님이 그를 데려가시므로 세상에 있지 아니하였더라."

셋째로, 에녹이 그리움의 대상이 되었다는 사실도 주목해주십시오. 이것은 결코 지나칠 수 없는 사실입니다. 그는 그리움의 대상이 되었습니다. 왜냐하면 바울 사도도 "다시 보이지 아니하였느니라"고 말하고 있기 때문입니다. 자, 어떤 사람이 다시 보이지 않았다는 말은 사람들이 그를 애타게 찾았다는 것을 의미합니다. 엘리야가 하늘로 올라갔을 때, 선지자들의 생도 오십 명이 가서 그를 찾았다는 사실을 여러분은 기억할 것입니다. 저는 그들의 행동에 대해 이상하게 생각하지 않습니다. 그들은 날마다 엘리야를 찾았지만 그를 만날 수 없었습니다. 그가 사라졌을 때, 즉 그의 육신뿐 아니라 모든 것이 사라졌을 때, 그 생도들이 엘리야를 찾는다는 것은 너무나 당연한 일이었을 것입니다. 에녹은 다시 보이지 않았습니다. 그래도 사람들은 그를 찾아 헤맸습니다. 선한 사람은 그리움의 대상이 됩니다. 우리 교회와 같은 교회 안에서 주님을 위해 섬기고 봉사하는 하나님의 참된 자녀는 오천 명의 교인들 가운데 일부만 해당될 것입니다. 그들은 하나님과 동행하는 성도들입니다. 만약 이들이 죽는다면, 사람들은 이들의 죽음을 슬퍼할 것입니다. 우리는 사랑하는 우리의 형제를 최근에 장사지내고 왔습니다. 우리는 그를 그리워할 것입니다. 형제처럼 지낸 다른 장로들도 그를 그리워할 것입니다. 그리고 그의 도움으로 하나님께 회심했던 많은 성도들도 그를 그리워할 것입니다. 그리고 틀림없이 저도 그를 그리워할 것입니다. 저는 그가 앉아 있곤 하던 그 자리를 바라봅니다. 그러면서 생각합니다. 아마도 그 자리에 앉게 될 사람은 그가 했던 유익한 봉사의 절반밖에 감당할 수 없을 것이라고 말입니다. 그를 그리워하는 일은 제가 예상할 수 없을 정도로 진행될 것입니다. 우리는 우리가 이 땅에 살고 있는지 아닌지 아무도 신경 쓰지 않을 정도로 그렇게 살다가 죽기를 원하지 않습니다. 에녹이 이 세상을 떠났을 때, 사람들은 그를 그리워하였습니다. 이와 마찬가지로 하나님과 동행한 자들도 사람들에게 그리움의 대상이 될 것입니다.

　　넷째로, 에녹의 떠남은 하나의 증거였다는 사실을 이제 정말 마지막으로 살펴보겠습니다. "하나님이 그를 데려가시므로 세상에 있지 아니하였더라"는 사실로 그가 무슨 말을 하려고 했던 것일까요? 아마도 그는 "내세가 존재한다"는 말을 하려고 했던 것 같습니다. 사람들은 내세가 존재한다는 것에 의심하기 시작했습니다. 그래서 사람들이 "에녹은 어디에 있나요?"라고 묻자, 에녹이 세상을 떠나는 것을 목격한 증인들은 "하나님께서 그를 데려가셨다"라고 말해 주었습니다. 이 말은, 의심하는 자들에게 하나님은 살아 계시며, 또 다른 세상이 있다는 것을 증언하는 것이었습니다. 그들은 "그렇다면 에녹의 육신은 어디에 있나요?"라고 물었습니다. 이 물음에는 또 다른 교훈이 들어 있습니다. 에녹은 두 사람의 죽음을 목격했습니다. 제가 말한 두 사람의 죽음이란 성경에 기록된 사람들 가운데서 에녹보다 앞서 죽은 사람을 뜻합니다. 먼저, 아벨이 살해되었습니다. 그가 죽음으로써 증언하는 것은 뱀의 후손은 여인의 후손을 증오한다는 사실이었습니다. 또 한 사람은 에녹이 옮겨지기 거의 오십 년 전에 죽은 아담이었습니다. 이 아담이 증언하는 것은 비록 죄의 형벌이 늦춰진다 하더라도 죄를 지은 영혼은 반드시 죽게 된다는 사실이었습니다. 이제 에녹의 죽음에 대해 생각해 봅시다. 에녹이 죽음으로 증언하는 것은 육신이 불멸(不滅)할 수 있다는 사실입니다. 물론 에녹은 죽지 않았기 때문에 부활에 대해서 증언할 수는 없습니다. 부활에 대한 증거는 그리스도에게서 찾을 수 있습니다. 그분은 죽은 자들 가운데서 첫 열매가 된 분이시기 때문입니다. 하지만 에녹의 증거는 이 부활을 향한 선한 한 걸음이 됩니다. 에녹이 옮겨졌다는 것은 육신이 불멸의 상태가 되어 천국에서 살아갈 수 있는 상태를 보여주기 때문입니다. "하나님이 그를 데려가시므로 세상에 있지 아니하였더라."

또한 에녹이 이 세상을 떠난 것은 의로운 자들에게 상이 있다는 것을, 다시 말해 하나님께서는 사악한 자들의 죄악이나 성도들의 덕과 같은 것들에 아무 관심도 없이 그저 돌처럼 무덤덤한 눈으로 앉아 계시지 않는다는 사실을 보여주는 것이었습니다. 이것은 하나님께서 자기와 동행하는 백성들을 지켜보고 기뻐하시며, 지금이라도 당장 그런 자들에게 죽음의 고통에서 건져 주는 상을 주셔서, 결국에는 자기 백성들에게 이런 방식으로든 저런 방식으로든 분명히 상 주시는 분임을 인간들에게 증명한 것이었습니다. 이렇게 해서 에녹은 살든지 죽든지, 아니 제가 또다시 실수를 했습니다. 그가 죽은 것이 아니지요. 다시 말해서 에녹은 살든지 옮겨지든지 간에 여전히 자기 세대의 증거자였음을 여러분은 보았습니다. 그러므로 저는 우리도 모두 살든지 아니면 자든지, 여하튼 하나님을 위한 증인들이 되기를 진심으로 기원합니다. 오, 우리와 함께 생활하다가 최근에 이 세상을 떠난 우리의 선한 형제인 버던처럼 우리도 그렇게 살았으면 좋겠습니다. 생전에 그의 영혼은 그리스도를 향한 사랑으로 불타올랐습니다. 그는 영혼들을 위한 열정이 가득한 자였습니다. 저는 그처럼 신실하게 행하는 자들이 우리 가운데 또 있을까 하는 생각이 듭니다. 그는 생계를 위해 돈벌이를 해야 함에도 불구하고, 저녁만 되면 우리와 함께 주님을 섬기는 일이나 복음 전하는 일에 시간을 사용했으며, 때로는 그 이후 시간에도 끔찍한 이 도시의 거리를 밤새도록 걸으면서 타락한 자들을 찾아 바른 길로 인도하였습니다. 가끔은 조금도 쉬지 못하고 아침이 되어 바로 일터로 나가곤 했습니다. 단지 그리스도를 섬기면서 얻는 안식만 누리고서 말입니다. 때로 그는 기쁨으로 충만한 두 눈으로 형제들을 만나서 "지난밤에 그리스도를 위해 다섯 영혼을 얻었습니다"라고 말하기도 했습니다. 또 어떤 때는 이 자리에서 설교가 끝난 후 아주 많은 영혼들을 찾아내어,

이 구도자(求道者, enquirer)들을 아래층의 기도실로 데려오기도 하였습니다. 그러고는 내 손을 꽉 쥐고서, 제가 흉내를 잘 못 내겠지만, 여하튼 그 특유의 스위스 말투로 "예수님께서 지난밤에 좀 많은 영혼들을 구원하셨습니다. 조금 많은 영혼들이 예수님에게 인도되었습니다"라고 말하기도 했습니다. 그에게 살아간다는 것은 영혼들을 얻는 것이었습니다. 그는 장로들 가운데 가장 젊었지만, 그의 머리에 있는 백발은 그의 명예였습니다. 우리가 슬퍼하며 그의 무덤가에 섰을 때, 우리 가운데는 참된 용사요 용맹한 전사였던 이 친구를 잃었다고 생각하는 자는 단 한 사람도 없었습니다. 주님께서는 버던 장로가 하던 일들을 행할 다른 사람을 여러분 가운데서 일으켜 주실 것입니다! 주님께서는 연로한 형제들을 소생시키시어, 이들이 젊은이들보다 더 적극적이 되도록 하실 것이며, 젊은이들도 더욱더 헌신적이 되도록 하실 것입니다. 우리 군대의 대열에서 결원이 생겼습니다. 누가 이 틈을 메울 수 있겠습니까? 주님께서, 가장 교육을 잘 받고 또한 가장 용맹한 마음을 지닌 자들을 한 사람 한 사람씩 본향으로 데려가심으로 우리의 수는 점점 줄어들고 있습니다. 하지만 신입 병사들이 날마다 우리 군대에 들어오고 있습니다. 다른 이들 또한 앞으로 더욱더 나아오기를 기원합니다. 그렇습니다. 주님, 이들이 앞으로 나아와, 당신의 성령으로 말미암아 최전선에 서는 대장들이 되어, 이 전위(前衛)부대들이 교회를 승리로 이끌고, 후방부대들은 추가로 신입병사들을 계속해서 모집하게 해주시기를 원합니다. 하늘로 옮겨진 어떤 이들과 같이, 다른 이들도 어둠에서 벗어나 놀라운 빛으로 옮겨지게 되기를 그리스도를 통하여 간구하옵니다. 아멘.

제
8
장

—

가정 설교

—

**"여호와께서 노아에게 이르시되 너와 네 온 집은 방주로 들
어가라 … 노아는 아들들과 아내와 며느리들과 함께 홍수를
피하여 방주에 들어갔고."** — 창 7:1, 7

하나님께서는 무한한 은혜로써 노아와 그의 가족들을 지키실 것이라는 언
약을 노아와 맺으셨습니다. 여러분은 이 언약의 취지를 창세기 6장 18절에서 볼
수 있습니다. "그러나 너와는 내가 내 언약을 세우리니 너는 네 아들들과 네 아
내와 네 며느리들과 함께 그 방주로 들어가고." 이것은 노아에게 방주로 들어가
서, 거기서 피난처를 찾으라는 적극적인 예언의 말씀입니다. 모든 것이 확정되
었고, 그렇게 되도록 정해져 있었습니다. 그럼에도 불구하고 때가 되었을 때, 노
아는 강제로 방주에 들어간 것이 아니었습니다. 그는 자신의 의지와는 반대로
방주 안에 끌려 들어간 것이 아니라, 일종의 은혜로운 강요로 방주에 들어가게
되었습니다. 그는 가능한 가장 자연스러운 방식으로 방주에 들어가도록 명령을
받았습니다. 그래서 자발적이고 기쁜 마음으로 방주에 들어갔습니다. 그와 그의
가족들은 살던 집을 떠나서 방주를 집으로 삼았으며, 그래서 구원을 받게 되었
습니다. 언약의 약속과 목적은 성취되었습니다. 하지만 노아는 방주로 들어가는
것뿐만 아니라 나오는 것까지도 모두 완전한 자유 가운데 선택하였습니다. 자,
사랑하는 성도 여러분, 하늘에는 예정 가운데 주님께서 택하신 백성들을 구원하
시는 뜻이 있습니다. 이 뜻을 부인해 봐야 아무 소용 없는 일입니다. 왜냐하면 그

런 예정이 없다고 해서 그 어려운 문제들이 해결되는 것도 아니기 때문입니다. 그 문제는 단지 또 다른 문제로 바뀔 뿐입니다. 우리 가운데 어떤 이들은 이 예정을 부인하지 않고, 이에 대해 생각하기를 좋아해서, 결국 살아 계신 하나님의 영원한 작정으로부터 솟아나는 위로의 강물을 발견하기도 합니다. 그러나 하나님께서 자신이 택한 자들을 구원하기로 뜻하시고 작정하셨다 해도, 이것이 우리가 주님의 이름을 모든 사람들에게 전할 필요가 없다는 것은 결코 아닙니다. 또한 그 택하심을 받은 자들이 하나님의 복음을 기쁜 마음으로 받아들이고, 깨어서 복음 전파의 명령에 순종할 필요조차 없는 것이 아닙니다. 지금 설교를 듣고 있는 사랑하는 성도 여러분, 저는 여러분의 이름이 세상의 기초가 놓이기 전부터 어린 양의 생명책에 기록되어 있는지의 여부에 대해서는 말할 수 없습니다. 하지만 제가 여러분에게 확실히 말할 수 있는 사실은, 이 구원의 말씀이 여러분에게 주어졌다는 것과, 그 말씀은 주님께서 가장 엄숙하게 선포하신 바대로 여러분이 주 예수 그리스도를 믿는다면 구원받게 될 것이라는 확신을 가지고 그분을 믿으라고 여러분에게 명하고 있다는 사실입니다. 하나님께서 작정하시는 방법에는 우리 인간의 편에서 능동적인 동의와 복음 명령에 대한 자발적인 순종이 포함됩니다. 하나님의 작정은 확실합니다. 하지만 그 뜻은 복음이 효과적인 능력으로 알려지고 마음에 새겨져, 마음으로 복음을 받아들이고 영혼으로 그 복음에 순종하여 구원받게 되기까지, 사람들에게 알려지지도 않으며 드러나지도 않습니다. 사람은 자유로운 주체로서, 또한 자발적인 존재로서 구원받게 됩니다. 하지만 그렇다고 해서 지극히 높으신 그분의 은밀하고 전능한 작정과 별도로, 또한 그분께서 베푸시는 효력 있는 은혜도 없이, 사람이 구원을 받는 것은 아닙니다. 오늘 우리가 이 자리에 온 것도, 그리스도께서 강림하실 날에 주님께서 작정하신 그리스도의 사람들이 이 집에 있을 줄로 믿고 나아온 것입니다. 저는 성령 하나님께서 특별한 능력으로 이 말씀을 그 택하신 자들에게 적용하시어, 그들이 마땅히 예수님을 믿고 능동적으로 깨우침을 받아 회개하고 기도하여 변화된 삶을 살고 그리스도를 신뢰하게 되어서, 이런 변화를 그들이 직접 보았으면 하는 소망을 가지고 여러분 모두에게 말하고 있습니다. 이런 일이 일어날 때에야 비로소 그 언약의 작정이 그들에게 알려질 것이며 그 언약이 그들에게 성취될 것입니다. 그리하여 그들은 장차 올 진노에서 구원을 받게 될 것입니다. 우리는 바다에 그물을 던지고 있습니다. 하지만 우리는 이 그물에 과연 누가 들어가게 되는지 알지 못합니다. 그러나 그리스도께서는 바다에 있는 모든 물고기들을 아시며, 어떤 물고기가 그물에 들어가게 되는지도 알고 계실 것으로 우리는 믿고, 그물을 던지는 것입니다. 우리는 이 모든 것들을 우리 자신이 알기를 원치 않습니다. 왜냐하면 우리는 그물을 던지는 법과 사람을 낚는 어부가 되는 법을 아는 것만으로도 매우 충분하기 때문입니다. 실제적인 사역은 우리에게 속한 일이지만, 그 결과는 주님께 맡길 뿐입니다.

두 구절로 이루어진 오늘 본문 말씀에는 두 가지 사실이 있습니다. 첫 번째는 부르심입니다. "여호와께서 노아에게 이르시되 너와 네 온 집은 방주로 들어가라"는 부르심입니다. 두 번째는 그 부르심에 대한 순종입니다. "노아는 아들들과 아내와 며느리들과 함께 홍수를 피하여 방주에 들어갔고"라는 순종입니다.

1. 부르심

이제, 첫 번째로 부르심에 대해 말씀드리겠습니다. 설교를 시작하면서 우리는 이 부르심이 여호와의 부르심이라는 점을 언급하고자 합니다. "여호와께서 노아에게 이르시되." 여러분도 알다시피 노아는 지금까지 은혜의 도구로서, 온갖 종류의 많은 부르심에 익숙한 사람이었습니다. 수년간 그는 의의 전도자로 지내왔습니다. 그 전도자의 주된 일은 주님을 전하는 것으로, 주님을 선포하고 사람들로 하여금 주님의 말씀에 순종하도록 주님의 이름으로 사람들을 부르는 일이었습니다. "사람들아 내가 너희를 부르며 내가 인자들에게 소리를 높이노라"(잠 8:4)는 말씀대로 말입니다. 그러나 사람들로 하여금 방주로 들어가도록 하는 것은 노아 자신의 부름만으로 되는 것이 아니었습니다. 노아는 신실한 목회자였으며, 열정 있는 설교자로서 밤낮 사람들에게 호소하였습니다. 우리는 이런 사실을 의심할 수 없습니다. 하지만 애석한 사실은 그 모든 노아의 수고에도 불구하고, 노아의 가족 외에는 단 한 사람도 방주에 들어가지 못했다는 것입니다. 아마도 그의 설교는 자기 아내나 며느리들에게 유익했었던 같습니다. 정말 그랬다면, 그는 자신이 애쓴 것에 대해 대단한 결과를 얻은 셈이었습니다. 그러나 노아의 가족 외의 모든 사람들에게는 노아가 전하는 말이 삼킬 것 같은 홍수의 죽음 가운데서 자신들을 구원할 정도의 능력을 가지지 못했던 것으로 보입니다. 이제 노아는 자신의 부름과는 많은 점에서 차이가 나는, 또 다른 부르심에 대한 어떤 것을 알게 되었습니다. 즉 하늘과 땅을 만드신 여호와의 부르심은 능력이 있다는 것을 알게 되었던 것입니다. 설교자는 오직 일반적인 부르심만을 전할 따름입니다. 주위의 모든 사람들에게 이런 부르심을 전하는 것은 설교자의 사명입니다. 설교자는 도시의 거리나 골목에 서서, 사람들에게 잔치로 들어가도록 명합니다. 그렇습니다. 그는 갈 수 있는 한 도로든 산울타리든 가서, 사람들에게 방주로 들어가도록 강권합니다. 그러나 우리의 이 권면과 함께 어떤 은밀한 것이 함께 역사하지 않는다면, 다시 말해 신비롭고도 고요하며 조용하면서 전능한 능력, 인간의 음성을 성령의 음성으로 만들어 주는 능력, 외적 부르심(소명)이라는 껍질 속에 든 내적 부르심(소명)이라는 알맹이가 그 속에 들어 있지 않다면, 우리가 그들을 아무리 부르고 강권한다 해도 그들은 방주 안으로 들어가지 않습니다.

여호와께서 노아에게 "들어가라"고 말씀하셨을 때, 그는 방주로 들어갔습니다. 노아는 지체하지 않았으며, 이 말씀이 다른 사람들을 향한 말씀이라고 생각하지 않았습니다. 그는 그 말씀을 자신의 개인적인 **부르심**으로 여겼던 것입니다. 성경에는 "너는 오라"(Come thou — 이 부분을 개역개정은 '들어가라'고 번역한 반면, 스펄전이 인용하는 흠정역[KJV]은 '오라'[Come]으로 번역하고 있기 때문에, 특별히 이 부분을 강조하는 문맥에서는 '오라'로 번역하고자 한다 — 역주)고 되어 있습니다. 노아는 이것을 자신을 위한 말씀으로 알았습니다. 성령 하나님께서 구원하기 위해 말씀하실 때는 마음속 가장 깊은 곳에 있는 영혼에 새겨지도록 말씀하십니다. 다시 말해, 그분의 음성은 마치 다른 사람을 향해 말하는 것처럼 들을 수 있는 유보의 여지가 전혀 없습니다. 여호와께서 노아에게 "너는 오라"고 말씀하시자, 노아는 반박하고 싶은 마음이 들거나 유보해 달라고 간청하거나 반대하거나 변명할 수 없었습니다. 그래서 노아는 방주에 들어갔던 것입니다. 이 부르심은 **효과적**이었습니다. 이 부르심은 의심의 여지 없이 불가항력적인 것이었습니다. 어떻게 보면 사실 여호와께서는 이 노아의 사역을 통해 모든 인간들에게 말씀하셨던 것입니다. 하지만 주님께서 이렇게 일반적인 간구와 초대로 말씀하시면, 사람들은 그 말씀을 거절하고는 멸망할 수 있습니다. 그들이 이 일반적인 부르심에 자기 귀를 막을 수 있었고, 실제로 그들은 그랬습니다. 그래서 지금처럼 "청함을 받은 자는 많되 택함을 입은 자는 적으니라"(마 22:14)고 한 말씀이 사실이 된 것입니다. 허다한 자들이 자신들의 귓가에 울려 퍼지는 하나님의 정직한 부르심을 듣고도, 그 부르심을 고의로 거역하면서 멸망의 길로 가고 있습니다.

"세상 사람들은 그들의 날이 지날 때까지
고의로 계속해서 반역의 길로 나아갑니다.
삼킬 것 같은 홍수에도 마지못해 꾸물거리다가
마침내는 그들의 죄악 가운데 멸망합니다."

조용한 부르심, 즉 우리가 익히 부르던 대로 "유효적 소명"(Effectual Calling, 효력 있는 부르심으로 소명은 최종적으로 구원을 얻는 '유효적 소명'과 그렇지 못한 '무효적 소명'으로 나뉜다 — 역주)이 임할 때, 그 때는 설령 그 부르심에 저항한다 해도, 그 저항은 가볍게 극복됩니다. 의지는 더 이상 억지를 부리거나 완강히 저항하지 못합니다. 예전에는 어두웠던 심판이 밝혀지자, 예전에는 전혀 움직이지도 않던 영혼이 "내게 다가오소서. 우리가 당신을 따라 달려가리이다"(아 1:4 KJV)라고 외치게 됩니다. 친히 하나님으로부터 그러한 부르심을 받는 사람들은 복된 자들입니다. 지금 이 자리에서 설교를 듣고 있는 사랑하는 성도 여러분, 저는 여러분에게 묻습니다. 과연 이렇게 내적으로 능력 있는 영적인 방식으로 하나님께서 지금까지 여러분을 대해 주셨습니까? 혹시라도 그렇지 않았다면, 여러분은 결코 그리스도에게로 나아온 것이 아니라고 저는 확신 있게 말할 수 있습니다. 만약 여러분이 지금까지 제가 여러분을 부르는 그 부름, 저를 돕고 있는 형제들이 여러분을 부르는 그 부름, 아주 열심 있는 복음 전도자가 여러분을 부르는 그 부름, 이런 부름 외에 다른 부르심을 받지 못했다면, 여러분은 지금까지 헛된 부름을 받은 것이며 아직까지도 죄악 가운데 있는 것입니다. 진정으로 여러분이 하나님의 백성이라면, 여러분은 여러분의 영혼 속에 있는 그 음성, 신비롭고도 압도적인 설득력으로 여러분에게 "예수님에게 나아오라"고 말씀하시는 그 음성을 반드시 알게 될 것이며 그 음성에 순복하게 될 것입니다. 만약 여러분이 지금까지 그러한 부르심을 받았다면, 여러분은 이 밤에 복된 자들임에 분명합니다. 왜냐하면, "부르신 그들을 또한 의롭다 하시고 의롭다 하신 그들을 또한 영화롭게 하셨느니라"(롬 8:30)고 기록되어 있기 때문입니다.

자, 하나님께서 이와 같이 부르신 취지는 노아로 하여금 반드시 개인적으로 나아오도록 하려는 것이었습니다. 즉 이 부르심은 개인적으로 행동을 요구하는 부르심이었습니다. 노아는 오라는 말씀에 순종해야만 했습니다. "너는 오라"는 이 부르심은 다음과 같은 부르심이 아니었습니다. "자, 노아야, 너는 지금 네가 있는 그곳에 가만히 앉아 있어라. 그러면 네게 아무 어려움이 없을 것이다. 노아야, 기다려라. 인내하며 잠잠히 기다리면서, 하나님께서 행하실 일들을 보기만 하여라." 하나님의 부르심은 결코 이런 부르심이 아니었습니다. 노아에게 임한 부르심은 "너는 오라"는 부르심이었습니다. 따라서 노아는 반드시 들어가야만 했습니다. 그는 반드시 방주로 들어가야만 했습니다. 다른 사람들에게는 구원의 길이 하나 이상일지 몰라도, 노아에게는 구원의 길이 단 하나였습니다. 그는 하나님께서 그에게 안전을 위한 도구로 예비하라고 명하신 그 방주로 들어가야만 했습니다. 그래서 그는 그 방주로(into) 들어가야만 했습니다. 그가 방주 가까이에 나아오는 것으로는 아무 소용이 없었습니다. 그는 방주로 들어가야만 했습니다. 나무로 된 이 선체(船體) 속으로 그는 자신의 몸을 숨겨야만 했습니다. 이 넓은 방 속에서 그는 거처를 찾아야만 했습니다. 사랑하는 성도 여러분, 이와 같이 하나님께서 여러분을 부르실 때에는, 여러분으로 하여금 반드시 예수님에게 나아가야만 한다는 생각이 들게 하실 것입니다. 기다리거나 지체해서는 안 됩니다. 분명한 영혼의 행동으로 직접 실천으로 옮기며 나아가야 합니다. 다시 말해, 여러분은 그리스도에게로 나아가야만 합니다. 그리스도 이외의 어떤 다른 것을 믿는다면 여러분은 구원은커녕 도리어 멸망하게 될 것입니다. 여러분의 믿음은 위대한 그리스도의 희생을 전적으로 의지하고 그분에게 나아가는 믿음이어야 합니다. 여러분은 또한 그리스도 안으로 들어가야 합니다. 그분 안에 있을 정도로 그분에게 가까이 다가와, 그분을 여러분의 은신처로 삼고 폭풍우를 피할 도피처로 삼아야 합니다. 여러분은 또한 내적인 믿음을 가져야만 합니다. 그 믿음으로 여러분은 그리스도의 내부 중심으로 들어가, 그분의 상처 안에 여러분을 숨기고, 그분 속에 여러분을 감추어야 합니다. 하나님께서 노아를 부르실 때에 하신 말씀은 "방주로 들어가라"는 것이었습니다. 하나님께서는 어떤 죄인이든 자신에게로 부르실 때, "그리스도에게 나아오라. 그리스도 안에 숨어서, 주님의 택하심을 받은 보화인 너는 보호를 받아라" 하고 말씀하십니다. 나아오십시오. 주 예수님을 여러분의 피난처, 여러분의 구원, 여러분의 거처로 삼으십시오.

자, 노아가 방주에 들어가지는 않고, 계속해서 방주 속의 거처를 위해 준비만 하고 있었다면, 그것은 아무 소용 없는 일이었을 것입니다. 그는 오랫동안 충분히 준비를 했습니다. 그는 이 놀라운 동물원 안에 살고 있는 모든 동물들에게 먹일 온갖 종류의 먹이들도 모아 두었습니다. 그러다가 이제 그는 방주 안으로 들어가라는 명령을 받았던 것입니다. 그런데 이 명을 받고서, 그는 "나는 건초 더미도 좀 더 모아야 하고, 옥수수와 과실들도 좀 더 비축해 두어야 해요"라고 말하지 않았습니다. 그는 절대로 그렇게 말하지 않았습니다. "방주로 들어가라"는 말씀으로 그의 모든 수고는 끝이 났습니다. 그는 마땅히 그 준비하던 것을 마무리하고, 실제로 그 도피처에 들어갔습니다. 제가 알기로 여러분 가운데 어떤 이들은 지금까지 여러분의 영혼에 대해 생각하면서, 기도도 하고 좋은 책들도 읽으며, 모임에도 참석하며 가르침을 받으려고 노력해 왔습니다. 좋습니다. 지금까지는 좋습니다. 하지만 그렇게 하는 것이 여러분을 향한 구원의 길은 아닙니다. 여러분의 영혼을 향한 하나님의 부르심은 "방주로 들어가라"는 말씀입니다. 다른 말로 표현하자면, 노아가 방주에 몸을 싣고, 방주로 내려가, 방주가 떠다니는 곳으로 그 몸을 맡기고 자신의 살고 죽는 것을 방주에 의탁한 것과 마찬가지로, 여러분도 지금 당장 예수님에게 나아와, 여러분 자신을 분명하게 최종적으로 그분에게 맡기라는 말씀입니다. 노아는 자신의 모든 미래를 그 방주에 의탁하였습니다. 이것이 바로 여러분이 반드시 해야 할 일입니다. 여러분 자신과 여러분과 관련된 모든 것을 전적으로 주 예수 그리스도에게 맡기십시오. 생각하고 결심하고 준비하던 이 모든 것들을 지금 끝내고, 이제 여러분은 진정으로 "방주로 들어가야만" 합니다.

> "오, 예수여, 당신은 길 잃은 자들의 구세주이며,
> 우리의 방주와 은신처가 되나이다.
> 죄와 슬픔의 폭풍이 휘몰아쳐도
> 우리는 당신이 제공하는 피난처인 은혜를
> 간구하나이다.
>
> 우리의 방황과 우리의 죄악들을 용서해 주소서.
> 우리는 이제 더 이상 방황하고 싶지 않나이다.
> 방주를 여시고, 우리가 들어가게 하옵소서.
> 방주는 우리 영혼의 영원한 본향이나이다."

노아가 방주를 자세히 살펴보기 위해 방주 주위를 다시 둘러보았다면, 그것

또한 부질없는 일이었을 것입니다. 틀림없이 그는 예전에도 고페르 나무로 만든 방주를 살펴보면서, 그 나무가 매우 잘 건조되었다고 생각하며 기뻐하였습니다. 강한 향기가 나는 이 고목(古木)은 그 어떤 벌레도 갉아먹을 수 없었습니다. 이 나무는 결코 썩지 않을 나무였습니다. 틀림없이 그는 이 배의 구조에 대해서도 기뻐했을 것입니다. 왜냐하면 그가 배를 만드는 일에 함께 한 사람은 그 어떤 조선공이 아니라 바로 하나님이었으며, 따라서 그 배는 아주 훌륭하게 지어졌기 때문입니다. 하나님은 노아가 속한 해양 조선소의 위대한 주인이셨기에, 그에게 계획과 상세 지침들을 하달하셨습니다. 그러니 노아가 가서 이 큰 배를 위아래로 살펴보면서, 방수 작업은 잘 되었는지, 배 안팎으로 역청은 잘 칠해졌는지 등을 확인하는 것은 아주 당연한 일이었습니다. 그러나 지금은 그런 점검을 중지하고, 자신이 앞으로 거주할 곳으로 들어가야만 합니다. 그는 그 방주 안으로 들어가 그 안에 거주해야만 합니다.

　지금 제 설교를 듣고 있는 사랑하는 성도 여러분, 저도 여러분이 그리스도의 인품과 구원의 도리에 관심이 있는 것을 보면 기쁩니다. 여러분은 이 구원의 방주를 살펴보면서, "아주 튼튼하게 지어졌구나. 방수 작업도 아주 꼼꼼히 잘 되었구나. 목재들도 매우 조밀하게 연결되어 있어서 한 치도 물 샐 틈이 없으니 걱정하지 않아도 되겠구나. 아무리 폭풍우가 내리쳐도 이 배는 끄떡도 하지 않겠다. 이 배는 엄청난 규모의 참된 구명선이로구나"라고 말하니 말입니다. 또한 저는 죄인이 다음과 같이 말해도 기분이 좋습니다. "그리스도는 위대한 구세주시라. 그분은 멀리 있는 사람들까지도 구원해 주실 능력이 있는 분임을 나는 알고 있다. 나는 이러한 구원의 도리를 계획하신 하나님의 선하심과 그 지혜에 그저 놀랄 따름이다." 좋습니다. 지금까지는 좋습니다. 그러나 사랑하는 성도 여러분, 예수님에 대한 이러한 여러분의 극찬(極讚)이 여러분을 구원하지는 못합니다. 여러분은 반드시 그분의 방주 안으로 들어가야만 합니다. 여러분이 그분 안에서 구원받기 위해서는 단순한 믿음을 가지고 즉시 여러분 자신을 예수님에게 맡겨야만 합니다. 더 이상 그리스도를 밖에서 바라보지 마십시오. 그분께서 다른 사람들을 위해 행하신 그 모든 것을 감사의 눈빛으로 그저 멍하니 살펴보지 마십시오. 지금 당장 그분에게 나아와 여러분 자신을 맡기십시오. 여기에 문이 있습니다. 그러므로 여러분은 그 문을 통해 그 안에 있는 방으로 들어가기만 하면 됩니다. 그렇게 하지 않으면 여러분은 결코 안식을 찾을 수 없을 것입니다.

방주 위로 올라가는 노아가 문 맞은편에 서서 다음과 같이 말했다면, 그것도 정말 부질없는 일이었을 것입니다. 즉 "나는 지금 방주 안으로 들어가고 있다고도 말할 수 없고 이미 방주 안에 있다고도 말할 수 없다. 나는 한 발을 방주 안에 들여놓았다. 하지만 나는 중립적인 사람이니, 양측 사람들과 모두 우호적인 관계를 유지하고 싶다. 나는 방주 안에 들어와 있지만, 아직 완전히 들어온 게 아니다. 만약 문이 닫힌다면 잘은 몰라도 아마 나는 그 문틈에 끼게 될 것이다. 어쨌든 내가 원하는 것은 전적으로 방주 밖에 있는 것도 아니고, 그렇다고 전적으로 방주 안에 들어가 있는 상태도 아니다. 나는 물이 불어나는 것을 보자마자 급히 방주 안으로 뛰어 들어갈 수 있는 그런 곳에 서 있고 싶다. 마른 땅을 거닐 수 있는 약간의 기회만 있다면 당연히 나는 그 기회를 누리고 싶다. 그러니 서두를 필요가 전혀 없다. 그렇지 않은가? 다들 알다시피, 이렇게 문고리에 손가락을 걸어두면, 비가 한 방울 떨어지거나 어디서든 주변에서 물이 쏟아지는 것이 보이면, 즉시 방주 안으로 들어갈 수 있을 테니까. 그러니 그렇게 조급하게 즉시 결단해야 할 이유가 어디 있겠는가? 알다시피 모든 사람들은 자신의 자유를 사랑하지 않는가! 어쨌든 꼭 들어가야 할 필요성이 생기기도 전에, 미리 방주에 갇혀 있기를 원하는 사람은 아무도 없을 것이다." 그러나 노아는 절대로 이렇게 말하지 않았습니다. 여호와께서 노아에게 "방주로 들어가라"고 말씀하시자, 노아는 즉시 방주로 들어갔습니다. 노아는 주저하거나 머뭇거리거나 망설이지 않고, 곧장 방주로 들어가야만 했습니다. 오, 사랑하는 성도 여러분, 머뭇거리며 두 마음을 품고 있는 여러분, 만약 여러분이 현명한 사람들이어서 방주 밖에 있는 위험을 알고 방주 안에 있는 축복을 알았다면, 여러분은 주저하지 않고 방주의 가장 깊은 곳으로 들어가 바로 그 중심에 여러분의 자리를 차지하려고 했을 것입니다. 이것은 제가 그리스도의 심장부, 즉 그분의 깊은 사랑이 있는 바로 그 중심으로 곧장 들어가기를 원하는 것과 같습니다. 오직 거기에서만 완전한 안식을 얻을 수 있기 때문입니다. 절대로 주저하지 마십시오! 결단하십시오! 즉시 결단하십시오! 성령 하나님께서 여러분이 그런 결단을 하도록 인도하시기를 기원합니다. 유효적 소명이 지금 여러분에게 주어졌다면, 여러분은 결코 연기하지 아니할 것임을 저는 압니다. 여러분은 즉시 천국의 비전에 순종할 것입니다.

자, 조금 더 나가 보겠습니다. 노아를 부르신 분은 하나님이셨고, 노아는 진정으로 개인적이고 실제적으로 들어가야만 했습니다. "방주로 들어가라"로 기록되어 있는데, 자, 이 말씀에 주목해 봅시다. 왜냐하면 이 말씀은 노아가 방주에 들어감으로써 자기 하나님께 가까이 나아갈 수 있었다는 사실을 가르쳐 주기 때문입니다. "너는 오라"(Come thou). 그런데 왜 하나님은 "너는 가라"(Go thou)고 말씀하지 않으셨을까요? 그것은 하나님께서는 안에 계시며, 애초부터 방주 안에 노아와 함께 계실 생각이셨기 때문에, "너는 오라"고 말씀하셨던 것입니다. 오, "오라"는 이 말씀은 얼마나 복된 말씀인지 모릅니다! 여러분도 기억하겠지만, 우리는 지난 밤 시간에 "수고하고 무거운 짐 진 자들아 다 내게로 오라"(마 11:28)는 말씀을 전하였습니다. "오라." 이 말씀이야말로 복된 말씀입니다. "오라, 내 아버지께 복 받은 자들아, 너희는 창세로부터 너희를 위하여 예비된 나라를 상속받으라" (마 25:34 KJV, "내 아버지께 복 받을 자들이여 나아와 창세로부터 너희를 위하여 예비된 나라를 상속받으라"[개역개정])고 말씀하시며, "오라," "곧 하나님께서 그리스도 안에 계시사 세상을 자기와 화목하게 하시며 그들의 죄를 그들에게 돌리지 아니하시고" (고후 5:19)라고 말씀하시기 때문입니다. 그러므로 그리스도에게 나아가는 자는 하나님께 나아가는 자입니다. 만약 여러분이 그리스도 안에서 안식을 찾는다면, 여러분은 위대한 하나님께서 앞서 행하신 그 일을 따라하는 것입니다. 왜냐하면 하나님도 예수 그리스도 안에서 안식하셨기 때문입니다. 하나님은 구세주의 희생에서 감미로운 안식의 향기를 맡으십니다. 만약 여러분이 그리스도 안에서 기쁨을 누린다면, 여러분은 하나님께서 항상 누리고 있는 그 모든 것을 누리고 있는 것입니다. 왜냐하면 하나님은 자기 아들을 기뻐하시기 때문입니다. 그분께서는 "이는 내 사랑하는 아들이요 내 기뻐하는 자라"(마 3:17)고 말씀하셨습니다. 그리스도로 말미암지 않고는 아버지께로 올 자가 없으며, 그리스도에게 나아가는 자는 아버지에게 나아가는 자이며, 그는 아버지를 이미 알고 보았습니다. 그리스도에게 나아가는 것은 하나님에게 나아가는 것입니다.

자, 여기서 그리스도 안에 거하는 자는 하나님과 함께 거하는 자라는 뜻도 함께 살펴보겠습니다. 방주 안에 사는 것은 하나님과 함께 사는 것입니다. 그리스도 안에 거하는 자들은 하나님의 보호하심 가운데 있는 자들입니다. 왜냐하면 방주 안에 거한다는 것은 하나님을 보호자로 모시는 것이기 때문입니다. 노아는 방주 안으로 들어가면서, 분명히 다음과 같이 말했을 것입니다. "하나님이 여기 계시니, 이제 나는 그분과 함께 살아가기 위해 나아가노라. 하나님은 이곳의 주인이며 보호자시니, 이제 나는 그분의 보호하심을 받으러 나아가노라." 오, 사랑하는 성도 여러분, 여러분도 "나는 그리스도를 신뢰하노라"고 말할 수 있다면, 그 때 여러분은 계속해서 "주여, 주는 대대에 우리의 거처가 되셨나이다"(시 90:1)라고 말하게 될 것입니다. 또한 여러분은 "그 뿐 아니라 이제 우리로 화목하게 하신 우리 주 예수 그리스도로 말미암아 하나님 안에서 또한 즐거워하느니라"(롬 5:11)고 말하게 될 것입니다. 아! 그리스도 안에 거하는 자는 얼마나 하나님과 가까이 있는 사람인지 모릅니다! 그리스도께서 여러분에게 만유 안에 계신 만유가 되실 때, 성부 하나님께서는 친히 여러분을 사랑하시고, 여러분은 그분과 함께 하는 교제와 친교를 의식하고 기뻐하게 됩니다.

자, 또한 노아가 방주로 들어갔으니 이제부터는 자신의 모든 것을 방주 안에서 찾아야 한다는 사실에 대해 주목해 보겠습니다. 그는 자신이 원하는 모든 음식들을 방주 안에서 찾아야만 했습니다. 노아의 아내도 더 이상 밖으로 나가 시장에 갈 수 없었습니다. 그 며느리들도 더 이상 상점이나 가게에 갈 수 없었습니다. 노아의 아들들도 농사하거나 장사하거나 사냥을 하거나 금을 찾아 땅을 팔 수도 없었습니다. 집과 땅과 보화들은 이제 곧 깊은 물속으로 가라앉게 될 것이었습니다. 노아가 가진 모든 것은 방주 안에 있었으며, 이 방주는 자신이 가진 유일한 소유물이자 그가 가진 모든 것이었습니다. 이를 위해 그는 모든 것들을 잃는 수고를 하였지만, 그렇게 수고하고 잃는 것을 기뻐하였습니다. 그가 방주에 들어가는 그 때부터 그는 방주 안에서 자신의 모든 기쁨을 발견하였습니다. 이제 방주 밖에는 자신이나 가족을 위한 즐거움이 아무것도 없었습니다. 그는 밖의 경치를 즐길 수조차 없었습니다. 왜냐하면 홍수로 그 전망들이 모조리 사라져 버렸기 때문입니다. 물이 점점 불어나면서, 계곡들도 사라졌고 심지어는 산들도 사라져 버렸습니다. 따라서 노아가 뭔가 즐거움을 찾고자 했다면, 그는 방주 안에서 찾을 수밖에 없었습니다. 실제 창문 밖이라도 내다보게 되면, 그저 우울한 전망뿐이었습니다. 그러므로 그의 기쁨과 즐거움은 자신이 구원받고 하나님과 함께 거하는 그 방주의 방 안에 있었습니다. 그의 필요를 충당해 줄 그 모든 음식들도 방주 안에서만 찾아야 했습니다. 그에게는 바라볼 곳간이나 창고가 없었으며, 짐을 싣고 들어올 항구도 없었습니다. 필요한 것은 무엇이든 방주 안에 비축해 둔 것으로 충당해야만 했습니다. 왜냐하면 방주 밖에는 죽음 외에 다른 것은 아무것도 없었기 때문입니다. 방주 안에 있는 것 그 자체가 그가 해야 할 모든 일이었습니다. 지금 이 방주 안에서는 그가 해야 할 일이 하나도 없었습니다. 경작할 밭이나, 돌봐야 할 상점도 없었습니다. 그저 방주 안에 있는 것 외에는 달리 할 일이 없었습니다. 자, 한 영혼이 그리스도에게 나아왔을 때, 그는 자신을 그분에게 영원토록 맡깁니다. 그리스도께서는 그 영혼을 반드시 먹이십니다. 그러므로 여러분도 하늘의 양식 이외의 그 어떤 것을 여러분의 영혼에 먹여서는 안 됩니다. 예수님이 여러분의 양식과 음료가 되어야 합니다. "내 살은 참된 양식이요 내 피는 참된 음료로다"(요 6:55)라고 하신 말씀대로 말입니다. 이제 여러분은 그분에게서 기쁨을 찾아야 합니다. 여러분이 택한 가장 귀한 기쁨과, 여러분이 누릴 가장 아름다운 즐거움이 모두 예수 그리스도 안에 있습니다. 그분은 우리의 소망이며, 우리의 면류관이며, 우리의 기쁨이며, 우리의 천국이신 분입니다. 그러므로 지금부터 여러분은 오직 그분만을 섬겨야 합니다. "너희는 너희 자신의 것이 아니라 값으로 산 것이 되었으니"(고전 6:19-20). 여러분이 지금 이 땅에서 행하는 모든 것은 그리스도의 뜻이라는 영역 안에 있습니다. 삶의 가장 평범한 의무들도 이제부터는 거룩한 범주 안에 있습니다. 여러분이 방주를 벗어나 죄와 자아와 사탄이라는 많은 물 가운데서 해야 할 일은 아무것도 없습니다. 여러분은 죄악의 물속에서 고기를 잡을 필요도 없고, 세속의 파도 위에 배를 띄울 필요도 없습니다. 만약 여러분이 그렇게 한다면, 그것은 여러분에게 위험한 일입니다. 여러분은 방주 안에서 문을 닫고 하나님과 함께 있어야 합니다. 세상에 대해 죽고, 오직 예수 그리스도 안에서 살아 있는 자가 되어야 합니다. 그래야 여러분은 옛 세상에서 벗어나 "의가 있는 곳인 새 하늘과 새 땅"(벧후 3:13)으로 그분 안에서 헤엄쳐 갈 수 있습니다.

다들 알다시피, 이렇게 해서 노아는 방주 안으로 들어가면서 모든 것을 버렸으나 모든 것을 찾게 되었습니다. 이것은 세상을 버렸으나 예수 그리스도가 우리의 모든 것 되신 우리의 경우와 똑같습니다.

> "예수님의 십자가를 내가 지고,
> 모든 것을 버려두고 예수님을 따르네.
> 가난해지고, 멸시받고, 버림받아도,
> 이제부터 예수로 나의 모든 것 삼겠네.
> 세상은 나를 멸시하고 떠났네.
> 그들은 나의 구세주까지도 떠났네.

그러나 나의 주님은 나를 속이지 않으시니,
그분 안에서 나는 나의 모든 것을 바라보네."

(헨리 프란시스 라이트[Henry Francis Lyte], '예수님의 십자가를 내가 지고'
[Jesus, I My Cross Have Taken], 1절과 2절, 21세기 찬송가 341장 ─ 역주).

또한 노아는 다시 밖으로 나올 생각 없이 방주로 들어가야만 했습니다. 여호와께서 노아에게 "방주로 들어가라"고 말씀하셨습니다. 노아는 그저 한 번 방주로 들어가 본 것이 아니었습니다. 하나님께서는 그 방주 문을 닫으셨고, 세상의 끝이 어떻게 되든지, 노아는 세상이 존속하는 한 그 방주에 있어야만 했습니다. 새로운 세상이 임했을 때, 그 때 그는 즐거운 자유를 누리며 걷게 되었습니다. 그러나 사랑하는 성도 여러분, 여러분과 저는 그리스도 안에 당분간만 있는 것이 아니라, 영원토록 그분과 함께 거하는 것입니다. 어떤 사람이 일시적으로 그리스도를 고백함으로써 어떤 유익을 얻을 수 있을 것으로 생각한다면, 그 사람은 크게 잘못 생각하고 있는 것입니다. 만약 여러분이 기독교를 들었다 놨다 할 수 있다고 생각한다면, 다시 말해 여러분이 오늘은 신자였다가 내일은 불신자가 될 수 있다는 식으로 착각한다면, 여러분은 하나님의 은혜에 대해 아무것도 모르는 것입니다. 왜냐하면 하나님의 은혜는 생명을 낳는데, 그 생명은 썩지 않은 채로 영원히 거하며, 그 어떤 것도 그 생명을 파괴하거나 제거할 수 없기 때문입니다. 참으로 그리스도 안에 있는 자는 노아처럼 방주 안에 있습니다. 그는 친히 하나님께서 손으로 닫아 주신 그 방주 안에 있습니다. 그리스도께서는 "그들을 내 손에서 빼앗을 자가 없느니라"(요 10:28)고 말씀하셨습니다. 일단 예수 그리스도의 손에 붙잡힌 영혼을 빼앗을 자는 아무도 없습니다. 여러분은 그리스도와 결혼하기 위해 그분에게 나아옵니다. 오늘 이후로 여러분은 그분을 붙잡고 그분을 모시고자 받아들입니다. 형편이 좋아지든 나빠지든, 부하든 가난하든, 아프든 건강하든, 심지어 죽음까지도 여러분을 그분에게서 떼어놓지 못할 것입니다. "누가 우리를 … 우리 주 그리스도 예수 안에 있는 하나님의 사랑에서 … 끊으리요?"(롬 8:35, 39).

노아는 하나님의 명령에 따라 방주로 즉시 들어가야만 했습니다. "여호와께서 노아에게 이르시되 너와 네 온 집은 방주로 들어가라"고, 다시 말해 즉시 들어가라고 말씀하셨습니다. 왜냐하면 "지금부터 칠 일이면 내가 사십 주야를 땅에 비를 내려 내가 지은 모든 생물을 지면에서 쓸어 버리리라"(창 7:4)고 하나님께서 계획하셨기 때문입니다. 방주에는 문이 있었고, 그 문은 열려 있었습니다. 그런데 우리는 방주가 만들어진 이후에, 그 문이 닫혔다는 이야기를 한 번도 들어보지 못했습니다. 방주가 거기 있었고, 그 방주 문은 활짝 열려 있었습니다. 우리는 방주에 들어갔다가 쫓겨난 사람이 있다는 말도 전혀 들어보지 못했으며, 새나 짐승, 심지어 기어다니는 벌레 한 마리라도 방주에 들어갔다가 쫓겨났다는 말을 한 번도 들어보지 못했습니다. 문이 열려 있는 한, 누구나 들어와도 환영을 받았습니다. 그러나 그 오래 참으심이 결국은 끝이 나게 되었고, 이제는 노아가 들어갈 시간이 되었으며, 그로 인해 그 문이 닫혀야 하는 시간도 가까웠던 것입니다. 이와 마찬가지로, 성령 하나님께서 사람들을 사랑하셔서 그들을 유효적 소명으로 이끄실 때, 그 때는 항상 현재 시점입니다. 하나님께서는 다음 주에 그리스도를 믿는 유효적 은혜로 사람들을 결코 부르지 않으십니다. 그분은 지금 당장 그리스도를 믿으라고 사람들을 부르십니다. 유효적 소명을 판단하는 한 가지 방법은 어떤 부르심이 현재성과 긴급성을 띠고 있는지 살펴보는 것입니다. 그 부르심은 "지금, 현재, 당장"입니다. 오, 거룩한 성령님께서 이 시간에 다음과 같은 말씀으로 사람들의 마음을 감화시키기를 기원합니다. "그 설교자의 입에서 다음 말이 떨어지기 전에 지금 예수님께 나아오라. 이 예배가 끝나기 전에 너는 예수님을 신뢰하라. 그래서 네 방이나 침실로 돌아갈 때는 의롭다 하심을 받아 구원받은 자로 나가라." 성령님께서는 이 심정을 다음과 같이 감미롭게 표현하십니다. "보라 지금은 은혜 받을 만한 때요 보라 지금은 구원의 날이로다"(고후 6:2). 성령님께서는 노아에게도 똑같이 말씀하셨습니다. 그래서 노아는 이 구원의 날에 지체할 생각은 꿈도 꾸지 않고, 이 구원의 날이 이르자 앉은 자리에서 바로 그 명령에 순종하였습니다.

　　"방주로 나아오라, 물결이 흉용하고,
　　　바다의 큰 파도가 넘실대고,
　　　어둠이 하늘 위를 뒤덮어도,
　　　가까이 있는 피난처를 바라보라.
　　　방주로 나아오라, 모든 자들이여,
　　　죄책감으로 울고 있는 모든 자들이여,

밖에는 깊은 바다가 서로 오라 부르지만,
안에는 전적으로 고요뿐이라.

방주로 나아오라, 아직 홍수가 나기 전에
그대의 지체하는 발걸음에 맞서서,
나아오라. 열려진 그 문이
이제 막 닫히려고 하나니."

(존 콜맨[John Coleman], '방주로 나아오라' [Come to the ark], 2-4절).

이제 한 가지 사실에 더 주목하고자 합니다. 이 부분은 좀 아름다운 내용으로, 여호와께서 "너와 네 온 집은 방주로 들어가라"고 말씀하셨다는 사실입니다. 여호와께서 우리 자녀들까지 생각하신다니, 얼마나 좋은 말씀인지 모릅니다! 오, 그분께서 우리를 구원해 주셨으니, 우리는 이에 대해 항상 그분을 찬양하는 것이 마땅합니다! 그런데 그분께서는 우리의 아내를 위해서도 말씀해 주시고, 아들을 위해서도 말씀해 주시며, 딸을 위해서도 말씀해 주신다니, 이 얼마나 풍성한 은혜인지요! 저는 아주 매정한 사람에 대해 이야기를 들은 적이 있습니다. 그 사람은 아내와 결혼하기는 했으나, 본래 자기 아내와 같은 그런 집안과는 결혼할 마음이 전혀 없었다고 말할 만큼 뻔뻔한 사람이었습니다. 만약 여러분이 어떤 사람을 사랑한다면, 많은 경우 그 사랑은 그 사람의 친척이나 친구들에 대한 관심으로 종종 드러나곤 합니다. 이와 같이 주 예수 그리스도께서 한 집안의 가장이나 아내를 진심으로 사랑하실 때, 그분은 그의 가족까지도 모두 기꺼이 사랑하십니다. 그분은 빌립보에서 간수의 집까지 가서서 그를 사랑으로 바라보셨습니다. 그분은 그 간수에게만 머물러 있지 않으셨고, 그의 온 가족들을 축복해 주셨습니다. 이러한 축복을 받은 결과 그들은 모두 주님을 믿게 되어, 그 순간 바로 그 자리에서 모두 세례를 받았습니다. 하나님께서도 이와 똑같은 방식으로 지금까지 다른 가족들을 돌봐 주셨습니다. "너와 네 집은 방주로 들어가라"는 것이 그 말씀이지 않습니까? 제가 지금 본문 말씀을 정확하게 읽고 있습니까? 성경 구절을 살펴보겠습니다. 그 말씀을 자세히 살펴보십시오. 오늘 본문은 단순히 "너와 네 집은 방주로 들어가라"는 말씀이 아닙니다. 그 말씀을 다시 제대로 읽어보겠습니다. "여호와께서 노아에게 이르시되 너와 네 온 집은 방주로 들어가라." "온(에)." 오, "온"이라는 이 낱말에 담긴 의미가 얼마나 복된 것인지 모릅니다. 여기에는 함도 제외되지 않았습니다. 창세기 10장 21절에서 큰 형 야벳(Japheth the elder[KJV], 개역개정에는 '야벳의 형'으로 번역됨 — 역주)이라고 불린 야벳이 과연 장자인지 아닌지에 대해서는 제가 정확히 알지 못하지만, 어쨌든 야벳도 방주에 들어갈 만한 충분한 믿음을 가지고 있었습니다. 그래서 그도 다른 형제와 마찬가지로 구원을 받았습니다. 그 가족 중 둘째 아들인 셈도, 제가 그의 자손들을 근거로 판단해보자면, 종교적인 청년으로서 늘 경건하며 참된 하나님을 경배하는 것을 사모하는 사람이었습니다. 그도 방주에 들어가서 구원을 받았습니다. 함에 대해 말하자면, 그는 그 가족들 가운데 건달이었기 때문에, 과연 그가 방주에 들어올 수 있을지 다들 우려하였습니다. 성경 말씀도 모두 그에 대해 부정적인 것들을 우리에게 말해 주고 있습니다. 그럼에도 불구하고 그는 분명히 방주 안에서 구원을 받았습니다. 이것이 바로 은혜입니다. 즉 "너와 네 온 집은 방주로 들어가라"고 하신 이 약속이 확대되어, 큰 형 야벳과 셈과 함까지 구원을 받게 되었습니다. 사랑하는 성도 여러분, 여러분이 회심하게 될 때, 그 순간까지는 여러분 자신만의 복음을 붙잡는 것이지만, 계속해서 더 많은 이들의 복음을 붙잡게 됩니다. 이것이 바로 축복입니다. 간수가 "내가 어떻게 하여야 구원을 받으리이까?"(행 16:30)라고 말하자, 바울은 "주 예수를 믿으라 그리하면 너와 네 집이 구원을 받으리라"(행 16:31)고 대답했습니다. 많은 사람들이 이 약속의 두 번째 부분까지는 이르지 못하는 것 같습니다. 그들은 자신이 구원을 받은 것으로 만족하는 것 같습니다. 그러나 오, 주시기로 예비된 복음을 모든 이들이 받아들이기를 바라며, 나만 구원받는 것이 아니라 내 집도 구원받기를 하나님께 간구하는 신앙을 갖는다면, 나의 온 집이 예외 없이 구원을 받을 것입니다.

2. 순종

그 때 부르심이 있었습니다. 여호와께서는 유효하게 셈, 함, 야벳, 며느리들을 부르셨습니다. 그래서 그들은 모두 방주로 들어갔습니다. 우리가 몇 분 동안 함께 나누고자 하는 두 번째 주제는 순종에 관한 것입니다. 노아는 아들들과 아내와 며느리들과 함께 방주에 들어갔습니다. 이들의 순종은 질문하지 않는 순종이었습니다. 우리는 이들이 이 명령에 대한 이유를 어떤 형태로든 물어보았다는 이야기를 찾을 수 없습니다. 그들은 명령을 받은 대로 들어갔습니다. 그들은 방주로 들어가는 문을 지나, 모두 방주 안으로 들어갔습니다. 여기 있는 아버지와 어머니, 형제와 자매, 아들과 며느리, 딸과 사위가 되는 여러분 모두의 마음에 지금 복되신 성령님께서 역사하셔서, "주 예수를 믿으라 그리하면 너와 네 집이 구원을 받으리라" 하신 이 거룩한 교훈에 즉시 순종하게 되기를 기원합니다. 여러분은 지금까지 충분히 질문하지 않았습니까? 여러분은 그 몇몇 질문들에 대해 답도 들었습니다. 그러나 모든 대답들은 여러분으로 하여금 또 다른 일련의 질문들을 만들어 내는 데 도움이 되었을 뿐입니다. 오, 그 많은 질문들! 그 많은 비판들! 그 많은 논쟁들! 그 많은 의심들! 그 많은 트집들! 이 모든 것들이 꼬리에 꼬리를 물고 계속됩니다. 여러분은 식탁에 앉아서 음식을 먹을 수 없었던 어떤 사람에 관한 이야기를 들어본 적이 없습니까? 그 사람은 자기 앞에 놓인 쇠고기 한점의 혈통을 알아야 했고, 그것이 어떻게 요리되었고, 어느 정도의 불로 얼마나구워졌는지까지 알아야 했습니다. 그 다음으로 그는 인체 해부학을 이해해야 했고, 음식물이 위 속에서 어떻게 소화가 되는지, 어떤 위액이 만들어지는지, 그 음식이 우리 몸에 어떻게 흡수가 되는지도 알아야만 했습니다. 이 질문들에 분명한 대답을 얻지 못하면, 그는 절대로 먹지 않으려 했습니다. "힘들겠지만 분명한 대답이 주어지지 않는다면, 다시 말해 나의 모든 질문에 분명한 대답을 듣지 못한다면, 나는 이 입술 사이에 다시는 아무것도 넣지 않겠다"고 그는 말했습니다. 자, 그런데 그 사람이 이런 질문에 대한 답을 요구하는 동안, 시골에서 올라온 초라한 촌부는 이 고기와 감자를 보고는 맛있게 다 먹었습니다. 이 촌부야말로 정말 현명한 사람이었습니다. 제 생각에 이 촌사람이 그토록 음식을 맛있게 먹을수 있었던 것은 그가 배고팠기 때문이었습니다. 주님께서 여러분에게도 복음에대한 배고픔을 주시기를 기원합니다. 그리하여 여러분이 복음을 접하게 될 때, 그 복음을 배불리 먹고 여러분의 영혼으로 이 복음을 받아들이게 되는 은혜를주님께서 내려 주시기를 원합니다. 여러분은 무한한 사랑으로 여러분 앞에 놓인모든 것을 곧장 취하게 될 것이며, 트집쟁이들은 자기 꾀에 스스로 넘어가게 될것입니다. 저도 많은 질문들을 갖고 있습니다. 그런 질문들을 회의론자들이 제게 물어오기 때문입니다. 또한 제게는 그들이 제기한 질문보다 훨씬 더 어려운많은 문제들이 있습니다. 하지만 저는 그들의 질문과 함께 제가 가진 질문들도모두 내다 버렸습니다. 물론 언젠가 저는 그 질문들을 제기할 작정입니다. 그 때가 되면 제가 가진 모든 질문들을 가지고 천국에 이르게 될 것입니다. 우리는 천국에서 이 질문들을 꿰뚫어 보기에 충분한 빛을 가지게 될 것입니다. 지금 이 땅에서는 마치 어두운 곳에서 보려고 하는 것과 같습니다. 우리가 불처럼 타오르는 영광에 이르게 되어, 이 질문들에 대해 스스로 답하게 될 때, 우리는 비로소 이 질문들을 내려놓게 될 것입니다. 노아와 그의 아내와 아들들과 며느리들은 신비로운 것들에 대해서는 전혀 신경 쓰지 않고, 오로지 분명한 명령에 순종하여 방주 안으로 들어가 구원을 받았습니다.

　　그들은 즉시 들어갔습니다. 저는 이 주제에 대해 길게 말하지 않겠습니다. 그 가족 여덟 사람은 모두 즉시 방주 안으로 들어갔습니다! 여덟 사람이 모두 한 마음이 되어 어디를 간다는 것은 어려운 일입니다. 그러나 여기 이 가족은 모두 한 마음이 되어 완전히 떠날 준비를 하고서 모두 한 날 한 시에 방주 안으로 들어갔습니다. 셈의 부인이 자기가 알고 지내던 모든 사람들을 떠나지 않겠다고 말하지 않고, 자기 아버지와 모든 친척들을 즉시 버린 것이 그저 놀라울 따름입니다. 어떻게 그녀는 스스로 그들과 헤어질 수 있었을까요? 선한 야벳의 부인도 자기의 절친한 친구들과 강한 유대를 느꼈을 것입니다. 분명히 그랬을 것입니다. 하지만 유효적 소명이 그 남녀 모두에게 임하자, 그 명령에 즉각 순종하여 그 땅에서 나와 스스로 그들과 분리되는 입장을 취하게 되었습니다. 오, 복된 성령님이시여, 이러한 부르심을 모든 가족들에게 내려 주시기를 기원합니다! 이 여덟 명의 가족은 모두 즉시 떠났습니다. 이제 그들은 다음과 같이 말했을 것입니다.

　　　"잘 있어라. 헛된 세상아, 나는 가노라.
　　　　너는 내 집도 아니고, 내가 쉴 곳도 아니니,
　　　　이제부터 내 마음은 홀로 거하면서
　　　　너와 영영 관계를 끊겠노라.

　　　　잘 있어라. 가련한 세상아, 너는 죽어 마땅하다!
　　　　이제 홍수가 흉용하기 시작하는구나.
　　　　나는 아무런 미련 없이 세상에 대해 죽었으니
　　　　오직 나는 앞 못 보는 네 눈을 슬퍼하노라."
　　　(새뮤얼 크로스맨[Samuel Crossman], '잘 있어라. 헛된 세상아, 나는 가노라'
　　　[Farewell, poor [vain] world, I must be gone] 1-2절 ― 역주).

노아의 가족과 세상의 다른 모든 가족들 사이에는 단절된 문이 있었습니다. 노아의 가족은 소수자가 되어 그 문으로 들어갔지만, 오래지 않아 결국 그들은 다수자가 되었습니다. 오, 사악한 세상에서 소수자가 되려고 하면 바보 취급을 당하는 자들이여! 그들에게 사람들은 말합니다. "만약 네가 저 교회에 등록한다면, 너는 지금까지 교제하던 모든 사람들과 완전히 단절될 거야. 아무도 더 이상 너를 알아주지 않을 거고, 그럼 너는 죽어 장사지낸 사람처럼 살게 될 거야." 그런데 한 영혼이 그리스도께 헌신할 때, 그 영혼은 자신이 세상에 대해 죽어 장사지낸 것처럼 느끼게 되는 것이 사실입니다. 따라서 그 영혼은 세상을 향해 "아듀(Adieu), 이제부터 우리는 모르는 사이다"라고 말합니다. 중생한 자들이 방주 안에서 전적으로 교제를 나누기 위해서는, 다시 말해 주 예수 그리스도와 전적으로 연결되어 교제를 나누기 위해서는, 이 세상과의 교제를 즉시 단절해야 합니다.

방주로 들어가는 것은 노아와 그의 아내와 모든 가족들에게 지금까지 일어난 일들 가운데 가장 중요한 사건이었습니다. 그들 모두가 세상에서 완전히 뛰쳐나와 하나님께서 예비해 두신 곳을 자신의 피난처로 삼았을 때, 그날은 노아의 가족에게 참으로 위대한 날이었습니다. 사람들이 그리스도께 나아온 그 날이 남녀 모두에게 얼마나 영광스러운 날인지 모릅니다! 사람의 생일도 기념할 만한 날이지만, 이 날은 더 뜻 깊은 날입니다. 사람들은 처음에 슬픔과 죽음 가운데 태어났지만, 이제는 천국과 영생 가운데 태어납니다. 결혼기념일이요? 그 날보다 더욱더 좋은 날입니다. 사람들은 죽음이 갈라놓을 수밖에 없는 운명의 끈에 연결되어 있었지만, 이제는 그리스도와 결혼하여 영원히 결혼생활을 하게 됩니다.

게다가 방주로 들어가는 행동은 간단한 것처럼 보여도, 이것은 인류 역사에 있어서 가장 주목할 만한 사건들 가운데 하나였습니다. 노아와 그의 가족들이 방주로 들어간 때는, 한 제국이 태동하거나 멸망하게 된 날보다 더욱 중요한 날이었습니다. 왜냐하면 그 기념비적인 날에 그들의 결정적인 행동이 없었다면, 아마 인류는 완전히 멸종했을 것이기 때문입니다. 이와 마찬가지로, 사람들이 그리스도에게 헌신할 때, 그들은 그 후손들을 위해 그리고 지금 직접적으로 그들과 연관된 사람들을 위해, 그들이 얼마나 위대한 일들을 하고 있는지 잘 알지 못합니다. 시간과 영원도 이 헌신자들의 행동이 끼치는 힘을 두려워합니다. 이런 회심자들이야말로 그들이 살고 있는 도시의 축복이며, 그들이 움직이고 있는 사회의 축복일 것입니다. 가령 한 여인이 구원을 받게 되면, 그 손자들도 구원을 받을 것이고, 이런 식으로 그 자녀들의 자녀들도 계속해서 구원을 받게 될 것입니다. 한 사람이 하나님을 위해 중생하였을 때, 이로써 앞으로 수년 후에 한 경건한 씨앗이 자라나 그리스도의 사역자와 십자가의 선교사가 될지, 도대체 누가 알겠습니까? 그러므로 한 가족이 구원받는다는 것은 엄청난 사건인 것입니다. 저는 방금 전에 거리에서 어떤 음악소리를 들었습니다. 그런데 그 소리가 제게는 아버지와 어머니와 아들과 딸이 그리스도의 방주로 들어가 거기서 구원을 발견한 그 좋은 순간에 우리가 마땅히 느끼게 되는 기쁨을 가락에 맞춰 연주하는 것처럼 들렸습니다. 오, 온 가족이 그리스도의 품으로 들어온다면, 천국의 종(鐘)들은 그것이 표현할 수 있는 가장 많은 기쁨을 드러내기 위해 계속해서 거듭거듭 울릴 것입니다.

자, 이제 좀 더 자세히 살펴보겠습니다. 우리가 살펴볼 사실은 첫째로, 노아가 들어갔다는 것입니다. 이것은 옳은 행동이었습니다! 노아는 한 집안의 지도자 격인 가장이었습니다. 남편은 가정의 머리입니다. 마땅히 머리가 되어야 합니다. 그러므로 그가 먼저 그리스도에게 나아가야만 합니다. 노아의 아내가 들어가든, 셈이나 함이 들어가든, 누가 들어가든 안 들어가든 간에, 어쨌든 노아가 먼저 들어갔습니다. 왜냐하면 노아는 여호와의 명령에 순종하였기 때문입니다. 한 집안의 가장인 여러분, 여러분은 지금 방주 안에 있습니까? 여러분은 지금 그리스도 안에 있습니까? 여러분은 아버지입니다. 여러분 곁에는 자라나고 있는 자녀들이 있습니다. 여러분은 결심했습니까? 여러분은 여러분의 가족이 하나님을 경외하며 자라나기를 원하고 있습니다. 저도 여러분의 가정이 그렇게 되기를 바라고 있습니다. 그런데 여러분 자신은 구원받고자 하지 않으면서 어떻게 이것을 기대할 수 있겠습니까? 만약 노아가 방주에 들어가지 않았다면, 우리는 셈과 함과 야벳이 방주로 들어갔다는 이야기를 읽게 되리라 기대할 수 없었을 것입니다. 오, 가정의 머리인 여러분이여, 여러분은 참으로 책임 있는 위치에 있습니다. 만약 여러분의 자녀가 어긋난 길을 간다면, 여러분이 더 많은 비난을 감수해야만 할 것입니다. 만약 여러분이 주님을 위해 살아가는 본보기가 되겠다고 결심하지 않는다면, 여러분의 자녀들은 최후의 심판 날에 다음과 같이 말하게 될 것입니다. "우리 아버지는 미지근한 마음을 지닌 분이셨어요. 그런데 어떻게 우리에게, 우리의 마음을 하나님께 드릴 것이라는 그런 기대를 할 수 있겠습니까?"

둘째로는 그의 아들들이 언급되었습니다. "노아는 아들들과 … 방주에 들어 갔고." 세 명의 훌륭한 자녀들입니다. 하나님의 일에 함께 하는 자녀들을 둔 아 버지야말로 행복한 아버지입니다. 아들들(Sons)에 해당하는 히브리어에는 "세 우는 자들"(builders)이라는 뜻도 있습니다. 왜냐하면 아들들은 한 가정을 세우 는 자들이기 때문입니다. 성령님께서 이들을 통해 교회를 세우시기를 기원합니 다. 저는 교회에 더 많은 젊은이들이 등록하기를 하나님께 기도하고 있습니다. 더욱더 많은 아들들이 결심하게 되기를 원하고 있습니다! 여러분은 여러분의 아 들들이 하나님의 편에 서지 않는 한, 그 아들들의 아내들이 하나님께 나오리라 기대할 수 없습니다. 여러분은 그렇게 생각하지 않습니까? 제가 이런 말을 해서 죄송하지만, 하나님 편에 서지 않은 자들은 종종 하나님의 대적자들이 됩니다. 아내들이 그리스도에게 나아올 때, 남편들은 뒷짐을 지고서 아내들이 신앙생활 을 하지 못하도록 방해하는 행동까지 하기도 합니다. 하나님께서 도우셔서 그런 경우가 이 자리에 있는 성도들에게는 일어나지 않기를 기원합니다! 오, 노아의 아들이여, 너의 아버지와 함께 방주로 들어갈지어다. 오, 경건한 부모를 둔 자녀 들이여, 그대의 아버지를 따라 그리스도에게로 나아가십시오. 그리하여 아버지 를 따라 천국에 들어가십시오. 아브라함의 아들이 이삭이 되고, 이삭의 아들이 야곱이 되고, 야곱의 아들이 요셉이 되게 하십시오. 이와 같이 믿음의 세대가 그 다음 세대로 계속해서 이어지기를 기원합니다.

셋째로 언급된 사람은 늙은 부인, 즉 노아의 아내였습니다. 제가 그녀를 늙은 부인이라고 말한 것은, 틀림없이 그녀의 나이는 거의 600세에 가까웠을 것이기 때문입니다. 그녀는 분명히 강한 여인이었습니다. 우리는 보통 우리 집안에서 여러 아들들을 장성하게 키운 사람들을 그렇게 강한 여인이라고 부릅니다. 세 아들을 둔 아버지의 아내가 이제 방주로 들어왔습니다. 저는 그녀를 세 아들과 세 며느리까지 거느린 귀부인으로 생각합니다. 그녀는 죽든지 살든지 자신이 사 랑하는 남편과 끝까지 함께 하겠다는 확신과 고요한 은혜를 가지고 담대하게 나 아갔습니다. 그녀는 자신의 운명을 남편과 함께하기로 하였습니다. 왜냐하면 노 아는 자기의 남편이었을 뿐 아니라, 노아가 그의 운명을 하나님과 함께하고자 하였기 때문입니다. 오, 사랑하는 아내들이여, 여러분은 나이가 들어가고 있고, 여러분 곁에는 장성한 자녀들이 함께 있습니다. 만약 여러분이 그리스도에게 나 아오기만 한다면, 여러분의 가족도 노아와 그의 아들들과 그의 아내처럼 구원받는 가족이 되리라 저는 확신합니다.

넷째로, 그 아들들의 아내들, 즉 며느리들이 나아왔습니다. 이 며느리들에게 얼마나 복된 환경인지 모릅니다! 저는 오늘 설교의 주제를 검토하면서, 혹시라도 그 아들들 가운데 하나라도 방주에 들어오지 못했다면 얼마나 고통스러웠을지, 그리고 그 며느리들 가운데 하나라도 방주에 들어오지 못했다면 그 또한 얼마나 슬픈 일이었을지 생각해 보았습니다. 이들 가운데 한 사람이 제외되어야 한다는 사실을 혹시 노아가 알 수밖에 없었다면, 그리고 그가 그 끔찍한 선택을 할 수밖에 없었다면, 과연 그가 누구를 제외했을 것이라고 여러분은 생각합니까? 저는 상상조차 할 수 없습니다. 저는 일곱 아니면 여덟 명의 자녀들을 둔 한 아일랜드 사람의 이야기를 들은 적이 있습니다. 그 사람에게 어떤 사람이 찾아와서 한 아들을 양자로 삼고 싶다고 말했습니다. 그런데 문제는 과연 누구를 양자로 주느냐 하는 것이었습니다. 그의 가족 중에서 어느 한 아들을 양자로 준다면, 그 아들을 다시 볼 수 없을 테니 말입니다. 그 아들은 낯선 사람들의 손에서 양육을 받고 돌봄을 받을 것입니다. 그래서 그 아버지와 어머니는 입양 제안에 동의할 수 없었습니다. 사랑하는 아버지와 어머니 되는 여러분이여, 여러분도 여러분의 자녀들 가운데 단 한 명도 멸망하는 자가 되기를 결코 동의하지 않을 것입니다. 제 소망도 마찬가지입니다. 여러분은 밤낮으로 기도하십시오. 여러분은 쉬지 말고 노력하십시오. 여러분은 시간마다 간절히 간구하십시오. 셈과 함과 야벳뿐만 아니라 그 며느리들까지 방주로 나아와서 단 한 사람도 남겨진 가족이 없을 때까지, 그래서 온 가족이 예수 그리스도 안에서 구원받게 되기까지 노력하십시오.

자, 이 모든 것들이 성령님의 다정한 유효적 소명으로 이루어졌습니다. 그러므로 이 밤에도 이와 동일한 부르심이 우리의 모든 친구들과 친척들과 이 자리에 모인 모든 성도들 각자에게 임하도록, 그래서 우리 모두가 지금뿐만 아니라 마지막 큰 심판의 때에도 그리스도 안에 있을 수 있도록 기도합시다. 아멘.

제

9

장

—

방주 비유

—

"무릇 생명의 기운이 있는 육체가 둘씩 노아에게 나아와
방주로 들어갔으니." — 창 7:15

그리스도께서는 언제나 비유들로 가르치셨습니다. 그래서 그분의 가르침은 인기와 능력이 있었습니다. 대중들은 비유로 든 실례들이 아닌 다른 방법으로는 어떤 교훈도 받지 못했으며, 대중들에게는 이 방법이 아니고는 교훈을 받을 만한 능력도 없었을 것입니다. 성공적인 목회자가 되고 싶은 사람은 입을 열어 비유로 말해야만 합니다. 대중들의 마음을 사로잡기 원하는 자들은 주님의 모범을 주도면밀하게 모방하여 모든 사람들이 이해할 수 있는 비유들로 말씀을 전해야만 합니다. 살아 있는 사람들 중에 어떤 비유를 만들어 낼 만한 능력을 지닌 자는 별로 없을 것이라 저는 믿습니다. 이 드문 능력을 지닌 자들은 정말로 희귀합니다. 제 자신도 그런 영예로운 사람들 가운데 든다고 말할 수 없을 것입니다. 저도 어떤 비유를 한 번 들어보려고 가끔 애써봤습니다. 그렇지만 저는 예화를 드는 것은 쉽다고 종종 느낄 때가 있었지만, 비유는 한 번도 만들어 낼 수가 없었습니다. 제가 꼭 비유를 만들어야 하는 것은 아니라고 말할 수 있어서 저는 행복합니다. 왜냐하면 하나님의 말씀이 바르게만 사용된다면, 그 말씀으로도 수천 가지 비유들을 암시할 수 있기 때문입니다. 그래서 제가 하나님의 말씀 가운데서 적절한 비유들을 찾을 수만 있다면, 저는 설교할 주제가 부족하지는 않을까 하며 두려워할 이유가 없는 것입니다. 오늘 저녁에도 저는 한 가지 비유를 여러분에게 말씀드리고자 합니다. 그 비유는 바로 방주 비유입니다. 제가 방주 비유를 전하는 동안, 여러분은 방주를 실제적인 것으로, 즉 실제로 방주가 물 위에 떠다니고, 그 방주 안에 노아와 그의 가족들과 "생명의 기운이 있는 육체가 둘씩" 들어 있는 채로 움직이는 매우 생생한 것으로 이해해야만 합니다. 방주는 사실 절대 신화가 아닙니다. 하지만 저는 이 실제적인 사실을 취해서 하나의 비유로 사용하고자 합니다. 저는 방주가 구원을 예표하는 것으로 보고, 제 목소리가 또렷이 들리는 범위 내에 있는 모든 사람들에게 이 방주 비유를 전하고자 합니다. 홍수로부터 인간들을 구원하는 방주는 구원의 방편이신 예수 그리스도에 대한 한편의 아름다운 그림입니다. 이 예수 그리스도로 말미암아 허다한 모든 육체가 영원한 멸망이라는 홍수로부터 멸망하지 않고 보호를 받으며 구원을 받게 되었습니다.

1. 구원의 방편은 오직 하나

이제 첫 번째로, 이 비유를 들면서 저는 **구원의 방편은 오직 하나**뿐이라는 사실을 말하고자 합니다. 한편에는 고페르 나무로 만든 방주가 있고, 또 다른 한편에는 그리스도의 인격이 있습니다. 이로써 하나님이 지금까지 예비하신 하나의 유일한 방편이 제시됩니다. 방주 안에 있던 복 받은 육체 이외의 온 세상은 물에 빠져 멸망하였습니다. 가장 강한 맹수와 가장 작은 곤충과 당당한 코끼리와 끔찍한 파충류와 재빠른 말과 느림보 달팽이와 우아한 영양과 못생긴 두꺼비까지 모두 말입니다. 방주 안에서 목숨을 보전한 생물들 외에 지면에 살아 있는 모든 동물들은 공동 운명에 처하게 되었습니다. 최고의 본능을 부여받은 가장 고상한 동물들도, 물고기는 아니지만 그래도 어느 정도 수영을 하는 능력이 있었음에도 불구하고, 방주 안에 보금자리를 잡은 동물들 외에는 모두 물에 빠져 죽었습니다. 지금까지 하늘을 가로지르며 날아다니던 가장 강한 날개를 가진 날짐승들도 방주에 거하는 날짐승을 제외하고는 모두 날다가 지쳐 물에 빠지고 말았습니다. 숲을 제 집처럼 여기며 활보하던 가장 거만한 동물들, 즉 한낮에도 아무 두려움 없이 거닐던 동물이나 야음(夜陰)을 틈타 은밀하게 배회하던 동물이나 가장 힘센 동물이나 가장 거대한 동물들도, 하나님의 명령으로 방주라는 피난처 안에 몸을 숨긴 동물 외에는 모두 그 광대한 깊음에 삼켜졌습니다.

이와 마찬가지로, 이 비유를 저에게 적용해 보자면, 하늘 아래 살아 있는 모든 자들에게 구원의 길은 오직 하나만 있을 뿐입니다. 인간이 구원을 받을 수 있는 이름은 오직 하나의 이름뿐입니다. 부자인 여러분이여, 여러분도 구원받기를 원합니까? 여러분이 부자라도, 가난에 찌든 극빈자들이 구원받는 그 길 외에는 다른 길이 없습니다. 유식한 여러분이여, 여러분도 구원받기를 원합니까? 여러분도 가장 무식한 자들이 구원을 받은 그 동일한 길로 구원을 받아야 합니다. "다른 이로써는 구원을 받을 수 없나니 천하 사람 중에 구원을 받을 만한 다른 이름을 우리에게 주신 일이 없음이라"(행 4:12)는 말씀대로 말입니다. 우리가 구원을 받을 만한 이름은 오직 예수 그리스도, 십자가에 못 박히신 그분뿐입니다. 방주는 두 개가 아니었고 오직 하나밖에 없었습니다. 이와 마찬가지로 구세주는 두 명이 아니라 오직 한 명뿐입니다. 방주 외에는 다른 구원의 방편이 없었습니다. 이와 마찬가지로 예수 그리스도, 즉 죄인들의 구세주로 말미암지 않는 다른 구원의 경륜은 없습니다. 여러분이 시내 산의 가장 높은 봉우리 꼭대기에 올라간다고 해도 헛일입니다. 물이 불어서 십오 규빗이나 차올라 산들이 잠길 것이기(창 7:20) 때문입니다. 여러분이 자만과 공로라는 가장 높은 첨탑까지 올라간다 해도 헛일입니다. 여러분은 물에 빠져 죽게 될 것입니다. 구원의 소망마저 잃어버리고 물에 빠져 죽게 될 것입니다. "이 닦아 둔 것 외에 능히 다른 터를 닦아 둘 자가 없으니 이 터는 곧 예수 그리스도라"(고전 3:11). 지금 제 설교를 듣고 있는 자들 중에도 구원받기를 원하는 사람들이 있습니까? 그들도 모두 마땅히 그 한 길로 구원을 받아야 합니다. 그들이 구원의 경륜이신 그리스도를 반대합니까? 그렇다면 그들은 저주를 받게 될 것입니다. 그들에게는 다른 소망이 없기 때문입니다. 그들이 이 구원의 경륜을 너무 어려운 것으로 생각합니까? 아니면, 계시된 이 구원의 경륜을 너무 시답지 않은 것으로 여기고 있습니까? 그렇다면 그들은 틀림없이 물속으로 가라앉을 것입니다. 아담의 자손들이 모두 거대한 홍수 아래 가라앉았던 것 같이, 모든 육체가 압도하는 큰 파도에 소멸될 것입니다. 오직 한 길 외에 다른 방법은 없습니다. 방주로 들어가십시오. 그리스도 안에서 피난처를 찾으십시오. 이렇게 해야만 여러분은 구원받게 될 것입니다. 그러나 "우리가 이같이 큰 구원을 등한히 여기면, 어찌 그 보응을 피하리요?"(히 2:3)라는 말씀대로, 여러분이 어떤 방편으로 여러분의 영혼과 몸을 구할 수 있겠습니까? 여러분은 여러분의 안전을 위해 도대체 어떤 계획을 고안해 낼 수 있겠습니까? 여러분이 생각한 피난처는 거짓 피난처로 드러나게 될 것입니다. 바람이 불고,

비가 내리고, 우박이 내리며, 폭풍이 일 때에 그 피난처는 부서지고 말 것입니다.
한 분의 구세주가 계십니다. 오직 한 분만 계십니다.

2. 방주의 크기

저는 이 방주 비유에 대해 좀 더 말씀드리고자 합니다. 저는 여러분이 직접
이 방주의 크기에 대해 주목했으면 합니다. 왜냐하면 이 크기가 여러분에게 위로
가 될 것이기 때문입니다.

만약 여러분이 창세기 6장 15절을 읽어본다면, 이 방주의 엄청난 크기를 짐
작할 수 있을 것입니다. "네가 만들 방주는 이러하니 그 길이는 삼백 규빗, 너비
는 오십 규빗, 높이는 삼십 규빗이라"고 나옵니다. 불신자의 옛 주장에 따르면,
이 정도의 크기에는 지면에 살고 있는 모든 종류의 피조물들이 다 들어갈 수 없
다고 말합니다. 그러나 우리는 하나님의 권위에 입각해서 다음과 같이 생각합니
다. 즉 그 당시 살고 있던 각기 서로 다른 모든 종류의 피조물들이 전부 수용될
만한 충분한 자리가 없었다면, 그 동물들은 모두 물에 빠져 죽었을 텐데, 결과적
으로 그 모든 종류의 동물들은 안전하게 수용되었기 때문에, 우리는 그 많은 동
물들이 모두 수용될 만한 충분한 자리가 있었을 것으로 생각합니다. 아마 여러
분은 이것이 결코 논리적이지 않은 생각이라고 말할 것입니다. 그러나 계시를
믿고 있는 우리에게는 충분한 결론입니다. 하지만 누가 이 결론에 반대를 한다
고 해도, 실제로 그런 반대에는 합당한 이유가 없습니다. 그래서 우리에게는 그
런 반대를 받아들 만한 여지가 없는 것입니다. 크기를 계측하는 가장 뛰어난 자
들은 방주라 불린 이 배의 규모가 엄청난 크기였기에, 모든 동물들을 실을 수 있
었을 뿐만 아니라, 그 배가 물 위에 떠 있을 동안 필요로 하는 모든 음식들도 전
부 실을 수 있었다는 사실을 입증해 보였기 때문입니다.

저는 이 부분을 더 설명하기 위해 지체하지 않을 것입니다. 저는 이 방주 비
유를 구원 경륜에 대한 하나의 아름다운 그림으로 유추해서 살펴보고자 합니다.
오, 이 얼마나 규모가 큰 경륜인지 모릅니다! 이 방주는 모든 종류의 동물들을 다
수용할 수 있는 거대한 방주였습니다. 이와 마찬가지로 우리의 그리스도 또한
거대한 피난처이십니다. 그분은 온갖 죄인들을 모두 구원해 주십니다. 또한 그
방주는 구원받은 허다한 동물들이 그 안에 들어가 물 위를 떠다닐 수 있었을 만
큼 엄청난 배였습니다. 이와 마찬가지로 그리스도의 구원도 그 누구도 헤아릴

수 없을 정도의 허다한 무리들을 건져내는 엄청난 구원입니다. 마음이 좁은 편협한 사람은 구원을 자신만의 옹색한 개념에 제한하면서 다음과 같이 말합니다. "나와 함께 팔짱을 끼고 걷는 자가 아니면 그 누구도 구원받지 못할 것이다." 어리석고 비참한 영혼이여! 그는 마치 자기가 좋아하는 대로 코트를 잘라놓고는, 다른 사람들도 완전히 그와 똑같이 코트를 자르지 않으면, 결코 구원을 받지 못할 것이라고 천명하는 것과 같습니다. 하지만 성경은 위대한 구원을 전하고 있습니다. 성경은 그 누구도 헤아릴 수 없을 만큼의 허다한 무리들이 하나님의 보좌 앞에 서게 될 것이라고 말합니다. 지금 이 자리에도 허다한 죄인들이 함께 모였습니다. 그러나 만약 여러분 모두가 자신에게 구세주가 필요하다고 여기기만 한다면, 여러분 모두를 위한 충분한 자리가 천국에 마련될 것입니다. 지금 이 자리에는 설교를 듣고 있는 허다한 무리들이 있습니다. 만약 여러분 모두가 참된 마음으로 회개하고 그리스도를 진실로 믿는 마음으로 그리스도께 나아온다면, 여러분을 위해 마련된 충분한 자리가 있음을 여러분은 발견하게 될 것입니다. "아직도 자리가 있나이다"(눅 14:22)라고 기록된 말씀은 지금도 참된 말씀입니다. 그러나 바리새인과 스스로 죄인인줄 알지 못하는 자들과 위선자들을 위한 충분한 자리는 없습니다. 형식주의자들을 위한 자리도 결코 없습니다. 하지만 하나님의 천국 앞에서 자신의 죄를 회개한 모든 죄인들에게는 충분한 자리가 있습니다. 우리 구세주에게는 그분으로 말미암아 하나님께 나아가는 모든 자들이 아무리 먼 곳에 있다 해도 그들 모두를 구원하실 능력이 있습니다. 그분은 여러분 모두를 구원할 수 있으십니다. 구세주를 보낸 아버지께서 여러분을 이끄시어, 여러분이 그분에게 나아왔다면, 여러분을 위한 자리가 틀림없이 있습니다. 절대로 의심하지 마십시오. 사랑하는 성도 여러분, 우리가 지금 선택을 설교한다 해서, 소수만이 선택을 받는다고 생각하지는 마십시오. 이런 오해가 흔하다는 것을 알고 있습니다. 어떤 사람은 제게 와서 "목사님, 저는 목사님의 칼빈주의를 좋아하지 않습니다. 왜냐하면 칼빈주의는 소수가 선택받으며, 나머지 사람들은 전혀 구원받지 못한다고 주장하기 때문입니다"라고 말합니다. 사랑하는 성도 여러분, 절대 그렇지 않습니다. 칼빈주의는 전혀 그렇게 주장하지 않습니다. 칼빈주의는 그 누구도 셀 수 없을 만큼 허다한 자들이 선택을 받는다고 말합니다. 그러니 여러분도 그 선택받은 자들 중의 하나일지 누가 압니까? 칼빈주의는 여러분에게 아르미니우스주의보다 수천 배는 더 나은 소망의 이유를 제시합니다. 아르미니우스주의 설교자는 강단에 서서 다음과 같이 말합니다. "모든 사람을 위한 자리가 있습니다. 하지만 그들이 나오게 하는 어떤 특별한 은혜가 있다고는 생각하지 않습니다. 만약 그들이 나오지 않는다면, 그들은 나오지 못할 것입니다. 그것으로 그들의 운명은 끝입니다. 그것은 그들의 잘못이며, 하나님께서 그들을 나오지 못하게 하신 것이 아닙니다." 그런데 하나님의 말씀에 따르면 그들은 스스로 나올 수 없다고 합니다. 그러나 아르미니우스주의자들은 그들이 스스로 나올 수 있다고 말합니다. 가련한 죄인들은 스스로 나올 수 없다고 느끼지만, 아르미니우스주의자들은 자기가 원하기만 한다면 나올 수 있다고 단호하게 장담합니다. 물론 가련한 죄인들이 가끔은 할 수만 있다면 그분께 나가고 싶어 하겠지만, 자신이 나갈 능력이 없음을 알고 한탄하게 됩니다. 자신이 눈먼 장님이면서 남을 인도하는 이 아르미니우스주의자들은 그 죄인에게 그것은 말이 안 된다고 말합니다. 그러나 사실 죄인이 하나님에게 나아오는 것은 전적으로 하나님 자신의 사역입니다. 여러분은 이 사실을 확신해야만 합니다. 여러분은 이러한 사실에 대해 반대하며 여러분의 자유권을 주장하기도 하겠지만, 결국에는 이 모든 과정을 통해 그분에게 나오게 될 것입니다. 그분은 결코 여러분을 억지로 설득하려 하지 않을 것입니다. 다만 여러분 속에 그분께 나아올 수 있는 능력을 주실 것입니다. 이 시대의 바알에게 지금까지 무릎 꿇지 않았던 사람들을 하나님께서 친히 보호해 두신 몇 곳을 제외하고는, 요즘 모든 곳에서 설교 시간에 전해지고 있는 사람들의 지어낸 이야기나 만든 이야기보다 이 복된 하나님의 순수한 복음 안에 여러분을 위한 더 많은 소망이 담겨 있습니다.

3. 방주는 안전한 피난처

세 번째로 방주는 안전한 피난처였다는 사실을 주목해 주십시오. 노아는 고페르 나무로 방주를 만들라는 명령을 받았습니다. 방주 안에 조금이라도 물이 스며드는 것을 막기 위해서 하나님께서는 노아에게 "역청을 그 안팎에 칠하라"(창 6:14)고 명령하셨습니다. 방주는 정박할 항구가 없었습니다. 우리는 노아가 그의 아들인 셈, 함, 야벳을 불러 물을 퍼내도록 했다는 것을 읽어본 적도 없고 실제로 그들이 물을 퍼냈던 적도 없었습니다. 왜냐하면 그 방주는 조금도 물이 스며들지 않았기 때문입니다. 분명히 그 일 년 동안 폭풍우가 있었겠지만, 우리는 그 배가 난파될 위험에 처했다는 말을 한 번도 들어보지 못했습니다. 사실 바위들은 너무나 물 아래에 있었기 때문에 배 바닥이 암초에 닿을 리가 없었습니다. "물이 불어서 십오 규빗이나 오르니 산들이 잠긴지라"(창 7:20)는 말씀대로 말입니다. 아무리 높은 산이라 해도 방주는 그보다 8미터나 더 높이 떠 있었기 때문에, 위험한 모래 늪을 두려워할 필요도 없었습니다. 그 모래는 배의 용골(龍骨)보다 매우 아래에 있었기 때문입니다. 물론 방주는 바람에 노출되어 있었으며, 때로는 태풍에 우지끈 하는 소리가 나기도 하고 이리저리 떠밀려가기도 했습니다. 또 어떤 때는 우박이 배의 상단에 내려치기도 하고 번개가 밤의 장막을 찢으며 위협할 때도 있었을 것입니다. 그럼에도 불구하고 방주는 항해를 계속하였습니다. 그 어떤 것도 방주에서 이탈되지 않았으며, 배에 들어온 물을 계속해서 퍼내느라 혹은 배의 안전을 위한 잦은 정비로 피곤한 사람도 없었습니다. 세상은 온통 물에 잠겨 멸망하였지만, 이 방주 하나만은 의기양양하게 물 위를 항해하고 있었습니다. 방주는 안전하였습니다. 그리고 그 방주 안에 있는 사람들도 모두 안전하였습니다.

지금 이 자리에 있는 죄인 여러분, 제가 여러분에게 전하는 그리스도는 바로 이와 같은 피난처이십니다. 그분의 복음에는 결코 흠이 없습니다. 방주는 절대로 가라앉지 않았고 어떤 요인으로도 결코 좌초되지 않았듯이, 그리스도께서도 결코 실패하지 않으셨습니다. 그분은 실패할 수도 없습니다. 모든 권세자들과 능력들이 그분에게 순복합니다. 그리스도 안에 있는 자들은 모든 폭풍우로부터 보호를 받습니다. 그들은 결코 멸망하지 않으며, 그분의 손에서 그들을 빼앗을 자가 아무도 없을 것입니다. 물의 근원인 깊고 큰 샘들 가운데 단 하나라도 터지기 전에, 다시 말해 복수의 구름들로 인해 생긴 황폐케 하는 폭풍우가 단 한 방울이라도 떨어지기 전에, 하나님께서는 노아에게 방주의 양식을 보여주셨고, 노아는 이 방주 만드는 작업을 완성하였다는 사실을 여러분은 기억하십시오. 마찬가지로 복수하는 진노의 구름들이 인간의 죄악으로 인해 끓어오르기 전에, 우리의 영광스러운 주님께서 영원한 경륜 가운데서 완전한 그리스도로 세워지셨다는 것도 더할 나위 없이 참된 사실입니다. 그래서 그분의 강력한 중보 사역은 여러분처럼 가련한 영혼들이 그분 안에서 피할 수 있도록 초대받기 이전에 완성되었습니다. 오, 물이 점점 차오를 때 천사들은 천국의 창 밖을 내다보면서 그 방주가 얼마나 안전하게 수면 위로 운행되고 있는지를 보았으며, 천사들은 방주 안에 있는 사람들도 그 방주만큼이나 안전하리라는 사실을 믿어 의심치 않았다고 저는 생각합니다. 그러니 그리스도 안에 있는 자들도 그리스도만큼이나 안전하리라는 사실에 대해 의심할 이유가 어디 있겠습니까? "여호와를 의지하는 자는 시온 산이 흔들리지 아니하고 영원히 있음 같도다"(시 125:1)는 말씀대로, 여호와를 의지하는 자들은 복된 자들입니다. 이들은 시냇가에 심은 나무 같아서, 그 잎사귀가 마르지 아니함 같으니 그가 하는 모든 일이 다 형통할 것입니다. 만약 여러분이 일단 예수님께 나아와 그분을 의지한다면, 여러분은 혹시라도 자신이 물속에 가라앉지는 않을까 두려워할 필요가 없습니다. 물론 모진 비바람과 폭풍우가 여러분 주위를 강타할 것입니다. 여러분에게 이러한 것들이 틀림없이 불어닥칠 것입니다. 그 폭풍우가 바위들을 강타하더라도 여러분은 그보다 훨씬 더 높은 곳에 있게 될 것입니다. 일단 여러분이 구원을 베푸는 선한 배에 올라탄 이상, 홍수로 쓸려 다니는 모래 늪이 여러분을 삼키려고 달려들어도, 여러분은 그보다 훨씬 더 높은 곳으로 들려 올라갈 것입니다. 그러므로 저는 기쁜 마음으로 "여러분을 주와 및 그 은혜의 말씀에 부탁"(행 20:32)하는 것입니다. 그리스도께서 여러분을 지켜 주실 것입니다.

이미 이 사실을 믿고 있는 사랑하는 성도 여러분, 우리가 그리스도 안에서 안전하다는 이 가르침을 여러분은 다른 사람들에게 전하지 않을 수 있겠습니까? 절대 그럴 수 없습니다. 저는 여러분이 그럴 수 없다는 것을 알고 있습니다. 이 예배에 참석한 주 안에 있는 형제나 자매들 가운데 한 사람만 만나서 이 주제에 대해 대화를 나눠 보십시오. 그러면 여러분은 다른 사람에게 이 진리를 전하지 않고 있어야 하는지에 대한 대답을 여러분 스스로 할 수 있을 것입니다. 하나님께서 지켜 주신다는 이 진리를 믿지 않는 사람들은 이 진리에 대해 논쟁을 하곤 합니다. 저는 그런 논쟁들을 이 예배당 문을 나서기만 하면 듣곤 하였습니다. 그래서 저는 이런 공격에 대한 방어를 여러분도 스스로 감당하도록 해야겠다고 확신하게 되었습니다. 제가 하나님의 이 완전한 경륜을 항상 간절한 마음으로 선포하듯, 여러분 가운데도 이 완전한 경륜을 지지하는 것을 결코 부끄러워하지 않는 아주 용맹스러운 자들이 있습니다.

4. 방주 안에 있는 단 하나의 창문

이제 저는 이 비유의 다른 부분을 말씀드리고자 합니다. 방주 안에 있는 피조물들은 빛을 원했습니다. 그런데 매우 특별한 사실 하나는 **방주 안에 오직 하나**

의 창문만 있었다는 것입니다. 창세기 6장 16절에는 "거기에 창을 내되"라고 기록되어 있습니다. 저는 방주에 있던 모든 동물들이 어떻게 하나의 창으로 살아갈 수 있었을까 종종 궁금하게 생각했습니다. 그러다가 저는 이것이 분명한 한 가지 교훈을 가르치고 있다는 생각을 하게 되면서, 이에 대해 더 이상 궁금하게 여기지 않게 되었습니다. 즉 기독교인들이 자신에게 필요한 빛을 받는 창문은 오직 하나뿐이라는 것입니다. 그리스도에게 나아와 그분으로 말미암아 구원을 받는 모든 자들은 하나의 통로로만 빛을 받게 됩니다. 방주에 있던 그 하나의 창문은 성령님의 사역을 우리에게 적절하게 대변해 주고 있습니다. 세상에 있는 모든 자들에게 조금이라도 빛이 비친다면, 그들에게 오직 하나의 빛만 있을 뿐입니다. 그리스도가 바로 그 빛이시며, 진리이신 성령님을 통해 그리스도께서는 빛으로 계시됩니다. 그래서 우리는 죄와 의와 심판을 알게 됩니다. 성령님으로 말미암는 확신 이외의 그 어떤 인식도 참된 가치를 지니지 못합니다. 우리가 성령님의 가르침을 받게 될 때, 우리는 비로소 우리의 죄와 비참함과 우리의 구속과 그리스도 안에 있는 우리의 피난처를 인식하게 됩니다. 방주에는 오직 하나의 창문밖에 없었습니다. 어떤 사람은 "그래도 우리는 이 목회자를 통해 빛을 보기도 하고, 또 다른 목회자를 통해 빛을 보는 경우도 있습니다"라고 말할 것입니다. 사랑하는 성도 여러분, 맞습니다. 하지만 그럼에도 불구하고 여전히 창문은 오직 하나뿐입니다. 우리 목회자들은 창문에 끼우는 유리에 불과합니다. 여러분은 우리를 통해서는 조금의 빛도 받을 수 없습니다. 여러분은 우리 속에서 역사하시는 동일한 성령님의 역사를 통해서만 빛을 받을 수 있습니다. 성령님께서 역사하시는 그 때에, 서로 다른 유리들을 통해 각기 다른 모양의 빛들이 주어지는 것입니다. 가령 여러분은 정교하게 다듬어 광택이 나는 설교자를 보기도 할 것입니다. 그런데 이 설교자는 일종의 스테인드글라스, 즉 착색유리와 같아서 아주 투명하지는 않습니다. 그래서 빛을 통과시키기보다는 오히려 빛을 반사시킵니다. 또 다른 유리도 있습니다. 그는 정사각형으로 깎은 다이아몬드 같아서, 구식 설교자로 보이기는 하지만, 좋은 유리이기 때문에 빛을 잘 통과시킵니다. 또 다른 종류는 다소 정교한 스타일로 자른 유리입니다. 그는 분명하고 간단한 설교자로, 그를 통해서도 빛이 잘 비칩니다. 하지만 이 모든 것에도 불구하고 빛은 오직 하나이며, 창문도 오직 하나입니다. "예수 그리스도의 얼굴에 있는 하나님의 영광을 아는 빛"(고후 4:6)을 계시한 그분은 바로 성령님이십니다. 우리가 이 하나님의 진리를 전한다면, 우리에게는 오직 한 분의 교사만이 있을 뿐입니다. 어떤 형제는 이 밤에 영국 국교회에서 말씀을 전하고, 또 다른 형제는 하나님의 말씀을 독립교회 성도들에게 전하며, 또 어떤 형제는 침례교인들에게 전할 수도 있습니다. 하지만 이들 모두가 하나님으로부터 제대로 가르침을 받았다면 그들은 한 성령님만을 모시고 있는 자들입니다. 방주에는 오직 창문이 하나만 있었습니다. 방주에는 하층, 중층, 상층이 있었습니다. 하지만 이 창문 하나만을 통해서 모두 밖을 내다봤습니다. 하층에 있는 어린 성도도 성령님이라는 한 창문을 통해 빛을 받습니다. 중층까지 올라온 성도도 동일한 창문을 통해 빛을 받습니다. 가장 높은 층에 다다른 성도도 마찬가지로 동일한 창문을 통해 빛을 받습니다. 방주에 만들어 놓은 하나의 창문, 즉 성령님이라는 창문을 통하지 않고서 우리가 볼 수 있는 다른 수단은 전혀 없습니다. 여러분도 지금까지 그 창문을 통해 보고 있지 않습니까? 우리는 우리 위에 있는 맑고도 푸른 하늘을 지금까지 보지 않았습니까? 다시 말해 우리가 가진 믿음의 눈이 침침해져서 우리가 아무 것도 보지 못할 때, 그 때도 여전히 우리 주님께서는 조타석에서 키를 잡으시고, 우리의 모든 암울한 어려움 가운데서도 우리를 지키신다는 사실을 여러분은 알고 있지 않습니까?

5. 칸들

자, 여러분이 창세기 6장을 주의해서 읽는다면, 여러분은 "그 안에 칸들을 막고"(창 6:14, '방주 안에 방들을 만들고'[KJV])라는 말씀을 보게 될 것입니다. 제가 이 말씀을 읽었을 때, 저는 사랑하는 성도들이 모두 한 곳에 함께 들어 있는 것이 아니라는 사실을 가르쳐 주시려는 뜻이 이 속에 들어 있다고 생각했습니다. 방주 안에는 막힌 칸들이 있었습니다. 한 칸에 살고 있는 사람들은 다른 칸에 살고 있는 자들과 함께 서거나 앉지 않았습니다. 그럼에도 불구하고 그들은 모두 동일한 방주 안에 있었습니다. 이와 마찬가지로 저는 다음과 같은 생각을 종종 해보았습니다. 우리에게는 웨슬리파 친구들이 있고, 그들도 주님을 사랑합니다. 비록 그들이 우리가 거하는 곳과 동일한 곳에 있지 않다 해도, 그들도 방주 안에 있다는 것을 저는 믿어 의심치 않습니다. 우리에게는 주님을 사랑하는 침례교도 친구들도 있습니다. 우리는 그들이 우리의 칸에 들어오는 것을 환영합니다. 우리에게는 독립교파 친구들도 있습니다. 그들 또한 주님을 사랑하고 있습니다.

그들은 다른 칸에 있습니다. 우리에게는 장로교인들도 있고 감독교회 형제들도 있습니다. 이처럼 이 모든 다양한 칸들 안에 하나님의 부르심을 받은 자들이 있습니다. 비록 모두 다른 칸들에 있다 해도, 이들도 방주로 부르심을 받았습니다. 그러므로 사랑하는 성도 여러분, 이들은 모두 한 방주 안에 있는 것입니다. 두 개의 복음은 없습니다. 저는 어떤 사람이 복음을 고수하는 한, 그가 예수 그리스도 안에 있는 어떤 교회 정치 형태들을 선택하든지, 그것은 전혀 문제될 것이 없다고 생각합니다. 일단 그가 방주 안에 있는 한, 그 사람이 어떤 칸에 있는지는 결과적으로 그리 큰 문제가 아닙니다. 만약 그가 다음과 같은 성경 말씀을 고백하는 자들에게 속했다면, 저는 그를 형제라고 부를 것입니다. "너희는 그 은혜에 의하여 믿음으로 말미암아 구원을 받았으니 이것은 너희에게서 난 것이 아니요 하나님의 선물이라"(엡 2:8). 우리는 모든 피조물들이 다 한 칸에 들어가기를 기대할 수 없습니다. 코끼리들은 호랑이와 함께 살지 못하며, 사자들도 양과 함께 눕지 못합니다. 방주 안에는 각기 다른 종류의 피조물들을 위한 서로 다른 칸들이 있었습니다. 이와 마찬가지로 우리에게도 서로 다른 교파들이 있는 것이 유익합니다. 왜냐하면 우리 가운데 어떤 이들은 다른 교파에 대해 아주 불편해할 수도 있다는 것을 저는 확실히 알고 있기 때문입니다. 우리는 영국 국교회에서 누릴 수 있는 관용보다는 더 많은 관용을 누리기를 원합니다. 우리는 장로교인들 가운데서 얻을 수 있는 자유보다 더 많은 자유를 누리기 원합니다. 우리는 웨슬리파 가운데서 얻을 수 있는 교리의 건전함보다 더 많은 건전한 교리들을 갖기 원합니다. 우리는 몇몇 엄격한 침례교도들(Strict Baptists, 칼빈의 예정설을 신봉하는 침례교도들로서, 같은 교파 신자들만 참석하는 폐쇄 성찬식을 시행한, 17-19세기 영국의 특별한 침례교도들 — 역주)이 가진 형제애보다 더 뜨거운 형제애를 가지기 원합니다. 우리는 이 모든 교단들에 전적으로 동의할 수 없습니다. 그러므로 어떤 때는 머리를 이 칸에 두고, 또 어떤 때는 저 칸에 두기도 하면서, 주 예수 그리스도를 사랑하는 모든 자들에게 "여러분이 오직 방주 안에 있는 한, 은혜가 너희 모든 사람에게 있을지어다"라고 말할 수 있는 자는 복된 자입니다.

6. 오직 문은 하나

이처럼 방주에는 많은 칸들이 있었지만, 오직 문은 하나밖에 없었다는 사실을 여러분이 주목했으면 합니다. 성경에는 "그 문은 옆으로 내고"(창 6:16)라고 기록되어 있습니다. 우리의 구원을 위한 방주로 들어가는 문은 오직 하나만 있으며, 그 문은 바로 그리스도이십니다. 두 그리스도가 전해질 수 없습니다. 즉 한 그리스도가 이 예배당에서, 또 다른 그리스도가 저 예배당에서 전해질 수 없습니다. "우리가 너희에게 전한 복음 외에 다른 복음을 전하면 저주를 받을지어다"(갈 1:8)라는 말씀대로, 오직 하나의 복음만 있을 뿐입니다. 우리는 각계각층에 있는 의인들을 받아들이지, 각계각층의 사람들을 무분별하게 받아들이지는 않습니다. 우리는 그들 가운데서 경건한 자들을 골라냅니다. 왜냐하면 "그런즉 이와 같이 지금도 은혜로 택하심을 따라 남은 자가 있느니라"(롬 11:5)는 말씀대로, 그토록 사악한 자들 가운데서도 은혜로 택하심을 따라 남은 자들이 있기 때문입니다. 그러나 여전히 문은 오직 하나입니다. 따라서 "문을 통하여 양의 우리에 들어가지 아니하고 다른 데로 넘어가는 자는 절도며 강도"(요 10:1)입니다.

방주에는 단 하나의 문 밖에 없었습니다. 다른 동물들보다 키가 커 머리가 높이 달려 있는 기린 같은 동물들이나, 날 때부터 몸이 굽어 헛간에 들어갈 때도 아장아장 걷는 오리들이나 모두 동일한 하나의 출입문을 통해 방주로 들어가려면, 목을 숙여야만 했을 것입니다. 이처럼 이 세상에 있는 가장 교만한 자들이 그리스도로 말미암아 교회에 들어가고자 한다면, 그들도 뻣뻣한 자신의 목을 반드시 굽혀야 하고 교만한 머리도 반드시 숙여야 합니다. 재빠른 말이나 느려 터진 달팽이나 모두 한 문으로 들어가야만 합니다. 이와 마찬가지로 서기관과 바리새인들도 탕자나 기생들과 동일한 방식으로 들어가야만 합니다. 그렇지 않으면 영원히 들어오지 못할 것입니다. 하나님께서 택한 모든 짐승들은 다 한 문을 통해 들어갔습니다. 만약 어떤 짐승이 문 밖에 버티고 서서 "우리는 그 길로 들어가지 않겠다"라고 말했다면, 그 짐승은 그렇게 문 밖에 서 있다가 급기야 홍수에 휘말려 멸망하고 말았을 것입니다. 오직 하나의 문밖에 없었기 때문입니다. 이처럼 구원의 길도 오직 한 길입니다. 구원으로 들어가는 방편도 오직 하나입니다. "주 예수를 믿으라 그리하면 너와 네 집이 구원을 받으리라"(행 16:31). 그러나 누구든지 "믿지 않는 사람은 정죄를 받습니다"(막 16:16). 다른 길로 구원받을 소망은 전혀 없습니다. 문으로 들어오는 자는 구원을 받을 것입니다. 그래서 예수님께서 말씀하셨습니다. "내가 문이니"(요 10:9).

7. 몇 개의 층

이 비유에 대해 계속 말씀드리겠습니다. 이 방주에는 몇 개의 층이 있었다는 사실입니다. 이 층들은 서로 같은 높이가 아니었습니다. 즉 이 방주는 하층, 중층, 상층으로 이루어져 있었습니다. 이 사실은 제게 천국을 향해 가고 있는 여러 부류의 그리스도인들이 있다는 상징처럼 여겨졌습니다. 아래층에 살고 있으면서 슬퍼하는 가련한 나의 형제가 여기에 있습니다. 그는 항상 다음과 같이 노래합니다.

> "주여, 여기는 얼마나 곤고한 땅인지 모릅니다!"
>
> (아이작 와츠).

그는 방주의 앙상한 뼈대, 즉 용골 바로 가까이에 살고 있습니다. 그는 진정 행복하지 않습니다. 그에게는 때때로 창문을 통해 작은 빛이 비치기는 하지만, 보통은 빛을 거의 받지 못한 채 어둠 속에서 지내기 때문에, 실제로 사물을 거의 보지 못하며 살아가고 있습니다. 그는 항상 신음하는 상태에 있습니다. 그래서 인지 그는 가서 "부패한 설교자들"의 이야기를 듣기 좋아합니다. 그는 하나님의 가족들이 깊이 고난을 받는 체험들을 들으면 기뻐 날뜁니다. 그는 "우리가 하나님의 나라에 들어가려면 많은 환난을 겪어야 할 것이라"(행 14:22)는 말을 들으면 좋아합니다. 만약 여러분이 그리스도인의 삶을 아주 우울하게 묘사한다면, 그는 여러분이 그린 그림을 좋아할 것입니다. 왜냐하면 그의 삶도 정말 우울하기 때문입니다. 그는 "오호라 나는 곤고한 사람이로다!"(롬 7:24)와 같은 말씀들을 항상 묵상합니다. 그는 방주의 맨 밑바닥 아래층에 살고 있기 때문입니다. 그러나 걱정하지 마십시오. 그 또한 방주 안에 있는 사람이기에, 비록 그가 작은 믿음을 가지고 많이 의심하기는 해도, 우리는 그를 책망할 수 없습니다.

"상 중 하 삼층으로 할지니라"(창 6:16). 우리 형제 가운데 어떤 사람은 조금 더 높은 곳에 살면서 다음과 같이 말합니다. "나는 안전하다고 꼭 집어 말할 수 없습니다. 큰 파도들이 때때로 나를 힘들게 하지만, 그래도 내 머리는 그 파도 위에 있을 것이라는 소망을 가지고는 있습니다. 이따금씩 여호와께서는 나에게 '하늘에서 떨어지는 어떤 것'을 주기도 하십니다. 때때로 저는 마치 시온의 산들처럼, '여호와께서 복을 명령하셨나니 곧 영생이로다'(시 133:1) 하는 복을 받아 누리기도 합니다." 그는 현재 중층에 있습니다. 하지만 그가 바닥 층에 있는 사람보다 조금 더 행복하다고 해서, 그가 결코 좀 더 안전한 것은 아닙니다. 그들이 방주 안에 있는 한 그들은 모두 안전합니다. 그럼에도 불구하고 제 입장에서는 가장 높은 층이 제일 좋을 것 같습니다. 저는 오히려 다음과 같이 찬양할 수 있는 가장 높은 곳에서 살고 싶습니다. "하나님이여 내 마음이 확정되었고 내 마음이 확정되었사오니 내가 노래하고 내가 찬송하리이다"(시 57:7). 저는 "피차 가르치며 권면하고 시와 찬송과 신령한 노래를 부르며"(골 3:16) 살아가는 그런 곳을 사랑합니다.

솔직히 말해서, 저도 때로는 아래층으로 내려갈 수밖에 없을 때가 있습니다. 하지만 그 때도 저는 사다리를 타고라도 상층 갑판으로 올라가고 싶습니다. 그러나 제가 제일 꼭대기인 상층에 있다고 해서 제가 맨 아래층에 있을 때보다 좀 더 안전한 것은 결코 아닙니다. 제가 맨 아래층에 있을 때 파도로 배가 파선되어 물에 빠졌다고 한다면, 가장 높은 층에 있었다 해도 그 파도의 여파로 저는 물에 빠졌을 것입니다. 우리 가운데 어떤 이들은 높은 곳에 있고, 어떤 이들은 낮은 곳에 있을 수 있습니다. 하지만 우리 모두는 같은 배 안에 있습니다. 우리는 한 배에 탄 선원들입니다. 그러므로 그 어떤 것도 우리를 갈라놓을 수 없습니다. 자, 지금 절망한 상태로 설교를 듣고 있는 불쌍한 성도 여러분, 여러분이 지금 배의 맨 밑바닥, 즉 밸러스트(배의 부력 조절용 바닥짐) 옆에 거하고 있습니까? 여러분은 항상 시련과 고난 가운데 있습니까? 아, 좋습니다. 하지만 여러분이 방주 안에 있는 한 결코 두려워하지 마십시오! 절대로 두려워하지 마십시오. 그리스도께서 여러분의 의와 능력이 되시기 때문입니다. 방주는 그 안에 있는 한 어느 층 어느 칸에 있든지 모든 자들에게 안전한 쉼터였습니다.

어떤 이는 "아! 그런데 목사님, 저는 항상 저 밑바닥에만 있습니다. 그래서 그런지 저는 배가 가라앉지는 않을까 늘 두렵습니다"라고 말합니다. 그런 어리석은 생각은 하지 마십시오. 도대체 여러분의 마음에는 왜 그런 두려움들이 생기는 것입니까? 저는 추모탑(Monument, 1666년에 일어난 런던 대화재를 추모하기 위해 건립한 62미터의 탑 — 역주)에 올라갔던 한 사람을 알고 있습니다. 그가 중간쯤 올라갔을 때 그 탑이 흔들리며 곧 무너질 것 같아서, 그는 즉시 내려왔다고 말했습니다. 하지만 그 탑은 지금까지 무너지지 않았습니다. 그 탑은 어느 때와 마찬가지로 안전하였습니다. 곧 무너질 것 같다고 말했던 그런 사람이 오십 명 아니 오만 명이 올라간다 해도, 그 탑은 조금도 요동하지 않고 견고하게 서 있을 것입니다. 그런데도 좀 소심하고 불쌍한 어떤 그리스도인들은 그리스도께서 자신들을 물속에 가라앉게 하면 어떻게 하나 하며 두려워합니다. 파도가 배의 측면에 불어닥친다고 해서 배가 상하는 게 아닙니다. 오히려 그런 파도로 인해 배는 쐐기 모양의 물길을 내면서 더욱더 굳세게 나아갑니다. 주님께서 배의 키를 잡고 계십니다. 그런데도 여러분은 안심할 수 없겠습니까? 그 배는 지금까지 수많은 파도들에도 끄떡없이 운행되었습니다. 그런데도 여러분의 확신은 더 커질 수 없겠습니까? 지금 당장 이 배를 가라앉게 할 수 있는 그런 강력한 파도가 사실 틀림없이 있기는 할 것입니다. 그러나 그런 파도는 앞으로 절대로 불어닥치지 않을 것입니다. 결코 그럴 일은 없을 것입니다. 여러분, 한 번 생각해 보십시오. 구원의 방주에서 쉬고 있는 영혼들을 멸망시킬 수 있는 권세가 도대체 어디에 있겠습니까? 그리스도께서 우리를 위해 죽으시고 아버지 하나님께서 우리를 의롭다 칭해 주셨는데, 도대체 누가 감히 하나님의 택하심을 받은 자들을 송사할 수 있겠습니까? 이 얼마나 복된 확신인지 모릅니다! 우리가 언약의 방주 속에 있는 것이 확실한 한, 우리 모두는 안전합니다. 방주 밖에 있는 모든 위험에도 불구하고 방주는 의기양양하게 떠 있었습니다. 그러다 마침내 아라랏 산에 이르렀을 때, 하나님께서는 노아에게 다시 말씀하셨습니다. "너는 네 아내와 네 아들들과 네 며느리들과 함께 방주에서 나오고, 너와 함께 한 모든 혈육 있는 생물 곧 새와 가축과 땅에 기는 모든 것을 다 이끌어내라"(창 8:16-17). 방주에 탔던 모든 짐승들의 계수가 끝이 났습니다. 모두가 안전하게 방주에서 내렸습니다. 이와 마찬가지로 그리스도께서도 마지막 날에 그의 모든 백성들의 숫자를 완전히 계수하여, 한 영혼도 멸망하지 않고 온전히 아버지 하나님께 드릴 것입니다.

8. 서로 다른 짐승들의 종류

마지막으로 저의 관심을 끈 것은 방주 안으로 들어갔던 짐승들이 모두 서로 다른 종류들이었다는 사실입니다. 성경 말씀을 들어보십시오. "너는 모든 정결한 짐승은 암수 일곱씩, 부정한 것은 암수 둘씩을 네게로 데려오며"(창 7:2).

이 큰 방주는 정결한 짐승과 부정한 짐승 모두를 구원하기 위한 의도로 만들어졌습니다. 이와 마찬가지로, 우리 주 예수 그리스도께서 베풀어 주신 그 큰 구원도 모든 부류의 죄인들과 정결한 자와 부정한 자 모두를 위한 것입니다. 이 세상에는 당연하게 정결한 부류라고 생각하는 사람들이 있습니다. 그들은 모든 면에서 존경받을 만한 자들입니다. 그들의 사회생활은 나무랄 데가 없습니다. 그들은 계산도 정확히 하고 회계장부에서 숫자 하나도 함부로 지우지 않는 것으로 알려져 있습니다. 그들은 이웃을 속이거나 무질서한 행동을 해서 자신의 깨끗한 명성을 더럽히는 일도 없습니다. 그들의 성품은 다른 사람들에게 호감을 주는 유형이어서, 그들의 어머니도 그들을 키우면서 어릴 때부터 흠 잡을 데라고는 전혀 없는 자로 여겼을 정도입니다. 그들은 끔찍하게 더러운 부도덕한 행동 하나 하지 않고 성년으로 자랐습니다. 그들의 행동은 경건한 생활에 가까우며, 하나님의 율법에 대한 그들의 열정은 참으로 칭찬할 만하였습니다. 그리스도께서 자신에게 나왔던 젊은 청년에게 "네게 아직도 한 가지 부족한 것이 있으니"(막 10:21)라고 말씀하셨던 것처럼, 주님은 그들에게도 부드럽고 사랑스럽게 훈계해 주고 싶은 것이 있었을 테지만, 그럼에도 불구하고 그분도 분명히 그들의 열정을 보고서 사랑해 주셨을 것입니다. 정말 그만큼 정결한 자들입니다. 하지만 홍수로 세상이 파멸하게 되면 그들도 방주로 들어가는 것 외에는 다른 구제책이 없습니다. 구원받기 위해서는 정결한 짐승들도 반드시 방주로 들어가야만 했습니다. 더구나 여러분 중에는 그렇게 매우 선한 영혼도 없고, 그렇게 정결한 성품을 가진 사람도 없기 때문에, 여러분에게도 그리스도가 필요했습니다. 여러분에게 그리스도가 필요했는지를 여러분이 알든 모르든 상관없이 말입니다. 여러분이 매우 선하고 탁월할 수 있습니다. 그래도 여러분에게는 구세주가 필요합니다. 여러분의 성품과 관련해서 여러분에게도 정결하지 않은 어떤 것이 있습니다. 여러분에게는 그리스도 안이 아니고서는 절대 찾을 수 없는 정결한 삶이 필요하기 때문입니다.

　그런데 부정한 짐승들도 정결한 짐승과 마찬가지로 방주 안으로 들어갔습니다. 여기는 정반대의 부류입니다. 여러분 가운데는 아주 어릴 때부터 사악한 교육, 다시 말해 틀림없이 부도덕한 교육을 받은 이들이 있지 않습니까? 여기에도 그런 자들이 있다는 것을 알고 있습니다. 여러분의 어릴 적 기억을 더듬어보면, 여러분은 노골적으로 하나님을 모독하는 길로 다녔고, 시궁창 속으로 뛰어들어 바로 입술까지 닿도록 자기 몸을 담그고는 극도의 고통을 당했습니다. 여러분은 술에 취해 맹세하며 안식일을 범하고 다른 사람들에게 해를 끼쳤습니다. 여러분은 모든 사악한 일에 빠져 있었습니다. 우리가 부정한 짐승들에 비유하고 싶은 자들이 바로 이런 일을 행한 부류의 사람들입니다. 그렇습니다! 이 방주는 바로 여러분 같은 자들을 염두에 두고 만들어졌습니다. 가장 도덕적인 사람이라 해도 하나님 앞에 나올 때는 여러분보다 더 나은 곳에 서지 못할 것입니다. 그 훌륭한 자들도 여러분과 똑같이 구원받아야만 합니다. 정결한 자나 부정한 자나 여러분 모두는 공통적으로 하나의 구원을 받아야만 합니다. 그렇지 않으면 여러분은 전혀 구원받지 못할 것입니다. 구원받을 모든 자들을 위한 구세주는 오직 한 분이십니다. 진정으로 구원받아야 할 여러분 같은 모든 자들에게는 오직 하나의 구속만 있을 뿐입니다. 정결한 자나 부정한 자나 오직 하나의 방주만 있을 뿐입니다. 어떤 사람은 "아! 그렇다면 제 생각에 부정한 짐승들은 법정이나 뒷골목이나 대도시의 더러운 빈민가에서 나올 것 같습니다"라고 말합니다. 오, 아닙니다. 꼭 그런 것만은 절대 아닙니다! 우리는 세인트 제임스(St. James) 거리뿐만 아니라 세인트 자일스(St. Giles) 거리에서도 부정한 많은 자들을 볼 수 있습니다. 소위 여러분이 "상류층"이라고 말하는 자들 중에도 있습니다. 이들은 어릴 때부터 죄악 가운데 흥청망청 살아온 자들입니다. 여러분은 부모가 세운 권위 있는 규칙을 쉽게 범했으며, 어머니가 흘리는 눈물을 비웃고, 아버지가 말씀하신 충고를 경멸하였습니다. 여러분은 마치 탐욕스런 황소가 물을 다 마셔 버리듯 학창시절에 악한 것들을 다 마셔 버렸습니다. 여러분은 여러분이 일으킨 난폭한 소동들을 자랑하며, 여러분이 과거에 범한 사악한 짓들을 의기양양하고 뻔뻔스럽게 떠들어댑니다. 여러분은 젊은 시절에 뿌린 광란의 방탕을 자랑삼아 말합니다. 비록 여러분이 좋은 교육을 받았다 해도, 여러분의 과거 경력은 너무나 악명이 높아서, 제 생각에 "뉴게이트"(Newgate, 과거 런던의 서문에 있었던 유명한 교도소 — 역주)에 있는 부정한 짐승의 부류들 중에서도 여러분보다 더 역겨운 자들은 아마 없을 것 같습니다. 자, 지금 저는 죄인들 각각의 부류를 대상으로 말씀을 전하고 있습니다. 만약 여러분이 자신의 부정을 느끼고 슬퍼한다면, 아무리 여러분이 부정하다 해도, 여러분을 향한 자비는 아직도 남아 있을 것입니다. 저는 여러분에게 간청합니다. 방주로 들어오십시오. 그러면 여러분은 거기서 결코 쫓겨나지 않을 것입니다. 하나님께서 여러 짐승들에게 명하신 것처럼 여러분에게도 방주로 나아오라고 강권하신다면, 그분은 절대로 여러분을 쫓아내지 않으실 것입니다. 방주는 정결한 자들을 위한 것일 뿐만 아니라 부정한 자들을 위한 것이기도 합니다. 다시 말해, 방주는 양들뿐 아니라 돼지도 들어올 수 있고, 무해한 비둘기뿐 아니라 독을 품은 독사도 들어올 수 있으며, 멧비둘기뿐 아니라 고기를 뜯어먹는 갈까마귀도 들어올 수 있는 곳입니다. 모든 짐승들이 각 종류별로 방주로 들어왔습니다. 사탄의 돼지 떼에 속한 돼지 같은 죄인 여러분이여, 여러분도 안전하게 보호를 받을 것입니다. 점잖고 온유하여 어린 양 같은 죄인 여러분이여, 여러분도 방주로 들어오십시오. 왜냐하면 여러분을 위한 다른 방주가 없기 때문입니다. 만약 여러분이 사악한 죄인들이 들어가는 그 동일한 문을 통해 위대한 구원의 방주로 들어오지 않는다면, 여러분은 물에 빠져 죽게 될 것입니다.

우리는 이 짐승들을 조금 더 세분해 보고자 합니다. 여기에는 기어다니는 짐승들도 있었고, 날아다니는 짐승들도 있었습니다. 방주의 문이 열리던 그 아침에 여러분은 아마도 공중에 날아다니는 각종 새들을 보게 되었을 것입니다. 즉 독수리 한 쌍, 참새 한 쌍, 솔개 한 쌍, 까마귀 한 쌍, 벌새 한 쌍 등, 날개로 날아다니면서 저녁 미풍에 노래를 부르며 창공을 가로질러 날아다니는 온갖 종류의 새들을 보았을 것입니다. 그들이 모두 방주에 들어왔던 것입니다. 이제 여러분의 시선을 땅으로 돌렸다면, 여러분은 달팽이 한 쌍, 뱀 한 쌍, 벌레 한 쌍이 기어다니는 것을 보게 되었을 것입니다. 그 뒤를 이어 생쥐 한 쌍이 달려가고, 도마뱀 한 쌍도 나오고 메뚜기 한 쌍도 풀쩍풀쩍 뛰어다녔을 것입니다. 한 쌍의 날아다니는 짐승뿐 아니라, 기어다니는 짐승도 한 쌍씩 있었습니다. 여러분은 제가 짐승들을 이렇게 세세하게 구분해서 말하는 의도를 알겠습니까? 여러분 중에는 지식적으로 너무 높이 날아서 감히 그 크고 광대한 지혜를 결코 헤아릴 수 없는 자들이 있습니다. 또 여러분 중에는 너무 무지해서 성경책도 제대로 읽을 수 없는 자들이 있습니다. 전혀 개의치 마십시오. 방주 문으로 들어가기 위해서는 독수리는 내려야만 하고, 개미는 올라와야만 합니다. 여러분 모두에게 오직 하나의 출입구만 있을 뿐입니다. 하나님께서는 날아다니는 새들을 구원하신 그 방식대로 땅에 기어다니는 파충류들도 구원하셨습니다. 여러분은 학식도 없고, 명성도 없고, 명예도 없고, 존귀도 없이 가련하고 무식하고 기어다니는 짐승처럼 사람들의 주목을 한 번도 끌지 못한 존재이지 않습니까? 기어다니는 피조물이여, 나아오십시오! 하나님께서는 여러분을 제외하지 않으십니다. 저는 종종 저 가련한 달팽이가 어떻게 해서 안으로 기어 들어오게 되었는지 궁금했던 적이 있습니다. 하지만 굳이 말하자면 그 달팽이는 이미 수년 전에 출발했던 것입니다. 여러분 중에도 수년 전에 출발했지만 여전히 같은 지점에서 맴돌기만 하는 사람들이 있습니다. 아, 이렇게 가련한 달팽이 같은 자들이여, 그대는 나아오십시오! 만약 제가 그대를 집어올려 줄 수만 있다면, 그대를 도와 1-2미터정도는 앞에 놓아 주고 싶습니다. 저는 그렇게라도 여러분을 도와주고 싶은 마음이 간절합니다. 여러분이 지금까지 방주에 가까이 있으면서도 그토록 오랫동안 방주에 들어가지 않은 것과, 여러분이 지금까지 교회 문 앞에 가까이 왔으면서도 그토록 오랫동안 교회에 들어오지 않다니, 참으로 이상한 일입니다.

다시 말씀드립니다. 이들 모두가 방주에 들어왔습니다. 여러분의 처지가 기어다니는 파충류와 같다 해도 결코 두려워하지 마십시오. 자신이 방주에 들어갈 가능성이 너무 낮다는 생각이 들어도, 여러분은 절대로 두려워하지 마십시오. 나아오십시오. 여러분이 아무리 비천해도 어느 누가 여러분에게 들어오지 말라고 막을 수는 없습니다. 그렇습니다. 여러분이 비천하면 할수록, 제 마음은 더욱 더 간절하게 여러분을 초대하고 싶은 마음뿐입니다. 왜냐하면 그리스도께서도 의인을 부르러 온 것이 아니요 죄인을 불러 회개시키러 왔다고 말씀하셨기 때문입니다. 방주에 들어가기 시작한 그 날 아침, 방주 앞에 모여든 짐승들의 광경이 얼마나 이상했겠습니까! 그러나 노아는 적극적으로 명하여 각색 모든 짐승들을 방주 안으로 들였습니다. 노아가 생각하기에, 어떤 짐승은 너무 혐오감이 들어 살려둘 가치조차 없다고 여겨졌지만, 그럼에도 불구하고 그는 방주 안으로 들어오라고 명했습니다. 베드로도 이방인들에게 복음을 전하라는 명령을 받았을 때, 하나님께서는 그에게 "땅에 있는 각종 네 발 가진 짐승과 기는 것과 공중에 나는 것들"(행 10:12)이 들어 있는 환상을 보여주셨고, "일어나 잡아먹어라"(행 10:13)고 말씀하셨습니다. 그 때 베드로가 "주여 그럴 수 없나이다 속되고 깨끗하지 아니한 것을 내가 결코 먹지 아니하였나이다"(행 10:14)라고 말하자, 보십시오!, "또 두 번째 소리가 있으되 하나님께서 깨끗하게 하신 것을 네가 속되다 하지 말라"(행 10:15)고 하셨습니다. 그리스도 안에는 모든 나라와 족속과 백성과 방언들 가운데서 구원받아 하나님과 어린 양을 영원 무궁히 찬양하는 자들이 있습니다.

게다가 하나님께서 짐승들을 감동시켜 방주로 나아오게 한 것에는 일종의 신비로운 충동이 있었습니다. 그 광경은 틀림없이 인상적이었을 것입니다. 코끼리들, 낙타들, 기린들, 코뿔소들과 모든 거대한 짐승들이, 겁먹은 산토끼들, 작은 생쥐들, 도마뱀들, 담비들, 다람쥐들, 딱정벌레들, 메뚜기들과 이렇게 하찮은 작은 짐승들과 나란히 걸어왔을 테니 말입니다. 이와 같은 광경은 그리스도의 교회에 지금까지도 있어 왔고, 앞으로도 교회 역사가 끝날 때까지 계속될 것입니다. 이 세상이 지금까지 증언하는 대로, 사람들의 성품은 본성적으로 가장 더러운 야만인들의 시궁창처럼 무례한 자가 있는가 하면, 우리가 알고 있는 그리스의 문화인처럼 윤이 나는 자도 있습니다. 이렇게 다양한 성품을 지닌 자들 가운데서도 택하심을 받은 자들은 모두 방주로 나아오게 됩니다. "영생을 주시기로 작정된 자는 다 믿더라"(행 13:48).

자, 지금 제 설교를 듣고 있는 사랑하는 성도 여러분, 저는 여러분이 어떤 사람인지 어떤 일을 하고 있는지 그런 것에 관심을 갖고 묻는 것이 아닙니다. 그런 것은 저와 아무 상관이 없습니다. 제가 여러분에게 묻고 싶은 것은 여러분은 지금 방주 안에 있습니까? 아니면 방주 밖에 있습니까? 하는 것입니다. 아마도 여러분은 "목사님, 그런데 제 문제는 목사님이 신경 쓰지 않아도 될 것 같아요. 목사님이 굳이 제 상태에 대해 물을 필요가 없을 것 같은데요"라고 말할 것입니다. 그러나 여러분도 언젠가는 노아에게 다음과 같이 대들었던 사람들처럼 될 날이 있을 것입니다. "어이, 노인 양반, 저리 가서 하던 일이나 하시오. 영감은 바보도 아니면서, 물이 올라 올 수도 없는 산꼭대기에서 방주를 만들다니, 어차피 만들 거면 물이 올라올 수 있는 마른 평지 위에서 방주를 만들어야 할 것 아니요? 우리는 앞으로도 계속 먹고 마실 거요. 내일 죽는다 한들 그게 무슨 상관이요. 놀 수 있을 때 실컷 먹고 마시며 즐길 거요." 틀림없이 홍수가 날 것이라고 경고해도 헛일이었습니다. 노아는 그들에게 어리석은 사람처럼 보였고, 사람들은 그를 조롱하였습니다. 그것과 똑같은 상황이 오늘 아침 제가 여러분에게 부활에 관한 말씀을 전할 때 일어났습니다('죽은 자의 부활'[행 24:15, 1856년 2월17일 주일 오전 설교], 본 설교는 주일 저녁 설교 — 역주). 여러분 가운데 어떤 이들은 저를 조롱하면서, 제가 허황되고 허무맹랑한 공상을 추구하고 있다고 생각했습니다. 아, 그러나 막상 비가 떨어졌을 때 그들의 심정은 얼마나 달랐겠습니까? "그 날에 큰 깊음의 샘들이 터지며"(창 7:11). 구름이 맹렬하게 비를 퍼붓기 시작하고, 이 땅이 갈라져 그 중심이 풀어지며, 엄청난 물들이 사람들을 모두 삼킬 듯이 불어나는 그 때에, 사람들은 분명히 자신들의 생각을 바꾸었을 것입니다. 최후로 살아남은 마지막 사람이 끝까지 물에 잠기지 않은 마지막 산꼭대기에 서서 도와달라고 헛되이 소리를 지를 때, 그 때도 사람들이 노아를 바보로 생각했겠습니까?

　　저는 예전에 어떤 미술 걸작을 본 적이 있습니다. 시간이 꽤 흘렀지만 여전히 기억 속에서 지워지지 않고 생각나는 그림입니다. 그 그림은 홍수로 인해 물이 자기 주위까지 차오르자, 마지막 남은 산꼭대기에 올라가는 한 남자를 그리고 있었습니다. 그는 늙은 아버지를 등에 업고 있었고, 자기 허리는 아내가 꼭 껴안았으며 자신은 팔로 그 아내를 감싸고 있었습니다. 그리고 아내는 한 아기를 가슴에 품고 있었고, 다른 한 손으로 다른 아이를 붙잡고 있었습니다. 그 그림에서는 한 아이가 이제 막 물에 떠내려가려는 것으로 나와 있었습니다. 아내는 이제 손에 힘이 빠져갔고, 남편도 가까스로 언덕 꼭대기에 서 있는 나무를 붙잡고 있었습니다. 나뭇가지는 이미 꺾여나갔고, 나무마저 아예 뿌리째 뽑혀질 찰나에 있었습니다. 이런 고통스러운 장면을 그린 그림을 저는 지금까지 본 적이 없었습니다. 하지만 이 장면은 홍수가 땅을 완전히 뒤덮었을 때 실제로 어떻게 됐을지 그 모습을 생생하게 보여주기에 충분한 장면이라 생각합니다. 사람들은 마지막 남은 산꼭대기까지 올라갔습니다. 그리고 이제 그들도 물에 가라앉았습니다. 거짓 소망은 절망으로 떨어지게 되는 법입니다. 이와 마찬가지로 여러분도 방주 안에서 쉼터를 찾지 못한다면, 이런 경고의 말씀에 주의하지 않고 살아가는 여러분에게도 이와 똑같은 일이 일어날 것입니다.

　　여러분은 제게 묻습니다. "우리가 어떻게 해야 할까요?" 여러분 가운데 어떤 이들은 간절한 마음으로 묻는 것 같습니다. 이제 들으십시오. 제가 예전에도 종종 전한 것을 설교를 마무리짓는 이 자리에서 말씀드리고자 합니다. 여기에는 설교를 해야 하는 우리의 권위와 믿어야 하는 여러분을 향한 훈계의 말씀이 포함된, 간단하고 단순한 말씀입니다. 예수님께서 말씀하셨습니다. "너희는 온 천하에 다니며 만민에게 복음을 전파하라. 믿고 세례를 받는 사람은 구원을 얻을 것이요 믿지 않는 사람은 정죄를 받으리라"(막 16:15-16). 아멘.

제
10
장
—

방주로 돌아온 비둘기

—

"온 지면에 물이 있으므로 비둘기가 발붙일 곳을 찾지 못하
고 방주로 돌아와 그에게로 오는지라 그가 손을 내밀어 방
주 안 자기에게로 받아들이고." — 창 8:9

　　까마귀와 비둘기를 방주 밖으로 내 보낸 것은 각기 다른 시대의 신학자들이
종종 교훈으로 삼았을 뿐만 아니라, 듣는 자들을 즐겁게 해주려는 의도로 더 자
주 사용된 수많은 풍유(알레고리)적인 해석의 재료로도 널리 사용되어 왔습니
다. 우리는 시간 관계상 그 풍유적인 해석들을 다 언급할 수 없지만, 그 많은 이
야기들 가운데 하나를 예로 들어 여러분에게 전하려고 합니다. 어떤 주석가들은
까마귀의 임무가 율법을 주실 것을 미리 나타내 보인 것이라고 상상합니다. 율
법은 까마귀처럼 암울하고 끔찍한 것이며, 그 까마귀가 사람에게 다시 돌아오지
않은 것은 어떤 위로의 상징, 즉 소망의 징표가 되지 못한다는 것을 뜻한다고 말
입니다. 이후에 하나님께서는 비둘기로 미리 복음을 제시하시며, 이 비둘기는
나중에 죄인인 인간에게 다시 되돌아오는데 그것은 평화를 상징하는 감람나무
잎사귀를 물고 온 것으로 알 수 있다고 말합니다. 이렇게 해서 그들은 결론적으
로 위대한 진리를 다음과 같이 예를 들어가면서 쉽게 설명하고 있습니다. 즉 까
마귀는 귀에 거슬리는 소리로 난폭하게 울어대기만 하므로 까마귀로 예시되는
율법에는 전혀 평화가 없지만, 비둘기로 예시되는 복음에는 평화가 있는데, 비
둘기는 그 입에 감람나무 잎사귀를 물고 왔기 때문이라고 말입니다. 별로 설득

력이 없는 이런 풍유적 해석은 이것을 궁리해서 발표한 그 당시에는 나름대로 가치를 지녔으며, 그런 분별력 없는 시대에는 교훈적인 이야기였을 것입니다. 그렇다 해도 오늘날의 교회가 이와 같은 유치한 설명에 별 흥미를 가지지 않는 것을 유감스럽게 여겨서는 안 됩니다. 바울도 하갈과 사라에 관해 말하면서 "이것은 비유니"(갈 4:24, "그것들은 풍유니라"[which things are an allegory, KJV])라고 한 말을 기억하기 때문에, 우리는 참으로 분명한 풍유들에 대해서는 기꺼이 동의하겠지만, 고대나 현대나 소위 영적이라는 자들이 별나고 이상하게 만들어낸 풍유들을 우리는 함부로 따라가서는 안 될 것입니다. 단서가 분명해야 합니다. 그렇지 않으면 미궁 속으로 들어가지 않는 게 낫습니다.

우리 앞에 놓인 이 사건을 조금만 각색하면 그 자체로 매우 자연스러운 교훈들이 우리에게 제시될 수 있을 것으로 보이기에, 저는 이 사건을 오늘 아침에 사용하지 않을 수 없습니다. 비둘기는 당연히 신자의 영혼을 묘사하고 있습니다. 이 영혼은 때로 이리저리 멀리 날아다니면서 모든 것들을 살펴보지만, 결국 예수 그리스도가 아닌 다른 곳에서는 발붙이고 안식할 곳을 찾을 수 없습니다. 그러므로 비둘기는 아무리 오랫동안 날아다녀도 결국 자신의 고유한 보금자리로 돌아오는 것이 분명합니다. 하나님의 자녀도 하나님 밖에서는 결코 만족할 수 없습니다. 영광스러운 소망이신 그리스도를 일단 자기 속에 모신 성도는 주 예수 그리스도 안이 아닌 다른 곳에서는 결코 안식이나 영광을 찾지 못하며 만족할 수 없습니다. 우리는 오늘 아침에 이 한 가지 생각을 견지하면서 비둘기의 상징이 우리에게 던져 주는 모습을 다양한 각도에서 살펴보고자 합니다.

1. 무언가를 찾으러 날아간 비둘기

첫 번째로, 무언가를 찾으러 날아간 비둘기를 살펴보겠습니다. 비둘기는 방주 안에서 지금까지 완전히 안전한 상태로 있었습니다. 다른 새들은 모두 멸망하였습니다. 가축과 기어다니는 짐승들도 모두 홍수로 멸망하였습니다. 그러나 이 비둘기는 은혜를 입은 다른 짐승들과 함께 다행히 목숨을 건졌습니다. 비둘기에게는 부족한 것이 하나도 없었습니다. 왜냐하면 자신을 방주 안으로 넣어준 하나님께서 방주 안에 있는 자신을 잘 보호해 주셨으며, 자신의 구원의 방편이 된 의로운 사람인 노아가 날마다 일용할 먹이를 공급해 주었기 때문입니다. 비둘기는 방주 안에서 둥지를 틀고 거기서 행복하고 안락하게 지내고 있었습니다. 그러다가 이제 비둘기는 막 날개를 펼치고 안전한 이 배를 떠나 날아가려고 합니다. 비둘기는 왜 이런 행동을 하려는 것일까요? 이 질문은 당연히 우리 자신에게도 물어볼 수 있을 것입니다. 우리는 예수 그리스도 안에서 구원을 받았습니다. 우리 가운데 많은 이들은 죄악의 홍수가 우리의 친족들을 대부분 뒤덮을 때도 우리만 구원을 받았고, 의심과 두려움으로 인해 영원히 파멸될 것이라는 위협 속에서도 우리만 구원을 받았습니다. 우리는 필요한 것들을 예수 그리스도 안에서 공급받았고, 우리는 그분의 구원 안에 거처를 마련하였습니다. 예수 그리스도는 우리에게 더 이상 광야 같은 존재가 아니셨습니다. 우리는 그분 안에서 지속적인 안식과, 때를 따라 필요한 것들을 제공받았습니다. 그런데도 우리가 우리의 날개를 펼치고는 날아가려고 하거나, 혹은 우리의 눈을 열어 바깥을 쳐다보려고 하다니, 도대체 어떻게 된 것입니까? 내 영혼아, 그리스도 안에서 살아가는 것이 족하지 않느냐? 왜 그대는 다른 곳을 기웃거리는가? 왜 그대는 물을 가두지 못할 터진 웅덩이들을 위해 생수의 근원을 버리려고 하느냐?(렘 2:13). 메마른 자갈밭을 얻기 위해 비옥한 땅을 버린다거나, 더러운 물웅덩이를 위해 흐르는 강물을 포기하는 사람이 있겠습니까? 디나가 자기 아버지의 집을 떠나 세겜 장막으로 갔을 때, 그녀가 자초한 그 화를 기억해 보십시오. 탕자가 아버지의 집을 떠났을 때 어떻게 되었는지도 생각해 보십시오. 왜 여러분은 여러분의 남편이자 주님이신 그분과 함께 머물지 못합니까? 왜 여러분은 모든 것이 공허하고 삭막하며 쓸데없는 그 밖으로 나가려고 합니까? 이 모든 질문들에도 불구하고, 이런 우리의 마음은 그리스도를 쉽게 멀리하려고 하며, 우리가 이런 심정으로 그분을 쉽게 잊고서 다른 사랑을 찾아 밖을 바라보게 된다는 사실을 우리 모두 솔직히 고백하지 않을 수 없습니다. 그런데 왜 이 비둘기는 밖으로 날아갔습니까?

제가 드리는 첫째 대답은 여러분이 너무 단순하다고 말할지 모르겠지만, 비둘기가 날개를 가졌기 때문입니다. 날개를 가진 피조물은 날려고 하는 것이 자연적인 본능입니다. 날아다닐 공간도 별로 없는 방주 안에서 그토록 오랫동안 날지 못한 채로 있었기에, 굳이 말하자면 그 비둘기가 첫 번째로 가장 간절히 원했던 소원은 바로 자유롭게 날아다니는 것이었을 것입니다. 저는 날개가 없어 저 하늘 위에 있는 구름을 가를 수도 없고 이 땅의 안개를 뚫고 지나가 안개 너머에 있는 것을 볼 수도 없지만, 이 비둘기는 은색이나 노란 금빛 깃털로 뒤덮인 날개를 가지고 있습니다. 만약 비둘기가 날지 못한다면, 이런 날개들은 무엇 때문에 있겠습니까? 그러므로 비둘기는 날개를 가지고 있기 때문에 날아다니는 것입니다. 우리의 경우도 이와 마찬가지입니다. 우리의 혼은 많은 생각들을 가지고 있고, 우리의 영을 불안하게 하는 많은 능력들도 가지고 있습니다. 만약 우리에게 상상력이 없다면, 우리는 명백하게 증명된 소수의 분명한 진리들로 만족할 것입니다. 하지만 우리에게는 상상력이 있기에, 그 상상력으로 인해 종종 당황하기도 하고, 참으로 확고한 진리로 보이는 어떤 것들이 과연 그러한가 하고 알아보려는 간절한 마음이 생기기도 합니다. 만약 우리에게 이성이 없었다면, 그래서 완전히 순수하고 단순한 믿음 상태에 머무를 수 있었다면, 우리는 지금처럼 우리를 괴롭히는 그 수많은 불안에 노출되지 않았을 것입니다. 그러나 이성은 결론을 도출하려고 하고, 질문들을 제기하며, 문제들을 암시하고, 조사에 착수하며, 온갖 난제(難題)들로 우리를 괴롭힙니다. 우리의 혼은 아주 다양한 생각들에 지배를 받고, 모든 것이 불안한 상태에서도 활동할 수 있는 능력이 대단하기 때문에, 우리가 지금 이 자리에도 불완전한 상태로 있다는 것이 쉽게 이해되기도 합니다. 우리의 영도 탐구 여행과 발견 항해를 떠나라는 유혹을 받습니다. 다시 말해서, 이 세상에 있는 다른 어떤 것보다 여전히 우리에게 더욱 귀한 그분 외에 또 다른 사랑의 대상이 있기나 한 것처럼 찾아 나서라는 유혹을 받습니다.

비둘기가 날아간 또 다른 이유가 있을 것 같습니다. 이 비둘기는 전에 새장에 살았던 적이 있었습니다. 우리는 어릴 때 사람들이 전서구(傳書鳩, 통신에 이용되는 훈련된 비둘기 — 역주)에 편지를 묶어 공중에 날려 보내는 것을 본 적이 있습니다. 그 비둘기가 편지를 가지고 가는 그 길을 어떻게 알 수 있는지, 다시 말해 사람이 편지 겉봉투에 적은 그곳으로 어떻게 직접 날아갈 수 있는지, 우리로서는 도저히 꿈도 꾸지 못할 그런 일을 비둘기가 어떻게 할 수 있는지에 대해서 우리는 어리석게도 궁금해했습니다. 그러다가 우리는 곧 그 비밀을 알게 되었습니다. 비둘기는 그 편지를 자기가 살던 새장으로만 가지고 간다는 것입니다. 그러니 어디 다른 곳에 그 편지를 전달하지는 않겠지요. 비둘기가 살던 그 곳이 아닌 다른 곳으로 비둘기를 날려 보내는 일은 인간의 지혜로 할 수 없는 일입니다. 비둘기를 공중으로 날려 보내면, 먼저 비둘기는 높이 날아올라서 매서운 눈빛으로 주위를 살피며 공중을 몇 바퀴 빙글빙글 돈 다음 마침내 자신이 안식하던 장소, 즉 자기의 어린 새끼들이 자라던 그곳을 향해 곧장 날아가기 시작합니다. 방주가 지어지기 전에, 이 비둘기에게도 틀림없이 자기가 둥지를 짓고 어린 새끼들을 키우며 자주 가던 곳이 있었을 것이고, 비둘기의 마음은 항상 그곳을 향해 있었을 것입니다. 비록 방주 안에 있은 지가 오래 되었어도, 지난날의 그 기억을 잊지 못했습니다. 따라서 마음대로 날아갈 수 있는 자유가 주어지자마자 그 비둘기는 자기의 보금자리를 향해 날아가고자 했습니다. 이제 그 보금자리는 영영 사라져 버렸는데도 말입니다. 아! 여러분과 저도 구세주를 알기 전에 보금자리로 삼던 곳이 있었습니다. 우리는 달콤한 그분의 사랑을 체험하기 이전에 죄악 가운데서 기쁨을 찾았습니다. 우리는 우리의 보금자리를 짓고서 절대로 이사 가지 않으리라 마음속으로 생각하였습니다. 예전에 우리는 이 현 세상의 허영에 그럭저럭 만족하며 살았습니다. 우리는 사랑도 맛보았고, 기쁨, 즐거움, 쾌락도 맛보았습니다. 우리 속에 있던 육적인 옛 본성은 아직 죽지 않아서, 그 옛 본성이 자유를 갖게 되면, 예전에 자주 다니던 그곳을 분명히 찾아 헤맵니다. 여러분은 하나님을 찬양하는 노래를 하면서도 예전에 여러분의 마음을 사로잡았던, 아마도 음란했을 그런 노래들이 기억나지는 않습니까? 지금 여러분은 하나님을 섬기면서도 예전에 여러분이 함께 나누던 그 죄악의 암울한 장면이 자주 생각나지는 않습니까? 비록 새로운 본성을 지닌 지금은 그런 것들이 역겹기는 해도, 여전히 옛 본성은 그것을 향하고 있지 않습니까? 그리고 우리의 옛 본성은 우리의 육체가 벌레들의 먹이가 될 때까지 결코 죽지 않을 텐데, 우리의 육체 속에 있는 이 야비한 마음이 여러분으로 하여금 애굽에서 고기 가마 곁에 앉아 있던 때로 다시 돌아가, 그 속박의 집에서 그렇게 달콤하던 부추와 파와 마늘들을 함께 먹자고 속삭이지는 않습니까? 그렇습니다. 그 보금자리는 여전히 매력을 지니고 있습니다. 아무리 훌륭한 사람이라 해도 여전히 그 속에는 가장 악한 사람을 더 악하게 만드는 죄의 씨앗이 들어 있습니다. 옛 뱀은 이제 하나님의 동산이 된 그 마음을 여전히 기어다니고 있습니다. 우리의 황금에는 찌꺼기가 섞여 있습니다. 우리의 하늘에는 많은 구름이 덮여 있고, 인간성의 가장 맑은 강에도 여전히 그 바닥에는 흙탕물이 있습니다. 저는 비둘기가 방주를 떠나 날아갈 때 자기의 옛 보금자리를 기억한 것이 놀랍지 않으며, 우리의 옛 기억이 우리의 영혼보다 우세하여 우리가 사랑하던 하나님을 잊고 죄악을 갈망하는 것이 전혀 이상하지 않습니다.

    하지만 이 비둘기가 노아에 의해 **보냄을 받았다**는 사실을 잊는 것은 바람직하지 않을 것 같습니다. 피조물을 다스리는 데는 특별한 동기들이 있듯이, 비둘기를 보낸 노아의 다스림에는 좀 더 고차원적인 동기가 있었습니다. 이와 마찬가지로 하나님께서 자기 백성에게 시험을 허락하여 그들이 인내하도록 하실 때가 종종 있습니다. 구세주에 관한 다음과 같은 말씀, 즉 "그 때에 예수께서 성령에게 이끌리어 마귀에게 시험을 받으러 광야로 가사"(마 4:1)라고 기록된 말씀은 도대체 어떤 뜻입니까? 이것은 무슨 말씀입니까? 성령에게 이끌리어? 성령님께서 예수님을 어디로 이끄셨습니까? 성령님은 그분을 아버지가 계신 성전으로 이끄시어 예수님이 그 거룩한 교제에 동참하도록 해야 하지 않습니까? 아니면 그분을 산으로 이끄시어 기쁜 소식을 백성들에게 전하도록 해야 하지 않습니까? 그런데 그렇지 않았습니다. 성령님께서는 예수님이 "마귀에게 시험을 받게 하려고" 그분을 이끌어 광야로 가셨습니다. 우리는 "우리를 시험에 들게 하지 마시옵고"(마 6:13, "우리가 시험에 들도록 이끌지 마옵시고"[Lead us not into temptation] KJV)라고 기도하라고 배웠습니다. 그런데 아주 어리석은 자들은 이 간구를 "우리를 시험에 들도록 내버려 두지 마옵시고"(Leave us not into temptation)라고 바꾸고자 하였습니다. 구세주께서는 그렇게 말씀하지 않으셨습니다. 이런 기도가 아주 적절해 보일지 몰라도, 그것은 그분이 말씀하신 기도가 아닙니다. 구세주께서는 "우리가 시험에 들도록 이끌지 마옵시고"(KJV)라고 기도하셨습니다. 때때로 하나님께서는 자기 백성들을 시험으로 이끄시는 것 같습니다. 그렇지 않다면 "우리가 시험에 들도록 이끌지 마옵시고"라고 기도할 필요가 없었을 것입니다. 이러한 시험으로 인해 넘치는 하나님의 은혜로 말미암아 주의 백성들은 탁월한 유익이라는 최종적인 결과를 얻게 됩니다. 비둘기는 물로 황폐하게 된 지면 위를 쓸쓸히 날아본 후에야 비로소 방주를 예전보다 더욱더 사랑하게 되었을 것입니다. 방주 외에 다른 곳에서는 발붙이고 안식할 수 없다는 그 불가능성을 비둘기가 직접 보고 알게 된 후로, 비둘기는 노아의 손 안이야말로 아주 평화로운 보금자리라고 여겼습니다. 이처럼 하나님께서는 자기 백성들이 각자의 생각대로 멀리 돌아다니거나 각자의 마음대로 날아가도록 허락하셔서 그들이 보기에 좀 더 안락하고 안정적인 쉴 곳을 찾아보게 하십니다. 하나님께서는 자신의 얼굴에서 빛나는 광채를 그들에게서 사라지게 하실 뿐 아니라, 그분 자신과의 친밀한 교제도 끊으심으로써, 어둠이 태양을 사로잡게 하십니다. 그들은 허영에서 허영으로 날아다니면서 모든 것이 헛되다는 것을 알게 되고, 그런 다음 그들의 참된 복, 즉 예수 그리스도 안에 있는 그들의 하나님이신 아버지께 매달리게 됩니다. 이런 경험을 통해서 그들은 이 땅 위에는 그리스도 외에 다른 분이 없으며, 자신의 영혼을 채울 수 있는 분은 하늘 아래 주 예수님밖에 없다는 유익하고 복된 열매를 맞게 됩니다. 그래서 그들은 이러한 암울하고 뼈저린 경험을 하도록 이끄신 하나님께 평생토록 감사하게 됩니다. 저는 그리스도인들이 자기의 생각대로 날개를 펼치고 방주를 떠나 멀리 가는 것을 보게 되면, 그들이 지금 시험에 빠진 것 같아 마음이 아플 것입니다. 하지만 저는 그들이 그 시험을 이겨내고서 다시 돌아와, "내 영혼아 네 평안함으로 돌아갈지어다 여호와께서 너를 후대하심이로다"(시 116:7)라고 말할 수 있도록 하나님께 기도할 것입니다. 사랑하는 성도 여러분, 그리스도 밖에 있는 모든 것은 아무것도 아니며, 오직 예수님만이 우리에게 안식을 주실 수 있다는 사실을 안다는 것은 쓰라리지만 귀중한 교훈입니다. 저는 여러분 모두가 이 교훈을 철저히 그리고 즉시 배우게 되기를 기원합니다.

2. 안식을 찾지 못한 비둘기

이제 안식을 찾지 못한 비둘기를 주목해 봅시다. 비둘기는 이제 날기 위해 자신의 흐트러졌던 날개를 가다듬고서 자신의 집을 찾아 급히 날아갑니다. 앞 절의 말씀(창 8:5)을 따르면, 제 생각에 눈에 보이는 것은 오로지 산들의 봉우리뿐이었으며, 그것이 다였을 것입니다. 비둘기는 그 봉우리들 위로, 그 봉우리들 사이를 날아다닙니다. 그 봉우리들은 마치 광활하게 끝없이 펼쳐진 바다 한가운데 떠 있는 섬들처럼 솟아 있습니다. 이렇게 날아다니다가 마침내 비둘기는 기진맥진하게 됩니다. 아무리 비둘기라 해도 영원히 날 수는 없으니까요. 비둘기는 안식이 필요합니다. 그런데 어디서 비둘기는 비행을 멈추고 쉴 수 있겠습니까? 저기 있는 까마귀는 물 위에 떠다니는 큰 짐승의 사체 위에 걸터앉아 그 시체를 뜯어 먹으며 아주 평안히 쉬고 있습니다. 그러나 비둘기는 그곳에서 안식할 수 없습니다. 비둘기는 본성적으로 부패한 것을 싫어하기 때문입니다. 그래서 그 지독한 냄새나는 사체를 피해 날아갑니다. 그런데 저기에 나무 한 그루가 서 있습니다. 숲 속의 강력한 군주들 가운데 하나였던 그 나무는 세상을 휩쓴 강한 폭풍우에 부러져버렸고, 이제는 그 가지들이 마치 배의 돛대처럼 세워진 채 두둥실 떠내려가고 있습니다. 비둘기는 이 나무 위에 가뿐히 앉아보려고 하지만, 이 나무도 온갖 진흙과 오물로 뒤덮여 있습니다. 그 축축한 진흙이 자기에게는 어울리지 않아서, 비둘기는 다시 날개를 펴고 날아갑니다. 그러다 저 멀리 있는 어떤 물체가 비둘기의 관심을 끕니다. 그래서 비둘기는 지친 날갯짓이지만 온 힘을 다해 빠른 속력으로 날아갑니다. 하지만 거기에도 자기가 안식할 만한 곳은 없습니다. 비둘기는 동쪽으로, 북쪽으로, 남쪽으로도 가 봅니다. 그러나 여전히 발붙이고 쉴 수 있는 곳을 찾을 수 없기에 그 날개는 지쳐만 갑니다. 이렇게 기진맥진하여 힘없이 날개를 퍼덕이며 날아가는 비둘기를 바라보면서, 우리는 이 세상의 사물들 중에서 자기의 마음이 안식할 곳을 간절히 찾아 헤매는 크리스찬(『천로역정』의 주인공 — 역주)의 모습이 생각납니다. 하나님을 찾아 헤매는 순례자들이 이 세상에는 오래 지속되는 도성이 결코 없다는 것을 망각한 채, 때로는 광야에서 방황하며 거기서 거주할 만한 정착지를 찾아보겠다는 소망을 가지기도 합니다. 그러나 그들의 황폐한 마음은 곧 스스로 나약해집니다. 왜냐하면 그들이 발붙이고 안식할 곳은 이 땅에 결코 없기 때문입니다.

구세주께서는 "수고하고 무거운 짐 진 자들아 다 내게로 오라 내가 너희를 쉬게 하리라"(마 11:28)는 아주 아름다운 말씀을 하셨습니다. 구세주께서 염두에 두고 말씀하신 이 안식은 어떤 안식일까요? 그분께서 염두에 둔 안식은 인간의 모든 능력들을 쉬게 하는 안식이라고 저는 생각합니다. 지성인들도 안식을 추구합니다. 하지만 그들은 본성적으로 주 예수 그리스도와 관계없는 안식을 추구합니다. 훌륭한 교육을 받은 사람들, 엄청난 정신적 능력을 지닌 사람들도 회심을 하기는 합니다. 이런 말을 한다고 해서 제가 그들의 회심을 과소평가하는 것은 아닙니다. 그러나 그들은 그리스도의 십자가가 보여주는 단순성은 쉽게 받아들이면서도 여전히 그분을 경외하고 사랑하는 시각에 대해서는 거의 관심이 없습니다. 그들은 그리스도인들이 사로잡혔던 그 덫에 여전히 사로잡혀서, 계시를 철학과 혼합하는 것을 동경하고 있습니다. 섬세한 사고를 하고 고등 교육을 받은 자들이 받는 시험은, 십자가에 달린 그리스도께서 보여주신 그 단순한 진리에서 벗어나 조금 더 복잡한 가르침, 즉 전문용어로 표현하자면 조금 더 지적인 가르침을 고안해 내려는 것입니다. 이 시험이 바로 초대 기독교 교회를 영지주의로 이끌었고, 온갖 종류의 이단들을 홀렸습니다. 또한 이것은 신(新)학문(Neology, 1730-1750년대 독일 계몽신학을 기반으로 한 학문 — 역주)의 뿌리이기도 하며, 지난 과거 독일에서 유행했고 지금도 어떤 신학자들에게 엄청난 각광을 받고 있는 여러 세련된 것들의 뿌리이기도 합니다. 그러나 사랑하는 성도 여러분, 저는 여러분이 어떤 사람인지, 여러분이 어떤 교육을 받았는지 전혀 개의치 않습니다. 제가 말하고 싶은 것은 만약 여러분이 하나님의 백성이라면, 여러분은 철학적 가르침이나 철학적인 신학에서 결코 안식을 찾을 수 없을 것이라는 사실입니다. 여러분은 어느 위대한 사상가로부터 어떤 가르침을 받았을 수도 있고, 또 다른 심오한 논리적인 사람으로부터 어떤 가르침을 받았을 수도 있습니다. 하지만 이런 가르침들은 하나님의 확실한 말씀과 비교하자면, 하나님의 말씀은 알곡이며, 이외의 가르침들은 단지 겨에 불과할 따름입니다. 최고의 안내를 받아 알아낸 그 모든 이성적인 것들도 진리의 기초(ABC)일 뿐입니다. 거기에는 확실함도 없고 확신도 전혀 없습니다. 반면에 예수 그리스도 안에는 지혜와 지식의 모든 충만한 보화들이 가득합니다. 그리스도인의 입장에서 유니테리언(삼위일체 하나님을 거부하는 신학적 분파 — 역주) 사상가들이나 광교회(영국국교회 가운데 교리나 형식에 얽매이지 않는 파 — 역주) 사상가들이 인정하는 체계들을 감수하고자 하는 모든 시도들은 틀림없이 실패하게 되어 있습니다. 진정으로 천국을 유업으로 받을 자들은 기쁨으로 밭을 가는 청년의 눈을 번쩍 뜨이게 하고, 경건한 극빈자의 마음을 즐겁게 만드는 그 웅장한 단순한 실재로 돌아와야만 합니다. "그리스도 예수께서 죄인을 구원하시려고 세상에 임하셨다 하였도다 죄인 중에 내가 괴수니라"(딤전 1:15). 아무리 뛰어난 지성인이라 해도 그리스도를 믿음으로 받아들인다면, 그리스도께서는 그를 만족케 해주십니다. 그러나 중생한 마음이라도 그분을 떠나서는 결코 안식을 찾을 수 없습니다.

　　마음 또한 만족을 원하고 있습니다. 우리 각자는 사랑할 대상을 필요로 합니다. 아주 지독할 정도로 이기적이어서 오로지 자신에게만 집중하느라 다른 사람에 대해서는 전혀 신경을 쓰지 않는 사람이 이 세상에 있으리라고는 생각하지 않습니다. 지금까지 인간성이라는 이름에 먹칠을 해 온 가장 막돼먹은 악한 사람이라 해도, 그가 감동할 수 있는 어떤 한 지점이 있기 마련입니다. 그의 마음은 자기가 사랑하는 한 대상을 향해 있습니다. 그 대상은 이미 오래 전에 죽은 어린 아이일 수도 있습니다. 자기 품 안에서 잠자고 있던 어린 아이를 회상할 때면 그에게도 선(善)으로 연결되는 한 지점이 있는 것 같습니다. 대다수의 완악한 자들도 자기 어머니를 회상합니다. 그러고는 그 어머니의 이름을 떠올리며 마음에 감동을 받기도 합니다. 이처럼 우리는 어떤 무언가를 사랑하거나 어떤 사람을 사랑할 수밖에 없습니다. 사람은 혼자 살도록 지음 받지 않았습니다. 그러므로 어떤 사람도 홀로 살아갈 수 없습니다. 우리의 마음은 강처럼 흘러야 합니다. 그러지 않으면 그 강물은 고인 웅덩이처럼 됩니다. 우리의 마음도 이와 마찬가지입니다. 어떤 사람은 큰 마음을 가지고 있어서 자신이 사랑할 큰 대상을 요구하기도 합니다. 그들은 다정하게 그리고 확고히 사랑합니다. 세상의 사랑치고는 너무나 다정하고 확고하게 사랑합니다. 그러다가 그들은 상한 마음으로 고통을 받습니다. 사랑하다 고통 받는 자들이 바로 이런 사람들입니다. 그들은 자신의 마음으로 정한 그 무가치한 대상을 너무나 사랑하고는, 결국 그 사랑한 정도에 비례해서 절망과 좌절을 맛봅니다. 자, 이제 저는 여러분에게 엄숙하게 말하고자 합니다. 하나님 자녀의 마음은 주 예수 그리스도 외의 그 어떤 대상이나 사람으로 결코 만족하지 못할 것입니다. 그 사람의 마음속에는 아내를 위한 방도 있고, 자녀를 위한 방도 있습니다. 또한 친구를 위한 방도 있고 지인을 위한 방도 있습니다. 그리고 그리스도도 계시기 때문에, 그의 마음에는 더 많은 방이 있습니다. 하지만 아내나 자녀나 친구나 친척 그 누구도 그 신자의 마음을 채워줄 수 없습니다. 신자는 예수 그리스도를 모셔야만 합니다. 그리스도가 계시지 않는다면 신자에게는 그 어디에서도 안식이 없습니다. 지금까지 우상을 만들어 온 신자들에 대해서 제가 설명해 볼까요? 여러분은 여러분의 마음에 어떤 하나님을 그리고 있습니까? 여러분은 여러분의 구세주를 잊어버릴 정도로 어떤 피조물을 사랑하지는 않습니까? 그것이 자녀든 남편이든 친구든, 여러분은 우상을 숭배하는 죄를 짓지 않도록 조심하기 바랍니다. 아! 그 피조물이 아무리 아름답게 보여도, 여러분은 그 사랑하는 피조물 위에 여러분의 발을 붙이고 안식할 수 없으며, 앞으로도 안식할 수 없을 것입니다. 하나님께서는 여러분의 목전에서 그 우상을 부서뜨릴 것입니다. 설령 하나님께서 그 우상을 그대로 두신다 해도, 그 우상은 여러분에게 역병과 저주로 임할 것입니다. 왜냐하면 하나님께서 다음과 같이 말씀하셨기 때문입니다. "무릇 사람을 믿으며 육신으로 그의 힘을 삼고 마음이 여호와에게서 떠난 그 사람은 저주를 받을 것이라"(렘 17:5), "너희는 인생을 의지하지 말라. 그의 호흡은 코에 있나니 셈할 가치가 어디 있느냐?"(사 2:22)고 말입니다. 여러분의 마음을 주 예수님에게 맡기십시오. 그분은 결코 여러분을 절망시키지 않을 것입니다. 여러분이 비중 있게 사랑하는 것들이 있더라도 그분을 의지하십시오. 그분은 결코 여러분을 실망시키지 않을 것입니다. 애지중지하는 여러분이여, 연인인 여러분이여, 모두 이리로 나와서 여러분이 가진 풍성한 모든 재물과, 여러분의 영혼에 있는 뜨거운 열기로 그분을 사랑하십시오. 평소보다 일곱 배나 더 뜨겁고 맹렬하게 타오르는 느부갓네살의 풀무 불같이 될 때까지 여러분의 마음이 불타오르게 하십시오. 여러분의 그 불꽃을 영원히 유지시켜 줄 연료가 여기 있습니다. 너무나 깊어서 이루 측량할 수 없을 정도의 바다 같은 사랑을 가진 사람이 있습니까? 그런 여러분도 구세주께 나아와 그 사랑으로 그분을 사랑하십시오. 그분께서는 여러분의 그 사랑이 조금도 헛되지 않게 하실 것입니다. 왜냐하면 그분께서는 여러분이 드린 모든 것을 간직하고 계셨다가 여러분의 사랑과는 비교되지 않을 사랑, 즉 여러분이 그분을 사랑한 것이 마치 나뭇가지에 반짝이는 이슬방울이라면, 그분의 사랑은 태양처럼 큰 사랑으로 여러분에게 되돌려 주실 것이기 때문입니다. 이처럼 예수 그리스도 안에 있는 마음에는 안식이 있습니다. 이외의 다른 곳에는 안식이 없습니다.

　　사람은 또한 판단을 합니다. 사물들의 옳고 그름에 내려지는 판단은 양심이라고 불립니다. 그런데 이 양심은 한 번 요동하면 고요해지기가 매우 어렵습니다. 양심은 마치 자석의 자침(磁針)과 같아서 일단 자극(磁極)에서 비켜 가면 좀처럼 그 흔들림이 멈추질 않습니다. 적절한 자리로 되돌아오기 전까지 결코 자침은 안정되지 않을 것입니다.

> "흔들리는 양심이 안식할
> 굳건한 토대를 구하나 허사로다.
> 강한 욕망을 지닌 영혼이라도
> 오직 그리스도에게 의뢰하기까지는 무기력하다."
>
> (와츠, Hymn 2:131, 3절).

　　우리 자신을 예수 그리스도에게 맡기기 전까지 우리는 양심의 지속적인 평안을 결코 찾을 수 없을 것입니다. 하나님의 자녀라도 때로는 여기에 너무 몰두한 나머지 자기 체험이나 자기감정, 자기 기쁨이나 자기 회개 등을 자기 소망의 근거로 삼을 수 있습니다. 그는 자신이 베푼 은혜나 선한 공로로 인해 하나님과 자기 영혼 사이에는 모든 것이 형통하다고 스스로 확신하고자 애씁니다. 자, 그리스도인들이여, 여러분은 알고 있습니다. 아니 모르고 있다면, 여러분은 반드시 알아야 합니다. 여러분의 지난 경험을 통해 볼 때 여러분은 이 땅에서 지속적인 평안을 결코 누리지 못할 것이라는 사실을 말입니다. 여러분이 처음에 아무것도 없이 빈손으로 그리스도께 나왔던 것처럼, 지금도 그렇게 나와서 그분을 여러분의 모든 것 안에 계신 모든 것 되신 분으로 영접해야 합니다. 만약 여러분이 이렇게 하지 않는다면, 여러분의 발은 결코 안식을 찾지 못할 것입니다. 왜냐하면 여러분은 기진맥진하여 날다가 급기야 절망 가운데 떨어지고 말 것이기 때문입니다. 그 귀한 보배 피를 흘리신 예수 그리스도, 흰 눈처럼 의로운 영광 가운데 계신 예수 그리스도, 널리 중보의 기도를 드리고 계신 예수 그리스도, 능력 있는 팔과 사랑의 마음을 지니신 예수 그리스도, 바로 이분께 천국의 유업을 받을 모든 자들은 단 하나의 유일한 신뢰를 두어야만 합니다. 만약 여러분이 그리스도와 다른 것을 혼합하고자 한다면, 여러분의 양심은 가책을 받게 될 것이며, 사탄은 여러분을 힐난할 것이고, 여러분의 마음에는 그 비판의 메아리가 울려 퍼지게 될 것입니다. 그 때, 과연 여러분은 무엇을 할 수 있겠습니까? 사랑하는 성도 여러분, 저는 온전한 인간에 대해 말씀드리고자 합니다. 오늘 아침에 우리는 인간에게 주어진 서로 다른 모든 능력들을 일일이 열거하느라 시간을 지체할 수 없을 것 같습니다. 그 모든 능력들을 하나로 뭉뚱그려 말한다면, 온전한 인간을 흡족하게 할 수 있는 것은 오직 주님의 사랑과 주님 자신 외에는 아무것도 없습니다. 많은 성도들은 지금까지 다른 항구에 닻을 내리고자 노력하였습니다. 하지만 그들은 모두 실패하였습니다. 저는 솔로몬이야말로 한 사람의 성인(saint)이었다고 믿습니다. 물론 저는 그가 한 사람의 죄인이었다는 사실도 알고 있습니다. 저는 솔로몬이 이 세상에 살았던 사람들 가운데 가장 큰 바보라고 믿습니다. 그러면서도 그야말로 사람들 가운데 가장 현명한 사람이었다는 사실을 믿습니다. 실제 그는 모순덩어리인 사람이었습니다. 자, 보십시오. 솔로몬은 우리 모두를 위한 실험적인 인물이 되어서, 우리로서는 감히 감당할 수 없었던 것을 우리를 위해 감당했던 인물이었습니다. 여기에 그의 입으로 직접 말한 증언이 있습니다.

"내가 웃음에 관하여 말하여 이르기를 그것은 미친 것이라 하였고 희락에 대하여 이르기를 이것이 무슨 소용이 있는가 하였노라 내가 내 마음으로 깊이 생각하기를 내가 어떻게 하여야 내 마음을 지혜로 다스리면서 술로 내 육신을 즐겁게 할까 또 내가 어떻게 하여야 천하의 인생들이 그들의 인생을 살아가는 동안 어떤 것이 선한 일인지를 알아볼 때까지 내 어리석음을 꼭 붙잡아 둘까 하여 나의 사업을 크게 하였노라 내가 나를 위하여 집들을 짓고 포도원을 일구며 여러 동산과 과원을 만들고 그 가운데에 각종 과목을 심었으며 나를 위하여 수

목을 기르는 삼림에 물을 주기 위하여 못들을 팠으며 남녀 노비들을 사기도 하였고 나를 위하여 집에서 종들을 낳기도 하였으며 나보다 먼저 예루살렘에 있던 모든 자들보다도 내가 소와 양 떼의 소유를 더 많이 가졌으며 은금과 왕들이 소유한 보배와 여러 지방의 보배를 나를 위하여 쌓고 또 노래하는 남녀들과 인생들이 기뻐하는 처첩들을 많이 두었노라 내가 이같이 창성하여 나보다 먼저 예루살렘에 있던 모든 자들보다 더 창성하니 내 지혜도 내게 여전하도다 무엇이든지 내 눈이 원하는 것을 내가 금하지 아니하며 무엇이든지 내 마음이 즐거워하는 것을 내가 막지 아니하였으니 이는 나의 모든 수고를 내 마음이 기뻐하였음이라 이것이 나의 모든 수고로 말미암아 얻은 몫이로다 그 후에 내가 생각해 본즉 내 손으로 한 모든 일과 내가 수고한 모든 것이 다 헛되어 바람을 잡는 것이며 해 아래에서 무익한 것이로다"(전 2:2-11). "헛되고 헛되며 헛되고 헛되니 모든 것이 헛되도다"(전 1:2).

도대체 이게 무슨 말입니까! 모든 것이 헛되다는 것입니까? 솔로몬이 가진 그 모든 보물이 아무것도 아니란 말입니까? 도대체 무슨 말입니까? 바다에서 바다까지와 강에서 땅 끝까지 그렇게 널리 다스리는데, 그것이 아무것도 아닙니까? 광야에서 다드몰을 건축한 것이 아무것도 아닙니까? 레바논 나무로 왕궁을 지은 것도 아무것도 아닙니까? 당신은 놋을 마치 조약돌처럼 사용하고 은금을 땅에 있는 흔한 먼지처럼 사용했는데도, 당신은 단에서 브엘세바에 이르기까지 아무것도 본 게 없다는 것입니까? 당신을 안식하게 하며 당신의 마음을 달래주던 그 감미로운 소리들과 당신을 기쁘게 한 그 모든 춤과 음악들이 아무것도 아니라는 말입니까? 이에 대해 솔로몬은 "아무것도 아니라 그저 마음을 피곤하게 할 뿐이라"고 말했습니다. 이 모든 것을 다 해본 후에 그가 내린 판단은 바로 이것이었습니다.

그리스도를 굳게 붙잡으십시오. 그분의 사랑을 누리십시오. 그분과의 하나 됨을 맛보십시오. 사랑하는 성도 여러분, 바로 이것입니다. 이것이 전부입니다. 그리스도인의 삶보다 더 나은 것이 있는지 알아보려고 여러분은 다른 삶을 살아볼 필요가 없습니다. 저는 여러분에게 확실하게 말할 수 있습니다. 만약 여러분이 영국에서 일본까지 온 세상을 돌아다니며 찾는다 해도, 여러분은 구세주의 얼굴에 나타난 모습과 같은 모습을 결코 찾지 못할 것입니다. 설령 여러분이 인생이 줄 수 있는 모든 위로를 받는다 해도, 여러분의 구세주를 잃는다면, 여러분의 인생은 곤고할 뿐입니다. 하지만 여러분이 그분을 찾는다면, 비록 여러분이 지하 감옥에서 썩고 있다 해도, 여러분은 그곳에서 천국을 발견하게 될 것입니다. 또한 여러분이 아무도 모르는 외딴 곳에서 굶어 죽는다 해도, 여러분은 주님의 은혜로 만족하고, 주님께서 주시는 풍성한 긍휼로 만족하게 될 것입니다.

3. 비둘기가 발붙이고 안식할 곳을 찾을 수 없었던 이유

우리는 왜 이 비둘기가 발붙이고 안식할 곳을 찾을 수 없었는지에 대해 잠시 생각해 보고자 합니다. 비둘기에게 안식할 곳을 찾아보려는 의지가 부족했습니까? 비둘기는 아무데서나 안식할 수 없는, 잘 만족하지 못하는 새들 가운데 하나입니까? 비둘기는 그런 종류의 새가 아닙니다. 비둘기는 안식처를 찾고 있었던 것으로 보입니다. 그게 아니었다면, 비둘기가 안식처를 찾지 못했다는 성경 말씀이 기록될 필요가 없었을 것입니다. 이 세상에는 안식을 찾으려는 의지가 전혀 없는 사람들이 있고, 그런 사람들은 안식을 누릴 만한 가치가 없습니다. 그들은 항상 불평합니다. 여러분이 어떤 일을 하든지 하지 않든지, 그들은 여느 때와 마찬가지로 항상 불평합니다. 그들은 해를 보고도 불평합니다. 예전에 톰슨(Thompson)이 말했던 대로, 태양을 "장밋빛 술주정뱅이"라고 부르기도 합니다. 그들은 달을 보고도 투덜거립니다. 달빛은 너무 창백하고 사람을 병약하게 하며 변덕이 심하다고 말입니다. 그들은 죽음에 대해서도 투덜거립니다. 죽음은 사람의 친구들을 빼앗아가는 끔찍한 것이라면서 말입니다. 그들은 생명에 대해서도 투덜거립니다. 그들의 말에 따르면, 누구나 죽어야 행복해지는 것 같은데, 그렇게 투덜거리는 자기들은 이 괴로운 세상을 계속해서 살아가도록 정죄를 받았다고 불평합니다. 여러분은 이런 자들을 도저히 기쁘게 해 줄 수 없습니다. 그들에게 모든 일들은 너무 뜨겁거나 너무 차거나, 너무 어리거나 너무 늙었거나, 너무 거칠거나 너무 부드럽거나, 너무 높거나 너무 낮을 뿐입니다. 그들은 이 세상에서 자기들을 흡족하게 해줄 것은 아무것도 없다고 이미 마음속으로 작정한 사람들입니다. 그들은 자신이 원하는 극단적인 기준을 미리 정해 놓고서, 세상이 이 기준에 미치지 못한다고 생각합니다. 그 어떤 풀도 그들에게는 충분히 푸른색이 아니며, 소가 생산한 그 어떤 우유도 그들이 먹기에 적합한 음료가 아니고, 포도를 짜낸 그 어떤 포도주도 그들의 입맛에는 흡족할 만큼 풍미를 내지 못합니다. 그들은 모든 감각기관 중에 자기가 보기에 가장 유용하다고 여기는 하나의 감각기관만을 사용합니다. 즉 후각인 코만을 사용해서 포도주의 맛을 찾습니다! 이런 식으로 세상을 살아가는 자들은 여러분에게 말할 때 자기 마음에 드는 것은 세상에 아무것도 없다고 할 것입니다. 그들은 소화불량에다가 간도 제 기능을 발휘하지 못하기 때문에, 결과적으로 이 세상에 마음에 드는 것이 아무것도 없으며, 하늘 아래 있는 모든 것은 천하고 야비할 뿐입니다. 자, 사람들이 이런 식으로 말할 때, 여러분은 그 말로 사람의 됨됨이를 판단하여, 그들이 하는 말에 그리 큰 비중을 두지 마십시오. 이런 자들은 스스로 판단해서 말을 하고 있는 것이 아니라, 그저 어리석고 반쯤 정신 나간 기분으로 말하는 것일 뿐입니다. 그러나 그리스도인은 그러지 않습니다. 쾌활한 성격의 소유자로 세상의 것들은 아주 조금만 가지고도 만족하며 살아온, 상당히 많은 수의 그리스도인들을 저는 알고 있습니다. 여러분의 친구들 중에도 이런 부류의 사람들이 몇몇 있을 것입니다. 그들은 비록 두드러지게 뛰어나지는 않아도 모든 일에서 항상 긍정적인 측면을 보려고 하며, 혹시라도 그리 달갑지 않은 일이 생기면, 그 일을 그냥 일어날 수 있는 여러 일들 중의 하나로 여기며, 그저 "괜찮아. 이 일도 지나갈 거야"라고 말하기 때문에, 다른 사람들은 괴로워하는 곳에서도 그들은 기뻐합니다. 그러나 앞서 말한 자들, 즉 자기 마음에 드는 것이 세상에 없다고 하는 그 사람들도 회심하게 된다면, 그들 또한 그리스도 밖에서는 만족하지 못했노라고 여러분에게 말할 것입니다. 그렇게 되면 이제 그들의 판단도 고려할 만한 가치가 있게 됩니다. 비둘기는 자신의 발을 붙이고 안식할 곳을 찾을 의지는 있었지만, 그렇게 할 수 없었습니다.

　　내 영혼의 바람을 만족시켜 줄 만한 것들을 이 하늘 아래, 또는 저 별들 아래에서는 찾을 수 없었다는 것을 제가 부득불 말하는 것은, 저에게 그것을 찾아보려는 의지가 없었기 때문이 아닙니다. 저는 나의 하나님을 모셔야 하며, 그분께서 나의 큰 기대들을 충족시켜 주시도록 해야 합니다. 그렇지 않으면 저는 결코 만족하지 못할 것입니다. 제가 이런 것들을 말하는 이유가 있습니다. 일반적으로 사람들은 그리스도인들에 대해서 다음과 같이 쉽게 생각하기 때문입니다. 즉 모든 그리스도인들은 비참한 일을 당해도 행복해지도록 돕는 것이 하나도 없기 때문에 신앙으로만 인내해야 하는, 일종의 우울증 증세를 가진 무리들이며, 신앙이 그들의 우울한 기질과 잘 맞아서 신앙에 전념하는 것이라고 생각합니다. 그러나 이런 생각은 사실과 다릅니다. 우리는 쾌활하고 정이 많은 자들입니다.

그러나 그럼에도 불구하고 우리는 세상에 있는 어떤 것들 위에도 우리의 발을 붙이고 안식할 수 없습니다.

다시 한 번 말하지만, 비둘기가 안식처를 찾을 수 없었던 이유는 그 비둘기가 안식처를 볼 눈이 없었기 때문이 아닙니다. 비둘기가 눈으로 사물을 분별할 수 있는 거리가 얼마나 되는지 알지 못하지만, 제 생각에 도저히 믿기 어려울 만큼 아주 멀리까지 보는 것이 틀림없습니다. 우리는 비둘기가 때때로 높이 솟아오르는 것을 봅니다. 우리 눈에는 아무것도 보이지 않지만 비둘기는 자기 집을 감지하고서 그곳을 향해 쏜살처럼 날아갑니다. 지금 그리스도인들이 주님 외에는 이 땅에서 아무런 기쁨이 없다고 말하는 것은, 그가 이 세상의 기쁘고 즐거운 것을 볼 줄 아는 능력이 없어서 그런 말을 하는 것이 아닙니다. 그리스도인들도 음악의 멜로디가 흐르면 그것을 느끼고 좋아하며 즐깁니다. 앞에 달콤한 것이 있으면, 그리스도인들도 다른 사람들과 마찬가지로 훌륭한 맛을 느낄 줄 압니다. 재물이나, 또는 세상에서 쾌락이라 불리는 것에서 보게 되는 뭔가가 있다고 한다면, 그리스도인들도 그 모든 것을 볼 수 있습니다. 그리스도인들은 장님이 아닙니다. 다른 사람들과 마찬가지로 이해력이 빠르고 세련된 미각을 가졌으며 언제든 즐거운 어떤 것을 감상할 준비가 되어 있지만, 그럼에도 불구하고 광신적이지 않으며 좁은 식견으로 폐쇄적이지 않은 것은 물론이고 오히려 그 시야가 이 세상의 즐거움이 가져다줄 수 있는 모든 범위를 아우르고 있는 많은 그리스도인들을 저는 알고 있습니다. 그들은 이 즐거움을 보기만 한 게 아니라 체험하기도 했던 자들이지만, 그럼에도 이들은 이 비둘기처럼 이 세상에서 자기 발을 붙이고 안식할 곳을 찾을 수 없었다고 증언합니다.

더 나아가 비둘기가 안식할 곳을 찾지 못했던 것은 그 안식처에 도달할 날개가 없었기 때문이 아닙니다. 비둘기의 날개는 강하고 재빨랐습니다. 비둘기도 까마귀만큼이나 잘 날 수 있었습니다. 어쩌면 비둘기가 까마귀를 종국에는 앞지를 수도 있었을 것입니다. 이와 마찬가지로 그리스도인도 원하기만 하면 세상의 쾌락 속으로 뛰어들어갈 능력을 가지고 있습니다. 그럼에도 불구하고 그리스도인들이 세상의 쾌락으로 뛰어들지 않는 것은, 청춘의 시기가 지나가고 늙어 얼굴에 주름이 져서, 육신의 즐거움이 더 이상 시험이 되지 않기 때문이 아닙니다. 절대로 그런 것이 아닙니다. 물론 회심했는데도 불구하고, 늙은 육신으로는 세상의 쾌락을 즐기지 못해서 결국 거기에 흥미를 잃게 된 것이라고 죄인들로부터 조롱을 받는 그리스도인들도 있습니다. 그러나 우리 가운데는 젊고 건강하고 혈기왕성하고 뼈에 진액이 충만한 자들도 있습니다. 우리가 원하기만 하면, 모든 종류의 쾌락에 장본인이 되어 감각적인 쾌락의 물결에 제일 먼저 곤두박질해 뛰어들 수도 있습니다. 우리는 용기가 없는 것이 아닙니다. 우리는 능력이 없는 것도 아닙니다. 우리에게는 이 모든 것들이 있습니다. 우리가 이에 대해 엄숙하게 말합니다. 우리의 온 마음을 살피시는 하나님께서 우리가 부득불 다음과 같이 고백할 수밖에 없음을 알고 계십니다. 우리의 고백은 이것입니다. 우리는 세상의 쾌락 속에서 발붙이고 안식할 곳을 찾을 수 없습니다. 우리는 그렇게 해 보기도 했고, 세상에서 안식을 찾고자 바라기도 했으며, 심지어는 세상에 만족하며 살아가기를 바라기도 했습니다. 하지만 우리 속에 있는 이 공허함은 세상의 물질로는 절대로 채워질 수 없습니다. 우리는 어떻게 해 볼 수 없습니다. 하나님께서 우리가 하는 이 모든 것들을 헛되게 하셨기 때문입니다.

자, 그렇다면 비둘기가 안식을 찾지 못한 이유는 도대체 무엇이었을까요? 의지가 부족했던 것도 아니고, 눈이 없었던 것도 아니고, 날개가 없었던 것도 아니라면, 어떤 이유가 있었겠습니까? 그 이유는 바로 이것입니다. 즉 그 짐승이 비둘기였기 때문입니다. 만약 이 비둘기가 까마귀였다면, 발을 붙이고 안식할 곳을 많이 발견했을 것입니다. 비둘기가 안식할 수 없었던 것은 그의 본성 때문이었습니다. 이와 마찬가지로 그리스도인들이 이 세상 속에서 만족할 수 없는 이유도 이 세상에서 안식할 수 없는 새로운 본성이 그 속에 있기 때문입니다. 새 마음은 "올라오라! 올라오라! 올라오라! 너는 여기서 무엇을 하고 있느냐?"라고 소리칩니다. 새 피조물은 "네 장막을 걷고 나오라. 너는 여기서 영구한 도성을 취할 수 없다. 이 메마른 광야에서 그런 도성을 세우고자 하다니 그게 무슨 말이냐? 너는 당장 나오라! 무엇 때문에 여기 있느냐?"라고 소리칩니다. 만약 제가 중생하지 못했다면, 세상이 제게 만족을 줄 수 있겠지만, 일단 제가 중생한 이상 사회가 나를 배척한다 해도 그것은 전혀 문제가 되지 않습니다. 다시 말하지만, 저는 그런 세상의 만족을 결코 기대할 수도 없고, 기대하지도 않을 것이고, 기대해서도 안 되고, 기대하고 싶은 엄두도 내지 않습니다. 왜냐하면 중생한 사람은 오직 그리스도만 계시면 만족하기 때문입니다. 그들은 그리스도가 계시지 않은 다른 곳에서 결코 만족할 수 없습니다.

이제 여러분은 이 세상의 만족이 큰 시험이라는 것을 알고 있습니다. 사랑하는 성도 여러분, 이런 세상의 만족이 여러분을 시험하고 갈라놓을 것입니다. 여러분 중에 어떤 사람은 "오, 나는 충분히 만족하고 있어요. 나는 그 사람이 말하는 그리스도는 원하지 않습니다. 나에게 이것도 주고 저것도 주면, 나는 아주 만족할 거요." 그런 사람들에게 저는 이렇게 말할 것입니다. "아주 비슷하군요. 까마귀가 썩은 짐승의 사체로 만족하는 것과 말이죠. 그러나 만약 당신이 하나님의 자녀라면, 당신은 다른 곳에서 만족을 찾을 것입니다. 어쩌면 당신은 시리고 아픈 시련을 겪고 난 후에야 비로소 이 세상의 모든 것들에서 돌이켜 다시 당신의 방주로 날아오게 될 것입니다."

4. 절망 속에서 비둘기가 했던 행동

절망한 비둘기는 그 때 어떻게 행동했습니까? 이 땅 어느 곳에서도 만족을 찾지 못했을 때, 비둘기는 어떻게 행동했습니까? 비둘기는 다시 방주로 날아갔습니다. 요세푸스는 그 비둘기가 날개와 다리가 온통 물에 젖고 진흙투성이가 되어 노아에게 다시 돌아왔다고 우리에게 말합니다. 저도 정말 그랬을 것이라고 생각합니다. 그 비둘기의 몰골에 대해서는 요세푸스가 그렇게 말했기 때문에, 저는 더 이상 비둘기의 모습에 대해 생각하지 않겠습니다. 여러분 가운데 어떤 이들도 물에 젖고 진흙투성이가 되었습니다. 여러분은 그리스도인인 데도 불구하고 지금까지 세상에서 안식을 찾으려고 노력하다가, 세상의 진흙탕에 빠졌습니다. 발붙이고 안식할 수 없는 곳에서 안식하려고 애쓰다가, 여러분은 온갖 오물을 묻히고 말았습니다. 그렇다면 이제 어떻게 해야 합니까? 여러분에게 홍수의 물에 씻으라고 조언해야 할까요? 예전처럼 그 날개들이 반짝반짝 윤이 날 때까지 씻으라고 조언해야 할까요? 아닙니다. 저는 그런 조언을 하지 않습니다. 저는 여러분에게 그 어떤 조언도 할 수 없습니다. 다만 다음과 같이 말할 수 있을 뿐입니다. "비둘기가 한 것처럼 하십시오." 비둘기는 다시 높이 올라가, 방주가 어디 있는지 살펴보았습니다. 그리고 방주가 안전한 곳인 줄 알게 되었습니다. 저도 여러분이 다시 한 번 그리스도를 보았으면 좋겠습니다. 비둘기가 방주를 멀리 떠났던 것처럼, 베드로도 주님을 멀리 떠났습니다. 그러고는 주님을 저주하고 맹세까지 하면서 부인하였습니다. 그런데 베드로는 어떻게 해서 다시 돌아오게 되었습니까? 도대체 그에게 어떤 일이 벌어졌습니까? 주님께서 베드로를 바라보시자, 베드로도 다시 주님을 바라보게 되었던 것입니다. 주님께서 돌이켜 베드로를 바라보시자, 그는 "밖에 나가서 심히 통곡"(눅 22:62)하였습니다. 주님의 눈과 베드로의 눈이 서로 마주친 바로 그 순간에 이 모든 일들이 일어난 것 아닙니까? 만약 여러분이 성령님으로 말미암아 다음과 같은 사실들, 즉 여러분에게는 여러분을 사랑하는 구세주가 있으며, 여러분을 뜨겁게 사랑한 그분은 천국에만 있을 수 없어, 친히 이 땅에 여러분과 같은 타락한 모습으로 내려와, 여러분의 죄를 짊어지고 여러분을 위해 고통을 받으셨다는 이 사실들을 기억할 수만 있다면, 여러분이 그분에게서 아무리 멀리 떨어져 있다 해도, 여러분이 예수님을 바라보기만 한다면, 즉시 여러분은 그분과 올바른 관계를 맺게 될 것입니다. 여러분을 위한 생명은 십자가에 달리신 그분을 바라보는 데 있습니다.

그런데 비둘기는 바라보는 것만으로 만족하지 않았습니다. 비둘기는 자신의 온 힘을 다해 전 속력으로 방주로 되돌아가기 시작했습니다. 이 비둘기와 마찬가지로, 여러분도 희미하게나마 여러분의 구세주를 보았지만, 한 번 더 구원받은 것을 자각하고자 한다면, 그분에게로 다시 날아오십시오. 저는 그 비둘기가 원을 그리며 먼 길을 돌아 날아왔다거나, 어떤 다른 일을 염두에 두고서 한 번 가보자는 생각으로 날아왔다는 구절을 읽어 본 적이 없습니다. 절대로 비둘기는 그런 마음으로 날아오지 않았습니다. 비둘기는 자신과 자신이 사랑하는 곳인 그 방주 사이에 가장 가까운 길, 즉 자신이 갈 수 있는 가장 직선 길을 택해서 곧장 노아에게로 날아갔습니다. 두려움으로 인해 그의 날개가 무거워질 만도 했지만, 그 날갯짓은 중단되지 않았습니다. 오물과 진흙으로 인해 그 여정이 다소 수고스럽긴 했지만, 그래도 비행(飛行)이 방해받지는 않았습니다. 진흙 창에 빠진 자들이여 나아오십시오. 구세주를 희미하게 본 자들이여 나아오십시오. 비둘기 같은 여러분이여 나아오십시오. 비록 여러분이 자신을 죄의 진흙으로 검게 된 까마귀 같이 생각한다 해도, 여러분은 구세주에게 다시 돌이켜 나아오십시오. 여러분이 지체할 때마다 여러분에게 불행만 가중될 뿐입니다. 여러분이 자신을 치장하려고 하고, 그분의 기준에 자신을 맞추려고 하는 시도들은 모두 헛된 일입니다. 여러분의 있는 모습 그대로 그분에게 나아오십시오. "배역한 이스라엘아 돌아오라"(렘 3:12)는 말씀대로, 그분은 "회개한 이스라엘아 돌아오라"고 말씀하지 않습니다. 물론 그런 초대도 있기는 합니다. 하지만 그분은 "너희 배역한 (backsliding) 자들이여, 네가 주위에 행한 온갖 배역한 짓들로 인해 다시 되돌아오는 사람(backslider, 배역자[背逆者], '다시 되돌아가는 자'라는 뜻도 있다 — 역주)이 된 자들이여, 돌아오라, 다시 돌아오라, 되돌아오라!'고 말씀하십니다.

5. 비둘기가 방주로 되돌아오는 장면

저는 지금 여러분이 시선을 돌려, 잠시만이라도 매우 아름다운 이 장면을 보았으면 합니다. 비둘기가 방주로 되돌아오는 이 여정의 마지막 광경이 제게는 아주 아름다운 장면으로 보입니다. 노아는 하루 종일 밖을 내다보며 그 비둘기를 찾고 있었습니다. 그러다가 그 비둘기가 돌아온 것입니다! 얼마나 힘들게 날아오는지 그 비둘기는 곧 떨어질 것만 같습니다! 비둘기는 방주에 절대 이르지 못할 것 같습니다. 여기에 비둘기가 돌아오고 있고, 노아는 그 비둘기를 받아들일 준비가 되어 있습니다. 비둘기는 오물과 진흙으로 얼룩지고 더러워진 채로 나타납니다. 그래도 노아는 그 비둘기를 기다립니다. 비둘기는 방주의 가장자리에 도달할 힘만 겨우 남아 있습니다. 하지만 거기까지도 미처 날지 못하고 이제 곧 떨어질 것만 같습니다. 그 때 노아가 손을 내밀어 비둘기를 잡고는 방주 안으로 잡아당깁니다. "자기에게로 받아들이고"라고 한 말씀에 주목하십시오. 제가 보기에 이 말씀은 비둘기가 똑바로 날아오지 못한 것을 암시하는 듯합니다. 비둘기는 혼자서 방주에 들어가기에는 너무 지쳤거나, 아니면 너무 두려웠던 것 같습니다. 비둘기는 방주로 들어갈 수 있는 가장 가까운 곳에 이르렀고, 그 때 노아가 손을 내밀어 그 비둘기를 자기에게로 받아들였던 것입니다.

여러분이 마음으로 그리스도께 가까이 가려고 갈망할 때, 복되신 은혜로운 손길이 여러분을 끌어당기는 것을 여러분은 지금까지 느껴본 적이 없습니까? 오, 이것이 바로 기도하며 애쓰는 수고 속에서 느끼게 되는 강한 이끄심입니다. 여러분은 단지 다음과 같이 말할 수밖에 없는 상황에 있었을 것입니다. "나는 기도하고 싶지만 기도할 수 없다. 나의 마음은 납처럼 무겁고, 나의 영혼은 금강석처럼 단단하고 쇠처럼 생명이 없는 자 같다. 나는 스스로 기운을 낼 수도 없고 구세주에게 가까이 다가갈 수도 없다. 오, 내가 구세주께 가까이 갈 수 있으면 좋으련만! 오, 나도 비둘기처럼 날개가 있다면, 날아가서 안식할 수 있을 텐데."

그런데 그 때 은혜로운 이끄심이 아주 갑작스럽게 다가옵니다. 이제 여러분의 마음이 불붙기 시작합니다. 여러분이 미처 알기도 전에 여러분의 영혼은 암미나딥의 병거들(아 6:12 KJV)이 된 것처럼 보입니다. 자, 이제는 여러분의 모든 것이 제대로 되어, 여러분은 여러분이 사랑하는 자, 즉 여러분을 위해 여러분이 기뻐할 만한 큰 일들을 행하신 그분에게 아름다운 노래를 불러드릴 수 있습니다. 이 모든 일들은 여러분이 방황하던 비둘기로, 온갖 오물로 더러워진 진흙투성이 비둘기로 있으면서 자각하게 된 것이었습니다. 그 비둘기는 예전에 방주에 처음 들어올 때와 마찬가지로 지금도 방주로 이끌려 들어오고 있습니다. 여러분도 마찬가지입니다. 온갖 죄를 지은 여러분이나 방황하는 자들이나 모두 영접을 받을 것입니다. "다만 돌아오라." 이 말씀은 성경에 있는 가장 은혜로운 두 단어입니다. "다만 돌아오라." 아주 간단명료한 말씀입니다. 뭐라고요? 다른 말씀은 없냐고요? 없습니다. 다만 돌아오십시오. 이번에 돌아온 비둘기의 입에는 감람나무 잎사귀가 없었습니다. 비둘기 자신과 그의 방황 외에는 아무것도 없었습니다. 그러나 "다만 돌아오라"고 말씀하며, 그에 비둘기는 돌아오고, 노아는 방주 안으로 그 비둘기를 받아들입니다. 주님, 나를 안으로 받아들여 주옵소서! 목마른 나의 영혼이 거의 당신께 다다랐나이다. 당신의 임재를 위해 내 영혼이 소리치지만, 주님 앞에 이를 수 없나이다. 나는 당신을 봅니다. 주님, 나를 안으로 받아들여 주옵소서. 에스더처럼 나는 당신의 임재 앞에 거의 다다랐지만, 손을 뻗어 당신의 은홀(銀笏)을 잡고 싶다는 말을 당신께 할 수 없나이다. 부디 나의 이런 마음을 읽고 나의 바람을 들어주시어, 친히 당신을 내게 보여주시며, 내 눈을 열어 당신을 알게 하옵소서.

이 비둘기와 우리의 마음이 유사한 점들에 관해서 이제 저는 다음의 세 가지를 언급하고 설교를 마치고자 합니다. 첫째, 비둘기와 우리 마음이 비슷하다는 이 말은 여러분에게 하나의 시금석(試金石)이 됩니다. "여러분은 그리스도 없이도 만족하고 있습니까?"라는 이 질문으로 지금 이 예배당에 있는 사람들은 두 부류로 나뉠 수 있습니다. 여러분이 예수 그리스도와 하나가 되고 그분의 관심에 대한 명확한 인식이 없이도, 여러분은 만족하며 흡족하게 살아가고 있습니까? 만약 여러분이 그렇게 살아가고 있다면, 여러분은 회심한 자라고 믿을 만한 이유가 전혀 없습니다. 만약 이 세상이 여러분을 만족하게 한다면, 저는 여러분을 책망하지 않겠습니다. 여러분에 대해 화낼 이유도 없습니다. 말이 건초와 귀리를 먹고도 만족한다는데, 도대체 누가 말을 나무라겠습니까? 건초와 귀리는 천성적으로 말이 먹는 음식입니다. 어떤 이들은 사람들이 극장과 방탕한 모임에 가는 것에 대해 아주 분개합니다. 그러나 그런 곳에 가는 자들은 자기들이 천성적으로 갈구하던 것을 채우는 것뿐입니다. 이것은 까마귀들이 원래 자기들이 먹던 짐승의 썩은 고기를 먹는 것과 같습니다. 저는 은혜 받은 사람이 행하는 것과 은혜 받지 못한 사람이 행하는 것은 엄격히 구분된다고 생각합니다. 은혜 없는 사람은 어떻게 보면 멸망할 짐승의 수준을 갖고 있습니다. 그러니 돼지는 자기가 먹는 쥐엄 열매를 먹도록 내버려 둡시다. 말하자면 돼지는 자기가 먹던 여물을 먹도록 내버려 두자는 것입니다. 돼지들이 먹는 쥐엄 열매를 여러분이 먹지 못하게 한다고 해서, 돼지들을 좀 더 나은 존재로 만들 수는 없습니다. 오히려 여러분은 쥐엄 열매를 먹지 못하게 하는 돼지들의 격렬한 분노에 흥분하게 될 것입니다. 그게 전부입니다. 돼지는 자기가 먹는 쥐엄 열매를 먹게 하십시오. 그러나 반대로 그리스도인인 여러분의 경우는 돼지와 다릅니다. 여러분은 돼지와 다른 상태로 고양된 존재입니다. 여러분은 돼지와 다른 본성을 지니고 있습니다. 자, 그런데 여러분은 돼지들이 먹는 것들을 즐길 수 있겠습니까? 만약 여러분이 진정으로 그런 여물들에 만족한다면, 여러분은 위선자입니다. 만약 여러분의 영혼이 죄악의 침실에서 안식을 누리고자 기지개를 펴면서, 충분히 누울 수 있는 긴 침상 위에 몸을 다 덮을 수 있는 넓은 침대보로 몸을 감싸고 눕는다면, 그렇다면 여러분은 위선자인 것입니다. 그런 날들 가운데 어느 한 날, 여러분의 영혼은 틀림없이 지옥의 구렁텅이에 빠지게 될 것입니다. 그러나 이런 자들과는 반대로, 죄악에 빠져 있으나 아직 형벌이 내려지지 않았음에도 불구하고, 그 상태가 바로 형벌이라는 사실을 분명히 느끼고 확신한다면, 혹은 세상을 다 얻을 수 있고 그 세상을 결코 떠날 수 없다고 느끼면서도, 그런 상태가 충분히 비참하다는 사실을 분명히 느끼고 확신한다면, 그 때 여러분의 영혼이 갈망하던 그 하나님이 바로 여러분의 하나님이 되실 것입니다. 다른 사람의 하나님이 아니라, 바로 여러분의 하나님이 되실 것입니다. 그러므로 용기를 내십시오. 여러분은 하나님의 자녀입니다. 비록 여러분은 모든 죄악과 불완전함 가운데 살아가고 있지만, 그런 중에도 이 사실을 여러분의 위로로 삼으십시오. 만약 여러분의 영혼이 죄악 속에서 안식을 누리지 못하고 있다면, 적어도 여러분은 분명한 죄인과는 다르다 할 수 있습니다. 만약 여러분이 여전히 어떤 더 나은 것을 갈구하고 갈망한다면, 그리스도께서도 여러분을 잊지 않으실 것입니다. 왜냐하면 여러분도 그분을 아주 완전히 잊지는 않았기 때문입니다. 그러므로 비둘기와 우리 마음에 대한 이 비유는 우리에게 하나의 시금석이 될 수 있습니다.

　이제 둘째로, 우리는 이 본문을 격려의 말씀으로 삼아야 합니다. 이 말씀을 통해 우리는 비둘기처럼 돌아오는 배역한 자들을 격려해 줄 수 있습니다. 비둘기는 자기가 돌아왔을 때 방주의 문이 닫혀 있지 않은 것을 발견했습니다. 우리도 방주의 문이 열리는데 지체되었다는 사실을 찾을 수가 없습니다. 노아는 비둘기를 즉시 받아들였습니다. 이것은 죄인들을 위한 격려의 말씀이기도 합니다. 만약 여러분이 돌이켜 방주로 나아오기만 한다면, 여러분은 결코 못 들어오게 되지 않을 것입니다. 만약 어떤 사람에게 천국 문이 닫혀 있다면, 그것은 그 사람이 스스로 그 문을 닫은 것입니다. 저주받을 자는 스스로 자신의 사망 증명서에 서명한 사람입니다. 우리가 알고 있는 다음과 같은 시는 정말 참된 말입니다.

> "그러므로, 스스로 자신을 제외하는 사람 외에는,
>   아무도 제외되지 않는다"
> (와츠[Watts], 「찬송과 영가」[Hymns and Spiritual songs] 1권 34번,
> '아무도 소망에서 제외되지 않는다'[None excluded from hope] 3절 ― 역주).

여러분이 죄인이든 술주정뱅이든 욕하는 자든 거짓말쟁이든 도둑질하는 자든 어떤 사람이어도 상관없습니다. 여러분이 그분에게 나오기만 한다면, "내게 오는 자는 내가 결코 내쫓지 아니하리라"(요 6:37)라고 기록된 대로, 그분은 여러분을 받아주실 것입니다. 그런데도 제 귀에는 다음과 같이 말하는 소리가 들리는 듯합니다. "그래도 여기에 한 사람이 있습니다. 앞으로도 절대 나올 수 없는 그런 사람이 여기 있습니다. 밤보다 더 어둡고, 속이 꽉 찬 계란보다 더욱 죄로 꽉 찬 사람이 여기 있습니다. 꼭 제외될 것 같은 사람이 여기 있습니다. 바로 이 자리에 있습니다." 제가 여러분에게 말하고자 하는 것이 바로 이것입니다. 이런 자들을 위해 길을 양보하십시오. 바로 이런 자들을 위해 길을 양보하십시오. 평범한 죄인인 여러분이여 뒤로 물러서십시오. 이런 자들을 위해 길을 양보하십시오. 이제 우리는 그리스도의 말씀이 옳은지 그렇지 않은지를 알게 될 것입니다. 사랑하는 성도 여러분, 핵심이 무엇입니까? 그것은 바로 그리스도에게 사랑과 진실과 신실함이 있으며, 그분께서는 허투루 말씀하지 않으며, 그분이 한 약속은 반드시 이루신다는 것을 우리가 알고 있다는 것입니다. 아무리 암울한 죄인이라도 주님께 나아온다면, 주님께서는 말할 수 없는 사랑의 눈길로 그를 바라보십니다. 그를 향한 그분의 첫 말씀은 이것입니다. "내가 네 허물을 빽빽한 구

름 같이, 네 죄를 안개 같이 없이하였다"(사 44:22), "내가 영원한 사랑으로 너를 사랑하기에"(렘 31:3). 이 말씀 후에 그분께서는 그 죄인을 보혈로 가득한 샘에 던져 넣습니다. 그러자마자 그는 눈보다 더 희게 되어 티나 주름 잡힌 것이나 이런 것들이 없게 되었습니다. 왜냐하면 그분에게는 그를 모든 죄악에서 정결케 하고 모든 불의에서 건져내어 아무리 추하고 사악한 자라도 정오의 해처럼 밝게 빛나게 할 능력이 있기 때문입니다. 이것이 바로 격려입니다. 하나님께서 여러분을 도우시어 여러분이 이 격려를 받게 되기를 기원합니다! 성령님께서 이 날에 여러분을 그리스도에게 인도해 주시기를 기원합니다.

이제 마지막으로, 우리는 오늘 본문을 감사에 대한 우렁찬 외침으로 사용할 수 있다고 생각합니다. 우리가 그리스도를 찾았을 때 그분께서 우리를 영접해 주지 않으십니까? 그리고 그와 같은 분은 이 땅에 없지 않습니까? 그분은 모든 선한 분 가운데 가장 선한 분이며, 모든 사랑스러운 분 가운데 가장 아름다운 분이지 않습니까? 오, 그분을 찬양합시다. 여러분의 우상들을 내리고, 주 예수님만을 높입시다. 이제 모든 허영과 교만의 기준들은 발로 짓밟고, 세상이 눈살을 찌푸리고 조롱하는 그 예수님의 십자가만을 드높입시다. 오, 구세주를 위한 그 높은 보좌를 위해 그렇게 합시다! 그분을 영원토록 높이고, 우리 영혼은 그분의 발치에 앉아 그분의 발에 입 맞추며 우리의 눈물로 그 발을 씻어드립시다. 오, 그리스도는 얼마나 귀한 분인지 모릅니다! 내가 어떻게 그분을 경시할 수 있겠습니까? 그분께서 그렇게 사랑이 충만하고 풍성하며 우리를 만족케 해주시는데, 우리가 어찌 감히 그분을 떠나 다른 곳으로 갈 수 있겠습니까? 그리스도인들이여, 이제부터 여러분은 절대로 그분을 떠나지 않겠다는 언약을 마음에 맺고서 주님께서 그 언약에 비준해 주시기를 간구하십시오. 여러분의 언약을 그분의 손가락에 있는 인장 반지로 그리고 그분의 팔에 있는 팔찌로 확약해 주시기를 청하십시오. 신부가 장신구를 몸에 달고, 신랑이 보석으로 단장하듯이, 그분께서 여러분을 그렇게 가까이해 주시기를 간구하십시오. 저는 그리스도의 마음 한가운데 살고 싶습니다. 내 영혼은 바위틈에 거하기를 원합니다. 나의 왕, 나의 하나님, 만군의 여호와여, 주의 제단에서 참새도 제 집을 얻고 제비도 새끼 둘 보금자리를 얻습니다(시 84:3). 저 또한 나의 보금자리, 나의 집을 당신 안에서 찾고자 합니다. 당신의 멧비둘기(암수가 사이좋기로 유명한 야생 비둘기 — 역주) 같은 나의 영혼은 이제부터 결코 당신을 떠나 날아다니지 않겠습니다. 내가 배역한 후에도, 나를 이끌어 다시 방주로 받아들여주신 예수님을 보금자리 삼아 그분 가까이 살고 싶습니다. 성령님께서 우리를 그렇게 보호해 주시기를 주님의 이름으로 기도드립니다. 아멘.

제
11
장
—

계절들에 관한 설교

—

**"땅이 있을 동안에는 심음과 거둠과 추위와 더위와
여름과 겨울과 낮과 밤이 쉬지 아니하리라."** — 창 8:22

우리 구세주께서는 항상 비유들을 사용하여 사람들을 가르치셨습니다. 따라서 구세주께서는 그의 목회자들도 이와 동일한 방식으로 성도들을 가르치기를 원하실 것이라고 저는 생각합니다. 날씨와 정세 등 바로 지금의 사태에 대한 인식은 그냥 지나쳐서는 안 될 아주 분명하고 교훈적인 현명한 비유를 제공해 줍니다. 매일 아침 우리는 잠에서 깨어, 오늘은 바람이 잠잠하고 조금이라도 햇빛이 비치고 서리가 그치기를 소망합니다. 하지만 여전히 우리는 다음과 같이 말한 시인과 함께 한탄하기도 합니다.

"오, 길고도 지루한 겨울이여!
오, 춥고도 잔인한 겨울이여!"
(롱펠로우[Henry W. Longfellow]의 서사시 — 역주).

우리는 "봄이라는 시간은 정말 오지 않을 것인가?"(영국 여류시인 로제티[Christina Rossetti]의 시 — 역주)라고 혼자서 말하기도 합니다. 이 외에도 무역과 사업에 불황기가 지속되기도 합니다. 즉 많은 사람들이 직장에서 해고를 당하고, 경기가 지속되기는 하지만 별로 이윤을 내지 못하는 시기입니다. 경기를 전망하는 자들은 경기가 회복될 조짐이 보이냐는 질문을 받지만, 그들은 "아니요"라고 대답할 뿐입니다. 그래서 우리는 공동의 고난 앞에 고개를 숙이고, 서로 동료에 게서 위로를 얻습니다. 왜냐하면 아직 우리는 우리가 기대하는 징조도 보지 못 하고, 오랫동안 기다리던 소망의 아침에 보게 될 동쪽 하늘의 회색빛도 보지 못 하기 때문입니다(본 설교가 행해진 1886년은 영국의 대 불황[Great depression]기로, 1873년 부터 1890년대까지 유럽 여러 나라와 미국에 불황이 휩쓸었다 — 역주). 하나님에 대한 신 앙을 가진 우리는 결코 나약해지지 않습니다. 우리를 위한 사랑의 교훈이 친히 그분의 손으로 이 검은색 글씨로 쓰였다는 사실만을 믿으십시오. 우리는 어린 아이 같은 믿음을 가지고 이 교훈을 자세히 살펴보도록 합시다.

오늘 본문 말씀은 홍수의 물들이 막 빠지기 시작하던 그 때로 우리를 인도 합니다. 하나님께서는 방주의 문을 열어 주시고, 노아와 그의 가족들을 새로운 세상으로 나오도록 명하셨습니다. 한동안 혼란이 있었습니다. 계절들도 뒤죽박 죽이 되었고, 퍼붓듯이 계속 내린 비로 밤낮이 거의 바뀌었으며, 여름이라고 말 해야 할지 아니면 겨울이라고 말해야 할지도 어정쩡한 때였습니다. 자연의 큰 틀도 뒤죽박죽이 되어 버렸고, 자연의 질서도 잠시 정지되었습니다. 바로 그 때 여호와께서는 노아에게 다시는 물로 이 땅을 멸망하게 하지 않을 것을 약속하시 고, 또한 이 땅이 있을 동안에는 모든 생명 있는 것들을 이와 같이 파멸하게 한 낮과 밤의 뒤섞임과 계절들의 혼란이 더 이상 있지 않을 것을 선포하셨습니다. 더 이상 대홍수가 없을 뿐만 아니라, 계속되는 계절들과 그에 따른 적절한 기온 들이 더 이상 심각한 혼란에 빠지지도 않을 것이라고 말씀하셨습니다. 심음과 거둠과 추위와 더위와 여름과 겨울과 낮과 밤이 서로 영속적으로 일정하게 변할 것이며, 그래서 현재의 오래 참으시는 통치가 계속되는 한 앞으로도 계속 그렇 게 서로 변화될 것입니다. 시간의 종말이 오기까지 낮과 밤의 교대로 이루어진 세월의 흐름은 적절한 순서로 추위와 더위를 거치면서 지속될 것입니다. 이와 같은 구상을 마음속에 두고 실제로 그렇게 운행하실 하나님께 우리는 감사드 립니다. 이제 그분께서 다시 손을 들어 홍수로 살아 있는 모든 것들을 멸하지 않 으실 것을 알기에 우리는 안심합니다. 그분은 사람들을 오래 참음과 온유한 자 비와 인내로 대하실 것입니다. 그분은 가혹한 멸망의 무기를 사용하지 않고, 인 내와 은혜의 부드러운 손길로 사람들을 돌보아, 그들이 회개하도록 인도하십니 다. 이 세대는 끝이 날 것입니다. 그러나 오래 참음으로 다스리는 세대가 지속되는 동안, 자연은 자신의 정해진 행로를 지킬 것입니다. 그러므로 우리는 급격하게 무질서나 멸망의 대혼란 등을 두려워할 필요가 없습니다. "한 해가 네 계절로 채워져 있듯이"(존 키이츠(JOHN KEATS), '인생의 계절'(The Human Seasons) 중 — 역주), 이 네 계절들은 그들의 신비로운 방식으로 오고 가기를 반복하면서 전적으로 결합되어, 우리 하나님께 가장 크게 영광 돌리려는 의도로 고안된 지혜롭고 감동적인 조화를 잘 보여주고 있습니다. 이제 비는 이 땅을 홍수로 뒤덮지 못할 것이므로 폭풍우치는 날을 두려워하지 마십시오. 하나님께서는 인류와 맺은 자기 언약의 징표로서 무지개를 구름 속에 두셨습니다. 칠흑같이 어두운 한밤중에도 두려워하지 마십시오. 하나님께서 낮이라는 등불을 다시 켜고 어둠을 내쫓으실 테니 말입니다.

이처럼 하나님께서 오래 참는 통치를 시작하면서 그 이유를 다음과 같이 제시하신 것은 아주 특이한 일입니다. "이는 사람의 마음이 계획하는 바가 어려서부터 악함이라 내가 전에 행한 것 같이 모든 생물을 다시 멸하지 아니하리니"(창 8:21). 하나님께서 이 땅의 지면에서 죄 지은 인류를 이미 멸하신 강력한 이유가 바로 거기에 있기에 이 말씀은 아주 특이해 보입니다. 창세기 6장 5절과 6절에서 우리는 다음과 같은 말씀을 읽을 수 있습니다 "여호와께서 사람의 죄악이 세상에 가득함과 그의 마음으로 생각하는 모든 계획이 항상 악할 뿐임을 보시고, 땅 위에 사람 지으셨음을 한탄하사 마음에 근심하시고." 이 구절에서도 우리는 앞의 말씀과 거의 동일한 말씀을 보게 됩니다. 심판을 하신 이유가 자비를 베풀기 위해서라는 주장이 가능합니까? 틀림없이 가능합니다. 절대로 변함이 없는 하나님이시지만, 인간들을 대하는 그분의 손길은 변하십니다. 하나님께서는 인간들을 내버려 두셨고, 그래서 백년 넘게 살도록 허락하셨습니다. 하지만 그들이 오래 살면 살수록, 죄악이 끔찍할 정도로 추해질 때까지 그들은 더욱더 사악해졌습니다. 사람은 일흔이 될 때까지 살면서 충분히 나쁜 죄인이 됩니다. 그런데 만약 인간이 칠백 년이 넘는 세월을 산다면, 그 사악함이 얼마나 될지 이루 가늠하기조차 힘듭니다. 우리는 당시 그 땅에는 네피림, 즉 장부(丈夫)가 있었다는 사실에 대해 결코 의심하지 않습니다. 네피림은 신장에서 장부였을 뿐만 아니라, 죄악에서도 장부였습니다. 인간이 오래 살면 살수록 죄에 있어서 더욱더 전문가가 될 뿐이라는 것을 하나님은 아셨습니다. 왜냐하면 인간이 마음으로 생각하는 모든 계획이 악하며, 그 죄악은 용납할 수 없을 만큼 거대한 죄악으로 커질 뿐이기 때문입니다. 그래서 하나님께서는 인류를 멸하고 새롭게 시작할 것을 말씀하셨습니다. 그런데 하나님께서는 새로운 인류의 조상이 되도록 자신이 살려둔 자들을 굽어보셨을 때, 그들 속에도 여전히 동일한 죄의 원천이 있으며, 그 마음속에서 악한 욕망과 계략들이 계속해서 나아온다는 것을 아셨습니다. 그래서 하나님께서는 인간의 수명을 단축시켜서 모든 인간의 죄악이 끔찍할 정도로 무르익거나 완악해지지 않도록 해야겠다고 결심하셨습니다. 그와 동시에 하나님께서는 다음과 같이 말씀하셨습니다. "이제부터 나는 그들을 오래 참을 것이다. 나는 그들을 지금까지 엄격하게 대해 왔지만 그들은 결코 변하지 않았다. 물로 인한 무덤에서 건져 올린 그 소수도 여전히 그 마음이 죄를 향하고 있다. 이 끔찍한 조치마저도 인간 마음에 있는 그 반항적인 기질들을 제거해 내지 못했다. 그러므로 이제부터 나는 그들을 관대하고 온화하게 대할 것이다. 그들에게 오래 참는 모습을 보여줌으로써 인간들에게 회개할 여지를 마련해 줄 것이다. 멸망 자체가 죄를 없이하는데 전혀 도움이 되지 않을 것이므로, 나는 살아 있는 모든 것들을 더 이상 멸하지 않을 것이다." 이 모든 것을 생각해 볼 때, 하나님의 거룩함으로 인해 심판이 행해졌으며, 하나님의 자비로 인해 긍휼히 여김을 받게 되었다는 사실을 아는 것은 결코 어려운 것 같지 않습니다.

그런데 여러분 한 번 생각해 보십시오. 도대체 무엇이 이와 같은 새로운 변화를 이끌어낸 것일까요? 저는 그 한 가지 계기를 절대로 잊어서는 안 된다고 생각합니다. 오늘 본문 앞에 있는 말씀을 읽어 보십시오. "노아가 여호와께 제단을 쌓고 모든 정결한 짐승과 모든 정결한 새 중에서 제물을 취하여 번제로 제단에 드렸더니, 여호와께서 그 향기를 받으시고"(창 8:20-21). 이 번제가 바로 전환점이었습니다. 번제가 없었다면 죄는 복수를 위한 아우성을 쳤을 것입니다. 그리고 하나님께서는 멸망의 홍수를 내렸을 것입니다. 그러나 노아가 드린 이 번제는 장차 있을 하나님의 독생자의 희생, 즉 그 희생으로 인한 인간 죄의 효과적인 대속을 위한 예표였습니다. 한 위대한 대속물의 바로 그 그림자가 세상의 운명을 바꾸었습니다. 과거에 하나님께서는 멸망을 주장하셨지만, 이제는 친히 은혜를 구하십니다. 당연히 하나님께서는 인간의 방식으로 말씀하시며, 우리는 그 하시는 말씀을 이해하기만 하면 됩니다. 왜냐하면 여호와는 변함이 없으며, 항상 사랑과 지혜이시기 때문입니다. 그 번제로 말미암아 하나님께서는 누구라도, 즉 어찌할 수 없을 정도로 어리석은 자나 절망적으로 병약한 자들까지도 모두 받아주기로 결심하셨습니다. 그분은 인간의 마음이 계획하는 그 악한 경향성을 참을 수 없는 분노의 대상이 아니라, 하나의 고질적인 질병으로 보기로 작정하셨습니다. 하나님은 인류를 지극한 인내로 대하면서 더 이상 진노로 멸하지 않으셨습니다. 이러한 번제가 드려졌을 때, 하나님께서 하려고 하신 것들을 바라보십시오! 제 귀에는 그분께서 이 땅에 대해 다음과 같이 하시는 말씀이 들리는 것 같습니다. "홍수로부터 이 땅을 건져내어라. 계절들에게 명하여 은혜롭게 운행하여라. 이는 내가 대속물을 발견했기 때문이니라."

1. 경고에 대한 엄숙한 암시

사랑하는 성도 여러분, 저는 여러분에게 오늘 본문을 소개하면서, 오늘 본문에는 무엇보다도 하나의 암시, 즉 경고에 대한 **엄숙한 암시**가 있다는 사실에 여러분이 주의해 주었으면 합니다. 본문 말씀은 이렇게 시작됩니다. "땅이 있을 동안에는." 여기에 나타난 음성은 자비의 음성입니다. 하지만 그 배후에는 "의 가운데 있는 두려운 일들"(시 65:5 KJV)이라는 음성이 저음으로 깔려 있습니다. "땅이 있을 동안에는"이라는 말씀은 땅은 항상 있지 않을 것이라는 뜻입니다. 지극히 높으신 분께서 정하신 땅이 끝이 날 때가 있습니다. 그리고 그 때는 분명히 다가오고 있습니다. 그 때가 되면 계절들은 끝없는 시대로 녹아들고, 시간은 영원 속으로 들어갑니다. 이 땅은 수 세기를 거치면서 지금의 모습대로 남아 있습니다. 하지만 슬프게도! 이 땅은 아주 조금씩 하나님을 향해 변하고 있습니다. 온 세상은 지금도 여전히 사악한 자들의 손에 있고, 어둠이 이 땅을 뒤덮고 있으며, 총체적인 어둠이 온 민족들을 뒤덮고 있습니다. 그러나 여호와에게는 한 백성이 있습니다. 즉 "은혜로 택하심을 따라 남은 자"(롬 11:5)가 있습니다. 이들을 위해 이 땅은 잠시라도 남아 있는 것입니다. 그래도 이 땅의 끝은 매 시간 점점 더 다가오고 있습니다. "이는 정하신 사람인 예수 그리스도로 하여금 천하를 공의로 심판할 날을 작정하시고"(행 17:31)라는 말씀대로 말입니다. 아무리 자비롭다 해도 열매 맺지 못하는 나무 위에 찍힌 도끼를 더 이상 유보할 수 없고, 아무리 오래 참는다 해도 이 땅이라는 포도원을 수확하기 위해 예리한 낫을 들고 오는 천사를 더 이상 막을 수 없는 그런 시각이 정해져 있습니다. 지금도 사랑은 떨리고 애처로운 목소리로 사람들에게 하나님과 화목하기를 권면하면서 사람들 사이를 이리저리 다니고 있습니다. 그러나 그 사랑의 사명도 끝나가며, 은혜의 날도 끝이 나고, 심판의 통치가 다가오고 있습니다. 잠시 동안이라 해도 우리는 이 세상이 지속되는 것을 너무 많이 믿지 맙시다. 그리고 우리는 이 세상에 있는 것에 우리의 애정을 쏟아 붓지도 맙시다. 이 땅에는 우리의 영원한 도성이 없기 때문입니다. "보이는 것은 잠깐이요"(고후 4:18)라는 말씀대로, 이 세상도 지나갈 것이며, 이 세상에 있는 모든 행적들도 불타 버릴 것입니다. 심지어 "물질이 뜨거운 불에 녹아"(벧후 3:12) 내릴 것입니다. 불의 홍수가 사정없이 일어날 그 날이 장차 올 것입니다. 그 불의 홍수는 하늘에서 떨어져 아래에서 위로 불타오르며 모든 사물의 물질들이 하나의 공통된 불길로 녹아 내릴 것입니다. 가련한 세상이여! 너 또한 가차 없이 멸망하고 마는구나! 하나님은 네게 은혜를 베풀었건만, 너는 마치 암초 위에 표류하는 난파선이나 도끼를 기다리는 나무 같은 신세가 되었도다. 그러나 하나님의 증거를 믿는 자들은 기쁨으로 다음과 같이 말할 수 있을 것입니다. "우리는 그의 약속대로 의가 있는 곳인 새 하늘과 새 땅을 바라보도다"(벧후 3:13). 그러므로 우리는 결코 낙담하지 않습니다.

　　사랑하는 성도 여러분, 저는 여러분이 다음과 같은 사실에 다시 주목하기를 바랍니다. 즉 이 땅이 더 있지 않을 그 때는 언급되지 않았다는 사실입니다. 이 땅이 더 이상 있지 않게 될 것이라는 이 말씀은 하나의 사실로 충분히 명확하지만, 그 시기에 대한 언급은 불명확한 채로 남아 있습니다. "땅이 있을 동안에는"이라는 표현은 이 땅이 잠시 동안만 있을 것이라는 사실을 충분히 증언하고 있습니다. 그러나 그 계절이 언제 끝나게 될지 그 시기에 대해서는 마치 죽은 자의 혀처럼 묵묵부답입니다. "피조물이 다 이제까지 함께 탄식하며 함께 고통을 겪고 있는 것을 우리가 아느니라"(롬 8:22). 그러나 그 피조물이 구원받게 될 시각이 언제일지는 최고의 교육을 받은 자들도 그 때를 말할 수 없습니다. 예언하려고 시도하지도 말고, 특별히 그 날에 대해서 감히 추측하지도 마십시오. "때와 시기는 아버지께서 자기의 권한에 두셨으니 너희가 알 바 아니요"(행 1:7). "그러나 그 날과 그 때는 아무도 모르나니 하늘의 천사들도, 아들도 모르고 오직 아버지만 아시느니라"(마 24:36)는 말씀들을 기억하십시오. 모든 만물의 끝을 확실히 알 수 없도록 남겨 두신 것은 우리로 하여금 계속해서 깨어 있게 하기 위함입니다. 우리는 그 날을 조심스럽게 기대해야지, 주님께서 오시는 그 크고 두려운 날이 이르기 전에 우리가 어느 정도 그 시기를 가늠해 볼 수 있으리라 꿈도 꾸지 마십시오. 그리스도께서 언제 오실지 혹시라도 알게 된다면, 여러분은 그분이 오시기까지의 시간을 게으르고 방자히 보내려고 할 것입니다. 그래서 성경에는 "생각하지 않은 때에 인자가 오리라"(마 24:44)고 기록되어 있습니다. 한밤중에 주님을 기다리면서, 여러분의 허리를 동이고 여러분의 등에 불을 밝히고 서서 여러분이 "보라 신랑이로다"(마 25:6)라고 외치게 하는 것이 주님의 뜻입니다.

저는 한 가지 사실을 더 언급하고자 합니다. 즉 이렇게 있는 이 땅이 앞으로 끝이 날 때가 머지않아 다가올 것이라는 사실입니다. 여러분이 가진 성경의 오늘 본문의 난외주에 적힌 히브리어 번역을 따르면 다음과 같이 적혀 있습니다. "땅의 모든 날들이 있을 동안에는 심음과 거둠이 … 쉬지 아니하리라"(As yet all the days of the earth, seedtime and harvest shall not cease). 땅이 있을 "동안"을 이 난외주는 "날들"로 생각하고 있습니다. 다시 말해, 여기서 언급된 날(日)들은 달(月)이나 해(年)도 아니고, 세기(百年)는 더더욱 아닙니다. 이 땅은 세월이 흐르면서 노쇠해지는 것처럼 보이지만, 영감 받은 언어로 말하자면 이 땅 역사의 현재 단계도 날들로 간주됩니다. 언젠가 마지막 날인 그 날이 올 것입니다. 그러므로 우리는 사도 베드로가 "만물의 마지막이 가까이 왔으니 그러므로 너희는 정신을 차리고 근신하여 기도하라"(벧전 4:7)고 말한 바와 같이 그 때가 멀었다고 절대로 생각하지 맙시다. "주의 약속은 어떤 이들이 더디다고 생각하는 것 같이 더딘 것이 아니라"(벧후 3:9)는 말씀대로, 주께는 하루가 천 년 같고 천 년이 하루 같습니다. 만약 지질학자들이 세상 역사에 대해 정확하게 말한다면, 그 역사는 이미 아주 무수한 세월 동안 지속되었으며, 창세기 1장에서 묘사된 시기 이전에도 많은 시간이 흘렀을 것입니다. 인간의 시대는 영감 받은 성경 기자들이 우리에게 기술해 준 그대로입니다. 그래서 우리는 그 시대가 아주 짧은 기간일 것으로 믿고 있습니다. 인간의 거주지로 하나님께서 이 땅을 조성한 그 날로부터 뜨거운 열로 이 땅을 소멸하실 그 시각까지, 그 기간은 시간적으로 보면 상대적으로 아주 짧을 것입니다. 하나님께서는 수백만 년을 살아 계시는 분입니다. 그러므로 그분에게는 수천 년이 단지 밤의 한 경점일 뿐입니다. 그러므로 우리는 다음과 같은 사실들을 좀 더 이해해야 합니다. 즉 이 세대는 결코 연장되지 않을 것이며, 지금 이대로의 세상이 지속되는 시기는 앞선 세대나 이후 세대와 비교해 볼 때 극도로 짧을 것이라는 사실입니다. 현재 이 악한 세상의 수명은 시간적으로 한 뼘에 불과합니다. 그 시간은 불과 몇 날에 지나지 않지만 고통으로 가득한 시간이기도 합니다. 그러나 이에 덧붙여 꼭 제가 전해야 할 사실이 있습니다.

즉 죄와 은혜의 이 시기는 무한한 사랑과 자비의 하나님께서 나타내 보이신 그 놀라운 영광과 함께 가득 차 있다는 사실입니다.

2. 약속의 문장

지금까지 살펴본 바와 같이 오늘 본문에는 경고에 대한 암시도 있지만, 두 번째로 약속의 문장도 있습니다. 그 문장 안에는 풍성한 의미가 가득합니다. "땅이 있을 동안에는 심음과 거둠과 추위와 더위와 여름과 겨울과 낮과 밤이 쉬지 아니하리라." 이 말씀은 이 땅의 보이는 것들에 관한 약속입니다. 하지만 이 말씀은 영적인 호흡을 하고 있으며, 주님께서 축복해 주신 들판의 향기를 머금고 있습니다.

이 약속은 지금까지도 지켜지고 있습니다. 이 약속은 기록된 지 오래되었고, 이 약속이 하나님의 심중에서 결정된 것은 그보다 훨씬 더 오래되었습니다. 그럼에도 불구하고 하나님께서는 이 약속을 한 번도 어기지 않으셨습니다. 어떤 때는 추위가 서리를 동반해서 일 년 내내 동식물들을 위협했던 적도 있었습니다. 그러나 온화한 온기가 불어와 이 추위를 몰아냈습니다. 심음과 거둠이 위협을 받기도 하였지만, 심음과 거둠도 계속되었습니다. 거둠이 풍족하지 않을 때도 있었지만, 그래도 인류가 생명을 유지하기에는 충분한 거둠이 있었습니다. 또한 낮이 어두워서, 지금이 밤인지 낮인지 전혀 분간이 되지 않을 때도 있었습니다. 애굽의 역병이 내리던 우울한 밤처럼 말입니다. 그래도 전체적으로 보자면 여전히 지금까지 낮과 밤은 항상 구분되는 시간이었습니다. 하늘의 이치는 우리 조상 때와 마찬가지로 우리에게도 여전히 계속되고 있습니다. 자연을 연구하는 학생이라면 누구라도 다음과 같은 사실들은 의심할 수 없을 것입니다. 즉 때때로 극한 추위와 더위가 있었지만, 그래도 지금 이 시각까지 계절들의 변화는 계속되었으며, 때때로 햇빛이 비치지 않고 그 빛이 감소된 적이 있었지만, 그래도 여전히 낮과 밤이 이 땅의 매일의 변화를 따라 계속되었다는 것은 부인할 수 없는 사실입니다. 조상들이 잠든 이후로, 모든 만물들은 예전과 마찬가지로 계속되고 있습니다. 하나의 거대한 파국이 대홍수 때 있었지만, 그 때에도 하나님께서는 다른 파국을 막으면서 친히 자신의 약속을 지키셨습니다.

이 약속은 이처럼 오랫동안 계속해서 성취되었기 때문에, 이제는 이 인류 가운데 불신자들까지도 이 약속을 믿게 되었습니다. 우리는 계절들을 당연한 것으로 간주합니다. 여기 있는 회중들 가운데 봄이 과연 올까 하며 의심하는 자들은 없으리라 생각합니다. 나뭇가지들은 앙상하고, 꽃봉오리들은 싹을 낼 열심을 전혀 보이지 않고, 크로커스(이른 봄에 노랑, 자주, 흰색의 작은 튤립 같은 꽃이 피는 식물 — 역주)와 수선화는 자기 모습을 드러내기를 두려워하고 있습니다. 하지만 그럼에도 불구하고 새들은 봄이 올 것을 믿고 있는 것 같습니다. 왜냐하면 저는 날마다 봄이 올 것을 기대하며 노래하는 새들의 아름다운 합창소리를 듣고 있기 때문입니다. 사랑하는 남녀 성도 여러분, 여러분도 기대하고 있습니다. 오랫동안 살펴본 결과 여러분의 마음에는 하나의 변함없는 믿음이 생겼습니다. 즉 해가 지고 밤이 되었을 때, 다시 말해 하나님께서 해를 마치 거대한 초를 끄듯이 그렇게 꺼버렸다고 해서, 그 초가 다시는 켜지지 않을 것이라고 걱정하지 않습니다. 그런 걱정은 어린 아이들도 하지 않을 것입니다. 결코 그런 걱정은 하지 않습니다. 우리는 아침을 기대하고 있습니다. 겨울이 잠시 우리를 춥게 하지만, 우리는 봄과 여름을 기대하고 있습니다. 그리고 여름이 우리의 얼굴을 그을리게 할 때도 우리는 떨어지는 낙엽과 내리는 눈을 기대합니다. 저는 여러분이 스스로 자문해 보았으면 합니다. 여러분은 이런 계절들의 약속은 믿으면서 왜 하나님의 다른 약속들은 믿지 않는 것입니까? 하나님께서 약속하신 이런 계절의 변화는 확고히 믿으면서도, 왜 우리는 하나님께서 약속하신 다른 진리의 말씀들에 대해서는 분명한 확신을 가지지 못하는 것입니까? 우리가 지금까지 경험한 것이 바로 이런 경우이지 않습니까? 오, 사랑하는 성도 여러분, 우리는 이와 관련한 다른 주제에 대해서도 이런 경험을 하고 있습니다. 하나님의 섭리에 대해서도 우리의 사고를 지배하고 있는 것은 이와 동일한 근시안적인 의심입니다. 만약 우리가 이런 근시안적인 의심의 눈으로 날씨를 대한다면, 우리는 여름과 겨울에 대해서도 당연히 의심할 수밖에 없을 것입니다. 그러면 우리는 다음과 같이 말하게 됩니다. "봄은 정말 오지 않을 것 같습니다. 우리의 목장을 한 번 보십시오. 추위로 인해 풀들이 얼마나 바싹 말랐는지 눈여겨보십시오. 그리고 추위에 잘 견디는 상록수들도 얼마나 많이 죽었는지 모릅니다. 어떤 나무들은 아쉽게도 산산이 부러져 버렸습니다. 추위로 인해 얼마나 많은 손실이 생겼는지 한 번 보십시오. 여기에 또다시 새싹과 꽃들이 피어날 수 있을까요? 불타는 것 같은 더운 한낮에 김이 날 정도로 뜨거운 이마에서 흐르는 땀을 닦을 그런 날이 과연 올까요? 이렇게 꽁꽁 언 시냇물이 정말 자유롭게 흐를 수 있을까요? 우리는 오늘처럼 혹독하게 추운 날이면 추위를 이기지 못하고 불 옆에 모입니다. 그런데 과연 우리가 풀밭에서 햇볕을 쬐거나 황금색 볏단 가운데서 부채를 부칠 날이 오기나 할까요?" 만약 우리가 계절이 변한다는 경험을 전혀 해보지 않았다면, 이런 변화는 전혀 불가능한 것으로 여겨졌을 것입니다. 그러나 우리는 계절이 변하고 낮과 밤이 계속된다는 사실을 완전히 확신하면서 이 사실을 즐기고 있습니다. 그렇지 않습니까? 이처럼 우리는 계절의 약속은 확신하면서도, 왜 이와 똑같이 참된 다른 약속들은 믿지 못하는 것입니까? 도대체 그 이유가 무엇입니까?

하나님의 약속들이 성취되기가 어려워 보일 때, 여러분은 왜 그 약속들을 의심합니까? 그 약속들은 때가 되면 성취됩니다. 그 약속들 가운데 성취되지 않은 것이 있습니까? 약속들은 그 어려움들을 뚫고서 이루어집니다. 그런데도 왜 우리는 약속들을 의심합니까? 절대 구원이 일어나지 않을 것 같아 보일 때도 반드시 구원은 일어납니다. 왜냐하면 하나님께서 구원을 약속하셨기 때문입니다. 눈에 보이는 방편들이 없다고 해서 전혀 걱정할 필요가 없습니다. 왜냐하면 전능하신 하나님 그분께서 무한한 자원들을 가지고 계시기 때문입니다.

그렇습니다. 사랑하는 성도 여러분, 우리가 반드시 기억해야 할 것이 하나 또 있습니다. 만약 하나님께서 친히 봄과 여름을 우리에게 주시지 않는다면, 우리는 봄이나 여름 두 계절 가운데 어느 하나도 만들어 낼 수 없다는 사실입니다. 이것이 바로 우리가 할 수 없는 영역입니다. 해가 지고, 하나님께서 다시 해를 뜨게 하지 않으신다면, 아침이라는 문을 우리가 열 수는 없습니다. 저는 확 트인 자연의 들판에 나가기를 좋아합니다. 그런데 거기서도 사람은 없고, 오직 하나님만이 자신의 뜻대로 모든 것을 운행하고 계시는 것을 보게 됩니다. 하늘과 그 이치들도 자신의 존재와 능력에 대해 알지 못합니다. 오직 하나님만이 아십니다. 우리만 보더라도 계절들이 변화하도록 하는 일에 우리는 손가락 하나도 관여할 수 없습니다. 우리의 모든 의회, 즉 왕과 의회의원들이 봄을 오게 하거나 여름이나 추수기를 재촉하는 법을 만들고 집행한다고 해서, 그들이 할 수 있는 것이 무엇이 있겠습니까? 아무것도 없습니다. 이러한 일들은 인간의 능력 밖의 일입니다. 그럼에도 불구하고 이러한 일들은 분명히 일어나고 있는 것들입니다. 사랑하는 성도 여러분, 이와 마찬가지로 여러분이 스스로 아무것도 할 수 없는 상황에 이르게 된다면, 그때는 하나님께서 여러분의 도움 없이도 그분의 뜻을 행하고 그분의 약속을 성취하실 때라는 사실을 절대로 의심하지 마십시오. 언제 하나님께서 여러분에게 도움을 요청한 적이 있었습니까? 훌륭한 사람들은 자신들이 약속과 예언이 성취되도록 하나님을 돕고 있다고 생각할 때 아주 잘못된 길로 갔습니다. 리브가가 야곱에게 약속된 축복을 얻기 위해 애쓰면서 얼마나 큰 잘못을 범했는지를 한 번 보십시오. 모든 일을 하나님의 뜻을 따라 하나님의 손에 맡기는 것이 우리에게 훨씬 낫습니다. 여러분이 어떤 최악의 경우에 이르러 할 수 있는 일이 아무것도 없을 때, 그 때 여러분은 안전하게 가만히 서서 하나님의 구원하심을 바라보는 것이 좋습니다. 여러분이 정해진 태양의 행로를 조금이라도 바꿀 수 없는 상황이지만, 지금 이 시각에도 여러분은 봄과 여름이 올 것을 분명히 확신하고 있습니다. 이처럼 여러분이 한 해의 주기(週期)에 대해 확신하듯이, 하나님의 다른 약속들에 대해서도 그렇게 분명하게 확신하기를 바랍니다.

이처럼 해가 매번 다시 떠오르고, 여름이 매해 찾아오는 것 그 자체가 하나의 엄청난 기적이라는 사실도 여러분은 기억하십시오. 우리에게는 이런 일들이 너무나 익숙해서 전혀 놀랄 만한 일이 아니라고 생각합니다. 매일 날이 밝고 매일 해가 지는 것 그 자체가 바로 참된 기적입니다. 기적의 세계에서 매해 봄이 뛰쳐나옵니다. 풀잎 하나하나, 곡식의 이삭 하나하나가 모두 하나님의 전능하심을 보여주고 있습니다. 아침부터 저녁까지 그리고 밤에는 밤의 파수꾼들을 통해 우리는 전능하신 능력과 선하심의 사역들로 둘러싸여 있습니다. 한 해의 첫날부터 마지막 날까지 하나님께서는 우리 곁에 계십니다. 비록 우리 눈에는 보이지 않지만, 그분의 손길은 인간의 계산 능력으로는 조금도 움직일 수 없는 고요한 천체들의 궤도를 운행하고 계십니다. 바로 그 동일한 능력이 모든 만물들을 지탱하며 살리며 온전하게 하십니다. 하나님은 만유 안에 계시며, 모든 기적 가운데 계십니다. 이처럼 하나님께서는 자신이 약속한 바대로 계속해서 한 해를 만족하게 변화시키는 역사를 행하시는데, 여러분은 도대체 왜 다른 약속들에 대해서 그분을 의심하는 것입니까? 오, 믿음이 작은 여러분이여! 그분께서는 이 땅에 대한 약속도 지키셨는데, 그의 자녀들에게 행한 약속을 지키지 않으시겠습니까? 그분께서는 해와 별들에게도 신실한 분이셨는데, 하물며 하나님께서 친히 택한 자들에게 그 모든 약속을 온전히 이행하지 않으시겠습니까? 심음과 거둠과 여름과 겨울이 전혀 우리 인간의 도움 없이도 그분의 말씀대로 이렇게 기적같이 변화하고 있습니다. 이런 변화들은 지금까지 한 번도 실패한 적이 없습니다. 그런데 하나님께서 하물며 다른 것들은 잊으시겠습니까? 하나님께서 언약을 거짓으로 맹세하거나 그의 독생자에게 한 자신의 약속을 부인하시겠습니까? 하나님께서는 결단코 그렇게 하지 않으십니다.

　사랑하는 성도 여러분, 우리는 계절들에 대한 이 약속을 믿고 확신할 뿐만 아니라, 이러한 우리의 믿음대로 실제로 행하고 있습니다. 농부들은 가을 밀(autumn wheat, 가을에 파종하여 여름에 수확하는 밀 — 역주)을 뿌리기도 하고, 또 많은 농부들은 봄 밀(봄에 파종하여 가을에 수확하는 밀 — 역주)을 뿌릴 기회를 갈망하기도 합니다. 그런데 수확할 계절이 올 것을 확신하지 못한다면, 그들의 파종은 단지 좋은 씨앗들을 땅에 묻는 것 밖에 되지 않겠습니까? 농부들이 왜 씨앗들을 땅에 숨기려고 하겠습니까? 그들이 이렇게 심는 것은 적절한 때가 지나면 거둘 때가 올 것이라는 확신이 있기 때문입니다. 그들은 자신들이 뿌린 씨앗이 자라 다시 수백 배의 결실을 맺을 것이라는 소망을 품고, 땅에 씨앗들을 파종하는 것입니다. 농부들도 이렇게 확신을 가지는데, 그렇다면 우리도 하나님께서 약속하신 다른 약속들에 대해 이 농부들과 동일한 실제적인 자세로 행하지 못할 이유가 무엇이 있겠습니까? 참된 믿음은 하나님의 약속들을 참된 것으로 간주하고 그것들을 시험해 보고, 그 약속들을 충분히 효과적인 것으로 만듭니다. 그래서 믿음으로 하나님께 요구할 때는, 하나님께서 이미 그 요구를 들어주셨다고 믿고서 간구하는 것입니다. 많은 사람들은 따뜻한 날씨를 전망하고 얇은 옷을 준비하거나, 여름 막바지에 겨울을 대비해 집에서 입을 내복을 준비하기도 합니다. 계절이 변화할 것을 예상하기 때문입니다. 그렇다면 우리도 정해진 때에 하나님의 축복을 받도록 스스로 준비하지 못할 이유가 무엇이 있겠습니까? 도대체 우리는 왜 성경의 모든 말씀이 성취될 것이라 예상하지 못합니까? 우리는 그 약속들을 변함이 없을 기정사실로 여기고 그 약속에 따라 행해야만 합니다.

　좀 더 말씀드리겠습니다. 혹시라도 어떤 사람이 오늘 본문에 나타난 하나님의 선포에 따라 행동하지 않는다면, 사람들은 그를 바보로 여길 것입니다. 가령 어떤 사람이 "나는 거둘 때가 분명히 올지 확신이 없으니, 심지 않겠다"고 말했다고 가정해 봅시다. 그러고는 정말 그의 밭이 경작되지 않은 것을 이웃들이 보았다면, 동네 사람들은 그를 정신 나간 사람으로 여길 것입니다. 또 어떤 사람이 "나는 겨울을 대비해 먹을 것을 저장해 두지 않을 것이다. 내가 믿기에 여름이 영구적으로 계속될 것이기 때문이다. 어느 때든 항상 곡식 단에 곡식이 있을 것이며, 나무에는 열매들이 있을 것이다"라고 말한다면, 우리는 그 사람을 정신 병원에 가야 할 사람으로 여길 것입니다. 이와 마찬가지로 하나님의 다른 약속들을 마치 실없는 말이나 사기꾼들의 예언 정도로 전혀 귀담아 듣지 않는다면, 그 사람 또한 미친 사람일 것입니다. 자기 상황에 적합한 약속이 자기 앞에 있는데도 불구하고, 우리 대다수는 그 약속을 찾기 위해 하나님의 말씀을 살펴보지 않습니다. 사람들은 하나님의 약속을 한갓 허황된 얘기나 의미 없는 허튼소리 정도로 여길 뿐입니다. 이처럼 영원한 진리의 말씀을 사소한 것으로 여기는 자들은 그저 다른 것에 정신이 팔려서 제 정신이 아닌 상태의 사람들이라는 말밖에 제가 달리 어떻게 말할 수 있겠습니까? 하나님께서 약속하신 모든 것은 우리에게 미래를 분명하게 가리키는 하나의 표시이며, 우리가 마땅히 해야 할 바를 가르쳐 주는 하나의 암시입니다. 그러므로 우리는 하나님의 이 약속을 따라 믿음으로 행합시다. 하나님께서 "너희는 내 얼굴을 찾으라"(시 27:8)고 말씀하신다면, 여러분은 힘써 그분의 얼굴을 찾으면 됩니다. 그리고 그분께서 "구하라 그리하면 너희에게 주실 것이요"(마 7:7)라고 말씀하신다면, 그분에게서 받을 것을 기대하고 확실히 구하십시오. 하나님께서 자기 아들을 믿는 자들을 용서해 주신다는 약속을 하셨다면, 우리는 그 아들을 믿고 그분의 긍휼을 받읍시다. 그분께서는 친히 낮과 밤에 대한 약속을 지키셨습니다. 그러므로 그분께서 우리에 대한 약속도 지키실 것이라 믿고, 오직 그분께서 말씀하신 대로 행합시다. 오, 이렇게 단순한 가르침을 모든 신자들뿐만 아니라 모든 불신자들도 배우게 되기를 기원합니다!

계절의 변화를 사람들이 믿든지 믿지 않든지 간에, 계절은 앞으로도 계속해서 변할 것이라는 사실을 여러분에게 전하면서 이 대지를 마치고자 합니다. 어떤 사람이 앞으로는 겨울이 오지 않을 것이라고 말하면서 두꺼운 옷을 전혀 준비하지 않았다면, 그는 12월이 되어 온 땅이 흰 눈으로 뒤덮일 때 북풍한파(北風寒波)에 내내 떨게 될 것입니다. 또 어떤 불신자가 앞으로는 여름이 오지 않을 것이라고 장담하면서 씨도 뿌리지 않고 곡식을 넣어둘 곳간도 준비해 두지 않는다면, 그 어리석은 회의주의자는 추수기가 오는 것을 막을 수 있겠습니까? 그 사람이야말로 비참한 농부입니다! 그는 실제적인 불신앙의 대가로 가시와 엉겅퀴를 거두게 될 것입니다. 반면에 그의 밭을 제외한 다른 모든 땅에는 곡식을 추수하게 되어 그는 적잖이 당황하게 될 것입니다. 어떤 사람이 아무리 바보짓을 한다고 해도 한 해의 변화는 지속될 것입니다. 마찬가지로 누군가 아무리 이 밤이 끝없이 계속될 것이라고 예언한다 해도, 해는 반드시 떠오를 것입니다. 언덕들이 옮겨질지라도 하나님의 뜻과 약속은 굳게 설 것입니다. 여러분이 주 예수님을 믿는다면 여러분은 구원을 받을 것입니다. 그러나 여러분이 그분을 믿지 않는다면 여러분은 멸망할 것입니다. 양자 중 어느 경우를 선택하든 이 법은 여러분에게 결코 변하지 않을 것입니다. 영적 세계를 다스리는 하나님의 위대한 법은 자연 세계를 다스리는 위대한 법과 마찬가지로 확실하게 적용되고 있습니다. 우리는 중력의 힘을 중지시킬 수 없습니다. 설령 우리가 중력의 힘은 중지시킬 수 있다 해도, 하나님이기에 마땅히 참되고 지극히 높은 그분의 진실하심은 우리가 결코 변경할 수 없습니다. 그런 그분이 말씀하신 것을 그분께서 몸소 행하지 않으시겠습니까? 그렇습니다. 그분은 분명히 행하실 것입니다. 우리는 미쁨이 없을지라도 주님은 항상 미쁘셔서, 자신을 부인할 수 없는(딤후 2:13) 분이십니다. 그러므로 사랑하는 성도 여러분, 여러분은 현명하게 하나님의 말씀에 주의를 기울이십시오. 여러분은 스스로 여름에 겨울을 위해 준비하였고, 봄에 씨앗을 뿌리고 여름에 수확하기를 기대하였습니다. 이렇게 해서 여러분은 자연 속에 있는 하나님의 음성에 순종하였던 것입니다. 그러므로 저는 여러분에게 간청합니다. 여러분은 하나님의 책 각 장 속에서 말씀하시는 그분의 음성을 존중하고, 하나님께서 계시해 주신 그 음성에 따라 행동하기를 바랍니다.

3. 그 밖의 여러 암시들

제 생각에 오늘 본문 말씀에는 여러 가지를 유추할 수 있는 것들이 암시되어 있는 것 같습니다. 이 말씀들을 하나의 철학적 예언이 아니라 하나님의 한 말씀으로 읽을 때, 저는 이 말씀에서 도덕적이고 영적이며 신비로운 의미를 보게 됩니다. 성경은 우리에게 자연적인 의미가 아니라 영적인 의미를 가르쳐 주기 위해 의도된 책입니다. 저는 오늘 본문에서도 충분한 가치가 있는 내용들을 유추할 수 있을 것으로 확신합니다. 성령님께서 우리를 그리로 인도해 주시기를 기원합니다!

땅이 있을 동안에는 영적 세계에도 변화가 있을 것입니다. 여러분은 이 본문에서 변화의 단어들을 강조해 읽어 보십시오. 그러면 이 본문이 바다의 파도처럼 얼마나 많이 솟아올랐다가 가라앉았다가 하는지를 보게 될 것입니다. "땅이 있을 동안에는 심음과 거둠과 추위와 더위와 여름과 겨울과 낮과 밤이 쉬지 아니하리라." 이 단어들 가운데 어느 것 하나도 지속되는 것은 없습니다. 가까이 왔다가

지나가 버립니다. 계절들은 하나의 영구한 과정이며, 끝없는 고리이며, 계속 움직이는 바퀴입니다. 추위는 더위가 오기 전에 달아나고, 곧 더위는 겨울의 추격을 받습니다. 고정된 것은 아무것도 없습니다. 이것이 인생입니다. 이것이 대다수의 사람들이 느끼는 영적 삶의 감정입니다. 이것이 하나님 교회의 역사입니다. 우리는 슬퍼하다가 기뻐합니다. 우리는 투쟁하다가 승리합니다. 우리는 수고하다가 안식합니다. 우리는 다볼 산(전통적으로 신약에 나오는 '변화산'으로 간주되어 온 산 ― 역주)에만 줄곧 있는 것도 아니고, 바카 골짜기(시 84:6 KJV, 개역개정에는 '눈물 골짜기' ― 역주)에만 항상 있는 것도 아닙니다. 어떤 낯선 일들이 우리에게 일어난다 해도, 다시 말해 우리의 낮이 밤이 되어 어두워지거나 우리의 여름이 겨울이 되어 차가워진다 해도, 우리는 결코 놀라지 맙시다. 기쁨에서 슬픔으로, 슬픔에서 기쁨으로, 성공에서 실패로, 실패에서 성공으로 우리는 매우 빠르게 지나갑니다. 정말 그렇습니다. 땅이 있을 동안에는 정말 그럴 것입니다. 그래서 우리는 이 땅에 참여하는 자로 있게 될 것입니다.

그러나 이 모든 것 안에도 하나의 질서가 있을 것입니다. 추위와 더위와 여름과 겨울과 낮과 밤은 어지러울 정도로 춤을 추며 오거나, 소란스럽게 야단법석을 떨면서 우왕좌왕하며 오지도 않습니다. 하지만 이런 변화들이 합당하고 아름다운 한 해를 구성합니다. 이 모든 일들에는 우연이 조금도 관여하지 않습니다. 하나님께서는 바람과 폭풍과 해와 바다를 이용해 하나님 집의 질서를 유지하십니다. 그 어떤 것도 그분의 명령에 반역하지 않습니다. 이와 마찬가지로 영적인 나라에서나 신자의 삶에서나, 하나님 교회의 역사 안에서는 모든 것이 선을 위해 역사하며, 영적인 것은 천국으로 나아가는 교육이 됩니다. 우리가 어둠 속에서 지내며 전혀 빛을 볼 수 없는 때를 보내고 있다 해도, 우리의 계절 안에는 하나님을 볼 수 있는 순서도 들어 있습니다. 지금 우리의 계절이 겨울이라 해도, 나무의 수액(樹液)은 여름에 필 꽃송이를 위해 은밀하게 준비하고 있습니다. 지금 우리가 추위를 느끼고 있다 해도, 그것은 우리 몸에서 생긴 과다한 열을 몸 밖으로 배출하고 있는 것입니다. 변화들을 기대하십시오. 그리고 그 변화들은 하나님이 정하신 법칙에 따라 이루어질 것이라는 사실을 믿으십시오.

자연 세계와 마찬가지로 영적 세계에도, 땅이 있을 동안에는 위대한 법칙들이 존속할 것입니다. 예를 들어, 심음과 거둠과 노력과 결과와 수고와 성공이 있을 것입니다. 사랑하는 성도 여러분, 여러분도 거두게 되는 때가 분명히 있을 것입니다. 그러나 지금은 파종될 때입니다. 하나님께서는 적절한 때가 되면 여러분이 그분께 합당한 영광을 돌려드리는 수확을 내도록, 교훈과 성화로 여러분에게 씨를 심고 있는 중입니다. 때로 우리는 마치 쟁기로 일구어 놓은 밭처럼 수동적으로 누워 있습니다. 그 때 거룩한 씨를 뿌리는 우리의 하나님께서는 우리 속에 살아 있는 씨앗을 뿌리십니다. 그러나 곧 다른 날이 이르면, 우리는 능동적이 되어서 예전에 체험한 그 은혜의 결과로 하나님 앞에 열매를 맺습니다. 마땅히 그래야 합니다. 특히 예배당이나 주일학교에서 수고하는 여러분에게도 심을 때가 있을 것입니다. 크게 수고를 하고도 큰 성과를 보지 못할 수 있습니다. 설교를 하는 제 경우도 심을 때가 있습니다. 하지만 그저 심기만 하였지 다른 결과들은 전혀 일어나지 않습니다. 제 주위에 움이 돋는 푸른 잎들은 거의 보이지 않습니다. "농부가 땅에서 나는 귀한 열매를 바라듯"(약 5:7), 일꾼이 자기가 수고한 것에 대한 결과를 보려면 아마 일 년이라는 시간이 걸릴지도 모릅니다. 교구에 속한 선교사와 순회하며 성경을 가르치는 여자 교사들이 날마다 말씀을 가르치면서 눈에 띄는 분명한 결과를 보지 못한다 해도, 그 심음과 거둠은 확실한 매듭으로 서로 단단히 연결되어 있습니다. "울며 씨를 뿌리러 나가는 자는 반드시 기쁨으로 그 곡식 단을 가지고 돌아올 것입니다"(시 126:6). 사랑하는 성도 여러분, "너희 수고가 주 안에서 헛되지 않은 줄 앎이라"(고전 15:58)는 이 말씀을 믿고 기운을 내십시오. 땅이 있을 동안에는 심음과 거둠이 교대로 생길 것입니다.

또한 이처럼 땅이 있을 동안에는 추위와 더위가 번갈아 바뀔 것입니다. 생명이 있는 곳에서는 반드시 변화가 있기 마련입니다. 오직 죽음에만 변화가 없을 뿐입니다. 책망하시는 성령님으로 인해 여러분의 육체의 영광이 급격히 시들게 되면서, 여러분은 지독하게 위축되는 경험을 하게 될 때가 있을 것입니다. "누가 능히 그의 추위를 감당하리요?"(시 147:17)라는 말씀대로, 누가 그분이 보내는 추위를 감당해 낼 수 있겠습니까? 곧 후회와 회개로 마음이 녹는 계절이 다가올 것입니다. 그 때가 되면 성령님께서 여러분의 마음을 따뜻하게 하시어 여러분이 하나님 안에서 소망과 믿음과 사랑과 기쁨과 즐거움을 누리게 하실 것입니다. 추위와 더위는 교회에도 옵니다. 저는 종종 교회 안에서 모진 추위를 느꼈고, 그 일로 인해 하나님께 울부짖었습니다. 다시 더위가 왔고, 그 때 우리는 부흥의 열기를 느꼈습니다. 열심에 불이 당겨지고 열정으로 가득해졌습니다. 빛 가운데 계신 하나님처럼 우리도 빛 가운데 행하면서, 영광스러운 여름 더위가 항상 지속하게 되기를 저는 바랍니다. 우리에게 마땅히 이러한 일들이 일어나야만 합니다. 우리 가운데 어떤 이들은 항상 열정적이고 매우 뜨겁게 수고합니다. 하지만 우리든 다른 사람들이든 충만한 은혜 가운데 있지 않을 때가 분명히 있기 마련입니다. 그 때에도 우리는 절대 절망하지 말아야 합니다. 절망하기보다는 오히려 주님께 온 힘을 다해 간구해야 합니다. 하나님의 말씀을 보내 주셔서 그분의 은혜의 물결이 다시 흘러 우리의 겨울이 지나가고, 꽃들이 땅 위에 다시 제 모습을 드러내며 새들이 노래하는 그 때가 오게 해 달라고 말입니다.

또한 이와 마찬가지로, 마땅히 죽어야 할 우리의 생명에도 여름과 겨울, 번영과 역경이 있음을 저는 보아왔습니다. 사랑하는 성도 여러분, 여러분이 이 땅에 있는 동안 여러분이 항상 만발한 백합과 장미 가운데 거하게 되리라 기대하지 마십시오. 여름이 다가오면, 여러분은 해가 비추는 동안 겨울을 바라보면서, 여러분이 가진 모든 기회들을 놓치지 말고 유익하게 선용하는 지혜로운 자들이 되십시오. 저는 여러분이 어떤 장사를 해야 손해를 보지 않고 안전할지 혹은 어떤 직업을 선택해야 여러분이 후에 낙담하지 않게 될지 잘 알지 못합니다. 하지만 제가 아는 것은 이 땅 어느 구석에도 밤이 없는 곳이 없으며, 돌이 없는 땅이 없으며, 태풍이 없는 바다가 없다는 사실입니다. 영적이며 정신적인 체험에 대해 말하자면, 제가 보기에 제 안에도 땅이 있을 동안에는 밀물과 썰물이 있으며, 부상(浮上)과 침몰이 있는 것 같습니다. 그러므로 여러분은 하나님이 작정하신 섭리들을 발로 차거나 따지려고 하지 마십시오. 여름이 되었다면 여러분은 "주신 이도 여호와시요 … 여호와의 이름이 찬송을 받으실지니이다"(욥 1:21)라고 말하십시오. 그리고 겨울이 되었을 때는 "거두신 이도 여호와시오니 여호와의 이름이 찬송을 받으실지니이다"(욥 1:21)라고 말하십시오. 가끔 한 옥타브 낮추어 찬송해야만 하는 상황에 처하더라도, 여러분은 계속해서 동일한 찬송을 부르십시오. 여러분이 심을 때든 거둘 때든 언제나 여러분은 하나님을 찬양하고 높이십시오. 하나님이 보시기에 선한 것을 그분께서 행하시도록 하고, 여러분은 항상 그분의 일을 찬양하기에 마땅한 선한 것으로 보십시오.

사랑하는 성도 여러분, 수고 후에는 안식이 따를 것입니다. 왜냐하면 땅이 있을 동안에는 낮과 밤이 있을 것이기 때문입니다. 낮에는 사람들이 수고하러 나가고, 밤이 되면 드러눕습니다. 낮과 밤, 이 둘을 주신 하나님께 감사하십시오. 아무도 일할 수 없는 밤이 다가옵니다. 우리에게 이 밤은 두려운 것이 아니라 예상된 것입니다. 낮과 밤을 주신 것에 대해 하나님께 어떻게 감사를 드려야 할지 잘 모르겠습니다. 우리 젊은이들은 낮을 주신 하나님을 찬양할 것입니다. 왜냐하면 낮에 활기차게 행동할 수 있기 때문입니다. 그러나 연세가 좀 있는 사람들은 밤을 주신 하나님을 조금 더 찬양할 것입니다. 왜냐하면 밤에 휴식할 수 있기 때문입니다. 백발이 성성한 사람들, 즉 많은 세월을 보내면서 슬픈 경험들을 많이 한 사람들도 밤을 고대합니다. 밤에는 사악한 자들도 소란을 그치고, 피곤한 자들도 안식하기 때문입니다. 만약 우리가 죽음을 밤으로 생각한다면, 우리는 밤 이후에 뒤따르는 끝없는 낮을 고대할 것입니다. 이 낮에는 해가 영원히 지지 않을 것입니다. 우리 주 예수님은 우리가 향해 가고 있는 그 영광스러운 나라의 태양이십니다. 땅이 있을 동안에는 계속해서 축복도 다양하게 바뀔 것이며, 자비의 종(鐘) 소리들도 교차로 울려 퍼지게 될 것입니다. 사랑하는 성도 여러분, 여러분이 높은 곳에 있을 때, 여러분은 반드시 내려오게 될 것이라는 사실을 기억하십시오. 그리고 여러분이 낙담했을 때는 기쁨으로 높임을 받게 될 것을 기대하십시오. 대낮인 지금 우리는 서둘러 여행을 합시다. 왜냐하면 밤이 곧 오기 때문입니다. 그러나 지금 어둡다면 우리는 소망을 품고 바라봅시다. 아침이 다가오기 때문입니다. 변화 많은 나라에 체류하는 우리는 거룩한 두려움으로 우리의 순례의 날들을 보냅시다. 이 거룩한 두려움은 우리가 이 세상을 사랑하지 않도록 지켜줄 것입니다. 저는 오늘 본문에서 더 이상의 것들을 유추해 낼 필요가 없을 것 같습니다. 이 본문을 묵상하는 자들에게는 더 많은 것들이 생각날 것이기 때문입니다.

4. 믿음의 확신을 주는 증거

마지막으로, 저는 여러분이 오늘 본문을 우리 믿음의 확신을 주는 하나의 증거로 보기를 바랍니다. "땅이 있을 동안에는 심음과 거둠과 추위와 더위와 여름과 겨울과 낮과 밤이 쉬지 아니하리라." 이 변화는 결코 쉬지 아니할 것입니다. 이 사실에서 우리는 언약의 보증과 증거를 보게 됩니다. 우리가 오늘 아침에 읽은 예레미야 33장의 말씀을 살펴보겠습니다. 그 말씀에는 우리가 기뻐하는 왕에 대한 보증이 있습니다. "너희가 능히 낮에 대한 나의 언약과 밤에 대한 나의 언약을 깨뜨려 주야로 그 때를 잃게 할 수 있을진대, 내 종 다윗에게 세운 나의 언약도 깨뜨려 그에게 그의 자리에 앉아 다스릴 아들이 없게 할 수 있겠으며"(렘 33:20-

21). 하나님께서는 왕의 혈통을 결코 변경하지 않을 것을 약속하셨습니다. 땅이 있을 동안에, 낮과 밤이 보이는 동안에는 다윗의 아들이 만왕의 왕으로서, 만주의 주로서 다스릴 것입니다. 모든 원수들이 그분의 발 아래 부복(俯伏)하기까지 그분께서 틀림없이 다스리실 것입니다. 이와 마찬가지로 저도 겨울에 추위를 느끼고 옷으로 온 몸을 감쌀 때, 저는 다음과 같이 혼잣말을 할 것입니다. "하나님께서는 추위를 보내셔서 우리 주님이며 왕이신 예수님과 맺은 자신의 언약을 확증하셨나이다." 매일 아침 태양빛이 내 눈을 마주하며 인사할 때, 그 빛은 "그의 이름이 영구함이여 그의 이름이 해와 같이 장구하리로다"(시 72:17)라고 선포합니다. 그리고 저녁 어스름이 깔리고 별들이 자신들의 집에서 나올 때, 저는 "평강의 풍성함이 달이 다할 때까지 이르리로다"(시 72:7)라는 음성을 듣습니다. 주의 나라는 영원한 나라이니 주의 통치는 대대에 이르리이다! 주 예수님은 시온의 왕이시며, 땅이 있을 동안에는 만물 위에 교회의 머리가 되는 분이십니다.

하늘의 이치가 존속하는 것도 지속되는 제사장직에 대한 증거입니다. 레위 지파의 모형 아래에서 제사장직은 우리 주님의 인격에 덧입혀졌습니다. 주님은 왕일뿐만 아니라 그의 제사장이기도 한 우리의 멜기세덱입니다. 그의 제사장직은 끝이 없으십니다. 겨울은 매섭게 춥고, 여름은 불타오르듯 더우며, 낮은 수고하도록 우리를 부르고, 밤은 쉬도록 우리를 부르는 동안, 우리의 위대한 대제사장은 자신의 직무, 즉 우리를 여전히 정결케 하고 우리를 위해 중보하며 우리의 제물을 하나님께 바치는 그 일을 계속해서 하고 계십니다. 그분이 드린 한 번의 제사는 하나님께 영원히 아름다운 향기이며, 그 향기는 달이 더 이상 찼다가 이울어지는 것을 반복하지 않기까지 계속될 것입니다(와츠, '햇빛이 비치는 곳은 어디든 예수께서 다스리신다'[Jesus Shall Reign Where'er The Sun], 21세기 찬송가 138장 — 역주). 제가 쇠처럼 단단하게 언 땅을 딛고 서 매서운 북풍에 떨고 있을 때, 저는 제 자신에게 다음과 같이 말합니다. "우리 주님의 제사장직은 지금도 계속되고 있다. 왜냐하면 추위는 쉬지 않고 우리를 찾아오고 있으며, 더위 또한 정해진 달이 되면 올 것이기 때문이다." 제가 잠자리에 들 때나 잠자리에서 일어날 때나, 낮과 밤은 제게 하나의 보증이 됩니다. 다시 말해, 주 예수님은 끝없는 생명의 법을 따라 영원한 제사장이시라는 사실에 대한 보증이 바로 낮과 밤인 것입니다.

셋째 사실도 동일한 증거로 확증됩니다. 하나님께서는 낮과 밤과 맺은 자신의 언약이 있는 한, 아브라함의 자손을 버리지 않으실 것입니다. 다윗의 한 아들이 다스려야 한다면, 그 다스림을 받는 자들도 반드시 존재해야만 합니다. 택함 받은 한 백성들, 즉 왕이며 제사장으로 살아 계신 예수님을 위한 백성이 영원히 있어야 할 것입니다. 하나님께서는 그가 미리 아신 백성들을 지금까지 한 번도 버리지 않으셨으며, 앞으로도 어떤 일이 있어도 그들을 결코 버리지 않으실 것입니다. 심음과 거둠과 추위와 더위가 지속되는 한, 하나님께서는 음부의 문들이 넘보지 못하도록 교회를 지켜 주실 것입니다. 이 얼마나 대단한 자비인지 모릅니다! 하지만 슬픈 일도 있습니다! 제가 기대를 하며 바라본 신실한 자들이 진리에서 돌이키기도 하고, 교회의 기둥 같던 목회자들이 타락하기도 하며, 귀한 성도로 칭송을 받던 자들이 위선자로 드러나기도 하기 때문입니다. 그럼에도 불구하고 "이와 같이 지금도 은혜로 택하심을 따라 남은 자가 있습니다"(롬 11:5). 하나님께서는 바알에게 무릎 꿇어 절하지 않은 자들을 남겨 두셨습니다. 그러므로 우리는 기운을 내고, 하나님의 방주에 대해 걱정하지 맙시다.

모든 말씀을 마치면서, 하나님께서 우리와 함께 거하시어, 더위가 우리를 상하지 못하도록, 추위가 우리를 괴롭히지 못하도록 우리 함께 기도합시다. 하나님이 함께 계시면 맑은 날씨가 가능합니다.

> "이제 공의로운 해가 떠올라서,
> 그 아름다운 광선을 비추어
> 나를 축복해 주옵소서.
> 이제 겨울이 계속되든 지나가든
> 주여, 나에게는 아무 상관이 없나이다"
> (존 라일랜드[John Ryland], '영광스러운 복음의 진리에 대한 진지한 글들'
> [Serious essays on the truths of the glorious gospel, 1771] 1767년 1월 묵상 중에서
> — 역주).

오, 우리 하나님을 알지 못하는 여러분이여, 저는 진심으로 여러분이 안타깝게 느껴집니다! 여러분은 이 모든 계절들을 분명히 공허하다고 생각할 것입니다. 왜냐하면 여러분은 그 계절들 가운데 하나님이 없다고 믿기 때문입니다. 오, 저는 여러분이 예수님을 알게 되었으면 좋겠습니다. 하나님 없는 세상은 쓸쓸한

집이며, 냉기가 감도는 텅 빈 복도와 같습니다. 예수님을 모른 채 그분을 사랑하지 않는 사람은 고아와 같으며, 그들의 인생은 소망이 없고, 그들의 죽음은 별빛 없는 밤처럼 암담합니다. 그러나 자신의 영혼으로 예수님을 신뢰하는 자는 위대한 신비의 비밀, 즉 미로의 실마리를 찾은 사람입니다. 이제부터 그는 우리의 변화무쌍한 날씨 속에서 그를 둘러싸고 벌어지는 온갖 미소나 격분 가운데, 아버지의 사랑에 대한 확증과, 아들의 은혜의 증표와, 성령님의 사역의 증거들을 보게 될 것입니다. 한 분 하나님께 영원한 영광을 돌려드립니다! 아멘.

제
12
장
—

아브라함이 받은 이중 축복

—

"네게 복을 주어 … 너는 복이 될지라 ― 창 12:2

　　오늘 본문은 아브라함이 자기 고향과 아버지의 집을 떠난 것으로 인한 이중
적인 성과에 대한 말씀입니다. 고대 동양인들은 자신들의 고향 집에 대해 아주
강한 집착을 가지고 있었습니다. 그들보다 훨씬 후대에 사는 우리도 고향을 떠
난다고 할 때 마음이 썩 좋지는 않습니다. 우리는 대서양을 건너간다는 것을 생
각조차 하지 못합니다. 따라서 많은 사람들은 지구의 다른 쪽에 갈 생각을 거의
하지 않습니다. 마찬가지로 그 당시 동양인들은 유브라데 강이나 티그리스 강을
건너는 것이 두려운 일이었습니다. 그들은 그 강들을 넘어선 땅을 "강 저쪽"(수
24:2)이라고 말하였으며, 그들에게 3~400킬로미터 거리의 여정은 그 자체로 거
의 죽음에 버금가는 큰 사건이었습니다. 그런데 여호와께서 아브라함에게 "너는
너의 고향과 친척과 아버지의 집을 떠나 내가 네게 보여 줄 땅으로 가라"(창
12:1)고 말씀하셨을 때, 그는 "여호와의 말씀을 따라"(창 12:4) 갔습니다. 이와 같
은 그의 순종은 영웅적인 믿음의 행위였습니다.

　　자, 사랑하는 성도 여러분, 아브라함은 이와 같은 순종의 결과로 오늘 본문
이 말하고 있는 바와 같이 이중 축복을 얻었습니다. 그는 믿음의 조상, 다시 말해
그는 순종하며 하나님을 믿는 모든 자들의 조상이라는 칭호를 얻게 되었습니다.
따라서 우리가 하나님을 진심으로 믿는다면, 우리도 한 사람의 신자로서 아브라
함이 했던 것처럼 하게 될 것입니다. 자녀들은 자기 아버지를 닮기 마련입니다.

신자들은 모든 믿는 자들의 아버지를 닮아, 자기 고향을 떠난 아브라함과 마찬가지로, 자신들의 고향을 떠나게 될 경우가 있을 것입니다. 비록 우리가 실제로 우리의 집과 고향을 떠나라는 부름을 받지 않았다 해도, 우리는 이보다 훨씬 더 골치 아픈 과제를 떠맡을 수 있습니다. 왜냐하면 우리는 우리와 함께 살고 있는 자들 가운데 구별된 자들, 즉 그들 가운데 살고 있기는 하나 그들과 같지 않으며, 비록 세상 안에 살고 있기는 하나 세상에 속한 자들이 아니기 때문입니다. 이것은 결코 쉬운 일이 아닙니다. 경건하지 않은 자들 가운데 살면서도 여러분 자신은 경건한 자가 되는 것, 다시 말해 일상적인 상술(商術)로 장사하는 자들과 거래하면서도 그들의 상 관례에 빠지지 않는 것, 일상적인 사고를 하는 자들과 섞여 살면서도 그들이 생각하는 것처럼 생각하지 않고 도리어 하나님의 사고로 생각하고자 노력하며 지극히 높으신 그분의 뜻에 순종하고자 노력하는 것, 이렇게 사는 것보다는 차라리 남녀 수도사가 되어 세상과 완전히 단절된 채로 살아가는 것이 훨씬 더 쉬울 것입니다. 우리 주 예수 그리스도는 사람들 가운데서 가장 완전한 분이셨습니다. 그렇다고 해서 그분이 옷이나 외형적인 어떤 것으로 온 인류와 스스로를 구별하신 것은 결코 아니었습니다. 그분은 다른 사람들이 하는 것과 똑같이 먹고 마셨습니다. 그분은 그들의 식탁에 앉으셨고, 그들의 집에서 주무셨고, 그들과 동행하였습니다. 그럼에도 불구하고 그분은 항상 "거룩하고 악이 없고 더러움이 없고 죄인에게서 떠나"(히 7:26) 계신 분이셨습니다. 이처럼 모든 신자들은 "너희는 그들 중에서 나와서 따로 있고 부정한 것을 만지지 말라"(고후 6:17)고 하신 하나님의 명령에 순종하면서, 이 세상에서 구별된 삶을 살도록 부르심을 받았습니다. 우리는 다른 사람들과 다르다는 것을 보이기 위해 챙이 넓은 모자나 옷깃 없는 외투나 다른 것들을 입을 필요가 전혀 없습니다. 우리는 한갓 외형적인 구별이 아니라, 실제적으로 구별되어야 합니다. 도덕 수준에서도 더욱 높은 수준으로 구별되어야 하며, 하나님과 함께 하고 하나님 안에 있는 좀 더 참된 삶으로 구별되어야 하며, 보이지 않는 것을 믿는 믿음으로 구별되어야 하며, 세상 사람들이 결코 얕잡아보지 못할 그런 열정으로 구별되어야 합니다. 이것이야말로 그리스도 안에서 부르심을 받은 신자들이 감당해야 할 어렵지만 고귀하고 거룩한 하늘의 사명입니다. 오, 이를 감당할 수 있도록 은혜를 주시길 기원합니다!

　　우리가 이 사명을 감당하는 정도에 따라서 오늘 본문은 우리에게 현실로 다가올 것입니다. "네게 복을 주어 … 너는 복이 될지라." 아브라함이 구별된 삶을 살지 않는 것에 비례해서 그는 이 축복을 잃었습니다. 아브라함이 애굽으로 내려갔던 것을 여러분은 기억할 것입니다. 거기서 그가 얼마나 고생을 하였는지, 그리고 얼마나 많은 걱정거리를 안고 돌아오게 되었는지 여러분도 알 것입니다. 오늘 아침에 제가 이미 말한 바와 같이, 성경의 여러 인물들과 아주 비슷한 하갈은 아브라함의 종들 중 하나로서, 애굽의 바로가 아브라함과 사라를 내쫓았을 때 그에게 준 여종이었습니다. 하갈이 아브라함의 가정에 얼마나 많은 걱정을 끼쳤는지 여러분도 알 것입니다. 만약 아브라함이 구별된 삶을 살면서 자기 주위에 만연한 관습들에 빠지지 않았다면, 그는 하갈과 관련된 죄와 슬픔을 겪지 않았을 것입니다. 또한 자기 아내와 관련하여 재차 거짓되게 행동하지 않았다면, 그랄 왕 아비멜렉으로부터 의로운 책망도 듣지 않았을 것입니다. 여러분은 하나님 앞에서 혼자 있는 아브라함의 모습을 바라볼 때면, "아브라함이 혼자 있을 때에 내가 그를 부르고"(사 51:2)라는 하나님의 말씀대로, 그가 하나님의 복을 받은 하나님의 사람처럼 보일 것입니다. 그러나 그가 세상으로 나가 스스로 세상 사람들과 동류가 될 때, 그는 그 충만한 축복을 잃고 극심한 어려움에 봉착하게 됩니다.

　사랑하는 남녀 성도 여러분, 여러분의 주님이자 선생님이신 그분을 가까이 하는 한 여러분도 그분의 축복을 누리게 될 것입니다. 비록 여러분이 근심과 시련을 겪는다 해도, 그것들은 모두 복된 근심과 시련일 것입니다. 그러나 만약 여러분이 세상으로 나아가서 세상 사람들이 하는 것처럼 행동한다면, 다시 말해 세상에서 젊은 혈기로 난동을 부린다면, 여러분은 반드시 뿌린 대로 거두게 될 것입니다. 이것은 틀림없는 사실입니다. 만약 하나님의 자녀가 거리의 망나니들과 함께 어울리기 시작한다면, 그 자녀는 아버지가 내리치는 회초리의 무게를 실감하게 될 것입니다. 만약 그 자녀가 하나님의 다른 자녀들을 소중히 여기지 않고, 그 자녀들과 함께 어울리지도 않으며, 아버지께서 자기에게 행동하고 말하라는 대로 하지 않고, 자기 방식의 삶과 말을 중시한다면, 하나님께서 예전에 이스라엘 자손들에게 "내가 땅의 모든 족속 가운데 너희만을 알았나니 그러므로 내가 너희 모든 죄악을 너희에게 보응하리라"(아 3:2)고 말씀하신 바와 같이, 그는 자기 어깨 위를 내치는 매서운 회초리를 느끼게 될 것입니다. 제가 지금 전하려는 이 축복들은 구별된 삶을 살아가는 자들, 즉 계속해서 좁은 길을 가는 자들에게 해당되는 말씀입니다. 하나님께서 은혜를 베푸시어 우리가 그 구별된 삶을 살도록 도와주시고, 계속해서 그런 삶을 살게 하시는 만큼 우리는 복을 받게 되고, 또한 복이 될 것입니다.

1. 첫 번째 복

첫 번째로 우리는 오늘 본문에 나타난 아브라함에게 약속한 첫 번째 복에 대해 살펴보고자 합니다. "네게 복을 주어." 개인적인 축복이 먼저 주어졌다는 사실에 주목하십시오. 다시 말해 하나님께서 먼저 여러분을 축복해 주지 않으신다면, 여러분은 다른 사람들에게 복이 될 수 없다는 것입니다. 그렇다고 해서 우리가 무슨 이기주의 같은 것을 장려하려는 게 아닙니다. 다만 하고 싶은 말은, 여러분의 주전자로 다른 사람에게 물을 마시게 하려면 그전에 먼저 여러분의 주전자가 채워져야 한다는 것입니다. 여러분이 많은 사람들에게 빵을 떼어주기 전에 먼저 여러분의 손에 빵이 있어야만 한다는 말입니다. 여러분이 텅 빈 바구니를 들고서 씨를 뿌려봐야 소용없는 일입니다. 그렇게 뿌려봐야 공중에 빈손만 내저을 뿐이기 때문입니다. 그러므로 무엇보다 먼저 여러분 자신이 복을 받아야만 합니다. 왜냐하면 "네게 복을 주어"라는 말씀이 여러분의 것이 되기 전까지는, "너는 복이 될지라"는 말씀이 여러분에게 주어지지 않을 것이기 때문입니다.

그렇다면 하나님께서 아브라함에게 주신 복은 무엇이었습니까? 그것은 아브라함이 살았던 것처럼 그렇게 살고 아브라함이 믿었던 것처럼 그렇게 믿는 모든 자들에게 주어질 복이었습니다. 첫째, 아브라함은 믿음으로 말미암은 안식을 누렸습니다. 아브라함에게는 자신의 장막 외에 집이 따로 없었습니다. 지금도 마찬가지지만 장막이야말로 불편하기 짝이 없는 주거형태입니다. 게다가 자기 소유의 어떤 작은 땅도 없었습니다. 그는 한 마디로 이곳저곳을 떠다니는 집시(gipsy)였습니다. "믿음으로 그가 이방의 땅에 있는 것 같이 약속의 땅에 거류하여 동일한 약속을 유업으로 함께 받은 이삭 및 야곱과 더불어 장막에 거하였으니"(히 11:9)라는 말씀대로 말입니다. 그럼에도 불구하고 분명한 것은 이 아브라함보다 더 안식을 누리며 살았던 사람은 지금까지 아무도 없었다는 것입니다. 여러분이 아브라함을 어디에서 만나든 그는 고요하고 차분하며 고귀한 인물로 여러분 앞에 등장합니다. 야곱은 항상 간교하고 계산적이며 음모를 꾸미며 교활했던 반면, 아브라함에게는 전혀 그런 모습이 없었습니다. 그는 하나님을 믿는 그 완전한 신뢰에서 나오는 안락함으로, 자신이 해야 할 일을 감당한 솔직하고 단순한 사람이었습니다. 그래서 하나님으로부터 "네 고향을 떠나라"는 말씀을 듣고, 그는 고향을 떠났습니다. 그에게 가서 물어보십시오. "아브라함, 당신은 도대체 어디로 가고 있습니까?"고 말입니다. 아마 아브라함 자신도 모를 것입니다. 하나님께서 아브라함에게 가라고 말씀하셨으니, 지금 가고 있는 중입니다. 가나안 사람들이 여전히 그 약속의 땅에 있는데, 거기로 간다는 것은 그에게 두려운 일이지 않을까요? 아브라함이 가나안 사람들에게 접근하자마자 그들이 그를 칼로 베어 버리지는 않을까요? 아브라함은 두렵지 않습니다. 하나님께서 그에게 가나안 땅으로 가라고 말씀하셨기에, 그는 그리로 가야 할 권리가 있다고 생각합니다. 하나님께서는 그 가나안 사람들에게 미신 같은 공포가 엄습하게 하시고, 그로 인해 "나의 기름 부은 자에게 손을 대지 말며"(대상 16:22)라는 음성이 그들의 심중에 속삭이는 것 같습니다. 그렇게 해서 아브라함은 그 가나안 사람들 가운데서 안전하게 거합니다. 한편 그 성에서 좀 더 안락한 삶을 살아보겠다고 소돔으로 내려갔던 불쌍한 그의 조카 롯은 먼 곳에서 온 침입자들에 의해 약탈을 당합니다. 그러자 아브라함은 깊게 생각할 겨를도 없이 즉각 행동을 취합니다. 즉 아브라함은 롯을 구하는 것을 자기 일로 생각하고, 자기 주위에 있던 몇몇 젊은이들을 대동합니다. 그렇게 그 늙은이는 다섯 왕들을 추격해서 그들을 마치 추풍낙엽(秋風落葉)처럼 물리치고, 조카 롯과 그 모든 전리품을 되찾아옵니다. 아브라함은 어떤 일에 직접 관여하지 않아도 그 일에 성공합니다. 그리고 그는 결코 어떤 일에 대해서 스스로 걱정하지 않는 것처럼 보입니다. 그가 항상 자족하며 순종하고 어디에 있든지 온전한 만족감을 느끼는 유일한 비결은 하나님의 뜻입니다. 여러 왕들이 그의 앞에서 쓰러집니다. 왜냐하면 아브라함은 호화로운 자줏빛 옷을 입고 머리에 왕관을 두른 왕들보다 실제로 더 위풍당당한 왕의 모습이기 때문입니다. 그래서 그들은 아브라함이 타고난 진정한 왕족 중의 한 명이라고 말하며, 실제 그러합니다. 하나님께서는 단 한 번의 믿음으로 그를 왕이 되게 하셨으며, 이 모든 것들을 행한 것은 바로 믿음이었습니다. 아브라함은 하나님을 믿었으며, 그 믿음이 그를 진정 위대한 자로 만들었던 것입니다.

　사랑하는 성도 여러분, 이러한 믿음은 오직 아브라함에게만 가능한 것이었다고 말하지 마십시오. 사랑하는 형제자매 여러분, 우리가 그 믿음을 가지기만 한다면 우리에게도 가능한 일입니다. 하나님께서 우리를 도우셔서 이 약속을 믿게 하시고, 절대 불신앙으로 인해 마음이 흔들리지 않게 해주시기를 기원합니다! 인생을 살면서 좋은 일이든 나쁜 일이든 어떤 일을 만나도 우리가 오직 하나님만 신뢰한다면, 우리가 우리의 눈이나 귀를 믿는 것보다 하나님을 더 믿는다면, 우리의 몸이 죽은 것 같더라도 하나님께서 우리와 맺으신 그 약속을 말 그대로 지켜 주실 것을 우리가 굳게 믿기만 한다면, 믿음으로 말미암아 항상 옳은 일을 행하고 조금도 굴하지 않으며 어긋난 길로 가지 않는다면, 그렇다면 그 때 우리의 평강이 강과 같겠고, 우리의 공의가 바다 물결 같을(사 48:18) 것입니다. 비록 우리의 옷이 소박하고 볼품없다 해도, 우리가 불신앙의 세대 속에서 비방과 조롱에 무방비로 노출되어 있다 해도, 우리의 인품에는 왕의 위엄이 서려 있을 것입니다. 사람들이 어떤 말을 해대든지, 그들은 하나님을 믿고 믿음의 사람으로서 마땅히 살아가야 할 삶을 살아가는 자들을 실제로 존경하고 경의를 표할 것입니다. 만약 여러분이 이 세상에서 수천 개의 귀한 보석보다 더욱 귀한 완전한 안식을 누리기 원한다면, 만약 여러분이 마음의 평안이라 불리는 허브 꽃으로 여러분의 단춧구멍을 장식한 옷을 입기를 원한다면, 만약 여러분이 만족한 가운데 고요하고 행복하게 모든 걱정과 두려움에서 벗어나 이 세상을 살아가길 원한다면, 여호와를 의뢰하고 선을 행하며, 땅에 머무는 동안 그분의 성실을 먹을거리로 삼으십시오(시 37:3). 하나님께서 "네게 복을 주어"라고 말씀하지 않으셨습니까? 하나님께서는 여러분의 믿음을 방편으로 여러분에게 복을 주실 것입니다. 그러므로 온 세상이 격분하여 근심하고 불안해도, 여러분은 평안하고 행복한 자가 되게 하실 것입니다.

둘째, 이런 믿음의 안식 외에도, 아브라함은 믿음으로 승리하였습니다. "세상을 이기는 승리는 이것이니 우리의 믿음이니라"(요일 5:4)는 말씀대로 말입니다. 아브라함은 전사(戰士)가 아니었습니다. 그러나 그가 싸우라는 부르심을 받았을 때, 그는 정말 열심히 싸웠고, 그의 대적들은 쓰러지거나 그가 보는 앞에서 도망쳤습니다. 아브라함이 그돌라오멜과 그와 함께 한 다른 여러 왕들을 물리쳤을 때, 그가 이룬 믿음의 승리는 단순히 그 전장(戰場)에서 그친 것이 아니라, 그 이후에도 계속되었습니다. 그 왕들이 평지 성읍들에 사는 왕들의 전리품들을 빼앗아 가지고 갔지만, 아브라함은 그 모든 것들을 다시 빼앗아 왔고, 그것을 자기 것이라고 주장할 수 있었습니다. 소돔 왕이 아브라함에게 "사람은 내게 보내고 물품은 네가 가지라"(창 14:21)고 말했어도 말입니다. 그 전리품들은 틀림없이 양과 질에서 대단했을 것이고, 보통 사람들은 그런 보물들을 보면 갖고 싶어 갈망하지 않을 수 없을 정도였습니다. 그래도 아브라함은 다음과 같이 대답하였습니다. "천지의 주재이시요 지극히 높으신 하나님 여호와께 내가 손을 들어 맹세하노니, 네 말이 내가 아브람으로 치부하게 하였다 할까 하여 네게 속한 것은 실 한 오라기나 들메끈 한 가닥도 내가 가지지 아니하리라"(창 14:22-23). 그 족장은 "아니요, 내가 받은 모든 것은 하나님으로부터 받은 것이지, 소돔 왕으로부터 받은 것이 아니오"라고 말하였습니다. 이렇게 할 수 있는 아브라함의 행동이 바로 참된 믿음의 승리였습니다. 그리스도인이 죄를 이기는 것도 위대한 일이지만, 미덥지 않아 보이는 것에 굴복하지 않거나 비록 정당해 보여도 이기적인 것에 굴복하지 않는 이런 행동이야말로, 더 크고 위대한 일이라고 저는 생각합니다. 어떤 사람이 다음과 같이 말하는 것도 믿음의 승리입니다. "아니요, 아니요, 나는 이 일도 할 수 있고 저 일도 할 수 있고 다른 일도 할 수 있습니다. 그러나 저는 하나님의 자녀이기에, 그 일을 하지 않으렵니다. 저는 하나님을 신뢰하기에, 제가 인생을 살다가 어느 때든 누군가가 '그 일은 그리스도인이 해서는 안 될 일이었는데' 하는 말이 나오지 않도록 그 일을 하지 않을 것입니다. 아니요, 저는 그 일로 인해 나의 하나님의 이름이 영광을 받지 못하거나 그분의 이름에 누를 끼치지 않도록 소돔 왕에게 속한 것은 실 한 오라기나 들메끈 한 가닥도 가지지 않겠습니다."

　아브라함이 그 날에 왕의 골짜기에서 거둔 승리는 얼마나 영광스러웠는지 모릅니다! 그리스도인들도 하나님을 믿는 믿음으로 산다면, 그와 똑같은 승리를 자주 하게 될 것입니다. 비록 남들이 가진 것만큼 이 세상의 재물들을 가지지 못했다 해도, 그리스도인들은 그 재물로 인해 초조해하거나 그 재물들을 애타게 그리워하지 않을 것입니다. 그는 "그런 것이 없어도 나는 충분히 행복하다"고 말할 것입니다. 하나님께서 즐거이 그 사람을 부유하게 하고자 하신 것이라면, 그는 그것들을 누리며 살지, 그것들로 인해 마음 조리며 살지 않을 것입니다. 그는 "아닙니다. 이런 재물들이 있다고 행복하다 할 수 없지요. 나의 보화는 이보다 더 귀하고 고상한 것입니다"라고 말할 것입니다. 세상에는 부자가 되어서는 안 될 사람들이 많이 있습니다. 만약 그들이 부를 얻게 된다면, 그만 교만해져서 금으로 우상을 만들 것이기 때문입니다. 그러나 참된 천국의 상속자들은 이 복을 하나님으로부터 받습니다. 그런 사람은 바울처럼 비천에 처할 줄도 알고 풍부에 처할 줄도 알며, 배부름과 배고픔에도 처할 줄 알고, 어떠한 형편에든지 자족하기를 배운 자입니다. 이러한 교훈을 배운 자야말로 복을 받은 자입니다.

셋째, 아브라함이 이미 받았고, 모든 신자들도 함께 받을 또 다른 복은 그가 하나님과 함께 하는 능력을 가졌다는 것입니다. 오, 우리 모두 이러한 능력을 얻어 그 능력을 항상 활용하게 되기를 기원합니다! 하나님께서는 가공할 만한 죄악으로 인해 평지에 있는 성읍들을 멸하고자 하셨습니다. 하나님은 스스로에게 다음과 같이 말씀하셨습니다. "내가 하려는 것을 아브라함에게 숨기겠느냐?"(창 18:17)고 말입니다. 하나님께서 물어볼 정도의 사람이라면, 정말 복을 받은 사람이지 않습니까? 하나님은 아브라함에게 가서 자신께서 하고자 하는 바를 말씀하셨습니다. 그러자 아브라함은 자기가 하나님으로 인해 받은 능력으로 즉시 그분께 간구하기 시작했습니다. 이것이 바로 하나님의 사람(the man of God)과 사람의 하나님(the God of the man) 간에 일어난 그 유명한 대화입니다. 여러분은 아브라함이 어떻게 간구했는지를 알고 있을 것입니다. 그는 "주께서 의인을 악인과 함께 멸하려 하시나이까? 그 성 중에 의인 오십 명이 있을지라도 주께서 그 곳을 멸하시고 그 오십 의인을 위하여 용서하지 아니하시리이까?"(창 18:23-24)라고 말하였습니다. 그 이후에 그는 또다시 "오십 의인 중에 오 명이 부족하다면 그 오 명이 부족함으로 말미암아 온 성읍을 멸하시리이까?"(창 18:28)라고 말하였습니다. 그리고 나서 아브라함은 그 수를 사십, 삼십, 이십, 마침내 의인 열 명으로까지 줄이며 간구하였습니다. 이 한 사람의 인간, 이 족장, 사막에 있는 이 한 사람의 유목인이 영원한 하나님께 이처럼 간구하고 그분과 씨름한다는 것은 영광스러운 일이지 않습니까? 왕위에 앉은 왕들의 장관(壯觀)에 대해 제게 말하지 마십시오. 하나님과 더불어 이처럼 대화하는 아브라함이 그 모든 왕들이 보여주는 장관보다 더 위대해 보입니다. 군중들의 환호성 가운데 싸움에서 돌아온 용감한 전사들에 대해서도 제게 말하지 마십시오. 하나님 앞에서 혼자 있는 이 사람, 여호와의 팔을 의지하여 이 멸망해가는 도성의 백성들을 위해 자비를 간구한 이 사람이야말로, 결국 죽을 수밖에 없는 다른 모든 인간들보다 더욱 위대한 자입니다. 루터(Luther)가 거리를 걷노라면 사람들은 그에 대해 다음과 같이 말하곤 하였습니다. "자기가 간구하고자 하는 것은 무엇이든 하나님으로부터 받을 수 있는 사람이 저기 가고 있다"고 말입니다. 하나님께서 이와 같은 특권을 주신 몇몇 사람들이 있다는 것을 알고 있습니다. 하지만 우리도 하나님 앞에서 홀로 하나님과 동행하고자 한다면, 그리고 그분을 전적으로 신뢰하기만 한다면, 그분께서는 우리에게도 까르뜨 블랑슈(carte blanch, 백지수표)를 주실 것입니다. 그분께서는 다음과 같은 그리스도의 놀라운 말씀 안에서 그 수표를 우리에게 주셨습니다. "너희가 내 안에 거하고 내 말이 너희 안에 거하면 무엇이든지 원하는 대로 구하라 그리하면 이루리라"(요 15:7). "또 여호와를 기뻐하라 그가 네 마음의 소원을 네게 이루어 주시리로다"(시 37:4). 이것은 마치 천국에 있는 성도들이 허리춤에 달고 다니는 은으로 만든 열쇠들과 같습니다. 그들은 비를 오게 하는 열쇠를 가지고 있지 않았습니까? 엘리야는 자신이 가진 그 열쇠를 돌려서 구름을 막아 삼년 육 개월 동안 비가 오지 못하게 하였으며, 다시 반대편으로 열쇠를 돌려 그 땅에 복된 비가 내리도록 하지 않았습니까? 오, 우리도 이런 믿음을 가지기만 한다면, 우리의 필요를 따라 하나님께 간구할 때, 은혜의 자리(시은소, 施恩所)에서 내려오는 이런 고귀한 특권을 갖게 될 것입니다. 그리하여 "네게 복을 주어"라고 하신 그분의 약속이 우리 각자에게 성취될 것입니다.

넷째로, 아브라함은 시험 가운데서도 지키시는 큰 복을 하나님께로부터 받았다는 사실입니다. 여러분은 아브라함에 대한 말씀 중 어떤 작은 기록을 주의해서 본 적이 있습니까? 우리의 관심을 끄는 것은 그가 아들인 이삭을 번제물로 바친 이후입니다. 그 일은 마땅히 죽어야 할 인간에게 닥칠 수 있는 시련 중 가장 뼈아픈 것이었습니다. 즉 자기의 친 아들, 하나밖에 없는 외아들, 자기가 사랑하는 아들, 기적적으로 얻은 그 아들을 가서 번제물로 바치라는 명령이 아브라함에게 내려졌던 것입니다. 하지만 돈독한 믿음을 가진 그는 하나님께서 친히 그분의 약속을 지키실 것이며, 필요하다면 죽은 자들 가운데서라도 이삭을 살리실 것이라는 확신이 있었습니다. 그래서 그에게는 그런 명령을 내린 이유가 문제였던 게 아니라, 좀 끔찍해 보이는 그 하나님의 뜻을 어떻게 이행할 것인가가 문제였습니다. 이 큰 시험 이후 얼마 지나지 않아 다음과 같은 말씀이 기록되었습니다. "아브라함이 나이가 많아 늙었고 여호와께서 그에게 범사에 복을 주셨더라"(창 24:1). 이것은 아브라함의 전 생애 역사에 대한 간단한 평입니다. 하나님께서는 그에게 복을 주겠다고 약속했고, 그 약속을 이행하셨습니다. "여호와께서 그에게 범사에 복을 주셨더라." 무슨 말입니까? 그렇다면 아브라함에게 자기 아들을 죽이라고 명령하실 때도 복을 주셨다는 말씀입니까? 그렇습니다. 하나님께서는 "그에게 범사에 복을 주셨습니다." 그렇다면 하나님께서 자기 아내 사라를 데리고 가셨을 때도 복을 주셨다는 말씀입니까? 그렇습니다. "여호와께서 그에게 범사에 복을 주셨기" 때문입니다. 아브라함의 생애에 이러한 고난들이 없었다면, 아마도 이 말씀은 실현되지 않았을 것입니다.

사랑하는 성도 여러분, 이 문제를 잠시 살펴보겠습니다. 여러분과 제가 모든 염려와 시련과 가난과 고통과 아픔을 지닌 채 우리의 여정을 마치게 될 때, 만약 우리가 아브라함과 같은 믿음을 가지고 있다면, 우리 각자에 대해서도 다음과 같이 기록될 것입니다. "여호와께서 그에게 범사에 복을 주셨더라. 그의 고난 가운데서 그에게 복을 주셨고, 잔인해 보이는 시험들 가운데서도 그에게 복을 주셨고, 그 모든 것 가운데서도 그를 지키시어 그에게 복을 주셨더라"고 말입니다. 만약 제가 나이든 뱃사람이라면, 유리 바다처럼 고요한 바다위에서만 항해하는 것을 좋아하지 않았을 것입니다. 나이가 일흔이 되어 집에 있을 때, 나의 어린 손자가 내 주위에 둘러 앉아 배에서 보낸 나의 인생에 대해 이야기를 듣는다면, 저는 다음과 같은 말로 모든 것이 요약되는 그런 인생은 싫을 것 같습니다. "얘들아, 나는 폭풍우에 대해서 아는 게 하나도 없단다. 나는 평생 폭풍우를 한 번도 보지 못했어. 너희들도 알다시피 나는 순풍이 불지 않으면 절대로 바다로 나가지 않았거든. 내가 배에 오를 때마다 모든 폭풍들은 잠잠해졌지. 그래서 항구에 이를 때까지 나는 바다를 구경하는 것 외에는 아무것도 할 일이 없었어." 그러면 그 아이들은 "그럼 할아버지, 큰 파도는 있었어요?"라고 물을 것입니다. "아니, 한 번도 없었어." "그럼, 암초에 걸려 조난당한 적은 있었어요?" "아니, 한 번도 없었어. 내가 배를 타기 시작할 때부터 내릴 때까지 모든 것이 순조롭기만 했어." 그런 뱃사람은 자신의 생애에 대해 얘기할 만한 것이 아무것도 없을 것입니다. 사람들은 그런 생활을 한 뱃사람을 많이 인정하지도 않을 것입니다. 또한 우리 가운데 군에서 퇴역한 군인 한 사람이 "나는 한 번도 화약 냄새를 맡아보지 못했다"라고 말하는 경우를 가정해 봅시다. 저는 우리의 군인들이 가능하면 전투를 하지 않게 되도록 하나님께 기도하고 있습니다. 그래도 그가 말한 것이 사실이라면, 그에게는 군인다운 면모가 전혀 없을 것입니다. 여러분과 제게 시련이나 고난이 없다면, 우리는 결코 신앙심이 돈독한 그리스도인들이 되지 못할 것입니다. 만약 우리가 태어난 첫날부터 생을 마감할 때까지 우리에게 빵과 버터가 한없이 많아서 음식이 부족했던 적이 한 번도 없고, 힘든 수고도 해본 적이 전혀 없고, 극심한 갈등도 겪어본 적이 전혀 없고, 비통한 고통도 없고, 쓰라린 어려움도 전혀 겪어보지 못했다면, 우리가 천국에 이르렀을 때 하나님께 합당한 영광을 충분히 돌려드릴 수 없을 것입니다. 그러나 큰 파도를 맞닥뜨려 보기도 하고, 맹렬한 폭풍우가 드러내는 흰 이빨도 보면서, 죽음의 문턱까지 가보고도 무사히 돌아온 뱃사람이야말로 얼마나 복된 사람인지 모릅니다. 하나님께서 베푸시는 은혜의 그 초자연적인 능력으로 난관에서 건져 올림을 받은 자들, 두려워할 이유가 많았지만 전혀 두려워하지 않는 자들이야말로 얼마나 복 받은 자들인지 모릅니다! 그러므로 사랑하는 성도 여러분, 여러분에게 임하게 될 복은 천국으로 내내 편안하게 갈 수 있는 평탄한 길로 임하는 것이 아니라, 끝없이 인내하는 믿음의 형태로 임합니다. 그래서 여러분은 모든 시험 가운데 굳건히 서게 되어 마침내 여러분의 안식으로 들어가 최종적으로 다음과 같이 말하게 될 것입니다. "여호와께서 나에게 범사에 복을 주셨더라. 그의 거룩한 이름이 찬송을 받을지어다!"

　다섯째로, 아브라함이 받은 또 다른 특별한 은혜는 하나님께서 함께하심입니다. 저는 하나님께서 인간에게 주시는 가장 큰 복은 친히 그분께서 우리와 함께하시는 것이라고 생각합니다. 만약 제게 이 땅의 삶이 줄 수 있는 모든 복들 가운데 하나를 고르라고 한다면, 저는 분명히 재물은 구하지 않을 것입니다. 왜냐하면 재물은 결코 평안을 줄 수 없기 때문입니다. 그리고 저는 인기도 구하지 않을 것입니다. 왜냐하면 항상 사람들이 하는 말에 부응해야 하는 사람에게는 평안이 없기 때문이며, 사람들의 구미(口味)에 맞게 행동하는 것도 정말 힘든 일이기 때문입니다. 저는 하나님께서 나와 함께 하시는 것을 나의 최고의 명예로 알고 선택할 것입니다. 만약 하나님께서 뜨겁게 불타오르는 느부갓네살의 풀무에도 함께 계시고, 편안한 잠자리에도 함께 계신다고 한다면, 누가 이 양자 중에 하나만 선택할 수 있겠습니까? 풀무불이든 편안한 잠자리든 하나님께서 함께 하신다면 그런 것들은 전혀 문제되지 않습니다. 우리는 두 경우 중 어느 것을 선택하든 그저 행복할 따름입니다. 하나님께서 우리와 함께 하신다면, 다시 말해 그분의 신적인 사랑이 우리를 감싸고 있다면, 우리가 어디를 가든 우리와 맺은 그 사랑은 지속되며, 우리가 어느 곳을 여행하든 그분은 친히 우리의 거처가 되십니다. 그래서 우리는 모세와 더불어 "주여 주는 대대에 우리의 거처가 되셨나이다"(시 90:1)라고 말할 수 있게 됩니다. 이런 마음이야말로 하나님의 충만하심으로 가득한 천국 같은 마음입니다. 그런 사람이 바로 하나님 안에 거하는 자이며, 하나님께서도 그 사람 안에 거하십니다. 그런 자들에게 모든 큰 복들이 주어집니다. 이 복은 예수님을 진정으로 믿는 모든 자들과, 세상에서 뛰쳐나와 아브라함이 행한 믿음의 삶을 살아가는 모든 자들이 누릴 특권입니다. 사랑하는 신자 여러분, 여러분의 머리를 조아리십시오. 그리고 여호와 하나님께서 여러분에게 "내가 반드시 너에게 복 주고"(히 6:14)라는 이 축복의 말씀을 하시게 하십시오. 슬픔, 고통, 피곤, 부담 등을 겪는다 하더라도, "내가 너에게 복 주고"라는 이 말씀을 친히 하나님의 입에서 나오는 말씀으로 받으십시오. 가난하고 무시 받고 비방을 들어도, 이 복은 결코 단 한 치도 줄지 않습니다. 그러므로 여러분은 여러분에게 임하는 이런 것들에 대해 마음 편히 생각하고, 계속해서 기쁜 마음으로 여러분이 가야 할 천국을 향해 나아가기 바랍니다.

2. 두 번째 복

이제 우리는 오늘 본문의 두 번째 부분으로 눈을 돌려 아브라함에게 약속하신 두 번째 복에 대해 생각해 보고자 합니다. "너는 복이 될지라." 하나님께서 어떤 사람을 축복해 주실 때, 하나님께서는 그 사람이 다른 사람들의 복이 되게 하십니다. 하나님께서는 그 사람을 충만하게 채우셔서, 주위 사람들에게 그 복이 흘러넘치도록 하십니다. 성령님께서도 하나님의 생명을 그 사람 마음에 넣어 그 생명이 그로부터 나와 다른 사람들에게 흘러가도록 하십니다.

그렇다면, 우리는 어떻게 다른 사람들에게 복을 줄 수 있을까요? 저는 다음과 같이 대답하고자 합니다. 첫째, 참된 그리스도인들은 스스로 모범을 보임으로써 다른 사람들에게 복을 줄 수 있습니다. 제가 한 가지 사례를 들겠습니다. 때로는 예를 드는 것이 설명보다 더 낫습니다. 여기 있는 사람들 중에, 그 유명한 복음 설교자인 존 에인젤 제임스(John Angell James, 영국 비국교도 성직자 — 역주) 목사가 설교하는 것을 들어보지 못한 사람은 거의 한 명도 없을 것입니다. 그가 삼십삼 년 전에 케임브리지에서 버밍엄까지 순회 전도 여행을 다니던 때가 생각납니다. 아마도 제가 존 에인젤 제임스 목사의 설교를 들어보았다는 말을 이렇게 할 수 있기 위해서, 그가 그런 여행을 다닌 것 같습니다. 저는 그가 설교하는 것을 분명히 들었습니다. 그 설교를 듣고 저는 마음에 큰 위로와 기쁨을 가졌습니다. 지금까지 많은 사람들을 그리스도에게로 인도하는 수단이 되어온 「구원을 열망하는 자들을 위하여」(*The Anxious Inquirer After Salvation*, 1834)라는 책의 저자가 바로 그인 것을 여러분은 알 것입니다. 그런데 여러분은 그가 어떻게 해서 한 사람의 그리스도인이 되고 설교자가 되었는지를 들어본 적이 있습니까? 그는 여기 있는 많은 이들과 마찬가지로 어느 사무실의 점원으로 일하며 그 주인집에서 기숙하였습니다. 사무실에서 하루 일과가 끝나면 밤에 기도나 성경읽기 등은 전혀 생각도 못한 채 그냥 잠자리에 들기가 일쑤였습니다. 그런데 사무실에 젊은 새로운 점원 한 사람이 들어왔습니다. 제임스는 일과 후 이층으로 올라가 재빨리 옷을 벗고 잠자리에 들었지만, 놀랍게도 그 때 그 새로 들어온 점원은 촛불을 옮기고는 자기 가방에서 성경책을 꺼내 의자를 끌어당기며, 마치 자기 집에 있는 것처럼 고요히 앉아 성경을 한 장 읽었습니다. 그런 다음 마찬가지로 경건하게 그의 침상 곁에서 무릎을 꿇고 기도를 하였습니다. 그 새로 온 점원은 존 에인젤 제임스가 기도하지 않는 것에 대해 한 마디도 말하지 않았지만, 그럼에도 말하는 것보다 훨씬 더 큰 일, 즉 몸소 기도하였던 것입니다. 그 때로부터 수개월이 채 지나기도 전에, 제임스는 회심한 사람이 되었습니다. 그리고 그 때로부터 이삼 년이 채 지나기도 전에, 그는 복음을 전하는 사역자가 되었습니다. 그 유명한 설교자가 쓰임을 받게 된 데는, 마땅히 해야 할 옳은 일을 용감하게 실천했던 저 무명의 젊은 점원의 결심이 있었다고, 저는 생각하지 않을 수 없습니다. 하나님께서는 그 젊은 점원에게 "네게 복을 주어 … 너는 복이 될지라"고 말씀하셨던 것입니다. 후에 그 젊은 점원은 스스로 "제가 그 날 밤 무릎 꿇어 기도한 것에 대해 하나님께 감사드립니다. 저의 그 작은 행동으로 말미암아 그 하나님의 사람이 예수님의 발치로 인도함을 받았고, 그를 도구삼아 수만 명의 사람들이 회심하게 되었나이다"라고 말했을지도 모르겠습니다.

　"너는 복이 될지라." 오, 우리가 어디를 가든 우리도 이와 같은 모범을 보여 복이 되어야 할 것입니다! 아마도 여러분 가운데 어떤 이들은 아주 불쌍한 이웃들과 함께 살고 있을 것입니다. 삶이 궁핍해지면서 뒷골목의 빈민가에 살 수밖에 없었겠지요. 여러분이 회심하게 되자 바로 여러분은 죄악이 우글거리는 그곳을 떠나 멀리 이사하고 싶어 합니다. 저는 그런 바람을 가진 여러분을 책망하지 않겠습니다. 누가 굳이 그런 곳에 머물고 싶어 하겠습니까? 하지만 등불이 켜지는 순간, 그 어두운 곳에서 그 등불을 꺼내야 한다고 생각하니 유감스럽기도 합니다. 사랑하는 성도 여러분, 그 빈민가는 여러분의 모범된 생활을 필요로 하는 곳입니다. 여러분은 소금을 어디에 사용합니까? 당연히 소금이 없으면 썩게 될 그런 곳에 쓰지 않습니까! 이와 마찬가지로 다음과 같이 말할 수 있는 하나님의 자녀가 반드시 있어야만 합니다. "우리는 여기 살면서 마귀들을 모두 내쫓을 작정입니다. 우리는 이 외진 곳을 떠나지 않을 겁니다. 하나님께서 우리의 이 싸움을 승리하게 하시기까지 우리는 여기에 머무르면서 원수와의 싸움을 중단하지 않을 작정입니다."

사랑하는 성도 여러분, 둘째로 하나님께서 들어 쓰는 자들은 자신들의 기도로써 복이 되는 자들입니다. 다른 사람이 드린 기도의 응답으로 우리에게 임한 충만한 복을 알고 있는 자들이 여기에도 있지 않습니까? 자신을 위해 기도해 주는 누군가가 없는 사람이야말로 불행한 사람입니다. 반면에 매일 여러 성도들의 기도 제목이 된 자야말로 부자라 할 수 있습니다. 오, 사랑하는 성도 여러분, 하나님께서 여러분을 구원해 주셨습니다. 그렇다면, 다른 사람을 위한 여러분의 기도에 절대로 인색하지 마십시오! 그리고 다른 사람을 위한 중보기도 가운데 저를 위해서도 기도해 주기를 부탁드립니다. 수많은 이들이 저를 위해 기도해 주기에 저는 스스로 부자로 여깁니다. 아침저녁으로 기도하는 중에 저를 위한 기도를 절대로 빼먹지 않겠다고 자발적으로 서약한 수천 명의 그리스도인들이 있다는 사실을 생각할 때, 제가 얼마나 기쁘고 위로를 받는지 모릅니다! 저는 제 마음 깊은 곳에서 그들에게 감사를 드립니다. 저를 위한 그들의 중보기도야말로 더할 나위 없이 큰 사랑의 행동입니다. 그리스도의 모든 사역자들을 위해 기도해 주십시오. 모든 그리스도인들을 위해서도 기도해 주십시오. 죄가 목에까지 차오른 우리의 이 큰 사악한 도성을 위해 밤낮으로 기도해 주기를 바랍니다. 그리하여 하나님께서 이 도성에 은혜 베풀어 주시기를 기원합니다! 하나님의 자녀여, 여러분은 골방에 들어가 무릎을 꿇고서 지극히 높으신 그분께 힘차게 부르짖으십시오. 이 악한 날들로 인해 그런 기도가 간절히 요구됩니다. 우리에게 중보 기도하는 자들이 필요한 때가 있다면, 바로 지금이 그 때입니다. 존 녹스(John Knox)의 기도가 스코틀랜드를 구했던 것처럼, 잉글랜드를 구하기 위해서는 우리에게도 그와 같은 사람이 필요합니다. 바로 지금 이 순간 우리나라에 복이 될 그와 같은 사람이 필요합니다. 여러분은 강력하고 열정적인 기도로 복이 될 수 있습니다. 그러므로 신자이신 여러분 모두는 "쉬지 말고 기도"(살전 5:17)하십시오.

셋째로, 하나님께서 우리에게 복을 주셨다면, 우리는 마땅히 우리의 일상생

활로 복이 되려고 노력해야만 합니다. 재치 있는 목회자인 시드니 스미스 (Sydney Smith, 영국 성공회 성직자 ― 역주)는 종종 아주 훌륭한 얘기들을 하였습니다. 그 가운데 기억나는 것은 "날마다 누구를 대상으로 하든 그 사람을 행복하게 하는 것을 규칙으로 삼으라. 어린 아이에게 동전 한 개를 주거나, 여자가 혼자 들기에는 너무 무거워 보이는 것을 이고 가거든 그 불쌍한 여인의 짐을 들어주어라." 이 세상에는 실제로 많은 비참한 일들이 일어납니다. 그런데 우리마저 어린 아이를 울린다거나 거리의 개 한 마리를 으르렁거리게 한다면, 그것 또한 유감스러운 일일 것입니다. 우리는 어디에 있든지 모든 사람을 행복하게 해주어야 합니다. 왜냐하면 우리 주님도 각계각층의 다양한 처지에 있는 사람들에게 선한 일을 행하며 두루 다니셨기 때문입니다. 그러므로 주님을 사랑하는 우리도 마땅히 우리의 가정에서 가장 쾌활한 눈빛과 가장 즐거운 얼굴빛을 띠어야 합니다. 제가 아는 어떤 그리스도인들은 너무 무서울 정도로 선하고 고통스러울 정도로 경건해서, 그들 옆에서는 제가 살 수가 없습니다. "너는 이래서는 안 된다. 저래서도 안 된다"라는 글씨가 그들의 이마에 정면으로 쓰인 것처럼 보입니다. 우리가 절대로 하지 말아야 할 것들을 그들은 완벽하게 알고 있습니다. 그러나 우리가 가진 이 거룩한 믿음 안에는 우리의 복되신 기쁨의 구세주로부터 온 기쁨과 즐거움과 쾌활한 것이 들어 있습니다. 물론 구세주는 슬픔의 사람(사 53:3 KJV, '간고를 많이 겪었으며'[개역개정])이셨지만, 그럼에도 그분은 밝은 분이기도 하셨습니다. 그런데 그들은 이런 구세주의 밝은 모습들을 모두 잊은 것처럼 보입니다. 사랑하는 성도 여러분, 우리 가운데는 그런 이들이 없기를 바랍니다. 도리어 우리는 우리가 가진 온 힘을 다해 모든 사람들에게 복이 되도록 노력합시다. 무엇보다도 아무도 거들떠보지 않는 자들에게 복이 되도록 합시다. 우리는 우리가 가던 길을 멈추고서 잊힌 자들을 기억하며, 도움을 받지 못하는 자들을 돕고, 가장 궁핍한 가운데 있는 자들을 원조하도록 합시다. 여러분은 이 세상이 어떠한지 알고 있을 것입니다. 모든 사람들은 어떤 것이 더 필요하지 않은 사람에게 무언가를 더 주려고 합니다. 도대체 왜 가난한 자들, 궁핍한 자들, 도움을 받지 못하는 자들에게는 주려고 하지 않습니까? 그런 자들이야말로 우리가 가진 것들을 마음껏 베풀어야 할 대상들입니다. 이러한 자들은 우리에게 보답할 수 없을 것입니다. 그러므로 그런 그들에게 선행을 베푼다면 마지막 날에 우리는 상을 받게 될 것입니다. 오, 우리가 어디에 있든 다른 사람들을 행복하게 하려고 노력하는 그 믿음이야말로 참된 복이지 않겠습니까!

넷째로, "너는 복이 될지라"는 이 약속이 아브라함에게 주어졌을 때, 이 약속의 핵심은 틀림없이 아브라함이 예수 그리스도와 맺은 관계로 말미암아 온 세상의 복이 되었다는 사실이었을 것입니다. 우리 주님은 아브라함의 자손이었습니다. "이는 확실히 천사들을 붙들어 주려 하심이 아니요 오직 아브라함의 자손을 붙들어 주려 하심이라"(히 2:16)는 말씀대로, 우리 구세주는 한 사람의 유대인이었습니다. 그분은 그 민족의 본성을 친히 가지셨고, 바로 그 점에서 아브라함이 온 세상의 복이 된 것입니다. 그래서 지금, 구세주를 믿는 우리는 영적으로 아브라함의 자녀들입니다. 물론 우리는 육신을 따라 단순히 아브라함의 자손이 된 사람들처럼 그렇게 언약에 들어가지는 않습니다. 그러나 약속의 자녀인 이삭과 함께 우리는 언약에 들어갑니다. 그것은 육신을 따라 된 것이 아니라, 성령의 능력을 따라 된 것입니다. 그래서 우리는 아브라함 안에 있던 그 믿음, 그리고 성령님의 은사로 우리 안에도 거하고 있는 그 믿음으로 말미암아 구원의 상속자들이 됩니다.

사랑하는 성도 여러분, 만약 여러분이나 제가 다른 사람들에게 복이 되고자 한다면, 우리는 날마다 만나는 사람들에게 주 예수 그리스도를 마땅히 소개해야 합니다. 여러분은 친구와 대화하면서 여러분의 구세주에 대한 이야기를 빼놓고 대화하지 마십시오. 구세주라는 그 귀한 이름을 소개하지 않고서 그 집에 오래 머물러 있지도 마십시오. 예수님이라는 그 귀한 이름 속에 있는 향기, 달콤함, 위로, 치유, 생명 등에 대해 말할 것이 너무나 많습니다. 각계각층의 친구들에게 그분을 아무리 자주 언급하고 소개한다 해도, 여러분은 그분에 대해 다 말할 수 없을 것입니다.

저는 예전에 수갑을 찬 채로 교도소에 수감되기 위해서 경찰에 의해 끌려가던 한 사람에 관한 이야기를 들은 적이 있습니다. 그 사람은 흉악범으로 보통 사람의 얼굴이 아니었고, 마치 살인자를 위해 만들어진 얼굴처럼 험한 인상을 가지고 있었습니다. 그래서 그가 경찰서에 서 있으면 그를 쳐다보려는 사람이 거의 없었습니다. 그런데 한 어린 소녀가 그에게 다가와 그의 얼굴을 쳐다보고는 "불쌍한 아저씨, 저는 아저씨가 가여워 보여요"라고 말했습니다. 그는 추잡하고 상스러운 표현 정도는 아무렇지 않게 내뱉을 정도로 흉악한 사람이었기 때문에, 그 아이는 놀라서 자기 아버지 곁으로 달려갔습니다. 그러나 그 여자 아이는 아버지 곁에서 오래 있을 수 없었습니다. 아이는 그 사악한 사람에게 무언가 끌리는 것이 있었던 모양입니다. 그래서 죄수가 있는 그 유치장으로 다시 달려가, "불쌍한 아저씨, 예수님도 아저씨를 불쌍히 여기고 계세요. 정말 그래요"라고 말했습니다. 경찰관은 그 죄수를 교도소로 이송하면서 교도관에게 "이 녀석 때문에 아마도 속 꽤나 썩을 겁니다. 이 녀석은 우리가 지금까지 대한 놈들 중에 가장 끔찍한 짐승 같은 놈입니다. 이 녀석을 잡느라 많은 사람이 동원되었습니다"라고 말했습니다. 그런데 다음 날 아침 그 죄수는 침착하게 순종하는 사람이 되어 있었습니다. 수감 기간 내내 그곳 수감자들 중 그보다 더 훌륭한 모범수가 없을 정도였습니다. 그의 형기를 다할 때쯤, 그는 변화된 사람으로 교도소를 나왔습니다. 그는 교도소 담당 목사에게 자신이 그렇게 변화된 이유를 말해주었습니다. 예전에 한 여자 아이가 자기도 그를 불쌍히 여기고, 예수 그리스도도 그를 불쌍히 여긴다고 말했기 때문이라고 말입니다.

예수님이라는 그 복된 이름을 우리가 더욱더 자주 전할 때, 그 때 "네게 복을 주어 … 너는 복이 될지라"는 오늘의 본문 말씀이 성취될 것입니다. 오, 우리가 먼저 그분에게 나아가 그분 안에 간직되어 있는 보화들을 발견하고, 그 후에 우리의 가족과 우리 주위에 있는 모든 사람들에게 우리가 복이 되기를 기원합니다! 오, 하나님, 우리가 그렇게 될 수 있도록 도와 주옵소서! 당신의 귀하신 아들의 이름으로 기도드립니다. 아멘.

제
13
장

—

아브람의 소명 사례로 살펴본
유효적 소명

—

**"가나안 땅으로 가려고 떠나서 마침내
가나안 땅에 들어갔더라."** — 창 12:5

여러분이 어떤 어린 아이의 성품을 알고 싶다면, 그 아이의 아버지를 잘 살펴보면 알 수 있을 것입니다. 어린 새는 아버지가 자기 앞에서 날고 지저귀는 모습 그대로 따라합니다. 만약 우리가 믿음의 자녀가 살아야 할 삶을 알기 원한다면, "믿음의 조상"이 살아갔던 역사를 살펴보아야 합니다. 믿음의 사람인 아브라함은 모든 신자들이 따라야 할 모범이며, 그의 삶에 대한 얘기들은 바르게 숙고되기만 한다면, 하나님을 믿는 모든 성도들의 역사를 반영하고 있는 하나의 거울과 같습니다. 아브라함의 믿음의 이력은 그가 처음으로 고향 사람들과 구별되어 가나안 땅으로 들어가게 된 그 때부터 시작됩니다. 이러한 출발은 전능하신 그분의 은혜의 역사로 세상과 구별되어, "너희는 그들 중에서 나와서 따로 있고 부정한 것을 만지지 말라"(고후 6:17)는 위대한 명령에 순종하고자 하는 우리에게, 우리의 유효적 소명에 관한 가장 교훈적인 가르침을 주고 있습니다. 아직 아브람으로 불릴 때였지만, 신자로서 그는 구별된 삶을 살았고, 혈육 관계에서 비롯되는 애정과는 다른 사랑으로 지배받는 삶을 살았으며, 보이지 않는 것들, 즉 하나님의 명령과 그분의 임재와 그분의 인정이 최우선으로 고려되는 삶을 살았습니다. 그리고 마치 조종사가 배의 키를 잡고 앉아 있는 것처럼, 자기 영혼을 믿음이 안내하는 삶을 살았습니다. 아브람은 육신을 부인하고 십자가를 지고 진(陣) 밖으로 나가서, 여호와께 성별된 자로 살다가, 하나님의 친구로 죽어 사람들 가운데 객이 되었습니다. 그가 보여준 구별된 삶의 시작은 그와 동일한 삶을 시작하는 우리에게 하나의 생생한 그림이 됩니다. 아브람의 소명은 우리의 소명을 재연해 주고 있습니다. 오늘 아침 저는 이 주제에 대해 말하고자 합니다. 여러분이 제 설교를 주목해서 잘 들어주기를 바랍니다.

1. 아브람의 소명은 유효적 소명의 예가 됩니다.

첫 번째로 아브람의 소명은 유효적 소명의 한 사례가 됩니다. 우리는 이미 창세기 12장 전체를 읽어 보았습니다. 그러므로 이제 여러분의 기억을 되살리기만 하면 될 것 같습니다. 창세기 11장의 마지막 절과 12장 전체를 주의해서 읽어 보면, 여러분은 이 이야기의 실마리를 얻을 수 있습니다.

첫째, 아브람의 소명은 하나님의 주권적인 은혜의 결과였습니다. 전반적으로 볼 때 온 세상은 이방 종교의 우상 숭배에 젖어 있었습니다. 사람들은 점차 한 분 하나님을 떠나서 자신들이 새겨 만든 우상을 숭배하기에 이르렀습니다. 물론 욥이나 멜기세덱의 경우처럼 예외적인 경우가 여기저기에 있기는 하였지만, 그럼에도 불구하고 짙은 어둠이 그 백성들 가운데 드리워져 있었습니다. 그리하여 하나님께서는 한 가정을 선택하셔서 그 가족이 장차 하나의 구별된 민족이 되어 참된 믿음을 이어나가도록 작정하셨습니다. 하나님께서 아브라함을 선택한 이유는 하나님 자신만 아십니다. 왜냐하면 우리가 알기로 아브람의 아버지인 데라는 거짓 신들을 섬기는 일에 빠져 있었기 때문입니다. 여호수아는 여호수아서 24장 2절에서 "너희의 조상들 곧 아브라함의 아버지, 나홀의 아버지 데라가 강 저쪽에 거주하여 다른 신들을 섬겼으나"라고 우리에게 말해 주고 있습니다. 이런 말씀에 비추어보면, 아브람의 가족이 다른 사람들만큼 많이 부패하지는 않았다 해도, 어느 정도는 부패했던 것 같습니다. 그들의 후손인 라반의 집에 드라빔이 있었다는 사실도 우리는 알고 있습니다. 그럼에도 불구하고 하나님의 주권적인 은혜가 데라의 집에 임했으며, 만군의 하나님께서는 은혜 입은 그 가족들 가운데서도 특히 아브람이라는 인물을 신적인 권위로 선택하셨습니다. 제가 다시 말씀드립니다. 도대체 왜 이런 선택이 일어났습니까? 그 이유가 무엇입니까? 이것은 측량할 수 없는 불가사의한 하나님의 뜻으로 남아 있으며, 우리에게 계시되지 않은 일입니다. 그럼에도 불구하고 이러한 선택은 틀림없이 가장 현명하고 가장 하나님의 뜻에 부합하기 때문에 하나님께서 친히 결정한 것이었습니다. 아브람은 허물이 있는 사람이었습니다. 여러분은 "사람은 또한 많은 미덕을 가진 존재다"라고 대답할 것입니다. 그렇습니다. 그러나 아브람이 가진 미덕들은 하나님의 성령님께서 주신 것이기 때문에, 아브람의 미덕은 그가 선택된 원인이 아니라, 그 선택의 결과인 것입니다. 아브람은 "나는 은혜 베풀 자에게 은혜를 베풀고, 긍휼히 여길 자에게 긍휼을 베푸느니라"(출 33:19)고 하신 하나님의 선포를 보여주는 하나님의 주권에 대한 하나의 본보기입니다. 선지자들은 종종 아브라함에 대해 언급하면서, 그에게 주님의 은혜가 임한 것은 찬양받을 만한 일이었지만, 그 족장의 인간적인 공로 때문에 그가 은혜 받을 위치에 있게 된 것은 절대로 아니라고 했습니다. 이사야 선지자는 "너희를 떠낸 반석과 너희를 파낸 우묵한 구덩이를 생각하여 보라 너희의 조상 아브라함과 너희를 낳은 사라를 생각하여 보라 아브라함이 혼자 있을 때에 내가 그를 부르고 그에게 복을 주어 창성하게 하였느니라"(사 51:1-2)고 말합니다. 이 이사야의 말씀을 보면, 아브라함은 말하자면 그 민족이 나오게 된 반석이나 구덩이에 비유되고 있으며, 바로 이 구덩이를 보면서 그들이 스스로 겸손해지기를 청하고 있는데, 이는 제가 보기에 결론적으로 그 조상들의 공로가 아니라, 하나님의 은혜이기 때문입니다. 또한 "내 조상은 멸망할 수밖에 없는 아람 사람으로"(신 26:5 KJV, "내 조상은 방랑하는 아람 사람으로서"[개역개정])라는 말씀도 있습니다. 여기서 아람 사람이라고 불린 것은 마치 본성적으로 그가 이방인들과 같다는 것을 보여주는 듯합니다. 다시 말해, 그도 다른 아람 사람들과 마찬가지로 우상 숭배자였다는 것입니다. "멸망 받을 수밖에 없는 아람 사람"이라는 말씀에서 제가 이해하는 바는 신체적인 굶주림이나 질병으로 멸망하는 것이 아니라, 영적인 어둠이나 참된 하나님을 떠남으로 멸망하는 것입니다. "멸망 받을 수밖에 없는" 아람 사람이었지만, 하나님께서는 영원한 은혜로 그를 바라보고 구원해 주셨습니다! 그렇습니다. 사람들이 다음과 같은 말씀을 받아들이든 아니든 간에 진리는 영원히 굳게 서 있습니다. "하나님이 미리 아신 자들을 또한 그 아들의 형상을 본받게 하기 위하여 미리 정하셨으니 이는 그로 많은 형제 중에서 맏아들이 되게 하려 하심이니라 또 미리 정하신 그들을 또한 부르시고"(롬 8:29-30). 모든 경우에 있어 유효적 소명은 영원한 작정을 따라 일어납니다. 하나님의 선하고 기쁜 뜻을 따라 미리 정하신 것은 신자들이 누리는 모든 언약적인 축복의 원천(源泉)입니다.

> "당신의 별볼일 없는 이름이
> 천국의 생명책에 기록되고서야 비로소
> 당신은 죄책감을 느끼고,
> 당신의 죄를 용서해 주신 사랑의
> 그 달콤함을 알 수 있으리니."
> (스펄전의 태버너클 교회 봉헌예배 때 불린 존 켄트[John Kent]의 찬송가).

둘째, 아브람의 소명은 하나님께서 적용하고 강제(强制)하신 것이었습니다. 우리는 천사가 그를 불렀다거나, 선지자가 그를 불렀다거나, 혹은 아브람이 자기가 생각해서 자발적으로 갈대아 우르를 떠나게 되었다는 내용을 읽어 본 적이 없습니다. 신약의 스데반 집사는 죽어가면서 다음과 같이 설교하였습니다. "우리 조상 아브라함이 하란에 있기 전 메소보다미아에 있을 때에 영광의 하나님이 그에게 보여"(행 7:2). 아브라함의 마음속에 그 유일하고 참되신 한 분 하나님의 존재와 인격에 관한 특별한 계시가 드러났습니다. 그가 계시를 받게 된 후로 그는 여호와의 실재와 영광을 그의 가장 깊은 영혼으로 알게 되었습니다. 그 때 그는 한 메시지를 받았습니다. 그것은 어쩌면 귀로 들은 것일 수도 있고, 아니면 그의 마음에 아주 강력한 인상을 받은 것일 수도 있는데, 어쨌든 "너는 너의 고향과 친척과 아버지의 집을 떠나"(창 12:1)라는 말씀이었습니다. 자, 주목하십시오. 사람이 참으로 구원을 받게 되는 모든 은혜로운 소명은 하나님께서 친히 바로 부르시는 것입니다. 일반적으로 매개체들이 사용되기는 합니다. 즉 목회자들이 말씀을 전하고, 성경책은 생생한 빛을 발하며, 하나님의 섭리는 잘못 이해되지 않도록 경고합니다. 하지만 목회자나 성경책이나 섭리 그 어떤 것도, 하나님께서 각 개인의 마음속에 하나님의 능력을 직접 드러내시지 않으면, 결코 한 사람에게 효력 있는 부르심이 되지 못합니다.

아! 사랑하는 성도 여러분, 우리는 많은 영혼들을 구원하기 위해 수고하고 있습니다. 그러나 하나님께서 손을 들어 역사하시지 않는 한, 그 어떤 수고든 허사일 뿐입니다. 우리가 죽은 영혼들을 아무리 불러보아도 그들은 여전히 잠자고 있을 뿐입니다. 그러나 예수님께서 음성을 발하여 부르시자, 죽은 나사로가 무덤에서 나아왔습니다. 진리의 말씀에 귀 기울이고 있는 여러분은 한갓 방편들이 사용되는 것으로 결코 만족하지 말기를 바랍니다. 모든 방편들 위에 계신 하나님을 바라보십시오. 하나님의 팔로 그 은혜의 능력을 여러분 속에 계시해 주시기를 간구하십시오. 오! 그 은혜의 능력이 여러분의 귓등만 스치고 지나가거나 단순히 입에만 머무르는 것에 절대 만족하지 마십시오. 그 능력이 여러분의 마음을 뚫고 들어와서, 성령 하나님의 효과 있는 역사하심으로, 여러분 영혼의 가장 깊은 곳에 머무를 수 있게 되기를 간구하십시오. 여러분 "안에 계신 그리스도" (골 1:27)야말로 하나님의 능력입니다. 그러므로 성령님으로 말미암아 그분을 내적으로 영접하는 역사가 반드시 일어나야만 합니다. 그렇지 않다면 모든 것이 허사일 뿐입니다. 초자연적인 역사가 반드시 있어야 합니다. 그렇지 않다면 여러분은 구원받을 수 없습니다. 제가 값없는 구원을 설교하려고 무진장 노력할 때마다, 결코 잊을 수 없는 성경 말씀이 있습니다. "너희는 반드시 거듭나야만 한다"(요 3:7 KJV, "내가 네게 거듭나야 하겠다"[개역개정])는 말씀과, "나를 보내신 아버지께서 이끌지 아니하시면 아무도 내게 올 수 없으니"(요 6:44)라는 말씀입니다. 자연적인 본성을 지닌 자들은 아무리 노력해봐야 영생에 미치지 못합니다. 다시 말해, 그의 활은 표적을 맞추기에는 너무나 연약하며, 그의 작은 팔은 위대한 하나님께서 역사하는 그 변화를 감당하기에는 너무나 허약합니다. 그러므로 유효적 소명은 하나님의 작정에서 나와 하나님의 능력으로 행해집니다. 지금 제 설교를 듣고 있는 사랑하는 성도 여러분, 다음의 찬송이 여러분을 구원할 유일하신 주님께 드리는 여러분의 기도가 되기를 기원합니다.

> "온화한 연민의 눈빛으로,
> 나의 완악한 마음을 녹여 주소서.
> 저항할 수 없는 당신의 사랑으로 강하게 치시어,
> 이 돌 같은 마음을 부서지게 하옵소서."
> (찰스 웨슬리, '오, 나의 모든 우상들을 버리고 회개할 수만 있다면!'
> [O THAT I could repent! With all my idols part], 2절).

셋째로, 아브람의 경우에 그의 소명은 개인적인 것이었습니다. 그리고 그 소명은 시간이 지나면서 더욱더 개인적인 것이 되었습니다. 처음에 아브람이 갈대아 우르에서 소명을 받던 그 때는 아마도 자기 아버지인 데라와 나머지 다른 가족들을 설득해서 함께 떠날 수 있으리라고 생각했을 것입니다. 그리고 어느 정도는 그의 계획대로 되어갔던 것 같습니다. 왜냐하면 그 가족들이 하란까지는 동행하였기 때문입니다. 하지만 알 수 없는 이유로 그 가족들은 하란에서 오랫동안 머물러 있었습니다. 이러한 상황은 우리에게도 얼마나 자주 일어나는지 모릅니다! 하나님께서 우리의 영혼 속에 역사하기 시작하실 때, 우리는 다른 사람들도 기꺼이 우리와 함께 가기를 바랍니다. 아마 그들이 중간까지라도 따라온다면, 우리는 중간에 멈춰서 그들과 함께 일종의 타협을 하게 될 것입니다. 유효적 소명이 그들에게는 주어지지 않았기에 그들이 구분될 수밖에 없음에도 불구하고, 우리는 그들도 모두 유효적 소명을 받은 우리와 동일하게 느끼고 행동할 수 있을 것이라는 헛된 생각을 합니다. 사랑의 마음은 이런 구분을 넘어서기를 바라겠지만, 육적인 본성과 중생한 영혼은 함께 할 수 없습니다. 하나님은 이것을 구분하셨습니다. 우리는 마땅히 그분께서 성읍에서 하나와, 족속 중에서 둘을 택하여 시온으로 데려(렘 3:14) 오시기를 기대하지만, 다른 사람들은 오기를 거부합니다. 얼마 후에 아브라함에게 다시 메시지가 임했습니다. "너는 너의 … 친척 … 을 떠나"(창 12:1)라고 말입니다. 이것은 너의 친척과 함께 "너의 아버지의 집을 떠나"라는 말씀이 아닙니다. 그래서 아브람은 이제 어쩔 수 없이 잠시 쉬었던 하란을 뒤로 하고, 단호한 결심을 한 뒤 앞만 보고 걸어 마침내 가나안으로 들어갑니다. 사랑하는 성도 여러분, 여러분과 제가 하나님의 자녀라면, 우리에게는 분명한 개인적인 소명이 있어야만 합니다. 복음을 들으면서도 그것을 전부 다른 사람을 위한 복음으로 듣는다면, 나는 단지 한 사람의 군중에 불과할 것이며, 그 복음은 내게 아무 소용이 없을 것입니다. 그러나 내가 그 복음을 나 자신을 위한 것으로 듣는다면, 그 하나님의 진리는 나의 마음에 새겨져, 나의 처지를 설명해주고 나의 비참함을 드러내며, 나의 바람을 깨우쳐 주고 나의 소망에 불을 붙여줄 것입니다. 그 때 비로소 복음은 나의 영혼을 구원하는 하나님의 능력이 됩니다. 오, 설교를 듣는 사랑하는 성도 여러분, 저는 여러분에게 강권합니다. 여러분은 자신을 하나의 개인으로 생각하십시오. 여러분이 이처럼 큰 군중 속에 있다 해도, 여러분 자신을 영적인 단독자로 여기십시오. 그래서 하나님의 음성이 여러분에게 바로 임하게 하십시오. 마치 농부가 싹을 틔울 목적으로 파놓은 그 밭고랑에 바로 강낭콩이 떨어지는 것처럼 말입니다. 그러면 거기서 그 강낭콩은 움이 돋고 싹이 나서 열매를 맺을 것입니다. 마음과 양심에 새겨진 직접적이고 분명한 개인적인 소명 이외의 다른 것은 전혀 도움이 되지 않을 것입니다.

이 아브람의 소명은 넷째로, 분리를 위한 소명이었습니다. 틀림없이 그 분리는 그에게 너무 고통스러운 일이었을 것입니다. 왜냐하면 너무나 완전한 분리였기 때문입니다. "너는 너의 고향 … 을 떠나"(창 12:1)라는 이 말씀은 너 스스로 고향을 떠나, 낯선 자, 객, 이방인이 되라는 것입니다. "너는 너의 친척 … 을 떠나"(창 12:1)라는 말씀은 혈육의 연줄을 끊고 은혜의 연줄에 순복하라는 것입니다. 새로운 관계를 형성하고, 육신적인 관계가 아닌 유대관계에 순복하라는 말씀입니다. "너는 … 아버지의 집을 떠나"(창 12:1)라는 말씀은 위로와 안식의 장소, 즉 상속과 애정의 장소를 떠나, 다른 아버지를 인정하고 다른 집을 구하라는 것입니다. "내가 네게 보여 줄 땅으로 가라"(창 12:1)는 말씀은 네 힘으로는 찾을 수 없고 내가 네게 보여줘야만 하는 그곳으로 가라는 것입니다. 자, 잘 살펴보십시오. 유효적 소명은 사람에게 임할 때마다, 분리하는 칼이 되어, 그가 예전에 교류하던 모든 관계들을 끊어 놓습니다. 그러므로 이러한 소명을 받은 사람은 이 세상이 자신의 고향이 아니라고 느끼면서, 마치 이방인이 낯선 땅에 사는 것처럼 그렇게 이 세상을 살아갑니다. 그는 이 세상 안에 있지만, 이 세상에 속한 사람이 아니기 때문입니다. 사도 바울이 "우리의 시민권은 하늘에 있는지라"(빌 3:20)고 말한 바와 같습니다. 우리는 다른 도성의 시민이 되었습니다. 우리는 이 땅의 도성들에서는 이방인들입니다. 그러므로 그리스도인들은 많은 면에서 그리스도를 위해, 여전히 죄악 가운데 있는 가족과 친척들로부터 부득불 분리될 수밖에 없습니다. 죄악 가운데 머물러 있는 자들은 육신을 따라 살며 이 세상을 추구합니다. 그들의 기쁨은 여기에 있으며, 그들의 위로도 하늘 아래에 있습니다. 반면에 은혜로 부르심을 받은 자는 비록 같은 집에 살더라도 이 세상을 따르는 자들과 동일한 동기에 영향을 받고 살지 않으며, 그와 동일한 욕망에 지배 받지도 않습니다. 은혜로 부르심을 받은 자는 다른 사람들과 너무나 달라서 세상 사람들도 그들을 보는 즉시 알아봅니다. 이스마엘이 이삭을 조롱한 것과 같이, 이 세상의 아들들은 부활의 소망을 가진 자녀들을 조롱합니다. 은혜의 부르심의 소리가 크게 들리면 들릴수록, 그 부르심의 소리를 들은 자들은 더욱더 완전히 분리됩니다. 처음에 신자들은 세상에 잘 순응하지 못한 채 어느 정도만 따라갑니다. 즉 그들은 부분적으로만 예수 그리스도의 형상에 순응한 채, 여전히 부분적으로는 세상의 영향을 받고 있는 것입니다. 실제로 우리 대부분이 바로 이러한 경우에 해당합니다. 그러나 하나님의 일들 속에서 우리가 성숙해질수록 하나님을 위한 우리의 결단은 더욱더 완전해지고, 그리스도의 법에 대한 우리의 순종도 더욱더 온전해집니다. 그래서 우리와 세상 사이에는 더욱 큰 구분이 생기게 됩니다. 오! 모든 그리스도인들이 이 위대한 진리를 믿고서, "내가 세상에 속하지 아니함 같이 그들도 세상에 속하지 아니하였사옵나이다"(요 17:16)라는 말씀과 같이 이 진리를 실천하게 되는 것이 저의 소망입니다. 세상적인 그리스도인이 되려고 한다거나, 기독교적인 세상 사람이 되려고 하는 것은 그 시도 자체가 불가능한 일입니다. "너희가 하나님과 재물을 겸하여 섬기지 못하느니라"(마 6:24), "여호와가 만일 하나님이면 그를 따르고 바알이 만일 하나님이면 그를 따를지니라"(왕상 18:21)는 말씀대로 말입니다. 어떤 것이 참되고 옳은 것인지 여러분은 마음으로 정하십시오. 절대로 타협하려고 시도하지 마십시오. 세상과 분리되는 것이 기독교 신앙의 바로 핵심입니다. 그렇다고 해서 금욕적 삶을 위해 분리되는 것은 아닙니다. 다시 말해 우리는 남녀 수사들이 아닙니다. 우리가 그렇게 되는 것을 하나님도 원하지 않으십니다. 예수 그리스도는 사람들 가운데 있는 분이셨습니다. 다른 사람들과 마찬가지로 먹고 마셨습니다. 그분은 금욕주의를 선포하지 않았고, 스스로 다른 사람들과 분리되지도 않으셨습니다. 오히려 사람들 가운데 있는 분으로서 완전하셨습니다. 그럼에도 불구하고 죄인들과는 얼마나 분리된 분이셨는지 모릅니다! 그분은 마치 귀신 무리들 속에 있는 천사처럼 모든 사람들 가운데서 구별되는 분이셨습니다. 그러므로 여러분과 저도 그분처럼 구별되어야만 합니다. 여러분은 농장이든 거래처든 가정이든 시장이든 어디든지 가십시오. 그러나 거기 있는 사람들과 아무 스스럼없이 어울리지는 마십시오. 그들의 원칙에 휘말려들지 말고, 그들을 지배하고 있는 마귀에게 절대로 순복하지 마십시오. 우리 주님께서도 "내가 비옵는 것은 그들을 세상에서 데려가시기를 위함이 아니요 다만 악에 빠지지 않게 보전하시기를 위함이니이다"(요 17:15)라고 말씀하셨습니다. 여러분이 악에 빠지지 않고 보전될 때 아브라함이 행했다고 기록된 대로 여러분도 그대로 행할 수 있게 될 것입니다. 다시 말해, 여러분은 유효적 소명의 능력으로 여러분의 친척과 아버지의 집을 떠날 수 있게 될 것입니다.

아브람의 소명은 그의 마음과 의지에 유효한 효력을 행사하였습니다. 여러분은 잠시만이라도 이와 관련된 그의 순종에 주목하기 바랍니다. 그의 경우에 순종은 자신의 큰 희생을 감수한 순종이었습니다. 스스로 자기 친척으로부터 단절된다는 것은 틀림없이 어려운 일이었을 것입니다. 실제로 처음부터 이런 일은 그에게 너무나 어려웠던 것으로 보입니다. 왜냐하면 그는 아버지 데라가 죽기까지 하란에 머물러 있었기 때문입니다. 사랑하는 성도 여러분, 그리스도인이 된다는 것은 결코 어린 아이들의 장난이 아닙니다. "아버지나 어머니를 나보다 더 사랑하는 자는 내게 합당하지 아니하고"(마 10:37)라는 말씀대로, 많은 경우에 신앙의 가장 큰 원수는 우리와 가장 친한 친구들이기 때문입니다. 많은 사람들은 자기 영혼의 최악의 원수를 자기 가슴에 품고 있는 것을 발견하게 됩니다. 많은 자녀들은 자기 육신을 양육한 아버지가 자녀인 자기의 영혼을 멸망시키기 위해 갖은 애를 써 왔다는 것을 발견하게 됩니다. 그리스도께서도 "사람의 원수가 자기 집안 식구리라"(마 10:36)고 말씀하셨습니다. 우리가 그리스도를 순종하는 데 방해되는 관계는 절대로 있어서는 안 됩니다. 어떤 관계로 인해 우리의 위대한 주님이자 왕이신 그분에게 우리가 충성하지 못하게 된다면, 아무리 애정을 가진 관계라 해도 즉시 끊어 버려야 합니다. 그분에게서 멀어지게 하는 새로운 관계는 여러분이 절대로 맺지 않도록 주의하십시오. 그리스도를 따르는 남녀 성도 여러분, 저는 여러분에게 경고의 말씀을 드리고자 합니다. 여러분은 결혼관계나 다른 동반자 관계에서 불신자들과 함께 같이 멍에를 메지 않도록 주의하십시오. 왜냐하면 그 멍에로 인해 여러분은 극심한 슬픔을 당하게 될 것이기 때문입니다. 하나님으로부터 은혜를 입은 자들이 아닌 사람들에게 여러분이 특별한 호의를 베풀 필요는 없습니다. 여러분이 가슴에 품고 사랑하는 그분으로부터 영원히 분리되기를 원치 않는 한, 여러분의 주님이신 예수 그리스도로부터 이미 분리된 자들과 하나가 되려고 시작하는 일이 없도록 주의하십시오. 그러나 회심한 여러분이 경건하지 않은 자들과 접촉하고 관계를 맺어야 할 때도 있을 것입니다. 그런 경우가 아주 희박하기는 하지만, 물론 그럴 때는 여러분이 그들을 사랑하십시오. 예전보다 더욱 사랑하십시오. 그리고 예전보다 더욱더 친절히 대하고, 예전보다 더욱더 다정히 대하십시오. 그것으로 여러분이 그들의 마음을 얻게 될지도 모릅니다. 하지만 여러분이 죄를 지으면서까지 그들의 마음을 기쁘게 하지는 마십시오. 여러분의 마음은 오직 그리스도께 속하였습니다. 그 정숙한 마음이 그들로 인해 더럽혀지지 않도록 주의하십시오. 진정으로 여러분이 은혜로 부르심을 받았다면, 어떤 희생이 따르더라도 모든 것을 뒤에 버려두고 나오십시오.

> "너 감미롭게 유혹하는 자여, 물러가거라.
> 너 귀히 여김을 받는 우상이여, 넘어질지어다.
> 너는 결단코 나의 사랑을 조금도 가질 수 없나니,
> 예수님이 그 사랑을 온전히 가질 것이다.
> 비록 이성적으로는 쓰라린 아픔이 있겠지만,
> 그분의 사랑이 피 흘리는 그 마음을 위로해 주시리라!"
> (제인 테일러[Jane Taylor]).

아브람의 경우 그의 부르심에서 분명하게 요구된 것은 그 큰 순종을 가능하게 한 많은 믿음이었습니다. 그는 지금까지 한 번도 보지 못했던 그 땅을 찾아 나섰습니다. 그는 오직 가야 할 방향과 하나님께서 그곳이 어디인지 보여줄 것이라는 말씀만 들었을 뿐입니다. 아브람이 살았던 그 옛날에 그런 여행은 지금보다 훨씬 더 어려운 여정이었음을 생각해 보십시오. 이런 존귀한 자들은 자신이 자라면서 기반을 다진 그 땅에 뿌리를 내리고자 합니다. 우리는 미국이나 호주 등지로 여행을 할 수 있으며, 그것을 별로 큰 일로 여기지 않습니다. 그러나 우리의 할아버지 때만 해도 자신이 살던 고향을 떠난다는 것은 아주 끔찍한 일로 생각했으며, 어떤 사람이 이국으로 이주를 한다는 말을 들으면, 마치 달나라에라도 가는 것처럼 받아들였습니다. 여러분이 좀 더 과거로 거슬러 올라가 생각해 본다면, 사람들의 마음속에는 자기 가족이 뿌리내려 살던 그곳에 대한 큰 집착이 있음을 알 수 있습니다. 자, 그런데 아브라함은 자기가 뿌리내려 살던 곳을 떠나야만 했습니다. 나이 일흔이 넘은 그가 이주민이 되어야만 했습니다. 도대체 어느 곳으로 가는지 물어봄직도 했건만, 그는 그렇게 하지 않습니다. 하나님께서 그 여정을 명하셨기에 그 순례자는 그저 떠나는 것으로 충분했습니다. 사랑하는 성도 여러분, 이와 마찬가지로 우리도 우리 하늘 아버지의 인도하심을 따라 항상 주저함 없이 나아가야만 합니다. 우리가 하나님의 부르심을 받았다면, 앞으로 믿음을 발휘해야 필요가 더 많이 있을 것입니다. 하나님께서 여러분을 어떻게 대하고 계시는지를 알고 싶다면, 다음과 같은 것들을 생각해 보십시오. 만약 여러분이 만사가 형통하다면, 모든 면에서 여러분이 가진 신앙의 결과로 번영하고 있다면, 여러분은 과연 하나님의 백성이 걸어야 할 길을 가고 있는지 두려운 마음으로 자신을 살펴보아야 합니다. 왜냐하면 하나님의 백성이 걸어야 할 길은 환난으로 이루어진 길이기 때문입니다. 많은 환난을 통해서 하나님의 백성들이 하늘나라를 유업으로 받는 것입니다. 그 환난으로 인해 여러분에게는 여러분이 가질 수 있는 그 이상의 모든 믿음이 요구될 수도 있습니다. 그렇다 해도 여러분은 그 환난을 참고 견디십시오. 결국에는 하나님의 약속이 의롭다 하심을 얻게 될 것이기 때문입니다. 하나님께서 여러분에게 어떤 일을 행하라고 명하신다면, 그것이 너무 어리석은 일로 여겨진다 해도, 여러분은 그 일을 행하십시오. 그러면 하나님의 지혜가 여러분의 체험 속에서 스스로 영화롭다 하심을 얻게 될 것입니다.

저는 짧은 시간이라도 조금 더 아브람의 순종에 대해 여러분이 주목했으면 합니다. 왜냐하면 아브람의 순종은 많은 손해도 감수해야 하고, 큰 수준의 믿음도 요구되었지만, 그럼에도 그 순종은 아주 위대한 약속에 기초한 것, 다시 말해 선례가 없을 정도로 가장 원대한 약속에 기초한 것이라는 사실을 여러분에게 말씀드리고 싶습니다. 그를 축복한 모든 사람은 복을 받았습니다. 그래서 그는 온 우주에 복이 되었습니다. 만약 그 약속이 참되다는 것을 믿는 믿음만 있다면, 여기에 순종할 만한 강한 동기가 있는 것입니다. 사랑하는 형제자매 여러분, 우리가 과감하게 그리스도를 위해 분리의 길로 치고 들어가 믿음으로 행할 때, 그 이후의 삶에 대해 우리에게 힘을 주시는 약속들이 얼마나 많은지 모릅니다. "내가 반드시 너와 함께 있으리라"(출 3:12), "정직하게 행하는 자에게 좋은 것을 아끼지 아니하실 것임이니이다"(시 84:11), "여호와를 의뢰하고 선을 행하라 땅에 거하여 정녕히 먹으리로다"(시 37:3 개역개정 이역[異譯]), "네 하나님 여호와 그가 너와 함께 가시며 결코 너를 떠나지 아니하시며 버리지 아니하실 것임이라"(신 31:6), "누구든지 그를 믿는 자는 … 다급하게 되지 아니하리로다"(사 28:16; 롬 10:11), "믿고 세례를 받는 사람은 구원을 얻을 것이요"(막 16:16), "바울이나 아볼로나 게바나 세계나 생명이나 사망이나 지금 것이나 장래 것이나 다 너희의 것이요 너희는 그리스도의 것이요 그리스도는 하나님의 것이니라"(고전 3:22-23). 사랑하는 성도 여러분, 여러분에게 씌워질 면류관이 여러분 앞에 있습니다! 바로 영생입니다! 여러분이 받을 상을 바라보십시오! 그 문들은 진주이고, 그 거리는 황금인 도성이 있습니다. 어디에도 비할 데 없는 여러분의 분깃은 이루 형언할 수 없는 축복, 즉 그리스도와 함께 무궁한 세상에서 지극한 복락 가운데 사는 것입니다. 그러므로 힘을 내십시오. 여러분이 예수님을 따르면서 모든 것을 잃었다 해도, 여러분은 현세에 백배를 받고 내세에 영생을 받게 될 것입니다. 힘을 내십시오. 진리를 위해 여러분이 세상을 버리고 친구들을 잃었다 해도, 여러분은 영원히 죽지 않는 영혼의 친구들을 얻을 것이고, 천사들이 여러분을 섬길 것이며, 피로 깨끗하게 된 자들이 여러분의 형제가 될 것이고, 그리스도께서 친히 여러분의 친구가 되실 것이며, 하나님이 여러분의 아버지가 되실 것입니다. 여러분이 그 약속을 참된 것으로 믿기만 한다면, 여러분은 계속해서 승승장구(乘勝長驅)하게 될 것입니다. 여러분은 다시 모든 것을 얻게 될 것이며, 여러분이 다시 얻은 것과 예전에 잃은 것을 비교해보면, 잃은 것이 하나도 없게 될 것입니다. 경건한 생활로 인해 겪게 되는 현재의 고난은 장차 우리에게 나타날 영광과 비교할 가치조차 없습니다. 그러므로 사랑하는 성도 여러분, 우리가 아브라함이 겪은 고난을 받고 있다면, 아브라함이 받은 위로도 받을 줄로 알고서, 이 격려의 말씀들을 보고 기뻐하십시오.

　　자, 저는 지금까지 여러분에게 이 유효적 소명이 어떤 것인지, 그리고 그 소명을 받은 자가 어떤 순종을 했는지를 말씀드렸습니다. 여러분이 이 한 가지 사실만은 기억해 주기를 바랍니다. 즉 아브람은 실제로 가나안에 이르기까지 절대로 멈추지 않았다는 사실입니다. 하나님의 자녀도 그와 마찬가지로, 은혜로 말미암아 효과적인 부르심을 받게 되면, 그가 예수님을 굳게 붙잡기 전까지 결코 평화나 안식을 얻지 못하며, 그런 믿음을 가짐으로써 안식에 들어갑니다.

　　아브람이 우리에게 하나의 모범이 될 수 있었던 것은 그가 하나님의 부르심에 순종했기 때문입니다. 그것도 즉시 순종했기 때문입니다. 그는 하나님께 질문하기 위해 한순간도 머뭇거리지 않았습니다. 그는 가나안으로 가라는 명령을 받고 가나안으로 나아갔습니다. 그는 자기의 일을 아주 철저히 수행했습니다. 그는 가나안을 향해 출발했습니다. 그리고 결국에는 가나안에 도착했습니다. 그가 하란을 즉시 떠나면서, 말하자면 그는 자기 뒤에 있는 다리들(bridges)을 모두 불태운 셈이었습니다. 그는 언젠가 다시 돌아갈 것이라는 생각마저 모두 포기해 버렸습니다. 사도가 우리에게 말한 바대로, 그는 돌아가고 싶었다면 다시 고향으로 돌아갈 수도 있었을 것입니다("그들이 나온 바 본향을 생각하였더라면 돌아갈 기회가 있었으러니와"[히 11:15] — 역주). 그러나 그는 자신의 모든 옛 관계들을 영영 단절해 버렸습니다. 그는 약속된 나라를 향해 달려갔으며, 그 나라를 목표로 삼고 그 보이지 않는 축복을 향해 돌진했습니다. 오, 성령님이시여 아브라함의 경우와 동일하게 우리 한 사람 한 사람을 불러주시고, 그와 동일한 모습으로 순종할 수 있는 은혜를 우리에게 베풀어 주옵소서. 그리고 우리가 가진 모든 것을 포기해야 한다면, 우리 생명까지도 아무 주저함 없이 포기할 수 있도록, 그 길을 예수님께서 인도해 주옵소서!

> "최고의 명령을 내리신
> 아브라함의 하나님을 찬양하리로다.
> 흙에서 일어난 나는
> 그분의 오른 손에서 기쁨을 찾았도다.
> 나는 이 땅의 모든 것을 버렸나니,
> 땅의 지혜와 명성과 능력이라.
> 이제 그분만이 나의 유일한 분깃이요,
> 나의 방패요 망대로다.
>
> 그분께서 친히 맹세하셨으니,
> 나는 그분의 약속을 의지하리로다.
> 나는 독수리 날개를 타고
> 저 하늘 높이까지 날아올라
> 그분의 얼굴을 뵈옵고
> 그분의 능력을 찬양하며,
> 그분의 은혜의 이적들을 노래하리로다,
> 영원토록."
>
> (토머스 올리버스[Thomas Olivers], '아브라함의 하나님을 찬양하리로다').

짧은 시간이나마 저는 하나님의 유효적 소명과 대다수의 사람들이 받는 일반적인 소명의 차이점을 살펴보았으면 합니다. 사랑하는 성도 여러분, 이런 말씀 드려 죄송하지만, 여기에는 영광과 영원으로 부름을 받은 이들도 많지만, 이와는 달리

인간의 부름, 인간으로 말미암은 부름을 받은 이들도 있습니다. 아마 우리 중에
는 신앙 고백까지 한 성도라 해도 하나님의 은혜의 부르심이 아니라, 유창한 설
교자나 부흥회 때의 흥분으로 부름을 받은 사람들이 있을 것입니다. 여러분에게
간청합니다. 그 부르심의 근원이 하나님께서 앉아 계신 보좌인지 아닌지 분별하
십시오. 그 구원이 하나님과 성령님의 사역에서 비롯된 것인지 살펴보십시오.
왜냐하면 그분에게서(from) 나온 구원만이 그분에게로(to) 인도할 것이기 때문입니
다. 영원한 사랑에서 나오지 않은 행위는 결코 우리를 영원한 생명으로 인도하
지 못할 것입니다. 부르심을 받은 많은 사람들은, 소명이 그들에게 임하면 그 부
르심에 과연 순종할지 말지를 두고 많은 질문을 제기합니다. 하나님의 진리가
진지하고 애절하게 전달되었지만, 그들은 그 진리의 능력을 조금도 느낄 수 없
으며, 도리어 그와 관련된 다른 것들을 요구합니다. 그러다가 그리스도인이 되
기 위해서는 자신이 사랑하는 많은 것들을 포기해야만 한다는 사실을 알고서,
그들은 마치 롯의 아내처럼 뒤를 돌아보다가 멸망합니다. 그들은 온순 씨(존 번연
의 「천로역정」에 나오는 인물로, 고난을 만난 후 크리스천을 비난하고 조롱하며 자기 집으로 되
돌아간 사람 — 역주)처럼, 저 먼 절망의 늪(the Slough of Despond, 사람의 한숨과 눈
물로 만들어진 수렁 — 역주)까지 여행을 하고도, 진흙길을 좋아하지 않아 그의 집
가장 가까운 쪽에 있는 옆길로 달아나다가, 결국 다시 멸망성(City of
Destruction)으로 돌아가고 맙니다. 저는 어떤 특별한 일에 부르심을 받고 가나
안으로 가려고 노력했다가 여전히 하란에 머물고 있는 자들을 많이 알고 있습니
다. 그들은 기꺼이 하나님을 섬기고 싶어 했으나, 그들이 살던 대로 살아가고 있
습니다. 그들은 자신이 능히 그리스도인이 될 수 있다고 생각은 하지만, 여전히
세상의 종으로 살아가고 있습니다. 그들은 유다 지파의 사자(계 5:5)와 무저갱의
사자를 같은 수레에 멍에를 지우고는, 그 수레로 생명의 거리를 내달리게 하려
는 전혀 불가능한 짓을 하려고 합니다.

　아, 사랑하는 성도 여러분! 하나님으로부터 나온 소명은 사람으로 하여금 즉
시 대답하도록 합니다. 반면에 단지 여러분의 육체적인 본성에 임한 소명은 여
러분을 일반적인 다른 사람들과 같게 만들어, 여러분이 죄인들과 같은 끈에 묶
여 그들과 같은 불에 던져지도록 놔둘 것입니다. 애굽에서 나오기는 했지만 결
코 가나안에 이르지 못한 사람들도 많이 있습니다. 마치 이스라엘 자녀들과 같
은 그들은 광야에서 죽은 주검들을 보고 도망쳐 나왔음에도 불구하고, 여전히

그 마음이 하나님을 향해 확고하지 않습니다. 그들은 출발은 바르게 하였지만, 입가에 남은 파와 마늘 맛 때문에, 아직도 애굽의 고기 가마를 잊지 못하고 있습니다. 그들은 마치 하늘의 행성들처럼 하늘로 올라가려는 힘과 이 땅과 가까워지려고 하는 힘, 이 두 가지 힘에 모두 영향을 받고 있습니다. 그래서 연자 맷돌을 돌리는 말처럼 그들은 앞으로 나가지 못하고 계속해서 같은 곳을 맴돌기만 합니다. 그들은 여전히 명목상으로는 하나님을 경외하면서도 실제로는 마음에 다른 신들을 섬기는 생활을 지속하고 있습니다.

사랑하는 성도 여러분, 여러분으로 하여금 출발은 하도록 했지만, 계속해서 유지하지 못하게 하는 그런 소명은 주의하십시오. 다음과 같은 성경 말씀이 여러분에게도 적용되도록 기도하십시오. "가나안 땅으로 가려고 떠나서 마침내 가나안 땅에 들어갔더라." 구원받고자 하는 기도로 만족하지 마십시오. 실제로 여러분이 구원받을 때까지 절대로 만족하지 마십시오. 믿고서 회개하고자 하는 시도로 만족하지 마십시오. 그리스도에게 나아와서 회개하고 믿으십시오. 여러분이 회개하는 신자가 되기 전까지, 여러분은 잠시라도 두 눈을 붙이고 잠들어서는 안 됩니다. 여러분이 하고자 하는 믿음의 사역을 완전하게 충분히 행하십시오. 좁은 문에 이르고자 애쓰는 것으로 멈추지 말고, 그 문으로 들어가십시오. 바로 이를 위해 여러분은 하늘의 하나님으로부터 부르심을 받아야 하는 것입니다. 저는 지금까지 많은 자들을 아주 여러 번 불렀고, 그렇게 여러분도 부를 수 있습니다. 그래서 여러분이 좀 나은 길로 가게 되고, 그러다가 어쩌면 온전한 길로 가게 될 수도 있습니다. 그러나 여러분의 선한 마음이 마치 아침의 구름이나 이른 새벽의 이슬과 같을 때, 그 마음은 곧 흩어져 사라지게 됩니다. 하나님께서 여러분을 도우시어 여러분이 영원한 성령님의 부르심을 받아 구원받게 되기를 기원합니다.

2. 아브람의 소명은 궁극적인 견인의 예를 보여줍니다.

조금 남은 시간을 이용해서 저는 이와 관련된 다른 주제를 말씀드리고자 합니다. 오늘의 본문이 유효적 소명의 사례를 매우 잘 보여주고 있다고 한다면, 이 본문은 성도들을 붙들어 주는 궁극적인 견인에 대한 그림도 잘 보여주고 있습니다. "가나안 땅으로 가려고 떠나서 마침내 가나안 땅에 들어갔더라." 이 말씀은 진정으로 회심하고 하나님께서 택하신 자라는 믿음을 받아들인 하나님의 모든 자녀들에게 참으로 적용되는 말씀입니다. 오, 이와 함께 이른 바 비참한 교리도 있습니다. 즉 성도들이 가나안을 향해 출발하긴 했지만 그곳에 결코 이르지 못했다고 하는 교리 말입니다! 이런 교리는 신자로 하여금 이 땅 위에서 지옥의 참맛을 느끼게 하기에 충분합니다. 내가 아무리 행복하다 해도, 그와 같은 비참한 교리는 내 모든 마음의 평안에 독이 될 것입니다. 영광을 향해 떠난 순례자들이 한 사람도 낙오 없이 모두 시온에 이르러 하나님 앞에 나아오게 된다는 사실을 부인하고, 도리어 그리스도의 양들이 이리 떼에게 찢길 것이고, 영적 성전 안에 있는 돌들이 사방으로 흩어질 것이며, 그리스도의 지체들이 그의 거룩한 몸에서 떨어져 나갈 것이고, 그리스도의 신부가 불구의 몸이 될 것이라고 가르치는 그런 비참한 교리는, 나의 이성과 나의 경험과 나의 믿음과 나의 전적인 영적 인격에 충격을 준다고 말할 수 있습니다. 저는 하나님의 중생하게 하는 역사로 그 본성이 바뀐 모든 자들이 받을 궁극적인 견인을 믿습니다. 하나님의 자녀로 태어난 자라면 그는 절대 죽을 수 없습니다. 그 생명의 씨가 그의 안에 있는 한, 마귀도 그 생명의 씨를 멸할 수 없습니다. 왜냐하면 그 생명의 씨는 영원토록 살아 거하기 때문입니다. 그리스도께서 살아나셨기 때문에, 예수님과 하나 된 모든 신자들도 마땅히 살게 될 것입니다.

　　그러므로 가나안 땅을 향해 떠난 우리는 하나님이 주신 복으로 말미암아 거기에 이를 것입니다. 하나님께서 그렇게 되도록 작정하셨습니다. 하나님께서는 많은 자녀들이 그들의 구원의 창시자를 따라 모두 영광으로 나아오도록 작정하셨습니다. 하나님께서 친히 말씀하신 것을 실제로 행하지 않으시겠습니까? 우리는 장차 우리의 안식처에 이르게 될 것입니다. 왜냐하면 무기를 들고 그 길을 인도하는 자가 다른 분이 아닌 바로 예수 그리스도, 구원의 능력을 지닌 언약의 천사이시기 때문입니다. 그러므로 우리는 보호를 받을 것입니다. 우리 주위에는 우리를 감싸고 있는 불로 둘러싼 성곽(슥 2:5)이 있고, 우리 위에는 영원과 불변의 방패가 둘러쳐 있을 뿐 아니라 그 사랑이 다함이 없는 여호와까지 계시기 때문입니다. 그 길도 우리를 피곤하게 하지 않을 것입니다. 그분께서 우리에게 쇠와 놋으로 만든 신발들을 주셔서, 우리는 날마다 강건할 것입니다. 비록 거친 길이라 해도 넘어지지 않을 것입니다. 그분께서는 마치 독수리처럼 그 날개 위에 우리를 태우실 것입니다. 우리의 발이 돌부리에 걸려 채이지 않도록 그분께서는 우리를 돕기 위해 천사들을 보내실 것입니다. 그분께서 우리의 방패가 되어 주

서서, 지옥의 화살들이 우리를 결코 상하게 하지 못할 것입니다. 그러므로 우리에게는 그 어떤 악한 일도 일어나지 않을 것입니다. 마귀의 올무가 우리를 함정에 빠뜨리지도 못할 것입니다. 그분의 지혜가 그의 자녀들에게 일어날 수 있는 모든 시험으로부터 틀림없이 피할 길을 주실 것이기 때문입니다. 하나님께 영광을 돌리십시오. 이 땅과 지옥의 권세가 아무리 합심하여도 하나님의 순례자들 가운데 단 한 사람도 하늘의 성인 새 예루살렘에 이르지 못하도록 할 수 없습니다. "누가 우리를 그리스도의 사랑에서 끊으리요"(롬 8:35), "너희 안에서 착한 일을 시작하신 이가 그리스도 예수의 날까지 이루실 줄을 우리는 확신하노라"(빌 1:6), "의인의 길은 돋는 햇살 같아서 크게 빛나 한낮의 광명에 이르거니와"(잠 4:18)라는 말씀대로 말입니다.

> "그분의 사랑을 받은 각 사람은
> 하늘의 목적지에 틀림없이 이르나니,
> 죄와 사탄도 피로 씻음 받은 영혼을
> 결코 멸할 수 없으리로다.
>
> 사탄이 괴롭히고, 불신앙도
> 구원받은 자를 못살게 굴지만,
> 그럼에도 그분께서 기필코 이기시리로다.
> 예수님께서 기쁨으로 확실히 다스리시기 때문이라.
>
> 하나님의 사랑하는 아들이 흘린
> 귀한 보혈은 결코 헛되지 아니하도다.
> 그리스도를 믿는 영혼들은 기필코
> 그리스도와 함께 영원히 다스릴 것이로다"
>
> (알버트 미드레인[Albert Midlane],
> '하나님께서 그의 은혜로운 사역을 시작하는 곳에서는').

이 본문을 여러분에게 설명하면서 이 오후에 저는 여러분이 다음의 세 가지를 생각하면 좋겠습니다.

첫째, 우리는 가나안 땅을 향해 이미 출발하였습니다. 따라서 지금 우리가 어디로 가고 있는지를 알고 있습니다. 여러분이 다다를 안식의 항구에 대해 많이 생각해 보기를 바랍니다. 새 예루살렘을 계시하고 있는 귀한 성경구절들을 연구하십시오. 여러분은 천사의 비파 소리에 익숙해지기를 바랍니다. 여러분은 장자들이 모이는 총회와 교회로 나아오십시오. 여러분이 행하는 안식일 묵상이 이제 곧 다가올 영원한 안식의 묵상이 되게 하십시오.

둘째, 우리는 지금 우리가 가고 있는 이유를 알고 있습니다. 하나님께서는 우리가 가나안으로 가도록 부르셨기 때문에, 우리는 지금 가나안으로 가고 있는 중입니다. 그분께서는 우리에게 갈 수 있는 능력을 주실 뿐만 아니라, 성도들이 편히 쉴 수 있는 안식처인 영원한 처소를 향해 위로 올라가려는 생명의 원동력을 우리 안에 넣어 주십니다.

셋째, 우리는 지금 우리가 가고 있는 중이라는 사실을 알고 있습니다. 이것이야말로 또 다른 은혜입니다. 우리가 지금 천국으로 가고 있는 중이라고 감히 희망에 부풀어 말할 수는 없는 처지라 해도, 그럼에도 불구하고 우리는 지금 그곳으로 가고 있는 중이라는 사실을 알고 있습니다. 그리스도께서 그 길이시며, 사랑의 깃발이 우리를 이끌고, 섭리라는 불 기둥과 구름 기둥이 우리를 인도하며, 약속이 우리를 지탱해 주고, 성령님께서 우리 안에 거하십니다. 우리는 이 모든 사실들을 확실히 믿습니다. 하나님을 찬양하십시오. 우리는 이 사실들을 결코 의심하지 않습니다.

오늘 본문에서 기억할 가치가 있는 두세 가지를 유의해 생각하십시오. "가려고 떠나서." 이 얼마나 정열적인 행동인지 모릅니다! 사람들은 잠자고 있는 동안에는 구원받지 못합니다. 푹신한 침대에 누워서는 천국으로 갈 수 없습니다. "가나안 땅으로 가려고 떠나서." 이 얼마나 지성적인 인식인지 모릅니다! 그들은 자신들이 하고 있는 행동을 알고 있었습니다. 그들은 정처 없이 우왕좌왕하거나 어설프게 행동하지 않고 이해력을 갖고 행동하였습니다. 우리가 그리스도 안에 있는 자가 되려면 우리는 반드시 그리스도를 알아야 합니다. 우리는 그분을 바라보고 그분을 신뢰해야 합니다. 우리는 이렇게 행동하는 것이 어떤 의미인지 이해하면서 그런 행동을 하도록 명령받았습니다. 무지몽매하게 미신을 섬기는 식으로는 구원받을 수 없습니다. "가나안 땅으로 가려고 떠나서 마침내 가나안 땅에 들어갔더라." 이 얼마나 확고한 결단인지 모릅니다! 그들은 거절당하는 것을 참을 수는 있어도, 자신들이 결심한 것들을 미루다가 변명하게 되지는 않을 것입니다. 그들은 가나안을 염두에 두었고, 마침내 가나안을 얻을 수 있었습니다. 천국은 침노를 당하나니 침노하는 자가 빼앗듯이, 구원받고자 하는 자도 그렇게 행해야 합니다. "마침내 가나안 땅에 들어갔더라." 이 얼마나 완전한 견인인지 모릅니다! "그러나 끝까지 견디는 자는 구원을 얻으리라"(마 24:13)는 말씀대로 말입니다. 경주에서 이기기 위해서는 너무 무리해서도 안 되고 무작정 쉬어서도 안 됩니다. 오직 계속해서 달리는 수밖에 없습니다. 이 모든 생각들이 오늘 본문이 전하고 있는 궁극적인 견인이란 개념을 둘러싸고 있습니다.

그러나, 아! 사랑하는 성도 여러분, 가나안을 향해 떠난 자들이 결국은 가나안에 이르지 못하게 되는 경우가 얼마나 많은지 모릅니다! 어떤 사람은 처음으로 직면한 영적인 침체로 인해 그 여정이 중단되기도 합니다. 온순 씨(Mr. Pliable)처럼 그들은 신발에 절망이라는 진흙이 묻었다는 이유로 집으로 달려갑니다. 또 어떤 사람들은 자기 의로 돌아서기도 합니다. 그들은 세상 현자 씨(Mr. Worldly Wiseman)의 가르침을 따르기도 하고, 준법 박사님(Doctor Legality)이나 예의 씨(Mr. Civility)에게 의존하기도 합니다. 그러다가 시내 산이 그들에게 떨어져 산산조각이 되고 맙니다. 어떤 자들은 거룩한 척하는 것이 실제로 거룩한 것만큼이나 유익하다고 생각하고는, 위선 씨(Hipocrisy)와 함께 오른쪽으로 돌아서기도 합니다. 또 어떤 사람들은 예식들과 외형적인 의식들이 내적인 순결과 사람의 마음속에서 역사하시는 성령님의 역사만큼이나 효과적이라고 상상하면서, 형식 씨(Formality)와 함께 왼쪽으로 돌아서기도 합니다. 많은 사람들은 데마스(Demas, 루커 언덕의 은광(銀鑛) 소유자로 사기꾼 — 역주)가 목이 부러진 그 은광에서 넘어지기도 합니다. 또한 수백 명의 사람들은 절망의 성으로 들어가서는, 그리스도도 믿지 않고 영생도 얻지 않으려고 해서 그곳에 뼈를 묻기도 합니다. 또 어떤 사람들은 확실히 멀리까지 가기는 하지만, 무지(Ignorance) 씨처럼 실제로 그렇게 멀리 가지는 못하고, 강에 이르러서는 결국에 멸망하고 맙니다. 또 어떤 자들은 배반(Turn-Away) 씨처럼 스스로 신앙 고백을 다 한 후에 배교자가 되어 지옥의 뒷문으로 끌려갑니다. 또 어떤 자들은 사자들 때문에 놀라기도 하고, 샛길 초원(By-Path Meadow) 때문에 시험을 받기도 합니다. 어떤 사람들은 구원을 받고 싶어 하면서도 반드시 부자가 되어야만 한다고도 생각합니다. 많은 사람들은 구원을 받고 싶어 하면서도 조롱을 견디지 못합니다. 어떤 사람들은 그리스도를 믿고 싶어 하지만 그분의 십자가를 감내하지 못합니다. 많은 사람들은 면류관을 쓰고는 싶지만 마땅히 행해야 할 수고는 감당하지 못합니다. 아! 육적인 여러분이여, 여러분은 음탕 부인(Madame Wanton)과 거품 부인(Madame Bubble)에게로 돌아서려고 합니다. 여러분은 틀림없이 여러분을 멸망하게 할 이런저런 것이나, 혹은 다른 것에 매혹되려고 합니다. 그러나 구세주께서 여러분에게 주려고 하시는 그분의 영광스러운 아름다움, 지속적인 기쁨들, 참된 행복 등은 여러분에게 너무나 높습니다. 이런 것들은 여러분 위에 있어서 여러분이 거기에 이르지를 못합니다. 설령 여러분이 이것들을 잠시 추구한다 해도, 그것은 개가 그 토하였던 것에 돌아가고 돼지가 씻었다가 더러운 구덩이에 도로 누웠다 하는 속담과 같은 꼴이 될 것입니다. 산들을 향해 높이 던진 돌은 하늘에 이르지 못합니다. 왜냐하면 이 땅의 끌어당기는 힘이 그 돌을 다시 제자리로 가게 하기 때문입니다. 오, 하나님의 기쁘신 뜻 가운데서 친히 우리의 마음에 은혜를 베푸시어, 그리스도를 믿는 확신 가운데 겸손하게 성령님의 능력으로 우리도 가나안 땅으로, 진정으로 우리가 그 가나안 땅으로 나아가게 되기를 기원합니다. 하나님이여, 찬양을 받으시옵소서. 아멘.

제
14
장
—

그의 전사(戰士)들을
만나주시는 예수님

—

"살렘 왕 멜기세덱이 떡과 포도주를 가지고 나왔으니 그는
지극히 높으신 하나님의 제사장이었더라. 그가 아브람에게
축복하여 이르되 천지의 주재이시요 지극히 높으신 하나님
이여 아브람에게 복을 주옵소서. 너희 대적을 네 손에 붙이
신 지극히 높으신 하나님을 찬송할지로다 하매 아브람이 그
얻은 것에서 십분의 일을 멜기세덱에게 주었더라."
— 창 14:18-20

오늘 우리 앞에 놓인 본문 말씀에 나타난 아브람의 모습은 우리 주 예수 그
리스도에 대한 얼마나 멋진 모형인지 모릅니다! 우리는 이 아브람의 이야기를
우리 구세주와 관련해 읽으면서 그 속에 얼마나 충만한 의미가 들어 있는지 살
펴보려고 합니다. 우리 주 예수 그리스도는 사랑이 풍성하셔서 우리를 자기 형
제로 삼아 주셨습니다. 그럼에도 불구하고 우리는 우리의 죄로 인해 소돔 땅으
로 이주하였고, 오직 예수 그리스도만 하나님의 임재를 누리면서 그의 안전함과
행복 속에 거하셨습니다. 허다한 우리의 원수들은 끔찍한 무력과 잔인한 난폭함
으로 우리를 포로로 사로잡아 갔습니다. 그래서 우리는 우리가 가졌던 모든 선
한 것들을 강제로 빼앗기고, 잊혀버린 땅으로 가서 영원토록 사로잡힌 자가 되

었습니다. 우리가 이런 처지로 전락했다 해도, "형제는 위급한 때를 위하여 났느니라"(잠 17:17)는 말씀과 같이 이 때를 위한 우리의 형제이신 그리스도께서는 잃은 것이 아무것도 없었습니다. 왜냐하면 그분은 우리를 이렇게 만든 거만한 원수들을 추격하셨기 때문입니다. 그분은 그 원수들을 따라가 사로잡아서 그의 강한 손으로 무찌르셨습니다. 그분은 그들이 빼앗아 간 것을 다시 취하고, 사로잡아 간 자들을 도리어 포로로 사로잡고, 홍포(紅袍)를 입고 환향하셨습니다. 그분은 자신이 멸하지 않은 것들을 회복시켜 주셨습니다. 저는 아브람이 네 왕들을 죽이고 돌아오는 것을 보면서, 그 아브람에게서 아브람보다 더 큰 분의 모습을 보는 것 같았습니다. "에돔에서 오는 이 누구며 붉은 옷을 입고 보스라에서 오는 이 누구냐?"(사 63:1)는 말씀대로, 구약에 예언된 그분이 과연 누구일까 하는 제 질문에 누가 감히 대답하겠습니까? "그는 나이니 공의를 말하는 이요 구원하는 능력을 가진 이니라"(사 63:1). 아브람은 동방에서 일깨워져 공의로 그분의 발 앞에 이르게 된 자로, 하나님께서 그의 원수들을 그의 활에 불리는 초개같게(사 41:2) 만드신 자였습니다. 그래서 주 예수님도 우리의 원수들을 마치 바람 앞에 날리는 겨와 같이 물리쳤습니다. 그 원수들은 하나님이신 예수님 앞에서 도망칠 수밖에 없었습니다. 죄를 대속하는 어린 양의 용맹함으로 인해 그들은 영원토록 완전히 박살나 버렸습니다. 이런 생각이 여러분 안에 자리를 잡게 된다면, 틈날 때마다 이 생각은 여러분에게 묵상의 주제가 될 것입니다.

　　오늘 아침에 우리는 믿음을 가진 모든 자들의 모형이자 상징이 되는 아브람에 대해 생각해 보고자 합니다. 그는 믿는 자들의 조상입니다. 만약 여러분이 축약된 그의 일생을 살펴본다면 그의 삶 가운데서 모든 믿는 자들의 일생의 역사를 볼 수 있을 것이라 생각합니다. 어떤 면에서는 아브라함에게 일어나지 않았던 그런 시련들이 여러분에게 닥친 경우도 있을 것입니다. 제가 말하려는 것은 그가 모든 면에서 우리와 똑같은 시험을 받았다는 것이 아니라, 그 역시 믿음의 가정에 속한 모든 자녀들처럼 혈과 육에 참여한 자로서, 많은 면에서 시험을 받았으나, 그럼에도 불구하고 믿음의 조상이라고 불릴 만한 충분한 자격이 있다는 사실입니다.

　　이제 이런 측면에서 우리의 주제를 다루면서, 우리는 다음과 같은 사실들을 살펴보고자 합니다. 첫 번째, 신자들은 자주 전쟁에 가담하게 됩니다. 두 번째, 이처럼 신자들이 전쟁에 가담하게 될 때, 그들은 위대한 멜기세덱인 그들의 주님을 만나게 될 것이라 기대합니다. 여러분은 그 점에 주목하십시오. 그리고 세 번째로 기억할 것은, 아브람은 멜기세덱과 대화하는 은혜를 입고, 그로부터 떡과 포도주를 먹어 새 힘을 얻었으며, 이후에 그 얻은 것에서 십분의 일을 멜기세덱에게 주었는데, 이와 마찬가지로 신자들도 아브람이 행한 것과 똑같이 행해야만 한다는 것입니다.

1. 신자들은 자주 전쟁에 가담하게 됩니다.

우리가 언급하고 싶은 것은, 신자들은 자주 전쟁에 가담하게 된다는 사실을 하나님의 백성인 여러분은 모두 경험적으로 잘 알고 있어야 한다는 점입니다. 이 전쟁은 내적인 전쟁과 외적인 전쟁 모두를 말합니다. 먼저 내적인 전쟁은 여전히 우리 속에 남아 있는 본성적인 부패와 관련된 수많은 것들과, 사탄의 시험과, 사악한 자기 마음에서 제기되는 것들과의 싸움이며, 다음으로 외적인 전쟁은 성도들이 자주 가담하게 되는 전쟁으로서 "혈과 육을 상대하는 것이 아니요 통치자들과 권세들과 이 어둠의 세상 주관자들과 하늘에 있는 악의 영들을 상대"(엡 6:12)하는 싸움입니다. 아브람의 이 특별한 경우를 보게 되면, 신자들은 종종 자신의 문제가 아니라, 그릇 행한 형제들 때문에 전쟁에 가담하기도 한다고 말할 수 있습니다. 이 형제들은 악한 친구의 꾐에 빠져 급기야 그들에게 사로잡히고만 자들이었습니다. 오늘 본문과 관련된 분쟁도 사실은 아브람과 관련된 것이 아니라 롯과 관련된 문제였습니다. 롯은 소돔으로 갔습니다. 그는 참으로 믿는 신자로서 구별된 길에 서지 않고, 그 대신 스스로 세상과 짝하였습니다. 그러다가 악한 날이 이르자 롯은 다른 사람들과 함께 사로잡힌 신세가 되었던 것입니다. 아브람은 소돔 왕에 대해서는 그리 많은 신경을 쓰지 않았습니다. 저는 아브람이 아드마와 스보임에 살던 모든 자를 위해 칼집에서 칼을 꺼내든 것은 아니었다고 생각합니다. 그러나 그 사로잡힌 자들 가운데 롯이 있는 것을 보고서 아브람은 위험에 처한 롯을 위해 칼을 꺼내듭니다. 사랑하는 성도 여러분, 우리도 하나님의 종들이 악한 조직과 결탁하는 것을 종종 보게 됩니다. 그러다가 그들은 사로잡히게 되어, 우리가 보기에 믿은 자들의 마음이 절대로 가서는 안 될 곳으로 끌려가는 것을 봅니다. 그러면 우리는 부득불 일어나서 그리스도와 그의 모든 백성들의 공동 원수를 대적하기 위해 칼을 빼들게 됩니다. 물론 그 형제들은 자신이 죄 가운데 거하는 것을 그냥 내버려 두고 자기가 악한 무리와 하나가 되는 것을 모른 척 해주기를 바라겠지만, 우리는 그들의 행동을 이끌고 있는 영적 상태를 꿰뚫고 있기에, 그저 잠잠히 있을 수만은 없습니다. 우리의 양심과 하나님께서 이 일을 요구하시기에, 마땅히 우리는 칼을 들어야만 하고, 하나님의 이 사역이 끝나기까지 절대 그 칼을 칼집에 꽂을 수 없습니다. 하지만 그런 일은 매우 드문 경우이고, 대부분의 그리스도인들은 자신의 영적 원수들을 향해 칼을 휘두르게 됩니다. 참으로 우리에게는 이런 원수들이 정말 많습니다. 교만과 게으름과 정욕도 있지요, 영혼들의 최대의 적인 사탄과 그 사탄의 아첨이나 신성모독도 있지요, 육신의 정욕과 안목의 정욕과 이생의 자랑도 있지요, 심지어는 우리의 직업과 시련들 속에서 하나님의 섭리 가운데 시험의 형태로 부딪히는 원수들도 있습니다. 이런 원수들을 대적해 우리는 항상 우리의 칼을 꺼내들어야 합니다. 그리고 이 모든 것 위에 우리는 믿음의 방패와 모든 기도의 무기를 가지고 다녀야 합니다. 그리스도인은 요단 강 이편에 있는 한 절대로 자기가 평안하다고 느껴서는 안 됩니다. 이 땅은 원수의 땅이기 때문입니다. 모든 수풀 뒤에 원수가 숨어 있을 것을 예상하고, 원수의 쏘는 것이 휘파람 소리처럼 들리지는 않는지 유의하십시오. 그리고 여러분이 그 잔인하고 끔찍한 원수의 먹잇감이 되지 않게 하신 전능한 그분의 은혜를 밤마다 찬양하십시오. 그리스도인은 한평생 한 사람의 병사(兵士)로 살아갑니다. 성경은 그리스도인을 가리켜 "그리스도 예수의 좋은 병사"(딤후 2:3)라고 부르고 있습니다. 만약 여러분 중에 누가 그리스도인이 병사로 묘사되고, 병사로서 무장할 수 있는 군수품과 전쟁에 필요한 작전 등에 관한 성경 말씀을 찾아보는 수고를 감당한다면, 그 말씀 안에는 어떤 다른 은유보다도 그리스도인이 어떠해야 한다는 그리스도인의 인품에 관한 설명이 훨씬 더 많다는 사실에 여러분은 놀랄 것입니다. 그리스도인의 주요한 제일 임무는 그의 대장과 마찬가지로 진리를 증언하는 것으로 보입니다. "내가 이를 위하여 태어났으며 이를 위하여 세상에 왔나니"(요 18:37)라는 말씀대로 말입니다. 그리스도인은 평화의 사람임에도 불구하고 그의 대장과 더불어 다음과 같이 말할 수 있습니다. "화평이 아니요 검을 주러 왔노라"(마 10:34)고 말입니다. 그리스도인은 어디를 가든지 그의 존재 자체가 내적인 전쟁이든 외적인 전쟁이든 어쨌든 전쟁의 신호가 된다는 사실을 알게 됩니다. 그리스도인은 평화의 사람입니다. 하지만 평화의 사람이기 때문에 전쟁의 사람이기도 합니다. 그리스도인은 죄와 사탄과 허물과 거짓과 대적하여 전쟁에 가담하기도 하고, 때로는 악한 친구들과 싸우도록 부르심을 받기도 합니다.

이 전쟁은 또한 강한 저항을 무릅쓴 전쟁이라는 사실을 눈여겨보십시오. 창세기 14장에서 언급된 네 왕들은 모두 위대한 주권자들이었습니다. 비록 세상 역사에서 이들에 대한 정보들을 많이 찾아볼 수는 없다 해도, 이들은 아주 힘이 있었던 군주들로 나타납니다. 이들은 14장의 처음 구절들에서 언급된 거인들을 무찌르기 위해 아주 용맹스러운 군대들의 도움을 받았을 것이 분명합니다. 그들은 자신의 능력으로 아주 쉽게 광야에 거하는 다섯 왕을 사로잡았던 것으로 보입니다. 그런데 여기에 아브람이 있습니다. 그에게는 자기 명령에 무장할 수 있는 종들이 고작 삼백 명 뿐이었습니다. 그럼에도 불구하고 그는 무장한 수천 명의 군사들을 거느린 열국의 왕들과 전쟁을 감행합니다. 이것이 바로 그리스도인의 전쟁입니다. 그리스도인은 자기가 감당하기에는 너무나 많은 원수들과 대적하여 전쟁을 벌입니다. 그는 마치 산을 헤치고 올라가는 한 마리의 벌레와 같습니다. 그리스도인은 약해서 무시를 받습니다. 자기가 자신의 능력을 헤아려보아도 완전하게 약하다는 것을 압니다. 하지만 이 모든 것에도 불구하고 그는 승리할 것을 소망하며 아브람처럼 거룩한 전쟁에 황급히 뛰어듭니다.

아무리 두렵고 까다로운 전쟁이라 해도, 이 전쟁은 믿음으로 수행되는 전쟁이라는 사실에 주의하기 바랍니다. 아브람은 자신의 힘을 확신하거나 자신의 활을 의지하고서 이 싸움을 감행한 것이 아니었습니다. 그는 오직 만군의 여호와의 이름으로 나아갔습니다. 믿음이 바로 아브람의 지속적인 위로가 되었습니다. 때로는 그의 믿음이 최상의 상태일 때 좌절하기도 하였지만, 그럼에도 여전히 아브람의 생활 태도는 하나님을 단순히 굳게 믿는 것이었습니다. 비록 하나님을 보지는 못하였지만, 그분의 음성을 기쁜 마음으로 듣고 순종하였던 것입니다. 만약 여러분이 이 싸움을 다른 방식으로 감당하고자 한다면, 여러분은 분명히 패하고 말 것입니다. 사랑하는 성도 여러분, 만약 여러분이 자신의 결심으로 이 싸움을 하고자 한다면, 여러분의 마음에 있는 죄악 가운데 여러분이 이길 수 있는 죄악은 하나도 없을 것입니다. 그리스도의 귀한 보혈을 믿는 믿음만이 여러분에게 확실한 승리를 안겨줄 것입니다. 골고다에서 여러분에게 제공된 무기가 아닌 다른 무기로 여러분이 세상을 공격한다면, 세상은 여러분을 조롱하고 비웃을 것입니다. "세상을 이기는 승리는 이것이니 우리의 믿음이니라"(요일 5:4). 만약 여러분이 믿음에게 무슨 무기를 사용하느냐고 묻는다면, 아마도 믿음은 "어린 양의 피와 자기들이 증언하는 말씀으로써 그를 이겼으니"(계 12:11)라고 대답할 것입니다. 그러므로 예수 그리스도와 가까이 살면서 그분의 대속의 능력과 그분의 간구의 권능을 의지하십시오. 그런 다음 외부의 모든 원수와 내부의 모든 적들에게 나아가 대적하십시오. 그러면 여러분은 승리자 그 이상이 될 것입니다.

믿음으로 행해진 이 큰 전투를 아브람은 하나님께서 주신 한 권리를 가지고 수행했습니다. 하나님께서 함께 하시겠다는 약속이 바로 그 권리였습니다. 무슨 일로 그돌라오멜은 가나안에 나타났습니까? 여호와께서는 아브람에게 "내가 너와 네 후손에게 네가 거류하는 이 땅 곧 가나안 온 땅을 주어 영원한 기업이 되게 하고"(창 17:8)라고 말씀하지 않았습니까? 그러므로 그돌라오멜과 그와 연합한 군주들은 그 땅의 침입자들 그 이상도 그 이하도 아니었습니다. 그들은 십삼 년 동안 광야의 여러 성들에 주권을 행사하기를 원했습니다. 그런데 사실 그 성들과 그들 주위에 있는 모든 것들은 아브람에게 속한 것이었습니다. 그 왕들은 가나안의 온 땅이 자기 것이라는 그 아브람의 주장을 조롱했을 것이 분명합니다. 사실 그러한 주장은 하늘 법정에서나 타당한 것이었습니다. 하나님이 주신 권리로 그 족장은 모든 땅의 상속자였기 때문입니다. 사랑하는 그리스도인들이여, 여러분은 여러분과 맺은 언약에 힘입어 일종의 침입자인 모든 죄악들을 쫓아내야 합니다. "죄가 너희를 주장하지 못하리니 이는 너희가 법 아래에 있지 아니하고 은혜 아래에 있음이라"(롬 6:14)는 말씀대로 말입니다. 여러분은 모든 허물들을 몰아내야 합니다. 왜냐하면 여러분은 진리의 종이며, 오직 진리만이 살 수 있는 권리와 생존할 수 있는 권리를 갖고 있기 때문입니다. 이 정당한 전쟁을 수행하면서 여러분은 땅과 하늘의 주인이며 지극히 높으신 하나님의 오른팔이 드러나기를 기대할 것입니다. 그분의 진리와 이름을 위해 용맹하게 일어선 모든 자들을 위해 그분은 친히 강한 모습으로 나타나실 것입니다. 절대로 두려워하지 마십시오. 전쟁은 여러분에게 속한 것이 아니라, 하나님께 속한 것입니다. 여러분이 책임을 지고 전쟁에 나가는 것이 아닙니다. 지옥은 늘 그렇듯이 으르렁거리고, 땅은 완전무장을 하고, 여러분의 마음은 낙담되고, 여러분의 육체가 하는 얘기를 들어보면 소심해질 수밖에 없더라도, 그래도 여러분은 "내가 여호와의 이름으로 그들을 끊으리로다"(시 118:10)라고 말하며 앞으로 나아가 그들을 무찌르고 승리하십시오. 다윗도 "그들이 벌들처럼 나를 에워쌌으나 가시덤불의 불 같이 타 없어졌나니 내가 여호와의 이름으로 그들을 끊으리로다"(시 118:12)라고 말했습니다. 다윗이 한 행동들을 여러분도 다윗의 하나님을 통해 할 수 있을 것입니다.

조금 더 설명하자면, 그리스도인이 가담하고 있는 이 싸움은 그가 믿음으로 행하고 하나님을 의지하는 것과 관련된 갈등입니다. 하지만 이 싸움은 그가 모든 수단들을 다 사용하고, 모든 합법적인 도움을 요청하면서, 자신이 가진 모든 활력과 패기를 다 동원하느냐와 관련된 갈등입니다. 아브람도 가만히 앉아서 "괜찮아, 하나님께서 롯을 구해 주실 거야. 그분께서는 자기 종들을 그의 눈동자처럼 지켜 주시겠다고 약속하셨어"라고 말하지 않았습니다. 오! 그것은 믿음이 아닙니다. 절대로 아닙니다. 그것은 바보들이나 하는 망상(妄想)에 불과합니다. 아브람은 이 문제로 시간 끌면서 한가롭게 그 원수를 뒤따라가지 않았습니다. 그리고 그는 그와 동맹한 친구들인 아넬, 에스골, 마므레 등의 원조 없이 나아가지 않았습니다. 그리스도인들이여, 여러분도 이와 같이 죄를 이기고 진리를 드러내는데 도움이 될 만한 방법들을 알게 된다면 그것을 지혜롭고 분별력 있게 사용하십시오. 그리스도인은 혼자 힘으로는 아무것도 할 수 없는 것처럼 하나님을 신뢰하는 사람입니다. 그럼에도 불구하고 그리스도인은 마치 모든 것이 자신에게 달려 있는 것처럼 모든 일을 수행하는 사람입니다. 그리스도인은 선행이 자신을 구원할 수 없다는 것을 알고 있습니다. 그러면서도 선행의 열매가 없다면 구원받지 못한다는 것을 알고 있습니다. 그리스도인은 은혜의 방편 그 자체가 자신에게 은혜를 주지 못한다는 것을 이해하고 있습니다. 하지만, 그와 동시에 그 방편들을 절대 무시하지도 않습니다. 오히려 그 방편들을 사용할 수 있는 축복을 바라고 있습니다. 그는 목회, 개인기도, 성경 연구 등으로 구원을 받을 수는 없음을 이해하고 있습니다. 하지만 하나님께서 그에게 주신 이런 유용한 방편들을 사용하여 그 원수를 부지런히 압박하고 담대히 직면하면서, 그는 하나님께서 정해 놓으신 길에 서서, 마침내 하나님의 도우심을 기대하게 될 것입니다.

사랑하는 성도 여러분, 다시 한 번 주목해주십시오. 아브람은 낮보다 밤에 원수들을 공격하려는 작전을 세우고 적극적으로 진격하였습니다. 그는 원수들을 완전히 무찔러 승리하기 전까지 결코 그 공격을 중단하지 않았습니다. 대군(大軍)을 이룬 원수들의 일부만을 무찌른다거나 롯을 구출해 내는 것으로는 충분하지 않았습니다. 지금 원수들을 무찌르려고 나온 이상 아브람은 확실하고 결정적인 승리를 거둬야만 했습니다. 오, 사랑하는 성도 여러분, 여러분과 저는 가만히 앉아서

"이것으로 족하다"라고 말해서는 안 될 것입니다. 나는 나의 취태(醉態)를 무찔렀습니까? 나는 하나님을 모독하는 습관들을 극복하였습니까? 나는 주일을 범하는 것에서 구출되었습니까? 나는 정직하고 순결한 사람이 되었습니까? 이 모든 질문에 긍정적인 대답을 할 수 있다고 해서, 지금 이 상태에 만족하고 머물러서는 안 됩니다. 나는 자기기만과 교만과 게으름들을 떨쳐 버리려고 노력하였습니까? 그런 노력 자체는 좋고 훌륭한 일입니다. 그러나 절대적으로 완전한 상태에 이르기 전에는 어떤 것을 성취했다고 해서 절대로 만족해서는 안 됩니다. 우리는 이 땅에서 살아가는 동안 완전해지리라 생각하지 않습니다. 그러므로 우리가 완전해지기 전까지는 절대로 만족할 수 없을 것입니다. "전진"이야말로 그리스도인들의 표어입니다. 제거되지 않은 죄가 하나라도 있는 한, 우리는 계속해서 싸우고 소리 지르고 울부짖으면서 그 죄악을 가지고 십자가로 나아갈 것입니다. 이 세상에 구원받지 못한 영혼이 한 영혼이라도 있는 한, 우리는 능력 많은 야곱의 하나님께서 손을 펼쳐서 그 영혼들을 구원해 주시도록 그분과 씨름할 것입니다. 이 땅에 악이 하나라도 남아 있는 한, 그리고 우리가 입으로 전해야 할 말이 우리에게 있고 하나님께서 우리에게 은혜를 베푸시는 한, 우리는 그 악을 대적하여 증언하는 사명을 감당할 것입니다. 이 싸움에서 우리가 전적으로 승리하기까지 우리의 손을 내리는 일은 결코 없을 것입니다. 우리는 모든 빼앗겼던 재물과 남자들과 여자들과 롯과 그에게 속한 모든 것들을 되찾아와야만 합니다. 그래야만 완전한 승리가 되기 때문입니다. 우리는 우리를 사랑하신 그분으로 말미암아 넉넉히 이기는 자가 되어야만 합니다. 그렇게 될 날을 우리 모두 기대해 봅시다. 오, 사랑하는 성도 여러분, 제 눈에는 그 승리자들이 의기양양한 모습으로 별이 총총한 언덕을 올라가고, 그들의 머리로는 그리스도를 떠받들고 있는 것이 보이는 듯합니다. 그들을 사랑해 주신 그분이 마차를 이끌고, 사로잡아간 자들을 도리어 포로로 사로잡은 위대한 승리자인 그분에게 문들이 활짝 열립니다. 십자가의 병사들이 영원한 평화의 정문에 들어설 때 그들의 기쁜 얼굴이 보이는 듯합니다.

> "그들이 어떻게 해서 이겼는지를 물으니,
> 그들은 숨 돌릴 틈도 없이 즉시,
> 그들이 이긴 것은 어린 양 때문이며,

그 어린 양의 죽음으로 승리하였다고 말하였다"

(와츠, '날아오를 수 있는 믿음의 날개를 제게 주옵소서'
[Give me the wings of faith to rise], 3절 — 역주).

그러므로 사랑하는 성도 여러분, 보십시오. 오늘 아침에 여기 있는 여러분은 모두 병사들입니다. 여러분은 하나님을 믿는 믿음으로 싸워야 합니다. 여러분의 원수들이 제 아무리 힘이 세다 해도, 하나님께서 여러분과 함께 하시므로 여러분은 두려워할 필요가 없습니다. 여러분은 무기를 들고 분별력 있게 싸워야 합니다. 또한 여러분은 분별력과 함께 인내심도 가져야 합니다. 끝까지 계속해서 신실하게 싸워야 합니다. 오직 이긴 자들만이 하나님의 보좌에 영원히 앉게 될 것입니다.

지금까지 우리는 이 첫 번째 주제에 대해 생각해 보았습니다. 아마도 충분히 살펴본 것 같습니다. 이제는 두 번째 주제에 대해 말씀드리고자 합니다. 성령님께서 거룩한 능력을 부어 주시기를 기원합니다. 그렇지 않다면 이 말씀도 한갓 말에 지나지 않을 것이기 때문입니다.

2. 신자들은 전쟁에 가담하면서 주님을 만나게 되리라 기대할 것입니다.

신자들은 진지하게 영적인 싸움을 하면서, 자신의 주님을 보게 되리라 기대할 것입니다. 사드락과 메삭과 아벳느고가 맹렬히 타는 풀무 가운데서 그리스도의 전투를 벌이고 있을 때, 그 때 인자께서 그들에게 나타나셨습니다. 고난의 시기에 예루살렘을 건설할 때도 그들은 한 손에는 칼을 들고, 또 다른 손에는 삽을 들었습니다. 그와 마찬가지로 우리 주 예수 그리스도께서는 칼을 쓰는 법을 가르치면서도 동시에 믿음을 세우고 믿음의 덕을 세우는 일에 관심을 가지셨습니다. 그분께서는 전사(戰士)들이 힘을 낼 수 있는 음식이 필요하다는 것을 이해하셨습니다. 특히 그들이 치열한 전투를 치르고 있을 때는 그들의 영혼이 안정을 취하고 새 힘을 얻도록 특별한 위로가 필요하다는 것을 알고 계셨습니다. 오늘 본문에서 멜기세덱의 모형으로 제시되신 예수 그리스도께서 갈등의 시대를 살아가는 그의 자녀들에게 나타나신 이유는 무엇입니까? 그것은 그들이 지쳐 있기 때문에, 그분께서 먼저 그들에게 나타나셨던 것입니다. 하나님의 자녀들이 감당해야 하는 모든 갈등 가운데서 전쟁을 수행하는 사람은 각 개인이 아닙니다. 사실은 그리스도께서 싸우고 계십니다. 다시 말해 그리스도께서 다투고 계시는 것입니다. 머리 되신 그리스도의 영광을 위해 그분의 원수를 대적하는 수고를 하는 것은 그리스도라는 몸의 지체들입니다. 머리되신 그리스도께서는 그 지체가 아무리 보잘것없어도, 모든 지체들에 대해 강한 연민의 정을 가지고 계십니다. 그리스도와 모든 지체들 사이에는 생명의 연합이 있기 때문에, 양자 사이에는 불멸의 연민도 있습니다. 사랑하는 성도 여러분, 여러분이 믿음을 위해 싸우다가 지칠 때면, 예수 그리스도께서는 자신이 여러분과 함께 친밀히 교제하고 있다는 어떤 증거를 여러분에게 분명히 주실 것입니다. 여러 순교자들도 그리스도를 위해 유배당한 산의 동굴이나 숲의 늪지대나, 심지어는 극심한 고문을 받던 고문대나 화형장의 화형대 위에서만큼, 하나님과 친밀한 교제를 나눈 곳은 어디에도 없었다고 증언합니다. 바로 그런 곳에서 달콤하기까지 한 그리스도의 임재가 그들에게 강력한 기쁨으로 다가왔고, 그 결과 그들은 거의 고통을 느끼지 못하였습니다. 주님이시여, 당신께서 풍성한 비를 내려 주옵소서. 그리하여 당신께서 기업으로 주신 이들이 당신으로 인해 소생케 되기를 간구하나이다! 사랑하는 성도 여러분, 하나님을 위해 여러분이 가진 힘을 사용하십시오. 물론 어쩔 수 없이 여러분은 기진맥진할 수밖에 없겠지만, 그래도 여러분에게는 놀랄 만한 새 힘이 샘솟듯 할 것입니다. 그래서 여러분은 마치 독수리처럼 여러분의 날개를 펴고 높이 올라가 하나님과 특별한 기쁨의 교제를 나누게 될 것입니다. 여러분의 멜기세덱이 되신 그리스도께서 예전에는 한 번도 그런 적이 없었다 해도, 이번에는 갈등 중에 있는 여러분을 만나주실 것입니다.

　　평화의 왕께서는 또 다른 이유로 돌아오고 있는 전사를 만나 주셨습니다. 아마 아브람도 승리로 인해 흥분되어 있었을 것입니다. 모든 하나님의 자녀들에게는 감정적으로 그 때가 가장 위험한 때입니다. 칠십 명의 제자들은 아주 큰 기쁨으로 그리스도에게 돌아와서 "주여 주의 이름이면 귀신들도 우리에게 항복하더이다"(눅 10:17)라고 말하였습니다. 그러자 예수 그리스도께서는 다정하고 온화하게 다음과 같이 그들을 꾸짖으셨습니다. "그러나 귀신들이 너희에게 항복하는 것으로 기뻐하지 말고 너희 이름이 하늘에 기록된 것으로 기뻐하라"(눅 10:20). 그리스도인이 누리는 기쁨의 참된 비밀은 죄나 허물을 자신이 이긴 것으로 기뻐하는 것이 아니라, 그의 주님이신 예수 그리스도의 인격으로 인해 기뻐하는 것입니다. 주님께서는 자기 백성들이 최고의 기회임을 절감하고서 최고의 수단들을 사용해 영적인 전쟁에서 승리했다 하더라도, 이들이 자만심에 도취되기 쉽다는 것을 알고는, "육체에 가시"(고후 12:7)를 주거나 아니면 더욱 적절한 것을 그들에게 주어 자중(自重)하게 하십니다. 사랑하는 성도 여러분, 자만심에 대한 최고의 치료는 그리스도를 바라보는 것이라고 저는 확신합니다. 오! 여러분이 두 눈으로 그분을 바라볼 때, 그 때 여러분이 행한 가증한 것, 암울한 것, 흉한 것 등이 분명하게 드러납니다. 해가 뜨기 전까지 나는 멋진 사람이었지만, 해가 뜨고 나면 나는 참으로 어두운 사람이 되어 버립니다. 그분은 세상에서 빨래하는 자가 그렇게 희게 할 수 없을 만큼 매우 흰 분이십니다. 그런 분을 바라보기 전까지는 저는 제 자신을 순결한 사람으로 생각했습니다. 하지만 그분을 보자마자 저는 땅에 엎드려 "부정하다, 부정하다, 부정하다!"(레 13:45)라고 외칠 수밖에 없었습니다. 욥도 "이제는 눈으로 주를 뵈옵나이다. 그러므로 내가 스스로 거두어들이고 티끌과 재 가운데에서 회개하나이다"(욥 42:5-6)라고 말했습니다. 그러므로 여러분도 그리스도를 바라볼 때, 여러분의 휘날리던 깃발들과 여러분의 거만한 깃털들이 풀이 죽게 될 것입니다. 조지 허버트(George Herbert, 영국 성직자이자 형이상학파 시인 — 역주)보다 더 겸손한 사람은 없었습니다. 새뮤얼 러더퍼드(Samuel Rutherford, 스코틀랜드 장로교 신학자이자 저술가 — 역주)보다 더 겸손한 사람도 없었습니다. 이들은 그리스도와 친밀하게 살았던 자들입니다. 그리스도의 임재가 모든 것을 치료합니다. 멜기세덱이 오자 모든 영적인 질병들은 그 앞에서 사라졌습니다. 라오디게아 교회도 정상 궤도에서 많이 벗어났을 때, 주님께서 그 교회를 고치기 위해 어떤 치료책을 제시하셨습니까? 여기에 그 답이 있습니다. "볼지어다 내가 문 밖에 서서 두드리노니 누구든지 내 음성을 듣고 문을 열면 내가 그에게로 들어가 그와 더불어 먹고 그는 나와 더불어 먹으리라"(계 3:20). 주님이시여, 당신의 병든 교회를 고치는 당신께서 기뻐하는 치료법은 도대체 무엇입니까? "그래, 미지근한 신앙을 가진 불쌍한 라오디게아 교인들이여, 내가 너희와 나누는 교제가 너희들을 다시 살릴 것이니라." 이 말씀은 요한이 그리스도의 얼굴을 묘사한 상징적인 모습과도 같습니다. 요한은 "그 얼굴은 해가 힘 있게 비치는 것 같더라"(계 1:16)고 말하고 있기 때문입니다. 그러므로 주님이시여, 제가 얼마나 어두운지는 전혀 문제가 되지 않습니다. 당신께서 당신의 얼굴을 보이시는 그 순간, 마땅히 모든 것이 밝아질 것입니다. 의의 왕인 멜기세덱이 아브람을 만난 이유도, 천지의 주재이신 지극히 높은 하나님으로부터 아브람 자신이 확실한 분깃을 받으리라는 승리의 기쁨에 도취되는 시험을 받지 않게 하려는 것이었습니다.

　　멜기세덱이 아브람을 방문한 또 다른 이유로, 아브람이 예전보다 더욱더 교묘한 방식으로 시험을 받을 찰나에 있었기 때문은 아니었을까요? 소돔 왕을 대적하는 것보다는 그돌라오멜과 싸우는 것이 훨씬 쉬운 일입니다. 아래 평야에 있던 여호수아는 아말렉과 싸우면서도 전혀 지치지 않았습니다. 반면에 산 위에서 두 손을 들고 있던 모세는 극심한 피곤을 느꼈습니다. 그 이유는 무엇입니까? 우리가 하는 행동이 영적인 활동일수록, 우리가 그 일로 인해 지치게 될 가능성은 더욱 커지기 때문입니다. 이와 마찬가지로 우리가 받는 시험이 영적인 시험일수록 우리가 그 시험에 먹잇감이 될 가능성은 더욱 커집니다. 그러니 그 시험을 이겨내기 위해서는 당연히 더 많은 힘이 필요할 것입니다. 이것이 바로 소돔 왕이 롯을 유혹한 아주 교묘한 시험이었습니다. 이렇게 보는 것이 매우 합당하며, 그것도 완벽하게 합당합니다. 아브람은 그들이 사로잡아 간 것들을 되찾아왔습니다. 그는 그 전리품들을 취할 권리가 있었습니다. 마땅히 그는 그것을 취해야만 했습니다. 설령 그가 그 전리품들을 취한다 해도, 아무도 통상적인 규범대로 행한 그를 비난할 수 없었을 것입니다. 그런데 이때도 신자들은 다른 사람들과는 달리 지켜야 할 수준 높은 규범이 있습니다. 사랑하는 성도 여러분, 제가 주장하고 싶은 것은 이것입니다. 통상적인 규범들은 모든 사람들에게 구속력을 갖지만, 그리스도인들은 초자연적으로 고차원적인 도덕규범을 따라야 한다는 것입니다. 그리스도인은 악에 눈길조차 주어서는 안 됩니다. 왜냐하면 그리스도인의 양심은 그런 악한 것을 생각조차 하지 말도록 교육을 받았기 때문입니다. 따라서 공평무사한 어떤 관찰자의 통상적인 판단 기준으로 보아도, 그리스도인은 허물이 있는 행동을 해서는 안 됩니다. 국왕 평의회(King's Council)에 속한 자는 그의 의장에게 누를 끼치지 않도록 아주 품위 있게 행동해야 합니다. 제가 겪은 경험으로 여러분에게 말씀드립니다. 여러분이 그리스도에게 가까이 가면 갈수록, 여러분이 그분과 교제하면 할수록, 여러분은 여러분 자신에 대해 더욱 방심해서는 안 됩니다. 만약 여러분이 자신에 대해 방심한다면, 다른 사람들은 징계의 매를 피할 수 있다 해도, 여러분은 그 매를 피할 수 없을 것입니다. 다른 사람들은 여러분의 슬픔을 보지 못하고 이해하지도 못하는 문 뒤에서, 여러분은 그 벌을 받아야 할 것입니다. 사랑하는 성도 여러분, 그리스도와 교제를 나누면서 우리를 겨냥한 교묘한 시험을 미리 막는 것은 아주 잘하는 일입니다. 멜기세덱이 제공한 떡과 포도주를 우리가 먹음으로써, 우리는 소돔 왕의 적수 그 이상이 됩니다. 오, 예수님! 제가 당신의 얼굴을 보고 난 이후, 이제 제 영혼의 눈에는 이 땅에서 눈부실 정도로 탁월하게 아름다운 것들이 보이지 않게 되었습니다. 사랑하는 성도 여러분, 여러분이 그리스도의 얼굴을 한 번이라도 본다면, 화장한 음녀나 이 세상이 여러분의 사랑을 다시 빼앗아가지 못할 것입니다. 여러분은 하늘의 순전한 흰 떡을 먹어 본 적이 있습니까? 먹어 보았다면, 이 땅의 거무스름한 모래 섞인 떡은 여러분의 입맛에 이제 맞지 않을 것입니다. 이 땅의 떡은 그 속에 든 자갈로 인해 여러분의 이(齒)만 상하게 할 뿐입니다. 오래 저장한 맑은 포도주, 다시 말해 그리스도에게서 나는 석류 향 포도주를 한 번이라도 마셔 보았다면, 여러분은 더 이상 이 땅의 시금털털하고 맹맹한 포도주는 마시려고 하지 않을 것입니다. 이 세상의 가장 교묘한 시험을 대적하기 위해 여러분이 강한 힘을 기르고자 한다면, "내게 입 맞추기를 원하니 네 사랑이 포도주보다 나음이로구나"(아 1:2)라고 외치십시오. 그러면 여러분은 여러분을 사랑하신 그분으로 말미암아 넉넉히 이기는 자답게 갖가지 갈등들 속으로 돌진할 수 있을 것입니다.

지금까지 우리는 멜기세덱이 아브람을 만난 것과 그 이유들에 대해 알아봤습니다. 자, 이제는 멜기세덱이 행한 그 일들을 조금 더 자세하게 살펴보고자 합니다. 멜기세덱은 어떤 자격으로 아브람을 만났습니까? 대답은 간단합니다. 그는 왕의 제사장으로서 아브람을 만났습니다.

사랑하는 성도 여러분, 그리스도께서는 우리의 모든 전투 가운데 제사장으로서 그리고 왕으로서 우리를 만나 주십니다. 그리스도께서 우리를 제사장으로서 방문하신다니, 그 얼마나 놀라운 은혜입니까! 왜냐하면 우리는 죄를 대적하면서도 어쩔 수 없이 죄에 노출될 수밖에 없는 존재이기 때문입니다. 옳은 편에 선 아무리 은혜로운 사람이라 해도, 모종의 후회와 눈물 없이 자신의 과거를 되돌아 볼 수 있는 사람이 있겠는가 하는 주장에, 다소 진리가 있을 것으로 저는 믿고 있습니다. 저는 심지어 마르틴 루터(Martin Luther)나 존 녹스(John Knox)도, 자신들이 믿음을 위해 열심히 투쟁한 것에 대해서는 후회하지 않겠지만, 그럼에도 불구하고 그들이 임종을 맞는 침상에서, 자신들이 행한 모든 일들 중에서 육을 따라 했던 일이 섞여 있다고 느꼈을 것이라 확신합니다. 이런 육적인 것은 끝까지 지속될 것입니다. 사랑하는 성도 여러분, 우리가 우리의 죄와 정욕을 대적할 때도 육적인 것은 지속되고 있습니다. 우리가 하는 바로 그 회개 가운데도 또 다시 회개해야 할 육적인 부분들이 들어 있습니다. 우리가 십자가를 향해 달려 가는 바로 그 행동 가운데도 십자가를 떠나려고 우물쭈물하는 육적인 것들, 결과적으로는 악한 것들이 들어 있습니다. 그러나 예수님 만세! 당신을 제사장으로 만나는 것이 제게 얼마나 필요한 일인지 모릅니다! 사랑하는 성도 여러분, 여러분에게도 그분이 필요하다는 생각이 들지 않습니까? 여러분이 골고다와 거기서 흐르는 피를 볼 때, 모든 영적 전투 가운데서 그리스도를 만날 필요가 있다고 고백하지 않겠습니까?

그런데 멜기세덱은 왕이기도 하였습니다. 그러므로 우리가 우리 주님의 전투를 싸울 때마다 우리는 참으로 그분을 보고 싶은 마음이 간절할 것입니다. "여호와께서 다스리시나니"(시 97:1)라는 이 말씀이야말로 지금 싸움을 하고 있는 그리스도인들을 가장 위로해 주는 말씀일 것입니다. 가련한 영혼들은 "아! 나의 대적이여, 나로 말미암아 기뻐하지 말지어다. 나는 엎드러질지라도 일어날 것이다(미 7:8). 여호와께서 다스리신다"라고 말합니다. 오! 우리가 행군 명령을 받았다는 생각이 드는데, 우리 교회가 낙담한 가운데 있고 우리의 군기(軍旗)가 진창에 빠진 것을 볼 때, 우리가 예수님을 기억하면 우리에게 위로가 임합니다. 왜냐하면 아버지 하나님께서 예수님을 높여 주셨기 때문입니다. "이러므로 하나님이 그를 지극히 높여 모든 이름 위에 뛰어난 이름을 주사, 하늘에 있는 자들과 땅에 있는 자들과 땅 아래에 있는 자들로 모든 무릎을 예수의 이름에 꿇게 하시고"(빌 2:9-10)라는 말씀대로 말입니다. 만세! 의와 평강의 임금님, 우리에게 당신이 얼마나 절실히 필요한지 모릅니다. 우리가 당신을 만나 뵙기 원하나이다! 나아오소서. 왕이시여, 왕은 진리와 온유와 공의를 위하여 왕의 위엄을 세우시고 병거에 오르소서(시 45:4). 당신의 영광스러운 병거에 올라 진리와 온유와 공의라는 흰 세 마리 말들을 타고 원수들을 모조리 무찌르면서 달리시옵소서! 하늘도 당신을 찬양하고, 땅도 당신에게 순종하며, 음부도 당신의 임재로 떨고, 당신께서 만지기만 하시면 놋 문들이 깨지며, 당신이 말씀하시자 쇠 빗장들이 부러지나이다! 오, 영원한 왕이시여, 영광스럽게 병거를 타시어 당신의 백성들이 그 모습을 보고 기뻐하게 하옵소서. 그러므로 우리는 반드시 그리스도를 보아야 합니다. 그분을 보고 그분과 친밀한 교제를 나누어야 합니다. 제가 설명한다고 해서 여러분이 그분을 볼 수 있는 것은 아닙니다. 멜기세덱이 아브람을 만나 주었습니다.

이처럼 예수 그리스도께서도 여러분을 만나 주셔야 합니다. 여러분은 아무 기대도 없이 여러분의 인생길을 가고 있는데, 그분께서 갑자기 그 길을 멈추게 하면서 그분이 세상에 행하신 것을 여러분에게 친히 드러내 보여주셔야 합니다. 하나님의 천사와 씨름하기 이전에 야곱은 마하나임에서 하나님의 사자 군대를 만났습니다. 천군 천사를 만난 것도 대단하지만, 하나님을 친히 만나는 것과 비교한다면, 그것은 아무것도 아닐 것입니다. 천사들을 만나는 것도 큰 축복일 것입니다. 이 점에 있어서 오해하지 말기를 바랍니다. 그러나 오! 언약의 천사, 천사장 미가엘을 만날 뿐만 아니라, 그분을 만나다니, 아! 이것이야말로 엄청난 위로이지 않겠습니까! 과연 그분께서 나를 만나 주실까요? 과연 그분께서 여러분을 만나 주실까요? 그렇습니다. 그분께서 만나 주실 것이라고 우리는 대답할 수 있습니다. 왜냐하면 우리는 이미 그분을 만났기 때문입니다. "네 눈은 왕을 그의 아름다운 가운데에서 보며"(사 33:17)라고 우리 대다수가 말할 것입니다. 우리 영혼들은 제사장이면서 왕이신 그분을 보기 때문에 이루 말할 수 없는 위로를 얻고, 거룩한 기쁨으로 충만해집니다.

다음 질문은 이것입니다. "멜기세덱은 아브람을 위해 어떤 일을 하였습니까?" 멜기세덱은 아브람에게 떡과 포도주를 가져다주었습니다. 이것은 정확하게 예수님이 하신 일을 제시해 주고 있습니다. 즉 그분은 우리에게 자신의 몸과 피를 주셨던 것입니다. 육적인 사람들은 그리스도의 이 말씀을 다음과 같이 이해합니다. 여러분이 성찬식에서 떡을 먹고 포도주를 마실 때, 그 떡 속에 그분의 몸이 있다고 하거나, 혹은 그 떡이 몸으로 변화하고 포도주도 마찬가지로 피로 변화한다고 말합니다. 그러나 영적인 마음을 가진 자들은 이러한 상징들이 영적 능력을 일깨우는 것으로 이해하고 있으며, 이 영적 능력이 성찬식에 참여하는 입술과 배에 임하는 것이 아니라, 예수 그리스도의 살과 피를 실제적이고 영적으로 먹는 자들에게 임하는 것으로 이해합니다. 그래서 다음과 같은 주님의 말씀이 성취됩니다. "인자의 살을 먹지 아니하고 인자의 피를 마시지 아니하면 너희 속에 생명이 없느니라"(요 6:53). 저는 그리스도인들이 전적으로 교리로만 배부를 수 있다고는 생각하지 않습니다. 하지만 저는 하나님의 진리야말로 음식이며, 신자들은 성찬식에서 제공되는 것보다 더 풍성한 영양분들을 하나님의 진리에서 얻는다고 생각합니다. 저는 제 기분이 아주 우울할 때면 고귀한 교리들, 즉 하나님의 주권이나 선택이나 궁극적 구원 등을 곰곰이 생각해 봅니다. 그러면서 저는 위로를 받습니다. 그러나 제가 아주 낙담했을 때는 그런 음식들조차 제 입맛에 맞지 않을 때가 있습니다. 그 때는 부득불 나의 주님께 나아갈 수밖에 없습니다. 갈등하는 시기에는 주님 자신께서 제공해 주시는 음식 외에는 그 어떤 음식도 영원한 영혼의 버팀목이 되어줄 수 없다고 저는 믿습니다. 즉 그분과 교제하며 손가락을 그 못 자국에 넣어보고, 손을 옆구리에 밀어 넣어보는 것이야말로 믿음 없는 자들을 위한 주권적인 치료책이며, 믿음을 위한 최고의 음식입니다. 그리스도께서 자신을 계시하실 때, 그 때 모든 것은 고요해지고 평화롭게 됩니다. 그러나 우리가 그분에게 이르기까지는 여전히 어둠 가운데 머무르면서 전혀 빛을 보지 못합니다. 성전에 올라가는 예배자도 성전의 놋 등잔대나 금으로 만든 불집게나 심지어는 그룹 형상들을 의지해서 살아갈 수는 없습니다. 그에게 절실히 필요한 것은 희생으로 드려진 어린 양의 제사장들과 함께 번제에 참여하는 것입니다. 그러므로 하나님의 자녀에게 참된 음식은 예수 그리스도 그 자신입니다. 규례들과 교리들은 단지 성전 기구들과 예복들에 불과합니다. 아브람처럼 계속해서 기뻐하며 우리의 길을 가는 동안 우리에게 절실히 필요한 분은 그리스도 자신이십니다. 그분은 참된 그리스도로서 우리를 위해 자기 몸을 내어 주셨고, 우리 영혼을 기쁘게 받아 주시고 우리를 먹여 주셨습니다. 이것이 바로 왕의 제사장이 그 족장을 위해 행한 모든 일들입니다.

저는 멜기세덱이 아브람에게 한 말을 전하고자 합니다. 조금만 참고 더 들어주십시오. 멜기세덱은 먼저 아브람을 축복하였습니다. 그런 다음 그는 하나님을 찬양하였습니다. 우리는 우리 주 예수 그리스도께서 먼저 우리를 축복해 주시기를 원합니다. "천지의 주재이시요 지극히 높으신 하나님이여 아브람에게 복을 주옵소서." 우리에게 필요한 것은 우리 자신과 우리가 하는 일이 축복을 받는 것입니다. 그런데 하나님께서 우리에게 와서 힘을 주지 않으신다면, 우리가 하는 모든 일들은 한갓 부질없는 일이 되지 않겠습니까? 사랑하는 성도 여러분, 여러분과 저는 더 이상 말을 할 수 없을 때까지 그리스도를 위해 싸울 마음이 있지만, 우리가 전하는 그 증거만으로는 한 영혼도 빛을 보거나 진리를 알 수 없을 것입니다. 우리는 부드러운 마음으로 죄인들을 그리스도의 십자가로 인도하고 싶지만, 하나님의 팔이 드러나지 않는 한, 우리는 한 영혼도 십자가로 인도할 수 없을 것입니다. 그래서 우리는 "우리가 전한 것을 누가 믿었느냐?"(사 53:1)라고 말한 선지자처럼 돌아와, 하나님의 팔이 그들에게 드러나지 않았다고 느끼게 될 것입니다. 반면에 천지의 주재이신 하나님께서 우리를 축복해 주신다면, 그 때는 우리가 하는 세상일들이 복을 받고, 우리가 이 땅에서 하는 말들도 복을 받아서, 우리는 하늘의 복을 받게 될 것입니다. 하늘의 안식과 평화, 하늘의 전능한 능력이 우리에게 임하여, 하늘에서 주신 영광의 능력 가운데 우리는 승리의 확신으로 나아갈 것입니다. 우리는 그리스도로부터 축복을 받아야 합니다. 지금 이 축복을 구하십시오. 사랑하는 성도 여러분, 지난 한 주 투쟁 가운데 지친 여러분, 여러분이 당한 시련과 수고로 더 이상 자신을 지탱할 수 없을 것 같은 여러분, 지금 그 축복을 간구하십시오. 그리고 그분에게 다음과 같이 즉시 말하십시오. "멜기세덱이여, 나를 축복해 주십시오! 오, 예수님, 나를 지금 축복해 주십시오." 천지의 주재시여, 우리 가운데 한 사람도 잊지 마옵소서. 당신의 사랑하는 자들인 우리를 축복해 주옵소서.

사랑하는 성도 여러분, 멜기세덱은 이렇게만 한 것이 아니었습니다. 그는 제사장직의 또 다른 임무, 즉 하나님을 찬양하는 일도 수행하였습니다. 우리가 이 자리에서 찬송하고, 우리가 가야 할 길을 제대로 갈 때마다, 제 영혼은 날개를 펼치고 하늘로 날아 올라가기를 원합니다. 그리고 우리 모두가 능력과 권능으로 찬양할 때면, 좀처럼 우리가 접하지 못하는 아름다움과 우아함이 그곳에 가득합니다. 그럼에도 불구하고 우리는 그분이 받으시기에 합당한 찬양을 드릴 수 없다는 사실을 저는 잘 알고 있습니다. 이 점에서 저는 위대한 멜기세덱을 칭송합니다. 왜냐하면 우리는 하나님이 받으시기에 합당한 찬송을 올려드릴 수 없지만, 멜기세덱은 할 수 있었기 때문입니다. 예수 그리스도께서는 자기 성도들의 기도뿐 아니라 찬양까지도 하나님께 올려드리고 계십니다. 그분은 중보자이십니다. 그분께서는 아름다운 향이 가득한 대접, 즉 성도들의 기도를 하나님께 올려드릴 뿐 아니라 우리가 연주하는 하프 음악도 하나님께 올려드리십니다. 그래서 기도와 음악, 이 두 가지 모두 그 어여쁜 분을 통해 하나님께 드려집니다. 자, 사랑하는 성도 여러분, 여러분은 이번 주에 좋은 평을 들을 수 있는 일을 하였습니까? 한 번 말해 보십시오. 하나님께서 여러분이 하는 일이 잘되게 하셨습니까? 사랑하는 자매 여러분, 여러분이 그리스도를 위해 얻은 영혼은 몇 명이나 됩니까? 저는 여러분이 여러 영혼들을 얻은 줄 알고 있습니다. 사랑하는 형제 여러분, 증인으로서 감당하는 여러분의 사역에 하나님께서 축복해 주셨습니까? 하나님께서 여러분과 함께 하심을 여러분은 느꼈습니까? 좋습니다. 그럼 이제 여러분은 나와서 여러분이 받은 그 모든 영예를 그분의 발 아래에 내려놓으십시오. 여러분이 받은 영광이 어떤 것이든 간에, 거기에 내려놓으십시오. 그리고 여러분의 마음에 품고 있는 자기 영광의 모든 요소들과 자기 높임이라는 모든 조각들까지도 모두 제거해 주시기를 위대한 멜기세덱에게 기도하십시오. 그리고 여러분이 "천지의 주재이시요 지극히 높으신 하나님이여, 내 대적을 내 손에 붙이신 지극히 높으신 하나님을 찬송할지로다"라고 말하는 것보다 더 높은 차원으로 말할 수 있게 해 달라고 그분께 간구하십시오. 이와 같이 그 위대한 멜기세덱이 여러분을 만나주시는 것을 여러분은 기뻐하게 될 것입니다.

지금까지 저는 많은 말들을 했습니다. 하지만 그리스도의 입에서 나오는 단한 마디 말씀이 제가 하는 만 마디 말보다 더 가치가 있을 것입니다. 여러분이 한 번이라도 그분을 보았다면, 제가 그분을 그리려고 하는 이 그림이 얼마나 서투른 화가가 그린 것인지 알 수 있을 것입니다. 만약 여러분이 짧은 시간인 십 분만이라도 오늘 예수님과 참된 교제를 나누게 된다면, 제가 그분에 대한 것을 조금이라도 안다고 했을 때, 그분에 대해서 제가 어쩌면 이렇게 냉랭하게 말할 수 있는지 여러분은 의아하게 생각할 것입니다. 사랑하는 성도 여러분, 여러분이 마땅히 가야 할 길을 가십시오. 그런 다음 여러분을 만나 주시기를 멜기세덱에게 간구하십시오.

3. 아브람이 행한 것을 우리도 행해야 합니다.

마지막 세 번째 대지는 우리의 약속된 시간이 많이 지나가 버렸기 때문에 정말 아주 간략하게 말씀드리겠습니다. 씨름하는 신자가 위대한 멜기세덱을 보게 되는 은혜를 받게 되면, 그는 자발적으로 그러면서도 필연적으로 하나님께 새로운 헌신을 하게 됩니다. 여러분도 보다시피 아브람은 한순간도 주저하지 않았습니다. 그는 모든 것의 십분의 일을 멜기세덱에게 주었습니다. 그의 이런 행동은 "나의 모든 인격과 내가 가진 모든 것을 드려, 나의 탁월한 주군(主君)의 권위에 순복하나이다"라고 말하는 것처럼 보입니다. 우리의 찬송가 중에는 다음과 같은 찬송이 있습니다.

"만세, 거룩한 멜기세덱,
　위대한 대제사장인 당신은 나의 대제사장,

나의 모든 권능들이 당신 앞에 엎드리오니,
십분의 일이 아니라, 그 모두를 드리나이다."

참으로 우리가 귀하게 여기는 거룩한 믿음은 우리로 하여금 모든 것을 그리
스도에게 바치도록 합니다. 제 소망은 자신이 가진 것 가운데 십분의 일을 주님
의 일을 위해 드리는 것을 규칙으로 삼고 실천하는 그리스도인들이 있기를 바라
는 것입니다. 그리스도를 위해 따로 떼어 놓는 가방이 여러분에게 있다면, 주님
의 교회는 결코 궁핍하지 않을 것입니다. 어떤 것이든 여러분이 바칠 때, 여러분
은 여러분의 것을 드린다고 생각해서는 안 됩니다. 여러분의 오른손이 하는 것
을 왼손도 모르게 해야 합니다. 왜냐하면 여러분이 이미 주님의 일을 위해 구별
해 놓았던 것을 주님의 창고에서 꺼내어 바치는 것이기 때문입니다. 주님의 몫
은 십분의 일 그 이상이 되어야 합니다. 특별히 능력이 있는 사람들의 경우에는
더더욱 그러합니다. 그래서 저는 재물이 많은 자들에게는 이보다 더 많은 것을
기대해도 좋으리라 생각합니다. 그러나 여러분을 강제적으로 구속하는 그러한
규칙은 없습니다. 왜냐하면 우리는 그리스도의 교회 안에서 율법 아래 있지 않고
은혜 아래에 있기 때문입니다. 여러분은 은혜로 말미암아 율법이 제시하는 것 그
이상을 바치게 될 것입니다. 그래도 확실히 해두어야 할 것은 그리스도인들은
자신까지도 자신의 것으로 여기지 말아야 하며, 자신의 개인 명의로 가지고 있
어도 괜찮은 것은 아무것도 없다는 사실입니다. 저는 하나님께 기도드립니다.
혹시라도 그분의 것이 아닌 것이 내 몸에 피 한 방울이라도 있다면, 그 피를 뽑아
달라고 말입니다. 그리고 그분에게 바치지 못한 것이 제게 머리카락 한 올이라
도 있다면, 저는 그것을 뽑아 버릴 것입니다. 왜냐하면 그것은 틀림없이 마귀의
피 한 방울이거나 마귀의 머리카락일 것이기 때문입니다. 그것은 여기에 속하거
나 아니면 저기에 속하는 것입니다. 다시 말해 그것이 하나님께 속한 것이 아니
라면, 그것은 사탄에게 속한 것입니다.

사랑하는 성도 여러분, 우리 속에 분열이 있어서는 안 됩니다. 절대로 안 됩
니다. 이 세상을 위해 살면서 동시에 하나님을 위해 살아서는 안 됩니다. 두 마리
의 사자에게 한 멍에를 지워서 로마의 온 시내를 내달린 안토니우스(Anthony)를
보십시오(플리니우스[Pliny]가 쓴 박물지[Natural History 8.21.55]에 나오는 내용 — 역주). 사
자 두 마리가 함께 한 멍에를 끈다는 것은 로마에서 기이한 광경이었습니다. 그

런데 그것을 본 많은 사람들이 그를 따라서 두 마리의 사자를 한 멍에에 함께 묶어 로마를 내달리도록 하였습니다. 하지만 절대로 여러분은 유다 지파의 사자(계 5:5)와 무저갱의 사자를 같은 수레의 멍에를 함께 지도록 할 수 없을 것입니다. 왜냐하면 이 두 사자들은 철천지원수이기 때문입니다. 그러므로 여러분이 두 주인을 섬기고자 한다면, 그리스도께서는 여러분을 그의 종으로 여기지 않으실 것입니다. 이 자리에서 제가 더 이상 말하는 것은 헛된 일인 줄 압니다. 그러나 사랑하는 성도 여러분, 만약 여러분이 그리스도를 만나서 그분과 교제를 나눈다면, 그분을 위해 여러분이 헌신한다는 것은 마땅한 일로 여겨질 것입니다.

이 오후에 저는 여러분 중의 한 명이 안락의자에 앉아 있는 모습을 한 번 상상해 봅니다. 여러분은 거기에 앉아서 다음과 같이 생각할 것입니다. '최근에 그리스도를 위해 바친 것이 얼마나 보잘것 없는지 모르겠구나! 그분을 위해 내 입을 열어 본 것은 또 왜 그리 적은지!' 아마 여러분은 다음과 같은 생각도 할 것입니다. '나는 이 세상에서 잘 지내고 있다. 하지만 그리스도를 위해 뭘 할 수 있는 여유는 없어! 지금 이렇게 살아가는데도 엄청난 돈이 드는데!' 그 때 주 예수 그리스도께서 못에 찔린 손과 피 흘리는 발을 가지고 여러분이 있는 그 방에 들어오셨다고 생각해 봅시다. 그분으로 인해 그분이 여러분에게 행하신 일들이 생각나게 된다고 가정하는 것입니다. 여러분의 마음이 죄의식으로 찢어질 때, 여러분이 그렇게 비천한 처지에 있을 때, 그분께서 여러분을 어떻게 찾아오셨는지 그것이 생각날 것입니다. 그 때 여러분은 그분의 일을 위해 바칠 만한 여유가 되지 않는다는 말을 결코 할 수 없을 것입니다. 우리 주 예수 그리스도께서 여러분의 얼굴을 바라보시며, 여러분에게 "나는 너를 위해 이 모든 것을 했는데, 너는 나를 위해 무엇을 하려고 하느냐?"라고 물으신다고 생각해 보십시오. 여러분은 어떻게 대답하겠습니까? 아마도 여러분은 "나의 주님, 이 모든 것을 바치옵니다. 나의 모든 인격과 내가 가진 모든 것은 영원히 당신의 것이옵니다"라고 말하지 않겠습니까? 만약 여러분이 인색해서 이 정도의 대답을 하지 못하는데, 그분께서 여러분에게 "네가 내게 무엇이든 간구해도 나는 네게 응답하지 않을 것이고, 나도 네게서 아무것도 받지 않으리라"고 말씀하셨다면, 정말 그래도 여러분은 상관없겠습니까? 그래서는 안 됩니다. 여러분이 여전히 그분의 관대하심에 의지해 그분께 간구할 것들이 무수히 많다면, 여러분의 온 몸과 마음과 영혼을 전제(奠祭)로 바치는 것을, 즉 자신이 하나의 번제물이 되는 일을 그만 두어서는 안 될 것입니다. 아브람이 멜기세덱 앞에서 행했던 것처럼, 여러분도 그리스도의 임재 가운데서 그렇게 행하십시오. 여러분은 그분의 것이라는 사실을 인정하고 여러분 자신을 그분에게 바치십시오.

사랑하는 성도 여러분, 저는 하나님께 기도하겠습니다. 여러분이 이 말씀을 통해 더 높은 수준의 믿음을 추구하고, 날마다 살아 계신 구세주와 교제하며 살아감으로써, 그분께서 여러분을 축복하고 지켜 주시기를 말입니다.

그러나 여러분 가운데는 아브람과 같지 않은 이들이 더러 있습니다. 그런 자들은 아직 멜기세덱을 볼 필요가 없다고 말합니다. 그런 자들은 이방인들, 그것도 아주 먼 곳에 있는 이방인들일 뿐입니다! 아! 저는 그런 자들을 소돔 사람들에 비유하고 싶습니다. 아브람이 소돔을 위해 간구하였던 것처럼 그리스도께서도 여러분을 위해 어떤 일을 행하셨습니다. 여러분도 알다시피 아브람이 사로잡힌 자들을 다시 되찾아온 것은, 즉 그들 모두를 되찾아온 것은 바로 롯을 위한 것이었고, 그 롯을 위해서 그들 모두의 멸망이 잠시 연기되었던 것입니다. 비록 몇 년 후에 그들은 너무 사악해져서 모두 멸망하고 말았지만 말입니다. 나의 주님께서는 여러분 모두가 자유롭게 선택하도록 작정하신 때를 연기해 주셨습니다. 그분의 위대한 구원사역이 비록 친히 택한 자들을 위한 것이긴 해도, 그분께서는 여러분 모두가 그 생명의 땅에 살도록 여러분을 기다리고 계십니다. 여러분은 소돔 사람들처럼 행동하지 않도록 주의하십시오. 때가 되면 우박이 격한 불처럼 여러분에게 내리고, 더욱 끔찍한 멸망이 여러분에게 반드시 임할 것입니다. 여러분이 악한 길에서 돌이키지 않고 그분의 얼굴을 구하지 않는다면 말입니다. 그리스도를 신뢰하십시오. 그러면 여러분은 구원을 받게 될 것입니다. 그리고 그분을 믿으십시오. 그러면 여러분이 지은 죄들을 용서받게 될 것입니다. 그러나 만약 여러분이 이를 거절한다면, 선지자들이 기록한 다음과 같은 일이 여러분에게 일어날 것입니다. "보라 멸시하는 사람들아 너희는 놀라고 멸망하라"(행 13:41; 합 1:5). 이런 일이 여러분에게 일어나지 않도록 경계하십시오. 주님께서는 지금도 우리를 축복해 주고 계십니다. 아멘.

제
15
장
—

아브라함의 큰 상급

—

"아브람아 두려워하지 말라 나는 네 방패요
너의 지극히 큰 상급이니라." — 창 15:1

아마도 여러분은 지금까지 오늘 본문의 상반절인 "나는 네 방패요"라는 제목의 설교를 수없이 많이 들었을 것입니다. 그래서 저는 그 상반절 말씀은 넘어가고, 하반절인 "나는 … 너의 지극히 큰 상급이니라"는 말씀에 대해서 충분히 생각해 보고자 합니다. 먼저 아브라함에게 이런 말씀이 임하게 된 배경을 살펴봐야 할 것 같습니다. 아브라함은 얼마 전에 자신과 헤어지게 된 그의 조카 롯에 대한 기억과, 롯에게 거주지 선택권을 먼저 주어 그가 원하는 대로 가축과 양 떼들을 데리고 가도록 한 기억이 남아 있었을 것입니다. 반면에 롯은 자신이 거할 땅에 사는 민족들의 성품이 어떠한지는 전혀 개의치 않고, 죄악의 도시인 소돔과 고모라에 있는 물길이 잘 정비된 여리고나 요단 평지를 택하였습니다. 롯은 일시적인 유익만을 생각하다가 이제는 다섯 왕을 대적한 네 명의 왕들이 벌인 전투에서 자신이 가진 모든 것을 잃게 되었습니다. 그러나 아브라함은 하나님의 나라와 그분의 의를 바라보는 눈을 가지고 있었기에, 잃은 것이 아무것도 없었습니다. 사실 아브라함에게는 롯이 잃었던 모든 것을 되찾아줄 수 있는 능력이 있었습니다. 그래서 이제 하나님께서 그에게 나타나 다음과 같이 말씀하시는 것 같습니다. "너의 조카 롯은 자기가 볼 수 있는 것만 믿었다. 그는 자신의 판단력이 이끄는 대로 자기에게 직접적인 유익이 될 것만 선택했다. 그래서 지금 롯은 모든 것을 잃었다. 그러나 '아브람아 두려워하지 말라 나는 네 방패요 너의 지극히 큰 상급이다.' 너는 결코 잃지 않을 것이다. 너는 좋은 편을 택하였다. 너는 그것을 빼앗기지 않을 것이다. 장차 잃어버릴 저 요단의 물길이 잘 정비된 평지를 너는 나눠 갖지 못했다. 그래도 너는 불안해할 필요가 없다. 너는 네가 받은 몫을 결코 잃지 않을 것이기 때문이다." 족장 아브람은 다음과 같이 혼자 말했을 것입니다. "여호와는 나의 기업(분깃, 몫[KJV])이시니 그러므로 내가 그를 바라리라"(애 3:24).

사랑하는 성도 여러분, 아마도 여러분은 다른 사람들이 모든 것을 잃고 고통 받아 그 결과로 깊은 절망 가운데 처하게 된 것을 보아왔을 것입니다. 그러나 여러분은 여러분에게 어떤 일이 일어나도 전혀 놀랄 필요가 없습니다. 왜냐하면 여러분은 하나님을 피난처로 삼고, 그분 안에서 확고한 거처를 마련할 것이기 때문입니다. 물론 여러분도 손실과 고통을 당할 수 있습니다. 하지만 이런 것들은 여러분이 받을 몫에 비하면 일부에 지나지 않습니다. 그러므로 이런 것들이 결코 여러분을 제압하지 못할 것입니다. 궁극적으로 여러분은 잃어버린 자가 절대 아닙니다. 오히려 여러분은 하나님의 능력으로 보호하심을 받고, 모든 시련과 고통으로부터 구원받게 될 것입니다. 그분이 여러분의 방패가 되어 주고, 여러분의 지극히 큰 상급이 되어 주실 것입니다.

또한 아브라함은 바로 그 때에 소돔 왕이 주는 선물을 거절하였습니다. 그 선물들은 아브라함이 마땅히 받을 수 있는 합당한 전리품들이었습니다. 따라서 그것을 아주 당연하게 취할 수 있었습니다. 하지만 그는 그렇게 하지 않았습니다. 왜냐하면 나중에 그 소돔 왕이 "아브라함으로 하여금 치부(致富)하게 한 것은 그의 하나님이 아니다. 그가 믿음으로 산 것에 대해 말하는 것은 소용없는 일이다. 왜냐하면 그가 치부하게 된 것은 바로 내가 준 선물, 즉 전쟁의 전리품들이기 때문이다"라고 말할까 우려했기 때문입니다. 이에 대해 아브라함은 "아니다. 너는 결코 그렇게 말할 수 없다. 내가 무엇을 가졌든 그것은 하나님이 내게 주신 선물이다. 결코 소돔 왕이 내게 준 선물이 아니다. 나는 사람들을 의지하지 않고, 오직 살아 계신 하나님만 의지할 것이다"라고 말했습니다. 그러자 하나님께서는 아브라함의 이런 마음을 칭찬하며 그에게 다가와 다음과 같이 말씀하셨습니다. "아브람아, 두려워하지 마라. 네가 포기한 것은 모두 나를 위한 것이었다. 나의 영광과 나의 영예를 위한 것이었다. 그러므로 너는 어느 면으로나 결코 잃은 자가 되지 않을 것이다. 나는 네 방패요 너의 지극히 큰 상급이 될 것이기 때문이다."

사랑하는 성도 여러분, 여러분은 지금까지 그리스도를 위해 희생을 한 적이 있습니까? 최근에 여러분은 옳은 길을 가려고 애쓰다가 여러분의 이익이 위협을 받았던 경우가 있었습니까? 비록 여러분의 친구 관계가 단절되었어도 여러분의 마음은 확고하였습니까? 남들로부터 옹고집이라는 판단을 받을 만큼 여러분은 확고하게 원칙에 충실했습니까? 좋습니다. 만약 여러분이 그렇게 행동했다면, 여러분은 그 신실함으로 인해 결코 잃은 것이 없을 것입니다. 하나님께서 하늘에 계신 것이 분명하듯이, 여러분은 이런저런 방식으로 그분의 명령들을 준행하였기에, 여러분의 이런 모습은 큰 상급을 받게 될 것에 대한 분명한 증거가 됩니다. 어떤 하나님의 자녀라도 소돔 왕으로 인해 자신이 치부할 수 있다거나, 경건하지 않은 자들 가운데서 자신의 분깃을 조금이나마 찾아보겠다는 생각 자체가 안타까운 일입니다. 하나님의 백성을 향한 그분의 명령은 "너희는 그들 중에서 나와서 따로 있고 부정한 것을 만지지 말라"(고후 6:17)는 것입니다. 그리고 이를 행하는 자들에게 그분은 약속하셨습니다. "내가 너희를 영접하여 너희에게 아버지가 되고 너희는 내게 자녀가 되리라 전능하신 주의 말씀이니라"(고후 6:17-18).

우리가 또 기억해야 할 사실은 하나님께서 오늘의 본문을 아브라함에게 말씀하실 그 때에, 그 족장에게는 자신에게 약속된 땅, 즉 발붙일 만한 땅(행 7:5)이 한 뙈기도 없었다는 것입니다. 그 땅 전체는 그의 후손에게 속한 것이었으며, 하나님의 약속 안에서 아브라함은 단지 그 땅에 대한 증서만 가지고 있었습니다. 보통 땅을 소유했다고 하는 사람들은 임차권만 가진 경우가 많았으며, 임차 만기일은 곧 돌아오기 마련이었습니다. 그런데 아브라함이 이 약속의 말씀을 받은 그 때에는, 그에게 자신의 소유라고 부를 수 있는 땅이 발붙일 만큼도 없었습니다. 그래서 매장지가 필요했을 때 그는 헷 족속이 사는 에브론의 밭에 있는 막벨라 굴을 샀던 것입니다. 이런 상황을 생각할 때 하나님께서는 오늘 본문을 통해 아브라함에게 다음과 같이 말씀하시는 듯합니다. "아브라함아, 너는 이 땅을 소유하지 못했다. 너는 이 땅에서 객과 이방인이다. 그러나 '두려워하지 마라.' 내가 너의 소유이며, 너의 유업이다. 즉 내가 '너의 지극히 큰 상급이다.' 사람들은 너를 한갓 양 떼나 가축을 기르며 방랑하는 유목민으로, 다시 말해 오늘은 이곳에 장막을 쳤다가 내일은 저곳에 치면서, 정착해서 쉴 만한 거처(居處)가 없는 떠돌이로 여기겠지만, 너는 그것으로 인해 걱정하지 마라." 사랑하는 성도 여러분, 우리도 이와 마찬가지입니다. 하나님께서는 지금까지 모든 세대에 있는 자기 백성들에게 거처가 되어 주셨습니다. 하나님이 친히 아브라함의 거처가 되어 주신 것처럼 말입니다. 그리고 하나님께서는 아브라함으로 하여금 아브라함 자신이 실제로 빈털터리, 즉 자기 땅이 하나도 없는 자가 아니라는 사실을 알고 깨닫기를 원하셨습니다. 왜냐하면 하나님이 아브라함의 "지극히 큰 상급"이었기 때문입니다.

또 하나 기억할 만한 귀한 상황이 있습니다. 그것은 아브라함이 멜기세덱에게 그 얻은 것에서 십분의 일을 주는 장면입니다. 이때가 하나님께서 아브라함에게 복을 내리신 바로 그 때였습니다. "만군의 여호와가 이르노라 … 내가 하늘 문을 열고 너희에게 복을 쌓을 곳이 없도록 붓지 아니하나 보라"(말 3:10)는 성경 말씀으로 설교하는 것을 여러분은 들어본 적이 있지 않습니까? 저는 이 구절 앞에 나오는 말씀을 읽어 보았습니다. 그런데 이 말씀에 대한 여러 설교들이 가진 특이한 점은 이 말씀 앞에 있는 말씀들을 간과하고는, 전체 내용을 설교하지 않는다는 사실입니다. 왜냐하면 그 말씀 앞에는 다음과 같은 말씀이 있기 때문입니다. "만군의 여호와가 이르노라 너희의 온전한 십일조를 창고에 들여 나의 집에 양식이 있게 하고 그것으로 나를 시험하여"(말 3 :10). 약속된 축복이 과연 어느 때에 그들에게 임할지, 그리고 하나님의 풍성하신 은혜로 창고와 집이 풍성해지는 것을 보리라 하신 신실한 하나님의 약속의 증거를 과연 언제 보게 될지 하는 문제는, 십일조를 바치는 데서부터 시작됩니다. 아브라함은 지극히 높으신 분을 예표하는 멜기세덱에게 모든 것의 십일조를 드렸습니다. 그러자 그에게 축복이 임했습니다. "아브람아 두려워하지 말라 나는 네 방패요 너의 지극히 큰 상급이니라." 다음과 같은 솔로몬의 말씀은 진실로 참된 말씀입니다. "흩어 구제하여도 더욱 부하게 되는 일이 있나니 과도히 아껴도 가난하게 될 뿐이니라"(잠 11:24). 세상에서 가장 가난한 사람은 하나님께서 자기 청지기에게 쓰라고 한 하나님의 돈을 궤에 넣고 잠가둔 사람이며, 하나님께서 베풀어 주신 섭리의 선물들이 썩고 좀먹도록 내버려 둔 사람입니다. 그는 절대로 인간의 소유가 아닌 것을 자기 주인에게서 도둑질하고 착복(着服)하여, 조금씩 축적하다가 좀 더 부자가 되어 죽을 뿐입니다. 따라서 그는 자신이 감당해야 할 청지기직에도 충성하지 못합니다. 오, 사랑하는 성도 여러분, 사실 이런 문제는 어떤 사람들에게는 꼭 말해야 할 필요가 없는 것으로 보입니다. 그러나 이것은 그리스도인들이 감당해야 할 의무 가운데 하나이며, 하나님의 뜻이기도 하기에, 우리는 이에 대해 잠자코 있을 수 없습니다. 신앙 고백까지 한 자들이 이 의무를 소홀히 함으로써 저주를 받기도 한 사람들이 많다고 믿기에, 우리는 이에 대해 말할 수밖에 없습니다. 이 문제로 하나님을 신실하게 섬김으로써, 하나님께서 여러분의 물질에 복을 내리시어, 여러분이 그분의 이름을 찬양하게 될 것입니다. 다시 말해, 자기희생과 자기부인의 가치를 여러분에게 가르쳐 주시고, 여러분의 물질을 하나님께 어떻게 바쳐야 하는지를 보여주신 하나님을 찬양하게 될 것입니다.

　　오늘 본문의 말씀이 아브라함에게 주어졌을 때의 상황들이 바로 이랬습니다. 이제 이 본문 자체를 생각해 보도록 합시다. "나는 … 너의 지극히 큰 상급이니라." 첫 번째로, 우리는 이 상급이 무엇인가? 하는 것을 물을 것이며, 두 번째로, 지극히 큰 상급이 가진 탁월한 점들은 무엇인가? 하는 것을 생각할 것이며, 세 번째, 로 그 결과는 어떻게 되었는가? 하는 것을 질문하고자 합니다.

1. 이 상급은 무엇입니까?

　　이제 첫 번째로, 이 상급은 무엇인가? 하는 질문에 대해 살펴보겠습니다. "나는 너의 지극히 큰 상급이니라"는 말씀에서 큰 상급은 가나안 땅이 아닙니다. 물론 그 땅은 아브라함에게 주어졌습니다. 그러나 그 땅이 그의 큰 상급은 아니었습니다. 그의 자손도 그의 큰 상급이 아닙니다. 비록 그가 후손을 갈망하기는 했지만 말입니다. 전혀 아닙니다. 하나님께서 그에게 주시기로 한 그 어떤 것도 그의 큰 상급이 아닙니다. 그 큰 상급은 바로 하나님 자신입니다. 나는, 여호와는, 하는 식으로 히브리어에서 단어들을 따로 구분하여 쓰는 것은 특별히 강조할 때입니다. "나 여호와는 너의 지극히 큰 상급이니라"는 말씀에서 보면, 여호와 자신이 그 백성의 분깃인 것입니다. 가나안 땅을 분할할 때도 유다와 시므온과 르우벤과 그 밖의 다른 지파에게는 분깃이 있었습니다. 그러나 레위 지파에게는 여호와께서 친히 그들의 분깃이 되셨습니다. 우리도 레위 지파와 같습니다. 하나님을 믿는 우리 대다수도 하나님이 바로 우리의 분깃이 되십니다. 그분은 우리가 가질 수 있는 그 어떤 것보다 뛰어난 분깃이십니다.

　　"나는 너의 지극히 큰 상급이니라." 이 다섯 마디의 문장이 가진 충만한 의미를 모두 다 파악할 수 있는 지혜를 가진 사람은 아무도 없을 것이라 저는 생각합니다. 제가 분명히 확신하는 것은, 오늘 본문의 말씀이 주는 그 달콤함을 제가 제 방식대로 이해하고 기뻐할 수는 있겠지만, 저의 연약한 입술은 이 말씀의 귀한 의미를 백분의 일도 다 말할 수 없다는 점입니다. 다만 저는 하나님께서 친히 그 신실한 백성들의 상급이 되신다고 이해할 따름입니다. 그러므로 사랑하는 성도 여러분, 제가 하는 말을 의지하지 말고, 여러분 스스로 이 말씀이 주는 은혜를 받아 누리기를 바랍니다. 제가 여러분을 위해 고기를 썰고 요리하는 것으로 만족하지 말고, 여러분이 직접 나와 자르고 굽기를 바랍니다. 그 큰 고깃덩어리를 얇게 베어내는 것도 여러분이 해야 할 일입니다. 이 영광스러운 본문을 여러분이 묵상하면서, 여러분 각자가 필요한 모든 것을 얻을 수 있기를 바랍니다.

하나님을 아는 것만 해도 우리에게 얼마나 큰 상급인지 생각해 보십시오. 수년 전에 우리는 한 하나님이 계신다는 사실을 알았습니다. 우리가 그런 사실을 듣긴 했지만, 그래도 그분은 우리에게 완전히 낯선 분이셨습니다. 우리는 그분을 전혀 인식하지 못했습니다. 어쩌면 우리는 식사할 때 그분의 복을 간구했을지도 모릅니다. 하지만 그것은 그저 형식적인 일이었습니다. 우리는 범사에 그분의 손길이 있다는 것을 알지 못했고, 실제로도 하나님이 계시지 않은 것처럼 살았습니다. 실제로 하나님이 없었다면, 아마 우리는 정말 더욱더 행복하게 살았을지도 모릅니다. 그런데 이제 우리는 그분을 압니다. 그분이 하늘과 땅을 만드셨고, 우리 인간들을 보호해 주는 분이시라는 사실을 알고 있습니다. 그리고 우리는 섭리라는 모든 선물 가운데서 그분의 손길을 보고 있습니다. 우리가 땅을 거닐 때면 항상 다음과 같은 말들이 익숙하게 흘러나옵니다. "이것들도 그분의 영광스러운 작품들이다. 내 아버지께서 이 모든 것들을 만드셨다. 각각의 꽃들을 그리는 하나님의 연필이 여기에 있다. 바람 날개를 타고 바다 물결 위를 걷는 하나님이 바로 여기에 계신다. 우리에게는 어디든 하나님이 계신다." "나의 하나님은 어디든 계신다"고 느끼면서 제 삶은 정말 행복해졌습니다. 적어도 제 경우는 그랬다고 말하는 것입니다. 아마도 여러분은 멍고 파크(Mungo Park, 아프리카 대륙을 탐험한 스코틀랜드 탐험가 — 역주)에 관한 짧은 이야기를 기억할 것입니다. 그가 아프리카에서 길을 잃었을 때, 그는 작은 이끼들을 보고 정신을 회복하였으며, 그 아름다움에 감탄하여 "심지어 이곳에도 역사하는 하나님이 계시는구나"라고 말했습니다. 그러고는 '만약 하나님이 이곳에도 계신다면 나는 참으로 길을 잃은 것이 아니구나'라고 느끼면서, 그는 크게 안심하였습니다. 왜냐하면 그의 아버지가 아주 가까이 있다고 생각했기 때문입니다. 우리가 하나님을 실제로 인식하고, 만물 안에서 만물을 충만하게 하시는 그 영광스러운 거룩한 분을 알게 될 때, 그 삶은 가치 있는 삶이 됩니다. 비록 우리가 그분을 아는 것 외에 그 어떤 상급을 받지 못한다 해도, 이것만으로도 큰 상급이 될 것입니다.

　　그러나 우리는 이렇게 하나님을 아는 것에서 **그분을 사랑하는 것**으로 계속 나아가야 합니다. 이것이 더 중요한 일입니다. 어떤 훌륭한 사람이 언젠가 다음과 같이 말했습니다. "설령 하나님이 나를 사랑하지 않으신다 해도, 내가 하나님을 영원히 사랑하도록 허락만 해주신다면, 그것으로 나는 더할 나위 없이 행복할 것이라고 생각합니다." 하나님을 사랑하는 것이 가장 복된 감정이라는 사실을 여러분은 반드시 알아야 합니다. 그분의 모든 탁월함과 선하심을 우러러보고, 그분을 여러분의 온 마음을 다해 존경하며, 여러분의 입술로 충분히 찬양하지 못할 만큼 그분을 인식하고, 여러분의 마음으로 그분을 지극히 높은 분으로 여기는 것, 그것이 가장 유익한 체험입니다. 진정으로 하나님을 사랑하는 자가 그분에 대해 생각하는 것, 바로 그것이 그에게 황홀한 기쁨입니다. 온전히 하나님을 사랑하는 마음으로 영원히 지하 감옥에서 살아간다 해도, 그것이 결코 불행한 경험은 아닐 것입니다.

　　그러나 이 배후에는 훨씬 더 위대한 것이 있습니다. 사랑하는 성도 여러분, 우리는 하나님께서 우리를 사랑하신다는 사실을 알고 있습니다. 이 위대한 진리에 대해서 제가 감히 더 뭔가를 말할 수는 없을 것 같습니다. 이것은 이에 대해 말하기보다는 오히려 생각해야 할 그런 진리입니다. 저는 조용히 어디 한쪽 구석으로 가서, 하나님께서 나를 사랑하신다는 이 달콤한 것을 한 입 베어 혀 아래 넣고는 입안에 돌려가면서 그 알맹이가 터져 나올 때까지 빨아먹고 싶을 뿐입니다. 찬송가 가사 그대로 말입니다.

> "주께서 나를 사랑하니,
> 　나는 참 기쁘다."
>
> (블리스[Phillip P. Bliss], 나까지 사랑해 주시는 예수님[Jesus Loves Even Me],
> 후렴구. 21세기 찬송가 202장 ― 역주).

하나님께서 나를 생각해 주시는 것도 대단한 일인데, 그분께서 나를 불쌍히 여기신다니, 그것은 더욱 대단한 일입니다. 게다가 그분께서 나를 실제적으로 도우신다니, 그 또한 더욱 대단한 일입니다. 하지만 그분께서 나를 사랑하신다니, 이것이야말로 모든 이적 가운데서 가장 큰 이적입니다. 비록 여러분이 악하다 해도 자기 자녀만은 얼마나 사랑하는지 여러분이 더 잘 알고 있을 것입니다. 그런데 하늘에 계신 여러분의 아버지는 여러분이 자녀를 사랑하는 것보다 더욱더 여러분을 사랑하십니다. 남편인 여러분이여, 여러분이 부인을 얼마나 사랑하는지 여러분은 알고 있을 것입니다. 그런데 여기 그의 교회를 남편이 아내를 사랑하는 것보다 더욱더 사랑하는 그분이 계십니다. 그분은 그 교회를 위해 친히 자기 몸을 주셨습니다. 여러분이 진정으로 예수님을 믿기만 한다면, 사랑하는 형제 여러분, 하나님께서 여러분을 사랑하십니다. 사랑하는 자매 여러분, 하나님께서 여러분을 사랑하십니다. 이 위대한 진리를 아는 것이 바로 "지극히 큰 상급"을 얻는 것입니다. 왜냐하면 하나님께서 우리를 사랑하신다면, 모든 일은 틀림없이 형통할 것이기 때문입니다.

저는 하나님께서 우리를 위해 행하신 일들에 대해 말하려고 했습니다. 그런데 이런 일들을 세세하게 말한다는 것이 어쩌면 너무 이기적인 것이지는 않은가 하는 생각이 들었습니다. 그분께서 우리를 사랑하시는데, 우리를 위해 하지 않으실 일들이 어디 있겠습니까? 한 번 보십시오! 그분께서는 우리를 위해 미래에 할 수 있는 것보다 더 많은 일들을 이미 행하셨습니다. 그분은 자신의 가장 큰 선물을 이미 우리에게 주셨습니다. 왜냐하면 그분은 자기 아들을 우리에게 주셨으며, 그렇게 함으로써 우리에게 모든 것들을 주셨기 때문입니다. 사랑하는 하나님의 자녀인 여러분이여, 여러분의 아버지께서 여러분을 사랑하십니다. 그래서 아버지께서는 여러분을 앞으로도 계속해서 먹일 것이고, 여러분을 입히고 가르치고 보호하고 교육하실 것입니다. 여러분이 그분의 복되신 얼굴을 마주하게 될 때까지, 즉 때가 되어 여러분이 더 이상 이 땅에서 학교를 다니지 않고 본향에서 그분의 복되신 임재 가운데 영원 무궁히 거하게 될 때까지, 앞으로도 계속해서 그렇게 하실 것입니다. 하나님을 알고, 그분을 사랑하고, 그분에게서 사랑을 받는 이것이 "지극히 큰 상급"이지 않겠습니까? 이보다 더 큰 상급을 바랄 수 있겠습니까?

하지만 우리는 이보다 더한 것을 가지고 있습니다. 즉 우리가 하나님을 사랑하게 됨으로써, 우리는 그분을 소유하고 있다는 사실을 인식하게 되는 것입니다. 그래서 우리는 "이 하나님은 영원히 우리 하나님이시니"(시 48:14)라고 말할 수 있습니다. 그리고 우리는 예수 그리스도, 우리 주님이시며 구세주인 그분에 대해서도 "내 사랑하는 자는 내게 속하였고 나는 그에게 속하였도다"(아 2:16)라고 말할 수 있습니다. 우리는 도마가 했던 것처럼 그분 앞에 고개를 숙이며 "나의 주님이시요, 나의 하나님이시니이다"(요 20:28)이라고 외칩니다. 사랑하는 성도 여러분, 잠시라도 하나님을 소유한다는 것이 무슨 뜻인지 한 번 생각해 보십시오. 하나님이 가지고 계신 모든 속성이 바로 여러분의 것입니다. 그분의 전능하심은 여러분을 강건케 하는 보증이며, 그분의 전지하심은 여러분을 이끌어 주는 지침이 됩니다. 그분의 모든 속성들이 여러분을 위해 사용됩니다. 그분은 어디에나 계십니다. 그러므로 그분은 여러분을 보호하기 위해서라면 어느 곳에서나 친히 자신의 능력을 보여주십니다. 그분은 불변하십니다. 그러므로 여러분을 향한 그분의 사랑은 결코 변함이 없습니다. 그분은 영원하십니다. 그러므로 그분의 자비하심도 영원합니다. 심지어는 하나님의 엄격하신 속성들도 성도들을 향해 미소를 짓습니다. 그분의 공의, 그분의 옳음, 그분의 영광 ─ 이 모든 것들이 모든 성도들의 편에 서 있습니다. 혹시 여러분은 "나는 가난합니다"라고 말할지 모르겠지만, 이렇게 부한 아버지를 둔 여러분이 어떻게 가난할 수 있단 말입니까? 여러분은 "내가 처지가 비천해서 마음이 무겁다"라고 말할지도 모릅니다. 도대체 이게 무슨 말입니까! 하나님이 여러분의 것이며, 성부 성자 성령님 또한 여러분의 것인데, 영원한 하나님, 하늘과 땅의 창조자, 그분이 여러분의 아버지이며 영원무궁토록 여러분의 친구가 되시는데, 여러분은 어떻게 여러분이 처한 곤란한 상황 때문에 상심할 수 있습니까? 사랑하는 성도 여러분, 여러분은 여러분 속에 있는 그 어리석은 마음을 꾸짖고, 한숨도 그만하고, 찬양을 시작하십시오. 우리가 하나님을 우리의 소유로 간직할 때, 우리는 "지극히 큰 상급"을 가진 것입니다.

　　그런데 이 상급은 세월이 흐를수록 더욱더 커지는 것 같습니다. 즉 하나님의 무한하신 은혜로 우리가 변화하여 부분적으로라도 그분을 닮아간다는 것입니다. 하나님께서 이렇게 완전히 우리의 소유가 되시면, 우리는 그분과 교제 나누기 시작하며, 주 성령님으로 말미암아 우리가 그분의 형상으로 변화되기까지 그분의 거룩한 능력을 힘입게 됩니다. 여러분은 아브라함의 이야기를 읽으면서, 하나님의 고귀한 종의 성품 속에서 반영되어 있는 하나님의 속성들을 많이 볼 수 있을 것입니다. 자, 하나님의 자녀인 여러분이여, 여러분은 자신이 하나님을 조금밖에 닮지 않은 것에 대해 슬퍼해야 합니다. 하지만 여러분은 이미 그분을 어느 정도 닮아가고 있다는 것에 대해 기뻐하기도 해야 합니다. 여러분의 생명은 하나님 안에 감추어져 있습니다. 그 하나님께서 나타나실 때, 여러분은 그분과 같이 되어, 그분의 모습을 그대로 보게 될 것입니다. 오, 이렇게 사는 것이 얼마나 가치가 있습니까? 비록 모든 것이 멸망하게 될 이 땅에서 지금은 온갖 것들을 걱정하며 살아가고 있다 해도 말입니다. "사람은 고생을 위하여 났으니 불꽃이 위로 날아가는 것 같으니라"(욥 5:7)는 말씀도 있지만, 종국에 우리는 거룩한 형상에 참여하는 자가 되어, 지극한 높으신 분의 아들과 딸로서 그분과 함께 온전하게 영원토록 살아가는 존재가 될 것이라는 사실에, 우리는 하나님을 찬양하지 않을 수 없습니다. 우리의 영혼을 감싸고 있는 영원한 진노라는 끔찍한 모든 위험에도 불구하고, 영혼의 불멸이라는 이 위대한 진리를 허락하신 하나님께 저는 감사드립니다. 하나님을 닮게 된다는 이 가능성은 가치 있는 모험이며, 예수님을 믿는 우리는 이 가능성을 넘어선 자들입니다. 우리는 우리 속에 이 선한 일을 시작하신 것에 대한 열심과 확신과 보증과 증거 등을 가지고 있기 때문입니다. 그래서 이 선한 일이 온전하게 될 때, 우리는 친히 하나님을 닮게 될 것입니다.

오, 내 영혼아, 경외와 감사의 찬양으로 주님 앞에 조아릴지어다! 여러분은 본성상 거의 마귀를 닮았었는데, 지금 여러분의 모습은 어떻습니까? 성령님이 여러분 안에 거하시므로, 현재 여러분 속에는 흙과 하나님의 성품이 함께 들어 있습니다. 여러분의 몸은 부서져 틀림없이 흙으로 돌아가겠지만, 장차 그 몸은 영광과 능력 가운데 새 모습이 되어, 여러분이 피조물일지라도 여러분은 하나님을 닮아 비슷하게 될 것입니다. 이처럼 놀라운 정점(頂點)에 이르는 준비 과정이 바로 지금이라면, 이것이야말로 "지극히 큰 상급"이지 않겠습니까?

저는 하나님께서 우리의 "지극히 큰 상급"이라는 사실을 또 다른 의미에서 전해야 할 것 같습니다. 그분은 황송하게도 우리를 찾아와 우리와 함께 말씀하신다는 것입니다. 우리는 지금까지 하나님의 능력으로 감동을 받았습니다. 물론 제가 지금 말하고 있는 대상은 위로부터 거듭나서 주 예수 그리스도 안에서 신자가 된 자들입니다. 사랑하는 성도 여러분, 하나님께서는 이미 여러분에게 큰 상급을 주셨습니다. 바로 여러분에게 주셨습니다. 왜냐하면 그분께서는 여러분이 행한 죄악의 죽음 가운데서 여러분을 살리셨고, 그분의 성령님도 여러분 안에 거하며 여러분을 온전하게 만들고 변화시키셨기 때문입니다. 저는 주님께서 종종 여러분과 함께 말씀하신다고 믿습니다. 혹시라도 그런 일이 없다고 한다면, 그것은 도대체 누구의 잘못이겠습니까? 우리 가운데 어떤 이들은 하나님께서 가끔 우리의 영혼에 아주 가까이 다가오신다고 증언합니다. 여러분은 더 이상 주체할 수 없을 정도로 큰 기쁨을 체험한 행복했던 순간들이 기억나지 않습니까? 제 질문은 이것입니다. 여러분이 아주 행복했던 때가 언제였는가 하는 것입니다. 정말 행복해서 죽을 것 같은 정도의 극한 기쁨을 맛본 적이 언제였는가 하는 것입니다. 오, 말로 형언할 수 없는 기쁨, 이러한 하늘의 기쁨은 성령님께서 우리의 마음에 가득히 부어 주신 그리스도의 사랑을 느낄 때 갖게 됩니다!

2. 이 큰 상급의 탁월한 점은 무엇입니까?

이 주제에 대해 좀 더 전하고 싶지만 시간이 허락하지 않습니다. 그래서 이제는 두 번째로 본문에서 약속된 이 큰 상급의 탁월한 점이 무엇인가? 하는 질문을 살펴보고자 합니다. 첫째, 그것은 무한한 상급이라는 사실에 주목해 주십시오. "나는 너의 상급이니라." 하나님이 기뻐하시는 뜻에 따라, 이 땅에 있는 우리에게 주시는 것이 어떤 물건이라면, 우리는 그것을 다른 곳에 갖다 놓을 수도 있고, 빼앗길 수도 있고, 집 안 어딘가에 놔둘 수도 있습니다. 그러나 하나님께서 "나는 너의 상급이니라"고 말씀하신다면, 우리는 사랑과 감사가 뒤섞인 다소 복잡한 경이의 눈빛으로 멈추어 서서 바라볼 수밖에 없습니다. 이런 상급은 우리가 완전히 다 이해할 수 없는 것이기 때문입니다. 누가 감히 이것을 빼앗아갈 수 있겠습니까? 누가 그것의 크기를 재어볼 수 있겠습니까? 누가 바다와 같은 이 상급의 깊이를 측량해 보거나, 이 거대한 높이를 측량하러 하늘에 올라갈 수 있겠습니까? 하나님께서는 다른 사람들에게 건강, 재물, 명예, 기쁨을 주시기도 하지만, 사랑하는 성도 여러분, 여러분에게는 친히 그분 자신을 주셨습니다. 다른 사람들이 받은 선물들은 여러분이 받은 선물과 비교도 되지 않습니다. 마치 어둠과 태양을 비교하는 것처럼 말입니다. 하나님께서 친히 자신을 여러분에게 주셨다는 말씀은, 그분께서 자신의 모든 것을 여러분에게 주셨다는 것입니다. 진정으로 이것은 무한한 분깃입니다.

둘째로, 이것은 영적인 상급입니다. 어떤 이들은 이것이 매우 탁월한 것이어서 감히 그 가치를 가늠할 수 없다고 말하기도 합니다. 따라서 이 상급은 중생한 자와 그렇지 못한 자를 시험하는 시금석(試金石)이 될 수도 있습니다. 경건치 않은 자들은 "하나님께서 우리 창고를 곡식으로 가득 차게 해주시고, 포도즙 틀에 새 포도즙이 넘치도록 해주시며, 우리 지갑이 황금으로 꽉 차고, 우리 집안이 갖가지 세상적인 기쁨으로 흥겨워진다면, 그제야 만족할 수 있을 것이다"라고 말합니다. 반면에 신자들인 여러분은 이와는 다르게 생각할 것입니다. 왜냐하면 여러분은 지금까지 모든 물질적인 것들의 공허와 허무를 충분히 보아왔기 때문입니다. 그래서 여러분은 이렇게 말합니다. "내가 짐승과 짝하여 먹고 마시는 것이 도대체 왜 기쁜 일인가? 죽을 수밖에 없는 인간들 가운데서 명예를 얻는다고 한들 그게 다 무슨 소용인가? 다른 사람들의 인정을 많이 받고, 바보들의 박수를 많이 받는 것이 도대체 무슨 의미가 있는가? 모두 다 그렇고 그럴 뿐이다." 해 아래 사는, 하나님에게서 난 모든 자들에게 허리를 굽히고 하는 모든 것들이 무슨 가치가 있겠습니까? 그러나 자신의 하나님을 찾고 그 속에서 새롭게 태어난 영을 가진 자는 최고의 선에 목말라하면서 그것을 무한히 갈망합니다. 그는 "여기 있는 이것이 바로 내가 원하는 모든 것이다. 아버지와 아들과 성령과 복된 삼위일체는 나의 것이다. 잠에서 깬 나의 영혼은 이것이 바로 내가 영원히 헤엄쳐 나갈 바다인 것을 느낀다. 이것이 내가 진정으로 살아갈 이유이다"라고 말합니다. 하나님을 소유한다는 것은 위대한 영적 축복입니다. 그러므로 "나는 너의 지극히 큰 상급이니라"는 오늘 본문의 선포는 참된 말씀입니다.

셋째로, 이것은 영원한 상급이라는 사실도 주목해 주십시오. 하나님을 자신의 하나님으로 소유한 사람은 결코 그분을 잃지 않습니다. 왜냐하면 하나님은 변치 않는 분이시기 때문입니다. 그는 결코 하나님의 능력을 다 쓰지 못할 것입니다. 완전히 충족하고 무한하신 여호와의 능력을 다 쓸 수 있다고 누가 감히 생각할 수 있겠습니까? 만약 여러분이 하나님을 소유하고 있다면, 여러분은 오늘과 내일을 위한 모든 것, 시간과 영원을 위한 모든 것, 이 땅에서 일어나는 돌발 상황들과 그 밖의 여러 상황들을 위한 모든 것, 심판 날의 그 끔찍한 두려움에 대비한 모든 것, 그리고 결코 끝나지 않을 오고 오는 세대를 위한 모든 것을 소유한 것입니다. 이 외에 여러분에게 더 필요한 것이 무엇이 있겠습니까?

넷째로, 하나님을 가진다는 것은 또한 최고로 품위 있는 일입니다. 저는 사람을 품위 있게 만들어 주는 아주 고귀한 물건이 있다고 생각하지 않습니다. 많은 사람들은 돈을 가지면 가질수록, 더욱더 탐욕스러워지는 것 같습니다. 왜냐하면 그들의 영혼은 자신들의 흙에 집착하고 있기 때문입니다. 그러나 오, 하나님을 자신의 것으로 가지는 사람은 얼마나 큰 특권을 누리는지 모릅니다! 왕자의 특권이라고 말하고 싶습니다. 이 자리에도 정말 왕자들이 있습니다. 황제들과 이 땅의 대단한 위인들은 특권을 누리고 있습니다. 여러분은 이런 특권을 누리는 사람들을 얼마든지 열거할 수 있을 것입니다. 그러나 만약 이들이 하나님의 은혜로 구원을 받지 못했다면, 이들은 하나님 보시기에 전혀 가치 없는 자들입니다. 이들과 비교하자면 하나님의 백성들 중에 가장 가난하고 연약하고 멸시 받는 자들이 더 귀한 자들입니다. 이런 비천한 자들에게 하나님은 "지극한 큰 상급"이기 때문입니다. 오, 이 땅의 위대한 자들이여, 하나님을 당신의 영원한 분깃으로 삼기를 원한다면, 설령 거지가 되더라도 아무 문제가 없다는 마음을 갖길 바랍니다!

다섯째로, 이것은 얼마나 영혼을 만족하게 하는 분깃이며 상급인지 모릅니다! 내 영혼아, 네가 하나님을 네 것으로 삼았다면, 너는 가만히 앉아서 과연 이 하나님 외에 어떤 것을 생각할 수 있을지 살펴보아라. 너는 하나님 외에 다른 것을 결코 생각할 수 없으리라. 네 욕망이 들판을 마음껏 거닐도록 해보아라. 매어뒀던 욕망을 풀어 자유롭게 하여라. 그러나 하나님 외에 간구하고 추구하고 바랄 것이 무엇이 있겠느냐? 안타깝게도, 우리가 보기에 이런 진리를 알지 못하는 그리스도인들이 있습니다. 이들은 하나님으로 만족하지 못하는 자들입니다. 사랑하는 형제 자매 여러분, 여러분은 지금까지 수개월 동안 하나님을 섬겨 왔습니다. 어쩌면 여러분은 주일학교에서 봉사해 왔는데, 여러분이 봉사하는 것을 아무도 눈여겨보지 않았을 수 있습니다. 봉사를 관할하는 높은 자들이 여러분을 칭찬해 주지 않으면, 여러분은 낙담하게 됩니다. 그러나 기억하십시오. 여러분이 하나님을 섬길 때, 하나님이 여러분의 상급이 되십니다.

"오, 그런데 목사님! 저는 지금까지 여러 가지 선한 일들을 많이 했습니다. 그렇게 많이 수고했는데도 사람들은 그 수고에 대해 오해만 합니다"라고 말하는 사람들도 있습니다. 여러분은 이런 방식으로 여러분의 상급을 찾았습니까? 만약 그렇다면, 저는 여러분이 사람들로부터 받는 상급으로 인해 실망하기를 바랍니다. 왜냐하면 "나는 너의 상급이니라"고 하나님께서 말씀하시기 때문입니다. 여러분이 하나님을 사랑하고, 하나님께서는 여러분을 사랑하며, 그분은 여러분의 것이고, 여러분은 그분의 것이라는 사실을 아는 것, 바로 이것이 여러분을 위한 충분한 상급입니다. 또 어떤 목회자는 "오! 그래도 목사님은 제가 얼마나 부당한 대우를 받았는지 정말 모를 겁니다. 제가 맡은 교구에서 봉사한 수 년 동안, 성도들은 그 수고에 대해 전혀 감사하지도 않고 저를 존중하지도 않으며, 오히려 내쫓기를 원하고 있습니다." 사랑하는 형제여, 성도들은 당신을 내쫓으려 하지만, 하나님께서는 당신을 내쫓으려 하지 않으십니다. 그분은 당신을 존중하실 것입니다. 왜냐하면 무한한 사랑으로 당신을 사랑하시기 때문입니다. 왜 여러분은 성도들을 여러분의 상급으로 생각합니까? 하나님을 자신의 상급으로 알고 만족한다면, 그 사람은 다른 상급들도 받게 될 것입니다. 그러나 하나님의 뜻을 행하면서 다른 불순한 의도나 부수적인 목적까지 가진 자는 그 모든 일들을 망칠 것입니다. 이것은 마치 귀한 향유 속에 빠진 파리 한 마리와 같은 것입니다. 우리는 이런 것들을 모두 제거해야만 합니다. 그리고 악평과 비난 속에서 그분을 섬길 때도, 대중들의 갈채 속에서 하나님을 섬길 때와 마찬가지로 우리는 똑같이 만족해야 합니다.

　어떤 사람은 "그렇게 하기가 쉽지 않습니다"라고 말합니다. 그렇지 않습니다. 사랑하는 여러분, 선한 일은 하기가 결코 쉽지 않습니다. 그러나 하나님은 하실 수 있습니다. 그러므로 여러분은 여러분으로 하여금 선한 일을 하도록 하실 그분에게 나아가야 합니다. 그것이 어려울 것이라 생각해서 그 사명을 회피해서는 안 됩니다. 여러분은 주님과 독대하고 앉으십시오. 그러면 그분께서는 여러분에게 말씀해 주시고 여러분을 위로해 주시고 여러분에게 힘을 주실 것입니다. 한나가 아기가 없어 슬퍼했을 때, 그의 남편 엘가나가 자기 아내를 어떻게 위로했는지 기억해 보십시오. "내가 그대에게 열 아들보다 낫지 아니하냐?"(삼상 1:8)라고 했습니다. 엘가나가 아내를 자기에게 가까이 끌어당겼을 때, 그녀는 남편의 가슴에서 전해오는 따뜻한 열기를 느꼈습니다. 그녀는 남편의 마음을 분명히 알았으며, 그것이 그녀에게 안식이 되었습니다. 이와 마찬가지로 하나님께서도, 하나님을 위해 수고하다가 지치고 슬프고 낙심한 각 사람들에게 가까이 다가가 다음과 같이 말씀해주십니다. "내가 그대에게 사람들의 모든 찬사보다 낫지 아니하냐? 내가 그대에게 재물보다 낫지 아니하냐? 내가 그대에게 어쨌든 잃게 될 건강보다 낫지 아니하냐? 내가 그대에게 이 모든 세상보다 낫지 아니하냐?" 여러분은 어떻게 대답하겠습니까? 틀림없이 여러분은 다음과 같이 대답해야 할 것입니다. "하늘에서는 주 외에 누가 내게 있으리요 땅에서는 주 밖에 내가 사모할 이 없나이다"(시 73:25). 오, 하나님, 우리를 그런 축복의 자리로 인도하시고, 그 자리에서 우리를 지켜 주옵소서! 이렇게 하나님께서 은혜를 베풀어 주셔야 비로소 우리는 "나는 네 방패요 너의 지극히 큰 상급이니라"는 오늘 본문의 의미에 심취할 수 있을 것입니다.

3. 이 상급을 받은 결과는 무엇입니까?

제가 제기하는 세 번째 질문은 그 결과가 어떻게 되었는가? 하는 것입니다. 하나님께서 우리의 지극히 큰 상급이라면, 그 결과는 어떻게 되었는가? 하는 질문입니다. 첫째, 신자들에게 주어진 상급들은 은혜로 주신 것이지, 빚으로 주신 것이 아닙니다. 이것은 매우 분명한 사실입니다. 여러분은 이 사실을 오늘 본문 속에서 보지 못했습니까? 본문 말씀을 다시 살펴보십시오. 그러면 여러분은 이 사실을 즉시 알게 될 것입니다. 만약 하나님이 자기 백성들의 상급이라면, 어떤 사람이 자신의 상급으로 하나님을 받을 만한 자격을 갖춘다는 것은 불가능할 것입니다. 반면에 사람이 자기 동료들의 찬사를 받을 만한 자격을 갖춘다는 것은 아주 가능한 일입니다. 그리고 저는 대부분의 사람들은 자신이 실제로 수고한 것에 대해 마땅히 받을 만한 자격이 있다고 생각합니다. 만약 어떤 사람이 받아야 할 것보다 더 많은 것을 받게 된다면 그것은 다행한 일일 것입니다. 그러나 어떤 경우에는 받아야 할 임금보다 더 적은 임금을 받는 일도 있습니다. 우리는 우리가 받은 것보다 더 많은 돈을 받을 만한 자격이 있을 수도 있습니다. 그러나 하나님을 가질 정도의 자격을 갖춘 사람은 아무도 없습니다. 지금까지 천국을 가질 만한 자격을 갖춘 자도 없었습니다. 설령 천국을 가질 만한 자격이 있는 자가 있었다 해도, 하나님이라는 상급을 받을 만한 자격을 갖춘 사람은 단 한 사람도 없었을 것입니다. 율법과 공로와 선행에 근거하여 이러한 자격이 우리에게 주어진다고 하면 너무 엄청난 양이 필요할 것입니다. 따라서 하나님께서 "나는 너의 상급이니라"라고 말씀하셨을 때, 이것은 전적으로 은혜인 것이 분명합니다. 우리에게는 이런 상급을 받을 만한 가능성이 전혀 없기 때문입니다. 사람들이 포도원에 들어가서 그 주인과 하루에 한 달란트를 받기로 동의하였을 때, 그 일꾼들은 한 달란트를 받았습니다. 그러나 하나님께서 친히 상급이 되시면, 지금까지 아무도 이 상급을 받았던 자도 없고, 이 상급을 받을 만큼 행할 수 있는 자도 없습니다.

그러므로 내 영혼아 너는 값없이 주시는 주권적인 은혜를 찬양하여라. 다음의 찬송이 너의 평생의 찬송이 될지어다.

"값없는 은혜와 죽기까지 사랑하심."
(제임스 프레이저[James Fraser]가 지은 찬송가 제목[Free grace and dying love]).

　　여러분이 받은 이 분깃은 값없이 풍성하며 전능하신 언약의 영원한 은혜라는 말 외에는 달리 표현할 수 없는 것입니다. 그러므로 영원무궁토록 하나님께 영광을 돌려드리십시오.

　　둘째로, 저는 오늘 본문 말씀에 따라, 우리는 아주 확실한 소유권으로 하나님을 붙잡고 있다는 사실을 전하고자 합니다. 여러분은 이 사실에 주목하기 바랍니다. 왜냐하면 사람이 어떤 것이든 상급으로 받게 되면, 그것이 자기 것이 되는 줄 알기 때문입니다. 그는 "당연하지! 내가 이것을 얻었으니, 단단히 잘 붙들고 있을 거야"라고 말합니다. 자, 사랑하는 성도 여러분, 여러분과 저는 하나님을 붙잡을 자격이 전혀 없는 사람들입니다. 이것은 불가능한 일이라고 이미 여러분에게 말했습니다. 그러나 우리가 그분을 얻게 된다면, 그분은 분명히 우리의 것입니다. 왜냐하면 그분은 우리의 상급이기 때문입니다. 다시 말하지만, 누구든 자기가 상급으로 받은 것은 그것이 무엇이든 간에 정말 자기 것이라는 아주 강한 확신을 갖습니다. 그러므로 우리도 하나님에 관해서 이와 동일한 확신을 가지고 용감할 정도로 그분을 신뢰합시다. 마치 우리가 그분을 모실 자격이 있을 뿐 아니라 그 이상의 자격도 있는 것처럼 강한 확신을 가집시다. 하나님께서 "나는 너의 상급이니라"고 말씀하셨습니다. 그러므로 "아무도 꾸며 낸 겸손과 천사 숭배로 여러분을 속여 여러분의 상급을 빼앗지 못하게 하십시오"(골 2:18 KJV, "아무도 꾸며낸 겸손과 천사 숭배를 이유로 너희를 정죄하지 못하게 하라"[개역개정]). 그 상급을 굳게 붙잡으십시오. 마귀가 그것을 여러분에게서 빼앗아가지 못하게 하십시오. 그 상급 안에서 여러분이 누리는 기쁨도 빼앗아가지 못하게 하십시오. 그것이 여러분의 것이라는 사실은 매우 확실하고 분명한 것이기에, 가장 확실한 소유권으로 그 상급을 여러분의 것으로 여길 때, 여러분은 어느 때나 그 상급으로 인해 기쁨을 누릴 수 있습니다.

　　또 하나의 실제적인 생각이 이 자리에서 생각났습니다. 하나님이 우리의 상급이라면, 우리는 진정 그분으로 인해 기뻐할 것이라는 사실입니다. 우리는 그분으로 인해 기뻐합시다. 절대로 다른 기쁨을 갈망하지 맙시다. 여러분은 위로를 받지 못하는 외로운 곳으로 가게 되거나 그런 곳에서 살아야 할 때가 분명히 있을 것입니다. 하지만 그 곳에서도 여러분이 여전히 하나님을 모신다면, 어떻게 외로움을 느낄 수 있겠습니까? 세상의 여건들로 인해 여러분의 상황은 점점 나빠지고 있으며, 수입도 줄어들고 있습니다. 하지만 그 때도 여러분의 하나님은 예전의 하나님보다 절대 줄어들지 않습니다. 그러므로 여러분은 참된 실패자가 아닙니다. 사랑하는 친구들이 하나둘 여러분 곁을 떠나가고 있습니다. 여러분이 가장 사랑하는 사람이 곧 무덤으로 들어가게 될 가능성도 아주 큽니다. 그럼에도 불구하고 하나님은 살아 계십니다. 그러므로 여러분의 반석이신 그분을 찬양하십시오. 그분으로 인해 기뻐하십시오. 아마 여러분도 곧 무덤 속으로 들어가게 될 것입니다. 오래지 않아 여러분도 이 장막을 벗을 수밖에 없다는 것을 지나온 세월들이 말해 주고 있으며, 점증해가는 연약함이 증명해 주고 있습니다. 그렇습니다. 비록 그렇게 되어간다 해도, 만유 안에 만유가 되신 여러분의 하나님은 결코 죽지 않는 분이십니다. 이 세상은 여러분의 안식처나 여러분의 분깃이 절대로 될 수 없습니다. 그러므로 여러분은 여러분의 분깃을 잃지 않고, 지금도 그 상급을 바라보며 본향을 향해 나아갑니다. 하나님께서 친히 "네 방패요 너의 지극히 큰 상급"이기 때문입니다. 아멘.

제
16
장
—

아브람의 의의 사례로 살펴본
이신칭의(以信稱義)

—

"아브람이 여호와를 믿으니
여호와께서 이를 그의 의로 여기시고." — 창 15:6

여러분은 지난 주일 아침에 아브람의 소명과 지극히 높으신 분의 명령에 따라 구별된 삶을 살기로 시작한 믿음에 대해 제가 설교한 내용을 기억할 것입니다('아브람의 소명 사례로 살펴본 유효적 소명'[창 12:5, 1868년 11월 29일 주일설교]. 본 설교는 그 다음 주인 12월 6일에 행해졌다 — 역주). 아브람의 소명 문제는 지난주 주제였고, 오늘은 이제 그의 칭의 문제에 대해 살펴보고자 합니다. 칭의 문제는 아브람의 생애에서 소명 다음으로 가장 주목할 만한 주제이며, 신약 성경에서도 신학의 핵심적 요소에 속합니다. 신약에서 "부르신 그들을 또한 의롭다 하시고"(롬 8:30)라고 언급하기 때문입니다.

우리 앞에 놓인 이 본문을 오늘 주제의 서론으로 참조하면서, 아브람의 소명 이후에 그의 믿음이 가장 실제적인 믿음으로 증명되었다는 사실에 주목하기 바랍니다. 아브람은 자기 친척과 고향을 스스로 떠나라는 부르심을 받았지만, 그렇다 해도 그는 은둔자가 된 것도 아니었고, 금욕적인 사람이 된 것도 아니었으며, 전쟁 같은 일상생활에 적합하지 않은 감상주의자가 된 것도 아니었습니다. 아브람은 결코 그런 사람이 아니었습니다. 오히려 그는 참으로 남자다운 씩씩한 인간성을 가진 가장 고귀한 모습으로, 그를 기다리고 있는 가정 문제와 공적인 시험 등을 인내하며 대처하는 사람이었습니다. 아브람의 가축 목자와 롯의 가축 목자가 서로 다투게 되자, 아브람은 공평무사(公平無私)한 마음을 손아래의 젊은 먼 친족에게 베풀어 그가 목초지를 선택하도록 하였습니다. 그리고 아브람 자신은 그 땅 가운데서 가장 좋은 땅인 물이 풍부한 소돔 평지를 포기하였습니다. 이 일이 있은 후, 하나님을 신뢰하던 그 위대한 늙은이는 병사가 되어 끔찍한 원수를 대적하여 당당하고 영광스러운 전투를 감당하였습니다. 그는 자기 집에 있는 종들을 모두 불러 모았으며, 이웃 사람들의 도움을 받아 동맹하여 침입한 왕들을 추격해서, 마치 젊을 때부터 군인이었던 사람처럼 강력한 손으로 그들을 무찔렀습니다.

　　사랑하는 성도 여러분, 이런 일상 속에서 드러나는 믿음이야말로 하나님으로부터 택함을 받은 자의 믿음입니다. 그러나 이와는 달리 어떤 사람들은 구원받는 믿음을 어떤 추상적인 명제들이 제시하는 메마른 진리 확신으로, 즉 어떤 기쁜 주제들에 대한 그저 고요하게 묵상하거나 스스로 동료 피조물들에 대해 일체의 동정심을 끊고서 살아가는 것으로 착각하고 있습니다. 그러나 구원받는 믿음은 결코 그런 것이 아닙니다. 한갓 종교적인 행태로 제한된 믿음은 기독교적인 믿음이 아닙니다. 기독교의 믿음은 그 자체가 모든 일에 드러날 수밖에 없는 그런 믿음입니다. 그저 종교적인 믿음을 선택한 사람들은 가슴보다 더 고요한 머리를 가진 자로서, 시장보다는 수도원에 더 적합한 사람입니다. 반면에 남성답고 씩씩한 믿음은 하나님께서 우리에게 권장하여 교육하시는 믿음입니다. 이 믿음은 일주일 동안의 일상에 적합한 것으로, 우리로 하여금 하나님을 경외하는 가운데 우리의 가정을 치리하도록 도움을 주고, 도매상점이나 농장이나 거래소 등의 생활에서 부딪치는 거친 갈등들을 헤쳐 나가는 데 도움을 줍니다. 제가 오늘 설교의 서두부터 이런 말을 하는 이유는 아브람의 소명에 이르게 한 것이 바로 이 믿음이며, 이 믿음은 또한 그의 칭의에서 빛을 발하여, 하나님께서 참으로 이 믿음을 그의 의로 여기셨기 때문입니다.

　　그런데 오늘 본문인 창세기 15장의 첫 구절이 우리에게 보여주는 것은 아브람처럼 그렇게 강한 믿음을 가진 자에게도 위로가 필요했다는 사실입니다. 여호와께서 아브람에게 임하여 이르시되 "아브람아 두려워하지 말라"(창 15:1)고 하셨습니다. 아브람은 왜 두려워하였습니까? 부분적으로 이러한 두려움은 모든 것이 끝이 났을 때 생기는 일종의 허탈감에서 비롯된 반응입니다. 그는 용감하게 싸워서 영광스러운 승리를 거두었습니다. 하지만 지금 그는 두려워하고 있습니다. 겁쟁이들은 전쟁 전에 떨고, 용감한 자들은 승리 후에 떱니다. 엘리야는 두려움 없이 바알의 제사장들을 죽였습니다. 그러나 이 모든 일들이 끝난 후 그의 마음은 가라앉았고, 그는 이세벨의 낯을 피해 달아났습니다. 아브람의 두려움은 하나님 앞에서 느끼게 되는 위압적인 무서움에서 기인한 것이었습니다. 여호와의 말씀이 능력으로 임하자, 밧모 섬에서 주님의 발 앞에 엎드러졌던 사랑의 사도 요한이나 힛데겔 강가에서 무력감을 느낀 다니엘 등이 느꼈던 것과 동일한 마음의 위축감을 아브람도 느꼈던 것입니다. 여호와께서는 그 족장에게 "두려워하지 말라"고 말씀하셨습니다. 아브람의 심정은 너무 깊이 저하되었습니다. 하지만 하나님께서는 그가 사랑하시는 종을 높이 들어올리고 거룩한 교제를 할 수 있는 능력을 그에게 주셨습니다. 아, 사랑하는 성도 여러분, 이것이 바로 복된 두려움입니다. 우리도 이런 두려움을 개발합시다. 이 두려움이, 두려움보다 훨씬 나은 완전한 사랑에 의해 내쫓길 때까지, 우리는 이 선한 것, 즉 이 두려움이 우리 마음을 지배하는 것으로 만족할 수밖에 없습니다.

사랑하는 성도 여러분, 제가 보기에 오늘 본문은 아브람이 이전에는 의롭다 하심을 받지 못한 것을 가르치려는 목적으로 기록된 것은 아닌 것 같습니다. 믿음은 존재할 때마다 항상 의롭다 하심을 얻습니다. 다시 말해, 믿음은 발휘되는 즉시 의롭다 하심을 얻습니다. 믿음의 결과는 항상 즉각적으로 뒤따르는 것이지, 나중에 몇 달씩 지체되면서 그 결과가 나타나지 않습니다. 사람이 진정으로 하나님을 신뢰하는 순간에 그는 의롭다 하심을 얻습니다. 그런데 많은 사람들은 의롭다 하심을 받았음에도 불구하고, 자신이 그렇게 행복한 상태인 줄 알지 못하고 있습니다. 그런 자들에게는 의롭다 하심의 축복이 아직까지 특별하고 풍성한 특권으로 공개되지 않았기 때문입니다. 오늘 이 자리에 있는 여러분 중에도 은혜로 말미암아 어둠에서 기이한 빛으로 부르심을 받은 분들이 있을 것입니다. 여러분은 예수님을 바라보도록 인도함을 받았고 여러분이 죄 사함을 받았다는 사실을 믿고 있습니다. 그럼에도 불구하고 여러분은 지식이 없어서, "하나님께서 그 사랑하시는 자 안에서 우리를 받아 주셨으니"(엡 1:6 KJV, "그가 사랑하시는 자 안에서 우리에게 거저 주시는 바"[개역개정]), "그리스도 안에서 완전한 자로 세우려 함이니"(골 1:28), "너희도 그 안에서 충만하여졌으니"(골 2:10)라는 말씀들의 달콤한 의미들을 거의 알지 못하고 있습니다. 여러분이 비록 칭의가 뜻하는 바를 이해하지 못했다 해도, 여러분은 지금 틀림없이 의롭다 하심을 받았습니다. 하나님께서 여러분을 받아 주셨다는 사실을 여러분이 인식하지 못했다 해도, 하나님께서는 여러분을 받아 주셨습니다. 여러분이 오늘까지 예수님의 전적인 충만하심보다는 오히려 여러분의 완전하지 않음에 대해 더 깊이 인식하고 있다 해도, 여러분은 예수 그리스도 안에서 완전한 자입니다.

　　어떤 사람이 자신이 소유한 부동산에 대한 권리 증서를 읽을 수 없다거나 그런 증서가 있다는 것조차 들어보지 못했다 해도, 그 사람은 그 부동산에 대한 소유권을 가지고 있는 것입니다. 왜냐하면 법이 그 권리와 사실을 인정하기 때문입니다. 다만 우리가 그 사실을 파악하지 못했을 뿐입니다. 그러나 사랑하는 성도 여러분, 소명을 받은 여러분이 여러분의 칭의를 분명하게 인식하고서 그 사실을 기뻐하게 될 때가 올 것입니다. 그 때가 되면 여러분이 그 사실을 지적으로 이해하게 되고, 그것으로 황홀한 기쁨을 맛보게 될 것입니다. 그리고 여러분은 한 단계 더 높은 체험을 하면서 좀 더 확고한 걸음을 내딛게 되어, 더욱 즐거운 목소리로 노래하며, 부푼 가슴으로 승리를 만끽할 것입니다.

　　이제 저는 하나님께서 도우시는 대로, 다음의 주제들에 주목하고자 합니다. 첫 번째, 아브람이 받은 칭의의 방편들, 그 다음 두 번째, 그로 하여금 칭의를 받게 한 믿음의 대상, 세 번째, 그의 칭의에 따른 결과들을 살펴보고자 합니다.

1. 아브람은 어떻게 의롭다 하심을 받았습니까?

　　사랑하는 성도 여러분, 첫 번째로, 아브람은 어떻게 의롭다 하심을 받았습니까? 사도 바울이, 자신이 기록한 로마서 4장에서 분명하게 밝힌 위대한 진리를 우리는 오늘 본문에서 보게 됩니다.

　　첫째로, 아브람은 자신의 행위로 의롭다 하심을 받은 것이 아니었다는 것입니다. 아브람이 행한 많은 것들이 선행이었습니다. 하나님의 명을 따라 자기 고향과 아버지의 집을 떠난 것도 선행이었고, 고귀한 마음으로 롯과 갈라선 것도 선행이었습니다. 불굴의 용기로 침입한 왕들을 뒤따라 추격한 것도 선행이었습니다. 소돔의 전리품들을 취하기를 거부하고 하나님을 향해 손을 들어 소돔 왕에게서는 실 한 오라기나 들메끈 하나도 가지지 않은 것 역시 위대한 행동이었습니다. 그리고 자신이 가진 모든 것 가운데서 십분의 일을 멜기세덱에게 바치고, 지극히 높으신 하나님을 경배한 것은 거룩한 행동이었습니다. 그런데 이 모든 행동들 가운데 그 어떤 것 하나도 오늘 본문에 언급되어 있지 않습니다. 그가 하나님 앞에서 의롭다 하심을 받을 부분적인 이유나 근거나 원인이 될 만한 다른 거룩한 의무들에 대해서도 전혀 암시조차 되고 있지 않습니다. 한 마디 말도 없습니다. 다만 "아브람이 여호와를 믿으니 여호와께서 이를 그의 의로 여기시고"라고 기록되어 있을 뿐입니다. 사랑하는 성도 여러분, 이처럼 수 년 동안 거룩하게 살아온 아브람이라 하더라도, 자기가 한 행동으로 의롭다 하심을 받은 것이 아니라, 그의 믿음으로 하나님 앞에 의롭다 하심을 받은 것이 분명합니다. 그렇다면 지금까지 불의하게 살아온 경건하지 않은 죄인들의 경우는 더욱 예수님을 믿고 구원을 받아야 하는 것이 당연하지 않겠습니까? 그 죽어가던 강도와 그와 비슷한 다른 사람들도 구원을 받았다면, 그들이 선을 행한 것이 없다는 것을 알기에, 그 구원은 절대로 삯이 아니라, 은혜로 말미암은 것입니다. 온갖 선행으로 충만했던 아브람도 그 선행으로 의롭다 하심을 얻지 못하고 믿음으로 의롭다 하심을 얻었습니다. 그렇다면 온전하지 못한 것으로 충만한 우리는 더욱더 하늘에 있는 은혜의 보좌로 나아가, 예수 그리스도를 믿는 믿음으로 의롭다 함을 받고 값없이 주시는 하나님의 긍휼로 구원받게 되기를 간구해야 하는 것이 매우 당연할 것입니다!

둘째로, 이 칭의는 아브람이 도덕법을 신봉했기 때문에 임한 것이 아니었던 것처럼, 예식법을 순종했기 때문에 임한 것도 아니었습니다. 바울 사도가 우리에게 분명하게 지적한 바대로, 아브람은 무할례 시에 믿음으로 의롭다 함을 받았던 것입니다(롬 4:10). 아브람은 외형적이고 가시적인 언약으로 첫발을 내딛는 입교(入敎) 같은 예식을 받지 않았는데도, 완전히 의롭다 하심을 받았습니다. 칭의 뒤에 따르는 모든 것들은 이미 온전하게 된 칭의에 아무것도 보탤 수 없습니다. 이미 의롭다 함을 얻은 아브람은 그 칭의의 이유를 자신이 나중에 행한 할례 때문이라고 생각할 수 없습니다. 이것은 너무나 분명한 사실입니다. 그러므로 사랑하는 성도 여러분, 지금 이 순간에도 만약 여러분과 제가 의롭다 함을 얻었다면, 다음의 두 가지는 분명합니다. 즉 그 칭의는 도덕법이라는 행위로 이루어지지 않았다는 것과, 또 그 예식이 어떤 것이든 어떤 예식법을 지키는 것으로 이루어지지 않았다는 것입니다. 다시 말해, 아론에게 주어진 거룩한 규례이든, 혹은 기독교 교회 안에서 서서히 전통으로 제정되었다고 하는 미신적인 규례이든, 그 어떤 것으로도 의롭다 함을 받을 수 없습니다. 만약 우리가 믿음의 조상인 아브라함의 참된 자녀로서, 아브라함이 의롭다 함을 얻은 그 방식대로 의롭다 함을 받는다면, 그 칭의는 어떤 규례에 순종하거나 어떤 종류의 예식에 순종함으로써 이뤄질 수 없습니다. 하나님 앞에서 의롭다 함을 받고자 하는 여러분이여, 이 말씀을 새겨들으십시오. 세례 그 자체는 탁월하게 제정된 예식입니다. 하지만 그 예식은 우리를 의롭게 할 수도 없고, 우리의 칭의에 도움을 줄 수도 없습니다. 견신례도 사람들이 만들어 낸 한갓 공상에 불과합니다. 설령 하나님께서 그것을 명하셨다 해도, 그 예식은 칭의에 도움을 주지 못합니다. 그리고 성찬식도 하나님께서 제정하신 예식이긴 하지만, 어느 모로 보나 그것으로 하나님께서 여러분을 용납하신다거나 하나님 앞에서 여러분이 의롭게 되는 데는 도움을 줄 수 없습니다. 아브람이 신뢰했던 예식은 아무것도 없었습니다. 그는 자신의 믿음으로 의로워졌습니다. 오직 자신의 믿음으로 의로워진 사람이 바로 그였습니다. 그러므로 저와 여러분도 하나님 앞에서 전적으로 의로운 사람으로 서고자 한다면, 마땅히 아브라함의 방식을 따라야만 합니다. 아브람의 경우에 있어서, 믿음은 그가 의롭다 함을 받은 유일하고 독보적인 것이었습니다. 잘 보십시오. 다른 경우들에는 아브람의 믿음으로 인해 행위가 뒤따랐고, 일반적으로 참된 믿음인 경우에는 모두 믿음에 반드시 선행이 뒤따르기 마련이었지만, 오늘 본문이 기록된 이 창세기 15장에 나타나는 특별한 믿음의 경우에는 어떤 행위도 전혀 수반되지 않았습니다. 하나님께서는 별빛이 비치는 하늘 아래로 그를 불러내어, 그로 하여금 별들을 보게 하고는, 거룩한 음성으로 "네 자손이 이와 같으리라"(창 15:5)고 그에게 말씀하셨습니다. 그 때 아브람이 무엇을 했습니까? 그는 그 약속을 믿었습니다. 그것이 그가 행한 전부였습니다. "아브람이 여호와를 믿으니 여호와께서 이를 그의 의로 여기시고"라는 말씀이 즉각적으로 지체 없이 임했을 때는, 그가 하나님께 희생 제사도 드리기 전이었고, 거룩한 말이나 그와 비슷한 어떤 행동도 하기 전이었습니다. 살아 있는 믿음은 항상 선행을 낳는다는 하나님의 진리와, 믿음과 선행은 한 영혼을 칭의하기 위해 함께 역사한다는 거짓은 항상 구분됩니다. 우리는 예수 그리스도께서 하신 일들을 믿는 그 유일한 행위로 말미암아 의롭게 됩니다. 믿음이 참된 믿음이라면 항상 거룩한 생활을 낳습니다. 그러나 하나님 앞에서 우리가 의롭게 되는 것은 우리가 일상에서 아주 조금이라도 거룩하기 때문이 아니라, 그 거룩한 약속을 우리가 믿었다는 단순한 이유 때문입니다. 그래서 그 영감 받은 사도는 다음과 같이 말했습니다. "그러므로 그것이 그에게 의로 여겨졌느니라 그에게 의로 여겨졌다 기록된 것은 아브라함만 위한 것이 아니요 의로 여기심을 받을 우리도 위함이니 곧 예수 우리 주를 죽은 자 가운데서 살리신 이를 믿는 자니라 예수는 우리가 범죄한 것 때문에 내줌이 되고 또한 우리를 의롭다 하시기 위하여 살아나셨느니라"(롬 4:22-25).

셋째로, 아브람이 의롭다 함을 얻게 한 그 믿음으로, 그가 완전한 칭의를 얻었음에도 불구하고, 그의 믿음은 여전히 불완전한 믿음이었다는 사실에 여러분이 주목하기를 바랍니다. 그의 믿음은 예전에도 불완전하였습니다. 왜냐하면 그는 자기 아내 사례에게 "그대는 나의 누이라 하라"(창 12:13)고 거짓말을 하게 했기 때문입니다. 그의 믿음은 칭의를 받은 후에도 여전히 불완전했습니다. 오늘 본문의 다음 장에 기록된 바대로, 그는 아내의 여종인 하갈을 취해서 하나님의 거룩한 뜻을 스스로 성취하고자 했기 때문입니다. 이 또한 하나님의 역사하심을 믿지 못하는 그의 모습을 보여주고 있습니다. 우리가 구원받기 위해서 완전한 믿음이 필요하지 않다는 사실은 여러분과 저에게 축복입니다. "만일 너희에게 믿음이 겨자씨 한 알 만큼만 있어도 이 산을 명하여 여기서 저기로 옮겨지라 하면 옮겨질 것이요"(마 17:20)라는 말씀대로, 여러분이 그저 어린 아이의 믿음만 가지고 있어도, 그 믿음으로 여러분은 구원을 받게 될 것입니다. 여러분의 믿음이 항상 그 족장의 믿음, 즉 굳세게 전혀 흔들림 없이 그 약속을 믿었던 아브람의 믿음과 동등한 수준이 아니라 해도, 여러분의 믿음이 단순하고 참되기만 하다면, 또 오직 하나님의 약속만을 확신하는 믿음이라면, 괜찮습니다. 유쾌한 일은 아니지만, 여러분의 믿음이 강하지 않다 해도, 여러분은 "사도들이 주께 여짜오되 우리에게 믿음을 더하소서"(눅 17:5)라고 한 것 같이 날마다 기도하고 간구하면 됩니다. 그 작은 믿음으로도 예수 그리스도로 말미암아 당연히 여러분은 의롭다 함을 받게 될 것입니다. 비록 두려워 떠는 손이라도 병을 낫게 하는 약그릇을 들고 입에 갖다 댄다면, 그 손이 연약하다고 해서 약의 효능이 결코 줄어드는 것은 아닙니다.

지금까지 전한 것으로 이제 모든 것이 분명해졌을 것입니다. 아브람은 행위나 예식이나 부분적인 행위나 부분적인 믿음으로, 혹은 그의 완전한 믿음으로 의롭다 함을 받지 않았습니다. 그는 거룩한 하나님의 약속을 단순히 믿었고, 여호와께서는 이를 그의 의로 여기셨습니다.

　　오늘 본문은 자세히 살펴보면 볼수록 제게 너무 심오한 말씀으로 다가와서, 지금 이 순간에도 이 본문과 관련돼 제기되는 논쟁들을 다루기가 꺼려집니다. 그러나 한 가지 분명한 사실이 있습니다. 그것은 우리가 들은 바와 같이, 믿음으로 인해 하나님께서 우리를 의롭다고 여겨주신다 해서, 믿음 그 자체가 공로가 되는 것은 아니라는 것, 다시 말해 믿음은 하나님의 법을 완전히 순종하는 것에 대한 적절한 대체물일 수 없다는 것입니다. 사랑하는 성도 여러분, 모든 선행들은 일종의 의무입니다. 하나님을 신뢰하는 것은 우리의 의무이며, 최고의 믿음을 가진 자는 그저 자신이 해야 할 의무를 한 것뿐입니다. 이런 일은 불가능하지만, 조금도 불완전하지 않은 믿음을 가진 사람이 있다고 한다면, 그 사람도 마땅히 순종해야 할 것들 가운데 일부를 하나님을 대상으로 순종했을 뿐입니다. 만약 그렇게 완전한 그가 사랑이나 경외나 그 밖의 다른 것에서 부족하다면, 일종의 미덕이자 선행인 그의 믿음도 전혀 소용이 없을 것입니다. 사실 신약의 위대한 원칙을 따르자면, 믿음도 일종의 선행으로서는 한 영혼을 의롭게 하지 못합니다. 우리는 어떤 의미로든지 간에 행위로는 절대로 구원받지 못합니다. 우리는 오직 은혜로 구원받습니다. 믿음이 우리를 구원하는 방식은 믿음 자체가 하나의 공로로 역사하는 방식이 아니라, 그것과는 정반대의 다른 방식으로 역사합니다.

　　믿음은 그 자체로 의로울 수 없습니다. 왜냐하면 자신에게서 눈을 돌려 그리스도를 바라보는 것이 바로 믿음의 본질이기 때문입니다. 어떤 사람이 "나의 의는 바로 나의 믿음이다"라고 말한다면, 그 말은 자기의 믿음을 그가 신뢰하고 있다는 분명한 증거입니다. 바로 이것이 우리가 해서는 안 될 위험한 일들 중 하나입니다. 우리는 온전히 자신에게서 눈을 돌려 오직 그리스도만을 바라보아야 합니다. 그렇게 하지 않는다면, 우리에게는 참된 믿음이 전혀 없는 것입니다. 믿음은 마땅히 예수님의 구속과 그분이 행하신 일을 바라보는 것입니다. 그렇지 않다면 그 믿음은 성경에서 말하는 믿음이 아닌 것입니다. 그러므로 믿음 자체가 우리의 의가 된다고 말하는 것은, 제게는 복음의 핵심을 파괴하고, 성도들에게 단번에 주신 그 믿음을 부인하는 것으로 보입니다. 사도 바울은 전가된 의를 매도하는 어떤 무리들에 반대하여 다음과 같이 선포하였습니다. 우리는 그리스도의 의로 의롭다 하심을 받아 의롭게 되었다고 말입니다. 이 점에서 그는 분명했고 확신이 있었습니다. 그는 로마서 5장 19절에서 우리에게 다음과 같이 말하고 있습니다. "한 사람이 순종하지 아니함으로 많은 사람이 죄인 된 것 같이 한 사람이 순종하심으로 많은 사람이 의인이 되리라." 오늘 아침에 우리 앞에 놓인 구약의 이 본문 말씀은, 말하자면 칭의의 외형적인 면을 우리에게 보여주고 있습니다. 칭의는 믿음으로 우리에게 주어지는 것입니다. 그리고 사람이 믿음을 가졌다는 사실로 인해 그 사람은 의로운 사람으로 규정됩니다. 이 의미에서 보면 하나님께서는 믿음을 그 사람의 의로 여기시는 것이 맞습니다. 그러나 구약이 우리에게 분명하게 말하고 있지 않지만, 칭의의 토대를 이루는 은밀한 하나님의 진리가 신약에서 발견됩니다. 즉 그리스도의 순종 때문에 우리는 하나님께서 사랑하는 자로 받아들여지고 의롭다 함을 얻게 되었다는 것입니다. 믿음이 의롭게 합니다. 그러나 믿음 그 자체로 의롭게 되는 것은 아닙니다. 오직 그리스도의 순종을 우리가 믿기 때문에 의롭게 되는 것입니다. "그러므로 한 사람의 범죄로 말미암아 심판이 모든 사람에게 임하여 정죄에 이른 것 같이 한 사람의 의로 말미암아 이 거저 주시는 선물이 모든 사람에게 임하여 생명의 칭의에 이르렀나니"(롬 5:18 KJV)라는 말씀은 베드로의 두 번째 서신에서도 나타나고 있습니다. 우리가 가진 번역본으로 다음과 같습니다. "예수 그리스도의 종이며 사도인 시몬 베드로는 우리 하나님과 구주 예수 그리스도의 의를 힘입어 동일하게 보배로운 믿음을 우리와 함께 받은 자들에게 편지하노니"(벧후 1:1). 자, 보십시오. 헬라어 원문에 익숙한 사람들이라면, "구주 예수 그리스도의 의를 힘입어"라는 말이 바르게 번역되었음을 알 것입니다. "예수는 하나님으로부터 나와서 우리에게 지혜와 의로움과 거룩함과 구원함이 되셨으니"(고전 1:30)라는 말씀과 같이, 그리스도인의 의는 바로 우리 하나님이며 구주이신 그분의 의로움입니다. 그러므로 옛 선지자들이 메시야에 대해 부른 그 아름다운 칭호가 바로 "여호와 우리의 공의"(렘 23:6)입니다.

저는 오늘 아침에 전가된 의에 대해 논쟁할 생각은 없습니다. 기회가 되면 다른 시간에 그 교리에 대해 논의하고자 합니다. 우리가 확신하는 것은 이것입니다. 오늘 본문은 은혜나 미덕인 믿음이 그 자체로 사람의 의가 된다는 것을 뜻하지 않는다는 것입니다. 사실은 이러합니다. 믿음은 자기 손에 그리스도를 가지고 있기 때문에, 그 믿음이 우리에게 의로 여겨지는 것입니다. 믿음은 그리스도께서 행하신 것을 신뢰하고, 하나님께서 세우신 화목제물만을 의지하면서 하나님께 나아갑니다. 그래서 하나님께서는 모든 믿는 자들을 의로운 자로 여기십니다. 그 사람 안에 있는 어떤 것 때문이 아니라, 그가 그리스도 안에 있기 때문입니다. 비록 수천 가지 죄를 저질렀다 해도, 믿음을 가진다면 그는 의로운 사람이 될 수 있습니다. 그는 삼손처럼 안타까운 죄를 저질렀을 수도 있으며, 입다처럼 암울한 가운데 죄를 저질렀을 수도 있으며, 다윗처럼 넘어졌을 수도 있으며, 노아처럼 얼떨결에 죄를 범했을 수도 있습니다. 그러나 이 모든 것에도 불구하고 그가 참되고 살아 있는 믿음을 가지고 있다면, 그는 의로운 자들 가운데 기록될 것이며, 하나님께서도 그를 받아 주실 것입니다. 신자들이 범한 허물에 대해서 고소한 듯이 바라보는 자들도 있겠지만, 하나님께서는 그들의 가슴속에서 반짝이는 믿음이란 순수한 보석을 찾아내십니다. 그분은 그들이 할 수만 있었으면 하고자 했던 그 마음의 소원을 보고 그들을 취하시어, 그들의 죄를 대속의 보혈로 덮으시고, 그들의 인격을 사랑하는 아들의 의로 치장하셔서, 그들을 받아 주십니다. 그들 속에는 믿음이 있으며 그 믿음은 의인의 징표가 됩니다. 하나님께서는 그 징표가 어디에 있든지 간에, 그들 속에 있는 그 징표만 바라보십니다.

2. 아브람의 믿음이 의지했던 약속은 무엇입니까?

이제 두 번째로 아브람이 의롭다 함을 받았을 때, 그의 믿음이 의지했던 약속에 대해 생각해 보고자 합니다.

첫째로, 우리의 믿음과 마찬가지로 아브람의 믿음은 하나님으로부터 직접 받은 약속을 의지하고 있었습니다. "그 사람이 네 상속자가 아니라 네 몸에서 날 자가 네 상속자가 되리라 하시고, 그를 이끌고 밖으로 나가 이르시되 하늘을 우러러 뭇별을 셀 수 있나 보라 또 그에게 이르시되 네 자손이 이와 같으리라"(창 15:4-5)는 약속이었습니다. 만약 이런 약속을 다른 사람이 말했다면, 그 족장에게는 한갓 웃기는 이야기로 들렸을 것입니다. 그러나 그는 이것을 하나님의 입에서 나온 말씀으로 여기면서, 그 말씀을 받아들이고 의지하였습니다. 자, 사랑하는 성도 여러분, 여러분과 제가 참된 믿음을 가지고 있다면, 우리는 "믿고 세례를 받는 사람은 구원을 얻을 것이요"(막 16:16)라는 이 약속을 온전히 거룩한 약속으로 받게 됩니다. 만약 이 선언을 로마 사제들이 했다거나, 어떤 사람이 자기 혼자서 한 것이라면, 우리는 그것을 참된 것으로 생각할 수 없을 것입니다. 그러나 이 선언은 예수 그리스도께서 친히 말씀하신 것으로 거룩한 말씀 안에 기록되어 우리에게 전해진 것이므로, 우리는 이 말씀을 인간의 말이 아닌 하나님의 말씀으로 믿고 의지하는 것입니다. 사랑하는 성도 여러분, 다음과 같은 말은 아주 단순한 것 같지만, 궁극적으로 필요한 것이기에 말씀드립니다. 즉 "믿고 세례를 받는 사람은 구원을 얻을 것이요"라는 이 말씀을 진리로 받아들이는 우리의 믿음은, 하나님께서 이 말씀을 진리로 선언하셨다는 그 사실에 토대를 두어야지, 아주 유명한 목회자나 아니면 우리가 알고 있는 매우 존경받는 사람의 말재간이나 신념에 토대를 두어서는 안 됩니다. 우리는 반드시 이점에 주의해야 합니다. 만약 여러분의 믿음이 인간의 지혜에 있다면, 그것은 분명히 인간에 대한 믿음일 것입니다. 하나님께서 약속을 말씀하셨기 때문에 그 약속을 믿는 믿음만이 참으로 하나님을 믿는 믿음입니다. 이 사실에 유념해서 이 기준으로 여러분의 믿음을 검토해 보기를 바랍니다.

둘째로, 아브람의 믿음은 후손과 관련된 약속을 믿는 믿음이었습니다. 아브람이 후손을 얻어 그 후손으로 인해 이 땅의 모든 민족들이 복을 받게 될 것이라는 말씀은 전에 이미 그가 받은 것이었습니다. 그는 이 말씀에서 낙원의 문에서 하와에게 주어졌던 것과 동일한 약속을 떠올렸습니다. "내가 너로 여자와 원수가 되게 하고 네 후손도 여자의 후손과 원수가 되게 하리니"(창 3:15). 주님께서도 "아브라함은 나의 때 볼 것을 즐거워하다가 보고 기뻐하였느니라"(요 8:56)고 말씀하셨습니다. 이 약속 안에서 아브람은 한 후손을 보았던 것입니다. 바울 사도가 갈라디아서 3장 16절에서 말한 바와 같이, "이 약속들은 아브라함과 그 자손에게 말씀하신 것인데 여럿을 가리켜 그 자손들이라 하지 아니하시고 오직 한 사람을 가리켜 네 자손이라 하셨으니 곧 그리스도라"고 말입니다. 아브람은 믿음의 눈으로 그리스도를 보았습니다. 그러고 나서 그는 그리스도를 믿는 허다한 무리들, 즉 믿음의 조상을 아버지로 둔 후손들을 보았습니다. 영혼을 의롭게 하는 믿음은 그 자체로 그리스도와 관련된 것이지, 한갓 추상적인 진리들과 관련된 것이 아닙니다. 여러분이 가진 믿음이 이런저런 교리들을 그저 단순하게 받아들이는 그런 믿음이라면, 여러분도 그 믿음으로 구원받지 못할 것입니다. 그러나 여러분이 믿는 믿음이, 하나님께서 그리스도 안에서 세상을 자기와 화목하게 하시고 세상의 죄악들을 여러분에게 전가하지 않았다는 것을 믿는 것이라면, 다시 말해 여러분이 인간의 몸을 입고 오신 하나님을 의지하며, 그분을 전적으로 신뢰하고 믿는다면, 그 때 그 믿음은 여러분을 의롭게 해줄 것입니다. 왜냐하면 그 믿음이 바로 아브람의 믿음이기 때문입니다. 이 설교를 듣는 사랑하는 성도 여러분, 여러분은 바로 이런 믿음을 가지고 있습니까? 지금 여러분이 가진 믿음은 하나님의 약속을 믿는 믿음입니까? 그 믿음은 그리스도와 관계되며 오직 그분만을 바라보는 믿음입니까?

셋째로, 아브람은 불가능해 보이지만 성취되는 약속을 믿는 믿음을 가졌습니다. 아브람은 자기 허리에서 한 어린 아이가 나오도록 되어 있었습니다. 그러나 그는 거의 백세의 나이가 되었고, 그의 아내인 사래도 수년 전부터 생리가 끊어졌습니다. 이제 아브람의 몸은 말하자면 거의 죽은 것이나 마찬가지였으며, 사래도 아이를 출산하는 것과 관련해서는 자기 남편과 마찬가지였습니다. 아이를 출산하는 것은 자연 법칙을 거스르지 않는 한 일어날 수 없는 일이었습니다. 그런데도 아브람은 이런 불가능성들을 고려하지 않았습니다. 그는 이 모든 것들을 옆으로 제쳐놓았습니다. 그는 피조물 위에 기록되어 있는 죽음을 보았습니다. 그럼에도 불구하고 그는 창조주 안에 있는 생명의 능력을 받아들이고는 조금도 주저함 없이 그 약속을 믿었습니다. 자, 사랑하는 성도 여러분, 우리를 의롭게 하는 믿음도 반드시 이와 같은 믿음이어야 합니다. 내가 구원받는 것은 불가능한 일로 보입니다. 나는 나 자신을 구원할 수 없습니다. 가장 거룩한 나의 결심들 가운데 샘솟는 최선의 소망들 위에서도 절대적인 죽음이 적혀 있는 것을 나는 봅니다. "내 속 곧 내 육신에 선한 것이 거하지 아니하는 줄을 아노니"(롬 7:18)라는 말씀대로 말입니다. 나는 할 수 있는 것이 아무것도 없습니다. 나는 율법 아래서 죽었습니다. 나는 나의 본성적인 부패로 타락하였습니다. 그러나 이 모든 것에도 불구하고, 내가 믿고 있는 한 가지 사실이 있습니다. 그것은 예수님의 생명을 통해 나는 살게 되고 그 약속된 축복을 받게 된다는 것입니다. 은혜가 여러분의 가슴에 충만하고 구원의 증거들이 충만할 때, 하나님께서 여러분을 구원해 주실 것이라고 믿는 것은 작은 믿음입니다. 그러나 여러분이 지은 모든 죄악들이 여러분을 삼키려고 입을 벌리며, 양심도 여러분을 고발하고 있는데, 그럼에도 여러분이 예수님을 신뢰한다는 것은 큰 믿음입니다. "경건하지 아니한 자를 의롭다 하시는 이를 믿는 자에게는 그의 믿음을 의로 여기시나니"(롬 4:5)라는 말씀처럼 경건한 자와 마찬가지로 경건하지 않은 자까지 의로 여기시는 그분을 믿는 것, 성도들의 구주가 되실 뿐만 아니라 죄인들의 구세주도 되시는 그분을 믿는 것, "만일 누가 죄를 범하여도 아버지 앞에서 우리에게 대언자가 있으니 곧 의로우신 예수 그리스도시라"(요일 2:1)는 이 말씀을 믿는 것, 이런 믿음이야말로 귀한 믿음이며, 우리의 의로 여겨주시는 믿음입니다.

넷째로, 칭의의 이 믿음은 광대하고 숭고하며 놀라운 약속을 대하는 믿음입니다. 저는 별빛이 반짝이는 하늘 아래에 서서 이루 헤아릴 수 없이 무수한 천체들을 바라보고 있는 족장을 상상해 봅니다. 아브람은 지금까지 갈대아 땅에서 오랜 기간을 살면서, 육신의 눈으로 그 땅의 한밤중의 야경을 보아왔습니다. 하지만 그 날 밤하늘의 별들은 여느 때보다 훨씬 더 많은 것처럼 보였습니다. 그는 별들을 바라보았습니다. 그는 고양된 눈빛으로 그 별들을 다시 쳐다보았습니다. 그러자 음성이 들려왔습니다. "네 자손이 이와 같으리라"(창 15:5). 하지만 그는 다음과 같이 말하지 않았습니다. "하나님이시여, 제가 한 부족의 조상, 한 족속의 족장만 되어도, 저는 더 바랄 것 없이 만족하겠나이다. 그런데 죽은 것 같은 이 몸에서 허다한 무리가 나온다니, 믿기지가 않나이다." 절대로 그렇게 말하지 않았습니다. 그는 그 약속을 믿었습니다. 그는 그 약속을 액면 그대로 믿어 버렸습니다. 저는 그가 "그 말씀은 너무 좋아서 믿을 수가 없나이다"라고 말하는 것을 들어보지 못했습니다. 그는 결코 그렇게 말하지 않았습니다. 하나님께서 그렇게 말씀하셨으니, 하나님께서 행하시기에 너무 과한 것은 아무것도 없습니다. 약속의 은혜가 크면 클수록, 그 은혜는 하나님에게서 나올 가능성이 더욱더 큽니다. 왜냐하면 좋은 은사와 온전한 선물이 다 위로부터 빛들의 아버지께로부터 내려오기 때문입니다. 사랑하는 성도 여러분, 여러분의 믿음은 어떠합니까? 그 너비와 길이와 높이와 깊이가 광대한 약속을 취할 수 있는 믿음입니까? 비록 한 사람의 죄인이라 해도, 여러분은 자녀이며, 아들이며, 상속자며, 하나님의 후사이며, 예수 그리스도와 함께 한 상속자라는 사실을 믿고 있습니까? 지극한 기쁨이 있는 천국이 여러분의 것이며, 다함이 없는 축복이 있는 영원한 것이 여러분의 것이며, 모든 영광의 속성을 지닌 그 하나님이 여러분의 하나님이라는 사실을 여러분은 믿고 있습니까? 오! 이것이야말로 의롭다 함을 받는 믿음이며, 그 약속의 말씀을 하나도 감하지 않고 멀리까지 이르러 넓게 얻는 믿음이며, 그 약속을 있는 그대로 받아들이는 믿음입니다. 우리도 이처럼 후한 믿음을 더욱더 갖게 되기를 기원합니다!

다섯째로, 한 가지 더 언급할 사실은, 아브람이 보여준 믿음은 그 약속을 자신에게 주신 약속으로 믿었다는 것입니다. 자신의 허리에서 후손이 나오고, 바로 그로 인해 그리고 그의 후손으로 인해, 온 세상이 복을 받게 된다는 것이었습니다.

저는 다른 사람들과 관련된 모든 약속들은 믿을 수 있습니다. 제가 사랑하는 친구들과 관련된 약속을 믿는 것은 아주 쉬운 일이라고 생각합니다. 그러나 오! 여러분 자신에게 적용되는 약속을 자신의 것으로 단단히 붙잡기는 어려운 일입니다. 저는 제 친구가 수많은 어려움에 처한 것을 보게 되지만, 하나님께서 그를 버리지 않을 것을 믿습니다. 저는 거룩한 성도들의 생애를 읽으면, 성도들이 불 가운데로 가든 물 가운데로 가든 하나님께서 결코 그의 종들을 상하게 하지 않을 것임을 알게 됩니다. 저는 그 점에 대해 절대로 의심하지 않습니다. 그러나 그런 은혜가 자신에게 임하면, 의심이 생기기 시작합니다. 우리의 마음은 다음과 같이 울부짖습니다. "나에게 이런 일이 일어나다니, 도대체 어찌 된 일인가? 내가 무엇이고, 내 아버지 집이 무엇인데, 내가 이런 은혜를 받는단 말인가? 나는 오늘 보혈로 죄 씻음을 받고 흰 눈보다 더 희게 되었다! 정말 그런가? 정말 그럴 수 있는가? 예수 그리스도를 믿는 나의 믿음으로 말미암아 나는 의로워졌다. 완전히 의로워졌다! 오, 정말 그럴 수 있는가? 이런 일이 일어나다니! 나를 위해서도 마르지 않는 샘에서 흘러내리는 하나님의 영원한 사랑이 흐르고 있는가? 이 땅에서 살아갈 동안 나를 보호하는 특별한 섭리와, 장차 올 세상에서 예비된 천국의 복락은 진정 나를 위한 것인가? 하프와 면류관과 종려나무 가지와 보좌 또한 나를 위한 것인가! 예수님의 얼굴을 영원토록 바라보고 그분과 같이 되어 그와 더불어 다스리게 되는 복도 나를 위한 것인가! 이런 일들은 도저히 가당치 않아 보인다." 그럼에도 불구하고 이것이 바로 우리가 마땅히 가져야 하는 믿음입니다. 홀로 예수 그리스도를 의지하고서, 사도가 말한 바대로 "나를 사랑하사 나를 위하여 자기 자신을 버리신 하나님의 아들을 믿는 믿음"(갈 2:20)이 바로 우리가 추구하는 믿음입니다. 이것이 바로 의롭다 함을 얻는 믿음입니다. 그러므로 우리는 이 믿음을 더욱더 추구하여, 하나님께서 우리의 이 믿음을 통해 영광 받게 되기를 기원합니다!

3. 아브람은 의롭다 함을 받고 어떻게 되었습니까?

세 번째로 우리는 아브람의 칭의에 따른 결과들을 주목해 살펴보고자 합니다. 여러분이 가진 성경책을 펴고, 아브람이 여호와를 믿으니 여호와께서 이를 그의 의로 여기셨다고 기록된 그 말씀 바로 다음에, 여호와께서 아브람에게 "나는 이 땅을 네게 주어 소유를 삼게 하려고 너를 갈대아인의 우르에서 이끌어 낸 여호와니라"(창 15:7)고 한 말씀을 여러분은 살펴보기 바랍니다. 한 영혼이 믿음으로 완전한 칭의를 은혜로 인식하게 될 때, 그 때 그는 자신의 소명을 더욱더 분명하게 알 수 있습니다. 자, 신자들은 세상과 구별된 것을 자신의 특권으로 인식하게 되고, 왜 자신이 죄를 회개해야 하는지, 왜 자기 의와 이 세상의 쾌락을 떠나서 믿음 생활을 해야 하는지 그 이유를 깨닫게 됩니다. 이제 그는 자신의 고귀한 소명과 그에 따른 상급도 보게 됩니다. 그래서 칭의라는 이 한 가지 축복에서 시작하여, 그는 자신의 소명으로 인해 유업으로 받게 되는 모든 복을 주장하게 됩니다. 자신이 받은 칭의에 대해 더욱더 분명하게 인식하면 할수록, 그는 자신의 소명을 더욱더 소중히 여길 것이며, 세상과 완전히 구별되고 주님께 완전히 순복함으로써, 이러한 사실들을 더욱더 진지하고 확실하게 추구할 것입니다. 나는 의롭다 함을 받은 사람입니까? 그렇다면 나는 예전에 얽매였던 그 속박으로 다시 돌아가려고 해서는 안 됩니다. 나는 지금 믿음으로 하나님께 용납된 사람입니까? 그렇다면 나는 더 이상 육적인 사람으로 예전에 살던 그 때처럼 살지 않을 것입니다. 즉 보이지 않는 하나님을 신뢰하는 그 능력을 이해하지 못한 채, 그저 보이는 것에 따라 살아가던 그 생활을 이제는 하지 않을 것입니다. 그리스도인이 받은 한 가지 은혜는 다른 은혜를 깨닫도록 돕습니다. 그리고 하나님이 베푸신 은혜의 한 행동이 다른 행동에 빛을 비추어 줍니다. 소명이란 별은 칭의라는 별과 마치 쌍둥이처럼 나란히 갑절의 영광으로 그 빛을 발하고 있습니다.

칭의의 이 믿음으로 우리는 그 약속들을 더욱 분명하게 받게 됩니다. 여호와께서 "나는 이 땅을 네게 주어 소유를 삼게 하려고 너를 갈대아인의 우르에서 이끌어 낸 여호와니라"(창 15:7)고 말씀하셨습니다. 이로써 하나님께서 수년 전에 이미 자기에게 하셨던 그 약속을 아브람은 다시 생각하였습니다. 사랑하는 성도 여러분, 예수 그리스도를 믿어 의롭다 함을 얻은 사람만큼 그렇게 큰 기쁨과 분명한 이해력으로 하나님의 약속들을 읽어낼 수 있는 사람은 없습니다. 그는 다음과 같이 말했습니다. "이제 이 약속은 나의 것이며, 내 약속이 되었다. 내가 하나님의 은혜 가운데 행하고 있다는 이 사실이 바로 이 약속이 성취될 것에 대한 보증임을 나는 알고 있다. 나는 더 이상 그분의 진노하심에 대해 불쾌하게 여기지 않을 것이다. 그 어느 누구도 이제 나에 대해 어떤 비난도 할 수 없을 테니 말이다. 왜냐하면 나는 예수 그리스도로 말미암아 죄를 용서 받았기 때문이다. 내가 죄인이었을 때 그분이 나를 의롭다 해주셨으니, 더욱이 그분께서는 의롭게 된 나에게 자신의 약속을 지켜 주실 것이다. 내가 반역하여 정죄 당했을 때에도 그분은 영원한 긍휼로 나를 부르시고, 나를 이런 용납의 자리로 이끌어 주셨으니, 더욱이 그분께서는 나를 나의 모든 원수들에게서 지켜 주시고, 그분의 은혜 언약으로 약속하신 그 유업들을 나에게 주실 것이다." 칭의에 대한 분명한 관점은 여러분이 그 약속을 붙잡는데 큰 도움을 줄 것입니다. 그러므로 여러분은 영혼의 평안을 위해 이 약속을 열심히 간구하십시오.

　　아브람은 믿음으로 의롭다 함을 얻은 후에, 희생 제사의 능력을 더욱더 분명히 보게 되었습니다. 그는 하나님의 명령으로 삼 년 된 암소와 삼 년 된 암염소와 삼 년 된 숫양과 산비둘기와 집비둘기 새끼 등, 희생 제사에 사용될 모든 동물들을 잡았습니다. 그 족장의 손은 피로 물들었습니다. 그는 도축용 칼을 들고 모든 짐승들의 중간을 쪼개고, 새들은 그 당시 하나님의 영이 계시해 주신 대로 쪼개지 않은 채, 순서대로 마주 대하여 놓았습니다. 모든 동물들이 제자리에 있었습니다. 아브람은 희생 제사를 통하지 않고는 하나님을 만날 수가 없다는 것을 알게 되었습니다. 하나님께서는 문설주에 피가 뿌려진 집 외에는 모든 집의 문을 닫으셨습니다. 하나님께 합당하게 다가갈 수 있는 모든 길은 속죄 제사를 통해서만 가능한데, 아브람은 이 사실을 알게 되었던 것입니다. 그의 귀에는 아직도 그 약속의 말씀이 생생한데, 그를 의롭다고 기록한 성령님의 펜에 잉크가 마르기도 전인데, 그는 희생 제사를 보아야만 했으며, 더구나 아론에게 계시되어 모든 제사에 포함된 상징의 의미 속에서 그 제사를 보아야만 했습니다. 그러므로 사랑하는 성도 여러분, 여러분이 믿음으로 의롭다 함을 얻었을 때, 그 칭의가 여러분으로 하여금 예수 그리스도의 속죄 제사를 더욱 완전하고 분명하게 보는데 도움이 된다면, 그것은 복된 일일 것입니다. 믿음이 숨 쉴 수 있는 가장 순결하고 상쾌한 공기는 골고다에 있습니다. 예수님께서 자기 백성을 위해 행하신 그 엄청난 속죄 제사를 여러분이 제대로 숙고하지 못할 때, 여러분의 믿음이 약해진다는 것에 대해 저는 조금도 이상하게 생각하지 않습니다. 그러므로 여러분은 여러 복음서가 우리에게 말하고 있는 구세주의 고난 기록으로 돌아가십시오. 그리고 하나님의 어린 양 앞에 기도로 여러분 자신을 낮추고, 모든 역사의 중심에 있는 그분의 죽음을 잊고 있었다면, 여러분은 이를 부끄럽게 여기고 다시 한 번 그 놀라운 대속의 기록들을 묵상하십시오. 그리하면 여러분의 믿음이 다시 소생하게 될 것입니다. 중요한 것은 신학 공부가 아닙니다. 신학 논쟁들을 다룬 책들을 읽는 것도 아닙니다. 여러분의 영혼을 기쁘게 할 신비로운 예언들을 찾는 것도 아닙니다. 십자가에 못 박힌 예수님을 바라보는 것이 핵심입니다. 이것이 믿음 생활의 본질적인 양분입니다. 여러분은 계속해서 십자가에 못 박힌 예수님을 바라보아야 한다는 것을 잊지 마십시오. 이미 칭의를 받은 사람으로서 아브람은 하루 종일 해가 질 때까지, 제물을 먹으려는 새들을 쫓으면서 그 제사를 바라보았습니다. 이처럼 여러분도 마음을 혼란하게 하는 온갖 생각들을 떨쳐 버려야 합니다. 또한 여러분은 주 예수님에 대해 공부해야 합니다. 그리고 그분을 그분의 성품과 직분 가운데서 바라보아야 합니다. 여러분의 주님이며 구세주이신 예수 그리스도를 아는 지식과 은혜 가운데 여러분이 자라나지 않는다면, 여러분은 절대로 만족해서는 안 됩니다.

아마도 더욱더 중요한 것은 아브람이 배워야 했던 다음의 교훈이었을 것입니다. 즉 그는 언약을 바라보게 되었습니다. 저는 다음과 같은 상상을 해 봅니다. 쪼개진 암소와 암염소와 숫양이 마주 대하여 놓여 있고, 그 사체의 일부는 이편에, 또 일부는 저편에 놓인 그 중간에 아브람이 서 있었습니다. 그는 한 사람의 예배자로서 하루 종일 해가 질 때까지 그렇게 서 있었습니다. 해가 질 때 아브람에게는 깊은 잠이 임하고 큰 흑암과 두려움이 임했습니다. 죄를 속하는 큰 희생 제사가 행해지는 것과 그 속에 자신도 포함되어 있는 것을 보았다면, 그 순간 자신에게 엄습하는 공포를 느끼지 않을 자 누구겠습니까? 그 희생 제물 가운데서 그는 연기 나는 풀무와 불타는 횃불이 위엄 있게 움직이는 것을 보았습니다. 이것은 훗날 광야에 있는 이스라엘 민족에게 하나님의 임재를 드러내주는 불 기둥과 구름 기둥에 상응하는 것이었습니다. 이런 상징으로 여호와께서는 자기 종을 만나기 위해 쪼개진 제물 사이로 지나가며, 아브람과 언약을 체결하셨습니다. 이것은 모든 언약체결의 방식 중에서도 항상 가장 엄숙한 방식이었으며, 이방 민족들 가운데서도 흔하지 않은 경우에만 채택되던 방식이었습니다. 제물은 쪼개어졌으며, 언약의 양 당사자들은 그 쪼개진 짐승의 사체 가운데서 만났습니다. 이에 대한 불경스러운 해석은 이러합니다. 즉 만약 언약의 당사자들이 그 언약을 파기한다면, 그 두 사람은 쪼개진 짐승들처럼 그 몸이 갈기갈기 찢어지는 저주를 받게 될 것이라는 해석입니다. 그러나 이것은 우리의 마음에 흡족한 해석이 아닙니다. 이에 대한 바른 해석은 이것입니다. 즉 하나님께서 죄인인 인간과 언약관계를 맺을 수 있는 곳은 오직 희생 제물의 한가운데라는 사실입니다.

하나님께서는 불타는 화염처럼 그분의 영광 가운데 임하시지만, 예수 그리스도의 인격 안에서 연기 나는 구름과 함께 우리에게 맞추고 낮아지셨습니다. 그리고 그분께서는 나무에 달린 예수 그리스도로 말미암아 단번에 드려진 피의 희생 제물을 통해 임하십니다. 인간은 희생 제물이신 그리스도를 가운데 두고서 하나님을 만나게 됩니다. 자, 사랑하는 성도 여러분, 여러분은 의롭다 함을 받은 자들입니다. 지금은 여러분의 영적인 역사에 있어서 중요한 순간입니다. 그러므로 오늘 아침에 여러분은 특별히 여러분에게 속한 이 특권, 즉 하나님을 만나게 되는 이 특권에 이르도록 노력하십시오. 하나님께서 여러분과 언약을 체결하셨다는 사실을 여러분은 알고 이해하십시오. 그분은 절대로 파기될 수 없는 은혜 언약을 여러분과 맺으셨습니다. 다윗에게 허락한 확실한 은혜가 바로 여러분의 분깃입니다. 이런 은혜 뒤로 다음과 같은 언약이 뒤따릅니다. "내가 그들에게 한 마음을 주고 그 속에 새 영을 주며 그 몸에서 돌 같은 마음을 제거하고 살처럼 부드러운 마음을 주어 내 율례를 따르며 내 규례를 지켜 행하게 하리니 그들은 내 백성이 되고 나는 그들의 하나님이 되리라"(겔 11:19-20). 이 언약은 하나님의 아들이 죽임 당한 그 몸 위에서 여러분과 맺어진 것입니다. 하나님과 여러분이 맺은 언약은 말하자면 땀방울이 땅에 떨어지는 핏방울처럼 되신 그분을 가운데 두고서 체결된 것입니다. 하나님께서 우리를 받아 주시고, 우리는 그분과 더불어 거룩한 맹약과 친교를 하게 됩니다. 이 모든 일들이 희생자이신 그분 위에서 이루어졌습니다. 그분의 상처와 죽음이 이 언약의 보증이 됩니다. 이러한 비준을 거친 이 언약을 하나님께서 잊으실 수 있겠습니까? 이렇게 장엄하게 인친 이 동맹의 연합관계가 조금이라도 깨어질 수 있겠습니까? 그것은 도저히 불가능한 일입니다. 사람은 자신이 서약한 것에 대해 때때로 신실합니다. 그러나 하나님은 자신이 맺은 약속에 대해 항상 신실하십니다. 우리의 믿음을 강건하게 하기 위해 이 언약이 독생자의 피로 확증되었음에도 불구하고, 이 언약을 의심하는 것은 배교이며 하나님을 모독하는 것입니다. 의롭다 함을 받은 우리를 하나님께서 도우시어, 피로 인치고 보증된 언약에 대한 믿음을 우리가 갖게 되기를 기원합니다.

이 일이 있은 직후에, 하나님은 아브람에게 한 가지 사실을 알게 하셨습니다. 물론 여기서도 우리의 유추는 계속됩니다. 즉 약속된 축복이 분명히 그의 것임에도 불구하고, 그 약속된 모든 축복들은 고난의 때를 거치지 않고서는 결코 오지 않는다는 것입니다. "네 자손이 이방에서 객이 되어 그들을 섬기겠고, 그들은 사백 년 동안 네 자손을 괴롭히리니"(창 15:13)라는 말씀대로 말입니다. 어떤 사람이 생애 처음으로 그리스도에게 나올 때, 그는 무지하게도 종종 다음과 같은 생각을 하게 됩니다. "이제 나의 모든 고난들은 끝났다. 나는 그리스도에게 나왔고, 그래서 구원을 받았다. 오늘부터 앞으로 내게는 하나님께 감사하고 그분을 찬양하는 일 외에 다른 일은 일어나지 않을 것이다." 슬픈 일입니다! 아직 씨름이 남아 있습니다. 이제부터 전쟁이 시작된다는 사실을 우리는 확실히 알아야만 합니다. 하나님께서는 자녀들이 장차 감당해야 할 고난을 대비해 교육시킬 목적으로 종종 얼마나 많은 일들이 일어나게 하시는지 모릅니다. 자신의 칭의가 아주 분명하게 인식되고, 예상되는 고난에 대처할 수 있는 그런 때가 분명히 올 것입니다! 어느 날 밤에 저는 혼자서 마음의 평화를 찾아보고자 성경을 보다가 로마서 5장의 말씀을 읽고서 다음과 같은 사실에 충격을 받은 적이 있습니다. "그러므로 우리가 믿음으로 의롭다 하심을 받았으니 우리 주 예수 그리스도로 말미암아 하나님과 화평을 누리자 또한 그로 말미암아 우리가 믿음으로 서 있는 이 은혜에 들어감을 얻었으며 하나님의 영광을 바라고 즐거워하느니라"(롬 5:1-2). 한번 보십시오. 이 얼마나 부드러운 말씀입니까! 칭의가 신자들의 머리에 기쁨의 기름을 흘러넘치게 하는 것 같습니다. 그러나 그 다음 구절은 이렇게 되어있습니다. "다만 이뿐 아니라 우리가 환난 중에도 즐거워하나니 이는 환난은 인내를 … 이루는 줄 앎이로다"(롬 5:3-4). 칭의에는 분명히 환난이 따릅니다. 오! 그렇습니다. 언약은 여러분의 것입니다. 여러분은 아름다운 산과 레바논을 소유하게 될 것입니다. 그러나 아브라함의 모든 후손들처럼 여러분도 반드시 애굽으로 내려가 짐을 지고 신음하게 될 것입니다. 모든 성도들은 노래를 부르기 이전에 고통을 겪어야만 합니다. 그들이 면류관을 쓰기 이전에 십자가를 져야만 합니다. 여러분은 의롭다 함을 받은 사람들입니다. 하지만 여러분은 고난에서 해방된 자들은 아닙니다. 여러분이 지은 죄들은 그리스도 위에 놓여 있지만, 여러분에게는 여전히 지고 가야 할 그리스도의 십자가가 있습니다. 주님께서는 여러분이 받을 저주를 면하게 해주셨지만, 그렇다고 해서 여러분이 받을 징벌까지 면하게 해주신 것은 아닙니다. 여러분의 지위가 그분의 자녀로 받아들여진 바로 그 날부터, 여러분이 자녀로서 받아야 할 훈련도 같이 시작된다는 사실을 알기 바랍니다.

이제 모든 말씀을 맺으면서, 마지막으로 한 말씀 드리겠습니다. 하나님은 아브람에게 궁극적인 승리의 확신을 주셨습니다. 하나님께서는 그의 후손을 약속의 땅으로 인도하고, 그 백성들을 압제하는 자들을 친히 심판하셨습니다. 이와 마찬가지로, 모든 신자들은 끝에 가서 승리할 것이며, 지금 이들을 압제하는 악한 무리들은 그의 발 아래 던져지게 될 것이라는 이 사실이 오늘 아침에 모인 모든 성도들에게 하나의 달콤한 계시가 되기를 기원합니다. 하나님께서 곧 사탄을 우리의 발 아래 짓밟으실 것입니다. 비록 우리가 잠시 동안 애굽에서 종살이를 한다 해도, 결국에는 은이나 금보다 더 귀한 것, 즉 참된 재물들을 아주 풍성하게 가지고 그곳을 나오게 될 것입니다. 우리는 우리가 받는 환난을 통해 번성하고, 우리의 시련을 통해 부하게 될 것입니다. 그러므로 힘을 냅시다. 죄는 용서받았지만, 고난은 당연히 감당해야 합니다. 루터는 "주님이시여, 나를 치소서. 이제 내가 지은 죄들은 없어졌나이다. 나의 허물이 가려지기만 한다면, 당신이 원하는 대로 강하게 나를 치소서"라고 말했습니다. 단지 한순간에 불과한 이 가벼운 고난들은 장차 우리에게 드러날 영광과 비교하면 아무것도 아닙니다. 그러므로 우리는 아브라함의 후손과 더불어 의롭다 함을 얻었다는 이 사실을 제일 중요하게 여겨야 하며, 우리가 애굽에서 계속 머물지 아니면 가나안에서 평화를 누릴지 하는 것은 그 다음 문제입니다. 그런 것들은 전혀 중요한 문제가 아닙니다. 만약 우리가 예수 그리스도 안에 있는 믿음으로 오직 의롭다 함을 받았다면, 우리는 전적으로 안전할 것이기 때문입니다.

사랑하는 성도 여러분, 이제 마지막으로 한 말씀만 더 드리고자 합니다. 이 말씀을 듣고 여러분이 귀가했으면 좋겠습니다. 여러분은 지금까지 하나님을 믿고 있습니까? 여러분은 지금까지 그리스도를 신뢰하고 있습니까? 오, 여러분은 오늘이라도 그분을 믿고 신뢰할 수 있습니다! 하나님께서 진리를 말씀하신다는 사실을 믿는 것은 절대로 어려운 일이 아닙니다. 우리가 아주 악하지만 않다면, 이 사실을 억지로 믿을 필요는 없을 것입니다. 왜냐하면 자연스럽게 그러한 사실들을 믿게 될 것이기 때문입니다. 그리스도께서 능력으로 우리를 구원해 주신다는 사실을 믿는 것은 제게는 매우 쉬운 일입니다. 우리의 마음이 그렇게 완악하지 않다면, 분명히 쉽게 믿어질 것입니다. 사랑하는 성도 여러분, 여러분의 하나님을 믿으십시오. 그리고 그렇게 믿는 것을 절대로 사소한 일로 생각하지 마십시오. 성령님께서 여러분이 참으로 그분을 신뢰하도록 인도하시기를 기원합니다. 하나님께서 보내신 예수 그리스도를 여러분이 믿게 되는 것은 하나님이 하시는 일입니다. 하나님의 아들이 여러분을 구원하실 수 있음을 여러분은 믿고, 오직 그분에게 모든 것을 맡기십시오. 그리하면 그분께서 여러분을 구원해주실 것입니다. 그분께서는 오직 믿음만 구하십니다. 이 믿음까지도 그분께서 여러분에게 주십니다. 만약 여러분이 그와 같은 믿음을 가지고 있다면, 지금 여러분이 마주하고 있는 여러분의 모든 의심과 죄악과 시련과 고난들조차 천국에 있는 여러분을 결코 쫓아내지 못할 것입니다. 하나님께서는 자신이 한 약속을 성취하시어, 여러분을 젖과 꿀이 흐르는 땅으로 인도하여 그 땅을 분명히 소유하도록 하실 것입니다. 아멘.

제
17
장
—

아브라함의 할례 사례로 살펴본
하나님께 성별(聖別)

—

"아브람이 구십구 세 때에 여호와께서 아브람에게 나타나서
그에게 이르시되 나는 전능한 하나님이라 너는 내 앞에서
행하여 완전하라 내가 내 언약을 나와 너 사이에 두어 너를
크게 번성하게 하리라 하시니." — 창 17:1-2

　우리는 아브람의 생애를 설명하면서 그가 소명을 받고 갈대아 우르를 떠나 가나안에서 하나님을 위해 구별된 삶을 살아가는 것에서 시작했습니다. 그리고 나서 그의 칭의 문제로 넘어가 그가 하나님을 믿었을 때, 이를 그의 의로 여기신 하나님에 대해 말씀드렸습니다. 여러분의 양해를 구하면서, 이제 우리는 계속해서 동일한 주제를 좀 더 다른 차원에서 전해 보려고 합니다(본 설교는 "아브람의 소명 사례로 살펴본 유효적 소명"[창 12:5, 1868년 11월 29일 주일설교] 이후 계속된 연속설교의 하나로 같은 해 12월 13일에 행해졌다 — 역주). 다시 말해 아브람이 하나님께 성별되었다는 사실이 공개적으로 분명하게 드러난 가운데, 더욱 충만하게 발전된 그의 살아 있는 경건에 대해 말하고자 합니다. 우리 앞에 놓인 본문이 기록된 창세기 17장에서 우리는 하나님을 향한 그의 성화(聖化)와 그의 봉사 임직과 주인이 사용할 용도에 맞는 그릇으로서 정결한 것을 보게 됩니다. 소명을 받은 모든 자들은 칭의를 받게 되며, 칭의를 받은 모든 자들은 성령님의 역사로 성화되어, 후에

예수 그리스도와 더불어 영화(靈化)의 상태에 이르게 됩니다.

이러한 축복이 임하게 되는 순서들을 여러분은 기억해 두기 바랍니다. 우리가 지금 성화나 성별을 이야기한다고 해서, 이것이 맨 처음에 오는 것은 아닙니다. 이것은 앞선 단계가 디딤돌이 되어야만 좀 더 높은 단계로 올라갈 수 있는 그런 상태입니다. 그러니 사람들이 하나님의 성령으로 소명을 받기도 전에, 자기가 마치 하나님께 성별(聖別)이라도 된 것처럼 행세하는 것은 헛된 일입니다. 그러한 자들은 인간의 육적인 능력으로는 주님을 바르게 섬길 수 있는 자질이 되지 못한다는 사실을 먼저 배워야만 합니다. 그들은 "내가 네게 거듭나야 하겠다 하는 말을 놀랍게 여기지 말라"(요 3:7)는 말씀의 의미를 배워야만 합니다. 왜냐하면 사람들이 성령님께서 주시는 유효적 소명으로 영적 생활을 시작하기 전까지는, 그들이 아무리 하나님을 섬긴다고 많은 말을 해도, 그들에 대한 우리의 반응은 그저 여호수아가 말한 "너희가 여호와를 능히 섬기지 못할 것은 그는 거룩하신 하나님이시요 질투하시는 하나님이시니 너희의 잘못과 죄들을 사하지 아니하실 것임이라"(수 24:19)는 말씀이 기억날 뿐입니다. 저는 지금 성별에 대해 말하고 있습니다. 하지만 이 성별은 일차적인 것이 아닙니다. 그렇다고 이차적인 것도 아닙니다. 왜냐하면 사람은 예수 그리스도 안에 있는 믿음으로 의롭다 함을 받아야 하기 때문입니다. 그렇지 않다면 그는 참된 모든 성결의 뿌리인 은혜를 갖지 못할 것입니다. 성화는 예수 그리스도를 믿는 믿음에서 자라나는 것입니다. 기억하십시오. 거룩함은 뿌리가 아니라 꽃입니다. 성화로 구원을 받는 것이 아닙니다. 하지만 구원을 받아 성화로 나아갑니다. 사람은 자신의 거룩함으로 구원받지 못합니다. 그러나 이미 구원받았기 때문에 그는 거룩해집니다. 믿음으로 의롭다 함을 받고, 하나님과 더불어 화평을 누리는 자는 더 이상 육신을 따라 살지 않고 영을 따라 살아갑니다. 그는 또한 은혜로 받은 축복의 능력으로 은혜로우신 하나님을 섬기는 일에 헌신합니다. 그러므로 하늘의 축복을 받는 합당한 순서에 유의하십시오. 소명과 칭의 이후에 하나님께 성별(聖別)이 뒤따릅니다.

여러분은 아브람의 생애를 회상해 보기 바랍니다. 하나님께서 아브람의 믿음을 보고 이를 그의 의로 여겼다고 말씀하신 이후로 십삼 년이라는 세월이 흘렀지만, 우리가 성경에서 본 바에 따르면, 그에게서 기대했던 전적으로 용감한 믿음이나 고귀한 행동들이 전혀 없었음을 여러분은 기억하기 바랍니다. 최고로 훌륭한 사람은 최고로 좋은 환경이 만든다는 진리는 정말로 맞는 말 같습니다. 하나님의 약속을 받고 전혀 흔들리지 않던 그 사람도 몇 개월이 채 지나지 않아, 아니 어쩌면 며칠도 지나지 않아, 발작하는 것처럼 불신앙에 사로잡혔으니 말입니다. 그는 자신을 꼬드기는 아내의 말을 듣고서 약속된 후사를 얻기 위해 합당하지 않은 방법을 사용하였습니다. 그것은 오늘날의 현대인들에게는 악한 방법일 수 있겠지만, 그 당시에는 그리 악하다고 할 수 없는 수단이었습니다. 하지만 그것은 불신앙적인 계략에 의해 제안된 것이었고 매우 악한 행동이었습니다. 그는 하갈을 아내로 취합니다. 약속된 후사를 주시겠다는 하나님의 약속을 그는 믿을 수 없었을 것입니다. 또한 정하신 때가 되면 하나님께서 친히 그 약속을 지키실 것이라는 사실도 믿을 수 없었을 것입니다. 그래서 그는 믿음의 좁은 길을 벗어나, 하나님께서 약속하고 성취하실 최종 목적을 의심스러운 방법을 통해 이루어 보려는 자신을 스스로 정당화했을 것입니다.

　"아브람이 사래의 말을 들으니라"(창 16:2)는 그에 관한 기록을 읽을 때, 아브람의 위대함이 얼마나 빛을 잃는지 모릅니다. 하갈과 관련된 문제는 그 족장에 대한 깊은 불신을 안겨 주며, 이 일은 아브람 자신에게나 그의 믿음에 완전히 명예롭지 못한 일로 비추어집니다. 그가 행한 이 불신앙적인 처사의 결과가 어떠했는지를 한 번 보십시오! 비참한 상황이 곧 뒤따랐습니다. 하갈은 자기 여주인을 무시하였습니다. 그러자 사래는 이 모든 책임을 자기 남편에게 돌렸습니다. 그래서 이 불쌍한 여종은 천대를 받아 급기야 집에서 도망하였습니다. "사래가 하갈을 학대하였더니"(창 16:6)라고 기록된 것으로 보아, 실제로 얼마나 잔인한 일이 벌어졌는지 그 내막을 다 알 수는 없지만, 어쨌든 아브람처럼 훌륭한 사람이, 자기와 깊은 관계에 있던 사람으로서 특별한 관심과 배려가 필요한 사람인데 자기 집에서 그렇게 가혹한 대우를 받도록 내버려 두었다는 것은 일반 사람이 보기에도 이상한 일입니다. 우리는 성령님의 진실하심을 찬송합니다. 왜냐하면 성령님은 비록 거룩한 이들이라 해도 그들이 저지른 허물들에 대해서 조금의 정상참작도 없이 있는 그대로 기록하기를 기뻐하시기 때문입니다. 성경에 나오는 훌륭한 사람들의 생애를 보면 그들의 선행뿐 아니라 그들의 악행까지도 가감 없이 솔직하게 기록되어 있습니다. 이런 허물들이 기록된 것은 "아브라함도 그렇고 그런 일들을 행했으니, 우리도 그렇게 그럴 수 있다"고 우리가 말할 수 있게 하려는 것이 아닙니다. 절대로 그런 것이 아닙니다.

사랑하는 성도 여러분, 이런 훌륭한 사람들의 생애는 우리에게 본받아야 할 모범이 되는 것과 동시에 경고가 되기도 합니다. 따라서 우리는 이들의 삶도 우리의 삶을 판단하는 옳고 그름의 잣대대로 똑같이 판단해야 합니다. 아브람은 하갈을 아내로 취한 일과 그녀가 심하게 학대를 받도록 방치한 두 사안에 있어서 잘못을 범했습니다.

세월이 흐른 후 그 여종의 아들은 여주인의 아들을 멸시하였습니다. 그래서 불가피하게 여종과 그 아들을 모두 내쫓아야 했습니다. 아브람의 마음은 심히 괴로웠습니다. 말도 못할 만큼 마음이 아팠습니다. 일부다처제는 구약 시대 당시에 허용되기는 했지만, 그래도 절대 인정된 것은 아니었습니다. 사람들의 마음이 완악하여 그저 방치되었을 뿐입니다. 그런 제도는 악한 제도입니다. 그저 악할 뿐이며, 앞으로도 계속 악한 제도일 것입니다. 가족들과의 관계에서 한 아내와 맺은 결혼 서약은 정절로 유지되는데, 이 정절이 깨지게 되면 인류는 엄청나고 대단히 비참한 일들에 무방비로 노출됩니다. 여러분이 그 부정한 관계들을 어떤 식으로 바꿔 부르든 상관없이 말입니다. 성경이 우리에게 알려 주는 바에 따르면 이 십삼 년의 세월 동안, 아브람의 하나님은 단 한 번도 아브람을 찾아가지 않으셨습니다. 아브람이 어떤 기념할 만한 일을 했다거나 지극히 높으신 하나님을 단 한 번이라도 찾아뵈었다는 어떤 기록도 우리는 찾아볼 수 없습니다. 이것으로 우리는 다음과 같은 사실들을 배울 수 있습니다. 즉 일단 우리가 단순한 믿음의 길을 버리고, 믿음이 인정하는 순결함을 따라 행동하지 않는다면, 그것은 우리가 우리의 길 위에 가시를 뿌리는 것이고, 하나님으로 하여금 그 얼굴빛을 우리에게서 돌리도록 하는 것이며, 많은 슬픔들로 우리 자신을 찌르는 것이라는 사실입니다.

사랑하는 성도 여러분, 하나님의 지극한 은혜에 주목하십시오. 아브람이 자신의 타락한 생활에서 다시 회복한 것은 하나님께서 그에게 나타나 주셨기 때문에 가능했습니다. 그 결과 오늘 본문에 기록된 바와 같이, 아브람이 구십구 세 때에 지극히 높으신 여호와께서 아브람에게 은혜를 베푸시기 위해 다시 나타나셨던 것입니다. 이런 아브람의 상황을 보다보면 저는 라오디게아 교회에 관한 요한계시록의 말씀이 생각납니다. "내가 네 행위를 아노니 네가 차지도 아니하고 뜨겁지도 아니하도다 네가 차든지 뜨겁든지 하기를 원하노라 네가 이같이 미지근하여 뜨겁지도 아니하고 차지도 아니하니 내 입에서 너를 토하여 버리리라"

(계 3:15-16). 이것은 아주 엄격한 선포의 말씀입니다. 하지만 그 다음에 어떤 말씀이 뒤따릅니까? "볼지어다 내가 문 밖에 서서 두드리노니 누구든지 내 음성을 듣고 문을 열면 내가 그에게로 들어가 그와 더불어 먹고 그는 나와 더불어 먹으리라"(계 3:20). 이 말씀은 바로 다음의 뜻을 담고 있습니다. 즉 나태하고 미지근한 그 끔찍한 상태에서 벗어나 믿음을 회복하기 위해서는, 예수 그리스도께서 그 영혼에게 가까이 다가가 사랑으로 대해 주시는 방법 외에는 별다른 치료책이 없다는 뜻입니다. 바로 이것이 아브라함의 경우였습니다. 하나님께서는 그를 불신의 상태에서 이끌어 내어, 저 멀리 고귀한 위엄과 거룩한 상태로 인도하셨습니다. 하나님께서는 자신을 아브람에게 드러내 보임으로써 이 일을 친히 행하셨습니다. 왜냐하면 여호와께서 그에게 나타나 이르셨다고 기록되어 있기 때문입니다.

> "칠흑처럼 어두운 한밤중이라 해도,
> 　그분이 나타나시면,
> 　나의 새벽은 시작되네.
> 　그분은 내 영혼의 빛나는 새벽별이며,
> 　그분은 나의 떠오르는 태양이라."

　　사랑하는 형제자매 여러분, 기도로 호흡하십시오. "주님이시여, 나와 같이 타락하고 나태한 이 가련한 영혼에게 친히 나타나 주옵소서. 오, 주님이시여, 나를 소생케 하옵소서. 당신께서 한 번만이라도 미소를 지어 주신다면, 황무지 같은 내 영혼은 장미꽃처럼 피어날 것이나이다."
　　하나님께서 이렇게 은혜롭게 나타나신 경우를 보면, 그분이 기꺼이 아브람을 위해 행하신 일임을 알 수 있습니다. 이것은 전적으로 그분을 섬기고자 하는 구속받은 우리 영혼의 성별 문제에 있어서, 우리에게 바람직하고 교훈이 될 만한 사례를 제공해 준다고 저는 생각합니다. 오늘 아침에 만약 하나님께서 저를 도우신다면, 여러분이 첫 번째로, 성별된 삶의 모범을 살펴보고, 두 번째로, 좀 더 고귀한 삶의 본질을 살펴보며, 세 번째로, 이러한 삶의 결과를 살펴볼 수 있도록 여러분을 인도하고자 합니다.

1. 성화된 삶의 모범

이제 첫 번째로, 우리는 하나님께서 아브람에게 하신 말씀 가운데서 성화된 혹은 성별된 삶의 모범을 살펴보겠습니다. 본문은 이렇게 기록되어 있습니다. "나는 전능한 하나님이라 너는 내 앞에서 행하여 완전하라." 어떤 사람이 주님을 섬기기 위해 철저하게 성화되고자 한다면, 그는 먼저 하나님의 전능하심과 풍성하심과 그 영광을 인식해야 합니다. 사랑하는 성도 여러분, 우리가 섬기는 하나님께서 모든 것을 충만하게 하십니다. 그 하나님께서 모든 능력과 모든 재물들을 가지고 계십니다. 만약 우리가 그분을 별 볼일 없는 분으로 생각한다면, 우리는 그분을 별로 신뢰하지 않을 것이며 결과적으로 그분에게 순종하지도 않을 것입니다. 그러나 우리가 하나님의 영광을 대단한 것으로 생각한다면, 우리는 그분을 아주 철저히 신뢰하게 될 것이고, 그분으로부터 아주 풍성한 은혜를 받게 될 것이며, 아주 일관되게 그분을 섬기게 될 것입니다. 죄의 근원을 살펴보면 그 밑바닥에 하나님을 대수롭지 않게 여기는 마음이 있는 경우가 허다합니다. 아브람의 죄를 예를 들어 살펴봅시다. 그는 사래가 나이가 많아 늙어 생리가 끊어졌을 때, 하나님께서 어떻게 자기를 여러 민족의 아버지가 되게 하실지 전혀 알 수 없었습니다. 그래서 하갈과 더불어 잘못을 범하게 되었던 것입니다. 그러나 그 때 만약 하나님께서 아브람으로 하여금 하나님이 어떤 분인지를 기억나게 하셨다면, 다시 말해 하나님은 엘샤다이 곧 전능한 분이며, 모든 것을 가진 지극히 풍성한 분이라는 사실을 기억했다면, 그는 다음과 같이 말했을 것입니다. "안 돼, 나는 사래에게 여전히 신실한 남편이 되어야 해. 하나님께서는 자신이 계획한 바를 이루시기 위해, 내가 하려는 이런 정직하지 못한 방식이 아니어도 그 계획을 친히 성취하실 거야. 그분은 모든 일에 스스로 충만한 분이시기에 어떤 피조물의 힘도 의지하지 않으실 거야. 나는 인내하며 소망을 가지고 주님의 약속이 성취되는 것을 조용히 기다릴 거야." 자, 사랑하는 형제자매 여러분, 여러분의 경우도 아브람의 경우와 마찬가지입니다. 어떤 사람이 사업에 어려움을 느낄 때, 하나님께서 그 모든 어려움들을 잘 헤쳐 나갈 수 있는 모든 능력을 주시리라 믿는다면, 그는 그 어떤 상술이나 장사 수완도 뿌리칠 수 있을 것입니다. 어떤 사람이 비록 가난해도 하나님은 자신에게 풍족한 분깃이 되심을 믿는다면, 그는 결코 부유한 것을 부러워하거나 자신의 처지를 비관하지 않을 것입니다. 하나님이 자기 영혼의 온전히 풍성한 분깃이라는 사실을 느끼는 사람은 헛된 것을 찾는 데서 기쁨을 추구하지 않을 것입니다. 그는 세상의 정신 나간 많은 무리들과 함께 세상의 헛된 환락을 쫓아다니지 않을 것입니다. 그는 다음과 같이 말할 것입니다. "아니다. 하나님께서는 나에게 기쁨과 위로를 주기에 전혀 부족하지 않은 풍성한 분으로 나타나셨다. 하나님이 나의 하나님인 이상 나는 그것으로 만족할 것이다. 다른 사람들은 자기들이 원하는 대로 깨진 물통에서 물을 떠 마시겠지만, 나는 흘러넘치는 샘 곁에 거하면서 완전히 만족할 것이다." 오, 사랑하는 성도 여러분, 그 영광스러운 이름들 가운데 우리 주님께 어울릴 만한 이름은 무엇일까요! 그 이름들 가운데 어느 것이든 여러분이 선택해서 잠시라도 곰곰이 생각해 보십시오. 그러면 그 이름에 있는 부요함과 의미의 무한한 원천이 여러분에게 열릴 것입니다! 여기에 그렇게 선택한 이름이 있습니다. "엘 샤다이." 여기서 "엘"은 말하자면 "강한 분"이라는 뜻입니다. 무한한 능력이 여호와께 있다는 것입니다. 그러므로 나약한 우리가 그분께 나아가기만 한다면, 우리는 강한 자가 됩니다. 얼마나 쉬운 일인지 모릅니다. 다음으로 "샤다이"라는 말은 "변함없는 분, 천하무적"이라는 뜻입니다. 그러므로 우리가 모시고 있는 하나님은 변덕을 모르는 분이며, 회전하는 그림자도 없고, 절대로 넘어지지 않는 그런 분이십니다! "엘"은 강한, "샤다이"는 변함없는 능력이므로, 그분은 필요한 순간에 항상 강하고, 언제든 자기 백성들을 지키며, 모든 원수들로부터 보호할 수 있는 능력을 가진 분이십니다. 그리스도인들이여, 여러분은 이와 같은 하나님과 더불어 나아오십시오. 왜 여러분은 사악한 자들이 하는 사탕 발린 말을 듣고자 여러분 스스로 자세를 낮추는 것입니까? 여러분이 그래야 할 필요가 있습니까? 이 세상은 장미에도 항상 가시가 있는 곳입니다. 여러분은 왜 이런 세상의 쾌락을 찾아 온 땅을 헤매고 다닙니까? 여러분은 금이나 은을 의지하거나 여러분의 육신이 가진 능력을 의지하거나 달 아래 있는 어떤 것을 의지합니다. 여러분이 그런 것들을 의지할 필요가 있습니까? 그 이유는 무엇입니까? 여러분은 엘 샤다이이신 그분을 여러분의 하나님으로 섬기고 있습니다. 여러분이 거룩하게 되는 능력은 여러분의 강렬한 믿음으로 여러분에게 힘이 되는 사실, 즉 이 하나님이 영원 무궁히 여러분의 하나님이며, 여러분의 매일의 분깃이며, 여러분의 충만한 위로가 된다는 이 사실을 여러분이 얼마나 굳게 붙잡느냐에 달려 있습니다. 이러한 하나님이 여러분의 목자요 인도자라는 것을 알았으니, 이제부터 여러분은 감히 죄의 길에서 방황할 수도 없고, 방황해서도 안 될 것입니다.

성별된 삶의 이 모범을 따라가면서, "내 앞에서 행하여"라는 말씀에 주목하기 바랍니다. 이 말씀은 참된 거룩함을 특징짓는 삶의 모습을 보여줍니다. 이것은 하나님 앞에서 행하는 것입니다. 아! 사랑하는 성도 여러분, 아브람은 사래 앞에서 행하였습니다. 아브람은 아내의 견해와 바람을 과도하게 존중했습니다. 그가 하갈과 한통속이 되었을 때도 그는 마찬가지였습니다. 그 때 그는 자기 눈에 보기 좋은 대로, 자기 마음이 이끄는 대로 행하였습니다. 그러나 이제 여호와께서는 "내 앞에서 행하여"라는 권면의 말씀으로 부드럽게 꾸짖으십니다. 예전에도 하나님께서는 그 족장을 찾아오셨습니다. 이에 대해서는 우리가 지난 주일에 말씀을 드렸습니다("아브람의 의의 사례로 살펴본 이신칭의"[창 15:6, 1868년 12월 6일 설교] — 역주). 그 때 하나님의 메시지는 "두려워하지 말라"(창 15:1)는 것이었는데, 그 당시 아브람은 말하자면 영적인 일에서 어린 아이와 같은 상태였기 때문에 하나님의 위로가 필요했고, 그래서 하나님께서 그를 그렇게 위로해 주셨던 것입니다. 이제 아브람은 영적인 일에 성인이 되었고, 따라서 주님의 권면도 더욱 실제적이고 아주 활동적인 말씀, 즉 "행하여"로 바뀐 것입니다. 그리스도인은 자신이 받은 능력과 은혜를 가지고 밖으로 나가 사용해야 합니다. 권면의 핵심은 "행하여" 앞에 있는 말씀입니다. "내 앞에서 행하여." 이 말씀을 저는 하나님의 임재를 늘 의식하며 살아가는 것으로 이해하였습니다. 즉 하나님의 뜻을 존중하여 옳은 일은 행하고, 악한 일은 피하며, 사적인 행동이든 공적인 행동이든 모든 행동에서 하나님을 생각하는 것으로 말입니다. 사랑하는 성도 여러분, 저는 그리스도인들이, 심지어는 신앙심이 깊은 사람들마저도 모든 고려사항들 가운데 가장 중요한 항목들, 즉 하나님과 관련된 것으로 하나님의 능력과 신실하심 등을 고려하지 않는 것을 보면서 심히 안타까운 마음이 듭니다. 제가 비판하려는 것은 아니지만, 대다수의 사람들에 대해 말하자면, 만약 하나님이 계시지 않았다 해도, 그들의 행동거지는 지금과 다를 바가 하나도 없었을 것입니다. 그들은 스스로 하나님의 임재에 대해 아무것도 의식하지 못하며, 따라서 자신의 행동을 삼가야 한다거나 자제해야 한다는 생각도 전혀 들지 않기 때문입니다. "악인의 죄가 그의 마음속으로 이르기를 그의 눈에는 하나님을 두려워하는 빛이 없다 하니"(시 36:1)라는 말씀대로 말입니다. 그러나 참으로 성화된 하나님의 사람은 다음과 같은 모습을 보입니다. 그는 마치 거룩한 위엄을 지닌 그분이 계신 방 안에 서 있는 것 같은 마음으로 어느 곳에서나 살아가며, 졸지도 주무시지도 않는 그분의 눈이 항상 자기를 지켜보고 있다고 생각하며 행동합니다. 그가 바라는 마음의 소원은 절대 세상의 위대한 것들을 동경해서 악한 일을 하지는 않겠다는 것입니다. 그리고 악한 친구와 짝하여 옳은 일을 저버리지 않고, 어느 곳에나 계신 하나님을 생각하는 것입니다. 따라서 그는 항상 죄에 대해 과감하게 저항하는 자들과 교제를 나눕니다. 성도들은 자신이 하나님의 면전에 있기 때문에 죄를 범해서도 안 되며, 범할 생각조차 해서는 안 된다고 느끼는 자들입니다. 이것이 바로 성화된 인격을 지닌 자들이 보여주는 모범입니다. 그는 하나님이 어떤 분인지를 알고서, 거룩하고 질투하시는 하나님 바로 앞에 자신이 있는 것처럼 행동합니다.

본문에 기록된 다음 말씀은 "완전하라"는 것입니다. 사랑하는 성도 여러분, 이 말은 절대적인 완전을 뜻하는 것일까요? 우리도 이 땅에서 절대적으로 완전해질 수 있다고 믿는 사람들의 신념에 대해서는 논쟁하지 않을 생각입니다. 뭐니 뭐니 해도 성화의 모범은 완전입니다. 이에 대해서는 저도 동의합니다. 하나님께서 우리에게 완전한 명령과 완전한 기준이 아닌 다른 것을 명령하셨다면, 그것은 하나님의 속성과도 앞뒤가 맞지 않는 일이었을 것입니다. 완전한 하나님은 절대적으로 완전한 법이 아닌 다른 법을 주실 수 없습니다. 혹시라도 하나님께서 절대적으로 완전하지 않은 모범을 우리에게 주셨다면, 그것은 우리가 얼마든지 불완전해도 된다는 것을 보증한 셈이며, 그런 불완전함에 대해 핑곗거리를 제공해 주는 것입니다. 하나님께서는 자기 종들 앞에 "너희들이 할 수 있는 만큼 선하여라"는 식의 잣대를 주신 것이 아니라, "하늘에 계신 너희 아버지의 온전하심과 같이 너희도 온전하라"(마 5:48)는 규정을 명하셨습니다. 지금까지 이 규정을 달성한 사람이 있었습니까? 솔직히 말해서 우리도 이 규정에 이르지 못했습니다. 이 명령은 모두에게 내려진 것이기에, 모든 그리스도인들은 이 명령을 목표로 삼고 있습니다. 제 자녀들이 어떤 글을 완전하게 베껴 쓰지 못하는 필경사(筆耕士)라 하더라도, 제가 그 자녀들 앞에 불완전한 원본을 제시하면서 그것을 베껴 쓰라고 하지는 않을 것이며, 오히려 완전한 원본을 주면서 베껴 쓰게 하고 싶은 마음이 더 많을 것입니다. 불완전한 원본을 준다면, 그는 절대로 훌륭한 필경사가 되지 못할 것이기 때문입니다. 하늘에 계신 우리 아버지께서도 우리가 본보기로 삼을 그리스도의 완전한 형상과 그분의 완전한 법을 우리의 잣대로 주셨습니다. 그래서 우리는 성령님이 주시는 능력 가운데 이 완전함을 목표로 삼고 있습니다. 하지만 우리가 그 목표에 얼마나 미치지 못하는가를 생각하면, 아브람처럼 수치 가운데 고개를 숙이고 착잡한 얼굴이 됩니다. 완전함은 우리가 바라고 갈구하는 모든 것이기에, 궁극적으로는 그 완전함을 얻게 될 것입니다. 우리는 우리의 연약하고 낮은 수준에 맞춰진 그런 율법을 원하지 않습니다. 하나님을 찬송하리로다. 우리는 그 완전한 율법을 기뻐합니다. 그래서 우리는 사도 바울과 함께 "우리가 율법은 신령한 줄 알거니와 나는 육신에 속하여 죄 아래에 팔렸도다"(롬 7:14)라고 말합니다. 하나님의 뜻은 우리가 이 완전한 법을 따르는 것입니다. 신자들인 우리에게 한 가지 소원이 있다면, 그것도 즉시 이루어 주셨으면 하는 소원이 있다면, 그것은 바로 이것입니다. 우리가 모든 선한 사역에 완전한 자가 되어 그분의 뜻을 행하는 것입니다. 다시 말해 하나님이 보시기에 크게 기뻐하실 일을 우리가 행하는 것입니다. 그럼에도 불구하고 앞서 제가 말한 대로, 이 "완전"이라는 말에는 "정직"이나 "신실함" 같은 일반적인 의미도 담겨 있습니다. "너는 내 앞에서 행하여 신실하라"고도 할 수 있는 것입니다. 그리스도인들은 표리부동한 이중거래를 해서는 안 됩니다. 그리고 하나님이나 사람을 아무렇게나 대해서는 안 됩니다. 위선적인 신앙 고백이나 거짓된 원칙으로 살아가서도 안 됩니다. 그리스도인은 유리처럼 투명해야 합니다. 그리스도인은 그 속에 간사한 것이 조금이라도 있어서는 안 됩니다. 속임수는 어떤 모양이라도 버려야 하고 그것을 싫어하고 역겨워하면서, 절대적인 신실함으로 모든 일을 보고 계시는 하나님 앞에서 행해야 합니다. 그리고 크든 작든 모든 일에서, 지극히 높으신 그분께서 보고 계신 것처럼 다른 사람들의 양심 앞에서도 스스로 떳떳할 수 있기를 간절히 바라야 합니다.

　사랑하는 성도 여러분, 여기에 성별된 삶의 한 모범이 있습니다. 여러분은 그 모범에 이르기를 갈구하고 있습니까? 하나님의 은혜로 감동을 받은 자라면 누구나 이것을 갈구할 것이라 확신합니다. 이에 대해 여러분도 저와 같은 마음이라면, 여러분의 마음은 오늘 본문 말씀 그 다음에 나타난 아브람의 마음과 똑같을 것입니다. "아브람이 엎드렸더니"(창 17:3). 오, 하나님 앞에 얼굴을 조아리고 엎드린 이 아브람의 수준과 우리를 비교한다면, 우리는 얼마나 부족한지 모릅니다! 우리는 항상 하나님을 모든 것이 충만한 분으로 생각하지 못했습니다. 우리는 그분을 지금까지 믿지 못했습니다. 우리는 여기서는 그분을 믿지만, 저기서는 그분을 의심하기도 하였습니다. 우리는 이 세상에 나가서 "내가 너를 떠나지 아니하며 버리지 아니하리니"(수 1:5)라는 약속을 믿고 있는 사람처럼 그렇게 일하지 않았습니다. 우리는 고난을 받거나 궁핍해지는 것을 납득하지 못했으며, 하나님의 뜻을 행하는 것으로 만족하여 어떤 질문도 제기하지 않는 삶을 살지 못하였습니다. 우리는 우리를 향한 책망, 즉 "여호와의 손이 짧으냐?(민 11:23) 여호와의 손이 짧아 구원하지 못하심도 아니요 귀가 둔하여 듣지 못하심도 아니라(사 59:1)"는 이 말씀을 자주 듣지 않았습니까? 사랑하는 성도 여러분, 우리는 항상 하나님 앞에서 행하지 않았습니다. 우리가 다른 사람들에게 말할 일이 있을 때, 우리는 우리를 감찰하시는 하나님의 임재를 항상 느끼지 못합니다. 어쩌면 식탁에서도 화를 내며 말할지 모릅니다. 사업장에서도 악행이 저질러지고 있습니다. 부주의와 세속적인 것과 교만도 있습니다. 이외에도 어떤 죄악들이 그 날의 수고를 망치고 있는지 저는 다 알지 못합니다. 그러고는 밤에 집으로 되돌아와 다음과 같이 고백합니다. "나는 길 잃은 양처럼 방황하였습니다. 나는 내 목자의 임재를 잊었습니다. 당신께서 항상 나를 보고 계심을 느끼는 것처럼 그렇게 말하고 행동하지 않았습니다." 이와 같이 우리는 결코 완전하지 않은 것이 사실입니다. 저는 자신이 절대적으로 완전하다고 어떤 사람들이 말하는 것을 들을 때면, 그저 웃을 뿐입니다. 아브람이 하나님의 약속을 반신반의하며 웃은 웃음이 아니라, 그들을 완전히 멸시하는 그런 웃음을 짓게 됩니다. 그들은 우리와는 아주 판이하게 다른 혈과 육에 속한 것이 분명합니다. 아니면 그들이 아주 어리석은 바보이거나 완전히 속은 자이거나 자기 자신을 하나도 모르는 자들인 것이 틀림없습니다. 그들이 자신이 하는 행동을 한 가지만 보았다 해도, 그 행동 속에 잘못이 있다는 것을 알게 되었을 것입니다. 그리고 하루만이라도 자신을 살펴본다면, 그들은 자신에게서 허물이라고 할 것까지는 없다 해도, 자신에게 부족한 어떤 것이 있음을 깨닫게 되었을 것입니다. 사랑하는 성도 여러분, 여러분은 지금 여러분의 모범을 보고 있습니다. 여러분은 그 모범을 그리스도의 삶 가운데서 연구하십시오. 그러고 나서 "내가 이미 얻었다 함도 아니요 온전히 이루었다 함도 아니라 오직 내가 그리스도 예수께 잡힌 바 된 그것을 잡으려고 달려가노라 형제들아 나는 아직 내가 잡은 줄로 여기지 아니하고 오직 한 일 즉 뒤에 있는 것은 잊어버리고 앞에 있는 것을 잡으려고 푯대를 향하여 그리스도 예수 안에서 하나님이 위에서 부르신 부름의 상을 위하여 달려가노라"(빌 3:12-14)라고 말한 사도의 열정으로 그것을 향해 앞으로 매진하십시오.

2. 성화의 본질

두 번째로 오늘 본문인 창세기 17장에서 사례로 든 이 성별의 본질에 대해 살펴보겠습니다. 각 사안별로 간단하게 말씀드리겠습니다. 참된 영적 성별은 하나님과의 교제로 시작됩니다. 3절 말씀에 주목해 주십시오. "아브람이 엎드렸더니 하나님이 또 그에게 말씀하여 이르시되"(창 17:3). 예수 그리스도를 바라봄으로써 그의 형상이 우리 마음에 아로새겨집니다. 그리고 하나님의 임재로 인해 우리는 영광에서 영광으로 변화됩니다. 하나님의 임재에서 멀어지는 것은 항상 죄악을 의미합니다. 하나님과 맺는 거룩한 친숙함은 성결을 낳습니다. 여러분이 하나님을 생각하면 할수록, 여러분은 그분이 하신 일을 더욱더 묵상하고, 그분을 더욱더 찬양하며, 그분께 더욱더 기도하며, 더욱더 지속적으로 그분과 대화하게 됩니다. 그래서 성령님으로 말미암아 그분은 여러분과 함께 하시며, 여러분은 그분으로 인해 철저한 성별의 길로 더욱더 확실히 들어서게 됩니다.

그 다음으로, 이 성별은 은혜 언약의 관점이 커짐으로써 더욱 성장해간다는 사실입니다. 계속해서 본문을 읽어 보십시오. "보라 내 언약이 너와 함께 있으니 너는 여러 민족의 아버지가 될지라"(창 17:4). 이 말씀은 아브람이 하나님 앞에서 행하여 완전해지는데 도움을 주기 위해 하나님께서 말씀하신 내용입니다. 이것으로 우리가 결론적으로 알 수 있는 것은, 성화되어가는 사람은 지식도 늘어나고, 하나님께서 그의 백성들을 위해 그리스도와 맺은 언약, 즉 "만사에 구비하고 견고하게 하신"(삼하 23:5) 그 언약을 붙잡는 강인한 믿음도 함께 커진다는 사실입니다. 여러분은 성경을 펴고, 언약의 관심이 아브람 한 개인을 향해 있음으로 인해 그가 새 힘을 얻게 된 것을 주의해서 살펴보십시오. "보라 내 언약이 너와 함께 있으니 너는 여러 민족의 아버지가 될지라"(창 17:4). 6절 말씀을 보십시오. "내가 너로 심히 번성하게 하리니 내가 네게서 민족들이 나게 하며 왕들이 네게로부터 나오리라 내가 내 언약을 나와 너 및 네 대대 후손 사이에 세워서 영원한 언약을 삼고 너와 네 후손의 하나님이 되리라"(창 17:6-7). 이렇게 해서 그 언약은 아브람 자신의 것이 되었습니다. 아브람은 자신이 그 언약의 한 부분이며, 한 분깃이라고 느끼게 되었습니다. 여러분도 하나님을 섬기는 일에서 성화된 자가 되고자 한다면, 언약에 들어 있는 모든 것들이 여러분에게 관심을 가지고 있다는 분명한 확신을 가져야만 합니다. 의심들은 숲 속에 있는 야생 멧돼지와 같아서 마음이라는 정원에 있는 성화의 꽃들을 마구 짓밟아 버립니다. 그러나 예수 그리스도의 보배로운 피가 여러분 개인에게 관심을 갖고 있다는 하나님께서 주신 확신이 여러분의 영혼에 있다면, 그렇다면 포도원을 허는 저 작은 여우들은 사로잡혀 죽임을 당하고, 여러분의 연한 포도나무는 아름다운 향기를 발하게 될 것입니다. 사랑하는 형제자매 여러분, "하늘나라에 자기 이름이 적힌 집 문패를 분명히 읽을 수 있는"(와츠, 「시편과 찬송」 2권 65번, "내 문패를 내가 분명히 읽을 수 있을 때" [When I Can Read My Title Clear] 1절 가사 — 역주) 강한 믿음을 달라고 하나님께 간구하십시오. 위대한 성결은 위대한 믿음에서 나오는 법입니다. 믿음은 뿌리이며, 순종은 가지입니다. 뿌리가 썩는다면 가지는 번성할 수 없습니다. 그리스도가 여러분의 것이며, 여러분은 그분에게 속해 있다는 이 사실을 여러분이 알게 해 달라고 간구하십시오. 왜냐하면 이 사실로부터 여러분은 여러분을 성별하게 하는 물의 원천을 발견하고, 그 열매로 그리스도를 섬기는 일에 헌신할 수 있기 때문입니다. 신앙 고백을 한 자들 중에 어떤 이들은, 이런 일들은 자기의 경우에는 해당되지 않는다는 듯이 행동합니다. 그들은 완전한 경건을 위해서 계속해서 자신에 대해 의심하고 두려워합니다. 저는 이런 그리스도인들을 알고 있습니다. 이들은 지금까지 자신들이 마땅히 살아야 하는 대로 살지 못한 것을 자각하면서, 그리스도에 대한 자신들의 관심을 의심하기 시작합니다. 그래서 그들이 말하는 대로, 전적으로 성별된 삶에 이르기 위해 스스로 비천해집니다. 그들이 하는 말은 이것입니다. 즉 강해지기 위해서는 스스로 굶주려야 하고, 부자가 되기 위해서는 자신이 가진 황금을 창문 밖으로 던져 버려야 하며, 집을 더 견고히 하기 위해서는 집을 지탱하고 있는 주춧돌을 빼버려야 한다는 것입니다. 사랑하는 신자 여러분, 비록 여러분이 죄인이고 타락한 자라 해도, 계속해서 예수님을 믿으십시오. 죄책감으로 인해 그분을 믿는 여러분의 믿음이 약해지지 않도록 하십시오. 그분께서는 죄인들을 위해 죽으셨습니다. "우리가 아직 연약할 때에 기약대로 그리스도께서 경건하지 않은 자를 위하여 죽으셨도다"(롬 5:6)는 말씀대로 말입니다. 계속해서 십자가에 매달리십시오. 폭풍이 심하면 심할수록, 구명정(救命艇)은 더욱더 필요한 법입니다. 절대로 놓치지 마십시오. 여러분은 더욱더 악착같이 붙잡으십시오. 오직 보혈의 공로만 의지하십시오. 그것만이 여러분의 죄를 없이하고 경건한 삶으로 나아가게 합니다. 만약 여러분이 마음속으로 '예수님도 나 같은 자는 구원하실 수 없을 거야. 내가 하나님의 자녀가 된 징표나 증거라도 있다면, 예수님을 믿을 수 있을지도 모르겠다'라고 말한다면, 여러분은 여러분에게 큰 상급을 가져다줄 여러분의 믿음을 던져 버리는 것입니다. 다시 말해 여러분은 여러분의 방패를 내던져 버린 격이어서, 유혹자의 단창이 여러분에게 극심한 상처를 입힐 것입니다. 그분은 여러분을 위해 죽으셨습니다. 여러분이 성별되었다거나 성화되었기 때문이 아니라, 여러분이 죄인이기 때문에 그분께서 죽으셨습니다. 죄인인 여러분을 구원하기 위해서 말입니다. 여러분은 이 사실을 믿으십시오. 여러분은 십자가에 못 박힌 그분을 믿는 단순한 믿음을 절대로 잃지 마십시오. 여러분이 죄악을 이기고 하나님의 일에 적합한 사람이 되는 것은 오직 어린 양의 피로 가능하기 때문입니다.

　여러분은 다음과 같은 성경 구절들을 읽으면서, 특별히 아브람에게 계시된 이 언약이 어떻게 거룩한 능력으로 역사했는지 주목하기 바랍니다. 다음에 이어지는 말씀들을 주목해 주십시오. "내가 내 언약을 나와 너 사이에 두어", "내가 너를 크게 번성하게 하리라", "내가 내 언약을 … 세워서"(창 17:7), "내가 너와 네 후손에게 네가 거류하는 이 땅 곧 가나안 온 땅을 주어"(창 17:8), "나는 그들의 하나님이 되리라"(창 17:8)는 말씀입니다. 오! "되리라", "하리라"는 말씀은 얼마나 영광된 말씀인지 모릅니다. 사랑하는 성도 여러분, 여러분이 무엇보다 먼저 "되리라", "하리라"는 이 거룩한 말씀을 믿음으로 굳게 붙잡지 않는 한, 여러분은 결코 하나님을 온전한 마음으로 섬기지 못할 것입니다. 혹시라도 나의 구원이 이 가련하고 연약한 팔을 의지한다면, 다시 말해 나의 결심, 나의 열심, 나의 성실 등을 의지한다면, 그 구원이라는 배는 영원히 난파될 것입니다. 그러나 나의 영원한 구원이 우주를 운행하시는 저 위대한 팔을 의지한다면, 다시 말해 내 영혼의 안전이 별들을 선회(旋回)시키는 그 손에 온전히 달려 있다면, 그 구원은 안전하고 확실할 것입니다. 그분의 이름을 찬송하리로다. 구세주에 대한 이러한 사랑으로 지금부터 나는 온 맘 다해 그분을 섬길 것입니다. 나를 위해 이 은혜로운 일을 시작하신 그분을 위해 나는 앞으로 헌신할 것이며, 그분의 도우심으로 그렇게 헌신하게 될 것입니다. 사랑하는 성도 여러분, 이 점을 매우 분명히 하십시오. 이 거룩한 역사가 여러분의 영혼에 분명해지도록 간구하십시오. 이에 대한 분명한 인식이 여러분이 하나님께 성별한 자가 되는데 도움을 줄 것입니다.

　더 나아가 아브라함은 그 언약이 영원한 언약이라는 것을 보았습니다. 저는 이 "영원한"이라는 말이 이 언약과 관련해서 예전에도 사용되었는지 기억이 잘 나지 않지만, 어쨌든 오늘 본문인 창세기 17장에서는 거듭해서 "영원한"이라는 말이 사용된 것을 볼 수 있습니다. "내가 내 언약을 나와 너 및 네 대대 후손 사이에 세워서 영원한 언약을 삼고"(창 17:7). 이 말씀에는 은혜에 있어서 아직 어린 아이인 많은 이들이 미처 알지 못하는 엄청난 진리가 들어 있습니다. 즉 은혜의 축복은 오늘 주었다가 내일 다시 찾아가는 축복이 아니라, 영원한 축복이라는 것입니다. 예수 그리스도 안에 있는 구원은, 우리가 그 구원에 신실하게 살아가는 짧은 시간 동안만 우리에게 속했다가, 그 이후에는 도로 빼앗기게 되어, 결국 망하게 되는 그런 구원이 아닙니다. 하나님께서는 절대로 그렇게 하실 분이 아닙니다. "하나님은 사람이 아니시니 거짓말을 하지 않으시고 인생이 아니시니 후회가 없으시도다"(민 23:19)라고 말씀하셨으며, "나 여호와는 변하지 아니하나니 그러므로 야곱의 자손들아 너희가 소멸되지 아니하느니라"(말 3:6)고 말씀하셨습니다. 우리가 우리 자신을 그리스도의 손에 의탁할 때, 우리는 우리가 멸망하도록 내버려 두실 그런 구세주를 의지한 것이 아닙니다. 우리가 의지하는 분은 "내 양은 내 음성을 들으며 나는 그들을 알며 그들은 나를 따르느니라 내가 그들에게 영생을 주노니 영원히 멸망하지 아니할 것이요 또 그들을 내 손에서 빼앗을 자가 없느니라"(요 10:27-28)라고 말씀하신 분입니다. 성도들의 안전을 보장하며 성도들을 게으른 삶으로 이끄는 교리 대신, 성령의 능력으로 위에서 인용한 성경 말씀들을 제대로 받아들여 하나님을 거룩하게 확신한다면, 여러분은 하나님께 불타는 것 같은 뜨거운 감사를 드리게 될 것입니다. 이 감사야말로 성별을 위한 최고의 자극제들 중 하나일 것입니다. 사랑하는 성도 여러분, 이러한 생각들을 소중히 간직하십시오. 은혜 가운데 그리스도에게 합당한 자로 자라나기를 원한다면, 여러분은 개인적으로 언약에 관심을 둘 뿐만 아니라, 그 언약의 성취를 보증하는 거룩한 능력과 그 언약의 성격인 영원성까지도 체험하고자 노력하십시오.

　　이러한 성별의 본질을 고려하면서, 저는 다음으로 하나님께 성별된 사람은 새로운 사람으로 간주된다는 사실을 살펴보기 원합니다. 새로운 사람이 되었다는 것은 이름이 바뀐 것으로 나타납니다. 그는 더 이상 아브람으로 불리지 않고, 아브라함으로 불렸으며, 그의 아내도 더 이상 사래가 아니라 사라로 불렸습니다. 그런데 사랑하는 성도 여러분, 여러분도 예수 그리스도 안에서 새로운 피조물들입니다. 하나님께 성별된 모든 자들의 뿌리와 원천에는 중생이 있습니다. 우리는 "거듭난" 자들로서, 우리 속에는 "살아 있고 영원히 거하는"(벧전 1:23 KJV) 새롭고 썩지 아니할 씨가 있습니다. 그리스도의 이름을 우리가 덧입게 되었으니, 이제 우리는 더 이상 죄인도 아니요, 불의한 자도 아닙니다. 우리는 예수 그리스도 안에 있는 믿음으로 말미암아 하나님의 자녀가 되었습니다.

또한 이 성별의 본질은 할례라는 의식을 통해 아브라함에게 제시되었다는 사실도 주목해 주십시오. 이 신비로운 예식에 대해 우리가 아주 구체적으로 설명한다는 것은 전적으로 합당치도 않고 점잖지도 않은 일일 것입니다. 그러나 이 할례 예식이 의미하는 것은 육체의 더러운 것을 제하는 것이라는 정도만 말씀드려도 충분하리라 생각합니다. 지금이라도 우리가 골로새서를 읽어 본다면, 할례에 대한 사도 바울의 해석을 구구절절이 살펴볼 수 있습니다. 아브라함의 후손에게 있어서 할례는 다음의 사실을 가르쳐 줍니다. 즉 인간의 육체에는 반드시 영원히 제거되어야 할 더러움이 있는데, 만약 이를 제거하지 않으면 사람은 부정한 채로 계속 있을 것이며, 하나님과 맺은 언약 밖에 있게 된다는 것입니다. 자, 사랑하는 성도 여러분, 이와 마찬가지로 우리도 그리스도를 위해 성화되기 위해서는 반드시 어떤 것을 버려야만 합니다. 우리의 오른눈이나 오른손처럼 우리가 애지중지하는 것들도 고통스럽지만 포기해야만 합니다. 육체와 함께 그 정욕과 탐심도 부인해야만 합니다. 우리는 우리의 지체들을 죽여야만 합니다. 우리가 하나님을 섬기고자 한다면, 반드시 자기 부인(否認)이 있어야 합니다. 타락한 인간성에서 나오는 정욕과 풍조에 대해 성령님께서 사형 선고를 내리고 그것들을 도려내셔야 합니다. 우리의 본성이 소중히 여기는 것들을 과감히 멸하고 죽여야 합니다. 왜냐하면 은혜가 그것을 싫어하기 때문입니다.

할례와 관련되어 놓치지 말아야 할 한 가지 사실이 있습니다. 즉 할례는 강제집행 예식으로서, 아브라함의 후손들 중 모든 남자에게 시행되었는데, 혹시라도 이를 무시할 경우에는 죽음이 뒤따랐다는 것입니다. 이처럼 죄를 버리고, 육체를 버리고, 육신의 더러운 것을 버리는 것은 모든 신자들에게 필수적인 일입니다. 거룩함이 없이는 아무도 하나님을 보지 못할 것입니다. 그리스도 안에 있는 어린 아이라 해도 그 더러운 육신의 몸 위에 기록된 죽음을 어른과 똑같이 보게 될 것입니다. 아브라함처럼 신앙의 연륜이 있어서 영적인 일에 성숙한 자들도 마찬가지입니다. "거룩함을 따르라 이것이 없이는 아무도 주를 보지 못하리라"(히 12:14)는 말씀대로 말입니다. 가령 어떤 은혜가 죄를 사랑하는 우리의 마음을 없애 주지 않는다면, 그것은 전혀 하나님의 은혜가 아닙니다. 그것은 우리 자신의 헛된 본성에서 나온 뻔뻔한 속임수일 뿐입니다.

또한 세례 의식은 할례 의식과 비슷하다고 흔히들 말합니다. 물론 이런 주장에 대해 질문이 제기될 수는 있겠지만, 제가 이 문제로 왈가왈부할 마음은 없습니다. 이 두 예식이 비슷하다고 한다면, 저는 여기서 모든 신자들에게 다음의 사실을 알아야 한다고 권면하고 싶습니다. 즉 자신의 영혼으로 할례와 세례 두 예식의 영적 의미를 먼저 인식한 후에, 그 다음으로 예식의 외형적인 면을 생각하라고 말입니다. 왜냐하면 어떤 상징보다는 그 상징이 의미하는 바가 훨씬 더 중요하기 때문입니다. 세례가 할례보다 훨씬 더 많은 의미를 담고 있습니다. 할례는 육신의 더러운 것을 제거하는 것이지만, 세례는 육신이 전적으로 장사되는 것입니다. 세례는 "여기 제거해야 할 것이 있구나"라고 말하지 않습니다. 오히려 모든 것이 죽어, 그리스도와 함께 그의 무덤에 장사되어야 하며, 그렇게 장사된 사람은 그리스도와 함께 반드시 다시 새롭게 살아날 것을 말하고 있습니다. 세례는 죽음으로 말미암아 새 생명으로 들어가는 것을 우리에게 가르쳐 줍니다. 노아의 방주처럼 옛 세상의 죽음을 통과하여 새로운 세상으로 들어가듯이, 세례도 하나의 상징으로서 그리스도의 부활로 말미암는 우리의 구원을 제시하고 있습니다. 그래서 사도 베드로도 세례에 대해서 "물은 예수 그리스도께서 부활하심으로 말미암아 이제 너희를 구원하는 표니 곧 세례라 이는 육체의 더러운 것을 제하여 버림이 아니요 하나님을 향한 선한 양심의 간구니라"(벧전 3:21)고 말하는 것입니다. "너희가 세례로 그리스도와 함께 장사되고 또 죽은 자들 가운데서 그를 일으키신 하나님의 역사를 믿음으로 말미암아 그 안에서 함께 일으키심을 받았느니라"(골 2:12)는 성령님의 말씀을 따라, 세례를 통해 사람들은 죽음으로 말미암아 새 생명으로 들어간다는 사실을 자기 자신과 다른 사람들에게 고백합니다. 세례에서 가장 귀중한 핵심은 영적인 의미입니다. 세례에서 우리는 세상에 대하여 죽었으며, 그리스도와 함께 죽어 장사되었다가 그 후에 그분과 함께 다시 살아났음을 체험하게 됩니다. 그런데 사랑하는 성도 여러분, 하나님께서는 아브라함이 다음과 같이 말하는 것을 허락하지 않으셨습니다. "내가 이 영적 의미를 알았다면, 외형적인 예식은 없어도 될 것 같다." 지금도 세례받기를 주저하는 자들은 세례를 반대하는 많은 이유들을 들고 있습니다. 아마도 아브라함은 이들이 세례를 반대하는 것보다 더 많은 이유들을 할례에 대해서 강하게 제기할 수 있었을 것입니다. 하지만 그는 할례가 의도하는 바를 받아들였을 뿐만 아니라, 실제로 할례를 받았습니다. 그러므로 사랑하는 성도 여러분, 저도 여러분에게 권면하고자 합니다. 세례가 의미하는 진리에 유념할 뿐만 아니라 세례가 주는 교훈에도 순종하기를 바랍니다. 만약 여러분이 진정으로 그리스도와 함께 장사되고 그분과 함께 다시 살았다면, 세례가 제시하는 외형적인 상징과 교훈적인 상징 모두를 무시하지 마십시오. 그런데 어떤 사람은 이렇게 말합니다. "좋습니다. 하지만 세례에 대한 당신의 견해는 그 자체로 곤란한 문제와 연관이 됩니다." 세례와 관련된 논쟁은 종종 이 창세기 17장을 근거로 다음과 같이 제기됩니다. "아브라함이 그의 모든 후손들에게 할례를 받도록 하였으니, 우리도 우리의 모든 자녀들에게 세례를 받게 하는 것이 마땅하다"는 주장입니다. 자, 여러분은 이 상징을 자세히 살펴보고, 이것을 선입견에 따라 해석하지 말고 성경 말씀에 따라 해석해야 합니다. 할례의 상징에서 보면, 아브라함의 후손들은 할례를 받았습니다. 그러므로 아브라함의 후손이라는 상징에 해당되는 모든 자들이 세례를 받아야 한다는 추론이 도출됩니다. 이런 결론에 대해서는 왈가왈부하지 않겠습니다. 하지만 여러분에게 한 가지만 묻겠습니다. 도대체 누가 아브라함의 참된 후손입니까? 사도 바울은 로마서 9장 8절에서 다음과 같이 대답하고 있습니다. "곧 육신의 자녀가 하나님의 자녀가 아니요 오직 약속의 자녀가 씨로 여기심을 받느니라." 주 예수 그리스도를 믿는 자들이라면 유대인이든 이방인이든 상관없이 모두 아브라함의 후손입니다. 은혜 안에서 태어난 지 팔 일이 되었든 그렇지 않든 상관없이, 아브라함의 후손인 모든 자들은 세례를 받을 권리가 있습니다. 하지만 어린 아이든 어른이든 중생하지 않은 자들이라면 그들은 아브라함의 영적 후손이 아닙니다. 이에 대한 제 생각은 확고합니다. 우리가 믿고 있는 바와 같이, 주님께서는 자신의 은혜로 장차 이들 가운데 많은 수를 부르실 것입니다. 하지만 그들은 아직 "다른 이들과 같이 본질상 진노의 자녀"(엡 2:3)입니다. 성령 하나님께서 그들의 마음에 선한 씨앗(seed)을 뿌려 주실 때에만 믿음 있는 아브라함의 후손(seed)이지, 믿음 없이 경건하지 않게 살아가거나 여전히 믿음 없이 회개하지 않을 때에는 아브라함의 후손이 아닌 것입니다. 모든 사람들이 고백하는 바와 같이, 아브라함의 후손이라는 상징에 상응하는 사람은 신자들입니다. 구세주께서 공개적으로 물로 세례를 받음으로써 친히 교훈과 모범으로 보여주신 바와 같이, 신자들도 자신이 그리스도와 함께 영적으로 장사된 것을 알고 이 사실을 공개적으로 드러내야 합니다. 그리스도께서는 요단 강으로 내려가면서, "우리가 이와 같이 하여 모든 의를 이루는 것이 합당하니라"(마 3:15)고 말씀하셨습니다. 요단 강에서 그분은 물을 뿌려 세례를 받으셨습니까? 왜 물을 뿌리는 데 강으로 내려갑니까? 왜 그분은 물을 뿌리면 되는 세례를 받으러 **물속으로 내려가셨을까요?** (스펄전은 물을 뿌리는 세례가 아니라, 물속에 잠기는 '침례'를 강조한다 — 역주). 그분은 "우리가"라고 말씀하셨는데, 여기서 그분이 "우리"라고 한 것은 어린 아기들을 의미하셨던 것입니까? 그분은 아기이셨습니까? 그분께서 "우리가"라고 말씀하셨을 때, 이 말씀은 그분을 믿는 신실한 자들을 가리키는 것이지 않았을까요?(스펄전은 유아세례보다 성인세례를 강조한다 — 역주). **"우리가 이와 같이 하여 모든 의를 이루는 것이 합당하니라"**는 말씀에서 "우리"는 그를 믿는 모든 성도들을 가리킵니다. 그런데 어떻게 세례가 모든 의를 이루게 됩니까? 상징적으로 모든 의를 이룹니다. 이것은 그리스도께서 행하신 모든 사역을 보여주는 그림입니다. 그분께서 물에 잠기셨다는 것은 고난 속에 깊이 잠기신 것으로, 그분의 죽음과 장사됨을 가리킵니다. 그리고 그분께서 물속에서 나오신 것은 그분의 부활을 가리킵니다. 또한 그분께서 요단 강 언덕으로 올라가신 것은 그분의 승천을 가리킵니다. 이것은 그분께서 어떻게 모든 의를 이루셨는지, 그리고 모든 성도들이 그분 안에서 어떻게 모든 의를 이루게 되는지를 상징적으로 보여주고 있습니다. 그러나 사랑하는 성도 여러분, 제가 의도하는 것은 단지 이런 외형적인 상징에만 머무는 것이 아닙니다. 제 영혼의 가장 깊은 곳에서 원하는 것은, 할례라는 이 외형적 상징으로부터 육신의 더러움은 반드시 제거되어야 하고, 이를 행하지 않을 시에는 틀림없이 죽음이 뒤따르게 될 것이라는 사실을 아브라함이 알게 된 것처럼, 우리도 이 세례를 통해서 모든 믿는 신자라면 노소(老少)를 막론하고 세상에 대해 실제적으로 죽었고, 그리스도와 더불어 다시 살아났다는 것을 배우게 되는 것입니다. 만약 이런 것들을 알지 못한다면, 그는 하나님께 성별되는 문제와는 전혀 관계가 없는 사람, 다시 말해 진정으로 구원 그 자체에 대해서 전혀 분깃이 없는 사람일 것입니다.

3. 성별의 결과들

이제 세 번째 대지를 전해야 하는데, 시간이 별로 많지 않은 것 같습니다. 그래서 조금만 언급하고자 합니다. 이런 **성별의 결과들**은 이러했습니다. 하나님께서 아브라함에게 나타난 직후에 그의 성별은 첫째로, 가족을 위한 그의 기도에서 드러났습니다. "오, 이스마엘이 하나님 앞에서 살기를 원하나이다"(창 17:18 KJV)라고 기도했습니다. 하나님의 사람들이여, 여러분이 진정으로 주님께 속한 사람이고 주님의 것이라고 느낀다면, 여러분에게 속한 모든 자들을 위해 지금 당장 중보의 기도를 드리십시오. 그들이 구원을 받게 될 때까지 여러분은 절대로 할 일을 다 했다고 생각하지 마십시오. 만약 여러분에게 이스마엘과 같은 아들이 있어서, 그 아들도 여러분처럼 구원받기를 위해 많은 염려와 무수한 걱정을 하고 있다면, "오, 이스마엘이 하나님 앞에서 살기를 원하나이다"라는 이 부르짖음을 절대로 중단하지 마십시오.

둘째로, 아브라함이 성별된 결과는 그의 동료들을 아주 크게 환대하게 되었다는 것입니다. 오늘 본문의 다음 장인 창세기 18장을 보십시오. 그가 장막 문에 앉아 있을 때, 세 사람이 그에게 다가왔습니다. 그리스도인은 영적인 의미에서 인간들을 위한 최고의 종입니다. 제가 말하고 싶은 것은 그리스도인은 그의 주님을 위해서 사람들에게 선행을 베풀어야 한다는 것입니다. 그는 모든 사람들 중에서도 먼저 주린 자에게 음식물을 주며, 벗은 자에게 옷을 입혀야 합니다. 기회 있는 대로 모든 이에게 착한 일을 하되 더욱 믿음의 가정들에게 행해야 합니다.

셋째 결과는, 아브라함이 하나님을 환대하게 되었다는 것입니다. 그의 집으로 온 세 천사들 가운데 무한하신 만왕의 왕이 계셨습니다. 자기 하나님을 제대로 섬기는 모든 신자들은, 말하자면 그 거룩하신 분의 마음을 시원하게 해드리는 자들입니다. 제가 말씀드리고자 하는 것은 이것입니다. 하나님께서는 그의 사랑하는 아들이 하는 일을 무한히 기뻐하셨다는 사실입니다. 하나님께서는 "이는 내 사랑하는 아들이요 내 기뻐하는 자라"(마 3:17)고 말씀하셨습니다. 또한 그분은 자신의 모든 백성들이 거룩해지는 것에 대해서도 기뻐하는 분이십니다. 예수님께서는 자기 영혼이 수고한 것을 보고(사 53:11), 신실한 자들이 행한 일들을 보면서 만족하게 여기실 것입니다. 사랑하는 성도 여러분, 아브라함이 하나님을 대접한 것처럼, 여러분도 주 예수님을 여러분의 인내와 믿음과 사랑과 열정으로 대접하십시오. 그 때가 바로 여러분이 그분에게 철저히 성별된 때입니다.

넷째로, 한 가지 더 말하자면, 아브라함은 다른 사람들을 위한 위대한 중보 기도자가 되었다는 것입니다. 오늘 본문 다음에 나오는 창세기 18장은 소돔을 위한 아브라함의 간구로 가득 차 있습니다. 그는 예전에는 간구할 수 없었습니다. 하지만 할례 이후에, 즉 성별된 이후에 그는 마치 왕실의 수입 징수관(과거 영국에서 백성들이 왕에게 바쳐야 할 벌금이나 채무 등을 징수하던 사람 — 역주) 같은 사람이 되었습니다. 그가 하나님의 나라에서 제사장의 위치에 서서 간구하였기 때문입니다. "주께서 이 성을 구해 주지 않으시렵니까? 주께서 의인을 악인과 함께 멸하려 하시나이까?"(창 18:23)라고 말입니다. 오, 사랑하는 성도 여러분, 우리가 오직 하나님께 성별된 자가 된다면, 다시 말해 제가 지금까지 온화한 분위기로 설명한 바대로 여러분이 철저하게 성별된 자가 된다면, 우리는 강력하게 우리 하나님께 간구할 수 있을 것입니다. 저는 한 사람의 거룩한 사람이, 한 부대의 병사들보다 한 나라에 더 큰 축복이라고 믿습니다. 사람들은 일만 명의 군대보다도 존 녹스(John Knox)의 기도를 더 두려워하지 않았습니까? 여느 때와 같이 하나님과 가까이 살아가는 자는 땅을 비옥하게 하는 소낙비를 내려줄 큰 구름과 같습니다. 그래서 이런 자들은 다음과 같은 말을 할 수 있습니다. "땅과 그곳의 모든 거민들은 해체되었으나 나는 땅의 기둥들을 붙들고 있나이다"(시 75:3 KJV). 프랑스가 유지되기 위해 기도하는 사람들이 있었다면, 그렇게 참혹한 피의 혁명은 프랑스에서 일어나지 않았을 것입니다. 반면에 영국은 나라의 근간을 뒤흔드는 각종 소요 가운데서도 신실한 자들의 기도가 중단되지 않았기에 굳건할 수 있었습니다. 옛 영국의 국기가 영국의 돛대에 그대로 못 박혀 있습니다. 영국이라는 배를 이끄는 선원들의 손이 아니라, 하나님의 사람들이 드리는 기도가 있기 때문입니다. 하나님의 사람들이 밤낮으로 쉬지 않고 드리는 이 기도, 그들이 이러저러한 영적인 사역을 감당하며 드리는 이 기도로 말미암아, 하나님께서는 이 나라를 지켜 주십니다. 하나님께서 이 땅이 계속해서 그대로 있도록 명하시기 때문입니다. 하지만 이들의 때가 끝이 나고, 이 땅에서 소금과 같았던 그들이 더 이상 이 땅에 없을 때, 물질이 뜨거운 불에 풀어지고 땅과 그 중에 있는 모든 일이 드러나게 될 것입니다. 그 때에 이 세상에 있던 공로들은 모두 불타 없어질 것입니다. 그러나 그분께서 그리스도와 함께 성도들을 공중으로 데려가시기 전까지, 이 세상은 그대로 있을 것입니다. 그분께서는 의를 위하여 이 땅을 아끼실 것입니다. 나의 사랑하는 형제자매 여러분, 최고 수준의 성화를 추구하십시오. 이를 찾고 이를 위해 수고하십시오. 여러분은 오직 칭의로 말미암아 믿음 안에서 안식을 누리고 있지만, 은혜 안에서 자라나는 일에 결코 게으르지 마십시오. 이 성장을 여러분이 소망하는 최고의 것으로 삼으십시오. 하나님께서 그의 아들을 통해 여러분에게 이 소망을 주시기를 기원합니다. 아멘.

제
18
장
—

서둘러야 하는데
지체하는 사람들

—

"그러나 롯이 지체하매 그 사람들이 롯의 손과 그 아내의 손
과 두 딸의 손을 잡아 인도하여 성 밖에 두니 여호와께서 그
에게 자비를 더하심이었더라." — 창 19:16

소돔에서 지체했던 롯과 같이, 깨달음을 얻게 된 죄인들도 죄와 불신앙에
오래도록 머무르고자 하는 경향이 있습니다. 어떤 사람은 다소의 사울처럼 단
몇 시간 만에 완전한 복음의 자유를 만끽하고서 그리스도에게 갑작스럽게 나아
오기도 합니다. 그러나 대다수의 다른 많은 사람들은 지혜롭지 못한 어린 아이
들처럼, 위험한 곳에서도 오랫동안 있으려고 하고, 서둘러야 할 곳에서도 늑장
을 부리며, 부지런히 촌음(寸陰)을 아껴야 할 때에도 시간을 허비하고 있습니다.
그렇게 지체하는 사람들을 재촉하는 것은 천사들의 일이었습니다. 길 가는 나그
네로 가장하여 이 땅으로 내려온 천사들은 그런 영광된 일을 수행하는 것을 조
금도 꺼려하지 않았습니다. 만약 여러분과 제게 천사가 되고 싶은 마음이 있다
면, 우리도 그렇게 해야 할 것입니다. 즉 늑장부리고 있는 죄인들의 손을 잡아끌
고, 그곳에서 그들이 도망쳐나가도록 하여, 장차 올 진노를 억지로라도 피할 수
있게 노력해야 합니다. 천성을 향해 그리고 그리스도를 향해 가는 발걸음을 재
촉하며 걱정해 주는 친구가 있다면, 그것은 한 영혼을 향한 하나님의 큰 은혜의

징표임이 분명합니다. 그래서 오늘 본문도 "여호와께서 그에게 자비를 더하심이었더라"고 우리에게 말하고 있습니다. 회심하지 않은 자는 자기 죄에 대해 책망받는 것을 짜증나는 일로 여기지 말며, 영생을 붙잡으라는 권면을 성가신 말로 여기지 않도록 하십시오. 끈기 있고 열정적인 믿음의 친구들로 에워싸여 있다는 것은 자비의 아버지로부터 나온 위대한 긍휼입니다. 오, 여러분의 어머니가 애타게 갈망하고 있는 젊은 성도 여러분, 여러분에게 이러한 어머니가 계시다는 것을 하나님의 긍휼의 빛으로 생각하십시오. 여러분을 참고 계시는 하나님의 오래 참으심으로 인해 여러분이 회개하게 된다면, 다시 말해 여러분을 불쌍히 여기는 친구를 여러분에게 보내셔서 여러분이 억지로라도 하나님께 순복하도록 하신다면, 이런 자비는 매우 큰 사랑이지 않습니까? 여러분을 주 예수님께 인도하고자 수고하는 다정한 마음을 가진 친척들을 주신 것에 대해 여러분은 날마다 하나님을 찬송하십시오. 여러분에게 이보다 더 큰 축복은 없을 것입니다. 저는 오늘 아침에 생각해 봤습니다. 주님께서 여러분 중의 어떤 자들에게 저를 자비의 천사가 되게 하셔서, 여러분이 처한 죄악의 소돔에서 여러분을 이끌어 내어, 현재와 같은 구원의 상태에 이르게 하셨을까 하고 말입니다. 오, 제가 이렇게 쓰임받기를 얼마나 간절히 원하는지 여러분은 모를 것입니다! 제가 여러분의 영혼을 얻을 수만 있다면, 저는 정말 행복할 것입니다. 여러분은 하나님의 자비를 받아 기뻐할 것이며, 저는 성령님의 능력으로 그 일에 도구로 쓰임을 받아 정말 크게 기뻐할 것입니다.

　　오늘 아침에 저는 첫 번째로 하나님의 사자들에 대해서, 그 다음 두 번째로는 지체하고 있는 사람들에 대해서 간략하게 전하겠습니다.

1. 하나님의 사자들

　　첫 번째로 저는 하나님의 사자들에 대해 전해야 할 것 같습니다. 하나님의 사자들이 이 교회 안에도 무수히 많았으면 하는 것이 제 소망입니다. 모든 신자들은 하늘에서 내려온 대사(大使)들이 되어야 합니다. "아버지께서 나를 보내신 것같이 나도 너희를 보내노라"(요 20:21)라고 하나님께서 기뻐하신 그 아들이 말씀하셨기 때문입니다. 사랑하는 성도 여러분, 여러분은 잃어버린 자를 찾아 구원하러 오신 여러분의 주님처럼, 이스라엘 집의 잃어버린 양을 다시 모으기 위해 보냄을 받은 자들입니다. 제가 진지하게 여러분께 말하건대, 여러분은 지금까지 예루살렘을 위해 울며 많은 영혼들을 위해 노력함으로써 그들에 대한 여러분의 참된 사랑을 보여주었습니다. 저는 그런 여러분이 우선적으로 다음과 같은 사실을 기억했으면 합니다. 즉 사람들을 구원하고자 하는 일은 영광된 일입니다. 하지만 그 일을 위해서는 일어날 수 있는 가장 큰 불편까지도 기꺼이 감수하려는 마음이 있어야 한다는 것입니다. 오늘 본문에 등장하는 천사들은 소돔으로 가라는 명령을 받았을 때 조금도 주저하지 않았습니다. 그들은 그 어떤 이의도 제기하지 않고 내려와 지체 없이 해야 할 일을 시작했습니다. 소돔의 가증스런 죄악에 대한 보고가 하늘에 상달될 정도였고, 하늘의 순결함과는 전혀 다른 그 더러운 도성을 여호와께서도 더 이상을 참을 수 없을 정도였지만, 천사들은 그 소돔의 추악한 모습을 보러 내려가는데 전혀 주저함이 없었습니다. 하나님께서 천사들에게 명하시면, 천사들은 그곳이 어디든 갑니다. 우리 앞에 놓인 창세기 19장이 어떻게 시작하는지 눈여겨보십시오. 이 말씀은 이 도시의 어두운 거리와 궁정과 수치스러운 여러 집들 가운데서 수고하는 거룩한 자들에게 적용될 수 있으리라 생각합니다. "저녁때에 그 두 천사가 소돔에 이르니"(창 19:1). 도대체 누가 왔다는 말씀입니까? 천사들이 왔습니까? 천사들이 소돔에 왔다는 말입니까? 맞습니다. 천사들이 소돔에 왔습니다. 천사들이 소돔에 왔는데도 여전히 천사들입니까? 그렇습니다. 천사들이 소돔에 이르렀다고 해서 그들이 천사가 아닌 게 아닙니다. 오히려 더욱더 천사답습니다. 왜냐하면 천사들은 높으신 자기 주인의 명령에 무조건적으로 순종하여, 택함 받은 한 사람과 그의 가족을 찾아서 그들을 임박한 멸망에서 구해내기 위해 하늘에서 내려왔기 때문입니다. 여러분이 아무리 그리스도를 가까이 하고, 아무리 여러분의 성품이 주님을 닮았다 해도, 이런저런 봉사로 여러분이 부르심을 받았다면, 여러분은 절대로 다음과 같이 말해서는 안 됩니다. "나는 이런 사람들과는 도저히 말할 수 없어. 그들은 너무 타락하고 천박한 사람들이야. 예수님에 대해 말해 주기 위해서라고 해도, 나는 저 죄악의 소굴에 들어갈 수 없어. 거기에 들어갈 생각만 해도 신물이 날 지경이야. 그들과 함께 한다는 것 자체가 내 비위에는 전혀 맞지 않아." 그러나 하나님의 사람인 여러분이여, 여러분이 필요한 곳이 바로 거기이기에, 여러분은 반드시 거기 있어야 합니다. 의사가 가야 할 곳은 다른 곳이 아니라 아픈 환자들이 있는 곳입니다. 은혜의 선물을 나눠 주는 자들은 영적인 고갈이 극심한 곳이야말로 그들이 가야 할 최적의 장소라는 것을 알게 될 것입니다. 여러분 한 사람 한 사람이 은혜의 천사들이 되십시오. 그러면 여러분이 감당해야 할 영혼 구원의 일에 하나님께서 여러분을 즉시 보내실 것입니다. 여러분이 마음으로 예수 그리스도를 영접한 것처럼, 여러분은 삶으로 그분을 닮아 가십시오. 죄인인 여인에게도 여러분은 호의를 베푸십시오. 왜냐하면 예수님도 그런 여인을 자비의 눈길로 바라보셨기 때문입니다. 사악한 마음으로 거의 미친 듯이 날뛰는 사람도 찾아가십시오. 예수님께서도 그런 귀신 들린 자들을 고쳐 주셨습니다. 아무리 끔찍한 형태의 죄를 저지른 자라 해도, 여러분이 자비를 베풀어야 할 대상에서 제외한다거나, 여러분이 수고해야 할 대상이 아니라고 생각하지 마십시오. 오히려 여러분은 저 멀리라도 방황하고 있는 그들을 찾아가, 이미 불이 붙어 연기가 나는 그 불길 가운데서 그들을 건져 내십시오.

다시 주목해 주십시오. 계속해서 저는 인간 영혼들을 위해 하나님의 사자들이 된 여러분에게 말하고자 합니다. 잃어버린 영혼들에게 여러분이 다가갈 때는, 이 천사들처럼 여러분도 현재 그들의 상태와 그들에게 닥칠 위험을 분명하게 말해 주어야 합니다. 천사들은 "여호와께서 이 성을 멸하실 터이니 너희는 일어나 이 곳에서 떠나라"(창 19:14)고 말하였습니다. 여러분이 진정으로 갈망하는 것이 인간 영혼을 구원하는 것이라면, 그들이 크게 마음에 들어 하지 않는 진리라 해도, 여러분은 그것을 그들에게 말해야만 합니다. 오늘날 사람들은 하나님의 진노에 관한 설교를 하면 설교자를 비웃습니다. 선한 사람들이라도 그런 설교에 대해 반은 부끄러워합니다. 사랑과 선하심을 전하는 부드럽고 감상적인 설교가 대세를 이루는 바람에, 복음을 설명하고 복음의 경고를 분명하게 전하는 설교가 무색해지고 있습니다. 그러나 사랑하는 성도 여러분, 영혼들이 구원받기를 기대한다면, 우리는 믿음에서 나오는 뜨거운 사랑으로 단호하게 굴하지 않고 주님의 두려우심을 선포해야 합니다. 어떤 목회자가 성도들에게 지옥은 없으며, 영원한 형벌이 아닌 일시적인 형벌만 있을 것이라고 말하는 것을 한 스코틀랜드 청년이 듣게 되었습니다. 그러자 그 청년은 다음과 같이 말했습니다. "아, 그렇군요. 좋습니다. 이제 저는 교회에 나와서 이 목사님의 설교를 더 이상 들을 필요가 없을 것 같네요. 왜냐하면 정말 이 말씀이 옳다면, 지옥도 없고 영원한 형벌도 없으면 기독교는 전혀 중요하지 않을 테니까요. 그리고 이 목사님의 말씀이 사실이 아니라고 한다면, 그래도 저는 이 말씀을 다시 들을 필요가 없을 것 같습니다. 그분은 나를 속이려고 한 것이니까요." 그래서 사도 바울은 "우리는 주의 두려우심을 알므로 사람들을 권면하거니와"(고후 5:11)라고 말하였습니다. 현대를 살아가는 우리가 너무 점잔을 빼느라 영원한 고통에 대한 분명한 언급을 빠뜨리지 않도록 합시다. 우리가 사도들보다 더 점잖아지려는 것입니까? 우리가 말씀을 전하는 영감된 설교자들보다 더 지혜로운 사람들이 되려는 것입니까? 우리가 죄인의 운명에 대해 믿고 있는 그 끔찍한 생각이 우리의 마음까지 전달되어 느끼지 못한다면, 우리는 회심하지 않은 자들에게 말씀을 전하기에 합당한 사람이 되지 못할 것입니다. 불의한 자들이 받을 심판과 정죄에 대해 말하기를 두려워하는 한, 우리는 그들을 절대로 권면하지 못할 것입니다. 지금까지 우리 주 예수 그리스도만큼 무한히 은혜로운 분은 없었습니다. 하지만 그분만큼 우레와 같은 신실한 말씀으로 설교한 설교자도 지금까지 없었습니다. "거기에는 구더기도 죽지 않고 불도 꺼지지 아니하느니라"(막 9:48)고 말씀한 분이 바로 그분이십니다. "그들은 영벌에 … 들어가리라"(마 25:46)고 말씀한 분도 바로 그분이십니다. 그 손가락 끝에 물을 찍어 자신의 혀를 서늘하게 해 달라고 갈망했던 지옥에 있는 자를 비유로 든 분도 바로 그분이셨습니다. 우리는 그리스도처럼 분명하게 말해야 합니다. 또한 인간 영혼들을 향해 정직하고 솔직해야 합니다. 그렇지 않다면 우리는 마지막 날에 우리의 반역에 대해 해명하도록 소환될 것입니다. 장차 임할 형벌이 작을 것이라는 낭만적인 꿈을 꾸도록 우리의 동료들을 부추긴다면, 그들은 우리가 자신들을 기만한 것에 대해 영원히 증오할 것이며, 진노의 세계에서도 영원한 저주를 퍼부을 것입니다. 그들은 우리에 대해 듣기 좋은 말만 예언하고 끔찍한 진리는 말해 주지 않았다고 생각할 것이기 때문입니다.

자신이 지은 죄의 삯은 사망이며, 자신의 불신앙 때문에 자기에게 화가 임할 것이라는 이 사실을, 우리는 사랑으로 그리고 분명하게 죄인들에게 말해 주어야 합니다. 그리고 그 때 좀 더 나아가, 우리 주 예수님의 이름으로 그 죄인이 자기가 지은 죗값에 합당한 멸망을 피할 수 있도록 권면해야 합니다. 본문의 이 천사들이 어떻게 했는지 살펴봅시다. 이들은 하나님께서 롯을 구원하기로 선택하신 것을 알고 있었음에도 불구하고, 특별한 권면을 빠뜨린다든지, 될 대로 되라는 식으로 내버려 두지 않습니다. 즉 자신이 도구로 쓰임을 받든 안 받든 상관없이, 어쨌든 섭리에 의해 이뤄진다는 식으로 행동하지 않았다는 것입니다. 천사들은 "일어나 여기 있는 네 아내와 두 딸을 이끌어 내라 이 성의 죄악 중에 함께 멸망할까 하노라"(창 19:15)고 말했습니다. 한 마디 한 마디가 얼마나 인상적인 권고

인지 모릅니다! 거의 애원하다시피 하는 이 탄원에 사랑의 힘과 열정이 얼마나 묻어나는지 모릅니다!"도망하여 생명을 보존하라 돌아보거나 들에 머물지 말고 산으로 도망하여 멸망함을 면하라"(창 19:17). 천사들이 한 모든 말들은 절실하고 강력하며 결정적이고 핵심적이었습니다. 많은 영혼들은 자신의 파멸에서 벗어나도록 자신을 설득할 때 매우 열정적으로 설명하고 사랑으로 권면하기를 원하고 있습니다. 그들이 지혜로운 자들이었다면, 그들이 처한 위험에 대해 정보만 제공해도 충분했을 것이며, 그 위험을 행복하게 헤쳐 나갈 전망만 보여줘도 괜찮았을 것입니다. 그러나 그들은 완전히 어리석은 자들입니다. 여러분과 제가 잘 알고 있지요. 예전에 우리도 그들과 마찬가지였으니까요. 그러므로 그들이 구원받기 위해서는 십자가에 못 박힌 그분을 바라보도록 우리가 권면하고 설득하고 탄원해야만 합니다. 하나님의 강권하심이 우리를 사로잡지 않았다면, 우리도 그리스도에게 나아오지 못했을 것입니다. 그들도 마찬가지입니다. 그러한 강권은 일반적으로 사람들이 도구가 되어 임합니다. 그러므로 우리가 그런 도구가 되도록 노력합시다. 우리에게 말해 주는 열정적인 음성들이 없었다면, 다시 말해 우리가 십자가로 나오도록 손짓하며 부른 열정적인 교사들이 없었다면, 우리는 절대 십자가로 나아오지 못했을 것입니다. 그러므로 우리는 하나님의 교회에 진 빚을 갚도록 합시다. 하나님께서 자신의 은혜를 우리에게 베풀어 주신 것처럼 우리도 그만큼 다른 사람들을 위해 노력합시다. 사랑하는 성도 여러분, 저는 여러분에게 간청합니다. 여러분이 가진 이성과 논증을 가지고 온 힘을 다해 다른 사람들을 적극적으로 설득하십시오. 소금기 있는 사랑의 눈물로 온 세상이 절여지게 하십시오. 여러분이 사람들의 마음을 어루만지며, 아주 자유롭게 그들을 설득할 때, 그 어떤 교리적인 개념도 방해하지 않도록 하십시오. 왜냐하면 여러분이 그들의 마음과 소통할 때 건전한 교리는 그들의 마음과 완전한 조화를 이루기 때문입니다. 제가 영혼들을 크게 사랑하는 마음으로, 예전에 "사람을 강권하여 데려다가"(눅 14:23, 1858년 12월 5일 설교 — 역주)라는 제목으로 설교를 했습니다. 그랬더니 많은 이들이 그 설교에 대해 언짢게 생각했던 기억이 납니다. 그 설교가 아르미니우스주의적이고 건전하지 못하다는 말을 들었습니다. 사랑하는 성도 여러분, 사람들이 어떻게 생각하든 사람들의 판단은 제게 큰 문제가 아닙니다. 왜냐하면 내 주님께서 그 메시지에 그분의 인(印)을 쳐 주셨기 때문입니다. 우리 교회에서 모임이 시작된 이래로, 제가 그 설교를 했을 때만큼 많은 영혼들이 하나님께로 인도되는 역사는 지금까지 없었습니다. 그 설교가 전파된 세상 모든 곳에서, 그 설교가 도구가 되어 죄인들이 구원받게 되었습니다. 그러므로 죄인들을 권면하는 것이 악한 일이라면, 저는 더욱더 악한 사람이 되겠습니다. 저 역시 다른 이들과 마찬가지로 은혜의 교리를 믿는 한 사람의 확고한 신자이며, 존 칼빈(John Calvin)의 생각을 따르는 참된 칼빈주의자입니다. 하지만 만약 죄인들에게 영생을 붙잡으라고 명하는 것이 악한 일로 여겨진다면, 저는 그 점에 있어서는 더욱더 악한 사람이 되겠습니다. 저는 여기서는 주님과 사도들을 본받을 것입니다. 주님과 그의 사도들은 하나님의 구원이 은혜로 말미암는 것이고 오직 은혜로만 말미암는 것이라고 가르쳤으나, 그럼에도 그들은 여전히 이성적 존재이자 책임 있는 주체들인 인간들을 향해 "좁은 문으로 들어가기를 힘쓰라"(눅 13:24), "썩을 양식을 위하여 일하지 말고 영생하도록 있는 양식을 위하여 하라"(요 6:27)고 담대하게 말씀하셨기 때문입니다. 사랑하는 성도 여러분, 선택하는 사랑과 하나님의 주권이라는 위대한 진리를 붙잡으십시오. 하지만 여러분이 사람을 낚는 어부가 되었을 때는 이 진리가 여러분의 발목을 붙잡지 않게 하십시오.

우리 앞에 놓인 이 경우를 통해 또 다른 사실을 배워봅시다. 즉 자주 있는 경우는 아니지만, 말로 충분하지 않을 때는 다른 형태로 압박하는 방법을 택해야 합니다. 천사는 그 사람들의 손을 잡아 인도하였습니다. 저는 사람들과 긴밀히 교제하시는 하나님을 굳게 믿고 있습니다. 성령님의 능력으로 개인적으로 하는 간청은 기적을 일으킵니다. 여러분이 어떤 사람과 대화를 하면서 그 사람의 손을 붙잡는 것은 때로 지혜롭고 도움이 되는 행동일 수 있습니다. 여러분이 그 사람의 손을 잡고, 그를 걱정하는 여러분의 마음을 보이며 그에게 간청한다면, 하나님께서 이를 축복해 주실 것입니다. 우물에 조약돌을 던지는 것처럼, 사람이 혼자 있을 때 그 영혼의 아주 깊은 곳에 고요하고 진지하게 여러분의 말을 던지는 것은 잘하는 일입니다. 종종 설교를 전하는 설교자가 헛되이 수고한 경우에도 이런 방법들은 효과가 있습니다. 여러분이 말로 사람들을 얻지 못한다면, 여러분은 자신에게 "내가 무엇을 할 수 있을까?"라고 물어야 합니다. 그리고 동일한 질문을 가지고 주님 앞에 나아가야 합니다. 여러분은 지치지 않는 열정으로 친절하게 그들을 성가시게 해야 합니다. 끈질기게 계속 찾아와 불의한 재판관을 번거롭게 했던 여인처럼, 여러분도 계속해서 인내하며 그들을 걱정해 주고, 그들의 죄를 언급하면서 피곤하게 만드십시오. 어쩌다 운 좋게 그들이 여러분을 쫓아내려는 목적으로 여러분의 말에 조금이라도 귀를 기울이게 될 때까지 그렇게 하십시오. 만약 그들이 성경을 읽지 않기 때문에 여러분이 다가갈 수 없다고 한다면, 그들 앞에 어떤 좋은 책을 내밀어 볼 수도 있습니다. 여러분이 할 수 없었던 말을 그 책이 말해줄 수도 있으니까요. 여러분은 그들에 대해 여러분이 어떻게 느끼고 있는지를, 짧지만 간절한 편지를 써서 줄 수도 있습니다. 여러분은 계속해서 그들을 위해 기도할 수도 있고, 하나님의 팔을 감동시켜 지극히 높으신 그분께서 오셔서 구해 주시기를 간구할 수도 있습니다. 하지만 이 모든 것들이 수포로 돌아간 경우도 있었습니다. 하지만 그럴 때 눈물이, 즉 절망한 사랑의 눈물이 큰 일을 이루어낸 경우들이 있었습니다. 그런 경우가 닐(Richard Knill, 어린 스펄전에게 장래에 유명한 설교자가 될 것이라고 예언한 영국 선교사 — 역주)의 경우라고 저는 생각합니다. 전도용 소책자를 군인들에게 나누어 주던 닐은 어느 날 한 군인을 만나게 되었습니다. 그 군인은 닐을 저주하고, 자기 동료 군인들에게 "저 사람을 둘러싸라. 그러면 내가 저 책을 즉시 나눠 주지 못하게 하겠다"라고 말하면서, 차마 입에 담지 못할 끔찍한 욕설을 퍼부었습니다. 그 때 닐은 도망갈 수도 없어서 하염없이 눈물만 흘리고 있었습니다. 그 일이 있은 지 수년이 흘러, 닐이 거리에서 복음을 전하고 있을 때, 엘리트 군인인 영국 근위 보병(Grenadier Guards) 한 사람이 그에게 다가와 "닐 선생님, 저를 알아보시겠습니까?"라고 물었습니다. "아니요, 잘 모르겠는데요. 당신을 본 기억이 전혀 나지 않습니다"라고 닐이 말하자, 그는 "예전에 '저 사람을 둘러싸라. 그러면 내가 저 책을 즉시 나눠 주지 못하게 하겠다'라고 말한 군인을 기억하시는지요? 그리고 그 때 당신이 어떻게 했는지도 기억하십니까?"라고 되물었습니다. "아니요, 기억이 잘 나지 않습니다." "그 때 당신은 눈물을 하염없이 흘렸습니다. 그 일 후에 제가 집에 돌아왔을 때, 당신의 그 눈물이 제 마음을 녹였습니다. 당신의 그런 진지한 모습을 보고 나서, 저는 제 자신이 부끄러웠습니다. 그리고 나서 저는 제가 예전에 경멸했던 그 예수님, 당신이 전한 분과 동일한 예수님을 몸소 전하며 살고 있습니다." 오, 여러분도 저 멸망해가는 죄인들을 향해 이 같이 뜨거운 사랑을 가졌으면 좋겠습니다. 그래서 그들이 하는 온갖 거절과 비난들을 인내하며 "당신이 원한다면 나를 쳐도 좋습니다. 하지만 제 말은 들으십시오. 나를 조롱해도 좋습니다. 그래도 저는 당신에게 간청할 겁니다. 비록 내가 만물의 찌꺼기 같이 여김을 받으며, 당신의 발 밑에 처박힌다 해도, 저는 상관없습니다. 당신이 처한 위험을 당신에게 경고해야 할 능력이 내게 있는 한, 나는 당신이 멸망하도록 결코 내버려 두지 않을 겁니다"라고 그들에게 말할 수 있었으면 좋겠습니다.

저는 오늘 본문을 읽으면서, 이 말씀은 우리가 행할 수 있는 것에 대한 놀라운 모범이 되는 말씀이라고 생각했습니다. 롯과 그의 아내와 두 딸들, 이렇게 네 사람이 있었고, 천사들의 손도 네 개 밖에 없었습니다. 그래서 천사들은 할 수 있는 모든 것을 다했습니다. 한 사람당 한 손이 있었던 것입니다. 여러분도 알다시피 본문은 그 천사들이 롯의 손과 아내의 손과 두 딸의 손을 붙잡았다고 분명하게 말하고 있습니다. 붙잡아야 할 사람도 더 이상 없었고, 도와줄 수 있는 도움의 손길도 더 이상 없었습니다. 도구로 쓰임받기에 딱 알맞은 손길이 있었고, 남아도는 손길이 없었습니다. 제 소망은 이 교회에는 놀고 있는 손들이 없고, 모든 신자들이 양 손에 예수 그리스도에게 인도할 영혼들을 붙잡고 있는 것입니다. 이외에 무엇을 더 제가 할 수 있을지 잘 모르겠습니다. 있다면 저도 알고 싶은 바람입니다. 여러분 중에 어느 한 사람이라도 그리스도께 인도할 수 있는 조금의 가망성이 있다고 한다면, 저는 필사적으로 그 사람을 찾아낼 것입니다. 그런데 제가 우려하는 것은 모든 교우들이 진심으로 이런 열정을 갖고 있지 않다는 점입니다. 몇몇 소수에 해당되는 일일 수 있으며, 그 점에 있어서 저는 마음 깊은 곳으로부터 기뻐합니다. 제가 그런 몇몇 교우들을 보며 걱정하는 바는, 자기가 구원을 받았음에도 불구하고, 나의 주님이자 스승이신 그분을 위해서 거의 아무것도 하지 않는다는 것입니다. 이 큰 도시가 멸망해가고, 수만 명의 사람들이 우리의 기도도 미칠 수 없고 우리의 눈물도 아무 소용 없는 그런 곳으로 내려가고 있는데도, 여러분은 어떻게 되든 나와 상관없다는 식으로 그들을 내버려 두고 있습니다. 여러분은 전혀 탄식도 하지 않고, 멸망해가는 자들을 위해 그 어떤 수고도 하지 않습니다. 나의 동역자 여러분, 오늘 본문은 여러분을 책망하고 있습니다. 하나님께서 은혜를 베푸시어 여러분이 장차 더 열정적인 자들이 되기를 기원합니다.

이처럼 천사들은 모든 힘을 발휘하여 우리에게 모범이 되었을 뿐만 아니라, 롯을 위험에서 구해내기까지 결코 쉬지 않음으로써, 우리에게 인내하도록 격려하는 모범도 보여주었는데, 이제 이 점에 대해 살펴보겠습니다. 어떤 사람이 구원을 받든지, 아니면 구원 받지 못한 채 장례식을 하게 되든지 간에, 우리는 그 사람의 생이 다하기까지 결코 우리의 노력을 중단해서는 안 됩니다. 인생의 마지막 때가 다가와, 여러분이 걱정하던 그 대상이 분명히 임종을 맞이할 침상 위에 널브러져 있다 해도, 여러분은 여전히 그 영혼을 추격하여 지옥의 문턱까지 쫓아가야 합니다. 멸망의 문 앞까지 소망을 가지고 그 반역자의 뒤를 쫓아야 합니다. 일단 철문이 닫히면, 우리의 모든 수고들은 끝이 납니다. 그러나 그 전까지는 모든 사람에 대해 소망을 가질 수 있습니다. 여러분이나 저는 이러이러한 사람에게는 하나님께서 은혜를 베풀지 않을 것이라는 말씀을 읽어본 적이 없습니다. 우리는 하나님께서 명하신 목록들을 쭉 훑어보았고, 그런 말씀이 계시되지 않았기에 그렇게 행동할 수 없습니다. 우리는 우리 이름이 어린 양의 생명책에 기록된 것을 알고 기뻐하였습니다. 하지만 우리는 본성적으로 다른 사람들과 마찬가지로 악한 자들이었습니다. 그러나 하나님께서는 가장 악한 자라도 친히 선택하셔서 사랑의 대상으로 삼으셨습니다. 그러므로 누가 감히 아무개는 너무나 사악한 사람이라고 말할 수 있겠습니까? 우리는 포도원에 열한 시에 들어온 자들이 있다는 것을 알고 있습니다. 그런데 포도원에 가장 늦게 들어온 자들이 너무 사악한 그들은 아니라고 누가 감히 장담할 수 있겠습니까? 마지막 때에 들어오게 된다는 것이 안타깝기는 하지만, 그럼에도 여전히 포도원 주인은 해가 떨어지기 전까지 그의 일에 종들을 부르십니다. 사랑하는 형제자매 여러분, 여러분에게 간청합니다. 여러분은 여러분이 맡은 거룩한 사역을 소홀히 하지 마십시오. 그리스도를 섬기는 교회에 종종 무력감이 엄습하기도 하고, 우리의 영혼에 피로를 느낄 때도 있습니다. 하지만 우리는 그 때마다 그 상황에서 일어나도록 합시다. 우리는 "나의 영혼도 매우 떨리나이다 여호와여 어느 때까지니이까?"(시 6:3)라고 말하기도 합니다. 우리가 수고한 것이 별 성과가 없는 것처럼 보이기도 합니다. 그래서 우리의 확신을 내던지고는 인내하기를 막 중단하려고도 합니다. 사랑하는 성도 여러분, 일어나십시오, 일어나십시오! 마귀들은 지치지 않으며, 어둠의 세력들도 밤낮을 쉬지 않습니다. 이 도시의 유혹들도 결코 중단을 모릅니다. 죄악의 소굴과 사악한 연회들은 그들의 먹잇감을 항상 에워싸고 있습니다. 우리를 삼키려는 사자는 도처에 숨어 있습니다. 이런 판국에 우리가 어떻게 게으를 수 있단 말입니까? 오, 내적 생명의 능력을 알고 주님의 은혜를 맛본 여러분이여, 여러분이 받은 것 위에 굳게 서서 좀 더 승화된 거룩함을 향해 앞으로 나아가십시오. "견실하며 흔들리지 말고 항상 주의 일에 더욱 힘쓰는 자들이 되라 이는 너희 수고가 주 안에서 헛되지 않은 줄 앎이라"(고전 15:58).

하나님의 이러한 사자들에 대해 우리가 마땅히 기억해야 할 사실로 다음 한 가지만 더 전하고자 합니다. 즉 우리는 사람들에게 하나님의 자비의 사자들이라는 사실입니다. 본문 말씀은 "여호와께서 그에게 자비를 더하심이었더라"고 기록되어 있습니다. 천사들은 자신의 모습으로 롯에게 나타나지 않았습니다. 천사들은 하나님의 자비를 구현하여 외형적으로 드러난 존재였습니다. 이 세상에 있는 그리스도인들은 자신을 통해서 죄인들을 향한 하나님의 자비가 드러나고, 은혜의 방편이 드러나며, 성령님의 종(servants)이 나타난 것으로 비쳐져야 합니다. 자, 보십시오. 자비는 민첩한 속성을 가지고 있습니다. 반면에 공의는 꾸물거리며 시간이 걸립니다. 그래서 공의는 마치 쇠로 만든 신발을 신고 있지만, 자비의 발에는 날개가 달려 있는 것 같습니다. 자비는 자신의 직무를 수행하는 것이 기쁩니다. 따라서 우리도 사람들에게 선행을 베푸는 것이 기쁨이어야 합니다. 하나님께서는 도구들이 없이도 사람들을 구원하실 수 있습니다. 하지만 좀처럼 그렇게 하지 않으십니다. 그분께서 하시는 통상적인 규칙은 방편들을 통해 일하는 것입니다. 오, 하나님의 자비가 우리로 말미암아 강하게 역사하시기를 기원합니다! 하나님께서는 사회 속에서 뒤엉켜 살아가는 우리에게 화해의 사역을 맡기셨다는 사실을 기억합시다. 만약 천사들이 이 사역을 맡아 보냄을 받았다면, 그들은 틀림없이 쉬지 않고 활동했을 것입니다. 그들은 이곳저곳을 날아다니면서 온 힘을 다해 하나님의 뜻을 행했을 것입니다. 그런데 이러한 존귀한 사명을 받은 우리가 그 천사들보다 더 소극적으로 행동해서야 되겠습니까? 할 수 있거든 우리로서는, 세월을 아끼라 때가 악하니라 하신 말씀을 우리는 생각합시다. 때를 얻든지 못 얻든지 신속히 행동하는 우리가 됩시다. 우리가 모든 물가에 씨를 뿌리고(사 32:20), 우리가 섬기는 일이 어떤 일이든 모든 일에 신중하고 진지하게 열심을 냅시다. 그리하여 마침내 "잘하였도다 착하고 충성된 종아 네가 적은 일에 충성하였으매 내가 많은 것을 네게 맡기리니"(마 25:21)라는 말씀을 듣도록 합시다.

제가 하고 싶은 말들을 다 전할 수는 없지만, 제 마음은 영혼을 구원하는 사역에 매진하는 이 교회의 모든 성도들을 향해 매우 진지하고 간절하다고 느낍니다. 사랑하는 성도 여러분, 우리 교인들이 인격적으로 성결하고 개인적으로 성화되지 않고서는 로마 가톨릭의 공격을 반박할 수도 없고, 퓨지주의(Puseyism,

옥스퍼드의 퓨지[Pusey] 교수를 중심으로 한 예전 중시 운동 ― 역주)의 발흥을 중지시킬 수도 없으며, 불신자들의 쓸데없는 반대에 답변할 수도 없을 것입니다. 종교개혁이 일어나기 바로 직전과 종교개혁 당시에 하나님의 복음은 막강한 위세를 떨치며 흥왕하였습니다. 왜냐하면 복음을 믿는 신자들이 삶으로 보여준 성결로 인해 그 이웃들 가운데서 두드러졌기 때문입니다. 그들은 사람들 중에 가장 흠이 없고 정직하며 관대한 자들이었습니다. 그래서 그들이 박해를 받을 때면, 그들의 순수한 이웃들은 이구동성으로 "사제들이 음탕하고 타락한 자들의 죄는 면해 주고, 선하고 정직하며 거룩한 자들은 화형주(火刑柱)에 매달거나 감옥에 처넣는다"라고 말했습니다. 인간의 지성이 힘을 얻게 된 것이야말로 로마 가톨릭을 대적하는 논변이 되었습니다. 더욱이 복음이 전파된 것은 모든 회심한 자들이 다른 사람들에게 복음을 전하고자 하였기 때문이었습니다. 맨 처음 사도들의 열정이 이와 같았습니다. 모든 남자들은 선교사였고, 모든 여자들은 복음전도자였습니다. 그래서 하나님 나라는 성령의 능력 가운데서 성장하지 않을 수 없었습니다. 저는 여러분이 이 도시 런던을 정복했으면 좋겠습니다. 저는 여러분이 이 대영제국을 제압했으면 좋겠습니다. 이 교회가 곡식이 풍성하고 그것의 열매가 레바논 같이 흔들리는(시 72:16) 그런 곳이 되도록 저는 하나님께 기도하는 수고를 감당하겠습니다. 비단 이 교회뿐만 아니라 다른 모든 교회들도 그와 같이 되기를 위해서 기도하겠습니다. 그러나 저는 특별히 여러분과 관련해서 드릴 말씀이 있습니다. 저는 그리스도의 뜻을 위한 여러분의 열정과 인내로 여러분이 다른 사람들과 구별되었으면 좋겠습니다. 여러분이 합당한 자가 된다면, 여러분은 살아 있는 경건의 능력으로 죽어가는 이 허다한 런던 시민들을 일으키지 못할 이유가 없을 것이라고 저는 생각합니다. 여러분 같은 작은 수로도 여러분이 살고 있는 지역에서 교회들을 이룰 수 있습니다. 따라서 이 교회들은 곧 교인들이 늘어나 유용하게 쓰임 받는 새로운 구심점이 될 것입니다. 어떤 사람은 이주(移住)의 부르심을 받습니다. 우리에게는 늘 상당수가 우리에게서 떠나가는 일이 있어 왔습니다. 어떤 사람은 영국의 시골 마을로 가고, 또 어떤 사람은 오스트레일리아나 뉴질랜드로 가고, 또 어떤 사람은 미국으로 가기도 합니다. 그러니 우리 모두가 성결로 충만해진다면, 얼마나 강력한 불꽃이 되어 주 예수님을 사랑하는 그 거룩한 불길로 온 세상에 불을 지필 수 있겠습니까!　이제 저는 뜨거운 믿음을 가진 형제들에 대한 이야기는 그만하고, 지금 이 자리에 있는 많은 경건한 자들 중에 지체하고 있는 자들, 즉 구원받지도 못한 채 멸망의 위험 가운데 소돔 문 앞에서 지체하고 있는 형제들을 대상으로 말씀을 전해야 할 것 같습니다.

2. 지체하고 있는 자들

오, 지체하고 있는 자들이여, 이제 당신에게 말하고자 합니다. 이 말이 지체하고 있는 당신을 밖으로 인도하는 수단이 되었으면 하는 바람입니다. 오, 여러분이여, 여러분은 두 가지 입장을 사이에 두고 머뭇거리고 있습니다. 그런 여러분에게 다음과 같은 질문을 제기하면서 이야기를 시작하고자 합니다. 여러분은 왜 지체하고 있습니까? 제가 생각하기에, 롯의 경우는 많은 재산이 그 도성 안팎에 있었기 때문에 늑장을 부렸던 것 같습니다. 아마도 롯의 양 떼와 가축들은 물길이 잘 정비되어 있던 소돔 평지의 목초지에 있었을 것입니다. 여러분도 경기가 좋지 않아 하던 사업을 부득불 접어야 해서, 혹은 그리스도의 법을 따르다가는 하던 일에 손해를 보게 될 것 같아서, 지금 지체하고 있는 것입니까? 나의 사랑하는 성도 여러분, 여러분이 다른 것은 다 잃어도, 여러분의 영혼만은 절대로 잃지 마십시오. "가죽으로 가죽을 바꾸오니 사람이 그의 모든 소유물로 자기의 생명을 바꾸올지라"(욥 2:4)는 말씀대로, 여러분이 가진 금과 은과 모든 재산들이 여러분의 영혼과 비교해 보면, 전혀 가치 없는 것으로 여겨질 그럴 날이 올 것입니다. 어리석은 자가 되지 맙시다. 너무나 빨리 사라질 덧없는 유익 때문에 영원한 유익을 내팽개치지 마십시오. 롯의 아내가 지체한 것은 아마도 타고난 모성 때문이었을 것입니다. 그녀에게는 딸들도 있었고, 그 도성을 떠나지 않기로 결심한 아들들도 있었을 것입니다. 제가 보기에 롯에게는 함께 도망친 두 딸 외에도 다른 딸들이 분명히 있었던 것 같습니다. 왜냐하면 창세기 19장 초반부에서는 롯과 함께 집에 있던 딸들이 결혼하지 않은 것으로 나오다가, 중반부에 가서는 사위가 언급되기 때문입니다. 물론 확실한 것은 아닙니다. 그럼에도 불구하고 롯에게는 결혼한 다른 딸들이 있었을 가능성이 매우 높습니다. 그 딸과 결혼한 사위들은 롯의 말을 농담으로 여겼던 것 같습니다. 확실한 것은 소돔에서 도망쳤다고 언급된 딸들은 그 당시에 결혼을 하지 않았다는 사실입니다. 롯의 아내는 왜 뒤를 돌아보았을까요? 차마 놔두고 떠날 수 없었던 이 딸들 때문이었을까요? 아니면 종종 자기 집에 모여 수다를 떨던 그 시끌벅적한 아줌마들과, 자기가 그 부도덕한 모임에 환대를 받기도 했던 그들의 집을 잊지 못하기 때문이었을까요? 지금 제 설교를 듣고 있는 사랑하는 성도 여러분, 이것이 바로 여러분의 경우이지 않습니까? 여러분은 친구들 가운데 최고의 친구를 잃기보다는 차라리 세상의 모든 친구들을 잃는 것이 더 낫습니다. 여러분은 영광스러운 영혼들의 모임에서 쫓겨나는 것보다는 세상 모임에서 쫓겨나는 것이 더 낫습니다. 이 땅에 있는 여성이 아무리 매혹적이고, 이 땅에 있는 남성이 아무리 훌륭하다 해도, 그들과 사귀고 그들의 인정을 받기 위해서 여러분의 영혼을 잃어도 될 만큼 그렇게 완전한 가치를 지닌 여성이나 남성을 여러분은 볼 수 없을 것입니다. 여러분이 맺고 있는 어떤 인연이 여러분을 멸망으로 인도한다면, 그 인연을 끊어버리십시오. 지옥 불에 던져져 멸망하기 전에 속히 칼을 뽑아 오른팔을 끊거나 오른눈을 빼버리십시오.

　롯의 딸들의 경우에는 그들이 왜 지체했는지 저는 잘 알지 못합니다. 하지만 어쩌면 그들에게는 그 도성에 자신이 아주 사랑했던 사람이 있었을지도 모릅니다. 젊은 여러분 중에도 경건하지 않은 자와 교제하면서 그와 절교하는 것이 두려운 청년이 있을 것입니다. 경건하지 않은 그들의 무서운 비웃음이 여러분을 위협하기도 할 것입니다. 오, 그러나 비웃음을 받으며 천국에 가는 것이 그들에게 박수를 받으며 구렁텅이에 던져지는 것보다 나을 것입니다. 여러분이 지옥에 들어가면서는 웃을지 모르겠지만, 거기서 다시 나오려고 할 때는 웃으면서 나올 수 없을 것입니다. 여러분은 조롱을 받지 않기 위해서 자기의 영혼을 던져 버릴 수도 있습니다. 하지만 여러분이 나중에 그 조롱을 감내한다고 해도, 여러분이 잃어버린 것, 즉 돈으로 살 수 없는 그 보화가 다시 여러분에게 주어지지는 않습니다. 그럴 가능성은 전혀 없습니다. 여러분은 지혜롭고 모든 것을 제대로 판단할 수 있는 사람들입니다. 제가 그런 여러분에게 간청합니다. 하나님의 은혜를 잊어버리고, 모든 소망과 기쁨으로부터 영원 영원히 버림을 받게 된다면, 이 세상에 있는 그 어떤 것이 여러분의 그런 상실에 보상이 될 수 있을지 생각해 보십시오. 왜 여러분은 지체하고 있습니까? 죄악된 교제를 사랑해서라면, 여러분은 정말 미친 것이고, 그래서 지체하는 것입니다. 오, 여러분의 광기가 지금 이 시간에 치유되기를 바랍니다! 여러분은 지금 여러분에게 닥친 그 위험을 믿지 않는다고 대답하겠습니까? 그렇다면 저는 정말 여러분에 대해 안타까운 마음뿐입니다. 왜냐하면 그 위험은 여러분이 어떻게 생각하든 간에 분명한 것이기 때문입니다. 사람이 죽는 것은 개가 죽는 것과는 다릅니다. 사람은 죽음 이후에도 생명이 있습니다. 부활이 있고 또한 심판이 있습니다. 하나님께서 세상을 참 인간이 신 예수 그리스도를 통해 심판하실 날이 정해져 있습니다. 마치 목자가 양과 염 소를 나누듯이, 예수 그리스도께서 큰 흰 보좌 위에 앉아 민족들을 나누실 것입 니다. 여러분이 이 사실을 의심해 봐야 분명하고 심각한 상태인 여러분의 운명 이 더 개선되지는 않을 테니, 여러분은 이 사실을 믿으십시오. 하나님께서 이 사 실을 계시하셨고, 여러분의 양심도 이를 증언하고 있습니다. 아무리 완고한 불 신자라도 죽음의 순간에는 보통 이 사실을 인정합니다. 그래서 저는 여러분이 언젠가는 이 사실에 동의할 것으로 믿어 의심치 않습니다. 하나님을 잊은 여러 분은 두려워 떠십시오. 왜냐하면 그분께서 친히 다음과 같이 말씀하셨기 때문입 니다. "악인들이 스올로 돌아감이여 하나님을 잊어버린 모든 이방 나라들이 그 리하리로다"(시 9:17).

여러분은 이 피난길을 의심하느라 지체하고 있습니까? 저는 여러분이 그 길 을 이해하지 못해서 지체하는 것이 아니길 바랍니다. 여러분이 이 기도의 집에 왔다면, 그리고 복음이 적힌 글씨를 이해할 수 있다면, 여러분은 그 길을 이미 이 해하고 있다고 저는 확신합니다. 그리고 저는 그 길을 가장 쉬운 말로 수백 번도 넘게 설명했습니다. "누구든지 주 예수 그리스도를 믿는 자는 구원을 받으리라" 고 말입니다. 다시 말해, 그리스도가 어떤 분이신지, 그리고 그분께서 어떤 일을 행하셨는지를 믿는 자는 누구든지 멸망하지 않고 영생을 얻게 될 것입니다. 여 러분은 이런 피난길을 믿지 못하고 있습니까? 오, 여러분 중에는 그 길을 살피기 만 하는 자들이 있기 때문입니다. 그런 여러분도 그 길을 믿었으면 좋겠습니다! 지금 땅에 있는 수천 명의 사람들과 하늘에 있는 수만 명의 영혼들은 자신의 구 원을 위해 오직 그리스도만을 의지하여 자신에게 정죄함이 없다는 것을 알고서, 사나 죽으나 기뻐하였습니다. 여러분은 절대로 이 길을 의심하지 마십시오. 이 길이야말로 여러분의 유일한 소망입니다.

혹시 여러분은 여러분에게는 이 길이 필요치 않다고 생각할 수도 있습니다. 하지만 이것은 어리석은 생각입니다. 여러분이 아무리 탁월하다 해도, 여러분은 아주 악한 자들과 동등한 자격으로 구원받을 수밖에 없습니다. 왜냐하면 이 책 에는 오직 하나의 복음만 들어 있기 때문입니다. 성경은 천국에 이르는 단 하나 의 문밖에 없음을 선언하고 있습니다. 우리는 거듭 반복해서 "이 닦아 둔 것 외 에 능히 다른 터를 닦아 둘 자가 없으니"(고전 3:11)라는 말씀을 들었습니다. 영혼을 가진 사랑하는 성도 여러분, 주 예수님이 여러분의 유일한 소망이십니다. 만약 여러분이 그분을 받아들이지 않는다면, 여러분은 심판과 불 같은 진노를 두려운 눈으로 바라보는 수밖에 없습니다. 여러분이 그리스도를 거절한다면, 여러분은 여러분 영혼의 유일한 소망을 거절하는 것이며, 여러분 자신을 내던져 버리는 것입니다. 하나님께서 사랑하신 그 아들의 복음을 여러분이 거절할 때 여러분은 고의적으로 여러분 자신을 파멸하는 것입니다.

　여러분이 지체하는 이유가 어떤 죄악을 여러분이 특별히 사랑하여 거기에 빠졌기 때문일 수도 있습니다. 그런 죄악이 어떤 것인지 저는 추측해 보지 않겠습니다. 아마 은밀하고 수치스러운 정욕일 것입니다. 이미 죄인 줄 알고 있는 것에 빠져 있다면 여러분은 천국에 들어갈 수 없습니다. 사랑하는 성도 여러분, 하나님께서는 오늘 아침에도 여러분에게 말씀하십니다. "너희는 네 죄를 가지고서 지옥에 가려고 하느냐 아니면 그 죄들을 버리고 그리스도를 믿어 구원을 받겠느냐?" 여러분은 이 문제를 앞에 두고 양자택일을 해야 합니다. 하나님께서 은혜를 베푸시어 여러분이 바른 선택을 할 수 있기를 기원합니다. 여러분은 반드시 여러분의 죄를 버려야 합니다. 저는 여러분에게 듣기 좋은 말을 하려고 이 자리에 있는 것이 아닙니다. 사업에서 속임수를 쓰고, 정욕에 빠지고, 하나님의 집을 무시하며 살아가고, 술에 취해 살아가면서도 천국에 들어갈 수 있다는 말을 하려고 제가 이 자리에 선 것이 아닙니다. 여러분이 영생을 가졌다면 이런 추잡한 것들을 여러분의 가슴에 가지고 있을 수 없습니다. 여러분은 완전해질 수 없습니다. 하지만 여러분은 완전해지려는 마음을 갖고 완전해지기를 갈망해야 합니다. 여러분이 마음에 품고 있는 죄가 있다면, 그것이 어떤 죄든 구원과 함께 할 수 없습니다. 여러분은 그런 죄들을 성령의 능력으로 모조리 쓸어 버리기를 소망해야 합니다. 여러분은 반드시 그렇게 해야만 합니다. 그렇게 하도록 하나님께서 여러분을 도와주실 것입니다. 그렇게 하지 않는다면, 다시 말해 여러분이 여전히 죄악에 매달려 있다면, 여러분은 멸망 가운데 매달려 있게 될 것입니다. 오, 도대체 무슨 죄악이 그렇게 달콤하기에, 천사들의 하프 소리도 거절하고 다음과 같은 불길마저 감내하고자 하는가!

　　"소금기 있는 짠 눈물을
　　　영원토록 흘려도,

감해 주는 것을 전혀 모르는 불길들."

(도드리지[Philip Doddridge], 일어나라, 나의 가장 부드러운 생각들아 일어나라
[Arise, my tenderest thoughts, arise], 3절).

그런데 지금까지 저는 여러분이 지체하는 진짜 이유를 다루지 않은 것 같습니다. 어쩌면 여러분은 영혼의 게으름이나 본성적인 나태나 무기력증에 걸렸을 수도 있습니다. 대부분의 경우에 이것이 정말 문제의 근원이라고 저는 생각합니다. 여러분은 영혼의 문제에 관해서 분발하지 않고 있으며, 그로 인해 여러분이 영적인 결단을 하기에는 너무 게으른 자들이 된 것입니다. 그러나 사랑하는 성도 여러분, 여러분은 틀림없이 결단해야 할 순간에 이르게 될 것입니다. 결단하지 않는다면 여러분은 죽게 될 것입니다. 여러분의 양심이 무감각해지거나 마비되고, 이런 것들을 변명하거나 미룬다고 해서 그 때가 이르지 않는 것도 아닙니다. 여러분에게는 반드시 이런 식으로든 저런 식으로든 결단해야 될 때가 조만간 임하게 될 것입니다. 그렇다면 지금은 왜 결단을 하지 못하는 것입니까? 사랑하는 성도 여러분, 여러분은 사업을 할 때는 엄청나게 적극적이더군요! 여러분은 거래를 성사시키기 위해 하늘과 땅도 감동할 만큼 강하게 밀어붙여서 여러분의 가정에 필요한 생계를 위해 노력하지 않습니까? 그러면서도 여러분은 여러분의 영혼에 대해서는 크게 신경도 쓰지 않고 귀하게 여기지도 않습니다. 여러분은 영혼 문제를 장난처럼 생각하며 사소한 것으로 여길 뿐입니다. 그렇지 않습니까? 오, 사랑하는 성도 여러분, 여러분은 지혜를 잃은 것입니까? 여러분의 이성이 은퇴하는 바람에, 여러분의 영원함과 영원한 유익들의 가치를 너무 작게 생각하고 있는 것 같습니다. 입 벌리고 있는 저 지옥 위에서 어떻게 잠을 잘 수 있단 말입니까? 저는 여러분에게 간청합니다. "음부에서 고통 중에"(눅 16:23) 있는 부자에게 구세주께서 눈을 들어 보도록 말씀하신 것처럼, 죽음의 거친 손이 여러분을 흔들지 못하도록, 여러분 스스로 힘을 내어, 눈을 떠 바라보십시오. 게으른 그 두 눈을 지금 당장 부릅뜨십시오. 여러분은 여러분이 하는 연구와 사업에도 열심을 내야겠지만, 여러분의 영혼에 대해서도 지금 열심을 내야 합니다. 이것이 여러분을 향한 저의 부탁입니다. 여러분이 바보가 아니라, 여러분에게도 어떤 지혜와 이성이 남아 있다는 증거를 보여주십시오.

여기 있는 많은 이들의 경우를 제가 다 알지는 못하지만, 그럼에도 불구하

고 제가 우려하는 몇몇 경우들이 있습니다. 다시 말해, 저는 이 모든 언급들이 무시되는 경우가 생길까 우려하고 있습니다. 저는 여러분 중에 어떤 사람들을 보면서 의아하게 생각될 때가 종종 있습니다. 여러분은 성경의 진리를 인정하고 있고, 성경에 계시된 모든 것도 인정하고 있습니다. 그러면서도 여러분은 전혀 회개하지 않습니다! 저는 이런 여러분을 보고서 그저 놀랄 따름입니다. "나는 성경 따위는 믿지 않는다"라고 말하는 사람은 이해할 수 있습니다. 비록 끔찍한 일이긴 해도 그가 회심하지 않은 채 여전히 그대로인 것은 일관된 모습입니다. 그에 대해서는 자신이 절대로 바보가 아니라고 생각하는 사람이라고 말할 수 있습니다. 그러나 여러분은 성경을 믿고 있다고 말하는 자들로서, 일반적으로 지옥이 있다고 고백할 뿐 아니라, 여러분이 갈지도 모르는 지옥이 있다고도 고백하는 자들입니다. 여러분은 구원도 있으며, 이 구원은 그리스도를 믿음으로써 얻게 된다는 것도 고백합니다. 그렇지만 여러분은 그분을 믿지 않고 있습니다. 도대체 제가 여러분을 대상으로 무슨 말을 해야겠습니까? 도대체 제가 여러분에 대해 무슨 말을 더 해야 할까요? 저는 이런 말을 하고 싶습니다. 제가 만약 여러분이라면 망설이며 주저하기보다는 모든 가식을 내려놓겠으며, 또한 성령을 소멸하고 양심을 완악하게 하는 대신 진리와 대화하겠습니다. 저는 엄한 엘리야와 함께 다음과 같이 말하고 싶습니다. "여호와가 만일 하나님이면 그를 따르고 바알이 만일 하나님이면 그를 따를지니라"(왕상 18:21). 만약 기독교가 거짓말이라고 생각한다면, 여러분은 기독교를 믿는 척하지 마십시오. 나는 기독교를 믿지 않는다고 정직하게 말하고 그 결과를 감수하면 됩니다. 그러나 기독교가 진리라고 여긴다면, 여러분은 그 진리에 따라 행하십시오. 지옥이 앞에 있다면 지옥에서 도망가십시오. 그리고 천국이 앞에 있다면 천국을 취하십시오. 피난처가 앞에 있다면, 피난처로 가십시오. 그리스도가 앞에 있다면, 그분을 믿으십시오. 그분이 사기꾼이라면 여기에 나오지 말고, 그분을 철저히 거부하십시오. 하지만 그분이 죄인들의 구세주라면, 지금 당장 그분 앞에 고개를 숙여 경배하십시오. 마지막 날에 여러분이 다음과 같은 터무니없는 비난을 받지 않도록, 저는 여러분에게 간청합니다. 즉 여러분이 세례를 받을 때 스스로 고백한 것과 맞지 않는다는 비난을 받지 않도록, 그리고 지옥을 향해 가고 있는 단순한 죄인들과는 달리, 도살장으로 끌려가는 수소들처럼 자신이 지금 어디로 가고 있는지도 모른 채 자발적으로 교수대를 향해 가는 바보들이라는 비난을 듣지 않도록 말입니다.

자, 지금까지 저는 여러분이 왜 지체하고 있는지를 물었습니다. 이제부터 저는 여러분에게 두세 가지 말씀을 전하고 싶은데, 이것은 다음과 같은 질문으로 요약될 수 있습니다. 우리는 어떤 이유로 여러분을 재촉하는가? 하는 점입니다. 이에 대해 몇 가지 생각해 봐야 할 점들을 서둘러 전하겠습니다. 여러분이 이것들을 절대로 잊지 않았으면 하는 것이 저의 바람입니다. 인생은 짧습니다. 젊은 사람들은 이 사실을 믿지 않습니다. 하지만 나이가 삼십이나 사십이 된 사람들은 이 사실을 알고 있습니다. 한 주 한 주가 얼마나 빨리 돌아오는지, 한 해 한 해가 마치 뜨거운 열기를 내뿜으며 돌아가는 바퀴처럼 얼마나 빨리 지나가는지를 알 것입니다. 여러분은 이런 사실을 알기도 하고 느끼기도 하지만, 이렇게 지나가는 한 해 한 해를 그냥 가도록 내버려 두고 있습니다. 시간은 번개보다 더 빨리 지나가고 있는데 여러분은 왜 지체하고 있습니까? 지체할 수밖에 없는 다른 이유가 있습니까?

게다가 인생은 장담할 수 있는 것이 아닙니다. 여러분 중에는 이 사실을 고통스러운 체험을 통해 알고 있는 자들이 있을 것입니다. 여러분은 최근에 친구들을 잃었습니다. 정정하고 건강한 체력을 지녔는데도 한순간에 쓰러졌습니다. 또 여러분 중에 어떤 이들은 임종하는 침상에 자주 가보기도 했고, 창문 너머로 영구차가 지나가는 것도 종종 보았을 것입니다. 아니면 여러분 자신이 병이 들어 당장 죽을 것 같은 고통을 직접 당하기도 했을 것입니다. 그런데도 왜 여러분은 지체하고 있습니까? 저는 잠시 말을 멈추고 여러분의 이러한 광기(狂氣) 어린 모습에 그저 울고 싶을 뿐입니다. 오, 사랑하는 성도 여러분, 언젠가 여러분도 죽게 될 것이라는 것을 안다면, 그리스도를 지금 당장 붙잡는 것이 아주 현명한 일일 것입니다. 바로 이 집에서 여러분은 송장이 될 수도 있다는 것을 모릅니까? 그런데도 여러분은 지옥과 영벌을 받을 모험을 하겠다는 것입니까? 여러분 자신을 위해서라도 여러분이 그렇게 지체하지 않았으면 좋겠습니다. 여러분에게 간청합니다. 이 일은 저와 관련된 문제라기보다 여러분의 일입니다. 여러분 자신을 위해서라도 현명한 선택을 하십시오. 더 이상 지체하지 마십시오.

이런 말을 해도 여러분이 서두르지 않겠지만, 그래도 저는 이 말을 여러분에게 해야겠습니다. 여러분이 지금이라도 그리스도를 믿는다면, 여러분은 결코 잃어버린 자가 되지 않을 것입니다. 현재의 구원은 현재의 행복이 될 것입니다. 이것은 제 경험상 말씀드리는 것입니다. 지금 이 순간 그리스도를 믿는다면, 세상 그 어떤 것과도 비할 데 없는 기쁨이 여러분에게 주어질 것입니다.

이 외에도 드릴 말씀이 있습니다. 여러분은 지금 바로 이 순간에도 위험에 처해 있다는 것입니다. 여러분은 다음과 같은 성경 말씀을 읽어 보지 못하였습니까? "믿지 아니하는 자는 하나님의 독생자의 이름을 믿지 아니하므로 벌써 심판을 받은 것이니라"(요 3:18), "내 하나님의 말씀에 악인에게는 평강이 없다 하셨느니라"(사 57:21), "하나님은 … 매일 분노하시는 하나님이시로다 사람이 회개하지 아니하면 그가 그의 칼을 가심이여 그의 활을 이미 당기어 예비하셨도다"(시 7:11-12). 여러분은 제가 이런 끔찍한 말씀들을 말하기 좋아해서 이런 구절들을 여러분에게 전한다고 생각하지 마십시오. 절대로 그렇게 생각하지 마십시오. 단지 저는 여러분이 구원을 받도록 하기 위해서 이런 구절들을 인용할 뿐입니다. 여러분은 자신이 잃은 자가 되어도 괜찮다 생각할지 모르지만, 저는 여러분의 그런 상황을 생각조차 할 수 없습니다. 여러분 가운데 어떤 이들은 그 얼굴을 제가 몇 달씩, 아니 몇 년씩 봐온 사람들입니다. 그런데 심판 날에 그들을 대적하는 즉각적인 증언들이 제시되는 것을 보다니, 저는 생각조차 할 수 없습니다. 그 날에 제가 부득불 여러분을 위해 다음과 같이 말해야겠습니까? "이 사람들은 복음을 알았고, 복음의 능력도 어느 정도는 느꼈던 자들입니다. 단지 '지금은 아닙니다. 지금은 아니에요. 좀 더 적절한 때가 내게 오면, 그 때 목사님께 도움을 청하기 위해 나가겠습니다'라고 말했을 뿐입니다." 문제는 너무나 간단합니다. 믿어 생명을 얻고, 신뢰하여 구원을 받는 것입니다. 오, 지금 그리스도께서 그 사랑의 무게를 더해 주시어 여러분이 즉시 그분을 위해 헌신하기를 기원합니다!

제가 언급하지 않을 수 없는 생각해 봐야 할 끔찍한 사실이 또 하나 있습니다. 즉 여러분 중에 어떤 이들에게는 은혜의 방편들이 모두 효과를 잃어가고 있다는 놀라운 사실입니다. 여러분은 지금 그 은혜의 방편들을 느끼는 것보다 예전에 더욱 강하게 느꼈습니다. 여러분이 처음에 우리 교회에 왔을 때는 설교자의 열정적인 모습을 보기만 해도 눈물을 흘렸습니다. 때로 여러분은 여러분에게 은혜를 끼친 그 놀라운 경고의 말씀으로 인해 밤에 잠을 잘 수도 없었습니다. 그러나 지금은 제가 그 경고의 종소리를 울려도, 거듭해서 계속 울려도, 여러분은 좀처럼 깨어나질 않습니다. 여러분에게 제 음성은 이미 감화력을 잃었으며, 여러분은 저의 탄원에 무덤덤해지고 말았습니다. 오, 제가 여러분을 깨울 수 있으면 좋겠습니다! 제가 여러분에게 자장가나 불러주는 기계가 되기 전에, 차라리 무덤 속에 고

이 잠들면 좋겠습니다. 저는 제 목회의 다양성을 위해 노력하고 있습니다. 왜냐하면 그런 다양성이 없이는 여러분의 주의를 끌 수도 없고, 제 말이 여러분의 마음에 전달될 수 없다는 것을 알고 있기 때문입니다. 아! 아무런 생각 없이 설교를 듣는 성도 여러분, 차라리 여러분은 다른 곳을 찾아가는 것이 더 나을 것 같습니다. 다른 설교자가 여러분의 마음을 잡을 수 있을지도 모르기 때문입니다. 애석하게도 저는 여러분의 마음을 잡을 수 없는 것 같습니다. 제가 목회하는 가운데 여러분이 회개하지 못했다면, 다른 곳으로 가 보십시오. 다른 목회자가 저보다 더 분명하고 열정적으로 목회하고 있을지도 모릅니다. 여러분은 그런 목회자를 찾을 기회를 놓치지 마십시오. 그저 여기에 앉아서 복음이 전해지는 소리를 들으며 졸다가, 멸망에 무심코 고개를 끄덕여, 급기야 아무 이유도 없이 절망적인 파멸로 떨어지게 되는 슬픈 경우가 생기지 않도록 하십시오.

제가 여러분과 함께 생각하고자 하는 마지막 사실은 이것입니다. 즉 몇 개월 지나지 않아, 아니면 아무리 길게 잡아도 수 년 내에 여러분은 다음 두 가지 가운데 하나를 알게 될 것입니다. 즉 지옥의 끔찍함을 알게 되거나 천국의 영광스러움을 알게 될 것입니다. 자, 여러분은 어떤 것을 알게 될 것 같습니까? 이 모든 것은 여러분이 주 예수님을 믿느냐 믿지 않느냐에 달려 있습니다. 만약 여러분이 예수님을 믿는다면, 복된 생활을 하면서 영원히 존재하는 흰 옷 입은 무리들과 함께 있는 것이 여러분의 분깃이 될 것입니다. 또한 여러분이 그분을 믿는다면, 여러분이 신뢰하던 그리스도와 함께, 빛나는 모든 영광들이 여러분의 것이 될 것입니다. 그러나 여러분이 믿지 않는다면, 즉 하나님을 참된 하나님으로 그리고 성경을 참된 말씀으로 믿지 않는다면, 그래서 여러분이 하나님과 그 책을 부인한다면, 제가 다른 시간에 여러분을 만나 대화를 해야겠지만, 여러분의 이런 고백들이 농담이 아니라면, 비록 여러분이 한 경건한 어머니의 자녀이자 우리 교회에 나와 설교를 듣는 자라 해도, 여러분은 반드시 허다한 다른 죄인들과 함께 묶여 불에 던져질 것이며, 틀림없이 "저주를 받은 자들아 나를 떠나 마귀와 그 사자들을 위하여 예비된 영원한 불에 들어가라"(마 25:41)는 음성을 듣게 될 것입니다. 그 날에, 바로 그 날이 되면 여러분은 적어도 저의 이런 의로운 행동, 즉 이런 일이 일어날 것을 제가 미리 경고했다는 사실만은 인정하십시오. 저는 제가 할 수 있는 모든 것을 동원해, 할 수만 있었으면 여러분에게 손찌검을 해서라도 여러분이 악한 길에서 돌아서게 하려고 정말 애썼습니다. 그 점만은 여러분이 인정해야 합니다.

　　하지만 오, 이런 일은 절대로 일어나서는 안 됩니다. 저는 이런 일이 일어나는 것을 견딜 수 없습니다. 저는 하나님께서 친히 하신 다음과 같은 말씀들을 여러분에게 말하지 않고서는 이 설교를 마칠 수 없을 것 같습니다. "이스라엘 족속아 … 너희는 돌이켜 회개하고 모든 죄에서 떠날지어다 … 이스라엘 족속아 너희가 어찌하여 죽고자 하느냐?"(겔 18:30-31), "악인은 그의 길을 불의한 자는 그의 생각을 버리고 여호와께로 돌아오라 그리하면 그가 긍휼히 여기시리라 우리 하나님께로 돌아오라 그가 너그럽게 용서하시리라 이는 내 생각이 너희의 생각과 다르며 내 길은 너희의 길과 다름이니라 여호와의 말씀이니라 이는 하늘이 땅보다 높음 같이 내 길은 너희의 길보다 높으며 내 생각은 너희의 생각보다 높음이니라"(사 55:7-9), "여호와께서 말씀하시되 오라 우리가 서로 변론하자 너희의 죄가 주홍 같을지라도 눈과 같이 희어질 것이요 진홍 같이 붉을지라도 양털 같이 희게 되리라"(사 1:18). 수고하고 무거운 짐 진 여러분이여, 다 그리스도에게 나아오십시오. 그분께서 여러분을 쉬게 하실 것입니다. "성령과 신부가 말씀하시기를 오라 하시는도다 듣는 자도 오라 할 것이요 목마른 자도 올 것이요 또 원하는 자는 값없이 생명수를 받으라 하시더라"(계 22:17). 예수님으로 말미암아 하나님께서 여러분을 축복해 주시기를 기원합니다. 아멘.

제

19

장

—

작은 죄들

—

"이는 작은 것이 아니니이까?" — 창 19:20 KJV

오늘 본문을 사람들은 일반적으로 하나의 **본문으로** 받아들이지만, 우리는 이 말씀을 하나의 표어로 삼고자 합니다. 저는 오늘 아침에 이 본문의 전후 문맥까지 설명할 수는 없을 것 같습니다. 오늘 본문은 롯이 한 말로서, 그가 소알이라는 성에서 구원받기를 간구할 때 한 말이었습니다. 하지만 저는 이 말씀의 본래 문맥에서 대체로 벗어나, 이 말씀을 약간 다른 각도에서 살펴보고자 합니다. 엄청난 거짓의 아비는 인간의 영혼들을 파멸시킬 목적의 수많은 계략들을 가지고 있습니다. 그는 사람들을 속이기 위해 거짓 추와 속이는 저울을 사용합니다. 때로는 거짓된 시간도 사용합니다. 그래서 어떤 때는 하나님을 찾기에 너무 이른 때라고 하기도 하고, 또 어떤 때는 지금 하나님을 찾기에는 너무 늦은 때라고 주장하기도 합니다. 또한 그는 거짓된 양(量)을 사용하기도 합니다. 큰 죄들도 작은 것, 즉 솔직히 말해 작은 죄들에 불과할 뿐이라고 주장합니다. 그래서 그 죄들을 후에는 아무것도 아닌 것으로 만들어 버립니다. 작은 죄들은 그저 가벼운 죄로서, 그 자체로 용서받아야 할 가치조차 없는 사소한 것으로 여기도록 하는 것입니다. 제가 확신하기로는 지금까지 수많은 영혼들이 이와 같은 올무에 빠져 그 시험에서 나오지 못해 결국 멸망하였습니다. 그들은 스스로 그 강물이 얕다고 생각하고는 그 죄의 강에 과감히 뛰어들었습니다. 그러다가 그 깊이에 치명적으로 속아, 폭포수와 같은 세찬 물결에 휩쓸려 떠내려갔습니다. 이렇게 해서 허다한 영혼들이 멸망하게 되었습니다.

　제가 오늘 아침에 하고자 하는 것은 이런 시험에 대한 답을 찾고, 여러분이 손에 칼을 잡게 해서, 원수가 여러분에게 "이는 작은 것이 아니니이까?"라고 외치며 나올 때, 그 원수를 대적하게 하는 것입니다. 그 원수는 우리로 하여금 죄는 아주 작은 해만 끼칠 뿐이라고 착각하게 하여 우리를 시험에 들게 합니다. "이는 작은 것이 아니니이까?"

　죄가 작은 것이라고 주장하는 이 사탄의 시험에 대해 저는 다음과 같은 대답을 먼저 하고자 합니다. 가장 훌륭한 사람들은 작은 죄들이라 해도 항상 이를 두려워하였다는 것입니다. 하나님의 거룩한 순교자들은 진리와 의의 길에서 한 발자국도 벗어나지 않았습니다. 그들은 오히려 아주 끔찍한 고문을 언제든 감내했습니다. 다니엘을 예로 들 수 있을 것입니다. 이러이러한 때에 그 누구도 하나님께 경배해서는 안 된다는 왕의 명령이 선포되었음에도, 그는 왕의 명령을 전혀 무서워하지 않고, 예루살렘으로 향한 창문을 열고 전에 하던 대로 하루 세 번씩 하나님께 기도하였습니다. 왜 그는 아무도 보지 않는 골방으로 들어가지 않았습니까? 그는 소리 내지 않고 마음으로 묵상하며 조용히 기도할 수도 있었을 텐데, 왜 소리 내어 하는 기도를 중단하지 않았습니까? 온 세상이 다 그를 볼 수 있도록 창문을 열어 놓고 전에 하던 대로 무릎을 꿇고 기도하지 않았다면, 그는 아무런 고초도 겪지 않았을 것 아닙니까? 아! 그러나 다니엘은 작게 보이는 그 허물에 대해서 자기 나름대로 판단을 하였습니다. 즉 그 작은 허물로 하나님을 분노하시게 하기보다는, 그리고 하나님의 종이면서도 그분의 명령에 순종하는 것이 두려워 사람들로 하여금 그 거룩한 이름을 모독하게 하기보다는, 차라리 사자 입에 찢겨 죽는 죽음을 감수하겠다고 판단했습니다. 또한 그 거룩한 세 자녀들을 눈여겨보십시오. 그들도 느부갓네살 왕으로부터 그가 세워 놓은 금 신상에 단순히 무릎 꿇고 절하라는 명령을 받았습니다. 신하로서 왕에게 표해야 하는 최소한의 경의(敬意)이지 않습니까! 한 번만 무릎을 꿇는다면, 그것으로 모든 것이 끝날 일이었습니다. 한 번만 엎드려 절한다면, 그들이 가는 길은 안전하였을 것입니다. 하지만 그들은 그렇게 하지 않았습니다. 그들은 왕이 세워 놓은 금 신상에 절하지 않았습니다. 그들은 하나님을 위해 불 속에 던져질지언정, 하나님에게서 돌아설 수는 없었습니다. 그들은 고통을 감내할지언정 죄는 짓지 않으려고 하였습니다. 비록 온 세상이 그들에게 편하게 살라고 요구하였지만, 세상의 그런 요구가 신상 앞에 절해도 되는 구실이 되지는 못했습니다. 우상에게 절하는 한 번의 작은 행동을 행하는 것인데도, 그들은 그렇게 하려고 하지 않았습니다. 지극히 높으신 분을 대적하여 죄를 범하는 것보다는, 차라리 평소보다 일곱 배나 더 뜨겁게 한 풀무 가운데 던져지는 것을 원했습니다.

이와 같은 일은 초대 그리스도인들 가운데도 있었습니다. 여러분은 그리스도를 위한 고귀한 전사였던 감독 마르틴 아레투사(Martin[Mark] Arethusa, 배교자 율리아누스 황제 치하에서 순교한 감독 — 역주)에 관한 글을 읽어보았을 것입니다. 그는 자신이 목회하는 교구 도성에 세워진 우상 신전을 무너뜨리고자 사람들을 동원하였습니다. 그러자 그 배교자인 황제 율리아누스는 무력을 동원하여 사람들에게 그 신전을 다시 재건하라고 명령하였고, 그 명령에 불복하는 자는 사형에 처한다고 말했습니다. 그럼에도 불구하고 아레투사는, 왕의 진노가 느닷없이 그에게 임하기 전까지 사람들이 행하고 있던 그 악에 대적하여 자신의 목소리를 쉬지 않고 높였습니다. 그러던 차에 아레투사는 다음과 같은 조건만 수락하면 살려 주겠다는 제의를 받게 되었습니다. 즉 신전 재건을 위해 단돈 반 페니만 기부한다면 목숨을 살려 주겠다는 것이었고, 아니 그것도 못하겠다면, 그 거짓 신의 향로에 향료 부스러기라도 바치면 그를 풀어 주겠다고 하는 제의였습니다. 하지만 그는 그렇게 하기를 원치 않았습니다. 그는 하나님을 두려워했고, 자기 생명을 구하기 위해 아주 작은 죄라도 범하지 않으려고 하였습니다. 그래서 그의 몸은 벗겨진 채로, 손에 칼이 들려진 어린 아이들에게 넘겨져 마구 찔리게 되었고, 그런 다음 그 몸에 꿀을 발라서 말벌이 있는 곳에 안치하여 결국 벌에 쏘여 죽게 하였습니다. 그는 이 모든 고통을 겪으면서도 향료의 부스러기 하나도 우상 신전에 바치지 않았습니다. 그는 몸이 말벌에게 쏘여 극심한 고통 속에서 죽을지언정, 하나님을 대적하여 그 어떠한 죄도 범할 수 없었고, 범할 마음도 없었고, 감히 범하지도 않았습니다. 하나의 고귀한 모범이 아닐 수 없습니다!

자, 사랑하는 성도 여러분, 만약 사람들이 작은 허물이라도 그 속에 큰 죄악이 도사리고 있다는 것을 깨달을 수 있었다면, 그런 작은 죄들을 범하기보다는 차라리 상상도 못할 엄청난 고문이라도 그것을 감수했을 것입니다. 그렇게 했다면, 사탄이 "이는 작은 것이 아니니이까?"라고 말하는 그 작은 것 속에 들어 있는 그 끔찍한 죄악은 결국 틀림없이 그 모습을 드러내지 못했을 것입니다. 하나님의 은혜로 눈이 크게 뜨인 사람들은, 가장 하찮은 죄 가운데서도 지옥 전체가 잠시 활동을 멈추고 도사리고 있는 것을 지금까지 보아왔습니다. 현미경처럼 작은 것을 볼 수 있는 눈을 은사로 받은 사람들은, 죄악된 단 하나의 행동이나 생각이나 상상 가운데 숨어 있는 부정한 세계 전체를 보았고, 이를 무서워하여 피하고 지나치면서 아무 관계도 맺지 않으려고 했습니다. 천국으로 바로 가기 위해서는 불 속을 지나거나 홍수를 당하거나 죽음까지 맞이해야 한다 해도, 그들은 정도에서 벗어나 편한 길을 가기 위해서 한 발자국도 움직이지 않았으며, 오히려 이 모든 고통들을 뚫고 나아갔습니다. 사탄이 우리에게 작은 죄들로 시험할 때, 이와 같은 생각이 우리에게 도움이 되리라는 점에서 말씀드립니다. 다음과 같이 대답하는 것도 우리에게 도움이 될 것입니다. "아니야, 사탄아, 하나님의 백성은 그것이 아무리 작은 죄라 해도 큰 죄로 알고 있어. 하나님의 백성들은 네가 알고 있는 것보다 더 잘 알고 있어. 너는 사람을 속이는 자로구나. 하나님의 백성들은 진실해. 너는 비록 그것이 단지 작은 죄라고 말해도, 나는 모든 죄를 피해야만 해." 작은 죄들이라고 우기는 이 사탄의 시험에 응하는 또 다른 대답은 다음과 같습니다. "사탄아! 작은 죄들이 큰 죄가 된다고. 너는 내게 작은 부정을 범하라고 하고 있다. 하지만 나는 너의 본래 모습을 알고 있어. 넌 부정한 자야! 너는 내가 알지 못하는 사이에 내게 얇은 쐐기를 박아 넣으려고 하는 거야. 그 쐐기가 한번 제대로 박히기만 하면 내 영혼까지 두 동강이를 낼 것이라는 것도 너는 알고 있잖아. 아니, 집어치워! 아무리 작은 시험이지만, 나는 너를 경계하고 있어. 왜냐하면 너의 작은 시험이 큰 시험으로 이어지고, 너의 작은 죄가 더 악한 죄로 나아가는 길을 마련해 주기 때문이지."

우리 모두는 다음과 같은 사실이 증명되는 것을 자연에서 매우 쉽게 볼 수 있습니다. "작은 것들이 큰 것들로 인도된다." 가령 바다의 만(灣)을 잇는 다리를 놓고자 한다면, 종종 다음과 같은 방식으로 합니다. 실처럼 아주 얇은 줄을 화살에 묶어서 그 만을 가로질러 쏩니다. 건너간 그 줄 위에 꼬아 만든 조금 굵은 줄을 묶어서 보내고, 그 다음에는 다소 굵은 밧줄을 묶어 보내고, 그 다음에는 쇠로 된 케이블을 보내고, 그 다음에 비로소 현수교(懸垂橋)가 놓이게 됩니다. 그렇게 해서 수천 명이 다닐 수 있는 길이 만들어지는 것입니다. 사탄이 하는 짓도 종종 이와 같습니다. 사탄이 마음을 가로질러 쏘는 것은 단지 하나의 생각일 뿐입니다. 그런데 그 생각이 욕망을 부르고, 그 욕망이 어떤 형상을, 그 형상이 접촉을, 그 접촉이 행동을, 그 행동이 습관을, 그 습관이 더 악한 어떤 것을 부릅니다. 이런 연쇄작용은 한 사람의 마음속에 작은 것으로 시작되었지만, 결국 그가 죄악의 수렁에 빠져 허우적거릴 때까지 계속됩니다. 그래서 우리는 작은 것들이 더 악한 것으로 계속해서 이어진다고 말하는 것입니다. 이런 사정은 지금까지 항상 그랬습니다. 건조한 대초원 지대를 거닐던 부주의한 여행자가 작은 불씨를 하나 떨어뜨렸습니다. 그것은 단지 하나의 불씨에 불과하였습니다. "이는 작은 것이 아니니이까?" 이 불씨는 어린 아이가 밟아도 꺼질 수 있고, 비를 머금은 구름이 내리는 비 한 방울에도 꺼질 수 있는 것입니다. 하지만, 아! 도대체 무엇이 그 대초원을 불길에 휩싸이게 하는 것일까요? 성난 파도처럼 밀려오는 그 불길 앞에, 들판의 모든 동물들이 달아난 것은 도대체 누구의 명령 때문인가요? 격렬한 불길에 휩싸여 그 수풀이 모두 전소된 것은 도대체 무슨 일인가요? 사람이 사는 집이 불타 없어지고, 수확한 농작물들도 없어진 것은 도대체 무슨 일인가요? 오로지 부주의하게 떨어진 불씨, 즉 온 초원을 휘감은 불길을 낳은 단 하나의 불씨 때문입니다. 작은 죄들의 경우도 이와 마찬가지입니다. 오, 사탄아! 너는 작은 죄들의 실상을 감추지 말지어다! 작은 죄들은 작은 불씨에 불과합니다. 하지만 오로지 그 불씨로부터 지옥의 불길이 자라납니다. 작은 불씨는 대화재의 어머니와 같습니다. 따라서 비록 작은 죄라 해도, 저는 그것과 관계를 조금도 맺을 수 없습니다. 사탄은 예전에 아간에게 했던 것과 똑같이 우리에게도 항상 그렇게 시작합니다. 사탄은 맨 먼저 아간에게 바벨론의 아름다운 외투와 금붙이를 보여주었습니다. 아간은 그것들을 보았습니다. 본다는 것이야말로 여러 행동들 가운데 작은 것이 아닙니까? 아간은 그것을 만져 보았습니다. 만져 보는 것도 작은 것이지 않습니까? 금지된 것을 만져만 보는 것, 이것도 얼마나 작은 죄인지 모릅니다! 그는 그것들을 취하고는 자기 장막으로 가지고 왔습니다. 여기서 그는 악한 일을 하였습니다. 즉 그것들을 숨겼던 것입니다. 결국 그는 그 끔찍스러운 죄악으로 인해 죽어야만 했습니다. 오! 죄가 이처럼 작은 것에서 시작되는 것을 여러분은 주의하십시오. 죄의 시작은 마치 물이 차 오르는 것과 같습니다. 처음에는 물이 스며드는 것 같습니다. 그 다음에는 한 방울씩 떨어지다가 그 후에는 가는 시냇물이 되다가, 그 다음으로 물길이 되어 마침내 홍수가 되어 버립니다. 홍수가 나면 성벽도 많은 물 앞에 무너지며, 육지도 물에 잠기게 됩니다. 그러므로 작은 것으로 시작될 때 주의하십시오. 왜냐하면 그 작은 것이 더 악한 것으로 이어지기 때문입니다. 교수대로 끌려온 사람치고 작은 도둑질로 시작되었다고 고백하지 않는 사람은 아직까지 한 명도 없었습니다. 즉 학교에서 책을 훔치고, 후에는 주인의 돈궤에서 절도를 하고, 후에는 강도들의 무리에 가담합니다. 이렇게 강도들과 한 패가 되어서는 더욱더 악한 죄들과 가까워지다가, 마침내 실제로 악한 죄들을 범하고, 살인마저 저지르게 됩니다. 그래서 그는 사형으로 비참한 최후를 맞게 됩니다. 작은 죄들은 종종 빈 집을 터는 도둑처럼 행동합니다. 이런 빈집털이범들은 때때로 어린 아이들과 함께 다닙니다. 자신이 들어가기에는 작은 창문에 어린 아이를 들여보냅니다. 그래서 그 어린 아이가 그 집에 들어가 문을 열게 하여 자신이 들어갑니다. 작은 죄들이 행동하는 것도 이와 마찬가지입니다. 작은 죄는 정말 작은 죄에 불과할 뿐입니다. 하지만 그 작은 죄들이 기어 들어와 더 큰 죄들이 들어오도록 문을 열어 줍니다. 군의 진영 안으로 들어온 한 반역자가 아무리 난쟁이라 해도, 그 난쟁이가 진영 안으로 들어와 도성의 문들을 열어줌으로써 모든 적군들이 들어오게 되는 것입니다. 죄악을 두려워하십시오. 죄악이 항상 작아보여도, 죄악이라면 두려워하십시오. 여러분은 그 작은 죄 속에 있는 모든 것을 볼 수 없습니다. 작은 죄야말로 수만 가지 불행의 어머니와 같습니다. 사람들은 말합니다. 이 불행의 어머니는 작은 벌레의 알처럼 아주 작다고 말입니다. 틀림없습니다. 아무리 작은 죄라 해도 그의 뱃속에는 수만 가지 불행이 도사리고 있습니다.

　성 아우구스티누스는 사람이 일단 죄를 범하기 시작하면, 그가 얼마나 멀리까지 나가게 되는지에 대해 다음과 같이 묘사했습니다. 마귀가 파리들을 만들었다고 주장하는 한 사람이 있었습니다. 그에게 어떤 사람이 "글쎄요. 만약 마귀가 파리들을 만들었다면, 마귀가 벌레들을 만들었다는 말과 별반 다르지 않네요!"라고 말했습니다. 그러자 그는, "그렇지요. 저는 그렇게 믿고 있어요"라고 대답했습니다. "글쎄요. 만약 마귀가 벌레들을 만들었다면, 마귀가 작은 새들을 만든 것도 알고 계시겠네요?" 그는, "그렇지요. 마귀가 작은 새들도 만들었을 것 같네요"라고 대답하였습니다. 그러자 그에게 질문한 그 사람이 말했습니다. "그런데 마귀가 작은 새들을 만들었다면, 그가 큰 새들을 만들지 못할 이유가 뭐가 있겠습니까? 그리고 그가 큰 새들을 만들었다면, 사람을 만들지 못할 이유는 뭐가 있겠으며, 사람을 만들었다면, 온 세상을 만들지 못할 이유는 또 뭐가 있겠습니까?" 아우구스티누스는 말합니다. "보십시오. 마귀가 파리를 창조했다는 생각을 일단 받아들임으로써, 사람들은 마귀가 창조주라고 믿게 됩니다"(아우구스티누스,

요한복음 설교[요 1:1-5] NPNF 1-07. St. Augustin: Homilies on the Gospel of John, p.10). 하나의 작은 허물이라도 여러분의 마음에 품어 보십시오. 하나의 작은 악이라도 여러분의 생각 속에 넣어 보십시오. 하나의 작은 죄의 행위라도 여러분의 삶에서 범해 보십시오. 이러한 것들을 안고 어르면서 애정을 갖고 사랑하며 귀여워하고 관심 갖고 잘 대우해 주십시오. 그러면 여러분은 이것들이 어디로 자라게 될지 결코 알 수 없을 것입니다. 이것들은 처음에는 어린 아이처럼 작지만, 장성한 크기로 자랐을 때는 거인들이 될 것입니다. 여러분이 가장 작은 죄라도 거기에 제멋대로 빠지게 된다면, 여러분은 여러분의 영혼이 얼마나 멸망에 가까이 있는지도 알지 못하게 될 것입니다!

마귀의 이러한 시험에 대해 우리는 다른 주장으로 대답할 수 있습니다. 마귀는 "이는 작은 것이 아니니이까?"라고 말합니다. 그러면 우리는 "그렇다. 하지만 작은 죄들은 아주 순식간에 늘어난다"라고 대답하면 됩니다. 다른 작은 모든 것과 마찬가지로 작은 죄들 안에도 놀랄 만한 번식력이 있습니다. 살인죄는 죄들 가운데 가장 큰 죄입니다. 그런데 우리는 다른 작은 죄들과 비교해서 이 살인죄에 대해서는 자주 듣지 못합니다. 죄가 작으면 작을수록 더욱더 자주 범하기 마련입니다. 코끼리는 새끼 수가 얼마 되지 않고, 번식 속도도 느립니다. 하지만 진딧물은 한 시간에 수천 마리씩 번식합니다. 작은 죄들의 경우도 이와 같습니다. 작은 죄들도 우리의 상상을 뛰어넘는 속도로 순식간에 번식합니다. 죄 하나가 허다한 죄의 어머니가 되는 격입니다. 그러므로 여러분이 유의해야 할 사실은, 번식력에서 보자면 작은 죄들은 큰 죄 못지않게 아주 강력한 악영향을 미친다는 것입니다. 여러분은 온 땅을 휩쓸고 가는 메뚜기들에 관한 이야기를 읽어 본 적이 있습니까? 저는 바로 어제, 메뚜기 떼가 골짜기로 몰려오고 있다는 말을 듣고서 모든 사람들을 불러 모은 한 선교사의 이야기를 읽었습니다. 그들은 큰 불을 일으켜서, 거대한 물결처럼 몰려오는 메뚜기 떼를 막아내려고 했습니다. 메뚜기들은 아주 작은 것이었습니다. 하지만 몰려온 메뚜기들이 이미 불에 타 죽은 메뚜기들의 무더기 위에 계속 쌓여지면서 하나의 살아 있는 물결처럼 지나갈 때, 그것은 활활 타던 불길이 사그라지는 것처럼 보였습니다. 메뚜기들이 오기 전에는 모든 것이 푸르렀습니다. 마치 에덴 동산처럼 말입니다. 하지만 메뚜기가 지나간 후에는 모든 것이 메마른 사막처럼 되어 버렸습니다. 포도 줄기들은 그 껍질이 벗겨졌고, 나무들은 그 모든 잎들을 잃었으며, 그 앙상한 가지들은 마치 거울이 되어 잎이 다 떨어진 것처럼 하늘을 향해 그 팔을 쳐들고 있었습니다. 그 때는 한 마리 염소가 먹을 만큼의 풀 한 포기도 없었고, 나무에는 단 하나의 새순도 나지 않았습니다. 메뚜기들이 이런 짓들을 했습니다. 그들이 지나간 길에는 완전히 황폐함만 남아 있었습니다. 왜 이런 일이 벌어졌습니까? 메뚜기는 그저 작은 것이지 않습니까! 그렇습니다. 하지만 그것들이 모여 많은 수를 이룰 때, 메뚜기들이 얼마나 강력한 힘을 발휘하는지 모릅니다! 그러므로 여러분은 작은 죄 하나라도 두려워하십시오. 왜냐하면 그 작은 죄가 틀림없이 늘어날 것이기 때문입니다. 작은 죄는 그저 하나의 죄가 아닙니다. 작은 죄에는 그런 작은 죄들이 많이 모여 있기 때문입니다. 애굽에서 있었던 이 재앙이나 파리 재앙은 아마도 애굽인들이 겪은 재앙 가운데 가장 끔찍한 재앙이었을 것입니다. 여러분을 멸망시킬 수 있는 벌레와도 같은 이 작은 죄들을 여러분은 조심하십시오. 여러분이 그 작은 죄들의 시험을 분명히 느끼고, 그 죄 아래서 신음하면서 그 죄로부터 구원받기 위해 하나님께 기도한다면, 하나님께서는 그의 손가락으로 여러분을 보호해 주실 것입니다. 그러나 작은 죄라고 해서 그냥 방치해 놓고 번식하여 늘어나게 한다면, 여러분은 머지않아 비참해질 것입니다. 그러므로 "이는 작은 것이 아니니이까?"라고 외치는 사탄의 악한 음성에 절대로 귀 기울이지 마십시오.

몇 년 전까지만 해도 호주(2007년 영국 연방제에서 탈퇴하여 자치국이 되기 전까지 호주는 영국령에 속해 있었다 — 역주) 전역에는 엉겅퀴(스코틀랜드의 국화 — 역주)가 하나도 없었습니다. 저도 이 엉겅퀴를 좋아합니다만, 저보다 아주 더 많이 엉겅퀴를 좋아하는 어떤 스코틀랜드 사람이 호주와 같은 큰 섬에 이 위대한 나라의 놀랍고 영광스러운 상징인 엉겅퀴(야심한 밤에 소리를 내지 않기 위해 군화를 벗고 맨발로 잠행하던 고대 바이킹 족의 습격이 가시가 많은 엉겅퀴 때문에 좌절된 이후, 엉겅퀴는 '나라를 구한 꽃'으로 여겨졌다 — 역주)가 없다는 사실을 알고 안타깝게 생각하였습니다. 그래서 그는 엉겅퀴 씨앗 한 다발을 모아서 호주에 살고 있는 그의 친구에게 보냈습니다. 자, 보십시오. 그 수하물이 도착하자, 관리들은 "오, 들여보냅시다. '이는 작은 것이 아니니이까?' 여기 있는 건 한 줌의 엉겅퀴 솜털 같은데, 그냥 들여보내도록 하지요. 정원에만 심을 수 있는 씨앗일 거요. 스코틀랜드 사람들은 자기 정원에 이것을 심어서 키우니까요. 그들은 이것을 대단한 꽃으로 여기는 모양인데, 우리도 한 번 받아봅시다. 재미로 키우는 건데 별 문제 있겠어요?"라고 말했을 것입니다. 아, 그렇습니다. 그것은 단지 작은 하나였습니다. 하지만 지금 호주 전역은 이 엉겅퀴로 뒤덮여 있으며, 이 엉겅퀴는 농부들의 역병이자 재앙이 되어 버렸습니다. 그것은 작은 것이었습니다. 하지만 이 엉겅퀴가 번식하고 자라서, 이 엉겅퀴와 관련된 사태는 더욱더 악화되었습니다. 만약 그것이 큰 악이었다면, 모든 사람들은 그 악을 물리치는 일에 착수했을 것입니다. 이 작은 악은 아직도 근절되지 않고 있으며, 그 나라에서는 "땅이 네게 가시덤불과 엉겅퀴를 낼 것이라"(창 3:18)는 말씀이 최후 심판 날까지 들리게 될 것입니다. 이 씨앗을 싣고 온 배가 파선됐더라면, 그 나라는 차라리 행복했을 것입니다. 우리나라 사람들에게는 엉겅퀴야말로 다른 것과 비교될 수 없는 축복이지만, 지구 반대편에 있는 그 나라에서는 오히려 엄청난 저주이기 때문입니다. 엉겅퀴 씨앗을 조심하십시오. 작은 죄들도 이와 마찬가지입니다. 작은 죄들이 여러분의 마음속으로 들어오도록 허락하지 마십시오. 여러분은 이 점에 주의하십시오. 사탄이 작은 죄라고 제시하자마자 여러분은 그 죄를 피하려고 노력하십시오. 하나님과 성령님의 은혜를 구하며 나아가 그 죄들을 물리치십시오. 그렇게 하지 않는다면, 이 작은 죄들은 순식간에 번식하여 여러분을 파괴하고 멸망시킬 것이기 때문입니다.

다시 말씀드립니다. 여러분이 이 작은 죄들을 다른 측면에서 본다면, 이 작은 죄들은 결국 큰 죄라는 것을 알게 될 것입니다. 즉 작은 죄는 큰 원칙을 내포하고 있다는 것입니다. 가령 내일 오스트리아 사람들이 사르디니아(현재의 이탈리아 — 역주)에 군대의 본대(本隊)에 속하는 몇 사람을 보낸다고 가정해 봅시다. 그들이 열두 명 남짓 되는 병사를 보냈다고 해도, 그것은 선전포고에 맞먹는 것입니다. "아주 작은 수이지 않습니까? 우리가 보낸 병사들은 아주 작은 부대이지 않습니까?"라고 말할 수 있을 것입니다. 이에 대해 "맞습니다. 하지만 이것이 군사 원칙입니다. 당신들은 경계선 넘어 군사들을 보냈으니, 결코 무사할 수 없을 것입니다. 분명히 전쟁은 선포된 것입니다. 왜냐하면 당신들은 국경선을 침범하고 이 나라에 공격을 감행했기 때문입니다"라고 대응할 것입니다. 국가 간의 조약을 깨뜨리기 위해서는 수만 명의 군대를 파병할 필요가 없습니다. 아주 작은 것이라도 조약이 파기되는 것은 사실입니다. 아무리 사소한 위반이라도, 원칙은 깨진 것이기 때문입니다. 원칙 파기는 사람들이 생각하는 것보다 엄청나게 큰 결과를 초래합니다. 하나님을 대적하는 죄에서도 그것이 단순히 하나님을 대적했다는 것이 아니라, 하나님께서 보고 계신다는 그 원칙이 문제가 되는 것입니다.

큰 죄를 지을 때와 마찬가지로 작은 죄를 통해서도 그만큼 순종의 원칙이 깨진 것이고 하나님의 이름을 욕되게 한 것입니다. 오, 인간들이여! 창조주께서 자신에게 순종하도록 너희들을 만드셨도다. 그런데 너희들은 그분의 법을 어겼다. 그리고도 너희들은 그것은 단지 작은 것을 어겼다고 말하고 있다. 하지만 작은 것을 어긴 것도 법을 어긴 것이다. 그 법은 깨어졌고, 너희들은 불순종한 자들이 되었다. 그분의 진노가 너희들 위에 놓여있다. 순종의 원칙이 너희들의 그 작은 허물로 위태롭게 되었으니, 너희들의 허물은 큰 허물이다. 게다가 저는 그리스도인들이 작은 죄들이라고 부르는 것들이 결국 어떤 측면에서 보면 사람들이 큰 죄들이라고 부르는 것보다 더 큰 죄이지는 않은가 하는 생각이 들기도 합니다. 가령 여러분에게 어떤 친구가 있는데, 그 친구가 만 파운드가 필요해서 여러분을 불쾌하게 했다면, 여러분은 "괜찮아. 그 친구가 아주 큰 시험을 받은 거야. 그가 큰 잘못을 한 게 사실이기는 하지만, 그에게도 그럴 만한 사정이 있어서 나에게 잘못한 거야"라고 말합니다. 하지만 여러분의 친구가 단지 일 파딩(farthing, 영국의 옛 동전단위 — 역주)을 위해 여러분의 마음을 화나고 슬프게 한다면, 여러분은 그에 대해 어떻게 생각합니까? "이 사람 몹쓸 사람이군. 이 사람은 완전히 악한 감정으로 나에게 이런 짓을 했어"라고 생각할 것입니다. 자, 다음과 같은 경우를 상상해 봅시다. 만약 하나님께서 낙원 전체를 아담에게 허락하지 않았고 그를 돌이 많은 광야에 거하게 하셨는데, 그가 동산 가운데 있는 하나님께서 금하신 실과를 훔치는 행동을 했다면, 이 행동은 아담만이 낙원 전체에 대한 책임을 맡고서 동산 가운데 거하다가 단순히 하나님께서 금하신 실과 한 개 정도를 훔친 행동보다 더 많은 죄를 지은 것이라고 저는 생각하지 않습니다. 그 죄에는 큰 원칙이 내포되어 있었습니다. 즉 아담이 자기 마음대로 죄를 지었다는 것입니다. 그가 하나님의 이름을 더럽혔을 때, 그가 얻은 것은 별 것 없었고, 많은 것을 잃었을 뿐입니다. 이런 말이 있습니다. "시험을 받지 않고 죄를 범하는 것은 마귀처럼 죄를 짓는 것이다. 왜냐하면 마귀는 어떤 시험도 받지 않고 죄를 짓기 때문이다. 하지만 작은 시험으로 죄를 범하는 것도 마귀처럼 죄를 짓는 것이다." 저는 큰 시험을 받게 되었을 때 변명의 여지가 있을 수 있다고 말하는 것이 아닙니다. 그저 작은 쾌락을 제공해 주고 작은 결과만 초래하는 작은 행동들이 아무 시험도 받지 않고 일어났다면, 그 행동 속에는 사람들이 범하는 많은 다른 사악함보다 도덕적으로 더 큰 부정으로 이끄는 죄에 대한 방자함이 있는 것입니다.

그렇습니다. 여러분은 중한 죄를 저지른 어떤 죄인을 발견하면 그에 대해 소리를 지릅니다. 그가 사람들의 물건을 얼마나 많이 훔쳤는지 보아라. 그가 과부에게 얼마나 나쁜 짓을 저질렀고 부모 없는 자들을 얼마나 괴롭혔는지 보아라! 그를 보고 비난하는 여러분의 마음을 저도 잘 알고 있습니다. 제가 그런 중한 죄인들에 대해 뭔가 변명을 하는 것은 하나님께서도 금하시는 일입니다. 그러나 그런 자들에게도 나름대로 명분이 있었다는 것입니다. 그의 앞에는 거부(巨富)가 되고자 하는 수천 가지 시험이 있었습니다. 그리고 그는 자신이 결코 발각되지 않을 것이라고 생각했습니다. 그는 부양해야 할 가족도 있었으며, 많은 돈이 드는 고급 취미도 가지고 있었습니다. 그의 비행에 정상참작이 될 만한 것들은 많이 있습니다. 그러나 여러분의 경우는 어떠합니까? 설령 여러분이 전혀 쾌락도 없고 그리 큰 이득도 없고, 여러분과 전혀 관계도 없는 어떤 사소한 죄에 연루되었다 해도, 저는 여러분이 자기 멋대로 하고자 하는 마음으로 죄를 범했다고 말할 것입니다. 여러분이 저지른 그 행위 속에는 고집과 완고함과 의도적인 불순종이라는 치명적인 바이러스가 있기 때문입니다. 그러므로 여러분이 이로써 어떤 유익을 얻었다 해도, 이 악행에 대한 참작이나 변명이나 해명이 있을 수 없습니다. 율법의 빛에 비추어 보면, 작은 죄들도 결국에는 거대한 죄들과 같습니다. 비록 작은 죄들이라 해도, 그 속에는 우리가 보기에 해서는 안 될 의의 기준을 깨뜨리는 방자한 행동이 내포되어 있기 때문에, 저는 그런 죄들이 큰 죄라고 말하는 것입니다. 저는 사람들이 악하고 크다고 여기는 죄들이 이런 작은 죄들보다 실제로 더 악하고 큰 죄인지 잘 모르겠습니다.

지금까지 저는 "이는 작은 것이 아니니이까?"라는 시험에 대답하는 문제로 몇 가지 논증들을 여러분에게 제시하였습니다.

지금부터는 하나님의 자녀에게만 말씀드리고자 합니다. "형제들이여, 만약 사탄이 여러분으로 하여금 '이는 작은 것이 아니니이까?'라고 말하게 한다면" 사탄에게 다음과 같이 대답하십시오. "아, 사탄아, 네게는 비록 작을지 모르지만, 그것은 내가 그리스도와 맺은 교제를 손상시키는 일이야. 죄가 나를 멸망시킬 수는 없지만, 죄는 나를 괴롭히겠지. 죄는 내 영혼을 파멸시킬 수는 없지만, 내가 가진 평안을 즉시 파괴하겠지. 사탄아, 너는 그것이 작은 죄라고 말하겠지만, 내 구세주께서는 그 죄를 위해 죽어야만 했다. 그분께서 죽지 않으셨다면, 나는 천국에서 쫓겨나야 했을 것이다. '그 작은 것'은 내 육신의 작은 가시와 같아서 내 마음을 찌르고, 내 영혼에 상처를 내고 있다. 그러니 나는 이런 작은 죄에도 빠져들 수 없고, 감히 빠져들어서도 안 된다. 나는 지금까지 큰 용서를 받았기 때문에, 나도 크게 사랑해야만 한다. 다른 사람들이 짓는 작은 죄도 내게는 큰 죄와 다를 것이 없다. '그런즉 내가 어찌 이 큰 악을 행하여 하나님께 죄를 지으리이까'(창 39:9)."

사탄아, 이것이 작은 죄라는 것이냐? 구두 안에 있는 작은 돌이 여행자들의 다리를 절뚝거리게 하는 법입니다. 몸에 박힌 작은 가시가 살을 곪게 합니다. 작은 구름이 해를 가립니다. 사람 손바닥 크기의 작은 구름이 홍수 비를 내리게 합니다. 썩 물러가거라, 사탄아! 나는 너와 아무 상관이 없는 사람이다. 예수님께서 이 작은 죄들을 위해 피흘려 주신 것을 알기에, 내가 다시 그와 같은 죄에 빠져 그분의 마음을 아프게 할 수 없노라. 작은 죄를 아무렇지 않게 여기는 너 사탄아! 나의 주님께서 "우리를 위하여 여우들 곧 포도원을 허는 작은 여우들을 잡으라 우리의 포도나무에 연한 포도들이 있느니라"(아 2:15 KJV)고 말씀하지 않으셨습니까? 보십시오! 이 작은 죄들이 나의 연한 가슴에 해악을 끼칩니다. 이 작은 죄들이 내 영혼의 바닥을 파헤쳐, 예수님께서 미워하시는 야생 짐승들의 소굴과 은신처를 만들고 그분을 내 영혼에서 즉시 쫓아냅니다. 그리하여 그분과 함께 한 편안한 교제와 교류를 앞으로 더 이상 못하게 할 것입니다. 큰 죄라도 그리스도인은 멸망하지 않습니다. 하지만 작은 죄로 인해 그리스도인은 비참해질 수 있습니다. 예수님께서는 자기 백성들이 알고 있는 모든 죄들이 없어지지 않는 한, 자기 백성들과 동행하지 않으실 것입니다. 그분께서도 "내가 아버지의 계명을 지켜 그의 사랑 안에 거하는 것 같이 너희도 내 계명을 지키면 내 사랑 안에 거하리라"(요 15:10)고 말씀하셨습니다. 이 세상에는 거의 한 달씩이나 구세주의 얼굴을 보지 않아도, 그리고 그분과의 교제 없이도 아주 만족해 보이는 것 같은 그리스도인들이 많이 있습니다. 여러분의 주님 없이도 여러분의 영혼이 주님과 어떻게 화목할 수 있는지 저는 이해할 수도 없으며, 그 이유를 알고 싶지도 않습니다. 자기 남편 없이 수개 월 혹은 수년 씩 지내는 사랑스러운 아내는 제가 보기에 아주 힘든 고난을 겪는 것 같습니다. 자기 아버지와 떨어져 지내는 것도 귀여운 어린 아이에게는 틀림없이 고통입니다. 우리도 어린 시절을 되돌아보면 항상 그랬고, 기쁜 마음으로 집에 돌아가기를 고대하였음을 우리는 알고 있습니다. 그런데 여러분은 하나님의 자녀이면서도, 아버지인 그분의 얼굴을 보지 않고 행복할 수 있습니까? 이게 도대체 무슨 말입니까? 여러분은 그리스도의 배우자인데도, 그분과 교제 없이 어떻게 만족할 수 있습니까? 분명히, 틀림없이, 확실히 여러분은 서글픈 처지에 놓인 것입니다. 여러분이 이런 처지를 경험하고 있다면, 여러분은 길을 잃은 것이 틀림없습니다. 왜냐하면 여러분이 진정 그리스도의 정숙한 신부라면, 그분이 여러분을 떠나갔을 때 짝을 잃은 비둘기처럼 슬퍼할 것이기 때문입니다. 그러므로 여러분은 이 질문을 하십시오. 도대체 무엇이 여러분에게서 그리스도를 쫓아냈는지 말입니다. 그분은 자신의 얼굴을 여러분의 죄라는 담벼락 뒤로 숨기셨습니다. 그 담벼락은 큰 돌로 세울 수 있는 것처럼 작은 조약돌로도 쉽게 세울 수 있습니다. 바다도 작은 물방울로 이루어져 있으며, 바위들도 작은 모래 알갱이로 이루어져 있습니다. 그러므로 아! 여러분을 그리스도로부터 떼어놓은 그 바다는 틀림없이 여러분의 작은 죄라는 물방울들로 채워져 있을 것이며, 여러분이 타고 있는 배를 난파시킨 그 암초도 여러분의 작은 죄라는 산호충(珊瑚蟲)들이 날마다 활동해 만들었을 것입니다. 그러므로 여러분은 이것들을 조심해야 합니다. 여러분이 그리스도와 함께 살고, 그리스도와 동행하고, 그리스도를 뵙고, 그리스도와 교제하기를 원한다면, 포도원을 허는 작은 여우들을 조심하십시오. 왜냐하면 우리의 포도는 연한 포도들이기 때문입니다. 이것이 바로 제가 여러분에게 바라는 바입니다.

　이제 저는 잠시 하나님의 자녀들을 향한 이야기를 중단하고서, 여러분 가운데 있는 다른 분들, 즉 영혼에 관해 생각을 하고 있기는 하지만 참된 마음으로 하나님을 섬기지는 못하는 자들에게 말씀드리고자 합니다. 사탄은 여러분에게 종종 "이는 작은 것이 아니니이까?"라는 시험을 하고 있다는 것을 저는 알고 있습니다. 사탄이 여러분에게 이런 공격을 할 때마다, 하나님께서 여러분을 도우시어 그에게 대답할 수 있게 되기를 기원합니다. 청년 여러분, 마귀는 "이는 작은 것이 아니니이까?"라고 하면서, 처음에 작은 것을 도둑질하라고 여러분을 시험하였습니다. 청년 여러분, 마귀는 "이는 작은 것이 아니니이까?"라고 하면서, 여러분이 쉬는 날을 어리석은 쾌락으로 허비하면서 여러분이 처음으로 맞게 되는 청춘을 보내라고 여러분에게 명령하였습니다. 마귀는 그것은 그저 작은 것에 불과할 뿐이라고 말하였으며, 여러분은 그의 말을 그대로 받아들이고는, 그가 시키는 대로 하였습니다. 그것은 그저 작은 것에 불과하기에, 여러분은 거짓말도 했습니다. 그것은 그저 작은 것에 불과하기에, 여러분은 시답잖은 모임에도 가고 조롱하는 자들과 함께 어울리기도 했습니다. 그것은 그저 작은 것에 불과하기에, 그 일로 많은 상처를 입지도 않았을 것이고, 여러분의 영혼에 많은 해가 되지도 않았을 것입니다. 아! 잠깐만 멈추십시오. 여러분이 방자하게 행하는 이 작은 죄가 여러분의 구원을 방해할 수도 있다는 것을 여러분은 알고 있습니까? "그러나 하나님의 견고한 터는 섰으니 인침이 있어 일렀으되 주께서 자기 백성을 아신다 하며 또 주의 이름을 부르는 자마다 불의에서 떠날지어다 하였느니라"(딤후 2:19)는 말씀대로, 그리스도께서는 자기가 지은 모든 죄들을 미워하는 자를 그 모든 죄에서 구원해 주시겠다고 계시해 주셨습니다. 그러나 여러분이 하나의 죄라도 여러분 속에 가지고 있다면, 여러분은 그분께서 친히 베푸시는 은혜를 결코 받지 못할 것입니다. 여러분이 여러분의 모든 길들을 버리고 온 마음 다해 그리스도에게 나아온다면, 여러분이 지금까지 지은 죄가 아무리 크다 해도, 그 죄가 영혼을 파멸시키지 못할 것입니다. 그러나 여러분이 하나의 작은 죄라도 숨긴다면, 하나님께서는 여러분의 기도를 듣지 않으실 것이며, 여러분의 탄식도 무시되고, 여러분의 간절한 부르짖음도 하나의 축복도 받지 못한 채 여러분의 가슴으로 다시 돌아오게 될 것입니다. 여러분은 최근까지도 기도를 했습니다. 여러분은 그리스도를 찾았고, 하나님께서 여러분을 만나 주시기를 바라며 여러분의 온 힘을 다해 기도했기 때문입니다. 그리고 이제 수개월이 여러분의 머리 위로 지나갔습니다. 하지만 여러분은 아직도 구원받지 못했고, 아직도 여러분이 죄 용서를 받았다는 위로의 확신도 받지 못했습니다.

청년 여러분, 여러분이 알고 있는 작은 죄가 아직도 여러분의 마음에 있는 것은 아닙니까? 그러므로 주의하십시오. 여러분이 여러분의 죄와 분리되어 둘이 되기까지, 하나님께서는 절대로 여러분과 하나가 되지 않으실 것입니다. 여러분이 지은 죄들과 헤어지십시오. 그렇지 않으면 모든 소망과도 헤어지게 될 것입니다. 여러분이 하나님을 떠나 죄의 한 알갱이라도 숨긴다면, 그분은 여러분에게 그 어떤 은혜도 베풀지 않으실 것이며, 베풀 수도 없을 것입니다. 여러분의 있는 모습 그대로 그분에게 나아오십시오. 단, 여러분의 죄는 버리고 나아오십시오. 모든 정욕과 모든 거짓된 길과 모든 악한 것들에서 여러분이 자유롭게 되기를 그분에게 간구하십시오. 그렇게 여러분이 간구하지 않는다면, 여러분은 그분의 손에서 어떠한 자비와 은혜도 발견하지 못할 것입니다. 여러분은 이 사실을 명심하십시오. 세상에서 아무리 큰 죄라 해도, 회개한다면 용서받을 것입니다.

하지만 아무리 작은 죄라 해도 회개하지 않은 죄라면, 그 죄로 인해 여러분의 영혼은 가장 낮은 지옥보다 더 낮은 바닥으로 떨어지게 될 것입니다. 그러므로 죄인인 여러분, 여러분은 다시 주목해 주십시오. 여러분은 때로 작은 죄들에 빠집니다. 이런 작은 죄들은 아직도 여러분 속에 쓴 담즙이 있고, 아직도 여러분이 죄악에 매여 있음을 보여주는 것입니다.

로울랜드 힐(Rowland Hill, 1744-1833, 영국의 복음주의 설교자 — 역주) 목사님은 자신의 회중 가운데 종종 극장에 가던 한 사람에 관한 흥미로운 이야기를 들려주었습니다. 교회의 한 지체였던 그를 만나자 힐 목사님은 그저 지나가는 말로 "아무개 성도님, 당신은 자주 극장에 가는 것을 좋아한다고 저는 알고 있습니다"라고 했습니다. 그러자 그 사람은 "아닙니다. 목사님. 그건 잘못된 말입니다. 저는 한 번씩 기분 전환이 꼭 필요할 때만 가는 것이지, 절대로 제가 극장을 좋아해서 가는 게 아니랍니다"라고 말했습니다. 그러자 로울랜드 힐은 이렇게 말했습니다. "좋습니다. 가령 어떤 사람이 제게 다음과 같이 말했다고 합시다. '힐 목사님, 나는 당신이 썩은 고기를 먹고 있다는 것을 알고 있소.' 그래서 제가 '아닙니다. 저는 절대로 썩은 고기를 먹지 않습니다. 하지만 그 소문은 약간 맞는 구석이 있습니다. 저는 아주 가끔씩 특별한 기분 전환을 위해서 고약한 냄새를 풍기는 썩은 고기 한 점을 먹곤 하니까요'라고 말했다고 합시다. 그러면 그 사람은 이렇게 말했을 것입니다. '당신이 스스로 실토를 하네요. 당신은 특별한 기분 전환을 위해 그 고기들을 저장해 두고 있으니, 당신이 다른 사람들보다 그것을 더 좋아한다는 점을 보여주는 셈이네요. 다른 사람들에게 이 고기는 보통 때 날마다 먹는 음식일 뿐인데, 당신은 특별한 용도로 그것을 갖고 있군요. 바로 이것이 당신의 마음속에 있는 기만을 보여주는 것이고, 당신이 여전히 죄의 삶과 죄의 방식들을 사랑하고 있다는 것을 밝혀 주는 겁니다.'"

아, 사랑하는 성도 여러분, 작은 죄들을 말하는 사람들은 어쨌든 그 속에 아무런 악의가 없을지 모르지만, 그 작은 죄들은 그들의 인격이 어떠한지를 말해 줄 뿐입니다. 작은 죄들은 물결이 흐르고 있는 방향을 보여줍니다. 지푸라기 하나로도, 심지어는 나부끼는 깃털 하나로도 여러분은 바람이 불고 있는 방향을 알 수 있습니다. 이와 같이 작은 죄 하나가 마음의 지배적인 성향이 어떠한지를 말해 줄 수 있습니다. 설교를 듣고 있는 사랑하는 성도 여러분, 만약 여러분이 비록 작은 죄라 해도 그 죄악을 사랑한다면, 여러분의 마음은 하나님 보시기에 옳지 못한 것입니다. 여러분은 여전히 하나님의 은혜에 낯선 자들인 것입니다. 하나님의 진노가 여러분 위에 머물러 있습니다. 하나님께서 여러분의 마음을 바꾸어 주시지 않는 한, 여러분은 잃은 영혼들입니다.

　이 대목에서 한 가지 사실을 또 전하고자 합니다. 죄인인 여러분, 여러분은 그것이 그저 작은 죄일 뿐이라고 말하고 있습니다. 그러나 하나님께서 그 작은 죄들을 가지고 여러분을 정죄하실 것이라는 사실을 알고 있습니까? 지금 화를 한 번 내보십시오. 그리고 어떤 목회자가 눈에 거슬린다고 한 번 말해 보십시오. 하나님께서 여러분을 영원히 정죄하시는 그 날에도, 과연 여러분은 하나님께 화난 모습을 보일 수 있겠습니까? 한 선한 사람이 오늘 감옥에 갇혔는데, 여러분이 그를 만나러 가지 않았다고 하면, 여러분은 그것을 큰 죄로 생각했겠습니까? 여러분은 분명히 아니라고 말할 것입니다. 저도 그렇게 하지 않았다고 해서 그것을 큰 죄로 생각하지는 않았을 것입니다. 여러분이 굶주린 어떤 사람을 보고도 그에게 먹을 것을 주지 않았다면, 여러분은 그것을 큰 죄로 생각했겠습니까? 여러분은 아니라고 말할 것이며, 저도 그렇게 했을 것입니다. 그러나 바로 이러한 일들로 인해 사람들이 지옥으로 가게 됩니다. 재판장께서 무엇이라고 말씀하셨습니까? "내가 주릴 때에 너희가 먹을 것을 주지 아니하였고 목마를 때에 마시게 하지 아니하였고 … 병들었을 때와 옥에 갇혔을 때에 돌보지 아니하였느니라 하시니, … 이 지극히 작은 자 하나에게 하지 아니한 것이 곧 내게 하지 아니한 것이니라"(마 25:42-45). 자, 우리가 그저 작은 죄에 불과하다고 생각하는 이런 것들로 인해, 실제로 허다한 사람들이 지옥으로 가게 된다면, 우리는 죄에 대해 가볍게 말하기 이전에, 마땅히 모든 것을 중단하고서 두려워 떨어야 하지 않겠습니까? 작은 죄들이 우리를 영원히 멸망시킬 수 있으니 말입니다. 아, 사랑하는 성도 여러분, 지옥의 구렁텅이는 작은 죄들로 인해 파이는 것입니다. 영원한 화(禍)도 사람들이 작은 죄라고 부르는 것들을 위해 예비되는 것입니다. 지옥으로 가게 되는 자들은 살인자들과 술주정꾼들과 음행하는 자들만 가는 것이 아닙니다. 사악한 자들이 지옥에 가는 것도 사실이지만, 하나님을 잊어버린 온 세상의 작은 죄인들도 지옥에서 자신의 분깃을 갖게 됩니다. 그러므로 여러분은 작은 죄들로 인해 두려워 떨어야 합니다.

　제가 어린 소년이었을 때, 하루는 가정 예배 시간에 "무저갱"(無低坑, bottomless pit, 바닥 없는 구렁텅이)에 관한 요한계시록의 말씀을 읽고 있었습니다.

저는 말씀을 읽다가 잠시 멈추고는 할아버지에게 말했습니다. "할아버지, '바닥 없는 구렁텅이'라는 이 말이 무슨 말이에요?' 그러자 할아버지는 "계속 읽으렴. 애야, 계속 읽으렴"이라고 말씀하셨고, 저는 그 성경 말씀을 계속 읽었습니다. 그 다음 날 아침에 저는 그 말씀을 또 읽어 보았지만, 제게는 궁금증만 커져갔습니다. 그래서 저는 읽는 것을 멈추고 다시 물었습니다. "바닥 없는 구렁텅이, 이게 무슨 말이에요?' 그러자 할아버지는 다시 "계속 읽으렴. 계속 읽으려무나"라고 말씀하셨습니다. 다음 날 아침도 그렇게 지나갔고, 무려 두 주간을 그런 식으로 보내게 되었습니다. 저로서는 계시록의 이 말씀 외에는 아침에 달리 읽고 싶은 말씀이 없었습니다. 왜냐하면 제가 이 말씀을 한 달 정도 읽으면, 할아버지가 설명해 줄지도 모른다고 생각했기 때문입니다. 그러다가 할아버지가 이 말씀의 뜻을 말씀해 주셨습니다. 그 때 할아버지께서 "바닥 없는 구렁텅이"에 대한 설명을 해주었을 때, 제가 받은 마음의 공포를 저는 지금도 기억하고 있습니다. 깊은 구렁텅이가 있고, 영혼이 그리로 떨어지고 있습니다. 오, 그 영혼이 얼마나 빠르게 떨어지고 있는지 모릅니다! 거기에서는! 지상에서 비취는 마지막 한 줄기 빛마저 사라지고, 그 영혼은 계속해서 계속해서 계속해서 떨어지고 있습니다. 하염없이 계속해서 떨어지고 있습니다. 계속해서 계속해서 계속해서 천 년 동안이나! "이제 바닥에 가까워지지 않았을까? 이제 멈추지 않을까?" 아니, 아니, 울부짖음은 계속됩니다. 계속해서 계속해서. "나는 지금까지 백만 년 동안이나 계속해서 떨어지고 있는데 이제 바닥에 가까워지지 않았을까?" 아니, 너는 아직도 바닥에 가까이 이르지 않았다. 이것이 바로 "바닥없는 구렁텅이"입니다. 떨어지는 것이 계속해서 끊이지 않고 지속됩니다. 영혼도 그렇게 계속해서 떨어집니다. 무궁히 깊고 깊은 곳으로 계속해서 영원토록 "바닥없는 구렁텅이"로 떨어집니다. 계속 계속 계속해서 바닥이 없는 구렁텅이 속으로 떨어지고 있습니다! 화로다, 종착점도 없고 결론에 도달하리라는 소망도 없다니.

이와 동일한 끔찍한 생각이 "장차 올 진노"(눅 3:7)라는 말 속에 들어 있습니다. 지옥은 항상 장차 올 진노(눅 3:7)라는 사실을 여러분은 명심하십시오. 어떤 사람이 천 년 동안 지옥에 있었다 해도, 계속해서 진노는 "장차 올" 것입니다. 과거에 여러분이 겪은 고통은 그 끔찍한 정도에 있어서는 아무것도 아닙니다. 왜냐하면 "장차 올" 진노가 여전히 있기 때문입니다. 오랜 세월이 흘러 세상이 잿빛으로 변하고, 타오르던 태양의 불들도 어둠 속으로 꺼질 때, 그 때도 여전히

"장차 올 진노"가 남아 있습니다. 또 다른 세상이 태동되었다가 사라져도 여전히 "장차 올 진노"가 남아 있습니다. 여러분의 영혼이 고통 가운데 속속들이 불타오르고 한숨 가운데 결국 멸절될 때, 그 때도 이 끔찍한 우레 같은 음성이 들려올 것입니다. "장차 올 진노, 장차 올 진노가 장차 오리니." 오, 이 얼마나 끔찍한 생각인지 모릅니다! 저는 이것을 어떻게 설명해야 할지 잘 모르겠습니다! 작은 죄들로 여러분은 "장차 올 진노"를 초래하고 있다는 사실을 기억하십시오. 오, 만약 제가 저주를 받는다면, 저는 제가 저지른 어떤 일로 저주를 받을 것입니다. 그러나 우리로 하여금 유명한 반역자조차 되지 못하게 하는 저 작은 죄들로 인해 사형집행인에게 이송되어 "장차 올 진노"를 받게 된다면, 이것이야말로 진정한 저주일 것입니다. 오, 여러분은 일어나기를 원할 것입니다. 여러분은 장차 올 진노를 피하고 싶을 것입니다. 여러분은 작은 죄들을 버리고 그 작은 죄들을 도말하기 위해, 그리고 그 작은 허물들을 씻기 위해 그리스도의 위대한 십자가로 달려가고 싶을 것입니다.

오, 저는 다시 여러분에게 경고의 말을 전합니다. 만약 여러분이 지은 작은 죄들을 용서받지 못한 채, 그리고 그 작은 죄들을 회개하지 않은 채 여러분이 죽는다면, 여러분은 작은 지옥에 가는 것이 결코 아닙니다. 크신 임금님께서 내리시는 큰 진노가 바닥이 없는 구덩이에, 구더기도 죽지 않고 불도 꺼지지 않는 그 지옥에 영원토록 임할 것입니다. 오, "장차 올 진노! 장차 올 진노!" 이 진노에 대해 생각하는 단 한 사람의 마음에라도 찔림이 있다면, 저는 그것으로 만족합니다. 하나님께서 여러분을 도우시어 여러분이 이 진노를 피할 수 있기를 기원합니다. 우리 주 예수 그리스도를 통하여 여러분이 지금 당장 이 진노에서 벗어날 수 있기를 기원합니다. 아멘.

제
20
장
—

영혼들을 불쌍히 여김

—

"이르되 아이가 죽는 것을 차마 보지 못하겠다 하고 화살 한
바탕 거리 떨어져 마주 앉아 바라보며 소리 내어 우니."
— 창 21:16

오늘 이 본문의 상황을 간단히 재연해 보겠습니다. 하나님의 말씀에 따르면, 어린 아이 이삭은 아브라함의 상속자였습니다. 여종 하갈에게서 낳은 아브라함의 장자 이스마엘은 열여덟 살까지 자기 아버지인 아브라함의 집에서 살았습니다. 그러나 하나님께서 상속자로 정해 놓은 그 어린 동생을 이스마엘이 조롱하고 멸시하기 시작했을 때, 그와 그의 어머니 하갈은 아브라함이 거처하던 장막에서 필연적으로 쫓겨날 수밖에 없었습니다. 이들을 내쫓는 것이 어쩌면 몰인정하고 무자비한 행동으로 비쳐질 수도 있겠지만, 하나님께는 이들을 위한 섭리가 예비되어 있었습니다., 즉 하나님께서는 거룩한 명령을 내리시어 이들의 필연적인 추방이 즉시 이행되도록 하셨고, 이 일의 성사 또한 보증해 주셨습니다. 하나님께서 어떤 명령을 내리시든 그분이 하시는 일은 아주 분명한 정당성이 있다는 것을 우리는 확신할 수 있어야 합니다. 이들을 독립하여 내보내는 것이 하갈이나 이스마엘에게 결코 잔인한 일이 아니라는 것을 하나님은 알고 계셨습니다. 그리고 하나님께서는 그들이 갈망하는 모든 것을 그들에게 보장해 주겠다고 약속하셨습니다. "그러나 여종의 아들도 네 씨니 내가 그로 한 민족을 이루게 하리라 하신지라"(창 21:3). "내가 그에게 복을 주어 그를 매우 크게 생육하고

번성하게 할지라 그가 열두 두령을 낳으리니 내가 그를 큰 나라가 되게 하려니와”(창 17:20). 이 두 사람이 믿음으로 아브라함의 장막에서 나왔다면, 그들은 자신들에게 그 집을 나가라고 명하시고, 축복해 주실 것을 약속하신 그 하나님께서 그들에게 필요한 모든 것들을 틀림없이 공급해 주시리라 충분히 확신하면서 그 사막을 기쁜 발걸음으로 걸어갔을 것입니다. 아침 일찍 이 두 사람은 자신들이 가져갈 수 있을 만큼의 많은 식량들을 짊어지고서 여행을 시작했을 것입니다. 하갈은 애굽 출신이었으므로 아마도 애굽으로 갈 작정으로 그 길을 떠났을 것입니다. 그 길을 가던 중 그들은 길을 잃게 되었습니다. 어떤 이유인지는 모르지만 어쨌든 그들은 방황하게 되었다(창 21:14)고 나옵니다. 그들이 가지고 간 식량도 다 떨어졌고, 가죽부대의 물마저 다 떨어지고 말았습니다. 이 두 사람은 광야 길과 사막의 무자비한 열기에 지쳐 거의 기진맥진한 상태였습니다. 특히 그의 어린 아들은 완전히 죽기 일보 직전이었습니다. 그 어머니가 기력이 쇠해 비틀거리며 걷는 아들의 발걸음을 온 힘을 다해 부축해 보았으나, 역부족이었습니다. 그녀가 더 이상 그 아들을 부축할 수 없게 되자, 그는 힘없이 쓰러져 버리고 말았습니다. 그래서 하갈은 그 어린 아들을 사막에 피는 관목덤불의 그늘 아래에 두었습니다. 그렇게라도 해서 아들에게 내리쬐는 사막의 열기를 조금이라도 피할 수 있게 하였습니다. 어머니가 아들의 얼굴을 들여다봤을 때, 그 얼굴은 창백해져 있었고 죽음의 그림자가 드리워져 있음을 알 수 있었습니다. 그 아들을 다시 살리거나 목숨만이라도 유지시키는 것조차 자신의 능력을 벗어난 일이며 이를 위해 할 수 있는 것이 아무것도 없다는 자신의 무능을 깨닫고서, 더 이상 그 어머니는 가만히 앉아 죽어가는 아들의 얼굴을 쳐다볼 수 없었습니다. 그래서 어머니는 그런 아들이 좀 멀리서 보이는 곳으로 물러났습니다. 이것이 바로 그녀가 어머니로서 아들을 위해 해줄 수 있는 전부였습니다. 그녀는 가슴이 찢어지는 것 같은 마음으로 앉아 있었습니다. 그녀의 눈에는 눈물이 폭포수처럼 흘러내렸으며, 가슴을 쥐어짜는 것 같은 고통의 울부짖음으로 주위에 있던 바위들조차 놀랄 지경이었습니다. 사실 이 어머니와 아들이 가졌던 교만한 마음은 그들이 다시 번영을 누리기 전에 반드시 깨져야 할 필요가 있었습니다. 이 어머니는 전에도 지금과 똑같은 상황에 처해져서, 교만했던 마음이 다시 은혜롭고 겸손한 마음으로 변했던 적이 있었습니다. 그런데 그 때 겸손해진 마음이 또다시 이렇게 교만한 마음이 되어, 자기 아들까지도 사라의 아들에게 무례하게 행하도록 부추겼던 것입니다. 그로 인해 그녀는 또다시 형벌을 받지 않을 수 없었습니다. 이와 마찬가지로 교만한 마음을 가진 이 어린 아들도 젊을 때 잠시라도 멍에를 메야 할 필요가 있었습니다. 장차 들나귀 같은(창 16:12) 사람으로 자라 무적의 아랍 사람들의 아비가 될 이 어린 아들 또한 아브라함의 기도에 대한 응답으로 자신에게 주어진 약속이 성취되기 이전에, 하나님의 능력을 체험해 보는 것이 필요했습니다. 제가 오늘 본문을 바르게 이해했다면, 이 어머니가 이렇게 울고 있는 동안 거의 모든 주위환경으로부터 버림받은 이 어린 아들은 자신의 절망적인 상황을 충분히 인식했을 것입니다. 그리고 자기 아버지인 아브라함의 하나님을 전적으로 기억하면서 마음속으로 하늘을 향해 도움을 간구하였을 것입니다. 사실 여호와께서는 그 어머니의 눈물의 간구를 그리 탐탁지 않게 여기셨습니다. 왜냐하면 이전에 구원을 받았던 기억으로 그녀의 믿음은 더욱 강해져야했지만, 오히려 그 믿음이 연약해져서는 기도조차 할 수 없었기 때문입니다. 하지만 실신하기 일보 직전의 그 어린 아들이 드린 소리 없는 침묵의 기도가 엘로힘 하나님의 귀에 상달되었습니다. 그래서 엘로힘 하나님의 천사가 나타나 샘이 있는 곳을 가르쳐 주었습니다. 그 어린 아들은 급히 그 물을 한 모금 마시고는 즉시 원기를 회복하였으며, 그와 그의 후손들에게 주어진 하나님의 약속은 지속적으로 크게 성취되었습니다. 저는 지금 제가 여러분에게 강조해서 전하고자 주제에 도움이 될 만한 내용 외에는 이 이야기에 대해 더 설명하지 않으려고 합니다.

물이 없어 갈증으로 죽어가는 자신의 어린 아들을 불쌍하게 바라보는 이 어머니의 마음을 한번 생각해 보십시오. 그리고 지금도 그리스도 없이 멸망해 가고 있는, 영원히 멸망해 가고 있는, 구원의 희망조차 없이 멸망해 가고 있는 많은 영혼들이 있다는 사실을 여러분은 기억하고, 모든 그리스도인들은 이들을 불쌍히 여기는 마음을 반드시 가져야만 한다는 사실도 기억하십시오. 이 어머니가 목소리를 높여 울부짖었다면, 우리도 그렇게 해야만 할 것입니다. 이 어머니가 죽어가는 어린 아들을 생각하며 너무나 괴로워했다면, 우리 또한 회개하지 않고 죽는 모든 영혼에게 장차 임할 그 진노를 생각하며 심히 괴로워해야만 할 것입니다. 그와 동시에 우리도 각성하여 우리의 동료들을 구원하기 위해 간절히 기도하고 열심히 노력해야만 할 것입니다.

저는 오늘 아침에 영혼들을 불쌍히 여기는 것에 관해 전하고자 합니다. 다시 말해, 영혼들을 불쌍히 여겨야 하는 정당한 이유들, 영혼들을 불쌍히 여기는 마음이 두려워하는 광경들, 영혼들을 불쌍히 여기기 위해 반드시 싸워야만 하는 시험들, 영혼들을 불쌍히 여김으로써 반드시 추구해야 하는 길들, 영혼들을 불쌍히 여기면서 받을 수 있는 격려 등에 대해 말하고자 합니다.

1. 영혼들을 불쌍히 여길 것 ― 억지로가 아니라
마땅히 영혼들을 불쌍히 여겨야 할 합당한 이유들

우리는 멸망해 가는 사람들을 온유한 마음으로 불쌍히 여겨야 합니다. 개략적으로나마 저는 이에 대한 이유들을 조금 자세히 전해야 할 필요가 있을 것 같습니다. 첫째로 살펴볼 것은, 장차 그들을 멸망시킬 그 끔찍한 재앙의 본질에 관한 문제입니다. 동료 인간들에게 일어나는 재앙들을 생각하면, 자연스럽게 우리의 마음에는 그들을 애처롭게 여기는 마음이 생겨납니다. 그러나 하늘 아래에서 일어나는 그 어떤 재앙이 영혼이 멸망하는 것과 같을 수 있겠습니까? 그 어떤 비참함이 사람이 하나님으로부터 버림받고, 끝없이 영원토록 그분의 진노 아래 있어야 하는 것과 같을 수 있겠습니까? 오늘날 전쟁의 비참한 참상들에 대해 구체적으로 여러분이 듣는다면, 여러분의 마음은 동요될 것입니다. 그 전쟁의 참상들은 실로 끔찍합니다. 집들이 불타 버리고, 행복한 가정들이 이 땅의 지면에서 부랑자들로 내몰리고, 가정주부들과 조용히 있던 집안 식구들이 뿔뿔이 흩어지며, 사람들은 상처를 입기도 하고 난도질을 당하기도 하며, 수천 명씩 살육을 당하기도 하고, 수만 명이 굶어 죽기도 합니다. 하지만 이런 전쟁의 참상도 사실은 이 세상의 전쟁에 국한된 비참함일 뿐입니다. 영혼의 전쟁에서 비롯된 참상과 비교하면 이 세상의 비참함은 아무것도 아닐 것입니다. 다시 말해, 죄의 저주를 받은 수만 명의 영혼들이 당하는 거대한 대참사, 공의로 말미암아 벌레도 죽지 않고 불도 꺼지지 않는 그런 곳으로 인도되는 그 비참함에 비하면 아무것도 아니라는 것입니다. 눈에 보이는 전쟁에서 오고가는 칼날들은 언젠가는 마침내 무뎌지기 마련이며, 그 전쟁의 불길 또한 연료가 떨어지면 꺼지기 마련입니다. 하지만, 보십시오! 지금 제 눈 앞에는 결코 고요하지 않는 칼과 절대로 꺼지지 않는 불이 보입니다. 아, 비통하게도! 사람들의 영혼이 하나님의 공의라는 그 무한한 불길 아래로 떨어지고 있습니다. 여러분은 모두 최근에 어느 큰 도시에 닥친 기근으로 인해 마음이 흔들렸을 것입니다. 전쟁의 참화들(the dogs of war, 전쟁의 개들, 셰익스피어의 희곡 「줄리어스 시저」에 나오는 표현 — 역주) 가운데서도 가장 맹렬한 매스티프(큰 맹견[猛犬]의 일종-역주)는 마치 여인처럼 앉아서, 영원토록 슬픔을 보지 않을 것처럼(계 18:7 참조 — 역주) 여겨지던 그 아름다운 도시의 우아한 목덜미를 물고 늘어졌습니다. 여러분은 그 도시의 절박한 빈곤을 해소하고 굶주림을 막기 위해 필요한 것이라면, 여러분이 가진 것들을 지금이라도 당장 서둘러 내놓았을 것입니다. 그러나 이런 양식이 없는 기근을 어찌 영혼의 기근과 비교할 수 있겠습니까? 이 영혼의 기근에 대해서는, 불 속에서 고통당하는 자가 자신의 혀를 서늘하게 하기 위해 한 방울의 물을 간구하는 것조차 헛된 것이 되는 상황으로, 우리 주님께서도 묘사하셨습니다. 육신의 양식이 없는 것도 끔찍한 일이지만, 영원한 생명의 양식이 없는 것, 그 속에 있는 공포의 무게에 대해서는 우리 가운데 아무도 모를 것입니다! 대단히 재치 있는 설교를 많이 했던 로버트 홀(Robert Hall, 1764-1831, 영국 침례교 성직자 — 역주) 목사는 청산유수(靑山流水) 같은 설교를 하면서, 잃어버린 영혼의 장례식을 다음과 같은 엄청난 비유로 묘사했습니다. 그 잃어버린 영혼은 태양으로 하여금 빛을 가리게 하고, 달로도 그 밝음을 가리게 하였습니다. 또한 바다를 슬픔으로 덮고, 하늘을 베옷으로 덮었습니다. 자연의 모든 만물들이 생명을 얻어 목소리를 발하게 된다 해도, 그 잃어버린 영혼이 구원받지 못하고 죽는 이 비극적인 파국이 얼마나 중대한 일인가에 비하면, 뼈에 사무칠 정도의 쓰라린 울부짖음이나 깊은 곳에서 우러나오는 신음으로도 그 슬픔을 다 표현할 수 없다고 홀 목사는 천명하였습니다. 아무리 시간이 많다 해도, 잃어버린 영혼의 장례식에 참여하여 부르기 원하는 비통한 애가들을 다 불러도 시간은 모자랍니다. 영원은 그 무한한 비통함으로 채워지고, 슬피 울며 이를 갊으로써 그 슬픔을 말할 뿐입니다. 선지자들의 혀와 스랍들의 혀, 그 어떤 것으로도 은혜로운 분의 입에서 정죄 받은 자들의 슬픔과, 이들을 구원하기 위해 죽으시고 거부된 사랑으로 저주를 받으신 구세주로부터 저주받은 자들의 그 모든 슬픔을 다 표현할 수 없을 것입니다. 악은 너무나 광대해서 이루 다 상상할 수도 없으며, 완전히 이해하기도 불가능합니다. 사랑하는 성도 여러분, 날마다 서둘러서 멸망으로 달려가고 있는 자들을 우리가 마음 깊은 곳에서 동정하지 않는다면, 도대체 그런 우리를 사람이라고 할 수 있겠습니까?

둘째로, 저는 자연스러운 감정에 근거해서도, 멸망하는 자들을 불쌍히 여기는 것이 왜 정당한 것인지를 충분히 설명할 수 있습니다. 죽어 가는 자녀를 위해 하갈처럼 울지 않는 어머니를 여러분은 "어머니"라고 부르지 마십시오. 오히려 그녀를 "괴물"이라고 부르십시오. 이 도시에서도 다소 암울한 지역에서 일어나는 비참한 광경들을 보고도 결코 마음이 동요되지 않는 자들이 있습니다. 감히 말하건대, 그런 자들은 사람으로 불릴 가치조차 없는 자들입니다. 우리 인간들이 겪는 일반적인 슬픔을 보고도 두 눈에 눈물이 가득 고이는데, 영원한 슬픔, 무한한 불행의 연못 등을 알고도 슬퍼하지 않는 자가 있다면, 비록 그가 사람의 형상을 갖고 있고 사람과 비슷한 면을 갖고 있다 해도, 여러분은 그 사람에 대해 마귀라고 적어 두십시오. 제가 지금 여자에게서 난 모든 자들이 가진 일반적인 감정에 근거하여 말한다고 해서, 여러분이 이 주장에 대해 과소평가하지 않았으면 합니다. 왜냐하면 하나님의 은혜가 우리의 인간성을 좀 더 높은 경지로 고양시킬 때, 그 은혜는 우리의 인간성을 파괴하는 것이 아니기 때문입니다. 여러분은 이 사실을 기억하십시오.

이 경우에는 자연스러운 감정이 은혜를 더욱 강하게 합니다. 우리가 마땅히 되어야 할 존재가 되면 될수록, 불쌍히 여기는 마음이 우리의 마음을 지배하게 될 것입니다. 완전한 인성의 모범이자 거울이신 주 예수 그리스도께서 예루살렘의 죄와 재앙들에 대해 어떤 말씀을 하셨습니까? 그분은 예루살렘이 반드시 멸망할 것임을 알고 계셨습니다. 그런 그분께서 긍휼히 여기는 자신의 마음을 거룩한 섭리라는 사실의 땅 아래 묻어 버렸습니까? 그리고 그 도성이 멸망해야 하나님의 주권이나 공의가 빛을 보게 될 것이라는 생각으로 자신의 마음을 강철같이 단단하게 하셨습니까? 아닙니다. 그분은 결코 그렇게 하지 않으셨습니다. 오히려 두 눈에서 샘처럼 솟는 눈물을 흘리시며, 오 "예루살렘아 예루살렘아 …… 암탉이 그 새끼를 날개 아래에 모음 같이 내가 네 자녀를 모으려 한 일이 몇 번이더냐 그러나 너희가 원하지 아니하였도다"(마 23:37)라고 말씀하셨습니다. 만약 여러분이 예수님을 닮기를 원한다면, 여러분은 온유하게 다른 사람들을 대단히 불쌍히 여기는 마음을 가져야 합니다. 여러분이 스토아 철학(그리스 로마 철학의 한 학파로 금욕과 평정을 행하는 현자를 최고의 선으로 여겼다— 역주)을 따라, 여러분 속에 있는 살처럼 부드러운 마음을 돌처럼 딱딱하게 하여 냉혹한 마음이 되는 것에 만족하며 앉아 있으려 한다면, 여러분은 온 힘을 다해 그분을 닮지 않으려고 하는 것입니다. 영혼들을 불쌍히 여기는 것이 자연스러운 감정이라면, 아니 무엇보다도 그것이 은혜를 입은 자들의 더욱 고상한 본성에 자연스러운 감정이라면, 여러분에게 권하건대, 예수님을 따라 여러분도 긍휼히 여기는 마음을 소유하기를 바랍니다. 인간들의 영적인 죽음을 보지 않으려고 노력하지 마십시오. 아담의 후손들인 모든 영혼들이 멸망당하는 것을 여러분은 늘 고통스럽게 생각하십시오.

사랑하는 성도 여러분, 셋째로, 복음의 전체적인 방향, 흐름, 그리고 취지와 정신 등은 우리로 하여금 영혼들을 불쌍히 여기도록 강권하고 있습니다. 여러분은 빚진 자들입니다. 만약 여러분이 불쌍히 여김을 받지 못해 구원을 받지 못했다면, 여러분은 도대체 어찌 되었겠습니까? 우리 모두는 불쌍히 여김을 받을 가치조차 없는 자들이었으나, 값없이 긍휼을 받았습니다. 하나님께서 여러분을 불쌍히 여겨 주심으로 여러분은 헛된 대화(conversation)로부터 구원을 받을 수 있었습니다. 그러므로 불쌍히 여김을 받은 자들은 마땅히 다른 사람들을 불쌍히 여겨야 할 것입니다. 자신이 가진 모든 것은 하나님의 긍휼로 말미암은 것이라고 여기는 자들은 자신의 형제들을 무정하게 대해서는 안 될 것입니다. 자기 자신만 의롭다고 여기면서 탕자를 경멸하며 그가 돌아와 회복되는 것을 트집 잡는 그런 독단적인 행동을 구세주께서는 단 한순간도 용인하지 않으시며, "내가 내 아우를 지키는 자니이까?"(창 4:9)라고 외치는 가인과 같은 마음은 더더욱 용인하지 않으실 것입니다. 만일 어떤 교리가 그리스도인인 여러분으로 하여금 영혼들을 불쌍히 여기는 다정한 마음을 얼어붙게 만든다면, 여러분은 결코 그 교리를 바르게 받아들인 것이 아닙니다. 여러분은 그 교리가 전하는 진리는 알 수 있을지 몰라도, 만약 그 교리가 여러분으로 하여금 영원한 영혼들을 불쌍히 여기는 마음 없이 그저 장차 임할 진노를 물끄러미 쳐다보게만 한다면, 여러분은 하나님의 진리 속에 있는 그 교리를 진정으로 모르는 것입니다. 여러분이 복음서 어디를 보더라도, 이 복음은 반지처럼 형제 사랑, 온유한 자비, 눈물 흘리는 긍휼 등으로 둥글게 둘러싸여 있는 것을 발견하게 될 것입니다. 만약 여러분이 이런 복음의 능력이 나타나는 중에 참으로 복음을 받았다면, 여러분의 영혼은 그리스도의 사랑으로 녹아져, 그리스도를 멸시하고 자신들의 멸망을 기정사실화하여 확증하는 자들을 불쌍히 여기게 될 것입니다.

저는 여러분에게 강권합니다. 여러분이 사람들의 영혼을 불쌍히 여기는 것은 합당할 뿐만 아니라, 필요한 일이라는 사실을 여러분은 믿기를 바랍니다. 여러분 모두 여러분이 영혼을 얻는 자들이 되어 그리스도에게 영광을 돌려드리기를 갈망하고 있습니다. 저 또한 여러분이 그렇게 영광 돌려드리기를 바라고 있습니다. 그런데 다른 일들도 마찬가지겠지만, 하나님의 손에 붙들려 영혼을 얻기에 가장 적합한 자는 바로 영혼을 가장 불쌍히 여기는 자입니다. 또한 저는 영혼을 가장 사랑하는 자가 말씀을 가장 잘 전하는 자라고 믿고 있습니다. 주일학교나 개인의 일상 속에서 영혼을 얻고자 노력하는 사람은 자신이 가진 구령의 열정에 비례하여 축복을 얻게 될 것입니다. 사도 바울은 많은 사람들이 구원받게 되는 것을 마음의 소망으로 삼고 이를 위해 하나님께 기도했기 때문에, 많은 자들을 구원할 수 있었습니다. 영혼들이 회심하지 않는데도 여러분이 능히 살 수 있다면, 그들의 영혼은 회심하지 않은 채로 여러분은 살아가게 될 것입니다. 하지만 그리스도가 영광을 받고 경건하지 않은 자들이 회심하기를 바라는 갈망으로 여러분의 영혼이 끊어질 정도라면, 다시 말해 여러분의 영혼이 옛 사람들이 말한 것처럼 "내게 자식을 낳게 하라 그렇지 아니하면 내가 죽겠노라"(창 30:1)고 말할 정도의 심정이라면, 만족할 줄 모르는 여러분의 배고픔도 만족될 것이며, 여러분의 영혼이 갈망하는 것도 만족하게 될 것입니다. 오! 사람들이 예수님께 헌신하지 않는데 그저 가만히 있을 수 없는 거룩한 배고픔, 다시 말해 사람들이 예수님의 복음에 복종하기를 바라는 강렬하고 진지한 바람과 갈망이 우리에게 있기를 저는 하나님께 간구합니다. 이런 갈망이 여러분에게 있다면, 인간 영혼을 어떻게 대해야 할지에 대한 교육을 최고의 대학에서 배우는 것보다 여러분은 더 잘 배우게 될 것입니다. 이런 갈망이 있다면 더듬거리던 혀도 언제든 말할 수 있는 혀가 될 것입니다. 불타는 마음이 혀를 붙들어 매고 있던 줄들을 태워 버릴 것입니다. 비록 여러분에게 빛나는 화술이나 논리력이 부족하다 해도, 여러분은 영혼들을 얻을 수 있을 만큼 지혜로운 자가 될 것입니다. 사람들은 여러분의 능력을 보고 놀랄 것입니다. 은밀한 비밀, 즉 성령님께서 여러분을 그림자처럼 덮고 계시어, 여러분의 마음속에서 여러분을 지혜롭게 가르쳐 주시며, 하나님께서 여러분의 마음에 가르침을 주고 있다는 그 사실은 사람들에게 감추어질 것입니다. 여러분 쪽에서 다른 사람들에 대해 절실히 느낀다면, 그런 여러분의 행동을 통해 그들도 자신에 대해 느끼는 바가 있을 것입니다. 그리하여 여러분이 그들의 영혼을 얻게 되는 축복을 하나님께서 여러분에게 주실 것입니다. 그것도 아주 신속하게 주실 것입니다.

     제가 매우 권하고 싶고 개인적으로 합당하다고 느끼는 바이지만, 여기서 그만 멈추려고 합니다.

> "그리스도께서는 죄인들을 보고서 우셨는데,
> 우리의 뺨이 메말라서야 되겠는가?
> 회개의 슬픔으로 인한 눈물이
> 모든 이의 눈에서 터져 나오게 하옵소서."
>
> (벤자민 베돔[Benjamin Beddome, 1717-1795], '그리스도께서는
> 죄인들을 보고 우셨는데' [Did Christ o' er sinners weep] 1절 — 역주).

하나님께서는 전적으로 사랑이신데, 그 하나님의 자녀들이 완악하고 냉담해서야 되겠습니까? 하늘이 불쌍히 여기는데, 그 하늘의 긍휼을 받은 땅도 불쌍히 여기는 마음의 메아리로 다시 화답해야 하지 않겠습니까? 오, 하나님이시여, 잘못을 범하는 인간들을 향한 당신의 긍휼하심을 바라보며, 우리도 당신을 닮는 자들이 되게 하소서.

2. 영혼들을 참으로 불쌍히 여기는 마음이 두려워하는 광경

이제 우리는 영혼들을 참으로 불쌍히 여기는 마음이 두려워하는 광경에 대해 살펴보고자 합니다. 불쌍히 여기는 마음은 하갈처럼 "아이가 죽는 것을 차마 보지 못하겠다"고 하거나 어떤 사람들이 읽은 대로 "아이가 죽는 것을 내 어찌 볼 수 있으리요?"라고 말합니다. 소망 없이 떠나가는 영혼을 생각하는 것만으로도 너무 끔찍한 일입니다! 창의력이 풍부한 사람들이, 장차 회개하지 않는 죄인들에게 임할 세상의 공포를 완화시킬 목적으로, 여러 이론들을 고안해 내는 것에 대해 저는 이상하게 생각하지 않습니다. 어쩌면 그러는 것이 당연할 수도 있습니다. 왜냐하면 하나님께서 말씀으로 우리에게 알려 주신 사실, 즉 그들이 진정 어떻게 될 것인지는 너무나 놀랄 만한 사실이기에, 그런 게으른 신앙 고백자들의 양심을 잠재울 만한 편안한 교리들을 전하기 원한다면, 반드시 그 끔찍한 진리를 희석시켜야 하기 때문입니다. 사악한 자들의 운명에 관한 하나님의 계시는 형벌이라고 하기에는 너무나 압도적입니다. 아니, 형벌이 아니라 저주라고 말해야 할 정도입니다. 그러기에 세상에 복음을 전하는 사역을 감당하면서 이 저주에 대해서는 무관심하고 소홀해지는 것이 사실입니다. 무수히 많은 사람들의 마

음이 왜 냉담해지는가에 대한 이유로, 죄인들에 대한 이런 말도 안 되는 교리들이 있기 때문이라고 주장하는 것에 대해, 저는 이상하게 생각하지 않습니다. 마지막까지 회개하지 않는 자들의 존재는 소멸될 것이라는 교리야말로 게으른 머리 밑에 베이는 베개일 것입니다. 이것보다 더 좋은 베개가 어디 있겠습니까? 이 교리에 대해 죄인들이 생각하는 논리적인 추론은 "내일이면 우리가 죽을 것이니 먹고 마시자"입니다. 신앙 고백을 한 그리스도인이라면, 이런 견해에 많은 위로를 받고서 절실한 책임감으로부터 벗어나 마음의 편안함을 느끼지 않도록 해야 할 것입니다. 부탁하건대, 이런 수면제는 던져 버리십시오. 그러기 위해서는 참으로 진리 그 자체가 주는 예리한 자극이 너무나 필요합니다. 우리가 사명을 감당하기 위해 분발할 때도 우리는 너무나 게으릅니다. 그러므로 달콤하지만 잠을 자게 하는 이런 이론들이 우리 속에서 작동하지 않도록 해야 할 필요가 있습니다.

　　잠시 저는 여러분에게 부탁의 말을 하고자 합니다. 온갖 연약한 마음에 두려움을 일으키는 것이 무엇일지 생각해 보기를 바랍니다. 한 번 더 부탁하기는, 여러분이 잃어버린 영혼, 회복될 수 있는 모든 소망을 놓쳐 버린 그 잃어버린 영혼을 마음속에 그려보기를 바랍니다. 성화된 자들에게 열렸던 천국 문들이 이제는 잠기고, 구속함을 받은 허다한 무리들이 거기에 있습니다. 하지만 그 잃어버린 영혼은 그들 가운데 있지 않습니다. 왜냐하면 예수님의 피에 자신의 옷을 씻는 천상의 예식을 그들이 행하지 않았기 때문입니다. 그들에게는 금으로 만든 거문고도 없고, 영광의 보좌도 없고, 그리스도와 함께 하는 환희도 없습니다. 그들은 천국의 모든 지극한 기쁨으로부터 영원히 배제되었기 때문입니다. 잃어버림을 당한 이들에 대한 이러한 형벌은 생각하기조차 힘든 주제입니다. 구약의 거룩한 성도들은 포에나 담니(poena damni), 즉 잃어버림을 당한 자들의 형벌에 대해서 많은 말을 하였습니다. 다윗 왕이 자기 아들 압살롬을 위해 애통한 것처럼, 장차 당할 미래의 형벌을 생각하면서, 지켜보는 우리의 마음마저 심히 슬퍼지는 그런 비통함에 대해 옛날 사람들은 자주 말하곤 하였습니다. 내 자녀가 천국에서 제외되겠구나! 내 남편이 복된 자리에 앉지 못하겠구나! 나의 누이와 형제들이 영광 가운데 함께 하지 못하겠구나! 주님께서 그 택한 자들을 헤아리실 때, 내가 사랑하는 동료들은 진주문 밖에, 새 예루살렘에 있는 보석으로 장식된 성벽 밖에 있겠구나! 오, 하나님이시여, 이런 생각만 해도 제 가슴은 찢어질 정도로 슬픕니다. 그러나 그 순간 잃어버림을 당한 자들에게 형벌이 가해집니다. 구세주께서는 어떻게 말씀하셨습니까? "거기에서는 구더기도 죽지 않고 불도 꺼지지 아니하느니라"(막 9:48), "그들은 영벌에 의인들은 영생에 들어가리라 하시니라"(마 25:46). 그리고 다시 "엄히 때리고 외식하는 자가 받는 벌에 처하리니 거기서 슬피 울며 이를 갈리라"(마 24:51), 또 "이 무익한 종을 바깥 어두운 데로 내쫓으라 거기서 슬피 울며 이를 갈리라"(마 25:30)고 말씀하셨습니다. 여러분은 이것들이 "은유"라고 말할 것입니다. 사실입니다. 하지만 이것들은 의미 없는 은유들이 아닙니다. 이 표현들 하나하나에 모두 의미가 담겨 있습니다. 제가 자신 있게 말하건대, 사람이 사용하는 은유에는 때로 과장된 표현이 들어가기도 하지만, 하나님께서는 결코 과장된 표현을 사용하지 않으십니다. 그분의 상징들이 사용된 모든 표현들은 진실합니다. 영감된 언어 속에는 절대로 과장이 없습니다. 지나친 표현들! 그분께서는 결코 그런 표현을 사용하지 않으십니다. 그분의 비유들은 실체적인 진리입니다. 형벌에 대한 성경의 상징들은 끔찍하지만, 이 상징들 또한 의심할 수 없는 사실의 차원에서 제시되는 것들입니다. 다시 말해, 혹시라도 사람이 그 날을 내다볼 수 있다면, 그 광경으로 인해 그 사람의 머리는 희게 될 것이고 그 눈은 멀게 될 것입니다. 그 구렁텅이에서 울려 퍼지는 잃어버린 영혼들의 울부짖는 소리를 우리가 잠시라도 듣게 된다면, 우리는 다시는 그 소리를 듣지 않게 해 달라고 간절히 요청할 것입니다. 잃어버린 자들이 외치는 그 고통스러운 울부짖음을 우리가 들을 수 없는 것에 대해 우리는 하나님께 감사해야 할 것입니다. 혹시라도 우리가 그 비명들을 듣게 된다면, 그것으로 인해 우리의 삶은 마치 쓸개처럼 쓰라린 삶이 될 것입니다. 제가 더 이상 그릴 수 없는 것에 대해서 저는 그 위에 천으로 덮어 둘 뿐입니다. 하갈과 마찬가지로 저도 그 끔찍한 실제 상황을 차마 볼 수 없기 때문입니다. 이런 생각만 해도 제 마음은 찢어지는 듯합니다.

이런 일들이 우리의 자녀들과 친구들에게 일어난다고 생각할 때, 이 자리에 있는 모든 이들의 마음은 얼마나 간절해지겠습니까! 어쩌면 하갈은 죽어 가는 자녀를 보았을지 모르겠지만, 죽어 가는 이스마엘의 영혼은 보지 못했을 것입니다. 지금 잠깐만이라도 여러분은 자신의 혈육이 멸망당하는 생각을 할 수 있겠습니까? 여러분의 가족 중 누구 하나라도 잃어버리게 된다는 생각만 해도, 여러분은 그 끔찍한 생각에 본능적으로 주춤하게 되고 마음이 움찔하지 않겠습니까?

하지만 이것은 엄연한 사실의 문제로서, 식구들 중의 어떤 이는 지금 살고 있는 대로 죽게 된다면, 잃어버린 영혼이 될 것을 여러분도 알고 있지 않습니까? 그들이 예수 그리스도 안에 있는 새로운 피조물이 되지 않는 이상, 그들은 하나님의 우편에 설 수 없을 것입니다. 여러분은 이 사실을 인식하고 잊지 않도록 노력하십시오.

더구나 부분적으로는 여러분의 잘못된 본을 보고서 여러분의 자녀나 어떤 다른 사람이 멸망하게 되었다는 것을 알게 된다면, 이로 인해 여러분이 느끼는 슬픔의 정도는 더욱더 클 것입니다. '내 아들이 술 마시는 것을 내게서 배웠구나. 내 자식이 그 아비의 입에서 하나님을 모독하는 말을 처음으로 들었구나'라고 아버지가 생각하게 된다면, 이는 실로 끔찍한 일일 것입니다. 혹은 죽어 가는 딸이 "저는 어머니의 본을 보고서 유혹에 빠졌어요"라는 말을 어머니가 듣게 된다면, 이 또한 얼마나 서글픈 일이겠습니까! 오, 인생에서 늦게라도 회개한 부모들이여, 여러분이 이미 행한 일들은 다시 되돌릴 수 없습니다. 비록 하나님께서는 여러분을 용서해 주셨지만, 그럼에도 그 행동이 여러분의 자녀의 성품에 끼친 해악은 하나님의 은혜가 개입하지 않는 한 지워질 수 없습니다. 저는 여러분이 진정으로 이 은혜를 갈구했으면 좋겠습니다. 여러분으로 인해 여러분의 자녀가 죄의 종으로 연단 받은 것이 틀림없다고 여러분이 고백한 이상, 여러분의 자녀의 삶이 영원한 멸망으로 끝나기 전에, 여러분이 저지른 악한 행실들의 영향력이 그들에게서 사라지기를 여러분은 간절히 간구해야 하지 않겠습니까?

또한 부분적으로 우리가 신앙생활을 게을리하여, 친구나 친척들 가운데 어떤 이들을 멸망하게 내버려 두었다는 생각이 든다면, 우리는 그런 생각으로 쓰라린 고통을 맛보게 될 것입니다. 설령 우리가 모든 면에서 탁월하고 존경받을 만한 모범을 보였다 하더라도, 하나님과 그리스도를 잊어버리고 살았다면, 다른 사람들의 영혼이 우리 때문에 해를 입지 않았다고 말할 수 없을 것입니다. 저는 이런 모범들이야말로 다른 사람들에게 가장 나쁜 영향을 끼치는 것이라고 생각합니다. 부도덕하고 경건하지 않은 자들이 다른 사람들에게 끼치는 악영향은, 도덕적이나 그리스도인이 아닌 자들이 끼치는 악영향에 비하면 그리 크지 않습니다. 경건하지 않은 자들은 도덕주의자들의 예의 바른 삶을 보면서 거기에는 기독교와는 무관한 어떤 선한 것이 있다고 주장하며, 이런 덕은 예수 그리스도와는 무관하게 사람들에게 만족을 주기도 한다고 말합니다. 오, 도덕주의자들이

여, 비록 여러분이 자녀에게 악덕을 가르치지 않았다 해도, 여러분의 자녀에게 불신앙을 가르치고, 여러분이 보여준 모습을 통해 하나님을 대적하는 담대한 반역을 그 마음에 심어 주었다면! 아! 그렇다면, 설령 여러분이 회심을 한다 해도, 자녀들에게 끼친 그 악영향으로 인해 여러분이 과연 비난을 모면할 수 있겠습니까? 또는 여러분과 여러분의 자녀가 회심하지 않아 둘 다 멸망한다면, 과연 누구에게 저주가 임해야겠습니까?

사랑하는 성도 여러분, 어떤 영혼이 잃어버린 영혼이 되는 일에 우리가 책임이 있고, 우리의 신실하지 않은 모습이 그 일에 어느 정도 영향을 미쳤다는 생각이 든다면, 이런 광경을 지켜본 우리의 마음은 또 한 번 두려움을 느끼게 됩니다. 저는 제가 목회하고 있는 회중들 가운데 단 한 사람이라도 멸망한다는 것을 생각조차 할 수 없습니다. 왜냐하면 제게는 그들을 불쌍히 여겨야 한다는 바람과 함께, 제게 영향을 준 또 하나의 생각이 있기 때문입니다., 즉 저는 여러분의 영혼을 지키는 파수꾼으로 세우심을 받았다는 생각이 있기 때문입니다. 어떤 사람이 죽었을 때, 저는 다음과 같이 제 자신에게 묻곤 합니다. "나는 신실하였는가? 내가 한 말들은 모두 진실이었는가? 나는 설교할 때마다 항상 내 마음 깊은 속에서 우러나오는 내용들을 전하였는가?" 스코틀랜드의 유명한 설교가인 존 월쉬(John Walsh)는 종종 아주 추운 겨울 밤 침상에서 일어나 몇 시간씩 하나님께 간구하곤 하였습니다. 그가 그렇게 오랜 시간동안 무릎을 꿇고 기도하는 모습을 보고서 어떤 사람이 이상하게 여기자, 그는 "아, 친구여, 내게는 심판 날에 자백해야 할 삼천 명의 성도들이 있답니다. 그들 가운데 어떤 사람이 잘못된 길로 갈지 내가 알지 못하기 때문이랍니다"라고 말하였습니다. 아, 슬프게도! 제게는 그 날에 자백해야 할 성도들이 더 많습니다. 여러분이 멸망하는 것을 보지 않기 위해서라도 저는 마땅히 하나님께 부르짖을 것입니다. 오, 여기 있는 회중석에서 지옥 맨 밑바닥으로 떨어지는 사람이 단 한 명도 없기를 기원합니다. 나의 동료인 그리스도인들 역시 각자 자신의 분량에 맞는 책임들을 지고 있습니다. 다시 말해, 여러분은 여러분의 자녀, 여러분의 주일학교 반, 여러분의 종들, 그리고 더 나아가 여러분의 이웃들에 대해서도 책임을 지고 있습니다. 여러분이 그들에게 어떤 선한 영향을 끼치지 않는다고 해서, 여러분이 거하는 지역에 아무 책임도 없다고 생각하지 마십시오. 어쨌든 여러분에게도 맡겨진 책임이 있습니다. 여러분과 함께 살아가는 사람들의 더 나은 삶을 위해 무언가를 행해야 할 책임을 여러분은 하나님으로부터 부여받았습니다. 이런 책임에서 자유로운 지역은 없으며, 여러분은 이런 책임이 없는 지역에서 살 수도 없습니다. 여러분의 이웃들이 지옥으로 떨어지고 있는데도 여러분은 그저 보고만 있겠습니까? 이들의 구원을 위해 여러분의 마음이 간절해지지 않겠습니까?

복음이 매우 가까운 곳에 있는데도 불구하고, 한 영혼이 멸망한다면, 이 또한 무서운 일이지 않겠습니까? 이스마엘이 죽었는데, 물이 화살 한 바탕 거리 떨어져 있는 것을 미처 보지 못하고, 너무 늦게 그것을 알게 되었다면, 그런 일은 생각만 해도 그 어머니에게 너무 끔찍한 일이었을 것입니다. 그녀는 이중의 슬픔으로 자기 머리를 쥐어뜯지 않겠습니까? 그런데도 여러분 대다수는 여러분의 두 귀에 울려 퍼지는 복음을 들으면서도 지금 잃어버린 영혼의 길로 가고 있습니다. 그리스도께서 여러분 앞에 높이 들리셨는데도 불구하고, 여러분은 지금 멸망해 가고 있습니다. 놋뱀이 저기 여러분의 두 눈 앞에 있고, 우리 또한 많은 눈물로 "예수 그리스도를 바라보라. 그러면 살리라!'고 말하는데도, 여러분은 지금 뱀에 물려 진영 안에서 죽어가고 있습니다. 아, 구원이 여러분에게 그렇게 가까이 있는데도 여러분이 멸망한다면, 제게 화가 임할 것입니다. 여러분 가운데 어떤 이들은 하나님의 나라에 아주 가까이 있습니다. 여러분은 매우 조마조마하는 마음으로 크게 염려하고 있습니다. 하지만 여러분은 예수님을 믿지 않고 있습니다. 여러분에게는 좋은 점이 많습니다. 하지만 여러분에게는 단 한 가지가 부족합니다. 여러분에게 부족한 그 한 가지 때문에, 여러분은 멸망하렵니까? 여러분이 탄 배가 바로 천국 문이라는 항구의 입구 앞에서 난파하여 지옥으로 떨어진다면 그 안타까움은 이루 말할 수 없을 것입니다.

이 모든 것에 덧붙여 한 마디만 더 하겠습니다. 잃어버린 영혼은 한 영혼만이 아닙니다. 지금도 수만의 영혼들이 지옥 구렁텅이로 떨어지고 있다는 사실을 기억하십시오. 비처 목사(Mr. Beecher, Henry Ward Beecher 1813-1887, 미국 회중교회 성직자 — 역주)는 설교 중에 다음과 같은 말을 하였습니다. "한 영혼을 잃을 때마다 천사들이 치는 큰 종이 천국의 아주 높은 곳에 걸려 있다고 한다면, 그 웅장한 종소리를 언제까지 계속해서 들어야 하겠습니까!' 잃어버린 영혼들! 잃어버린 영혼들을 위한 조종(弔鐘) 소리는 천둥으로도 충분하지 않을 것입니다. 시계가 똑딱거릴 때마다 영혼들이 이 세상을 떠납니다. 아마 이것보다 더 빠르게 세상을 떠나갈 것입니다. 그렇게 마지막 여행을 떠나는 자들 가운데 과연 얼마나 많은 영혼들이 천국에 도달할 수 있을지. 또 얼마나 허다한 영혼들이 끝없는 지옥으로 떨어지게 될지! 오, 그리스도인들이여, 여러분의 영혼에 있는 수문을 들어 올려서, 여러분의 마음이 불쌍히 여김이라는 강물에서 마음껏 뛰놀 수 있게 하십시오.

3. 인간 영혼들을 불쌍히 여기는 마음이 반드시 싸워야 하는 시험

세 번째로, 저는 인간 영혼들을 불쌍히 여기는 마음이 반드시 싸워야 하는 시험에 대해서 전하고자 합니다. 우리는 하갈이 보여준 모범을 너무 똑같이 따라하려고 하는 시험에 빠져서는 절대로 안 됩니다. 그녀는 자기 아들을 관목 덤불 아래에 두고는, 너무나 서글픈 그 광경을 보지 않으려고 그 아들에게서 시선을 돌렸습니다. 차마 그 모습을 지켜볼 수 없었기 때문입니다. 그래서 그녀는 절망 가운데 아들의 모습이 어렴풋하게 보이는 곳에 앉아 있었습니다. 우리는 지금도 잃어버린 영혼들이 생기고 있다는 사실을 잊어버리고자 하는 시험에 직면하게 됩니다. 저는 멋진 거리들을 지나서 집으로 귀가할 수 있기 때문에, 당연히 그 길을 선택해 집으로 갑니다. 굳이 이 도시에 있는 최하극빈층들의 궁핍함을 제가 봐야 할 필요는 없으니 말입니다. 하지만 가난한 자들이 살고 있는 베드날 그린(Bethnal Green, 런던 극동부의 빈민지역 — 역주)이나, 켄트 거리(Kent Streets, 런던교 근처의 빈민가 — 역주)가 있다는 사실을 제가 잊으려고 애쓴다면, 제가 올바른 사람이겠습니까? 막힌 골목들, 지하방들, 혼잡한 다락방들 그리고 하숙집들, 이런 것들이 있다는 사실을 제가 잊어서야 되겠습니까? 자애로운 마음을 런던에서 편안히 잠재울 수 있는 확실한 단 한 가지의 방법은 런던의 절반이 어떻게 살아가고 있는지를 잊어버리는 것입니다. 그러나 편안하게 살아가는 것이 우리의 목적입니까? 더러운 돼지우리에 살고 있는 돼지처럼, 오로지 편안함을 위해서만 살아 가는 야수(野獸) 같은 자들이 바로 우리입니까? 절대로 그렇지 않습니다. 사랑하는 성도 여러분, 우리가 사는 대도시의 죄악과 슬픔과 불행 등에 대한 우리의 기억을 회상하도록 합시다. 그리고 폭넓은 죄악과 슬픔, 더 넓은 온 세상의 죄악과 슬픔, 지금도 계속하여 영원한 파멸 속으로 빠져들고 있는 수천수만의 인류의 죄악과 슬픔을 우리는 기억하도록 합시다. 아니, 이것들을 똑바로 바라보십시오! 이것들에서 눈을 감지 마십시오! 너무 끔찍한 광경이어서 여러분의 눈동자가 아픕니까? 그렇다면 여러분의 마음이 아파오고, 여러분의 영혼이 주님 앞에서 엄청난 고통 속에 있게 될 때까지만 바라보도록 하십시오. 한순간이라도 지옥을 내려다 보십시오. 문을 활짝 열고서, 지옥에서 나는 소리들을 들어보십시오. 다시 또 들어보십시오. 여러분의 영혼에 병이 날 것 같아 도저히 그렇게 할 수 없다고 여러분은 말할 것입니다. 그렇다면 병이 나도록 그대로 가만히 있으십시오. 까무러칠 정도가 되면 구세주이신 그리스도의 두 팔에 쓰러지십시오. 그러고는 장차 임할 진노로부터 그들을 서둘러 구원해 달라고 그분에게 울부짖듯 간구하십시오. 저는 여러분에게 간청합니다. 실제로 존재하는 이 모든 것을 절대로 무시하지 마십시오. 이 회중들 가운데서도 많은 수가 지금도 지옥으로 떨어지고 있으며, 이 도시에 살고 있는 자들 가운데서도 마치 시간이 신속하게 영원을 향해 달려가는 것처럼 그렇게 빠른 속도로 확실한 파멸을 향해 지금도 달려가고 있는 자들이 허다합니다. 이것은 사실의 문제입니다. 지옥이 존재한다는 것은 꿈도 아니고, 광적인 정신상태가 만들어 낸 허구도 아닙니다. 그런데도 만약 여러분이 지옥이 없다고 생각한다면, 여러분은 도대체 어떻게 그리스도인이라고 자처할 수 있습니까? 여러분 안에 한 점이라도 정직한 마음이 있다면, 여러분은 여러분의 성경도 버리고, 여러분의 세례도 버리고, 여러분의 신앙 고백도 버리십시오. 여러분의 주님께서 가르쳐 주신 바를 여러분이 부인한다면, 여러분은 자신을 그리스도인이라고 부르지 마십시오. 무시무시한 지옥이 있다는 것은 틀림없이 사실이므로, 여러분은 이런 안타까운 현실에 두 눈을 감지도 말고, 동료들의 영혼을 관목 덤불 아래 내버려 두지도 말며, 무기력하게 그냥 앉아 있지도 마십시오. 나아와서 바라보십시오. 감히 말하자면, 여러분의 마음이 그 광경을 보고서 부서질 때까지, 나아와서 바라보십시오. 양심이 너무 뒤늦게 깨어난 자들이 죽어가면서 울부짖는 그 소리를 들으십시오. 죄의 치료제조차 전혀 소용이 없는 곳에서 죄의 분명한 결과를 느낀 영혼들의 신음소리를 여러분은 들으십시오. 사랑하는 성도 여러분, 이것들이 여러분으로 하여금 행동하게 하십시오. 아니 즉시 열정적으로 행동하게 하십시오. 여러분은 제가 너무 끔찍한 내용들을 설교한다고 말할 것입니다. 그렇습니다. 하지만 이런 것들이 필요합니다. 이런 얘기들이 여러분에게 필요합니다. 과거를 돌이켜볼 때 지금 이 시대처럼 잠을 자고 있는 시대가 있었습니까? 우리처럼 이렇게 잠을 자고 있는 사람들이 지금까지 또 있었습니까? 여러분은 복음을 알고, 이 복음을 누리고 있습니다. 하지만 여러분은 이 복음을 사람들에게 널리 전하는 일에는 전혀 힘을 쏟지 않고 있습니다. 이것으로 인해 양심의 고발을 받아 다른 모든 사람들보다 여러분이 더욱 슬픈 처지에 이르지 않도록 여러분은 조심하십시오. 하갈의 사례가 암시하는 시험에 우리는 빠지지 않도록 합시다.

4. 불쌍히 여기는 마음이 분명히 따라야 할 길

이제 저는 참으로 불쌍히 여기는 마음이 분명히 따라야 할 길에 대해 말하고자 합니다. 그런데 이런 마음은 어떤 것입니까? 무엇보다도 참으로 긍휼히 여기는 마음은 할 수 있는 모든 것을 행합니다. 하갈은 앉아서 울기 이전에 자기 아들을 위해 최대한으로 행했습니다. 그녀는 물병에 남아 있던 마지막 물 한 방울까지 그 아들에게 마시게 하였고, 비틀거리는 아들의 발걸음을 부축해 주었으며, 잠시라도 그 아이가 쉴 수 있도록 관목 덤불을 찾아 그곳에서 쉬게 하였습니다. 그녀는 위로의 말을 건네며 그 아들을 부드럽게 안아 뉘였습니다. 이 모든 일들을 하고 나서야 비로소 그녀도 앉았습니다. 우리도 우리 주위에 있는 회심하지 않은 자들을 위해 우리가 할 수 있는 모든 것들을 다 행했습니까? 사람들이 멸망하는 원인들 가운데 어떤 것은 우리가 사전에 막을 수 있는 것도 있습니다. 물론 어떤 원인들은 여러분이나 제가 사전에 전혀 손을 쓸 수 없는 것들도 있습니다. 하지만 어떤 것들은 우리가 즉시 제거해야 하는 원인들이 있습니다. 예를 들어, 무지(無知)로 인해 많은 사람들이 멸망한다는 것은 분명한 사실입니다. 그리스도인이 사는 지역의 반경 1마일(1.6km) 내에는 무지로 인해 멸망하는 영혼이 하나도 있어서는 절대로 안 됩니다. 그래서 저는 사람들이 너무 밀집해서 살고 있는 대도시에는 가지 말아야겠다고 생각한 적도 있었습니다. 적어도 우리 그리스도인들 각자의 마음속에는 다음과 같은 결심이 있어야 합니다. "내가 살고 있는 이 지역 내에는 내가 능력이 닿는 한, 모든 사람들이 어떤 방식으로든지 복음을 알도록 하리라. 모든 사람들에게 내가 복음을 말할 수 없다면, 그들이 읽을 만한 어떤 것이라도 보낼 것이다. 그래서 자신에게 성경책이 없어서 영원히 자신의 길을 잃어버렸다고 말하는 사람이 단 한 사람도 없게 할 것이다." 성령님만이 사람들을 진리로 인도하실 수 있지만, 성경을 모든 사람들의 눈앞에 두는 것은 우리가 해야 할 본분입니다.

불신앙의 원인이 되는 선입견 역시 우리가 막을 수 있는 또 다른 것입니다. 어떤 사람들은 복음이 엄격하다거나 복음을 고백한 자들의 성격이 까다롭다는 자신들의 생각 때문에, 복음을 귀 기울여 듣기는커녕, 아예 들으려고도 하지 않습니다. 이러한 선입견으로 인해 그들의 마음은 완전히 닫힙니다. 이러한 선입견을 제거하는 것이 바로 여러분이 해야 할 일입니다. 경건하지 않은 자들을 친절하게 대하고, 그들을 사랑하고 온화하게 대하며 상냥한 태도로 그들에게 관용을 베푸십시오. 그렇게 해서 여러분은 예수님의 복음에 대한 그들의 쓸데없는 반감들을 제거할 수 있을 것입니다. 그들의 육신을 위해 여러분이 할 수 있는 모든 선한 것들을 그들에게 제공하십시오. 그러면 그들은 자기들의 영혼을 향한 여러분의 사랑을 더 잘 믿게 될 것입니다. 여기에 모인 여러분은 각자 다음과 같이 말하십시오. "한 영혼이라도 멸망한다면, 최소한 저는 제가 가진 온 힘을 다해 그 영혼을 회개시키고자 노력할 것입니다."

이제 다음으로 불쌍히 여기는 마음은 어떤 일을 하겠습니까? 그 마음은 할 수 있는 일을 다 한 후에, 자신의 연약함에 대해 앉아서 웁니다. 저기 멀리 떨어져 앉아서 하염없이 눈물을 흘리며, 구슬픈 목소리로 자기 아들을 위해 곡을 하는 이 어머니의 모습을 여러분에게 제대로 묘사할 정도의 애절한 감정이 아쉽게도 제게는 없습니다. 상한 마음에서 우러나오는 그 목소리는 묘사할 수조차 없습니다. 그런 목소리는 직접 들어야 합니다. 그러나 아! 자기 백성들의 간절한 울부짖음과 눈물에는 하나님의 놀라운 능력이 나타납니다. 만약 여러분이 하나님 앞에서 우는 법을 알고 있다면, 그분께서는 다른 것에는 양보하지 않으시지만, 그 눈물에 대해서는 양보해 주실 것입니다. 오, 성도인 여러분이여, 죄인들을 불쌍히 여기십시오. 그들을 위해 탄식하고 부르짖으십시오. 휫필드(Whitefield)가 자기 회중들에게 말했던 것처럼 여러분도 다음과 같은 말을 할 수 있도록 하십시오. "사랑하는 성도 여러분, 만약 여러분이 잃어버린 영혼이 된다면, 그것은 여러분을 위한 제 눈물이 부족하기 때문이 아닙니다. 저는 밤낮으로 여러분을 살려 달라고 하나님께 애원하며 제 영혼을 쏟아내었기 때문입니다." 하갈은 영혼을 불쌍히 여기는 마음으로 울부짖으며, 하나님을 바라보았습니다. 그 때 하나님께서는 그녀의 간구를 들으셨습니다. 지금도 소망 없이 죽어 가고 있는 이들을 위한 여러분의 기도가 더욱 풍성해지고 지속될 수 있도록 여러분은 노력하십시오.

이 외에도 하갈이 우리에게 가르쳐 주는 것은 무엇입니까? 하나님께서 개입하신 후, 그녀는 필요한 것이 무엇이든 다 행할 각오가 되어 있었습니다. 천사가 그녀의 두 눈을 뜨게 해 주기 전까지 그녀는 무능하게 앉아 울면서 기도만 하고 있었습니다. 하지만 천사가 우물을 가리켰을 때, 그녀는 어땠습니까? 잠시라도 꾸물거렸습니까? 물을 담아 올 가죽부대를 준비하지 않고 있었습니까? 그 물을 자기 아들의 입술에 적시는 일에 지체했습니까? 이 복된 사명을 감당하는데 늑장을 부렸습니까? 오, 그렇지 않았습니다! 그녀는 얼마나 민첩하게 샘으로 달려 갔는지 모릅니다. 얼마나 빠른 속도로 가죽부대에 물을 채우고, 엄마의 심정으로 아들에게 서둘러 달려가서는 구원의 물을 마시게 했는지 모릅니다! 어떤 영혼이라도 그에게서 가장 희미한 은혜의 징후라도 감지된다면, 하갈처럼 언제든지 그것을 신속하게 파악할 수 있는 자세가 이 자리에 있는 모든 성도들에게 있기를 저는 바랍니다. 그들의 회심이 언제 시작되는지 항상 지켜보고, 바짝 마른 그들의 입술에 작은 위로를 적셔 줄 언약이라는 물이 담긴 가죽부대를 언제든 준비해 두십시오. 어머니의 간절한 마음으로 지켜보면서, 그 영혼들에게 선한 일을 행할 기회를 찾으십시오. 그리고 그들에게 절실한 음성으로 말하십시오. 그리하면 하나님께서 일하실 것입니다. 하나님께서 역사하실 때 그 때 여러분도 그분과 함께 즉시 일하게 될 것입니다. 그리고 비록 여러분이 부주의하거나 여러분의 믿음이 부족하다 해도, 예수님의 역사는 결코 이런 것들로 방해받지 않으실 것입니다. 이것이 바로 참된 그리스도인이 추구해야 할 길입니다. 참된 그리스도인은 영혼들을 간절한 마음으로 바라보고, 그들을 위해 최선을 다합니다. 이 영혼들이 현재 어떤 상태인지, 다시 말해 버림받은 이 영혼들의 상태를 실제로 우리가 알게 된다면, 지금까지 이들을 위해 아주 작은 일이나 혹은 거의 아무런 일도 행하지 않은 우리라 해도, 그리스도를 위한 이 사역을 즉시 시작하게 될 것입니다. 옛 고전 중에 다음과 같은 이야기가 전해져 내려오고 있습니다. 리디아의 어떤 왕에게 날 때부터 말을 하지 못하는 한 아들이 있었는데, 그 리디아 왕이 사로잡혀, 한 병사가 왕을 막 죽이려고 하는 찰나에, 그 어린 아들이 갑자기 말문이 열려 "병사여, 네가 감히 왕을 죽이려고 하는가?"라고 소리쳤습니다. 그는 지금까지 단 한 마디도 한 적이 없었지만, 그가 놀라 당황하였을 때 갑자기 말을 하게 되었던 것입니다(리디아 최후의 왕이자 부호[富豪]인 크로이소스 왕[기원전 560년경]에게는 두 아들이 있었는데, 한 아들은 뛰어난 전사였고 다른 아들은 벙어리였다. 사르디스 공격에 동행한 그 벙어리 아들은 아버지가 위험에 처한 것을 보자 갑자기 소리를 질렀고, 그래서 아버지의 목숨을 살렸다고 한다 — 역주). 제 생각에 여러분이 지금 이 순간까지 한 번도 말해 본 적이 없다 해도, 여러분의 자녀들과 이웃들이 지옥 구렁텅이로 내려가고 있는 것을 진정으로 보게 된다면, 여러분은 다음과 같이 소리치게 될 것입니다. "비록 내가 지금까지 한 번도 말한 적이 없지만, 이제는 내가 말하겠노라. 불쌍한 영혼들이여, 그리스도를 믿으라. 그리하면 너희들이 구원을 얻을 것이니라." 비록 이것이 간단한 말이긴 해도, 얼마나 복된 말인지 여러분은 모르고 있습니다. 한번은 아주 어린 아이가 팔십 대의 노인과 함께 있게 되었습니다. 어린 아이들을 사랑하는 그 마음씨 좋은 할아버지는 아이와 놀아주려고 그 아이를 자기 무릎 위에 앉혔습니다. 그러자 그 어린 아이가 고개를 들어 할아버지를 바라보며 말했습니다. "할아버지, 우리 집에도 할아버지와 똑같은 할아버지가 계세요. 그런데 우리 할아버지는 예수 그리스도를 사랑하세요. 할아버지도 예수님을 사랑하시지요?" 그러자 그 할아버지는 "내 나이가 올해 여든넷인데, 지금까지 나는 항상 그리스도인들 가운데서 살아왔지. 하지만 이 어린 아이가 한 질문을 아무도 가치 있다고 생각하지 않았는지, 지금까지 아무도 내게 이런 걸 물어보는 사람이 없었다"라고 말했습니다. 이 아이가 바로 그 노인이 회심할 수 있는 도구였던 것입니다. 이후에 그 노인은 자신이 구세주를 사랑하지 않았다는 사실을 알고, 그분을 찾기 시작했으며, 그리하여 급기야 그 늙은 나이에 구원을 얻게 되었다고 저는 들었습니다. 그 어린 아이에게 이 모든 일이 가능했다면, 여러분에게도 이 일은 충분히 가능한 일입니다. 오, 사랑하는 성도 여러분, 여러분을 옭아매는 수줍은 마음을 떨쳐 버리십시오. 그러지 않으면 여러분을 옭아매는 그 줄이 여러분을 무기력하게 만들 것입니다. 그 모든 차꼬들을 끊어 버리십시오. 그러면 한 영혼이라도 멸망한다는 생각을 여러분은 오늘부터 감히 생각조차 할 수 없을 것입니다. 여러분이 그 영혼들을 축복할 어떤 방법이나 수단들이 하늘 아래나 땅 위에 있다면, 여러분은 반드시 그것을 찾아야만 할 것입니다.

5. 영혼들을 불쌍히 여기는 자들이 받게 될 격려

이제 말씀을 마쳐야 할 것 같습니다. 마지막 주제는 영혼들을 참으로 불쌍히 여기는 자들이 항상 받게 될 격려입니다. 먼저 본문의 경우를 살펴보겠습니다. 어머니인 하갈이 그 아들을 불쌍히 여기자, 하나님도 그를 불쌍히 여기셨습니다. 여러분도 불쌍히 여기십시오. 그러면 하나님께서도 불쌍히 여기실 것입니다. 하나님 백성의 영혼 속에서 활동하시는 성령 하나님의 역사는 반드시 성취되어야 하는 하나님의 영원한 섭리의 발자국들입니다. 어떤 사람이 다른 사람을 위해 기도한다는 것은 언제나 그 사람에게 소망의 징조가 됩니다. 중보기도로 하나님의 자녀를 천국으로 끌어당기고 있는데, 그 사람이 지옥으로 떨어진다는 것은 어려운 일입니다. 종종 우리를 시험하는 사탄의 공격도 성도들의 중보기도로 실패합니다. 영혼들을 불쌍히 여기는 여러분의 개인적인 감정이야말로 그 영혼들이 하나님으로부터 축복을 받을 것이라는 사실을 가리킨다는 사실에 여러분은 소망을 가지십시오. 하갈이 불쌍히 여긴 이스마엘은 크고 넓은 언약을 받은 소년이었습니다. 그는 죽을 수 없었습니다. 그녀는 이 사실을 잊고 있었지만, 하나님은 잊지 않으셨습니다. 아무리 목이 말라도 그는 갈증으로 죽을 수 없었습니다. 왜냐하면 그를 큰 나라가 되게 하시리라(창 17:20)고 하나님께서 말씀하셨기 때문입니다. 여러분과 제가 지금 기도하고 수고하는 자들이 하나님의 영원한 섭리 가운데서 지옥으로부터 구원을 받을 것이라는 소망을 가지도록 합시다. 그리스도께서 그들을 피값으로 사셨기에, 이제 그들은 분명한 그리스도의 소유이기 때문입니다. 우리의 기도는 하나님의 뜻을 드러내는 깃발입니다. 성령님께서는 하나님께서 작정하사 효과적으로 부르신 자들을 위해 기도하도록 우리를 이끄십니다.

또한 우리가 기도하고 있는 자들의 영혼에는 비록 우리가 알지는 못하지만, 지금 이 시간에도 거룩한 생명력이 약동하고 있을 것입니다. 하갈은 자기 아들이 기도하고 있는 것을 몰랐지만, 하나님은 알고 계셨습니다. 이 소년이 비록 소리 내어 말한 것은 아니었지만, 하나님께서는 그가 마음으로 부르짖는 소리들을 들으셨습니다. 어린 아이들은 자기 부모에게 말하는 것을 선뜻 내키지 않아 합니다. 자주 저는 어린 소년들과 함께 그들의 영혼에 대해 이야기를 합니다. 그런 아이들 중에는 이런 주제들에 관해서 자기 아버지와 대화할 수 없었다고 말하는 아이들이 있습니다. 저 또한 그랬기에 어린 아이들의 사정을 잘 이해합니다. 저도 영혼에 대한 관심이 있었지만, 신앙 문제로 가장 마지막에 대화를 하기로 선택한 사람이 바로 저의 부모였기 때문입니다. 제가 부모를 사랑하지 않아서 그랬던 것은 아니었습니다. 물론 부모가 저를 사랑하지 않아서 그랬던 것도 아니었습니다. 그럼에도 불구하고 어쨌든 그렇게 되었습니다. 수줍음이라는 이상한 감정이 진리를 찾는 영혼 속에 가득 차 있어서 그랬는지, 친구들에게도 이런 얘기들을 선뜻 꺼내지 못했습니다. 여러분이 지금 기도해 주고 있는 자들도 스스로 기도하고 있을지 모릅니다. 여러분은 그것을 모를 뿐입니다. 그러나 사랑의 때가 오면, 여러분이 행한 진지한 수고로 인해 그들은 자신의 은밀한 바람들을 여러분에게 털어놓을 것입니다.

결국 그 소년은 죽지 않았습니다. 샘물을 발견했고, 가죽부대에 담아온 물로 그의 입술을 축였습니다. 이런 일들은 끈질긴 기도를 하나님께서 들어주실 것이라고 믿는 여러분에게 큰 위로가 될 것입니다. 여러분의 자녀도 구원받게 될 것입니다. 여러분의 남편도 돌아오게 될 것입니다. 선한 여인들이여, 계속해서 기도하기만 하십시오. 여러분의 이웃도 돌아와 진리의 말씀을 듣고 회심하게 될 것입니다. 여러분은 오직 이 일에 열심을 품기만 하십시오.

저는 오늘 아침에 어떻게 설교를 해야 할지를 몰랐습니다. 제 마음은 아주 무거웠고 제 혀는 쉽게 말할 수 없었습니다. 교회에 모인 회중들 속에서 큰 믿음의 부흥이 일어나기를 저는 기도했습니다. 제 영혼이 이를 바라고 갈망했습니다. 제 눈에는 엄청난 힘을 가진 큰 엔진이 보였고, 최신식의 기계도 보였습니다. 기계는 스스로 작동할 수 없습니다. 그 안에는 스스로 움직일 수 있는 원동력이 없기 때문입니다. 하지만 이 기계와 그 기계에 힘을 줄 수 있는 엔진을 연결하는 줄을 제가 갖기만 한다면, 도대체 얼마나 대단한 일이 일어나겠습니까! 자, 보십시오. 제 눈에는 하나님의 전능하심이 보였습니다. 다시 말해, 이 교회를 움직이게 하는 하나님의 전능하심이 보였습니다. 오, 이 기계와 엔진, 이 둘을 함께 연결하는 줄을 제가 가질 수만 있다면! 그 줄은 바로 살아 있는 믿음입니다. 여러분은 이 믿음을 가지고 있습니까? 사랑하는 성도 여러분, 제가 이 플라이휠(fly-wheel, 기계나 엔진의 회전 속도에 안정감을 주기 위한 무거운 바퀴 ― 역주)을 돌릴 수 있도록 저를 도와주십시오. 오, 하나님께서 역사하신다면, 그분의 능력을 힘입어 우리도 일한다면, 그리스도를 위해 얼마나 영광스러운 일들을 이룰 수 있겠습니까! 우리는 위로부터 능력을 받아야만 합니다. 믿음은 그 능력을 우리에게 전달해 주는 벨트입니다. 하나님의 거룩한 능력이 우리의 연약함을 통해 드러날 것입니다. 절대로 기도하기를 쉬지 마십시오. 여러분이 지금까지 해 왔던 것보다 더 많이 행하십시오. 축복해 주시기를 간구하십시오. 하나님이 우리에게 복을 주시리니, 땅의 모든 끝이 하나님을 경외하리로다(시 67:7). 아멘.

반가운 발견

—

> "하나님이 하갈의 눈을 밝히셨으므로 샘물을 보고 가서
> 가죽부대에 물을 채워다가 그 아이에게 마시게 하였더라."
> — 창 21:19

여러분은 하갈의 이야기를 알고 있을 것입니다. 하갈이 자기 아들 이스마엘과 함께 아브라함의 집에서 쫓겨난 이야기 말입니다. 이들이 약속의 자녀를 떠나야 했던 것은 필연적인 일이었습니다. 그럼에도 불구하고 하나님께서는 이스마엘과 그의 어머니를 향한 선한 계획을 가지고 계셨습니다. 하나님은 지금도 여전히 사람들을 시험하고 계십니다. 우리가 성도든 죄인이든 우리는 환난을 당하게 될 것입니다. 사라든 하갈이든 누구에게나 고통 없이는 생명도 없을 것입니다. 하갈에게는 그 고통이 아주 극심한 형태로 찾아왔습니다. 즉 그녀가 가지고 있던 물병의 물을 다 써버려 조금밖에 남아 있지 않았던 것입니다. 그녀는 자기 아들에게 그 물을 마시게 해야 했습니다. 그러지 않으면 그 아들은 죽을 것이었기 때문입니다. 그 후에는 그녀도 그 아들을 따라 서서히 죽을 수밖에 없었습니다. 그녀는 그 아들을 관목 덤불 아래에 두고서 절망하며 그를 포기하였습니다. 그러고는 울기 시작했습니다. 그녀에게는 이 눈물이 이 땅에서 흘리는 최후의 눈물의 홍수가 될 것이라는 생각이 들었습니다. 하지만 실제로 그녀는 이렇게 고통받아야 할 이유가 전혀 없었습니다. 그리고 목말라할 필요도 없었습니다. 왜냐하면 그녀는 샘물 가까이에 있었기 때문입니다. 그녀는 너무나 슬펐던

나머지 그 샘물을 미처 보지 못하였던 것입니다. 그녀의 마음이 혼란스러웠기에, 자신에게 필요한 것을 정확하게 찾을 수 있는 그 한 곳을 제외하고, 그녀는 모든 다른 곳들을 찾아 헤맸던 것입니다. 그래서 하나님께서는 천사를 통해 그녀에게 말씀하셨습니다. 하나님께서 그녀에게 말씀하신 후, 하나님은 그녀의 눈을 밝히셨습니다. 그래서 그녀는 샘물을 보게 되었습니다. 제 생각에 그 샘물은 항상 거기에 있었던 것 같습니다. 그녀는 그 샘물을 보고는 즉시 그 샘에 가서, 자기 가죽부대에 물을 채워다가 아이에게 주어 마시게 하였습니다. 그래서 이제 그녀의 모든 슬픔은 사라지게 되었습니다. 이 이야기는 아주 슬픈 상황에 대한 아주 간단한 치료책을 보여주는 듯합니다. 이것은 인간의 삶에서 종종 일어나는 일들에 대한 하나의 실례를 보여줍니다. 남자와 여자 모두 극심한 고난을 받게 됩니다. 하지만 그들이 주위를 둘러보기만 했다면, 그런 고난을 당할 필요가 없습니다. 그들은 자신들이 판단하기에 정말로 죽음의 문턱에 이르게 된 것입니다. 사실 그들이 모든 것들을 알고 있었다면, 그들이 그렇게 괴로워할 이유가 전혀 없는 상황인데 말입니다. 그들은 자신들의 눈이 밝아지면 바로 현재의 시련에서 벗어날 수 있을 것입니다. 왜냐하면 하나님께서 그들의 필요를 공급해 주셨고, 그들의 슬픔에 위로를 예비해 주셨으며, 두려움에서 피할 길을 마련해 주셔서 그들이 더 이상 절망할 필요가 없게 해주신 것을 그들이 보게 될 것이기 때문입니다.

저는 고난 중에 있는 자들에게 다음의 세 가지 사실을 전하고 싶습니다. 첫 번째는, 고난 중에 갈구하는 자들에게는 하갈과 같은 경우가 종종 일어나고, 그들의 필요를 공급해 주시는 그 손길이 매우 가까이에 있다는 사실입니다. 샘물은 가까이에 있기 때문입니다. 두 번째로는, 이 또한 종종 일어나는 일로서, 이러한 손길은 갈구하는 자들, 아니 오직 갈구하는 그들만을 위해 준비된 것처럼 매우 풍성하게 제공된다는 사실입니다. 제가 보기에 이 샘물의 양이 많았던 것처럼 말입니다. 그리고 세 번째는, 우리에게 필요한 모든 것은 이미 하나님에 의해 공급되었으며, 우리는 이것을 얻기 위해 큰 노력을 기울일 필요가 없다는 사실입니다. 하갈은 자기의 가죽 부대를 물로 가득 채웠을 뿐입니다. 이 일은 그녀에게 기쁜 일이었으며, 이 물을 그녀는 아들에게 먹였습니다.

1. 우리의 필요를 공급하는 손길은 매우 가까운 곳에 있습니다.

우리가 고통과 괴로움 가운데 있을 때 종종 일어나는 것은, 우리의 필요를 채우고 우리의 슬픔을 위로해 주는 일이 매우 가까이에 있다는 점입니다. 우리가 볼 수만 있다면, 그 샘물은 우리의 발이 닿을 수 있는 가까운 곳에 있습니다. 너무 먼 곳에 있어서가 아니라, 우리의 눈이 아직 밝아지지 않아서 그것을 놓치는 것입니다. 하나님께서 샘물을 새롭게 만들 필요가 전혀 없습니다. 하나님께서는 이미 만들어 놓으셨습니다. 필요한 일은 그분께서 우리의 눈을 밝히시어 이미 거기에 있던 샘물을 우리가 보게 되는 것입니다.

이런 경우는 그리스도인의 섭리와 관련해서 정말 빈번하게 일어납니다. 다가오는 어떤 질병으로 극심하게 놀라거나 혹은 이미 주위를 에워싸고 있는 어떤 곤란한 상황으로 인해 아주 무서워하면서 괴로워하는 자들을 우리는 알고 있습니다. 그들은 "내일 우리가 뭘 해야 할지 모른다"고 말하면서 "누가 우리를 위하여 무덤 문에서 돌을 굴려 주리요?"(막 16:3)라고 묻습니다. 그들은 하나님께서 이미 내일 필요한 것을 공급해 주셨고, 이미 그 돌을 치워 주셨다는 사실을 알지 못합니다. 만약 그들이 이 모든 것을 알았다면, 그들은 지금 겪고 있는 시련이 순전히 공상에 불과하다는 것을 이해했을 것입니다. 그들은 지금 자신들의 불신앙으로 이런 시련을 자초하고 있는 것입니다. 시련은 어떤 다른 것이 아니라, 하나님을 불신한 그들이 받게 되는 것이 바로 시련입니다. 그들은 지금도 "어디서 나는 친구를 찾게 될 것인가? 누가 나를 구하러 올까?"라고 묻고 있습니다. 친구는 이미 그 집안에 있거나, 어쩌면 전혀 필요한 것이 아닐 수 있습니다. 그들은 "이런 진퇴양난(進退兩難)의 상황에서 내가 어떻게 빠져 나올 수 있을까?"라고 말하지만, 이미 하나님께서는 그 문제를 해결해 주셨습니다. 수수께끼는 풀렸고, 불가사의한 일에 대해서는 설명을 들었습니다. 그럼에도 그들은 머리에 치명타를 맞은 그 원수 때문에 괴로워합니다. 다시 말해, 하나님의 손길로 이미 실타래가 풀린 그 어려운 일에 관해 그들은 투덜거리고 있는 것입니다. 하나님께서 자신들을 구원해 주셨을 때, 소스라치게 놀라는 사람들을 우리는 알고 있습니다. 이런 반응은 그들의 믿음이 작다는 것을 입증합니다. 그들은 조용히 신뢰하면서 고요히 기다릴 뿐입니다. 그들은 하나님께서 그렇게 행하시기를 당연히 기대했을 것입니다. 그런데 그렇게 기대한 사람들이 그런 놀라움을 표현한 것은, 그분께서 결국에는 너무 단순한 수단들로 자신들을 구원하셨기 때문이라는 것입니다. 그들은 다음과 같이 말합니다. "어떻게 이런 일이 일어날 수 있는가? 나는 이 생각을 전혀 하지 못하고 있었는데, 내가 그렇게 간절히 바라던 그 축복을 실제로 내 가까이에서 얻게 되다니, 그런데도 여태 나는 그것을 모르고 있지 않았나? 내가 목이 말라서, 어쩌면 하나님이 하늘을 열어 소낙비를 내리실지도 모른다는 희망을 갖고 울부짖었는데, 이미 깨끗한 물이 솟아오르는 이 우물이 있었다니." 우리는 이 샘물이 어디 있나 살펴보고 찾기만 하면 됩니다. 찾았으면 몸을 굽혀서 그 물을 마시고 기운을 되찾기만 하면 됩니다. 하나님의 자녀인 여러분이여, 섭리에 대해 괴로워하는 여러분은 하나님께 기도하십시오. 하나님이 역사하시는 자취를 찾지 못할 때도 여러분이 하나님을 신뢰하게 해 달라고 기도하십시오. 여러분이 바라는 것을 달라고 하나님께 간구하지 말고, 그분의 바람대로 우리가 순종하기를 간구하십시오. 그분의 뜻이 여러분의 영혼에 그림자처럼 함께 하여, 이제부터는 그 그림자가 여러분의 뜻이 되도록 간구하십시오. 그분께서 말씀하셨습니다. "내가 결코 너희를 버리지 아니하고 너희를 떠나지 아니하리라"(히 13:5). 그분께서는 이렇게 확실한 약속을 하셨습니다. 오, 우리가 이 약속의 확신을 토대로 삼고, 어떤 형편에 처하든지 그것에 만족하는 법을 배우게 되었으면 좋겠습니다. 이 말씀이야말로 우리가 찾을 수 있는 자족(自足)에 대한 최고의 토대입니다. 오, 하나님의 은혜로 우리가 다음의 사실들을 느낄 수 있기를 원합니다. 즉 하나님께서 우리를 장차 어떻게 구원해 주실지 우리가 말할 수 없다 해도, 그렇게 말할 수 있는 능력은 전혀 우리의 소관이 아니며, 그에 대해 하나님께서 알고 계신다면, 그것으로 충분하다는 사실입니다. 하나님께서는 우리를 필요한 것의 공급자로 세우지 않으셨습니다. 그분께서는 우리가 배의 키를 잡거나, 어린 아이가 잡고 걸음을 익히는 줄을 우리가 당기도록 계획하지 않으셨습니다. 우리가 할 일은 이끄는 것이 아니라 따라가는 것입니다. 우리가 할 일은 순종하는 것이지, 하나님을 주장하는 것이 아닙니다. 여러분의 구원은 가까이에 있습니다. 오, 슬퍼하고 있는 하나님의 자녀들이여, 비록 여러분의 구원이 지체되고 있다 해도, 그것은 그 구원이 임했을 때 더 풍성한 축복이 되기 위함일 것입니다. 오랫동안 바다에 나가 있는 배들은 아마도 화물이 더 많이 실린, 무거운 배일 것입니다. 따라서 그 배들이 항구에 이르면, 그 배에서는 갑절의 축복이라는 수하물이 하역될 것입니다. 땅에 뿌려진 씨앗 가운데 아주 빨리 싹이 튼 식물들은 아주 짧은 시간 동안 그 상태가 지속될 뿐입니다. 이와 마찬가지로 여러분의 기대라는 땅 속에 그렇게 오랜 시일이 걸려, 드디어 봄이 되자 나오게 된 그 축복은 평생토록 지속될 것입니다. 그러므로 그 기대가 너무 지체된다 해도, 여러분은 인내하며 기다리십시오.

섭리는 이처럼 지체될 수 있습니다. 이것이 섭리의 참된 모습입니다. 섭리와 더불어 저는 그 섭리로 인한 영적인 축복문제를 더 다루고 싶습니다. 절대로 동요되어서는 안 될 영적 문제로 괴로워하는 영혼들이 종종 있습니다. 예를 들어, 영적으로 괴로워하는 대다수의 고통은 성경의 가르침을 잊거나 무시하는 것에서 비롯됩니다. 자신의 마음이 절망적으로 사악해진 것을 발견하고서 놀라는 젊은 사람들을 우리는 종종 만나보게 됩니다. 그들은 얼마 전에 회심을 했고, 자기의 믿음을 신앙 고백까지 한 자들입니다. 그 당시 그들은 죄를 진정으로 회개하고 그리스도를 붙잡았습니다. 하지만 그들의 체험은 비교적 피상적인 것이었습니다. 얼마 후에 성령님께서는 그들의 본성에 숨어 있던 더 많은 죄악들을 기꺼이 드러내셨고, 그들이 본래부터 가지고 있던 부패된 마음속 깊은 곳의 바닥을 산산조각 내셨습니다. 그러자 그들은 무슨 낯선 일이라도 일어난 것처럼 소스라치게 놀라며, "이런 일에 우리는 어디서 위로를 얻을 수 있을까?"라고 말하였습니다. 자, 보십시오. 우리의 본성은 성경이 정확하게 설명하고 있듯이 절망적으로 추악하다는 것을 그들이 처음부터 알았다면, 그들은 자신의 참된 모습을 알았을 때, 그렇게 놀라지 않았을 것입니다. 그리고 성령님의 사역은 우리의 본성을 개선시켜 주거나 개선을 위해 노력하거나 이런 개선을 의도하는 게 아니라, 우리의 옛 본성이 죽게 하고, 그것이 부패한 것을 보게 하며, 그리스도와 함께 장사되게 하여, 옛 본성에 싸움을 걸고 우리의 영혼 안에서 영원한 전쟁과 갈등을 유발하는 새 본성을 우리에게 주는 것이라는 점을 그들이 이해하고 있었다면, 다시 말해 죄가 그들 속에서 저절로 흘러나와 이것이 새 본성과 싸우고 있다는 것을 느낄 때, 그들이 이런 진리를 제대로 알고 있었다면, 그들은 다음과 같이 말했을 것입니다. "성도들에게서 일어난다고 들었던 것이 바로 이것이구나. 이것이 바로 하나님의 자녀들이 겪게 되는 체험이구나. 사도 바울이 로마서 7장에서 말한 것이 바로 이런 것이구나. 나도 결국 하나님을 믿는 다른 성도들과 마찬가지로 그 동일한 길에 들어선 것이구나." 하지만 그들은 이런 사실들을 잊고서, 인간이 경험할 수 있는 모든 것 가운데 가장 낯선 체험을 하는 것처럼, 자신들에게는 그 어떤 위로도 없다고 생각합니다. 그러나 사실 이런 경험은 하나님의 자녀들이 겪는 것입니다. 이럴 때 그들에게 필요한 것은 새 힘을 얻는 것입니다. 그들은 자신들이 잊어버린 가르침으로 원기를 회복할 수 있는데도, 지금도 샘물을 찾아 헤매고 있습니다.

　우리는 자신이 궁극적으로 구원받을 수 있을지에 대해 고민하는 사람들을 만나기도 합니다. 그들은 자신이 하나님의 자녀인 것을 믿고 있습니다. 하지만 그들은 혹시라도 자신이 한 그 훌륭한 신앙 고백을 놓치거나 유지하지 못하면 어떡하나 하는 마음으로 두려워합니다. 그들이 받는 시험은 너무나 심각하고, 그들이 느끼는 자신의 나약함은 너무나 극심하기에, 언젠가는 자신들이 더러운 곳에 발을 헛딛고 마지막 날에 타락하여 완전히 멸망하지 않을까 하는 생각을 합니다. 아, 다음의 말씀은 논의의 여지가 없이 분명한 하나님의 말씀입니다. "의인은 그 길을 꾸준히 가고 손이 깨끗한 자는 점점 힘을 얻느니라"(욥 17:9). 저는 이 말씀을 확실히 믿고 있습니다. 그들이 저의 이런 확신을 이해했다면, 이런 문제로 고민하지 않았을 것입니다. 여기서 그들은 또 다른 질문, 즉 자신이 과연 의인인가 하는 질문에 답을 들을 수 있어야 합니다. 그들은 그리스도 안에서 의롭다 함을 받게 된 자들 가운데 속해 있습니까? "내가 그들에게 영생을 주노니 영원히 멸망하지 아니할 것이요 또 그들을 내 손에서 빼앗을 자가 없느니라"(요 10:28). 이 말씀은 하나님을 믿는 모든 양들의 안전을 보장해 주는 얼마나 멋진 확신의 말씀인지 모릅니다! 내가 이 양들 가운데 있기만 한다면, 거짓말을 할 수 없으신 그리스도께서 자신이 하신 말씀을 지키실 것이라는 완전한 확신을 나도 가져야 하지 않겠습니까? 이 외에도 동일한 결과를 보증하는 수많은 다른 약속들이 있습니다. 이런 문제로 고민하는 자들은 이런 지식으로 즉시 자신의 염려에서 벗어나는 것을 종종 보게 됩니다. 지금도 마음이 흔들리고 있는 것은 바로 구원에 관한 비성경적인 이해 때문입니다. 우리 모두는 수원(水原)이신 그분과 상의하거나 영감된 말씀을 의지하기보다는 우리의 감정으로 너무 쉽게 판단하는 경향이 있습니다. 저는 다소 독특한 성격의 고난을 당하고 있는 아주 탁월한 여자 성도를 알고 있습니다. 그녀는 구세주께서 자신을 사랑한다는 것을 자신도 알고 있다고 말했습니다. 그녀를 알고 있는 모든 사람들도 그녀가 말한 대로 느꼈다고 저는 생각합니다. 하지만 자신이 구세주를 사랑하고 있다는 것을 그녀가 알고 있었다 해도, 그녀는 구세주께서 자신을 사랑하지 않으면 어떡할까 하면서 두려워했습니다. 이런 상황에서 그녀를 위로한다는 것은 결코 쉬운 일이 아니었습니다. 자, 보십시오. 만약 그녀가 "우리가 사랑함은 그가 먼저 우리를 사랑하셨음이라"(요일 4:19)는 말씀의 뜻을 제대로 파악했다면, 그녀는 그 올무에서 벗어났을 수 있었을 것입니다. 우리 속에 있는 모든 것은 그것이 조금이라도 선한 것이라면 처음부터 우리에게 주입된 것이고, 하나님의 은혜는 우리보다 앞서 우리를 지켜 주며, 이 은혜가 우리 속에 있는 선한 것의 뿌리이자 원천이고, 마땅히 우리에게서 흘러 넘쳐야 할 하나님에 대한 사랑의 원천은 끝없이 영원한 하나님의 사랑이라는 사실들을 그녀가 느끼고 알았다면, 그녀는 골머리를 앓지 않았을 것입니다. 제가 종종 의아하게 여기는 것이 있습니다. 즉 흔히 칼빈주의 교리라고 불리는 그 가르침을 받아들이지 않는 친구들은 어떻게 하나님의 위로를 받을지 그게 궁금합니다. 분명히 말하지만, 저는 이 생각에 반대하는 사람들과 조금이라도 실랑이를 벌일 마음이 전혀 없습니다. 왜냐하면 아르미니우스주의자의 신조들이 그들에게 어떤 달콤한 맛을 주었다면, 저는 누구든 그 맛을 경험했다는 말을 듣고 기뻐할 것입니다. 세상에 있는 모든 것은 먹어봐야 한다는 말을 저는 항상 좋게 생각합니다. 그래서 누군가 어떤 음식을 먹고 나서 그 음식에서 위로를 얻을 수 있다고 한다면, 저는 그런 말을 듣고 기뻐할 것입니다. 저는 그것을 시기한다거나 부러워하지 않을 것입니다. 제가 그 음식에서 아무 맛도 찾을 수 없었다고 해서, 그들이 그 음식에서 얻은 어떤 위로를 빼앗으려 하지는 않을 것입니다. 나 자신의 궁극적인 구원이 나에게 달려 있다고 내가 믿는다면, 다시 말해 내가 하나님을 사랑하는 것이 은혜의 역사이기보다는 오히려 나 자신의 의지에서 나온 것이라고 생각한다면, 저는 잘은 몰라도 아마 극심한 혼란에 빠질 것입니다. 어떤 사람들에게는 단단한 음식이 필요하며, 반드시 그런 음식을 먹어야 합니다. 그렇지 않다면 그들은 건강을 해치게 될 것입니다. 이와 마찬가지로 구원은 처음부터 마지막까지 은혜로 말미암으며, 하나님께서 선한 일을 시작한 그곳에서 계속해서 그 일을 성취하실 것이라는 사실을 굳게 믿는 믿음이야말로, 저와 같은 기독교인에게는 실존의 핵심입니다. 그래서 저는 이 사실을 포기할 수 없습니다. 이 믿음을 포기한 자들은 그냥 내버려 두십시오. 하지만 저는 이를 포기할 수 없습니다. 누군가가 이러한 사실들이 거룩한 성경의 진리가 아니라는 것을 입증하지 않은 한, 저는 이 사실로 인해 여전히 위로를 받을 것입니다. 이 사실들은 성경의 진리로 존재하고 있습니다. 그러므로 고통 받고 있는 자들로 하여금 이 사실을 기억하게 하십시오. 하나님께서 그들의 눈을 밝히시어 이 사실을 보게 하시기를 기원합니다. 그러면 그들이 갈증 때문에 고생해야 할 필요는 더 이상 없을 것입니다.

　사랑하는 성도 여러분, 성경은 말합니다. 고난 받는 자들의 마음 가까이에 샘물이 있는데, 그 샘물은 교리의 형태가 아니라 약속의 형태로 있다고 말입니다. 하나님의 백성들도 인간으로 살아가면서 결코 고난을 겪지 않았던 것은 아니나, 그들에게는 그 고난에 대처할 수 있는 약속이 있었습니다. 단지 여러분이 충분한 시간을 가지고 오래 기다린다면, 여러분은 그 부본(副本, 티켓 등에서 한 쪽을 떼어 주고 남겨 두는 다른 한 쪽 — 역주)을 발견하게 될 것입니다. 즉 하나님께서 여러분의 경우에 딱 맞는 것을 그분의 책에 기록해 두신 것을 여러분은 발견하게 될 것입니다. 존 번연의 「천로역정」에서 주인공 크리스챤은 다음과 같이 말했습니다. "오, 어쩌면 이렇게 바보 같을까! 얼마든지 자유롭게 걸어 다닐 수 있는데도 몇 주씩이나 이렇게 더러운 지하 감옥에 드러누워 있었다니. 사실 내 품 속에는 열쇠가 하나 있는데, 분명히 이 열쇠는 이 의심의 성(Doubting Castle, '거대한 절망'이라는 성주(城主)가 사는 성으로서, 순례자들은 길을 잘못 들어 이 성의 감옥에 갇히지만, '약속'이라는 열쇠로 탈출하게 된다 — 역주) 안에 있는 그 어떤 자물쇠에도 다 맞을 거야. 자, 친구여, 어서 문을 열어 보자고." 그렇게 해서 크리스챤은 용기를 내었습니다. 결국 그는, 자물쇠에 들어가기에는 다소 뻑뻑한 열쇠였지만, 약속이라는 자신의 열쇠를 찾게 되었습니다. 번연은 「천로역정」에서, 그 감옥 문들 가운데 하나는 그 열쇠로 열기가 "지독하게 어려웠다"라고 표현하고 있습니다. 크리스챤은 약속이라는 이 열쇠를 사용해 보기 전까지 이 열쇠가 얼마나 강력한지 알지 못했습니다. 하지만 이 열쇠는 모든 문들을 다 열었고, 심지어 성 밖으로 통하는 쇠로 만든 문까지도 열었습니다. 모든 문들이 다 이 열쇠의 도움으로 열렸던 것입니다. 오, 마음으로 걱정하는 사랑하는 성도 여러분, 여러분 가운데 어떤 이들은 하나님께서 친히 자신의 말씀으로 해결해 놓은 문제들을 가지고 초조해하고 걱정하면서 누워 있었습니다. 여러분은 "하나님께서 원하신다면, 그것을 행하실 것이다!"라고 여러분은 말했습니다. 그랬는데, 정말 그분께서 행하셨습니다. 여러분은 어떤 것을 달라고 그분께 간구했습니다. 그랬는데, 여러분은 이미 그것을 가지고 있는 것을 발견했습니다. 제가 가끔 어둠 속에서 굶어 죽은 사람을 비유로 들곤 하는데요. 그런데 그 굶어 죽은 사람이 식료품 보관소에 갇혀 있었더라는 것입니다. 주위에 온통 먹을 것이어서, 손만 내밀어 먹기만 했으면 살았을 텐데 말입니다. 거기에 그가 원하는 것이 바로 있었기 때문입니다. 사랑하는 성도 여러분, 저는 확신합니다. 여러분이 성경을 잘 살펴본다면, 주님께서 이미 그 자녀를 위해 약속의 샘물을 열어 놓으신 것을 발견하게 될 것입니다. 따라서 지금 이 자리에 있는 하나님의 자녀들 가운데 한 사람도 절망할 필요가 없을 것입니다.

이 샘물은 어떤 경우에는 교리의 형태도 아니고 약속의 형태도 아닌, 어떤 다른 사람의 체험이라는 모습으로 나타나기도 합니다. 의심의 여지 없이 선한 사람이었던 자들이, 하나님의 축복 속에서도 우리가 겪었던 것과 똑같은 마음 상태를 겪었다는 사실을 알게 되는 것보다, 우리에게 더 강력한 위로가 되는 것은 아마 아무것도 없을 것입니다. 양 무리들이 지나간 발자국들을 보게 되면, 우리도 목자가 인도하는 길에 있기를 바라는 소망을 갖게 됩니다. 자, 만약 여러분이 깊은 고난 가운데 있다면, 저는 여러분에게 시편 88편을 읽어 보라고 권하고 싶습니다. 이 시는 다윗의 기도인데, 얼마나 멋진 시편인지 모릅니다. 지금까지 다윗만큼 하나님의 목전에서 내쫓김을 당하고 모든 소망을 박탈당했던 사람이 있었을까요? 옛 시대의 사람들 가운데 이 유명한 고난자보다 더 밝게 빛나는 성도는 없었습니다. 여러분의 영혼이 심하게 낙담된다면, 저는 여러분이 욥과 한번 사귀어 보기를 권합니다. 욥기 전체를 꼼꼼히 읽어 보십시오. 그가 한 말들 가운데 어떤 말들은 너무 끔찍하기도 합니다. 그럼에도 불구하고 욥은 자신의 죄에서 구원을 받았을 뿐 아니라, 모든 역경에서 구원을 받았습니다. 그리고 믿음으로 세상을 이긴 가장 유명한 사람들 가운데 그 이름이 들어 있습니다. 욥의 이런 사실을 누가 감히 의심할 수 있겠습니까? 또 다른 사례가 여러분에게 필요하다면, 눈을 돌려 히스기야 왕의 탄식을 보든지, 아니면 예레미야 선지자의 애가를 읽어 보십시오. 제가 추천한 이런저런 성경 속에서, 여러분은 틀림없이 자신의 경우를 발견하게 될 것입니다. 또한 여러분의 문제가 내적인 것이라면, 여러분은 로마서를 읽어 보십시오. 특히 로마서 중에서도 자신이 원하는 바 선은 행하지 아니하고 도리어 원하지 아니하는 바 악을 행하는 자신에 대해 바울이 설명하면서, 자신의 역설적인 기이한 모습을 언급한 부분을 읽어 보십시오. 그는 이런 악을 행하면서도 그런 자신을 인정할 수 없었습니다. 그래서 급기야 다음과 같이 울부짖었습니다. "오호라 나는 곤고한 사람이로다 이 사망의 몸에서 누가 나를 건져내랴?"(롬 7:24)고 말입니다. 제가 사랑하는 형제자매 여러분, 여러분은 이런 말씀을 통해서 여러분의 고난과 시련이 이상한 게 아니라, 하나님의 자녀들이 대부분 겪었던 그 고난을 여러분도 겪고 있다는 사실을 깨닫게 될 것입니다. 여러분은 여러분 홀로 미지의 바다를 항해하고 있다고 상상할 수 있습니다. 하지만 여러분은 앞서 간 성도들이 항해했던 일상적인 길을 따라가고 있을 뿐입니다. 그 길 주위에 온통 폭풍우치는 바다 곶(갑[岬])만 있는 것 같지만, 잘 알고 보면 그것은 여러분에게 장차 희망봉이 될 것입니다. 그러므로 용기를 내십시오. 다른 사람들의 경험도 하나님의 말씀 속에 있는 풍성한 약속이나 교리들 못지않게 여러분에게 새 힘을 줄 것입니다.

　그리고 사랑하는 성도 여러분, 우리가 진정으로 사랑하는 분인 주 예수 그리스도의 인격, 사역, 삶, 동정심, 사랑 속에도 살아 있는 생수의 샘물이 있습니다. 성령님께서는 때로 이 샘물을 열어 주기를 기뻐하십니다. 저도 자주 제 영혼이 낙담하는 것을 느끼곤 합니다. 그럴 때마다 저는 제 영혼에게 다음과 같은 질문을 함으로써 도전합니다. "내 영혼아, 왜 너는 낙담하는가? 예수님께서도 이런 감정을 느끼지 않으셨는가?"라고 말입니다. 그러면 우울한 것이 곧 사라져 버립니다. 내가 겪는 이 특별한 시련을 그리스도께서도 공감하신다는 생각은 말로다 표현할 수 없을 만큼 달콤한 생각입니다. 우리의 영혼이 이런 생각을 하도록 성령님께서 인도하실 때, 우리는 구세주의 이름을 찬양할 수 있습니다. 구세주께서는 우리의 죄를 짊어지셨을 뿐만 아니라 우리의 슬픔까지도 짊어지셨습니다. 그분은 우리의 모든 위로 가운데 가장 큰 위로인 대속자일 뿐만 아니라, 우리를 동정해 주는 분이기도 한 것입니다. 이로써 우리는 이루 형언할 수 없는 기쁨을 느낍니다. 오, 하나님의 자녀인 여러분이여, 예수님께서는 여러분과 함께 고통을 받고 계실 뿐 아니라, 여러분 속에서도 고통을 받고 계십니다. 여러분은 그분의 몸을 이루는 한 지체입니다. 그러므로 그분은 여러분 속에 내주하고 계십니다. 여러분은 그리스도의 남은 고난을 그의 몸된 교회를 위하여 여러분의 육체에 채우고 있습니다. 그리스도의 신비로운 몸 전체에 할당된 많은 고난이 있습니다. 아직 여전히 남아 있는 고난이 있기에, 여러분은 여러분 몫의 고난에 동참하게 될 것입니다. 여러분이 받는 고난이 그리스도의 몸에 남은 고난의 일부라는 말을 들을 때 여러분은 감사하십시오. 오, 믿음으로 그분의 얼굴을 바라보고, 어느 때든 완악하거나 무심하지 않으신 그분의 마음을 느껴 보십시오! 다른 사람들의 잘못이나, 그리스도의 교회에 끼친 불명예로 우리가 괴로워할 때, 그분의 얼굴을 바라보십시오. 그리고 그분이 이 사실을 알고 주목하고 계신다고 느끼며, 우리의 열정이 식거나 하나님의 백성들이 세속적으로 변해가 우리가 슬퍼할 때도 그분은 우리를 동정하신다는 사실을 믿으십시오. 바로 이것이 우리에게 새 힘을 주기 때문입니다. 예수님은 우리가 느끼는 것을 느끼십니까? 그분은 우리가 느끼는 것을 동정하십니까? 우리는 그분을 위해 지금도 인내하고 있습니까? 그렇다면 우리는 고난을 환영하며 맞이할 것입니다. 그리고 그 고난을 기쁨으로 견뎌낼 것입니다. 이로써 그분이 영광을 받게 될 것입니다. 사랑하는 성도 여러분, 만약 여러분이 여러분의 주님을 잊었다면(아마도 여러분 가운데는 이 한 주간 동안 그분을 잊고 살았던 사람들이 있을 것이며, 이것은 전혀 특별한 일이 아닙니다), 그분을 다시 생각하십시오. 그러면 여러분은 여러분 가까이에 있는 샘물을 발견하게 될 것입니다.

더불어 한 말씀 더 드리자면, 우리가 성령님을 주시하지 않을 때도 우리는 종종 슬퍼집니다. 그분은 우리 안에 계시며, 우리와 함께 영원토록 계실 것입니다. 우리는 하나님의 나라의 진보가 이 땅에서 더딘 것에 대해 괴로워합니다. 그러나 만약 우리가 성령님을 믿는다면, 우리는 곧 새 힘을 다시 얻게 될 것입니다. 가장 비천한 곳에서 가장 단순한 설교를 했다고 해서, 그것이 위대한 부흥의 시작이 될 수 없는 이유는 전혀 없습니다. 어떤 주일 아침에 전한 예수 그리스도에 대한 단순한 설교가 그 설교를 들은 모든 자들을 회심시키고, 그 회심의 역사가 그 청중들을 통해 온 나라에 아주 급속히 퍼져나갔습니다. 이런 일이 불가능하다고 입증할 만한 그 어떤 이유도 우리는 알지 못합니다. 성령 하나님의 위대한 능력에 대해 우리는 아직 모르고 있습니다. 어쩌면 우리는 이에 대해서 전혀 아무 개념이 없을지도 모릅니다. 몇 년 전에 가장 죄질이 악한 죄수들을 한데 모아서 그들만 가득 실은 배가 이 해안을 떠난 적이 있었습니다. 이 죄수들은 장기 유배를 위해 이송된 자들이었습니다. 그 배에는 의사로서 구세주를 사랑하고 복음을 믿으며 강력하게 기도하는 한 의사가 감독관으로 승선하였습니다. 그 감독관은 죄수들을 다 불러 모아서는 다음과 같이 말하였습니다. 자기는 죄수들의 영혼에 유익을 끼치고자 하는 강한 소망이 있으며, 항해하는 시간 동안 죄수들이 자신들의 유익을 위해 이러저러한 규칙들을 잘 지켜주기 바란다는 것과, 그들이 글 읽는 것을 배워서 성경 말씀을 읽을 정도가 되었으면 하는 특별한 바람이 있으며, 날마다 모임을 가져 죄수들 한 사람 한 사람을 위해 기도할 것이라고 말하였습니다. 이렇게 말한 지 정말 얼마 되지 않아, 몇 명의 죄수들이 회심을 하고 하나님에게 돌아왔습니다. 그러다가 폭풍이 불어닥치자 그 배에 탔던 죄수들 이 백 여명은 모두 배 밑바닥으로 내려갔습니다. 이 일로 이 배에 탄 경건하지 않은 자들의 양심이 깨어나게 되어 더 쉽게 감동받을 수 있는 마음 상태가 되었습니 다. 예전보다 복음을 가르치기에 더 쉬운 상황이 되었던 것입니다. 물론 그 공포 는 단지 충격적인 자연현상으로서 일시적인 것이었고 이내 사라졌습니다. 하지 만 그 와중에도 선한 사람들은 스스로 그 기회를 선용했습니다. 그때 갑자기 그 배에 하나님의 역사가 일어났습니다. 밤낮으로 거의 매 시간마다 자기 고국에서 추방된 그 완악한 죄수들이 "구원받기 위해서 우리가 무엇을 해야만 합니까?"라 고 울부짖는 소리가 그 배 전체에 울려 퍼졌기 때문입니다. 그들의 육지에 다다 랐을 때는 어린 아이로부터 어른에 이르기까지 구세주를 찾고 고백하지 않은 사 람이 그 배를 통틀어 한 사람도 없었습니다. 왜냐하면 성령 하나님께서 그들 가 운데 놀랍게 역사하셨기 때문입니다. 그들이 목적지로 삼은 먼 나라에 이르기 전까지 그 배는 저주받을 존재들의 소굴이었습니다. 그들은 하는 말마다 하나님 을 모독했고, 숨 쉴 때마다 살아 계신 하나님의 교회를 모욕했습니다. 그러던 자 들이 이렇게 변화되었습니다. 이런 결과는 기도에 대한 응답으로 성령 하나님의 능력으로 일어난 것이었습니다. 만약 성령 하나님께서 이 자리에 있는 어떤 사 람의 마음에 임하셨다면, 그 사람이 누군지에 상관없이 그에게도 이와 똑같은 변화가 일어났을 것입니다. 비록 아주 파렴치한 인물이었다 해도, 혹은 수천 가 지 논증을 마음껏 상상해 가며 불신앙에 속속들이 절어 있는 사람이었다 해도, 성령 하나님께서는 그들을 끌어내려 자신들의 죄를 인정하게 하고, 다시 새롭게 변화시켜 그 마음을 즉시 바꾸어 주셨을 것입니다. 오, 하나님께서 원하시면 교 회도 "나는 성령을 믿사오며"라고 말할 수 있게 될 것입니다. 왜냐하면 오늘날 교회도 마치 하갈처럼 광야에서 울부짖고 있기 때문입니다. 그러면 천사가 와서 "하갈아, 무슨 일이냐, 네가 왜 울고 있느냐?"라고 말할 것입니다. 그 때 교회는 "나는 더 많은 목회자와 더 많은 선교사를 원합니다. 또한 나에게는 더 큰 열정 과 더 큰 신실함이 필요합니다"라고 말할 것입니다. 선한 하나님이시여, 교회의 눈이 밝아지게 해주시기를 당신께 간구하나이다. 교회의 눈이 밝아지기만 한다 면, 교회는 자신이 성령을 소유한 가운데 손만 뻗으면 닿을 수 있는 가까운 곳에 샘물이 있다는 것을 보게 될 것입니다. 교회에 필요한 모든 것, 아니 교회가 진정 으로 갈망하던 그 이상의 것들, 다시 말해 교회가 필요하다고 알고 있던 것보다 훨씬 더 많은 것들이 거기에 있다는 것을 교회는 보게 될 것입니다. 오, 영원한 성령님을 믿으십시오. 그러면 우리가 하나님의 교회에 대해 느끼는 슬픔들이 사라지게 될 것입니다.

2. 하나님은 갈구하는 자들에게 풍성하게 공급해 주십니다.

이제 저는 다른 주제로 넘어가야 할 것 같습니다. 제 귀에는 어떤 사람이 다음과 같이 하는 말이 들리는 듯합니다. "하나님께서 필요를 채우신다는 사실을 저는 전혀 의심하지 않습니다. 그런데 목사님, 저도 그 대상자 가운데 있을까요? 하나님께서 공급해 주시는 그 사랑에 저도 참여할 수 있을까요?" 이 두 번째 대지에서 저는 여러분에게 대답하고자 합니다. 이 공급은 바로 여러분을 위한 것이라고 말입니다.

복음의 공급은 아주 크게 열려져 있다는 사실을 전해 주는 성경 구절들이 있다는 것을 여러분에게 상기시켜야 할 필요가 있을까요? 어떤 영적인 사람에게만 국한된 그런 초대가 성경에는 없습니다. "성령과 신부가 말씀하시기를 오라 하시는도다 듣는 자도 오라 할 것이요 목마른 자도 올 것이요 또 원하는 자는 값없이 생명수를 받으라 하시더라"(계22:17). 이 말씀에 어떤 제한이 있다면, 그것은 "원하는 자"라는 제한입니다. 그렇습니다. 여러분은 "원하기만" 하면 됩니다. 오, 불쌍한 영혼들이여, 여러분은 그리스도를 모시기 위해 여러분의 눈을 그분에게 돌리기를 원해야 합니다. 여러분이 원하는지 그렇지 않은지를 여러분은 알고 있습니다. 고난 가운데 간구하는 불쌍한 여러분이여, 여러분이 수천 개의 세상을 가지고 있다 해도, 오직 "내 죄가 용서받았다. 나의 죄는 하나도 남김없이 사라졌다"라고 말할 수만 있다면, 이 모든 세상을 다 잃어도 괜찮다고 말할 수 있을 만큼 죄 사함을 원하십시오. 그렇다면 도대체 어떤 것이 여러분을 방해할 수 있겠습니까? 어떤 것이 여러분을 돌아서게 할 수 있겠습니까? "원하는 자는 … 올 것이요." 지금 여러분은 원하면, 들어가게 됩니다. 우리는 "너희는 온 천하에 다니며 만민에게 복음을 전파하라 믿고 세례를 받는 사람은 구원을 얻을 것이요"(막 16:15-16)라는 말씀을 들었습니다. 여러분이 "만민"에 속합니까? 그렇다면 믿고 세례를 받기만 한다면, 여러분은 구원받게 될 것입니다. 이것이 바로 하나님께서 친히 여러분에게 하신 말씀입니다. 여러분이 만민에 속하지 않았다는 것을 입증해 보십시오. 그렇다면 저는 여러분에게 이런 말을 할 수 없을 것입니다.

하지만 여러분이 만민에 속했다면, 이 말씀은 만민 가운데 한 사람인 여러분에게 주신 복음의 말씀입니다. 제 귀에는 또한 다음과 같이 말하는 사람들의 이야기가 들립니다. "아, 저는 요전 날 아래와 같은 구절을 읽고 있었습니다.

> '그분께서 요구하시는
> 가장 적합한 자는
> 그분이 필요하다고 여러분이 느끼는 것.'
> (조셉 하트[Joseph Hart], '가련하고 궁핍한 너의 죄인들아 나아오라'
> [Come, ye sinners, poor and needy], 4절 중간가사, 21세기 찬송가 96장).

그런데 제게는 그분이 필요하다는 이 당연한 생각이 들지 않습니다. 그러니 저는 구원에 적합한 자가 아닌 것 같습니다." 사랑하는 성도 여러분, 여러분은 이 문장을 이렇게 중간에서 읽고 그만두겠습니까? 여러분은 "아니요, 아닙니다. 제가 말하려고 한 것은 그게 아니었습니다. 그 문장을 끝까지 한 번 읽어 보겠습니다"라고 말할 것입니다. 그렇다면 좋습니다. 여러분이 중간에 끊지만 않는다면, 이 훌륭한 시인인 하트가 어떻게 이 시를 끝내는지 보십시오. 하트는 다음과 같이 말합니다.

> "양심 때문에 당신은 주저하지 말라.
> 적합하게 호감을 살 생각은 꿈도 꾸지 말라.
> 그분께서 요구하시는
> 가장 적합한 자는
> 그분이 필요하다고 여러분이 느끼는 것.
> 이 느낌 또한 그분께서 여러분에게 주시리니,
> 이것이 바로 성령님의 비치심이라."

그리스도가 필요하다는 이 생각을 그분께서 여러분에게 주시지 않는다면, 여러분은 그분이 필요하다는 생각을 절대로 갖지 못할 것입니다. 전적인 확신이 그분의 사역이듯이, 이러한 필요에 대한 인식도 그분의 사역입니다. 생명의 탄생을 알리는 첫 호흡과 첫 고통은, 보좌 앞에 둘러선 천사들과 완전해진 성도들의 찬양만큼이나 거룩한 그분의 역사입니다.

　때때로 낙담한 자들을 위로해 주는 또 다른 성경 말씀이 있습니다. "수고하고 무거운 짐 진 자들아 다 내게로 오라 내가 너희를 쉬게 하리라"(마 11:28). 여러분은 지금 수고하고 있습니다. 그렇지 않습니까? 그런데 여러분은 스스로 의로워지기 위해서, 즉 자기 의를 위해서 여태 수고하고 있습니다. 여러분은 그런 수고를 중단하고서, "무거운 짐"을 진 채로 그리스도께 나아오십시오. 여러분은 지금 무거운 짐을 지고 있습니다. 그렇지 않습니까? 고난의 짐, 죄의 짐, 연약함의 짐, 의심의 짐 등을 지고 있습니다. 예수님께서 말씀하십니다. "수고하고 무거운 짐 진 자들아 다 내게로 오라 내가 너희를 쉬게 하리라"(마 11:28). 이 말씀은 여러분을 향한 말씀이지 않습니까? 그러므로 이 샘물은 여러분을 위한 것입니다. 여러분은 "수고"하고 있고, 여러분은 "무거운 짐"을 지고 있습니다. 여러분은 "원하는 자"이며, 여러분은 "만민" 가운데 한 사람입니다. "인자가 온 것은 잃어버린 자를 찾아 구원하려 함이니라"(눅 19:10). 얼마 전에 저는 빠져나올 수 없는 죄와 불행의 경우는 있을 수 없다는 것을 여러분에게 전했습니다. "잃어버린 자, 잃어버린 자"라는 이 말씀은 여러분 자신을 두고 한 말씀이지 않습니까? 인자가 온 것은 이러한 자를 찾아 구원하기 위함입니다. 내일 식당이 우리에게 무료로 개방된다면, 모든 사람의 출입을 막는 조치가 취해지기 전에, 우리가 그 식당 문에 도착하기만 하면 된다고 저는 생각합니다. 문 앞에서 기다리는 사람들의 줄 어디에선가 제한이 이뤄질 것입니다. 하지만 금지 조항을 보지 못한 이상, 런던에 있는 배고프고 궁핍한 자들 가운데 그 식당에 가기를 거부하는 자는 한 사람도 없으리라 저는 굳게 확신하는 바입니다. 그 배고픈 자는 이렇게 말할 것입니다. "나를 초대한다는 특별한 말은 없지만, 그래도 나를 특별히 금지한다는 조치가 있기 전까지는 한 번 들어가 보려고 합니다." 이것이 바로 우리 모두가 취해야 할 방식이라고 저는 확신합니다. 혹시 금과 은으로 만든 장신구들을 나눠 준다고 한다면, 가져서는 안 된다는 특별한 명령이 내리기 전까지는, 가서 받아도 괜찮다고 저는 생각합니다. 예를 들어, 선택의 문제로 고민하는 어떤 죄인이 있다면, 그가 선택되지 못했다는 말을 하나님께서 그에게 말씀하시기 전까지, 그는 기다리면 됩니다. 그런 자들이 이 자리에 있다면, 꼭 그렇게 하십시오. 혹은 자신도 그리스도에게 나아갈 수 있을지 어떤 의심이 있는 사람이 있다면, 그는 그분에게 나아갈 수 없다는 내용의 성경 말씀을 찾기 전까지 그저 기다리면 됩니다. 그러다가 그런 말씀을 찾게 되면, 그 때 가서 걱정하는 것이 더욱 합당할 것입니다. 그리스도에게 나아가려고 했지만, 그리스도께서 받아주시지 않은 그런 죄인을 여러분은 이 세상 어디에서 찾을 수 있겠습니까? 혹시라도 여러분이 그런 사람을 찾을 수 있다면, 그를 이리로 데려오십시오. 그리스도에게 나아간 자를 그분께서 내치신 경우는 지금까지 없었다는 사실을 우리는 이 자리에서 아주 큰 소리로 자신 있게 말할 수 있기 때문입니다. 그리스도에게 나아갔지만 그분께서 "아니다. 안 된다. 인간들을 위해 내가 죽었지만, 너는 그 인간들 가운데 하나가 아니다. 너는 내가 택한 자들 가운데 하나가 아니다"라는 말을 듣게 된 그 사람을 만약 여러분이 찾게 된다면, 다시 말해 그런 부류의 사람을 한 명이라도 여러분이 찾게 된다면, 우리는 그를 보게 되어 기쁘면서도 한편으로는 슬퍼하게 될 것입니다. 우리가 진리를 알게 된 것은 기쁜 일이지만, 그가 택함 받지 못한 것이 진리일 수밖에 없다는 사실은 매우 슬픈 일이기 때문입니다. 좀 더 나아가 그리스도에게 은혜를 간구했지만 구세주로부터 쫓겨나 거절당한 사람이 과연 지옥에 있는지, 우리는 사탄에게 한 번 제대로 묻고 싶습니다! 지옥 구렁텅이에 있는 모든 마귀들이 영원무궁토록 그런 자를 찾는다 해도, 절대로 그런 경우를 찾을 수 없을 것입니다. 그런 자는 과거에도 없었고, 앞으로도 절대 없을 것입니다. 그러므로 목이 갈한 여러분이여, 절대로 물러서지 마십시오. 여러분이 물을 보았을 때, 즉 생수를 보았을 때, 여러분은 절대로 물러서지 말고, 값없이 나와서 그 물을 취하십시오. 그 물을 취하는 자는 누구든 간에 하나님께서 아낌없이 환영해 주실 것이며, 천사들도 그로 인해 기뻐할 것입니다. 그 물은 여러분을 위해 있습니다. 그 물은 틀림없이 여러분을 위한 물입니다.

3. 우리는 특별한 노력 없이도 이 샘물을 마실 수 있습니다.

이제 우리는 마지막 대지에 이르렀습니다. 이 샘물은 특별한 노력 없이도 쓸 수 있는 샘물입니다. 하갈은 샘물을 보고, 가서 가죽부대에 물을 채워다가 아이에게 마시게 하였습니다. 수력을 이용하는 기구들은 전혀 필요하지 않았습니다. 아주 어렵게 펌프질을 할 필요도 없었고, 샘이 있다는 것을 알았을 때 물을 끌어올리기 위해 기계를 만들어야 할 필요도 전혀 없었습니다. 그녀는 아주 간단한 일을 했을 뿐입니다. 자기의 가죽부대에 그 물이 가득 찰 때까지 잡고만 있다가 그 물을 아들의 입에 넣어 주었던 것입니다. 이로써 그들의 생명을 위협하는 그 진퇴양난의 사태는 끝이 났습니다.

자, 우리가 그리스도를 붙잡는 방법이 바로 믿음입니다. 무엇이 믿음인지에 대해 엄청나게 많은 질문들이 제기되었으며, 이에 관해 기록된 책들도 많습니다. 만약 여러분이 믿음의 철학에 대해 연구하기를 원한다면, 아마도 여러분은 믿음에 관한 많은 책들을 읽고서 급기야 갈피를 못 잡게 될 것입니다. 하지만 여러분이 진정으로 믿음의 잠재적인 능력과 믿음의 그 강력한 매력을 알기 원한다면, 여러분은 지금 당장 그리스도를 신뢰해 보십시오. 그러면 여러분은 여러분에게 필요한 모든 믿음을 갖게 될 것이며, 또한 생생한 에너지로 충만하게 될 것입니다. 덕의 본질은 자신의 것으로 삼는 데 있다고 주장하는 사람들이 있습니다. 그들은 믿음이 그리스도께서 나를 위해 돌아가셨음을 믿는 것이라고 말합니다. 이와 같은 사람들은 "그분은 모든 사람을 위해 돌아가셨습니다. 그러므로 결과적으로 그분은 나를 위해 돌아가신 것이 틀림없습니다"라고 우리에게 말합니다. 이런 믿음에서는 구원해 주시는 분에 관한 그 어떤 것도 전혀 찾아볼 수가 없습니다. 제가 보기에 이것은 하나님의 택하심을 받은 믿음이 전혀 아닌 것 같습니다. 바르게 말하자면, 믿음은 하나님에 대한 신앙입니다. 하나님이 하신 말씀과 하나님이 하신 약속을 믿는 것입니다. 하나님을 믿는 믿음의 실제적인 결과는 전능하신 그분께서 친히 하신 그 말씀(ipse dixit)을 의지하는 것입니다. "여호와께서 가라사대"라는 문구가 바로 그 믿음의 보증입니다. 믿음은 무엇입니까? 믿음은 신뢰입니다. 누구든지 그리스도를 신뢰하는 자는 구원을 얻습니다. 저는 지금 이 강대상을 저의 온 체중으로 기대고 서 있습니다. 만약 제가 난간을 이렇게 기대고 서 있다면, 저는 틀림없이 아래로 떨어졌을 것입니다. 저는 지금도 이 자리에 기대어 서 있습니다. 그런데 잘 생각해 보십시오. 이것이 바로 그리스도를 믿는 믿음과 비슷합니다. 당장 그분을 기대십시오. 여러분의 온 체중을 실어서 그분을 기대십시오. 단단히 기대십시오. 다른 것은 전혀 신뢰하지 마십시오. 여러분 자신을 그분에게 내어 맡기십시오. 그 오른발은 바다를 밟고, 왼발은 땅을 밟고(계 10:2) 있는 천사처럼, 여러분은 한 발은 그리스도에게 두고, 또 한 발은 여러분의 공로에 두고 있습니다. 이것은 믿음이 아닙니다. 두 발을 그리스도 위에 두는 것, 이것이 믿음입니다. 믿음은 흑인 노예가 말하듯이 그렇게 행하는 것입니다. 그는 약속이라는 바닥에 바싹 엎드려, "종이 아룁니다. 주인님, 제가 이렇게 엎드립니다. 저는 더 이상 제 자신을 낮출 수 없나이다"라고 말합니다. 이와 마찬가지로 여러분도 약속 위에 바싹 엎드린다면, 더 이상 낮아질 수 없게 될 것입니다. 하나님께서 말씀하셨습니다. 이것이 바로 진리입니다. 저는 이 약속을 믿고 있습니다. 저는 그분께서 이 약속을 이루실 것을 기대하고 있습니다. 하나님께서는 그의 아들에게 약속하셨습니다. 즉 우리는 그의 아들 안에서 영생을 얻고, 우리가 그분을 믿기만 한다면 구원받게 될 것이라는 약속을 해주신 것입니다. 이 믿음이 바로 그 약속의 증거입니다. "그런데도 저는 믿지 못하겠어요"라고 말하는 사람이 있습니다. "믿지 못하겠어요." 도대체 무엇을 믿지 못하겠다는 말입니까? 여러분이 하나님을 믿을 수 없다고 지금 말하는 것입니까? 그래서는 안 됩니다. 사랑하는 성도 여러분, 언제 하나님이 거짓말을 하신 적이 있었습니까? 하나님께서 자신의 말씀을 취소한 적이 한 번이라도 있는지 제가 찾아봐야 하겠습니까? 그분께서 자신의 약속을 어긴 적이 있는지 제가 찾아봐야 하겠습니까? "나는 그분을 믿을 수 없어요"라고 여러분이 말한다면, 여러분의 그 불신으로 지금 여러분은 하나님을 모욕하고 있다는 것을 알지 못합니까? 여러분은 그분을 모독할 뿐만 아니라, 그분을 거짓말쟁이로 만들어 버렸습니다. 이것이 바로 정확하게 성경이 말하는 바입니다. "하나님을 믿지 아니하는 자는 하나님을 거짓말하는 자로 만드나니"(요일 5:10). 또 어떤 사람은 "하나님께서 그리스도를 통해 단순히 우리 인간이 그리스도를 믿기만 하면 우리를 용서해 주신다고 하는 것은 너무나 좋은 일인 것 같아서 믿어지지가 않습니다"라고 말합니다. 그렇습니다. 이것은 좋은 일입니다. 우리는 좋으신 하나님, 위대하신 하나님을 모시고 있습니다. 하나님께서 이것을 말씀하셨는데도 여러분은 그것을 믿을 수 없단 말입니까? 혹시 여러분은 마음으로 "하나님이 이 말씀을 했다고 해서 내가 꼭 믿어야만 하는가?"라고 생각하는 것은 아닙니까? 그런데 사랑하는 성도 여러분, 하나님께서 말씀하셨기 때문에 여러분이 그리스도를 신뢰한다고 한다면, 여러분은 하나님의 선물이자 성령님의 역사인 믿음을 가지고 있는 것입니다. 왜냐하면 이것이 바로 하나님의 역사, 하나님께서 우리 안에서 행하시는 위대한 바로 그 역사이기 때문입니다. 그 역사로 인해 여러분은 하나님께서 보내신 예수 그리스도를 믿게 되는 것입니다. 또 어떤 사람은 "이것은 너무 간단해요"라고 말하기도 합니다. 그렇습니다. 너무 간단한 것이 바로 너무 어려운 그 이유입니다. 만약 이것이 힘든 일이었다면, 사람들은 이 힘든 일을 했을 것입니다. 그런데 이것이 너무 간단하기 때문에, 사람들은 이것을 하려고 하지 않습니다. 나아만 장군에게는 요단 강에 들어가서 씻는 것이 너무나 힘든 일이었습니다. 왜 힘든 일이었을까요? 이 일이 너무나 쉬웠기 때문입니다. 이것이 어려운 일이었다면, 하기 힘든 일이 아니었을 것이고, 그는 그렇게 행했을 것입니다. "선지자가 당신에게 큰일을 행하라 말하였더면 행하지 아니하였으리이까 하물며 당신에게 이르기를 씻어 깨끗하게 하라 함이리이까 하니"(왕하 5:13). 오, 그 일이 힘든 일이었습니다. 이와 마찬가지로 이 자리에 있는 우리에게도 이 일은 힘든 일입니다. 왜냐하면 우리가 교만하기 때문입니다. 마음이 강퍅하기 때문입니다. 그리스도를 신뢰하는 것은 힘든 일입니다. 우리가 자기 의를 내세우기 때문입니다. 우리는 마치 파이를 손가락으로 찔러 보듯 하나님의 일까지도 간섭하려고 하기 때문입니다. 오, 그러나 성령 하나님께서 우리를 땅바닥에 눕히고 모든 능력과 힘과 공로와 교만과 자랑을 제거하실 때, 비로소 가죽부대를 샘물에 잠그고 그 복된 생명수가 가죽부대의 입구까지 콸콸 차도록 하는 것이 복된 일로 여겨질 것입니다. 제 귀에는 다음과 같이 말하는 소리도 들리는 듯합니다. "좋습니다. 하지만 분명히 회개도 있어야 하지요. 우리가 구원을 받기 위해서는 반드시 회개해야만 합니다." 정말 그렇습니다. 하지만 저는 이 문제를 다음과 같이 표현하고자 합니다. 즉 구원받은 사람은 항상 회개한다고 말입니다. 회개와 믿음은 함께 갑니다. 이 둘은 한 날 한 시에 같이 태어났습니다. 사람이 이 땅에 살아가는 동안 이 둘은 모든 그리스도인들과 함께 할 것입니다. 단지 회개가 무엇인지에 대해서 착오가 없도록 주의하십시오. 어떤 신자들은 회개를 율법 행위처럼 믿곤 합니다. 하지만 그것은 회개가 아닙니다. 율법 행위로 하는 회개는 참된 회개와 완전히 다른 것입니다. 음산한 생각이나 불길한 예감이 있을 수 있습니다. 하지만 이것들이 회개는 아닙니다. 그런 생각이나 감정을 겪은 후, 이것들은 그리스도인들에게 유익이 될 수도 있고, 그렇지 않을 수도 있습니다. 하지만 이런 것은 회개가 아닙니다. 회개는 간단하게 말하자면 죄를 자각하고 혐오하는 것입니다. 만약 여러분이 죄를 자각하고 혐오하게 되었다면, 그것은 하나님의 선물, 항상 하나님의 선물입니다. 사실 이 땅에 살았던 많은 훌륭한 사람들은 회개하면서 아주 침울한 감정들을 가졌습니다. 그런데 여러분에게 그런 감정이 들지 않는다고 해서 자신을 자책하지는 마십시오. 한밤중보다 더 어두운 그런 감정이 여러분에게 왜 필요한 것입니까? 불쌍한 영혼들이여, 여러분은 지금까지 충분히 어두운 가운데 살았습니다. 그런데 그보다 더한 어둠이 없다고 초조해한단 말입니까? 차라리 여러분에게 더 많은 빛이 비춰지기를 위해 기도하는 것이 훨씬 낫습니다. 제가 이런 말 하기 외람되지만, 여러분은 이미 회개를 하였습니다. 여러분은 지금도 애통하고 있습니다. 지금 여러분은 죄를 미워하며, 여러분이 전적으로 죄인이라고 생각하면서 여러분 자신을 혐오하고 있습니다. 여러분은 죄를 제거하기 위한 것이라면 무엇이든 하고 싶어 합니다. 여러분은 온전해 질 수만 있다면, 어떤 고통이라도 기꺼이 감수하려고 하지 않습니까? 저는 여러분이 그렇게 할 것이라고 알고 있습니다. 좋습니다. 그것이 바로 회개입니다. 그것이 바로 여러분의 영혼속에 있는 회개의 표징입니다. "그런데 목사님도 알다시피, 우리는 기도도 꼭 해야 되지 않습니까?"라고 어떤 사람이 말합니다. 그렇습니다. 당연한 말입니다. 구원받은 모든 영혼들은 기도합니다. 그런데, 여기를 한 번 보십시오. 여러분은 기도가 과연 무엇인지 알고 있습니까? 여러분은 기도를 생각할 때, 기도는 일정한 신체 자세가 있어야 하고, 어떤 순서에 따라 말을 해야 하며, 제가 지금 예배 순서에서 하는 것처럼 한 15분 정도 말로 간구해야 하는 것이라고 생각합니까? 제가 이런 말을 해서 죄송하지만, 만약 제가 그런 양식이 요구하는 대로 그렇게 습관적으로 기도했다면, 저는 기도를 전혀 안한 것이 될 것입니다. 만약 여러분이 하나님을 바라보고 탄식할 수만 있다면, 혹은 여러분의 마음이 그분 앞에서 신음할 수만 있다면, 그것이 바로 참된 기도이기 때문입니다. 기도에서 멋진 표현을 사용하는 것이 필수적이라고 여러분은 생각합니까? 전혀 그렇지 않습니다. 세리가 의롭다 함을 받게 된 것이 바로 "하나님이여 불쌍히 여기소서 나는 죄인이로소이다"(눅 18:13) 하는 기도였습니다. 지금까지 하나님의 귀에 상달된 몇몇 최고의 기도들은 사람의 입에서 자신도 모르게 새어나온 가장 짧은 기도들입니다. 저는 여러분에게 부탁합니다. 여러분은 기도를 그 길이로 판단하지 마십시오. 여러분이 기도하는 것을 하나님께서 도우실 것입니다. 기도 또한 그분의 선물입니다. 만약 여러분이 모든 것을 내어 버리고, 심지어 여러분 자신의 기도와 여러분 자신의 회개까지 내어 버리고, 살든지 죽든지 상관없이 여러분 자신을 그리스도에게 내어 맡긴다면, 다시 말해 그리스도에게 나아가 그리스도의 인격과 그분이 행하신 것들을 의지한다면, 여러분은 멸망하지 않을 것입니다. 여러분의 속을 들여다보지 마십시오. 거기에 있는 것이라고는 침울한 것밖에 없습니다. 만약 여러분이 여러분의 속을 들여다본다면, 절망밖에는 기대할 것이 없을 것입니다. 그러나 저기 골고다에 있는 십자가를 바라보십시오. 그분을 바라보는 것에 생명이 있습니다. 오, 지금 제 설교를 듣는 사랑하는 성도 여러분, 지금 이 순간 우리 모두가 그분을 바라보기를 제가 얼마나 간절히 바라고 있는지 모릅니다! 그 귀한 상처와, 고뇌하며 숙이신 그 머리를 찾아보는 것 외에는 제게 아무런 소망이 없습니다. "주여 이제 내가 무엇을 바라리요 나의 소망은 주께 있나이다"(시 39:7). 오, 하나님의 그리스도시여, 당신은 내 죄를 담당하신 나의 구속자, 나의 대속자이십니다! 지금 그 그리스도를 바라보는 모든 눈과, 지금 그 그리스도를 신뢰하는 모든 마음들이 구원을 받았나이다. "다른 이로써는 구원을 받을 수 없나니 천하 사람 중에 구원을 받을 만한 다른 이름을 우리에게 주신 일이 없음이라"(행 4:12). 그분을 바라보는 것에 생명이 있습니다.

하나님께서 은혜를 베푸시어 여러분이 그분을 바라보게 되기를 기원합니다. "말씀이 네게 가까워 네 입에 있으며 네 마음에 있다 하였으니"(롬 10:8). "네가 만일 네 입으로 예수를 주로 시인하며 또 하나님께서 그를 죽은 자 가운데서 살리신 것을 네 마음에 믿으면 구원을 받으리라"(롬 10:9). 오, 하갈과 같은 많은 이들의 눈을 밝혀 주시기를 바랍니다. 그래서 그들의 눈으로 샘물이 있는 것과, 그 샘물이 값없이 자신에게 주어진 것과, 자신의 가죽부대를 그 물에 잠그고 입구까지 채우기만 하면 된다는 것을 그들이 보게 하옵소서. 제가 예전에 이 자리에서 한 번 전한 예화 같지만, 그보다 더 좋은 예가 생각나지 않아서, 반복되는 감이 없잖아 있지만, 한 번 더 여러분에게 전하고자 합니다. 이 예화는 여기 이 자리에 있는 많은 이들의 경우를 잘 보여주기 때문입니다.

제가 들은 얘기는 다음과 같습니다. 즉 한 배가 바다인 대서양을 건너 큰 강인 아마존 입구에 도착했습니다. 그런데 정작 그 배는 자신이 도착한 곳이 바다가 아니라 강이라는 것을 모르고 있었습니다. 그 때 그 배에 식수가 다 떨어져서, 배에 탄 사람들은 목이 말라 죽기 일보직전이었습니다. 그들은 다른 배를 보고서, 그 배에 급히 조난 신호를 보냈습니다. 그러자 그들을 구하러 온 배가 가까이 다가왔고, 그래서 두 배에 탄 선원들의 목소리가 서로 들릴 정도의 거리가 되었습니다. "당신들에게 무엇이 필요합니까?"라고 말하자, "물이 필요해요! 우리는 물이 없어 죽어가고 있어요"라고 대답하였습니다. 여러분은 그들을 구하러 온 사람들이 했던 다음과 같은 말이, 파도를 타고 목말라 하던 그들의 귀에 얼마나 황당하게 들렸을지 한 번 상상해 보십시오. "물을 떠먹어요. 지금 당신들은 신선한 강물 위에 있습니다." 그들은 양동이를 배 밖으로 던져 원하는 대로 마시기만

하면 되었던 것입니다.

    이 일은 지금도 소리를 지르는 많은 죄인들에게 똑같이 일어나고 있습니다. "내가 무엇을 해야 구원을 얻겠습니까? 오, 내가 어떤 어려운 일을 참아야 합니까? 언제 특별한 것을 느껴야 합니까? 얼마나 귀한 것을 바쳐야 합니까? 얼마나 지겨운 일을 해야 합니까?" 이에 대한 하나님의 대답은 이러합니다. "믿음이라는 양동이를 배 밖으로 던져라. 구원은 네 주위에 있다. 구원은 네 가까이에 있다. 너는 지금 은혜의 강물 위에 떠 있다. 너는 해안이 없는 은혜의 강 안에 있다. 예수가 그리스도라는 것을 네가 믿는다면, 너는 하나님의 사람으로 거듭난 자이다. 네가 친히 예수를 신뢰한다면, 그 많던 네 죄도 용서받을 것이다." 이제 여러분은 평안히 가십시오. 하나님께서 은혜를 베푸시어 여러분에게 남아 있는 날 동안 여러분은 그분에게 영광을 돌려드리는 삶을 살게 될 것입니다.

    저의 이 두서없는 말들로도 슬퍼하는 그분의 몇몇 백성들이 위로를 받게 하시고, 제 마음이 그분을 찬양하게 하시며, 여러분의 마음에는 감사가 흘러넘치게 되기를 기원합니다! 아멘.

제
22
장

—

아브라함이 이삭을 번제로 드린 사례로 살펴본 성숙한 믿음

—

"여호와께서 이르시되 네 아들 네 사랑하는 독자 이삭을 데리고 모리아 땅으로 가서 내가 네게 일러 준 한 산 거기서 그를 번제로 드리라." — 창 22:2

우리는 오늘 본문에서 위대한 아버지께서 백성들의 죄를 위해 번제로 삼은 독생자에 대한 가장 유명한 모형 중의 하나를 보게 됩니다. 하지만 저는 이 이야기에 담긴 우리 주님의 모습과 관련해서는 설교하지 않겠습니다. 어쩌면 그 모형은 오늘 저녁에 우리가 다루는 주제가 될 수도 있을 것입니다. 하지만 여러분 중의 몇몇이 기억하듯, 이미 저는 아브라함의 생애에 관해 세 번의 설교를 여러분에게 했습니다(① "아브람의 소명 사례로 살펴본 유효적 소명"[창 12:5, 스펄전 창세기 설교 13장], ② "아브람의 의의 사례로 살펴본 이신칭의"[창 15:6, 스펄전 창세기 설교 16장], ③ "아브라함의 할례 사례로 살펴본 하나님께 성별(聖別)"[창 17:1-2, 스펄전 창세기 설교 17장] — 역주). 그래서 앞서 행한 설교들과 연결하여 이제 저는 아브라함의 영적 여정에서 그가 최고로 성숙해졌을 때 그의 믿음이 보인 승리를 묵상함으로써, 이 사례 설교 시리즈를 완결하고자 합니다.

오늘 본문이 기록된 창세기 22장을 펼치면서, 여러분은 아브라함이 지금까지 겪은 극심한 시련들 가운데 가장 가혹한 이 시험을, 하나님으로부터 겪게 되

는 시점을 살펴보게 된 것을 기뻐할 것입니다. 그 때는 "그 일 후에"(창 22:1)라고
나오는데, 말하자면 그가 지금까지 아홉 개의 큰 시련들을 다 겪고 난 이후였습
니다. 그가 겪은 시련들 하나하나도 아주 심각하고 범상치 않은 것들이었습니다
(유대인 랍비이자, 철학자, 의학자, 천문학자였던 모세스 마이모니데스[Moses Maimonides,
1135-1204]는 아브라함이 일생동안 겪은 시련을 열 가지로 분류하였다. 그 중 열 번째 마지막 시
련이 아들 이삭을 바치는 시험이었다 — 역주). 그는 그 시련들과 큰 싸움을 하고, 계속
되는 고난들로 인해 강해지고 성화되었습니다. 그런 다음 그는 더욱 엄격한 시
험을 감내하도록 부르심을 받았습니다. 이런 사실을 통해 하나님께서는 무거운
짐을 연약한 자의 어깨에 지우지 않으시며, 충분히 장성한 자에게나 어울릴 법
한 엄격한 시련을 어린 아이들에게는 주지 않으신다는 것을 잘 알 수 있습니다.
그분은 우리의 믿음이 커지는 정도에 따라 조금씩 시련이 커지는 시험을 통해,
우리의 믿음을 교육하십니다. 우리가 어린 아이의 상태를 지나 예수 그리스도
안에서 장성한 어른에 이르렀을 때, 그분께서는 우리가 어른의 일을 행하고 어
른의 고난을 감당하기를 기대하십니다. 그러므로 사랑하는 성도 여러분, 여러분
이 천성을 향해 나아가는 동안 여러분의 시험이 점점 더 많아질 것을 예상하십
시오. 여러분이 하나님의 은혜 안에 자라면서, 여러분이 발로 밟는 땅은 더욱더
평탄해지며, 머리 위의 하늘은 더욱더 화창해질 것이라고 생각해서는 안 됩니
다.

　　그와는 반대로 하나님께서는 군사인 여러분에게 더 큰 기술을 가르쳐 주어,
더욱더 치열한 전투에 보내며, 여러분의 배가 사나운 비바람과 강한 폭풍우를
충분히 감당하게 해서, 여러분이 더욱더 거친 바다에서 더 오랜 항해를 할 수 있
게 하실 것입니다. 그로 인해 여러분은 그분에게 영광을 돌려 드릴 것이며, 여러
분의 거룩한 확신은 더욱더 강해질 것입니다. 이제 아브라함은 뿔라(사 62:4)의
땅에 이르렀다고 아마 여러분은 생각했을 것입니다. 즉 이삭이 태어난 후에 아
브라함은 노년기에 접어들었고, 특히 이스마엘까지 집을 나간 후이기에 아브라
함은 그야말로 완전한 안식의 시간을 보낼 수 있으리라고 말입니다. 그런데 우
리는 무덤에 이르기 전까지 인간은 시련으로부터 결코 안식할 수 없다는 경고의
말씀을 듣게 됩니다. 절대로 안식할 수 없습니다. 여전히 나팔소리가 전쟁의 기
운을 전합니다. 여러분이 앉아서 승리의 화관을 이마에 쓰기에는 아직 이릅니
다. 승리의 월계수 화환이나 승리의 노래를 부르기에도 아직 이릅니다. 여러분

은 여전히 투구를 써야 하고 검을 들어야 합니다. 여러분의 최후 전투가 가장 치열할 것이며, 원수들의 가장 잔인한 돌격이 마지막 날까지 보류되어 있다는 것을 예상하면서, 여러분은 여전히 주시하고 기도하며 싸워야 합니다.

이처럼 하나님께서는 신자들의 위대한 모범이 되는 자들을 시험하기를 기뻐하십니다. 우리는 이 시험이 일어난 그 때를 살펴보면서, 첫 번째로, 시험 그 자체를 살펴보고, 두 번째로는, 시험 받을 때의 아브라함의 행동을 살펴보고자 합니다. 그리고 결론적으로, 짧은 시간이나마 그가 감내한 인내의 결과로 받게 된 상에 주목할 것입니다.

1. 아브라함이 받은 시험

첫 번째로, 시험 그 자체에 대해 살펴보겠습니다. 오늘 본문의 한 말씀 한 말씀이 모두 의미심장합니다. 만약 시인인 조지 허버트(George Herbert)가 이 고뇌에 대해 말한다면, 아마도 그는 이 모든 말들은 아브라함의 영혼을 도려내는 칼집이라고 말했을 것입니다(조지 허버트의 시집 「성전」[Temple]에 나오는 '고뇌 [AFFLICTION, IV]'란 시의 한 구절 — 역주). 이 시험이 시작될 때 하나님께서는 아브라함에게 단 한 마디도 말씀하지 않으셨습니다. 하지만 그 족장이 살아 있는 자를 찌르게 하려는 의도는 역력했습니다. 한 번 보십시오. "네 아들 네 사랑하는 독자 이삭을 데리고." 도대체 이게 무슨 말씀입니까? 아버지가 아들을 죽이라니요! 아브라함의 장막 안에서 하나님이 원하시는 것으로, 그의 아들 외에 다른 것은 없었습니까? 하나님에게 아브라함은 기꺼이 수소와 양 떼들을 번제로 바칠 수도 있었을 것입니다. 그가 가진 모든 은과 금을 가방에서 꺼내어 아낌없이 기쁜 마음으로 하나님께 드릴 수도 있었을 것입니다. 주님을 흡족하게 할 만한 것으로 아브라함의 아들 외에는 아무것도 없었을까요? 굳이 사람을 번제로 바쳐야 한다면, 아브라함의 집의 종인 다메섹 사람 엘리에셀을 바치지 못할 이유가 어디 있겠습니까? 꼭 아브라함의 아들이어야만 합니까? 이 얼마나 아버지의 심금을 울리게 하는 말씀인지 모릅니다! 아브라함의 아들, 그의 허리에서 나온 자식이 반드시 번제 제물이 되어야 한다니! 아브라함의 순종의 증거로 그의 몸의 첫 열매를 드리는 것 외에, 다른 것으로는 하나님께서 흡족해하지 않으신단 말입니까? 독자라는 말은 이스마엘이 하나님의 명령으로 집을 나가게 되었다는 사실을 강조하기 위해 특별히 사용되었습니다. 하갈의 소산인 이스마엘이 쫓겨날 때도 아브라함의 슬픔은 이만저만이 아니었습니다. "이 여종과 그 아들을 내쫓으라 이 종의 아들은 내 아들 이삭과 함께 기업을 얻지 못하리라"(창 21:10)고 사라가 말하자, 하나님은 족장의 아내 말에 귀를 기울여서 그 족장에게 여종과 아들을 내쫓으라고 명하셨습니다. 그래서 지금 이삭이 아브라함의 독자가 되었던 것입니다. 그런데 이삭이 죽게 된다면, 아브라함에게 남은 후손은 아무도 없게 되고, 다른 사람이 그의 대를 잇게 될 가능성은 거의 희박합니다. 아브라함의 빛은 사라져 버리고, 그의 이름도 잊히게 될 것입니다. 사라도 매우 늙었고, 아브라함도 늙었기 때문에, 그의 장막에서 아기의 울음소리로 다시 기뻐할 수는 없을 것입니다. 그러므로 이삭이야말로 그의 독자이며, 밤하늘에 외로운 별처럼 자기 아버지의 노년에 등불과 같은 독자였습니다. 이게 다가 아닙니다.

　여호와께서는 "네 아들 네 사랑하는 독자 이삭"이라고 말씀하셨습니다. "이삭"이라는 말만 들어도 아브라함의 마음에는 그와 관련된 수많은 기억들이 되살아났을 것입니다. 이 아이는 약속의 자녀였습니다. 즉 영광스럽게 주어진 약속의 자녀, 걱정하며 기대했지만 아주 오랫동안 지체되다 성취된 약속의 자녀가 바로 이 이삭이었습니다. 이삭은 그의 부모로 하여금 마음속으로 웃게 하였던 언약의 자녀이며, 아버지의 소망이 전적으로 집중된 자녀였습니다. 왜냐하면 "이삭에게서 나는 자라야 네 씨라 부를 것임이니라"(창 21:12)는 말씀 때문이었습니다. 그런데 도대체 이게 무슨 말입니까? 결국 하나님께서 선물로 주신 이 씨를 도로 거두어가시겠다는 말입니까? 그렇게 된다면 하나님의 언약은 무효가 되고, 그 약속된 축복의 수로(水路)는 영원토록 메마를 것입니다. 오, 여러 시험들 가운데 최악의 시험입니다!

　"네 아들", "네 독자", "네 독자, 이삭"이라는 말에 한 말씀이 더 덧붙여졌습니다. "네 사랑하는"이라는 말씀이었습니다. 아브라함이 자기 아들을 잃어야 하는 바로 그 시점에 아브라함은 자기 상속자인 이삭에 대한 사랑이 틀림없이 생각났을 것입니다! 오, 너무나 가혹한 말씀입니다! 인정이라고는 손톱만큼도 없고 거의 피도 눈물도 없어 보이는 말씀입니다. 자식에 대한 사랑을 다시 생각해 볼 시간적 여유도 없이 무자비할 만큼 충격적인 방식으로 그 사랑하던 아들을 잃는다는 것이 도대체 합당한 일입니까? 사실 이삭은 아버지의 사랑을 크게 받을 만한 아들이었습니다. 아브라함과 이삭 간에는 혈육의 정도 있었지만, 이삭이 하나님의 은혜로 선물 받은 아들이었고 사람들로부터 사랑을 받을 만한 성품이었기 때문입니다. 자신이 번제물로 바쳐져야 하는 그 상황에서 보여준 이삭의 행동은 그의 영혼 속에 겸손과 순종과 수용과 온유함 등이 풍성하다는 사실을 드러냅니다. 실로 모든 면에서 그는 거룩한 아름다움을 갖춘 아들입니다. 이러한 성품으로 인해 그의 아버지 아브라함은 그를 확실히 존중할 수밖에 없었습니다. 아브라함은 사랑하는 아들 속에 빛나고 있는 탁월함을 분간할 정도의 자질, 즉 영적인 안목을 충분히 가지고 있었기 때문입니다. 아, 이 모든 것에도 불구하고, 왜 이삭은 죽어야 했습니까? 그것도 자기 아버지의 손에 의해 죽어야만 하다니! 이것을 제 능력으로 묘사하는 것보다는 이에 대해 묵상하며 상상하고 동감하는 감정이 이 아버지의 슬픔을 더 잘 드러낼 수 있을 것입니다. 제가 더 묘사할 수 없는 장면이어서 저는 막을 내리려고 합니다.

하지만 다음과 같은 사실을 눈여겨보십시오. 이 자애로운 아버지는 아들 중 최고의 아들을 잃어야 할 뿐만 아니라, 가장 잔인한 방식으로 그를 잃어야 했습니다. 그 아들은 번제 제물이 되어야만 했습니다. 그것도 친 아버지에 의해 그래야만 했습니다. 만약 여호와께서 "엘리에셀에게 말하여 그가 너의 아들을 번제로 드리도록 하여라"고 말씀하셨다면, 이 시험으로 인한 고통은 다소 완화되었을 것입니다. 그러나 아브라함은 하나님의 명령을 더도 말고 덜도 말고 바로 다음과 같은 내용으로 이해하였습니다. "너 아브라함아, 네가 반드시 제사장이 되어서, 네 손으로 직접 번제용 칼을 잡아라. 너는 찢어지는 마음으로 거기에 서서 그 칼로 네 아들의 가슴을 도려내어, 그의 몸을 불에 태우고 그 몸이 제단 위에서 재가 될 때까지 지켜보아야 한다." 물론 하나님께서 이렇게 구체적으로 지시하신 것은 아니었지만, 하나님의 말씀 속에 담긴 하나님의 뜻은 아브라함에게 이렇게 비쳐졌습니다. 일반적으로 뜻을 받아들인다는 것은 행동을 하겠다는 것일 것입니다. 모든 것이 극심한 시험을 위해 계획되었습니다. 하나님의 친구였던 아브라함은 전에도 없었고 후에도 없을 인간의 운명에 맞닥뜨린 방식으로 시험을 받았습니다. 번제 외에도 아브라함은 하나님께서 보여주시는 산으로 올라가라는 명령을 받았습니다. 한순간의 충동이나 거룩한 자극에 영향을 받아서, 성급하게 자신을 희생 제물로 삼는 영웅적인 행동 같은 것이라면 그나마 쉬울 수 있습니다. 하지만 우리와 같은 성정을 가진 사람이 우리에게 요구된 번제에 대해 깊이 생각한다는 것은 그리 쉬운 일이 아닙니다. 하지만 아브라함은 이 쓰라린 요구를 삼일씩이나 곰곰이 생각해야 했습니다. 그것은 정말 감당하기 어려운 일이었고, 더구나 그 참혹한 괴로움을 구체적으로 알고 있을 때는 더 참기 힘든 일이었습니다. 아브라함은 사랑하는 아들을 눈앞에 두고서 온 종일 여행을 해야 했습니다. 이제 곧 사라지게 될 그 음성을 들으면서, 이제 곧 눈물 범벅이 되어 죽어가면서 흐릿하게 될 그 빛나는 눈을 바라보면서 말입니다. 아브라함은 그 아들에게서 그 어미의 기쁨과 자신의 즐거움도 보았을 것입니다. 그러면서도 여행하는 내내 자신이 알고 있는 한 하나님께서 자기에게 요구하신 그 운명의 공격에 대해 숙고하였을 것입니다. 오, 이렇게 오랫동안 우리를 옴짝달싹도 못하게 하는 포위야말로 우리를 시험하는 것입니다. 날카로운 한 번의 공격이 훨씬 더 감당하기 쉬운 법입니다. 이글거리는 화형대 위에서 한순간에 불타 죽는 것은 비교적 쉬운 순교입니다. 하지만 사슬에 묶여서 서서히 타오르는 불길 위에 놓여, 마치 흉악한 죄인인 것처럼 시간마다 심장이 짓이겨지는 것, 이것이 바로 믿음의 시험입니다. 그리고 이것이 바로 아브라함이 삼일 동안 온종일 겪어야 했던 시험이었습니다. 아브라함이 바라보고 있는 그 아들의 얼굴에서, 그는 조금 후면 그 아들의 생명을 요구하는 모진 시험을 보았습니다. 이제 자기를 괴롭히는 그 모진 시험 앞에서, 오직 믿음이, 강력한 믿음이 아브라함을 도울 수 있었을 것입니다.

분명한 사실은 이 족장도 이 요구에 마음이 흔들려 시험을 받았다는 것입니다. 자신이 귀로 들은 하나님의 말씀뿐 아니라, 본성에서 우러나오는 고통스러운 생각으로 그는 시험을 받았습니다. 물론 그는 곧 그 시험을 물리쳤지만, 그것은 우리가 그런 입장이었다면 분명히 하게 됐을 그런 생각들이었습니다. 분명히 그는 다음과 같이 말했을 것입니다. "내 육신의 모든 본능을 모욕하는 이런 일을 하도록 나는 부르심을 받았다. 내가 내 자식을 번제로 드려야 하다니! 끔찍한 일이다! 살인행위이다! 일종의 종교적인 의식으로 내가 내 아들의 각을 떠 번제로 바쳐야 하다니, 정말 끔찍하고 잔인하고 역겨운 일이다! 내가 작정을 하고 내 손으로 내 아들을 제단 위에 번제로 바쳐야 하다니. 어떻게 내가 이 일을 할 수 있겠는가? 하나님께서 친히 인간의 마음에 심어 주셔서 모든 사람의 깊은 곳에 있는 그 사랑을 갈가리 찢어놓는 일을, 그리고 나의 가장 숭고한 인간성 전체에 반하는 이런 일을 어떻게 하나님께서 나에게 하라고 요구하실 수 있는가? 어떻게 내가 이 일을 할 수 있겠는가?"

사랑하는 형제자매 여러분, 아브라함의 이 일을 우리의 일로 절실하게 느끼고, 이것을 우리 개인에게 적용해 보고자 합니다. 우리도 하나님의 말씀을 통해, 우리의 본성적인 모든 사랑을 침해하는 것처럼 보이는 순종의 행위를 하도록 부르심을 받을 수 있습니다. 그리스도인들은 우리에게 가장 가깝고 가장 사랑하는 자들에게 미움을 받을 만한 어떤 결단의 행동을 함으로써 세상에서 나오라는 명령을 종종 받습니다. 자, 만약 이들이 하나님을 사랑한다면, 아버지나 어머니나 남편이나 형제나 자매를 하나님과 비교해 더 사랑하지 않을 것입니다. 물론 그리스도인들은 가장 다정한 마음을 지닌 사람들이라고 할 수 있습니다. 그럼에도 불구하고 그들은 그분을 위해 모든 것을 포기하고, 하나님의 법을 범하기보다는 오히려 모든 본성적인 사랑을 부인함으로써 하나님께 대한 자신의 충성을 중히 여기는 자들입니다. 어쩌면 오늘도 여러분은 여러분의 본성에서 나오는 모든 능력을 슬프게 하는 시련으로 고통을 받고 있을지 모릅니다. 아마 주님께서 생명보다 더 귀한 사람을 여러분에게서 기꺼이 빼앗아 가셨을 수도 있습니다. 그를 위해서 여러분은 자신이 죽어도 좋다고 여겼을 것입니다. 오, 아브라함과 함께 주의 지팡이에 입 맞추는 법을 배우도록 하십시오. 이삭이 하나님 앞에 서 있지 않게 하십시오. 아무리 이삭이 사랑스러워도 하나님을 불신하지 말고 그의 생명을 하나님께 드리도록 하십시오. 여러분은 머리를 조아리고 다음과 같이 말하십시오. "나의 하나님, 당신이 원하는 대로 취하옵소서. 나를 죽이시든 아니면 내가 가진 모든 것이든 다 취하옵소서. 그래도 나는 여전히 당신의 거룩한 이름을 찬양하리이다." 이것이 아브라함이 받은 시험의 주된 부분이었습니다. 다시 말해 이 시험은 인간의 마음속에서 자연스럽게 싹튼 가장 사랑스러운 모든 것들을 사정없이 파괴한 것처럼 보였습니다.

그리고 우리는 아브라함에 대해 다음과 같은 생각도 해볼 수 있을 것입니다. 즉 아브라함은 자기 아들을 살해하는 이런 방식으로 인해, 하나님과 맺은 그 모든 약속들이 허사가 되는 것은 아닌가 하고 생각했을 것입니다. 그 약속을 믿고 귀하게 여기는 것과 어울리지 않게, 이 극심한 시험으로 그는 전혀 아무 결과도 없는 일을 하게 되지는 않을까 두려웠을 것입니다. 사랑하는 성도 여러분, 우리에게도 우리가 가진 최고의 소망들을 위협하는 것처럼 보이는 일련의 행동들을 하도록 부르심을 받을 때가 있습니다. 그리스도인은 종종 모든 사람들이 보기에 자신의 유익한 미래를 파괴하는 것 같은 행동을 해야 할 사명에 사로잡히기도 합니다. 저는 부패한 교회에 남아 있는 사람들이 해대는 일종의 변명 같은 말들을 종종 들었습니다. 만약 그들이 자기의 양심을 따르고 하나님 앞에 신실했다면, 지금 자신의 지위로 인해 이 와중에 얻게 된 영향력들을 잃었을 것이라고 말입니다. 하지만 그들은 자신의 것이라고 생각되는 모든 영향력들을 잃고, 자신에게 틀림없이 유리한 지위들을 버려야 합니다. 적어도 자신의 양심을 속이지 않기 위해서는 그래야 합니다. 이와 마찬가지로, 하나님의 모든 약속이 전면에 부각되기 위해서는 아브라함이 이삭을 번제로 드려야만 했습니다. 하나님의 약속을 성취하는 것은 여러분의 일도 아니고, 제가 해야 할 일도 아닙니다. 가장 큰 선을 위해서 가장 작은 악을 행할 수 있는 것도 아닙니다. 악한 일을 해서라도 선한 일이 일어나게 해야 한다는 것은 거짓 도덕이며, 사악한 정책입니다. 우리는 사명만 감당하면 됩니다. 왜냐하면 하나님께서 자신이 친히 맺은 약속을 이행하시며, 우리의 유익도 보장하시기 때문입니다. 설령 그분께서 나의 명성을 산산조각 내고, 나의 유익을 사방에 흩으신다 해도, 그래도 나를 불러 사명을 주신다면, 저는 틀림없이 일 초도 주저하지 않을 것입니다. 그렇게 주저하다가 저는 하나님께 불순종하게 될 것이기 때문입니다. 하나님의 명령으로 이삭은 하늘이 무너져도 번제로 드려져야 했습니다. 하나님께서 정하신 일에서는 그 궁극적인 관점에서 볼 때 오로지 선한 것만 나오게 된다는 확신 가운데, 믿음은 모든 정략적인 제안들에 대해 대답해야만 합니다. 순종은 축복들을 결코 위태롭게 할 수 없습니다. 왜냐하면 하나님의 명령은 하나님의 약속과 실제로 절대 갈등하지 않으며, 하나님께서는 이삭을 일으키고 하나님 자신의 섭리를 이행하실 것이기 때문입니다.

　더 나아가 아브라함이든 다른 사람들이든 일반적으로 이삭이 죽으면 자신의 모든 위로가 무너지게 된다는 생각을 틀림없이 할 것입니다. 사라에게 그 장막은 더 이상 빛이 없는 어둠 자체일 것이며, 마므레 들판은 슬퍼하는 그 마음에 광야처럼 황량하게 느껴질 것입니다. 노년의 소망을 잃고서 노쇠해져가기만 하는 이 곤고한 부모를 생각하자니 너무나 슬픕니다! 이삭이 죽는다면 정오에 태양도 어두워지고, 달도 어둠 속으로 기울어질 것입니다. 이 사랑하는 아들을 빼앗기느니 차라리 모든 재난이 일어나는 게 더 나을 것입니다! 그는 틀림없이 이런 감정들을 느꼈을 것입니다. 하지만 그는 이것들로 주저하지 않았습니다. 우리가 가장 사랑하던 위로와 우리가 가장 근사하게 여기던 소망이 마치 죽은 몸처럼 될 때도 있지만, 때때로 사명을 감당하다보면 그마저도 아랑곳하지 않을 때가 있습니다. 슬픈 일이 끊임없이 계속되지만 그럼에도 불구하고 감당해야 할 것이 바로 우리의 사명입니다. 무슨 일이 일어나도 여러분은 그 사명을 잘 감당해야만 합니다. 주님께서 여러분에게 어떤 일을 명하시면, 여러분은 그 일을 감당할 믿음을 추구해야 합니다. 물론 그 순간부터 여러분은 여러분의 마음을 기쁘게 할 다른 즐거움은 찾지 못할 것입니다. 하지만 종국에 여러분은 주님의 기쁨을 누리게 됨으로써 그 모든 상실의 아픔을 충분히 보상받게 될 것입니다.

제가 추측하건대, 아브라함은 다음과 같은 생각도 틀림없이 했을 것입니다. 즉 자신이 이런 행동을 한 그 시각 이후부터 자신에게는 많은 원수들이 생겨날 것이라는 생각 말입니다. 물론 아브라함이 이런 생각에 큰 비중을 둔 것은 아니었지만, 그래도 그 일로 많은 사람들은 그의 인격을 불신했을 것이며, 그를 완전히 상종도 못할 인간으로 여겼을 것입니다. 그가 어디를 가든지 사람들은 그를 자기 아들을 죽인 자로 피할 것이라는 생각도 했을 것입니다. 어떻게 그가 사라를 다시 만날 수 있겠습니까? "나의 아들은 어디 있나요? 당신은 참으로 내게 피 남편(출 4:25)인 것이 분명하군요." 십보라가 모세에게 말한 것보다 훨씬 더 엄청난 사실을 가지고 사라는 남편 아브라함에게 그렇게 말했을 것입니다. 또 자기 종들은 어떻게 다시 만날 수 있겠습니까? "당신은 당신의 아들을 죽인 살인자야! 당신의 손은 아들의 피로 물들어 있어!"라고 말하는 그들의 눈빛을 그가 어떻게 감당하겠습니까? 무슨 낯으로 그는 아비멜렉과 블레셋 사람들을 볼 수 있겠습니까? 아브라함의 장막 주위를 배회하던 그 유랑 족속들이 모두 이 기이한 도륙행위를 듣고서, 자신이 밟고 있는 이 땅을 더럽힌 그 괴물을 생각하며 얼마나 치를 떨겠습니까? 자신에 관해서 남들이 어떻게 생각하고 말하든 전혀 개의치 않는 이 위엄 있는 사람의 거룩한 무관심을 한 번 보십시오. 이런 오해가 그와 무슨 상관이 있겠습니까? 그들이 그를 마귀로 생각하든, 온 세상이 그에게 야유를 퍼붓고 그를 조롱하고 증오하면서 지옥 맨 밑바닥으로 넘긴다고 하든, 그는 그런 소동에 전혀 개의치 않았습니다. 하나님의 뜻이 틀림없이 이루어지기만 하면 됩니다. 하나님께서는 자기 종들의 인격을 보살펴 주실 것이며, 설령 그분께서 그렇게 하지 않으신다 해도, 종은 그 주인을 위해 그 일의 결과를 감내해야만 합니다. 어쨌든 그는 순종해야만 합니다. 그에게는 차선책도 없고, 불순종은 생각할 수도 없습니다. 하나님께서 옳다는 사실을 알고 있으니 어떤 일이 일어나도 하나님의 뜻을 반드시 행해야 하는 것입니다.

이것이 바로 믿음의 조상이 보여준 가장 위대한 점들 가운데 하나입니다. 여러분은 이 점을 주목하십시오. 만약 여러분과 제가 이러한 믿음을 보이도록 부르심을 받는다면, 우리는 결코 아쉬움이 없을 것입니다. 왜냐하면 성령님의 능력으로 말미암아 온갖 비난과 치욕들도 담대하게 기꺼이 인내할 수 있을 것이기 때문입니다. 교황이 바로 적그리스도라고 감히 말했을 때, 루터(Luther)의 입술은 처음에 얼마나 떨렸는지 모릅니다. 도대체 어떻게 사람이 그런 말을 할 수 있겠습니까? 여러분도 그렇게 말할 수 있겠습니까? 수백만의 사람들이 교황 앞에서 고개를 조아립니다. 교황은 이 땅에서 하나님의 대리인이라고 합니다. 사람들은 우리 주 하나님을 경배하듯이 교황에게도 경배하지 않습니까? "그럼에도 불구하고 그는 적그리스도, 바로 마귀이다"라고 루터는 말했습니다. 처음에 그는 자신이 너무나 명백하게 사악한 일을 한 것 같아 귀가 빨개지고 얼굴이 화끈거리는 것을 느꼈을 것입니다. 그리고 한때 마르틴 루터 박사와 교제 나누기를 간절히 사모했던 교역자들이 자신과의 접촉을 피한다는 것을 알게 되었을 때, 그가 느꼈을 공허감이 어떠했을지 생각해 보십시오! 그리고 사람들 가운데 널리 퍼진 아우성을 들어서는 안 될 인간에게서까지 듣게 되었을 때, 즉 그 수사는 술주정뱅이일 뿐 아니라 수녀를 택해서 결혼까지 할 만큼, 그 속에 정욕이 가득해 사탄에게 팔린 사람이라는 조롱을 들었을 때, 그의 마음은 과연 어떠했겠습니까? 이런 소문에 그가 얼마나 흥분하였을지 저는 알지 못합니다. 그럼에도 불구하고 루터의 감정이 다음과 같았다는 것은 틀림없이 대단한 일일 것입니다. "사람들이 나에 대해 말하고 싶은 대로 말해도 상관없다. 오직 내가 아는 것은 사람이 구원을 받는 것은 예수 그리스도를 믿는 믿음으로 말미암지, 교황이 정한 예식이나 그가 교부하는 면죄부 때문이 아니라는 이 위대한 진리를 하나님께서 내 영혼에 말씀하셨다는 사실이다. 설령 내 이름이 지옥 림보에 넘겨진다 해도, 그래도 나는 내가 알고 있는 이 진리를 말하지 않을 수 없다. 하나님의 이름으로 나는 내 입을 다물고 있을 수 없다." 우리는 이 수준까지 이르러야 합니다. 우리 시대와 우리의 과거와 미래 모든 시대에 대한 판단들은 옆으로 제쳐두고 홀로 설 수 있어야 하며, 필요하다면 으르렁거리며 격분한 세상 가운데 하나님의 명령에 영광을 돌려야 합니다. 이 일로 인해 우리가 수치를 당하거나 심지어 죽게 된다 해도, 이것이 우리에게 필요한 유일한 일이라면, 이 일이야말로 우리가 순종해야 할 명령인 것입니다.

자, 이렇게 해서 이제 아브라함의 믿음은 완전해졌습니다. 즉 외부 상황도 맹렬했고, 앞서 암시한 바대로 이런 상황에서 제기될 수 있는 문제들도 아주 복잡했지만, 그래도 그는 이 모든 것을 제쳐둔 채 이 모든 악조건을 감당하며, 한 치의 주저함이나 이의 없이 자기 주인의 뜻을 이행했던 것입니다. 왜냐하면 이 일로 아무도 상처받지 않을 뿐 아니라, 오히려 이 일로 자신은 더 큰 축복을 받고, 하나님께는 더 큰 영광을 돌릴 수 있을 것이라고 그가 굳게 믿고 있었기 때문입니다.

2. 시험받을 때의 아브라함

이제 우리는 시험받을 때의 그 족장에 대해 살펴보고자 합니다. 아브라함이 이 시험을 인내하는 동안 그에게는 모든 것이 기쁨이었습니다. 그 하나하나를 구체적으로 전하려다가, 혹여나 그 전체적인 결과를 훼손하지는 않을까 걱정입니다. 아브라함의 순종은 놀라운 조화로 모든 미덕이 하나로 혼합된 모습입니다. 이 위대한 족장은 한 가지 면에서 뛰어난 것이 아니라, 그의 거룩한 행위 전반에서 뛰어났습니다.

첫째로, 이 시험을 당할 때 아브라함이 어떻게 복종했는지를 주목해 주십시오. 제가 아브라함의 복종이라고 말하는 이유는 여러분도 살펴보면 알겠지만, 아브라함이 하나님에게 말로든 혹은 다른 형태로든 이의를 제기했다는 기록이 전혀 없기 때문입니다. 제가 생각해 봐도 그가 이의를 제기했다는 기록은 없는 것 같습니다. "네 독자 이삭을 데리고 모리아 땅으로 가서 내가 네게 일러 준 한 산 거기서 그를 번제로 드리라!"는 이 명령은 아무리 봐도 이상하고 놀랄 만한 것입니다. 그러나 아브라함은 이 명령에 대해 아무 반대도 하지 않았습니다. 당연히 그가 다음과 같은 말을 했어야 한다고 예상할 수 있습니다. "그런데 하나님, 당신께서 정말 이 일을 시키는 것입니까? 사람을 번제로 드리는 것을 당신께서 정말 받으실 수 있습니까? 그럴 수 없으리라 저는 알고 있습니다. 당신은 사랑의 하나님이며 긍휼의 하나님이십니다. 그런데 내가 사랑하는 아들의 피를 당신께서 능히 취하신다는 말입니까? 그럴 수 없습니다." 하지만 이런 반대 주장은 어디에도 없습니다. 그가 주저하는 것 같은 단 하나의 질문도 그는 하지 않습니다. 그는 "하나님은 하나님이시다"라고 말하는 듯합니다. 그래서 저도 하나님께서 어떤 일을 명하면 왜 그렇게 명하시는지 그 이유를 찾는다거나 그분에게 왜라고 묻지 않습니다. 그는 그저 "제가 그렇게 하리이다"라고 말했습니다. 그는 한 마디 간구나 기도도 하지 않았던 것으로 보입니다. 그렇게 끔찍한 시험을 앞두고 기도하는 것은 그리 잘못된 일도 아닐 것입니다. 만약 그가 그렇게 대단한 사람이 아니었다면, 이런 시험을 앞에 두고 다음과 같이 기도하는 것은 자연스러운 일이었을 뿐 아니라 합당한 일이었을 것입니다. "오, 나의 하나님, 나의 아들을 살려 주옵소서! 차라리 나에게 다른 시련을 주옵소서. 너무 이상하고 불가사의한 이런 시험 말고 말입니다. 나의 주님, 사라를 생각하고 당신이 한 약속도 생각하시어, 부디 나에게 이런 시험을 주지 마옵소서." 이런 기도, 즉 일반 사람들이 드리는 이런 기도는 결코 잘못된 게 아니라는 말입니다. 아마도 이런 기도는 능력 있는 기도, 추천할 만한 기도일 것입니다. 하지만 이 위대한 영혼은 그런 기도를 전혀 하지 않았습니다. 피할 길을 찾는 기도를 아브라함은 전혀 드리지 않았습니다. 그는 하나님의 뜻을 알게 되었을 때 구원해 달라는 기도를 하지 않았습니다. 그 뿐 아니라, 그는 투덜거리는 것 같은 말들도 하지 않았습니다. 이 사람은 이 모든 일을 양 떼 중에 어린 양 한 마리를 가져다가 번제를 드리라는 일반적인 명령을 받은 것처럼 그렇게 했습니다. 그는 이 일에 관해 냉정하고 침착했습니다. 이것은 그가 스토아주의자(Stoic, 그리스 스토아학파의 철학 사상으로 냉정한 합리성, 절제, 금욕 등을 중시한다 — 역주)라는 것을 입증하는 것이 아니라, 그야말로 믿음의 거장이라는 사실을 증명합니다. 바울 사도가 "흔들리지 않고"(롬 4:20 KJV, "의심하지 않고"[개역개정])라고 언급한 것이 바로 이 모습입니다. 우리가 이 명령을 받고 설령 제대로 했다 해도, 여러분과 저는 이 일을 흔들리는 마음으로, 즉 주저하는 태도로 했을 것입니다. 그러나 아브라함은 그렇지 않습니다. 신경이 곤두서거나, 근육이 긴장하지도 않습니다. 아브라함은 하나님께서 자신에게 명하신 것을 알고는 경외하는 마음으로 엄숙하게, 그러면서도 어린 아이 같은 단순한 마음으로 이 번제를 행합니다. 이런 사실로부터 저는 다음과 같은 교훈을 얻게 됩니다. 우리는 마치 이삭을 줍는 사람처럼 밭고랑을 따라 걸어가면서 이런 교훈들을 쉽게 모을 수 있을 것입니다. 어쨌든 여기서 얻는 것은 이것입니다. 여러분이 감당해야 할 사명을 알았을 때, 여러분은 그 사명에서 벗어나도록 절대로 기도하지 마십시오. 오히려 믿음의 능력을 가지고 하나님의 이름으로 그 사명을 향해 나아가 수행하십시오. 여러분이 주님의 뜻을 분명히 보았다면, 여러분은 그 일로 논쟁을 시작하거나 더 좋은 기회를 기다리는 일들을 하지 마십시오. 오직 여러분은 그 일을 즉시 행하십시오. 여러분 가운데 어떤 자들은 자신의 양심과 타협하는 악한 습관을 가지고 있습니다. 그들은 이런 습관으로 인해 얼마나 많은 기쁨과 영광을 잃어버렸는지 모릅니다. 양심이 무뎌지기 시작하는 것은 얼마나 끔찍한 일인지 모릅니다. 그것은 마치 뜨거운 인두로 지지는 것처럼 순식간에 타버리기 때문입니다. 또한 이것은 연못이 어는 것과 같습니다. 연못에 살얼음이 얼 때는 얼었는지조차 알기가 힘듭니다. 그 때 여러분이 그 연못을 계속해서 휘젓는다면, 그 살얼음은 딱딱하게 굳지 않을 것입니다. 그러나 그 살얼음이 언 채로 그냥 내버려 둔다면, 그 살얼음은 수면 위부터 두꺼워지기 시작해서 계속 아래로 두꺼워져, 마침내는 그 딱딱해진 수면 위로 마차가 지나가도 끄떡없을 만큼 단단해질 것입니다. 양심의 경우도 이와 마찬가지입니다. 양심도 살얼음처럼 서서히 단단해지다가 마침내는 딱딱해지고 무감각해집니다. 그래서 사악한 행동이 내리누르는 그 어떤 무게라도 감당해낼 수 있게 됩니다. 아! 그러므로 우리는 기도하는 척하며 순종하기를 지체해서는 안 됩니다. 오히려 신속하게 그분을 섬겨야 합니다.

　　세례 문제와 관련해서 다음과 같이 말하는 어떤 그리스도인들로 인해 저는 종종 놀라기도 하고 당황하기도 합니다. 예를 들면 그들은 "나도 한 사람의 신자로서 세례 받는 것은 마땅히 해야 할 일로 확신하고 있지만, 그래도 내 양심에 내키지는 않습니다"라고 말합니다. 세례 받는 것이 여러분의 양심에 내키지 않는 일이라니, 그게 무슨 말입니까? 여러분의 그 말은 다음과 같은 말이라는 것을 여러분도 압니다. 즉 하나님께서 세례를 명하셨음에도 불구하고, 이 세례를 여러분이 순종해야할 의무로 느끼지 못할 정도로 그렇게 여러분의 양심이 너무 비천해졌음을 스스로 고백하는 것입니다! "오, 그래도 내게는 꼭 해야 할 것으로 느껴지지 않아요." 느껴지지 않는다니요? 하나님의 법을 자르고 재단하는 자들이여, 하나님을 향한 여러분의 충성심을 가늠하는 것이 느낌이란 말입니까? 세례가 옳은 것이라는 사실을 여러분이 알고 있다면, 저는 여러분에게 강권합니다. 하나님을 향한 여러분의 충성심으로 그분에게 순종하십시오. 오, 사랑하는 성도 여러분, 이 세상은 자기양심을 농락하는 여러 계략들 때문에 서글픈 상태가 되어버렸습니다. 이렇게 된 것은 사람들이 성경 말씀과 신조들에 부과한 자연스럽지 못한 모든 의미들 때문이기도 하며, 개신교라고 자처하는 이 땅의 종교가 그 핵심에서 가톨릭처럼 되어가고 있는 은밀한 이유들, 다시 말해 개신교 신자들이 가톨릭 교리문답에 맹세하고 그것에 또 다른 의미를 부여하기 때문이기도 합니다. 그들은 그 부패한 교회에서 나오는 대신, 자신들의 양심을 농락하면서 실제로 자신들이 한 설교를 무효로 했고 사람들로 하여금 거짓말을 하도록 가르쳤습니다. 경건하다고 공언한 자들이 자신도 감당할 수 없는 현학적인 말들을 사용하는 것을 보면, 장사꾼들이 서로 훔치고 속이는 것은 그리 놀랄 일도 아닙니다. 신앙 고백한 자들이 하나님의 영광을 위해 질투하면서, 지극히 높으신 그분 앞에서 정확하게 꼼꼼하게 행한다면, 그들은 좀 더 많은 명예를 얻게 될 것이고, 좀 더 많은 아브라함의 축복을 받게 될 것이며, 소금처럼 세상에 대한 그들의 영향력은 더욱더 늘어날 것이고, 악한 누룩처럼 대중을 부패하게 하는 부작용은 더욱더 줄어들 것입니다.

　　이제 우리는 둘째 주제로 넘어가야겠습니다. 다음으로 아브라함의 신중함에 대해 주목해 주십시오. 지난주에 설교를 들은 우리는 신중함은 큰 미덕이기는 하지만, 때로는 가장 비겁하고 거지 같은 미덕 가운데 하나가 되기도 한다는 것을 알았을 것입니다. 바르게 사고된 신중함은 믿음의 유명한 여종이 되기도 합니다. 아브라함의 신중함에서는 이런 점이 엿보입니다. 즉 그는 자신이 감행하려는 일과 관련해서 아내 사라와는 의논하지 않았습니다. 우리가 보통 본성적인 신중함이라고 부르는 것은 다음과 같이 말했을 것입니다. "이것은 이상한 명령이다. 이 문제와 관련해서 지혜로운 자들과 의논하는 것이 네게 더 나을 것이다. 너는 이 명령이 하나님으로부터 온 것이라 믿고 있지만, 어쩌면 그런 네 생각으로 인해 너는 실수를 할지도 모른다. 적어도 이 경우에는 친아들이기에 많은 관심을 가진 사라의 판단을 고려하는 것이 마땅할 것이다. 게다가 선한 사람인 엘리에셀도 있지 않은가? 그 또한 종종 이런 진퇴양난의 상황에서 너를 돕고 조언해 주지 않았는가? 그와 얘기를 나누는 것이 네게 유익할 것이다." 이에 대해 아브라함은 아마도 다음과 같이 생각했을 것입니다. "맞다. 하지만 내가 사랑하는 이들은 내 생각을 약하게 할 뿐이다. 내 결심을 강하게 하지 못하고 오히려 내가 해야 할 일을 번복하게 할 것이다." 그래서 아브라함은 바울처럼 혈육과는 의논하지 않았습니다. 사랑하는 성도 여러분, 우리가 하나님의 마음을 알 때, 다른 사람들과 의논하는 것이 결국 무슨 유익이 있겠습니까? 내가 성경 앞에 나아가 어떠어떠한 것이 내가 해야 할 일이라는 것을 그 속에서 아주 분명하게 보았다면, 그 일과 관련해 내가 하나님께 순종해야 할지 말지를 사람들과 상의하는 것은 하늘에 계신 지극히 크신 그분을 배신하는 일입니다. 우리가 하나님의 분명한 명령을 받았는데도 불구하고 사람들과 상의하는 것은 사악한 일입니다. 군대의 한 하급 장교가 전시에 공격을 지휘하라는 명령을 받았는데, 자기 동료들에게 돌아가서 최고 사령관으로부터 받은 그 명령에 대한 견해를 묻는다고 가정해 보십시오! 그는 군법정에 회부되거나 그 현장에서 총살당할 것입니다. 그는 완전히 충성스럽지 못한 군인이기 때문입니다. 이보다 더 노골적인 행동은 없으며, 그런 생각 자체가 반항이고, 질문하는 그 말도 전형적인 반역입니다. 하나님께서 명령하실 때 우리에게는 오직 순종만 있을 뿐입니다. 혈육과 논의한다는 것은 주홍빛으로 물든 죄와 같습니다.

셋째로, 아브라함의 민첩함에 대해서도 주목해 주십시오. 그는 아침에 일찍 일어났습니다. 오, 우리 대다수는 이런 상황에서 늦게까지 잠을 잔다거나 혹은 잠을 이룰 수 없어서, 적어도 식사 시간이 될 때까지 다음과 같은 생각들을 하면서 불안해할 것입니다. "도대체 내 아들을 죽이라고? 그것도 나의 독자 이삭을? 그 명령에는 특정한 시간이 정해져 있지 않다. 이 끔찍한 여행을 언제 시작해야 하는지에 관해서는 최종적으로 말씀이 없었다. 그러므로 내가 할 수 있는 일은 최대한 그 시간을 끄는 수밖에 없다. 이게 다 사랑하는 그 어린 아이를 위한 일이 지 않은가. 가능한 한 그 애를 살려 보도록 하자." 하지만 아브라함은 이런 생각들을 하지 않았습니다. 그 족장의 마음에 시간을 끌어 보려는 마음은 없었습니다. 위대한 마음이지 않습니까? 그 거룩한 사람은 아침 일찍 일어났습니다. 아브라함은 자신이 얼마나 그분을 신뢰하는지, 그리고 그분의 명령이라면 아무런 거리낌 없이 어떻게 실천하는지를 하나님께서 보시도록 하였습니다. 오, 신자인 여러분이여, 하나님께서 여러분에게 명하신 바를 항상 신속하게 행하기 바랍니다. 절대로 주저하며 머뭇거리지 마십시오. 여러분이 행하는 순종의 핵심은 주님의 명령을 신속하게 행하고 조금도 지체하지 않는 것입니다. 아브라함의 민첩함은 나무를 몸소 준비했다는 사실에서 다시 드러납니다. 아브라함은 번제에 쓸 "나무를 쪼개어"(창 22:3) 가지고 떠났다고 성경에 분명히 기록되어 있습니다. 그는 자신의 진영 안에서 족장이었고 유력한 자였습니다. 하지만 그는 하나님을 위한 일이라면 그 어떤 것도 천한 일로 생각하지 않고, 그것은 너무나 거룩한 일이기에 다른 사람의 손에 맡길 수 없다고 생각하면서, 자신이 나무를 쪼개는 자가 되었습니다. 그는 찢어지는 마음으로 나무를 쪼개었습니다. 자신의 상속자를 불에 태워 번제로 드릴 나무! 자신이 그토록 사랑하던 아들을 희생 제물로 태울 나무! 이 사실에서 여러분은 아브라함의 민첩함을 볼 수 있습니다. 우리도 이 민첩함을 가지고, 준비된 열정으로 하나님께 순종하여, 어떠한 사소한 상황에서도 순종하게 되기를 기원합니다. 의무라는 노(櫓)에 묶여 마지못해 하는 노예나, 율법이라는 위협으로 매를 맞아가며 하는 섬김이 아니라, 비록 우리가 최고로 사랑하는 이삭을 희생 제물로 드려야 하는 일이라 해도, 그분을 우리가 가진 최고의 기쁨으로 섬겨야 하는 아버지로 여기고, 자녀 된 사랑으로 그분을 섬기는 모습이 여러분에게서 드러나기를 기원합니다.

　　넷째로, 아브라함은 모든 것을 미리 생각하였습니다. 저는 아브라함의 이 미리 생각함을 여러분이 주목해 주기를 부탁합니다. 아브라함은 자신이 하고자 하는 일에 차질이 생기는 것을 원치 않았습니다. 그는 나무를 쪼개었습니다. 그리고 불도 가지고 왔습니다. 그 외에도 그 일을 완수하기 위해 필요한 모든 것들을 생각하였습니다. 어떤 사람들은 하나님을 섬기는 일에서 전혀 미리 생각하지를 않습니다. 그러다가 어떤 작은 문제라도 꼬이면, 그런 상황을 섭리와 관련된 것으로 둘러대면서 그 내키지 않는 과제를 회피하고자 온갖 변명을 합니다. 오, 여러분이 고통스러운 일에 개입되지 않기를 원할 때, 그것을 하지 않을 이유들을 여러분은 얼마나 쉽게 생각해 내는지 모릅니다! 어떤 사람은 "당신도 알다시피, 우리도 살아야지요"라고 말합니다. 또 다른 사람은 "아, 그깟 사소한 양심의 문제로 제가 왜 그 상황에서 쫓겨나야 합니까? 사실 조금 전에 어떤 상황이 일어났는데, 적어도 당분간은 내 신념에 반하는 행동을 어쩔 수 없이 해야 할 것 같아요. 정말로 지금은 제가 있는 이 자리에 그대로 있는 게 섭리 같습니다. 물론 성경은 제가 다르게 행동해야 한다고 말한다는 것을 알고 있어요. 하지만 당신도 분명히 알다시피, 우리 상황도 고려해야지요. 그 계명들을 준행하기에 적절한 상황으로 변화되지 않는다면, 당신도 알다시피, 그런 상황들은 바로 순종을 연기할 수 있는 변명거리가 될 수 있을 겁니다." 지혜롭고 사려 깊은 하나님의 종 아브라함은 가능한 한 주의를 기울여, 자신이 하려는 옳은 일을 방해할지도 모르는 모든 어려움들을 사전에 생각합니다. 아브라함은 이렇게 말합니다. "아니야. 내게 타협이란 있을 수 없다. 내가 해야 할 일은 분명하다. 하나님께서 이를 명하지 않으셨는가? 그분의 뜻을 이루기 위해 필요한 모든 것을 나는 준비할 것이다. 내가 물러서게 되는 것에 대해 변명하고 싶은 마음이 없다. 어떤 일이 있어도 나는 결코 물러서지 않을 테니까.”

다섯째로, 아브라함의 인내도 살펴보도록 합시다. 그는 여행을 3일 동안 계속합니다. 그것은 자기 아들을 번제로 드리지만 바로 자신을 번제로 드리는 것과 같은 그 장소를 찾는 여행이었습니다. 그는 자기 종들에게 뒤에 머물러 있으라고 명합니다. 혹시라도 그 종들이 인간적인 정에 이끌려 그 번제를 방해하지는 않을까 우려했기 때문입니다. 자, 여러분과 저는 만약 이런 상황이라면, 이 번제를 방해하여 우리의 어깨에 있는 책임을 다소나마 덜어줄 친구들을 옆에 두고자 했을 것입니다. 그러나 그 선한 사람은 자신이 끝까지 가고자 하는 그 길에 방해될 만한 모든 것들을 제쳐 놓습니다. 그러고는 번제에 쓸 나무를 이삭에게 지웁니다. 오, 그가 사랑하는 아들의 어깨에 무거운 짐을 지웠을 때, 아버지인 자신의 마음에 지워진 그 짐은 얼마나 무거웠겠습니까! 그가 자기 옆에 있던 향로에 친히 불을 붙였지만, 얼마나 많은 불이 그 아버지의 마음을 까맣게 태웠겠습니까! 아들이 천진난만하게 “내 아버지여 … 불과 나무는 있거니와 번제할 어린 양은 어디 있나이까?”(창 22:7)라고 말했을 때, 이 시험이 그 아버지에게는 얼마나 쓰라린 것이었는지 모릅니다. 족장이라고 해서 그에게 훔칠 눈물조차 없었겠습니까? 그는 이 아들의 질문에 그저 간단하게 대답했을 뿐입니다. 성경에 기록되지 않은 다른 대답들이 있었을 것이라고 우리가 믿는 많은 이유들이 있습니다. 다시 말해 아브라함은 아들에게 지금 당면한 경우가 무엇인지, 하나님께서 명령한 것이 무엇인지를 설명했을 것입니다. 왜냐하면 이러한 명령은 가장 높은 권위를 가진 그분에게서 나온 명령이기에 반드시 순종해야 한다는 말을 처음부터 이삭에게 하지 않았다면, 이삭이 그렇게 순순히 아버지에게 응했을 것이라고 생각하기가 어렵기 때문입니다. 오, 그 아버지의 마음이 얼마나 비참했겠습니까! 하지만 저는 그 아버지의 믿음이 보여주는 위엄에 대해 말해야겠습니다. 그는 모든 감정들을 억눌렀습니다. 비록 본성이 말을 하고 있었지만, 믿음이 그보다 더 크게 말하고 있었습니다. 깊은 곳에서 우러나오는 고통의 소리도 컸지만, 그보다 더 깊은 곳에서 우러나오는 하나님에 대한 믿음이 더욱더 크게 소리치고 있었습니다. 이제 그를 보십시오! 모리아 산에 있던 흐트러진 돌들을 끌어 모은 이 거룩한 사람을 보십시오! 아들의 도움으로 그 돌들을 주워 모아 제단을 세우기까지 그 돌들을 켜켜이 쌓아올리는 그를 보십시오. 그 다음 날 제단 위에 차례차례 나무를 올려놓고 있는 그를 여러분은 지금 보고 있습니까? 그 어떤 동요나 걱정의 조짐도 없습니다. 자기 아들을 끈으로 동여매는 그를 보십시오! 오, 도대체 어떤 끈들이 저 가련하고 불쌍한 아브라함의 마음을 동여맸겠습니까! 아브라함은 자기 아들을 마치 희생제물처럼 제단 위에 올려놓습니다! 지금 그는 칼집에서 칼을 빼어 듭니다. 이제 곧 행동을 개시할 순간입니다. 그러나 하나님은 이것으로 흡족해하십니다. 아브라함은 진심으로 자기 아들을 번제 제물로 드렸고, 그 명령은 성취된 것입니다. 하나님의 친구였던 이 아브라함의 순종에 대해 주목해 주십시오. 이것은 자기 아들을 포기하려는 척한 장난이 아니었습니다. 그는 실제로 자기 아들을 포기하였습니다. 자신이 무엇을 할 수 있을지, 무엇을 하고 싶은지에 대한 일체의 말이 없었습니다. 오직 그의 믿음이 실행되었고, 그의 믿음은 영웅처럼 대담했습니다. 모든 신자들이 이 점에 주목하기를 원합니다. 그분을 위해서는 언제든 모든 것을 포기하겠다는 소망만 가지고 우리는 하나님을 사랑해서는 안 됩니다. 우리는 말 그대로 실제로 기꺼이 그렇게 행동해야만 합니다. 시험이 닥쳤을 때, 하는 척만 하면서 그저 허풍만 떠는 말꾼들이 아니라, 참된 행동으로 하나님께 신실함을 드러내 보이기 원한다면, 우리는 더 큰 믿음을 간구해야 합니다.

지난 어느 날 밤, 어떤 사람이 다음과 같은 말을 했습니다. "아, 나는 큰 믿음을 가진 줄로 생각하였는데, 지금 쓰라린 고통에 처해 보니, 내게는 거의 믿음이 없다는 것을 알게 되었습니다." 또 우리 가운데 어떤 이는 "오, 나의 하나님, 나는 당신에 대한 믿음을 가지고 있다고 생각했지만, 당신께서 제게 주신 이 고통을 견뎌야 하는 순간이 오니, 제 자신은 언제든 당신을 반역하려고 해서, '당신의 뜻이 이루어지이다'라고 말할 수가 없나이다"라고 말하기도 합니다. 아! 신앙 고백을 한 자들이지만 자기가 가진 돈을 잃지 않을 때까지만 하나님을 사랑하는 자들은 또 얼마나 많은지 모릅니다. 그들은 궁핍하여 가난해지지 않을 정도로만 하나님께 순종할 것입니다. 또한 그들은 조롱과 수치를 당하기 전까지만 하나님께 신실할 것이기에, 조롱과 수치를 당하면 곧장 기분이 상하게 되어 자신의 하나님이 누구인지를 드러낼 것입니다. 왜냐하면 그들은 보이지 않는 것에는 관심을 두지 않고, 그들이 절호의 기회라고 부르는 것들, 즉 시간과 봉급과 쾌락에서 이익이 되는 것을 추구하기 때문입니다. 그들은 오직 말로만 하나님을 섬길 뿐입니다. 그리스도의 명령이 즐거운 것이라면, 그들은 그 명령을 받아들일 것입니다. 그 명령들이 그들을 다소 심하게 괴롭히는 것이라면, 그들은 그 명령을 외면할 것입니다. 결국 신앙 고백을 했다 해도, 이들은 어느 정도까지만 하나님을 섬길 뿐, 그 이상은 섬기지 못하는데, 이는 그들이 하나님을 전혀 사랑하지 않는다는 것을 보여줍니다.

저는 지금까지 아주 간략하게나마 아브라함의 순종에 대해 조명해 보았습니다. 그러나 저는 이 모든 것의 바탕에 있는 그 어떤 것을 언급하지 않고서는 이 장면을 절대로 지나가면 안 될 것 같습니다. 사도 바울은 히브리서 11장에서 우리에게 다음과 같이 말하고 있습니다. "아브라함은 시험을 받을 때에 믿음으로 이삭을 드렸으니"(히 11:17). 자, 그렇다면 아브라함으로 하여금 이 일을 하게 한 믿음은 도대체 무엇이었을까요? 비록 많은 주석가들이 동의하지 않지만, 그래도 저는 다음과 같은 견해를 지지하고 있습니다. 즉 아브라함은 마음속으로, 하나님은 거짓말할 수 없는 분이고, 하나님의 말씀은 취소될 수 없기에, 이삭이 죽은 자들 가운데서 다시 살아나는 것을 보기를 소망했다는 해석입니다. 아브라함은 다음과 같이 혼잣말을 하였습니다. "이삭에게서 나의 후손이 생길 것이라는 이 분명한 약속을 지금 나는 가지고 있다. 비록 내가 그를 죽이도록 부름을 받았다 해도, 이 약속은 여전히 유효할 것이다. 틀림없이 하나님께서 그를 죽은 자 가운데서 일으키실 것이다. 설령 그의 몸이 재로 완전히 불타 없어진다 해도, 주님께서는 내 아들에게 생명을 다시 주실 것이다." 우리도 신약에서 다음과 같이 들었습니다. "그가 하나님이 능히 이삭을 죽은 자 가운데서 다시 살리실 줄로 생각한지라 비유컨대 그를 죽은 자 가운데서 도로 받은 것이니라"(히 11:19). 이에 대해 어떤 사람은 "그런데 이런 해석은 시험의 강도를 약화시킨다"라고 말합니다. 여러분이 그렇게 본다면 그럴 수도 있겠지만, 그렇다고 해서 이런 해석이 믿음을 약화시키지는 않습니다. 최고로 존중받아야 할 것이 바로 이 믿음입니다. 아브라함이 시험 중에서도 자신을 지킬 수 있었던 것은 바로 하나님께서 능히 이삭을 죽은 자 가운데서 다시 살아나게 하시어 그분의 약속을 성취하실 것이라는 확신이 있었기 때문입니다. 그리고 이 시험 가운데서, 즉 이토록 처참한 시험 가운데서도 아브라함의 마음속에는 자신이 해야 할 바를 함으로써 하나님으로부터 어떤 형태로든 의롭다 하심을 얻게 될 것이라는 확신이 있었습니다. 다시 말해, 하나님께서 자신에게 무엇을 명하시든 간에 그것을 행하는 것은 결코 잘못된 일일 수 없으며, 하나님께서 자신에게 잘못된 일을 하라고 명하실 리도 없기에, 이 일을 행함으로써 이삭과 관련된 약속이 파기되는 고통을 절대로 겪지 않을 것이라는 확신이 있었던 것입니다. 아브라함이 하나님에 대해 신실하기만 했다면, 하나님께서는 이모저모로 어떻게든 그를 보살펴셨을 것입니다. 그러므로 하나님께서 이 약속을 어떻게 이행하실지 그 방법에 대한 아브라함의 생각이 불분명하면 할수록, 그 어떤 것으로도 그 약속을 번복할 수 없게 만들고, 어떤 일이 일어나도 자신이 해야 할 일을 감당하겠다는 마음을 강하게 붙들어 준 그 믿음은 더욱더 영광스러운 것이었다고 저는 생각합니다.

주님으로부터 사랑을 받고 있는 사랑하는 성도 여러분, 모든 것이 합력하여 여러분에게 유익하게 된다는 사실을 여러분은 믿으십시오. 양심과 하나님의 말씀이 명하는 어떤 일을 여러분이 행한다면, 여러분이 보기에 여러분은 파산해서 거지가 되거나 오명을 쓰게 될 것 같아도, 그 일로 인해 여러분은 절대로 다치지 않을 것입니다. 틀림없이 모든 것이 형통하게 될 것입니다. 저는 주일 성수 때문에 다니던 직장에서 실직하는 자들을 보았습니다. 또는 상술(商術)에 놀아날 수 없어서 잠시 동안 그 상황을 피해 지내다가 그로 인해 고통을 받는 자들도 보았습니다. 그런데 너무나 안타깝게도, 그들 가운데 어떤 자들은 그 시간이 지난 후에 자기 마음을 잃고서 악에게 굴복해 버렸습니다! 오, 어떤 설득이나 강제력이 동원되더라도 절대 변하지 않으리라는 그 믿음이 그 자리에서 사라져 버렸습니다. 저는 다음과 같이 넉넉히 말할 수 있을 정도로 성도들이 강해지기를 바랍니다. "내 비록 죽어 썩어 문드러진다 해도, 나는 결코 죄를 범하지 않으리라. 사람들이 나의 몸을 썩은 고기를 먹는 까마귀에게 던져준다 해도, 그 어떤 것도 나의 양심을 거스르게 하거나, 하나님께서 명하여 하지 말라고 한 것을 나로 하여금 하게 하는 것이나, 하나님께서 명하여 하라고 한 것을 나로 하여금 하지 못하게 하는 것은 여전히 아무것도 없노라!" 이것이 바로 아브라함의 믿음입니다. 하나님께서 은혜를 베푸시어 우리도 이런 믿음을 갖게 되기를 기원합니다! 우리도 이와 같은 상황에서 그리스도인들의 영광스러운 경주를 감당해야 할 것입니다.

3. 믿음의 시험을 통해 아브라함이 얻은 축복

마지막 대지를 위해서 몇 분만 더 말씀을 전하겠습니다. 우리는 이 믿음의 시험을 통해 아브라함에게 임한 축복을 살펴보고자 합니다. 이 축복은 일곱 가지입니다.

첫째, 시험은 이제 끝이 났습니다. 이삭은 전혀 해를 받지 않았습니다. 환난의 끝으로 나아가는 가장 가까운 방법은 단념하는 것입니다. 어떤 시험이든 여러분이 온전히 감당할 수 있게 된다면, 하나님께서는 더 이상 여러분을 시험하지 않을 것입니다. 모든 것을 포기하십시오. 그러면 여러분은 모든 것을 지키게 될 것입니다. 여러분의 이삭을 포기하십시오. 그러면 이삭을 포기해야 할 필요가 없어질 것입니다. 그러나 만약 여러분이 여러분의 생명을 구원하고자 한다면, 여러분은 그 생명을 잃게 될 것입니다.

둘째, 아브라함은 하나님으로부터 분명한 인정을 받았습니다. "내가 이제야 네가 하나님을 경외하는 줄을 아노라"(창 22:12)고 말입니다. 성령님과 더불어 자신의 양심이 증거가 된 이들은 큰 평안을 누리게 됩니다. 시험을 통해 자신이 참되고 신실한 종이라는 사실이 증명되었기에 그에게 그 평안이 임하는 것입니다. 오, 사랑하는 형제자매 여러분, 이 땅에서 받는 이 시험도 우리가 감당할 수 없다면, 심판 날에 우리가 무슨 일을 할 수 있겠습니까? 섭리자의 손에 들린 공통 저울에서도 우리가 부족한 것으로 드러난다면, 모든 생각들이 드러나게 되는 지극히 높으신 분의 심판대의 크고 흰 보좌 앞에서 우리는 과연 무슨 일을 할 수 있겠습니까? 만일 여러분이 지금 보행자와 함께 달려도 피곤하다면 마지막 날에 어찌 능히 말과 경주할 수 있겠습니까?(렘 12:5). 작은 손해와 작은 경멸도 우리가 두려워한다면, 그리스도를 얻기 위해 자신의 귀한 생명마저도 귀하게 여기지 않는 그 순교의 날에는 우리가 과연 무슨 일을 할 수 있겠습니까!

셋째로, 아브라함은 자신이 예전에 그리스도를 보았던 것보다 더욱 분명하게 그분을 보게 되었습니다. 이것은 결코 작은 상이 아닙니다. "너희 조상 아브라함은 나의 때 볼 것을 즐거워하다가 보고 기뻐하였느니라"(요 8:56)라고 그리스도께서 말씀하셨습니다. 자기 아들을 기꺼이 번제로 드리려는 그에게 하나님께서는 자기 아들도 아끼지 않으신 하나님 자신의 예표적 모습을 보여주셨습니다. 이삭 대신에 번제물로 드려진 숫양을 통해, 사람들이 생명을 얻도록 드려진 위대한 대속제물의 예표적 모습을 그는 보았던 것입니다.

넷째로, 아브라함에게 하나님의 이름이 그 날에 더욱더 온전히 계시되었습니다. 그는 하나님을 여호와 이레라고 불렀습니다. 이것은 전에 그가 알고 있는 어떤 것보다 한 걸음 더 진전된 것이었습니다. "사람이 하나님의 뜻을 행하려 하면 이 교훈이 하나님께로부터 왔는지 내가 스스로 말함인지 알리라"(요 7:17)는 말씀대로, 여러분이 시험을 잘 통과하면 할수록, 여러분은 하나님의 일에 대해서 더욱더 잘 배우게 될 것입니다. 고난을 통해 주어지는 은혜를 여러분이 가진다면,

저 너머에 있는 빛이 여러분을 비출 것입니다.

　　다섯째로, 그 날 아브라함에게 언약은 맹세로 확증되었습니다. 하나님께서 친히 맹세하셨습니다. 사랑하는 성도 여러분, 여러분이 모든 위협을 무릅쓰고 하나님에 대한 여러분의 충성을 입증해 보일 때, 그 때 하나님의 은혜는 여러분에게 확증될 것이며, 여러분에게 이 때보다 더 큰 은혜의 확증은 없을 것입니다. 그러면 여러분은 그 약속이 얼마나 진실하며, 은혜 언약을 맺어 주신 하나님이 얼마나 신실하신 분인지를 그 때에야 비로소 알게 될 것입니다. 완전한 확신에 이르는 가장 빠른 길은 완벽한 순종입니다. 확신이 여러분으로 하여금 순종하는데 도움이 되는 것처럼, 순종 또한 여러분이 확신하는데 도움이 될 것입니다. "내가 아버지의 계명을 지켜 그의 사랑 안에 거하는 것 같이 너희도 내 계명을 지키면 내 사랑 안에 거하리라"(요 15:10).

　　여섯째로, 아브라함은 그 후손에 관한 좀 더 충만한 약속을 받게 되었습니다. 아브라함이 받은 열 가지 약속 가운데 첫 번째 약속은 주로 땅에 관한 것이었고, 마지막 약속은 오직 그의 후손에 관한 약속이었습니다. 우리가 그리스도를 좀 더 사랑하게 되고, 그분을 좀 더 귀하게 여기며, 그분을 좀 더 잘 보고, 그분을 좀 더 이해한다면, 우리는 주님의 뜻에 한층 더 헌신하게 될 것입니다.

　　마지막 일곱째로, 하나님께서는 아브라함의 머리 위에 축복을 선포하셨습니다. 이와 같은 일은 지금까지 아무에게도 하지 않은 일이었습니다. 그 날 아브라함에게 주어진 그 축복은 지금까지 시간이 흘러온 이래로 어떤 개인에게도 그렇게 분명하고 개별적으로 주어진 일은 없었다고 말할 수 있지 않을까 합니다! 그는 시험받는 일에서도 첫 번째였으며, 축복받는 일에 있어서도 첫 번째였습니다. 하나님을 향한 그의 신실함에서도 첫 번째였으며, 그 신실함에 따르는 달콤한 상에서도 그는 첫 번째가 되었습니다. 사랑하는 형제자매 여러분, 아브라함은 하나님의 참된 자녀였습니다. 우리도 아브라함과 같이 되어 그가 받았던 상을 받을 수 있도록 하나님께 간구합시다. 하나님께서 우리를 도우시어 우리가 마음으로 가장 애지중지하던 모든 것들을 오늘 아침에 바칠 수 있기를 기원합니다. 주님께서 원하시면 오늘 모든 것을 기꺼이 포기하고자 하는 마음으로, 모든 것을 믿음으로 제단 앞에 가지고 오기를 기원합니다. 우리의 내적 감정으로는 약속하신 그 하나님의 분명한 말씀이 거짓말처럼 느껴진다 해도, 하나님의 약속은 섭리로 말미암은 외부 환경을 통해 반드시 이루어진다는 사실을 믿는 완벽한 믿음의 영을 오늘 아침에 우리가 느끼게 되기를 기원합니다. 믿음으로 말미암는 생명의 실재를 알고자 우리가 노력합시다. 우리가 친구들을 믿는다고 할 때, 바로 그 동일한 의미로 우리가 하나님을 믿게 되기를 기원합니다. 우리가 하나님을 믿는다는 것은 친구를 믿는 것보다 더 고차원적이고 분명한 것입니다. 어쨌든 우리는 오늘부터 하나님을 믿도록 합시다. 우리의 사명에 대한 확신이 생길 때마다 그 확신의 결과가 어떤 것인지에 대한 질문은 하지 말고 하나님을 믿도록 합시다. 이 확신으로 우리가 부하게 될지 가난하게 될지, 명예롭게 될지 경멸을 받을지, 우리가 평안을 누리게 될지 고통을 받게 될지, 그렇게 쉬지 않고 묻지 맙시다. 오히려 하나님께서 영원한 활시위를 당겨 우리를 쏘신 것처럼 앞으로 곧장 나아갑시다. 일시적으로는 어둠이 있겠지만, 그것은 틀림없이 영원한 빛으로 끝이 나게 되어 있다는 전적인 확신 가운데, 우리는 똑바로 계속해서 나아갑시다. 설령 현재에는 손실이 있다 해도, 그것은 틀림없이 영원한 이득으로 끝이 나게 되어 있습니다. 우리는 도장을 찍듯이, 다음과 같은 사실들이 분명하게 우리 마음에 인(印)쳐지도록 합시다. 하나님은 참되시고, 의인에게 상을 주시며, 순종하는 자에게 참된 평안을 주신다는 사실을 말입니다. 이런 섬김으로 인해 비록 현실에서는 극심한 해를 받는 것 같아도 결국에는 하나님을 섬김으로 최고의 유익을 얻게 된다는 사실을 우리가 확신하도록 합시다. 오, 이 예배당에 있는 많은 족속들이 이런 일에 단련이 되어, 고난을 감내하면서도 결코 죄를 범하지 않는, 많이 인내하는 신자들이 되기를 기원합니다.

사랑하는 성도 여러분, 물체가 중력의 법칙에 순종하듯이, 여러분도 여러분의 확신에 항상 순종하게 되기를 기원합니다. 여러분은 장자의 명분을 이 세상의 조잡한 팥죽 한 그릇에 팔지 않기를 기원합니다. 이 예배당이 그런 남녀 성도들로 가득 차고 넘쳐, 우리 같은 군인들의 발자국 소리로 이 런던이 흔들리기를 기원합니다. 그리하여 이 땅에서 일어난 새로운 능력을 온 세상이 알게 되기를 기원합니다. 진리와 의가 자신의 뿔을 높이 들어서, 속이는 거래와 황금만능의 탐욕과 말로 걸려 넘어지게 하는 예수회(Jesuit), 즉 교황의 창녀들과 희롱하는 그런 일들이 단번에 영원토록 종식되기를 기원합니다. 오, 진리와 의의 깃발이 씩씩한 군악대 소리에 펄럭이게 되기를, 이 땅의 기수(旗手)들이 피를 흘리며 나뒹굴 때 최후 승리의 그 날에 그 깃발들이 물결치기를 기원합니다. 우리 하나님께서 우리를 축복해 주시어, 이 땅의 모든 끝에서 그분을 두려워하게 되기를 기원합니다. 하나님께서 우리를 아브라함과 같은 진실한 사람으로 삼아 주실 것입니다. 믿음 때문에 참된 자가 되게 하실 것입니다. 그분께서 우리를 도우시어 필요하다면 예수님을 위해 우리의 모든 것을 번제로 드릴 수 있기를 기원합니다. 아멘.

제
23
장
—

가족의 죄와 슬픔

—

"이삭이 이르되 네 아우가 와서 속여 네 복을 빼앗았도다."
— 창 27:35

집안 식구들이 모두 구원을 받은 몇몇 가족들이 있습니다. 그 가족들은 얼마나 기쁘겠습니까! 아들과 딸과 아버지와 어머니가 모두 신자인 그런 집안 말입니다. 그런 집안은 집 안에 세워진 하나의 교회와 같습니다. 온 집안 식구들로이뤄진 교회 말입니다. 이런 기쁨을 누리는 자들이 밤낮으로 쉬지 않고 하나님을 찬양한다는 것은 말로 다 표현할 수 없는 축복입니다. 이런 축복을 누리고 있는 아주 많은 가족들이 있습니다. 하지만 아직 완성되지 못한 축복을 누리는 가족들도 있습니다. 방주 안에 있던 노아 가족들의 경우를 보자면, 셈과 야벳과 아마도 나머지 다른 가족들과 그들의 아내들은 신자들로서 구원받았습니다. 하지만 함은 경건하지 않고 사악한 자였습니다. 오늘 본문에 나타난 이삭의 가정도노아의 가정처럼 아주 큰 대가족은 아니지만, 그래도 두 명의 아들과 아버지와어머니로 구성된 가족이었습니다. 이 가정에도 중생하지 않은 채 육신적이며 정욕에 사로잡혀 이 세상의 것들만 생각하는 사람이 하나 있었습니다. 이삭의 가정에 있는 에서는 담대하고 남자답고 솔직한 성격으로 보이는 아들로서, 종교에는 전혀 관심도 없고 그 규정을 지키는 척도 하지 않는 그런 인물이었습니다. 하나님께서 아브라함의 후손에게 약속하신 그 큰 축복에 대해서 에서가 생각해 봤을 때, 그런 주제 자체가 그에게는 전혀 관심의 대상이 되지 못했습니다. 왜냐하면 그는 팥죽 한 그릇을 받고서 그것을 더 좋아했기 때문입니다. 그는 멋있는 옷들을 걸치고, 당시 사람들이 하듯이 흥겹게 살아가는 것으로 만족했습니다. 그는 그렇게 살아가는 것에 완전히 만족하고 있었습니다. 그는 영적인 것들에 대한 특별한 관심도 없었고, 그것들을 원하지도 않았습니다. 한 경우를 예로 들어 말하자면, 그는 자기 아버지와 어머니와 동생이 목숨보다 더 귀히 여기는 것을 갖고 있었으나 그것을 그리 소중히 여기지 않는 망령된 모습을 보였습니다. 그리하여 온 식구들이 대단한 것으로 생각하던 그 장자의 명분을 그는 맛있어 보이는 음식 한 그릇을 위하여 팔아 버리고 말았습니다. "한 그릇 음식을 위하여 장자의 명분을 판 에서와 같이 망령된 자가 없도록 살피라"(히 12:16)고 사도가 우리에게 말한 것처럼, 에서는 망령된 자였습니다. 제가 생각하기에도 그의 이런 처신은 망령된 행실을 드러낸 것이었다고 여겨집니다. 그는 장자의 명분을 경솔하게 무시했을 뿐 아니라 망령된 허세까지 부리며 그런 행동을 했습니다. 그는 팥죽 한 그릇을 위해 장자의 명분을 포기함으로써 자신이 망령된 것을 보여주려고 하였던 것입니다. 그리고 그는 하나님으로부터 저주받은 족속, 즉 헷 족속의 여인과 결혼함으로써 자기 아버지와 어머니에게 큰 슬픔의 원천이 되었습니다. 오늘 본문의 앞 장인 창세기 26장에 기록된 바와 같이, 이것은 이삭과 리브가의 마음에 큰 근심이 되었습니다. 이삭과 리브가는 자신들이 거하는 이방 민족들과 어떤 관련도 맺기를 원치 않았습니다. 왜냐하면 그 이방 민족들은 우상을 숭배할 뿐만 아니라, 이 민족들의 성품도 지극히 더러웠기 때문입니다. 그들은 차마 입에 담지도 못할 그런 죄악들을 범하였습니다. 하나님께서 소돔과 고모라를 멸하실 때의 상황이 어떠했는지를 여러분은 기억할 것입니다. 그 도성이 멸하게 된 죄악들은 그 땅에서는 아주 일반적인 것들이었습니다. 그래서 이삭은 그 이방 백성들과 자진하여 교제하지 말기를 바랐던 것입니다. 그는 자기 가정이 이들과 전적으로 구별되기를 바랐지만, 그 땅에서 두 번의 결혼(에서는 헷 족속의 여인 두 명과 결혼하였다 — 역주)이 있었기에 이방 민족들과 아주 빈번한 교류가 있었으리라고 여러분은 쉽게 추측할 수 있을 것입니다. 집 안에서도 그 이방 백성으로 인해 큰 슬픔이 있었습니다. 왜냐하면 에서가 집으로 데리고 와 한 장막에서 살게 된 헷 여인의 말들이 그 가족의 경건에 크게 해를 끼쳤을 것이기 때문입니다. 종종 가졌던 가족 친교 모임에서도 틀림없이 이삭의 마음과 리브가의 마음을 참으로 무겁게 했던 일들이 있었을 것으로 보입니다. 오늘 본문에는 이 땅에서 필요한 모든 것과 함께 하나님의 축복까지 받은 한 가족이 나타납니다. 하지만 이 가정에도 시련과 고통의 세계를 열어 준 한 아들이 있었다는 것입니다. 젊은이들에게 가끔씩 제가 바라는 바가 있습니다. 우리가 흔히들 말하는 내용인데, 그들이 뿌린 야생 귀리와 같은 그 젊은 날의 방탕으로 인해 다른 사람들이 슬퍼하게 된다는 사실을 기억해 달라는 것입니다. 물론 그들은 자신들의 방탕으로 인해 궁극적인 시련이 있을 것이라 생각하지도 못했고, 그 시련들은 마땅히 그들 자신이 받게 될 것이지만, 그래도 다른 사람들이 그것으로 슬퍼하기 때문입니다. 그들의 아버지가 얼마나 많은 밤을 불면으로 지새웠고, 그 어머니의 뺨이 얼마나 슬픔으로 한시도 마를 날 없이 젖어 있었는지를 그들이 알았다면, 그들이 적어도 그렇게 담대하게 죄악 속으로 뛰어들거나 지금처럼 죄악의 문을 활짝 열지는 못했을 것입니다. 한 집안에서 이런 에서와 같은 자가 있는 경우에 최악의 상황은, 이 사람이 다른 식구들을 가장 수치스러운 일들로 척척 인도하여 단 한순간도 죄악을 막아내지 못하게 하는 것입니다. 가족 가운데 한 명만 이런 사람이 있어도, 나머지 식구들을 모두 잘못된 곳으로 끌고 갈 수 있습니다. 하나님을 두려워하지 않는 단 한 사람만 있어도, 그는 마치 해충처럼 가정의 평화라는 생명을 조금씩 갉아먹습니다. 집 안의 다른 식구들이 성품으로 보나 무엇으로 보나 모두 경건하다 해도, 해충 같은 그 한 명과 지속적으로 접촉하게 되면서 이들의 상태는 심각하게 악화됩니다. 이 가족도 다른 거룩한 가족들과 같은 경우였습니다. 에서의 존재가 많은 악행의 계기가 되었기 때문입니다.

이제 제가 전하려는 바를 간단히 요약해 보고자 합니다. 첫 번째, 이 경건한 가족에 속한 경건한 식구들이 빠지게 된 죄악을 여러분에게 보여주고자 합니다. 그러고 나서 저는 두 번째로, 그들이 어떻게 그 죄악에서 회복되었는지를 보여주고자 합니다. 세 번째로, 그 죄의 결과로 그들이 받아야만 했던 고통들을 여러분으로 하여금 주목하게 하고, 네 번째로, 축복을 받지 못한 망령된 아들에 관해 언급하고자 합니다. 이제 첫 번째 대지로 들어가겠습니다.

1. 죄에 빠진 경건한 세 사람들

죄에 빠진 경건한 세 사람이 있었습니다. 이들은 이 가정에서 하나님을 경외하는 사람들이었습니다. 다시 말해, 이들은 언약을 믿는 자로서, 영적인 일에 가치를 부여하며 축복을 기대하는 자들이었습니다. 한 마디로 그들은 에서와 달랐습니다. 그런데 이 세 사람 모두가 죄악에 빠졌던 것입니다. 첫째로 이들이 범한 죄는 서로 간에 신뢰 부족으로 빚어진 것이었습니다. 가정에서 남편과 아내 사이에, 자녀와 부모 사이에 신뢰가 없을 때, 그 가정은 아주 심각한 상황이라고 할 수 있습니다. 이삭은 에서를 축복해 주고 싶었습니다. 그런데 이삭은 자신의 이러한 바람을 자기 아내에게 말하지 않았습니다. 그러고는 아주 교묘하게 에서로 하여금 아버지를 위한 작은 잔치를 마련하도록 하였습니다. 그 잔치에 오로지 아버지와 큰 아들 이렇게 두 사람만 있을 때, 이삭은 에서를 축복해 줄 생각이었습니다. 부모들이 하는 일반적이고 합당한 방식은 아버지가 죽을 때가 가까이 오면, 야곱이 자신의 임종이 가까워지자 모든 자녀들을 축복해 주었듯이, 그렇게 모든 자녀들을 앞에 두고서 그들에게 축복을 선포하는 것이었습니다. 그런데 오늘 본문의 경우는 암암리에 은밀한 방식으로 그 축복이 선포되었던 것입니다. 이삭은 혹시라도 자기 아내가 제기할 반대가 두려웠습니다. 다시 말해 큰 자가 어린 자를 섬기리라(창 25:23)는 하나님의 말씀을 내세우면서 그녀가 매우 분명하게 반대할 것이 두려워, 그는 이렇게 은밀한 방식으로 축복을 베풀어야겠다고 생각했던 것입니다. 이삭은 선하고 수월한 사람이었습니다. 그런 사람답게 그는 이 문제를 해결할 아주 간단한 방법을 생각해냈던 것입니다. 자기가 에서를 만나서, 에서를 축복해 주는 방법 말입니다. 여러분도 알다시피 이삭은 자기 아내에 대한 신뢰가 없었습니다. 그래서 자신이 하려는 바를 그녀에게 말하지 않았습니다. 남편이 자기가 하려는 바를 아내에게 말하지 않고 하는 것은 일반적으로 악한 일을 할 때입니다. 그래서인지 그 아내도 자기 남편을 신뢰하지 않았습니다. 아내는 남편과 큰 아들이 말하는 이 작은 소리를 듣습니다. 제 생각에 그녀는 이런 일이 일어나지 않을까 해서 항상 우려하며 엿듣고 있었던 것 같습니다. 이런 얘기를 듣고 나서 그녀는 "당신은 하나님의 뜻에 정반대되는 일을 하려는 거예요"라고 부드럽게 말할 수도 있었을 테지만, 그녀 역시 남편에게 말 한 마디 하지 않았습니다. 이삭은 온유한 마음과 거룩한 심성을 가진 자였기에, 만약 그녀가 부드럽게 그런 말을 했다면, 충분히 아내의 말을 들을 준비가 되어 있었을 것입니다. 그런데도 그녀는 남편에게 말하는 것을 좋아하지 않았습니다. 오히려 그녀는 다음과 같이 생각했습니다. '당신이 음모를 꾸미니, 나도 마찬가지로 음모를 꾸미겠어요. 내 계획이 당신의 음모를 무산시킬 거예요. 당신은 오직 에서만 생각하고 있군요. 내가 당신보다 한 수 위에 있는지 아닌지 두고 봅시다.' 그러고 나서 그녀는 야곱에게로 갔습니다. 야곱도 자기 아버지에 대한 신뢰가 부족하였습니다. 야곱은 마땅히 아버지에게 가서 "내 아버지여, 비록 제가 장자는 아니라 해도, 아버지는 하나님께서 이 가정을 다스리고 계심을 기억하실 것입니다. 하나님께서는 '큰 자가 어린 자를 섬기리라'고 말씀하셨습니다. 축복은 분명히 제 것입니다. 이것 말고도 저는, 매매라고 하기에는 어설프지만, 그래도 형이 가진 장자의 명분을 샀습니다. 이제 제가 그 장자의 명분을 가지고 있기에, 아버지께서는 그 축복을 형에게 하실 권한이 없습니다"라고 남자답게 당당히 말하지 못하고, 속임수로 아버지가 베푸는 축복을 가로채려고 하였습니다. 야곱은 아버지 앞에서 어쨌든 이런 식의 주장을 할 수 있었지만 그는 그렇게 하지 않았습니다. 그들 모두 다 해봐야 세 사람인데, 그들은 서로 간에 자신의 생각을 드러내 보이지 않았습니다. 각자 자신의 생각만으로 이런저런 음모들을 꾸몄습니다. 자, 그런 가정에 불화가 생기지 않을 수 없는 것은 분명한 사실입니다. 제가 상대적으로 어린 나이에 속하기는 하지만, 그래도 제가 감히 말씀드릴 수 있는 한 가지 특출한 인생의 법칙이 있습니다. 그것은 시도해 본 사람들은 모두 알게 되는 법칙으로서, 서로를 돌보면서 분명하고 공명정대(公明正大)하게 행하는 것이 자신들의 평안은 물론이고 경건에도 아주 유용하다는 것입니다. 그리고 어떤 작은 어려움이 찾아왔을 때 즉시 그 어려움을 제거하고, 또 다른 어려움이 찾아왔을 때도 마찬가지로 그것을 없애십시오. 그러지 않으면, 한 가지 어려움이 또 다른 어려움을 계속해서 몰고 올 것입니다. 그래서 작은 일들이라고 말하지 않고 가만히 있다면, 그 작은 문제는 계속해서 커지고 늘어나서 급기야 그리스도인들이라도 서로 서로 싸움을 시작하게 될 것입니다. 남편이 아내와 사이가 틀어지는 것이 사소한 일이라고 여러분은 제게 말하지 마십시오. 그리스도인의 가족은 원래부터 의견이 일치하지 않게 되어 있다고도 말하지 마십시오. 여러분에게 말씀드립니다. 이렇게 일치되지 못한 모습으로 인해, 천사들은 울게 되고 마귀들은 기뻐하게 됩니다. 그리고 세상 사람들은 "이것이 당신들이 믿는 기독교요?"라고 말할 것입니다. 우리는 하나 되어 행복한 기독교인의 가정을 만들어야 합니다. 그러므로 우리 식구들이 서로 간에 신뢰가 부족한 채로 어떤 일을 하게 된다면, 우리는 이런 일치된 가정을 만들 수 없을 것입니다. 어떤 사람은 "복음을 설교하면서 이런 얘기까지 할 필요는 없지 않소! 친구여, 당신 할 일이나 신경 쓰시오"라고 말할 것입니다. 그리스도께서 만약 이 자리에 계셨다면 그분께서 하실 말씀이 바로 이와 같은 그리스도인의 일치에 관한 말씀일 것입니다. 그분도 종종 이와 같은 실천적인 것에 관해 말씀하셨습니다. 그분의 가르침은 사실 가족 모두에게 해당되는 일상생활에 관한 것들이었습니다. 그러므로 가정에서 제기되는 악들을 막고자 한다면 우리의 가르침도 이와 같아야 할 것입니다. 그렇게 하지 않는다면, 하나님의 교회까지 심각한 해를 받게 될 것이기 때문입니다.

　둘째로 이 가정의 경우에서 볼 수 있는 죄악은 어느 모로 보나 하나님에 대한 신뢰 부족이었습니다. 이것은 세 사람 모두에게 똑같이 적용됩니다. 이 죄악에서는 제가 보기에 세 사람 모두 구분이 안 될 정도입니다. 여기에 이삭이 있습니다. 그는 하나님의 뜻을 알고 있지만, 하나님께서 어떻게 그 뜻을 성취하실지 알지 못합니다. 여기 리브가가 있습니다. 그녀는 이삭보다 그 뜻을 더 잘 알고 있지만, 자칫하면 하나님의 뜻이 성취되지 않을 수도 있겠다고 생각합니다. 그녀는 말합니다. "야곱아, 아차하면 네가 축복을 잃겠구나. 하지만 하나님께서는 네가 그 복을 차지할 것이라고 말씀하셨다. 그런데 하나님께서 선포하신 말씀대로 이루어지지 않을 것 같구나. 하나님께서 그 뜻을 이루실 것을 너도 믿지 못하는구나. 내일이 되면 에서가 그 축복을 받게 될 것이다. 이삭이 에서에게 축복할 것이라고 하는 말을 내가 들었단다." 지금 그녀는 하나님께서 자신의 뜻을 펼치시지 못할까봐 우려하는 마음으로 하나님을 도울 조치를 취합니다. 도대체 어느 남자가 혹은 어느 여자가 하나님을 돕는 일을 할 수 있겠습니까? 전능하시며 영원한 하나님께서 자신의 뜻을 행할 수 없다면, 리브가도 할 수 없으리라 저는 확신합니다. 그러나 리브가는 자신이 할 수 있다고 생각합니다. 그녀는 하나님을 신뢰하지 못합니다. 여기에 또 야곱이 있습니다. 이 축복은 당연히 그를 위한 것입니다. 그는 모든 것 위에 그 축복을 상으로 받습니다. 이 축복은 육신의 법에 의해 임한 것이 아니라, 은혜의 선택으로 임한 것입니다. 그런데도 그는 가만히 앉아서 하나님께서 친히 자신의 뜻을 행하시는 것을 바라보지 못합니다. "가만히 서서 여호와께서 오늘 너희를 위하여 행하시는 구원을 보라"(출 14:13)는 이 말씀을 그 세 명은 이해할 수도 없었고, 설령 이해할 수 있었다 해도, 그것을 실천할 수도 없었습니다. 이삭은 축복해 주려고 애를 썼으며, 리브가도 마찬가지로 애를 썼으며, 야곱도 그 축복을 자기 것으로 만들고자 애를 썼습니다. 이렇게 해서 세 사람 모두 하나님을 전적으로 의지하지 않았던 것입니다. 이들은 하나님의 뜻을 행하기를 바라기는 하였지만, 정작 하나님께서 자신의 뜻을 성취하는데 있어서는 그분을 신뢰하지 않았습니다. 이런 일이 가정에서 일어나다니 얼마나 슬픈 일인지 모릅니다. 그리고 우리가 하나님을 신뢰할 수 없을 때, 이런 일이 가족들 개개인에게 일어나다니, 얼마나 슬픈 일인지 모릅니다. 불신은 파급력이 아주 큰 죄악입니다. 우리가 한 번 하나님을 의심해 본다고 합시다. 그러면 이후에 우리에게 과연 어떤 일이 일어날지, 그 일 후에는 또 어떤 일이, 또 그 이후에는 어떤 일이 일어날지 저는 알지 못합니다. 의심은 바른 길에서 분명히 돌아서는 것입니다. 다시 말해 지극히 높으신 그분을 신뢰하기보다는 우리 자신을 신뢰하는 것으로 돌아서는 것입니다. 사랑하는 성도 여러분, 그렇게 행동해서는 안 됩니다. 정말 그렇게 행동해서는 안 됩니다. 우리의 모든 염려들을 하나님의 손에 맡기고 하나님을 신뢰하며 걸을 때, 우리는 바르게 걷는 것입니다. 그러나 우리가 스스로 우리의 짐을 짊어질 때, 우리는 곧 해를 받게 될 것입니다. 칼로 뭔가 베어 보겠다고 혼자 설치는 사람은 곧 자기 손가락을 베는 법입니다. 하나님의 섭리라는 구름보다 앞서 달리는 사람은 오래지 않아 그가 앞서 나갔던 것보다 더 빠르게 뒤로 다시 돌아오게 될 것입니다.

셋째로 또 다른 문제가 있었습니다. 그것은 옳은 일을 하는 것에 대한 신뢰 부족이었습니다. 이삭은 신뢰를 가지고 야곱을 축복해 주어야만 했었습니다. 이삭도 그 축복은 야곱을 위한 것임을 알고 있었습니다. 하지만 이삭은 십중팔구 에서를 두려워했을 것이고, 자신으로 인해서 에서가 화를 내게 되는 것을 차마 볼 수 없었을 것입니다. 그래서 이삭은 큰 자가 어린 자를 섬기리라 하신 하나님의 뜻과는 반대로 에서를 축복해 주려고 하였습니다. 리브가도 이 문제를 하나님께 맡길 정도로 진실하지 않았습니다. 그녀는 계략을 꾸며야만 했습니다. 야곱도 옳은 일을 하는 것에 신뢰가 없었습니다. 그래서 그는 거짓말을 하고, 사태를 바로잡는다는 생각으로 그릇 행할 수밖에 없었습니다. 그는 거시적으로 생각하였습니다. 즉 하나님의 뜻이 잘못된 방향으로 가고 있기 때문에 그것을 바로잡기 위해서는 자신이 거짓말해도 괜찮다는 일종의 허가를 받았다고 생각하였습니다. 오! 사랑하는 형제자매 여러분, 우리는 항상 다음과 같은 믿음을 가져야 합니다. 직선이야말로 두 물체를 잇는 가장 최단 거리라는 사실을 말입니다. 결국 순리대로 행하는 가장 효과적인 방법은 옳은 일을 하는 것이며, 지름길이자 옳은 길은 순전함과 공명정대함과 진실함인 것입니다. 만약 우리가 이 길 저 길을 갈지자로 걷기 시작한다면, 우리는 다시 시도 때도 없이 슬퍼질 것입니다. 우리가 일단 이런 방황의 길에 들어서기 시작한다면, 우리는 훨씬 더 멀기만 한 길을 돌아 항해하게 될 것이고, 결국에는 우리가 도달해야 할 항구에도 이르지 못할 것입니다. 어떤 사람들은 자신의 판단이 하나님의 뜻이나 섭리 가운데 결정된 것이라고 생각할 만큼 어리석기도 합니다. 이 또한 옳은 일을 행하는데 있어서 믿음의 부족을 드러냅니다. 그들이 옳은 일을 하는 것에 대한 믿음이 있었다면, 하나님께서도 그 옳은 뜻들이 성취되는 것을 보고 싶어 하신다는 사실을 깨달았을 것입니다. 우리가 하나님의 법을 제쳐두고라도 성경에서 제시된 약속들을 따라야 한다고 믿고 행할 때, 극심한 불행이 초래됩니다.

자기 집에 장작이 없었던 한 사람에 관한 옛 이야기가 있습니다. 그는 이웃집에 높이 쌓인 장작더미가 있다는 생각을 했습니다. 그때 그의 머릿속에는 "다 너희의 것이요"(고전 3:22)라는 성경 말씀이 떠올랐습니다. 그래서 그는 "'다 너희의 것이요'라는 말씀을 따라, 내가 가서 그 장작들을 좀 가지고 와야겠다. 이웃의 장작더미에서 장작 몇 개를 가지고 오지 못할 이유가 어디 있겠나?'라고 혼잣말을 하였습니다. 그가 굵은 통나무 장작을 가지고 오려는 바로 그 때, "도둑질하지 말라"(출 20:15)는 성경 말씀이 떠올랐습니다. 그래서 현명하게도 그는 서신서의 말씀보다 이 십계명의 말씀을 따랐습니다. 또 어떤 사람들은 "이러이러한 성경 말씀이 제 마음에 떠올랐어요"라고 말하기도 합니다. 그 말씀보다 여러분이 더 주의해야 할 것은 하나님의 법을 붙잡는 것입니다. 사람이 거짓말을 하는 것은 성경에 해도 된다는 말이 있든 없든 상관없이, 절대로 옳은 일일 수 없습니다. 결코 변할 수 없는 몇 가지 것들이 있고, 하나님도 변하지 않으십니다. 하나님께서는 여러분에게 자신의 계명을 주시며 그것을 지키라고 명하셨습니다. 따라서 여러분은 그 계명들을 지켜야 합니다. "그런데 그 계명들을 지키는 일은 아마도 제게 엄청난 고통이 따를 것 같습니다"라고 여러분이 말한다면, 그분은 "자기 십자가를 지고 나를 따르지 않는 자도 내게 합당하지 아니하니라"(마 10:38)고 말씀하실 것입니다. 선한 일을 하기 위해 기꺼이 고난을 감수하는 것이 바로 십자가의 한 부분입니다. "그래도 나의 양심이 가르치는 대로 내가 행한다면, 다른 사람들이 고통을 받을 것이고, 많은 사람들에게 끼칠 유익한 기회마저 잃게 될 것입니다"라고 말하는 사람이 있습니다. 사랑하는 성도 여러분, 여러분은 그 유익한 기회를 가지고 도대체 무엇을 하려는 것입니까? 결국, 여러분이 최우선으로 해야 할 일은 여러분의 하나님을 섬기는 일입니다. 그 일이 여러분에게 유익하든 그렇지 않든 상관없이 말입니다. 하나님께서는 이 점을 유의해 보실 것입니다. 여러분은 유익을 구해야만 합니다. 하지만 절대 죄를 지으면서까지 유익을 구해서는 안 됩니다. 목적이 수단을 정당화한다는 옛 예수회(Jesuit)의 생각은 "선을 이루기 위하여 악을 행하자"(롬 3:8)는 가르침에 대한 일종의 주석이겠지만, 어쨌든 이런 생각은 결코 옳을 수 없습니다. 하늘이 통곡을 한다 해도, 여러분은 옳은 일을 행하십시오. 하늘을 떠받치는 기둥이 거짓말이어서 거짓말을 하지 않으면 하늘이 무너진다고 해도, 그냥 하늘이 무너지도록 내버려 두십시오. 어떤 일이 닥쳐도 여러분은 정직하며, 진실하며, 옳으며, 그리스도를 닮으십시오. 이런 것들에서 조금이라도 벗어나지 말고, 어떤 모양으로도 떠나지 마십시오. 이런 덕목들은 하나님께서 명하신 것들이며, 오로지 하나님께서 인정하실 것들입니다.

또 어떤 사람은 "좋습니다. 하지만 만약 리브가가 이렇게 이삭을 속여서 야곱을 위해 그 축복을 가로채지 않았다면, 도대체 어떤 일이 벌어졌겠습니까?"라고 말하기도 합니다. 아! 이것은 제가 알 수 없는 문제이기도 하며, 우리 가운데 어느 누구든 감히 추측해 볼 수 없는 문제이기도 합니다. 그러나 여러분은 이 일이 잘못되었을 것이라고 생각하는 것처럼, 저는 이 일이 아무 문제 없이 잘되었을 것이라고 기꺼이 생각합니다. 즉 에서가 별미를 가져오기 훨씬 이전에 큰 자가 어린 자를 섬길 것이라는 하나님의 말씀이 이삭의 마음속에 떠오르고, 그로 인해 이삭은 지금 자신이 하려는 것이 잘못된 일이라는 것을 깨닫고는, 에서에게 다음과 같이 말하지 않을까 하고 생각해봅니다. "내가 이럴 수는 없단다. 결국 지금까지 나는 육신의 인도를 받은 것이지, 성령의 인도를 받은 것이 아니라는 확신이 드는구나. 나는 이 복을 네 아우 야곱에게 베풀어야만 할 것 같다." 저는 이런 일이 일어날 수 없는 이유가 없다고 생각합니다. 저는 이럴 가능성이 아주 높다고 생각합니다. 하나님의 뜻은 어떻게 해서든지 이루어질 것이라고 저는 확신합니다. 어떻게 해서든지 이루어질 것입니다. 하나님의 뜻에 시종 드는 일은 리브가의 일도 아니고, 야곱의 일도 아닙니다. 그들이 해야 할 일은 오로지 옳은 일을 하면서, 이 모든 일들을 하나님께서 하시도록 그저 하나님께 의탁하는 것뿐입니다.

자, 이제 우리는 이 사람들 각자의 죄에 대해 잠시 생각해 보겠습니다. 이삭을 봅시다. 이삭은 참된 신자로서 하나님과 가까이 살던 사람이었으며, 우리가 알고 있는 대로 늘 하나님을 묵상하는 사람이었습니다. 그는 해가 저물 때면 종종 들에 나가 묵상하면서 하나님과 교제하던 자로서, 조용하고 온화한 성품을 가진 사람이었습니다. 우물 문제로 블레셋 사람들과 다툼이 일어났을 때도 그는 그들과 실랑이를 하지 않고 양보하였습니다. 만약 그들이 이 길로 가면, 그는 저 길을 갔으며, 그들이 이것을 취하면, 그는 저것을 취했습니다. 이런 식으로 행하는 그는 아주 온화한 심성을 가진 자였습니다. 이것이 바로 그의 장점이었습니다. 하지만 이런 아름다운 성품으로 인해 그는 실수를 하게 되었습니다. 그는 너무 온화해서 "아니요"라고 말할 수 없는 사람, 너무 온화해서 반대에 직면할 수 없는 사람이었던 것입니다. 아마도 이런 성품으로 인해서, 그는 에서와 다퉈서도 안 되겠고, 에서가 머리끝까지 화가 치밀도록 해서도 안 되겠기에, 에서를 축복해 주기로 결심했던 것 같습니다. 그리고 이 일을 아무도 모르게 은밀히 처리하여, 가정 안에서 격렬한 소동과 온갖 문제가 생기는 사태를 피해 보겠다고 생각했던 것 같습니다. 사랑하는 성도 여러분, 여러분의 온화함으로 인해 여러분도 그릇 행할 수 있는 경우가 많이 있습니다. 모든 문제에는 단호함이 필요합니다. 특히 하나님의 뜻이 관련된 문제에서는 더더욱 단호해야 합니다. 이삭은 축복을 베푸는 일에 매우 마음이 급했습니다. 그가 후손을 보고 싶었기 때문입니다. 그 때 에서는 결혼을 한 상태였지만, 야곱은 그렇지 않았습니다. 아마도 이런 이유로 그 아버지는 자기 후손이 틀림없이 에서의 가문을 통해서 나올 것이지, 야곱의 가문을 통해서는 나오지 않을 것으로 생각했던 것 같습니다. 이처럼 이삭은 하나님의 때를 기다릴 수 없었습니다. 다시 말해 축복해 주기로 하신 하나님이 지체하는 것을 그는 참을 수 없었던 것입니다. "이삭이 나이가 많아 눈이 어두워 잘 보지 못하더니"(창 27:1). 비록 이삭이 현재 나이가 많다 해도, 하나님께서 원하시면 앞으로 오륙십 년은 더 살 수 있게 하신다는 사실을 그는 미처 기억하지 못했습니다. 그러고는 하나님께서 주도권을 가질 때에야 비로소 의로운 일이 되는 그 일을 자신이 서둘러 행하고 말았습니다. 따라서 이삭이 주도권을 가지고 행한 그 일은 잘못한 일이 되어 버렸습니다. 아! 선하며 경험 많은 여러분이여, 여러분도 불신앙으로 인해 크게 서두를 수 있으며, 그렇게 바삐 서둘렀던 그 날에 대해 여러분은 후회하게 될 것입니다. 그 날에 이삭이 죄를 범한 것은 하나님의 뜻을 잊었기 때문입니다. "큰 자가 어린 자를 섬기리라"고 하나님께서 말씀하셨다면, 이 말의 정의(正義)를 심판하는 것은 이삭이 할 일이 아니었습니다.

"세상을 심판하시는 이가 정의를 행하실 것이 아니니이까?"(창 18:25)라는 말씀처럼, 그는 선택의 교리로 다소 갈등했던 것 같습니다. 정확하게 알 수는 없지만, 결국 그는 인간의 뜻, 육신의 뜻으로 선택이 되어야지, 온전히 하나님의 뜻으로만 선택이 되지 않기를 원했던 것 같습니다. 이삭은 에서를 좋아하였습니다. 도대체 누가 그를 싫어할 수 있겠습니까? 에서는 멋진 청년으로 운동을 잘하는 사람이었습니다. 온화한 심성을 가진 사람들은 보통 자기 성격과 정반대인 아들들을 동경하는 법입니다. 그런 사람들은 자기 아들들에게서 남자다운 기질을 보고 싶어 합니다. 그래서 에서가 이삭의 총애를 받았던 것입니다. 하지만 심성이 고요하며 거룩한 것들을 사랑하는 자인 야곱은, 비록 에서와 달랐다 해도, 아버지 이삭으로부터 더욱 귀여움을 받았어야 했습니다. 그러나 현실적으로 이삭은 그를 더 귀하게 여기지 않았습니다. 그래서 하나님의 뜻을 거스르면서까지 이 늙은이는 가족들 모르게 은밀히 이 축복을 베풀려는 간교한 수작을 꾸몄던 것입니다. 여기에 이삭의 죄악이 있었습니다.

자, 이번에는 리브가의 죄악을 한 번 살펴봅시다. 그녀도 참된 신자였습니다. 그녀를 아주 모질게도 생각하지 말고, 그렇다고 해서 그녀의 허물을 두둔하지도 말아야 합니다. 그녀는 아브라함 가계에 있는 축복을 매우 값지고 귀한 것으로 여겼습니다. 그녀는 야곱이 그 축복을 꼭 가지기를 바랐습니다. 게다가 그녀는 야곱이 그 축복을 가질 수밖에 없다는 것도 알고 있었습니다. 왜냐하면 하나님께서 그렇게 될 것이라고 선언하셨기 때문입니다. 그녀는 하나님의 말씀을 잊지 않았습니다. 그리고 그 말씀을 마음에 새기고 있었습니다. 이 점에 대해서 그는 칭송을 받을 만합니다. 하지만 그녀는 그 말씀이 방해를 받으면 어떡하나 하는 마음으로 걱정하고 있었습니다. 이것이 바로 그녀의 약점이었습니다. 그녀는 하나님께서 친히 자신의 뜻을 행하시도록 의탁할 수 없었습니다. 오히려 그 뜻에 대해 너무 걱정한 나머지, 그녀의 친 아들, 그녀가 사랑하는 아들이 축복을 받을 수만 있다면, 기꺼이 자기 자신은 물론이고 자신이 가진 모든 것까지도 희생하겠다는 결심을 하였습니다. 제가 보고 싶어 하는 어머니의 모습은, 자기 아들이 구원받을 수만 있다면 어떤 것이든 잃어도 괜찮다고 할 만큼 간절한 마음을 지닌 어머니입니다. 비록 그릇된 상황에 놓여 있긴 했지만, 그래도 "내 아들아 너의 저주는 내게로 돌리리니"(창 27:13)라고 말한 리브가 속에 있는 그 어떤 것이 우리 어머니들에게도 있었으면 합니다. 아들이 축복을 받고 싶어 하기만

한다면, 어머니는 그 아들에게 받아 보라고 명합니다. 그 과정에 어떤 것을 잃는
다 해도, 그녀는 어려움을 감수할 준비가 되어 있습니다. 그녀의 이런 허물은 그
녀가 교활한 집안의 출신이라는 데서 기인합니다(리브가는 밧단아람의 아람 족속 중
브두엘의 딸이었다[창 25:20] — 역주). 우리는 그녀를 영리한 여인이라고 불러야만 합
니다. 유대인들은 열두 지파의 아버지인 야곱을 아버지라고 부르듯이, 리브가도
유대인들의 참된 어머니라고 불러야 할 것입니다. 유대인들의 죄악은 조상들에
의해 그들 속에 인(印)이 쳐진 듯합니다. 그래서 좌절되어가는 하나님의 뜻을 미
연에 방지하고 자기가 가장 사랑하는 아들이 그 축복을 빼앗기지 않도록, 그녀
도 자기 생각대로 그 죄악을 사용하였던 것입니다.

　이제 다음으로 야곱의 경우를 살펴봅시다. 야곱은 어떤 면에서는 훌륭한 사
람이지만, 그도 엄청나게 영리한 사람이었습니다. 사업수완에서도 엄청나게 약
삭빠른 자였습니다. 오늘날에도 사람들은 이런 것을 요구하고 있다고 저는 생각
합니다. 오늘날의 사람들은 이런 것을 요구하지 않는다고요? 그렇다면 너무 신
중해서 빈틈이 없다고 하면 어떻습니까? 이 말은 정말 가짜인 것을 뜻하는 아주
좋은 표현입니다. 야곱은 축복 받기를 갈망하였습니다. 그는 영적인 것들의 가
치를 귀하게 여기는 사람이었습니다. 그는 어떤 일이 일어나도 영적인 축복을
놓치려고 하지 않았습니다. 그 영적 축복을 얻기 위한 일이라면 무슨 일이든 하
려고 하였습니다. 그가 그 영적 축복에 가치를 두었기 때문입니다. 그럼에도 불
구하고 야곱은 그 축복을 갖고 싶었던 갈망이 너무나 컸던 탓에, 그 영적인 것들
을 얻기에는 그의 열정이 진실하지 못한 것이 되고 말았습니다.

　이제 여러분은 이들의 허물을 모두 보았습니다. 저는 이들의 허물을 조금도
감하지 않고 있는 그대로 여러분 앞에 제시하였습니다. 사랑하는 형제자매 여러
분, 이들의 실패를 통해 우리가 교훈을 얻고, 우리는 그런 실패를 하지 않도록 하
나님께 간구합시다. 이제 여러분은 두 번째 대지에 주목하기 바랍니다.

2. 이들이 죄에서 회복하게 된 방법

　이들이 이 죄에서 어떻게 회복하게 되었는지를 살펴보도록 합시다. 저는 이들의
회복을 회개라고 부르고자 합니다. 자, 이삭의 경우를 보겠습니다. 이삭은 에서
를 축복해 주려는 바람 자체가 잘못이라는 것을 알자마자, 그 행동을 강행하지
않습니다. 이삭은 할 수 있는 한 야곱에게 베풀었던 그런 축복을 에서에게 베풀

려고 합니다. 하지만 자신이 앞서 야곱에게 베푼 그 축복을 취소하려는 생각은 단 한순간도 하지 않습니다. 왜냐하면 하나님의 손길이 그 축복 속에 있다는 것을 그가 느꼈기 때문입니다. 더 나아가 그는 그의 큰 아들에게 "그(야곱)를 위하여 축복하였은즉, 그가 반드시 복을 받을 것이니라"(창 27:33)고 말하였습니다. 그리고 나서 그는 두 번째로 야곱을 떠올리면서, 처음에는 미묘하게 말했던 축복에 대해 좀 더 엄숙한 방식으로 솔직하게 에서에게 재차 선포하였습니다("내가 그를 너의 주로 세우고 그의 모든 형제를 내가 그에게 종으로 주었으며 곡식과 포도주를 그에게 주었으니"[창 27:37] — 역주). 여기에서 여러분은 이삭이 어떻게 보면 영웅처럼 전면에 부각되는 것을 볼 수 있습니다. 이삭은 우유부단하고 두루뭉술하게 말하는 사람이었습니다. 하지만 이제 그는 담대한 사람이 되었고, 그 축복의 결과로 어떤 일이 생기든 상관없이 자신이 하나님의 뜻으로 알고 있는 바를 이행하고자 하였습니다. 그가 이 대목에서는 자신의 허물을 고백하지는 않는다 해도, 분명히 이 늙은 노인은 하나님 앞에서 자신의 죄악을 고백하고 옳은 것을 굳게 붙잡았을 것입니다.

리브가의 경우를 살펴보겠습니다. 그녀는 자신이 초래한 화를 보고서, 할 수 있는 한 최선을 다했습니다. 그녀는 자기 아들을 포기하고 그를 멀리 떠나보냈습니다. 그녀가 그 아들을 얼마나 사랑했는지에 대해 우리는 잘 알지 못합니다. 당시 동양의 어머니들이 사랑하는 아들에 대해 가지는 모성애는 대단한 것이었으며, 보통의 모성애보다 더한 것이었습니다. 하지만 그녀는 그 아들을 포기하고자 하였습니다. 그녀는 축복을 위해서라면, 즉 아들이 살고 아들에게 지속될 축복을 위해서라면 아들마저 희생할 각오를 하였던 것입니다.

야곱의 경우도 살펴보겠습니다. 자신의 허물이 드러나기 시작한 바로 그 날부터 그는 한 사람의 순례자이자 객이 되었습니다. 그는 자신을 하나님의 보호 가운데 내려놓았습니다. 그리고 그 날로부터 야곱은 자기 안에서 새로운 인성이 깨어나는 것 같았습니다. 아마도 자신이 저지른 과오에 대한 죄책감 때문에 그런 인성이 깨어났을 것입니다. 이 세 사람 모두 자신이 저지른 악한 행실로 인해 회개하도록 인도된 후에는 장래의 삶에서 더 좋은 사람들이 되었습니다. 하지만 이제 여러분이 꼭 깨달았으면 하는 한 가지가 있습니다.

3. 죄의 결과로 그들이 받아야만 했던 고통들

그것은 그들이 스스로 초래한 고통입니다. 어느 시점까지는 아주 행복하게 살다가, 어떤 그릇된 행동으로 인해, 그 이후로 모든 행복이 사라져 버리는 가정들이 있습니다. 그래서 모든 가족들이 흩어져 지내게 되거나, 설령 함께 모여 산다 해도, 여전히 큰 역경에 직면하게 됩니다. 자, 오늘 본문의 경우에 이삭은 그 축복이 이어지는 것을 아주 빨리 보고 싶어 했습니다. 하지만 그는 그 축복을 보지 못했습니다. 야곱은 도망가야 했습니다. 그것도 지금 당장 떠나야 했습니다. 야곱은 축복을 받았지만, 떠나야만 했습니다. 이삭은 아주 늙은 나이가 되어서야 다시 그 아들을 보게 되었습니다. 그는 살아서 그 아들이 다시 돌아오는 것을 보긴 했지만, 집을 떠난 그 아들이 돌아오기까지는 거의 사십 년이 걸렸습니다. 집에 있는 다른 아들은 그에게 작은 위로가 되었을 뿐, 자신이 축복한 아들은 그 긴 시간 동안 자신을 떠나 있어야 했습니다. 리브가의 경우를 살펴봅시다. 그녀는 자기 아들이 다시 돌아오는 것을 보지 못하였습니다. 그녀는 많은 눈물로 그 아들과 작별을 하였으며, 정작 그 아들이 돌아왔을 때는 안식에 들어간 후였습니다. 그녀는 자신에게 무슨 일을 한 것인지 알지 못했습니다. 아들에 대해 걱정하고 염려한 나머지, 결국 그녀는 이 세상에서 자기 아들과 영원한 이별을 자초하였던 것입니다.

야곱의 경우를 살펴봅시다. 그는 자신의 유익을 위해 모든 일을 했습니다. 하지만 그렇게 자기의 유익을 위해 행동한 그 순간부터, 그가 한평생 쓴 인생이라는 책의 슬픔 장(章)은 다음과 같은 회고로 시작될 수밖에 없었습니다. "내 나이가 얼마 못 되니 우리 조상의 나그네 길의 연조에 미치지 못하나 험악한 세월을 보내었나이다"(창 47:9). 한 번의 허물로 인해 그의 삶에는 평생토록 침울한 그림자가 드리워졌습니다. 그는 자기 삶에서 의로운 부분, 즉 축복받기를 갈망하는 그 마음을 고수하였고, 그 마음을 결코 잃지 않았습니다. 하지만 삶의 그릇된 부분은 어김없이 찾아 왔고, 그것도 순식간에 찾아 왔습니다. 하나님께서는 보통 자기 백성이 행한 그대로 되갚아 주십니다. 우리가 하나님을 대적해 죄를 짓는다면, 다른 사람이 이와 똑같은 방식으로 아주 신속하게 우리를 대적해 죄를 짓습니다. 한 번 보십시오. 야곱은 자기 형을 속입니다. 그러자 라반이 그를 속입니다. 야곱이 라반의 집에 들어간 그 순간부터 속이는 일이 계속해서 일어납니다. 라반은 야곱을 이기려고 하고, 야곱은 라반을 이기려고 합니다. 교활하고 격렬한 길고도 긴 이야기가 이어집니다. 만약 여러분이 이런 속임수를 계속해서 여러분의 방식으로 정한다면, 그럴 수 있을 것입니다. 만약 여러분이 이것을 여러분의 경영 지침으로 택한다면, 여러분은 그렇게 경영할 수 있을 것입니다. 그것으로 여러분은 그 결과가 어떤지도 보게 될 것입니다. 야곱은 자신이 라반을 속인 것으로 인해 그 일의 결과도 보게 되었습니다. 그는 두 아내의 남편이 되어, 불화와 이간질의 영구적인 요인을 자기 가정에 끌어들였던 것입니다. 야곱의 아들들이 숫염소를 죽여 그 옷을 피에 적시고 가져와서는 "우리가 이것을 발견하였으니 아버지 아들의 옷인가 보소서"(창 37:32)라고 말하면서, 그 아들들이 야곱을 속였을 때, 야곱도 아버지를 속이기 위해 입었던 염소 새끼의 가죽 털옷을 분명히 기억했을 것입니다. 여러분은 그렇게 생각하지 않습니까? 야곱이 애굽으로 내려갈 때도 틀림없이 그는 다음과 같은 비통한 생각을 하지 않았을까요? "내 인생이 뒤바뀌어 라반의 딸들과 결혼하지 않았다면, 나는 여기 없었을 것이고, 요셉도 이리로 내려오지 않았을 것이고, 나도 이리로 내려오지 않았을 텐데." 우리가 정확히 말할 수는 없지만, 야곱이 라반의 집으로 향한 그 순간부터 "땅이 네게 가시덤불과 엉겅퀴를 낼 것이라"(창 3:18)는 말씀이 야곱에게 적용된 것은 확실해 보입니다. 여러분은 그의 교활함만 보고서 종종 "이 얼마나 잘못된 일인가"라고 말합니다. 하지만 그 그릇된 행동 뒤에 따라오는 징벌도 여러분은 주목하십시오. 만약 그가 하나님의 사람이 아니었다면, 어쩌면 사태는 그럭저럭 무마되었을 것입니다. 하지만 그가 하나님의 사람이기에, 그 일에 대해 반드시 징벌을 받아야만 하는 것입니다. "내가 땅의 모든 족속 가운데 너희만을 알았나니 그러므로 내가 너희 모든 죄악을 너희에게 보응하리라"(암 3:2). 신자들에게는 오는 세상에서 형벌이 없습니다. 하지만 이 세상에서는 모든 죄악마다 징벌이 분명히 뒤따를 것입니다. "무릇 내가 사랑하는 자를 책망하여 징계하노니 그러므로 네가 열심을 내라 회개하라"(계 3:19). 특히 저는 가정의 죄악에 대해 말하고 싶습니다. 가정의 죄악에 일단 우리가 넘어지기만 한다면, 단 한 번의 죄라 해도 가정문제에서 비롯된 고난들은 극심한 결과를 초래할 것입니다. 하나님의 사람이면서 아버지인 여러분이여, 하나님을 두려워하는 가운데 여러분의 가정을 다스리기 위해 수고를 아끼지 마십시오. 어머니인 여러분이여, 여러분의 아들이나 딸이나 가족 중 누구라도 잘못된 길에 빠지지 않도록 하나님께 은혜를 간구하십시오. 자녀인 여러분이여, 여러분이 축복을 받기 위해 은혜를 간구하십시오. 만약 여러분이 경건한 자녀라면, 여러분의 경건하지 않은 형제들을 지혜

롭게 대하십시오. 경건하지 않은 형제들이 여러분을 보고 모질다거나 건방지다
고 말하지 않게 하고, 에서가 동생 야곱에게 정당하게 말할 수 있는 것처럼, 여러
분에게 부당하다는 소리를 하지 않게 하십시오. 도리어 그들에게 더욱더 부드럽
고 더욱더 헌신적으로 대하고, 여러분이 그리스도인에게 하듯 그들에게도 더욱
친절하게 대하십시오. 그리고 어떤 수단을 써서라도 그들을 얻어, 그들도 구세
주를 알게 되도록 인도하십시오. 오! 기도가 그치지 않는 가정, 모든 자녀들이 아
버지의 모범을 안심하고 따르는 가정, 부모들의 삶을 자녀들이 따르고 그 부모
의 모범이 자녀들에게 항상 격려가 되는 그런 가정이 되십시오. 오! 이렇게 하나
님을 경외하는 가족들로 이뤄진 가정은 얼마나 멋진지 모릅니다! 이런 가족이야
말로 교회의 능력일 뿐만 아니라, 나라의 영광이기도 합니다. 하나님께서는 야
곱의 장막을 아주 사랑하십니다. 따라서 형제들이 거룩하게 연합하여 동거하는
그곳에 축복을 내리실 뿐만 아니라 영생도 허락하실 것입니다. 자, 이제는 에서
의 경우를 살펴보겠습니다. 에서에 대해서는 마지막으로 한 말씀만 드리겠습니
다.

4. 축복을 놓쳐 버린 망령된 아들

　이제 축복을 놓쳐 버린 망령된 아들에 대해 생각해 보겠습니다. 에서는 세속적
인 성품을 지녔으며, 거룩한 것들을 전적으로 경멸하는 자였습니다. 그가 거룩
한 것들에 대해 신경을 썼습니까? 그는 절대로 그런 것들에 주의하지 않았습니
다. 눈이 어두워 잘 보지 못하는 자기 아버지가 섬기는 하나님에 대해서도 그는
조금의 관심도 가지지 않았으며, 장차 올 이 언약의 축복에 대해서도 전혀 관심
이 없었습니다! 그런 사람은 자신의 칼과 활로 살도록 내버려 두십시오. 헷 족속
과 블레셋 족속 가운데 멋진 용사로 살도록 내버려 두십시오. 그것으로 그는 아
주 만족해할 것입니다. 자, 이런 사람들은 아주 많습니다. 하지만 다음과 같이 말
할 수도 있습니다. "에서가 눈물까지 흘리며 정성으로 그 복을 구했지만, 자신이
받아야 할 그 축복을 받지 못하고 거절당하였다고 기록된 말씀(창 27:34)은 어떻
게 된 것입니까?" 아마 여러분도 그렇게 될 것입니다. 만약 여러분이 계속해서
에서의 구상대로 나아간다면, 여러분도 그렇게 될 것입니다. 에서는 이 세상의
것을 가지기 원했을 뿐만 아니라, 다음 세상의 것도 가지기 원했습니다. 그는 팥
죽 한 그릇도 가지기를 원했을 뿐만 아니라, 장자의 명분도 갖기를 원했습니다.

그는 헷 족속 가운데 멋진 용사가 되기를 원하면서도 하나님의 축복도 가지기를 원했습니다. 그는 고상하고 멋진 블레셋 가문에서 아내를 취하여 그들 가운데 명망 있는 자로 여겨지기를 원했을 뿐만 아니라, 동시에 구별된 하나님의 백성에 속한 축복도 받기를 원했습니다. 그는 이 축복을 눈물까지 흘리며 받고 싶어 했지만, 결국 받을 수 없었습니다. 여러분도 마찬가지일 수 있습니다. 여러분도 "오! 내가 구원받았으면 좋겠다. 오! 내가 그리스도인의 특권을 가졌으면 좋겠다"라고 말합니다. 하지만 여러분이 그리스도인으로서 구별된 삶을 살지 않는다면, 그리고 그런 구별된 삶을 위해 이 세상을 기꺼이 포기하지 않는다면, 그리고 여러분이 이삭과 마찬가지로 여러분의 소유는 약속의 땅 가나안에 있으니 보이는 것이 아니라 믿음으로 행한다고 느끼지 않는다면, 여러분은 그리스도인의 특권을 절대로 가지지 못할 것입니다. 만약 여러분이 에서처럼 행동한다면, 여러분은 이제부터 그 특권을 영영 가질 수 없을 것입니다.

이것은 존 번연이 말한 욕망과 인내의 비유(「천로역정」에서 해석자가 크리스챤을 인도한 작은 방안에 앉아 있던 두 소년의 이름이 '욕망'과 '인내'이다 — 역주)와 같습니다. 욕망은 자기가 제일 좋아하는 것들을 제일 먼저 갖고 싶어 합니다. 반면에 인내는 자기가 제일 좋아하는 것들을 맨 마지막에 갖고 싶어 합니다. 그래서 욕망은 자기가 제일 좋아하는 것들을 취하고는 그 자리에 앉아있던 인내를 보며 조롱합니다. 하지만 잠시 후에 욕망은 자신이 가진 제일 좋은 것들을 다 허비하고 나서 아무것도 남지 않게 되었으나, 인내는 자기가 제일 좋아하는 것들을 마지막에 취하여 비로소 영광을 누렸습니다. 그래서 존 번연은 다음과 같이 말합니다. "욕망이 택한 것들은 마지막에 남는 것이 아무것도 없습니다. 하지만 인내가 택한 좋은 것들은 영원 무궁히 지속됩니다."

야곱이 택한 좋은 것들도 이와 마찬가지입니다. 비록 이를 위해 그가 모든 악행을 저질렀음에도 불구하고, 그는 좋은 편을 선택하고 이를 추구하였습니다. 그래서 그 축복은 지속되었고, 그의 이름도 언약 안에 남게 되었으며, 이 날에 하나님의 보좌 앞에서 즐거워하였습니다. 그러나 에서는 영적인 것에 전혀 관심이 없었습니다. 영적인 것은커녕 육적인 것에서 떠나는 것도 그는 마뜩찮게 여겼습니다. 그는 영적인 것이 아닌 다른 것들을 가질 수 있을 경우에만 영적인 것을 가지려고 했고, 자신이 좋아하는 것들을 가질 수 없을 때는 영적인 축복을 받지 않아도 괜찮다고 생각했던 것 같습니다. 그가 이 영적 축복을 위해서 그렇게 울부짖고 슬퍼했음에도 불구하고, 그는 장차 올 세상을 위해서 이 현세를 포기하는 수준까지는 이를 수 없었습니다.

제가 알고 있는 어떤 사람들이 있는데, 나이가 지긋한 것으로 압니다. 그들은 그리스도인이 되기를 원하지만, 그들의 와인 컵도 들고 있기를 원합니다. 그들은 구원받고 싶어 합니다. 그러면서도 세상의 오락을 좋아합니다. 사실 그들은 마치 토끼만 있을 때는 토끼와 함께 뛰어놀다가도, 사냥개가 있을 때는 그 토끼를 사냥하려든다는 식으로 그렇게 세상과 양다리 걸치면서 지내고 싶어 합니다. 그들은 마귀도 섬기고 싶어 합니다. 다시 말해, 그들은 아침 식사는 마귀와 함께 먹고, 저녁 식사는 그리스도와 함께 하고 싶은 것입니다. 그들은 완전히 세속적인 모든 오락과 쾌락들을 이 세상에서 누리고 싶어 합니다. 그러면서도 마지막 날에 있을 그리스도의 큰 즐거움에도 참여하고 싶어 합니다. 하지만 절대로 그럴 수 없습니다. 눈물을 흘리며 진지하게 간구한다 해도 절대로 그렇게 될 수 없습니다. 만약 여러분이 이 세상을 택했다면, 여러분은 이 세상을 가지십시오. 하지만 여러분이 그리스도를 택했다면, 그분으로 인해 비난을 받아도 애굽의 보화들을 아무것도 아닌 것으로 여겨야 합니다. 하나님께서 이 말씀을 축복해 주시어, 예수 그리스도를 믿는 믿음으로 우리 모두를 인도해 주시고, 가장 좋은 것들을 갈망하도록 이끌어 주시기를 기원합니다. 또한 이 세 사람의 선한 자들이 걸었던 적절하지 않은 그 길을 우리는 걷지 않도록 그분께서 도와주시기를 기원합니다. 설령 우리가 그 길을 걷는다 해도, 그분께서 우리를 인도해 회개하게 하시고, 우리를 이끌어 우리의 태도를 바꾸고 우리가 구원을 받게 하옵소서. 그 무엇보다도 한 그릇 음식을 위하여 장자의 명분을 판 에서와 같이 망령된 자가 없도록(히 12:16) 인도하여 주옵소서. 아멘.

제

24

장

—

경고와 격려

—

> "에서가 아버지에게 이르되 내 아버지여 아버지가 빌 복이
> 이 하나 뿐이리이까 내 아버지여 내게 축복하소서 내게도
> 그리하소서 하고 소리를 높여 우니." — 창 27:38

여러분은 에서와 야곱의 이야기를 알고 있을 것입니다. 에서는 이삭과 리브가의 쌍둥이 아들 중 장자입니다. 장자의 명분은 그가 타고난 권리였습니다. 하지만 그는 이를 무시하였습니다. 그는 망령된 사람으로서 실제로 자신의 세습된 특권을 소중히 여기지 않고, "팥죽"(창 25:34) 한 그릇 때문에 그 권리를 어린 동생인 야곱에게 실제로 팔아 버렸습니다. 세월이 흘러 나이가 들자 기력이 쇠해진 것을 느낀 이삭은 장자에게 주기로 되어 있는 축복을 에서에게 주기로 결심하였습니다. 그런데 그의 아내 리브가는 둘째 아들에게 주기를 원했습니다. 그래서 나이가 많아 눈이 어두워 잘 보지 못하는 아버지가 야곱을 에서로 믿도록 하는 계략을 꾸미며, 야곱이 속임수로 그 축복을 받게 하였습니다. 에서가 사냥하여 돌아왔을 때, 그 축복이 이미 야곱에게 주어진 것과 그 축복은 철회될 수 없다는 것을 알고, 그는 소리 질러 슬피 울면서 "내 아버지여 아버지가 빌 복이 이 하나 뿐이리이까?"(창 27:38)라고 말하며 자기에게도 축복해 달라고 소리를 높여 울었습니다.

이 이야기를 전체적으로 생각해 볼 때, 여기에 관련된 모든 인물들에게는 신뢰할 만한 점이 없습니다. 분명 이삭에게도 신뢰할 만한 점이 없습니다. 그는

하나님을 믿는 참 신자였지만, 어떻게 보면 태평한 사람으로서, 마땅히 감당해야 할 자기 가정을 잘 통솔하지 못하는 온화한 성품의 소유자였습니다. 그리고 노년에 이르러서는 에서에게 자기를 위해 "별미"(창 27:4)를 만들어 올 것을 부탁하는 등, 자신의 구미에 맞는 맛있는 음식을 갈망하는 모습을 보이기도 합니다. 그래서 그는 자신이 가진 아버지의 축복권한을 베푸는 일에서 하나님의 인도하심을 기다리지 않고, 하나님께서 택하지 않은 아들을 축복하기로 결심하는 등, 하나님의 뜻과는 정반대로 행하였습니다. 리브가는 자기가 사랑하는 아들을 축복해 주기를 원했고, 이삭은 야성미가 넘치는 담대한 성격의 아들을 더 좋아하면서, 남편과 아내는 서로 반대되는 생각을 하게 되었습니다. 이렇게 가족이 양분되는 것은 좋지 않은 일입니다. 저는 리브가나 야곱을 두둔할 마음이 없습니다. 이들은 속임수와 거짓으로 이삭의 축복을 받기 위해 아주 사악하게 행동하였습니다. 그렇다고 해서 제가 에서의 행동을 정당화하는 것도 아닙니다. 왜냐하면 그가 이미 동생에게 팔아 버렸고, "이 장자의 명분이 내게 무엇이 유익하리요"(창 25:32)라고 말하며 무시하고 경멸했던 그것을 뒤늦게 되찾으려고 했기 때문입니다.

하지만 한 가지 사실은 분명합니다. 즉 이들의 죄악에도 불구하고 하나님의 섭리는 하나님의 뜻대로 이루어졌다는 것입니다. 하나님의 뜻이 성취되는 것이 우리의 일이 아닌 것처럼, 이들의 일도 아니었습니다. 하나님께서는 리브가의 개입 없이도 이 모든 일을 잘 해내셨을 것입니다. 그러면 이 바보 같은 어머니는 사랑하는 그 아들을 집에서 아주 멀리 떨어진 곳에 보내지 않아도 되었을 것이고, 야곱도 그 먼 곳까지 피신하여 라반의 수중에서 온갖 고생을 하지 않아도 되었을 것입니다.

그래도 하나님께서는 그 악한 일을 다스리셨고, 그분의 계획은 성취되었습니다. 그분의 뜻은 지금도 여전히 성취되고 있으며, 앞으로도 이와 마찬가지로 성취될 것입니다.

저는 오늘 설교에서 특별히 이렇게 극도로 낙담한 에서의 비통한 울부짖음을 가지고 다음의 두 가지 목적으로 사용하고자 합니다. 첫 번째는 경고의 방식으로 사용하는 것이며, 두 번째는 **격려**의 방식으로 사용하는 것입니다. 우리는 이 두 방식을 문맥을 통해 즉각적으로 얻을 수 있습니다.

1. 경고의 방식

첫 번째로 저는 에서의 울부짖음을 경고의 방식으로 사용하고자 합니다.

지금 제 설교를 듣고 있는 사랑하는 성도 여러분, 첫째로, 육적인 어떤 것을 위해서 영적인 유익을 포기하거나, 또는 어떤 일시적인 것을 위해서 영원한 축복을 헐값에 팔아 버리는 그런 일을 하지 않도록 주의하십시오. 에서는 사냥을 하다 허기져 거의 실신할 정도가 되어 돌아왔습니다. 그때 그는 야곱의 붉은 색 팥죽에서 나는 맛있는 냄새를 맡게 되었습니다. 굶주린 사람이 음식을 갈망하듯, 그가 팥죽을 요구하자, 약삭빠른 그의 동생은 팥죽과 이삭의 맏아들이라는 장자의 명분을 서로 교환하는 조건으로 팥죽을 형에게 팔았습니다. 에서의 죄는 그 언약의 축복을 그런 헐값에 흔쾌히 팔아넘긴 것이었습니다. 그런데 오늘날에도 얼마나 많은 사람들이 에서가 장자의 명분을 판 것처럼 자기들의 영혼을 헐값에 팔고 있는지 모릅니다.

어떤 사람들은 소위 "쾌락"이라 부르는 것들을 위해 자기 영혼을 팔고 있습니다. 그들은 구원받기를 원한다고 말은 하지만, 현재 하나님과 교제하며 누리는 기쁨이나 온전히 영원한 즐거움보다는, 오히려 자기들의 마음을 더욱 황홀하게 하는 일시적인 오락 활동에 더욱 치중하고 있습니다. 이제 곧 자기들이 택한 그 치명적인 선택을 후회하고, 자기들은 세상에 둘도 없는 바보였다고 한탄하게 될 때가 올 것입니다. 그들은 지금도 영원한 축복을 위한 자기 부정 같은 것들을 조롱하며, 쉬 지나가는 이 시간의 "쾌락"에 만족하면서 매 순간을 아주 흥겹게 보내는 자들을 지혜롭다고 여깁니다. 그들은 하루살이 같이 어리석은 피조물들입니다. 하나님이 보시기에 여러분은 여름철 저녁의 곤충처럼 그렇게 죽어가는 하루살이에 불과하다고 저는 생각합니다! 영원한 영혼을 가졌지만, 현재의 즐거움을 위해 영원한 행복을 헐값에 팔아치우는 여러분은 진실로 어리석은 자들입니다.

또한 이익을 위해서 자기 영혼을 파는 자들에 대해서도 우리는 알고 있습니다. 그들은 정직하지 않은 방식이나 창피한 방식으로 돈을 법니다. 그들이 그리스도인이 되었다면, 이제 그런 부정한 일은 그만두어야만 합니다. 그럼에도 그들은 버젓이 그렇게 할 수 없노라고 말합니다. 주일에 문을 닫으면 상점은 "수지"가 맞지 않고, 기독교의 원리대로 운영한다면 사업은 절대로 "번창"하지 않을 것이라고 말합니다! 아마도 그런 사업이라면 악한 사업일 수 있고, 그런 사업에서 나오는 이익은 사람의 악에서 나오는 것입니다. 세상에는 이러한 사업들이 있습니다. 하나님, 그런 사업과 관련하여 우리가 어떠한 이익도 얻지 않도록 우리 모두를 구원해 주옵소서! 그러나 많은 사람들을 보면, 하나님이신 그리스도보다 반짝이는 은 삼십에 더 매력을 느끼는 것 같습니다. 그래서 그들은 마치 가룟 유다처럼 은을 취하고는 의도적으로 구세주를 거역하면서 영적인 자살을 저지릅니다.

친구들과의 우정 때문에 자기 영혼을 파는 자들을 우리는 알고 있습니다. 여러분이 자주 예배당에 나오고, 여러분이 영적인 행복에 대해 어느 정도 갈망하면서, 여러분의 생활에서도 다소나마 작은 개혁을 하려고 할 때, 그들은 여러분을 보고 비웃습니다. 그리고 그들의 비웃음으로 인해 여러분은 겁쟁이처럼 뒤돌아섭니다. 여러분은 천국에서 등을 돌리고 지옥을 향해 내달립니다. 단순히 여러분과 같은 죄인들의 조롱과 비웃음을 피해 보려는 생각으로 말입니다! 그렇게 친구들의 시선을 중시하는 것은 소위 스스로를 사람이라고 부르는 자들에게는 걸맞지 않는 행동입니다. 또한 그런 행동은, 그 원인을 제공한 죄인에게 내려진 하나님의 공의로운 정죄의 가치를 분명히 떨어뜨리는 일일 것입니다. 다른 사람들이 자기들을 감리교도나 청교도라고 부르면서 자기들의 꼼꼼한 성격을 비웃는 게 두려워, 얼마나 많은 사람들이 그 팥죽 그릇을 얼른 낚아채거나 천국의 축복을 밀쳐내고 있는지 모릅니다!

아, 너무나 애통하게도, 어떤 자들은 술 한 잔 때문에 자기 영혼을 팔기도 합니다. 사람을 취하게 하는 술은, 소위 적당하게만 마시면 사람에게 유익이 있다고는 하지만, 정작 마신 술로 유익하게 되었다는 사람은 아주 보기가 드뭅니다. 술은 한 방울이라도 사람에게 떨어지면, 이 술로 인해 많은 자들이 분명 정죄를 받게 될 것입니다. 술은 지금까지 수천 명을 지옥의 문턱으로 유혹하였습니다. 일단 술이 사람을 넘어뜨리면, 그는 그 술의 마력에 도저히 저항할 수 없습니다. 이것이 바로 슬픈 일입니다! 전에는 명망 있고 사랑스러웠던 남편과 아버지들이 짐승과 괴물이 되어 버린다는 것은 너무나 자명한 진리입니다. 아니, 저는 지금, 강한 술을 먹고서 자신들이 보기에도 인간의 탈을 쓴 악령 같고, 제가 보기에도 그런 것 같은 많은 자들을 짐승에 비유하며 욕하고 있는 것입니다. 두 개의 강이 있습니다. 하나는 "수정 같이 맑은 생명수의 강"(계 22:1)입니다. 이 강은 하나님과 어린 양의 보좌로부터 나와서 흐르는 강입니다. 또 하나는 불의 강입니다. 이 강은 지옥 불길 사이에 그 근원을 두고 흐릅니다. 자, 선택은 사람들에게 달렸습니다. 그런데 많은 사람들이 그 속에서 "영생하도록 솟아나는 샘물"(요 4:14)보다는, 오히려 불같이 독한 술을 좋아합니다. 술을 위해 자기 영혼을 팔고 있는 자들이 여기 우리 중에도 있습니다. 오, 하나님께서 그들에게 은혜를 베푸시어, 하나님의 시각에서 모든 것을 제대로 볼 수 있게 하옵소서. 그래서 그들도 그리스도 예수 안에서 새로운 피조물이 되도록 스스로 은혜를 간구하게 하옵소서!

또 어떤 사람들은 정욕을 위해서 자기 영혼을 팔기도 합니다. 정숙한 자들의 얼굴이 붉어지지는 않을까 하여, 이 정욕에 대해서는 지금 자세히 말하지 않겠습니다. 너무 슬프고, 통탄할 노릇입니다! 동료들 사이에서 많은 존경을 받으며, 눈에 보이는 하나님의 교회에도 늠름하게 출입하는 자들이 있습니다. 그런데 그들은 언제나 메시야보다 그들의 "애인"을 더 좋아합니다. 그런 행동을 변함없이 계속한다면, 반드시 그들에게는 그 일을 후회할 날이 올 것입니다. 오, 그들에게 은혜를 베푸시어 지금 당장 그들이 그 짓을 후회하게 하시고 그들의 들릴라로부터 벗어나게 하옵소서! 그들의 주위를 단단히 감싼 이 치명적인 히드라 (Hydra, 아홉 개의 목을 가진 '헤라클레스 12과업' 속에 등장하는 큰 뱀 — 역주)를 떨쳐 버리기 위해서는 인간의 능력 그 이상이 필요할 것입니다.

둘째로, 이차적인 축복으로 만족하지 않도록 주의하십시오. 에서도 영적인 축복에 관심이 없었던 것으로 보이지 않습니다. 하지만 그 축복을 받지 못하자, 그는 일시적인 축복으로 기꺼이 만족했던 것 같습니다. 많은 사람들이 다음과 같이 말합니다. "내 사업이 번창했으면 좋겠다. 나에게 먹을 것과 마실 것이 풍족했으면 좋겠다. 내 삶을 즐기다가 이 땅에서 전성기를 누렸으면 좋겠다. 그렇게만 된다면 나는 그리스도인들이 말하는 기쁨에 대해서는 손톱만큼의 관심도 없다. 그리스도인들은 자신들의 멋진 나라를 저 별들 사이에 갖고 있겠지만, 내 관심은 온통 여기 이 땅에서 내가 좋아하는 것들을 가질 수 있는가 하는 것이다." 친구들이여, 이것이 바로 여러분의 말이라는 것을 저는 알고 있습니다. 하지만 여기 있는 지각 있는 모든 사람들은 이처럼 말하거나 행동하지 마십시오. 심지어 여러분이 오십 년 동안의 강렬한 육체적 기쁨이나 정신적 기쁨을 위해 여러분의 영혼을 팔았다고 한다면, 그 오십 년이 지난 후에 여러분의 영혼은 어떻게 되어 있겠습니까? 또한 여러분이 그 오십 년을 칠십 년이나 백년으로 연장할 수 있다 한들, 그 세월이 끝날 때 여러분의 영혼은 어떻게 되어 있겠습니까? 또 여러분의 영혼이 지닐 영원한 상태는 어떻게 되어 있겠습니까? 사람들로 하여금 그들이 앞으로 어떻게 될지 말해 보게 하십시오. 그들의 영혼은 영원히 지속됩니다. "그들은 영벌에, 의인들은 영생에 들어가리라"(마 25:46). "영벌" 또한 "영생"과 동일하게 지속됩니다. 영원히 말입니다. 여러분의 영원한 영혼을 팥죽 한 그릇 값으로 팔다니, 이것이 과연 그럴 만한 가치가 있는 거래입니까? 저는 여러분에게 강권합니다. 여러분 각자는 진리를 사십시오. 그리고 절대로 그 진리를 팔지 마십시오. 하늘에 여러분을 위한 보물을 쌓아 두십시오. 그리스도를 모시고, 평안과 죄 용서를 누리고, 하나님과 화목하고, 이 성경이 여러분에게 말해 주는 방법대로 천국을 가지십시오. 만약 여러분이 비옥하고 광활한 땅을 얻는 데만 성공했다면, 여러분은 틀림없이 이 땅을 남겨 두고 떠나야만 할 것입니다. 그리고 만약 여러분이 다량의 금과 은을 쌓아 두었다면, 여러분은 그 모든 것들도 틀림없이 상속자들에게 남겨 주고 떠나야 할 것입니다. 그 후손들은 그렇게 간직하기만 하다가 써보지도 못하고 죽은 여러분의 어리석은 생각을 비웃을 것입니다. 그러므로 어리석게 행동하지 말고, 우선적인 축복을 얻도록 노력하십시오. 하나님께서 은혜를 베푸시어, 바로 이 시간에 여러분이 그 축복을 받게 되기를 기원합니다!

또한 다음과 같은 사실도 기억하십시오. 만약 여러분이 이 축복을 받지 못한 채 이 세상을 떠난다면, 설령 여러분이 에서처럼 뒤늦게 눈물을 흘리며 진지하게 이 축복을 간구한다 해도, 여러분에게는 회개할 수 있는 장소가 없을 것입니다. 이삭은 자신이 한 말을 취소할 수 없었습니다. 하나님도 친히 하신 말씀을 변경하지 않으실 것입니다. 이 나라와 다른 나라에 널리 퍼진 보편 구원(만인 구원, universal salvation)이라는 사상이 있습니다. 이런 교리가 어디에 퍼져 있든지 간에, 악습이란 본성적으로 불가피하게 퍼질 수밖에 없고 또 퍼져 나가기 마련이라는 사실을 여러분은 염두에 두십시오. 궁극적으로 누구나 구원받게 된다는 이 보편 구원을 믿도록 사람들이 가르침을 받게 된다면, 이들은 즉각적으로 다음과 같이 합당한 추론을 할 것입니다. "그렇다면 우리는 우리가 하고 싶은 대로 살아도 되겠다. 결국에는 모두에게 좋은 일이 있을 테니 말이야." 그래서 그들은 자신이 하고 싶은 대로 살게 될 것입니다. 그러나 결국, 모두에게 좋은 일은 일어나지 않을 것입니다! 그들은 저 거짓 교리를 가르치는 악마의 사자들입니다. 그들은 하나님의 심판대 앞에서 이에 대한 해명을 반드시 해야만 할 것입니다.

저는 여러분을 그와 같은 거짓 가르침으로 인도하지 않습니다. 저는 진리가 기록된 하나님의 성경책이 말씀하는 바를 여러분에게 전합니다. 만약 여러분이 살다가 회개하지 않고, 믿음 없이 거룩하지 않은 채로 죽는다면, 틀림없이 여러분은 지옥에서 영원히 살게 될 것입니다. 이것은 의로운 자들이 천국에서 영원히 살게 되는 것이 틀림없는 사실인 것과 마찬가지로, 매우 분명한 사실입니다. 저는 여러분에게 간청합니다. 여러분의 영원한 영혼을 소중히 여기는 여러분은, 그런 꿈같이 허무맹랑한 이야기들을 믿고서, 영혼의 영원한 유익을 잃게 되는 위험한 일을 하지 마십시오. 거짓 사상들이 하는 일이 바로 그런 일이기 때문입니다. 의로운 자가 죽으면 영원히 의로운 자가 되는 것과 마찬가지로, 불의한 자가 죽으면 그는 영원히 불의한 자가 될 것입니다. 그러므로 여러분의 어리석음으로 분노하고 괴로워하면서 슬피 울며 이를 갈고 싶지 않다면, 복음 안에서 여러분 앞에 펼쳐진 그 소망으로 지금 당장 날아오르십시오. 저는 여러분에게 간청합니다. 여러분을 구원해 줄 수 있는 유일한 분이신 예수님을 굳게 붙잡으십시오. 이런 엄중한 메시지를 반드시 말해야 한다는 사실 때문에, 제 마음은 별로 기쁘지가 않습니다. 하지만 저는 주님께서 지신 짐을 지는 것처럼, 쓰라린 가슴의 고통을 느끼며 이 말씀을 전합니다. 이것으로 여러분에게 경고의 말씀을 다 전했습니다. 이제는 설교의 두 번째 대지로 넘어가고자 합니다.

2. 격려의 방식

이제 저는 좀 더 유쾌한 마음으로 말씀을 전할 수 있을 것 같습니다. 다시 말해 오늘 본문을 격려의 방식으로 사용하려는 것입니다. 지금 이 시간 많은 자들의 마음에서 에서가 한 울부짖음보다 더 차원 높은 의미의 부르짖음이 일어나기를 저는 바라고 있습니다. "내 아버지여 아버지가 빌 복이 이 하나 뿐이리이까 내 아버지여 내게 축복하소서 내게도 그리하소서"라고 말입니다.

첫째로, 저는 이것을 묻고 싶습니다. 회심하지 않은 남녀 성도들이여, 이 시간이야말로 여러분이 하나님으로부터 축복을 받을 만한 때이지 않습니까? 여러분 각자는 스스로에게 다음과 같이 말해 보지 않겠습니까? "이 시간이야말로 내가 하나님으로부터 축복을 받을 만한 때이지 않은가? 내가 사랑하는 많은 사람들이 이미 축복을 받았다. 나의 어머니는 오래 전에 천국에 가셨고, 나의 누이도 교회의 한 성도이며, 내가 앉은 회중석 옆에 나란히 앉아 있는 저들도 예수님을 예전부터 믿고 있다. 그렇다면 나에게 그런 축복이 임할 때는 도대체 언제일까? 은혜의 소나기가 내 주위에는 모두 내렸는데, 나만 메마른 채로 남아 있지 않은가? 은혜의 큰 물결이 내 발까지는 차올라 쓸고 지나간 것 같은데, 왜 내 위에는 은혜의 물줄기가 쏟아지지 않는 것인가? 나는 수년 동안 이 교회에 출입하고 있다. 나는 어린 아이일 때 여기에 오게 되었는데, 이제는 세월이 흘러 내 아이까지 데리고 오고 있다. 그래도 아직 나는 구원을 받지 못하였다. 내가 처음으로 복음을 들은 이후로, 나의 많은 친구들이 죽었고, 나는 그들의 장례식에도 갔다 왔다. 친척들도 하나 둘씩 저 세상으로 떠났다. 나도 그렇게 죽는다면, 오호통재라, 그 순간 내 영혼은 얼마나 비참해지겠는가! 나는 복음을 분명하게 설명하는 많은 위대한 설교들을 지금까지 들어왔다. 우리의 설교자도 과시적인 말투로 설교하려고 하지 않는다. 그는 항상 우리의 마음에 와 닿는 설교를 하는 것을 목표로 삼는다. 그는 나를 예수님에게 인도하기를 원했기에, 그의 설교를 통해서나 다른 사람의 설교를 통해서 내가 그리스도를 구세주로 믿게 되었다는 말을 듣게 된다면, 그가 기뻐할 것이라는 사실을 나는 알고 있다. 신실하게 전해지는 복음을 듣는 것도 적지 않은 특권이다. 나는 종종 그 복음의 능력을 느끼기도 하여 회개할 결심도 하지만, 그만 뒤로 돌아서 버린다. 그래서 여기 지금 이 모습으로 여전히 구원받지 못한 채로 있다. 도덕적으로 나보다 더욱 악한 자들도 하늘나라에 이미 들어가 있는데, 나는 여전히 하늘나라 밖에 있고, 복음에 대해 내가 들은 기간에 반밖에 듣지 않은 자들도 복음을 받아들이는데, 나는 여전히 그 복음을 거부하고 있으니, 정말 이상한 일이다." 여러분은 지금 이 자리뿐만 아니라 집에 가서도 이와 같은 생각을 계속해서 스스로에게 말해 보기를 바랍니다. 이것이 여러분에 대한 저의 바람입니다. 아마도 하나님께서는 그렇게 자문자답하는 여러분을 축복하실 것입니다. 특별히 다음과 같은 기도를 여러분이 추가할 때 더욱 여러분을 축복하실 것입니다. "오, 하나님, 지금은 내가 당신의 축복을 받을 때입니다. 내 아버지여! 내게 축복하소서. 내게도 축복해 주옵소서. 오, 사랑이 많고 은혜로우며 죄를 용서해 주시는 하나님 당신이여, 나를 지나가지 마옵소서. 나에게 은혜를 베푸시고, 나를 구원해주옵소서!'

둘째로, 제가 여러분에게 꼭 물어보아야만 하는 질문은 이것입니다. 여러분이 어떤 사람이든 상관없이, 하나님의 풍성한 은혜로 인해 여러분은 그분의 은혜를 추구하도록 격려를 받지 않았습니까? 에서는 자기 아버지에게 "아버지가 빌 복이 이 하나 뿐이리이까?'라는 말밖에 할 수 없었습니다. 진실로 그의 아버지는 에서에게 빌어줄 만한 가치 있는 복이 정말 하나밖에 없었습니다. 그런데 여러분은 지금 이삭에게 말하고 있는 것이 아닙니다. 지금 여러분은 여호와 하나님에게 말하고 있는 중입니다. 여러분이 그분의 축복을 얻기 위해 나아갈 때, 그분은 원하시는 대로 얼마든지 축복해 주실 수 있는 분이며, 그분이 복을 주지 않는다고 해서 더 부유해지는 분도 아니며, 그분이 복을 준다고 해서 더 가난해지는 분도 아니라는 사실을 여러분은 알게 될 것입니다. 왜냐하면 그분은 무한한 하나님으로서, 자기에게 나아오는 모든 자들에게 그들이 필요로 하는 모든 것을 행할 수 있는 능력이 있기 때문입니다. 하나님에게는 이루 헤아릴 수 없이 많은 아들과 딸이 있습니다. 그런데 왜 여러분은 그 가운데 들지 못하는 것입니까? 그분은 그 자녀들 한 사람 한 사람을 위한 복을 가지고 계십니다. 그 자녀들에 대해서 진실로 다음과 같이 말씀하셨기 때문입니다. "자녀이면 또한 상속자 곧 하나님의 상속자요"(롬 8:17). 자녀들 모두가 하나님의 상속자들입니다. 그렇다면 여러분이 왜 그 상속자들 가운데 들지 못하겠습니까? 내가 만약 고작 서너 사람만 구원을 받을 수 있는 것으로 알고 있다면, 나는 내가 그 가운데 들었는지를 알기 전까지 아마 안심할 수 없을 것입니다. 그러나 하나님의 식구는 대 식구이므로, "내가 일어나 아버지께 가서 이르기를 아버지 내가 하늘과 아버지께 죄를 지었사오니"(눅 15:18)라고 말할 수 있는 은혜를 하나님께서 베풀어 주신다면, 나 또한 그분에게 나아갈 수 있는 선한 소망을 틀림없이 갖게 될 것입니다.

여러분이 하나님의 아들이신 예수 그리스도 안에 있는 그 풍성함을 생각할 때도, 여러분은 하나님의 축복을 추구하는데 큰 격려를 받을 수 있습니다. 그리스도의 공로는 무한합니다. 그분께서 자기 생명을 주시기까지 사랑한 양들의 수는 하늘의 별처럼, 해변의 모래처럼 이루 헤아릴 수 없을 정도입니다. 그분을 믿은 모든 자들, 그분을 앞으로 믿게 될 모든 자들이 그 구속받은 양 무리에 속합니다. 그런데 여러분이 그 가운데 들지 못할 이유가 무엇입니까? "주 예수를 믿으라 그리하면 너와 네 집이 구원을 받으리라"(행 16:31). "자기를 힘입어 하나님께 나아가는 자들을 온전히 구원하실 수"(히 7:25) 있는 분이 바로 그분이시기 때문입니다.

또한 성령님의 그 풍성한 능력으로 인해 하나님의 축복을 추구하는 여러분은 격려를 받을 수밖에 없습니다. 성령님은 가장 완악한 마음이라도 부드럽게 하고, 가장 완고한 의지라도 복종하게 할 능력이 계십니다. 그분께서 이기지 못할 죄의 습관은 없습니다. 그분은 여러분에게 은혜를 베풀어 가장 강한 시험도 여러분이 능히 대적하게 하시고, 범하기 쉬운 가장 지독한 죄도 이기도록 해주십니다. 영원히 복되신 성령님에게는 전능한 능력이 있기에, 사람을 회개시켜 거룩하게 하는 그분의 사역에는 전혀 제한이 없습니다.

　자, 그러므로 여러분이 무한한 하나님과 무한한 구세주와 무한한 성령님과 함께 하는 이상, "당신이 빌 복이 이 하나 뿐이리이까?"라고 말할 필요는 없을 것입니다. 하나님께서 그 복을 가득 채우시도록, 여러분은 여러분의 입을 크게 벌리기만 하면 됩니다. 복음의 큰 잔치를 베풀어 주신 그분께서 우리에게 주신 권한이 있기에, 우리는 "아직도 자리가 있나이다"(눅 14:22)라고 소리칠 수 있습니다. 그분께서 베풀어 주신 이 왕의 잔치는 하찮은 작은 무리에 속한 소수만을 위한 것도 아니고, 스스로 주인의 택함을 받았다고 여기는 모든 자들을 위한 것도 아닙니다. 제가 가진 믿음의 눈에는 위대한 임금님께서 자기 아들의 혼인을 기념하기 위해 큰 식사를 베풀어 놓으신 것이 보입니다. 다시 말해, 거대한 식탁 위에 소와 살찐 양을 잡아 놓고서, 많은 자들에게 나아오라고 하는 모습이 보입니다. 천국은 소수의 선택된 성도들만을 위한 곳이 아니라고 저는 알고 있습니다. 왜냐하면 요한도 천국에서 "각 나라와 족속과 백성과 방언에서 아무도 능히 셀 수 없는 큰 무리가 나와 흰 옷을 입고 손에 종려 가지를 들고 보좌 앞과 어린 양 앞에 서서 큰 소리로 외쳐 이르되 '구원하심이 보좌에 앉으신 우리 하나님과 어린 양에게 있도다'"(계 7:9-10)라고 하는 모습을 보았기 때문입니다. 그런데 왜 여러분이 그 무리들 가운데 있을 수 없겠습니까? 여러분은 무릎을 꿇고 하나님 앞에서 이 질문을 해보십시오. 만일 내가 병이 났는데, 런던 전역에 단 한 명의 의사밖에 없다면, 저는 그 의사를 찾으러 나설 것입니다. 그 의사가 내 병을 완전히 낫게 하리라는 굳은 확신을 가질 수 없다 해도 말입니다. 하지만 은혜의 병원에는 그 병원으로 나오는 모든 환자들을 위한 자리가 있습니다. 병원 문지기들도 그 병원 문을 닫으면서 "더 이상 자리가 없습니다"라고 절대로 말하지 않습니다. 그런 일은 이 병원에서는 절대로 있을 수 없습니다. 하나님께서는 "인애를 기뻐하시므로"(미 7:18), 누구든지 그분에게 나아오는 자는 결단코 쫓겨나지 않을 것입니다. 그러한 충만한 은혜가 예수 그리스도 안에 있습니다. 또한 "아들을 믿는 자에게는 영생이 있고"(요 3:36)라는 말씀도 있습니다. 이런 말씀들이 여러분 각자가 예수 그리스도를 믿어 영원히 살도록 여러분을 격려하지 않습니까?

셋째로 묻고 싶은 것은 이것입니다. 사랑하는 성도 여러분, 여러분이 축복을 받을 수 없는 타당한 이유가 있습니까? 여러분은 진정으로 하나님으로부터 축복을 받기를 원합니까? 어떤 사람은 "오, 내 죄가 용서를 받으면 좋겠다! 오, 내가 새 마음과 바른 영을 가졌으면 좋겠다! 내가 할 수만 있다면 구세주를 찾으면 정말 좋겠다"라고 말하기도 합니다. 여러분이 그분을 찾지 못할 어떤 이유가 있습니까? "저는 지금까지 아주 대단한 죄인으로 살아왔습니다." 이것은 이유가 되지 않습니다. 많은 중죄인들이 그리스도를 찾았기 때문입니다. 그렇다면 여러분이 축복을 받지 못할 이유가 무엇입니까? "그래도, 제 마음은 아주 완악합니다." 이것도 여러분이 구원받지 못할 이유가 되지 않습니다. 왜냐하면 마음이 아주 완악한 많은 자들이 성령님으로 말미암아 그 마음이 부드러워졌기 때문입니다. 여러분이 무한한 가치를 지닌 구속함을 받게 되고, 그런 마음을 새롭게 하는 무한한 능력을 가진 성령을 받게 되었을 때, 과거에 지은 큰 죄나 현재에 깊이 빠진 타락 등도, 그 무한한 인애가 여러분에게 드러날 수 없는 이유는 될 수 없습니다. 여러분은 구원받을 수 없을 것이라고 기록된 성경 말씀을 제게 보여줄 수 있습니까? 불안해하는 어떤 영혼이 종종 "나는 결코 구원받지 못할 사람이라는 것을 나도 알고 있다"라고 말하는 것도 나는 들어봤습니다. 그런데 여러분이 그 사실을 어떻게 압니까? 그런 일은 있을 수 없다고 저는 믿습니다. 그리스도께서 친히 말씀하셨습니다. "사람에 대한 모든 죄와 모독은 사하심을 얻되"(마 12:31). 심지어 옛 세대에서는 하나님께서 선지자 이사야의 입을 통해 말씀하셨습니다. "오라 우리가 서로 변론하자 너희의 죄가 주홍 같을지라도 눈과 같이 희어질 것이요 진홍 같이 붉을지라도 양털 같이 희게 되리라"(사 1:18). 여러분이 나중에 멸망하게 될 것이라는 사실을 입증해 주는 성경 구절은 단 한 구절도 여러분의 손가락으로 가리킬 수 없을 것입니다. 그러므로 여러분이 하나님의 입으로부터 그 말씀을 듣기 전까지는 절대로 그렇게 되리라고 믿지 마십시오. 그분께서 친히 여러분은 그분의 용서의 은혜에서 제외되었다고 말씀하기 전까지는 절대로 여러분이 그렇게 되리라고 상상하지 마십시오. 그분은 지금까지 그런 말씀을 한 번도 하지 않으셨습니다.

여러분의 길에 서서 방해하고 있는 자가 누구입니까? 저는 마귀가 그렇게 하고 있다고 알고 있습니다. 그런데 그 마귀의 주인은 그리스도이십니다. 그러므로 그리스도께서는 여러분이 그 마귀를 이길 수 있도록 해주실 것입니다. 복음의 참된 사역자 가운데 여러분이 구세주에게 나아오려고 하는데 여러분을 만류하는 사역자를 한 사람이라도 알고 있습니까? 제가 알기로 복음의 참된 사역자라면 기꺼이 여러분에게 도움의 손길을 펼칠 것이며, 할 수만 있다면 여러분을 그리스도에게로 인도하려고 할 것입니다. 만약 여러분에게 경건한 어머니가 있다면, 아들인 여러분이 회심하게 되었다는 얘기를 듣고서 슬퍼할 어머니가 있겠습니까? 여러분이 구원받지 않기를 기도하는 자가 사탄을 제외하고 누가 있겠습니까? 저는 그런 식의 기도를 지금까지 한 번도 들어보지 못했습니다. 아마 앞으로도 들어보지 못할 것입니다. 도리어 하나님께서 택한 자들은 그분께 밤낮으로 다음과 같이 부르짖고 있습니다. "방황하는 자들로 돌아오게 하소서! 예수님께서 자기 영혼의 수고한 것을 보고 만족하게(사 53:11) 여기도록 해주옵소서." 여러분에게는 영생을 붙잡을 권리가 없다고 입증하는 식의 제 설교를 여러분은 들어본 적이 있습니까? 저는 혹시 너무 많은 사람들이 천국에 들어오지는 않을까 우려하는 것 같은 설교자들이 아무나 천국에 들어갈 수 없다고 기를 꺾으며 설교하는 것을 들어본 적이 있습니다. 그들은 천국이 마치 클로스 버로우(close borough, 대의원 선출 실권이 한 사람 또는 한 가문에 있던 독점 선거구로, 1832년 영국 선거법 개정으로 폐지되었다 — 역주)인 것처럼, "르호봇"이나 "이레"(Rehoboth or Jireh, 잉글랜드 남부의 웨스트서식스[West Sussex] 주에 세워진 침례교 채플들의 이름 — 역주)에 있는 아주 작은 교구 안에서도 특별한 소수만이 들어갈 수 있는 곳으로 생각했던 모양입니다. 이제 그런 설교는 자취를 감추었습니다. 여기서는 그런 설교를 다시 듣지 않게 되어 저는 하나님께 감사드립니다. 우리는 여러분에게 위대한 복음, 값없는 복음을 전합니다. 우리의 마음은 여러분 모두가 구원받게 되기를 강한 열망으로 염원하고 있습니다.

여러분을 향한 악의처럼 보이는 하나님의 속성이나 하나님의 행동이 있습니까? 만약 있다고 한다면, 여러분은 그 점을 지적해 낼 수 있습니까? 아마도 여러분은 하나님께서 섭리 가운데 여러분을 지금까지 가혹하게 다루셨다고 말할 것입니다. 설령 그 말이 사실이라 해도, 그것은 그분께서 여러분을 그분에게로 이끌기 위함이었습니다. 그분께서 여러분의 우상들을 산산조각 내셨습니까? 하나님께서 그렇게 하셨다면, 그것은 여러분이 살아 계신 참된 하나님 한 분만을 섬기도록 하기 위함이었습니다. 여러분은 지금 아주 가난합니까? 어쩌면 그것은 여러분에게 일어날 수 있는 일 중에 가장 좋은 것인지도 모릅니다. 얼마나 적은 수의 부자들이 하늘나라에 들어가고 있는지 모릅니다! 여러분은 그리스도에게서 죄인들이 그분 앞에 나오지 못하도록 금하는 어떤 것을 볼 수 있습니까? 여러분은 그분의 상처들을 보십시오. 그 상처들이 "죄인들아, 내게서 물러 서거라"고 말합니까? 가시 면류관에 찔린 그분의 이마를 보십시오. 그 이마가 "네가 내게 오는 것을 나는 원치 않는다"라고 말합니까? 여러분은 십자가에서 넓게 펼쳐진 그분의 팔을 보십시오. 그 팔들이 여러분을 배척합니까? 그렇지 않습니다. 오히려 그 팔은 가장 큰 죄인들도 그분의 가슴에 안겨 안식을 찾고 거기서 죄 용서를 받도록 열려 있지 않습니까? 여러분은 성령님을 생각하고, 그분께서 행하신 것에 대해 읽어 보십시오. 그러고 나서 여러분이 그리스도에게 나아오기를 원치 않는 모습이 성령님에게 있는지 없는지 한 번 살펴보십시오. 성령님은 여러분이 그리스도에게 나아오기를 진정으로 원하고 계십니다. 왜냐하면 그분은 죄인들을 그리스도에게로 인도하는 복된 성령님이기 때문입니다. 그분은 죄인들을 그리스도에게서 내쫓지 않으십니다. 성령님께서 여러분의 죄를 자각하게 하는 것은 여러분이 절망하도록 하기 위함이 아닙니다. 물론 여러분은 자신을 구원하는 그 능력에 있어서는 절망하게 될 것입니다. 하지만 이것은 좋은 일입니다. 왜냐하면 이 절망으로 인해 여러분은 예수님을 바라보도록 인도되어, 그분 안에서 영생을 찾을 수 있기 때문입니다. 감히 말하건대, 참으로 회개하여 믿음을 갖게 된 죄인이 "나는 긍휼하심을 받지 못한다"라고 말할 수 있는 요인은 성부 하나님에게도 없고, 성자 예수님에게도 없고, 성령님에게도 전혀 없습니다. 이와는 반대로, 거룩한 삼위일체의 복되신 각각의 위격 주위에는 죄인들을 하나님에게로 인도하는 큰 매력이 있습니다.

자, 만약 여러분이 하나님의 긍휼을 받기 위해 하나님의 길로 나아온다면, 왜 여러분이 그 긍휼을 받을 수밖에 없는지 그 한두 가지 이유들을 이제 여러분에게 제시하고자 합니다. 하나님의 길은 여러분이 하나님의 아들인 예수 그리스도를 믿는 것과 여러분의 영혼을 그분의 영원한 보호하심 가운데 의탁하는 것입니다. 만약 여러분이 그렇게 한다면, 여러분은 그분의 손에서 긍휼을 기대할 수 있는 이유들이 많다는 것을 알게 될 것입니다.

먼저 하나님의 백성들이 하는 기도에는 응답이 있기 때문입니다. 하나님께서 자기 백성들의 기도를 듣고 계신다는 것은 분명한 사실입니다. 여러분의 구원을 기도제목으로 삼고 많은 사람들이 지금까지 기도해 오고 있다는 것을 저는 알고 있습니다. 그러므로 여러분의 구원이야말로 그들이 한 기도의 분명한 응답일 뿐만 아니라, 하나님께서 기쁘게 역사하셨음을 확증해 주는 것입니다. 여러분이 여러분의 구원을 위해 다른 사람들에게 의존하는 것은 잘못일 수 있습니다. 하지만 하나님의 성도들에게는 여러분이 구원받는 것을 보는 것이 기쁜 일일 것입니다. 그러므로 저는 여러분이 이런 생각으로 위로받기를 원합니다. 지금까지 가진 교회의 모임 중 가장 행복한 모임은 회심한 많은 자들이 앞으로 나와, 주님께서 자신의 영혼을 위해 하신 일들을 말하는 모임이었습니다. 지금도 주 예수님께서는 자기 교회를 매우 귀하게 사랑하십니다. 교회는 주님의 신부입니다. 훌륭한 남편은 자기 아내를 기쁘게 하는 것을 좋아합니다. 이와 마찬가지로 예수님도 자기 교회를 기쁘게 하는 것을 좋아하십니다. 죄인들이 구원받는 것을 보는 것보다 그분의 교회를 더 기쁘게 할 수 있는 일은 없습니다. 주님께서는 여러분 대다수를 구원하고자 하십니다. 주님의 이 구원사역을 우리가 충분히 기대할 수 있는 이유는 바로 이 사역이 교회를 기쁘게 하는 일이기 때문이라고 저는 생각합니다.

　　이 외에도 만약 여러분이 구원받는다면, 여러분이 큰 죄인이든 작은 죄인이든 상관없이, 그리스도께서는 하나의 새로운 종(servant)을 얻게 된다는 것입니다. 만약 여러분이 암울한 큰 죄인이었다가 그 악한 행실에서 돌이켜 회심하게 된다면, 그리스도께서는 특별히 선한 종을 얻게 되는 것입니다. 무엇을 하든지 여러분은 그 일을 진심으로 하십시오. 지금 여러분이 온 힘을 다해 성도들을 박해하고 있다가, 만약 회심하게 된다면, 여러분은 막달라 마리아나 다소의 사울이 했던 것처럼 그렇게 그리스도를 사랑하게 될 것입니다. 우리 주님께서는 자원하여 열심히 섬기는 여러분 같은 종들을 기뻐하십니다! 그분께서는 그런 종들이 많아지기를 원하십니다. 아마도 그분께서는 여러분을 그런 종들 가운데 하나로 삼으실 것입니다. 그러므로 저는 여러분이 이런 생각으로 위로를 받게 되리라 확신합니다.

　　또한 다시 말하건대, 만약 여러분이 회심한다면, 그 일은 천사들도 기쁘게 하는 일이 될 것입니다. 여러분이 거듭나서 예수 그리스도 안에서 새로운 피조물이 된다면, 새로운 할렐루야와 호산나가 저 높은 하늘 끝에서부터 울려 퍼질 것입니다. 천사들은 하늘의 종(鐘)들을 모두 울릴 것입니다. 왜냐하면 또 한 사람의 죄인이 지옥 구덩이로 내려가다가 구원받았기 때문입니다. 하나님께서는 죄인을 구원하시리라 생각합니다. 왜냐하면 그분은 거룩한 천사들의 음악소리와 꼭 온전하게 된 영혼들의 음악소리를 좋아하시기 때문입니다.

게다가 죄인이 구원받는 일은 하늘 위에 있는 그분에게도 영광스러운 일일 뿐만 아니라, 이 땅 아래에 있는 인류에게도 영광스러운 일일 것입니다. 오, 하나님께서 로마 가톨릭 교회의 추기경과 신부들 가운데 몇몇을 회심하게 하시고, 오늘날의 불신 철학자들 가운데 몇몇을 회심하게 하시며, 또한 소위 "귀족"이라고 불리는 방탕한 자들 몇몇을 회심하게 하신다면, 그것은 예수 그리스도의 이름에 얼마나 큰 영광을 돌리는 일이 되겠습니까! 제가 더 이상 여러분을 붙잡고 있어서는 안 될 것 같습니다. 저는 여러분에게 다음과 같은 권면을 하려고 합니다. 만약 여러분이 죄를 용서받고 그리스도께서 받아주시는 형태로 하나님의 축복을 받기를 진정으로 원한다면, 에서가 이삭에게서 축복 받기를 간절히 구했던 것처럼 여러분도 하나님에게서 그런 축복 받기를 간구하십시오. 에서는 그 축복을 헛되이 구하였으나, 여러분은 결코 헛되이 간구하는 것이 아닐 것입니다. 여러분이 예수 그리스도를 믿는다면, 여러분은 구원을 받을 것입니다. 여러분이 어떤 사람이었든 혹은 어떤 일을 했든 상관없이 여러분은 구원을 받게 될 것입니다. 우리는 이에 대한 하나님의 말씀을 가지고 있습니다. 절대로 거짓말할 수 없는 그 하나님의 말씀 말입니다. 에서는 자기 아버지에게 애처롭게 간구하였습니다. "내 아버지여 내게 축복하소서. 내게도 그리하소서." 에서는 거칠고 험악한 사람이었지만, 자신의 늙은 아버지인 이삭 앞에서 호소하는 마음으로 간구하였습니다. "당신의 장자, 당신께서 가장 사랑하시는 당신의 에서이옵니다. 제게 축복하소서." 그러고는 마침내 왈칵 울음을 터뜨렸습니다. 그는 울먹이면서 눈물 어린 호소를 하였습니다. "내 아버지여 내게 축복하소서. 내게도 그리하소서." 하나님의 축복을 여러분이 열정적으로 진지하게 구하지 않는다면, 여러분은 그 축복을 헛되이 구하는 것이 될 것입니다. 그분의 축복이 없는 여러분은 이미 정죄를 받은 것입니다. 그분의 축복이 없는 여러분은 영원토록 정죄를 받을 것입니다. 그분의 축복이 있으면 여러분에게는 천국이 있습니다. 축복이 없으면, 지옥이 있을 뿐입니다. 그분의 축복이 있는 곳에 평안과 기쁨이 있고, 그분의 축복이 없는 곳에는 우울한 미래가 있으며, 조금씩 어두워지다가 급기야 영원한 한밤중이 되고 맙니다. 지금 당장 그분의 축복을 위해 여러분은 하나님께 강력하게 울부짖으십시오. 여러분은 부르짖으면서, 죄인들을 위해 자신의 생명을 피흘리기까지 주신 십자가 위의 예수님을 바라보십시오. 믿음을 가지고 그분을 바라보는 자의 영혼은 영원한 구원을 받습니다. 사도 바울이 빌립보 간수에게 한 말을 저는 한 번 더 인용하고자 합니다. "주 예수를 믿으라 그리하면 너와 네 집이 구원을 받으리라"(행 16:31).

제가 무슨 말을 더 해야 할지 모르겠습니다. 지금까지 제가 멸하지 않을 자신의 영혼을 귀히 여기는 지각 있는 자들에게 말씀을 전했고, 그 전한 메시지에 하나님께서 축복해 주신다면, 저는 흡족하게 말씀을 전한 것입니다. 그러나 만약 제가, 죄에 취해 영적인 자살을 결심한 자들에게 말씀을 전했다면, 여러분의 귀로는 더 이상 듣지 못하고, 제 혀로는 더 이상 말씀을 전할 수 없을 것이므로, 저는 흡족하게 말씀을 전하지 못한 것입니다. 영원한 성령님이시여, 바로 지금 이 순간 하나님께서 택한 자들을 사로잡으시어, 그들로 하여금 자신의 현재 모습을 보게 하시고, 그 다음으로 그들의 구세주이신 그리스도를 보게 하옵소서. 그리하여 그들 각자가 이구동성으로 다음과 같이 부르짖게 하옵소서. "내 아버지여 내게 축복하소서. 내게도 그리하소서." 아멘.

엄선된 네 문장

—

"내가 너와 함께 있어." — 창 28:15
"내가 너와 함께 있으리라." — 창 31:3
"내 아버지의 하나님은 나와 함께 계셨느니라." — 창 31:5
"나는 죽으나 하나님이 너희와 함께 계시사." — 창 48:21

이 밤에 제가 전하고자 하는 말씀은 설교라기보다는, 오히려 야곱의 생애와 체험에 대해 살펴보는 일종의 주석이라 할 수 있을 것입니다. 이를 위해서 네 개의 본문이 필요합니다만, 여러분이 이 네 개의 본문 가운데 하나라도 놓치지 않도록 하기 위해, 저는 한 번에 한 가지 본문만 여러분에게 말씀드리고자 합니다.

1. 현재의 축복

첫 번째로 창세기 28장 15절을 펴고 "현재의 축복"에 관한 말씀을 읽어 보도록 하겠습니다. 하나님께서 그의 종 야곱에게 말씀하셨습니다. "내가 너와 함께 있어"(창 28:15). 야곱은 조상 때부터 내려오는 큰 축복의 상속자였습니다. 왜냐하면 위에서 인용한 말씀은 앞서 기록된 말씀, 즉 "나는 여호와니 너의 조부 아브라함의 하나님이요 이삭의 하나님이라"(창 28:13)는 말씀과 이어져 있기 때문입니다. 사랑하는 성도 여러분, 아버지와 할아버지를 회상하면서, 어쩌면 더 나아가 "우리는 역사가 우리에게 알려주는 태고(太古) 때부터 하나님을 섬겨온 집안 출신이다"라고 말할 수 있다면, 그것은 이루 형언할 수 없는 특권일 것입니다. 그리스도인의 후손이 되는 것은 우리에게는 왕의 후손이 되는 것보다 훨씬 더 명예로운 일입니다. 성도라는 가문(家門)보다 더 화려한 가문은 없습니다. 하나님께서는 할아버지인 아브라함을 축복해 주셨을 뿐만 아니라, 아버지인 이삭도 축복해 주셨습니다. 이와 마찬가지로 하나님께서는 동일한 방식으로 야곱을 축복해 주서서, 다시 말해 "내가 너와 함께 있어"라고 조상인 할아버지와 아버지 각자에게 분명하게 하신 그 동일한 말씀을 야곱에게도 말씀해 주서서, 야곱은 하나님께 아주 고마운 마음을 가졌을 것입니다. 혹시 여러분 가운데 경건한 부모를 둔 자녀로서, 하나님의 은혜로 부르심을 받은 자들이 있습니까? 그렇다면 그분의 이름을 찬양하고, 여러분의 그 큰 명예로운 신분에 치욕이 되는 일은 절대로 하지 않도록 주의하십시오. 하나님께서 무한한 사랑으로 여러분의 가정에 주신 그 훌륭한 명성을 여러분의 생명이 있는 한 유지하도록 노력하십시오. 그런데 그렇게 경건한 부모를 둔 자녀이면서도 아직 회심하지 않은 자들이 있습니까? 저는 그런 여러분에게 경고의 말을 하고자 합니다. 여러분은 여러분이 출생한 가문을 조금도 의지해서는 안 됩니다. 다음의 사실을 기억해 보십시오. 이삭도 아브라함의 자녀였지만, 이스마엘도 마찬가지로 아브라함의 자녀였습니다. 하지만 이스마엘에게는 영적 축복이 전혀 임하지 않았습니다. 혈통으로나 육정으로 태어나는 것은 헛된 일입니다. 오로지 우리는 위로부터 다시 태어나야만 합니다. 하나님은 주권적인 분이서서, 자신의 은혜를 아버지와 아들에게 대를 이어 꼭 베푸시지 않습니다. 그러므로 하나님께서 대를 이어 은혜를 베푸실 때, 우리는 그분의 은혜를 찬송해야만 합니다. 부모로부터 물려받은 어떤 상속 같은 경건이 있다는 착각을 하지 마십시오. 경건은 동일한 성령님으로 말미암아 각 개인 안에서 역사해야만 합니다. 저의 아버지와 할아버지는 하나님을 경외하는 가운데 저를 키워주었습니다. 그런 아버지와 할아버지가 제게 기쁨이 됩니다. 이것은 하나님께서 그 기쁘신 뜻 가운데 제게 허락하신 최고의 특권들 가운데 하나입니다. 그런 가문에 속한 모든 젊은이들에게 저는 찬사를 보냅니다. 하나님께서 여러분을 축복해 주시기를 기원합니다. 하나님께서는 여러분의 선조들에게 은혜를 베푸셨고, 그들은 "내가 너와 함께 있어"라고 하시는 말씀도 들었습니다. 여러분도 그와 같은 은혜를 받고 그 음성을 듣기 전까지는 절대로 만족하지 마십시오.

    야곱에게 은혜가 절실히 필요한 그 때, 그는 이 은혜를 통감(痛感)하게 되었습니다.

야곱은 지금 막 아버지의 집을 떠났고, 혼자된 외로움을 느꼈습니다. 그는 특별한 시련을 겪고 있었습니다. 하지만 하나님께서 그를 위해 예비해 두신 특권을 좀 더 충실하게 이해할 수 있게 된 때가 바로 그 때였습니다. 이 특권의 말씀을 제가 여러분에게 읽어드리겠습니다. "내가 너와 함께 있어." 저는 이 특권의 말씀과 관련된 이야기들을 여러분에게 전하고자 여러 가지를 생각해 보았습니다. 하지만 이와 관련된 이야기를 찾을 수 없었습니다. 왜냐하면 이 말씀 자체가 너무나 완전한 말씀이기 때문입니다. 누구든지 이 말씀의 너비와 길이와 높이와 깊이를 측량할 수 있다면 한 번 측량해 보기를 바랍니다. 하나님께서는 야곱이 먹을 빵과 입을 옷을 많이 주셨습니다. 하지만 이 사실도 "내가 너와 함께 있어"라는 말씀에 비한다면 아무것도 아닙니다. 하나님께서 천사를 보내 야곱을 보호하셨다는 사실도 대단한 것이었지만, "내가 너와 함께 있어"라는 말씀에 비한다면 이 또한 아무것도 아닙니다. "내가 너와 함께 있어"라는 이 말씀에는 이루 헤아릴 수 없이 많은 축복이 포함되어 있습니다. 이 말씀 자체가 우리가 생각해 낼 수 있는 모든 축복보다 더욱더 큰 축복입니다. 나무에서 많은 열매들이 맺힙니다. 하지만 이 열매들을 맺게 하는 나무야말로 열매보다 더 좋은 것입니다. "내가 너와 함께 있어." 진실로 하나님께서 이 땅 위에 있는 인간들과 함께 거하시겠습니까? 과연 하나님께서 인간과 동행하고 인간과 대화하시겠습니까? "사람이 무엇이기에 주께서 그를 생각하시며 인자가 무엇이기에 주께서 그를 돌보시나이까?"(시 8:4). 그럼에도 불구하고 그분은 "내가 너와 함께 있어"라고 말씀하십니다. 당신은 하늘 위에 있는 당신의 궁정에 계십니다. 당신은 하늘의 하늘을 당신이 임재하시는 장소로 삼으십니다. 그럼에도 당신은 "내가 너와 함께 있어"라고 말씀하십니다. 당신은 "내가 너와 함께 있어"라는 그 이상의 말씀을 어느 한 천사에게라도 하신 적이 있나이까?

하나님께서 인간과 함께 계실 때, 여기에는 이루 형언할 수 없는 친밀한 겸손이 내포되어 있습니다. 즉 이 말씀은 무한한 사랑을 확증해 주는 것입니다. "내가 너와 함께 있어." 하나님께서는 자신이 미워하는 자들과는 함께 하지 않으십니다. 그분은 이 땅의 사악한 자들을 마치 찌꺼기처럼 내버리십니다. 그분은 그와 같은 자들에게 "내가 너희를 도무지 알지 못하니 불법을 행하는 자들아 내게서 떠나가라"(마 7:23)고 말씀하셨습니다. 그러나 하나님의 사람들 한 명 한 명에게 그분은 "내가 네 이름을 아노라. 너는 내 것이다. 그 뿐만 아니라 내가 너와 함께 있다"라고 말씀하십니다. 사람이 친구와 함께 있는 것을 기뻐하듯이, 그리스도께서도 자신이 택하고 피로 구속한 자들과 함께 있는 것을 기뻐하십니다.

"내가 너와 함께 있어." 이 말씀은 실제적인 도움을 뜻합니다. 우리가 무슨 일을 하든, 하나님께서는 그 일에 우리와 함께 하십니다. 우리가 어떤 일을 인내하든, 하나님께서는 그 인내 가운데 우리와 함께 하십니다. 또한 우리가 어디서 방황하든, 하나님께서는 그 방황 가운데 우리와 함께 하십니다. "만일 하나님이 우리를 위하시면 누가 우리를 대적하리요?"(롬 8:31). 만일 하나님이 우리와 함께 계신다면, 우리가 과연 추방당하거나 배척당할 수 있겠습니까? 또한 하나님이 우리와 함께 계신다면, 과연 우리가 할 수 없는 일이 어디 있겠습니까? 만일 하나님이 우리와 함께 계신다면, 과연 우리가 인내할 수 없는 일이 어디 있겠습니까? 이런 질문에 대해 바울 사도가 잘 대답하였습니다. "내게 능력 주시는 자 안에서 내가 모든 것을 할 수 있느니라"(빌 4:13). "내가 너와 함께 있어." 사랑하는 형제 자매 여러분, 만약 여러분이 이와 같은 특권을 충분히 누리기 원한다면, 하나님께서는 지금도 여러분 가까이 계신다는, 아니 바로 여러분 옆에 앉아 있는 것처럼 그렇게 가까이 계신다는 사실을 믿으십시오. 사실 하나님은 그것보다 더 가까이 계십니다. 왜냐하면 사실 그분은 여러분 안에 있을 정도로 여러분과 함께 계시기 때문입니다. 그분의 전적인 신성이 여러분과 함께 하고 있다는 사실을 여러분은 알고 있습니까? "내가 너와 함께 있어." 그분은 다른 사람은 안중에도 없는 것처럼, 그분의 신성 전체가 여러분과 함께 하십니다. 여러분은 바알의 제사장들처럼 하나님의 눈길을 끌기 위해 큰 소리로 하나님을 부르거나, 칼과 창으로 자기 몸을 상하게 할 필요가 없습니다. 왜냐하면 하나님께서 "내가 너와 함께 있어"라고 말씀하셨기 때문입니다. 하나님께서는 여러분의 신음 소리를 들으시고, 여러분의 눈물을 그분의 병에 담으십니다. "내가 너와 함께 있어." 그리고 그분께서는 여러분과 함께 하실 뿐만 아니라, 여러분을 동정해 주시기도 합니다. 그분께서 여러분을 동정해 주신다는 말씀은 지금도 내가 너와 함께 느끼고, 너와 함께 고통 받고 있다는 뜻입니다. 네게 짐이 있다면, 나도 너와 함께 그 짐을 지겠고, 함께 해야 할 일이 있다면, 나도 너와 함께 그 일을 할 것이라는 뜻입니다. 여러분은 전적으로 하나님과 함께 하는 일꾼들입니다. 사랑하는 성도 여러분, 이와 관련된 모든 것을 제가 여러분에게 다 말할 수 없다는 것은 정말 옳은 말이지 않습니까? 이 말씀을 달콤한 먹을거리처럼 여러분의 혀 아래에 말아 넣으십시오. 이 말씀은 여러분의 뱃속에 들어가도 쓴 맛을 내지 않을 것이며, 오히려 더 달콤해질 것입니다. "내가 너와 함께 있어." 오, 이 특별한 축복의 풍성함은 이루 말로 다 표현할 수 없습니다!

야곱은 산울타리를 커튼으로 삼고, 하늘을 덧이불로 삼고, 땅을 침대로 삼고, 돌들을 베개로 삼고, 하나님을 동료로 삼고서 그렇게 누웠습니다. 그러고는 다음과 같이 생각했습니다. "내일 내가 눈을 뜨면 나는 서쪽을 뒤돌아보면서, '나는 내 아버지의 집과 내 어머니인 리브가를 뒤에 두고 떠나왔다'라고 말하면서 두 눈에 눈물이 맺히겠지. 그리고 동쪽을 바라보면서 '이제 나는 내 어머니의 친척집을 향해 갈 거야. 삼촌 라반에 대해서는 엄하고 욕심 많은 사람이라는 것 외에는 전혀 들은 바가 없어. 그가 과연 나를 받아줄지도 나는 잘 모르겠다'라고 말하겠지." 그 때 야곱에게 임한 말씀, 즉 "내가 너와 함께 있어"라는 이 말씀은 그에게 얼마나 귀한 말씀이었는지 모릅니다. "내가 너와 함께 있어"라는 이 말씀은 여행을 출발하는 그에게 귀중한 말씀이지 않습니까? 이 말씀은, 나는 항상 복을 받는 자라는 말씀이지 않습니까? 이 말씀은, 비록 네 어머니는 너와 함께 있지 못하지만, 나는 너와 함께 하겠다는 하나님의 말씀입니다.

혹시 이 자리에 지금 집을 떠나려고 하는 젊은 친구가 있습니까? 여러분은 처음으로 집을 떠나면서 슬픔을 느끼고 있습니까? 혹은 먼 타국에 이민을 가게 되어 지금 마음이 무거운 사람이 있습니까? 그렇다면, "내가 너와 함께 있어"라는 이 말씀을 굳게 붙잡기 전까지 절대로 출발하지 마십시오. 여러분은 하나님께 이렇게 말하십시오. "당신의 성령님께서 나와 함께 가지 않는다면, 저를 그곳으로 데리고 가지 말아 주십시오." 그러고 나서 그분께서 "나의 영이 너와 함께 갈 것이며, 네게 안식을 주리라"는 대답을 하기까지 여러분은 출발하지 말고 기다리십시오. "내가 너와 함께 있어"라는 이 말씀이 여러분의 삶을 시작하는 축복이 되어야 합니다. 하나님께서는 이 밤에도 여러분과 함께 계십니까? 하나님께서 여러분과 함께 계실 수 있습니까? 이 자리에는 아내나 다른 식구들과 말다툼을 하고서 예배에 참석한 사람들도 있을 것입니다. 하나님께서는 그런 자들과는 함께 하지 않으십니다. 부당한 거래를 한 자들, 악한 행실을 하는 자들, 복음을 거부한 자들, 이런 자들에게는 하나님이 함께 하실 수 없습니다. "두 사람이 뜻이 같지 않은데 어찌 동행하겠으며"(암 3:3). 만약 여러분이 그리스도를 믿는 신자로서, 성령 하나님으로 말미암아 성령의 참된 열매들을 맺는다면, 그 때 여러분은 "그분은 나와 함께 계신다"라고 말할 수 있을 것입니다. 그렇지 않다면, 여러분은 이 말을 할 수 없습니다.

2. 미래의 축복

자, 이제 우리는 창세기 31장 3절을 펴보겠습니다. 그 말씀을 제가 읽어 보겠습니다. "내가 너와 함께 있으리라"(창 31:3). 우리는 이 말씀을 미래의 축복이라고 부르고자 합니다. 사실 우리가 이 말씀을 두 번째 본문으로 삼을 필요는 없을 것 같습니다. 왜냐하면 "내가 너와 함께 있어"(I am with you)라고 기록되어 있다면, 여러분은 이 말씀에 의지해서 그분은 앞으로도 우리와 함께 하실 것(He will be with us)이라고 생각할 것이기 때문입니다. 하나님께서는 자기 백성을 결코 버리지 않으실 것입니다. 어떤 사람들은 오늘은 사랑했다가 내일은 미워하시는 하나님, 다시 말해 죄를 용서해 주셨다가 나중에 정죄하는 그런 하나님을 믿고 있습니다. 그런 하나님은 제가 믿고 있는 하나님이 아닙니다. 왜냐하면 제가 믿는 하나님은 변함이 없는 하나님이기 때문입니다.

> "그분은 한 번 사랑하신 자를
> 　결코 떠나지 않으며,
> 　끝까지 그들을 사랑하신다."
>
> (조셉 하트[Joseph Hart], "죄인은 귀한 믿음으로"
> [The sinner that by precious faith], 3절).

"나 여호와는 변하지 아니하나니 그러므로 야곱의 자손들아 너희가 소멸되지 아니하느니라"(말 3:6). 가련하게 된 야곱은 라반과 함께 살게 되었습니다. 그는 험한 꼴을 많이 당하면서 고생을 하였습니다. 축복의 말씀을 다시 받아야 할 때가 바로 그 때였습니다. 본문의 앞 구절을 우리가 읽어 보겠습니다. "야곱이 라반의 안색을 본즉 자기에게 대하여 전과 같지 아니하더라"(창 31:2). 야곱은 처음부터 세상적인 것에 뿌리를 내리고, 약속의 땅과는 기꺼이 거리를 두면서, 세속적인 관계 속에서 가정을 세우려고 하였습니다. 그러나 하나님께서 실제적으로 그에게 "이곳은 네가 안식할 곳이 아니라"고 말씀하셨습니다. 라반의 아들들은 외사촌 야곱의 짐승 떼가 불어나는 것을 보고서 으르렁거리기 시작하였으니다. 야곱이 떠나야 할 때가 되었던 것입니다. 사실 야곱은 이렇게 떠나는 것을 좋아하지도 않았고, 이주하는 것도 극구 싫어했습니다. 왜냐하면 대가족에 따른 자녀들도 많았고 양 떼들도 많았기에, 이주는 큰 위험 부담이 있었기 때문입니다. 그 때 하나님께서 그에게 말씀하셨습니다. "내가 너와 함께 있으리라." 이 말씀은 "내가 이곳에서 너와 함께 있었던 것보다 가나안에서 더 가까이 너와 함께 있을 것이다. 지금 네가 있는 이 땅은 약속의 땅이 아니다. 네가 그곳으로 도피하여 거기서 구별된 생활을 하면서, 네 아비 이삭이 행한 것처럼 그렇게 나와 동행한다면, 나의 특별한 임재로 내가 너와 함께 있을 것이다"라는 뜻이었습니다. 우리 가운데 어떤 이들은 수년 전에 하나님께서 "내가 너와 함께 있어"라고 하시는 말씀을 들었습니다. 그 말씀은 그들에게 아주 달콤한 말씀이었습니다. 왜냐하면 "우리의 사귐은 아버지와 그의 아들 예수 그리스도와 더불어 누림"(요일 1:3)이기 때문입니다. 그러나 하나님께서 "내가 너와 함께 있으리라"는 말씀을 우리에게 주심으로써 그분의 약속을 다시 새롭게 해주신다면, 지금이야말로 그 약속을 받기에 가장 적절한 시간일 것입니다. 여러분은 지금 새로운 형태의 삶을 시작하고 있습니다. 여러분은 지금 새로운 시련에 접어들고 있습니다. 여러분은 지금 새로운 의무를 감당하고 있으며, 지금 새로운 약속을 받고 있습니다. "내가 너와 함께 있으리라." 여러분이 신뢰했던 자들이 여러분을 대적한다 해도, 참으로 여러분에게 은혜를 입은 자들이 여러분을 질투한다 해도, 하나님께서는 말씀하십니다. "그럼에도 불구하고 내가 너와 함께 있으리라."

야곱의 여행은 아주 위험에 찬 여행이었습니다. 자신이 떠나는 것을 라반이 좋아하지 않을 것과 분명히 자신을 추격해 올 것이란 것도 야곱은 알고 있었습니다. 하지만 하나님께서는 "가라, 내가 너와 함께 있으리라"고 말씀하셨습니다. 야곱은 형 에서가 자신이 그에게 행한 악한 속임수에 대해 틀림없이 복수를 할 것이란 것도 알고 있었습니다. 자신이 행한 그 속임수로 야곱의 양심은 가책을 받았고, 그로 인해 그는 두려워 떨고 있었습니다. 하지만 하나님께서는 말씀하셨습니다. "내가 너와 함께 있으리라." 세상에서 아무리 평탄한 길이라 해도, 하나님께서 우리에게 그 길로 갈 것을 명하지 않으신다면 그 길은 잘못된 길이며, 아무리 거칠고 가장 막막해 보이는 길이라 해도, 하나님께서 우리의 여행을 위한 길로 그 길을 명하셨다면, 그 길은 안전하고 바른 길로 바뀔 것입니다. 구약의 요나는 다시스로 가는 것이 완전히 옳은 것이라고 생각했습니다. 하지만 하나님께서는 그 길에 그와 함께 하지 않으셨습니다. 그래서 그는 전혀 예상치도 못한 길로 되돌아오게 되었습니다. 혹시 여러분도 지금 여러분의 길을 가고 있다면, 부디 요나의 경우처럼 무사히 고국으로 돌아갈 수 있는 행운을 얻게 되기를 기원합니다. 설령 여러분이 고집스럽게 여러분의 길을 가고 있다 해도, 여러분은 틀림없이 다시 돌아가게 될 것입니다. 그러나 그 길이 하나님께서 명한 길이라면, 그 길이 아주 험난한 길이라 해도, 여러분은 마치 어린 사슴처럼 그 길을 뛰어다닐 것입니다. 하나님께서는 여러분의 발을 암사슴 발 같게 하시어, 여러분을 높은 곳에서 다니게 하실 것입니다. "네 신(shoes)은 철과 놋이 될 것이요 네 날들처럼 네 힘도 그렇게 될 것이라"(신 33:25 KJV). 여러분은 하나님께서 여러분과 함께 할 수 있는 그런 길을 따라갈 수 있도록 주의하기만 하면 됩니다. 왜냐하면 하나님께서 결코 계시지 않는 그런 길이 있기 때문입니다. 그분은 죄악의 길이나, 세속의 길, 혹은 자신을 추구하는 그런 길에는 동행하실 수 없습니다. 만약 우리가 그런 길을 택한다면, 우리는 그 길을 혼자서 가야 합니다.

그러므로 약속된 은혜를 보고 그 안에서 기뻐하십시오. 하나님께서 사랑하는 자녀 된 여러분이여, 구름 기둥이 조금도 지체 없이 움직인다면 여러분은 전진하십시오. "분명히 내가 너와 함께 있으리라. 네가 어디를 가든 네가 가는 모든 곳에 내가 너와 함께 있으리라." 이 말씀을 여러분의 기쁨과 위로로 삼기를 바랍니다.

3. 체험된 축복

저는 세 번째 대지로 나아가 "체험된 축복"에 대해 전하고자 합니다. 우리는 야곱이 체험한 것을 살펴보도록 하겠습니다. 하나님께서 자기와 함께 하신다는 것을 야곱은 발견했습니까? 그는 길고 험난한 생애를 살았습니다. 그는 아주 많은 것을 알고 있는 사람이었습니다. 일반적으로 아주 많은 것을 알고 있는 사람들은 큰 고난들을 보통 사람보다 배나 더 맞닥뜨리게 되는 법입니다. 교활하여 재간이 많고 간사하고 빈틈없으며 자립적인 사람들은 이 수렁에서 허우적거리다가 저 수렁으로 자주 빠져드는 사람들입니다. 무엇보다도 제가 제일 두려워하는 것은 너무 똑똑한 자들과 짝하게 되는 것입니다. 왜냐하면 그런 자들은 자기 꾀에 자기가 넘어가거나, 아니면 한 쪽 눈을 뜬 채로 잠을 자야 할 만큼 항상 긴장하기 때문입니다. 야곱의 교활함은 결국 자신에게 해가 되었습니다. 아브라함은 어린 아이처럼 단순하였습니다. 아브라함은 오직 하나님만 믿었으며, 계략을 꾸밀 정도로 타락하지 않았습니다. 그래서 그는 고귀한 생애를 살았습니다. 반면에 야곱은 아주 교활한 사람이었습니다. 그는 오늘날로 보자면 일종의 재무관이나 어떤 회사의 경영자 정도 되는 사람이었습니다. 그는 보기 드문 사업가였습니다. 사실 그는 유대인들의 아버지였습니다. 이 사실은 우리에게 많은 것을 말해줍니다. 그런데 그의 명민함 때문에 그는 종종 도둑을 맞았고, 그의 교활함 때문에 도리어 속기도 하였습니다. 결국 그는 인생을 많이 누리지 못했으며, 단순한 마음을 지닌 할아버지 아브라함만큼 부하지도 못했고, 할아버지만큼 행복하지도 않았습니다.

그럼에도 불구하고 하나님께서는 "내가 너와 함께 있어", "내가 너와 함께 있으리라"는 은혜로운 이 두 말씀을 그에게 해주셨습니다. 우리는 야곱이 이미 들은 이 두 말씀에 대해 어떻게 체험했는지를 다음의 말씀을 통해 듣게 됩니다. 다시 창세기 31장을 펴고 5절 말씀을 읽어 보십시오. 야곱이 라반의 집을 떠날 때쯤 되어 그는 다음과 같이 말하였습니다. "내 아버지의 하나님은 나와 함께 계셨느니라"(창 31:5). 저는 이 증언을 아주 기쁜 마음으로 읽어 왔습니다. 저는 야곱에게 다음과 같이 말할 수 있을 것 같습니다. 글쎄요, 당신은 라반과 함께 있을 때는 틀림없이 특별한 은혜를 받지 못했습니다. 당신은 그 때 음모를 꾸미고 술수를 행했지요. 당신은 라반을 대적했고, 라반도 당신을 대적했습니다. 그래도 당신은 "내 아버지의 하나님은 나와 함께 계셨느니라"고 증언하고 있습니다. 당신이 한 이 말이 우리에게 더욱 힘이 됩니다. 야곱은 자기 하나님에 대해 다음과 같이 말하는 것 같습니다. "나에게 아내와 자녀를 주신 분이 바로 그분이시다. 나의 소유를 강탈하려는 자들의 면전에서 나를 번성하게 하신 분도 바로 그분이시다. 나의 이 모든 단점에도 불구하고, 내 아버지의 하나님은 나와 함께 계셨다." 이와 같은 증언을 할 수 있는 자들이 여러분 중에도 있을 것이라 저는 믿고 있습니다. 비록 여러분이 바라는 만큼 그리스도인의 삶을 살아오지 못했다 해도, 그럼에도 불구하고 여러분은 "내 아버지의 하나님은 나와 함께 계셨느니라"고 말할 수 있습니다.

이제 우리는 좀 더 나아가 창세기 35장 3절에 나타난 야곱의 모습을 살펴보도록 하겠습니다. 이 구절에서 우리는 다음과 같이 말하는 야곱을 볼 수 있습니다. "우리가 일어나 벧엘로 올라가자 내 환난 날에 내게 응답하시며 내가 가는 길에서 나와 함께 하신 하나님께 내가 거기서 제단을 쌓으려 하노라"(창 35:3).

　제가 이미 말한 바와 같이, 야곱은 라반의 집을 떠났습니다. 그것은 아주 위험한 여행이었습니다. 하지만 하나님께서 그와 함께 계셨습니다. 정말 그러하였다고 야곱은 우리에게 말하고 있습니다. 에서가 그를 만나러 오고 있다는 얘기를 들었을 때, 그 불쌍한 야곱의 마음은 두려움으로 가득했습니다. 여러분은 그때 야곱이 행한 처신을 볼 수 있을 것입니다. 야곱은 양 떼와 소 떼를 두 떼로 나누어, 큰 짐승의 떼를 에서를 위한 선물로 따로 마련하였습니다. 그러나 하나님께서는 자기 백성들이 두려워한다고 해서 그들을 떠나지 않으십니다. 저는 이에 대해 하나님께 심히 감사드립니다. 우리의 불신앙 때문에 그분께서 우리를 내치신다면, 이미 오래 전에 우리 모두는 내치심을 받았을 것입니다. 우리 가운데 내치심을 모면할 수 있는 자가 과연 한 명이라도 있겠습니까? 담대한 믿음으로 물 위를 걸어가고 있는 베드로가 있었습니다. 그리스도께서 그와 함께 계시지 않았습니까? 그렇습니다. 그리스도께서 그와 함께 계셨습니다. 만약 그렇지 않았다면, 베드로는 물결 위로 한 발자국도 뗄 수 없었을 것입니다. 물 위를 걸어가던 베드로의 믿음이 점점 약해지자, 베드로는 물속으로 빠졌습니다. 그러자 그리스도께서 그를 포기하시고는, "너는 죽어 마땅하다. 너의 불신앙대로 네게 이루어질지어다"라고 말씀하셨습니까? 아닙니다. 성경에는 그런 말씀이 없습니다. 오히려 "네 믿음대로 네게 이루어질지어다"라고 기록되어 있습니다. 예수님께서는 손을 즉시 내밀어 물에 빠져가는 베드로를 붙잡으며 이르시되, "오, 믿음이 작은 자여 왜 의심하였느냐?"(마 14:31)라고 말씀하셨습니다. 이와 마찬가지로, 여러분이 의심하고 무서워함으로써 주님을 근심하시게 했다 해도, 그렇게 행한 것에 대해 여러분이 마땅히 부끄러워해야겠지만, 그분께서는 여전히 여러분을 버리지 않으실 것입니다. 여러분의 마음에 작은 믿음이라도 있다면, 여러분의 의심과 두려움에도 불구하고, 여러분은 "내 환난 날에 내게 응답하시며 내가 가는 길에서 나와 함께 하신 하나님"이라고 말할 수 있을 것입니다.

　야곱에게는 씨름하던 한 밤이 있었습니다. 그는 자신의 믿음으로 힘 있는 기도를 통해 하나님께 가까이 나아갈 수 있었습니다. 하지만 자신의 두려움으로 인해 그는 더욱더 절망하고 절박한 상황으로 내몰리게 되었습니다. 그는 "당신이 내게 축복하지 아니하면 가게 하지 아니하겠나이다"(창 32:26)라고 말했습니다. 비록 그가 절박한 상황으로 내몰렸다 해도, 그것은 하나님께서 그를 대적하셨기 때문이 아니라, 오히려 하나님께서 그와 함께 하셨기 때문이었습니다. 그가 절박한 기도를 할 수 있다는 것은 하나님께서 그와 함께 하심으로 그런 간구를 할 수 있는 힘을 얻게 되었다는 것을 증명하기 때문입니다. 그렇게 해서 야곱의 씨름은 그의 승리로 끝이 났습니다.

바로 그 날에 야곱은 자신의 죄를 기억함으로써 아주 심하게 좌절했을 것이라고 저는 확신합니다. 야곱은 에서에게 부당한 대우를 했고, 그의 축복을 가로챘다는 것도 알고 있었습니다. 이 모든 것에도 불구하고 그는 회개하는 마음으로 나아가 형 앞에 굴복하였습니다. 그러고는 형을 기쁘게 할 수 있는 모든 일을 하였습니다. 이런 행동으로 인해 하나님께서는 야곱과 함께 하셨습니다. 오, 하나님께서 사랑하는 자녀 된 여러분이여, 여러분도 여러분의 허물을 기억하고서 마음이 무거울 때, 하나님께서 여러분을 떠났다고 생각하지 마십시오. 하나님께서 여러분으로 하여금 죄를 고백하게 하시고, 하나님 앞에서 여러분을 겸손하게 하실 때, 그것은 하나님께서 여러분과 함께 하신다는 표징인 것입니다. 따라서 계속해서 하나님을 믿고, 계속해서 그분의 말씀을 들으십시오. 그러면 여러분은 "내 환난 날에 내게 응답하시며 내가 가는 길에서 나와 함께 하신 하나님"이라고 마땅히 말할 수 있게 될 것입니다.

야곱은 자신의 생을 마감할 때가 되자, 하나님의 임재가 지금까지 자신과 함께 하였다는 사실을 한층 더 전적으로 고백하는 모습을 드러냅니다. 지금까지 자신과 함께 하셨던 그 하나님께서 자기 손자들에게도 동일하게 함께 하시기를 바라는 야곱의 소망이 드러난 성경 구절을 여러분에게 읽어드리겠습니다. 창세기 48장 15절에서 16절 말씀입니다. "내 조부 아브라함과 아버지 이삭이 섬기던 하나님, 나의 출생으로부터 지금까지 나를 기르신 하나님, 나를 모든 환난에서 건지신 여호와의 사자께서 이 아이들에게 복을 주시오며 이들로 내 이름과 내 조상 아브라함과 이삭의 이름으로 칭하게 하시오며 이들이 세상에서 번식되게 하시기를 원하나이다." 하나님의 신실하심을 증언하는 야곱의 마지막 증언이 바로 여기에 있습니다.

야곱은 아내 라헬을 여의었습니다. 오, 그의 마음이 얼마나 황망했겠습니까? 그래도 그는 "나를 모든 환난에서 건지신 여호와의 사자"(창 48:16)라고 말하고 있습니다. 그 땅에 큰 기근이 들었습니다. 그래도 그는 하나님께서 전 생애 동안 자신을 먹이셨다(창 48:15 KJV, "기르신 하나님"[개역개정])고 말합니다. 그는 요셉도 잃었고, 그래서 큰 슬픔 가운데 있었습니다. 그러나 돌이켜보니 그 때에도 하나님께서 그를 모든 환난에서 건져 주셨음을 알게 되었다고 말합니다. 야곱이 한 번은 "요셉도 없어졌고 시므온도 없어졌거늘 베냐민을 또 빼앗아 가고자 하니 이는 다 나를 해롭게 함이로다"(창 42:36)라고 말했습니다. 하지만 지금 그는 자신이 한 말을 취소하고서 다음과 같이 말하고 있습니다. "하나님께서 나를 모든 환난에서 건져 주셨다." 하나님께서는 지금까지 늘 함께 하셨고, 늘 먹이셨고, 늘 환난에서 건지셨고, 늘 축복해 주셨다는 사실을 야곱은 이제야 믿게 되었던 것입니다.

자, 만약 여러분이 하나님을 신뢰한다면, 여러분이 생을 마감할 때에 야곱의 이 고백이 여러분의 고백이 되게 하십시오. 여러분이 임종을 앞두고 살아온 날들을 되돌아 볼 때, 그 삶은 결코 시련과 어려움이 없는 삶이 아닐 것입니다. 하지만 여러분은 그 모든 날들에 대해 하나님을 찬양하게 될 것입니다. 여러분의 생애에서 다른 어떤 사건보다 더욱더 하나님을 찬양하게 되는 사건이 있다면, 그것은 아마도 여러분에게 가장 암담하게 여겨졌던 사건일 것입니다. 비록 야곱은 요셉을 잃었지만 결과적으로는 온 가족을 살리고 그 생명을 보존하기 위해 요셉을 애굽으로 보낸 격이 되었습니다. 하나님께서 야곱에게 하신 일 중에 이것보다 더 좋은 일이 있겠습니까? 아들을 잃는 것은 불쌍한 노인에게 가장 극심한 시련이었을 것입니다. 하지만 결국 그 사건은 가장 멋진 축복이었습니다. 여러분은 이것을 믿지 못하겠습니까? 그렇게 딱딱한 껍질로 둘러싸인 호두 속에 여러분의 입맛을 당기는 그토록 달콤한 속살이 들어 있지 않습니까! 이것은 틀림없이 분명한 사실입니다. 여러분의 아버지께서 이끄는 덜컹거리는 마차 때문에 여러분은 잠에서 깨어 놀라겠지만, 그 마차 안에는 금은괴들이 가득 실려 있습니다. 여러분에게 닥친 큰 시련이 지나간 후에, 여러분은 더 이상의 부자가 없을 정도로 부한 자들이 될 것입니다.

4. 전하는 축복

이제 제가 결론을 내려야 할 때가 되었습니다. 저는 여러분에게 네 번째로 축복 하나를 더 설명하고 말씀을 맺고자 합니다. 우리는 현재의 축복을 가졌고, 미래의 축복도 가졌으며, 체험된 축복까지 모두 세 가지 축복을 가졌습니다. 하지만 지금 우리는 **전하는 축복**에 대해 살펴보고자 합니다. 여기에서 우리는 자기 아들과 손자들에게 축복을 전하고 있는 야곱의 모습을 보게 됩니다. 창세기 48장 21절을 읽어 보겠습니다. "나는 죽으나 하나님이 너희와 함께 계시사"(창 48:21). 저는 아브라함에게서 이삭으로 축복이 전해진 것을 살펴보면서 설교를 시작하였습니다. 그런데 지금 우리는 야곱이 그 축복을 다시 요셉과 므낫세와 에브라임에게 전하고 있는 모습을 보고 있습니다. "나는 죽으나 하나님이 너희와 함께 계시사." 여러분 가운데 아마도 다음과 같이 생각하는 사람이 있을 것입니다. "우리는 이제 죽을 때가 가까워 오고, 우리에게는 자녀들이 있는데, 그 아이들은 모두 아직 회심을 하지 않고 있다. 그들 모두 우리만 의지하고 있는데, 그 아이들은 과연 어떻게 될까?" 여러분은 하나님께서 여러분의 자녀들을 내버려 둘 것이라고 생각합니까? 여러분은 그 자녀들을 하나님에게 맡길 수 없습니까? 여러분의 아버지는 아들에게 어떻게 하였습니까? 한 세대가 가면 또 다른 세대가 옵니다. 하나님께서는 그 후대 자손들에게도 신실한 분이십니다. 그런데 여러분은 하나님이 오는 세대들에게는 신실하지 않으실 것이라고 생각하는 것입니까? 여러분은 하나님을 경외하는 가운데 자녀들을 양육하였습니다. 여러분은 하나님의 이름을 의지하였습니다. 그러므로 여러분은 자녀들에게 "나는 죽으나 하나님이 너희와 함께 계시사"라고 말할 수 있을 것입니다. 목회자들인 우리에게도 이 땅에서 사랑으로 섬기던 이 일을 그만두게 될 그 때가 올 것입니다. 그 때가 오면 우리의 말에 귀를 기울이고 우리의 사역을 신뢰하던 사랑하는 친구들을 우리는 더 이상 생각할 수 없게 됩니다. 그러므로 우리가 조금만 앞을 내다보면서 "나는 죽으나 하나님이 너희와 함께 계시사"라고 말하는 것은 잘하는 일입니다.

제가 존경하는 선임자 리폰 박사(Dr. John Rippon, 1751-1836, 영국 침례교 목회자로, 그는 태버너클 교회의 전신인 뉴 파크 스트릿 교회에서 20년간 목회사역을 감당했다 — 역주)는 여러 번 자신의 후임자를 위해 기도했습니다. 제가 확신하건대 그는 누가 자신의 후계자가 될지 몰랐습니다. 왜냐하면 저는 그가 죽음을 앞두고 있을 때쯤 태어났기 때문입니다(스펄전은 1834년에 태어났고 리폰 박사는 1836년에 죽었다 — 역주). 하지만 분명히 저는 그 선한 분의 기도로 그의 뒤를 잇게 되었습니다. 그 점에 대해서는 제가 확신하는 바입니다. 그 늙은 목사는 "나는 죽으나 하나님이 너희와 함께 계시사"라고 말했을 것입니다. 뉴 파크 스트릿 교회는 그 나이든 목사가 죽는 것을 끔찍한 일로 여겼습니다. 설령 그가 이 자리에 영원히 있었다 해도, 그는 전혀 우리를 섬길 수 없었을 것입니다. 젊은 사람들도 모두 다 서서히 그렇게 늙어갈 것입니다. "태버너클 교회 성도들이 목회자를 잃는다면, 과연 성도들은 무엇을 할 수 있을까?"라고 성도들은 말합니다. 이런 일이 일어났을 때는 아마도 가장 큰 축복이 임할 것입니다. 훌륭한 많은 사람들이 자신이 감당할 수 있는 시간보다 더 오래도록 자신의 자리에 집착하면서, 그동안 자신이 세워 놓은 것을 엄청나게 허물고 있습니다. 하나님께서 그런 자들에게 "친구여, 이제는 더 높은 곳으로 올라오라"고 하신다면 그것은 잘된 일입니다.

　　우리는 앞으로 성경공부반을 떠나거나, 우리가 보살피던 교회를 떠나거나, 우리가 주관하던 큰 사역에서 떠나는 여러 개인들을 보게 될 것입니다. 그 때 우리는 "나는 죽으나 하나님이 너희와 함께 계시사"라고 말하게 될 것입니다. 하나님은 한 사람의 목회자나 오십 명의 목회자나 구애 받지 않으십니다. 우리가 떠날 때도, 하나님께서는 여러분과 함께 하실 것입니다. 우리가 사랑하는 친구인 조지 뮬러에 대해 사람들은 다음과 같이 말하곤 하였습니다. "뮬러 씨가 물러나면 고아원은 어떻게 될까?"라고 말입니다. 이 말을 제가 뮬러에게 했을 때, 그는 제게 "그 문제는 제가 느끼기에 조지 뮬러와는 전혀 상관없는 문제 같습니다. 하나님께서는 조지 뮬러를 원하는 기간만큼 사용하실 것이고, 하나님께서 그가 물러나도록 정하셨을 때는 또 다른 사람을 사용하실 것입니다"라고 말하였습니다. 지금 조지 뮬러는 브리스틀(Bristol)에 있지 않습니다. 여러분은 이 사실을 기억하십시오. 현재 그는 미국에서 설교를 하고 있는 것으로 알고 있습니다. 그는 유럽 전역을 다니며 말씀을 전했고, 고아원에 개인적으로 함께 할 시간이 거의 없었지만, 그럼에도 불구하고 그 고아원은 조지 뮬러 없이 여태 지속되어 오고 있습니다. 이러한 사실은 인간의 쓸데없는 질문에 대한 답을 시사하고 있습니다.

　　영원한 하나님, 찬양받으시옵소서. 아브라함은 죽었지만 이삭이 있었고, 이삭도 죽었지만 야곱이 있었습니다. 야곱도 죽었지만 요셉이 있었고, 요셉도 죽었지만 에브라임과 므낫세가 살아 있었습니다. 하나님께서는 자신의 높은 기준을 감당할 믿음의 용사가 사람들 가운데서 끊어지지 않게 하실 것입니다. 우리는 그저 좀 더 신실한 목회자들이 세워지도록 하나님께 기도합시다. 이것이야말로 우리가 주야로 마땅히 기도해야 할 제목입니다. 우리가 기도해야 할 제목들은 많습니다. 하지만 무엇보다도 사람들이 복음을 더 잘 받아들여서 복음의 비중이 좀 더 커지도록 기도해야 할 것입니다. 우리에게는 너무 멋진 말들이 많고, 너무 유창한 말들이 난무합니다. 하지만 충실하고 분명하게 복음을 전하는 일은 너무 드뭅니다. 그럼에도 하나님께서는 사도적인 전승을 계속해서 이어가실 것입니다. 그러므로 이에 대해서 절대로 우려하지 마십시오. 스데반이 죽어갈 때, 바울은 그리 먼 곳에 있지 않았습니다. 엘리야가 들림을 받을 때, 그는 자기 겉옷을 뒤에 남기고 떠났습니다. "나는 죽으나 하나님이 너희와 함께 계시사." 사랑하는 성도 여러분, 이 말씀으로 위로를 받으십시오. 하나님의 사랑하는 아들, 그 이름이 "임마누엘"(하나님이 우리와 함께 하심)인 예수 그리스도를 통해, 하나님의 성령께서 여러분과 함께 하시기를 기원합니다. 아멘

제
26
장

—

잠에서 깨어나 외친 야곱

—

**"야곱이 잠이 깨어 이르되 여호와께서 과연 여기 계시거늘
내가 알지 못하였도다." — 창 28:16**

　　야곱은 자신의 어리석은 꾀로 인해 부득불 아버지의 집을 떠날 수밖에 없었습니다. 이런 추방이 그의 영혼에 끼친 슬픈 감정은 아마도 이루 헤아릴 수 없을 것입니다. 여기서 우리는 한 기독교인의 가정에서 또 다른 가정으로 넘어가게 됩니다. 우리가 아버지의 집을 떠나게 된다 해도, 우리는 여전히 지극히 높으신 하나님을 섬기는 제단이 있고, 그분의 이름을 경외하는 예배자들과 하나 될 수 있는 곳에 머무르기를 바랄 것입니다. 하지만 야곱의 경우는 그렇지 못했습니다. 왜냐하면 그가 속했던 가정은 그 땅에서 하나님을 경배하는 유일한 가정이었기 때문입니다. 설령 하나님을 섬기는 소수의 몇몇 가정이 있었다 해도, 그들은 서로에 대해 알지 못했을 것이며, 특히 야곱이 그런 가정을 알기란 더더욱 어려웠을 것입니다. 따라서 그가 아버지를 떠나 밧단아람에 이르기까지, 그는 하늘의 하나님을 경외하는 단 한 명의 사람과도 만날 수 없었을 것입니다. 그는 한 오아시스를 지나 또 다른 오아시스를 향해 뜨거운 사막을 걸어가고 있었습니다. 우리는 그런 야곱을 한 마리의 제비에 비교할 수 있을 것입니다. 처음으로 해변을 떠나 지친 날개로 그 자줏빛 바다를 건넜지만, 여전히 휴식할 곳을 찾지 못한 제비 신세가 바로 그의 처지였습니다. 여러분도 분명히 알다시피, 야곱이 거하던 이방 세계에 널리 퍼진 생각은, 자기의 신들은 오직 한 지역에서만 권위를 가

진다는 것이었습니다. 예를 들어 가사(Gaza)의 신이 아스글론(Askelon)의 신은 아니었으며, 브엘세바의 하나님은 벧엘의 하나님이 아니었던 것입니다. 그 이방 신들은 산의 신이지, 골짜기의 신이 아니었습니다. 야곱은 이런 이방 민족들과 밀접한 관계를 가지면서, 자기 아버지가 섬기는 하나님은 그 이방 민족의 신들과 같지 않다는 생각을 분명하게 인식하지 못했을 수도 있습니다. 그럴 가능성이 아주 농후했습니다. 그런 상태로 아버지의 집을 떠나면서, 야곱에게는 다음과 같은 고민스러운 생각들이 떠올랐을 것입니다. 즉 자기는 자기 아버지의 하나님도 떠난 것이라고 말입니다. 그러니 이제부터는 자기가 기도를 해도 응답받지 못할 것이고, 여호와의 땅에서 이방인이 될 것이며, 복된 회중에서 벗어나게 될 것이라고 생각했습니다. 그 당시 야곱은 은혜에 있어서 충분히 장성한 신자가 아니었으며 어린 아이에 불과했습니다. 그가 어머니의 계략을 쉽게 받아들인 것을 보면, 그에게 장성한 경건이 없었다는 사실을 잘 알 수 있습니다. 이처럼 믿음이 연약한 사람이 집에서 양육을 받지 못하고 외톨이가 되어, 우호적이지도 않고 마음에 맞지도 않는 이방 세계에 던져진다는 것은 결코 사소한 일이 아니었습니다. 그런 도망자인 그에게, 하나님이 거기 계셨다는 것을 자신이 알지 못했던 순간에도 하나님의 사랑이 자신을 뒤따르고 있었다는 것은 행복한 일이었습니다. 여호와의 날개가 이삭의 장막 안에 있던 자신의 침상을 감쌌던 것과 마찬가지로, 자신의 딱딱한 돌침대도 그의 날개 아래 있다는 확신을 얻게 된 꿈은 복된 일이었습니다. 이 진리로 인해 그는 놀란 것처럼 보이지만, 오, 이 진리는 그에게 얼마나 달콤한 위로가 되었는지 모릅니다! 그래서 그는 "과연"이라고 말했던 것입니다. 마치 고난의 밤이 지나고 확신의 날이 시작된 것을 알고 있는 것처럼, 그는 새로운 아침빛에 두 눈을 떴습니다. "여호와께서 과연 여기 계시거늘 내가 알지 못하였도다."

　성령 하나님께서 저에게는 말씀을 전할 능력을 주시고, 여러분에게는 말씀을 들을 능력을 주신다면, 저는 오늘 아침에 야곱에게도 유익했을 뿐만 아니라 어쩌면 우리에게도 유익한 주제를 여러분에게 전하고자 합니다. 오! 어디나 계시는 당신께서 특별히 지금 이 자리에 계셔 주옵소서. 이곳에 당신께서 계셔 주시고, 우리가 이를 알게 하시며, 당신의 임재 가운데 두려워 떨게 하옵소서. 저는 세 가지를 말씀드리고자 합니다. 첫 번째, 하나님의 편재성(遍在性), 즉 하나님은 어디에나 존재하신다는 교리입니다. 두 번째, 그 편재성의 인식, 즉 하나님의 존재를 알기 위한 필수적인 정신입니다. 세 번째, 이 편재성을 인식한 결과들, 즉 하나님은 어디에나 존재하신다는 확신에서 분명하게 솟아나는 실천입니다.

1. 하나님의 편재성

첫 번째로, 하나님의 편재성 교리입니다. 그분은 어디에나 존재하십니다. 초대교회에는 사악한 이단이 있었습니다. 이 이단은 오랫동안 혼란과 극도로 과열된 논쟁을 불러일으켰습니다. 이들 가운데는 악의 대표격인 사탄이 선의 대표격인 하나님과 대등한 능력을 가지고 있다고 가르치는 자들이 있었습니다. 이들은 하나님의 보편적인 능력이라는 교리를 필수적으로 반대할 수밖에 없었습니다. 그들의 가르침은 현재 세계 속에서 만물 가운데 영향을 끼치고 있는 하나님의 임재를 부인하였습니다. 따라서 우리가 하나님의 임재 가운데 들어가기 위해서는 자연 세계로부터 완전히 벗어나야 할 필요가 있다고 생각하였습니다. 이런 생각을 가진 설교자들은 하나님과 그의 위대한 우주 사이가 아주 멀리 떨어져 있다고 가르친 것 같습니다. 다시 말해, 그들은 하나님에 대해서 여기와는 아주 멀리 떨어진 어느 한 땅에 거하는 왕으로 항상 가르쳤습니다. 아니, 그들은 심지어 "우리와 그분 사이에는 분명히 큰 간극(間隙)이 있어서, 우리의 기도가 그분에게 상달되지 못할 뿐만 아니라, 그분의 은혜도 우리에게 임할 수 없다"고 말하는 정도까지 나간 것 같습니다. 그러나 이런 오류는 오래 전에 논박되었습니다. 이 일을 행하신 하나님을 찬송합니다. 우리는 그리스도인으로서, 하나님은 하늘 높은 곳에 계실 뿐만 아니라 지옥 맨 밑바닥에도 계시며, 밤낮으로 그분의 이름을 영원히 찬양하는 순결한 자들의 복된 찬양 가운데 계실 뿐만 아니라, 죽어 마땅한 죄악된 무리들 가운데도 참으로 계신다는 사실을 분명히 믿고 있습니다. 그분은 하늘과 땅과 지옥까지 널리 계시며, 그분의 창조가 이뤄진 것으로 보이는 바로 그 우주에도 계시기에, 피조물들이 감히 하나님을 대신할 수 없습니다. 그분이 손수 만드신 것들로 채워진 그 우주까지 그분 자신으로 충만해 있습니다. 이 모든 것을 우리는 믿고 있습니다. 그 뿌리를 도저히 파헤칠 수 없는 깊은 곳에 있는 반석의 내부도 하나님으로 충만하고, 노호(怒號)하는 바다와 조그마한 구멍이나 틈도 없는 그 딱딱한 화강암 같은 곳에도 하나님은 계십니다. 그분은 트인 장소와 갈라진 틈 사이에도 계실 뿐 아니라, 모든 물질을 관통하고 만물 속 어디에나 풍성히 거하면서 모든 것을 자신으로 충만하게 하십니다. "우리가 그를 힘입어 살며 기동하며 존재하느니라"(행 17:28). 이미 이 교리를 받아들이고 있다 해도, 때로는 이를 확대시켜 나가는 것도 좋은 일입니다. 논증을 하기 위해서라기보다 오히려 이 진리를 우리 마음에 좀 더 분명하게 드러내기 위해서 말입니다. 그러므로 우리는 세 나라 어디에서나 하나님은 존재하신다는 사실을 기억하도록 합시다. 즉 자연의 나라와 섭리의 나라와 은혜의 나라, 그 어느 곳에서도 우리는 "여호와께서 과연 여기 계시거늘"이라고 말하게 될 것입니다.

첫째로, 그분은 자연의 영역 어디에나 계십니다. 여러분이 원한다면 저 외딴 곳으로 가보십시오. 푸르른 이끼가 마치 사람의 발길을 위해 준비된 부드러운 카펫처럼 깔려 있는 숲 속 오솔길을 거닐어 보십시오. 한 낯선 불청객의 등장으로 사슴은 놀라 펄쩍 뛰어오르며, 야생 조류들은 인간의 험상궂은 얼굴을 아직 알지 못해 날아가지를 않습니다. 서로 뒤엉킨 나뭇가지 사이를 거닐다보면, 하나님께서 친히 세우신 자신의 성전에 있는 이 자연스러운 아치들은 석공이나 토기장이의 수고도 없이 만들어진 것을 보게 됩니다. 그래서 여러분이 참된 그리스도인이라면, 여러분은 다음과 같이 말할 수밖에 없을 것입니다.

"고요가 물러나고, 평온이 그늘진 곳에,
　기도와 찬송이 어우러진다.
　당신을 따르는 자들을 위해
　당신의 달콤한 자비가 이를 만드신 듯하도다."
(윌리엄 쿠퍼[William Cowper], '오, 하나님, 이 세상을 멀리 떠나 당신께 피하나이다'
[Far from the world, O Lord, I flee], 2절 ― 역주).

여러분은 엄숙하게 외칠 것입니다. "여호와께서 과연 여기 계시거늘." 여러분의 생각처럼 여러분은 홀로 있는 것이 아닙니다. 나풀거리는 모든 꽃망울들과, 미풍에 들려오는 곤충들의 소리, 그리고 여러분의 발 밑에 있는 시든 잎사귀들 사이에서 반짝이는 딱정벌레, 파릇파릇한 수풀 속에서 여러 번의 겨울을 지나고도 살아남은 생물들과, 나무들 사이에서 지저귀는 새들, 이 모든 것들 하나하나가 하나님이 분명히 거기 계시다는 사실을 증거하고 있습니다. 사실, 하나님의 임재를 의식하고 충격을 받아 마음이 깨어나게 된 사람들이 있습니다. 하나님이 그곳에 계신다는 의식을 갖게 된 그곳은, 다른 사람들이 그런 임재를 느끼지 못한다 해도 자신에게는 하나님의 임재를 느끼는 곳이 될 것이며, 그곳에서 그는 하나님을 예배하는 유일한 사람이 될 것입니다. 물론 자연의 피조물들은 그 예배에 자원함으로 함께 참여할 것입니다. 여러분도 사람들이 자주 다니는 곳을 가보아 알겠지만, 많은 군중들이 다니는 그 곳에도 하나님이 계신다는 사실을 여러분은 기억해야 합니다. 런던 브리지의 교각 중 한 곳이라도 가서, 급하게 다니는 무리들을 잠시만 살펴보십시오. 한 시간에도 수천 아니 수만 명이 쉬지 않고 계속해서 지나갑니다. 많은 나라의 부자들이 그 도로를 낡게 만들고, 허다한 남녀 무리들과 어린 아이들이 그 단단한 도로를 닳게 합니다. 하나님은 거기에도 계십니다. 이 세상과 이 세상의 수고만 생각하느라 그들 대부분이 이 사실을 잊고 있었다 해도 말입니다. 그들을 위에서 내려다보고 계시는 한 분, 모든 공간에 거하시기에 그들 속에도 계시는 그 한 분을 그들은 잊고 있을 뿐입니다. 여러분과 저는 그 사실을 잊지 맙시다. 오히려 우리는 "하나님은 여기에도 계신다. 그 무리들의 혈관 속을 돌아다니는 피 한 방울에도, 사람들의 뺨을 붉게 물들이는 모든 홍조에도, 가슴을 고동치게 하는 모든 맥박과 그들이 숨 쉬는 호흡에도 하나님이 계신다"라고 말합시다. 사람들이 음식을 먹고, 옷을 입으며 저렇게 존재하고 있다는 바로 그 사실은 하나님께서 그곳에 틀림없이 존재하신다는 증거가 될 것입니다. 그러면 여러분의 마음에는 어떤 경외감이 와락 밀려들 것이고, 여러분은 저 붐비는 시장에서도 혼잡한 거리에서도 그리고 시끄러운 교회에서도, 마치 저 멀리 황량한 대초원이나 사람의 발길이 아직 닿지 않은 어느 아프리카 사막에서 있는 것처럼, 하나님과만 함께 있는 것 같은 경험을 하게 될 것입니다. 참으로 하나님은 이곳에도 계십니다. 그러므로 여러분은 흰 돛을 달고 그 깊은 바다로 항해해 나가십시오. 여러분 속에 바른 영혼이 있다면, 거품이 이는 물보라를 헤쳐 나가면서 여러분은 "여호와께서 과연 여기 계시거늘"이라고 말하게 될 것입니다. 폭풍이 불어오고, 마치 하나님의 군대가 행진할 때 울리는 북소리처럼 우레가 치며, 무시무시하게 쳐대는 번개 속에서 하늘도 그 번쩍이는 창의 불꽃에 상처를 입은 듯 보이고, 배마저 이리저리 마구 흔들려 파도 위의 바다 새처럼 요동할 때도, 여러분은 "과연 그분께서 친히 손으로 물결을 잡고 계신다. 하나님이 여기에 계신다"라고 말하게 될 것입니다. 그러다 마침내 여러분이 육지에 상륙할 때가 되어, 온 천지가 고요해지며 맑고 흰 구름이 하늘에서 서서히 움직이기 시작하고, 조금 전에 내린 소나기로 모든 것들이 신선하고 녹음이 짙어지며, 바람도 잔잔하여 거침없이 항해하고, 비와 폭풍우 뒤에 맑은 햇살이 비추며, 소란한 태풍 후에 깊은 곳으로부터 고요함이 깃들 때, 그 때도 여러분은 상쾌한 기쁨으로 "여호와께서 과연 여기 계시거늘"이라고 말하게 될 것입니다. 제가 이런 식으로 계속해서 더 말할 필요는 없을 것입니다. 여러분이 원하는 곳으로 어디든 가도 좋습니다. 어느 곳에서든 여러분은 하나님께서 만드신 최고로 장엄한 작품을 보게 될 것이며, 그래서 여러분은 다음과 같이 말할 것입니다. "오, 백발이 뒤덮인 알프스여, 너의 그 끔찍한 정상 그곳에도 하나님께서 계신다! 오, 폭풍우를 몰고 오는 구름아! 너의 그 어두운 가슴에도 하나님께서 계신다! 오, 모든 것을 파괴하는 태풍아, 너의 그 화난 가슴에도 하나님께서 계신다!" "물에 자기 누각의 들보를 얹으시며 구름으로 자기 수레를 삼으시고 바람 날개로 다니시며"(시 104:3). 하나님은 바로 여기에 계십니다. 지극히 작은 것에도 하나님은 계십니다. 사과나무의 꽃망울 속에도, 작은 야생화의 꽃망울 속에도, 깊은 바다에서 몸을 씻고 나온 작은 조개 속에도, 최고로 어두운 광산에서 캐낸 반짝이는 작은 돌에도, 가장 높은 곳에 있는 별에도, 저 멀리서 민족들을 놀라게 하는 혜성에도, 죽을 수밖에 없는 인간의 눈에서 즉시 멀리 사라져 버리는 혜성의 그 불 같은 마차에도, 위대한 하나님, 당신은 거기에 계십니다. 당신은 어디에나 모든 곳에 계십니다. 미세한 것에서 광대한 것까지, 아름다운 것 안에도, 끔찍한 것 안에도, 스쳐 지나가 버리는 것 안에도, 지속적인 것 안에도, 때로 우리가 당신을 알아채지 못한다 해도, 당신은 이것들 안에 계십니다.

둘째로, 이제 우리는 섭리의 나라에 들어가 보겠습니다. 여기에도 계신 하나님을 보고 다시 기뻐합시다. 사랑하는 성도 여러분, 우리 함께 수 세기라는 시간을 거슬러 올라가 봅시다. 인간이 타락하여 에덴 동산에서 쫓겨나오게 된 그 태초의 시간으로 갈 수 있도록 우리의 생각 여행을 한 걸음 내딛어 봅시다. 그 때 이 땅에는 인구가 별로 없었고, 각종 야생 동물들은 마음껏 돌아다니고 있었습니다. 그 당시 영국이라는 이 섬이 어떠했는지 우리는 잘 알지 못합니다. 다만 우리가 생각해 볼 수 있는 것은, 이 땅이 빽빽한 수풀로 뒤덮여 있었을 것이고, 아마도 포악한 짐승들이 거주하고 있었을 것입니다. 그러나 그분은 오늘날 존재하시는 것과 마찬가지로 그 때 거기에서도 존재하셨습니다. 이렇게 큰 동산에서 낮에 서늘할 때에 그분께서 거니시는 발걸음을 들을 이 아무도 없는 그 때에도, 그분은 정녕 그 자리에 계셨습니다. 오늘 수만 가지 찬송으로 그분의 이름을 찬양하고 드높이는 이 자리에 그분께서 계신 것과 같이, 그 때 그 자리에도 그분은 참으로 계셨습니다. 그 후에 우리 인간의 역사가 시작되었습니다. 그 역사의 페이지들을 넘기면, 여러분은 땅을 피로 얼룩지게 하고 엉겨 붙은 피에 발이 빠질 정도로 땅을 진홍색으로 만든 잔인한 공습과 전쟁의 역사를 읽게 될 것입니다. 또한 내전과 형제와 형제 사이에서 벌어진 반목도 읽게 될 것입니다. 그래서 여러분은 "어떻게 이런 일이 일어날 수 있었는가? 어떻게 이런 일이 용인될 수 있었는가?"라고 말하게 될 것입니다. 그러나 여러분이 그 역사를 계속해서 읽어 가다보면, 이러한 폭동과 피의 투쟁을 통해서 어떻게 자유를 쟁취하게 되었는지, 그리고 인간에게 최상의 유익이 어떻게 구현되었는지를 알게 될 것입니다. 그래서 여러분은 "참으로, 하나님께서 여기 계시나니"라고 말하게 될 것입니다. 역사는 여러분을 끔찍한 전쟁의 현장으로 이끌 것입니다. 그리고 역사는 여러분에게 피로 물든 옷들을 보여줄 것입니다. 또한 역사는 전쟁의 화염과 자욱한 연기의 짙은 어둠으로 여러분을 뒤덮을 것입니다. 여러분은 무기들이 서로 부딪히는 소리를 듣고, 동료들의 육신을 보면서, "마귀가 여기 있다"라고도 말할 것입니다. 하지만 진리는 다음과 같이 말합니다. "아니, 여기 마귀가 있다 해도, 하나님께서 분명히 여기에 계셨는데, 내가 알지를 못한 것이다. 결국 이 모든 것은 필요한 것들이었다. 이런 재난들은 섭리가 빚어내는 강력한 수레바퀴의 회전일 뿐이다. 물론 이 섭리는 너무나 고차원적이어서 우리가 이해할 수는 없다. 하지만 분명한 것은 그 섭리적 행동에 따른 결과를 우리가 어느 정도 가늠할 수 있다는 것이다." 만약 여러분이 역사 속에서 최악의 모습은 어떤 것이었을까 하여, 앞에서 말한 것보다 훨씬 더 슬픈 이야기를 원한다면, 계속해서 역사의 책장을 넘겨 보십시오. 저는 그것이 박해의 역사라고 생각합니다. 하나님의 사람들이 어떻게 돌에 맞아 죽고, 톱으로 켜져 죽었는지 읽어 보십시오. 여러분은 상상력을 동원하여 스미스필드(Smithfield, 메리 여왕 때 개신교인이 순교한 지역 — 역주)의 화형대와 롤라드 타워(Lollards' Tower, 원래는 15세기에 세워진 수중 탑이었지만, 메리 여왕 치하에서 개신교도들이 투옥되어 수백 명이 순교한 곳 — 역주)의 옛 지하 감옥을 생각해보십시오. 하나님이 택하신 씨들을 멸절시키고자, 지옥에 있는 악마들로 보이는 자들이 불과 칼과 고문 도구들을 가지고 어떻게 했는지를 생각해 보십시오. 그러나 기억하십시오. 그 피비린내 나는 비극적인 역사를 읽으면서, 불쌍하게 고문 받은 인간의 육체에 대한 끔찍한 장면을 연상하면서, 어쩌면 여러분의 영혼은 병이 들지도 모르겠지만, 바로 그 곳에서도 참으로 하나님이 계셨다는 사실입니다. 비록 거친 손길이었지만, 그 영원한 씨들은 하나님의 명령으로 박해라는 돌풍에 날려가, 다시 말해 이런 태풍의 날개가 아니었다면 결코 뿌려지지 않았을 저 먼 섬들까지 날려가, 거기서 뿌리를 내리고 열매를 맺게 되었던 것입니다. 오, 하나님, 당신은 사람이 가장 큰 죄악을 짓고 당신을 모독할 때도, 거기 계십니다. 당신은 당신을 반역하는 자들을 다스리시며, 당신의 뜻에 도전하거나 그 뜻을 뒤집으려는 자들도 다스리십니다. 여러분은 항상 기억하십시오. 역사 안에서 끔찍한 상황들이 일어나는 것 같아도, 틀림없이 하나님은 그 곳에 계신다는 것을 말입니다. 여러분은 한 나라가 한 여인의 뜻에 따라 흥했다고 말하기도 하고, 또는 한 어린 아이의 목숨에 나라의 운명이 달려 있었다고 말하기도 합니다. 또 어떤 왕조는 널리 이름이 알려진 어떤 모험가의 뜻에 따라 흥하다가 쇠했다고 말하기도 하며, 또 어떤 나라는 한 어리석은 왕위 요구자의 광신적 행동에 따라 나라의 중심이 흔들렸다고 말하기도 합니다. 우리는 여러분이 말하는 이 모든 얘기들을 수긍합니다. 왜냐하면 일차적인 근거를 대는 사람 앞에서 누가 감히 이차적인 근거를 들어 반박할 수 있겠습니까? 하지만 저는 다음과 같은 말을 하고 싶습니다. 즉 이 역사에 당연히 인간도 있었겠지만, 그보다 더욱 분명히 하나님께서 계셨다고 말입니다. 이 땅의 왕들도 있었겠지만, 그분께서 왕으로 그 자리에 더욱 분명히 계셨습니다. 주님께서 이 땅의 그 어느 전사들보다 더욱 진정한 전사가 되어 그곳에 계셨습니다. 역사의 모든 페이지에 첫 번째 인이 개봉되고 마지막 일곱 번째 인이 개봉되어, 그 책이 여러 사람들과 천사들 앞에서 크게 읽혀질 때, 여러분은 "하나님께서 이 모든 일 가운데 계셨다"라고 말할 수밖에 없을 것입니다. 이러한 진리는 역사 전반에 적용될 뿐만 아니라, 구체적인 역사, 즉 여러분 자신과 여러분의 운명과 관련해서도 적용된다는 것입니다. 이 사실을 기억할 때 여러분은 기뻐할 수 있을 것입니다. 하나님은 거기 계십니다. 설령 화재가 나서 여러분이 가진 모든 것을 잃게 되었다 해도, 하나님은 거기 계십니다. 여러 가지 운이 좋아서 여러분의 삶이 성공했다 해도, 거기에 하나님이 계셨고, 이와는 반대로 여러분이 순식간에 도로 망했다 해도, 거기에 하나님은 계셨습니다. 그분의 지혜와 감독과 조정 아래 있지 않고서 일어난 일은 여러분에게 아무것도 없습니다. 여러분에게 부탁합니다. 여러분은 민족과 나라들을 생각하다가, 하나님의 섭리가 작은 것에도 함께 한다는 사실을 잊지 말기를 바랍니다. 하나님은 천사들의 생명을 유지시킬 뿐만 아니라 작은 미물의 생명도 유지시키십니다. 하나님은 산사태로 굴러오는 돌덩이에도 계시지만, 장미 봉오리 위에서 기어다니는 진딧물에도 분명히 계십니다. 그분은 모든 것 안에 계십니다. 그분은 여러분 안에도 계십니다. 그분은 오늘 여러분이 처한 상황 안에도 계십니다. 여러분은 이 진리를 명심하십시오. 하나님께서 도우시어 이 진리의 합당한 효력이 여러분의 마음에 나타나기를 기원합니다. 이 후에야 비로소 우리는 섭리 가운데 "하나님께서 과연 여기 계시거늘"이라고 말하게 될 것입니다.

　　셋째로, 이제 우리는 이 진리가 좀 더 분명한 방식으로 적용되는 위대한 나라인 은혜의 나라에 이르게 되었습니다. 저기 있는 저 확신의 나라는 완악한 마음을 가진 자들이 회개의 눈물을 흘리는 곳이며, 결코 인자에게 굴복하지 않겠다고 말하던 교만한 자들이 하나님의 아들의 분노를 사지 않기 위해 그분에게 무릎 꿇고 입 맞추며 경배하는 곳이며, 바위처럼 요지부동하고 단단한 양심을 지닌 자들이 마침내 감정을 느끼기 시작하는 곳이며, 고집 세고 단호하며 구제 불능인 죄인들이 마침내 자신들이 걸어 온 죄악의 길에서 돌이키는 곳입니다. 바로 거기에 하나님이 계십니다. 만약 하나님께서 거기 계시지 않았다면, "내가 일어나 아버지께 가서"(눅 15:18)라는 거룩한 감정들이 전혀 생기지 않았을 것이며, 그런 부르짖음도 전혀 들리지 않았을 것입니다. 더 밝은 태양이 비치는 저 은혜의 나라는 회개한 자들이 기쁨으로 피 흘리는 구세주를 바라보는 곳이며, 죄인들이 굴레를 벗고 억눌렸던 자들이 짐을 벗고 찬송하는 곳이며, 여태 흑암과 사망의 그늘진 골짜기에 앉아 있던 자들이 큰 빛을 발견하는 곳입니다. 하나님께서는 바로 여기에 계십니다. 그렇지 않았다면, 믿음도 임할 수 없었고, 소망도 생기지 않았을 것입니다. 그리고 더욱더 밝은 저 은혜의 나라는 그리스도인들이 자기 몸을 산 제물로 드리는 곳이며, 자기를 부인하는 열정 있는 사람들이 자기들은 아무것도 아니고 그리스도야말로 만유 안에 계신 만유로 여기는 곳이며, 선교사들은 피부가 다른 이교도들 사이에서 죽기 위해 자기 친척을 떠나는 곳이며, 미래가 촉망되던 젊은이들이 예수님의 겸손한 종이 되기 위해 밝은 미래를 포기하는 곳이며, 저기 일하고 있는 소녀들이 자기 영혼을 팔지 않고 오히려 자신의 빵을 위해 밤낮으로 일하는 곳이며, 또한 저기 수고하고 있는 노동자들도 권력자들의 요구에 대항하여 양심의 권리를 위해 의연히 일어서는 곳이며, 저기서 분투하는 신자들은 모든 고난 속에서도 하나님을 더욱 굳게 붙잡으며, "그가 나를 죽이실지라도 나는 그를 의뢰하리니"(욥 13:15 개역개정 이역[異譯])라고 말하는 곳입니다. 하나님께서는 바로 여기에 계십니다. 볼 눈을 가진 자는 그분께서 거기 계시다는 것을 즉시 알아차릴 것입니다. 탄식소리가 높아지는 곳, 눈물이 떨어지는 곳, 찬송이 울려 퍼지는 곳, 간절한 바람이 있는 곳, 사랑이 불타오르고 소망이 기대되고 믿음이 거하고 기쁨이 흘러넘치고 인내로 이겨내고 열정이 풍성한 곳, 그곳에 틀림없이 하나님께서 계십니다. 사람이 자기 마음을 하나님께 성전으로 바친다면, 하나님은 그 사람의 마음을 성전으로 삼고 거기에도 계십니다. 그러므로 사랑하는 성도 여러분, 하나님은 이 세 개의 나라 모두 안에 계십니다. 우리는 "여호와께서 여기 계시거늘"이라는 한 말씀을 잊지 않도록 합시다.

그럼에도 불구하고 여러분은 여전히 "하나님은 여기는 계시지 않는다"라고 쉽게 생각합니다. 저는 방금 말한 이 생각에 대해 조금 더 설명한 다음, 다른 주제로 넘어가려고 합니다. 여러분은 하나님께서 친히 묘사하신 다음과 같이 멋진 장면을 기억할 것입니다. "하늘은 나의 보좌요 땅은 나의 발판이니"(사 66:1). 아마도 여러분은 폐허가 된 이집트 신전 한복판에서 머리가 구름 위까지 솟아오른 멋진 조상(彫像)들의 그림을 본 적이 있을 것입니다. 그 신들은 장엄한 보좌 위에 계속해서 앉아 있습니다. 보통 사람의 신장으로는 그 신들의 발판에도 미치지 못합니다. 반면에 이 거대한 신들의 탑은 하늘 높이 솟아 있습니다. 자, 이제는 이런 신들의 모습도 작은 묘사에 불과하다고 생각하고, 어마어마하게 거대한 신상의 모습을 여러분의 마음속에 그려보십시오. 하늘은 그분의 보좌이며, 그 보좌에 그분이 앉아 계십니다. 반면에 이 땅은 그분의 발판입니다. 여기에는 그분의 발이 있습니다. 천사들이 날아다니는 곳보다 더 높은 곳에 온전히 영광스러운 그분의 머리가 있습니다. 우리는 하나님을 완전히 파악할 수 없습니다. 하지만 그분께서 우리에게 자신을 보여주시는 대로 우리는 그분에 대해 생각할 수 있습니다. 여러분도 알다시피 그분께서는 인간이 이해할 수 있는 모습으로 자신을 보여주십니다. 그러므로 우리는 인간적인 표현방식으로 그분을 우리의 마음에 새겨 봅시다. 그분은 사람이 생각할 수 있는 가장 큰 것보다 더 크신 분입니다. 그분의 머리는 하늘보다 더 높이 계시며, 그분의 발은 지옥 밑바닥보다 더 깊은 곳에 있습니다. 땅은 그분의 발판이며, 하늘은 그분의 보좌입니다. 그러므로 절대 우리는 그분이 이 자리에 계시지 않다고 생각해서는 안 됩니다. 만약 그분의 얼굴이 하늘에 보인다고 한다면, 그분이 입은 옷의 옷깃은 온 땅에 끌릴 것이기 때문입니다. 우리는 절대 그분에게서 먼 곳에 있지 않습니다. 그분은 여기, 저기, 그리고 모든 곳에 계시고, 여러분과 함께 나와 함께 계시며, 모든 시간에 모든 상황에 함께 계십니다. 저는 이 진리를 이보다 더 분명하게 설명할 수 없을 것 같습니다. 그래서 이제 두 번째 대지로 넘어가려고 합니다.

2. 편재성의 인식

그런데 하나님의 임재를 우리가 어떻게 인식할 수 있겠습니까? 우리로 하여금 그 임재를 계속해서 느낄 수 있게 하는 그 영은 도대체 무엇입니까? 전기의 존재는 전기 작용을 쉽게 받아들이는 도체(導體)들에 의해 매우 즉각적으로 알 수 있습니다. 예를 들어, 어떤 그릇 속에 쇠가 있는지의 여부는 자침(磁針)으로 아주 재빨리 탐지되고 확인됩니다. 쇠와 자침, 이 둘 사이에는 친근한 성질이 있습니다. 이 자리에 있는 육에 속한 사람들이 하나님의 존재를 발견하지 못하는 것에 대해 저는 전혀 이상하게 생각하지 않습니다. 그들이 "하나님이 없다"(시 14:1)고 말한다고 해도, 그 또한 전혀 이상하지 않습니다. 왜냐하면 그들의 본성은 하나님과 친분이 전혀 없기 때문입니다. 그래서 그들이 그분을 인지하지 못하는 것입니다. 그들에게는 하나님과의 친분이 없기 때문에, 그분의 임재를 발견할 수 없는 것입니다.

이제 우리가 어떻게 하나님의 임재를 인식할 수 있는지에 대해 전하겠습니다. 만약 여러분이 하나님의 임재를 느끼고자 한다면, 첫째로, 여러분은 반드시 그분과 본성적으로 친분이 있어야만 합니다. 여러분의 영혼 속에 양자의 영이 있어야 한다는 것입니다. 그래야 그 영혼의 아버지를 즉시 알아볼 수 있습니다. 그리고 여러분의 영혼에는 거룩함을 향한 갈망이 반드시 있어야 합니다. 그래야 거룩함 그 자체이신 그분의 임재를 여러분이 즉시 알게 될 것입니다. 또한 여러분의 마음은 천국이 되어야만 합니다. 그래야 여러분은 천국의 하나님이 이 자리에 계신 것을 즉시 감지할 수 있을 것입니다. 우리가 하나님을 더욱더 닮게 되면, 우리가 있는 이곳에 하나님이 계시다는 사실을 더욱더 확신하게 됩니다. 성화의 최고 단계에 이른 사람에게는 하나님의 존재가 우리 옆에 있는 어떤 다른 사물의 존재보다 더욱더 확실히 느껴질 것입니다. 실제로 이런 상태에 이른 사람은 들판이나 거리나 주민이나 세상의 사건들을 모두 꿈처럼 스쳐 지나가는 것으로 여길 것입니다. 반면에 그에게 유일하게 실재로 느껴지는 것은 눈에 보이지 않는 하나님이 됩니다. 새롭게 된 그의 본성은 하나님을 아주 분명하게 증거하며, 그의 믿음도 보이지 않는 것들의 증거가 되고, 인간의 감각으로 인지할 수 없는 것들의 실상이 됩니다. 하나님의 임재를 분명히 인식하기 위해서는 무엇보다도 하나님과 닮은 면이 하나라도 있어야 하는 것입니다.

둘째로는, 영혼의 고요함이 있어야 합니다. 야곱이 형 에서를 만나기로 한 그날 밤, 그곳에는 이미 하나님이 계셨습니다. 하지만 야곱은 이를 알지 못했습니다. 야곱은 형 에서가 두려웠기 때문입니다. 그는 당혹스러웠고 초조했으며 불안했습니다. 그러다가 잠에 곯아떨어졌고, 자면서 꾼 꿈이 그의 마음을 고요하게 해주었습니다. 그로 인해 잠에서 깨어난 그는 새 힘을 얻었고, 그의 마음을 괴롭힌 허튼 생각들은 사라져 버렸으며, 그는 하나님의 음성을 듣게 되었습니다.

> "내 마음이 엄숙한 침묵 속에 잠길 때,
> 거기서 나는 나의 천국과 나의 하나님을 발견합니다."
>
> (와츠, '질병 가운데 천국을 바라보며'[A Sight of Heaven in Sickness] — 역주).

영적인 마음이 있다 해도, 우리가 하나님의 임재를 충분히 자각하기 위해서는 우리가 좀 더 조용하고 좀 더 고요하고 좀 더 안정된 마음으로 물러나 있는 것이 필요합니다.

셋째로, 이러한 고요한 마음 외에도 야곱에게는 그리스도에 관한 계시가 주어졌습니다. 제가 이미 설명한 바와 같이 야곱이 꿈속에서 본 그 사다리는 하나님과 인간 사이를 중재하는 통로인 그리스도를 묘사한 것이었습니다. 여러분이 은혜 안에 있는 하나님을 보는 법을 배우지 못하는 한, 여러분은 자연 속에 있는 하나님을 결코 인식하지 못할 것입니다. 지금까지 우리는 자연에서 시작해서 자연의 하나님으로 올라가려고 하는 시도들에 대해 많이 들었습니다. 하지만 그것은 불가능한 일입니다! 차라리 알프스 산맥 꼭대기에서 하늘에 이르고자 시도하는 편이 더 나을지도 모릅니다. 본성적인 마음 상태로 보자면, 하나님과 본성 사이에는 여전히 넘을 수 없는 큰 간극(間隙)이 있습니다. 여러분은 하나님께서 만드신 창조 가운데서 하나님을 인식하기 이전에, 무엇보다 먼저 그리스도의 육신 가운데서 성육신하신 하나님을 인식해야만 합니다. 성도들이 모이는 집회에는 자주 모습을 보이지 않으면서도, 숲속 오솔길에서 경배하는 자들에 관한 얘기들을 우리는 지금까지 숱하게 들어왔습니다. 정말 여러분은 이런 얘기들을 많이 들었을 것입니다. 하지만 그 속에서는 진리가 거의 없습니다. 빈 수레가 요란하듯, 여러분은 이 본성적인 경배에 대해 많은 말을 하는 사람들이 하나님을 전혀 경배하지 않는 자들이라는 사실을 자주 발견하게 될 것입니다. 만약 우리가 하나님을 찾기 위해 피조물을 통하는 방식의 길을 원한다면, 하나님께서 행하신 그 업적들은 빛을 통과시키기에는 너무나 투박한 도구여서, 그분을 향해 가는 길은 험난한 길이 될 것입니다. 그러나 내가 그리스도를 볼 때, 나는 내 영혼과 내 하나님 사이에 있는 하나님의 새롭고도 살아 있는 길을 아주 분명하고 즐거운 마음으로 보게 됩니다. 그래서 이제 나는 내 하나님에게 즉시 나아오게 되고, 그리스도 안에 있는 그분을 발견하게 되어, 어느 한 곳이 아니라 모든 곳에서 그분을 발견하게 됩니다.

이 외에도, 하나님께서 인간과 함께 하겠다는 약속을 하셨음을 알고, 믿음으로 그 약속의 성취를 바라볼 수 있는 사람이 아니라면, 그 누구도 하나님을 인식할 수 없을 것입니다. 야곱의 경우에 하나님께서는 "내가 너와 함께 있어 네가 어디로 가든지 너를 지키며 … 너를 떠나지 아니하리라"(창 28:15)고 말씀하셨습니다. 그리스도를 따르는 사랑하는 성도 여러분, 여러분도 이와 동일한 말씀을 들어 본 적이 있습니까? 시편 23편이야말로 여러분이 부를 믿음의 노래입니다! "내가 사망의 음침한 골짜기로 다닐지라도 해를 두려워하지 않을 것은 주께서 나와 함께 하심이라"(시 23:4). 비록 사람들은 여러분을 떠나도, 하나님은 여전히 여러분과 함께 계신다는 사실을 여러분은 분명히 의식하고 있습니까? 여러분은 다음과 같은 노래를 한 사람과 함께 찬양할 수 있겠습니까?

> "고난이 먹구름처럼 탁하고
> 우레 같은 소리를 발할 때,
> 그분은 항상 내 곁에 가까이 계시니,
> 오, 그분의 다정한 사랑,
> 그 얼마나 좋은지!"
> (새뮤얼 메들리[Samuel Medley], '내 영혼아 깨어 기쁜 노래 불러라'
> [Awake, my Soul, to joyful Lays], 4절 ― 역주).

만약 여러분이 이런 찬양을 할 수 있다면, 하나님의 임재를 인식하는데 별 어려움이 없을 것입니다. 여러분이 아침에 눈을 떴을 때, 여러분은 하나님의 임재를 매우 실제적으로 느낀 나머지 찬양을 하며 그분을 기대할 것입니다. 그리고 밤에 여러분이 눈을 감을 때, 여러분은 그분의 날개 그늘 아래 편히 안식할 것입니다. 제가 바라는 것은 우리가 옛날 청교도들의 정신을 다시 갖는 것입니다. 이들은 항상 하나님의 임재를 믿었습니다. 오늘날 우리는 자연 법칙에 대해 묵상하며, 유기물(有機物, organic matter) 같은 것들에 대해 항상 토론하고 있습니다. 하지만 옛 청교도들의 주요 관심사는 하나님이었습니다. 그들에게는 오직 하나님만이 묵상과 토론의 주제였습니다. 우리는 비와 관련하여 기압계를 바라봅니다. 어떤 면에서는 아주 바람직한 일입니다. 하지만 그들은 하나님을 바라보았습니다. 그리고 그들은 비가 있는 하늘의 물병을 멈추게 해 달라거나, 혹은 메마른 땅에 만물을 소생케 하는 큰 비를 쏟아 부어 달라고 하나님께 기도하였습니다. 지금 우리는 세상을 지배하고 있는 여러 법칙들, 특히 인력(引力)과 같은 법칙을 발견하고는 그에 대해 토론합니다. 하지만 청교도들은 그 법칙보다 그 법칙을 만드신 분을 바라봤습니다. 또한 그들은 어떤 허탄한 능력이 그 물질 자체에 또는 그 물질의 법칙 안에 존재하고 있다고 여기지 않고, 오히려 임재하신 그분의 손으로 드러난 하나님의 현재 능력을 더 바라보았습니다. 오, 큰 일에서나 작은 일에서나, 우리가 일어날 때에나 누울 때나, 밖으로 나갈 때나 안으로 들어올 때나 언제 어디서나 모든 곳에서 하나님을 느끼도록 합시다! 하나님 안에 살면서 하나님이 늘 함께 하신다는 것을 알고 느끼며 살아가는 마음이야말로 복된 인생이며, 영광스러운 영혼에 근접한 삶입니다. 저는 이런 사람보다 더 복된 인생이나 더 영광스러운 삶을 생각할 수 없을 것 같습니다.

3. 편재성을 인식한 결과들

이제 저는 매우 간략하게 한두 가지 결론적인 말씀을 전하고자 합니다. 즉 하나님의 편재성이라는 교리에 담긴 정신을 충분히 인식한 그 실제적인 결과에 대해서 전하겠습니다. 첫째는, 우리의 지나친 경박함을 시정하게 되는 것입니다. 쾌활한 것은 하나의 미덕입니다. 하지만 경박한 것은 하나의 악덕입니다. 우리가 "여호와께서 과연 여기 계시거늘"이라고 말한다면, 부적절한 농담을 하는 것이 얼마나 어리석은 말인지를 깨닫고 즉시 그런 농담을 그만두게 될 것입니다. 그 다음으로 여러분이 환희에 빠져 있다고 가정해 봅시다. 여기서 제가 말하는 환희는 순결한 환희가 아니라, 부정한 것과 관련된 환희나 어떤 악한 종류의 환희입니다. 그 때 여러분이 손가락질을 받으며, "여호와께서 과연 여기 계시거늘"이라는 음성을 듣는다고 생각해 보십시오. 여러분의 오락이 죄악과는 거리가 먼 것이 되게 하십시오. 여러분이 즐기는 것들은 하나님이 보실 때도 즐길 수 있는 것이 되게 하십시오. 하나님께서 여기 계신다고 우리가 느낀다면, 우리는 그분과 그리스도에 대해 얼마나 자주 말하게 되겠습니까! 오늘 오후에 여러분 대다수는 어떤 대화를 하려고 합니까? 신앙 고백을 한 어떤 신앙인들은 주일 오후의 대화 주제를 찾기가 아주 어렵다고 생각합니다. 그들은 자기들이 세속적인 대화라고 생각하는 것을 바로 내놓고 말하기를 좋아하지 않습니다. 그래서 보통은 목회자들에 대해 이야기를 합니다. 그들은 목회자에 관한 얘기를 영적인 주제라고 생각합니다. 하지만 이렇게 목회자에 관해 얘기하는 것은 일반적으로 마귀에 관해 얘기하는 것보다 더욱 사악한 일입니다. 왜냐하면 교회의 천사들에 대해 비신앙적으로 말하는 것보다는, 차라리 사탄에 대해 신앙적으로 말하는 것이 더 나을 것이라고 저는 생각하기 때문입니다. 이 목회자에 대해서는 이런 얘기를 하고, 저 목회자에 대해서는 저런 얘기를 하면서 수군거립니다. 이처럼 목회자들에 대해 얘기하는 것은 전혀 덕이 되지 않는 행동입니다. 만약 그들이 "여호와께서 과연 여기 계시거늘"이라고 말하는 천사의 음성을 듣는다면, 이 날 오후에는 훨씬 더 유익한 대화를 하면서 보내게 될 것입니다. 최근에 개인적으로 위험하고 다급한 일을 당한 어떤 사람을 오늘 이 자리에서 제가 만나게 되었다고 가정해 봅시다. 사랑하는 성도 여러분, 폭풍 가운데서 혹은 질병을 앓고 있는 가운데서 "여호와께서 과연 여기 계시거늘" 하는 음성을 여러분이 듣게 된다면, 여러분의 마음은 온전히 평안해지지 않겠습니까? 그분께서 거기 계신다면, 암울한 분위기는 싹 가시게 될 것입니다. 번갯불이 이 평안을 손상시킬 수 없을 것이며, 혹시라도 손상되면 어떡하나 하는 걱정은 얼토당토않은 생각일 것입니다. 폭풍우도 이 평안을 집어 삼킬 수 없으며, 굶주림도 이것을 저 깊은 곳으로 가라앉게 할 수 없을 것입니다. 설령 그렇게 된다 해도, 하나님께서 그 자리에 계신다면 그것 또한 지극한 축복일 것입니다. 그럼에도 여러분이 항상 두려워하는 이유는 무엇입니까? 영원한 하나님께서 여러분의 확실한 피난처가 되시는데도, 여러분이 불안해 한다면, 그것이 사악한 죄악이 아니고 무엇이겠습니까? 하나님의 손에 있는 무기를 보고서 놀라는 그리스도인은 틀림없이 자기 아버지를 불신하는 자이며, 무한한 사랑의 마음을 의심하는 자일 것입니다! "여호와께서 과연 여기 계시거늘 내가 알지 못하였도다." 저는 극심한 가난을 겪고 있는 사람들에게도 말씀을 드리겠습니다. 예배를 마치고 여러분이 집으로 돌아가면, 집에는 그저 텅 빈 벽밖에 없을 것입니다. 여러분이 앉는 자리는 닳고 해어져 많이 망가졌으며, 테이블도 아주 남루해서 도저히 집 안에는 어울리지 않는 것처럼 보일 것입니다. 그럼에도 불구하고 여러분은 "괜찮아. 여호와께서 과연 여기 계시거늘"이라고 말해 보십시오. 이 말씀이 여러분에게 정말 큰 위로가 될 것입니다! 여러분이 일용할 축복을 주신 것에 감사하며 식탁에 앉을 때는, "이 모든 것, 내 하나님이 나와 함께 하심이로다"라고 말한 옛 그리스도인의 외침을 기억하십시오. 하나님께서 이곳에 계신다는 것을 모른 채 세상의 온갖 산해진미(山海珍味)를 즐기는 것보다, 이 사실을 알고 그분의 임재를 느끼는 것이 훨씬 낫습니다.

아마 오늘 이 자리에 있는 자들 가운데는 가정 문제로 속상한 이들도 있을 것입니다. 가정에 경건하지 않은 남편을 둔 그리스도인 아내도 있을 것이고, 마땅히 그래야 할 합당한 가정이 아니어서 집에 들어가기가 꺼려지는 아들과 딸도 있을 것입니다. 그런 여러분에게 말합니다. 여러분은 집에 들어가는 것을 두려워하지 마십시오. 여러분은 집 대문을 열면서 "여호와께서 과연 여기 계시거늘"이라고 말하십시오. 제가 생각하기에, 존 번연이 베드포드(Bedford) 감옥의 대문에 들어섰을 때, 만약 그가 그곳에서 십이 년 동안 옥살이하며 그 십이 년 동안 「천로역정」을 쓰게 될 줄 알았다면, 그는 "여호와께서 과연 여기 계시거늘"이라고 말했을 것입니다. 번연이 감옥으로 호송되었던 것처럼, 여러분도 그런 어려운 일을 마주하게 될 수 있습니다. 그 때에도 만약 여러분이 "여호와께서 과연 여기 계시거늘"이라고 말한다면, 이 말은 여러분이 있는 그 곳을 즉시 왕궁으로 바꾸는 외침이 될 것입니다. 여러분 가운데는 아주 극심한 고통 가운데 있는 이들도 있을 것입니다. 여러분은 언제 끝날지 모르는 곤경에 처하게 되어, 오늘도 크게 절망한 상태로 있습니다. "여호와께서 과연 여기 계시거늘." 사드락과 메삭과 아벳느고가 결박된 채로 맹렬히 타는 풀무 불 가운데 떨어졌을 때, 하나님의 아들 같은 이가 분명히 그들 가운데 있었습니다. 이와 마찬가지로 이글거리며 불타오르는 여러분의 고난 가운데서도 분명히 하늘의 발자국이 보일 것입니다. 왜냐하면 하나님께서 과연 거기 계시기 때문입니다. 여러분은 오늘 어떤 특별한 사명으로 부르심을 받을 수 있습니다. 물론 여러분은 이 사명에 대한 강한 느낌이 없을 것입니다. 그럼에도 불구하고 여러분은 이 사명을 위해 나아가십시오. "여호와께서 과연 여기 계시거늘." 여러분 중에는 오늘 오후에 처음으로 회의를 주재해야 할 사람도 있을 것입니다. 하나님께서는 틀림없이 거기에 계십니다. 그분께서 여러분을 도우실 것입니다. 여러분이 기대야 할 팔은 멀리 떨어져 있지 않습니다. 여러분이 바라보아야 할 그 하나님의 능력 또한 먼 곳에 있지 않습니다. "여호와께서 과연 여기 계시거늘."

제가 더 많은 사례를 들어도, 지금 제 설교를 듣고 있는 이들의 경우에 십분의 일에도 미치지 못할 것입니다. 이 말씀을 여러분 자신의 운명에 적용하는 문제는 여러분과 복되신 성령 하나님께 맡기고자 합니다. 그렇게만 된다면 여러분은 이 말씀이야말로 맑고 투명한 생명수가 샘솟는 위로의 샘이라는 것을 알게될 것입니다. "여호와께서 과연 여기 계시거늘."

이제 마지막 말씀을 드려야 할 것 같습니다. 하나님께서 우리가 존재하는모든 곳에 계신다는 사실을 우리가 항상 기억한다면, 우리가 그분의 집에 있을때, 특히 그분을 섬기기 위해 우리가 특별히 따로 부르심을 받을 때, 우리는 과연어떤 마음으로 그분을 경외해야겠습니까? 우리가 마땅히 성도들의 집회에서 하나님의 임재를 느껴야 한다고 저는 생각하지 않습니다. 거룩한 장소가 따로 있는 것이 아닙니다. 거룩함은 사물과 결부되는 것이 아니라, 오히려 도덕적인 미덕과 지적인 존재와 관련이 있습니다. 거룩한 벽돌과 거룩한 돌이 있을 수 없습니다. 거룩한 사물이라는 생각은 절대적으로 불가능합니다. 그러나 두세 사람이그리스도의 이름으로 모인 곳에 그분이 계십니다. 그분은 지금 이 자리에 계십니다. 하지만 얼마나 많은 자들이 그저 형식과 외식으로 이 자리에 나오고 있는지 모릅니다. 소수이긴 하지만 어떤 이들은 자신이 들어야 할 말씀이나, 성령님께서 자신에게 임하는 것에는 아랑곳하지 않고, 오히려 어떤 옷을 입어야 할지를 더 많이 생각하고 있습니다. 오! 아무 옷이나 입으면 됩니다. 색다른 핀을 머리에 꽂느라 지체하지 말고, 오히려 여러분이 원하는 다른 사람을 위한 기도 때문에 지체하십시오. 그것이 바로 여러분의 영혼을 위한 의복입니다. 종종 여러분은 몸단장은 잘하고 나오지만, 하나님의 집에 나오는데 준비가 부족하여 여러분의 영혼은 하나님 앞에서 벌거벗고 나옵니다. 그리고 우리가 이 자리에 앉을때, 우리 머리에 어떤 생각들이 떠오릅니까! 어떤 장사꾼들은 여기서 사고파는 장사 생각을 하고 있습니다! 여러분 가운데 어떤 사람은 집안에 있는 부인 생각을 하기도 하고, 또 어떤 이는 자신의 가게를 생각하느라 바쁘기도 합니다! 가정에서 여러분은 주일이라고 덧문을 내려놓지는 않을 것입니다. 오히려 여러분은 그 문을 올려놓습니다. 제 바람은 그렇게 여러분의 영혼의 문도 활짝 열리는 것입니다. 지금 밭에 나가서 농작물이 잘 자라고 있는지 살펴보는 사람은 여기 없을 것입니다. 하지만 어떤 사람들은 지금 그 농작물들을 하나님의 집으로 가지고 와서 살펴보기도 합니다. 여러분은 지금 수입과 지출 장부(帳簿)를 펼쳐 놓고서 계산하지는 않습니다(물론 이 자리에서 실제로 그렇게 하는 자들도 있을 것입니다). 하지만 지금 이 시간에도 여러분의 머릿속은 이 장부 생각으로 가득해서, 여러분이 하나님을 마땅히 생각해야 할 때에도 장부 생각으로 바쁩니다. 저는 다음과 같은 공고의 말을 해야 할 것 같습니다. 즉 이처럼 큰 교회에는 성도들에게 자리를 안내해 주는 많은 안내위원들이 있습니다. 그들은 자리를 잡아두기도 하고, 교회 봉사를 조정하기도 합니다. 그런데 제가 보기에 이들은 자신이 맡은 엄숙한 봉사 때문에 예배에 임하는 마음들이 분산되는 경향이 있는 것 같습니다. 그래서 저는, 회심하지 않은 성도는 교회에서 좌석 안내위원직을 맡아서는 안 될 것으로 생각하고 있습니다. 이들이 봉사에 바쁜 나머지 회심하지 못할까 걱정되기 때문입니다. 이 좌석 안내위원직을 맡은 후에 회심하게 되었다는 얘기는 아직까지 제가 들어 본 적이 없는 것 같습니다. 바깥 일만 해야 하는 사람들은 집 안에서 벌어지는 일에 대해서 잘 알지 못하는 법입니다. 껍질에 열중해 있는 사람은 속에 있는 알맹이를 생각할 수 없습니다. 그러기에 사람이 죽어 묘자리를 파는 사람이나 장의사들이 하는 일은 모든 일들 가운데 가장 생각 없이 하는 일이며, 모든 사람들 가운데 가장 무심한 사람들이 하는 일입니다. 이와 마찬가지로, 성소에 가장 가까이 있는 자들이야말로 종종 하나님으로부터 가장 멀리 떨어져 있는 자들인 경우가 있습니다. 오, 우리가 "여호와께서 과연 여기 계시거늘"이라는 말씀을 기억하게 되기를 기원합니다. 그분의 직접적인 임재를 우리가 경험하게 될 때, 이 말씀은 우리에게 경이로운 말씀으로 여겨질 것입니다!

한 마디만 더 하겠습니다. 이 말씀이 우리의 영혼에 직접 새겨진다면, 이 말씀은 우리로 하여금 죄를 억제하는 훌륭한 수단이 될 것입니다! 한 번은 어떤 사람이 자기 아들을 데리고서 이웃집의 낟가리를 훔치러 갔습니다. 아버지는 아들에게 "이 아비를 보는 사람이 없는지 주의해서 네 주위를 살펴보아라"고 말하였습니다. 그 아이는 성경을 읽었던 적이 있었고, 아버지 말대로 그렇게 주위를 둘러보고 있었습니다. 그 때 아버지가 아이에게 "제대로 잘 살피고 있니?"라고 말하자, 그 아이는 "예, 아버지, 그런데 누가 쳐다보고 있어요"라고 대답했습니다. "누가 보고 있어?"라고 아버지가 묻자, 아이는 "아버지, 아버지는 하늘 위는 살펴보지 않았잖아요. 하나님께서 아버지를 내려다보고 계세요"라고 말했습니다. 이 아들의 말을 들은 아버지는 양심에 가책을 받았습니다. 죄인인 여러분이여, 여러분은 주위를 둘러보고는 사방에 아무도 없으면 그냥 죄악을 저지릅니다. 위를 쳐다보십시오! 마음에 살의(殺意)를 품은 그 아버지는 자기 아들을 데리고 인적이 드문 골목길로 향합니다. 그는 자기를 보는 눈길이 없다고 생각합니다. 하지만 거룩한 파수꾼이 이를 지켜보고 있습니다. 그리고 이 땅 위에는 그 파수꾼을 돕는 조력자들도 있어서 이를 지켜보고 있습니다.

    사랑하는 성도 여러분, 모든 벽에는 눈들이 있습니다. 자연은 하나님의 위대한 사진사입니다. 그래서 여러분이 하는 모든 행동들을 사진으로 찍고 있습니다. 아니, 여러분의 뇌와 여러분의 표정에 나타난 생각들을 그대로 인쇄하듯, 여러분이 느끼는 모든 생각들도 사진으로 찍고 있습니다. 여러분은 위대한 마지막 날에 여러분의 행동을 사진으로 보관한 모든 것들을 보게 될 것입니다. 왜냐하면 그분께서는 벽에 있는 대들보에게 명령하시어, 그 대들보가 여러분이 말한 모든 것을 말할 것이며, 또한 벽에게도 명령하시어, 그 벽이 여러분의 교만한 수작들과 어둠의 행동들에 대한 사진을 공개할 것이기 때문입니다. 여러분은 항상 예의 주시되고 있습니다. 많은 눈들이 여러분을 지켜보고 있습니다. 짙은 어둠 가운데서도 그분은 여러분을 바라보십니다. 그분께서 이곳저곳 널리 파송하는 그 영들이 항상 여러분의 바로 곁에 있으며, 그분께서도 친히 거기 계십니다. 만약 여러분이 용기가 있다면, 지금 당장 나아가 그 하나님 목전에서 악을 행해 보십시오. 만약 여러분이 용기가 있다면, 그분의 면전에서 그분을 저주해 보십시오. 감히 여러분에게 용기가 있다면, 그분께서 지켜보는 가운데, 오늘 당장 집에 가서 그분이 제정하신 안식일 규정을 어겨 보십시오. 심판관이 지켜보는 앞에서는 그 누구도 죄를 범할 수 없는 법입니다! 사람들은 친히 법을 주신 그분과 함께 있으면서 그분이 보는 앞에서 그 법을 범하려 하지 않을 것입니다. 그러므로 여러분의 생각 속에 그분을 모시도록 하십시오.

"나의 연약한 감정으로

 감히 죄악을 용인하지 말게 하옵소서.

 거기에 하나님께서 계시기 때문이니이다."

(와츠, '주여, 당신께서는 나를 살펴보시고 아시나이다'

[Lord, Thou hast searched and seen me through], 11절 — 역주).

제
27
장
—

벧엘의 하나님

—

"나는 벧엘의 하나님이라." ― 창 31:13

　　야곱은 밧단아람으로 도망을 가게 되었습니다. 아마도 그는 모든 일들이 자기가 바라는 대로 되기만 했다면, 그곳에서의 망명생활을 중단하고 싶었을 것입니다. 하지만 결과적으로 그는 그곳에서 아주 오랫동안 머물러 있게 되었습니다. 자기 아내들과 자녀들을 돌보고, 계속해서 늘어나는 가축들과 관련해서 혹시라도 못 보고 넘어가는 것이 있을까 걱정하느라, 자기 아버지 집에 대한 생각은 거의 잊은 것처럼 보였습니다. 그러나 하나님의 뜻은 그가 계속해서 밧단아람에 머물러 있는 것이 아니었습니다. 야곱은 가족들과 떨어져서 가나안에서 생활할 수밖에 없었고, 그로 인해 라반과는 매우 불편한 일들이 많아졌습니다. 라반은 언제나 누구와 함께 살아가기에는 그렇게 훌륭한 인물이 되지 못했습니다. 그는 변덕과 질투로 인한 자신의 언짢은 마음을 드러내기 시작했습니다. 라반에게는 교활한 생각들도 대단히 많았는데, 그에 비하면 야곱의 교활함은 그나마 작은 것이었습니다. 야곱의 교활한 성품은 그의 어머니에게서 물려받았는데, 그의 어머니가 바로 이 라반의 여동생이었고, 그녀 역시 이런 외가의 결점을 물려받았던 것입니다. 그런 그들이었기에, 야곱과 라반 사이에는 끊임없는 말다툼과 홍정과 경쟁과 서로 상대방을 이기려는 마음이 있었습니다. 이러한 갈등은 마침내 하나님께서 개입하기까지 계속되었습니다. 마침내 야곱은 이런 상황을 더 이상 견딜 수 없게 되었고, 그 땅을 떠나 고향으로 돌아가기로 결심하였습니다. 그렇게 해서 자기 아버지가 있는 집으로 돌아가던 그 때, 그를 위로해 주기 위해 그에게 한 천사가 나타났습니다. 그 천사는 하나님의 이름으로 "나는 벧엘의 하나님이라"고 말했고, 이 말씀을 들은 야곱은 그 즉시 하나님은 변함이 없으시다는 생각을 하게 되었습니다. 특히 자신과 관련해서는 더더욱 변하지 않으신다는 생각이 들었습니다. 꿈에서 사닥다리를 보게 된 예전의 그 벧엘에서 겪었던 사건은 아마도 그가 하나님을 알게 된 첫 번째 특별한 사건이었을 것입니다. 그런데 수년이 지난 지금, 하나님께서 예전과 동일한 모습으로 그에게 임하셨던 것입니다. "나는 벧엘의 하나님이라." 여러분 중에도 기억하는 사람들이 있을 것입니다. 죄를 용서해 주시는 하나님의 사랑이 여러분에게 계시된 그 때를 말입니다. 다시 말해, 예수 그리스도의 위대한 대속의 희생에서 나타난 하나님의 사랑을 보게 되었던 그 때를 여러분도 기억할 것입니다. 그렇습니다. 이 밤에도 하나님께서는 여러분에게 말씀하십니다. "나는 네가 예전에 나를 알게 된 그 때와 동일한 하나님이다. 나는 변하지 않았다. 나는 변하지 않으므로, 너희 야곱의 아들들아, 너희 아비 야곱이 멸망하지 않았던 것과 같이, 너희도 멸망하지 않을 것이다. 나는 언제나 그에게 동일한 하나님이었다."

사랑하는 성도 여러분, 우리의 하나님은 변함이 없는 하나님이시라는 사실이 얼마나 은혜로운지요. 모든 것들은 다 변합니다. 며칠 전까지만 해도 만월(滿月)이었던 저기 저 달도 지금 여러분이 보다시피 다시 기울어져 초승달이 되어 있지만, 그 초승달도 곧 그 각진 부분을 둥글게 채울 것입니다. 달빛을 받는 달빛 아래 있는 모든 것들도 달처럼 변합니다. 우리도 결코 한 상태로 있지 않으며, 우리의 상황들도 계속해서 변하고 있습니다. 그러나 오, 하나님, 당신은 동일하시며, 당신의 연대는 무궁할 것입니다(시 102:27). 당신이 만드신 피조물들이 바다라면, 당신은 확고한 땅(terra firma)입니다. 우리의 영혼이 만세반석이신 당신에게서 안식하게 될 때, 그제야 비로소 우리는 안정이 어떤 것인지를 알게 되고, 처음으로 참된 안식을 누리게 됩니다. 여러분은 하나님을 영원히 신뢰하십시오. 그리고 오직 하나님 안에서 안식하십시오. 왜냐하면 그분은 결코 변하지 않으시기 때문입니다.

"나는 벧엘의 하나님이라." 첫째로, 이 말씀은, 우리 하나님은 우리에게 첫 번째로 은혜를 베푸신 그 하나님이라는 뜻이지 않겠습니까? 우리가 이미 말한 바와 같이, 벧엘은 야곱에게 있어 처음으로 은혜를 받은 장소였습니다. 우리도 처음으로 은혜를 받았던 그 때를 돌이켜 봅시다. 우리가 그 은혜를 찾지도 않았고 예상치도 못했으며, 아마도 그 은혜를 받을 준비조차 되지 않았을 그 때, 그 은혜가 우리에게 임하지 않았습니까? 야곱이 돌을 가져다가 베개로 삼고 누웠을 때, 야곱의 마음이 어떠했는지 저는 잘 알지 못합니다. 그러나 그는 그곳이 하나님의 집이라는 생각을 전혀 하지 못했을 것이라고 저는 아주 강하게 확신하는 바입니다. 왜 냐하면, 그가 "여호와께서 과연 여기 계시거늘 내가 알지 못하였도다"(창 28:16)라고 외쳤기 때문입니다. 그 누워 자던 돌들 가운데 하나님께서 그를 위해 사닥다리를 세워 주셨으며, 하나님께서 그 사닥다리 꼭대기 위에 서서 야곱의 영혼에게 하신 말씀이, 그가 마음으로 기억하는 마지막 말씀이었습니다. 사랑하는 성도 여러분, 우리 중 어떤 사람들에게도 야곱과 마찬가지로 하나님께서 나타나셨을 때 우리가 전혀 예상치 못한 방식으로 나타나셨습니다. 어쩌면 우리가 그분을 찾지 않는데도, 다음과 같은 위대한 말씀이 우리 속에서 성취되기도 했을 것입니다. "나를 찾지 아니하던 자에게 찾아냄이 되었으며"(사 65:1). 야곱과 마찬가지로 우리도 그분을 만나서 기뻤습니다. 하지만 우리는 그분께서 임하시리라, 다시 말해 그렇게 충만한 언약과 그렇게 풍성한 은혜를 주시는 거룩한 방식으로 오시리라 기대하지 못했습니다. 그러나 그분께서는 우리가 그분을 인식하기 이전에 벌써 우리의 영혼을 붙잡고 곧바로 우리를 인도하셨습니다. 어쩌면 우리도 야곱처럼 잠자고 있을 것입니다. 하지만 하나님은 깨어 계셨습니다. 이것이 바로 은혜입니다. 우리의 마음도 잠들고 우리의 지성도 그분을 향해 깨어 있지 못했던 그 때, 그분은 우리에게 다가오셨습니다. 우리는 신적인 것들과 관련해서 졸고 있었지만, 하나님께서는 그 밤에 꿈을 통한 비전으로 우리에게 임하셨습니다. 그분은 우리가 자고 있는 것을 발견하셨으나, 그럼에도 불구하고 그분이 세상에 자신을 드러내 보이신 것처럼 그렇게 우리에게 자신을 나타내 보이셨습니다. 여러분은 이 모든 것을 기억하고 있습니까? 그렇다면 여러분이 그토록 간절히 보고 싶어 하는 그 하나님이 바로 예상치 못한 그 은혜를 주신 하나님인 것을 알아야 할 것입니다. 여러분은 이 밤에 은혜를 받고 싶습니까? 여러분에게 이 은혜를 받지 못할 이유라도 있습니까? 그 은혜를 받기에는 여러분이 합당하지가 않습니까? 여러분은 자꾸 그 은혜를 받기에 부족한 사람이라는 생각이 듭니까? 예전에도 지금과 똑같은 그런 상태에서 그 은혜가 여러분에게 임하였습니다. 그런데 그 은혜가 다시 임하지 못할 이유가 어디 있겠습니까? 이 기도의 집에 앉아서 우리가 다시 놀라며 다음과 같이 말하지 못할 이유가 어디 있겠습니까? "여호와께서 과연 여기 계시거늘 내가 알지 못했다. 내가 이 안에 들어올 때는 그분께서 이 자리에서 이와 같은 특별한 방식으로 나에게 친히 자신을 드러내실지 알지 못했다. 그러나 이제부터 나는 내가 앉은 이 자리에서 항상 '두렵도다 이 곳이여! 이것은 다름 아닌 하나님의 집이요 이는 하늘의 문이로다'[창 28:17]라고 생각할 뿐만 아니라, 그렇게 말할 수도 있을 것이다." 여러분이 신앙 생활을 시작하던 그 초창기에 예상치 못한 방식으로 자신을 보여주신 그 하나님은 여전히 동일한 하나님이십니다.

사랑하는 성도 여러분, 어쩌면 여러분 중에는 여러분이 너무 슬프고 외로운 상황이었을 때 처음으로 그분께서 나타나신 자리에 있게 된 사람들도 있을 것입니다. 야곱도 외로웠습니다. 그는 교제를 좋아했던 사람이었습니다. 이를 뒷받침하는 많은 증거들이 있습니다. 그는 태어나서 처음으로 자기 장막이라는 보금자리를 떠나, 자기를 사랑하는 아버지와 어머니의 친숙한 음성을 듣지 못할 정도로 멀리 떨어져 있었습니다. 그는 항상 어머니의 사랑을 독차지하는 그런 아들이었습니다. 그에게는 항상 어머니가 사랑할 만한 어떤 것이 있었습니다. 하지만 지금 그가 부르면 들릴 만한 곳에 있는 사람은 아무도 없었습니다. 으르렁거리는 야수들의 울음소리는 들을 수 있었지만, 가까이서 말하는 정다운 친구의 음성은 어디에도 없었습니다. 그 밤은 그에게 아주 적적한 밤이었습니다. 우리 중에도 처음으로 집을 떠나 맞게 된 첫날 밤을 기억하는 이들이 있을 것입니다. 그날 밤 우리는 마치 어린 아이처럼 얼마나 무서운 생각이 들었는지 모릅니다. 이런 상황에서는 남녀 불문하고 누구나 향수병(鄕愁病) 같은 것에 시달리게 될 것입니다. 그래서 그들은 "드디어 이제 나는 지금까지 친숙하던 모든 것과 이별하게 되었구나. 나에게 생기를 주고 나를 그렇게 행복하게 하던 그 사랑하던 얼굴들과도 이제 작별하게 되었구나"라고 혼잣말을 하게 됩니다. 그렇습니다. 하나님께서 야곱에게 나타나신 때가 바로 그런 때였습니다. 여러분도 그런 때에 그분을 발견하지 않았습니까? 칠흑 같이 그늘진 어두운 곳에서 그리스도께서 여러분에게 나타나십니다. 이런저런 이유로 여러분의 영혼이 실제로 황량하게 되었을 때, 그 때 여러분은 예전보다 주님께서 더욱더 다정한 것 같다고 느끼지 않았습니까? 피조된 모든 시냇물이 말랐을 때, 그 때 영원한 샘에서는 다른 때보다 더욱더 달콤하고 시원한 물이 샘솟는 법입니다. 그렇습니다. 이 모든 장면들과 그와 관련된 상황들 속에서 여러분의 마음을 매우 즐겁게 했던 일들을 기억해 보십시오. 그러면 여러분은 다음과 같이 말하게 될 것입니다. "이 하나님, 다시 말해 벧엘의 하나님인 이 하나님께서 여전히 나의 하나님이시다. 내가 비록 지금 고난을 당하고 있다 해도, 또 예전처럼 지금도 여전히 외로움에 사로잡혀 있다 해도, 또 말 그대로 문 앞 계단을 베개로 삼을 수밖에 없는 비천한 처지라 해도, 또 집과 가정과 친구들을 잃고 거친 바람을 맞으며 누구하나 돌봐줄 이 없는 고아 같은 신세라 해도, 오, 벧엘의 하나님, 당신은 예전에 제가 암울한 고통을 겪고 있을 때 저를 찾아와 주셨고, 제 머리를 감싸며 제 영혼을 보호해 주셨습니다. 그 하나님이 여전히 나와 함께 계실 것입니다."

이처럼 벧엘의 하나님은 그와 같은 임재로 야곱의 마음을 위로해 주셨습니다. 그날 밤 하나님을 만나기 전의 야곱의 처지보다 개인적으로 더 불행한 환경에 처해진 사람은 상상할 수 없을 것 같습니다. 하지만 그 다음날 아침에 눈을 떴을 때, 이 족장처럼 개인적으로 그렇게 행복했던 사람이, 어느 장막에나 왕궁에 있었을까 하는 생각도 저는 하게 됩니다. 오, 그 밤은, 우리가 야곱과 같은 꿈을 꿀 수만 있다면, 우리도 그와 같은 하늘 아래 누워 같은 이슬을 맞고 싶게 만드는 밤이었습니다. 우리는 솜털 같은 베개와 화려한 커튼과 잘 갖추어진 안락한 침실을 뒤로한 채, "오, 주여, 당신이 기뻐하신다면, 우리도 야곱이 그랬던 것처럼 당신을 바라보고 당신의 음성을 들을 수만 있다면, 우리에게도 그 동일한 광야를 주옵소서. 우리에게도 주옵소서"라고 말해야 할 것입니다. 그는 아침에 일찍이 일어나 베개로 삼았던 돌을 가져다가 기둥으로 세우고 그 위에 기름을 부었습니다. 오, 그 이후로 그의 여행은 얼마나 힘찬 여행이었는지 모릅니다. 제가 여러분에게 장담합니다. 돌베개를 하고 잠을 잔 그날 밤에 받게 된 능력으로, 다음날 그는 평소에 가던 거리보다 훨씬 더 먼 거리를 걸어갔을 것입니다. 이제 그는 자기 친척과 아버지의 집에 대한 한탄에서 벗어날 수 있었으며, 자기 아버지가 그를 보낸 브두엘의 집에 대해서도 의연해질 수 있었습니다. 왜냐하면 그의 열조가 믿던 하나님께서 "내가 너와 함께 있어 네가 어디로 가든지 너를 지키며 너를 이끌어 이 땅으로 돌아오게 할지라"(창 28:15)고 말씀하셨기 때문입니다. 자, 여러분도 이와 같은 방식으로 힘을 얻고 위로를 받았던 때가 기억나지 않습니까? 여러분도 다음의 찬송을 불러보지 않았습니까?

"칠흑처럼 어두운 한밤중이라 해도,
　그분이 나타나시면,
　나의 새벽은 시작되네.
　그분은 내 영혼의 빛나는 새벽별이며,
　떠오르는 태양이시네."(와츠, 2:54, 2절).

　　여러분은 여러분에게 필요한 모든 것과 여러분이 기대한 그 이상의 것을 그분에게서 찾은 적이 없습니까? 옛적에 하나님께서 여러분에게 나타나시어, 여러분이 은혜 위에 은혜를 받고, 여러분이 살아가는 날 동안 능력을 얻은 적이 없습니까? 사랑하는 성도 여러분, 하나님의 임재로 인해 지친 순례자는 쇠처럼 단단한 신발을 신은 것처럼 그 발에 힘을 얻습니다. 아니, 그의 발은 사슴의 발처럼 되어 높은 곳에 서게 됩니다. 순례자가 감사의 기름을 쏟아 부을 때, 하나님께서는 그에게 기쁨의 기름을 부어 주시고 그의 슬픔을 없이해 주십니다. 그래서 그 순례자는 명령받은 그곳에 이르기까지 기쁜 발걸음으로 그 험한 길을 가게 되는 것입니다. 결론적으로 벧엘의 하나님은 예전에 우리가 예상치 못했을 때 우리를 찾아오신 하나님으로서, 우리가 가장 궁핍할 때에 채워 주는 분이시며, 우리 영혼에 필요한 평안을 충분히 공급해 주는 분이십니다.

　　"나는 벧엘의 하나님이라." 둘째로, 이 말씀은 우리에게 새로운 교훈을 주는데, 바로 벧엘의 하나님은 우리 주 예수 그리스도의 하나님이라는 것입니다. "벧엘"이라는 말은 "하나님의 집"이라는 뜻입니다. 사랑하는 성도 여러분, 저는 "하나님의 집"이라는 이 말이 여러분의 건물, 즉 그 재료가 돌이든 쇠든 벽돌이든 모르타르든 회반죽이든 석고든 상관없이, 여러 건물과 관련해서 계속 적용되고 있다는 말을 듣습니다. 남몰래 세워진 작은 비밀 예배당(conventicle, 영국의회가 1664년에 국교 모임을 제외하고 다섯 사람 이상이 모이는 종교 집회를 모두 금하는 비밀 집회법 [Conventicle Act]을 통과시키자, 비국교도들은 비밀 예배당을 세워서 예배를 드렸다 — 역주)이나 보기 드문 큰 성당이나 누추한 교회 현관이나 고상한 뾰족탑을 가진 건물이나 상관없이, 모두 하나님의 집으로 불리고 있습니다. 괜찮습니다. 그러나 여러분은 다음과 같은 말씀을 읽어 보지 못했습니까? "하나님께서는 천지의 주재시니 손으로 지은 전, 다시 말해 이런 건물에 계시지 아니하시고"(행 17:24). 또한 여러분은 솔로몬 왕이 성전을 봉헌하면서 드린 장엄한 기도문을 읽어 보지 못했습니까? "하늘과 하늘들의 하늘이라도 주를 용납하지 못하겠거든 하물며 내가 건축한 이 성전이오리이까?"(왕상 8:27). 여러분은 이 고전적인 건물들, 즉 그리스식이든 고딕이든 노르만식이든 중세 건축양식이든 이런 건물들에 하나님께서 거하실 것이라고 생각합니까? 오, 사랑하는 성도 여러분, 하나님은 위대한 분이십니다. 그분은 여러분의 보잘것없는 집 안에서 뿐만 아니라, 집 밖에서도 크게 찬양받아 마땅한 분이십니다. 그분은 어느 곳에나 계십니다. 그분은 만물을 충만케 하는 분이십니다. 따라서 우리가 그분을 위해 온갖 예술적 재능으로 집을 짓는다 해도, 그분의 집은 그곳에 있지 않습니다. 여러분은 그분을 기념하여 스테인드글라스로 창문을 만들 수는 있겠지만, 그것이 그분을 기리는 유품일 수는 없으며, 그 창문이 여러분의 마음을 호릴 수는 있겠지만, 그것이 그분을 기쁘게 할 수는 없습니다. 하지만 하나님께서 영원히 거하시는 한 곳이 있습니다. 그분께서 친히 자신을 위해 마련하신 처소는 어떤 곳이며, 그분이 세우신 성막은 어떤 곳입니까? 신비롭게 만드신 거처가 한 곳 있습니다. 우리는 지금 그 처소가 지닌 기이한 구상과 그 건물의 비할 데 없는 순결함에 대해 말하고 있습니다. 그 거처는 주 예수 그리스도의 몸이었습니다. "오직 나를 위하여 한 몸을 예비하셨도다"(히 10:5). 그러므로 하나님의 집, 즉 참된 벧엘은 주 예수 그리스도의 몸이라 할 수 있습니다. "그 안에는 신성의 모든 충만이 육체로 거하시고"(골 2:9), "말씀이 육신이 되어 우리 가운데 거하시매 우리가 그의 영광을 보니 아버지의 독생자의 영광이요 은혜와 진리가 충만하더라"(요 1:14). 하나님의 집은 먼저 그리스도의 몸이며, 그 다음으로 신비로운 방식으로 그리스도의 몸인 하나님의 교회입니다. 살아 계신 하나님의 교회야말로 하나님의 집이며 하나님의 가정입니다.

　　지금 저는 벧엘이라는 단어의 뜻이나, 베들레헴에 오신 그분, 다시 말해, 거룩한 자로서 바로 그 몸된 집에 거하시기 위해 태어난 그분을 강조하여 말하려는 것이 아닙니다. 오히려 저는 하나님께서, 구세주이신 하나님께서 그 날 밤에 특별히 야곱에게 주신 그 환상에 대해 말하려는 것입니다. 야곱은 한 사닥다리를 보았는데, 그 사닥다리의 한 끝은 땅 위에 서 있고, 또 다른 끝은 하늘에 닿아 있었습니다. 사실, 이 사닥다리는 그리스도라는 상징 외에는 다른 식으로 설명될 수 없는 것입니다. 하늘에서 내려오셨고 지금은 또 하늘에 계신 그분으로 말미암아 우리는 하늘로 올라가야만 하고, 그분으로 말미암아 하늘의 축복이 우리에게 내려오기 때문입니다.

벧엘의 하나님은 이 땅에 있는 일들에 친히 관여하는 분이십니다. 그분은 하늘 위에만 계셔서 이 땅과 단절된 하나님이 아니라, 하늘과 땅 사이에 사닥다리를 놓은 하나님이십니다. 대부분의 사람들이 믿는 신, 다시 말해 중생하지 못한 사람들이 믿는 신은 생명이 없습니다. 설령 그 신이 살아서 볼 수 있는 능력이 있다 해도, 그 신은 감정이 없는 신이며, 인간들에 대해 그리고 그들의 개인적인 유익에 대해 무관심한 신입니다. 중생하지 못한 그들은 "오, 신이 우리의 슬픔과 고난에 주목하다니, 그건 얼토당토않은 일이다. 더 나아가 신이 우리의 기도를 듣거나 우리가 간구하는 음성에 응답하여 궁핍한 자들의 간구를 들어준다니, 그것은 정말 말도 안 되는 얘기다. 그런 것은 있을 수 없다"라고 말합니다. 여러분도 알다시피 그들이 자신의 신에 대해 생각하는 것이 바로 그런 것입니다. 이것이 바로 이방인들의 신입니다. 즉 생명 없이 죽어 있는, 장님이며 귀머거리인 신입니다. 저는 그들이 그런 신에게 기도하지 않는 것에 대해 이상하게 생각하지 않습니다. 그들은 기도에 대한 응답을 기대할 수 없습니다.

그러나 우리가 믿는 은혜의 하나님은 하늘과 땅 사이에 교통의 길을 열어 놓으시고, 자기 자녀들이 눈물 흘리며 울부짖는 그 소리에 귀를 기울이시며, 그들의 슬픔에 동감하시고, 불쌍히 여기는 아버지의 사랑의 눈으로 그들을 굽어 보시며, 그들과 교제를 나누시고, 그들 또한 그분과 교제하도록 허락하시는 하나님입니다. 이 모든 것들이 복되신 분인 주 예수 그리스도를 통해 이루어집니다. 이 사닥다리의 한 쪽 끝이 이 땅 위의 어디에 서 있는지 보십시오. 사닥다리이신 그분은 아기로서 베들레헴 마구간에 누워 있습니다. 그분은 땀에 젖은 작업복을 입고 이 땅에서 평범한 노동자로 살아갑니다. 그분은 저주 받은 십자가 위에서 중죄인의 죽음을 맞이합니다. 그 얼굴에 죽음의 그림자를 드리우면서까지 사람처럼 되시려고 말입니다. 바로 여기에, 즉 진창처럼 더러운 인간성 속에 그 사닥다리가 서 있습니다. 그리고 이 사닥다리가 올라가는 곳을 보십시오. 그분은 하나님과 동등한 분으로, 능력과 지혜와 위엄과 거룩함과 모든 영광스러운 속성에 있어서 모두 대등하십니다. 그분 앞에서 천사들도 경배합니다. 이 사닥다리의 아래 끝부분은 인간들에게 닿아 있습니다. 그러나 그 위의 끝부분은 영광스럽고 신비로운 모든 신성을 지닌 하나님에게 바로 닿아 있습니다. 이렇게 해서 여러분도 알다시피 인간과 하나님, 이 양자가 연결됩니다. 우리가 경배하는 하나님은 우리와 교제하는 분이시기에, 우리의 슬픔에 대해 그저 묵묵히 구경하는 분이 아닙니다. 그 사닥다리를 통해 천사들도 올라가고, 우리의 기도도 올라가고, 우리의 찬양과 우리의 눈물과 우리의 탄식도 올라갑니다. 예수님께서 인간들에게 가르쳐 주신 것이 바로 이 길입니다. 여기에는 위에서 아래로 내려오는 교통의 길, 즉 축복이 내려오는 길도 있습니다. 부하고 진귀한 모든 것들이 그 중보자의 길을 통해 내려옵니다. 우리는 이 축복들을 능히 헤아릴 수 없을 것입니다. 그 축복들의 총합은 진정 어마어마할 것입니다! 이 사닥다리의 계단을 통해 올라가고 내려오는 것이 얼마나 많은지요! 오, 내 영혼아, 너의 사자들은 하루에 수천 번씩 위로 올라가지만, 하나님의 사자들은 계속해서 아래로 내려오고 있구나. 바닷가의 모래처럼 이루 헤아릴 수 없을 만큼 많은 은혜와 자비가 그 사닥다리를 통해 모두 내려오고 있구나. 심판의 길은 빠른 날개를 가진 천사들이 있어 사닥다리가 필요 없지만, 은혜의 길은 항상 이 빛의 계단을 필요로 하고 있습니다. 우리는 우리 주 예수 그리스도를 통해 하나님을 대할 수 있으며, 하나님 또한 그리스도를 통해 우리를 대해 주십니다. 이 예수 그리스도를 통하지 않고서는 그 어떠한 은혜와 자비도 우리에게 임하지 못합니다.

   여러분도 알겠지만, 야곱의 꿈에서 보인 그 길은 분명히 그에게 주어진 길이었습니다. 왜냐하면 그 사닥다리의 아랫부분은 야곱이 누웠던 곳에 있었고, 그 윗부분은 하나님이 계신 곳에 있었기 때문입니다. 여러분은 이 사실을 알고 있었습니까? 사랑하는 형제자매 여러분, 여러분은 하나님을 여러분이 대화를 나눌 수 있는 대상으로, 다시 말해 여러분이 여러분의 남편이나 아버지나 친구에게 말하듯 그렇게 실제로 스스럼없이 말할 수 있는 분으로 하나님을 알고 있습니까? 여러분은 하나님과 끊임없이 교제하는 습관을 가지고 있습니까? 만약 여러분이 이런 습관을 가지고 있다면, 여러분은 벧엘의 하나님을 알고 있는 사람입니다. 만약 여러분에게 이런 습관이 없다면, 벧엘의 하나님께서 친히 자신을 여러분에게 보여주시기를 기원합니다. 그리스도께서 없었다면, 여러분은 절대로 하나님과 교제할 수 없었을 것입니다. 사닥다리가 없었다면, 야곱과 하나님이 어떻게 연결될 수 있었겠습니까? 사닥다리와 함께, 다시 말해 예수 그리스도와 함께 그 길이 열렸으며, 항상 열려 있고, 지금도 열려 있는 것입니다. 오, 그 길은 아주 여러 번 열렸습니다. 우리는 지금까지 그 길을 의지해 왔으며, 그 길은 지금까지 한 번도 닫히지 않았습니다. 우리는 깊은 절망 가운데 그분에게 부르짖었습니다. 사방의 길들이 닫혀 있었지만, 위를 향한 그 길은 열려 있었습니다. 은혜가 우리에게 임하는 것이 불가능하다고 생각했을 때도, 우리에게 필요한 은혜가 우리에게 임했습니다. 어떤 식으로든 도저히 은혜가 임할 수 없었을 때도, 은혜는 아래로 임했습니다. 이 밤이 바로 그런 밤입니다. 오, 여러분은 이 사닥다리를 사용하십시오. 여러분은 이 사닥다리를 잘 사용하십시오. 여러분의 소망을 지금 당장 화살처럼 위로 쏘아 올리십시오. 그러면 그 소망들이 사닥다리의 계단들을 밟고 올라갈 것입니다. 여러분의 감사, 여러분의 간구, 여러분의 신앙 고백들을 모두 위로 올려 보내십시오. 그것들도 환대를 받을 것입니다. 이 사닥다리는 교통을 위한 목적으로 만들어졌습니다. 여러분도 지금 당장 그 사닥다리를 사용하십시오. 여러분이 이 사닥다리를 사용할 때, 벧엘의 하나님께서 여러분의 마음에 복을 내려 주시기를 기원합니다.

셋째로, 벧엘의 하나님은 천사들의 하나님이기도 하다는 사실을 우리가 기억합시다. 우리는 이 신비로운 존재들에 대해서 지금까지 많은 말을 하지 않았습니다. 왜냐하면 우리가 천사에 대해 아는 것은 지극히 작기 때문입니다. 하지만 이 한 가지 사실은 알고 있습니다. 하나님께서는 자기 백성들을 돌보는 파수꾼으로 천사들을 세우셨다는 것입니다. 야곱은 잠을 자고 있었지만, 천사들은 완전히 깨어 있었습니다. 야곱이 그곳에 누워 깊은 잠에 빠져 있을 동안에도, 천사들은 그 사닥다리를 오르락내리락 하고 있었습니다. 그러므로 여러분과 제가 잠을 자고 있을 때도, 복되신 하나님께서는 손을 펴고 우리의 눈꺼풀을 어루만지며, "잘 자라. 내 아들아, 푹 자거라"고 말씀하십니다. 그 순간 대문에는 경찰도 없고 외부 침입자를 막을 경호원도 없지만, 우리를 보살펴 주는 천사들이 여전히 우리를 지키고 있습니다. 우리가 하나님을 신뢰한다면, 우리는 결코 해를 당하지 않을 것입니다. "내가 평안히 눕고 자기도 하리니 나를 안전히 살게 하시는 이는 오직 여호와이시니이다"(시 4:8). 이 천사들은 또한 사자들이었습니다. "모든 천사들은 섬기는 영으로서 구원 받을 상속자들을 위하여 섬기라고 보내심이 아니냐?"(히 1:14). 그러므로 천사들은 하나님으로부터 보내심을 받은 사자들이지 않습니까? 그들은 야곱에게 전할 용무가 있었습니다. 한 번만이 아니라 여러 번 천사들은 지극히 높으신 그분으로부터 받은 메시지를 야곱에게 전하였습니다. 천사들이 우리에게는 얼마나 자주 그리고 어느 정도로 그 메시지를 전하는지, 지금 저는 말할 수 없습니다. 하지만 가끔 평소에 우리가 생각하던 것과는 다른 생각들이 우리 영혼에 떠오를 때가 있습니다. 우리는 어떻게 해서 그런 생각들이 문득 떠올랐는지 잘 설명할 수가 없습니다. 그것은 복된 성령님의 직접적인 역사일 수도 있고, 아니면 우리가 완전히 알 수는 없지만, 하늘에 있는 어떤 순수한 영이 그런 생각들을 우리 영혼에 전해 준 것일 수도 있습니다. 그에 대해서 우리가 더 말할 수는 없지만, 어쨌든 천사들이 우리를 지키는 파수꾼들이라는 사실은 분명하며, 그들은 사자들이라는 것도 확실합니다. 게다가 이 천사들은 우리의 **보호자**들이기도 합니다. 하나님께서는 우리의 발이 언제든 돌에 부딪히지 않도록, 천사들의 손으로 우리를 붙들게 하는 일에, 천사들을 사용하십니다. 물론 우리는 이 천사들을 보지 못합니다. 하지만 눈에 보이지 않는 이 천사들이야말로 아마도 이 세상에 있는 존재들 가운데 가장 힘센 매개자일 것입니다. 전기와 같은 매개체들도 우리가 감지할 수는 없지만, 의심의 여지 없이 전기는 강력한 것입니다. 그 전기의 힘이 제대로 발휘된다면 인간의 통제를 완전히 벗어나게 됩니다. 우리가 잠잘 때나 깨어 있을 때, 수많은 영적 피조물들은 틀림없이 이 땅에서 활동하고 있습니다. 이들이 우리에게 행하는 유익은 우리가 이루 다 열거하기 힘들 정도로 많습니다. 모든 천사들은 "섬기는 영으로서 구원 받을 상속자들을 위하여 섬기라고 보내심"(히 1:14)을 받은 것이 아닙니까? 그러므로 이들은 하나님의 장중에서 우리가 전혀 알지 못하는 수천 가지 재난들을 우리에게서 물리쳐 주는 수단이 되고 있습니다. 그러므로 저는 우리가 얼마나 자주 그런 보호를 받고 있는가를 생각할 때, 우리가 인식할 수 있는 감각이 없어서 알지 못했던 고귀한 은혜들에 대해서 하나님께 감사하지 않고는, 우리를 그런 재난들로부터 보호해 주신 하나님께 우리는 진정 감사할 수 없습니다. 지금 이 순간에도 공중에서는 하나님의 빛나는 영과 악한 영들 사이에 전쟁이 벌어지고 있을 것입니다. 사탄이 너무나 빈번하게 시험하자, 이를 물리치기 위해 그룹과 천사들의 함대가 사탄을 대적합니다. 밀턴(Milton)이 그의 기이한 서사시에서 노래한 그 이상한 전쟁은 결코 꿈이 아닐 것입니다. 우리는 이에 대해 정확하게 말할 수 없습니다. 하지만 이 전쟁이 일어나고 있다는 것은 알고 있습니다. 선한 천사들이 악한 천사들과 대적하여 싸우고 있는 것을 말입니다. 천사들은 싸움에 막강하여, 하나님의 백성들 편에 서서 강한 힘을 발휘합니다. 어쨌든 분명한 사실은, 전능하신 그분께는 많은 종들이 있으며, 그 종들 가운데 가장 연약한 종들도 그 힘이 발휘될 때 가장 강한 능력을 드러낸다는 것입니다. 사랑하는 성도 여러분, 어딘가에 천사가 있다면, 여러분이 하나님의 친구인 한, 그 천사도 여러분의 친구일 것입니다. 지금 이 순간에도 지혜를 가진 빛나는 그 존재가 하늘이나 땅을 빠르게 날아다닌다면, 그는 결코 여러분을 해칠 목적으로 날아다니는 것이 아닙니다. 여러분은 이 말씀을 온전히 확신하기 바랍니다. 때때로 저는 아주 어리석은 사람들을 만나곤 합니다. 이들은 계시되지 않은 것들, 미신적인 것들, 마음이 끌릴 정도로 진기한 것과 터무니없이 환상적인 것들을 믿고 있습니다. 마법이나 점(占)이나 요술 등, 우리가 거의 알지 못하는 것들에 관해 그들은 전혀 놀라지를 않습니다. 극도로 무지한 자들 가운데서 이런 것들은 여전히 살아 남아서 사람들을 꾀고 있습니다. 이런 사람들의 얘기를 들을 때마다, 저는 민수기에 기록된 놀라운 말씀을 항상 생각합니다. "야곱을 해할 점술이 없고 이스라엘을 해할 복술이 없도다"(민 23:23). 여러분이나 저나 두려워해야 할 어떤 영적 힘은 전혀 있을 수 없습니다. 저는 마귀를 대적할 용기에 대해 말한 어떤 훌륭한 형제의 이야기를 들은 적이 있습니다. 그는 특히 영적인 능력에 관해 말하기를, 누구라도 하나님의 사람으로서 믿음만 가지고 있다면, 마귀들이 이쪽 끝에서 저쪽 끝까지 우글거리는 거리에 있다 해도, 그들을 대적하며 나갈 수 있다는 것을 믿는다고 했습니다. 저는 이 비유에 찬사를 보냅니다. 여기서 우리는 마르틴 루터의 비유에도 주목할 필요가 있습니다. 마르틴 루터가 말한 비유도 이와 비슷하기 때문입니다. 오, 공중에 권세 잡은 마귀가 마치 안개처럼 가득하다고 해도, 그 속에 하나님을 모신 자는 그 모든 마귀들을 보면서 실소를 금할 수 없을 것이라고 루터는 말했습니다. 하나님께서 보호하고 있는 사람을 누가 감히 해할 수 있겠습니까? 마귀들은 눈에 보이지 않는 능력을 가지고 우리에게 두려움을 줄 수 있지만, 이들은 우리를 해할 수 없습니다. 왜냐하면 눈에 보이지 않는 더 두려운 능력을 가진 또 다른 자들, 즉 전쟁에 능한 하나님의 군대들이 있기 때문입니다. 이들은 모두 하나님의 자녀들을 보호하고자 서원한 자들입니다. "주께서 나를 구원하라 명령하셨으니"(시 71:3)라고 다윗은 말합니다. 하나님께서는 그의 천사들에게 자기 백성들을 모든 해(害)에서 보호하고 구원하도록 명하셨습니다. 그러므로 여러분은 그 백성들이 안전하리라는 사실을 믿기 바랍니다.

넷째로, **벧엘의 하나님**은 **섭리의 하나님**이십니다. 그분은 섭리의 하나님이시며, 친히 자신을 계시하신 분이십니다. 이것은 야곱에게 하신 다음과 같은 말씀을 통해 아주 분명하게 나타납니다. "내가 너와 함께 있어 네가 어디로 가든지 너를 지키며 너를 이끌어 이 땅으로 돌아오게 할지라 내가 네게 허락한 것을 다 이루기까지 너를 떠나지 아니하리라 하신지라"(창 28:15). 이처럼 하나님께서는 먹을 양식과 입을 옷을 주시며, 평안히 다시 이곳으로 오리라고 야곱에게 약속 하셨습니다. 그리스도를 따르는 사랑하는 성도 여러분, 여러분의 하나님은 섭리 의 하나님이십니다. 그분은 벧엘의 하나님이십니다. 우리가 방금 부른 도드리지 (Philip Doddridge, 1702-1751, 영국 비국교도 지도자 — 역주)의 찬송은 이 하나님을 다음과 같이 찬양하고 있습니다.

> "오, 벧엘의 하나님, 친히 그 손으로
> 당신의 백성들을 여전히 먹이시도다.
> 또한 이 험난한 순례 길에서
> 우리의 모든 조상들을 인도하셨나이다"
> (도드리지, '오, 벧엘의 하나님, 친히 그 손으로'
> [O God of Bethel, by Whose hand] 1절 — 역주).

사랑하는 성도 여러분, 이 찬송을 생각해 봅시다. 하나님께서는 자기 백성 들이 어디에 가든지 가는 곳마다 함께 하십니다. 땅이나 바다나 낮이나 밤이나 여러분은 하나님이 계시지 않는 곳에 결코 있을 수 없습니다. 여러분의 아버지 이신 그분의 손길이 닿지 않는 곳에 여러분이 여행을 하는 것은 불가능합니다. 여러분은 지금 대저택에 살 수도 있고 혹은 오두막에 살 수도 있습니다. 하지만 여러분은 여전히 그분의 집 안에 살고 있는 것입니다. 왜냐하면 그분의 집은 실 로 광대하기 때문입니다. "내 아버지 집에 거할 곳이 많도다"(요 14:2). 여러분은 여기저기에 거할 수 있지만, 여전히 하늘 아버지의 큰 집 안에 살고 있는 것입니 다.

또한 그분은 여러분에게 필요한 모든 것을 공급해 주기 위해 여러분과 함께 하십니다. 지금까지 그렇지 않았습니까? 여러분은 지금 아주 어려운 난관에 봉 착해 있을 수도 있습니다. 어쩌면 비참한 과부 신세가 되었을지도 모릅니다. 오 늘도 여러분의 어린 아이들은 밥을 달라고 여러분의 무릎에 매달려 울며 보챘을 것입니다. 어쩌면 여러분은 너무나 가난해서 여러분이 받는 것으로는 살림살이 가 빠듯했을지도 모릅니다. 하지만 이 모든 상황에도 불구하고 여러분은 지금 살아 있습니다. 여러분은 지금까지 여러분에게 필요한 양식도 받은 것이고, 여러분에게 필요한 물도 확보한 것입니다. 여러분의 의복이 해지긴 했지만, 그래도 완전히 닳아 못쓸 정도는 아닙니다. 여러분이 신고 있는 신발도 낡아서 물이 스며들지만, 그래도 신발 없이 완전히 맨발로 다니지는 않습니다. 지금까지 하나님께서 여러분을 도와 주셨습니다. 여호와 이레의 하나님이 지금까지 여러분의 찬송이었습니다. 하나님께서 공급해 주셨습니다. 야곱이 벧엘의 하나님으로 섬긴 그분은 지금도 여전히 벧엘의 하나님이십니다. 그래도 여러분은 그분을 신뢰할 수 없습니까? 온 땅이 눈으로 뒤덮인 추운 겨울 아침, 앙상한 가지 위에 앉은 어린 새들은, 비록 어디에서 자기들의 아침 식사가 생길지 모르지만, 노래합니다. 그 새들은 자기가 제일 먼저 해야 할 첫 번째 사명, 즉 노래하기를 감당합니다. 그 새들은 아침 식사를 하기 전에 노래를 합니다. 그러면 하나님께서는 어떻게든 그 새들에게 먹이를 공급해 주십니다. 여러분은 굶어 죽어 땅에 떨어진 참새를 보지 못했을 것입니다. 하늘에 있는 대부분의 참새들이 먹이를 공급받습니다. 아마도 여러분은 새장 안에 살면서 규칙적으로 먹이를 받으면서 연금도 받기를 원할 것입니다. 하나님께서 공중에서 돌보는 새들보다, 사람들이 애완동물로 돌보다가 죽는 새들이 훨씬 더 많다고 저는 생각합니다. 따라서 여러분은 사람을 신뢰하기보다는 하나님을 신뢰하는 것이 더 낫습니다. 그분께서는 여러분이 궁핍하지 않도록 하시며, 또한 그렇게 하실 것입니다. 여러분의 순례 여정이 끝날 때까지 그렇게 하실 것입니다. 그분께서 친히 입으로 말씀하신 다음의 말씀을 여러분은 기억하십시오. "여호와를 의뢰하고 선을 행하라 땅에 거하여 정녕히 먹으리로다"(시 37:3 개역개정 이역[異譯]). 이 말씀을 보면 알겠지만, 하나님께서 친히 "정녕히"라고 말씀하셨습니다. 천지는 없어지겠으나, 이 말씀은 "정녕히" 없어지지 아니할 것입니다.

　또한 하나님께서는 야곱에게 씨, 즉 후손이 있을 것을 약속하셨습니다. 야곱이 돌을 베개로 삼고 누워 있을 그 때는 그에게 후손이 있을 것처럼 보이지 않았습니다. 그러나 야곱은 하나님이 하신 이 약속의 진실성을 입증하면서 다시 돌아오게 되었습니다. 보십시오. 그는 돌아올 때 자기 주위에 열두 명의 자녀들을 데리고 왔습니다. 벧엘의 하나님이 함께 하셨던 것입니다! 하나님께서 야곱이 가지고 있던 그 마음의 소원을 진정으로 들어주셨던 것입니다. 이 선한 사람은 하나님께서 베푸신 그 은혜를 조금도 감당할 수 없다는 말과 함께, "내가 내

지팡이만 가지고 이 요단을 건넜더니 지금은 두 떼나 이루었나이다"(창 32:10)라고 말했습니다. 아, 야곱! 하나님께서 당신에게 필요한 것을 공급해 주겠다고 약속하셨습니다. 무리를 이룬 저 자녀들을 보십시오. 하지만 야곱은 다음과 같이 대답했을지도 모릅니다. "아, 예, 저 애들은 짐 덩어리이지요." 아니, 그렇다면 울어대는 저 양들의 소리를 들어보십시오. 음매하고 우는 저 소들의 울음소리도 들어보십시오. 야곱, 이것들은 다 무엇을 의미합니까? "이것은 하나님께서 망명지에서 제게 주신 것들입니다." 아, 여러분은, 아니 여러분의 대다수는 여러분이 생각했던 것보다 훨씬 더 많은 것들을 받았습니다. 여러분 모두는 하나님께서 섭리 가운데 여러분에게 행하신 모든 것들에 대해 진정으로 감사해야 합니다. 가장 적게 받은 자들이라도, 그것은 그들이 마땅히 받아야 할 분량보다 훨씬 많이 받은 것입니다. 그들로 하여금 이 사실을 기억하게 하십시오. 우리가 아무리 가난하다 해도, 우리는 우리가 태어날 때처럼 가난할 수는 없을 것입니다. 우리는 이 땅에 아무것도 가지지 않은 채 태어났습니다. 아무리 우리가 비천해진다 해도, 우리는 충분히 천국에 이르게 될 것입니다. 다음과 같은 사실을 의지하십시오. 우리가 요단 강을 건너기까지 계속해서 내려오는 만나로 우리는 충분할 것입니다. 그래서 요단 강을 건넌 후 우리는 젖과 꿀이 흐르는 그 땅에서 나온 소출을 먹게 될 것입니다.

그리고 하나님께서는 야곱에게 자기 고향으로 다시 돌아오게 될 것이라는 약속도 해주셨습니다. 이 약속은 섭리의 또 다른 개입이었습니다. 다시 말해, 그는 밧단아람으로 갔다가 거기서 다시 돌아오도록 되어 있었던 것입니다. 이로써 하나님은 벧엘의 하나님이라는 사실이 알려질 수밖에 없었습니다. 야곱이 밧단아람에 머무를 당시에 이런 약속은 도저히 실현 불가능한 일처럼 보였을 것입니다. 왜냐하면 그는 라헬을 위해서 칠 년을 일해야 했지만, 라헬 대신 레아를 얻었으며, 라헬을 위해서 다시 칠 년을 일해야 했기 때문입니다. 그리고 나서는 아롱진 양을 위해 일 년을 기다려야 했고, 그 이듬해에는 점 있는 양을 위해 또 일 년을 기다려야 했습니다. 이런 식으로 그 다음 해에는 얼룩무늬가 있는 것을 위해 또 일 년을 기다렸습니다. 이런 일이 계속되었습니다. 따라서 그가 메소포타미아를 완전히 떠나게 되리라는 생각은 전혀 할 수 없었던 것처럼 보입니다. 그럼에도 불구하고 하나님께서는 야곱을 반드시 고향으로 인도하겠다고 말씀하셨습니다. 과연 하나님께서 이 약속대로 하셨습니까? 그렇습니다. 그분께서는 어떻게든지 야곱을 라반의 집에서 이끌어 내려고 하셨습니다. 야곱은 그의 아버지의 집으로 돌아가야 했기 때문입니다. 하지만 야곱이 라반의 집을 떠나자마자, 라반은 몹시 급하게 그를 추격합니다. 라반이 어떤 생각으로 그를 뒤쫓았는지는 정확히 알 수 없지만, 아주 끔찍한 생각, 즉 야곱의 일가족을 모두 죽이려고 생각한 것은 아니었을까요? 하지만 야곱에게 가까워지자 라반은 생각대로 그렇게 하지 못합니다. 그의 마음이 변한 것입니다. 라반은 자기 딸들과 손자들에게 입을 맞춥니다. 그리고 야곱에 대해서는 그 어떤 분한 생각도 하지 않습니다. 왜냐하면 하나님께서 라반에게 현몽하여 너는 삼가 야곱에게 선악 간에 말하지 말라고 이르셨기 때문입니다. 그래서 라반은 즐거움과 노래와 북과 수금으로 야곱을 보내려고 했는데, 왜 자기에게 알리지도 않고 자기를 속이듯 도망갔느냐고 야곱에게 유감의 뜻을 전하였습니다. 하지만 사실 라반은 야곱을 보내고 싶은 마음이 전혀 없었습니다. 야곱은 라반을 어떻게 상대해야 할지 몰랐지만, 하나님께서는 라반을 어떻게 상대해야 할지 미리 알고 계셨던 것입니다. 그렇게 해서 오랫동안 머물렀던 그 라반의 땅을 야곱은 떠나게 되었습니다. 그러고는 한 번도 다시 그곳으로 가지 않았습니다. 왜냐하면 그 두 사람은 서로 "내가 이 무더기를 넘어 네게로 가서 해하지 않을 것이요 네가 이 무더기 이 기둥을 넘어 내게로 와서 해하지 아니할 것이라"(창 31:52)고 말하고는, 이 약속을 되새기기 위해 돌무더기를 쌓고 서로 헤어졌기 때문입니다. 또한 그 두 사람은 "우리가 서로 떠나 있을 때에 여호와께서 나와 너 사이를 살피시옵소서"(창 31:49)라고 말하였습니다. 그래서 그들 사이에는 더 이상의 간섭이 없었습니다.

　섭리에는 하나님께서 아주 신비로운 방식으로 행하시는 많은 것들이 들어 있습니다. 그분께서는 자신의 지혜로운 뜻을 시행하기 위해서 많은 시련과 고난을 사용하십니다. 배들을 위한 최상의 바람은 항상 항구를 향해 곧게 부는 바람이 아닙니다. 배들은 여러분이 생각하는 바와 같이, 때로는 옆바람(cross winds, 비행기나 선박의 진로와 직각으로 부는 바람 — 역주)에 더 빠르게 나아갑니다. 하지만 이런 바람은 배 자체로 봐서는 그리 좋은 바람이 아닙니다. 왜냐하면 이런 옆바람은 배의 옆 부분을 강타하기 때문입니다. 이와 마찬가지로 제가 보기에 사람들을 천국으로 인도하는 최고의 바람은 사람들이 맹목적으로 바라듯이, 항상 천국을 향해 곧추 불어오는 바람이 아니라, 때때로 바다의 작은 돌풍을 일으키고 여러분에게 불안과 고통이라는 스트레스를 안겨 주는 옆바람입니다. 사람들이 자신의 안녕을 위해 바라는 것들이 항상 가장 바람직한 것은 아닙니다. 대개는 우리가 우려했던 손해들이 우리가 예상치도 못했던 축복을 가져다줍니다. 또 어떤 서글픈 실패가 기쁜 결과를 가져다주기도 합니다. 그러므로 우리는 우리의 모든 일들을 하나님께 맡기는 것이 좋습니다. 사랑하는 성도 여러분, 하나님께서 섭리로 역사하십니다. 그러므로 여러분은 이 점에 대해 확신하고 안심해도 됩니다. 그분은 병거를 타고 다스리십니다. 군마들이 날뛴다 해도, 그분께서 재갈과 고삐로 그 말들을 붙드십니다. 하나님께서 명하거나 허락하지 않으신 일은 절대로 일어나는 법이 없습니다. 아무리 끔찍한 일로 보여도 그분의 영원한 사랑의 작정을 훼방하는 일은 있을 수 없으며, 그분께서 사랑하는 자녀들을 위해 정해 놓으신 영원한 기업에서 그 자녀 중 하나라도 돌아서게 하는 일은 있을 수 없습니다. 하나님께서 살아서 다스리시니, 여러분은 하나님 안에서 안식하십시오. 여러분은 그분 안에 머무르십시오. 그 어떤 것도 여러분을 해할 수 없습니다. 그분을 여러분의 피난처로 삼으십시오. 그러면 여러분은 이 땅에서 가장 큰 평안을 얻게 될 것이며, 섭리의 하나님이신 벧엘의 하나님으로 기뻐하게 될 것입니다.

다섯째로, 벧엘의 하나님은 약속의 하나님이십니다. 하나님께서는 그날 밤 야곱에게 얼마나 많은 약속들을 해주셨는지 모릅니다! 하지만 그 모든 약속들을 하나님은 지키셨습니다. 그러므로 그런 벧엘의 하나님은 여러분과 제게 약속의 하나님이 되십니다.

영원한 언약은 야곱에게 확증되었습니다. "나는 여호와니 너의 조부 아브라함의 하나님이요 이삭의 하나님이라"(창 28:13). 이 말씀은 그분이 언약의 하나님이라는 뜻입니다. 여러분과 저를 대해 주시는 그 하나님은 자신의 기쁘신 뜻대로 행하는 분이십니다. 그분은 절대적인 주권을 가지고 있지만, 옳지 않은 일은 절대로 할 수 없는 분이십니다. 그럼에도 불구하고, 그분께서는 친히 자신을 제한하셔서 예수 그리스도의 인성 안에서 우리에 대한 언약과 보증으로, "내가 반드시 너에게 복 주고 복 주며"(히 6:14)라고 말씀하셨습니다. 친히 자신을 제한하셨다는 표현은 경외심에서 쓴 것입니다. 우리를 위해서 주 예수님이 성부 하나님과 맺은 하나의 언약이 있습니다. 이 언약으로 인해 이루 헤아릴 수 없는 축복이 분명하고 확실하게 우리에게 주어집니다. 왜냐하면 하나님은 거짓말할 수 없는 분이기 때문입니다. 그리고 그분은 우리에게 변치 않는 두 가지 보증을 해

주셨습니다. 즉 이 언약의 축복으로 인해 우리가 굳센 위로를 받게 될 것과, 그분의 신실함을 절대로 의심할 수 없게 될 것이라는 보증입니다. 사랑하는 성도 여러분, 약속의 하나님께서 여러분의 분깃과 기업을 이미 정해 놓으셨으므로, 여러분은 마지막 날에 그 분깃을 누리게 될 것입니다. 약속의 하나님은 예수 그리스도 안에서 여러분에게 나타나시어, 여러분에게도 약속해 주셨습니다. 그러므로 여러분은 그 언약을 확실하게 한 예수님의 보혈로 안식하게 될 것입니다. 그분은 결코 자기 백성을 떠나지 않으리라 약속하셨습니다. 그분께서는 야곱에게 "너를 떠나지 아니하리라"(창 28:15)고 말씀하셨습니다. 그분은 이와 같은 말씀을 여러분에게도 하십니다. 그분은 자신이 주겠다고 선포한 것을 절대로 잊지 않고 주겠다고 약속하셨습니다. "내가 네게 허락한 것을 다 이루기까지 너를 떠나지 아니하리라"(창 28:15). 오, 이 얼마나 복된 말씀인지 모릅니다! 이런 말씀을 대할 때면 제 말문이 막혀 버린 것 같은 느낌이 듭니다. 거룩하신 하나님의 말씀은 그 자체로 매우 풍성하고 그 속에 골수와 기름이 흘러넘쳐, 그 말씀에 무슨 말을 덧붙이는 것은 마치 금에 금도금을 입히는 것 같고 아름다운 흰 백합에 흰색을 더하는 것 같습니다. 그저 그 말씀을 마음에 새기십시오. 성령 하나님으로 말미암아 그 말씀이 여러분에게 적용되기를 기원합니다. 변하지 않는 그 하나님의 약속은 얼마든지 그리스도 안에서 예가 되니, 그런즉 예수 그리스도로 말미암아 우리가 아멘 하여 하나님께 영광을 돌리게 될 것입니다(고후 1:20). 비록 이 땅의 오래된 기둥들이 흔들릴지언정, 그분께서 신자들과 맺은 그 모든 약속들은 확고부동할 것입니다. "천지는 없어질지언정 내 말은 일점일획도 결코 없어지지 아니하리라"(마 5:18; 24:35).

제가 남은 시간이 얼마 없어서, 저는 이 약속의 하나님이라는 감동적인 주제에 대한 묵상을 마쳐야 할 것 같습니다. 여섯째로, 벧엘의 하나님은 우리로 하여금 서원하게 하는 하나님이라는 사실을 하나 더 말씀드리겠습니다. 여러분은 이 사실을 끝까지 잊지 마십시오. 왜냐하면 벧엘의 하나님은 우리로 하여금 서원하게 하는 하나님이라는 이 사실은 실천적인 부분이기 때문입니다. 사랑하는 성도 여러분, 야곱이 하나님을 자신의 하나님으로 삼고 서약한 사실을 여러분은 기억할 것입니다. 여러분도 이와 같은 서약을 한 것을 기억할 것입니다.

"오 기쁘다, 내 마음을 정한 이 날,

나의 구주, 나의 하나님인 당신이시여,
불타는 이 마음은 기쁨에 겨워,
이 환희를 만방에 전하겠나이다.

이 엄숙한 서원을 높이 있는 하늘이 들었고,
날마다 갱신되는 서원도 듣게 되리니,
생애 마지막 순간까지 나는 그분을 경배하고,
죽어서도 이 귀한 언약을 찬양하리이다."
(필립 도드리지, '오 기쁘도다, 내 마음을 정한 이 날'
[O HAPPY DAY, That Fixed My Choice], 1절과 5절 — 역주).

　　자신을 우리에게 주신 하나님은 우리도 우리 자신을 그분께 드리도록 인도
하십니다. 그분께서 우리를 값으로 사신 것이니, 지금 우리는 우리 자신의 것이
아닙니다. 그러므로 우리의 마음속 가장 깊은 곳에서 진실한 마음으로 우러러보
며 "나의 하나님, 나의 아버지, 당신은 영원 무궁히 나의 하나님이십니다"라고
우리는 말할 수 있습니다. 이처럼 야곱도 서원을 하면서, "내가 기둥으로 세운
이 돌이 하나님의 집이 될 것이요"(창 28:22)라고 말하였습니다. 그런 다음, 야곱
은 마음에서 우러나오는 참된 감사의 표시로 하나님께 엄숙한 봉헌을 하였습니
다. 여러분도 이와 비슷한 서원을 해본 적이 있습니까? 여러분이 여러분 자신을
그분에게 헌신할 때, 여러분은 여러분의 집을 드리지 않았습니까? 여러분은 어
느 한 곳만을 하나의 벧엘로 하나님께 드리지 않고, 여러분의 전 생애와 여러분
이 있는 모든 곳을 그분의 이름으로 하나의 벧엘이 되도록, 하나님께 간구하지
않았습니까? 마땅히 그렇게 해야 합니다. 저는 여러분이 그렇게 했으리라 믿습
니다. 왜냐하면 이것이야말로 참된 그리스도인의 모습이기 때문입니다. 이곳이
나 저 거룩한 건물을 벧엘로 여기지 말고, 모든 곳을, 즉 여러분의 부엌이나 거실
이나 침실이나 작업장을 모두 거룩한 곳으로 여기십시오. 그리고 그릇이나 냄비
나 여러분의 일상생활에 사용되는 도구들을 모두 하나님 앞에서 거룩한 것으로
여기십시오. 여러분은 이렇게 서원합니까? 이 서원이 성취되는 것을 여러분의
일상의 소원이 되도록 하십시오. 여러분은 하나님을 위해서 살아갈 결심도 하
고, 필요하다면 언제든 죽을 각오도 하십시오. 모든 일들 가운데 오직 그분의 축

복이 여러분에게 임하기만을 간구하십시오. 여러분이 먹든지 마시든지 무슨 일을 하든지, 모든 것을 하나님의 영광을 위해 행하고, 주 예수님의 이름으로 모든 것을 행하십시오. 그리고 예수 그리스도로 말미암은 그 아버지와 하나님께 감사하도록 하십시오. 이것이 참된 일입니다.

야곱이 약속한 또 하나는 그가 하나님께 십일조를 드리기로 한 것입니다. 여러분 가운데 이런 서약을 하지 않은 사람이 있는지 저는 잘 모르겠습니다. 꽤 오랫동안 이런 서약을 하지 않은 그리스도인들이 소수지만 있으리라 저는 생각합니다. 사랑하는 형제자매 여러분, 여러분이 하나님께 행한 서약은 마땅히 이행하십시오. 우리가 뜨거운 감정으로 인해 어떤 것을 말한다거나, 사전에 충분히 생각해 보지도 않고 무턱대고 어떤 서약을 하는 것을 하나님께서는 금하십니다. 왜냐하면 하나님은 업신여김을 받지 않으시기(갈 6:7) 때문입니다. 우리가 일단 하나님께 무엇을 봉헌하기로 했다면, 우리는 절대 그 일에서 흔들리지 맙시다. 저는 다음과 같이 말하는 성도들을 알고 있습니다. "하나님께서 나를 어느 어느 정도까지 번성케 해주신다면, 내가 받은 그 이상의 것을 모두 자원하는 마음으로 하나님께 봉헌하겠다." 기독교계에서 이렇게 자신이 서원한 것을 이행하는 풍성한 봉헌자들을 한두 명 정도 알고 있습니다. 반면에 저는 자신이 서원한 것에 걸려 넘어진 자들도 알고 있습니다. 이들은 당황하여 다음과 같이 묻곤 합니다. "도대체 제가 어떻게 해야겠습니까? 현재 제 사업을 유지하기 위해서는 애초에 제가 생각했던 것보다 더 많은 자본이 필요한 상황에 처해 있습니다. 저는 예전에 이미 가진 전 재산만을 내 것으로 하고, 사업을 해서 얻는 소득은 모아서 하나님의 일에 사용하겠다고 서약했는데 말이지요." 여러분은 서원을 할 때 주의해서 해야 합니다. 왜냐하면 여러분이 한 서원에 여러분이 걸려 넘어질 수 있기 때문입니다. 그러므로 너무 자주 서원을 하지 않는 것이 좋습니다. 그러나 슬픔의 시기에 여러분이 하나님께 입을 열었다면, 여러분의 마음에서 정하고 여러분의 입술로 말한 서원을 번복하지 않도록 주의하십시오. 때로는 하나님께서 자기 백성으로 하여금 어떤 엄숙한 서원을 하도록 인도하십니다. 그렇게 서원하지 않았다면, 그분의 이름을 기리고 그분에게 영광 돌리는 일을 예전보다 더 많이 할 수 없었을 것입니다. 이런 목적으로 그분께서는 성도들로 하여금 서원하게 하십니다.

제가 막 설교를 하려고 했을 때, 설교 주제가 제 머릿속에서 떠오르지 않고,

본문 말씀과 함께 설교에 관한 생각들이 전혀 생각나지 않던 어느 날 밤이 기억 납니다. 그 때 저는 어느 시골 교회에서 설교를 해야 했습니다. 저는 자리에 주저 앉았습니다. 그 때 제가 얼마나 당황했는지 모릅니다. 저는 기도하며 제 영혼을 하나님께 집중하였습니다. 그러자 바로 그 때 제 앞에 어떤 귀한 형제가 나타났 습니다. 그의 얼굴을 보니 그는 가난한 형제, 아니 찢어지게 가난한 형제로 보였 습니다. 그는 저에게 자신이 공부할 수 있도록 도움을 요청하였습니다. 하지만 그 당시 저는 그를 도울 방법이 없었습니다. 저는 어떻게 해야 할지 몰랐습니다. 저는 하나님께서 저를 도와주시도록 기도했으며, 그러고는 그 형제를 돕겠다고 하나님께 약속했습니다. 그 후에 그는 제가 세운 학교의 초창기 학생 중 한 사람 으로 하나님께 영광을 돌렸으며, 지난 십육칠 년 동안 많은 영혼들을 회심시키 는 축복을 받았습니다. 설교하기 직전에 아무 생각도 나지 않는 그런 궁지에 처 하지 않았다면, 제 생각에 저는 그 형제를 돕지 않았을 것입니다. 하지만 하나님 앞에서 제가 서원했을 때, 비록 그 때 제 수중에 아무것도 없었지만 그를 위해 돈 을 마련하겠다고 서원했을 때, 그 때 제가 준비한 설교가 다시 생각이 났고, 저는 기쁜 마음으로 설교를 했습니다. 그 일로 저는 크게 얻은 바가 많았습니다. 저는 서 원하는 것을 기뻐하게 되었으며, 그 서원을 능히 지킬 수 있었습니다. 때로는 이 런 서원이 옳은 일이기도 하지만, 어떤 때는 바람직하지 않을 때도 있습니다. 그 러므로 여러분이 가진 모든 것은 이미 하나님께 속해 있으므로, 다시 말해 여러 분이 가진 것의 작은 것부터 큰 것까지 모두 이미 하나님께 봉헌한 것이기 때문 에, 여러분은 더 이상 서원할 것이 없다고 생각하는 게 좋습니다. 그럼에도 불구 하고 여러분이 순례의 길을 가는 도중, 여호와께서 여기까지 우리를 도우셨다 (삼상 7:12)는 뜻으로 하나의 에벤에셀 돌무더기를 세워 그곳을 성별하려고 한 다면, 여러분은 야곱이 행한 것처럼 여러분의 항아리에 있는 기름을 그곳에 확 실히 부으십시오. 그렇게 하면, 여러분이 서약한 그 서원들은 돌이켜 볼 때 감미 로운 서원이 될 것입니다. 여러분이 하나님께 한 서원을 기억하시는 그 벧엘의 하나님은 여러분의 영혼을 더욱더 존귀하게 하실 것입니다. 옥합에 있던 귀한 향유를 그리스도의 머리에 부어드린 여인은, 그 일을 생각할 때마다 얼마나 큰 축복으로 여겼겠습니까! 그 점에 대해서 저는 전혀 의심하지 않습니다. 그녀는 '지금까지 그 향유 옥합을 가지고 있었다면, 많은 돈이 되었을 텐데. 내가 그 때 그걸 허비하지 말았어야 했는데'라는 생각을 일생토록 한 번도 하지 않았을 것이라 저는 확신합니다. 그녀는 절대로 이런 생각을 하지 않았을 것입니다. 그녀는 자신이 행한 일에 대해 자주 생각했을 것입니다. 어쩌면 그 일이 있은 후에 그녀는 가난해졌을지도 모릅니다. 어쨌든 간에, 그리스도가 가신 다음 그녀는 "오, 그런 기회가 내게 왔고 내가 그 기회를 잡게 되다니, 이 얼마나 기쁜 일인가!"라고 말했을 것입니다. 유다가 "무슨 의도로 이것을 허비하느냐?"(마 26:8)라고 말했지만, 그녀는 유다의 말에 전혀 개의치 않았습니다. 그녀는 "나는 복된 주님에게 향유를 부어드려 이 집을 감미로운 향기로 가득 채웠다. 나는 이렇게 한 것이 기쁘다. 내가 천국에서 그분의 얼굴을 뵈올 때도 이 일로 나는 기뻐할 것이다"라고 말했을 것입니다. 서원을 지킨 여러분도 종종 이와 같은 감정을 느낄 것입니다. 여러분이 행한 일로 이득을 보려고 하지 마십시오. 그런 이득은 우리에게 얼토당토않은 것입니다. 하나님께서 그분의 섭리 가운데 여러분을 인도하여, 그분의 은혜로 그분을 위한 특별한 일을 능히 행하도록 하셨다면, 여러분은 그 일을 하게 된 것에 대해 오히려 감사하십시오. 여러분이 봉헌하는 헌금을 하나님께서 받으시는 방식으로 오늘 본문을 읽게 될 때, 여러분은 벧엘의 하나님이 얼마나 감미로운 분인지를 더욱더 생각하게 될 것입니다. 왜냐하면 오늘 본문은 다음과 같은 말씀과 이어져 있기 때문입니다. "나는 벧엘의 하나님이라 네가 거기서 기둥에 기름을 붓고 거기서 내게 서원하였으니." 이처럼 서원은 하나님께서 기억하기를 좋아하시는 것일 뿐만 아니라, 우리도 기쁜 마음으로 기억하게 되는 본질적인 부분입니다.

사랑하는 성도 여러분, 여러분 가운데 아직도 벧엘의 하나님을 알지 못하는 사람이 있을까 저는 두렵습니다. 그분이야말로 여러분에게 필요한 하나님이라는 사실을 저는 여러분에게 말하고 싶습니다. 다시 말해 예수 그리스도께서는 여러분처럼 불쌍한 영혼들이 천국에 이를 수 있는 유일한 사닥다리인 하나님이십니다. 이 사닥다리의 계단은 올라가기 쉽게 만들어져 있습니다. 그 사닥다리는 가장 중한 죄인이 자신의 무게를 다 실어 밟는다 해도 능히 견딜 수 있을 만큼 강합니다. 그러므로 이제 여러분이 나아와 예수님을 믿기만 하면, 여러분은 이 사닥다리로 올라가, 여호와께서 모든 순결함 가운데 거하시는 그 높은 곳까지 이를 수 있습니다. 그곳에서 여러분은 그분과 더불어 영원 무궁히 함께 할 것입니다. 아멘.

제
28
장
—

마하나임, 사자들의 군대

—

"야곱이 길을 가는데 하나님의 사자들이 그를 만난지라 야
곱이 그들을 볼 때에 이르기를 이는 하나님의 군대라 하고
그 땅 이름을 마하나임이라 하였더라." — 창 32:1-2

"다윗이 마하나임에 이르렀을 때에 암몬 족속에게 속한 랍
바 사람 나하스의 아들 소비와 로데발 사람 암미엘의 아들
마길과 로글림 길르앗 사람 바르실래가 침상과 대야와 질그
릇과 밀과 보리와 밀가루와 볶은 곡식과 콩과 팥과 볶은 녹
두와 꿀과 버터와 양과 치즈를 가져다가 다윗과 그와 함께
한 백성에게 먹게 하였으니 이는 그들 생각에 백성이 들에
서 시장하고 곤하고 목마르겠다 함이더라."
— 삼하 17:27-29

　　우리는 마하나임으로 가서 이 대단한 광경을 구경해 보겠습니다. 첫 번째로
우리는 야곱과 함께 사자들의 두 무리를 구경하고, 두 번째로는 다윗과 함께 그
친구들의 무리를 살펴보겠습니다.
　　첫 번째로 야곱을 생각해 보겠습니다. 하나님의 백성들은 정말 아주 다양한
체험들을 하게 됩니다! 하나님의 백성들이 가는 순례의 길은 바람 따라 계속해
서 움직이는 모래 위를 걷는 것과 같습니다. 그들의 장막도 계속해서 이동하고,

그들의 주변 경치도 항상 변합니다. 오늘 본문에는 야곱이 등장합니다. 그는 한때 라반과 재산 문제로 실랑이를 벌였습니다. 장인인 라반과 계략 대 계략으로 맞붙었습니다. 그 후로 그는 번성케 되어, 더 이상 그런 종살이를 하지 않기로 작정하고 도망쳤습니다. 하지만 그는 장인의 추격을 받았고, 그 화난 장인과 언쟁을 벌였으며, 그 다툼은 돌무더기를 서로 넘어가지 않는다는 조건으로 휴전한후 제사를 드림으로 끝나게 되었습니다. 이런 꼴사나운 가족 간의 전쟁은 야곱에게 결코 유쾌한 일이 아니었을 것입니다. 이런 갈등으로 인해 자신의 사고 수준이 높아졌다거나 기분이 좋아졌다거나 자기 영혼이 고귀해진 것이 아니었습니다. 하지만 라반이 떠난 바로 그 다음 날, 그에게 얼마나 엄청난 변화가 일어났는지 모릅니다. 즉 야곱은 사자들을 친히 대면하게 되었던 것입니다. 이제부터 지금까지와는 전혀 다른 장면이 전개됩니다. 즉 야비한 그 사람은 가고 그룹(천사)들이 왔습니다. 탐욕스러운 엄한 주인이 등을 돌리자, 복되신 하나님의 사자들이 망명생활에서 돌아오는 그 족장을 기쁨으로 맞이하기 위해 그를 찾아왔던 것입니다. 이런 격변을 충분히 이해하기란 어려운 일입니다.

이러한 변화는 모든 삶에서 일어납니다. 모든 삶 가운데서도 특히 신자들의 삶에서 이런 변화가 두드러진다고 저는 생각합니다. 인생이라는 대양(大洋)을 가로지르는 항로 중에서 폭풍우를 만나지 않는 길은 거의 없을 것입니다. 설령 다른 사람들은 그 폭풍을 비켜가더라도, 주님의 구속함을 받은 자들은 그 폭풍우에 시달릴 수 있다는 사실을 인정해야 합니다. "의인은 고난이 많으나"(시 34:19)라는 말씀대로 말입니다. 하지만 시련이 영원토록 계속되는 것은 아닙니다. 비 온 후에 청명한 빛이 납니다. 변화는 계속됩니다. 우리는 태풍을 만나기도 하고 고요한 날을 맞기도 하며, 미풍이 불다가 허리케인이 불어닥치기도 합니다. 우리는 평화로운 해변을 거닐다가 두려움이라는 모래언덕에 떠밀려가기도 합니다. 그러나 우리는 두려워할 필요가 없습니다. 왜냐하면 우리 주님이신 그분의 삶에서도 이와 같은 큰 변화들이 있었기 때문입니다. 그렇지 않습니까? 그분의 삶도 우리의 삶과 마찬가지로 언덕과 낭떠러지들로 가득하지 않았습니까? 우리는 성경을 통해 그분께서 요단 강에서 세례를 받으시고, 그 때 거기서 성령이 비둘기처럼 그에게 임하신 것을 읽었습니다. 그 때야말로 그분께서 안식하신 때였습니다. 성부 하나님께서 예수님에 관해 "이는 내 사랑하는 아들이요"(마 3:17)라고 증언해 주실 때, 예수님의 영혼이 느낀 그 큰 안식을 누가 감히 알 수 있겠습니까? 하지만 우리는 이 사건 이후에 곧바로 "그 때에 예수께서 성령에게 이끌리어 마귀에게 시험을 받으러 광야로 가사"(마 4:1)라는 말씀을 읽게 됩니다. 성령님께서 임하셨다가 또다시 마귀와 격렬한 대결 국면으로 바뀌다니, 그야말로 대단한 격변입니다! 하지만 또 다른 변화가 그 뒤를 잇습니다. 마귀와의 대결이 일단락되어 세 번에 걸친 시험이 우리 주님에게 허사로 돌아갔을 때, 우리는 또다시 "이에 마귀는 예수를 떠나고 천사들이 나아와서 수종드니라"(마 4:11)는 말씀을 읽게 되기 때문입니다. 짧은 기간 동안 우리 주님의 환경은 천국의 모습에서 마귀의 모습으로, 또다시 사탄의 모습에서 천사의 모습으로 급변하였습니다. 천국에서 구유로, 바다 위를 걷다가 십자가에 달리심으로, 무덤에서 보좌로, 이 얼마나 급격한 변화인지 모릅니다! 우리 주님께서 이처럼 심한 변화를 겪으셨는데, 우리가 감히 초막 셋을 짓고서 산에 머무를 생각을 할 수 있겠습니까?

사랑하는 성도 여러분, 이 세상은 물 위에 세워져 있어서 항상 움직이고 있다는 사실을 여러분은 분명히 알게 될 것입니다. 어떠한 기쁨도 지속되리라 생각하지 마십시오. 하나님께 감사하십시오. 어떠한 슬픔도 계속될 것이라 생각하며 두려워하지 마십시오. 기쁨과 슬픔도 왔다가 가며, 갔다가 다시 오기도 합니다. 우리는 이렇게 소용돌이치는 가련한 세상에 살고 있습니다. 여러분과 제가 이런 세상에 살고 있는 한, 우리는 정착할 성을 찾지 못하는 목자들의 장막처럼 이리저리 옮겨 다녀야 합니다. 비록 이런 변화가 우리의 주거지에는 일어나지 않는다 해도, 우리의 감정에는 분명히 일어날 것입니다. "저녁이 되고 아침이 되니 이는 첫째 날이니라"(창 1:5), "저녁이 되고 아침이 되니 이는 둘째 날이니라"(창 1:8)고 한 옛 말씀과 더불어, 어둠과 빛, 해가 지고 해가 뜨는 변화는 태초부터 있었습니다. 새벽, 정오, 오후, 저녁, 밤, 한밤중, 그리고 새 아침, 어떤 경우에도 이 모든 시간들이 서로서로 뒤를 잇고 있습니다. 이런 시간의 흐름과 마찬가지로 다음의 사실도 분명한 사실일 것입니다. 즉 우리에게 영원한 정오의 빛이 비추고 "날이 저물고 그림자가 사라지기 전에"(아 2:17), 구름과 소낙비와 나팔꽃이 필요하다는 것입니다.

우리 앞에 놓인 본문 말씀을 통해 우리는 최고의 친구들에 둘러싸인 야곱을 보게 됩니다. 야곱은 메소포타미아에 있을 때처럼 더 이상 속이지 않고, 마하나임에서는 영예를 얻었습니다. 그는 더 이상 라반을 속여서 이기려 하지 않았고,

하늘의 영들을 응시하였습니다. 그는 사자들에 둘러싸여 있었고, 그도 그 사실을 알고 있었습니다. 그의 눈이 열려, 육신의 눈으로는 보이지 않는 그 영적 존재들을 이제 그는 보게 되었습니다. 그는 환상을 볼 수 있는 자가 되어 내적인 눈으로, 하나님께서 자신을 만나도록 보낸, 빛나는 무리들로 이뤄진 군대를 능히 보게 되었습니다. 우리의 친구들을 알아보고서 그 친구들이 하나님의 군대인 것을 구별해 내는 능력은 큰 특권입니다. 진실로 우리는 우리의 어려움들은 잘 알면서도, 우리를 돕는 손길들은 너무나 잘 잊습니다. 즉 우리와 동맹한 조력자들이 우리 주위에 가득하지만, 그럼에도 우리는 스스로 혼자라고 생각합니다. 우리를 돕는 주님의 손길보다 우리를 대적하는 사탄을 우리는 더 쉽게 알아차립니다. 오, 우리의 마음과 눈이 열려 우리를 돕는 주님이 얼마나 강한 분인지를 볼 수 있기를 기원합니다.

야곱은 라반에게서 이제 막 벗어났지만, 또 다른 짐이 그를 짓누르고 있었습니다. 에서에 대한 두려움이 그를 압도했던 것입니다. 그는 형에게 몹쓸 짓을 했습니다. 여러분도 다른 사람에게 악행을 저질렀다면, 그 일로 추후에 불안해하지 않을 수 없을 것입니다. 야곱은 에서가 가진 이점을 비열한 방식으로 취했습니다. 그 일이 있은 지 수년이 지났지만, 여전히 그가 한 행동은 그의 가슴에 남아 양심을 아프게 했습니다. 라반과 함께 그토록 오랫동안 살았음에도 불구하고, 야곱은 자기 형과 사이가 좋지 않았기 때문에 양심이 두려워 떨 정도로 심한 가책을 느꼈습니다. 형과의 이런 불화만 없었다면, 그는 아버지 이삭의 장막을 향해 즐거운 발걸음을 내디디며 나갔을 것입니다. 형이 화낼 것을 두려워하면서 그는 큰 걱정과 불안에 휩싸였습니다. 야곱 주위에 산적한 이런 어려움들을 잊도록 하기 위해서, 또는 하늘 높은 곳에서 그를 위해 준비된 원조와 도움을 눈을 들어 바라봄으로써 그 두려운 염려들이 사라지게 하기 위해서 이 사자들은 그를 찾아왔던 것입니다. 그가 만약 하나님께 부르짖기만 했다면, 에서가 거느린 사백 명의 사람들은 하나님의 사자들의 군대와 맞닥뜨리게 되었을 것입니다. 이것이야말로 얼마나 멋진 일입니까? 모든 신자들도 이와 동일한 도움을 받지 않겠습니까? 우리를 대적하는 그 모든 자들보다 우리를 위하는 그분이 훨씬 더 큰 분이십니다.

오늘 아침에 제가 성령님의 도우심으로 시련을 당하는 주의 백성들을 보이는 슬픔에서 보이지 않는 위로로 그 마음을 능히 인도할 수 있다면, 저는 정말 기뺄 것입니다. 그런 이들에게 권면합니다. 여러분은 자신이 짊어져야 할 짐만 생각하지 말고, 능히 그 짐을 옮길 수 있는 능력에 대해 생각하십시오. 그 소심한 마음이 두려움에서 벗어나, 자기 종들에게 끝까지 인내하는 능력 주실 것을 약속한 그 살아 계신 하나님을 믿는 계기가 여러분에게 주어진다면, 제 바람은 성취된 것으로 알 것입니다. 만군의 주님이 우리와 함께 하시며, 야곱의 하나님이 우리의 피난처이십니다. 그러므로 우리를 대적하기 위해 만들어진 그 어떤 무기도 무력해질 것이며, 그 원수도 우리의 발 아래에서 상하게 될 것입니다. 야곱이 마하나임에서 경험한 바를 다루면서, 우리는 다음과 같은 여러 사실들을 살펴보게 될 것입니다.

하나님에게는 허다한 종들이 있는데, 그 종들은 모두 신자들의 편이라는 것입니다. "그의 진영은 심히 크고"(욜 2:11), 그 진영 안에 있는 군대들은 모두 우리와 동맹한 자들입니다. 이 군대의 일부는 보이는 사자들이며, 더 많은 자들은 보이지 않는 사자들입니다. 보이든 그렇지 않든 간에 이들은 실제로 능력이 많은 사자들입니다. 만군의 주님께서 거느리고 있는 이 큰 군대는 대부분 보이지 않는 사자들로 이루어져 있어서, 이 군대의 능력은 환상, 즉 믿음의 눈이 아니고서는 결코 볼 수 없습니다. 의로운 사람들 편에 서 있는 이 보이지 않는 두 대대(大隊)를 야곱은 보았던 것입니다. "하나님의 사자들이 그를 만난지라." 그래서 야곱은 "이는 하나님의 군대라 하고 그 땅 이름을 마하나임(두 진영, two camps)이라"고 하였습니다. 그곳에서 야곱은 갑절로 무리지어 있는 하나님의 사자들을 만났기 때문입니다.

성도들을 보호하는 사자들은 모든 신자들을 항상 에워싸고 있다는 사실을 우리는 알고 있습니다. 섬기는 영(히 1:14)인 모든 천사들은 모든 곳에 있으면서, 피로 이루어진 왕족의 자녀들을 지금도 보호하고 있습니다. 이 영들은 우리의 어떤 감각기관으로도 감지할 수 없으며, 오직 믿음으로 인지되고, 옛날의 거룩한 성도들은 환상 가운데 이들을 인지하였습니다. 떼로 이루어진 이 사자들은 허다한 무리입니다. 왜냐하면 야곱이 "이는 하나님의 군대"라고 말했기 때문입니다. 여기서 '군대'라는 말은 상당히 많은 숫자를 의미하기에, 하나님의 군대는 틀림없이 작은 군대가 아닐 것입니다. "하나님의 병거는 이만이요 천사들도 수천이라"(시 68:17 KJV). 우리는 얼마나 많은 무리들이 주님에게 시중들고 있는지 알지 못합니다. 단지 "무수한 천사들의 무리"(히 12:22 KJV)라고 기록된 말씀을 읽을 수 있을 뿐입니다. 우리는 온 세상을 둘러보면서 우리 그리스도인들이 치르는 전쟁에 우호적인 사람들과 세력들의 수를 헤아려 봅니다. 하지만 우리의 빈약한 시력으로 볼 수 있는 것은 그저 작은 수이며, 우리는 이런 희미한 수단으로는 반밖에 알 수 없습니다. 모든 별들은 여호와의 사랑의 명령을 받아 언제나 기꺼이 불꽃처럼 빛을 내뿜고자 몰려든, 하나님의 종들과 같은 천체라고 할 수 있습니다. 하나님께서 택한 백성들이 이 땅에 있는 세력들로 충분히 보호를 받을 수 없다면, 그분께서는 저 멀리 우주 끝에 있는 수많은 영들까지 왕의 자녀들을 호위하도록 전방으로 몰려들게 하실 것입니다. 그분은 틀림없이 이것을 원하시며 또한 그렇게 말씀하실 것입니다. 하늘에 있는 수많은 별들처럼, 하나님의 군대에 있는 눈에 보이지 않는 전사들도 무수히 많습니다. "그의 진영은 심히 크고." "전능하신 그분은 모든 곳에 종들을 두시고"(토머스 린치[Thomas T. Lynch], '내 영혼아 그렇게 말하지 말아라'[Say not, my soul], 1절 — 역주). 전능하신 하나님의 이러한 종들은 모두 능력으로 충만한 자들입니다. 이 모든 종들 가운데 연약한 자는 단 한 사람도 없으며, 이들은 강한 사람처럼 달리고, 용사처럼 싸움에서 이깁니다. 군대는 용맹한 자들, 전쟁에 노련한 자들, 기병들, 영웅들, 그리고 전쟁에 정예화 된 자들로 이루어집니다. 하나님의 세력들은 극도로 강합니다. 그래서 그 어떤 세력도 능히 이들을 맞서 대적할 수 없습니다. 하나님의 군대는 어떤 형태를 취해도 항상 능력이 있습니다. 심지어 이 하나님의 군대가 요엘서에 기록된 바와 같이(욜 2:25) 메뚜기와 느치와 황충이처럼 나타나도, 아무도 이들을 대적할 수 없으며, 그 어떤 것도 이들의 공격을 피할 수 없습니다. 이들은 모든 것을 갉아 먹었습니다. 이들은 이 땅을 뒤덮었습니다. 심지어 해와 달까지 어둡게 하였습니다. 벌레들의 능력이 이러하다면, 천사들의 능력은 도대체 어떻겠습니까? 우리는 "능력이 있어 여호와의 말씀을 행하며 그의 말씀의 소리를 듣는 여호와의 천사들"(시 103:20)을 알고 있습니다. 오, 하나님의 자녀들이여, 기뻐하십시오! 막강한 군대들이 여러분의 편에 서 있고, 그 전사들 한 사람 한 사람이 하나님의 능력으로 옷 입고 있습니다.

이 모든 사자들은 질서정연하게 활동합니다. 왜냐하면 그 사자들은 하나님의 군대이며, 이 군대는 질서 있는 명령에 따라 행진하기도 하고 달리기도 하는 존재들로 이루어져 있기 때문입니다. 이들은 "피차에 부딪치지 아니하고 각기 자기의 길로 나아가며 무기를 돌파하고 나아가나 상하지 아니하며"(욜 2:8) 나아갑니다. 자연에 있는 모든 세력들이 그들의 주님에게 충성합니다. 강력한 이 세력들에게 반역이란 도저히 꿈도 꿀 수 없는 어떤 것입니다. 우주를 가로지르며 빛을 내는 저 불타는 혜성부터 가장 깊은 바다 동굴 속에 숨은 가장 작은 조개껍질까지, 모든 사물들은 스스로 하나님께서 제정하신 그 최고의 법에 순복합니다. 하나님의 명령에 반역하여 폭동을 일으킨 그 타락한 지적인 천사들과는 달리, 이들은 그들의 하나님을 사랑하며 그분에게 영예를 돌려드리는 것에서 기쁨을 찾습니다. 이들은 그분에게 헌신하고 있기 때문에, 완전히 행복한 자들입니다. 또한 이들은 지극히 높으신 분의 뜻을 집중하여 완벽하게 행하기 때문에, 그 마음에 기쁨이 충만합니다. 오, 천국에서 이 모든 천사들로 인해 하나님의 뜻이 이뤄지는 것처럼, 우리도 이 땅에서 그분의 뜻을 행할 수 있기를 기원합니다!

큰 군대였지만, 그들 모두 하나님의 명령을 시간에 맞춰 엄수하고 있었다는 사실에 주목하십시오. 야곱이 길을 가고 있을 때, 하나님의 사자들은 그를 만났습니다. 그 족장이 움직이자마자 하나님의 군대도 날개를 펴고 날기 시작했습니다. 하나님의 사자들은 야곱이 그 지경을 가로질러 갈 때까지 지체하지도 않았으며, 그가 하나님의 사자와 만나기로 정해진 장소에 이를 때 그를 기다리게 하지도 않았습니다. 하나님의 사자들은 야곱을 만나기로 한 그 순간에 거기 있었습니다. 사랑하는 성도 여러분, 위급한 순간에 하나님께서 여러분을 구하기로 작정하셨을 때, 여러분은 여러분을 기꺼이 도울 예정된 세력을 보게 될 것입니다. 하나님의 사자들은 자신들의 때보다 미리 나타나지도 않고 늦게 나타나지도 않습니다. 그들은 위급한 때, 바로 그 시각에 정확하게 우리와 만날 것입니다. 그러므로 우리는 야곱처럼 두려워하지 말고 우리의 길을 나아가도록 합시다. 비록 떼를 지은 무법자들과 함께 한 에서 같은 자들이 길을 막고 서 있다 해도 말입니다.

또한 이 하나님의 세력들은 모두 야곱을 개인적으로 섬기라는 명령을 받았습니다. "야곱이 길을 가는데 하나님의 사자들이 그를 만난지라." 저는 이 말씀을 이렇게 설명하고자 합니다. 즉 야곱은 이 사자들을 우연히 만나게 된 것이 아니었다는 것입니다. 그 사자들도 행진하다가 그 족장이 가는 길에 우연히 접어든 것이 아니었습니다. 그렇지 않습니다. 절대로 그렇지 않습니다. 야곱은 자기 길을 가고 있었고, 하나님의 사자들은 그 의도와 목적 가운데 그를 만나게 되었던 것입니다. 하나님의 사자들은 어떤 목적이 있어서 그를 만났습니다. 그들은 그를 만나는 것 외에는 다른 명령을 받지 않았습니다. 사자들 대대(大隊)가 오직 그 한

사람을 만나기 위해 행진했던 것입니다! 야곱은 한 사람의 성도였지, 결코 완전한 사람이 아니었습니다. 그의 삶을 피상적으로만 봐도, 우리는 그에게서 많은 결점들을 보지 않을 수 없습니다. 그럼에도 불구하고 하나님의 사자들은 그를 만났습니다. 아마도 아침 일찍 양 떼들을 돌보기 위해 일어났을 때, 그는 밝아오는 여명을 무색하게 할 만큼 밝게 빛나는 자들이 하늘에 있는 것을 보았을 것입니다. 하늘은 잦아드는 빛으로 선명하였으며, 천사들은 마치 하나의 빛나는 구름처럼 그에게 내려와 임했습니다. 이들은 테베의 문들(the gates of Thebes, 한때 흥왕했던 이집트의 수도 테베를 고대 그리스 작가인 호메로스[Homer]는 '백 개의 문을 가진 테베'라고 표현했다[Homer-Iliad IX.381] — 역주)보다 더욱 유명한 진주 문(계 21:21)에서 미끄러지듯 내려왔습니다. 그들은 오른편과 왼편으로 나누어져 두 군대를 이루었습니다. 한 부대는 조금 뒤편에 진영을 세우고는, "뒤편은 걱정 마라. 라반은 이제 다시 돌아올 수 없을 것이다. 미스바의 돌무더기보다 하나님의 군대가 더 나을 것이다"라고 말하는 듯했습니다. 그리고 또 다른 대대는 앞쪽으로 이동하여, "족장아, 붉은 사냥꾼인 에서와 그의 무장한 자들과 관련해서는 안심하라. 우리가 전방에서 너를 지킬 것이다"라고 말하는 듯했습니다. 야곱이 별 하나가 아니라, 많은 새벽별을 보게 된 그 아침은 틀림없이 영광스러운 아침이었을 것입니다. 만약 이러한 천사들의 현현(顯顯)이 모두가 잠든 한밤중에 일어났다면, 틀림없이 야곱은 그 날을 다른 날들보다 일찍 날이 샌 것으로 생각했을 것입니다. 이 사자들이 나타난 모습은 모든 천체들이 점호를 받기 위해 소집된 것 같았고, 별들이 구름처럼 하늘에서 유영(遊泳)하며 내려오는 것 같았습니다. 이 모든 천사들이 야곱을 시중들기 위해 내려왔습니다. 바로 그 한 사람을 위해서 말입니다. "여호와의 천사가 주를 경외하는 자를 둘러 진 치고"(시 34:7). 하지만 오늘 본문의 경우는 이 하나님의 군대가 자기 자녀와 가족을 거느린 이 한 사람만을 위해 보내심을 받았던 것입니다. 온 세상이 우상에 빠져 굴복할 때, 하나님의 언약 속에 거하는 이 외로운 사람에게는 이런 천사들의 현현이야말로 하나님의 은혜의 표시였습니다. 하나님의 사자들이 그를 만났습니다. 천사들이, 그것도 무리지은 천사들이 한 사람을 기꺼이 만나기를 원했을 뿐만 아니라 갈망하기까지 하였습니다. 이런 생각만 해도 우리에게는 기쁨이 넘칩니다. 사도 바울이 그렇게 강력하게 정죄한 대로, 꾸며낸 겸손과 천사 숭배(골 2:18)는 얼마나 헛된 일인지 모릅니다. 천사들을 숭배하는 것은 얼토당토않은 일입니다. 진리는 그와 정반대

입니다. 즉 천사들이 우리를 섬기고 받드는 것입니다. "모든 천사들은 섬기는 영으로서 구원 받을 상속자들을 위하여 섬기라고 보내심이 아니냐?"(히 1:14). 천사들은 하나님의 종들을 섬깁니다. "하나님께서 어느 때에 천사 중 누구에게 너는 내 아들이라 … 하셨느냐?"(히 1:5). 하나님께서는 이 말씀을 먼저 그의 독생자에게 하시고, 그 다음으로 그리스도 안에 있는 모든 신자들에게 하셨습니다. 우리는 전능하신 주 하나님의 아들과 딸들입니다. 그러므로 이 섬기는 영들은 우리에 대한 책임이 있습니다. "그들이 그들의 손으로 너를 붙들어 발이 돌에 부딪히지 아니하게 하리로다"(시 91:12)라고 기록된 말씀대로 말입니다.

이루 헤아릴 수 없이 많은 무리로 이루어져 있으며, 강력한 능력으로 질서정연하게 시간을 엄수하면서, 하나님의 자녀에게 개인적으로 관심을 가지며 활동하는 그 천사들의 무리에 신자들은 에워싸여 있습니다. 저는 지금까지 여러분에게 이 사실을 말씀드렸습니다. 오, 지극히 높으신 분의 자녀들이여, 여러분은 지금도 충분히 보호를 받고 있지 않습니까!

비록 인간의 자연적인 감각기관으로는 이 세력들을 볼 수 없지만, 그럼에도 불구하고 어떤 때는 믿음을 가진 자들에게 이 세력들이 나타나기도 하였습니다. 야곱처럼 하나님의 자녀들이 "하나님의 사자들이 나를 만난지라"고 외칠 수 있는 그런 때가 있습니다. 그렇다면 언제 그런 일이 일어납니까? 야곱이 이 대단한 광경을 보게 된 것과 같은 때에 우리의 마하나임 사건도 일어납니다. 야곱이 하나님의 사자들을 만났을 때는 그가 이제부터 더욱 구별된 삶을 새롭게 시작하려고 하던 때였습니다. 그는 경건하지 않은 세상에 속한 온갖 권모술수(權謀術數)와 부당한 거래를 가르치는 학교와 라반을 떠나던 중이었습니다. 그는 너무나 오랫동안 건강에 좋지 않은 공기로 호흡하면서 타락해 가던 중이었습니다. 약속의 상속자가 세상에 속한 사람이 되어 가던 중이었습니다. 그는 세상 것들에 빠져들었으며, 두 번의 결혼으로 완고해졌으며, 해를 거듭할수록 점점 더 라반의 땅에 뿌리를 내리는 것처럼 보였습니다. 하지만 더 좋은 땅으로 이식(移植)해야 할 때가 되었고, 그는 즉시 그 길에서 벗어났습니다. 그의 장막 생활이 시작되었던 것입니다. 야곱이 태어나기 전부터 그의 조상들이 그랬던 것처럼, 야곱은 약속의 땅에 들어가고자 나오고 있었습니다. 이제 그는 한 성을 찾고 있는 중이라는 사실을 고백해야만 했으며, 이 말은 곧 그 성을 찾기까지 그가 한 사람의 순례자라는 사실을 의미했습니다. 그는 단호한 결단으로 연루된 관계들을 청산하였습니다. 하지만 그는 틀림없이 외로움을 느꼈을 것이고, 버림받고 정처 없이 헤매는 것처럼 느꼈을 것입니다. 비록 괴롭기는 했지만, 그래도 그의 가정이었던 그 메소포타미아의 옛집에서 맺었던 모든 관계들이 그리웠습니다. 그 때 천사들이 그를 맞이하기 위해 나왔습니다. 그 하나님의 사신들은 다음과 같이 말했습니다. "당신은 당신의 모든 선조들과 마찬가지로, 한 사람의 이방인으로서 하나님과 거하기 위해 이 땅으로 오고 있군요. 우리 중에 어떤 천사는 아브라함과 여러 번 대화를 나눈 사신들도 있습니다. 그래서 그런지 지금 우리는 당신과 웃으며 대화를 나눌 만큼 당신이 친근하게 여겨지네요. 당신이 벧엘에서 돌을 취하여 베개를 삼고 자던 그날 밤에 우리가 어떻게 당신과 헤어지게 되었는지 당신도 기억할 것입니다. 지금 당신은 우리가 후견인이 되어 지킨 유업으로 다시 돌아오고 있으므로, 우리는 당신에게 환영 인사를 하는 바입니다. 이제부터 두려워하지 말고, 대세를 따르지 않는 삶을 살아 가십시오. 우리는 당신을 환영합니다! 참으로 환영합니다! 특별한 관심으로 당신을 맞게 되어 우리도 기쁩니다." 그 때 비로소 다음과 같은 말씀이 야곱에게 실현되었습니다. "내가 진실로 너희에게 이르노니 나와 복음을 위하여 집이나 형제나 자매나 어머니나 아버지나 자식이나 전토를 버린 자는 현세에 있어 집과 형제와 자매와 어머니와 자식과 전토를 백 배나 받되 박해를 겸하여 받고 내세에 영생을 받지 못할 자가 없느니라"(막 10:29-30). 이렇게 천사들과 형제 관계를 맺게 된 것은, 비열하긴 해도 아버지와 같았던 라반과의 관계가 끊어진 것에 대한, 감탄할 만한 보상이었던 것이 틀림없습니다. 우리가 세상, 즉 소위 "관계"를 떠나면서 잃게 되는 어떤 것은, "천만 천사와 하늘에 기록된 장자들의 모임(히 12:22)에 우리가 들어오게 되었다"라고 말할 수 있을 때, 충분한 보상이 이뤄질 것입니다.

그 때 천사들이 야곱을 만나게 된 또 한 가지 이유는 틀림없이 그가 주의해서 돌봐야 할 일들이 그 주변에 있었기 때문입니다. 그에게는 어린 자녀들이 딸린 대가족이 있었을 뿐만 아니라, 많은 양 떼와 가축 떼와 종들까지 있었습니다. 야곱도 속으로 "내가 내 지팡이만 가지고 이 요단을 건넜더니 지금은 두 떼나 이루었나이다"(창 32:10)라고 말한 것처럼, 이만한 가족과 재산들을 돌본다는 것이 그에게 얼마나 큰 짐이었겠습니까! 한 사람이 생명이 있는 이렇게 많은 무리들을 돌본다는 것, 그것도 광야에서 생활하며 이끌어야 한다는 것은 결코 쉬운 일이 아니었습니다. 하지만 보십시오. 이렇게 연약한 두 무리에 맞춰 천사들이 두 진영으로 준비되어 있었습니다. 그가 돌봐야 할 무리들이 두 대대(大隊)였기에, 두 대대의 사자들이 그를 돌봤던 것입니다. 그가 갑절의 책임을 지고 있었다면, 그는 갑절의 도움을 받았을 것입니다. 사랑하는 형제자매 여러분, 그러므로 여러분이 큰 책임을 맡고 있어서 여러분을 짓누르는 압박감이 클 때, 그 때 여러분은 하나님께 소망을 두십시오. 그러면 여러분은 갑절의 도움을 받게 될 것입니다. 그리고 여러분이 간구하기만 하면, 마하나임 사건이 재현되어 여러분도 동일한 체험을 하게 될 것이고, 여러분의 능력도 분명히 여러분의 전성기 때로 회복될 것입니다.

　　하나님의 군대는 또한 야곱이 큰 두려움을 느낄 때 나타났습니다. 그의 형에서는 무장을 하고 그를 만나고자 턱밑까지 쫓아오고 있었습니다. 야곱은 피에 굶주린 듯 추격해 오는 에서가 두려웠을 것입니다. 우리가 극도로 위험한 순간에 처하게 되었을 때, 만약 우리가 참된 신자라면, 우리는 특별한 하나님의 보호 가운데 있게 될 것이며, 실제로 그러한 보호를 받고 있다는 것도 알게 될 것입니다. 우리가 고통을 받을 때 이 사실은 우리의 위로가 될 것입니다. 하나님의 군대가 진을 치고, 우리와 원수 사이를 경계하기 위해 전열을 가다듬는 마당에, 에서는 자신이 거느린 사백 명으로 도대체 무엇을 할 수 있겠습니까? 하나님께서 택한 종의 주위에 불 말과 불 병거가 있는 것을 여러분은 보지 못했습니까? 틀림없이 야곱은 마음에 고요와 평안을 느꼈을 것입니다. 자신을 보호해 주는 하나님의 사자들을 보았을 때, 그의 마음이 그랬을 것이라고 저는 생각합니다. 하지만 슬프게도, 그가 이 하나님의 사자들에게서 눈을 떼자마자, 그 가련한 야곱은 형에서가 혹시라도 자기 자녀와 아내들을 죽이지는 않을까 하는 생각에 다시 의기소침해졌습니다. 연약한 우리의 마음도 이와 마찬가지입니다! 우리는 이런 불신앙의 서글픈 죄악에 넘어지지 않도록 합시다. 이런 죄악에 넘어진다면, 우리는 그 어떤 핑계도 댈 수 없을 것입니다. 그렇지 않습니까? 큰 시련의 시기를 보낼 때, 우리의 믿음으로 말미암아 하나님의 능력을 인식하고, 그 능력들이 우리 편에 있다는 사실을 예전보다 더욱 분명히 느끼게 되기를 기원합니다. 오, 성령님이시여, 우리 속에 역사하시어 영적으로 더욱더 분명히 볼 수 있게 해주옵소서!

　　또한 여러분과 제가 야곱처럼 요단 강 가까이에 이르렀을 때, 다시 말해 우리가 더 좋은 땅으로 막 들어가려고 할 때, 그때야말로 우리에게 마하나임의 사건이 임하기를 기대할 수 있는 때라는 것입니다. 하나님의 천사들과 천사들의 하나님께서는 복된 영혼의 장엄한 임종 때에 그를 만나러 오십니다. 죽어가는 자의 입술에서 나오는 하나님의 거룩한 계시들을 우리는 직접 들어 본 적이 없습니까? 그리고 그 증언이 꾸며낸 것이나 속임수일 수 없다는 사실을 우리는 너무 자주 듣지 않습니까? 우리가 사랑하는 자들이 전에는 결코 보지 못했던 그 영광스러운 계시들에 대해서 우리에게 확신을 주고 있지 않습니까? 두 눈이 감길 때 새로운 광경을 보게 되는 것이지 않습니까? 그렇습니다. 오, 영광의 후사들이여, 빛나는 자들이 강가에서 여러분을 맞으러 나올 것이며, 어둠은 물러가고 영광의 빛이 여러분을 비출 때, 장차 여러분의 귀한 동료들이 될 하늘의 빛나는 대신(大臣)들이 영원한 그분의 양편에 도열하여, 여러분을 그분의 존전으로 인도할 것입니다. 그러므로 여러분은 힘을 내십시오. 비록 지금은 여러분이 하나님의 군대를 보지 못한다 해도, 장차 요단 강에 이르러 약속의 땅으로 건너가게 될 때, 여러분은 그 군대를 보게 될 것입니다.

지금까지 저는 눈에 보이지 않는 이 세력들이 언제 믿음의 눈에 보이는지 그 때에 대해 말씀드렸습니다. 그런데 이들이 어떤 목적을 위해 보내심을 받는다는 것은 의심의 여지가 없는 분명한 사실입니다. 왜 이들이 그 때 야곱에게 보내심을 받았습니까? 아마도 그 첫 번째 이유는 그에게서 거의 잊힌 옛 기억을 되살리기 위함이었을 것입니다. 그가 벧엘에 대한 기억을 잊었으면 어떡하나 하고 우려했을 것입니다. 그는 사닥다리를 보았으며, 또한 하나님의 사자들이 그 위에서 오르락내리락 하는 것을 보았습니다. 그 때 그는 하나님께 서원을 하였습니다. 벧엘에서 이렇게 서원했던 생각이 그에게 틀림없이 떠올랐을 것입니다. 지금 여기에 그 사자들이 있습니다. 이 사자들은 하늘을 떠나서 야곱과 교제하기 위해 내려왔습니다. 벧엘에서 야곱은 사닥다리의 꼭대기에 계신 언약의 하나님을 보았습니다. 하지만 지금 마하나임에서는 단지 천사들만 보일 뿐입니다. 이런 이유로 저는 마하나임의 환상보다 벧엘의 꿈을 더 좋아합니다. 하지만 이 마하나임의 환상에는 엄선된 진주가 있었습니다. 다시 말해, 벧엘에서 야곱은 천사들이 오르락내리락 하는 것만 보았지만, 마하나임에서는 이 하나님의 사자들이 이 땅에서 야곱의 편에 서서, 야곱을 대적하는 모든 악들로부터 자신을 기꺼이 보호해 주는 모습을 보았던 것입니다. 새로운 은혜로 인해 은혜를 받았던 옛 일을 다시 새롭게 기억하게 되는 것이 얼마나 감미로운 일인지, 그리고 새로운 은혜로 말미암아 옛 약속들과 빚진 것들을 기억하게 되는 것도 얼마나 멋진 일인지 모릅니다. 사랑하는 성도 여러분, 여러분의 마하나임이 거의 반쯤 잊고 있었던 벧엘을 가리키고 있지는 않습니까? 여러분 스스로 판단해 보기 바랍니다. 영광스러운 우리 하나님께서 지금 이 시간에 여러분으로 하여금 그분의 거룩한 능력과 신실한 언약을 밝히 보게 하시어, 여러분이 처음으로 주님을 알게 되었을 때, 여러분이 처음으로 그분께 헌신하여 그분의 은혜에 사로잡혔던 때, 그 행복한 날들에 대한 기억이 새로워지기를 저는 기도하겠습니다.

　　마하나임의 경험은 야곱의 기억을 새롭게 하기 위한 것일 뿐 아니라, 저속한 수준의 일상생활에서 그를 이끌어 내기 위한 것이었습니다. 여러분도 알다시피 모든 유대인들의 아버지인 야곱은 큰 장사꾼이었고, 천성적으로 흥정을 잘하는 사람이었습니다. 야곱은 수완이 매우 좋았고, 이 방면에서는 기대 이상이었으며, "속이는 자"라는 그의 이름에 딱 들어맞는 사람이었습니다. 그는 누구에게도 속지 않았을 것이며, 모든 거래에서 언제나 이익을 챙겼을 것입니다. 마하나임에서 하나님은 그런 그에게 다음과 같이 말씀하신 듯합니다. "오, 나의 종 야곱아, 너는 나를 대할 때도 이런 야비한 방식으로 거래하려고 하는구나. 너는 이런 삶에서 벗어나 왕자다운 기품이 있는 마음을 가져라." 이런 교훈이 야곱에게 잘 전달되지는 않았다 해도, 그를 방문한 천사들은 분명히 이런 교훈을 주려고 했을 것입니다. 야곱은 이미 에서를 맞을 때 그를 "내 주 에서"(창 32:4)라고 부를 준비가 되어 있었습니다. 야곱은 굽실거리고 엎드리며 자신을 그의 종이라고 부를 각오가 되어 있었습니다. 그의 복종은 상식적인 생각을 넘어서서, 두려움에서 비롯된 굴종적인 신민(臣民)의 모습을 보였습니다. 따라서 마하나임의 환상은 야곱으로 하여금 좀 더 유리한 입장에 서게 했을 것입니다. 두 무리의 천사들이 그의 호위대였기에, 그는 소심하고 교활한 계략을 꾸밀 필요가 없었습니다. 그는 할아버지인 아브라함처럼 당당한 확신을 가지고 나아갈 수 있었을 것입니다. 그의 삶에는 궁극적으로 방책과 계략보다 더 나은 것이 있습니다. 바로 하나님을 믿는 믿음입니다. 그 겁쟁이의 계략은 절대로 천국에서 환영받지 못합니다. 모든 두려움을 넘어서 보호를 받고 있는 그가 왜 두려워한단 말입니까? 에서는 야곱을 대적할 수 없었습니다. 만군의 주, 만군의 여호와께서 야곱의 편이었기 때문입니다. 우리는 우리의 계략이나 인간의 도움을 비참하게 의지하지 말고, 눈에 보이는 것들로부터 당당히 독립하여, 우리의 참된 위치와 인격에 따라 살아갈 수 있는 은혜를 간구합시다. 왜냐하면 우리가 전적으로 확고히 의지해야 할 분은 눈에 보이지 않는 영원한 그분이기 때문입니다. 사실 그저 양을 지키던 야곱으로서는 호전적인 그의 형을 두려워할 이유가 충분합니다. 하지만 그는 하나님의 택함을 받은 자이며 하늘의 보호를 받는 자로서, 형은 전혀 문제가 되지 않는 것처럼 그렇게 담대히 나아갈 수 있을 것입니다. 하나님에게는 모든 것이 가능합니다. 그러므로 우리는 남자답게 행동합시다. 우리는 눈에 보이는 것들에 의지해서는 안 됩니다. 사람은 떡으로만 살 것이 아니요, 하나님의 입으로부터 나오는 모든 말씀으로 살 것입니다(마 4:4). 무릇 사람을 믿으며 육신으로 그의 힘을 삼고 마음이 여호와에게서 떠난 그 사람은 저주를 받을 것입니다(렘 17:5). 여러분은 전심으로 하나님을 믿으십시오. 그분은 무한한 능력을 가진 분으로, 여러분을 돕는 자이십니다. 의를 행하고, 계산하는 일을 버리십시오. 믿음의 바다 속으로 뛰어드십시오. 보이지 않는 것을 마치 보이는 것처럼 믿으며, 그 믿음에 따라 행하십시오. 하나님의 종들이라면 누구에게나 그들을 위해 봉사하는 세력들이 있음을 분명하게 보여주려는 것이 바로 이 마하나임 사건의 목적이라고 저는 생각합니다.

이런 특별한 환상이 우리에게 주어진다면, 우리는 이 환상을 기억 속에 간직해 두도록 합시다. 야곱은 그 땅을 마하나임이라는 이름으로 불렀습니다. 오늘날 서양에서 현대를 살아가는 우리도 땅이나 아이들의 이름을 짓는 일에서 어떻게든 좀 더 의미 있는 이름들을 지었으면 하는 바람을 가지고 있습니다. 하지만 우리 스스로 그런 의미 있는 이름들을 만들기에 역부족이라면, 옛날에 만들어진 어떤 이름들을 빌려 써야 합니다. 그러지 않으면, 우리가 지은 이름들은 완전히 말도 안 되고 아무 의미도 없는 이름일 것입니다. 우리가 받은 은혜들을 기념할 이름들을 짓지 못할 이유가 어디 있겠습니까? 우리의 인생에서 행복했던 사건들에 대한 기념물들을 우리 주변에서 볼 수 있다면, 우리의 가정은 한층 더 흥미로워지지 않겠습니까? 우리가 받은 특별한 축복들을 일기장에 기록하여 우리 자녀들이 대대로 읽게 하면 어떻습니까? 우리는 아들과 딸에게 "아들아, 하나님께 아버지를 이렇게 도우셨단다", "딸아, 주님께서 어머니를 이렇게 저렇게 위로해 주셨단다", "하나님께서 우리 가정에 아주 특별한 은혜를 베풀어 주셨단다"라고 말해 줄 수 있지 않습니까? 여러분이 인생을 살면서 경주한 내용들을 기록해 두십시오! 그리고 가정에 비망록(備忘錄)도 구비해 두십시오! 자녀가 하나님께서 자기 아버지와 할아버지에게 행하신 것을 아는 것은 큰 도움이 됩니다. 왜냐하면 자기 조상들의 하나님이 또한 자신의 하나님이 되어 주시기를 소망할 수 있기 때문입니다. 야곱은 자신이 본 사실들의 배경이 되는 장소들마다 거듭해서 이름들을 지으며 기록하는데 신경을 썼습니다. 야곱은 벧엘, 갈르엣, 마하나임, 그리고 다른 곳의 지명들을 지었습니다. 이런 사실로 보아 그는 대단한 작명가임에 틀림없습니다. 더구나 그가 지은 지명들은 잊히지도 않았습니다. 야곱의 시대로부터 수백 년이 지난 후에, 선한 왕인 다윗 왕도 야곱처럼 그 장소에 이르렀으며, 그 때도 그 곳의 지명은 여전히 마하나임으로 알려져 있었고, 그곳에서 다윗은 조금 다르긴 하지만 야곱과 마찬가지로 하나님의 종들을 만났습니다(삼하 17:27 참조).

다윗이 마하나임에서 하나님의 종들을 만난 사실을 가지고, 우리는 오늘의 두 번째 본문을 살펴보고자 합니다. 비록 천사들이 다윗을 만난 것은 아니었지만, 또 다른 본성을 가진 살아 있는 피조물이 다윗을 만났습니다. 이 피조물들은 천사들만큼이나 다윗이 원하는 대로 잘 대해 주었습니다. 이제 우리는 마하나임을 유명한 곳으로 만들어 주었던 이 두 번째 사건에 대해 짧은 시간이나마 살펴보고자 합니다. 사무엘하 17장 27절을 펼치기 바랍니다. 다윗이 마하나임에 이르렀을 때, 많은 친구들이 그를 만났다는 말씀입니다. 다윗은 그 거룩한 곳에 근거지를 마련하고, 자기처럼 도망한 자들과 신실한 친구들의 무리들과 함께 있었습니다. 그 날 분명히 천사는 없었습니다. 그럼에도 불구하고 수천 명의 무리들이 그 슬퍼하는 왕의 주위로 몰려들었습니다. 그곳으로 오고 있는 자가 누구입니까? 천사가 아니라, 늙은 바르실래입니다. 또 이 사람은 누구입니까? 그는 로데발 사람 암미엘의 아들 마길입니다. 이들은 꿀과 버터와 양과 치즈와 몸을 씻을 수 있는 큰 대야와 요리 도구와 그 음식들을 담을 수 있는 질그릇들을 가지고 옵니다. 그리고 보십시오. 그들은 침상도 들고 옵니다. 그 불쌍한 왕이 누워 잘 수 있는 이부자리가 마땅치 않기 때문입니다. 이들은 천사가 아니지만, 지금 천사가 할 수 없는 것들을 하고 있습니다. 왜냐하면 천사 가브리엘은 웬만해서는 침상이나 대야 같은 것들을 가지고 올 수 없기 때문입니다.

저쪽에 저 훌륭한 친구는 누구입니까? 그는 이방인처럼 말합니다. 그는 암몬 사람입니다. 그의 이름이 무엇입니까? 그의 이름은 암몬 족속에게 속한 랍바 사람 나하스의 아들 소비입니다. 저는 이 족속이 원수라고 들은 적이 있습니다. 암몬 족속은 이스라엘을 잔인하게 대적한 원수이지 않습니까? 여러분도 기억하겠지만, 나하스(삼상 11:2)라는 작자의 여러 아들들 가운데 한 사람이 바로 이 소비입니다. 그렇습니다! 하나님께서는 자기 종들을 도우실 때 그 원수들도 능히 친구가 되게 하십니다. 이스라엘을 대적하던 족속에 속한 자들도 하나님께서 원하시면 이스라엘을 돕는 자들로 변합니다. 하나님의 도우심으로 빌라도 법정 안에서도 하나님의 아들 예수님을 돕는 대언자를 볼 수 있었습니다. 총독의 아내가 꿈에 주님으로 인하여 애를 많이 태웠기에 그런 일이 가능했습니다. 또한 하나님께서는 자기 종들을 돕는 친구를 대적자의 집안에서도 능히 찾으셨습니다. 하나님께서는 아합의 왕궁을 맡은 자인 오바댜를 일으켜서 선지자들을 굴에 숨기고 떡과 물을 공급하게 하셨기 때문입니다(왕상 18:4 참조). 아합의 왕궁을 맡고 있던 그가 친히 성도들의 보호자가 되어, 아합의 상에서 음식들을 가지고 와서 선지자들을 먹였던 것입니다. 암몬 족속이었던 소비가 다윗에게 나온 것을 보고 저는 충격을 받았습니다. 아마도 다윗이 생명의 은인이었기 때문에 나왔을 것입니다. 아마도 왕의 형제였을 이 사람은 암몬 자손이 살던 랍바가 함락될 때, 목숨을 구하게 되었던 것 같습니다. 소비는 이 은혜의 행동을 기억했으며, 다윗 왕이 고난 중에 있다는 것을 알고 은혜에 보답하고자, 자신이 살던 고지대에서 사람들을 이끌어 구호 물품들을 가지고 내려왔습니다. 많은 선한 자들은 자신의 도움으로 구원을 받게 된 자들로부터 위급할 때에 은혜로운 도움을 받게 됩니다. 만약 우리가 다른 사람들에게 은혜를 베풀었다면, 그들도 우리에게 은혜를 베풀 것입니다. 만약 우리가 어떤 사람을 그리스도에게 인도해서, 그가 우리의 가르침으로 구세주를 발견하게 되었다면, 그와 우리 사이에는 독특한 유대가 생길 것이며, 그는 장차 우리를 돕는 자가 될 것입니다. 암몬 족속에게 속한 랍바 사람 나하스의 아들 소비는 틀림없이 다윗에게 풍성한 대접을 했을 것입니다. 왜냐하면 그는 "다윗으로 인해 내 목숨이 붙어 있다. 내가 죽음에서 구원받게 된 것이 바로 그 때문이다"라고 말했을 것이기 때문입니다. 여러분이 어떤 사람을 회심하게 하는 축복을 하나님께서 베푸셨다면, 장차 여러분에게 도움이 필요할 때, 하나님께서는 그 회심한 자를 보내어 여러분을 돕게 하실 것입니다. 눈에 보이는 친구를 통해서든 눈에 보이지 않는 친구를 통해서든, 어쨌든 하나님께서는 여러분으로 하여금 그 땅에 거하게 하실 것이며, 진실로 여러분은 양식을 공급받게 될 것입니다.

다윗을 도운 자들 중에는 우리가 일찍이 들어 알고 있는 로데발 사람 암미엘의 아들 마길이라는 사람도 있습니다. 이 사람은 예전에 사울 왕의 손자인 므비보셋을 돌보고 있던 대농(大農)입니다. 그는 자신의 운명이 불리한 상황에서도 왕족에게 충성을 다했던 만큼, 참으로 충성된 사람인 것으로 보입니다. 그는 사울 집안에 충성한 것처럼, 다윗에게도 충성을 다했습니다. 이처럼 우리 주위에도 하나님의 목회자들에게 항상 친구가 되는 형제들이 있습니다. 이들은 주님을 위해서 목회자들을 사랑합니다. 다소 변덕스러운 자들은 새로운 얼굴을 따라가지만, 이런 충성된 자들은 목회자들에게 충성을 다합니다. 이런 지지자들이 많다는 것은 우리에게 얼마나 행복한 일인지 모릅니다. 이들은 지금 설교자의 선임자를 도왔습니다. 그래서 옛날에 이스라엘을 다스렸던 그 위대한 노인에 대해 말하고 싶어 하며, 그 얘기에 싫증을 내지 않습니다. 그들은 현재의 지도자를 환대하며, 예전에 했던 것과 똑같은 마음으로 현재의 지도자를 돕습니다. 이들이 필요한 순간에 하나님께서는 이런 형제들을 보내주시며, 그들은 두 손 가득 짐을 들고 등장합니다.

　이런 자들과 함께 팔십 고령(高齡)의 바르실래가 나옵니다. 그에 대해 역사가들은 "아주 대단한 사람"이라고 말하고 있습니다. 그는 많은 재산을 다윗과 그의 수하들이 마음대로 쓸 수 있게 하였습니다. "그는 큰 부자이므로 왕이 마하나임에 머물 때에 그가 왕을 공궤하였더라"(삼하 19:32). 이 늙은 귀족은 분명히 다윗에게 유익한 자였습니다. 천사들이 야곱에게 유익했던 것처럼 말입니다. 바르실래와 그의 수중에 있던 자들은 참으로 하나님이 보내신 세력이었습니다. 하나님의 군대는 다양합니다. 하나님께서는 한 대대(大隊)만 갖고 계신 것이 아니라, 많은 군대를 갖고 계십니다. 일찍이 엘리사의 사환이 불 말과 불 병거가 산에 가득한 것을 보지 않았습니까? 하나님의 군대는 다양한 연대(聯隊)로 편성되어 있습니다. 기병과 보병으로, 그룹과 스랍으로, 거룩한 남자와 거룩한 여인으로 나타나기 때문입니다. 하늘 위의 가장 거룩한 천사들이 하나님의 군대의 한 부분인 것처럼, 이 땅에서 하나님의 교회에 속한 자들도 그런 하나님의 군대의 한 부분입니다. 자신이 할 수 있는 모든 능력으로 주님을 섬기는 경건한 여인들의 봉사는 천사들이 주님을 섬기는 것보다 조금도 못하지 않습니다.

　다윗을 도운 이런 일들로 마하나임은 그 명성에 걸맞는 장소임이 충분히 드러났습니다. 왜냐하면 이렇게 다양한 사람들을 통해 다윗을 도운 그 도움의 손길들은, 천사들의 도움처럼 가장 고귀한 도움이었기 때문입니다. 다윗을 도운 자들은 다윗에 대한 충성심을 보여주었습니다. 다윗은 궁에서 쫓겨나 폐위된 것처럼 보였습니다. 하지만 이들은 다윗의 편에 서서 그와 끝까지 함께하겠다는 자신들의 목표를 분명히 밝혔습니다. 그들의 선포는 사실 "다윗이여 우리가 당신에게 속하겠고 이새의 아들이여 우리가 당신과 함께 있으리니"(대상 12:18)라는 말이었습니다. 그때는 다윗이 궁핍할 때였고, 그들이 좋을 때만 같이하는 친구들이 아니라는 사실을 다윗이 보고 싶어 하는 때였습니다. 시련의 때에 함께하는 친구가 참된 친구입니다. 이 친구들이 다윗을 얼마나 극진히 대접했는지 보십시오! 다윗의 수하들이 굶주리고 목말라하는 그 날에 다윗의 군대에 공급하려고 들고 온 물품들이 얼마나 많았습니까! 그 물품들을 세세하게 말할 필요는 없을 것 같습니다. 이하 구절들을 읽어 보면 알겠지만, 필요한 생필품들은 다 나와 있습니다. 실제로 생활에 필요한 모든 물품들을 다 가지고 왔던 것입니다. 그들이 얼마나 자발적인 마음으로 그 선물들을 가지고 왔겠습니까! 다윗은 요구하지 않았습니다. 다윗이 요구하기도 전에 그들이 물품들을 가지고 왔습니다. 다윗은 물품들을 구하려고 외진 마을이나 농가에 부하들을 보내지 않았습니다. 그럼에도 갖가지 물건들을 미리 준비해서 가지고 온 선한 자들이 있었습니다. 게다가 그들은 대단히 친절했습니다. 그들은 부족한 것이 무엇인지 모두 생각했을 뿐 아니라, "백성이 들에서 시장하고 곤하고 목마르겠다"(삼하 17:29)는 생각까지 했던 것 같습니다. 이 모든 생각과 행동들은 지극히 기쁜 마음에서 우러나온 것입니다. 그들이 그 선물들을 기쁘고 즐거운 마음으로 가져오지 않았다면, 물품의 종류도 빈약했을 것이고 그렇게 다양한 선물들을 가져오지도 못했을 것입니다.

저는 이 사실로부터 다음과 같은 결론을 얻게 됩니다. 즉 언제든 하나님의 종이 주님의 일을 해나가면서 도움이 필요한 순간이 온다면, 그는 그 문제로 전혀 고심할 필요가 없다는 것입니다. 주님 안에서 편안한 마음을 가지십시오. 하늘에 있는 천사들은 아니라 해도, 이 땅에 있는 교회로부터 분명히 도움을 받게 될 것입니다. 여러분이 솔로몬의 아가서 6장 13절을 읽어 보겠습니까? "돌아오라 돌아오라 오 술람미 여인아 돌아오라 돌아오라 우리가 너를 바라보려 하노라 너희가 술람미 여인에게서 무엇을 보고자 하느냐? 그것은 마치 두 군대의 무리와 같도다"(KJV). 여기서 '두 군대의 무리'라는 말은 히브리어의 문자적인 의미로 마하나임입니다. 그러므로 우리는 하나님의 교회에서 마하나임의 무리들을 보게 됩니다. 천사들이 하늘 위에 있는 하나님의 군대라면, 이 땅에서는 성도들이 하나님의 천사입니다. 하나님께서는 자기 종들에게 도움의 손길이 필요할 때, 그들을 위로하고 격려하기 위해 그의 사자들을 종들에게로 보내실 것입니다. 오, 다윗이여, 계속해서 당신의 주님께서 명령하신 대로 나아가십시오. 그분의 택하심을 받은 이 땅의 종들은 당신과 연합하는 것을 기쁨으로 여길 것입니다. 당신은 그들을 보면서 "이는 하나님의 군대라!"고 말하게 될 것입니다.

　이제 말씀을 맺고자 합니다. 지금까지 저는 눈에 보이는 하나님의 사자와 눈에 보이지 않는 하나님의 사자에 대해 전하면서, 어느 한 쪽의 사자들만 있든 아니면 두 쪽의 사자들이 모두 있든, 그 군대는 하나님의 군대라는 사실과, 신자들의 참된 능력과 안전은 오직 하나님께 달려 있다는 사실을 여러분이 깨달아 알기를 바라고 있습니다. 우리는 천사들을 믿지 않습니다. 우리는 하나님의 교회도 믿지 않을 뿐 아니라, 수만 개의 하나님의 교회가 연합한다 해도 그런 교회 또한 믿지 않습니다. 우리는 오직, 하나님 그분만을 믿습니다. 오, 하나님의 품 안에 안기는 것은 얼마나 멋진 일입니까! 온 세상이 주님의 팔에 안길 수 있습니다. 그 영원한 팔은 결코 지치지 않을 것이며, 그 팔에 안긴 자들은 결코 요동하지 않을 것입니다. "너희는 여호와를 영원히 신뢰하라 주 여호와는 영원한 반석이심이로다"(사 26:4). 저는 지난 목요일 밤에 "믿음은 오직 성화된 상식"(faith was nothing but sanctified common sense, "봉인된 증거와 개봉된 증거"[렘 32:14]라는 설교 — 역주)이라는 말씀을 드렸습니다. 저는 지금도 그렇다고 확신합니다. 신뢰할 만한 자를 신뢰하는 것은 세상에서 최고로 상식적인 일이며, 세상에서 가장 큰 능력을 여러분의 것으로 삼는 것, 즉 가장 큰 능력을 지닌 하나님을 여러분이 신뢰하는 것, 이것이야말로 세상에서 가장 합리적인 일입니다. 그렇습니다. 더 나아가 가장 큰 그 능력은 다른 모든 능력들을 포함하고 있습니다. 그렇기 때문에 하나님께서 천사나 사람들에게 능력을 주시지 않는 한, 천사들에게도 능력이 없고, 사람들에게도 능력은 없습니다. 그러므로 오직 하나님만을 전적으로 의지하는 것이 지혜로운 일일 것입니다.

　천사나 성인들이 신자들과 함께 하는 것보다, 하나님이 신자들과 함께 하는 것이 더욱 확실하고 항구적입니다. 하나님께서는 "내가 반드시 너와 함께 있으리라"(출 3:12)고 말씀하셨습니다. 그리고 "내가 결코 너희를 버리지 아니하고 너희를 떠나지 아니하리라"(히 13:5)고도 말씀하셨습니다. 여러분이 그리스도의 사역에 동참할 때, 여러분은 여러분을 지지하는 특별한 약속을 받게 됩니다. "너희는 온 천하에 다니며 만민에게 복음을 전파하라 볼지어다 내가 세상 끝날까지 너희와 항상 함께 있으리라 하시니라"(막 16:15; 마 28:20). 하나님께서 이런 특별한 약속까지 해주셨는데, 여러분은 무엇을 염려하는 것입니까? 모든 두려움을 떨쳐 버리십시오. 연약한 마음을 강하게 하십시오. 누가 감히 우리를 흔들 수 있겠습니까? "하나님이 우리와 함께 계심이니라"(사 8:10). 만군의 여호와께서 우리와 함께 계신다는 이 외침보다 우리에게 더 힘찬 외침은 없을 것입니다. 그렇지 않습니까? 믿음으로 일생을 살다가 임종할 때, "가장 좋은 일은 하나님께서 우리와 함께 계시는 것이다"(The best of all is, God is with us) 라고 말하면서 이 세상을 떠난 존 웨슬리는 참으로 복된 사람이었습니다. 여러분은 주눅 들어 있습니까? 그래서 전쟁의 날에 등을 돌리려고 합니까? 부끄러운 줄 아십시오. 하나님께서 여러분과 함께 계시다면, 여러분은 그럴 수 없습니다. "만일 하나님이 우리를 위하시면 누가 우리를 대적하리요?"(롬 8:31)라는 말씀도 있지 않습니까? 설령 어떤 자들이 우리를 대적한다 해도, 감히 얼마나 대적할 수 있겠습니까?

게다가 하나님께서 우리에게 이차적인 방식으로 도움을 베풀고 계시지 않습니까? 우리도 알고 있는 바대로, 그분께서는 그분의 선한 사역에 우리를 도울 많고 많은 친구들을 보내 주고 계십니다. 따라서 우리는 이런 친구들과 조력자들 속에서 하나님을 볼 수 있도록 애써야 합니다. 여러분을 돕는 자들이 없을 때는, 하나님 안에 있는 모든 돕는 자들을 보십시오. 그리고 여러분을 돕는 자들이 많을 때는, 여러분을 돕는 모든 사람들 안에 계신 하나님을 보아야 합니다. 여기에 지혜가 있습니다. 여러분이 하나님 외에 아무것도 없을 때는, 하나님 안에 있는 모든 것을 보십시오. 그리고 여러분이 모든 것을 가졌을 때는, 그 모든 것 가운데 계신 하나님을 보십시오. 어떠한 상황에서도 여러분의 마음은 오직 주님만을 향하십시오. 어떻게 하면 이와 같이 할 수 있을지 성령 하나님께서 우리 모두에게 가르쳐 주시기를 기원합니다. 우리 안에 있는 우상 숭배의 경향성은 얼마나 강한지 모릅니다. 어떤 사람이 나무나 돌 조각을 보고 절을 하면, 우리는 그를 우상 숭배자라고 말합니다. 정말 우상 숭배자가 맞습니다. 그런데 만약 여러분과 제가 하나님 대신에 우리의 동료들을 더 신뢰한다면, 그것 또한 우상 숭배입니다. 마땅히 하나님께 해당되는 그 신뢰를 우리가 사람에게 주었다면, 우리는 하나님 대신 사람을 숭배한 것입니다. 사도 바울이 혈육과 의논하지 않았다(갈

1:16)고 말한 것을 여러분은 기억하십시오. 하지만 너무 슬픈 일들이 벌어지고 있습니다. 우리 가운데 많은 자들이 이 올무에 빠져서, 주님과 의논하기보다는 혈육과 훨씬 더 많이 의논하고 있기 때문입니다. 지금까지 모든 일을 저와 의논한 가장 악한 사람이 있습니다. 그는 늘 제 곁에 너무나 가까이 있는 제 자신입니다. 주님께서 이 악한 사람, 즉 제 자신으로부터 저를 구원해 주시기를 기원합니다. 주 예수님이 나타나심은 우리 밤의 별이요, 우리 낮의 해이며, 우리를 치료하는 치료제이며, 봉사의 능력이며, 슬픔의 위로입니다. 이 땅 위의 하늘은 그리스도께서 우리와 함께 계시기 위한 것이며, 그 위의 하늘은 우리가 그리스도와 함께 하기 위한 것입니다.

　사랑하는 성도 여러분, 오늘 하루 종일뿐만 아니라, 지금부터 영원의 날이 시작되는 그 마지막 날까지 아주 분명하고 뚜렷한 방식으로 하나님께서 여러분과 함께 계시기를 기원합니다. 이것이 여러분을 위한 저의 유일한 간구입니다. 이것보다 더 유익한 간구는 없을 줄 압니다. 저는 여러분이 천사들을 보도록 간구하지 않습니다. 그럼에도 불구하고 여러분은 천사들을 보게 될 수도 있습니다. 하지만 여러분이 천사를 본다 한들, 결국 그것이 여러분에게 무슨 소용이 있겠습니까? 하나님께서 지으신 피조물들 중에 최고의 피조물을 보는 것보다 하나님께서 우리와 함께 계신다는 사실이 중요하지 않겠습니까? 아마도 하나님께서 야곱이 너무 가련하고 그의 믿음도 너무 약한 것을 보시고 은혜를 베푸시어, 그가 천사들을 보게 되었을 것입니다. 그의 믿음이 온전했다면, 그는 천사들을 볼 필요가 없었을 것입니다. 아마도 그는 "나는 하늘의 영들이 나타나는 환상을 볼 필요가 없습니다. 나는 그들의 주님을 보고 있기 때문입니다"라고 말했을 것입니다. 도대체 천사들이 무엇입니까? 그들은 하나님의 용무에 따라 움직이는 하나님의 심부름꾼에 불과합니다. 그러므로 그들의 주님을 만나는 것이 훨씬 더 유익한 일입니다. 하나님의 천사들은 천사들의 하나님과 전혀 비교할 수 없습니다. 그분에 대한 저의 확신은 다음과 같습니다. 그분은 나의 아버지이고, 예수 그리스도는 내 영혼의 형제이며, 성령님은 친히 그분의 말씀대로 내 속에 거하는 분이십니다. 그러므로 설령 환상 가운데 어떤 초자연적인 존재가 내 눈을 즐겁게 해주지 않는다 해도, 제가 근심할 필요가 무엇이겠습니까? 보지 않고 믿는 자들이 복된 자들입니다. "이는 우리가 믿음으로 행하고 보는 것으로 행하지 아니함이로라"(고후 5:7). 때가 되면 사람을 통해서나 천사를 통해서, 눈에 보이는 방식이나 보이지 않는 방식으로, 그 영원한 하나님의 능력이 우리와 함께 하실 것이라는 기대와 함께, 우리는 즐거이 믿으며 안심합니다. 그분께서 우리를 위해 팔을 드시고, 그 오른팔로 우리를 보호해 주실 것입니다.

지금 제 마음은 기쁩니다. 저 역시 나의 마하나임을 갖고 있으며, 이 마하나임에서 저는, 그분께서 부르신 주님의 사역에 도움이 필요한 순간, 내 위에 열린 하늘 문을 보고, 내 주위에 한 무리의 친구들이 있는 것을 보기 때문입니다. 소녀들을 위한 고아원이 새롭게 시작되는 이때, 저는 섭리 또한 함께 움직이고 있는 것을 봅니다(스펄전의 고아원 사역은 1880년에 소녀들을 위한 고아원[Girls Orphanage]으로 확대되었는데, 본 설교는 그 해 6월 20일 설교이다 ― 역주). 두 진영이 저를 둘러 서 있기에, 저는 제가 이미 보았고 알고 있는 것을 이 날에 여러분에게 전하고 있는 것입니다. 언약의 천사들이 여러분과 항상 함께 하기를 기원합니다. 아멘.

제
29
장

—

하늘 문을 여는 만능열쇠

—

"주께서 말씀하시기를 내가 반드시 네게 선을 베풀고."
— 창 32:12 KJV

하나님을 마음속에 모시는 것과 모시지 않는 것, 이것은 사람들 사이에서 큰 차이를 보입니다. 에서는 멋진 사람이었습니다. 하지만 그는 "망령된 자"(히 12:16)였습니다. 반면에 야곱은 연약하고, 남의 말을 잘 듣고 유혹에 넘어지기 쉬운 피조물이었습니다. 하지만 그는 하나님을 마음속에 모시고 있는 사람이었습니다. 여러분은 "야곱의 전능자"(창 49:24) 하나님이라는 말을 들어보지 못했습니까? 이 세상에는 하나님을 모시지 않아도 지혜롭고 신중하며 총명한 자들이 많이 있습니다. 하지만 가장 높은 차원에서 이들을 보자면, 이들은 참으로 어린 사자와 같아서 궁핍한 상태에서 굶주림으로 허덕이는 자들입니다. 왜냐하면 최고라고 할 수 있는 그들의 본성으로 인해 그들이 굶주리고 있기 때문입니다. 반면에 주님을 섬기는 자들은 종종 아주 단순해서 능력도 없고 계략을 꾸밀 줄도 모릅니다. 하지만 이들에게는 선한 것들이 흘러넘칩니다. 이들의 고귀한 본성은 천국 창고로부터 충분히 공급받고 있기 때문입니다. 이것이 바로 이 세상에 살고 있는 두 족속들 간의 큰 차이입니다. 다시 말해, 이 세상에는 "그의 마음에 이르기를 하나님이 없다"(시 14:1)라고 말하는 사람의 아들들과, 두 번 태어난 자들, 즉 새 생명을 얻어 살아 계신 하나님께 영과 육으로 부르짖는 하나님의 아들들이 있다는 것입니다. 이 세상의 자녀들은 "내가 주의 영을 떠나 어디로 가며 주의 앞에서 어디로 피하리이까?"(시 139:7)라고 묻습니다. 그러나 빛의 자녀들은 "오 하나님이여 주는 나의 하나님이시오니 내가 일찍 주를 찾으리이다"(시 63:1 KJV)라고 부르 짖습니다. 이처럼 이 두 족속들은 절대로 섞일 수 없습니다. 이 땅에서 뿐만 아니라 장차 오는 세상에서도 마찬가지입니다. 그들의 마음속 깊은 곳에 있는 본성의 차이가 핵심입니다. 이 두 족속은 서로 다른 자손들입니다. 지금 제 설교를 듣고 있는 사랑하는 성도 여러분, 여러분은 다음과 같은 잣대로 여러분이 과연 어느 족속에 속해 있는지를 어렵지 않게 판단할 수 있습니다. 여러분은 하나님을 마음속에 모시고 있습니까? 그렇지 않습니까? 만약 여러분의 마음에 하나님이 계시지 않는다면, 여러분의 마음에는 무엇이 있습니까? 여러분의 마음에 하나님이 계시지 않는다면, 여러분은 어디에서 선한 것을 기대하고 있습니까? 진실로 여러분에게 무엇이 선한 것입니까? 만약 여러분의 마음에 하나님이 계시지 않는다면, 여러분은 어떻게 과거와 현재와 미래를 직면할 수 있습니까? 만약 여러분이 여러분의 분량대로 하나님을 모시고 있다면, 여러분의 전체 역사는 보호를 받습니다. 즉 과거의 하나님께서는 여러분의 죄악을 없이해 주셨고, 현재의 하나님께서는 모든 것들이 합력하여 선한 것이 되게 해주시며, 미래의 하나님께서는 여러분을 결코 버리지도 않고 떠나지도 않으실 것입니다. 어떤 위급한 상황에서도 하나님 안에만 있다면 여러분은 그 상황에 대비할 수 있습니다. 오, 사랑하는 성도 여러분, 야곱의 하나님이 여러분의 하나님이라면, 비록 여러분이 벧엘의 그 족장처럼 파수꾼 하나 없이 잠든다 해도, 여러분은 그 밤에 안전할 것입니다. 그리고 비록 여러분이 사백 명의 용사를 거느린 에서를 만난다 해도, 여러분은 그 낮에 안전할 것입니다! 여러분이 도망쳐 야비한 라반의 집에 있다 해도, 여러분은 안전할 것입니다. 가나안 족속들이 여러분의 피에 굶주려 있다 해도, 여러분은 그 원수들 가운데서 안전할 것입니다. 왜냐하면 하나님께서 "나의 기름 부은 자를 손대지 말며 나의 선지자들을 해하지 말라"(시 105:15)고 말씀하셨기 때문입니다. 이스라엘의 하나님께서 여러분과 함께 계시고, 여러분에게 "내가 너와 함께 애굽으로 내려가겠고 반드시 너를 인도하여 다시 올라올 것이며"(창 46:4)라고 말씀하셨다면, 여러분은 어디를 가든 아무 문제가 없을 것입니다. 주님께서 여러분을 모든 악에서 지키실 것이며, 그분께서 여러분의 영혼을 보존하실 것입니다.

야곱은 그 마음에 하나님을 모시고 있었기 때문에, 고난 받는 그때에 하나님께 나아갔습니다. 야곱은 자신이 상처 준 사람을 어떻게 피해야 할지, 다시 말해 화가 난 형 에서를 어떻게 피해야 할지 몰랐습니다. 사실 야곱은 형 에서가 자기를 가지는 물론 뿌리까지 전부 없애버릴 생각으로 자기에게 오는 줄로 믿고 있었습니다. 그래서 그는 할 수 있는 한 최선을 다한 후에, 자신의 가장 좋은 친구이자 조력자를 바라보았고, 자기의 하나님을 향해 부르짖었습니다. 하나님을 마음에 모신 자는 고난을 받을 때 하나님께 피하고자 하는 법입니다. 만약 여러분이 그분의 덕을 보지 않는다면, 여러분은 하나님을 모시고 있어봐야 아무 소용이 없습니다. 신앙 고백까지 한 많은 그리스도인들은 자신이 믿는 하나님을 저 먼 곳에 모셔두고서는, 위급한 때에 실제적인 도움을 얻기 위해 그분께 나아가는 것을 꿈도 꾸지 않습니다. 그 점에 대해 저는 안타까운 마음을 금할 수 없습니다. 그분이 필요한 한밤중에 우리가 그분을 찾을 수 없다면, 그분은 실제로 계시지 않는 분이며, 당연히 우리는 그런 분을 모시지 않을 것입니다. 그러나 어느 때든지 우리가 하나님께 나아갈 수 있고, 우리의 마음을 그분 앞에 쏟아 놓을 수 있다니, 얼마나 큰 축복입니까! 우리의 하나님은 우리를 돕는 자가 되실 것입니다. 그분은 우리를 돕는 일에 결코 지체하지 않으실 것입니다! 그분은 우리가 기쁠 때나 슬플 때나 우리 가까이에서 우리를 사랑하는 우리의 친구이십니다. 가련한 야곱은 인생의 고요한 시기에는 자기 조상 아브라함이 했던 것처럼 하나님과 동행하지 않았습니다. 그러다가 지금 그에게 광풍이 불어닥치자 그는 하나님이신 주님께 달려가고 있습니다. 뱃사람들이 폭풍우를 피해 항구로 들어가듯 말입니다.

　　사랑하는 성도 여러분, 여러분은 지금 이 시간 고난 가운데 있습니까? 그리고 지금 하나님을 모시고 있습니까? 그렇다면 즉시 기도로 그분께 나아가 여러분의 사정을 아뢰십시오. 혹시라도 여러분의 집에 랍사게의 조롱이 적힌 편지가 있습니까? 그렇다면 히스기야처럼 여호와의 전에 들어가 주님 앞에 편지를 펴놓고 기도하십시오. 여러분에게 죽어가는 자녀가 있습니까? 그렇다면 다윗이 행한 것처럼 주님께 부르짖으십시오. 여러분은 지금 요나처럼 깊은 곳에 있습니까? 그렇다면 그 높은 산들의 가장 낮은 곳에서 여러분의 기도를 올려드리십시오. 여러분의 마음이라는 그릇에 괴로운 것이 들어 있습니까? 그렇다면 그분 앞에다 쏟아 놓으십시오.

　　여러분은 하나님의 덕을 보도록 하십시오. 특별히 기도로 그분에게 간구하여 그분에게서 **충분한 유익을 얻으십시오.** 고난 받을 때에 우리는 간구로 하나님과 최고의 교제를 나누게 될 것입니다. 여러분의 사정을 그분에게 아뢰십시오. 그분의 약속을 찾으십시오. 그런 다음 그 약속을 거룩한 담대함으로 간구하십시오. 이것이 하나님의 도움을 받을 수 있는 가장 확실하고 신속한 최선의 방법입니다.

우리가 찾아갈 수 있는 하나님이 없다면, 우리는 어떻게 해야 합니까? 하나님께서 우리의 주변에 울타리를 쳐 주셔서, 우리가 다른 사람들처럼 시련과 고난을 받지 않는다 해도, 그럼에도 우리의 인생에는 우리의 슬픔을 하나님께 아뢰지 않으면 가슴이 터져 죽을 것만 같은 그런 때가 있습니다. 또한 하나님께서 우리를 완전히 떠나신다면, 우리도 욥처럼 우리의 생일을 저주하며 차라리 태어나지 않았으면 하고 바랄 것입니다. 만약 우리가 영원히 은혜로운 우리의 친구 되신 하나님과 대화할 수 없다면, 차라리 소멸되는 것을 소망으로 삼고 고대할 것입니다. 그러나 우리가 도망하여 그분께 나아가 모든 일들을 아뢰고 믿음의 손으로 그분을 굳게 붙잡고 그분의 약속을 간구할 때, 그 때 어두운 먹구름은 사라지고 우리는 다시 밝은 빛으로 나아가 다음과 같이 노래하게 될 것입니다. "이 하나님은 영원히 우리 하나님이시니 그가 우리를 죽을 때까지 인도하시리로다" (시 48:14).

사랑하는 성도 여러분, 우리가 본 바와 같이 야곱은 하나님을 모시고 있으면서, 기도로 그분의 덕을 보았습니다. 그런데 제가 이 시간 여러분이 주목하기를 바라는 핵심은 하나님이 말씀하신 그 약속을 붙잡고 간구한 야곱의 기도에서 나타나는 힘과 능력과 그 힘줄입니다. 야곱이 실제로 주님과 씨름을 하게 되었을 때, 그 때 그는 "주께서 말씀하시기를"이라고 말했습니다. "주께서 말씀하시기를"이라고 말하는 이것이 바로 그 언약의 천사를 굳게 붙잡는 방법입니다. 씨름의 기술은 "주께서 말씀하시기를"이라는 이 말을 적절하게 사용하는 데 있습니다. 모든 실수를 저지른 야곱이었지만, 그는 기도의 달인이었습니다. 우리가 그를 "씨름하는 야곱"으로 부르는 것은 타당합니다. 그런데 야곱은 "가게 하지 아니하겠나이다"(창 32:26)라고 말했습니다. 그는 이 "주께서 말씀하시기를"이라는 말로 손을 펼쳐 그 천사를 붙잡았습니다. 그는 이 말씀으로 미지의 그 경쟁자를 붙들었습니다. 그의 힘줄이 끊어졌지만, 그래도 힘을 빼지 않고 필사적으로 그 천사를 잡았습니다. "주께서 말씀하시기를"이라는 이 말은 정직한 사람을 사로잡는 선한 말일 뿐만 아니라, 신실한 하나님도 붙잡을 수 있는 말입니다. 또한 이 말씀은 진리를 소유한 모든 사람들을 다스릴 것입니다. 왜냐하면 진실 되게 말씀하신 그분은 결코 자신이 한 약속을 돌이키지 않으실 것이기 때문입니다. 그러므로 우리가 하나님께 말로 간구할 때, 하나님께서 하신 약속을 인용하면서 "주께서 말씀하시기를"이라고 말하는 것보다 우리에게 더 도움이 되는 간구는 없을 것입니다.

야곱의 기도라고 할 수 있는 오늘의 본문을 대하면서, 저는 첫 번째로, 이 말씀을 우리의 기념비로 삼아야 한다는 점과, 두 번째로, 이 말씀은 하나님의 언약이라는 점, 따라서 세 번째로, 우리는 이 말씀을 우리의 간구로 삼아야 한다는 점에 주목하고자 합니다.

1. 이 말씀은 우리의 기념비로 삼아야 할 말씀입니다.

첫 번째로 우리는 이 말씀을 우리의 기념비로 삼아야 합니다. 사랑하는 성도 여러분, 우리는 하나님께서 말씀하신 것들을, 지금 우리가 기억하고 있는 것보다 훨씬 더 많이 기억해야 합니다. 만약 우리가 섬기고 있는 하나님이 이 시대까지 한 번도 자신을 드러내지 않고, 실제로 단 한 마디도 하지 않은 침묵의 하나님이신데, 그런 하나님께서 처음으로 바로 지금 이 시간에 한 말씀을 하면서 어떤 약속을 하셨다면, 그렇다면 하나님을 경외하는 자들은 얼마나 간절히 그 말씀을 듣고자 할 것이며, 또 얼마나 신중하게 그 말씀을 마음에 새기려 하겠습니까! 그 한 말씀 한 말씀은 진주보다 더 귀히 여겨질 것이며, 말씀하시는 음조마저 의미로 가득한 신비로운 음악처럼 들릴 것입니다. 여러분은 각각의 말씀들을 오래 기억하고 싶은 마음에, 여러분의 부족한 기억력을 탓할 것입니다. 아니, 여러분은 그 음절 하나하나가 가진 살아 있는 힘과 아름다움을 그대로 보존하려고 할 것입니다. 다른 모든 말씀들은 잊더라도, 새롭게 말씀하신 약속들은 글자 그대로 영혼의 보관소에 모두 담아 두려고 할 것입니다. 그러나 실제로 하나님께서는 수 세기 전에 말씀하셨습니다. 비록 오래 전에 하신 말씀이라 해도, 하나님께서 그 말씀을 하셨다는 사실로 인해, 우리는 그 말씀을 똑같이 귀하게 여겨야 하지 않겠습니까? 하나님께서는 이 세상이 창조될 때부터 선지자들을 통해서 종종 말씀하셨습니다. 그러다가 가까운 과거에는 아들을 통해 말씀하셨습니다. 이런 과정을 통해 그분께서는 우리에게 말씀하셨습니다. 그러므로 우리는 이 한 말씀 한 말씀을 소중히 여기는 마음으로 지켜야 합니다. 그분께서는 친히 자신이 하신 말씀들을 성경 속에 보존하셨습니다. 우리는 그 말씀들을 우리 마음속에 보존하도록 합시다. 인간을 만드신 하나님께서는 친히 인간들을 가르치기 위해 교훈을 주셨습니다. 이 세상에 있는 그 어떤 주제도, 인간이 생각하고 기억하고 경외할 만한 것으로, 하나님의 이 교훈보다 더 가치 있는 주제는 있을 수 없습니다. 인간의 지성에 전달될 수 있는 가장 엄선된 정보들은 위대한 아버지께서 주신 것들입니다. 그러므로 사랑하는 형제자매 여러분, 저는 여러분에게 묻고자 합니다. 설령 제가 그 가르침들을 제대로 전하지 못한다 해도, "주께서 말씀하시기를"이라는 말로 대표되는 그 거룩한 하나님의 말씀이 우리의 기념비가 되어야 하지 않겠습니까? 사람들이 금 같은 보석들을 금고에 보관하듯, 우리는 그분의 말씀을 우리 마음에 보관해야 합니다. 우리는 이 말씀을 생명 자체인 것처럼 그렇게 귀히 여겨야 합니다. 저는 하나님의 말씀에 대해 경외심을 가지고 있습니다. 하지만 너무나 많은 사람들이 이 말씀을 사소한 것으로 여기기에, 제 마음은 매우 슬픕니다. 선한 사람은 절대로 성경에 대해 불경한 마음을 가질 수 없습니다. 우리는 이 말씀을 우리의 마음 깊은 곳에 소중히 간직해야 합니다.

첫째로, 우리는 하나님께서 말씀하신 내용과 관련하여 다음과 같이 해야 합니다. 여러분은 야곱이 "주께서 말씀하시기를"이라는 말을 하고, 그 다음에 "내가 반드시 네게 선을 베풀고"라는 말씀을 인용하고 있는 것에 주목하십시오. 하나님께서 하신 약속들을 배우는 것은 기독교 교육에서 핵심적인 부분입니다. 실수를 범하기도 했지만 오늘날 우리 시대에 마치 아브라함과 같은 큰 믿음의 용사인 고든 장군(Charles George Gorden, 영국 군인으로서 수단 남서부 지역에 성행하던 노예무역을 근절시켰다 — 역주)은 클락(Samuel Clarke, 영국 비국교도 성직자 — 역주)의 「귀한 성경의 약속들」(Precious Bible Promises)이라는 책을 언제나 가지고 다녔습니다. 저는 그 사실에 항상 감탄합니다. 그 책에는 구약과 신약의 다양한 약속들이 몇 개의 항목으로 정리되어 있습니다. 고든 장군은 하나님의 약속이 정리된 그 목록을 뒤적이면서 자신의 특별한 상황에 가장 적합한 거룩한 본문을 찾아내곤 하였습니다. 그러고는 한적한 곳을 찾아서 그 말씀에 영감을 준 그 하나님 앞에 나가, 그 약속은 참되고 하나님은 자신이 하신 말씀대로 행하실 것이라는 사실을 믿으면서 하나님께 간구하였습니다. 그는 믿음으로 응답을 바랐으며, 믿음대로 행동하였습니다. 여러분도 알다시피, 그는 온갖 위험들을 무릅쓰고 용감하게 홀로 아프리카 수단으로 내려갔습니다. 하나님을 믿었기 때문입니다. 그가 일생토록 보여준 영웅의 모습은 하나님의 약속들을 확신한 것에서 비롯되었습니다. 우리도 영웅이 되고 싶은가요? 여기에 그 고귀한 삶을 지탱해 주는 양식이 있습니다.

저는 모든 그리스도인들이 하나님의 약속들을 알았으면 좋겠습니다. 만약 여러분의 집에 환금가치가 있는 수표들이 다수 있다면, 여러분은 그 수표의 내용과 가치를 모른 채 오랫동안 있을 수 없을 것입니다. 이 자리에는 다음과 같이 말하는 상인이 한 사람도 없을 것입니다. "우리 집 어딘가에 지폐와 어음과 수표가 많이 있을 겁니다. 틀림없이 이것들은 모두 현금으로 바꿀 수 있는 것이며, 합법적인 제 재산입니다. 하지만 저는 이에 대해 많이 알지는 못합니다. 그 정확한 가치에 대해서 잘 모릅니다." 자신의 재산에 대해서 이렇게 모른다는 말은 제정신이 아닌 자들이 하는 소리입니다. 여러분은 이 세상에 있는 여러분의 재산에 대해서는 잘 알면서, 하늘에 있는 여러분의 재산에 대해서는 아무 생각도 하지 않고 있습니까? 성경에 따르면, "그 보배롭고 지극히 큰 약속"(벧후 1:4)이 있다고 합니다. 그런데도 하나님의 자녀들 가운데 어떤 이들은 그 약속에 무엇이 들어 있는지 알지 못한다고 말하고 있지 않습니까? 아마도 그들은 이 말씀을 읽었을 것입니다. 하지만 그들은 하나님께서 약속하신 것이 무엇인지 그 의미를 실제로 찾아보지 않았던 것입니다. 그들에게 제공된 많은 좋은 것들에 대해 그들은 전혀 모르고 있으며, 그들이 개인적으로 현재 당하는 고난과 관련해서도 주님께서 그런 상황에 있는 자들을 위해 약속해 주신 것을 그들은 전혀 모르고 있습니다. 현금이 부족한 어떤 장사꾼에게 다량의 수표가 있는데, 정작 그 수표가 어디에 있는지 알지를 못한다니, 얼마나 안타까운 일입니까! 그런 식으로 사업을 하니 얼마나 어설프겠습니까? 그렇지 않습니까? 이렇게 칠칠맞지 못한 방식으로 하나님과 거래하는 것은 부끄러운 일이지 않습니까? 사랑하는 형제자매 여러분, 우리가 하나님의 말씀을 좀 더 많이 공부했으면 하는 것이 제 바람입니다. 우리는 온갖 종류의 책들을 읽고 있지만, 그 중에 대부분은 아무 유익도 없는 책들입니다. 현대 문학 전반에 관해 말하자면, 사람이 입을 벌린다 한들 "동풍(東風)을 그의 복부에 채우겠느냐?"(욥 15:2)라는 말씀과 같습니다. 왜냐하면 영혼 속에 깃들일 만한 것이 전혀 없기 때문입니다. 하나님의 입에서 나온 한 마디 말씀이 알렉산드리아 도서관(Alexandrian library, 기원전 220년에 당대 세계 최대 규모로 세워진 도서관 — 역주)이나 보들리 도서관(Bodleian library, 옥스퍼드 대학교의 도서관으로 1327년에 설립된 영국에서 가장 오래된 도서관 — 역주) 같은 곳에 있는 모든 책들보다 더 귀합니다. 지금은 소실된 인간의 모든 문학작품과 지금까지 현존하고 있는 작품들을 모두 합쳐도 성경 육십육 권 중 단 한 권에도 비할 수 없습니다. 오, 지금 제 설교를 듣는 사랑하는 성도 여러분, 여러분은 주님께서 하신 말씀들을 깨달으십시오. 그러면 여러분은 지혜의 길에 서게 될 것입니다! "기록되었으되"라는 말씀의 범위 속에 무한한 진리가 들어 있습니다. 만약 여러분이 그 속에서 훌륭한 교훈을 받는다면, 여러분은 그 말씀으로 인해 훌륭한 사람이 될 것입니다.

둘째로, 야곱은 그 약속들을 하나님께서 말씀하신 때도 알고 있었습니다. 왜냐하면 그는 하나님께서 자기에게 말씀을 건네신 다음 이런저런 것을 말씀하셨다는 사실을 두 번씩이나 인용하였기 때문입니다. 그러므로 언제 그 약속을 말씀하셨는지 그 때를 그가 분명히 알고 있었다는 것입니다. 저는 약속뿐만 아니라, 그 약속의 말씀을 해주신 때를 생각할 때 특별한 위로를 받습니다. 하나님께서 사람에게 약속을 하셨을 때, 저는 그 사람의 형편을 살펴보았습니다. 그렇게 살펴본 형편들 속에서 저는 많은 교훈을 얻게 되었습니다. 때로는 그림의 액자가 그림 자체만큼이나 아름다울 때가 있습니다. 이와 마찬가지로 약속을 해주신 상황이 약속 자체만큼이나 교훈으로 다가올 때가 있습니다. 주님께서 말씀하셨던 그 상황들이 우리 자신의 상황들과 매우 비슷해서, 그 상황들로 인해 주님의 그 말씀이 우리 마음에 특별한 위로가 되기도 합니다. 그래서 여러분은 다음과 같이 말합니다. "하나님께서는 야곱에게도 약속을 말씀하셨고, 다니엘에게도 약속을 말씀하셨고, 바울에게도 약속을 말씀하셨다. 그들과 동일한 형편에 있는 나를 아시는 그분께서는 틀림없이 내게도 약속의 말씀을 해주실 것이다. 왜냐하면 그 약속들은 한 사람이 독점해서 자의적으로 해석해서는 안 되기 때문이다. 그 약속들은 개인에게 국한되어 할당된 것이 아니라, 널리 공개된 공통의 것으로서 모든 신자들이 공유하는 분명한 재산이다. 이 약속들은 처음에 받은 사람들에게만 제한되지 않고, 그들과 함께 공동 상속자가 된 우리에게도 해당되는 말씀이다."

사랑하는 성도 여러분, 하나님께서 무슨 약속을 하셨는지, 언제 그 약속을 하셨는지를 알기 위해 애쓰십시오. 내용과 때, 이 두 가지를 잘 살펴보기 바랍니다. 이 꽃에서 묵상의 꿀벌들은 아주 달콤한 꿀을 빨아먹게 될 것입니다.

셋째로, 우리가 알아야 할 또 한 가지의 문제가 있습니다. 하나님께서 누구에게 그 약속을 하셨는가 하는 것입니다. 야곱은 하나님께서 그 약속을 누구에게 하시는지 알고 있었습니다. 그는 앞 구절에서 하나님께서 어떤 약속을 자기에게 하셨다는 사실을 우리에게 말하고 있습니다. "주께서 전에 내게 명하시기를 네 고향 네 족속에게로 돌아가라 내가 네게 은혜를 베풀리라 하셨나이다"(창 32:9). 하나님께서 다른 사람에게 하신 약속이라 해도, 그 사람과 내가 동일한 상황에 있고, 그 사람과 내가 같은 성품을 가지고 있으며, 그 사람과 내가 같은 믿음을 발휘하고 있다는 사실을 깨달은 다음, 그 사람이 섰던 그 동일한 자리에서 내가 하나님 앞에 설 때, 그 때 비로소 그 약속은 내게도 유효한 것이 될 것입니다. 이렇게 해서 그 사람에게 하신 말씀은 내게도 하신 말씀이 됩니다. 사랑하는 성도 여러분, 여러분의 성품과 형편에도 그 약속이 해당되는지, 혹시 해당된다면 여러분의 이름이 그 약속의 대상으로 기록된 것과 마찬가지가 되는 것이므로, 그 해당 여부를 알아보기 위해서 여러분은 계속해서 하나님의 말씀을 연구하십시오. 이것이 바로 제가 여러분에게 드리는 권면의 말씀입니다. 하나님께서는 여러 번 제 마음에 약속을 새겨 주셨습니다. 그래서 저는 성경이 나를 위해 기록된 것이라는 생각이 들 정도로 신선한 감동을 받곤 하였습니다. 그렇습니다. 이 약속이 한때 이 땅에 살았던 어떤 사람만을 위한 것이 아니라면, 그 약속은 나를 위해 기록된 것이라는 사실을 저는 확신하게 되었습니다. 어떤 사람이 집 대문 앞에 자신의 옷 치수와 정확하게 맞고, 아무리 보아도 자신이 좋아하는 고유한 스타일의 옷 한 벌이 있는 것을 보게 된다면, 그 옷은 자신을 위한 옷이라고 결론짓게 될 것입니다. 이와 마찬가지로, 저는 많은 약속들을 보면서 내 영혼의 은밀한 것들과 정확하게 일치하는 어떤 개인적인 표지를 보게 됩니다. 이런 표지로 인해, 하나님께서 이러저러한 말씀을 하실 때, 그 말씀은 나를 염두에 두고 하신 말씀이라는 사실을 알게 됩니다.

사랑하는 성도 여러분, 저는 여러분에게 말씀드립니다. 여기 있는 자들 가운데 한 사람도 빠짐없이 모두 하나님의 말씀 속에 있는 많은 약속들을 연구해 보기를 바랍니다. 그 약속들을 여러분의 손가락으로 하나하나 짚어가며 알아보십시오. 하나님께서 인간에게 무슨 말씀을 하셨는지, 그분께서 그들에게 언제 말씀하셨는지, 그분이 어떤 부류의 사람들에게 말씀하셨는지를 기억하십시오. 그리고 이런 기초 지식을 통해 그분께서 그 약속들을 까마득한 후대의 여러분에게도 말씀해 주셨다는 사실을 깨달으십시오. 진실로 이 사실이 여러분이 가진 지식의 최전방에 있도록 하십시오. 비록 여러분이 별들의 움직임은 읽을 수 없다 해도, 이 약속들은 읽으십시오. 비록 여러분이 지질학의 돌과 관련된 책은 연구할 수 없다 해도, 만세반석과 그 위에 새겨진 선포의 말씀들에 대해서는 알아보십시오. 또한 여러분이 형이상학이나 철학의 심오한 것들에 관해서는 문외한일지라도, 하나님의 집안에 속한 가족들의 특권이 무엇인지에 대해서는 최소한 알아보십시오. 사랑하는 자녀 된 여러분이여, 여러분의 아버지가 무슨 말씀을 하셨는지 여러분은 반드시 알기를 바랍니다! 만약 여러분이 아버지가 하신 말씀을 모른다면, 그것은 아주 슬픈 일일 것입니다. 복 있는 천국의 상속자인 여러분이여, 약속과 언약의 말씀을 따라 여러분이 상속자가 되어 받게 될 것이 무엇인지 여러분은 알고 있기를 바랍니다!

하나님의 말씀이 여러분의 마음과 기억 속에 살아 움직이도록 해야 하는 사명에 관해서는 이것으로 마치고자 합니다.

2. 이 말씀은 하나님의 언약입니다.

두 번째로 "주께서 말씀하시기를 내가 반드시 네게 선을 베풀고"라는 말씀을 살펴보겠습니다. 이 말씀은 하나님의 언약입니다. 자신이 한 말처럼 자신을 옭아매는 것은 없습니다. 이와 마찬가지로 우리 주 하나님에게도 친히 자신이 한 약속만큼 그분의 행동을 완전히 제약하는 것은 없습니다. 지금 우리는 위대한 하나님에 관하여 가장 깊은 존경심을 가지고 말하고 있습니다. 그런데 만약 하나님은 자신이 하신 말씀에 대해 틀림없이 신실하시다는 이 사실을 우리가 그만큼도 말하지 않는다면, 그것이 불경한 일일 것입니다. 그분은 모든 것을 하실 수 있습니다. 하지만 그분은 거짓말은 할 수 없습니다. 만약 하나님께서 약속을 하지 않으셨다면, 그분은 어떤 행동을 하든 말든 자유로웠을 것입니다. 그러나 그분이 하신 약속으로 인해 그분은 친히 약속한 어떤 방식으로 행해야만 합니다. 또한 그분은 그렇게 행하실 것입니다. 하나님은 그분의 본성에 따라 필연적으로 신실할 수밖에 없는 분이십니다.

이렇듯 하나님을 사로잡는 것이 언약이므로, 이 약속은 얼마나 대단한 것인지 모릅니다! 그렇다면 이 약속이 어떻게 하나님을 사로잡습니까?

첫째로, 그분의 진실함 때문에 그 약속이 그분을 사로잡는다고 저는 대답할 수 있을 것 같습니다. 어떤 사람이 "제가 그렇게 하겠습니다"라고 말한다면, 자신이 한 말에 책임을 져야 그의 능력도 인정받고 그 진실성도 훼손되지 않습니다. 한 사람이 다른 사람에게 약속을 했다면, 그 약속을 지키는 것이 서로 간에 명예를 지켜 주는 일이 됩니다. 그러므로 명예를 실추시키고 진실함을 잃지 않기 위해서는, 자신이 엄숙하게 약속한 그대로 틀림없이 이행해야 합니다. 하지만 슬픕니다! 많은 사람들은 이 진실성을 가볍게 생각합니다. 그들은 맹세도 쉽게 해 버립니다. 우리는 이런 사람들에 대해 어떻게 생각하고 있습니까? 엄숙하게 약속을 하고도 나중에 그 약속들을 취소하는 행위는 존경받는 명예로운 자들의 태도가 아닙니다. 하나님은 결코 그러지 않으십니다. 그 누구도 하나님의 진실함을 의심할 수 없습니다. 그렇게 의심할 수 있는 사람은 앞으로도 영원히 없을 것입니다. 그분께서 말씀하신 것을 그분께서 행하지 않으시겠습니까? 그분께서 친히 말씀하신 것을 그분께서 지키지 않으시겠습니까?

그러므로 여러분은 하나님께 기도할 때, 하나님이 하신 약속을 붙잡고 다음과 같이 말하는 법을 배우십시오. 여러분이 성도든 죄인이든 상관없습니다. "오, 나의 하나님, 당신은 친히 제게 이 축복을 반드시 주겠다고 하셨습니다. 왜냐하면 당신께서 그렇게 하리라 말씀하셨고, 저는 당신께서 거짓말하지 않으실 것을 알고 있기 때문입니다! 당신은 당신이 말한 그대로 행하실 것을 저는 확신하고 있습니다. 왜냐하면 당신은 진리의 하나님이시기 때문입니다!" 하나님의 진실하심은 의문시될 수 없으므로, 하나님께서 하신 약속은 하나님의 은혜로운 언약인 것입니다.

둘째로, 약속을 한 사람은 반드시 자신이 한 말을 지켜야 합니다. 그렇지 않으면 그는 우유부단하거나 변덕스러운 사람으로 취급됩니다. 그러므로 주님은 자신의 **불변함**으로 그 약속을 지키십니다. 그분은 하나님이며, 변함이 없는 분이십니다. 우리는 사람들이 "내 마음이 바뀌었어"라고 하는 말을 듣습니다. 하지만 하나님의 마음은 한결같습니다. 누가 감히 그 하나님의 마음을 뒤바꿀 수 있겠습니까? 변화는 인간의 모든 일들에 다 적용됩니다. 이제 영원하신 그분의 말씀을 들어보겠습니다. "나 여호와는 변하지 아니하나니 그러므로 야곱의 자손들아 너희가 소멸되지 아니하느니라"(말 3:6). "예수 그리스도는 어제나 오늘이나 영원토록 동일하시니라"(히 13:8). 그분의 모든 약속은 그리스도 안에서 예가 되고 아멘이 됩니다. 위대한 빛들의 아버지는 "변함도 없으시고 회전하는 그림자도 없으십니다"(약 1:17). 주님께서 친히 약속을 하셨을 때는, 앞으로 일어날 수 있는 모든 우연적인 것들을 이미 내다보시고, 그 말씀을 지킬 것을 확정하신 후에 약속하셨던 것입니다. 여러 세대가 지나도 그분의 약속은 전혀 차이가 없습니다. 그분의 약속은 약속의 첫 대상자였던 그분으로 인해 택함 받은 자들의 눈을 기쁘게 했던 때와 마찬가지로 지금도 새롭고 쇠하지 않습니다.

이 불변함은 좋은 간구의 제목이 됩니다. 그래서 여러분은 무릎을 꿇고서 다음과 같이 부르짖을 수 있습니다. "주님이시여, 여기에 당신의 약속이 있나이다. 은혜를 베풀어 기쁘신 뜻대로 이 약속을 이루어 주옵소서! 당신은 변함이 없는 분이며, 당신이 하신 말씀은 절대로 취소하지 않는다는 것을 저는 아나이다. 당신은 당신이 하신 말씀에서 결코 뒤돌아서지 않으며, 앞으로도 그러실 것이나이다. 그러므로 제게 소망을 주셨던 이 말씀을 당신의 종에게 이루어 주옵소서." 변함없는 하나님이야말로 신자들이 누리는 행복의 토대입니다.

셋째로, 사람들은 약속을 하지만 때로는 능력이 부족하여 그 약속을 지킬 수 없을 때가 있습니다. 정직한 마음을 가진 많은 자들이 약속을 지키고자 하는 마음은 굴뚝 같지만, 그 말을 지키기에는 능력이 부족하여 큰 슬픔에 빠지는 경우가 부지기수입니다. 신실한 마음을 가진 자도 이런 경우로 크게 슬퍼하기도 합니다. 하지만 이런 일은 전능한 하나님께는 결코 일어날 수 없습니다. 그분은 피곤하지도 않고 곤비하지도 않으십니다. 그분에게는 기력이 감퇴하여 연약해지거나 몸이 쇠하여 실패하는 경우도 없습니다. 모든 것이 충족한 하나님(God All-Sufficient)은 여전히 그분의 이름이십니다. 그분의 팔이 짧아 우리에게 미치지 못함도 아니요, 그분의 손이 마비되어 우리를 돕지 못함도 아닙니다. 육신의 팔 속에 있는 가장 강한 힘줄도 세월이 흘러가면서 금이 가지만, 주님은 결코 쇠하지 않으십니다. 아무리 하나님이 연약하다 해도 사람보다 강합니다. 하나님의 가장 작은 것도 인간의 가장 큰 것보다 더 큽니다. 주님은 자신이 한 말을 무능력으로 인해 철회할 수 없습니다. "사람으로는 할 수 없으나 하나님으로서는 다 하실 수 있느니라"(마 19:26)는 말씀대로 말입니다. 그러므로 기도로 그분에게 나아가 그분의 약속을 부여잡고 다음과 같이 말하십시오. "주님이시여, 당신의 종을 기뻐하셔서 도와 주옵소서. 당신은 저를 구원할 능력이 있다는 것을 알며, 당신을 모든 것이 충족한 하나님으로 신뢰하기 때문이나이다!" 주님에게는 그분의 능력이 그 거룩한 이름의 한 부분이므로, 그분은 그 능력을 조롱하며 가볍게 여기는 태도를 결코 용납하지 않으실 것입니다. 그분은 자신의 능력이 알려지기를 바라시기에, 그 능력에 대해 의심하도록 내버려 두는 것은 그분의 마음에 결코 맞지 않는 일일 것입니다.

넷째로, 주님께서는 자신의 지혜로도 자신이 한 약속을 지키십니다. 사람들은 별 생각 없이 약속을 하고는 오래지 않아 그 약속을 지킬 수 없는 상태에 이르리라고 깨닫게 됩니다. 어리석은 약속을 지키는 것도 어리석은 일입니다. 하지만 우리에게는 지혜가 없기 때문에, 우리는 실수를 하면서 우리 자신이 심각한 난관에 처한 것을 발견하게 됩니다. 그래서 부득불 다음과 같이 말할 수밖에 없다고 느끼는 일이 일어날 수 있습니다. "내가 약속을 하긴 했지만, 그 약속에 대해 좀 더 깊이 생각해 보니, 그 약속을 지키는 건 사악하고 불의한 일인 것 같다. 누구든 악한 일을 하기로 약속할 권리는 없기 때문에, 내가 한 약속은 처음부터 하나마나한 것이었다." 죄 많은 우리 인간은 성급하게 한 약속을 지키지 못하는 것에 대해 변명하고 정당성을 찾으려 하지만, 결국 자신의 어리석음만 보게 됩니다. 이런 일들이 하나님에게는 결코 일어날 수 없습니다. 그분은 시작과 끝을 보고 계시므로, 절대로 알지 못한 채 말씀하지 않으십니다. 그분은 오류 없이 선하고 지혜로운 분이십니다. 그러므로 제가 여러분에게 거듭 말하는 바는, 이런 그분의 성품으로 인해, 우리가 하나님의 약속을 굳게 붙잡는 것은 아주 당연한 일이라는 것입니다! "주님이시여, 당신께서 이런 복을 약속하셨을 때, 당신은 결코 실수하지 않으셨나이다! 당신은 장차 일어날 모든 일들을 알고 계시기에, 나의 모든 죄악들과 모든 어리석음들을 이미 보셨나이다! 당신께서는 이 모든 것을 앞서 알고 계셨나이다. 그러므로 즐거이 당신의 종에게 당신의 약속을 이루어 주옵소서. 지금도 저는 그 약속을 당신 앞에 가지고 와서 그 약속을 이루어 주시기를 간구하고 있나이다!'

제 소망은 저에게 이 문제를 분명하게 밝히는 능력이 있어서, 하나님의 도움이 필요하여 이제 막 기도하려는 모든 신자들에게 천국에 있는 은혜의 보좌 앞으로 다가갈 수 있는 논리적인 이유들을 알려 주는 것입니다.

다섯째로, 저는 예수 그리스도를 통하여 하나님께 나아가는 것이, 우리의 기도를 가장 강력하게 하는 최선의 방법이라는 사실을 말하지 않고서는 설교를 끝낼 수 없을 것 같습니다. 하나님의 속성들은 모두 그분의 아들 안에도 있습니다. 더 나아가 주 예수님은 그 아버지의 손에서 위대한 일들을 위임받으셨습니다. 예수님께서는 자신의 공로를 우리가 사용하도록 허락하시고, 자신의 이름을 우리가 간구할 수 있는 권한으로 부여해 주셨습니다. 우리가 간구하기에 이보다 더 좋은 수단이 어디 있겠습니까? 이것이야말로 압도적인 주장이 아닙니까? 위대한 하나님께서는 예수님에게 요구하는 것은 아무것도 거부하지 않으실 것입니다. 예수님께서는 자신을 위하여 우리에게 모든 것을 주실 것입니다. 우리가 우리 믿음의 팔로 그 아들을 모시고 그분을 아버지 하나님 앞에 내려놓을 때, 우리는 필요한 것은 무엇이든 갖게 될 것입니다. 이렇게 당당한 요구를 하는 일에 있어 우리는 지체하지 맙시다. 우리 주 예수님께서 "지금까지는 너희가 내 이름으로 아무것도 구하지 아니하였으나"(요 16:24)라는 말씀을 우리에게 하시지 않도록 합시다.

3. 우리는 이 말씀을 우리의 간구로 삼아야 합니다.

이제 마지막 주제를 전하고자 합니다. 야곱은 기도를 시작할 때, "주께서 말씀하시기를"이라는 말로 간구하였습니다. 그러므로 우리의 간구 또한 이 말씀으로 시작할 수 있습니다. 아니, 우리도 꼭 이 말씀으로 간구해야만 합니다. 주님의 은혜를 감당할 수 없는, 가치 없는 자들인 우리에게 이런 간구가 필요합니다. 그렇게 가치 없는 우리지만, 그럼에도 불구하고 우리는 주님께서 말씀하신 그 은혜의 약속을 붙잡고 간구할 수 있습니다. 야곱의 간구를 들어보십시오. "나는 주께서 주의 종에게 베푸신 모든 은총과 모든 진실하심을 조금도 감당할 수 없사오나(창 32:10) … 주께서 말씀하시기를 내가 반드시 네게 선을 베풀고." 이 얼마나 멋진 간구입니까! 그는 티끌 가운데 엎드려 하늘을 우러러 기도하였습니다. 지금 제 설교를 듣고 있는 사랑하는 성도 여러분, 여러분도 이런 방식으로 부르짖으십시오. "주님이시여, 저는 주님의 진노조차 감당할 수 없는 가치 없는 자입니다. 공로로 말씀하신다면 저는 당신을 대면할 소망조차 바랄 수 없는 자입니다. 하지만, 주님, 당신께서 말씀하셨습니다. 주께서 친히 말씀하시기를, 주께서 참으로 말씀하시기를!" 여러분은 반드시 이렇게 간구해야만 합니다. 어떤 사람이 나와 약속을 했다면, 그 사람은 내가 가치 없는 사람이라는 이유로 그 약속을 파기할 수 없습니다. 왜냐하면 그런 이유로 약속을 파기하는 것은 그 사람의 인품이 문제이지, 저의 인품이 문제인 것은 아니기 때문입니다. 내가 아무리 가치 없는 자라해도, 그는 자신이 한 말을 취소함으로써 자신도 무가치한 자라는 것을 드러내서는 안 될 것입니다. "우리는 미쁨이 없을지라도 주는 항상 미쁘시니 자기를 부인하실 수 없으시리라"(딤후 2:13). 모든 것은 약속을 말하는 자의 성품에 달려 있습니다. 여러분은 이 사실을 알지 못합니까? 여러분이 심한 죄책감으로 부담을 느낄 때, 여러분의 마음이 죄의식에 압도되어 무너지기 일보직전일 때, 그 때 여러분은 "주는 항상 미쁘시니 자기를 부인하실 수 없으시리라"는 말씀을 기억해야 합니다. 하나님의 거룩한 진노가 파도처럼 쉼 없이 밀어닥칠 때도, 여러분은 여러분의 죄를 회개하고 하나님께 간구하기를 중단하지 말아야 합니다. 여러분의 사악함을 인정하고 그 약속의 말씀을 굳게 부여잡고서, "주께서 말씀하시기를"이라고 말하십시오. 이사야서에 기록된 다음과 같은 말씀으로 간구하십시오. "오라 우리가 서로 변론하자 너희의 죄가 주홍 같을지라도 눈과 같이 희어질 것이요 진홍 같이 붉을지라도 양털 같이 희게 되리라"(사 1:18). 그리고 다음과 같이 주님께 아뢰십시오. "당신께서는 '나 곧 나는 나를 위하여 네 허물을 도말하는 자니 네 죄를 기억하지 아니하리라'(사 43:25)고 말씀하셨나이다." 여러분은 주님께서 말씀하신 대로 행하시기를 그분께 간청하십시오. 여러분은 자신이 무가치하다는 좌절감을 느낄 수도 있습니다. 하지만 이 모든 감정에도 불구하고, 여러분은 주님께서 변함없는 은혜를 말씀하셨으며 반드시 선을 베풀어 주실 것이라는 이 사실은 결코 변하지 않는다는 것을 알고 계십시오. 약속의 대상인 여러분이 아무리 가치가 없다 해도, 진리의 하나님께서는 반드시 자신의 약속을 지키실 것입니다. 이 사실이야말로 기도로 하나님에게 가까이 나아가는 불쌍한 영혼에게 가장 효과적인 도움이 되지 않겠습니까? 설령 여러분이 마귀보다 일곱 배나 더 사악한 자라 해도, 하나님께서는 여러분과 맺은 약속을 결코 취소하지 않으실 것입니다. 여러분이 가장 추잡하고 더러운 죄악에 목까지 빠져 허우적거린다 해도, 여러분과 맺은 약속이 있다면, 그래서 여러분이 그 약속을 간구하기만 한다면, 하나님께서는 자신이 한 약속을 지키실 것입니다! 여러분이 어떤 부류의 사람이라 해도, 하나님은 여러분을 대상으로 거짓말쟁이나 위선자나 변덕쟁이가 될 수 없습니다. 그분은 입으로만 약속하고 실제로는 파기하는 분이 결코 아닙니다. 그분은 우리가 약속을 지키려고 하는 것보다 더욱더 그 약속을 지키려고 하는 분이십니다. 자기가 지은 모든 죄악과 허물들 속에서 두려워 떨고 있는 불쌍한 자들이여, 이 말씀을 여러분의 입에 담고 나아오십시오. "당신께서 말씀하셨나이다. 그러므로 당신께서 말씀하신 대로 행하시기를 저는 기도하나이다. 당신께서는 '만일 우리가 우리 죄를 자백하면 그는 미쁘시고 의로우사 우리 죄를 사하시며 우리를 모든 불의에서 깨끗하게 하실 것이요'(요일 1:9)라고 말씀하셨나이다. 주님이시여, 지금 제가 저의 죄를 자백하오니, 용서해 주시기를 간구하나이다." 오, 사랑하는 성도 여러분, 상한 마음에서 나오는 이런 간구는 은혜를 베풀고자 기다리는 위대한 아버지의 마음을 틀림없이 움직일 것입니다!

이와 같은 간구는 현재 직면하고 있는 우리의 위험 속에서도 필요합니다. 야곱이 위기상황에서 어떻게 간구했는지를 살펴보겠습니다. 그는 다음과 같이 말했습니다. "내가 주께 간구하오니 내 형의 손에서, 에서의 손에서 나를 건져내시옵소서 내가 그를 두려워함은 그가 와서 나와 내 처자들을 칠까 겁이 나기 때문이니이다 주께서 말씀하시기를 내가 반드시 네게 은혜를 베풀어 … 라고 하셨나이다"(창 32:11-12). 야곱은 이런 간구를 함으로써 분노한 자기 형에 대한 아주 본능적인 두려움에서 벗어날 수 있었습니다. 난폭한 에서가 처와 자녀와 모든 이들을 칠까 겁이 났지만, 하나님께서 말씀하신 약속을 방패로 삼아 높이 쳐들고, 주님이신 하나님에게 다음과 같이 말함으로써 이러한 위협적인 공포에서 벗어날 수 있었습니다. "이런 참사(慘事)가 실제로 일어난다면, 당신이 하신 약속은 과연 지켜질 수 있습니까? 당신께서는 '내가 반드시 네게 선을 베풀고'라고 말씀하셨습니다. 하지만 주님이시여, 만약 에서의 칼날로 우리가 피를 보게 된다면, 그것이 선을 베푸는 것이겠습니까? 그가 분노하여 우리를 죽이도록 당신께서 내버려 두신다면, 당신의 종에게 선을 베풀리라 하신 그 약속은 도대체 어떻게 되는 것입니까?' 이런 간구는 우리로 하여금 모세의 간구를 생각나게 합니다. 모세는 "어찌하여 애굽 사람들이 이르기를 여호와가 자기의 백성을 산에서 죽이고 지면에서 진멸하려는 악한 의도로 인도해 내었다고 말하게 하시려 하나이까?"(출 32:12)라고 하나님께 질문하였습니다. 이것이야말로 하나님의 마음을 움직이는 논리적인 질문이었습니다.

사랑하는 성도 여러분, 현재 여러분이 직면하고 있는 고난은 무엇입니까? 어떤 사람은 어디에서 먹을 것과 입을 것을 구해야 할지 몰라 한숨을 짓습니다. 그런데 그런 필요에 대한 주님의 말씀이 여기 있습니다. "여호와 하나님은 … 정직하게 행하는 자에게 좋은 것을 아끼지 아니하실 것임이니이다"(시 84:11). 또 다른 말씀도 있습니다. "내가 결코 너희를 버리지 아니하고 너희를 떠나지 아니

창 세 기   제29장 하늘 문을 여는 만능열쇠 〈 창 32:12 KJV   **597**

하리라"(히 13:5). 이런 말씀도 있습니다. "그의 양식은 공급되고 그의 물은 끊어지지 아니하리라"(사 33:16). 하나님께서 친히 여러분의 입에 이 말씀들을 넣어 주셨습니다. 여러분은 이 말씀들을 가지고 살아 계신 하나님 앞에 나아가, 그분께서 약속하신 대로, 선을 베풀어 주십사 간청할 수는 없습니까? 다음과 같이 아주 솔직하게 아뢰십시오. "주님이시여, 저는 두렵습니다. 이렇게 오래도록 일을 하지 못한다면, 저는 신을 신발도 살 수 없고, 자녀들에게 줄 빵도 마련할 수 없으며, 철저히 궁핍한 상황에 내몰리게 될 것입니다. 하지만 당신께서는 '내가 결코 너희를 버리지 아니하고 너희를 떠나지 아니하리라'고 말씀하셨나이다. 주님이시여, 그 약속을 이제 이루어 주시기를 간구합니다!' 이렇게 기도하고 주님께서 여러분을 구해 주는지 구해 주지 않으시는지 보십시오.

여러분 가운데 "하나님께서 자신이 한 약속을 지키실 것으로 당신은 확신하고 있습니까?'라고 제게 질문하는 사람이 있습니까? 그에 대한 대답으로, 저는 확신하고 있다고 말하겠습니다. 저는 언제 어디서나 그분을 위해 매인 바 될 것입니다. 하나님의 많은 자녀들이 극심한 고통 가운데 있습니다. 하나님께서 그들을 왜 그렇게 낮추시는지 저는 잘 알지 못합니다. 하지만 저는 다음의 말씀보다 더 낮추지는 않으시리라는 것을 알고 있습니다. "그의 영원하신 팔이 네 아래에 있도다"(신 33:27). 저는 다윗과 함께 "내가 어려서부터 늙기까지 의인이 버림을 당하거나 그의 자손이 걸식함을 보지 못하였도다"(시 37:25)라고 말할 수는 없습니다. 왜냐하면 저는 지금까지 그의 자손이 걸식하는 것을 보았을 뿐 아니라, 또다시 보게 될 것이라 예상하기 때문입니다. 아무리 의인의 자손이라 해도 그 행위가 바르지 못하다면, 그들은 다른 사람들이 하는 대로 걸식하게 될 것입니다. 그래도 저는 다음과 같이 말할 수 있을 것 같습니다. "내가 어려서부터 지금 중년이 되기까지 의인이 버림을 당하는 것을 보지 못했다. 단 한 번도 보지 못했다!' 주님께서는 자기 친구들에게서 등을 돌리지 않을 뿐만 아니라, 자기를 의뢰하는 자들이 버림을 당하지 않게 하실 것입니다.

또 어떤 사람은 "나는 지금까지 마음 졸이며 최선을 다해 왔습니다"라고 소리칠 것입니다. 사랑하는 형제 여러분! 아마도 여러분은 그렇게 하였을 것입니다. 사랑하는 자매 여러분! 아마도 여러분은 그렇게 하였을 것입니다. 여러분이 그렇게 최선을 다한 것에 대해 저는 여러분을 책망할 마음이 추호도 없습니다. 그러나 때때로 여러분이 하나님으로 하여금 선을 베푸시게 했다면, 여러분의 상황은 훨씬 더 좋아졌을 것입니다. 여러분도 아는 바와 같이 야곱은 자기 무리들을 두 떼로 나누고, 자기 형을 위해 선물까지 준비하는 등 최선을 다하였습니다. 그러나 그것은 그리 큰 성과가 없었습니다. 그것은 기껏해야 아주 별 볼일 없는 최선이었습니다. 그렇지 않습니까? 그가 이 문제를 주님 앞에 기도로 아뢰지 않았다면, 이 모든 일들은 수포(水泡)가 되었을 것입니다. 주님께서 얍복 강에서 그와 씨름을 했을 때, 진실로 그 날 밤의 기도와 눈물과 간구가 그 일을 성사시켰던 것입니다. 결국 에서를 이기게 된 것은 야곱의 보잘것없는 수작으로 된 것이 아니라, 위대한 주님의 손길이 에서의 마음을 어루만지셨기 때문입니다. 야곱의 수단과 계획들은 전체 이야기에서 전혀 비중 있게 다뤄지지 않습니다. 야곱의 계략은 주님 보시기에 불필요한 어설픈 수단일 뿐이었습니다. "주께서 말씀하시기를"이라는 이 외침이 모든 일들을 성사시켰던 것입니다.

제가 체험을 통해 알게 된 것을 말하자면, 문제 상황에서 헤쳐 나올 수 있는 최선의 방법은 하나님께 간구하는 것입니다. 최고의 경주자는 길을 똑바로 달립니다. 여러분은 아마 이리 돌고, 저리 돌고, 우왕좌왕하여 전혀 엉뚱한 곳에 이르게 될 것입니다. 그러나 여러분은 문제를 가지고 곧장 하나님께 나아가십시오. 혹시 하나님께 나아가서도 그 문제가 끝나지 않는다면, 그렇다면 그 문제는 끝날 문제가 아닙니다. 그것은 지속된다는 의미이며 합력하여 더 큰 선을 이룰 것입니다. 어느 때라도 항상 "네 짐을 여호와께 맡기라 그가 너를 붙드시고 의인의 요동함을 영원히 허락하지 아니하시리로다"(시 55:22)라는 말씀을 기억하십시오. 여러분은 이 약속을 시험해 보십시오. 그러면 이 약속이 여러분을 마치 빛의 갑옷처럼 감싸는 것을 발견하게 될 것입니다.

한 말씀 더 드리겠습니다. 이와 같은 간구는 미래의 축복을 위해서도 필요합니다. 야곱은 "주께서 말씀하시기를 내가 반드시 네게 선을 베풀고"라는 이 말씀을 자신의 모든 미래에 대한 소망의 근거로 사용하였습니다. 왜냐하면 그는 계속해서 "네 씨로 바다의 셀 수 없는 모래와 같이 많게 하리라 하셨나이다"(창 32:12)라는 말을 하고 있기 때문입니다. 야곱은 이 약속의 말씀을 듣고서, 이 말씀이 미래에 실현될 것을 흡족할 만큼 기대하지는 않았지만, 그래도 여전히 어느 정도는 미래를 내다보며 살았습니다. 그는 언약의 축복을 기대하고 그 영향을 받으며 살았습니다. 자, 사랑하는 성도 여러분, 여러분과 저는 천국에 들어가서 누릴 것을 소망하고 있습니까? 주님께서 "내가 그들에게 영생을 주노니 영원히 멸망하지 아니할 것이요"(요 10:28)라고 말씀하셨습니다. 이 말씀을 받은 자 외에는 그 누구도 천국에 들어갈 수 없습니다. 나는 멸망하지 않을 것입니다. 왜냐하면 내가 멸망하지 않을 것이라고 예수님께서 말씀하셨기 때문입니다. 그분께서는 또한 "나 있는 곳에 나를 섬기는 자도 거기 있으리니"(요 12:26)라고 말씀하셨습니다. 그러므로 저도 영광 가운데 그분과 함께 할 것이며, 저는 그것으로 만족할 것입니다. 우리는 우리 주 예수 그리스도께서 나타나실 것과 그분께서 강림하실 그 날에 그의 성도들에게 주실 상을 전적으로 소망하고 있습니다. 다시 말해, 우리는 시들지 아니하는 생명의 면류관과 천국에서 하나님을 직접 보게 될 것을 온전히 바라고 있습니다. 이 모든 것이 "주께서 말씀하시기를"이라는 말로 표현된 그분의 약속에 달려 있습니다. 우리는 그분의 약속을 따라 새 하늘과 새 땅을 바라봅니다. 여러분은 사도 바울이 갈라디아서에서, 택함을 받은 자녀인지 아닌지를 구분하는 근거가 이 약속에 있다고 말하는 것을 들어보지 못했습니까? 여종에게서는 육체를 따라 났고, 자유 있는 여자에게서는 약속으로 말미암아 난다고 바울은 선포하고 있습니다. 하갈의 자녀는 육체를 따라 났지만, 이삭과 같은 참된 자녀는 약속을 따라 났습니다. 그래서 바울은 다음과 같이 말합니다. "형제들아 너희는 이삭과 같이 약속의 자녀라"(갈 4:28). 능력 있는 피조물의 자녀이거나 율법이 주는 소망의 자녀보다는 약속의 자녀가 훨씬 더 낫습니다. 왜냐하면 능력 있는 피조물의 자녀와 율법적인 소망의 자녀는 자기의 보호자로 가련한 종인 어머니와 물 한 병과 함께 광야로 쫓겨나 방황할 수밖에 없기 때문입니다. 그러나 약속을 받은 자녀, 약속을 따라 살아가는 자녀, 자신이 기업으로 받은 그곳에 들어가기까지 모든 것을 기다리는 그 자녀는 항상 변함없이 그 자리에 있으니, 그것은 아버지의 모든 것이 그의 것이기 때문입니다. 사랑하는 성도 여러분, 여러분은 약속의 자녀의 반열에 있습니까? 만약 그렇다면, 여러분은 고난을 당할 때에 은밀한 골방에 들어가서, 여러분이 보통 때 누리던 그 은혜보다 더 큰 은혜를 베풀어 달라고 간구하십시오. 왜냐하면 하나님께서는 그 은혜를 여러분에게 주기로 약속하셨기 때문입니다. 그렇게 간구하면, 하나님께서는 자신이 말씀한 대로 행하실 것입니다.

지금까지 저는 하나님께서 말씀하신 것들 중 두세 가지를 할 수 있는 한 가장 간략하게 전했습니다. 이에 대해서는 이제 그만 해도 될 것 같습니다. 여러분 중에 몇몇이라도 이렇게 하나님께 간구하는 이들이 있으면 좋겠습니다.

이 밤에 이 자리에서 구원받기를 원하는 자가 있습니까? 저는 여러분에게 권면합니다. 여러분은 집으로 돌아가면 골방으로 들어가 문을 닫고, 여러분의 성경책을 꺼내서 이사야 55장 7절을 읽어보십시오. 그 말씀은 이것입니다. "악인은 그의 길을 불의한 자는 그의 생각을 버리고 여호와께로 돌아오라 그리하면 그가 긍휼히 여기시리라 우리 하나님께로 돌아오라 그가 너그럽게 용서하시리라."

지금 제 눈에는 작은 방 안에 있는 여러분의 모습이 보이는 듯합니다. 제가 바라는 대로 여러분이 그대로 행한다면, 이 이사야서의 말씀을 주의 깊게 묵상하며 읽고 난 후에, 여러분은 다음과 같이 말하게 될 것입니다. "주님이시여, 제가 이 사악한 자들 가운데 한 사람입니다! 이 밤에 저는 제 길을 버리기를 원합니다. 앞으로 이 길을 정말 버리겠습니다. 이 밤에 저는 불의한 생각을 버리고 당신께로 돌아가기를 원합니다. 그러면 당신께서는 '나는 네게 은혜를 베풀 것이니라. 풍성한 은혜로 너를 용서하리라'고 말씀하실 것입니다. 주님이시여, 제게 은혜를 베풀어 주옵소서. 당신께서 그렇게 하리라 말씀하셨습니다!'

여러분이 이렇게 기도한 후에는 주님께서 그 약속을 지키실 것을 기대하십시오. 여러분이 어떤 정직한 사람을 대면하고서 "당신이 이렇게 약속했소"라고 말했다면, 여러분은 그 사람이 그 약속을 충실히 이행하리라 기대할 것입니다. 이와 마찬가지로 예수 그리스도 안에 있는 하나님께서 자신이 한 말씀을 이행하리라 기대하십시오. 절대로 의심하지 마십시오. 하나님을 믿으십시오. 그리고 그분께서 용서해 주시고 축복해 주실 것을 기대하십시오.

오, 시련을 당하고 있는 하나님의 자녀들이여, 저는 여러분이 집으로 가서 성경책을 펴고 시편 50편 15절을 읽어보면 좋겠습니다. 이 말씀을 어디 쪽지에라도 적으십시오. 그렇게 해보시지 않겠습니까? 제가 읽겠습니다. "환난 날에 나를 부르라 내가 너를 건지리니 네가 나를 영화롭게 하리로다." 이 말씀을 손가락으로 짚고 다음과 같이 말하십시오. "주님, 제가 지금 당신을 부르고 있습니다! 오늘은 환난의 날입니다. 나를 건지소서. 내가 당신을 영화롭게 하리이다." 하나님께서는 자신이 한 약속을 지키시며, 절대로 여러분을 우롱하지 않으실 것입니다. 여러분은 이 사실을 믿으십시오. 도리어 여러분이 그분의 말씀을 우롱하지 마십시오. 그분의 말씀을 진지하게 대하고, 주님께서 친히 하신 약속이 선하게 이루어지기를 기다리십시오. 큰소리치면서 약속하는 자들은 아무것도 이행하지 않습니다. 하나님은 이들과 전혀 다르십니다. 여러분에게 간청합니다. 하나님을 이런 큰소리치는 자들과 똑같이 대하지 마십시오. 하나님께서는 겸손한 자들의 부르짖음을 들으시며, 그들과 맺은 언약을 기억하실 것입니다.

지금 이 자리에 구원을 찾고 있지만 이런 약속들 가운데 한 가지도 받지 못한 불쌍한 영혼이 혹시 있습니까? 그렇다면 그들은 집에 가서 요한복음 3장 18절을 찾아 읽어 보십시오. "그를 믿는 자는 심판을 받지 아니하는 것이요 믿지 아니하는 자는 하나님의 독생자의 이름을 믿지 아니하므로 벌써 심판을 받은 것이니라." 그리고 다음과 같이 간구하십시오. "저는 예수 그리스도를 믿습니다. 그러므로 저는 심판을 받지 않을 것입니다. 주님이시여, 의롭다 칭해 주시는 당신의 은혜가 주는 그 평안을 저도 느끼게 하옵소서!'

이 말씀들이 여러분에게 해당되지 않는다면, 한 말씀 더 소개하고자 합니다. 제가 절망의 나날을 보내던 몇 달 동안 붙잡고 지내던 말씀입니다. 로마서 10장 13절입니다. "누구든지 주의 이름을 부르는 자는 구원을 받으리라." 제가 이 말씀을 부여잡고 이 말씀이야말로 내 영혼의 소망에 이르는 길이라고 느꼈던 그때가 생각납니다. 이 말씀의 앞부분 전체를 인용해 보겠습니다. "유대인이나 헬라인이나 차별이 없음이라 한 분이신 주께서 모든 사람의 주가 되사 그를 부르는 모든 사람에게 부요하시도다"(롬 10:12). 저는 마음속으로 말하였습니다. "나는 그분의 이름을 부르고, 그분을 신뢰하노라. 나는 그분에게 기도도 드리노라. 비록 내가 멸망한다 해도, 나는 그분에게 울부짖고, 그분을 부를 것이로다." 저는 주님을 찾을 때까지 이 약속으로 살았습니다. 여기 있는 여러분도 집에 가서 다음과 같은 방식으로 간구하십시오. "주님이시여, 제가 당신을 부르고 있나이다. 그러므로 당신의 말씀을 이루시어, 우리 집을 구원하여 주옵소서!'

하나님께서 진리를 말씀하신다는 사실을 여러분은 믿고 있습니까? 이 사실을 믿는다면, 여러분 속에는 살아 있는 믿음이 있는 것입니다. 하나님께서 친히 자신이 한 약속을 지키실 것이라 여러분은 믿고 있습니까? 이 사실을 믿는다면, 은혜의 사역이 이미 여러분의 영혼 속에 역사한 것입니다. 여러분은 더 이상 죽은 죄인이 아닙니다. 여러분은 더 이상 심판 아래 있지 않습니다. "이는 그를 믿는 자마다 멸망하지 않고 영생을 얻게 하려 하심이라"(요 3:16). 지금 이 순간 여러분 속에는 어느 정도 영생이 있습니다. 왜냐하면 하나님을 어느 정도 믿고 있기 때문입니다. 오, 뜨겁게 간구하는 기도로 지금 이 믿음이 실제적으로 사용되는 변화의 능력이 일어나게 하옵소서! "주님이시여, 주께서 말씀하신 대로 행하옵소서!" 이런 기도가 여러분의 영혼에 안식과 평안을 즉시 가져다줄 것입니다.

사랑하는 성도 여러분, 하나님께서 여러분에게 복 내려 주시기를 기원합니다. 지금 이 시간 저는 큰 기쁨으로 말씀을 전하고 있습니다. 설교 시간이 조금 길어져도, 여러분이 양해해 주기를 바랍니다. 저에게는 항상 여러분에게 설교할 수 있는 시간이 부족하니 말입니다. 오, 이렇게 강단에 선다는 것이 얼마나 힘든 일인지요! 저는 하나님께, 제게 먹을 양식과 음료를 주시고, 제가 이 자리에 있을 동안에는 어떤 일이 있어도 강단에 설 수 있게 해 달라는 간구 외에는 아무것도 구하지 않습니다. 그러나 이것은 약속의 문제가 아니기에, 아직까지 저는 이런 특권을 받지 못했습니다. 제가 항상 건강할 것이라고 하나님께서 말씀하셨다면, 사탄도 제 건강을 절대 해칠 수 없으리라 저는 확신합니다. 하지만 제가 그런 특정한 약속을 받은 것이 아니기에, 하나님을 사랑하는 자들에게는 모든 것이 합력하여 선을 이룰 것이라는 일반적인 확신에 저는 만족하고자 합니다. 이런 확신으로 말미암아 저는 건강할 때나 건강을 잃을 때나 모든 것이 제게 유익할 것으로 알고 있습니다. 강건하든지 연약하든지 간에 주님의 뜻이 저의 죽을 몸을 통해 이루어지는 것 외에 제가 더 바랄 것이 무엇이겠습니까? 어쨌든 저는 이렇게 행할 것이며, 하나님의 도우심으로 제게 설교할 기회가 있을 때마다 저는 할 수 있는 한 열심히 말씀을 전할 것입니다. 그리고 제 입으로 그분의 이름을 찬양하는 것이 허락되는 한, 저는 가능한 한 아주 분명하고 예리하게 그리고 열정적으로 말씀을 전할 것입니다.

오, 지금 이 시간 이 자리에 있는 모든 영혼들을 하나님께서 제게 주시기를 기원합니다! 우리가 겸손히 기도하며 그분께 나아갈 때, 다시 말해 그분께서 하신 말씀을 간구할 때, 그분께서는 우리의 간구대로 행하실 것입니다. 주님께서는 우리가 전하는 이 말씀에 셀 수 없이 무한한 복을 내려 주실 능력이 있는 분이십니다. 이 한 번의 설교를 통해서도 그분의 선한 사역은 아무 제한 없이 일어날 수 있습니다. 오, 지금 제 설교를 듣고 있는 사랑하는 성도 여러분, 여러분의 소망은 여러분이 할 수 있는 말에 있지 않고, 오히려 주님께서 이미 하신 말씀에 있습니다. 사람의 말에 비중을 두지 말고, 하나님의 말씀에 전적인 비중을 두십시오. 여러분 자신을 위해 이 말씀을 믿고, 과연 이 말씀이 이행되는지를 눈여겨보십시오. 어떤 일이 일어나든 이 약속에 매달리십시오. 이 약속을 굳게 붙잡으십시오. 여러분이 붙잡는 그 강도(強度)만큼 약속 또한 여러분을 붙잡을 것입니다. 예수 그리스도로 말미암아 하나님께서는 자신의 약속은 물론 여러분에게도 신실하실 것입니다. 그러므로 여러분도 그분에게 신실하십시오. 아멘.

제
30
장

—

요셉의 축소된 초상화

—

"여호와께서 요셉과 함께 하시므로" — 창 39:2

성경에는 한 사람의 인생을 단 한 문장으로 요약하는 경우가 종종 있습니다. 오늘 본문은 영감으로 그려진 요셉의 자서전입니다. "여호와께서 요셉과 함께 하시므로." 사실 이 말씀은 스데반이 자신의 유명한 설교 가운데 언급하여 사도행전 7장 9절에 기록된 "하나님이 그와 함께 계셔"라고 했던 말씀과 동일한 것입니다. 성경은 또한 아브라함의 인생 이야기를 한 문장으로 요약하기도 합니다. "아브람이 여호와를 믿으니"(창 15:6). 그리고 모세에 대해서는 "이 사람 모세는 온유함이 지면의 모든 사람보다 더하더라"(민 12:3)고 기록되어 있습니다. 신약이 묘사하고 있는 부분을 살펴보면, 세례 요한의 삶에 대해서는 한 문장보다는 조금 더 길게 한 줄로 기록되어 있는 것을 알 수 있습니다. "요한은 아무 표적도 행하지 아니하였으나 요한이 이 사람을 가리켜 말한 것은 다 참이라 하더라"(요 10:41). 그리고 예수님의 제자인 요한의 경우는 마치 무덤의 비문(碑門)에 적힌 문구처럼, "예수께서 사랑하시던 그 다른 제자"(요 20:2)라고 기록되어 있습니다. 이 문구는 요한의 인품과 그의 생애를 모두 설명해 주고 있습니다. 이처럼 성경의 묘사는 온 몸이 다 나오는 작은 초상화와 같은 설명에 아주 탁월합니다. 미켈란젤로는 크레용을 들고 단 한 번의 필치로 초상화를 그렸다고 합니다. 이와 마찬가지로 성령 하나님께서도 한 사람의 생애를 단 한 문장으로 묘사하십니다. "여호와께서 요셉과 함께 하시므로."

　　그런데 성경의 인물 묘사는 그 사람의 외적인 모습뿐만 아니라 내적인 삶까지도 보여준다는 사실을 여러분은 주목하기 바랍니다. "사람은 외모를 보거니와, 나 여호와는 중심을 보느니라"(삼상 16:7)는 말씀처럼, 사람에 대한 성경의 묘사는 이들의 보이는 삶뿐만 아니라 보이지 않는 영적인 삶까지도 묘사하고 있습니다. 따라서 오늘 본문을 통해 우리는 하나님께서 본 요셉의 모습, 즉 요셉의 실제 모습을 알게 됩니다. 겉으로 드러난 모습만 보면, 하나님께서 요셉과 함께 하셨다는 사실은 별로 그렇지 않은 것처럼 보입니다. 왜냐하면 요셉은 모든 일에서 항상 형통했던 사람으로 보이지는 않기 때문입니다. 그러나 여러분이 하나님의 종인 요셉의 중심에 있는 영혼을 들여다본다면, 그의 참된 모습이 어떠했는지를 알 수 있습니다. 그는 지극히 높으신 분과 교제하며 살았고, 하나님 또한 그에게 복을 내려 주셨습니다. "여호와께서 요셉과 함께 하시므로 그가 형통한 자가 되어"(창 39:2). 사랑하는 성도 여러분, 여러분은 여러분의 내면(內面)의 전기(傳記)가 어떻게 묘사되기를 원합니까? 여러분의 영혼이 온 세상이 다 보는 앞에서 그 마음의 바람과 감정과 생각들이 낱낱이 드러날 때, 그 영혼은 과연 어떤 모습으로 나타나겠습니까? 많은 사람들의 생애는 인쇄되어 지면(紙面)에 나타날 때 아주 그럴듯하게 나옵니다. 왜냐하면 전기 작가들은 겉으로 드러난 그 인생의 표면 아래로 감히 뛰어들지 않기 때문입니다. 아마 그들은 그렇게 할 수도 없을 것이고 그렇게 하고 싶지도 않을 것입니다. 사람의 생애를 저술하면서 어떤 문제들은 감추는 것이 종종 지혜롭게 여겨지기도 합니다. 그 사람의 명성에 누를 끼치지 않기 위해서는 그렇게 하는 것이 현명할 수도 있습니다. 하지만 그것은 전혀 진실한 것이 아닙니다. 성령 하나님은 우리가 가장 존경하는 사람들이라 해도, 그의 허물들을 결코 감추지 않으시고, 있는 그대로 모두 기록하십니다. 왜냐하면 그 성령님은 이름 그대로 진리의 영이시기 때문입니다. 다른 사람들보다 뛰어나 하나님으로부터 "내 마음에 맞는 사람이라"(행 13:22)는 평을 들었지만, 어떤 면에서는 대단한 허물이 있었으며, 평생토록 자기 인품에 오점으로 남을 만큼 한 번의 사악한 행위를 한 사람도 있었습니다. 다윗에게는 여호와 하나님을 굳건히 사랑하여 그 길에서 벗어나지 않고, 옳은 일 하기를 간절히 바라는 마음이 있었습니다. 그가 잘못을 했을 때는 깊이 회개하였습니다. 그래서 여호와께서는 다윗이 자신의 허물로 하나님의 마음을 심히 아프게 했음에도 불구하고, 여전히 그를 자기 마음에 맞는 사람이라고 여겨 주셨습니다. 다윗은 자신을 넘어뜨린 허물이 있었음에도, 참으로 신실한 사람이었습니다. 그가 하나님 마음에 맞는 사람이라고 묘사된 것은 다윗의 마음 때문이었습니다. 이와 마찬가지로, 요셉에 대한 오늘 본문의 평가는 그를 총애 받던 어린 아이나 애굽의 총리로 본 것이 아니라, 요셉 내면의 가장 깊은 곳과 가장 참된 모습을 보시는 성령님의 평가였습니다. 그래서 성령님은 요셉을 "여호와께서 요셉과 함께 하시므로"라고 묘사하셨습니다.

이렇게 놀라운 요셉의 모습을 보면, 우리는 우리의 스승이자 주님이시며, 요셉보다 큰 분이시며, 이스라엘을 위하여 온 세상을 다스리시는 우리 주님이 강하게 생각납니다. 베드로가 고넬료의 집에서 설교할 때 그는 우리 주님에 대해 다음과 같이 말했습니다. "그가 두루 다니시며 선한 일을 행하시고 마귀에게 눌린 모든 사람을 고치셨으니 이는 하나님이 함께 하셨음이라"(행 10:38). 이 말씀은 요셉에 대한 말씀과 정확히 똑같습니다. 더욱 놀라운 것은 예수님과 요셉, 다시 말해 완전한 구세주와 불완전한 족장에 대한 묘사가 동일한 말씀으로 되어 있다는 사실입니다. 그러므로 여러분과 제가 은혜 안에서 완전해진다면, 우리도 그리스도의 형상을 입게 되어, 그리스도를 묘사하는 말씀이 또한 우리를 묘사하는 말씀이 될 것입니다. 예수님과 함께 살아가는 사람들은 그들이 예수님을 닮게 될 때까지 그분과 교제를 나누면서 변화될 것입니다. 제 생각에 한 가정의 장남과 막내가 닮은 것을 보는 것은 아주 아름다운 일인 것처럼, 모형론적(typical)으로 위대한 인간인 두 번째 아담 예수님과 그분의 생명으로 소생케 된 모든 자들이 서로 닮아, 그분과 함께 하나가 되는 것을 보는 것은 아름다운 일일 것입니다.

주님이 우리와 함께 하는 이것이야말로 모든 성도들이 받을 유업입니다. 신약의 서신서들에서 삼위 되신 하나님께서 우리와 함께 하시기를 바라는 사도들의 축도는 과연 무엇입니까? 사도 바울은 로마 교회를 향해 "평강의 하나님께서 너희 모든 사람과 함께 계실지어다"(롬 15:33)라고 말하였습니다. 고린도 교회를 향해서도 그는 "주 예수 그리스도의 은혜와 하나님의 사랑과 성령의 교통하심이 너희 무리와 함께 있을지어다"(고후 13:13)라고 기록하였습니다. 데살로니가 교인들을 향해서도 "주께서 너희 모든 사람과 함께 하시기를 원하노라"(살후 3:16)고 말하였습니다. 우리의 영광스러운 주님께서도 "내가 세상 끝날까지 너희와 항상 함께 있으리라"(마 28:20)고 말씀하지 않으셨습니까? 구약의 보아스는 이삭을 베는 자들에게 "여호와께서 너희와 함께 하시기를 원하노라"(룻 2:4a)라고 인사를 하였으며, 이 인사를 들은 사람들은 "여호와께서 당신에게 복 주시기를 원하나이다"(룻 2:4b)라고 말하였습니다. 제가 오늘 아침 여러분에게 이 보아스의 인사보다 더 나은 인사를 할 수 있겠습니까? 여러분 또한 저에게 "여호와께서 당신에게 복 주시기를 원하나이다"라는 말보다 더 친절한 대답을 할 수 있겠습니까? 망통(Mentone, 스펄전이 자주 여행한 프랑스 남부 지중해 연안의 작은 휴양 마을 — 역주)의 뒤쪽 담벼락을 이룬 높은 산들을 올라가던 어느 날 저는 평상복을 입고 가는 한 퀘이커 교도를 우연히 만나게 되었습니다. 그는 예수님을 사랑하는 모든 이들과 마찬가지로 온화한 마음을 지닌 것처럼 보였습니다. 그가 제게 인사를 하자, 우리는 서로의 영혼이 크게 일치하는 것을 느낄 수 있었습니다. 헤어질 때 저는 "친구여, 여호와께서 당신과 함께 하시기를 원합니다"라고 말했습니다. 그러자 그는 "또한 당신의 심령에도 함께"(And with your spirit)라는 말과 함께, "이것은 제가 항상 사용하는 전례문의 첫 부분입니다('et cum spiritu tuo'로 시작되는 전례문의 일부이다. 갈 6:18, 빌 4:23 참조 — 역주)"라고 대답하였습니다. 참으로 우리는 만날 때마다 진심으로 이런 말들을 전하며 서로 인사를 나누었습니다. 그 누구도 이런 인사말을 반대할 수 없을 것입니다. 그래서 저는 오늘 여러분 모두에게도 이 인사의 말씀을 드리고자 합니다. "여호와께서 여러분과 함께 하시기를 원합니다." 이제 여러분도 "또한 당신의 심령에도 함께"라는 말로 대답하리라 믿습니다. 성령님께서 제 심령과 함께 하시어, 제가 여러분의 마음이 소생케 되는 말씀을 전할 수 있게 하시고, 이런 저의 바람이 또한 여러분의 바람이 되기를 원합니다.

　이제 우리는 요셉에 대해 생각해 보고, 우리가 이 요셉으로부터 배울 수 있는 것이 무엇인지 살펴보도록 하겠습니다. 우리는 첫 번째로, "여호와께서 요셉과 함께 하시므로"라는 이 사실에 대해 생각해 보고, 두 번째로, 이 사실의 증거에 대해, 그리고 세 번째로, 이 사실의 결과에 대해 생각해 보고자 합니다.

1. 여호와께서 요셉과 함께 하신 사실

　첫 번째로, 우리는 요셉의 생애를 대강 살펴보고 나서, "여호와께서 요셉과 함께 하시므로"라는 이 사실에 주목할 것입니다. 하나님은 요셉이 어린 아이였을 때부터 은혜로운 분이셨습니다. 요셉의 아버지는 그를 사랑하였습니다. 왜냐하면 이 요셉은 노년에 얻은 아들이었으며, 그 속에 있는 은혜로운 소질들을 그 아버지가 일찍이 보았기 때문입니다. 요셉의 나이 열일곱이 되기 전에 하나님께서는 밤에 꿈과 환상 가운데 그에게 말씀하셨습니다. 성경은 이에 대해 "그의 형들은 시기하되 그의 아버지는 그 말을 간직해 두었더라"(창 37:11)고 말합니다. 사랑하는 젊은 성도 여러분, 하나님께서는 여러분에게 꿈으로 나타나기도 하시지만 꼭 그런 것만은 아닙니다. 그분은 어린 사무엘들에게는 다른 방식으로 말씀하셨습니다. 하나님께서 "사무엘아 사무엘아"(삼상 3:10)라고 부르시자, 그 사랑스러운 아이는 "말씀하옵소서 주의 종이 듣겠나이다"라고 대답한 것을 여러분은 기억할 것입니다. 하나님께서 이런 말씀으로 여러분을 부르실 때, 여러분도 사무엘처럼 동일하게 대답하기를 바랍니다. 우리가 소년 소녀 시절을 보내면서 하나님과 이런 은혜로운 교제를 가질 수 있었다면 그것은 행복한 특권이었음이 분명합니다. 그분께서는 우리로 하여금 회개하도록 이끄셨고, 우리가 그리스도를 믿는 믿음을 갖도록 인도하셨으며, 우리가 교실과 놀이터를 떠나기 전에 우리의 마음에 그분의 사랑을 드러내 주셨습니다. 이렇게 일찍부터 그리스도와 함께 시작하는 자들은 좋은 출발을 한 것입니다. 우리가 처음부터 그분과 함께 한다면, 그분은 끝까지 우리와 함께 하실 것입니다. 만약 요셉이 경건한 소년이 아니었다면, 그는 결코 은혜로운 사람이 되지 못했을 것입니다. 은혜로 말미암아 요셉은 어려서부터 자기 형제들과 달랐으며, 평생토록 형제들보다 뛰어날 수 있었습니다. 우리가 어린 아이였을 때부터 은혜로운 사람이라면, 주님께서는 우리가 노년에 이르기까지 우리에게 은혜를 베푸시어, 우리 자녀들의 자녀를 보게 하실 것입니다. 이것은 분명한 사실입니다. 어릴 때부터 경건한 사람은 출중하게 경건한 사람이 될 수 있습니다. 아침에 그리스도와 함께 한 자들은 복된 자들입니다. 왜냐하면 그들은 하루 종일 그분과 동행하다가, 저녁에 또다시 그분과 함께 달콤한 안식을 누릴 것이기 때문입니다.

"여호와께서 요셉과 함께 하시므로." 이 말씀은 요셉이 집에 있을 때 뿐 아니라, 그가 사랑하는 아버지와 소중히 여기던 집을 떠나 종으로 팔려가게 되었을 때도 변함이 없었습니다. 하나님께서는 요셉을 버리지 않으셨습니다. 어느 나라든 종의 운명은 비참하였습니다. 그것도 그렇게 어린 나이에 종이 되었으니, 아주 최악의 상황이었습니다. 스데반 집사에 따르면, 여러 조상들이 시기하여 요셉을 애굽으로 팔았지만, 하나님이 그와 함께 계셨다(행 7:9)고 말합니다. 요셉이 팔렸을 때도 하나님이 그와 함께 계셨다고 스데반은 증언합니다. 요셉이 광야를 지나는 이 여정은 틀림없이 끔찍했을 것입니다. 아마도 떼지어 몰려다니는 거친 이스마엘 사람들은 무자비하게 그 여정을 다그쳤을 것입니다. 오늘날 중앙 아프리카의 노예들이 가혹한 대우를 받는 것과 마찬가지였을 것입니다. 하나님께서 이 가증스러운 노예제도를 폐지시켜 주시기를 기원합니다! 온갖 응석을 받아주던 아버지 슬하에서 자라던 이 유약한 어린 아이는 지금까지 왕자처럼 채색옷을 입었지만, 이제는 종들이 입는 옷을 입어야 했으며, 이글거리는 태양 빛에 불타는 것처럼 뜨거운 모래사막을 걸어가야 했습니다. 그럼에도 불구하고 그는 절대 잔인한 처우에 굴복하는 포로가 아니었습니다. 그는 눈에 보이지 않는 그분을 바라보면서 모든 것을 인내하였습니다. "여호와께서 요셉과 함께 하시므로." 그는 아버지 야곱의 하나님을 깊이 신뢰할 수 있었으며, 이 신뢰로 그 마음은 한결같을 수 있었습니다. 제 눈에는 그가 노예시장에서 팔리기 위해 전시된 것이 보이는 듯합니다. 이제 막 팔릴 노예들의 얼굴을 사람들이 유심히 살필 때, 그 노예들이 얼마나 두려워 떨며 불안해하는지 우리는 익히 들어 알고 있습니다. 과연 그는 좋은 주인을 만나게 될까요? 그를 산 주인은 그를 사람으로 대접할까요, 아니면 짐승보다도 더 못하게 부려먹을까요? 요셉이 노예로 팔리기 위해 노예시장에 서 있을 때도, "여호와께서 요셉과 함께 하시므로" 그는 선한 사람들의 수중에 인도되었습니다. 그가 주인의 집으로 끌려가서, 자신이 감당해야 할 다양한 일들을 맡게 되었을 때도, 여호와께서 요셉과 함께 하셨습니다. 요셉을 산 그 애굽인의 집은 요셉이 그 집에 들어오기 전까지 그렇게 순결하지도 않았고, 그렇게 정직하지도 않았으며, 그렇게 명예롭지도 않았습니다. 하지만 그 집안이 요셉의 책임 하에 있게 되면서, 그 집은 그의 경건이 숨쉬는 은밀한 성전이 되었으며, 분명한 위로와 확신의 전당(殿堂)이 되었습니다. 이 히브리 노예의 주위에는 영광스러운 인품이 배어 있다는 사실을 모든 사람들이 알고 있었습니다. 특히 그의 주인이 알고 있었습니다. 성경도 이에 대해 다음과 같이 말하고 있습니다. "그의 주인이 여호와께서 그와 함께 하심을 보며 또 여호와께서 그의 범사에 형통하게 하심을 보았더라 요셉이 그의 주인에게 은혜를 입어 섬기매 그가 요셉을 가정 총무로 삼고 자기의 소유를 다 그의 손에 위탁하니 그가 요셉에게 자기의 집과 그의 모든 소유물을 주관하게 한 때부터 여호와께서 요셉을 위하여 그 애굽 사람의 집에 복을 내리시므로 여호와의 복이 그의 집과 밭에 있는 모든 소유에 미친지라"(창 39:3-5). 요셉의 근면, 성실, 온유한 성품이 그 주인의 마음을 사로잡았습니다. 오, 그리스도인으로서 하인인 여러분 모두는 요셉의 이러한 면을 본받아, 여러분 주위에 있는 모든 사람들이 여호와께서 여러분과 함께 계심을 볼 수 있도록 처신하기를 바랍니다.

이 때 요셉의 생애에 위기, 즉 시험의 때가 닥쳤습니다. 안타깝게도 많은 이들이 넘어진 바로 그 시험을 요셉도 받게 되는 모습을 보게 됩니다. 그가 받은 시험은 특히 젊은이들이 넘어지기 쉬운 시험이었습니다. 그의 잘생긴 얼굴은 경건하지 못한 유혹의 대상이 되었습니다. 그를 유혹한 사람은 그에게 호의를 베풀면서 그의 위로를 크게 의지하던 사람이었습니다. 그러므로 여호와께서 그와 함께 하지 않으셨다면, 그는 틀림없이 그 시험에 넘어지고 말았을 것입니다. 설령 그가 죄를 지었다 해도, 남성들 대부분은 거의 그를 비난하지 않을 것입니다. 왜냐하면 이들은 그를 유혹한 그 여자에게 죄를 돌릴 것이기 때문입니다. 그러고는 젊기 때문에 유혹에 약한 것이라고 변명할 것입니다. 저는 그렇게 말하고 싶지 않습니다. 제가 그 말에 동의하는 것을 하나님께서 금하십니다. 죄인들이 범한 부정한 행동들에 대해서는 그 어떤 변명도 있을 수 없습니다. 그러나 하나님께서 요셉과 함께 하시므로, 요셉은 아주 미끄러운 곳에서도 미끄러져 넘어지지 않았습니다. 이렇게 해서 그는 하나님을 거부하는 자들이 넘어지는 그 깊은 수렁에서도 벗어났습니다. 그는 솔로몬이 언급한 이방 계집의 올무에서 벗어났습니다. 솔로몬은 이 이방 계집에 대해 다음과 같이 말했습니다. "대저 그가 많은 사람을 상하여 엎드러지게 하였나니 그에게 죽은 자가 허다하니라 그의 집은 스올의 길이라 사망의 방으로 내려가느니라"(잠 7:26-27). 만약 그 어린 요셉이 사악한 정욕의 종이 되었다면, 지금 그가 애굽에서 육신의 종살이로서 겪는 고초는 이 정욕의 종살이와 비교하면 아무것도 아닐 정도로 크나큰 불행의 시작이 되었을 것입니다. 다행히도 여호와께서 요셉과 함께 하시므로, 그는 그 유혹자의 시험을 다음과 같은 질문으로 이길 수 있었습니다. "그런즉 내가 어찌 이 큰 악을 행하여 하나님께 죄를 지으리이까?"(창 39:9). 그는 도망쳤습니다. 이렇게 도망치는 것이야말로 용기를 가장 진실하게 표현하는 것입니다. 도망치는 것만이 육신의 죄악을 이길 수 있는 유일한 방법입니다. 사도 바울도 "너는 청년의 정욕을 피하고"(딤후 2:22)라고 말씀하셨습니다. 텔레마코스(Telemachus, 그리스 신화에 나오는 영웅 오디세우스와 페넬로페이아의 아들 — 역주)가 칼립소(Calypso) 섬에 있을 때, 그의 멘토(Mentor)는 "도망쳐라. 텔레마코스, 도망쳐. 이기려면 도망치는 수밖에 없어"라고 소리쳤습니다(트로이 전쟁에 출정하여 이십 년이 지나도록 귀향하지 않는 아버지를 찾기 위해, 아들 텔레마코스는 아버지를 대신해서 자신을 돌봐주었던 멘토와 함께 길을 떠난다. 7년 동안 님프 칼립소의 섬에 아버지가 갇혀 있었다는 것을 알게 된 아들이 그 섬에서 아버지를 구해 내려고 하던 중에 일어난 일화이다 — 역주). 요셉도 이와 마찬가지로 지혜롭게 자기 옷을 버려두고 도망쳐 나갔습니다. 이 또한 하나님께서 그와 함께 하시므로 가능한 일이었습니다.

다시 장면이 바뀌어, 어릴 때부터 집에서 총애를 받던 어린 아이였던 그가 조금 전에는 시험을 받더니, 이제는 한 사람의 죄수가 되었습니다. 고대의 죄수들이 처한 상황은 어느 지역이나 다 열악했을 것이고, 애굽 죄수들의 상황도 틀림없이 끔찍할 만큼 처참했을 것입니다. 오늘 본문의 주인공인 요셉도 역겨운 냄새가 나는 지하 감옥에 갇혔습니다. 시편에 기록된 "그의 발은 차꼬를 차고 그의 몸은 쇠사슬에 매였으니"(시 105:18)라는 말씀에 비추어 볼 때, 우리는 그가 자신의 투옥을 엄청난 일로 느끼고 있었음을 확신할 수 있습니다. 그는 중상모략을 당해 죄가 없는데도 고난을 당하는 것이 얼마나 잔인한 것인지를 몸소 깨닫게 되었습니다. 그토록 순결하고 정숙한 청년이 이런 피의자가 된 것은, 차라리 갈고리가 달린 채찍으로 맞는 것보다 틀림없이 더 쓰라린 고통이었을 것입니다. 그러나 그가 어두운 독방에 앉아 있을 때도, 여호와께서는 그와 함께 하셨습니다. 감옥에 갇히게 된 좌절도 하나님과 함께 하는 그의 거룩한 교제를 그에게서 앗아가지 못했습니다. 주의 이름을 찬양합니다. 그분은 자기 백성이 수치를 당할 때도 그들을 버리지 않으십니다. 아니, 그들이 어떤 다른 때보다 더 많은 고발을 당할 때도 그분은 그들과 함께 더욱 기뻐하시며, 그들이 비천한 처지에 있을 때도 그들을 격려해 주십니다. 하나님께서 요셉과 함께 하시므로, 요셉이 가진 친절하고 온유하며 활동적이면서 진실하고 근면한 태도는 이내 곧 각광을 받게 되었으며, 결국 간수장의 마음을 사로잡았습니다. 그래서 요셉은 다시 감옥의 높은 지위인 옥중 죄수들을 돌보는 감독관의 자리까지 오르게 되었습니다. 여러분이 아래로 끌어내려도 틀림없이 다시 위로 올라가는 코르크 마개처럼, 요셉의 삶도 이와 같았습니다. 설령 그가 물에 빠진다 해도 그는 수영할 수밖에 없기 때문에, 그는 물에 빠져 죽을 수 없었습니다. 왜냐하면 여호와께서 그와 함께 하셨기 때문입니다. 여호와께서 그와 함께 하시므로, 그는 가는 곳마다 왕이 되었고 제사장이 되었습니다. 그래서 사람들은 그의 능력을 은연중에 인정할 수밖에 없었습니다. 감옥이라는 그 작은 왕국에서도 그는 사람들을 다스렸습니다. 이는 "여호와께서 요셉과 함께 하시므로" 가능한 일이었습니다. 하지만 그가 가진 예언의 능력을 보여줄 기회가 생긴다면, 그는 이보다 더 높은 곳으로 올라가게 될 것입니다. 어느 날 아침 요셉이 맡고 있던 두 죄수는 낙담한 모습을 하고 있었습니다. 요셉은 평상시 하던 대로 온화하게 그들에게 물었습니다. "어찌하여 오늘 당신들의 얼굴에 근심의 빛이 있나이까?"(창 40:7). 요셉은 항상 친절하고 인정이 많은 사람이었습니다. 그래서 그들은 요셉에게 자신들이 꾼 꿈을 말해 주었고, 요셉은 그 꿈들을 실제로 일어나게 될 사건들로 풀어 주었습니다. 그런데 요셉이 어떻게 그 꿈들을 해몽할 수 있었습니까? 그것은 하나님께서 그와 함께 하셨기 때문에 가능했습니다. 요셉은 바로 그 자리에서 그들에게 다음과 말했습니다. "해석은 하나님께 있지 아니하니이까?"(창 40:8). 그가 이렇게 꿈들을 해몽할 수 있었던 이유는 그에게 어떤 비술(秘術)에 대한 지식이 있다거나, 추측하는 영리한 재주가 있어서가 아니라, 성령 하나님께서 그에게 임하시어, 그로 하여금 꿈에 감추어져 있던 비밀들을 알게 하셨기 때문입니다. 그는 이런 식으로 다음 단계로 나아갔습니다. 나이 열일곱에서 서른까지, 즉 십삼 년 동안 고난과 슬픔의 훈련기간을 거친 후, 비로소 그는 바로(Pharaoh) 앞에 서게 되었습니다. 그 때도 하나님께서는 그와 함께 하셨습니다. 여기서 여러분은 그의 속사람이 담대하다는 것을 볼 수 있을 것입니다. 왜냐하면 한 히브리 청년이 바로 앞에 담대히 서서 그 이방 궁정에서 하나님에 대해 거침없이 말했기 때문입니다. 바로는 허다한 신들을 믿고 있었습니다. 그는 악어, 따오기, 황소 그리고 심지어 부추와 양파까지 모든 사물들을 숭배하고 있었습니다. 그래서 어떤 이는 애굽인들에 관해서 "행복한 민족이여, 그대들의 신은 그대들의 정원에서 자라고 있도다"라고 말했습니다. 그럼에도 불구하고 요셉은 자신이 믿고 있는 하나님이 살아 계신 유일한 참 하나님으로 말하는데 전혀 부끄러움이 없었습니다. 요셉은 "하나님이 그가 하실 일을 바로에게 보이신다 함이 이것이라"(창 41:28)고 말하였습니다. 그는 조용하면서도 위엄 있는 태도로, 자신의 지혜를 전적으로 신뢰하지 않은 채, 그 꿈을 해몽하여 모든 것을 바로에게 설명해 주었습니다. 요셉은 "내가 아니라 하나님께서 바로에게 편안한 대답을 하시리이다"(창 41:16)라고 말하였습니다. 참으로 하나님께서 그와 함께 하셨습니다.

요셉은 애굽 온 땅의 총리가 되었습니다. 그 때에도 하나님께서는 그와 함께 하셨습니다. 바로 왕은 다음과 같은 말로 요셉을 칭찬했습니다. "이와 같이 하나님의 영에 감동된 사람을 우리가 어찌 찾을 수 있으리요?"(창 41:38). 풍년이 든 해에 곡식을 비축해 두는 요셉의 정책은 감탄할 정도로 성공적이었습니다. 왜냐하면 기근으로 온 인류가 멸절되는 것을 막기 위해 하나님께서 분명히 요셉을 들어 사용하셨기 때문입니다. 요셉이 편 모든 정책들은 그의 주인인 바로의 유익을 위해 시행되는 것처럼 보이기는 했어도, 어쨌든 이루 측량하기 어려울 만큼 현저한 성공을 거두었습니다. 하지만 요셉은 애굽 사람들의 종이 아니었습니다. 바로는 요셉을 높은 자리에 앉혔으며, 요셉도 바로의 나라를 부하게 했을 뿐 아니라 동시에 나라를 기근에서 구해냈습니다.

하나님께서 요셉과 함께 하시므로, 하나님은 그의 아버지와 가족들을 애굽으로 데리고 와서 고센 땅에 정착하게 하셨습니다. 그리고 그가 죽을 때까지 하나님께서는 여전히 그와 함께 하셨습니다. 요셉은 죽을 때에 "이스라엘 자손에게 맹세시켜 이르기를 하나님이 반드시 당신들을 돌보시리니 당신들은 여기서 내 해골을 메고 올라가겠다 하라고"(창 50:25) 말하였습니다. 여호와께서 그와 함께 하시므로, 그는 백십 세로 장수하고 생을 마칠 때까지 하나님의 언약과 그 언약 백성들에게 신실한 삶을 살 수 있었습니다. 그는 죽어 삶을 마감할 때까지 자기 조상들이 섬기던 그 하나님에게 신실하였습니다. 왜냐하면 그는 자신의 모든 학식과 재물에도 불구하고, 애굽 사람으로 계수되지 않았기 때문입니다. 그는 마음을 정하여 이스라엘 사람으로 여겨지기를 원했으며, 그들이 어떤 운명에 처해진다 해도 그 택함 받은 민족과 함께 삶을 나누기로 작정하였습니다. 그는 다른 족장들과 마찬가지로, 이 세상의 부귀영화를 버리고, 약속된 기업을 바라보며 믿음으로 죽었습니다. 이 또한 여호와께서 그와 함께 하시므로 가능한 일이었습니다.

2. 하나님께서 요셉과 함께 하셨다는 증거

두 번째로, 우리는 하나님께서 요셉과 함께 하셨다는 사실의 증거를 살펴보고자 합니다. 여호와께서 요셉과 함께 하셨다는 증거가 무엇입니까? 이에 대한 첫째 증거는 요셉이 항상 하나님의 임재의 영향력 아래에 있었다는 것입니다. 그리고 그는 이런 영향력을 즐기며 살았습니다. 제가 이에 대해 구체적으로 설명할 필요는 없으리라 생각합니다. 그럼에도 불구하고 이런 예를 들자면, 요셉은 그 마음에 하나님이 자기와 함께 한다는 사실을 언제 어디서든 인식하고 있었습니다. 요셉이 이런 인식을 하고 있었다는 사실은 여러분도 알 것입니다. 특별히 유혹을 받았을 때 그의 모습을 예로 들어 살펴보겠습니다. 오, 그가 하나님을 두려워하는 사람이라는 사실이 그에게 얼마나 큰 은혜가 되었는지 모릅니다! 그는 결코 "그런즉 내가 어찌 이 큰 악을 행하여 보디발에게 죄를 지으리이까?"라고 외치지 않았습니다. 하지만 그토록 자기에게 친절히 대한 주인이었던 보디발에게 죄를 짓는 것도 어쩌면 맞는 말일 수 있습니다. 그리고 그가 "그런즉 내가 어찌 이 큰 악을 행하여 이 여인에게 죄를 지으리이까?"라고 말했습니까? 어쩌면 그녀에게 죄를 짓는 것도 맞는 말일 수 있습니다. 하지만 그는 그렇게 말하지 않았습니다. 다윗이 "내가 주께만 범죄하여 주의 목전에 악을 행하였사오니"(시 51:4)라고 말하면서, 자신이 중요하게 생각하는 것은 하나님에게 죄를 지었다는 사실을 분명하게 말한 것처럼, 요셉도 그 유혹하는 여인을 도망쳐 나오면서, "그런즉 내가 어찌 이 큰 악을 행하여 하나님께 죄를 지으리이까?"라고 말했던 것입니다. 오, 하나님이 가까이 계시며, 우리를 항상 지켜보고 계신다는 사실을 여러분과 제가 항상 느낀다면, 우리는 감히 죄를 짓지 못할 것입니다. 상관이 보고 있다는 생각만으로도 감히 다른 일들을 하지 못할 때가 종종 있습니다. 하물며 하나님의 임재를 인식하는 자들은 그 임재가 유혹에 대한 영원한 장벽이 되어 우리가 거룩하도록 확고히 지켜 줄 것입니다. 요셉이 훗날 하나님에 대해 말했을 때, 다시 말해 하나님께서 그를 도와주시어 그가 능히 유혹에 맞설 수 있었을 뿐만 아니라, 그 어떤 봉사도 감당할 수 있었다고 말했을 때, 여러분은 그가 항상 이 모든 것들의 영광을 하나님께 돌리고 있다는 것을 알게 될 것입니다. 요셉은 먼저 "내가 아니라 하나님께서 바로에게 편안한 대답을 하시리이다"라는 말을 하지 않고서는 바로의 꿈을 해석하려고 하지 않았습니다. 요셉은 악한 여인의 유혹을 거절하였을 때와 마찬가지로, 이 위대한 군주 앞에 설 때도 하나님의 임재를 인식했습니다. 하나님의 임재를 이렇게 인식한 것은 그의 가정생활에서도 마찬가지였습니다. 그것에 대한 기록을 제가 읽어 드리겠습니다. "흉년이 들기 전에 요셉에게 두 아들이 나되 곧 온의 제사장 보디베라의 딸 아스낫이 그에게서 낳은지라 요셉이 그의 장남의 이름을 므낫세라 하였으니 하나님이 내게 내 모든 고난과 내 아버지의 온 집 일을 잊어버리게 하셨다 함이요 차남의 이름을 에브라임이라

하였으니 하나님이 나를 내가 수고한 땅에서 번성하게 하셨다 함이었더라"(창
41:50-52). 그의 연로한 아버지께서 그에게 "이들은 누구냐?"(창 48:8) 묻자, 그는
다음과 같이 아주 아름답게 대답하였습니다. "이는 하나님이 여기서 내게 주신
아들들이니이다"(창 48:9). 우리는 습관적으로라도 요셉이 말한 것처럼 그렇게
말하지 않습니다. 참 안타까운 일입니다. 그는 조금의 가식도 없이, 하나님의 임
재와 역사를 느끼면서 마음에서 우러나오는 대로 말했습니다. 이러한 요셉의 모
습은 거룩하신 우리 주님의 모습과 참으로 닮지 않았습니까! 저는 이런 말을 하
지 않을 수 없습니다., 즉 우리 주 예수님이 어떤 다른 사람들보다 더욱더 눈에
두드러진 선한 것이 있다면, 그것은 거룩한 하나님의 임재에 대한 주님의 인식
일 것이라고 말입니다. 여러분은 이 점을 주님께서 어린 아이였을 때 한 다음의
말씀을 통해 알 수 있을 것입니다. "내가 내 아버지 집에 있어야 될 줄을 알지 못
하셨나이까?"(눅 2:49). 여러분은 다음과 같은 말씀도 들어봤을 것입니다. "내가
혼자 있는 것이 아니라 아버지께서 나와 함께 계시느니라"(요 16:32). 또한 주님
은 "항상 내 말을 들으시는 줄을 내가 알았나이다"(요 11:42)라고도 말씀하셨습
니다. 무엇보다도 주님께서 지상생활의 마지막 순간에 하신 말씀을 보면 여러분
은 이 사실을 분명하게 인식할 수밖에 없습니다. 그 때 주님은 자신에게 아픔을
주는 가장 쓰라린 고통을 겪으시면서 "나의 하나님 나의 하나님 어찌하여 나를
버리셨나이까?"(마 27:46)라고 외치셨습니다. 요셉에게 하나님의 임재는 모든 것
이었습니다. 이와 마찬가지로 그리스도에게도 하나님의 임재는 모든 것이었습
니다. 자, 여러분과 제가 주님을 항상 우리 앞에 모시게 될지 아닐지, 다시 말해
우리 영혼이 하나님 안에 거하게 될지 아닐지는 전적으로 하나님이 우리와 함께
하시는가에 달려 있습니다. 이것은 분명한 사실입니다. 하갈이 자기에게 말씀하
시는 여호와의 이름을 "나를 살피시는 하나님"(창 16:13)이라고 말했던 것처럼,
만약 여러분도 이 말씀의 영향력 아래 거한다면, 그분의 임재하심이 여러분과
함께 할 것이며, 그분은 여러분에게 안식을 주실 것입니다. 이를 여러분은 확신
하게 될 것입니다. 한 번도 하나님의 임재를 느끼지 못했고, 그러니 당연히 그분
앞에서 거룩하게 행하는 것도 인식하지 못한 사람은 어느 정도 시간이 흐른 후
에야 비로소 자신이 어떤 망상 아래에 사로잡혀 있었다는 사실을 깨닫게 될 것
입니다. 은혜 가운데 살아 가는 삶이야말로 은혜를 베풀어 주시는 하나님이 우
리와 함께 하신다는 사실을 증명합니다.

하나님께서 요셉과 함께 하셨다는 이 사실의 둘째 증거는 요셉의 마음이 순전하였다는 것입니다. 그래서 하나님께서는 분명히 그와 함께 하셨습니다. "마음이 청결한 자는 복이 있나니 그들이 하나님을 볼 것임이요"(마 5:8). 마음이 청결하지 않은 자는 그 누구도 하나님을 볼 수 없을 것입니다. 하나님께서는 마음이 깨끗하지 않은 자에게는 결코 자신을 드러내 보이지 않으실 것입니다. 여호와의 산에 오를 자가 누구며 그의 거룩한 곳에 설 자가 누구입니까? 곧 손이 깨끗하며 마음이 청결한(시 24:3-4) 자일 것입니다. 우리 주 예수님께서도 말씀하셨습니다. "사람이 나를 사랑하면 내 말을 지키리니 내 아버지께서 그를 사랑하실 것이요 우리가 그에게 가서 거처를 그와 함께 하리라"(요 14:23). 죄악이라면 움찔하며 거룩함에 매혹된 그 마음이야말로 하나님과 교제를 시작할 수 있는 마음이며, 그 교제는 결코 중단되지 않을 것입니다. "두 사람이 뜻이 같지 않은데 어찌 동행하겠으며"(암 3:3). 신앙 고백을 한 이들이 자신들은 하나님과 거의 교제를 하지 않는다는 말을 제가 들었을 때, 저는 놀라지 않을 수 없었습니다. 우리가 그분의 길에 순종하며 행하지 않는데, 어떻게 하나님께서 우리와 함께 하실 수 있겠습니까? 그리스도와 벨리알이 어찌 조화되며, 빛과 어둠이 어떻게 사귈 수 있겠습니까? 요셉이 가진 참된 순전함은 거룩하신 삼위일체 하나님이 영원히 그와 함께 하셨다는 한 증거가 됩니다. 하나님께서는 그런 성도들의 발걸음에 보조를 맞추실 것입니다. 백성들이 시험을 받을 때면, 하나님께서는 그들을 악에서 구해 내실 것입니다. 왜냐하면 하나님이 거하시는 그 마음은 하나님의 임재로 인해 거룩해질 것이기 때문입니다.

요셉이 보여주는 셋째 증거는 요셉은 어느 곳에 있든 그곳에서 성실히 행하였다는 사실입니다. 여호와께서 요셉과 함께 하시므로, 이 하나님의 사람은 자신이 처한 외적 상황과는 전혀 상관없이, 곧장 선한 일들을 하기 시작했습니다. 요셉은 구덩이에 빠졌습니다. 정말 암담했습니다. 하지만 여호와께서 요셉과 함께 하시므로, 그 구덩이는 그에게 더 이상 무섭지 않았습니다. 그는 형들에게 탄원했습니다. 물론 그들은 그의 말을 듣지 않았습니다. 그러나 어쨌든 그는 그들의 죄악을 경고하는 자신의 소임을 다했습니다. 그는 이스마엘 사람들에게 사로잡혀 포로로 끌려갔습니다. 하지만 그 대상(隊商)들 속에 있을 때도 그는 안전하였습니다. 왜냐하면 여호와께서 요셉과 함께 하셨기 때문입니다. 보디발의 집에서 종이 되었을 때도, 여호와께서 요셉과 함께 하시므로 그는 형통한 사람이 되었습니다. 그의 인생에서 여러 장면들이 바뀌었지만, 하나님과의 교제를 가장 소중히 여기는 그의 마음은 결코 바뀌지 않았습니다. 그는 한 번도 허세를 부리지 않았으며, 자신의 숭고한 취지를 과시하지도 않았습니다. 다만 그는 자신이 처한 곳에서 일하며, 일상에서 자신이 맡은 바를 성실하게 수행했습니다. 이 또한 여호와께서 그와 함께 하시므로 가능했습니다. 많은 사람들은 다음과 같이 말했을 것입니다. "나는 부당하게 종으로 팔려 왔습니다. 나는 여기에 있어서는 안 될 사람입니다. 나는 보디발을 섬겨야 할 그 어떤 의무도 없습니다. 보디발이 자유인인 것처럼 내게도 자유인이 될 권리가 있습니다. 나는 아무 까닭 없이 무보수로 그를 섬기지 않을 것입니다." 하지만 여호와께서 요셉과 함께 하시므로, 그는 이렇게 말하지 않았습니다. 오히려 그는 손으로 섬겨야 하는 그 일에 자신을 적응시켜 가며, 의미를 두고 그 일을 감당했습니다. 틀림없이 그는 처음에 그 집에서 천한 일을 했을 것입니다. 그러다가 서서히 모든 일들을 감독하는 관리자로 그 지위가 격상되었을 것입니다. 참으로 경건한 사람은 어떤 일이든 감당할 준비가 되어 있는 사람입니다. 그는 자신의 처지를 한탄하지 않고, 자신에게 주어진 상황을 받아들이며, 그 속에서 선하게 행동합니다. 이 모든 것을 주님을 위해서 행합니다. 여호와께서 요셉과 함께 하셨습니다. 그럼에도 불구하고 그는 감옥에 던져졌습니다. 하지만 그 감옥 안에서도 하나님이 자신과 함께 한다는 사실을 그는 알았습니다. 그래서 슬퍼하며 음울하게 앉아 있지 않고 오히려 그 고통스러운 상황을 최대한 선용하려고 노력했습니다. 여호와께서 그와 함께 하시므로, 그는 그곳에서도 위로를 받았습니다. 하나님 없이 바로의 보좌에 앉는 것보다 하나님과 함께 감옥에 있는 것이 훨씬 더 낫습니다. 그는 슬퍼하거나 탄식하지 않았으며, 보디발에게 진정서를 쓰거나 탄원을 하느라 시간을 허비하지 않았습니다. 그는 동료 죄수들과 간수들을 섬기기로 마음을 정하였습니다. 그러자 그는 이내 다시 전면(前面)에 부각되었습니다. "여호와께서 요셉과 함께 하시므로" 이런 일이 가능하였습니다. 그가 높임을 받게 되었을 때, 다시 말해 바로가 그를 애굽 온 땅을 다스리는 총리로 삼았을 때, 요셉이 한 행동들을 눈여겨보십시오. 그는 뽐내며 거드름을 피우거나 궁중에서 자신의 안락을 구하지 않았습니다. 그는 평안할 때도 자신의 명예를 누리고자 자신이 해야 할 일을 중단하지도 않았고, 그 일을 다른 사람에게 시키지도 않았습니다. 그는 자신이 해야 할 일들을 직접, 그것도 즉시 수행했습니다. 창세기 41장 45절을 읽어 보십시오. "요셉이 나가 애굽 온 땅을 순찰하니라." 그 다음 구절도 읽어 보십시오. "그가 바로 앞을 떠나 애굽 온 땅을 순찰하니"(창 41:46). 요셉은 총리직에 오르자마자 직접 개인적으로 그 온 땅을 살피는 일에 착수했습니다. 많은 사람들은 어떤 자리에 이르기 위해 기진맥진할 정도로 많은 수고를 합니다. 그래서 정작 그 자리에 이르게 되면, 그 위치에서 해야 할 일들을 수행할 힘이 하나도 없는 경우가 있습니다. 그들은 새로운 상황에 처하게 되면, 그 상황에서 얻은 유익을 어떻게 누릴까 하는 것이 첫 번째 관심사가 됩니다. 지위를 탐하는 자들은 자신이 그 자리에 맞는 자가 되려는 노력은 전혀 하지 않고, 그 자리에 자신이 맞는지 안 맞는지에 상관없이 그저 그 자리만 갈망합니다. 어떤 자리에 올라갔을 때, 절대로 해서는 안되는 일들을 어떻게 하면 할 수 있는지, 매우 노련하게 보여주는 많은 이들이 있습니다. 그들은 어떤 자리를 맡아서는 모든 일들을 아랫사람에게 시키고, 그 일을 받은 사람은 또 그 아랫사람에게 시킵니다. 그래서 결국 되는 일은 아무것도 없게 됩니다. 그들에게는 일을 질질 끄는 것이 핵심 업무이기 때문에, 시간을 엄수하는 자들에게는 이들이 그저 시간 도둑으로밖에는 보이지 않습니다. 노동자들이 너무 열심히 일하게 되면, 그 노동의 가치가 급격히 떨어진다는 이론에 입각해서, 이들은 임금에 맞추어 되도록 적게 일하려고 합니다. 하지만 요셉은 이런 부류의 사람이 아니었습니다. 그는 애굽의 모든 것을 관할하는 총리가 되자마자, 곡식창고를 짓는 일과 그곳에 곡식을 모아 저장하는 일에 한눈팔지 않고 매진했습니다. 그의 놀라운 경제 정책으로 인해, 기근의 때에 백성들에게 양식을 공급할 수 있었으며, 이 과정에서 바로의 권력이 크게 강화되었습니다. 여호와께서 요셉과 함께 하시므로, 그는 자신의 명예를 드높이는 일은 안중에도 없었으며, 오로지 자신에게 맡겨진 책임을 완수하는 것만 생각했습니다. 그래서 그는 자신이 맡은 그 큰 일에 전적으로 헌신할 수 있었습니다. 우리 또한 하나님이 우리와 함께 하신다는 사실의 실제적인 증거가 되어야 합니다. 그러므로 위에서 전한 요셉의 모범이야말로 여러분과 제가 반드시 행해야 할 덕목인 것입니다.

하나님께서 요셉과 함께 하신 넷째 증거로 그의 온유하고도 정이 많은 성격을 다시 살펴보고자 합니다. 일을 아주 신속하게 처리하는 어떤 이들은 성격이 거칠고 상스러우며 완고합니다. 하지만 요셉은 전혀 그렇지 않았습니다. 온유한 성격은 그의 남다른 특징이었습니다. 그의 마음은 애정 어린 생각으로 가득하였습니다. 그가 죄수들을 맡아 감독할 때도 그는 그들을 거칠게 대하지 않았으며, 오히려 그들을 많이 배려했습니다. 그는 죄수들의 안색을 살폈고, 그들에게 어려움이 없는지 물었으며, 온 힘을 다해 그들을 도우려고 했습니다. 이것이 바로 그의 인생을 성공으로 이끈 하나의 비결이었습니다. 그는 모든 이들의 친구였습니다. 모든 사람의 종이 되고자 하는 사람이 모든 사람의 머리가 될 것입니다. 하나님이 요셉과 함께 하셨기 때문에 그는 애정을 배울 수 있었습니다. 왜냐하면 하나님은 긍휼을 풍족히 베푸는 분이시며, 그분의 마음은 고난 받는 자들을 불쌍히 여기는 마음으로 가득하기 때문입니다.

아마도 여러분은 요셉이 온유하고 정이 많았다는 이 생각에 이의를 제기할지도 모릅니다. 왜냐하면 요셉은 비록 짧은 시간이지만, 자기 형제들에게 괴로움을 주고 그들을 애타게 했기 때문입니다. 하지만 결코 그렇지가 않습니다. 그는 형제들의 유익을 위해 그랬던 것입니다. 그들을 향한 사랑을 잠시 감추었던 그의 처신은 지혜롭고 현명했습니다. 요셉보다 더 사랑이 많으신 하나님은 우리가 회개하도록 하기 위해, 또한 많은 죄악들로부터 우리의 상처를 치유해 주기 위해 종종 우리에게 고통을 주십니다. 요셉은 형제들이 바른 마음 상태를 갖기를 원했고, 실제로 그렇게 되었습니다. 그 과정 중에 그의 마음은 그 형제들보다 더 많이 고통스러웠습니다. 그는 더 이상 참을 수 없었고, 결국 모든 형제들이 보는 앞에서 울음을 터뜨리고 말았습니다. 큰 사랑의 마음이 요셉이 입고 있던 애굽 의상으로 가려져 있었던 것뿐입니다. 그는 영혼을 다해 그 형제들을 사랑하였습니다. 하나님과 함께 하는 모든 이들이 다 그러할 것입니다. 이는 "하나님은 사랑이심이라"(요일 4:8)는 말씀 때문입니다. 만약 여러분이 사람들을 사랑하지 않는다면, 하나님은 여러분과 함께 하지 않으실 것입니다. 만약 여러분이 이 세상을 이기적으로, 침울하게, 모질게, 의심하며, 고집불통으로, 완악하게 살아 간다면, 마귀가 여러분과 함께 하지, 하나님은 결코 여러분과 함께 하지 않으실 것입니다. 왜냐하면 하나님이 계신 곳에서는 하나님의 성령이 두루 퍼져서, 그 영으로 인해 우리는 모든 사람들을 박애의 정신으로 사랑하고, 이스라엘의 택함 받은 형제들에게서 감미로운 위로를 받으며, 특별히 믿음의 집에 속한 모든 자들에게 선을 행하는 것에 기쁨을 느끼기 때문입니다. 이것이 바로 하나님이 요셉과 함께 하신다는 징표였습니다.

요셉과 함께 하신 하나님 임재의 다섯째 증거는 그의 위대한 지혜였습니다.

그는 자신이 해야 할 일들을 모두 행했습니다. 요셉의 삶에서 개선해야 할 점들을 여러분은 거의 집어낼 수 없을 것입니다. 제가 그의 지혜를 칭송하지만, 그래도 그가 가진 많은 지혜의 모습 가운데 한 가지를 꼽으라면 저는 그의 놀라운 침묵을 꼽을 수 있다고 생각합니다. 말하는 것은 쉬운 일입니다. 말을 잘하는 것도 비교적 쉽습니다. 하지만 침묵한다는 것은 어려운 일입니다. 그는 보디발의 아내에 대해서 한 마디도 하지 않았습니다. 이런 모습은 저도 배우고 싶은 모습입니다. 자신을 변호하기 위해서라도 언급해야 할 필요가 있었을 텐데, 그는 이 여인을 결코 고소하지 않았습니다. 자신이 피고가 된 재판정에서 그는 그녀의 증언을 요구하지도 않았고, 그녀의 양심과 그 남편인 보디발의 냉정한 판단에 맡겨 두었습니다. 요셉의 대단한 능력은 바로 이런 면에서 드러납니다. 자신의 인격이 걸린 중요한 문제에서 입술을 굳게 다물고 단 한 마디도 하지 않는 것은 어려운 일입니다. 그가 침묵할 때나 웅변할 때나, 기록된 그의 인생 전체를 훑어볼 때 그가 불평하는 말은 한 마디도 들을 수 없습니다. 성경의 모든 성도들이 다 그랬다고 우리는 말할 수 없습니다. 대부분의 성도들은 심하게 불평하기도 하였습니다. 진정 우리에게는 애가라는 성경책도 있기 때문입니다. 불평했던 이들을 비난하자는 말이 아닙니다. 다만 털 깎는 자 앞에서 말없이 잠잠했던 양 같은 이들을 우리는 크게 칭송할 따름입니다. 그의 혼은 쇠사슬에 매였으나, 그는 이것을 우리에게 절대로 말하지 않았습니다. 우리는 이에 대한 보도를 시편에서 볼 수 있습니다(시 105:18-19). 그는 위대한 아버지의 모든 뜻이 응할 때까지 그 고통을 고요히 감수했습니다. 자기를 팔았던 그 잔인한 형제들이 자기 앞에 섰을 때도, 그는 그들에게 욕하지 않고 오히려 그들을 위로해 주었습니다. 요셉은 다음과 같이 말했습니다. "당신들이 나를 이 곳에 팔았다고 해서 근심하지 마소서 한탄하지 마소서 하나님이 생명을 구원하시려고 나를 당신들보다 먼저 보내셨나이다"(창 45:5). 또한 그는 그들을 두둔하기 위해 다음과 같이 감미롭게 말했습니다. "하나님이 큰 구원으로 당신들의 생명을 보존하고 당신들의 후손을 세상에 두시려고 나를 당신들보다 먼저 보내셨나니"(창 45:7). 남의 허물을 찾아내기 위해 들쑤시고 다니는 자들의 영과 이 요셉이 얼마나 다른지요! 그런 사람들은 다른 사람의 결점을 감지하게 되면 다음과 같이 소리칩니다. "보십시오! 여러분의 눈에는 이게 보이지 않습니까? 제가 그럴 것이라고 말하지 않았습니까? 선하다고 하는 자들은 우리가 생각하는 것처럼 그렇게 훌륭한 자들이 아닙니다." 그럴 수 있습니다. 태양에도 점이 있는 것이 사실입니다. 하지만 여러분의 눈에는 더 큰 점들이 있으니, 여러분은 하나님의 빛을 더 많이 보아야 할 것입니다. 남의 허물을 쉽게 보는 사람은 그 자신에게 더 많은 허물이 있는 사람입니다. 물건들을 훔쳐서 도망간 사람처럼, 그들은 다른 사람들을 따라다니며 "도둑이야, 도둑이야"라고 소리치면서 분위기를 바꾸려고 애쓰는 자들입니다. 우리가 스라소니의 눈을 가지고 남의 허물을 찾고, 다른 사람들을 악한 동기로 자극하는 남다른 능력을 갖기보다는, 차라리 다른 사람들의 허물에는 아예 장님이 되는 은혜를 하나님의 백성인 우리에게 베풀어 주시기를 기원합니다. 우리도 요셉이 그랬던 것처럼 지혜롭게 침묵할 줄 아는 자들이 되었으면 좋겠습니다. 이것이 저의 바람입니다. 우리는 말하는 것에 대해 자주 후회만 하지, 저부터도 침묵에 대해서는 거의 생각조차 하지 않습니다. 여러분은 불평할 수 있으며, 그런 불평이 정당할 수도 있습니다. 하지만 여러분이 불평하지 않는다면, 더 큰 영광을 하나님께 돌려 드릴 수 있을 것입니다. 여호와께서 요셉과 함께 하시는데, 궁극적으로 그가 불평할 이유가 어디 있겠습니까? 그는 감옥에 있었습니다. 거기에는 불평할 만한 것들이 많이 있었습니다. 그렇습니다. 하지만 여호와께서 그와 함께 하신다면, 그 감옥도 더 이상 서글픈 곳이 되지 않습니다. 여호와께서 저와 함께 하신다면, 저는 언제든 기꺼이 감옥으로 가고 싶습니다. 도대체 누가 이것을 원하지 않겠습니까? 요셉은 사랑하는 자기 아버지의 곁을 떠나, 이제는 자신이 그토록 듣고 싶어 하던 어린 아기, 즉 베냐민의 아장자장 걷는 발소리를 듣지 못하게 되었습니다. 요셉은 자기를 낳아준 어머니가 낳은 또 다른 아들, 즉 자기와 어머니가 같은 유일한 동생인 베냐민을 항상 그리워했을 것이라 저는 확신합니다. 집을 떠나 있는 것이 요셉에게는 큰 슬픔이었지만, 그럼에도 불구하고 그는 조용하고 고요하며 행복했습니다. 비록 베냐민과 함께 할 수 없었지만, 하나님께서 그와 함께 하셨습니다. 비록 아버지인 야곱과 멀리 떨어져 있었지만, 그는 하나님의 임재를 느끼고 있었습니다. 그래서 그에게는 심하게 애통할 이유가 없었습니다. 오히려 자신의 운명을 받아들이고, 주어진 모든 상황에 최선을 다해야 할 이유만 있었습니다.

이제 "여호와께서 요셉과 함께 하시므로"라는 이 사실의 마지막 여섯째 증거를 전하고자 합니다. 그 증거는 그가 언약에 신실하였으며, 이스라엘과 이스라엘의 하나님께 끝까지 신실했다는 점입니다. 바로는 제사장의 딸을 요셉에게 아내로 주었습니다. 그 당시 제사장들은 애굽 전역에서 최상류층이었습니다. 그리하여 요셉은 자신의 직위를 통해서도 모든 귀족들의 수장(首長)이 되었을 뿐 아니라, 결혼을 통해서도 귀족이 되었습니다. 사람들이 요셉 앞에서 "무릎을 꿇읍시다"라고 소리치면, 애굽 전역에 있는 모든 사람들은 그에게 영광을 돌렸습니다. 이런 상황에서도 그는 애굽인이 되려고 하지 않았습니다. 그는 여전히 한 사람의 이스라엘인이었으며, 선하신 그의 늙은 아버지가 애굽으로 내려오셨을 때, 그의 마음과 영혼이 그 가족들과 하나임을 알게 되었습니다. 요셉은 아버지의 축복을 아주 소중히 여겼으며, 자신과 자기 자녀들을 위한 아버지의 축복을 소중히 간직하였습니다. 이 세상에서 형통한 많은 신앙 고백자들이 하나님과 함께 하기를 싫어하는 모습을 보고서 제 마음은 많이 아팠습니다. 왜냐하면 그들은 애굽인이 되어 버렸기 때문입니다. 그들은 하나님의 백성이 드리는 이 단순한 예배에 이제는 관심이 없습니다. 그들은 좀 더 눈길을 끌 만한 화려한 것과 좀 더 대단한 것에서 만족을 얻습니다. 그들은 사교 클럽을 원하기 때문에 최신식의 교회를 찾아다니면서, 자신의 원칙들을 던져 버립니다. 그들은 자녀들에게도 이 모든 것을 강요합니다. 사실 젊은 신사 숙녀들이 이렇게 천한 사람들이 다니는 평범한 예배당에 나오리라고 누가 기대나 하겠습니까? 젊은 자녀들을 위해서 그들은 사교적으로 어울려야 하기에, 그들은 자신의 원칙과 사람과 하나님을 떠납니다. 그들은 애굽인이 된 것입니다. 실제로 그들 가운데 어떤 이들은 신분과 지위를 얻을 수만 있다면 마귀를 숭배하는 자가 되고 싶어 하기도 합니다. 이제 그들은 애굽으로 가 버렸습니다. 많은 무리들이 그렇게 떠나 버렸습니다. 저는 이런 모습을 지금까지 보아왔으며, 앞으로도 계속해서 보게 될 것입니다. 여러분 가운데 어떤 이들도 만약 부하게 된다면, 제가 감히 말하지만, 그들과 똑같이 행동할 것입니다. 이것이 사람들의 속성인 것 같습니다. 신앙 고백자가 이 세상에서 성공하자마자, 그는 한때 사랑했던 그 진리를 부끄러워합니다. 그런 배교자들은 죽을 때도 힘들게 죽을 것입니다. 진정으로 여러분에게 말합니다. 그들이 우리를 부끄럽게 여길 것이 아니라, 우리가 그들을 부끄럽게 여겨야 할 이유가 얼마나 많은지 모릅니다. 그들이 하나님의 택한 백성들과 사귀면서 만족할 수 없는 것이 바로 그들의 수치입니다. 그들은 이제 불쌍한 자가 되었을 뿐만 아니라 무식한 자가 되어 버렸습니다. 요셉은 자기 백성과 그들의 하나님을 끝까지 고수했습니다. 그는 비록 애굽에 살아야 했지만, 결코 애굽인이 되려고 하지 않았습니다. 심지어 그는 자신의 죽은 몸을 애굽의 피라미드 속에 두려고도 하지 않았습니다. 애굽 사람들은 요셉을 위하여 호화스러운 무덤을 만들어 주었습니다. 그 무덤이 오늘날까지 있지만, 그의 몸은 그곳에 있지 않습니다. 그는 "내가 너희들에게 명하노니", "당신들은 여기서 내 해골을 메고 올라가겠다 하라(창 50:25). 나는 애굽에 속하지 아니하였으니, 내가 가야 할 곳은 약속의 땅이니라"고 말했습니다. "믿음으로 요셉은 임종시에 이스라엘 자손들이 떠날 것을 말하고 또 자기 뼈를 위하여 명하였으며"(히 11:22). 다른 사람들은 자기들이 원하는 대로 하도록 내버려 둡시다. 그러나 제 경우를 말하자면, 제 운명은 여호와를 전적으로 따르는 자들과 함께 던져졌습니다. 그렇습니다. 나의 주님이시여, 당신이 거하시는 곳에 나도 거하겠나이다. 당신의 백성이 나의 백성이 되고, 당신의 하나님이 나의 하나님이 될 것입니다. 나의 자녀들도 마지막 세대까지 당신의 자녀가 되기를 기원합니다. 여호와께서 여러분과 함께 하신다면, 여러분도 이와 같이 말하게 될 것입니다. 하지만 그분이 여러분과 함께 하지 않는다면, 그리고 여러분이 이 세상에서 형통하여 재물이 늘어난다면, 여러분은 그리스도와 그의 백성에게서 등을 돌릴 것입니다. 그래서 우리는 바울이 말한 것처럼 다음과 같은 말을 여러분에게 할 수밖에 없을 것입니다. "데마는 이 세상을 사랑하여 나를 버리고"(딤후 4:10).

3. 하나님이 요셉과 함께 하신 결과

세 번째로 하나님이 요셉과 함께 하신 그 결과를 살펴보겠습니다. 그 결과는 "그가 형통한 자가 되었다"(창 39:2)는 것입니다. 하지만 한 가지 주목해야 할 점은, 비록 하나님이 요셉과 함께 하셨어도, 그가 미움을 받지 않았던 것은 아니라는 사실입니다. 여호와께서 그와 함께 하셨지만, 그의 형제들은 그를 미워하였습니다. 그렇습니다. 하나님께서 어떤 사람을 사랑하신다면, 세상은 그 사람에게 앙심을 품을 것입니다. 하나님의 원수들이 우리의 원수인 것으로 보아, 우리는 하나님의 자녀인 줄을 압니다. 더 나아가 "여호와께서 요셉과 함께" 하셨으나, 가장 악한 자들로부터 유혹을 받지 않았던 것은 아니라는 사실입니다. 하나님이 그와 함께 하셨음에도 불구하고, 그의 여주인은 그에게 사악한 추파를 던졌습니다. 가장 선한 사람들이라 해도 가장 악한 죄인들로부터 유혹을 받을 수 있습니다. 또한 하나님의 임재가 함께 한다고 해서 그가 **중상모략**을 받지 않았던 것은 아니라는 사실입니다. 그 천한 여인이 요셉을 터무니없는 죄악으로 고발하였습니다. 그럼에도 불구하고 하나님께서는 보디발이 그녀의 말을 믿도록 내버려 두셨습니다. 여러분과 저라면 "여호와께서 우리와 함께 하신다면, 어떻게 이런 악한 일들이 우리에게 일어날 수 있습니까?"라고 말할 것입니다. 아, 여호와께서 그와 함께 하셨지만, 그럼에도 그는 중상모략을 받았습니다. 또한 신적 임재가 있었음에도 불구하고 그가 고통을 받지 않았던 것은 아니었습니다. 그의 발은 차꼬를 차고, 그의 몸은 쇠사슬에 매인 채 그는 감옥에 앉아 있었습니다. 그럼에도 불구하고 "여호와께서 요셉과 함께" 하셨습니다. 이 임재로 그가 절망하지 않았던 것은 아니었습니다. 요셉은 술 맡은 관원장에게 "당신이 잘 되시거든 나를 생각하고 내게 은혜를 베풀어서 내 사정을 바로에게 아뢰어 이 집에서 나를 건져주소서"(창 40:14)라고 말하였지만, 그 관원장은 요셉을 까마득히 잊고 있었습니다. 모든 것들이 여러분을 대적하는 것처럼 보여도, 그 때에도 하나님은 여러분과 함께 하십니다. 주님께서는 여러분이 형통한 것처럼 보이게 될 것이라고 여러분에게 약속하신 것이 아닙니다. 형통이라는 말의 최고의 의미로 여러분이 실제로 형통하게 될 것을 하나님은 여러분에게 약속해 주셨습니다.

자, 하나님께서 요셉과 함께 하심으로 그에게 어떤 유익이 있었습니까? 첫째로, 하나님이 함께 하시므로, 그가 큰 죄악에서 구원을 받았습니다. 그는 자신의 두 귀를 막고서 도망쳤습니다. 그는 도망쳐서 승리하였습니다. 왜냐하면 하나님께서 그와 함께 하셨기 때문입니다. 오, 젊은 성도 여러분, 유혹의 때에 하나님이 여러분과 함께 하신다면, 여러분은 더 바랄 것이 없는 존귀한 결과를 얻게 될 것입니다. 다시 말해, 여러분은 흠이 없는 육신의 옷을 입고서, 온전히 순결한 상태가 될 것입니다.

둘째로, 하나님께서 그와 함께 하신 결과로, 그는 당당하게 행동할 수 있었습니다. 요셉은 어느 곳에 있든지 바른 일을 행했으며, 그것도 훌륭하게 해 냈습니다. 그가 종으로 있었을 때, 그 주인은 그와 같은 종을 지금까지 한 번도 보지 못했음을 깨달았습니다. 또한 그가 감옥에 있었을 때도, 그 지하 감옥에 요셉처럼 섬기는 천사와 같은 이가 지금까지 한 번도 없었기 때문에, 모든 죄수들은 그에게 마음이 끌렸습니다. 그리고 바로와 함께 하는 지위까지 올라갔을 때도, 바로는 지금까지 애굽에 그와 같은 재무장관이 없었을 뿐만 아니라, 그렇게 애굽의 재정이 증대된 적도 없었음을 깨닫게 되었습니다.

셋째로, 이런 식으로 하나님께서 요셉을 도우시므로, 그는 영광스러운 뜻을 실행할 수 있었습니다. 노아가 이 세상의 두 번째 조상이라면, 이 인류에게 유모 역할을 한 이 요셉에 대해서는 우리가 어떤 말을 해야 할까요? 요셉의 선견지명으로 칠년의 풍년 동안 곡식을 비축해 두지 않았다면, 온 인류는 기근으로 멸망했을 것입니다. 왜냐하면 당시 모든 나라들에 기근이 있었기 때문입니다. 요셉의 패기로 모든 인류는 살아남았습니다. 젊은 히브리인이 온 세상에 식량을 보급하는 이 일을 맡는 것도 드문 경우였고, 이런 직을 감당하기도 만만치 않았습니다. 하지만 하나님이 우리와 함께 하시면, 우리도 이런 고귀한 뜻을 실행할 수 있을 것입니다. 비록 이런 일들이 널리 알려지지 않을 수도 있고, 사람들 눈에 보이지 않을 수도 있지만, 그럼에도 불구하고 그 인생은 하나님의 임재하심으로 항상 고귀해질 것입니다.

넷째로, 그는 아주 행복한 삶을 살았습니다. 요셉의 삶은 평생토록 부러워할 만한 삶이었습니다. 그 누구도 요셉을 비참하게 산 사람으로 여기지 않을 것입니다. 우리가 불행한 사람을 선정해야 한다면, 틀림없이 요셉은 생각지도 않을 것입니다. 아니, 그와는 반대로 그의 삶은 위대하고 행복한 삶이었습니다. 하나님이 여러분과 함께 하신다면, 여러분의 삶도 이와 같을 것입니다.

마지막 다섯째 결과로, 하나님께서는 요셉과 그의 가족에게 이스라엘에서 갑절의 몫을 얻게 하셨습니다. 야곱의 열두 아들 가운데 다른 자녀들은 이런 축복을 받지 못했습니다. 야곱은 "내가 애굽으로 와서 네게 이르기 전에 애굽에서 네가 낳은 두 아들 에브라임과 므낫세는 내 것이라 르우벤과 시므온처럼 내 것이 될 것이요"(창 48:5)라고 말했습니다. 그가 말한 대로 이 두 아들은 각각 하나의 지파가 되었습니다. 에브라임과 므낫세는 마치 야곱의 친 아들처럼 각각 한 지파의 두령이 되었습니다. 레위는 열두 지파에서 제외되었고, 하나님을 섬기는 종들인 레위 지파를 위해서는 따로 쓸 것들이 공급되었으며, 에브라임과 므낫세가 대신 들어가게 되었습니다. 그래서 요셉의 가문이 이 열두 지파 가운데서 두 지파를 형성하게 되었습니다. 유다에게서는 한 지파만 나왔지만, 이스라엘의 요셉에게서는 두 지파가 나왔습니다. 요셉은 그 나라에서 갑절의 몫을 받았습니다. 일찍이 하나님과 시작하고 끝까지 견고히 서서, 어려울 때나 형통할 때나 하나님을 붙드는 자들은, 그 자녀들이 주님께 나아오는 것을 보게 될 것이며, 그 자녀들이 갑절의 몫을 받는 것도 보게 될 것입니다. 그렇습니다. 주님의 이름을 위하여 자신의 영광을 잃은 모든 자들에게 하나님께서는 갑절의 몫을 주실 것입니다. 이들은 하나님의 손이 자녀들과 그 자녀들의 자녀들에게까지 안수하시는 것을 볼 것이며, "그 날에 그들에게 축복하여 이르되 이스라엘이 너로 말미암아 축복하기를 하나님이 네게 에브라임 같고 므낫세 같게 하시리라"(창 48:20) 하신 이 축복의 말씀이 그 자손들에게 성취되는 것도 보게 될 것입니다. 우리는 하나님의 백성들과 진심으로 교제를 나눔으로써, 이들과 함께 갑절의 몫을 구하도록 합시다. 이들과 함께 고난 받고, 이들과 함께 다스리고 싶은 사람이 여기에 없습니까? 애굽의 보화를 등 뒤로 던져 버리고, 약속의 땅인 젖과 꿀이 흐르는 곳에서 갑절의 몫을 얻고자 하는 사람이 여기에 없습니까? 제 귀에는 여러분 가운데 어떤 이들이 다음과 같이 말하는 소리가 들리는 것 같습니다. "목사님, 제가 여기 있습니다. 제가 하나님의 백성들과 함께 기꺼이 풍족히 나누겠습니다. 진심으로 그렇게 하겠습니다." 그리스도의 십자가를 지십시오. 그러면 여러분은 그리스도와 면류관을 쓰게 될 것입니다. 그리스도와 함께 진흙탕과 수렁을 걸어가십시오. 그러면 여러분은 영광의 궁정에서 그분과 함께 있게 될 것입니다. 그리고 그분이 나타나시는 그 날에 그분과 함께 갑절의 몫을 나누게 될 것입니다. 이 모든 일들은 여호와께서 여러분과 함께 하시기 때문에 가능한 일입니다. "여호와께서 요셉과 함께 하시므로"라는 말씀이 이 모든 일의 처음과 끝이 되게 하십시오. 오, 주님이시여, 우리와 함께 하옵소서. 오, 주님이여, 하나님이 우리와 함께 하심이란 뜻의 임마누엘이라는 이름을 가지신 당신이여, 우리와 함께 하옵소서. 지금부터 영원토록 우리와 함께 하옵소서. 아멘. 아멘.

제
31
장
—

애굽에 있는 곡식

—

"그 때에 야곱이 애굽에 곡식이 있음을 보고 아들들에게 이르되 너희는 어찌하여 서로 바라보고만 있느냐 야곱이 또 이르되 내가 들은즉 저 애굽에 곡식이 있다 하니 너희는 그리로 가서 거기서 우리를 위하여 사오라 그러면 우리가 살고 죽지 아니하리라 하매." — 창 42:1-2

　　하나님께서는 자신의 지혜로 이렇게 눈에 보이는 외형적인 세상을 만드셨습니다. 이 외적 세계는 눈에 보이지 않는 내적 세계를 보여주는 신기하고 놀라운 그림입니다. 자연은 은혜와 유비 관계에 있습니다. 하나님께서 사람의 마음속에서 행하시는 이적들은 그 하나하나가 섭리 중에 행하신 이적들에 대한 그림이며, 은유이며, 묘사입니다. 이러한 유비 관계에 있는 것들을 항상 살피는 것이 바로 목회자들의 임무입니다. 우리 구세주께서도 항상 이런 유비관계들을 살피셨습니다. 그분은 모범적인 설교자였습니다. 그분의 설교는 외적 세계로부터 얻은 비유와 그림 같은 묘사들로 이루어져 있었습니다. 그런 비유나 묘사들이 위대하고 강력한 진리들을 가르치기 위해 사용되었습니다. 이와 마찬가지로 인간의 마음도 항상 어떤 다른 것보다는 그림처럼 표현할 때 더 잘 받아들이는 것을 볼 수 있습니다. 여러분이 어떤 사람에게 간단한 진리를 말해 주려고 해도, 예화를 들어서 설명하지 않는다면, 그는 여러분의 말을 제대로 알아듣지 못할 것입니다. 영혼이 죄에서 벗어나 그리스도에게로 도망하는 것을 설명할 때, 존 번연의 「천로역정」에 나오는 한 장면, 즉 주인공이 멸망의 도성에서 손가락으로 귀를 틀어막고 온 힘을 다해 그 사악한 문에서 뛰쳐나오는 장면(「천로역정」의 맨 앞부분인 '꿈의 비유'에 나오는 장면으로, 주인공은 세상적인 아내와 자식들이 돌아오라고 외치는 소리를 듣지 않으려고 귀를 막은 채 뒤돌아보지 않고 '영생'을 외치며 내달렸다 — 역주)을 그림처럼 표현한다면, 그냥 말로 하는 것보다 두 배는 더 쉽게 이해할 수 있을 것입니다. 그림 같은 표현에는 분명한 어떤 것이 있습니다. 혈과 육을 가진 가련한 우리가 보이지 않는 내적 세계를 쉽게 파악할 수 있게 하는 그 어떤 것 말입니다. 그렇기 때문에 인간의 마음은 혈과 육을 통해 파악하여 그 개념을 이해하고 자기 것으로 삼을 수 있게 됩니다. 따라서 설교자에게는 그림처럼 표현하는 것이 필수적으로 유용한 도구이기에, 가급적 그의 설교가 예수 그리스도의 비유들처럼 되도록, 설교할 때 항상 예화를 들어 설명하고자 노력합니다.

하지만, 이렇게 비유들을 만들어낼 수 있는 지력(智力)의 소유자는 매우 극소수입니다. 사실 제가 영어권에서 좋은 우화로 알고 있는 것은 「천로역정」밖에 없습니다. 비유, 그림 같은 묘사, 유비 등은 어떤 사람들이 생각하는 것처럼 그렇게 쉬운 것이 아닙니다. 비유로 말하면 대부분의 사람들은 이해합니다. 그런데 이런 비유를 만들 수 있는 사람은 소수입니다. 하지만 그리스도의 사역자들인 우리는 행복합니다. 왜냐하면 이런 비유들을 만들 필요가 없기 때문입니다. 이것들은 우리를 위해 이미 만들어져 있습니다. 구약의 역사가 형성된 여러 의도 가운데 하나는 그리스도를 섬기는 사역자들에게 예화를 제공하기 위함이라고 저는 믿습니다. 신약에서 적나라한 형태로 발견되는 하나님의 한 진리는 하나의 교리로 제시되며, 구약에서는 그 진리가 하나의 비유로 나타나 있음을 저는 깨닫습니다. 그래서 가장 탁월한 고대의 책인 구약은 신약에 대한 하나의 예화로 사용될 수 있습니다. 다시 말해, 신약에서 다소 교리적인 형태로 교훈하는 한 진리를 설명하기 위한 수단으로, 우리는 구약을 사용할 수 있다는 것입니다.

그렇다면 창세기 42장에 있는 이 두 구절에서 우리는 무엇을 볼 수 있습니까? 오늘의 본문인 이 구절에서는 인간의 잃어버린 상태, 즉 영혼을 삼킬 것 같은 극심한 기근 가운데 있는 인간의 모습을 보게 됩니다. 그리고 여기서 인간의 소망을 발견합니다. 야곱의 소망은 바로 요셉에게 있습니다. 지금 죽은 줄로 알고 있지만, 야곱보다 앞서 애굽에 내려가 필요한 모든 것을 마련하여 그 필요를 충족시켜 줄 바로 그 요셉 말입니다. 그리고 이 본문에는 기근의 상황에서 아버지 야곱이 아들들에게 명하는 뛰어나게 지혜로운 실제적 조언이 담겨 있는데, 해석해 보면 여러분과 저에게도 가장 지혜로운 조언일 수 있습니다. 다시 말해 죄인들을 위해서도 은혜가 예비되어 있으며, 우리 형제인 예수님께서 우리 앞서 우리를 위해 전적으로 충족한 구속을 준비하셨음을 알 수 있다는 것입니다. "너희는 어찌하여 서로 바라보고만 있느냐?" 하나님의 가슴에 은혜가 있으며, 그리스도 안에 구원이 있습니다. "너희는 그리로 가서 거기서 우리를 위하여 사오라 그러면 우리가 살고 죽지 아니하리라."

오늘 아침에 우리는 세 가지 사실을 살펴보고자 합니다. 첫 번째, 비참한 처지, 두 번째, 좋은 소식들, 세 번째, 탁월한 조언 등에 대해서 생각해 보겠습니다.

1. 비참한 처지

첫 번째로 비참한 처지입니다. 야곱의 아들들에게 기근이 덮쳤습니다. 사랑하는 성도 여러분, 우리는 기근에 대해 말은 할 수 있지만, 기근이 정말 어떤 것인지 제대로 알고 있는 사람은 거의 없을 것입니다. 우리는 아일랜드에서 있었던 기근에 대해 들었습니다(1845년에서 1852년까지 아일랜드 섬에서 일어난 집단 기근과 역병 등으로 백만 명이 아사(餓死)하고 백만 명이 아일랜드를 떠났다 — 역주). 우리는 끔찍한 이야기들을 전해 듣고서 마음이 두렵고 머리끝이 쭈뼛했습니다. 하지만 기근의 참상과 관련된 모든 이야기는 아직도 알려지지 않고 있습니다. 이 도시의 처참한 암흑가에서도 여전히 절대적인 빈곤으로 죽어가는 사람들이 있다는 슬픈 소식을 듣습니다. 그들은 굶주림으로 걸치고 있던 마지막 누더기까지 가방에서 꺼내 팔아 버려서, 이제는 집을 나설 수도 없을 정도의 극심한 기근으로 죽어가고 있습니다. 이런 얘기들을 우리는 날마다 신문지상에서 보고 있습니다. 이런 비참한 일들이 지금도 일어나고 있다는 생각에 우리의 마음은 미어지듯 아파옵니다. 하지만 우리는 우주적인 기근의 공포를 알지 못합니다. 모든 사람들에게 빵이 부족해서 모든 사람들이 가난해지는, 금과 은이 길가의 돌처럼 흔해져 금과 은을 산처럼 쌓아올려도 쌀 한 톨 살 수 없게 되는, 그 우주적인 기근을 우리 중 아무도 알 수 없습니다. 구약에 나오는 사마리아의 기근과 관련된 역사(왕하 6:24-33)를 읽어 보십시오. 그 여인들이 자기 자식마저 잡아먹을 수밖에 없었던 그 끔찍한 격변들을 살펴보십시오. 기근은 이 땅의 지옥입니다. 야곱에게 일어났던 그 기근은, 오늘 본문이 말하는 바로 그 시점에는 그렇게 끔찍한 상황에 이른 것은 아니었지만, 틀림없이 그런 상황에 이를 수 있는 상태였습니다. 왜냐하면 그 기근이 칠년 간 계속되었기 때문입니다. 고대 근동 나라들이 낭비가 심했던 특성에 비추어 본다면, 그 당시 그 나라들은 칠년의 풍년 동안 심지어 한 해 분량의 곡식도 충분히 저장하지 못했을 텐데, 그렇다면 육칠 년의 기근 동안 그들에게 어떤 일이 벌어졌겠습니까? 이것이 바로 야곱의 가족이 직면한 상황이었습니다. 그 가족은 기근이라는 황무지에 내던져졌습니다. 하지만 그들에게는 하나의 오아시스가 있었습니다. 하지만 오늘 본문에서 언급되듯이 애굽에 곡식이 있다는 소식을 듣기 전까지, 그들은 이 오아시스의 기쁨에 대해 알지 못했습니다. 이제 저는 야곱의 아들들의 입장을 통해서 죄인들의 형편을 예를 들어 설명하고자 합니다.

첫째로, 야곱의 아들들은 양식에 대해 아주 극심한 필요를 느끼고 있었습니다. 이 가족의 수는 육십육 명이었습니다. 야곱의 아들들의 이름을 읽을 때, 자칫 그들을 소년처럼 생각하기가 쉽습니다. 하지만 이 아들들 가운데 가장 어린 베냐민만 하더라도, 그가 애굽으로 내려갈 당시에 이미 열 명의 자녀를 둔 아버지였다는 사실을 알고 있지 않습니까? 따라서 그는 아주 어린 소년이 아니었습니다. 어쨌든 다른 형제들의 자녀까지 포함해서 야곱의 가족은 대가족이었습니다. 이렇게 아들의 아들들까지 계산하면, 양식을 공급해야 할 대상은 총 육십육 명이었습니다. 보십시오. 굶주리는 사람이 한 명만 있어도, 다시 말해 먹을 양식이 없어 피골이 상접해 가는 사람이 한 명만 생겨도 충분히 놀랄 만한 기근이겠는데, 육십육 명이나 되는 사람들의 입이 양식을 갈망한다는 것은 실로 끔찍할 정도로 비참했을 것입니다. 그런데 이런 비참한 처지를 죄인들의 필요와 비교해 보면 어떻겠습니까! 죄인의 궁핍함은 모든 것이 무한하신 오직 그분에게서만 채워질 수 있습니다. 죄인들에게도 필요한 것이 있습니다. 하지만 이 죄인들에게 필요한 것에 비하면 육십육 명의 입이 필요로 하는 것은 아무것도 아닐 것입니다. 죄인의 앞에는 도저히 빠져나갈 구멍이 없는 지옥이 끔찍하게 기다리고 있습니다. 그가 지은 죄 때문에 그를 정죄하는 하나님의 무거운 손길이 그를 내리누르고 있습니다. 그에게 필요한 것이 무엇입니까? 광야에 있던 이스라엘 민족을 위해 하늘에서 내려왔던 모든 만나라도 죄인의 필요를 채워 주지 못했을 것이며, 사막 반석에서 솟아난 모든 샘물로도 그의 갈증을 충분히 해갈하지 못했을 것입니다. 이것이 바로 죄인의 필요입니다. 애굽의 칠 년 풍년 동안 풍성한 소출을 얻었다 해도 그에게는 남아 있는 것이 없었을 것입니다. 죄인에게는 이보다 더 큰 은혜가 필요합니다. 은혜 가운데 최고의 은혜, 아니 무한한 은혜가 필요합니다. 이 은혜가 위로부터 임하지 않는다면, 그는 양식이 없어 굶어 죽는 것보다 더 비참하게 될 것입니다. 왜냐하면 그는 면책이나 멸절의 소망도 없이 둘째 사망으로 죽고 나서 영원한 죽음을 살게 될 것이기 때문입니다. 굶주린 자들의 요구는 큽니다. 하지만 굶주린 영혼의 요구는 한층 더 큽니다. 죄인의 영혼이 하나님의 사랑과 은혜를 분명하게 받을 때까지, 그 영혼은 항상 굶주린 채로 항상 갈한 상태로 있을 것입니다. 세상에 있는 것들로 그들의 입이 가득하다 해도, 그 굶주린 배는 여전히 만족하지 못할 것입니다. 삼위일체 하나님 외에는 그 어떤 것도 사람의 마음을 채울 수 없기 때문입니다. 영원하며 변함없는 하나님의 사랑에 대한 확신과, 가장 귀한 예수님의 보혈이 적용되지 않는 한, 죄인들의 영혼이 느끼는 그 끔찍한 굶주림은 전혀 해결되지 않은 채 남아 있을 것입니다.

　둘째로, 이 사람들이 원했던 것은 **본질적인** 것이었습니다. 그들에게는 의복이 부족한 게 아니었습니다. 물론 의복도 필요한 것이기는 하지만, 의복이 없는 것은 양식이 없는 것과 전혀 다른 문제입니다. 왜냐하면 사람은 몸을 가리는 의복이 부족해도 어느 정도 살아갈 수 있기 때문입니다. 이들에게는 사치품이 필요한 게 아니었습니다. 만약 사치품이 부족했다면, 우리가 그렇게 놀라며 그들을 동정하지 않았을 것입니다. 그들에게 장막이 필요한 것도 아니었습니다. 장막이 없어도 본능적인 욕구들을 능히 충족시킬 수 있었을 것입니다. 그들에게 부족한 것은 양식이었습니다. 이 양식이 없으면 생명의 불꽃은 점차 사그라지다가 결국 사망의 암흑 속으로 사라지게 됩니다. 식량이 부족한 기근의 때에 사람들이 함께 모여 "양식을 달라! 양식을 달라!"고 외치는 소리는 마치 전쟁 때의 외침과도 같습니다. 사실 이 "양식을 달라! 양식을 달라!"는 외침은 전쟁 때의 함성보다 더 끔찍한 소리이지 않습니까? "불이야! 불이야!" 하는 소리는 경각심을 불러일으킬 수 있지만, "양식을 달라! 양식을 달라!"는 말은 가슴을 후벼 팝니다. "불이야!"라는 외침은 천둥소리처럼 울리지만, "양식을 달라"는 외침은 번개처럼 번쩍이면서 한 영혼을 시들게 합니다. 오, 양식을 위한 인간의 외침, 육신을 유지하기 위해 절대적으로 필요한 양식이여! 그런데 죄인에게 부족한 것은 무엇입니까? 정확하게 그는 자기에게 없으면 자기의 영혼이 멸망할 수밖에 없는 그런 것을 원하고 있지 않습니까? 오! 죄인이여, 정녕 당신이 추구하는 것이 건강이나 재물이나 위로라면, 당신은 현실에 만족하며 "나는 그런 것이 없어도 잘 살 수 있어요"라고 말했을 것입니다. 하지만 문제는 당신의 영혼입니다. 지금 굶주려 있는 것은 영원히 죽지 않을 당신의 영혼이며, 지금 당장 당신이 관심을 가져야 할 것은 이 영혼의 구원, 즉 지옥 불길로부터 영혼이 탈출하는 것입니다. 오! 얼마나 시급하게 필요한 일입니까! 영혼 구원이야말로 절박한 문제입니다! 이런 다급한 상황에서 우리가 양식이나 피골이 상접한 육신에 대해 말하겠습니까? 물론 이런 것들도 우리가 주시해야 할 끔찍한 문제들입니다. 그러나 영혼의 양식의 부족과 죽어 멸망해 가는 영혼에는 좀 더 끔찍한 어떤 문제가 도사리고 있습니다. 자, 그렇다면 여러분의 경우, 즉 하나님의 은혜가 없는 여러분의 상황을 보십시오. 여러분에게는 큰 궁핍함이 있습니다. 바로 본질적인 것에 대한 궁핍함입니다.

셋째로, 야곱의 아들에게 필요했던 것은 **총체적인** 것이었습니다. 그들에게는 양식이 없었습니다. 조달할 식량도 전혀 없었습니다. 그들에게 어느 정도 양식이 남아 있었을 때는 스스로 아끼고 식사량을 줄여가면서 적당히 지낼 수 있었을 것입니다. 하지만 그들은 자신들의 앞날을 생각했으며, 배고픈 고통을 조금이라도 달래줄 빵 한 조각 없이 굶어 죽어 가는 어린 아이들을 바라보았습니다. 또한 그들 앞에 있는 **병든** 아내와 그런 아내의 가슴에 안겨 영양가 있는 젖을 먹을 수 없는 아기들을 보았습니다. 마침내 그들은 뼈만 남은 앙상한 몸으로 장막 속을 기어다니다가, 죽어서 누워 있는 자녀들을 보지만 그 자녀들을 묻어줄 힘도 없어 허리에 손을 짚고 서 있는 외롭고 비참한 자신들의 모습까지 보게 되었습니다. 그들은 육신의 양식뿐 아니라, 총체적인 양식이 부족했습니다. 그들은 부족한 상태로 태어났을 것입니다. 하지만 총체적으로 양식이 부족한 것은 극도로 참을 수 없는 공포였습니다. 이것이 바로 죄인들의 경우입니다. 죄인에게는 은혜가 적다거나 은혜가 조금 더 부족한 것이 아닙니다. 죄인은 은혜를 전혀 받지 못한 자입니다. 죄인에게는 은혜가 전혀 없습니다. 그에게는 선한 것이 작게 있고, 그래서 좀 더 나은 것이 필요한 게 아닙니다. 죄인은 선한 것도 없고, 공로도 없고, 의도 없습니다. 다시 말해, 죄인은 하나님께 드릴 만한 것이 아무것도 없으며, 그분이 받으실 만한 것을 드릴 수도 없는 사람입니다. 죄인은 영적으로 무일푼이며, 영적인 가난에 찌든 자들입니다. 자기 영혼을 먹일 만한 그 어떤 것도 없는 자들입니다. 그는 자신의 선행이라는 마른 뼈를 갉아먹을 수도 있습니다. 하지만 주님께서 그 마음에 확신을 주신다면, 선행의 뼈를 갉아먹는 일들은 모두 헛일일 것입니다. 그가 예식이라는 뼈들을 부수어 뭔가를 얻으려고 해도, 그 뼛속에는 골수가 아니라 담즙이나 쓴 것만 들어 있을 것입니다. 그는 주리고 또 주릴 것입니다. 왜냐하면 그에게는 실제적으로 그의 배를 채워 줄 것이 아무것도 없기 때문입니다. 이 경우가 바로 여러분의 경우입니다. 이런 궁핍이야말로 얼마나 비참한 상황입니까. 여러분에게 끝없이 필요한 이 본질적인 것이 총체적으로 없으니 말입니다.

넷째로, 이보다 더 최악의 경우는, 애굽을 제외하고는 어디에도 양식이 없다는 사실을 야곱의 아들들이 확신하게 되었다는 점입니다. 처음에 그 아들들은 서로를 쳐다보며, "너에게는 남은 양식이 없느냐? 내게 딸린 식구들을 위해 조금만 나눠줄 수 있겠느냐?"라고 말했을 것입니다. 어쩌면 단은 시므온에게 "형님은 갖고 있는 양식 좀 없습니까? 오늘도 제 자녀들이 굶어 죽어 가고 있어요. 저 좀 도와주실 수 없나요?"라고 말했지 모릅니다. 다른 형제들은 유다도 쳐다보다가, 또 어쩌면 사랑을 독차지하던 베냐민에게는 남겨 둔 양식이 조금이라도 있을지 모른다고 생각했을 것입니다. 이런 마음으로 그들은 서로를 쳐다보았습니다. 그러나 슬프게도 그 기대는 수포가 되어 버립니다! 희망의 눈빛은 절망의 눈빛으로 변합니다. 각 가정의 궁핍함이 너무 커서 그 어떤 자녀도 다른 형제를 도울 수 없다는 것을 그들은 절실히 깨닫게 됩니다. 그 자녀들 모두가 빈곤한 상태였던 것입니다. 모두가 다 무일푼인데, 어떻게 거지들이 서로를 도울 수 있겠습니까? 그들은 모두 절망 가운데 서로를 쳐다보기 시작했습니다. 압도적으로 위협해 오는 이 재난에 체념한 채 그들은 말없는 침묵으로 일관하였습니다. 이것이 바로 죄인의 상태입니다. 처음에 죄인들은 의에 목말라하며 굶주림을 느끼기 시작합니다. 그러면서 서로를 쳐다봅니다. 그들은 "목회자들이 틀림없이 나를 도와 줄 것이야. 사제들이 나에게 도움을 줄 거야"라고, 다시 말해서 "우리 등불이 꺼져 가니 너희 기름을 좀 나눠 달라"(마 25:8)는 식으로 생각합니다. 그러다가 시간이 조금 지나면, 모든 사람들의 상태가 같다는 것, 즉 모두에게 은혜가 없어서 "아무도 자기의 형제를 구원하지 못하며 그를 위한 속전을 하나님께 바치지도 못할 것"(시 49:7)을 발견하게 됩니다. 나의 사랑하는 성도 여러분, 우리가 그리스도를 멀리한다면, 그래서 오늘 아침에 절망 가운데 대경실색(大驚失色)하여 서로를 쳐다보기만 한다면, 우리는 이 넓은 세상을 다 돌아다니면서 "도대체 어디서 구원을 찾을 수 있으리요?'라고 말하게 될 것입니다. 오! 만약 구원이 이 땅 한가운데 있다면, 우리는 반석들을 파고 이 땅의 중심까지 들어가서라도 구원을 찾아낼 것입니다. 구원이 하늘에 있다면, 우리는 바벨탑처럼 거대한 것을 만들어서 그 복을 받고야 말 것입니다. 구원을 얻기 위해서 우리가 불 가운데로 걸어가야 한다면, 그 불타는 순례 길도 기쁨으로 받아들일 것입니다. 구원을 얻기 위해서 우리가 깊은 바닷속에 들어가야 한다면, 그렇게 해서라도 구원을 받을 수만 있다면, 모든 바다 물결이 몰어닥친다 해도 우리는 만족할 것입니다. 그러나 이 모든 일이 허사가 되어, 모든 사람들이 자기 동료들에게 "우리에게는 소망이 없다. 우리 모두는 전적으로 죄를 지은 죄인이기 때문이다. 가장 높으신 그분의 진노를 가라앉힐 만한 그 어떤 일도 우리는 할 수 없다"라고 말할 수밖에 없다면, 그래서 우리가 모두 동일하게 우리의 지은 죄와 우리에게 은혜 받을 소망이 없다는 것을 의식한다면, 우리가 사는 이 세상은 얼마나 비참하겠습니까! 이것이 바로 그 당시 야곱의 아들들이 직면한 상황이었으며, 또한 우리가 처한 영적 상황의 본질이기도 합니다. 우리는 기근의 땅에 살고 있습니다. 우리에게는 우리 것이라 할 만한 게 아무것도 없습니다. 우리는 지금 굶주려 있으며, 굶어 죽어 가고 있습니다. 우리의 상황은 총체적으로 소망이 없습니다. 왜냐하면 이 땅에는 미처 날뛰는 굶주린 영혼을 흡족하게 할 그 어떤 것도 없기 때문입니다.

2. 좋은 소식들

자, 이제 두 번째로 우리는 좋은 소식들에 대해 살펴보고자 합니다. 야곱은 믿음을 가진 자였습니다. 원래 믿음은 조용한 소리도 들을 수 있는 예민한 귀를 가지고 있습니다. 그래서 믿음은 은혜의 발자국 소리, 즉 마치 꽃들 사이에 있는 요정의 발자국처럼 아주 가벼운 발걸음까지 들을 수 있습니다. 비록 은혜가 수만 리 떨어져 있고, 그 은혜의 여정이 수만 년 걸린다 해도, 믿음은 그 은혜의 발자국 소리를 들을 수 있습니다. 왜냐하면 믿음의 눈과 귀는 매우 민감하기 때문입니다. 아니, 믿음의 눈과 귀는 이보다 더 예민합니다. 왜냐하면, 돌아가고 있는 저 옛 하늘이 해체되기까지는 결코 성취되지 않을 약속을 하나님께서 주셨다 해도, 믿음은 수 세기의 전망을 거치고 모든 세대들을 통해 꿰뚫어 보고서, 저 멀리 있는 약속의 영을 바라보며 기뻐하기 때문입니다. 야곱은 이런 믿음의 귀를 가지고 있었습니다. 그는 기근을 당할 때 자기 가족을 구해 달라고 하나님께 기도

하였을 것입니다. 이것은 의심의 여지가 없는 사실입니다. 그러던 중 마침내 야곱은 가족들 중에서 가장 처음으로 애굽에 곡식이 있다는 소식을 전해 들었습니다. 여러분의 눈에 그 가족들이 함께 모인 장면이 보입니까? 이 덕망 있는 족장은 장막 안에 앉아 있습니다. 그의 아들들은 아침 문안인사를 하러 그의 앞에 나아옵니다. 그들의 얼굴에는 수심이 가득합니다. 그들은 어린 자녀들도 함께 데리고 나옵니다. 족장은 자신이 가진 모든 것을 그들에게 나누어 줍니다. 그런데 오늘 아침 그는 축복기도를 마친 후에 다음과 같은 새로운 소식들을 자녀들에게 말합니다. "애굽에 곡식이 있단다." 이 야곱의 얘기를 들은 자녀들이 얼마나 기뻐하며 뛰었는지 여러분은 상상할 수 있겠습니까? 그는 계속해서 다음과 같은 말도 덧붙였습니다. "너희는 그리로 가서 거기서 우리를 위하여 사오라 그러면 우리가 살고 죽지 아니하리라." 야곱은 이 좋은 소식을 들었습니다. 그리고는 즉시 그 소식을 자녀들에게 전했습니다.

자, 우리도 좋은 소식을 들었습니다. 좋은 소식은 주 예수 그리스도의 복음으로 우리에게 전해졌습니다. "애굽에 곡식이 있단다." 우리는 굶어 죽을 필요가 없습니다. 하나님에게 구원이 있습니다. 우리는 멸망당할 필요가 없습니다. 지극히 높으신 그분에게 은혜가 있습니다. 우리는 반드시 잃어버린 자들이 될 것이라는 생각을 할 필요가 없습니다. 구원의 길이 있습니다. 피할 수 있는 소망이 있습니다. 이 소식을 기쁨으로 받아들이지 않겠습니까? 우리가 소망 없이 정죄를 받은 것이 아니라, 주님께서 우리에게 은혜를 베푸셨다는 생각에, 우리의 마음은 기뻐하고 있지 않습니까? 자, 우리는 야곱이 들었던 소식보다 더 좋은 소식을 가지고 있습니다. 이 두 소식이 비슷해 보이기는 하지만, 우리가 가진 소식을 영적인 의미에서 이해한다면, 야곱이 들었던 소식보다 더 좋은 소식임을 알게 될 것입니다.

첫째로, 우리는 애굽에 곡식이 있다는, 즉 하나님에게 은혜가 있다는 분명한 증거를 오늘 확실히 전해 들었습니다. 야곱에게 소식을 전한 자가 야곱을 속였을 수도 있었습니다. 기근이 계속되는 때에는 허튼 소문들이 도처에서 횡행하기 때문입니다. 즉 자신이 바라는 어떤 사실을 참된 것으로 생각하고서, 사실이 아닌 것을 사실인 것처럼 쉽게 말하는 경향이 있기 때문입니다. 배고픈 사람은 어딘가에 곡식이 있을 것이라는 소망을 쉽게 갖습니다. 그리고는 실제로 그곳에 곡식이 있다고 생각하고, 정말 그곳에 곡식이 있다고 말합니다. 그렇게 해서 하나의 바람으로 시작된 것이 소문이 되고 얘깃거리가 됩니다. 그러나 사랑하는 성도 여러분, 오늘 여러분이 들은 말은 결코 허튼 얘기가 아닙니다. 꿈도 아니고, 속이는 자가 꾸며낸 소문도 아닙니다. 하나님에게 은혜가 있습니다. 그분에게 구원이 있습니다. 그분은 우리가 마땅히 경외해야 할 분이십니다. 샘물은 아귀까지 채워져 있고, 창고는 하늘나라의 훌륭한 곡식으로 가득 채워져 있습니다. 우리가 멸망당할 이유는 전혀 없습니다. 인류를 위한 구원이 있음을 하나님께서는 친히 자신을 두고 맹세하셨습니다. 우리는 이 사실을 들어 알고 있습니다. 이 사실은 의심할 여지 없이 확실하고 분명한 증언입니다. 그런데 야곱은 애굽에 곡식이 얼마나 있는지 알지 못했습니다. 그는 얼마나 곡식이 있는지는 모르지만, 어쨌든 애굽에 곡식이 있다고 말했던 것입니다. 자, 오늘 우리에게도 야곱과 같은 측면이 있습니다. 즉 우리는 하나님에게 구원이 있다는 사실만 알고 있다는 것입니다. 다시 말해, 우리를 향한 은혜가 얼마나 많은지 우리는 알지 못합니다. 한 죄인은 "오, 나는 너무나 굶주린 영혼이어서 애굽에 있는 모든 양식으로도 만족할 수 없다"라고 말합니다. 아, 불쌍한 영혼이여, 설령 여러분의 필요가 무한하다 해도, 하나님은 여러분에게 필요한 모든 것을 가지고 계십니다. 야곱의 가족은 육십육 명이나 되는 대가족이었습니다. 이런 대가족에게 필요한 곡식은 어느 나라의 곡물창고로는 부담이 될 수도 있는 분량이었습니다. 하지만 애굽의 각 성읍 창고에는 곡식들이 충분히 비축되어 있었습니다. 우리가 읽은 바와 같이, 요셉은 이 가족들에게 필요한 모든 것을 제공하였습니다. 이런 상황은 여러분의 경우에도 마찬가지입니다. 여러분에게 필요한 것이 엄청나다 해도, 하나님의 공급하심이 여러분의 필요보다 더 큽니다. 여러분에게는 큰 은혜가 요구됩니다. 그 큰 은혜가 여러분에게 공급되어도, 하나님의 은혜는 결코 다함이 없습니다. 이것은 우리가 물 한 컵을 가득 따라 마신다고 해서, 흘러넘치는 우리의 바닷물이 고갈되지 않는 것과 같습니다. 여러분이 산꼭대기까지 높이 쌓아올린 죄악에도 불구하고, 은혜의 별은 지금도 밝게 빛나고 있습니다.

야곱의 상황보다 우리의 상황이 더 나은 둘째 이유가 있습니다. 야곱은 애굽에 곡식이 있다는 것은 알았지만, 그 곡식을 누가 관리하고 있는지는 몰랐습니다. 만약 그 곡식 관리인이 누구인지 알았다면, 야곱은 다음과 같이 말했을 것입니다. "나의 아들들아, 조금도 두려워하지 말고 즉시 애굽으로 내려가거라. 너의 형제 요셉이 애굽의 총리가 되어 모든 곡식들이 그의 수중에 있느니라." 아니, 제 상상은 여기서 더 뻗어 나갑니다. 어쩌면 야곱은 노구(老軀)에도 불구하고 당장 일어나 내려가려고 했을 것입니다. 시므온과 다른 형제들은 자신들이 야곱에게 행한 악한 일을 생각하면서, 다소 당혹스러운 마음이 들었을 것입니다. 머리로는 이런 생각이 들었지만, 또다시 굶주린 배를 움켜쥘 때는 생각이 달라졌을 것입니다. 그리고 애굽에서 요셉에게 일어난 모든 일들을 그 형제들이 알았다면, 그들은 다음과 같이 말했을 것입니다. "우리는 두려워 떨면서 애굽으로 내려가 그에게 굴복할 필요가 없다. 그는 은혜롭고 다정한 마음을 가지고 있기 때문에 불쌍한 자기 형제들이 굶어 죽도록 결코 내버려 두지 않을 것이다." 죄인인 여러분이여, 하나님의 은혜를 열고 닫는 권한은 그리스도 외의 그 누구도 가지고 있지 않습니다. 천국에 있는 은혜의 창고를 관리하는 청지기는 그리스도 외에 아무도 없습니다. 그리스도는 죄의 회개와 용서를 위해 높이 들림을 받으셨습니다. 그래서 은혜의 열쇠는 여러분의 친 형제인 그분의 허리에 매여 흔들리고 있습니다. 여러분을 위해 죽은 그분은 여러분을 매우 사랑하는 분이십니다. 그분은 자신을 사랑하는 것보다 여러분을 더 사랑하셨습니다. 그런 그분께서 은혜의 열쇠를 가지고 계십니다. 그런데도 여러분은 그분에게 나아가기를 두려워만 하겠습니까? 우리를 사랑하고 온유하며 영원히 은혜로운 주님의 수중에 이렇게 풍성한 은혜들이 비축되어 있습니다. 그런데도 여러분은 이 은혜 앞으로 나아가기를 두려워만 하겠습니까? 그래서는 안 됩니다. 모든 은혜가 예수님의 수중에 있다는 이것이야말로 좋은 소식입니다.

　　셋째로, 야곱의 아들들이 전혀 알지 못했던 한 가지가 더 있습니다. 그들이 애굽으로 내려갔을 때, 그들은 계획도 없이 어떻게든 되겠지 하는 생각으로 내려갔습니다. 그러나 여러분과 제가 그리스도에게 나아갈 때, 우리는 초대받은 손님으로 나아가는 것입니다. 자, 만약 여러분이 런던에 살고 있는 가장 남루한 자들 몇몇을 여러분의 집에 초대하기로 작정했다고 가정해 봅시다. 여러분은 그들 각자에게 초대장을 보내고, 그 초대장을 받은 사람들은 여러분의 집 앞에 도착합니다. 아마도 그들은 여러분의 집에 들어가기가 좀 부끄러워서, 왔던 길로 다시 조용히 돌아가고 싶을 것입니다. 그러나 만약 그 때 여러분이 그들을 만나준다면, 그들은 조금도 부끄러워하지 않고 다음과 같이 말하게 될 것입니다. "선생님, 당신께서 제게 초대장을 보내주셨기 때문에, 저는 여기 오는 게 두렵지 않았습니다. 선생님이 관대한 분이라는 것과 저를 도와줄 정도로 여유가 있는 분이라는 사실을 제가 알고 있었지만, 그래도 저를 이렇게 초대해 주지 않았다면, 거기다 초대장까지 보내주지 않았다면, 저는 감히 여기에 올 엄두조차 내지 못했을 것입니다." 자, 보십시오. 요셉은 자기 형제들에게 초대장을 보내지 않았습니다. 그러나 예수님은 여러분에게 초대장을 보내셨습니다. 지금도 멸망하고 있는 죄인인 여러분 한 사람 한 사람에게 그분은 "원하는 자는 값없이 생명수를 받으라"(계 22:17)고 말씀하셨습니다. 또한 그분께서는 친히 "내게 오는 자는 내가 결코 내쫓지 아니하리라"(요 6:37)고 말씀해 주셨습니다. 그분께서는 사자들을 보내어, "오호라 너희 모든 목마른 자들아 물로 나아오라 돈 없는 자도 오라 너희는 와서 사 먹되 돈 없이 값없이 와서 포도주와 젖을 사라"(사 55:1)고 외치게 하셨습니다. 자, 죄인인 여러분이여, 예수 그리스도께서 여러분을 초대하셨습니다. 그러므로 여러분은 여러분을 초대한 그 곳으로 나아가는데 두려워할 필요가 전혀 없습니다. 그분께서는 굶주린 자들을 초대하셨습니다. 그분께서는 지친 자들을 초대하셨습니다. 그분께서는 무거운 짐 진 자들을 초대하셨습니다. 이러한 자들이 바로 여러분입니다. 그러므로 여러분은 그분 앞으로 나아오십시오. 그러면 환영을 받게 될 것입니다. 여러분은 아무 생각 없이 어떻게 되겠지 하는 마음을 가질 필요가 없습니다. 여러분은 초청장뿐 아니라 약속까지 받았기 때문입니다. 그런데 여러분은 어찌하여 서로 바라보고만 있습니까? 일어나서 그리스도에게 나아가십시오. 일어나서 그분의 십자가로 나아가십시오. 지금 그분께서 구원하는 능력을 여러분에게 드러내 주시기를 기원합니다!

넷째로, 하나 더 말씀드리고, 두 번째 대지를 마칠까 합니다. 야곱의 아들들은 어떤 면에서 보면 여러분보다 훨씬 더 부요한 상태에 있었던 것이 분명합니다. 왜냐하면 그들에게는 곡식을 살 돈이 있었기 때문입니다. 야곱은 지금 당장은 양식이 없이 극도로 궁한 상태였지만, 그럼에도 불구하고 그는 가진 재물에서 보자면 결코 가난한 사람이 아니었습니다. 그의 아들들도 애굽으로 내려갈 때 돈을 가지고 갔습니다. 번쩍이는 금덩이들을 보여주면 애굽의 관리들에게서 틀림없이 환심을 살 수 있으리라 생각했을 것입니다. 그런데 여러분에게는 돈이 없습니다. 그리스도에게 가지고 갈 것이 아무것도 없으며, 그분에게 바칠 것도 아무것도 없습니다. 여러분은 한때 그분에게 어떤 것을 드려 보았지만, 그분은 그 모든 것들을 위조 화폐나 모조품이나 위조품처럼 전혀 쓸데없는 것으로 여기고 거절하셨습니다. 그래서 지금 여러분은 완전히 무일푼이 되어 소망마저 완전히 끊어진 상태입니다. 여러분에게는 자신의 것이라고 내세울 만한 것이 아무것도 없기에, 그리스도 앞으로 나아가기가 두렵다고 말합니다. 저는 여러분의 상황에 대해 장담할 수 있습니다. 여러분은 달리 갈 곳도 없고, 여러분의 것이라고 주장할 만한 것이 아무것도 없다고 말입니다. 그런 여러분의 상황이야말로 그리스도께 나아오기에 딱 좋은 상태입니다. 그러나 여러분은 "최소한 그분이 제게 좀 더 필요하다고 느껴질 때 그분에게 나아가고 싶습니다"라고 대답할 것입니다. 이것은 여러분 혼자만의 생각입니다. 여러분은 그리스도에게 나아가야만 합니다. 그분에게 나아가는데 아무것도 필요하지 않습니다. "그래도 제게 믿음이 좀 더 있어야 그분에게 나아갈 것 같습니다"라고 말하는 사람도 있을 것입니다. 이것도 여러분 혼자만의 생각입니다. 여러분은 뭔가 자신만의 믿음을 가지고 그리스도께 나아가기를 원하고 있습니다. 그렇지 않습니다. 여러분은 현재 여러분의 있는 모습 그대로 그리스도에게 나아가야 합니다. "그래도 목사님, 그리스도께서 제게 은혜를 베푸실 것이라는 사실을 능히 믿기 이전에, 제 자신이 좀 더 개선(改善)되어야 하지 않겠습니까?"라고 말하는 이도 있습니다. 여러분이 개선된다고 해서 여러분이 은혜 받을 준비가 된 것이 아닙니다. 오히려 그런 개선은 은혜 받기에 적합하지 않을 것입니다. 종종 은혜 받기 이전의 개선은 앞을 향한 진보가 아니라 뒤를 향한 퇴보의 한 걸음이 되기도 합니다. 이런 개선은 여러분에게 자기 의(自己義)로 확증될 뿐, 여러분을 그리스도에게로 인도하지는 못합니다. 여러분의 현재 있는 모습 그대로 그분 앞에 나아가십시오. 병원에서 치료받기 위한 최고의 진료의뢰서는 아프다는 사실입니다. 조금 아픈 사람은 병원에 들어가기 위해 약간의 도움이 필요합니다. 그러나 가령 제가 길거리에서 차에 치어 죽기 일보 직전이 되었다면, 그런 제가 병원에서 치료받기 위한 진료의뢰서는 전혀 필요하지 않을 것입니다. 병원문은 즉시 열리고, 저는 곧장 병원 안으로 들어가게 될 것입니다. 이와 마찬가지로, 여러분은 잃어버린 자가 되어 멸망으로 치닫고 있는 상태임을 여러분이 확신하는 것이야말로 그리스도에게로 나아가는 유일한 의뢰서가 됩니다. 이것이 여러분에게 필요합니다. 지금도 많은 사람들이 자비를 베풀고 싶어 하며, 어떻게 하면 그들이 가장 가난한 부류의 사람들에게 이를 수 있는지 궁금해합니다. 그들은 짚으로 만들어진 그 가난한 사람들의 침대를 찾고 싶어 합니다. 그들은 짐승들이 거하는 우리보다 더 더러운, 정말 가난한 자들이 거하는 천한 거주지에 대해 알려고 안달합니다. 그들이 찾고자 하는 사람이 바로 그렇게 가난한 사람들입니다. 가난하면 할수록 더욱더 의뢰할 수 있기 때문입니다. 여러분의 경우도 이와 마찬가지입니다. 여러분의 화(禍)가 하나님에게 탄원합니다. 여러분의 결핍, 여러분의 비참함, 여러분의 소망 없음, 여러분의 불충분한 공로, 이런 것들은 하나님의 마음을 여러분에게로 향하게 하는 웅변가들입니다. 이 외에는 아무것도 하나님의 마음을 여러분에게로 향하게 할 수 없습니다. 여러분의 지금 있는 모습 그대로 예수 그리스도에게 나아오십시오. 아무것도 가지지 않은 빈손으로 은혜의 땅을 다스리시는 주님 앞으로 나아오십시오. 그분은 여러분을 결코 빈손으로 보내지 않으실 것입니다.

3. 유익한 조언

지금까지 저는 비참한 처지와 함께 좋은 소식들에 대해 자세히 살펴보았습니다. 이제 저는 세 번째로 유익한 조언에 대해 전하고자 합니다. 야곱은 다음과 같이 말했습니다. "너희는 어찌하여 서로 바라보고만 있느냐 야곱이 또 이르되 내가 들은즉 저 애굽에 곡식이 있다 하니 너희는 그리로 가서 거기서 우리를 위하여 사오라 그러면 우리가 살고 죽지 아니하리라." 이것은 아주 실제적인 조언입니다. 사람들은 이 세상일에 대해서는 자기가 들은 조언대로 행동합니다. 제 바람은 영적인 조언에 대해서도 사람들이 들은 대로 했으면 좋겠습니다. 아버지의 조언을 들은 야곱의 아들들은 "좋습니다. 정말 좋은 소식이군요. 이 소식이 참된 소식일 것이라고 저도 믿습니다"라고 말하고는, 그대로 가만히 앉아서 굶어 죽지 않았습니다. 그와는 정반대로, 그들은 곧장 일어나 좋은 소식으로 알게 된 곡식이 있다는 그곳을 향해 갔습니다. 영적인 문제에서도 사람들이 이와 같이 행동했으면 정말 좋겠습니다. 우리는 좋은 소식을 듣는 것으로만 만족하지 말아야 합니다. 하나님의 은혜로 말미암아 그 소식을 우리 자신의 것으로 삼고, 그리스도 안에서 은혜를 찾을 때까지 결코 만족해서는 안 될 것입니다. 실제로 어떤 목회자들은 영적인 일에 겨우 눈을 뜬 죄인들에게 움직이지 말고 가만히 있으라고 말합니다. 그런 목회자들은 "여러분은 기다려야 합니다. 그리스도께서 여러분에게 오실 때까지 여러분은 기다려야 합니다"라고 말합니다. 이 목회자들은 혈루증으로 앓아 온 여인이 무리들을 뚫고 나와서 구세주의 옷가를 만지는 것도 단념하게 할 사람들입니다. 이들은 주님을 향해 길에서 크게 소리치는 사람을 명하여 입을 다물게 하고는, 그리스도께서 돌이켜 그를 바라보실 때까지 잠잠히 앉아 있으라고 할 사람들입니다. 이들은 그리스도께서 사람들을 잔치에 **초대하는** 것뿐만 아니라, 사람들이 잔치에 참여하도록 주님의 종들이 애쓰는 것조차 두고 보지 못하는 사람들입니다. 이 목회자들은 죄인들을 두둔할 뿐 아니라, 죄인들이 그리스도를 배척하는 것은 절대로 죄가 아니라고 용감하게 가르치기도 합니다. 지금 저는, 하나님의 목전에서 그런 목회자들이 많은 영혼들을 피흘리게 하는 죄를 짓고 있다는 생각에 두려운 마음뿐입니다. 이들은 모든 별들의 가치는 금의 두 배 정도밖에 되지 않는다는 식으로 말하는 자들입니다. 저는 이런 터무니없는 말을 하는 자들과 같은 자리에 서고 싶지 않습니다. 죄인들에게 잠자코 가만히 앉아 있으라는 말을 제가 해야 하다니, 저는 이해할 수 없습니다. 더군다나 주님께서 하신 다음과 같은 말씀에 비추어 볼 때, 이런 잘못된 조언은 더더욱 이해할 수 없습니다. "썩을 양식을 위하여 일하지 말고 영생하도록 있는 양식을 위하여 하라 이 양식은 인자가 너희에게 주리니 인자는 아버지 하나님께서 인치신 자니라"(요 6:27). 천사가 "도망하여 생명을 보존하라 돌아보거나 들에 머물지 말고 산으로 도망하여 멸망함을 면하라"(창 19:17)고 말하는데도, 저는 소돔으로 가서 롯에게 "하나님께서 너를 이끌어 내시기까지 여기 머물러 있으라"고 말해야겠습니까? 구원은 주님이 하시는 일이며, 오로지 주님의 역사라는 사실을 우리는 매우 분명히 잘 알고 있습니다. 이와 똑같이 우리가 확실히 알고 있는 것은, 주님께서 일하실 때, 그분은 우리도 함께 일하게 하신다는 사실입니다. 주님께서 우리의 영혼 속에서 역사하실 때, 이런 주님의 역사를 믿어야 할 사람은 주님이 아닙니다. 주님은 믿어야 할 것이 아무것도 없습니다. 그분께서는 우리로 하여금 믿도록 하십니다. 주님께서 회개의 사역을 행하실 때, 그분이 회개하는 것이 아닙니다. 도대체 그분께서 회개하실 일이 무엇이 있겠습니까? 그분께서는 우리로 하여금 회개하도록 하십니다. 하나님께서는 롯을 소돔에서 이끌어 내셨습니다. 하지만 롯은 자신의 두 발을 사용해서 산을 향해 뛰어가지 않았습니까? 우리의 경우도 이와 마찬가지입니다. 그리스도께서 모든 것을 행하시지만, 그분께서는 우리를 도구로 사용하십니다. 그분께서는 우리의 마른 손을 내밀라고 우리에게 말씀하십니다. 하지만 이때도 우리의 힘으로 이 마른 손을 앞으로 내미는 것이 아닙니다. 그분께서 우리에게 이를 행하라고 명하시고, 우리는 그분의 능력으로 이를 행하는 것입니다. 죄인에게 잠자코 가만히 있으라고 말해 보십시오! 지옥의 권세가 이보다 더 좋아할 일이 도대체 무엇이겠

습니까? 죄인에게 기다리라고 말해 보십시오. 이러한 목회는 사탄이 좋다고 할
만한 목회이지 않겠습니까? 실제로도 사탄이 좋다고 인정하는 목회이지 않겠습
니까? 아, 사랑하는 성도 여러분, 이것은 진리가 아니며 기독교적인 가르침이 아
닙니다. 주님을 사랑하는 자, 복음을 사랑하는 자, 인간의 영혼을 사랑하는 자는
결코 이런 가르침을 설교할 수 없을 것입니다. 그는 자기 속에 있는 인간에 대한
사랑을 느낄 것이며, 그 사랑보다 훨씬 더 큰 은혜를 느낄 것입니다. 그리고는 이
처럼 야만적이며 비인간적인 가르침에 대해 저항할 것입니다. 그렇습니다. 우리
는 죄인들에게 설교할 때, 다음과 같이 말해야 합니다. "여러분은 자신의 필요를
알고 있습니다. 여러분은 그리스도의 은혜로 말미암지 않고는 결코 구원받을 수
없음을 느끼고 있습니다. 그분을 바라보십시오. 그분을 믿으십시오. 그분을 찾
으십시오. 그러면 여러분은 그분을 찾을 것입니다."

　　그러나 제가 들은 말씀에 따르면, 죄인이 아무리 그리스도를 찾는다 해도,
그리스도께서 그 죄인을 찾지 않으신다면, 그 죄인은 멸망하게 됩니다. 자, 그런
데 어떤 사람이 이렇게 말한다면, 즉 죄인이 그리스도를 찾는다고 말한다면, 이
말은 얼마나 어불성설(語不成說)이겠습니까! 그리스도께서 죄인을 찾지 않으시
는데, 과연 죄인이 그리스도를 찾은 적이 있었습니까? 아니, 죄인이 그리스도를
찾을 수 있기나 합니까? 저는 불가능한 어떤 것을 가정(假定)하고서, 그 가정으
로부터 어떤 것을 추론하는 사고방식을 아주 싫어합니다. 어떤 사람은 "다음과
같은 가정을 해보겠습니다. 그리스도께서 죄인에게 다가오지 않으시는데, 설령
죄인이 그리스도에게 다가간다 해도, 그는 멸망할 것입니다"라고 말합니다. 저
도 이 사실을 알고 있습니다. 그렇습니다. 이것은 매우 분명한 사실입니다. 그리
스도께서 다가오지 않으셨는데, 죄인이 그리스도에게 다가간다는 것은 결코 일
어날 수 없는 하나의 가정에 불과합니다. 그리고 이런 가정을 하는 것이 무슨 유
익이 있습니까? 사람들은 때로 제게 다음과 같은 질문을 하곤 합니다. "하나님의
자녀가 죄악 가운데 죽었다고 가정해 봅시다. 그는 과연 구원받을 수 있을까요?"
하나님의 자녀가 그렇게 죄악 가운데 살다가 죄악 가운데 죽기란 불가능한 일입
니다. 만약 여러분이 이런 난해한 가정에 빠져 있다면, 반드시 이런 가정에서 벗
어나야만 합니다. 이런 가정은 "달이 크림치즈로 만들어졌다고 가정해 보세요.
그렇다면 어두운 밤에 우리는 어떻게 될까요?"("달은 숙성되기 이전의 푸른 치즈로 만
들어졌다"[The Moon is made of green cheese]는 민화에 나오는 속담으로, '터무니없는 일을 믿

는다'는 의미이다 — 역주)라는 옛 속담과 같은 것입니다. 이와 마찬가지로, 여러분도 그리스도께서 죄인을 찾아오지 않으셨는데, 죄인이 그리스도에게 나아갈 수 있다고 가정해 보십시오. 이 가정의 결과는 어떻게 되겠습니까? 이것은 불가능한 가정입니다. 그러므로 이런 가정에서는 터무니없는 결과만 도출될 뿐입니다. 그리스도께서 말씀하셨습니다. "나를 보내신 아버지께서 이끌지 아니하시면 아무도 내게 올 수 없으니"(요 6:44). 죄인이 그리스도에게 나아온다면, 그는 끌려 나오는 것입니다. 그렇지 않다면 그는 그리스도에게 나아올 수 없을 것입니다. 그러므로 죄인들로 하여금 그리스도에게 나아오도록 권면하는 것이 바로 제가 할 일입니다. 이 권면이 효력을 얻어 죄인들로 그리스도에게 이끄는 것이 바로 성령의 사역입니다.

마지막으로 저는 여러분에게 다음과 같은 질문을 하고자 합니다. "너희는 어찌하여 서로 바라보고만 있느냐?" 왜 여러분은 가만히 앉아 있습니까? 그리스도에게 달려가서 은혜를 받으십시오. 오, 어떤 사람은 "나는 내가 얻으리라 기대한 것을 받을 수 없을 것 같습니다"라고 말합니다. 도대체 여러분이 기대한 것이 무엇입니까? 지금 제 설교를 듣는 자들 중의 어떤 이들은 구원받기 전에 틀림없이 전기 충격 같은 것을 느끼리라 기대했을 것입니다. 그러나 복음은 간단히 말합니다. "믿으라." 이 말씀을 그들은 이해하지 못할 것입니다. 그들은 믿는 것과 관련해서 아주 신비로운 무엇이 있어야만 한다고 생각합니다. 하지만 그 신비로운 것을 받지 못해서 그들은 믿음이 무엇인지 이해할 수 없습니다. 그래도 여전히 그들은 믿음을 기다리려고 하며, 믿음이 오고 난 다음에 믿으려고 합니다. 글쎄요, 아마 여러분은 최후 심판 날까지 기다려야 할 것입니다. 왜냐하면 여러분이 "주 예수를 믿으라"(행 16:31)는 이 간단한 복음을 믿지 않는다면, 여러분의 어리석은 바람을 들어주기 위해서 하나님이 결코 이적과 기사들을 행하지는 않으실 것이기 때문입니다. 여러분은 죄인이며 버림받은 자이며 멸망당한 자입니다. 이것이 바로 여러분의 상태입니다. 여러분도 여러분 자신을 도울 수 없습니다. 성경은 "그리스도 예수께서 죄인을 구원하시려고 세상에 임하셨다"(딤전 1:15)라고 말하고 있습니다. 여러분이 직접 해야 할 일, 여러분이 즉시 해야 할 사명은 바로 이 간단한 약속의 말씀에 여러분 자신을 맡기고 주 예수 그리스도를 믿는 것입니다. 그분께서는 죄인들을 구원하려고 세상에 오셨습니다. 그러므로 그분께서는 여러분을 구원하러 오신 것입니다. 여러분이 해야 할 일은 "주 예수를 믿으라 그리하면 너와 네 집이 구원을 받으리라"(행 16:31)는 이 간단한 명령을 따르는 것입니다. 자, 이제부터는 야곱의 아들들을 여러분의 모범으로 삼고 설명하고자 합니다. 그들의 아버지가 아들들이 해야 할 일을 말하자마자, 그들이 제일 먼저 한 일은 밖으로 나가서 빈 자루를 가지고 온 일이었습니다. 자, 여러분도 이와 동일하게 行하십시오. 아마도 여러분은 "그런 자루들을 가지고 와 봐야 무슨 소용이 있겠습니까? 그 자루 속에는 곡식이 하나도 없을 텐데 말입니다"라고 말할 것입니다. 저도 그 속에 아무것도 없다는 것을 알고 있습니다. 하지만 여러분은 비어 있는 자루를 가지고 와서 그 자루들을 가득 채워야 합니다. 그 자루 속에 있는 여러분의 죄악들을 끄집어 내십시오. 여러분이 저지른 심각한 죄악들도 모두 꺼내십시오. 이 모든 죄악들을 그리스도의 발 앞에 내놓고 여러분은 스스로 고백하십시오. 죄를 고백한다고 해서 구원받는 것은 아니지만, 죄를 고백하지 않고는 결코 구원받을 수 없습니다. 여러분은 지은 죄들을 하나도 빠짐없이 모두 고백해야 합니다. "뭐라고요? 목사님에게 죄를 고백해야 한다고요?" 제게 고백을 할 생각을 하다니, 고마울 따름입니다. 하지만 저는 어떠한 이유가 있어도 여러분이 지은 죄들을 듣지 않을 것입니다. 다른 사람의 죄악을 듣는 사람의 영혼은 틀림없이 불결해질 것이기 때문입니다. 그렇게 불결해진 영혼의 손해를 보상하기 위해 억만금을 준다 해도 결코 충분하지 않을 것입니다. 저는 제가 저지른 죄악도 여러분에게 말하지 않을 뿐 아니라, 여러분의 죄악을 듣는 것은 더더욱 하지 않을 것입니다. 절대로 그렇게 하지 않을 것입니다. 여러분은 지은 죄악들을 하나님께 아뢰십시오. 여러분의 골방으로 들어가 문을 닫고서 여러분의 빈 자루를 여십시오. 이것이 바로, 여러분이 지은 죄를 전적으로 고백하는 것입니다. 주님의 주권적인 은혜가 아니라면 여러분은 멸망할 수밖에 없는 불쌍한 자라는 사실을 주님께 말하십시오. 이렇게 한 다음에는 무엇을 해야 하는지 궁금할 것입니다. 그 다음에는 여러분이 과거에 가졌던 희망이나 지금 가지고 있는 희망 등, 모든 희망들을 내려놓으십시오. 여러분이 행한 공로나 기타 모든 것들에 대한 여러분의 신뢰들을 치워 버리십시오. 그러고는 또 어떻게 해야 합니까? 그 다음에는 예수 그리스도께서 죄인을 구원하기 위해 오셨다는 이 위대한 진리에 그저 여러분 자신을 내어 맡기십시오. 그러면 기도하느라 꿇었던 무릎을 펴면서 일어서게 될 때, 여러분은 한층 행복한 사람으로 변화되어 있을 것입니다. 설령 그렇게 **변화되지** 않는다면, 다시 그렇게 해보십시오. 거듭해서 다시 실천해 보십시오. 그러면 결코 여러분은 실망하지 않게 될 것입니다. 기도와 믿음은 결코 헛수고가 아닙니다. 죄를 고백하고 구세주를 찾는 자는 결코 헛되이 구하는 것이 되지 않을 것입니다.

저는 소년이었을 때 처음으로 죄를 깨닫게 되었습니다. 그 때 저는 하나님에게 나아가서 온 힘을 다해 은혜를 간구하였습니다. 하지만 저는 그 은혜를 찾지 못했습니다. 그 당시에 저는 복음이 무엇인지 몰랐다고 생각합니다. 그 상태가 3년 동안 계속되었습니다. 그래서 저는 제 집에 있는 방마다 모두 들어가서 며칠씩 기도했습니다. 때로는 빈 방에서 몇 시간씩 기도하기도 했습니다. 그 때 제 뺨에는 눈물이 흘러내렸으며, 그리스도를 찾고 구원을 얻고자 하는 고통스러운 소망으로 저는 극도로 긴장해 있었습니다. 그러나 아무 일도 일어나지 않았습니다. "나를 바라보라 그리하고 너희는 구원을 받을지어다"(사 45:22 KJV)라는 이 간단한 교훈을 듣기 전까지 제게는 아무 일도 없었습니다. 이 말씀을 듣고서야 비로소 저는, 제 기도가 일종의 자신의 의를 드러내는 것이었고, 내가 그 기도들을 의지하고 있었으며, 그로 인해 결과적으로 잘못된 길로 가고 있다는 것을 깨닫게 되었습니다. 그 때 성령님께서는 저로 하여금 십자가에 달리신 그리스도를 바라보게 하셨습니다. 그렇다고 해서 제가 해오던 기도를 중단한 것은 아니었습니다. 단지 제 믿음의 대상인 주 예수님을 저의 모든 기도보다 우선순위에 두었을 뿐입니다. 그분께서 십자가에 달려 피 흘려 죽으시는 모습을 바라볼 때, 제 영혼은 기뻤습니다. 그래서 더 이상은 무릎을 꿇고 고뇌하면서 부르짖지 않게 되었습니다. 오히려 저는 기쁨의 환호성을 지르며, "내가 믿나이다 나의 믿음 없는 것을 도와 주소서"(막 9:24)라고 간구하였습니다. 이렇게 간단히 그리스도를 바라보지 않고, 만약 그 날에 제가 다음과 같이 말했다면, 이런 기쁨과 환희는 결코 제게 임하지 않았을 것입니다. "아닙니다. 주님, 저는 요단 강에 가서 씻어 정결하게 되지 않으렵니다. 저는 엘리야가 나타나서 그의 손으로 이 나병을 물리치기까지 기다릴 것입니다. 저는 구리 뱀을 쳐다보지 않을 것입니다. 이것은 율법적인 설교, 다시 말해 아르미니우스주의의 가르침이기 때문입니다. 저는 구리 뱀이 제 눈 앞에 떡하니 나타날 때까지 기다릴 것입니다."

그러나 제가 단순히 그리스도를 바라보고, 제가 신뢰하던 모든 것들을 내려놓자, 제 영혼은 그리스도께서 자기 백성들을 자유하게 하신 그 자유로 기뻐하게 되었습니다. 이 자유가 여러분과도 함께 할 것입니다. 오늘, 이 복음이 자유롭게 값없이 여러분에게 선포되고 있습니다. 하나님의 아들이신 예수 그리스도는 하늘에서 내려오셔서 동정녀 마리아에게서 나시고, 본디오 빌라도에게 고난을 받으시고, 죄를 사하기 위해 십자가에 못 박히셨습니다. 여러분의 눈을 저기 있는 저 십자가로 돌리십시오. 죽어가는 하나님을 바라보십시오. 고통 가운데 나무에 달린 그 무한한 분을 바라보십시오. 그 고통들이 여러분을 구원할 것입니다. 여러분은 이 고통들을 의지하겠습니까? 여러분이 신뢰하던 다른 것들이 아니라, 바로 이 십자가를 여러분의 소망의 지주(支柱)로 삼겠습니까? 만약 그렇게 한다면, 여러분은 지금 구원받은 것입니다. 구세주이신 예수님을 믿는 순간, 그 때 여러분은 구원을 받습니다. 여러분의 죄가 용서를 받기 때문입니다. 하나님께서 여러분을 그분의 자녀로 삼아 주신 것입니다. 여러분은 은혜의 상태에 있게 되며, 사망에서 생명으로 옮겨지게 됩니다. 여러분에게는 정죄함이 없을 뿐만 아니라, 앞으로도 없을 것입니다. 영광의 나라에 여러분을 위한 면류관과 하프와 집이 있습니다. 오, 하나님께서 여러분을 도우셔서, 지금 당장 하늘의 곡식을 얻기 위해 여러분이 애굽으로 내려가게 하시고, 자루의 아가리까지 곡식을 가득 채워 돌아오게 하시기를 기원합니다.

이제 말씀을 맺고자 합니다. 마지막으로 한 마디만 더 하겠습니다. 여러분은 야곱이 왜 자기 아들들에게 애굽으로 내려가라고 말했는지 그 이유를 눈여겨보았습니까? 그 이유는 "우리가 살고 죽지 아니하리라"는 말에서 잘 드러납니다. 죄인인 여러분이여, 이것이 바로 오늘 아침에 제가 하고자 하는 말입니다. 지금 제 설교를 듣는 사랑하는 성도 여러분, 그리스도의 복음은 여러분이 사느냐 죽느냐 하는 중요한 문제입니다. 이것은 다소 중요한 문제가 아니라, 전적으로 중요한 문제입니다. 여러분은 양자의 갈림길 앞에 서 있습니다. 다시 말해, 영원한 저주를 받느냐, 아니면 영원한 구원을 받느냐 하는 기로에 서 있는 것입니다. 그리스도를 무시하고, 그분의 위대한 구원을 경시하십시오. 그러면 지금 여러분이 살아 있다는 것이 분명한 것처럼, 분명히 여러분은 멸망하게 될 것입니다. 반면에, 그리스도를 믿고 오직 그분만을 신뢰하십시오. 그러면 영원한 생명은 여러분의 것이 될 것입니다. 그분을 신뢰해야 할 이유를 이보다 더 강력하게 전할 수 있겠습니까? 자신을 사랑하는 사람이라면 이런 이유들을 수긍할 것입니다. 여러분은 영원히 뜨거운 불길을 위해 준비하고 있습니까? 사랑하는 성도 여러분, 여러분은 침상을 지옥에 펴놓고 거기서 기꺼이 멸망하려고 합니까? 그렇다면 그리

스도를 거부하십시오. 그러나 여러분이 영원한 복락을 누리는 것과 그 큰 심판
날에 하나님께서 여러분을 받아주시고, 상을 주는 그날에 그분으로부터 면류관
을 받고자 갈망한다면, 성경이 제시하는 복음의 말씀을 다시 듣고 그 말씀에 순
종하십시오. 이것이 여러분에 대한 저의 간절한 바람입니다. "믿고 세례를 받는
사람은 구원을 얻을 것이요 믿지 않는 사람은 정죄를 받으리라"(막 16:16). 이것
이 바로 복음입니다. 지금도 이 복음이 여러분에게 전해지고 있습니다. 복음이
명하는 유일한 명령은 다음과 같습니다. "주 예수를 믿으라 그리하면 너와 네 집
이 구원을 받으리라"(행 16:31). 오, 하나님, 설령 이전에는 우리가 이 복음을 믿
지 않았다 해도, 지금 예수님을 통해 우리를 도우시어 우리가 이 복음을 믿게 해
주옵소서! 아멘.

제
32
장
—

요셉과 그의 형제들

—

"요셉이 그 형들에게 이르되 나는 요셉이라 내 아버지께서
아직 살아 계시니이까 형들이 그 앞에서 놀라서 대답하지
못하더라 요셉이 형들에게 이르되 내게로 가까이 오소서 그
들이 가까이 가니 이르되 나는 당신들의 아우 요셉이니 당
신들이 애굽에 판 자라 당신들이 나를 이 곳에 팔았다고 해
서 근심하지 마소서 한탄하지 마소서 하나님이 생명을 구원
하시려고 나를 당신들보다 먼저 보내셨나이다."
— 창 45:3-5

요셉은 그리스도에 대한 아주 탁월한 한 모형(type)입니다. 요셉이 형들의
죄악을 책망하여 그들의 미움을 받고서 은 이십에 팔렸을 때, 이는 제자들로부
터 배신당하고 사람들에게 멸시를 받고 버림받았던 그분을 분명하게 묘사하고
있습니다. 그 후 보디발의 집에서 시험을 받고 중상모략을 당한 결과로 그는 원
형으로 지어진 바로의 감옥에 투옥되었습니다. 그러다가 감옥 죄수들 가운데서
인정을 받아, 마침내는 온 애굽 땅을 다스리는 자가 되었습니다. 이런 요셉의 인
생여정 안에 복되신 우리 주님의 모습이 잘 묘사되어 있는 것을 우리는 분명히
보게 됩니다. 이 그림은 정말 잘 그려진 그림이어서, 사건 하나하나마다 상징적
인 의미 없이 우연하게 묘사된 것은 전혀 없습니다. 설령 여러분이 요셉 이야기
를 스무 번을 읽는다 해도, 그 이야기 속에 담긴 모형들을 다 찾아낼 수는 없을

것입니다. 다시 읽을 때마다 여러분은 이 무시 받던 라헬의 아들과, 마리아의 아들로서 만유의 하나님이 되시며 영원한 찬양받으실 그분 사이에 새로운 유사성을 발견하게 될 것입니다. 아멘.

    오늘 아침에 드리고자 하는 말씀은 그리스도의 모형인 요셉에 대한 설명이 아니라, 그보다 더욱 실제적인 문제에 관한 것입니다. 저는 시험받고 고난 받는 양심의 문제를 주님의 능력으로 다루고자 노력할 것입니다. 혹시라도 저의 이런 노력으로 슬퍼하는 마음이 기뻐하게 되고, 보지 못하던 눈이 주 예수님의 인격적인 아름다움을 보게 되고, 그분을 뜨겁게 사랑할 수 있는 기회를 갖게 된다면, 그 또한 저의 행복한 분복(分福)이 될 것입니다. 그리고 제가 여러분의 마음에 하나님의 메시지를 전하는 일에 사자가 되었다는 사실에 크게 기뻐할 것입니다.

    이 선한 사명을 저는 더 이상 지체하지 않고 즉시 감당하고자 합니다. 하나님께서 도우셔서 우리가 이 일을 잘 감당하게 하시기를 기원합니다. 하나님께서 그리스도에게 주셨고, 또한 그리스도께서는 자기 피를 주고 사신 죄 많은 자기 형제들이 여기 있습니다. 우리 앞에는 그리스도께서 이 죄 지은 형제들을 어떻게 대하셨는지를 묘사한 그림이 놓여 있습니다. 저는 여러분이 이 그림을 주목하도록 인도하고자 합니다.

    첫 번째로, 유다와 그의 형제들의 상황은 성령으로 깨우침을 받은 죄인들의 상태와 놀랄 만큼 아주 흡사한 모습인 것 같습니다. 두 번째로, 요셉이 그 형제들을 아주 엄하게 대하는 척하는 모습은 사랑 많은 예수 그리스도께서 자신에게 나아오는 불쌍한 죄인들을 가혹하게, 아주 가혹하게 대하는 그 모습을 장인(匠人)의 필체로 묘사한 것 같습니다. 세 번째로, 이후에 요셉이 형제들에게 자기의 신분을 드러낸 것은 예수님께서 마지막에 죄인들에게 은혜 가운데 친히 자신을 드러내셔서, 그들을 회개하는 영혼들로 만드신 사랑의 선포를 묘사한 것으로 보입니다.

1. 성령으로 깨우침을 받은 죄인들의 상태

    보좌에 앉은 요셉의 발치에 유다와 그의 형제들이 두려워 떨고 있는 모습과 처지는 참으로 깨우침을 받은 모든 죄인들의 모습과 형편을 잘 묘사해 주고 있습니다. 요셉은 마지막에 다른 방식으로 자기의 형제 열 명의 양심을 깨우쳤습니다. 그 형제들이 양심에 가책을 받은 것을 가장 두드러지게 보여주는 핵심적인 말은 아마도 다음과 같은 말일 것입니다. "우리가 아우의 일로 말미암아 범죄하였도다 그가 우리에게 애걸할 때에 그 마음의 괴로움을 보고도 듣지 아니하였으므로 이 괴로움이 우리에게 임하도다"(창 42:21). 유다 또한 "하나님이 종들의 죄악을 찾아내셨으니"(창 44:16)라고 말하였습니다. 물론 이런 말들이 필연적으로 자기들이 저지른 범죄를 비난하는 말은 아니라 해도, 죄를 고백하는 말임에는 분명합니다. 그 형제들은 이런 말을 하면서, 구덩이와 이스마엘 사람들에게 판 것 등 옛 기억들을 눈에 선한 듯 떠올렸습니다. 요셉도 그 형제들의 마음을 아주 분명히 읽을 수 있었습니다. 자, 사랑하는 성도 여러분, 주님이신 성령님께서 죄인들의 양심을 일깨우실 때, 그분께서는 다음과 같은 말씀을 통해 그들의 마음에 큰 죄를 깨닫게 하십니다. "죄에 대하여라함은 그들이 나를 믿지 아니함이요"(요 16:9). 일단 신중하지 못한 영혼들은 주님을 믿지 않는 죄에 대해서 기도하여 응답받을 필요도 없는 아주 사소한 것이라고 생각합니다. 그들은 "물론 나는 많은 잘못들을 저질렀다. 하지만 빨리 고치기만 하면, 그 모든 잘못들은 없어질 것이다. 나의 허물들은 곧 잊히고 용서를 받을 것이다"라고 말합니다. 그런데 막 갑자기 그 영혼의 양심이 그가 그리스도를 멸시하고 거부하고 죽였다는 죄책감을 느낍니다.

사랑하는 성도 여러분, 이것이 바로 죄악입니다! 이런 죄악이 처음으로 우리를 고발했을 때 우리가 그 죄에 대해 변명할 수밖에 없었던 그 고통이 얼마나 컸는지 모릅니다! 오, 주 예수님, 내가 당신의 원수들에게 당신을 고발하지 않았나이까? 내가 당신을 배신하지 않았나이까? 당신을 십자가에 못 박도록 내가 판결하지 않았나이까? 그 십자가의 길에서 내가 "십자가에 못 박게 하소서 십자가에 못 박게 하소서"(눅 23:21)라고 외치는 소리를 실제로 듣지 않았나이까? 내가 저지른 죄악들이 당신을 십자가에 박은 그 못이었다는 말은 옳지 않습니까? 당신을 죽인 피의 살인, 즉 세상이 하나님을 죽이고 사람이 자신의 구세주를 죽이는 비극에 내가 동참한 것이 아닙니까? 진실로 그러합니다. 우리의 양심이 바른 상태에 있다면, 이것을 인정할 수밖에 없을 것입니다. 죄인인 여러분이여, 여러분은 매순간 하늘의 기쁨보다 이 세상의 쾌락을 더 좋아하고 있습니다. 이것이 그리스도의 얼굴에 침을 뱉는 것인 줄 여러분은 알지 못합니까? 여러분은 매순간 여러분이 하는 일에서 이익을 얻고자 불의한 일들을 하고 있습니다. 이로써 여러분은 그리스도를 은 삼십에 팔아먹은 유다와 같다는 것을 알지 못합니까? 여러분은 매순간 믿음에 대해 거짓 증언을 하고 있습니다. 이것은 여러분이 그분에게 배신의 입맞춤을 하는 것입니다. 여러분은 매번 설교를 들을 때마다, 마음에 순간적으로 감명을 받고, 조금 지나면 그 감명마저 말끔히 사라집니다. 이런 행동은 그리스도를 경멸하고 거부하는 행동보다 더 나쁜 것입니다. 여러분이 그분을 대적한 모든 말들과 그분에게 품은 모든 악한 생각들은, 생명과 영광의 주님이신 그분을 조롱하고 비방하기 위해, 골고다 십자가 주위에 몰려들었던 그 큰 무리들과 여러분이 한 패임을 분명히 보여주고 있습니다. 자, 누구든 깊이 회개해야 할 어떤 죄가 있다면, 그래서 그 죄로 인해 양심이 진정으로 가책을 받는다면, 이 죄야말로 우리를 감동시켜 바른 길로 인도하게 하는 죄라고 생각합니다. 내게 아무런 해도 끼치지 않은, 거룩하고 흠 없으신 그분을 살해하다니! 두 손을 들어 축복하셨던 그분을, 아무런 이해도 받지 못하고 아무런 관심도 받지 못하고 아무런 사랑도 받지 못한 채 자기를 미워하는 자들을 구원하려는 그분을 나무에 매달기까지 사냥개처럼 좇는 일에 일조하다니! 나병환자를 어루만지고, 빵을 떼고, 물고기들을 많아지게 하신 그 손을 찌르다니! 은혜를 베풀기 위한 힘든 여정을 감당하느라 피곤한 육신을 이끈 그분의 두 발을 그 저주받은 나무에 매달다니! 오! 이것이 참으로 가증스러운 죄악들입니다. 그분께서는 나를 사랑하셨고, 그분께서는 나를 위해 친히 자기 몸을 주셨으며, 별과 하늘이 만들어지기 이전에, 하늘이 영원한 궁창을 펴기 이전에 그분께서 나를 택하셨습니다. 그리고는 복음으로 내게 다가오셨습니다. 하지만 나는 그분을 거부하고 멸시하고 심지어 조롱하기까지 했습니다. 이것이 바로 극악무도하고 이루 형언할 수 없는 잔인한 죄악입니다. 예수님이시여, 당신께서는 이런 나를 용서해 주셨지만, 나는 이런 죄악을 저지른 나 자신을 결코 용서할 수 없나이다.

　　사랑하는 성도 여러분, 성령님께서 여러분이 죄인이라는 사실을 깨닫게 해 주셨습니까? 그렇다면 저는 기뻐할 것입니다. 왜냐하면 일단 우리의 형제인 예수님의 죽음에 대해 우리가 죄책감을 느낀다면, 머지않은 시간에 그분께서는 은혜 가운데 우리에게 친히 나타나셔서 우리의 죄들을 영원히 없애 주실 것이기 때문입니다.

　　그 다음으로는 이제 요셉의 형제들이 자신들이 처한 비참한 곤경을 어떻게 깨닫게 되었나 하는 것을 생각해 보겠습니다. 그것은 이제야 비로소 자신들이 요셉의 수중(手中)에 있다는 것을 발견하게 되었기 때문입니다. 그곳에 애굽 왕국 전체에서 바로(파라오) 다음으로 두 번째 실력자인 요셉이 서 있었습니다. 전사들로 이뤄진 군대들이 그의 손짓과 명령에 따라 움직였습니다. 혹시라도 그가 "이 자들을 사로잡아 손과 발을 결박하라"거나 "이들을 능지처참(陵遲處斬)하여라"고 말한다면, 그 명령에 이의를 제기할 자가 아무도 없었을 것입니다. 요셉은 그들에게 마치 사자와 같은 존재였고, 그들은 그 사자의 먹잇감 같았습니다. 사자는 원하는 대로 먹잇감을 갈기갈기 찢을 수도 있었습니다. 자, 각성한 죄인들의 경우에도, 자신들의 처지가 예전에 자신이 경멸했던 바로 그 그리스도의 수중에 있다고 깨닫는 것은, 한편으로 보면 불행한 일입니다. 왜냐하면 죽었던 그리스도께서 지금은 산 자와 죽은 자들의 심판자가 되시어, 모든 육체들을 다스리는 능력을 가지시고, 아버지께서 그에게 주신 허다한 많은 자들에게 영생을 주실 수 있기 때문입니다. 아버지께서는 어떤 사람도 심판하지 않으시고, 그 모든 심판을 아들에게 위임하십니다. 죄인인 여러분이여, 여러분이 경멸했던 그분이 바로 여러분의 구세주라는 사실을 여러분은 알지 못합니까? 여러분의 손 안에 있는 나방은 여러분의 손 안에서 으깨져 죽을 수도 있고, 도저히 여러분에게서 도망칠 수 없어 두려워 떨고 있는 것이 당연할 것입니다. 이와 마찬가지로 여러분도 십자가에 달리신 하나님의 아들의 손 안에 있습니다. 여러분이 경멸했던 그분이, 오늘 그분의 뜻대로 절대적인 권한을 여러분에게 행사하십니다. 그분께서 원하시기만 하면, 여러분의 코에서 호흡이 끊어져 여러분은 앉은 자리에서 바로 송장이 될 수도 있습니다. 더 나아가 그분께서 원하시기만 한다면, 여러분은 지옥 불 가운데 있게 될 것입니다. 오! 살아 계신 하나님의 손에 빠져 들어가는 것이 얼마나 무서운지요(히 10:31). 우리 하나님은 소멸하는 불이시기 때문입니다(히 12:29).

죄인인 여러분이여, 여러분은 이런 식으로 그분의 수중에 있습니다. 만약 여러분이 회개하고 그분을 받아들이지 않는다면, 즉시 그분은 노하실 것입니다. "그의 아들에게 입 맞추라 그렇지 아니하면 진노하심으로 너희가 길에서 망하리니 그의 진노가 급하심이라"(시 2:12). 보십시오! 그분께서는 심판의 구름을 타고 오십니다. 나사렛 예수님께서는 위엄의 옷을 입고 오십니다. 책들은 펼쳐질 것이며, 그분께서는 목자가 양과 염소를 구별하듯이 모든 민족들을 구별하실 것입니다. 그 때 여러분은 무정한 바위에게 부탁하여 그 딱딱한 바위틈을 피난처로 삼을 수 있도록 헛되이 청할 것입니다. 아니면 보좌에 앉아 계신 그분의 얼굴을 피하기 위해 엄한 산들에게 부탁하여 빈 동굴에 숨을 수 있도록 헛되이 청할 것입니다. 그러나 하늘이나 땅이나 지옥이나 그 어떤 곳도 여러분에게 피난처가 되지 못할 것입니다. 왜냐하면 눈물을 흘리시던 그분의 눈길이 여러분이 어디에 있든지 불꽃같이 여러분을 좇을 것이며, 예전에 십자가에 못 박히셨던 그분의 손은 포도 따는 자들의 손에 있는 포도송이처럼 여러분을 으깨실 것입니다. 여러분은 오래 참으시는 그분의 은혜가 의로운 증오로 바뀌는 것이 얼마나 끔찍한 일인지를 느끼게 될 것입니다. 또한 은혜를 거절하는 것은 보복자의 의로운 분노를 여러분의 머리에 쏟아 붓는 것임을 알게 될 것입니다. 그러나 이보다 더 요셉의 형제들을 비참하게 만든 또 다른 생각이 있었습니다. 즉 그들은 요셉의 수중에 있으면서, 자신들이 이런 대접을 받아 마땅하다고 영혼으로 느꼈던 것입니다. 그들은 우리가 참으로 범죄하였다고 말하였습니다. 그들은 변명하지도 않았고, 정상을 참작해 달라고 요구하지도 않았습니다. 왜냐하면 그 죄는 울부짖어야할 긴급한 단 하나의 죄악이었기 때문입니다. 그들은 막내인 베냐민을 데리고 가야만 시므온을 풀어 준다는 문제에 대해 이의를 제기할 수도 있었습니다. 하지만 그들은 우리 형제에 관한 일에 우리가 참으로 범죄하였다고 말하였습니다. 오! 그리스도 안에 있는 나의 형제들이여, 여러분은 마음속에 있는 성령님께서 여러분으로 하여금 죄를 인정하도록 하신다는 사실을 알고 있습니다.

　　제가 하나님의 의로운 재판정에 섰을 때, 저를 대적하는 고소장이 읽히던 것을 들었습니다. 그때 기억이 아주 생생합니다. 저는 아무 대답도 할 수 없어, 그저 그 죄를 인정할 뿐이었습니다. 진실로 내 죄가 내 눈 앞에 너무 분명하게 보여서, 내 입술은 이를 부정하는 말을 한 마디도 할 수 없었습니다. 그 날에 재판장께서 재판관이 쓰는 검은 모자를 쓰고, "그가 온 곳으로 다시 돌려보내고, 그에게 합당한 형벌을 내리도록 하라"고 말씀하셨다면, 저는 멸망하였을 것이며, 위대한 하나님은 가장 정의롭고 공평하게 되셨을 것입니다. 생각이 없는 죄인들은 인간을 형벌로 정죄하시는 하나님이 가혹하다고 말하겠지만, 성령님께서 죄악의 극악무도함을 인간에게 보여주신다면, 여러분은 하나님에 대해 불평하는 말을 다시는 듣지 못할 것입니다. 결코 듣지 못할 것입니다! 오히려 죄인들은 다음과 같이 부르짖을 것입니다. "주님이시여, 당신은 제게 모든 것을 행할 수 있으시지만, 제가 지은 죄에 합당한 징계는 할 수 없으실 것입니다. 당신께서 나를 당신의 발 아래 짓밟으시거나 도벳의 불길 위에 장막을 쌓아올리신 후, 강 같은 유황을 당신의 입김으로 불어 불을 붙이신다 해도, 당신이 내린 이 형벌은, 불충

하고 반역하고 패역하기로 악명 높은 이 피조물에게 합당한 중한 저주와 맹렬한 불길이 되지 못할 것입니다. 저는 당신의 사랑과 은혜를 제외하고는 그 어떤 것이라도 받을 수 있을 만한 사람입니다. 그래도 당신께서 이런 사랑과 은혜를 주신다면, 저는 이 은혜에 가장 합당하지 않은 저에게, 즉 당신의 우주를 전적으로 모독한 가장 가치 없는 이 반역자에게 당신께서 은혜를 베푸셨다는 사실을 영원무궁히 말할 수밖에 없을 것입니다." 사랑하는 성도 여러분, 양심이 사람을 대적할 때, 그는 자신과 경쟁하는 준엄한 원수를 갖게 되는 것입니다. 성경에도 "다윗이 백성을 조사한 후에 그의 마음에 자책하고"(삼하 24:10)라는 말이 기록되어 있습니다. 자신의 상태를 바로 보도록 인도를 받는 모든 죄인들의 경우도 이와 같습니다. 그는 자신이 범죄자일 뿐 아니라 그분의 수중에서 절대로 도망갈 수 없는 사실도 느끼게 될 것입니다. 그리고 자신의 이런 처지를 정당한 것으로 여기게 될 것입니다. 그가 마음속에서 기이하게 여길 유일한 한 가지는 자신이 그렇게 오랫동안 거하던 지옥 생활에서 벗어난 일일 것입니다. 이것은 하나님의 오래 참으심과 은혜가 그에게 놀랍도록 베풀어졌기 때문입니다.

이 모든 것들을 의식한 후에 이 열 형제들이 어떻게 행동했는지 주목해 보십시오. 그들은 탄원하기 시작했습니다. 아! 죄의식만큼 사람을 기도하게 하는 것은 없습니다. 우리가 하나님 앞에 죄 지은 죄인으로 설 때, 그 때 우리의 신음과 탄식과 눈물은 진실한 간구가 될 것입니다. 여기 있는 여러분 중에도 어릴 때부터 형식적인 기도는 해왔지만 그동안 살아오면서 생명력 있는 기도는 한 번도 해보지 못한 사람이 있지는 않을까 하는 우려가 듭니다. 아니, 즉흥적인 말로 지껄이기는 해봤지만 정작 기도다운 기도는 한 번도 해본 적이 없는 사람들이 있을까봐 걱정이 됩니다. 저는 사람이 일반적으로 어떤 의무감에서 기도한다고 생각하지 않습니다. 사람이 길에서 넘어져 팔 다리가 부러졌을 때 소리를 지르는 것은 의무감에서 그러는 것이 아닙니다. 어쩔 수 없이 소리를 지르게 되는 것입니다. 이와 마찬가지로, 자기 영혼에 닥친 심각한 고뇌로 신음할 때, 자신의 은밀한 골방으로 들어갈 수밖에 없을 때, 기도하지 않고는 도저히 가만히 있을 수가 없어서, 울타리 뒤든 들판이든 다락이든 심지어는 길거리라도 기도할 수밖에 없을 때, 그런 처지에서 우러나오는 기도를 하나님께서 들으시는 줄로 압니다. 누구든 절대로 기도해서는 안 된다는 조서가 내려졌다 해도, 참으로 기도하는 사람은 다니엘의 사자 굴로 들어갔을 것입니다. 그는 숨을 쉬지 않는 것만큼이나 기도를 중단할 수 없었기 때문입니다. 광야를 뛰어다니던 목마른 사슴이 시냇물 찾기를 중단할 수 있겠습니까? 아픈 어린 아이가 어머니를 찾는 울음을 그칠 수 있겠습니까? 하나님께 부르짖는 살아 있는 영혼도 이와 마찬가지입니다. 그는 하나님을 찾으려고 갈급하지 않을 수 없기 때문입니다. 그는 틀림없이 기도할 것입니다. 기도하지 못한다면, 그는 죽게 될 것입니다. 그는 틀림없이 은혜를 찾을 것입니다. 그렇게 되지 못한다면, 그는 멸망할 것이기에, 극한의 고통 속에서도, 즉 격렬하고 끔찍한 마음의 고통 속에서도 거듭거듭 "하나님이여 불쌍히 여기소서 나는 죄인이로소이다"(눅 18:13)라고 부르짖게 됩니다. 이것이 바로 하나님께서 들으시는 기도입니다. 이런 기도야말로 주 여호와께서 받아주실 만한 간구입니다.

　　사랑하는 성도 여러분, 오늘 아침에 여러분은 여러분 자신을 돌아보고 여러분이 경험한 것을 생각해 보십시오. 그리고 유다와 그의 형제들이 서 있는 그곳에 여러분도 있지 않은지 살펴보십시오. 우리가 그곳에 있지 않다면, 우리도 바른 길에 서 있지 않은 것이기 때문입니다. 우리가 바르지 않은 곳에 서 있지는 않을까 걱정입니다. 한 번도 정죄 받지 않은 자는 결코 용서받을 수 없으며, 한 번도 죄를 고백하지 않은 자도 용서받을 수 없으며, 재판장이신 예수님 앞에서 한 번도 두려워 떨어보지 못한 사람은 맏형이신 예수님 앞에서 결코 기뻐할 수 없으리라 생각합니다.

2. 요셉의 엄한 행동은 그리스도께서 우리의 죄를 깨닫게 하기 위해 우리 영혼을 대하시는 방식을 잘 드러내고 있습니다.

　　이제 두 번째로 전할 사실은, 요셉이 보여준 아주 엄한 행동은 그리스도께서 우리의 죄를 깨닫게 하기 위해 우리 영혼을 대하시는 방식을 잘 표현한 것이라는 점입니다. 요셉은 항상 그들의 형제였고, 항상 그 형제들을 사랑했으며, 그들을 정탐꾼으로 몰아세울 때조차 형제들에 대한 연민으로 가득했습니다. 다정한 말들이 거듭 그의 입에서 쏟아져 나오려 했지만, 그들의 유익을 위해서 그는 스스로 그들에게 이방인처럼, 심지어는 원수처럼 처신했습니다. 그래서 그는 그 형제들을 아주 비천한 자리인 자기 보좌 아래에 엎드리게 했던 것입니다.

　　사랑하는 성도 여러분, 우리 주 예수 그리스도께서는 구원하기로 작정된 자들, 다시 말해 진정으로 각성한 영혼들을 종종 이런 식으로 대하십니다. 오늘날에도 죄의식은 있지만 하나님의 은혜를 깨닫지 못한 자들은 그리스도를 엄격하고 노여워하는 심판장처럼 여길 것입니다. 이렇게 생각하는 사람들이 아마 여러분 중에도 있을 것입니다. 여러분은 그분을 조금도 죄악을 허락하지 않으시는 분으로 생각합니다. 여러분이 그분에 대해 생각하는 유일한 모습은 여러분에게 "사탄아 내 뒤로 물러가라 ⋯ 네가 하나님의 일을 생각하지 아니하고 도리어 사람의 일을 생각하는도다"(마 16:23)라고 말씀하시는 모습입니다. 성경을 읽을 때도 여러분의 마음은 아마 그분의 약속보다는 그분의 책망을 더 묵상할 것입니다. 여러분은 요한복음에 나오는 "너희는 마음에 근심하지 말라 하나님을 믿으니 또 나를 믿으라"(요 14:1)는 복된 말씀보다, 마태복음 25장에서 인자가 모든 천사와 함께 올 때 일어날 일들을 언급하는 그 끔찍한 구절들에 더욱 마음을 씁니다. 여러분은 예수님께서 "어린 아이들을 용납하고 내게 오는 것을 금하지 말라 천국이 이런 사람의 것이니라"(마 19:14)고 말씀하신 것보다, "화 있을진저 외식하는 서기관들과 바리새인들이여"(마 23:27)라고 말씀하신 것을 더 들으려고 합니다. 불쌍한 마음을 지닌 여러분이여, 여러분은 그분께서 책망하시는 그 엄격함만을 생각하지, 그분께서 베푸시는 사랑의 온화함과 다정함은 생각하지 못하고 있습니다. 여러분은 그분께서 바리새인들을 가혹하게 대하는 것을 보면서, 그분이 여러분에게도 더 엄하게 대하실 것이라고 추측합니다.

사실은 그렇지 않습니다. 그런데도 여러분은 주님께서 여러분을 결코 축복하지 않으실 몇 가지 이유들이 있다고 생각합니다. 요셉은 다른 형제들이 보는 앞에서 시므온을 잡아 감옥에 넣고 그 형제들에게 무거운 짐을 부과하면서, 그들에게 "너희는 정탐꾼들이라 이 나라의 틈을 엿보려고 왔느니라 바로의 생명으로 맹세하노니 너희는 과연 정탐꾼이니라"(창 42:9, 15-16)고 말하였습니다. 그리고는 그 형제들에게 베냐민을 데려올 것을 요구하면서, 그렇게 하지 못할 시에는 그들의 얼굴을 다시는 보지 않을 것이라고 말했습니다. 여러분은 예수 그리스도께서도 여러분을 이렇게 대하셨다고 생각합니다. 여러분은 기도로 그분께 나아갔지만, 응답을 받기는커녕, 그분께서 여러분의 기도를 감옥에 처넣으시고 시므온처럼 여러분이 보는 앞에서 기도를 결박하신 것 같았습니다. 그렇습니다. 그분께서는 여러분에게 은혜를 베푸시기는커녕, 도리어 여러분에게 "자녀의 떡을 취하여 개들에게 던짐이 마땅치 아니하니라"(막 7:27)는 가혹한 말씀을 하셨습니다. 그분은 여러분의 간구에 귀를 닫으시고, 여러분의 간청을 무시하며,

여러분에게 "너를 범죄하게 하는 오른쪽 눈을 빼 버리고 네게 쾌락을 주는 오른쪽 팔을 찍어 버려라. 그리고 네 형제 베냐민을 보는 즐거움을 포기하여라. 그렇게 하지 않으면, 너는 내 얼굴을 다시 보지 못하게 될 것이다"고 말씀하시는 분으로 나타났습니다. 불쌍한 영혼들이여, 여러분은 그리스도를 강퍅하고 엄한 분으로 생각했습니다. 하지만 그분은 여러분의 생각과 반대로, 죄인들을 용납하고 그들과 함께 식사하는 온유한 중보자이십니다. "수고하고 무거운 짐 진 자들아 다 내게로 오라 내가 너희를 쉬게 하리라"(마 11:28)는 음성은 항상 그분이 하시는 말씀입니다. 여러분에게는 그분이 이러한 모습으로 보이지 않습니다. 왜냐하면 그분이 그런 자신의 모습을 숨기고 계시기 때문에, 여러분은 그분이 실제로 어떤 분인지, 무엇을 행하는 분인지 이해하지 못하는 것입니다.

　사랑하는 성도 여러분, 여러분은 이 이야기를 읽으면서, 요셉이 자신의 본래 모습을 숨길 때도, 그의 행동을 통해 더 많은 사랑의 마음을 느낄 수 있었을 것입니다. 깨우침을 받은 죄인들도 이와 마찬가지입니다. 예수님께서 그들을 가혹하게 대하시는 것처럼 여겨질 때도, 여전히 다정하고 힘이 되는 어떤 것이 그 속에 담겨져 있습니다. 요셉이 형들에게 어떻게 했는지 여러분은 기억하고 있지 않습니까? 요셉은 형제들의 심판장이었지만, 그래도 그는 그 형제들을 위해 큰 잔치를 배설하고 초대한 주인이었습니다. 특별히 베냐민에게는 다른 형제들보다 다섯 배나 더 많은 음식을 주었으며, 그들은 왕의 식탁에서도 잔치를 즐겼습니다. 양심에 깨우침을 받은 불쌍한 죄인 여러분이여, 여러분도 이와 마찬가지로 소망의 식탁에서 특별한 잔치에 참여하게 될 것입니다. 저도 고통 가운데 있었을 때, 소망의 흔적을 어렴풋하게 본 적이 있었습니다. 오, 그분의 이름이 정말 달콤하게 여겨지던 때가 여러 번 있었습니다! 칠흑같이 어두운 밤에도 밝은 빛줄기가 번쩍하고 비칠 때가 있으며, 식탁 아래서 부스러기를 먹는 개에게도 큰 부스러기가 떨어지는 때가 있습니다. 이처럼 저의 영혼도 간혹 잔치에 참여할 때가 있었습니다. 이것은 여러분의 경우에도 마찬가지였습니다. 그리스도께서는 여러분을 책망하며 징계하기도 하셨지만, 그래도 여전히 왕의 식탁에서 음식들을 보내 주셨습니다. 그렇습니다. 그리고 그분께서 여러분을 위해 하신 또 다른 일이 있습니다. 여러분이 속박되어 있을 때, 여러분이 먹고 살 수 있는 곡식을 주셨던 것입니다. 그분께서 주신 어떤 작은 위로들이 없었다면, 그 때 여러분은 분명히 절망했을 것입니다. 어쩌면 여러분의 생을 마감했을지도 모릅니다.

그분께서 애굽의 곡식을 철을 따라 여러분의 자루에 채워 주지 않으셨다면, 여러분은 이전보다 더욱 사악한 죄악 속에 절망적으로 빠져들었을 것입니다. 여기서 한 가지 사실에 주목하십시오. 그분은 여러분에게서 한 번도 돈을 받지 않으셨다는 것이며, 앞으로도 그러실 것이라는 사실입니다. 그분은 여러분의 돈을 항상 자루 아가리에 그대로 넣어 두셨습니다. 여러분은 여러분의 결심과 선행 등을 가지고 그분께 나갔지만, 정작 그분께서는 여러분을 위로해 주실 때, 여러분의 손에 들린 그 선한 것들 때문에 위로해 주시는 것이 아니라는 사실을 보여 주시기 위해 항상 조심하셨습니다. 여러분이 내려가서 배나 되는 돈을 가지고 왔지만, 그 배나 되는 돈까지도 그분은 돌려보내셨습니다. 그분은 여러분에게서 그 어떤 것도 받고 싶지 않으셨을 것입니다. 그래서 그 정도로 분명하게 여러분을 가르치신 것이며, 이에 여러분은 그분께서 여러분을 축복해 주신다면, 그 축복은 틀림없이 돈 없이 값없이 받는 것임을 그제야 깨닫기 시작했습니다. 그렇습니다. 불쌍한 영혼들이여, 여러분이 눈으로 보고 기뻐하면서 안식할 수 있는 또 다른 핵심 사항이 여기에 있습니다. 그분께서 종종 여러분을 위로하며 말씀하셨다는 사실입니다. 요셉이 베냐민에게 "소자여 하나님이 네게 은혜 베푸시기를 원하노라"(창 43:29)라고 말하지 않았습니까? 이와 마찬가지로, 아직 여러분이 구원 받기 전인 데도 불구하고, 가끔 위로의 설교를 통해서 위로의 이슬방울들이 여러분에게 내리기도 했습니다. 오! 여러분은 종종 마치 공중의 새들처럼 가벼운 마음으로 기도하는 집인 예배당을 나섰습니다. 비록 여러분이 "내 사랑하는 자는 내게 속하였고 나는 그에게 속하였도다"(아 2:16)라고 말할 수는 없었다 해도, 그래도 여러분은 이 시련이 언젠가는 끝날 것임을 어렴풋하게나마 느끼고 있었습니다. 주님께서 "소자여 하나님이 네게 은혜 베푸시기를 원하노라"고 말씀하셨습니다. 비록 이 말씀에 대해 여러분이 분명한 확신을 가졌다고 크게 말할 수 있는 정도는 아니었다 해도, 여러분은 이 말씀을 반쯤 받아들이고 있었습니다. 다시 말해, 여러분의 죄가 용서받고, 죄인들이 사슬에서 풀려나 기뻐 뛰며, 여러분의 형제 요셉이 여러분의 영혼을 영접하고 사랑해 주실 그 날이 오고 있다는 것을 여러분은 감지하고 있었던 것입니다. 그러므로 제가 하고 싶은 말은 이것입니다. 요셉이 그랬던 것처럼, 그리스도께서도 깨우침을 받은 불쌍한 죄인들에게 자신을 친히 감추셨지만, 그 엄격함 속에 사랑이 가미된 달콤함이 있었기에, 누구도 두려워하며 절망 가운데 빠질 필요가 없었다는 것입니다.

　　그러나 사랑하는 성도 여러분, 이제 저는 이 말씀에서 제기될 수 있는 여러 질문들을 받아야할 것 같습니다. 어떤 사람은 다음과 같은 질문을 할 것입니다. "왜 예수님은 자기에게 나아오는 죄인들을 그렇게 대하십니까? 어떤 죄인에게는 아직도 거리가 먼 데 목을 안고 입을 맞추면서, 왜 또 다른 죄인에게는 즉시 만나 주지도 않고 항상 따뜻하게 대해 주지도 않는 거지요?" 아마도 이 질문은 다음과 같은 질문으로 대답할 수 있을 것 같습니다. 왜 요셉은 친 혈육에게조차 자신을 숨기고 드러내지 않았던 것입니까? 그 대답은 바로 이것입니다. 요셉은 성취되어야 할 예언이 있다는 것을 알고 있었기 때문입니다. 다시 말해, 해와 달과 열한 별이 자기에게 절하고, 형들의 곡식 단이 자기의 곡식 단을 둘러서서 절하는 예언이 아직 성취되지 않았던 것입니다. 이와 마찬가지로 아직 성취되지 않은 우리와 관련된 예언이 있습니다. "하늘에 있는 자들과 땅에 있는 자들과 땅 아래에 있는 자들로 모든 무릎을 예수의 이름에 꿇게 하시고"(빌 2:10)라는 예언 말입니다. 그리스도께서 이렇게 우리를 거칠게 대하지 않으셨다면, 아마도 우리는 절대로 깊은 겸손과 마음의 부복(俯伏)함으로 스스로 무릎 꿇지 않았을 것입니다. 이 겸손은 우리가 그분에게 영광을 돌리기 위해서도 필수적일 뿐 아니라, 우리의 유익을 위해서도 필수적입니다. 우리 가운데 누구라도 이런 마음 상태를 경험했다면, 그는 그분 앞에 엎드려 무릎을 꿇는 것이 하나의 특권임을 깨닫게 될 것입니다. 예수, 만세! 만유의 주이신 당신에게 우리는 왕위와 왕권을 바치나이다. 우리는 당신의 주권에 대해 논쟁하고 싶지도 않고, 당신의 절대적인 통치에 대해 간섭하고 싶지도 않나이다. 그분에게 모든 영광을 돌려라. 그분에게 모든 영예를 돌려라. 얼굴을 가리고서 "거룩, 거룩, 거룩, 만군의 여호와여"라고 그분 앞에 경배하던 그룹들보다 훨씬 더 깊은 경외심으로 우리 영혼이 경배하나이다.

　　그리고 사랑하는 성도 여러분, 이런 가혹한 대우가 없었다면, 요셉의 형제들은 아마 자신이 저지른 죄악들을 전혀 깨닫지 못했을 것입니다. 이들이 값없는 용서의 가치를 알기 위해서는 자신이 저지른 죄악이 얼마나 중한 것인지를 분명히 알아야 할 필요가 있었습니다. 이렇게 은혜가 지체되어 나타난 경우에는 많은 성도들에게 큰 유익이 있었습니다. 지체된 은혜로 인해 사람들은 아주 깊은 본성적인 부패의 근원을 찾게 되었으며, 값없이 주시는 하나님의 은혜가 얼마나 풍성한지를 찬양하게 되었습니다. 그분께서 우리를 치시는 막대기가 없었다면, 그리고 일찍부터 우리의 손가락 마디를 치는 자가 없었다면, 우리는 그리스도의 학교에서 한갓 불쌍한 바보들이 되었을 것입니다. 죄의 자각이라는 검은 색 칠판은 이 학교에서 아주 유용한 도구였습니다. 그분께서 우리의 마음 밭을 깊게 쟁기질하지 않았다면, 결코 백배의 수확을 얻지 못했을 것입니다. 그분께서는 우리 마음에 기쁨이라는 높은 집을 세우고자 하셨기에, 우리 마음에 있는 슬픔의 원천들을 깊이 파헤칠 "필요"가 있었습니다. 그분께서는 이 모든 일들을 우리의 지속적이고 영속적인 유익을 위해 행하셨습니다. 존 번연(John Bunyan)이 넘치는 은혜를 깨닫고 "넘치는 은혜"(1678년 「천로역정」을 출판하기 전에 존 번연은 영적인 자서전으로 「죄인의 괴수에게 넘치는 은혜」[Grace Abounding to the Chief of Sinners]를 1666년에 발표했다 — 역주) 가운데서 기뻐하지 않았다면, 그가 과연 「천로역정」을 쓸 수 있었겠습니까? 그리고 그가 만약 인간영혼(Mansoul) 마을이 당했던 모든 공격들을 몸소 느끼지 않고, 인간영혼 마을 사람들이 그랬던 것처럼 지옥에서 울려 퍼지는 북소리를 몸소 자신의 귀로 듣지 않았다면, 그는 「거룩한 전쟁」(Holy War, 인간영혼 마을에 침입해 들어온 암흑의 왕 디아볼로스에 맞서서, 이 마을을 다시 되찾으려는 임마누엘 왕자 사이의 전쟁을 묘사한 책으로 1682년 작품이다 — 역주)이라는 놀라운 작품을 한 권의 책으로 엮어내지 못했을 것입니다. 믿음의 대가(大家)들은 피상적인 체험으로 만들어지지 않습니다. 우리는 마른 땅 위에서 선원을 만들어낼 수 없으며, 평화로운 때에 노련한 군인을 만들어낼 수 없습니다. 그리스도를 위한 큰 공을 세울 강인한 전사들은 고대 그리스의 스파르타 청년들처럼 되어야 합니다. 그들은 스파르타 훈련을 받으면서, 매를 맞기도 해야 하고, 젊을 때부터 멍에를 져보기도 해야 합니다. 그래야 이후에 그리스도의 좋은 군사가 되어 큰 승리를 얻기 위해 어려움들을 견뎌낼 수 있습니다. 이처럼 그리스도 안에서 나타나는 잔인한 모습은 사실 감추어진 은혜인 것입니다. 그분께서는 얼굴에 면갑(面甲, 전투 시 얼굴을 보호하기 위해 투구 안에 쓰던 얼굴 가리개 — 역주)을 두르셔서 적군처럼 보이지만, 자신이 택한 자들을 향한 다정한 마음은 한결같습니다.

그러므로, 오늘 아침에 우리가 죄로 인한 죄책감으로 슬퍼한다면, 비록 그리스도께서 원수처럼 보인다 해도, 그분은 우리의 형제라는 사실과, 비록 우리에게 가혹하게 말씀하신다 해도 그분은 순전하고 완전한 사랑으로 우리를 사랑하신다는 사실을 절대로 잊어서는 안 됩니다. 우리는 이런 점들을 기억합시다. 비록 그분께서 우리의 기도에 응답해 주지 않으신다 해도, 그분은 여전히 응답해주려고 하십니다. 비록 그분께서 긍휼이나 연민의 감정을 드러내 보이지 않는다 해도, 그분은 피도 눈물도 없는 무정한 분이 아니시며, 자기 자녀들을 전혀 가 엾게 여기지 않는 매정한 분이 아니십니다. 그분은 절대로 그런 분이 아니십니 다.

3. 요셉이 마지막에 자기 신분을 드러낸 것처럼 예수님도 때가 되면 불쌍한 죄인들에게 다정한 모습을 드러내실 것입니다.

이제 저는 마지막 요점을 전해야 할 것 같습니다. 이 마지막 말씀에 하나님 께서 은혜를 베푸셔서, 그분의 기쁘신 뜻 가운데 어둠 속에 있는 영혼들에게 밝 은 빛이 비춰지기를 기원합니다. 이후에 요셉은 형제들에게 자기의 신분을 드러냈습 니다. 이와 마찬가지로, 주 예수님께서도 적절한 때가 되면 양심에 가책을 받고 회개하는 불쌍한 죄인들에게 자신의 다정스런 모습을 드러내실 것입니다.

오늘 아침 우리가 들은 본문 말씀이 기록된 창세기 45장 전체를 읽어 본다 면, 다정한 마음을 가진 자는 누구나 눈에서 흘러나오는 눈물을 주체할 수 없을 것입니다. 솔직히 말해서, 제가 성경을 개인적으로 연구하면서 이 장(章)을 읽었 을 때, 저는 성령님께서 참으로 훌륭하게 그린 이 그림에 감동하여 펑펑 울지 않 을 수 없었습니다. 열 명의 형제들은 두려워 떨고 있으며, 유다의 얘기가 이제 막 끝이 났고, 그들 모두가 간청하는 마음으로 무릎을 꿇자, 정적(靜寂)이 그 궁에 감돌았습니다. 그 때 요셉은 슬픔과 사랑이 뒤범벅된 그 애타는 심정을 누를 길 없어 "나는 요셉이라" 말하고 울음을 터뜨리고 말았습니다. 불안에 떨고 있는 연 약한 영혼들에게 얼마나 안도감을 주는 멋진 장면입니까! 요셉은 틀림없이 깊은 사랑의 마음으로 "나는 요셉이라"고 말했지만, 그 형제들의 귀에는 이 소리가 분 명히 청천벽력(靑天霹靂)으로 들렸을 것입니다. "요셉이라니! 우리가 지금 어디 에 있는 거지? '꿈꾸는 자가 오는도다 그를 이스마엘 사람들에게 팔고 요셉의 옷 을 가져다가 숫염소를 죽여 그 옷을 피에 적시고 그의 채색 옷을 보내어 그의 아 버지에게로 가지고 가서 이르기를 우리가 이것을 발견하였으니 아버지 아들의 옷인가 보소서'(창 37:19, 27, 31, 32)라고 말하면서 우리가 조롱한 그 요셉 앞에 있다니, 차라리 사자굴 속에 있는 것이 훨씬 더 나았을 것이다." 당연히 그들은 두려워 떨었을 것입니다! 그들이 요셉을 두려워하며 물러서자, 요셉은 그 형제 들에게 다시 말하였습니다. 이 때 요셉이 보여준 온화한 성품을 주목해 보십시 오. "내게로 가까이 오소서 … 나는 당신들의 아우 요셉이니 당신들이 애굽에 팔았던 자입니다." 여러분이 지금 들은 바와 같이, 요셉은 자신이 그들과 한 형제이자 혈육임을 밝히며 감정에 북받쳐 말합니다. 그러고는 여러분이 보는 바와 같이, 자기와 한 어머니의 배에서 난 친 동생 베냐민을 시작으로 모든 형제들을 껴안았습니다. 후에 그는 모든 형제들과 함께 울었습니다. 그리고 좋은 것들을 그들의 손에 들려서 기쁘고 즐거운 마음으로 집으로 돌아가게 했습니다. 사랑하는 성도 여러분, 이것이 바로 그리스도께서 우리를 위해 하신 것과, 지금도 그분의 발치에서 두려워 떨고 있는 자들을 위해 그분이 준비하고 계신 것을 보여주는 모습입니다. 그런데 이러한 드러남이 은밀하게 행해졌다는 사실에 주의하십시오. 그리스도께서는 죄인들이 무리로 모인 가운데서는 자신을 드러내 보이지 않으셨습니다. 모든 사람은 그리스도의 사랑을 개별적으로 보아야만 합니다. 우리는 떼로 지옥에 갑니다. 하지만 천국은 한 사람씩 각자 갑니다. 각자가 자신이 지은 죄를 자기 마음으로 개별적으로 인식해야만 합니다. 개인적으로 은밀하게, 다른 마음은 결코 함께 할 수 없는 곳에서 그리스도께서 하신 사랑의 말씀을 들어야만 합니다. "가서 다시는 죄를 범하지 말라"(요 8:11), "그의 많은 죄가 사하여졌도다"(눅 7:47).

이 일이 은밀히 행해졌다는 사실과 함께, 요셉이 그들에게 처음으로 보여준 것은 그의 이름이라는 사실도 주목해 주십시오. "나는 요셉이라." 그리스도께서 죄인에게 "나는 예수라, 나는 구세주라" 하는 그 날이 죄인에게 복된 날입니다. 그 날은 그분을 율법을 주신 분이 아니라 구세주로 인식하는 날이며, 자기 죄로 인해 생긴 상처들을 보게 되지만, 그 흘리신 보혈로 대속하는 것을 보는 날입니다. 그리고 그 날은 자기 허물이 가시 면류관이 되어 머리에 얹힌 것을 보게 되지만, 죄인을 위해 준비된 영광의 면류관이 거기서 밝게 빛나는 것을 보는 날입니다. 죄인인 여러분이여, 근심하고 있는 불쌍한 죄인들이여, 예수님께서는 친히 여러분을 위해 피 흘리신 바로 그 십자가에서 오늘 아침에 여러분에게 말씀하십니다. "나는 예수라. 나를 바라보고, 나를 믿어 구원을 받으라. 너희들은 전적으로 나를 신뢰하여라. 그리하면 너의 죄를 깨끗이 할 것이며, 평생토록 너를 안전히 인도하여, 네가 영원한 곳에 영광 가운데 이르도록 하리라."

요셉은 자기 이름을 드러낸 다음, 자신과 그들의 관계를 밝혔습니다. "나는 당신들의 아우 요셉이니." 오, 예수님을 자신의 형제로, 우리의 뼈 중의 뼈요, 살 중의 살이요, 마리아의 아들일 뿐만 아니라, 하나님의 아들로 보는 그 마음은 얼

마나 복된지 모릅니다. 성령님께서 일깨워 주신 죄인들이여, 그리스도는 여러분
의 형제이십니다. 그분은 여러분을 불쌍히 여기시며, 지금 여러분의 마음을 괴
롭히는 고통들에 대해 친구로서 동감하십니다. 그분은 여러분을 사랑하십니다.
여러분이 그분을 조금이라도 알기 이전부터 여러분을 사랑하셨습니다. 그분은
여러분을 자신의 피로 구속하심으로써 여러분을 사랑하는 그 사랑에 대한 최고
의 증거를 보여주셨습니다. 그분께서는 여러분과 맺은 그 관계를 드러내 보여주
셨습니다. 자신과의 관계를 드러내면서 요셉은 자신의 사랑 또한 보여주었습니
다. 요셉은 "내 아버지께서 아직 살아 계시니이까?"라고 말했습니다. 같은 아버
지를 둔 한 형제로서 그는 한 가정의 가장을 기억했습니다. 예수님의 영혼과 여
러분의 영혼은 서로 형제 사이입니다. 예수님께서는 이 관계가 한갓 공상이나
비유가 아니라는 것과, 그분의 마음은 지금도 여러분의 마음을 향하고 있다고
말씀하십니다. 회개한 죄인인 여러분이여, 여러분은 이 사실을 믿을 수 있겠습
니까? 예수님께서는 여러분은 사랑하십니다. 비록 여러분이 과거에 그분을 미워
했다 해도, 그분은 여러분을 사랑하십니다. 각성한 불쌍한 죄인들이여, 여러분
은 이런 일이 가능하다고 생각합니까? 지금도 가능합니다. 이 일은 가능한 일일 뿐
만 아니라, 확실한 일이기도 합니다. 하늘에 있는 주님, 그 앞에 천사들도 경배하
는 그분께서 여러분을 사랑하십니다. 저는 지금 한 사람이 생각납니다. 그는 우
리가 엑서터 홀(Exeter Hall, 1830년경에 세워진 런던 북쪽의 건물로 사천 명 이상을 수용할
수 있다. 오천 석 규모의 메트로폴리탄 교회[Metropolitan Tabernacle]가 지어지기 전에 스펄전은
한동안 이곳에서 설교했다 — 역주)에서 예배드릴 때, 주일 아침 예배 중에 "내 영혼
을 사랑하는 이, 예수님"(찰스 웨슬리의 찬송가로, 우리나라에는 21세기 찬송가 388장[비바
람이 칠 때와]으로 알려져 있다 — 역주)이라는 찬송을 들었는데, 이 찬송가의 가사 하
나하나가 충격으로 다가왔다고 말했습니다. 그는 또한 이 찬송가를 들은 것이
회심하게 된 결정적 계기가 되었다고 말했습니다. 그는 "그분께서 과연 내 영혼
을 사랑하신단 말입니까? 오, 예수님께서 나를 사랑하신다는 이 생각만큼 제게
충격적인 사실은 지금까지 없었습니다. 이 사실은 제게 너무 엄청난 것이어서,
제 마음을 그분에게 드리지 않을 수 없었습니다"라고 말하였습니다. 과거의 전
통적인 보수주의자들은 자신이 사랑한 사람으로부터 자신도 어느 정도 사랑을
받을 것이라는 보상을 기대하며 사랑하지 않는 사랑은 어느 누구에게든 가능하
지 않았다고 가르쳤습니다. 하지만 확실히 죄인인 여러분이여, 비록 여러분이

스스로 이 세상에서 가장 사악한 죄인이라고 느낀다 해도, 우리가 "미쁘다 모든 사람이 받을 만한 이 말이여 그리스도 예수께서 죄인을 구원하시려고 세상에 임하셨다 하였도다 죄인 중에 내가 괴수니라"(딤전 1:15)는 말씀을 여러분에게 전할 때, 이 말씀은 여러분의 마음이 그분에게로 향해야 하는 근거가 되게 할 것입니다. 오, 죄인인 줄 깨닫고 소생한 여러분이여, 그분께서 여러분을 사랑하십니다. 오, 그분을 신뢰하십시오. 그리고 여러분의 마음으로 그 사랑의 맛을 한 번 느껴보십시오.

이렇게 그분의 사랑이 확증되었으므로, 그분께서 죄인들이 그분에게 가까이 다가갈 수 있는 일종의 초대장을 주셨다는 사실을, 이제 여러분은 기쁜 마음으로 알 수 있을 것입니다. 요셉은 "내게로 가까이 오소서"라고 형제들에게 말했습니다. 여러분은 지금도 구석으로 달아나려 하고 있습니다. 여러분은 외로운 골방으로 들어가 숨기를 원하고 있습니다. 여러분은 여러분의 슬픔에 대해 아무에게도 말하고 싶어 하지 않습니다. 그런 여러분에게 예수님께서 말씀하십니다. "내게로 가까이 오너라. 네 슬픔을 내게로 가져 오너라. 네가 원하는 것이 무엇인지 내게 말하여라. 네가 지은 죄를 내게 자백하여라. 네가 죄 용서 받기를 원한다면, 내게 용서를 구하여라. 내게로 가까이 오너라. 결코 두려워하지 말거라. 피흘려 너를 산 이 손으로 나는 너를 칠 수 없으며, 너를 위해 십자가에서 못 박혔던 이 발로 결코 너를 걷어찰 수 없노라. 내게로 나아오너라!" 아! 죄인들을 그리스도에게 가까이 나아오게 하는 것, 이것이 세상에서 가장 힘든 일입니다. 저도 그분은 강퍅한 분, 아주 강퍅한 분이라고 생각한 나머지, 제가 그분 앞에 서기 위해서는 많은 것을 행해야 하며, 그것을 그분도 원하신다고 생각했습니다. 하지만 "땅의 모든 끝이여 내게로 돌이켜 구원을 받으라"(사 45:22)는 이 은혜로운 말씀을 들었을 때, 감히 저는 마음을 돌이킬 수 있었습니다. 그리고 오! 이루 형언할 수 없는 최고의 기쁨, 벗겨진 내 짐들, 남김없이 사라져 버린 내 죄들, 그렇게 내 영혼은 그리스도를 받아들이게 되었습니다. "내게로 가까이 오소서." 오, 오늘 아침에 상한 마음이 어디에 있는지 제가 알았으면 좋겠습니다! 상한 마음을 지닌 자를 지목하여 그의 얼굴을 바라보며 예수님의 이름으로 "불쌍한 죄인이여, 내게로 나아오라"고 말했으면 좋겠다는 생각이 듭니다. 오, 예수님께서 초대하는데도 여러분은 머물러 있겠다는 말입니까? 예수님께서 나아오라고 명하시는데도, 여러분은 절망 속에서 주저앉아 있으시렵니까? 죄수가 자기를 묶고 있

는 사슬을 껴안고 있겠습니까? 또한 포로가 자신을 감금하고 있는 감옥에 미련
이 있겠습니까? 일어나십시오! 자유롭게 되십시오! 일어나십시오. 그분께서 여
러분을 부르십니다. 죄인들이여, 예수님에게 가까이 나아오십시오. 구원이 그분
안에 있습니다. 그분께서 여러분에게 명하십니다. 구원을 받으십시오.

　　이제 여러분은 초대를 받았으니, 요셉이 그 형제들을 어떻게 위로해 주었는
지에 대해 다시 주목했으면 합니다! 요셉은 "저는 형님들에게 화를 내지 않겠습
니다. 형님들을 용서했습니다"라고 말하지 않았습니다. 그는 이 말보다 훨씬 더
달콤하게 다음과 같이 말했습니다. "당신들이 나를 이곳에 팔았다고 해서 근심하
지 마소서 한탄하지 마소서." 이 말은 "과거에 당신들이 나에게 한 일들을 신경
쓸 필요가 없습니다. 당신들이 한 일로 인해 근심하거나 한탄하지 마십시오"라는
말이었습니다. 제가 찬양하고 칭송하는 주님께서도 의기소침해 낙담한 불쌍한
죄인들에게 이와 같이 말씀하십니다. "너희들을 향한 용서는 이제 끝이 났노라.
내 마음은 온유하며, 너희를 향한 사랑으로 나의 애간장이 녹았노라. 너희들을
용서하노라. 너희들은 근심하거나 한탄하지 말지어다. 너희들이 죄를 지은 것은
사실이지만, 이를 위해 내가 죽었노라. 너희들이 너희 자신을 파멸하게 한 것은
사실이지만, 내가 너희들을 구원하였노라. 이제 더 이상 울지 말지어다. 눈물을
거두고 다음과 같이 크게 노래할지어다.

　　　'나는 날마다 당신을 찬양하리이다.
　　　이제 당신의 노여움은 사라지고,
　　　사려 깊은 위로가
　　　피 흘리신 제단에서 임하도다.

　　　예수님은 마침내
　　　나의 구원과 나의 능력이 되셨도다.
　　　사는 동안 즐거운 노래로 그분을 찬양하는 소리 계속되리니.'"
　　　(윌리엄 쿠퍼[William Cowper], '오, 주님, 나는 당신을 찬양하리이다'
　　　[O Lord, I Will Praise Thee] 1절, 3절 ― 역주).

　　마지막으로, 사랑하는 성도 여러분, 이렇게 요셉은 그 형제들을 위로한 후

에, 마지막 결정타를 날렸습니다. 즉 그들이 이해하기 쉽게 일종의 설명을 해주었던 것입니다. 요셉은 "나를 이리로 보낸 이는 당신들이 아니요 하나님이시라"(창 45:8)라고 말했기 때문입니다. 주님께서 십자가의 처형을 당한 것에 대해 자책하고 있는 가련한 영혼들에게 하시는 말씀도 이와 같습니다. "내가 보내심을 받아 큰 구원으로 너희의 생명을 보존케 한 것은 너희들이 아니라, 하나님께서 하게 하신 것이니라." 그리스도의 죽음에서 인간은 이차적인 원인일 뿐이며, 하나님이 일차적으로 크게 역사하셨습니다. 왜냐하면 그리스도의 구원사역은 하나님의 작정된 예정(豫定)과 예지(豫知)에 의한 것이었기 때문입니다. 인간은 그리스도의 사건으로 의를 파괴하게 되었지만, 하나님께서는 이 사건으로 경건하지 않은 자들까지 구원하셨습니다. 인간은 죄를 짓지만, 하나님께서 승리하십니다. 인간이 지배하지만, 하나님께서 뒤엎으십니다. 쓸개가 꿀로 변하고, 먹는 자에게서 단 것이 나옵니다. 사망은 예수님의 죽음으로 멸망합니다. 지옥의 가장 사악한 행동으로 인해 지옥 자체가 뒤집혔기 때문입니다. 죄인인 여러분이여, 그리스도께서는 큰 역사로 여러분을 구원하기 위해 죽으셨습니다. 그러니 여러분이 무슨 말을 하겠습니까? 여러분은 지금 그분께 나아가고 싶습니까? 여러분에게 그런 마음이 있다면, 그 마음 또한 하나님께서 주셨습니다. 여러분은 "그런데 그분에게 나아간다는 것이 도대체 무슨 말입니까?"라고 물을 것입니다. 그리스도께 나아간다는 것은 그분을 신뢰하는 것입니다. 여러분은 여러분 자신과 여러분이 지은 죄를 버리고, 좋은 일이나 궂은 일이나, 사나 죽으나, 시간이 지배하는 이 땅에서 뿐만 아니라 영원토록 그리스도를 신뢰하고 받아들이며 기꺼이 붙잡기를 원합니까? 이에 대해 진심으로 "예"라고 대답합니까? 여러분은 그분께 나아오고 싶습니까? 오늘 아침에 그분과 짝하고 싶습니까? 여러분의 마음이 그리스도와 하나 되어 그분과 혼인하고자 합니까? 아! 그렇다면, 이 약속의 반지를 여러분의 손가락에 끼고 약혼자로서 그리스도에게 나아가십시오. 다음과 같은 말씀이 바로 결혼반지입니다. "너희의 죄가 주홍 같을지라도 눈과 같이 희어질 것이요 진홍 같이 붉을지라도 양털 같이 희게 되리라"(사 1:18). 오늘 아침에 내 주님께서 매우 달콤한 메시지를 주신 것 같습니다. 그래서 그 메시지를 감히 말로 다 표현할 수가 없습니다. 하지만 이 자리에는 떨어지는 이슬방울을 머금기 위해 꽃망울을 터뜨린 작은 꽃 같은 영혼들이 있을 수 있습니다. 이 영혼들에게는 이 메시지가 부족할 수도 있겠지만, 그래도 유익할 것입니다. 또한 제가 들고 있는 것이 작은 촛불이라 해도, 지금까지 암흑 속에 지내면서 오랫동안 이 끔찍한 어둠을 보던 가련한 눈들은 이 불빛으로 기뻐하게 될 것입니다.

오! 이 자리에도 주 예수님을 믿고자 하는 자들이 있기를 기원합니다. 이런 사람이 아무도 없습니까? 우리가 다시 골방에 들어가 "우리가 전한 것을 누가 믿었느냐? 여호와의 팔이 누구에게 나타났느냐?"(사 53:1)라고 탄식해야 하겠습니까? 우리가 전한 것을 믿는 사람이 틀림없이 한 명이라도 있을 것입니다. 어쩌면 그 사람은 여기에 처음으로 왔을지도 모릅니다. 그가 누구인지 제가 이 땅에 사는 동안에는 다시 듣지 못할 것입니다. 그래도 괜찮습니다. 주님께서 이 사람의 사정을 들으실 것입니다. 주님이 찬양을 받으실 것입니다. 또한 어쩌면 그 사람은 이 기도하는 집에서 지금까지 완고한 마음으로 변화 없이 오랫동안 앉아 있던 사람일지도 모릅니다. 화살이 갑옷 솔기를 맞힌 것(왕상 22:32)처럼 무심코 앉아 있다가 믿게 된 사람들이 아마도 있을 것입니다. 오, 영혼들이여! 그분께서는 여러분을 향해 사랑의 팔을 벌리고 계십니다. 지금 그분께서 주시는 은혜로 여러분은 그 팔을 향해 달려 나갈 수 있습니다. 그분에게 나아가십시오. 요셉은 형제들에게 "근심하지 마소서 한탄하지 마소서"라고 말했습니다. 여러분도 근심하거나 한탄하지 마십시오. 여러분을 큰 구원으로 건져 주시기 위해 그리스도께서 죽으셨습니다. 그렇게 하신 분이 바로 하나님이십니다. 예수님을 신뢰하십시오. 그러면 여러분은 구원받게 될 것이며, 이 세상 끝날까지 그분을 찬양하게 될 것입니다. 아멘.

제
33
장

—

신구(新舊) 세대를 위한
역사의 한 단편(斷片)

—

"그가 요셉을 위하여 축복하여 이르되 내 조부 아브라함과
아버지 이삭이 섬기던 하나님 나의 출생으로부터 지금까지
나를 기르신 하나님 나를 모든 환난에서 건지신 여호와의
사자께서 이 아이들에게 복을 주시오며." — 창 48:15-16

    요셉은 늘 혼자 있는 사람이었습니다. 야곱의 집안에서도 그는 마치 오리 둥지 속에 있는 한 마리 백조와 같은 존재였습니다. 그는 어릴 때부터 다른 형제들과는 남다른 아이처럼 보였습니다. 그는 나이 많은 아들, 즉 형 같은 아들이었습니다. 정확히 말하면 어린 나이인데도 생각하는 것이 깊고 헌신적인 행동을 하는 그런 성숙한 자녀였습니다. 그는 일찍 철이 들었습니다. 그렇다고 해서 일찍 노쇠해졌던 것은 아닙니다. 이런 이른 성숙의 결과로 요셉은 홀로 독특한 시련을 받는 사람이 되었습니다. 형들로부터 미움을 받는 등 큰 고난을 겪다가, 마침내 종으로 팔려서, 애굽에서 가장 극심한 시련을 겪어야만 했기 때문입니다. "활 쏘는 자가 그를 학대하며 적개심을 가지고 그를 쏘았으나"(창 49:23), 사랑하는 성도 여러분, 이런 시련에 대해 그가 보상받은 것을 보십시오. 그는 온전히 자기에게만 해당되는 특별한 복을 받았습니다. "요셉의 활은 도리어 군세며 그의 팔은 힘이 있으니 이는 야곱의 전능자 이스라엘의 반석인 목자의 손을 힘입음이

라"(창 49:24). 그는 형들로부터 냉대를 받은 점에서 특별했던 것처럼, 하나님으로부터 환대를 받은 점에서도 두드러졌습니다. 야곱이 나이 많아 이 세상을 떠날 때가 되자, 요셉은 야곱에게서 자기 형제들과 더불어 받은 축복 외에도 오로지 자기에게만 해당되는 축복까지 받았습니다. 창세기 49장에서 우리는 "너희는 모여 들으라 야곱의 아들들아 너희 아버지 이스라엘에게 들을지어다"(창 49:2)라는 말씀을 읽을 수 있습니다. 그 가족의 아들들은 다 모여서, 자기 아버지가 선지자적인 혜안(慧眼)으로 미리 내다본 축복을 받았습니다. 그러나 이에 앞서, "믿음으로 야곱은 죽을 때에 요셉의 각 아들에게 축복"(히 11:21)하였습니다. 즉 요셉의 아들에게는 특별히 개별적으로 만나 축복해 주었던 것입니다. 요셉이 그렇게 많은 고난을 받지 않았다면, 위로 또한 그렇게 많이 받지 못했을 것입니다. 사랑하는 성도 여러분, 여러분은 혼자만 두드러지게 특별한 슬픔을 당하는 것 같습니까? 고난의 화살들이 여러분의 삶을 표적으로 삼아, 다른 사람들보다 훨씬 더 많은 고난을 겪고 있습니까? 그러나 이런 많은 고난을 애석하게 여기지 마십시오. 왜냐하면 이 고난의 화살에는 언약의 사랑이라는 날개가 달려 있기 때문입니다. 이것은 하늘에 계신 여러분의 아버지께서 고난의 화살로 인한 상처를 치유해 주시기 위해 특별히 고안하신 작품으로서, 이를 통해 여러분은 특별한 축복을 받게 됩니다. 지금 겪고 있는 그 모든 고통에 대해 여러분이 감사할 날이 틀림없이 올 것입니다. 그렇습니다. 비록 지금은 여러분의 마음이 고통스럽다 해도, 여러분의 형제로부터 받은 그 무정하고 비참한 고난에 대해 분명 감사할 날이 있습니다. 하나님께서 드러내시는 풍성한 계시는 보통 그 계시 전이나 후에 육체의 가시를 동반하는 법입니다. 여러분이 당하는 슬픔에도 불구하고, 여러분에게도 그 슬픔을 상쇄할 요셉의 자녀와 같은 아이들이 태어날 것입니다. 즉 하나님께서 여러분의 모든 수고를 잊게 하시리라는 뜻의 므낫세가 태어날 것이며, 여러분이 머무르고 있는 고난의 땅에서 여러분을 번성하게 하시리라는 뜻의 에브라임도 태어날 것입니다. 그래서 여러분은 모든 다른 자들보다 더 큰 축복을 받게 될 것입니다. "네 아버지의 하나님께로 말미암나니 그가 너를 도우실 것이요 전능자로 말미암나니 그가 네게 복을 주실 것이라 위로 하늘의 복과 아래로 깊은 샘의 복과 젖먹이는 복과 태의 복이리로다 네 아버지의 축복이 내 선조의 축복보다 나아서 영원한 산이 한 없음 같이 이 축복이 요셉의 머리로 돌아오며 그 형제 중 뛰어난 자의 정수리로 돌아오리로다"(창 49:25-26). 참으로, 사람은 젊었을 때에 멍에를 메는 것이 좋으니(애 3:27), 하나님께서 그 짐을 메우셨을 때는 능히 그 어깨에 규제까지 메는 것이 유익할 것입니다. 사람은 고난을 통해 훈련을 받게 됩니다. 그 훈련을 받고 자기 민족의 조상이 되기도 하며 고난 받는 자들에게 위로자가 되기도 합니다.

오늘 본문은 야곱이 요셉을 축복했다는 사실을 말해 주고 있습니다. 그리고 야곱이 요셉의 자녀들을 축복함으로써 요셉을 축복해 주었다는 사실도 알게 됩니다. 이 사실에서 우리가 주목하게 되는 것은, 우리 자녀들이 주님의 은혜를 받는 것을 보는 것보다 우리에게 은혜가 임하는 더 엄선된 은혜는 없다는 점입니다. 에브라임과 므낫세가 축복받는 것을 봄으로써 요셉은 갑절의 축복을 받은 셈입니다. 사랑하는 젊은 성도 여러분, 지금 젊은 여러분에게 말하건대, 여러분의 아버지가 여러분에게 "내가 내 자녀들이 진리 안에서 행한다 함을 듣는 것보다 더 기쁜 일이 없도다"(요삼 1:4)라고 말할 수 있습니다. 만약 아직 회심하지 않은 젊은 여러분이 자녀의 마음을 살피는 부모의 이 애타는 마음을 알았다면, 여러분은 그렇게 오랫동안 거룩한 것들에 대해 무심하거나 신경을 끄고 살 수 없었을 것입니다. 여러분이 주님 안에서 구원받는 것을 부모가 보게 되었을 때, 그 부모의 마음에 마치 섬광처럼 비칠 천국의 기쁨을 여러분이 헤아릴 수 있었다면, 이런 부모의 모습이 계기가 되어 여러분은 가던 길을 살피고, 온 마음을 다해 주님께 돌아오게 되었을 것입니다. 하나님 자신에게도 이 일은 자신이 택한 자들에게 은혜 언약을 베푸시는 것에 버금가는 일로서, 그 택한 자들에게는 하나님이 은혜로 말미암아 자신들의 자녀들을 동일한 언약으로 부르시는 일보다 이 땅에서 더 큰 축복이 없을 것입니다. 이런 말까지 했는데도, 여러분은 이에 대해 생각해 보지 않겠습니까?

부모가 된 우리는 자녀들이 우리와 함께 거룩한 기업에 참여할 수 있도록 마땅히 최선을 다해야 합니다. 요셉이 에브라임과 므낫세를 데리고 연로한 할아버지를 찾아뵙게 한 것처럼, 우리도 축복이 임할 것으로 기대되는 곳에 자녀들을 데리고 갑시다. 우리의 아들딸들을 데리고 갈 그 모임에 우리가 관심을 가집시다. 그들이 축복받을 그 곳에서 도리어 상처를 입지 않도록 우리가 바르게 처신합시다. 지나치게 엄하지 않도록 주의하면서, 사랑으로 지혜롭게 그들을 대하여 거룩한 축복을 받기에 합당한 곳으로 그들을 인도하여, 자기 부모들도 이 축복을 갈구했다는 사실을 그들이 깨닫고서, 그들도 그 축복을 간구할 수 있도록 자녀들을 격려합시다. 자신의 에브라임과 므낫세가 축복받을 만한 기회를 잡으려고 하지 않는 아버지는, 자녀들이 스스로 축복을 갈구하는 모습을 보고 싶어 하지 않는 아버지일 것입니다. 특별히 이런 관심은 재산이 점점 늘어가는 부모들이 가져야 합니다. 다시 말해 집이 부자라는 사실로 인해, 그들의 자녀들이 하나님께서 자신들과 함께 하도록 한 가난한 자들과 사귀기보다는, 오히려 좀 더 근사한 자들과 사귀고 싶어 하는 시험을 받을 수 있기 때문에, 그런 자녀들을 둔 아버지는 그들에게 더 큰 관심을 가져야 합니다. 애굽 총리의 이 두 아들들도 틀림없이 굉장히 큰 유혹에 노출되었을 것입니다. 아주 부하고 특출한 부모를 둔 자녀들로서 이들의 취향은 애굽의 방식을 따라갈 만도 했습니다. 그럼에도 불구하고 이들은 큰 동요 없이 옳은 길로 인도되어, 자기 아버지인 요셉의 열정과 돌아가신 할아버지가 받은 축복을 회상하며 아브라함과 이삭과 야곱의 하나님을 경배하게 되었습니다. 저는 그렇게 믿고 있습니다. 그들이 애굽의 왕과 귀족들의 종교에 조금이라도 마음을 둔 흔적을 전혀 찾아볼 수 없었기 때문입니다. 그들은 자기 아버지의 믿음을 고집하였습니다. 오, 청교도(Puritan)의 믿음을 가진 아버지를 둔 청교도의 후손들이여, 이 악한 세대에서 하나님의 순결한(pure) 진리를 굳게 붙잡을지어다!

더 나아가 우리가 젊은이들을 축복하고자 한다면, 그러기 위한 가장 바람직한 방법은 하나님의 선하심에 대해 우리가 개인적으로 증언하는 것입니다. 젊은 남녀들은 보통 아버지의 인생사에 대해 큰 관심을 가지고 있습니다. 따라서 그 아버지의 인생사가 귀하게 여겨진다면, 하나님의 선하심에 대해 아버지로부터 개인적으로 들은 내용들은 자녀들의 마음에 남게 될 것입니다. 우리 모두는 위인들의 전기(傳記)를 읽은 적이 있을 것입니다. 우리는 그 책에서 발견한 경험들의 결과를 귀히 여깁니다. 그런데 만약 그 전기가 자기 친족을 기록한 전기라면, 우리는 그것을 더욱더 귀하게 여길 것입니다. 그리고 만약 이 전기들이 읽혀지지 않고 말로 전해진다면, 이 전기는 정말 놀라운 능력을 발휘할 것입니다! 제가 청년 시절에 들은 한 목사님의 말이 생각납니다. 그는 연로해서 눈이 잘 안 보이던 상태였지만, 성찬상에 서서 이제 막 교회에 들어온 젊은이들에게 말씀을 전했습니다. 그것은 우리가 신실한 하나님을 신뢰하기에 아주 적합한 말씀이었습니다. 비록 아주 많이 연약했지만, 그럼에도 불구하고 아주 많은 열정을 가진 그 선한 목사님은 자신이 어릴 때부터 마음을 바쳐온 그리스도를 지금까지 한 번도 후회한

적이 없다는 말을 우리에게 해주었습니다. 저는 그 말을 들으면서 그가 믿는 그 하나님을 저도 하나님으로 믿고 있다는 생각에, 제 마음은 뛸 듯이 기뻤습니다. 그의 증거는 젊은이들도 감당할 수 없을 만큼 열정적이었습니다. 그가 더 유창하게 말한 것도 있겠지만, 그보다는 여든이 되기까지 등에 짊어진 그 삶의 무게로 인해 그의 말이 젊은 제 마음에 감명을 주었던 것입니다. 머리가 희끗해지기까지 오랜 세월 동안 주님을 섬기고 있는 우리는 그분의 이름을 칭송하는 일에서 절대 물러서서는 안 됩니다. 사랑하는 성도 여러분, 여러분이 이 땅에서 할 수 있는 많은 일들을 천국에서는 절대로 할 수 없을 것입니다. 왜냐하면 천국에 있는 성도들은 이미 모든 것을 알고 있기 때문입니다. 하지만 여기 이 땅에 있는 사람들에게는 우리가 증언해야 할 필요가 있습니다. 우리는 그 하나님을 증언하고자 노력하고 애써야 할 것입니다. 우리는 주님을 찬양할 수 있는 기회를 많이 가집시다. 그 기회들을 통해, 우리가 태어나면서부터 지금까지 우리를 기르신 하나님, 우리를 모든 환난에서 건지신 하나님을 찬양합시다. 우리가 개인적으로 받은 축복을 자녀들에게 말해 주는 것이야말로 우리 아이들을 축복하는 가장 좋은 방법입니다. 야곱이 자녀들을 축복한 것은 자신의 생애와 밀접한 관련이 있었습니다. 야곱은 자신이 누렸던 그 축복을 자녀들도 받아 누리기를 바랐습니다. 그래서 그의 개인적인 증거가 자녀들이 축복을 받는데 도움이 되기를 원했던 것입니다.

한 가지 더 말하자면, 야곱은 자기 손자들을 축복해 주고 싶어 했습니다. 그러면서 그는 그들을 하나님께로 인도하였습니다. 저는 여러분이 이 사실에 주목했으면 합니다. 야곱은 "내 조부 아브라함과 아버지 이삭이 섬기던 하나님, 나의 출생으로부터 지금까지 나를 기르신 하나님"이라고 말했습니다. 이 말에는 사람을 두 부류로 구분하는 분명한 구별이 있습니다. 즉 인류에게는 하나님을 두려워하는 사람과 하나님을 두려워하지 않는 사람, 이 두 족속이 있는 것입니다. 오늘날 같은 시대의 종교는 잘못된 방향으로 나아가고 있습니다. 현대의 종교는 소위 "인간의 열정"을 추구하고 있습니다. 하지만 우리에게 더욱 필요한 것은 하나님을 위한 열정입니다. 하나님이 처음과 중간과 마지막이 되지 않는다면, 우리는 결코 바른 길로 갈 수 없을 것입니다. 박애가 경건에 기초하지 않을 때, 저는 절망하게 됩니다. 하나님에 대한 사랑을 우리가 우선적이고 주도적으로 함양하지 않고서는 인간에 대한 사랑 또한 오래 지속될 수 없을 것입니다. 인생을 시작하는 우리 자녀들에게 필요한 것은 하나님입니다. 우리가 그들에게 줄 것이 아무것도 없다 해도, 그들의 마음에 하나님을 모시게 한다면, 그것으로 충분할 것입니다. 가정에서 양육을 받고 이제 출가하게 된 딸들에게 필요한 것 역시, 그 마음에 하나님의 사랑을 간직하는 것입니다. 그들이 재물을 가지느냐 못 가지느냐 하는 것은 전혀 큰 문제가 아닙니다. 하나님과 교제하는 것이 참된 인간 삶의 핵심입니다. 하나님 안에 있는 삶, 지극히 높으신 그분을 앞으로 영위되는 삶, 환난에서 건지시는 여호와의 사자들에게서 보호받는 삶, 이런 삶이야말로 참된 삶입니다.

　야곱은 모든 환난에서 건짐을 받았습니다. 다시 말해, 그는 노년의 환난에서 건짐을 받은 자로서 편히 잠들 수 있었습니다. 그의 두 눈은 어두웠습니다. 하지만 육신의 눈이 침침한 것은 전혀 문제가 되지 않았습니다. 왜냐하면 그의 믿음이 선명하고 또렷했기 때문입니다. 우리가 육신의 눈으로는 하나님을 볼 수 없지만, 영적인 눈으로는 하나님을 볼 수 있는 그런 곳을 향해 지금 나아가고 있다는 생각만 해도 저는 기쁩니다. 야곱은 노년에 이르자 이런 영적인 눈이 예전보다 더욱 밝아졌습니다. 이 땅에서 하나님을 지각할 수 있는 틀인 그의 믿음과 사랑은 노년에 이르자 예전보다 더욱 분명히 하나님을 파악할 수 있는 도구가 되었습니다. 그래서 어쩌면 그를 좌절하게도 할 수 있었던 그 육신의 눈은 더 이상 필요하지도 않았고, 전혀 중요하지도 않았습니다. 그러므로 우리는 그가 인생 말년에 노쇠해졌다고 말할 수 없습니다. 왜냐하면 그림자 같은 이 세상에서만 필요한 것들은 점점 잃어갔지만, 좀 더 높은 세상에 적합한 것들은 점점 얻고 있었기 때문입니다. 그의 육신의 능력이 쇠해질수록 그의 은혜의 능력은 점점 더 강건해졌습니다. 그래서 그는 자신의 삶이 충만한 축복 가운데 끝나가고 있음을 깨닫고, 자신의 귀한 아들의 자녀들도 이 축복을 받아 누리기를 원했던 것입니다. 지금 제 앞에 있는 젊은이들 모두가 이와 같은 축복을 받아 누리기를 제가 얼마나 간절히 바라는지요! 전능하신 주 하나님께서 여러분을 축복해 주시기를 기원합니다! 이 땅에서 타고난 육신의 능력이 쇠하여 갈 때, 그 약해진 능력이 하늘의 은혜로 더욱더 충만해지기를 기원합니다!

　지금까지 전한 모든 말은 서론에 불과합니다. 이제 저는 즉시 본론으로 들어가서 이 주제의 각 요점들을 간단히 살펴보고자 합니다. 야곱이 요셉의 아들들에게 축복한 그 증언 속에 들어 있는 네 가지 요점을 하나씩 전하겠습니다.

1. 야곱은 조상들이 받았던 은혜에 대해 말했습니다.

첫 번째로, 야곱은 조상들이 받았던 은혜에 대해 말하고 있습니다. 그는 자손들에 대한 축복을 "내 조부 아브라함과 아버지 이삭이 섬기던 하나님"이라는 말로 시작하고 있습니다. 전체 그림을 그리기 전에 앞서서 마치 연필로 스케치를 하듯, 그는 아브라함과 이삭의 생애를 간략히 묘사합니다. 그 그림에 다 채색을 하지는 않고 있지만, 조상들의 인생에 대한 대략의 윤곽은 완벽하게 드러나 있습니다. 여러분도 알다시피 이 두 사람의 전체 인생여정은 다음과 같은 말들로 요약될 수 있습니다. "내 조부 아브라함과 아버지 이삭이 섬기던 하나님."

이들은 하나님을 인식했을 뿐만 아니라, 그분을 경배했던 자들입니다. 이 점에서 이들은 그들이 살던 당시의 모든 사람들보다 뛰어난 자들이었습니다. 하나님은 그들에게 실제적으로 존재하는 분이셨습니다. 그들은 하나님과 얘기했으며, 하나님도 그들에게 말씀하셨습니다. 그들은 하나님의 친구들이었으며, 하나님과의 친밀한 교제를 즐겼습니다. 그 어떤 불가지론(不可知論)적 주장에도 그들의 이성이 눈먼다거나 그들의 귀가 무감각해지지 않았습니다. 그들은 살아 계시며 참된 유일한 하나님을 섬기는 자들이었습니다. 이런 조상들을 가진 자녀들은 얼마나 행복한 자들입니까! 이런 조상들을 닮은 자녀들은 더욱더 행복한 자들입니다!

이들은 하나님을 인식했을 뿐만 아니라, 그분을 일상에서 모시고 살았습니다. "내 조상 아브라함과 이삭이 걷는 것(walk)을 보신 하나님"(KJV)이라는 말씀 가운데서, 저는 "걷는 것"이라는 표현을, 하나님께서 그들의 일상에서도 하나님이셨다는 의미로 받아들이고자 합니다. 이들은 기도할 때만 하나님 앞에 무릎 꿇지 않았습니다. 모든 일을 할 때 그분 앞에서 걸었습니다. 그들이 장막에서 나올 때나, 자신의 양 떼를 돌보다가 장막으로 다시 들어갈 때나, 그들은 하나님 앞에서 걸었습니다. 그들은 그분을 섬기는 일을 피하지 않았으며, 항상 그분의 임재 가운데 거하였습니다. 하나님은 그들의 거처였습니다. 그들이 상수리나무 아래 머물거나 담벼락 옆에 거하거나, 또는 나그네를 환대하거나 들에서 묵상하며 걸을 때나, 그들은 하나님 안에서 살며 움직였습니다. 이것이 바로 여러분과 제가 살아가야 할 삶의 방식입니다. 우리가 큰 집에 살거나 초라한 오두막에 살거나 상관이 없습니다. 우리가 하나님 앞에서 걷기만 한다면, 우리는 행복하고 고귀한 삶을 살아가게 될 것입니다. 남들이 이런 우리의 삶을 알아주든 몰라주든 상관없습니다. 오, 우리의 젊은이들이 이 사실을 확고히 믿기를 원합니다!

　　이들은 하나님 앞에서 걸었습니다. 다시 말해, 그들은 그분의 명령에 순종했다는 것입니다. 그분의 부르심을 그들은 들었으며, 그분의 명령을 그들은 따랐습니다. 아브라함은 하나님께서 자기에게 보여주신 그 미지의 땅을 가기 위해 고향과 친척을 떠났습니다. 그뿐 아닙니다. 그는 그렇게도 사랑하던 자기 아들을 잡아서 하나님의 명령대로 하나님께 제물로 바치려고 준비까지 했습니다. 그의 아들인 이삭도 여호와께서 자신을 원하신다면, 자신의 몸이라도 죽여서 드리고자 했습니다. 이들에게는 하나님의 뜻이 최고로 중요했습니다. 하나님은 법이요 생명이었습니다. 그들은 그분을 사랑하고 경외했기 때문입니다. 그들은 어떤 일이 있어도 하나님의 명령을 듣고자 했기 때문에, 그것을 준행하고자 아침 일찍 일어났습니다. 그들은 만물을 꿰뚫어 보시는 그분의 바로 앞에 있는 것처럼 그렇게 행동했습니다.

　　또한 전적으로 그들은 그분을 신뢰하였습니다. 이런 의미에서 그들은 항상 그분을 보고 있었습니다. 우리도 때로는 그분을 찾는 것에 관해 말하곤 합니다. 하지만 우리는 그분을 찾을 수 없습니다. 다시 말해, 우리가 그분을 신뢰하지 않고서는 그분을 찾을 수 없다는 것입니다. 그러므로 그들이 하나님을 찾을 수 있었던 것은 그분을 신뢰하였기 때문입니다. 그들이 걸은 순례의 길에는 많은 어려움과 위험이 도사리고 있었습니다. 그럼에도 불구하고 그들은 그 원수의 땅에서 아주 안전하게 거할 수 있었습니다. 그들이 이렇게 안전하게 거할 수 있었던 것은 "나의 기름 부은 자를 손대지 말며 나의 선지자들을 해하지 말라"(시 105:15)는 하나님의 말씀 때문이었습니다. 그들은 하나님이 자신의 친구이며 자신의 방패이며 자신이 받을 큰 상급이라는 사실을 알고, 그분 앞에서 걸었기 때문에, 그 삶이 고요하고 평화로웠습니다. 그들은 모든 것을 충족하게 하시는 하나님을 믿고 살았기 때문에, 잠시 있다가 사라질 세상 것들에 대해서는 전혀 염려하지 않았습니다. 비록 아브라함과 이삭 이 두 사람에게 많은 시련이 있었다 해도, 이들은 평화로운 삶을 영위할 수 있었습니다. 이 땅 위에 거하면서도 하늘에 계신 그분과 대화를 나누었기 때문입니다.

　　이들은 하나님 앞에서 걸었기 때문에, 하나님의 은혜를 누릴 수 있었습니다. 그분의 얼굴은 그들을 향하고 있었습니다. 그분의 미소 띤 얼굴에서 나오는 빛이 그들에게 비쳐졌습니다. 하나님의 사랑이 그들의 참된 보화였습니다. 하나님께서 아브라함에게 범사에 복을 주셨다는 말씀을 우리는 읽었으며, 이삭에 대해서는 블레셋 사람들까지도 "여호와께서 너와 함께 계심을 우리가 분명히 보았으므로"(창 26:28)라고 말하는 것을 우리는 들었습니다. 하나님은 그들의 부(富)이며, 그들의 능력이며, 그들의 가장 큰 기쁨이었습니다. 다시 말하건대, 이러한 조상들을 가진 자손들은 복된 자들입니다! 하지만 조상들의 모범을 따른다면, 그 자손들은 더더욱 복된 자들입니다.

야곱이 아브라함과 이삭에 대해 말한 것처럼, 우리도 우리 앞서 이 길을 갔던 자들에 대해 말할 수 있습니다. 지금 천국에 있는 경건한 선조들을 떠올릴 수 있는 사람들은, 그 선조들이 걸었던 인생여정을 따르도록, 많은 연줄들이 우리와 연결되어 있다고 틀림없이 느낄 것입니다. 그 선조들이 하나님을 거역하는 죄를 저질렀을 때는, 마치 아브라함이 강 건너편에 살고 있던 자기 친척들을 떠났던 것처럼, 우리 또한 가족을 떠나도록 부르심을 받았으며 그 부르심에 순종하는 것이 우리의 사명이라고 여기게 됩니다. 그러나 그 선조들의 길이 옳았을 때는 우리가 그 길을 따르라는 부르심을 두 배로 받게 됩니다. 왜냐하면 그 길은 오래되었으나 선한 길이며, 우리의 경건한 조상들이 걸었던 길이기 때문입니다. 우리의 조상들이 소중히 여긴 것에는 일종의 매력이 있습니다. 조상 대대로 내려오는 가보(家寶)는 보물이며, 집안에 있는 그 가보들 가운데 최고의 가보는 바로 하나님을 아는 지식입니다. 언젠가 제가 한 그리스도인 형제와 함께 대화를 나누었는데, 그는 알바 공(Duke of Alva, 스페인 왕국에 속해 있던 네덜란드 지방의 봉기를 제압하기 위해 파송된 네덜란드 군정관으로서, 개신교도들을 아주 잔악하게 탄압했으며, 그 결과 많은 이들이 신앙의 자유를 찾아 고향을 떠났다 — 역주)의 박해 기간 중에 네덜란드에서 이주해온 집안 출신인 것을 말하며 아주 자랑스럽게 여기는 듯했습니다. 저 또한 같은 후손이라고 말하면서 그와 한 형제애를 느꼈습니다. 굳이 제가 여러분에게 말한다면, 제 집안의 조상들은 가난한 직공(織工)들이었습니다. 하지만 저는 제 혈관 속에 모든 황제들의 피가 흐르는 것보다 믿음을 찾아 고난 받았던 자들의 후손이라는 사실에 더욱더 자부심을 느끼고 있습니다. 여러분의 조상들이 고난을 받으면서까지 지킨 그 믿음을 젊은 여러분도 갖는다면, 그것은 틀림없이 여러분에게 신성한 믿음이 될 것입니다. 에브라임과 므낫세가 그랬던 것처럼, 여러분도 애굽이라는 사회와 그곳의 부와 명예를 선택하지 말고, 이스라엘의 혈통을 지키며 여러분이 야곱의 후손임을 주장하십시오. 여러분의 가정이 점점 부해지면서 살아 계신 하나님을 떠나게 되었다는 얘기가 들리지 않게 하십시오. 하나님의 선하심을 배교의 이유로 잘못 사용하려 합니까?

　　여러분의 조상들이 걸어갔던 그 거룩한 길은 여러분이 가기에도 안성맞춤입니다. 그러므로 집안이 지켜온 그 경건한 전통을 여러분이 유지하는 것도 품위 있는 일일 것입니다. 옛날에는 자기 아버지의 세속적인 직업(calling)을 아들들이 따르기를 기대했습니다. 물론 이런 관습이 옛 사람들이 살던 세상의 실책(失策)으로 간주되기는 하지만, 그래도 아들이나 딸들이 자기 아버지가 받았던 그 영적 부르심(call)과 같은 부르심을 받는다는 것은 바람직한 일일 것입니다. 은혜는 당대의 집안에만 묶여 있지 않습니다. 하나님께서는 천 대까지 은혜를 베풀어 주기를 기뻐하십니다. 새롭게 태어나는 중생이 혈통으로나 육정으로나 사람의 뜻으로 나리라고는 도저히 상상할 수 없는 일입니다. 이 부분에서는 하나님의 뜻이 최고 권위를 가지며 절대적입니다. 그럼에도 불구하고 거룩한 충절(忠節)이 할아버지로부터 아버지에게로, 그 아버지로부터 아들에게로 전해지는 것은 기분 좋은 안성맞춤입니다. 저 역시도 "내 조부로부터" 섬겨오던 하나님을 지금 제가 섬기고 있다고 생각하니 기분이 좋습니다. 나의 할아버지와 나의 아버지께서 전하신 것과 동일한 가르침을 제가 온 영혼을 다해 전하는 것은 옳은 일이고 아름다운 일로 느끼고 있습니다. 이와 마찬가지로, 저의 자녀들이 우리가 받은 것과 조금도 다르지 않은 복음을 듣는 것을 저는 아름다운 일로 여기고 있습니다. "예수 그리스도는 어제나 오늘이나 영원토록 동일하시니라"(히 13:8). 거듭 말하건대, 우리의 선조들이 잘못을 했다면, 우리는 마땅히 그들로부터 담대하게 갈라서서, 인간을 따르기보다 하나님에게 순종해야만 할 것입니다. 그러나 그들이 옳은 일을 했다면, 우리는 마땅히 그들이 갔던 길을 따라가야만 합니다. 지난 수요일에 저는, 제가 매우 사랑하던 할아버지가 묻힌 곳에 가서 그곳을 바라보며 상념(想念)에 빠졌습니다. 오십사 년 동안 한 교회에서 성도들을 섬겼다는 그 묘비에 적힌 기록을 보고서 저는 힘을 얻었습니다(스펄전의 할아버지인 제임스 스펄전[James Spurgeon]은 영국 에식스 지방에 있는 스탬본[Stambourne, Essex] 마을의 회중교회 목회자였다 — 역주). 할아버지가 전한 것은 하나님의 은혜라는 칼빈주의 교리로서, 이 가르침은 살아서는 그의 기쁨이었고, 죽어서는 그의 위로가 되었습니다. 마지막 날에 할아버지가 죽은 자들 가운데서 부활하여 자신이 전한 것과 똑같은 가르침을, 즉 구식이며 사람들로부터 많은 경멸을 받는 칼빈의 교리를,

자기 손자도 똑같이 전하는 것을 보고, 아마도 기뻐할 것입니다.

경건한 조상은 젊은이들에게 **책임**을 요구합니다. 에브라임과 므낫세, 이들은 자기들의 조상이 주님을 알았다는 사실을 인식하고서, 자기들도 그분을 알지 못할 이유가 무엇인가 하는 질문을 제기하였습니다. 오, 사랑하는 젊은 성도 여러분, 여러분의 조상들이 섬기던 하나님을 여러분도 발견할 수 있으며, 그 하나님은 여러분의 하나님이 될 수도 있습니다. 여러분의 조상들이 앞서 드린 기도가 있습니다. 그러니 이제는 여러분 자신이 그 기도를 따라가도록 하십시오. 그들에게 도움이 필요할 때마다 항상 그들을 돕는 은혜를 발견한 그 은혜의 자리에 대해 전해 들었으니, 이제는 여러분도 소망을 가진 자가 되십시오. 그들은 여러분이 그 자리를 이을 것을 소망하면서 영원히 잠들었습니다. 그들의 소망이 이제 실제로 드러나야 하지 않겠습니까? 자신의 경건한 부모들은 지금 천국에 있는데도, 죄와 이 세상의 풍조를 따르는 자들에게 호소합니다. 여러분의 어머니가 드린 기도제목들이 모두 기록되어 있습니다. 그 기도제목들은 지금도 계속 천국에서 울려 퍼지고 있으리라 저는 믿습니다. 지금까지도 그 기도들은 여러분을 두르는 울타리가 되어 서 있습니다. 그래서 여러분이 지옥으로 떨어지기란 어려운 일입니다. 그런데도 여러분은 억지로라도 아버지가 묻힌 곳과는 다른 멸망의 길로 나아가려고 합니까? 간구하는 어머니의 기도를 외면한 채, 여러분은 필사적으로 그 끔찍한 파멸의 길을 향해 내달릴 것입니까? 이런 멸망의 길로 간다면, 여러분은 스스로 엄청난 죄악에 빠지게 될 것입니다. 여러분에게 간청합니다. 지금 여러분을 초대하여 축복받도록 하는 그 사랑의 온유한 음성을 여러분이 부디 듣기를 바랍니다.

경건한 조상은 후손들 각자에게 큰 소망을 품게 합니다. 후손들은 다음과 같이 주장하지 않겠습니까? "하나님께서 나의 조상들을 축복해 주셨다면, 그분께서 나를 축복해 주지 않을 이유가 없지 않은가? 조상들이 은혜를 구해서 은혜를 받았다면, 나도 그렇게 하지 못할 이유가 없지 않은가? 내가 완전하지 않은 것처럼, 나의 아버지와 어머니도 완전하지 않았다. 그런데도 그들은 하나님을 믿었고, 하나님도 그들을 받아주고 도와주셨다. 나 또한 하나님을 믿는다면, 그분께서는 나도 받아주시고 내게도 신실하실 것이다. 죄인인 부모도 예수님의 보혈을 믿고 구원을 받았는데, 나라고 주님을 믿고 구원받지 못할 이유가 없지 않은가?" 저는 여러분에게 간청합니다. 여러분도 시험적으로 여러분 자신에게 이렇게 주장해 보십시오. 그러면 여러분은 이런 자문(自問)으로부터 큰 유익을 얻게 될 것입니다.

2. 야곱은 개인적으로 받은 은혜를 말하고 있습니다.

지금까지 우리는 하나님께서 야곱의 가문에 부어주신 축복을 증언하면서 자기 후손들에게 축복하려는 야곱의 모습을 보았습니다. 이제 야곱은 개인적으로 받은 은혜에 대해 말하려고 합니다. 이 노인이 "나의 온 생애 동안 나를 먹이신 (fed, KJV) 하나님"이라고 말했을 때, 그의 음성은 떨렸습니다. 하지만 제 생각에 이 말씀은 "나의 온 생애 동안 나를 목양(牧羊)해 주신(shepherded) 하나님"이라고 번역하는 것이 더 좋았을 것 같습니다.

야곱은 하나님을 자신의 목자(shepherd)라고 말했습니다. 야곱은 지금까지 목자였기에, 목양한다는 말에 포함된 의미를 잘 알고 있었습니다. 그러니 이런 비유에는 아주 많은 의미들이 담겨 있기 마련입니다. 야곱의 주위에는 자신과 같은 사람들이 많이 있었습니다. 그래서 자신과 같은 자들을 목양하고자 수고했습니다. 그도 불쌍한 한 마리의 양이었습니다. 그는 자신이 목자가 되어 자신을 인도하면서 많은 가시에 찔리기도 했고, 벌판에서 오래토록 방황하기도 했습니다. 자신에 대해서 자신이 목자가 되어야 했기 때문에, 그는 그 일을 감당하기가 힘들었습니다. 자신이 자신의 목자가 되려는 야곱의 자발적인 의지에도 불구하고, 언약의 하나님께서 베푸시는 전적인 목양의 은혜가 그에게 임했습니다. 그러자 그는 그 목양의 은혜를 받아들였습니다. 오, 사랑하는 하나님의 성도 여러분, 주님을 믿는 일에 연륜이 있는 여러분이여, 지금까지 여러분의 목자가 되신 여러분의 하나님을 찬양하십시오. 여러분은 시편 23편을 읽는 것을 좋아할 것입니다. 때로는 이 시편에 나온 동사들의 시제를 과거로 바꿔서 노래해 보십시오. "여호와는 지금까지 나의 목자였으므로, 내게 부족함이 지금까지 없었습니다. 그가 나를 푸른 풀밭에 누이셨으며 쉴 만한 물 가로 인도하셨습니다. 내 영혼을 소생시키시고 자기 이름을 위하여 의의 길로 인도하셨습니다. 내가 사망의 음침한 골짜기로 다닐지라도 해를 두려워하지 않을 것은 주께서 나와 함께 하셨기 때문입니다. 주의 지팡이와 막대기가 나를 안위하셨습니다"(시 23:1-4). 하나님께서 여러분의 목자가 되셔서 목양해 주신 사실을 여러분은 친히 증언하십시오. 그로 인해 여러분은 다른 사람들도 그분의 풀밭에 있는 양들이 되도록 인도하게 될 것입니다.

이 목양은 완전하였습니다. 우리가 보고 있는 성경은 하나님께서 나의 온 생애 동안 나를 먹이셨다(fed[KJV], '기르신'[개역개정])고 바르게 말하고 있습니다. 이 말씀의 의미를 음미해 보십시오. 그러면 먹고 살기 위해 날마다 고투해야 하는 여러분은 이 말씀에서 대단한 아름다움을 보게 될 것입니다. 야곱의 가족은 대가족이었지만, 가족 모두 양식을 먹었고 주리지 않았습니다. 여러분 가운데 어떤 사람은 "섭리를 말하는 것이 좋긴 하지만, 그것도 먹여 살릴 식구 수가 적을 때 하는 얘기지"라고 말할 것입니다. 그런 말에 대해 이렇게 답하겠습니다. 양식이 많이 필요한 대가족일수록 섭리를 말하는 것이 훨씬 더 유익하다고 말입니다. 야곱에게는 열세 명의 자녀가 있었지만, 야곱의 하나님께서는 그들이 먹을 양식과 입을 옷을 공급해 주셨습니다. 여러분은 이 사실을 기억하십시오. 이 대가족 가운데 단 한 사람도 굶어죽지 않았습니다. 여러분은 아마 야곱은 재산이 많은 거부(巨富)였을 것이라고 생각할 것입니다. 하지만 그가 인생을 시작할 때는 그렇지 않았습니다. 그는 노동자, 즉 한 사람의 목동에 불과하였습니다. 그가 아버지의 집을 떠나면서, 약대와 장막을 가지고 그를 따르는 시종들을 데리고 간 것이 아니었습니다. 그는 보자기에 약간의 물품들만 싸가지고 다니다가, 밤이 되어 잠을 잘 때면 그 보자기를 펼치고서 돌을 베개 삼고, 산울타리를 커튼 삼고, 하늘을 지붕으로 삼고, 땅을 침대로 삼았습니다. 그는 도둑 걱정은 전혀 하지 않았습니다. 하나님만이 그와 함께 하셨습니다. 그와 함께 한 하나님 외에, 그가 인생을 시작할 때 가진 것이라고는 자신의 맨주먹밖에 없었습니다. 후에 그가 아버지 이삭으로부터 무엇을 받았든지 간에, 어쨌든 처음 출발할 때는 자기 힘으로 헤쳐 나가야만 했습니다. 하지만 그는 인생의 처음이나 마지막이나 부족함을 전혀 몰랐습니다. 왜냐하면 그는 위대한 엘로힘 하나님을 "나의 온 생애 동안 나를 먹이신 하나님"으로 말할 수 있었기 때문입니다. 우리 같은 수백 명의 사람들도 이와 같이 말할 수 있을 것입니다. 지금은 부자가 된 한 사람이 제게 와서, 그가 사업을 시작할 때 길거리에서 물건들을 싣고 나르던 차축(車軸)을 제게 보여주며 크게 기뻐하던 장면이 기억납니다. 자신이 사업을 시작했을 때를 마음에 새기고 있는 그의 모습을 보면서 저는 기뻤습니다. 여러분은 사람들 앞에 서서 다음과 같이 말하지 않도록 주의하십시오. "내 자신의 재능과 노력으로 내가 얼마나 성공했는지를 보라!" 이렇게 교만하게 말하지 말고, 오히려 여러분은 "하나님께서 나를 먹이셨다"라고 말하십시오. 하나님의 손에서 은혜를 받은 줄로 아는 것이야말로 은혜 중에 가장 달콤한 은혜입니다.

양이 앞서 가는 목자의 인도를 받는 것처럼, 야곱은 하나님의 먹이심은 물론 인도함까지 받았습니다. 야곱이 한 여행은 그 당시에도 흔하지 않은 길고 위험한 여행이었으며, 게다가 그런 여행을 자주 다녔습니다. 그는 집을 떠나 밧단아람으로 도망쳤고, 그 후 오랜 세월이 지난 뒤에는 다시 가나안으로 돌아오는 길에 자기 형 에서를 만났습니다. 그 후에 또다시 그는 노년에 애굽을 향해 여행했습니다. 오늘날 캘리포니아나 뉴질랜드로 가는 여행은 야곱 당시에 야곱이 한 여행에 비교조차 할 수 없습니다. 그런데도 그는 "하나님께서 나의 온 생애 동안 나를 목양해 주셨다"라고 말하고 있습니다. 이 말은 자기 인생의 큰 변화들이 지혜로운 섭리 가운데 있었다는 뜻입니다. 집에서 부모 슬하에 있을 때나, 밧단아람에 도망쳐 갔을 때나, 가나안에서나 고센에서나 하나님은 항상 그에게 목자가 되어 주셨습니다. 지금 자신의 침상에 앉아서 요셉의 두 아들들을 축복하는 이 때까지, 야곱은 모든 유랑 길에서 자신을 향한 하나님의 선한 손길을 보고 있습니다. 저는 야곱이 이 두 젊은이들에게 상세히 축복하는 모습을 보고서 기쁜 마음이 들었습니다. 왜냐하면 이 청년들은 하나님을 믿는 신앙이 더욱더 돈독해야 할 필요가 있었기 때문입니다. 이들은 애굽의 유행에 자유롭게 접근할 수 있는 권한과 지위에 있었기 때문에 신앙적으로 위험한 상태에 있었으며, 히브리인들인 자신들의 초라한 집안을 저버리고 싶은 유혹에 노출되어 있었습니다. 여러분 가운데 어떤 젊은이들은 여러분의 선조들이 버리고 떠난 곳에서 인생을 시작합니다. 이것이 방종의 수단이 되어 여러분은 이 시대의 풍조와 경망스러운 언행들을 쉽게 따라합니다. 오, 성령님께서 여러분으로 하여금 다음과 같은 생각을 하게 하시기를 기원합니다. 즉 여러분의 선조들은 부유하지 않아도 하나님이 필요하다고 여겼던 것만큼, 여러분은 부유해도 하나님이 여러분과 함께 하시기를 원하십시오! 만약 여러분이 하나님을 경외하지 않고 죄악에 빠진다면, 여러분은 모든 유산을 받고도 거지가 될 수 있습니다. 여러분은 아무것도 없이 오직 여러분의 머리와 맨손으로 여러분의 조상들이 믿던 하나님을 신뢰함으로 인생을 시작한 자들입니다. 하지만 여러분도 여러분의 조상들이 노래한 것처럼, "나의 온 생애 동안 나를 먹이신 하나님"이라고 노래하게 될 것입니다. 인생을 시작하는 젊은 남녀 성도 여러분, 저는 여러분에게 강권합니다. 여러분은 먼저 하나님의 나라와 그의 의를 구하십시오. 하나님 없는 삶은 삶이 아닙니다. 여러분이 하나님의 임재를 놓친다면, 여러분은 인생의 핵심과 골수(骨髓)와 면류관을 놓치는 것입니다. 하나님 없는 인생은 고난과 수고로 부풀려진 거품과 같습니다. 여러분이 하나님에게 소망을 두지 않는다면, 여러분의 인생은 메마른 소망으로 끝나게 될 것입니다. 그러나 하나님이 여러분과 함께 하시면, 여러분은 목자와 함께하는 한 마리 양이 되어, 보살핌과 보호와 안내와 먹임과 인도를 받게 될 것입니다. 그래서 여러분의 인생은 한없이 평화로운 가운데 끝나게 될 것입니다.

3. 야곱은 자신을 건지시는 은혜에 대해 말하고 있습니다.

세 번째로 저는 야곱의 증언을 따라, 건지시는(redeeming) 은혜에 대해 말하고자 합니다. "나를 모든 환난에서 건지신 여호와의 사자." 야곱에게는 하나님으로 비쳐졌던 신비로운 인격체, 즉 천사 혹은 하나님의 사자가 있었습니다. 야곱은 이 천사를 엘로힘 하나님과 동격으로 여겼습니다. 왜냐하면 이 천사는 하나님이었기 때문입니다. 다시 말해, 그 천사는 그를 건지시는 자, 즉 그의 대속자(Redeemer)였습니다. 야곱은 그 천사가 자기와 가까운 기업 무를 자의 역할을 감당하는 것을 보았습니다. 그 천사는 하나님이었지만, 야곱의 고엘, 즉 가까운 친족으로서 야곱을 위한 영향력 있는 대속자가 되었습니다. 믿음으로 야곱은 욥이 고백한 것처럼 나의 대속자가 살아 계신다(욥 19:25)는 사실을 알게 되었습니다. 그리고 이 언약의 사자가 자신을 모든 환난에서 건지신 대속자라는 것을 보게 되었습니다. 그래서 이 천사를 통해 친히 자신을 계시하신 하나님의 이름을 찬양했습니다. 그가 극심한 곤경에 빠져 있을 때, 이 건지시는 천사는 항상 개입했습니다. 일찍부터 그는 어머니의 영향을 받아 악한 상황에 굴복하여, 형 에서에게 아주 심한 악을 저질렀습니다. 그래서 그는 자기 생명을 구하고자 도망쳤으며, 그 때 그와 하나님 사이에는 큰 틈이 생기게 되었습니다. 그러자 바로 천사가 내려와 그 틈을 잇는 사닥다리를 놓아주어 그가 하나님에게 올라갈 수 있게 해주었습니다. 가까운 친족처럼 하나님께서 친히 임하셔서 이 심연을 어떻게 가로질러 갈 수 있는지를 보여주셨고, 그는 다시 하나님에게로 돌아갈 수 있었습니다. 그가 멀리 밧단아람으로 가서 야비한 라반과 실랑이를 벌이며 아주 비참한 상황 속에 있을 때도, 그에게 다시 천사가 나타나 "지금 일어나 이곳을 떠나서 네 출생지로 돌아가라"(창 31:13)고 말했습니다. 건지시는 천사는 또다시 격분한 라반을 제지하였습니다. 그리고 이번에는 매우 격분한 에서가 야곱을 만나러 왔는데, 그 때도 천사는 특별히 야곱에게 나타났습니다. 천사는 사람처럼 되어 야곱과 씨름하며, 야곱에게서 야곱 자신을 끄집어내고 이스라엘로 일으켜 세웠습니다. 그날 밤 얍복 강가에서 그에게 일어난 이 건지시는 사역은 얼마나 놀라운 일인지 모릅니다! 비록 그 씨름으로 야곱은 다리를 절면서 일어났지만, 하나님 앞에서는 예전보다 더욱더 잘 걷게 되었습니다. 이와 동일한 신비로운 인격체가 야곱으로 하여금 애굽으로 내려가도록 명하였습니다. 그는 자신도 야곱과 함께 내려갈 것이라는 약속을 야곱에게 해주었습니다. 그가 바로 자신의 방패로 야곱을 막아주고 모든 환난에서 보존해 준, 하나님 앞에 있던 그 천사였습니다.

　사랑하는 형제자매 여러분, 우리를 대속해 주신 주 예수님의 은혜에 대해서도 말해 봅시다. 그분은 피 묻은 십자가 나무 위에서 우리를 건져 주셨습니다. 그분은 죄 가운데서 죽어가는 우리를 건져 주셨습니다. 여러분은 예수님께서 우리를 처음으로 만나주신 그 때와 장소를 기억하고 있습니까? 아마 기억하지 못할 것입니다. 그래도 나의 영적인 생명을 소생하게 한 그 건지시는 천사를 찬양하십시오! 제가 그분을 만났던 때와 장소를 생각하면 저는 마음이 기쁩니다. 그분께서는 또한 절망 가운데 있는 우리를 건져 주셨습니다. 죄책감에 사로잡혀 감히 소망은 생각지도 못할 때, 그분께서는 우리에게 다가와 그분의 상처로 우리를 치유해 주셨으며, 그분의 죽음 속에 있는 우리의 생명을 보여주셨습니다. 이후에 우리의 타락한 본성이 다시 일어나, 이런 죄인이 과연 구원받았는지 주님의 구원사역을 의심하며, 믿음의 격렬한 싸움을 할 때도, 건지시는 천사는 우리의 믿음을 확고히 해주며, 우리에게 내적인 능력을 주셨습니다. 그분께서 우리에게 하신 다음과 같은 말씀을 우리는 똑똑히 기억하고 있지 않습니까? "내가 영원한 사랑으로 너를 사랑하기에 인자함으로 너를 이끌었다"(렘 31:3). 여러분이 병들어 아파할 때 이 건지시는 천사가 매우 온화하게 방문하여, 병이 완치돼서 그 천사가 떠나기라도 하면 어떡하나 하는 생각이 들 만큼 여러분을 잘 대해 주셨습니다. 저는 여러분이 그 때를 회상하고 기억했으면 좋겠습니다. 그때 여러분의 침상은 여러분에게 귀한 보좌와 다름이 없었습니다.

　또한 여러분의 사업이 위축되어, 모든 사람들이 이구동성으로 솔직히 먹고 살 길이 막막하다고 말했을 때, 그 때도 예수님께서는 그분의 사랑을 드러내셨고, 여러분에게 들에 핀 백합화와 공중에 나는 새를 보게 하셔서, 그것들이 심지도 않고 거두지도 않고 창고에 모아들이지도 않으며, 수고도 안 하고 길쌈도 하지 않지만, 그 입은 것이 위엄 있고 훌륭한 의복이라는 사실을 여러분이 생각하게 하셨습니다. 주님께서는 여러분을 건져 주셨습니다. 그분이 여러분을 기뻐하셨기 때문입니다. 여러분이 죄악에 빠지려고 했을 때, 여러분의 영혼이 아주 잘못된 길로 가려고 했을 때, 그 때도 그분은 안타까운 마음으로 여러분을 바라보시며 여러분의 영혼을 소생하게 해주셨습니다. 또한 여러분이 너무나 미지근하여 그분의 입에서 여러분을 토하여 버리려 했던 바로 그 때도, 그분은 여러분의 마음의 문을 두드리셨습니다. 여러분이 그 음성을 듣고 문을 열자, 그분께서는 여러분에게 들어와 여러분과 더불어 먹었습니다. 그로 인해 여러분의 영혼은 곧 그분을 향한 사랑으로 뜨거워졌습니다. 그분께서 여러분의 영혼을 소생하게 하자, 여러분의 배우자인 그분에 대한 사랑이 여러분에게 다시 생겨났습니다. 당신께서 은혜를 베푸시어 우리를 건져 주시다니, 건져 주시는 대속자인 당신께 찬양을 드립니다! 오, 우리를 사랑하시는 그리스도의 중재 사역에 대해 우리가 좀 더 자주 생각하기를 원합니다! 그리스도께서는 자신의 죽음으로 우리를 대속해 주셨을 뿐만 아니라, 지금도 여전히 살아 있는 능력으로 우리를 건져 주십니다. 여러분은 다음의 사실에 주목하십시오. 즉 언약의 천사는 지금까지 날마다 우리를 건져 주셨고, 지금도 우리를 건져 주시며, 장차 끝날까지 우리를 건져 주실 것입니다. 이것이 바로 우리가 얻은 생명의 총계(sum)입니다. 우리가 그분에게 우리의 후손들을 맡기고, 우리의 후손들 또한 그들을 사랑하고 보살펴 주실 그분에게 헌신하기를 바라는 것이 여러분에게는 이상합니까? 아직 구세주를 모르는 사랑하는 젊은 성도 여러분, 저는 우리를 보호해 주는 이 천사, 하나님과 같은 이 사람, 즉 바로 오늘부터 영원토록 여러분을 모든 환난에서 구원해 주실 그분에게 여러분을 인도했으면 하는 바람이 간절합니다.

4. 야곱은 미래의 은혜를 말하고 있습니다.

자, 이제 마지막 말씀을 전하고자 합니다. 설교가 끝나가는 분위기에서 혹시 조는 사람이 있을지도 모르겠군요. 혹시라도 졸고 있는 사람이 옆에 있다면, 친절하게 깨워 주기 바랍니다. 왜냐하면 지금 그런 이들에게 다소 흥미로운 말씀을 전하려고 하기 때문입니다. 야곱은 조상들이 받았던 은혜, 개인적으로 받은 은혜, 건지시는 은혜 등을 말하고 나서, 이제는 미래의 은혜를 다루고 있습니다. 그는 "이 아이들에게 복을 주시오며"라고 외쳤습니다. 야곱은 요셉을 축복하는 것으로부터 시작해서, 그의 아들들을 축복하는 것으로 끝을 맺었습니다. 오, 사랑하는 성도 여러분, 만약 하나님께서 여러분을 축복해 주신다면, 여러분은 하나님께서 다른 사람들도 축복해 주시기를 원할 것입니다. 여기 은혜의 강물이 깊게, 넓게, 맑게 흐르고 있습니다. 여러분은 이 강물을 이미 마시고 소생하게 되었습니다. 여러분이 이 강물을 마셨어도, 강물은 전과 같이 가득합니다. 이 강물은 계속 흘러갈 것입니다. 그렇지 않을까요? 여러분은 여러분과 제가 이 강물을 막아서, 이 강물이 우리에게만 흐르도록 할 마음이 전혀 없습니다. 그럴 생각도 없습니다. 아니, 이 강물 자체가 너무 세게 흘러서, 그렇게 막기에는 수량도 너무 대단합니다. 이 강물은 한 세대에서 다음 세대로 계속해서 흘러갈 것입니다. 하나님께서 지금까지 우리를 축복해 주셨듯이, 앞으로 다른 사람들도 축복해 주실 것입니다. 불신앙은 참된 교회가 장차 죽어 없어질 것이라고 속삭입니다. 하지만 그 말을 믿지 마십시오. 그리스도께서 살아 계시니, 그분의 교회도 하늘이 더 이상 존재하지 않을 때까지 그분과 함께 살아 있을 것입니다. 그분께서 "이는 내가 살아 있고 너희도 살아 있겠음이라"(요 14:19)고 말씀하지 않으셨습니까? 그래도 여러분은 "오, 하지만 지난 세대에서처럼, 다음 세대에서는 이렇게 거룩한 자들을 보지 못할 것입니다"라고 말합니다. 왜 볼 수 없다고 생각합니까? 저는 다음 세대에서도 지금 우리와 함께 있는 거룩한 자들보다 훨씬 더 많은 거룩한 자들을 보게 되리라 소망합니다. 이 소망이 실현될 수 있도록 기도해 주시기 바랍니다. 선조들 대신에 후손들이 있게 될 것이며, 이들은 주님 앞에서 왕자들이 될 것입니다!

거룩한 은혜의 강물은 계속해서 흘러갈 것입니다. 오, 우리의 아들과 딸들이 이 흐름에 참여하게 되기를 기원합니다! "이 아이들에게 복을 주시오며." 그렇게 본다면 주일학교 교사들이야말로 여러분을 위해 기도하는 선한 기도자들이지 않습니까? 주님께서 여러분을 축복하셨으므로, 여러분도 이 어린 아이들이 축복을 받을 수 있도록 주님께 기도드리십시오. 여기에 은혜의 강물이 있습니다. 이 강물은 어디로든 흘러야 합니다. "주님, 이 강물이 나의 가정과 주일학교 반에도 흘러가게 해주옵소서"라고 기도하십시오. 은혜로우신 주님, 당신의 은혜로 말미암아 간구하나이다. "이 아이들에게 복을 주옵소서."

어떤 구체적인 형태나 방식으로 아이들에게 축복이 임하도록 그렇게까지 기도할 필요는 없습니다. 어떤 형태로 축복하실지는, 우리가 이루 상상도 할 수 없는 방대한 방식으로 축복해 주시는 그분께 맡기도록 합시다. 주님께서 원하시는 대로 우리의 어린 자녀들을 축복해 주시기를 원합니다. 주님께서 이들에게 자신을 경외하고 신뢰하는 마음을 주신다면, 그분은 우리 모두와 장차 오는 세대까지 축복해 주시는 것이 될 것입니다. 앞으로 다가올 장래에 축복해 주실 이 주님의 사역이 실제로 이루어질지는 이 므낫세와 에브라임에게 달려 있습니다. 그러므로 우리는 온 힘을 다해 "이 아이들에게 복을 주옵소서"라고 기도해야 할 것입니다. 우리와 관련해서는 "주께서 행하신 일을 주의 종들에게 나타내시며"(시 90:16 상반절)라는 간구로 만족해야 합니다. 하지만 우리는 자녀들이 우리가 수고한 결과를 거둘 수 있기를 갈망하며 바라야 합니다. 그러므로 "주의 영광을 그들의 자손에게 나타내소서"(시 90:16 하반절)라는 기도를 덧붙이게 됩니다.

설교를 마치면서 저는 제 인생에 일어난 한 사건을 이야기하면서 개인적인 간증을 하고자 합니다. 저는 이번 주간에 에식스(Essex)에서 말씀을 전하였습니다. 그래서 저는 제 할아버지께서 오랫동안 말씀을 전하셨고, 저 또한 어린 시절을 보냈던 그곳을 둘러볼 기회를 갖게 되었습니다. 지난 수요일은 제가 어린 시절로 돌아가 마구 뛰어 놀던 꿈 같은 하루였습니다. 거기 있는 모든 이들이 저의 어린 시절과 관련된 이런저런 일들을 회상하는 것 같았습니다. 하나님의 사랑과 은혜와 관련된 정말 많은 얘기들이 제 마음에 와 닿았습니다! 많은 장소들 가운데 저는 제가 어릴 때 정말 거룩한 곳으로 여기던 한 곳에 앉았습니다. 그곳은 할아버지가 살던 목사관으로, 거기에는 주목(朱木) 나무로 만들어진 원뿔 모양을 한 두 개의 정자가 있었습니다. 그 옛 사택은 이제 새 사택으로 다시 지어졌고, 옛날 예배당도 사라졌지만, 그 주목 나무들만은 예전처럼 무성하게 그대로였습니다. 저는 오른쪽에 있는 정자에 앉아, 나와 관련해서 아주 오래 전에 여기서 무슨 일이 있었는지를 곰곰이 생각해 보았습니다.

할아버지와 함께 지내던 어린 시절에, 그 당시 영국 선교사로 러시아의 상트페테르부르크(St. Petersburg)에서 선교하던 능력 있는 복음 설교자인 닐(Richard Knill) 목사가 우리 마을에 말씀을 전하러 왔습니다. 그는 런던선교협회(London Missionary Society) 소속으로 이 마을에 복음을 전하기 위해 왔고, 토요일에 교회 사택에서 머물렀습니다. 그는 많은 영혼들을 주님께 인도한 사람답게 곧 어린 소년을 알아보고는, 제게 "너는 어디서 잠을 자니? 내가 내일 아침에 너를 깨워 주고 싶은데"라고 말했습니다. 저는 제가 자던 작은 방을 보여줬습니다. 다음날 아침 여섯시가 되자 그는 저를 깨웠습니다. 그리고 우리는 집 앞에 있는 정자로 갔습니다. 거기서 그는 예수님의 사랑과 예수님을 믿는 사람이 받는 축복, 저 같은 어린 아이들이 그분을 사랑하는 것 등에 대해 아주 귀에 속속 들리도록 말해 주었습니다. 이야기를 들려주듯, 그는 저에게 그리스도를 전했으며, 하나님이 그에게 얼마나 좋은 분이었는지도 말해 주었습니다. 그러고는 제가 주님을 알고 그분을 섬길 수 있도록 그는 기도했습니다. 그는 그 정자에서 무릎을 꿇고는 두 팔로 제 목을 안은 채 저를 위해 기도했습니다. 예배가 끝나고 시간이 있을 때마다 제가 그를 따라다니게 되었을 때까지, 그는 만족하지 않은 듯했습니다. 그는 제가 말하는 유치한 얘기까지도 인내하며 사랑으로 들어주었습니다. 월요일 아침에도 그는 주일 아침에 했던 것처럼 저를 위해 기도해 주었고, 화요일 아침에도 다시 저를 위해 기도해 주었습니다. 세 번이나 그는 저에게 신앙을 가르쳐 주었고, 저와 함께 기도해 주었습니다. 저의 할아버지가 다른 마을에 말씀을 전하러 떠났다가 다시 돌아올 때가 되었고, 이제 그 목사님도 우리 마을을 떠날 때가 되었습니다.

그 목사님이 떠나던 날 아침, 모든 식구들이 함께 모여 기도를 드릴 때, 모든 식구들이 있는 그 자리에서 그는 저를 자기 무릎 위에 앉히고는 다음과 같이 말했습니다. "이 아이는 언젠가 때가 되면 복음을 전할 것이며, 많은 회중들 앞에서 말씀을 전하게 될 것입니다. 내가 확신컨대 이 아이는 지금 내가 목회하고 있는 로울랜드 힐(Rowland Hill)의 교회에서 설교하게 될 것입니다." '지금 내가 목회하고 있는'이라는 부분은 제가 확실히 듣지는 못했지만, 아마도 그렇게 말한 것 같습니다(이 일화는 1844년 스펄전이 열 살 되던 해 일어난 일이며, 이후 스펄전이 뉴 파크 스트릿 침례교회의 목사로 있을 때, 그는 그 교회에서 설교를 하게 되었다 — 역주). 그분은 아주 엄숙하게 말했으며, 자신이 한 말에 대해 거기 있던 모든 사람들을 증인으로 삼았습니다. 그 때 그는 제가 다음과 같은 찬송을 배운 상으로 제게 육 펜스 은화 하나를 주었습니다.

> "하나님은 신비로운 방식으로
> 그의 이적들을 행하신다"

(윌리엄 쿠퍼[William Cowper], '신비로운 방식으로 행하시는 하나님'
[God Moves In A Mysterious Way], 1절 ― 역주).

그래서 만약 제가 로울랜드 힐 교회에서 설교하게 된다면, 이 찬송을 부를 것이라고 저는 닐 목사와 약속하였습니다. 어린 아이가 그런 약속을 했다고 생각해 보십시오. 정말 꿈보다 더 부질 없는 말이지 않겠습니까? 세월은 흐르고 흘러, 제가 런던에서 얼마 동안 설교하기 시작한 무렵, 알렉산더 플레처 박사가 그 교회에서 어린 아이들을 대상으로 해마다 한 차례씩 설교할 예정이었는데, 갑자기 병이 나는 바람에, 제가 급히 그 어린 아이들을 대상으로 설교해 달라는 요청을 받게 되었습니다. 그래서 저는 "예, 제가 하겠습니다. 그 교회의 어린 아이들이 '신비로운 방식으로 행하시는 하나님'이라는 찬송을 부른다면, 제가 가서 말씀을 전하겠습니다. 저는 오래 전에 이 찬송을 부르겠다고 약속을 했습니다"라고 말했습니다. 그러자는 대답을 들었고, 저는 로울랜드 힐의 교회에 가서 말씀을 전했으며 그 찬송도 불렀습니다. 그때의 일로 제가 받은 감동은 이루 형언할 수 없을 정도입니다. 게다가 그 예배는 제가 로울랜드 힐에서 설교하도록 닐 선교사가 의도했던 예배가 아니었습니다.

또 한 번은 전혀 뜻하지 않았는데, 워턴 언더 에지(Wotton-Under-Edge)에 있는 한 목회자가 그곳에 와서 말씀을 전해 달라는 부탁을 해왔습니다. 그 지역은 닐 선교사가 여름에 지내던 곳이었습니다. 저는 마찬가지로 온 회중들이 "신비로운 방식으로 행하시는 하나님"이라는 찬송을 불러야 한다는 조건으로 가게 되었습니다. 그곳에서도 물론 그 찬송을 불렀습니다. 그 후에 저는 그 당시 체스터(Chester)에 있던 리처드 닐 선교사를 위해 체스터로 갔습니다. 닐 선교사를 도대체 얼마 만에 만나게 된 것인지 모릅니다! 그런데 다음 사실에 주목하십시오! 그는 극장에서 말씀을 전하고 있었습니다(닐은 노년에 이르러 체스터 극장[Chester Theatre]에서 주일 오후에 말씀을 전했다 ― 역주). 그가 극장에서 전하는 설교 말씀은 설교를 세상 건물에서 해도 될까 하는 저의 모든 의구심을 떨쳐내기에 충분하였습니다. 그래서 저도 엑서터 홀과 서리 뮤직 홀 같은 곳에서 자유롭게 대중 집회를 하게 되었습니다. 여러분도 알다시피, 이와 같은 복음전파가 다른 극장에서도 얼마나 풍성하게 일어났습니까!

"하나님은 신비로운 방식으로
그의 이적들을 행하신다."

　　주님의 사랑스러운 은혜로 사십 년도 더 흐른 지금, 저는 다시 그 정자에 앉게 되었습니다! 이 말을 듣는 다른 사람들에게는 틀림없이 그런 일들이 그저 사소한 일로 들릴 것입니다. 하지만 제게는 주체할 수 없을 만큼 감동적인 순간이었습니다. 현재 스탬본 교회를 담임하고 있는 목회자와 그 가족들, 아들들과 손자들까지 모두 그 정원으로, 그 정자 주위로 불러 모으지 않을 수 없었습니다. 거기서 저는 주님의 선하심을 찬양하였습니다. 그 때 제게 억누를 수 없는 한 충동이 일었습니다. 즉 제 주위에 둘러 서 있던 어린 아이들을 위해 하나님께 축복기도를 하는 것이었습니다. 제가 어떤 기억 때문에 이렇게 기도를 드리려고 하는지 여러분은 아시겠지요? 그들이 장성했을 때 제가 하나님의 선하심을 증언하던 것을 기억해 줬으면 하는 바람뿐이었습니다. 이와 동일한 바람으로 저는 오늘 아침에 제 주위에 있는 젊은이들에게 이 말씀을 전하는 것입니다. 나의 출생으로부터 지금까지 나를 축복해 주신 하나님, 나를 모든 환난에서 건져 주신 하나님, 그분이 여러분의 하나님이 되시기를 저는 기도합니다. 경건한 부모를 둔 젊은이들에게 특별히 말합니다. 부모가 남겨둔 발자취를 따라 가기를 여러분에게 간곡히 부탁합니다. 그래서 여러분의 부모가 평생 그랬던 것처럼 여러분도 언젠가는 주님이 베푸신 은혜에 대해 말할 수 있기를 바랍니다. 다음과 같은 특별한 약속을 기억하십시오. "나를 사랑하는 자들이 나의 사랑을 입으며 나를 간절히 찾는 자가 나를 만날 것이니라"(잠 8:17). 성령님께서 오늘 여러분을 인도하시어 여러분이 그분을 찾게 되기를 기원합니다. 여러분이 그분을 찾게 된다면, 여러분도 야곱이 그랬듯 그분의 이름을 찬양하며 살아가게 될 것입니다. 아멘.

실로(SHILOH)

—

"실로가 오실 때까지 그에게 백성이 모이리로다."
— 창 49:10 KJV

임종을 앞둔 이 족장은 지금 아들 유다에 관해 말하고 있습니다. 그는 유다에 대해 언급하면서, 이 유다 지파에서 나올 우리 주님을 바라보는 특별한 눈을 가지고 있었습니다. 그러므로 야곱이 유다에 대해 말하는 것은 모두 모형(type)과 관련된 것으로서, 야곱은 더 큰 우리의 유다, 즉 이 모형의 원형(antitype)인 우리 주 예수 그리스도를 가리켜 말하고 있습니다. 야곱이 열두 아들을 침상으로 불러 모아, 열두 지파를 대표하는 그들 각각에게 그들의 이름을 따라 다양한 예언을 해주며, 각자에게 맞는 특별한 축복까지 해준 것을 여러분은 기억할 것입니다. 먼저 르우벤, 시므온, 레위 등을 호명한 후에 야곱은 아주 장엄한 말들로 유다에게 경의를 표했습니다. "유다야 너는 네 형제의 찬송이 될지라"(창 49:8). 참으로 복된 표현입니다. 왜냐하면 "유다"라는 말이 "찬양"을 의미하기 때문입니다. 유다라는 이름은 유다를 낳은 어머니가 그를 낳은 것에 대해 하나님께 감사의 표현으로 지은 것이었습니다. 그런데 분별력을 가지고 유다의 성품과 그의 운명을 미리 내다본 아버지에 의해서 그 이름은 지금 더욱 분명하게 확정됩니다. 진실로 이런 상황은 예수님에게도 해당됩니다. 동정녀인 어머니가 예수님의 나심을 크게 환영하였다면, 예수님에게 은혜를 입은 그의 형제들은 예수님께서 행하신 일들을 더욱더 칭송해야 하지 않겠습니까? 그리고 그 형제들은 그분을 인도

자와 지휘관으로, 또한 구세주와 친구로 인정해야 하지 않겠습니까? 그분의 이름을 찬양하는 것은 여기 이 땅에서 우리가 가장 달가운 마음으로 해야 하는 일이며, 하늘에서도 우리가 가장 큰 기쁨으로 해야 할 일이지 않겠습니까? 우리가 사람에게 하는 찬송은 한갓 아첨에 불과합니다. 그리고 우리가 사람에게서 받는 찬송 또한 위선적인 것입니다. 그러나 예수님은 그 어디에도 비할 데 없는 특별한 이름을 가지고 있으며, 그의 형제들은 그분으로부터 돈으로도 살 수 없는 아주 귀한 유익들을 얻고 있습니다. 예수님에게서 요셉의 꿈들이 성취됩니다. 해와 달과 열한 별들이 모두 그분 앞에 절합니다. 모든 곡식 단들이 그의 곡식 단을 둘러서서 절합니다. 사망에 잠시 머리를 숙인 그분으로 하여금 위엄 있게 면류관을 쓰게 한다는 것이 하나님의 집에 있는 모든 형제들의 공통적인 생각입니다. "네 손이 네 원수의 목을 잡을 것이요"(창 49:8). 이 말씀은 손으로 원수의 목을 움켜쥐고서 그 숨통을 끊어 멸망하게 하는 자나, 원수의 목구멍을 잡고서 죽을 때까지 땅에 내팽개치는 자를 뜻합니다. 이 예언의 말씀은 예수님에게서 그대로 이루어졌습니다. 예수님께서는 손으로 원수의 목을 붙잡으셨습니다. 예수님께서 십자가에 달리셨을 때, 그분은 옛 뱀과 처절하게 싸우시고 우리에게 임할 죄와 사망과 지옥을 무찌르셨습니다. 이 싸움은 끔찍한 전쟁이었습니다. 하지만 이 전쟁은 영광된 승리로 끝났습니다. 이로 인해 우리는 쉬지 않고 찬양할 것입니다. 우리가 전혀 의심하지 않고 확신하는 한 가지 사실은, 지금 이 순간에도 예수 그리스도의 손이 그 원수들의 목을 잡고 있다는 것입니다. 그 원수들은 아주 반항적일 것입니다. 그리고 잠시 동안은 그 원수들이 우세해 보일 수도 있겠지만, 그리스도께서 이들보다 우위에 있다는 것은 무엇보다 분명한 사실입니다. 왜냐하면 진리와 의가 융성하고 우세할 것이며, 여호와는 살아 계신 하나님이시기에, 틀림없이 그리스도의 나라는 그리스도를 반대하는 모든 세력들을 산산조각 낼 것이기 때문입니다. "네가 철장으로 그들을 깨뜨림이여 질그릇 같이 부수리라 하시도다"(시 2:9). "네 아버지의 아들들이 네 앞에 절하리로다"(창 49:8). 유다의 자손들인 다윗과 솔로몬의 백성들에게 온 민족들은 충성을 맹세했습니다. 그러나 그 보다 더 높은 차원의 경배, 더 심오한 의미의 경의, 더 넓은 범위에서의 찬양, 이 모든 것들이 그분에게 드려집니다. 왜냐하면 하늘에 계신 우리 아버지께서는 그분의 모든 신실한 자들에게 사랑과 존경과 순종을 요구하시기 때문입니다. "유다는 사자 새끼로다 내 아들아 너는 움킨 것을 찢고 올라갔도다"(창 49:9). 이 말씀은 "유다 지파의 사자"인 구세주께서 어떻게 행하시는지를 묘사하고 있습니다. 즉 강하고 힘 있는 사자와 같은 그분은 지옥 구렁텅이의 사자와 싸움을 시작해 그를 제압한 것입니다. 그분은 원수를 이기시고 다시 하늘 높은 곳으로 올라가셨습니다. 그분의 영광에까지, 즉 모든 별들을 넘어 더 높이 올라가 무한한 위엄을 가진 그분의 오른편에까지 올라가셨습니다. 거기서 그분은 영원한 평화의 승리자로 좌정하셨습니다. "그가 엎드리고 웅크림이 수사자 같고 암사자 같으니"(창 49:9). 이 사자는 이새의 아들인 다윗에게 어울리는 문양(文樣)일 수 있습니다. 이 웅크린 사자의 모습은 하나님께서 다윗의 모든 원수들과 사울의 손에서 다윗을 건져 주셨을 때를 기념하기에 가장 적합한 문장(紋章)으로 엄선된 것일 수 있습니다. 하지만 이 상징이 임마누엘 왕자(Prince Emmanuel, 존 번연의 「거룩한 전쟁」에 나오는 주인공으로, 샤다이 왕의 아들이다 — 역주)의 팔에 장식된다면, 정말 대단히 멋질 것입니다! 그분께서 몸을 엎드리지 않았습니까? 그분께서 정녕 몸을 웅크리지 않았습니까? 사망에 잠시 머리를 숙인 그분으로 하여금 위엄 있게 면류관을 쓰도록 하십시오. 그분은 자기 백성을 위하여 수치를 무릅쓰고 친히 사망에까지 복종하시고 승리를 쟁취하셨습니다. 그러니 이 면류관은 그분에게 합당한 것입니다. 그분은 잠시 이 땅에 내려오셨다가 다시 하늘로 올라가셨습니다. 이런 모습만 생각해도 얼마나 영광스러운지요! 잠시 그 영광을 버리신 그분 외에 누가 이런 영광을 받기에 합당하겠습니까? "누가 그를 범할 수 있으랴?"(창 49:9). 이것은 대단한 질문입니다. 누가 감히 유다 지파의 사자를 범할 수 있겠습니까? 누가 감히 그럴 수 있겠습니까? 누가 감히 그를 대적할 수 있겠습니까? 그분은 온유하고 연약한 어린 양입니다. 그분은 "상한 갈대를 꺾지 아니하며 꺼져 가는 등불을 끄지 아니하는"(사 42:3) 분이십니다. 그러나 만약 격분하신다면, 그분은 숲에서 포효하는 사자보다 더 맹렬하게 원수들에게 노하실 것입니다. 그리하여 정말 무시무시한 그 날이 이르면, 그분을 대적하는 모든 자들을 제거하시며, 그분의 모든 원수들도 털어 없애실 것입니다. 여러분은 그분께서 하신 다음과 같이 끔찍한 말씀을 기억하지 못합니까? "하나님을 잊어버린 너희여 이제 이를 생각하라 그렇지 아니하면 내가 너희를 찢으리니 건질 자 없으리라"(시 50:22). "규(圭)가 유다를 떠나지 아니하며 통치자의 지팡이가 그 발 사이에서 떠나지 아니하기를 실로가 오실 때까지"(창 49:10). 통치권은 유다 지파에게 있었습니다. 선지자들이 출현하기까지 유다 지파는 계속해서 왕들을 배출한 지파였습니다. 다른 지파들이 그들만의 고유한 위치와 분명한 특성들을 모두 잃었을 때도, 유다 지파만은 여전히 그 특성을 유지했습니다. 유다라는 이름은 오늘날에도 히브리 사람들을 통칭하는 이름으로 남아 있습니다. 이스라엘 민족은 어떤 다른 이름보다도 유대인이라는 이름으로 더욱 흔하게 불리고 있습니다. 예수님도 유다 지파 출신으로서 유대인들의 왕이십니다. 비록 그 유대인들은 그분을 배척하지만 말입니다. 십자가에 매달린 그분의 머리 위에는 지워질 수 없는 진리가 히브리어, 헬라어, 라틴어로 적혀 있었습니다. "그 머리 위에 이는 유대인의 왕 예수라 쓴 죄패를 붙였더라"(마 27:37). 그렇습니다. 그분은 모든 신실한 유대인들과 오늘날 그분을 믿는 모든 이방 신자들의 왕이십니다. 그분은 황제들이 가진 통치권보다 더 큰 통치권을 가지고 계십니다. 다시 말해 그분의 통치권은 모든 인류가 살아가고 있는 거주지만큼이나 넓습니다. 그분은 "만왕의 왕이요 만주의 주"(계 19:16)이십니다. 족장이었던 야곱이 예언자가 되어 환상을 보고 말한 것 가운데 실로에 대한 말씀은, 그가 말한 것 중에서 최고의 것입니다. 침침한 시력으로 그의 앞에 보이는 것은 곧 이 세상을 떠날 아버지와 작별하기 위해 모여든 열두 명의 아들이었습니다. 하지만 그의 빛나는 믿음의 눈 앞에 보이는 것은 먼 후대의 그의 모든 후손들이 모여든 모습이었습니다. 즉 이 땅의 모든 족속들이 끝이 없을 영원한 왕의 나라와 그분을 맞이하기 위해 기쁨으로 환호성을 지르며 모여든 모습을 보았던 것입니다. "실로가 오실 때까지 그에게 백성이 모이리로다"(창 49:10 KJV). 야곱은 이렇게 간단하고 정확하게 주 예수 그리스도를 실로라는 이름으로 가리키고 있습니다. 바로 이 이름에 대해, 그리고 바로 이 예언에 대해 저는 오늘 여러분에게 말씀드리고자 합니다.

　첫 번째로, 우리는 "실로"라는 호칭에 대해 살펴보고, 두 번째로 "실로가 오실 때까지 그에게 백성이 모이리로다"라는 증언에 주목하고자 합니다.

1. 호칭

　"실로"라는 호칭은 그야말로 정말 오래된 말입니다! 이 말을 야곱이 만들어 낸 것이라 해도 전혀 이상하지 않을 것입니다. 애칭(愛稱)은 종종 특별히 사랑하는 사람들 사이에서 만들어지는 법이기 때문입니다. 소중한 사랑을 간직한 자들은 이런 다정한 애칭들을 서로 주고받습니다. 우리는 사랑스럽게 여기는 자들을, 우연하게 받게 된 이름이나 신중하게 선택된 이름보다는 뭔가 다른 이름으

로 더 친밀하게 부릅니다. 서로 사랑하는 사람들은 다른 사람들도 알거나 사용
하는 그런 이름에 만족하지 못합니다. 이들에게는 서로를 인식하는 새로운 방식
이 존재합니다. 마치 "이 땅에서 당신 외에 누가 내게 있으리요" 하는 식으로 말
입니다. 심지어 하나님께서도 백성들에게 새로운 이름들을 주십니다. 그러므로
저는 그 백성들이 하나님을 새로운 이름으로 부른다고 해서 전혀 이상하게 생각
하지 않습니다. 신자들이 예수님을 부르는 이름 중에 자기가 좋아하는 애칭을
하나씩 가지고 있는 것은 어쩌면 당연한 일일 것입니다. 여러분은 주님의 이름
중에 어떤 이름을 제일 좋아합니까? 이런 질문을 여러 사람들에게 물어보면, 대
부분은 "예수님, 거룩하고도 달콤한 이름"(Jesus, O name divinely sweet, 새뮤얼
스티넷[Samuel Stennett]이 지은 찬송가 제목 — 역주)이라고 말하거나, 또 다른 사람들은
다음과 같이 말할 것입니다.

> "그 어떤 음악보다 더 달콤한 음악,
>
> 임마누엘이라는 이름이 나를 매혹한다."
>
> (존 뉴턴, '그 어떤 음악보다 더 달콤한 음악'
>
> [Sweeter sounds than music knows] — 역주).

그 이름은 엄선(嚴選)된 이름입니다. 또 어떤 사람들은 "지극히 사랑하는
자"(The Well-Beloved, 사 5:1 참조)라는 이름이 가장 탁월하다고 주장합니다.
저도 언제나 이 호칭에 아주 큰 매력을 느끼고 있습니다. 만약 조지 허버트가 이
자리에 있었다면, 여러분도 알다시피, 그는 "'나의 주님'이라는 이름이 얼마나
달콤한지! '나의 주님'"(조지 허버트, 「성전」[Temple]에 수록된 '향기'[The Odour]라는 시의
한 구절 — 역주)이라고 말했을 것입니다. 허버트는 자신의 주님을 '나의 주님'이
라는 이름으로 부르기를 좋아했습니다. 자, 그렇다면 야곱은 주님을 어떻게 불
렀을까요? 그는 예수님을 "실로"(Shiloh)라는 이름으로 불렀습니다. 그가 주님을
실로라고 부른 때는 지금부터 아주 오래 전이었습니다. 그래서 우리가 이 실로
라는 말의 정확한 의미를 다 잊었다 해도, 저는 이상하게 생각하지 않습니다. 이
호칭이 그의 입술에서 나왔을 때, 그는 이 이름이 지닌 풍성한 의미를 알고 있었
을 것입니다. 물론 그 의미는 지금도 여전히 남아 있습니다. 그 의미의 샘은 심오
합니다. 언어학을 연구하는 학자들이 연구한 바에 따르면, 이 이름은 아주 드물

고 독특하게 등장하는 이름이어서, 아주 확실하게 분명한 의미로 정의하기는 어렵다고 합니다. 이들의 말은, 그 의미를 찾을 수 없다는 것이 아니라, 이 이름 속에 담긴 무수한 의미들을 다 파악해 낼 수 없다는 것입니다. 즉 그 이름이 가진 의미들이 충분히 풍성하지 않다는 것이 아니라, 당황할 정도로 너무 풍성하다는 것입니다. 물론 그 의미들은 무수히 많은 서로 다른 방식으로 해석될 수 있습니다. 그래서 저는 그 의미들 가운데 몇 가지를 하나하나 여러분에게 제시하고자 합니다. 각각의 의미마다 설명해야 할 것들이 있습니다. 각 의미마다 특정한 해석을 주장하는 여러 학자들의 이름들을 열거하는 일은 쓸데없는 일 같고, 저도 그런 일로 여러분의 머리를 복잡하게 만들고 싶지 않습니다. 따라서 저는 가장 권위 있고, 제가 보기에 여러분에게 추천할 만하다고 생각되는 가장 최선의 최종적인 의미들을 심사숙고하여 전달하고자 합니다.

첫째로, 어떤 사람들은 "실로"라는 이 말이 "보냄을 받았다"는 뜻이라고 주장합니다. 이 말은 여러분이 신약 성경에서 본 바와 같습니다. 즉 "이르시되 실로암(Siloam) 못에 가서 씻으라 하시니(실로암은 번역하면 보냄을 받았다는 뜻이라)"(요 9:7)라고 말입니다. 여러분은 실로암(Siloam)이라는 말과 실로(Shiloh)라는 말이 비슷하다는 것을 알 수 있습니다. 그 학자들은 이 두 말이 같은 의미를 가지고 있다고 생각합니다. 따라서 이 경우에 실로는 메시아, 즉 보내심을 받은 자라는 뜻이 됩니다. 그리고 이 말은 하나님으로부터 보내심을 받은 하나님의 사자이신 예수 그리스도께서 자신의 요구나 자신의 뜻으로가 아니라, 지극히 높으신 그분으로부터 위임을 받아 보내심을 받은 그 목적을 위해 권위를 입고 기름부음을 받아 우리에게 오셨다는 사실을 가리킵니다. 여기서 우리는 잠시 멈추고, 이 호칭이 어떤 뜻이든 간에, 예수 그리스도께서 보내심을 받았다는 것은 지극히 분명한 사실이므로, 이 사실을 알고 기뻐합시다. 우리에게 구세주가 있다는 사실을 아는 것만 해도 아주 귀한 일입니다. 그런데 그 뿐만 아니라, 우리를 구원하기 위해 오신 이 귀한 구세주는, 미숙한 아마추어로 하늘 궁정의 권위도 없이 그냥 오신 것이 아니라, 영원한 아버지의 위임장을 가지고 오시어, 그분께서 행하신 일은 무엇이든 하나님의 이름으로 행하신 것이 분명하다는 것까지 우리가 확신할 수 있습니다. 이러한 사실을 생각할 때, 종종 우리의 마음에는 기쁨이 샘솟습니다. 여호와는 예수님께서 이루신 것을 결코 저버리지 않으실 것입니다. 하나님께서는 예수님을 화목제물로 세우셨습니다. 그분은 하나님께서 친히 보내신 중보자이십니다. 그분은 우리의 대속자이십니다. 그분은 하나님께서 친히 찾으신 대속자이십니다. "내가 능력 있는 용사에게는 돕는 힘을 더하며"(시 89:19). 하나님께서 다음과 같은 신탁을 발하셨는데, 누가 감히 반박할 수 있겠습니까? "여호와께서는 우리 모두의 죄악을 그에게 담당시키셨도다"(사 53:6). 이를 행하신 분이 바로 주님이십니다. 궁정에서 위임장을 받지 않고 온 대사는 아무리 축복을 베풀어 봐야 백성들로부터 의심의 눈초리만 받을 뿐입니다. 그러나 자신의 주권자로부터 전권을 위임받은 전권사절이 평화의 사신으로 온다면, 백성들은 아무런 주저함이나 반대 없이 그를 기쁨으로 맞이할 것입니다. 죄인인 여러분이여, 여러분은 구세주이신 예수님을 영접하셨습니까? 그분을 보내신 하나님을 여러분이 인정한다고 하면서, 실제로 그 사자로부터 돌아서 버린다면, 여러분은 주권자의 권위를 경멸하는 것입니다. 만약 여러분이 예수님을 부인한다면, 여러분은 하나님 자신을 부인하는 것입니다. 그렇습니다. 여러분은 그분께서 그의 아들에 관해 말씀하신 증언을 믿지 않기 때문에, 하나님을 거짓말쟁이로 만들고 있습니다. 사랑하는 성도 여러분, 여러분은 예수 그리스도를, 여러분을 대상으로 개인적으로 보내심을 받은 분으로 영접하고 있습니까? 여러분이 죄책감에 시달리며, 양심의 가책으로 짓눌려 부담감을 느낄 때, 그 때 예수님은 여러분에게 다음과 같은 말씀을 전해주기 위해 보내심을 받았습니다. "땅의 모든 끝이여 나를 바라보고 구원을 받으라"(사 45:22 KJV)고 말입니다. 여러분은 그렇게 생각하지 않습니까? 그분은 여러분이 하나님을 바라보도록 하기 위해서 보내심을 받지 않았습니까? 여러분은 그분을 바라보았습니까? 여러분은 그분을 바라보고서 빛을 받았습니까? 오, 그렇다면 여러분은 비참한 상황에서 여러분을 건져 주시고, 지옥 감옥에 속박된 자를 풀어 주시고, 포로 된 자를 해방시켜 주신 그분을 보내신, 지극히 높으신 분이라는 이름을 가진 그 하나님을 영원히 찬양할 것입니다. 곰곰이 생각해 보십시오. 실로라는 말의 이런 의미를 여러분은 즐거운 마음으로 곰곰이 생각해 보십시오. 실로라는 이 말이 "보냄을 받았다"는 뜻이라면, 이 말 속에는 아주 달콤한 것이 들어 있습니다.

둘째로, 어떤 학자들은 이 말을 가리키면서, 이 말의 어근(語根)은 아들을 뜻한다고 주장합니다. 이 가설을 따르자면, 실로라는 호칭은 우리 주님에게 엄격히 적용될 수 있을 것입니다. 그분은 "하나님의 아들"이며, 또한 "사람의 아들," 즉 "인자(人子)"이며, "유다의 아들"이기도 하며, "다윗의 아들"이기도 합니다.

"한 아기가 우리에게 났고 한 아들을 우리에게 주신 바 되었는데"(사 9:6). 우리는 이 "실로가 오실 때까지," 즉 "아들이 오실 때까지"에 대한 주석을 잠시 묵상해 보겠습니다. 실로를 이렇게 아들로 보는 해석이 맞든 그르든, 어쨌든 예수님은 하나님의 아들이십니다. 우리를 구원하기 오해 오신 그분은 거룩한 분이십니다. 그 어떤 천사도 구속이라는 놀랄 만치 큰 이 짐을 감당할 수 없습니다. 천사들은 구속하는 자가 아니라 피조물입니다. 천사들은 창조 사역은커녕, 구속 사역도 감당할 수 없습니다. 천사들은 오직 이 두 사역을 감당하시는 그분을 능히 크게 찬양할 따름입니다. 하나님 외에 누가 감히 죄인들을 지옥에서 끄집어 낼 수 있단 말입니까? 하나님만이 이 일을 하셨습니다. 십자가 위에서 죽은 그분이 바로 세상을 만드신 그분이셨습니다. 그 거룩하신 구세주를 여러분은 믿습니까? 오, 죄인인 여러분이여! 만약 여러분이 구원하는 예수 그리스도의 충분한 능력에 대해 조금이라도 의심했다면, 그 모든 의심을 저 멀리 던져 버리십시오. 만약 그분이 지극히 높으신 분의 아들이며, "만물 위에 계셔서 세세에 찬양을 받으실 하나님"(롬 9:5)이시라면, 그분을 의지하는 자들은 결코 흔들리지 않을 것입니다. 그분은 하나님의 아들이면서, 또한 사람의 아들이기도 합니다. 이 사실로 인해 우리는 크게 기뻐합니다. 예수 그리스도는 "우리 뼈 중의 뼈요 우리 살 중의 살"로서, 그분은 우리와 같은 사람이십니다. 물론 지금 그분은 하늘에 계시지만, 그렇다고 그분이 거기서 영적인 존재로 변형되셨거나, 또는 우리의 본성들을 버리셨거나, 우리의 혈과 육을 취하지 않으셨다고 생각해서는 안 됩니다. 오, 여러분은 절대로 그렇게 생각하지 마십시오. 그분은 죽은 자 가운데서 살아나시어, 제자들에게 나타나셨습니다. 그리고 그들과 함께 잡수셨습니다. 그분은 자신이 영이 아니라 육을 가졌다는 것을 보여주시기 위해 구운 생선 한 토막과 벌집 한 조각(눅 24:42 KJV)을 받으셨습니다. 그러고는 "내 손과 발을 보고 나인 줄 알라 또 나를 만져 보라 영은 살과 뼈가 없으되 너희 보는 바와 같이 나는 있느니라"(눅 24:39)고 말씀하셨습니다. 그분께서는 바로 그 몸으로 영광 가운데 오르셔서, 지금도 우리 자신의 몸과 똑같은 몸을 입은 사람으로 하나님 우편에 앉아 계십니다. 오, 사랑하는 성도 여러분! 우리를 겁에 질리게 하는 것들을 두려워하지 마십시오. 우리의 질고(疾苦)를 동감하시는 대제사장과, 우리를 형제로 부르기를 수치스럽게 여기지 않으시는 귀한 구세주를 의심하면서 여러분은 그분에게서 돌아서지 마십시오. 그분은 "이 사람이 죄인을 영접하고"(눅 15:2)라는 비난을 들은 분이십니다. 오, 죄인인 여러분이여! 여러분은 기꺼이 그분을 영접하시기를 바랍니다. 우리는 그분을 아들로 찬양합시다. 하나님의 아들과, 사람의 아들이신 그분을 찬양합시다.

실로에 대해 전하고자 하는 셋째 의미는 이 "실로"라는 말을 번역했다기보다는 오히려 의역했다는 말이 더 적절할 것 같습니다. 어떤 비평가들에 따르면, 오늘 본문은 다음과 같은 뜻이라고 말합니다. "그분이 오실 때까지 이르리니, 그분에게 속하고, 그분을 위해 존재하며, 그분을 위해 예비되리로다.", 즉 이것은 에스겔이 표현한 바와도 같습니다. "엎드러뜨리려니와, 권세를 가지신 이가 오시기까지는 그것이 다시 없으리라. 그리고 내가 그것을 그에게 주리라"(겔 21:27 KJV). 그러므로 이 말씀은 "규(圭)가 유다를 떠나지 아니하며 통치자의 지팡이가 그 발 사이에서 떠나지 아니하기를 실로가 오실 때까지"(창 49:10)라는 의미일 수 있습니다. 이런 해석은 권위 있는 많은 학자들로부터 지지를 받고 있으며, 이 해석은 본질적인 가치를 지니고 있습니다. 규(圭)는 그리스도에게 속해 있습니다. 모든 규들이 그리스도의 것입니다. 그분께서 장차 오시어 그분의 이름들을 백성들에게 확인해 주실 것입니다. 저는 넬슨(Nelson) 제독이 갑판 위에서 자신이 무찌른 많은 프랑스 장군들을 위시하여 전사(戰士)들의 칼을 받고 있으며, 그의 옆에는 나이 든 한 선원이 그 병사들이 들고 오는 모든 칼들을 자기 팔 아래 두는 모습을 그린 그림을 본 적이 있습니다. 여러분은 이 그림을 본 적이 없습니까? 하나님의 권세로 말미암아 유일한 왕이 되신 우리의 위대한 장군께서 우리가 살고 있는 이 땅에 다시 오시어, 그 왕들의 규들을 한 다발 가져다가 그들의 곁에 내려놓고, 그들의 왕관까지 그렇게 모아두실 것을 저는 종종 상상해 봅니다. 왜냐하면 그분만이 홀로 만왕의 왕이시며, 만주의 주가 되시어 다스리실 것이기 때문입니다. 최후의 군주이시며, 모든 왕들 가운데 가장 큰 왕이신 그분께서 "구원에 이르게 하기 위하여 죄와 상관없이 자기를 바라는 자들에게 두 번째 나타나실 것"(히 9:28)입니다. 오, 그 때 그분이 받으시는 승리의 영광은 얼마나 대단하겠습니까! 그분은 다스리실 권세를 가지고 계십니다. 본성으로나 혈통으로 왕이 된다면, 그 왕은 다윗의 자손이어야 할 것입니다. 그리고 그를 따르는 모든 백성들의 선거로 한 명의 군주를 뽑는다 해도, 예수 그리스도가 선택될 것입니다. 우리는 다음과 같은 찬송을 얼마나 자주 불렀는지 모릅니다.

  "만유의 주님께
   왕관과 면류관을 드리세."
(에드워드 퍼로넷[Edward Perronet], '예수님의 이름, 그 능력에 만세!'
[All hail the power of Jesus' Name!] 1절, 21세기 찬송가 36장 — 역주).

   우리는 이 찬송을 자주 부르지 않을 수 없습니다. 그리고 우리의 마음과 입
술은 항상 "그분께 면류관을, 그분께 면류관을, 승리하신 그분의 머리에 면류관
을"(토머스 켈리[Thomas Kelly], '너희 성도들아! 영광스러운 그 광경을 보아라'[Look, ye saints!
the sight is glorious], 1절, 21세기 찬송가 33장 — 역주)이라고 말하지 않을 수 없습니다.
그분은 다스리실 권세를 가지고 계십니다. 사랑하는 성도 여러분, 그분의 권리
를 인정하십시오. 만약 여러분이 지금까지 이 권리를 인정하지 않았다면, 지금
당장 인정하십시오. "그의 아들에게 입 맞추라 그렇지 아니하면 진노하심으로
너희가 길에서 망하리니 그의 진노가 급하심이라"(시 2:12). 여러분은 그분을 사
랑해야 하며, 그분을 여러분의 왕으로 삼고서, 오, 그분의 발에 다시 입 맞추어야
합니다! 여러분은 그분에게 최고의 경의를 표하십시오. 여러분이 가진 최고의
순결한 사랑과 지속적인 봉사로 그분을 섬기십시오. 오, 예수님이시여! 지금까
지 당신처럼 "많은 사람 가운데에 뛰어나며 그 전체가 사랑스러운"(아 5:10, 16)
왕이 있었나이까? 그분에게 영원 무궁히 위엄 있는 면류관을 드리도록 합시다.
그분에게 왕권이 있습니다. 그분을 위해 그 왕권이 예비되어 있습니다.
   그러나 가장 많은 지지를 얻고 있고, 일치된 의견을 보이며, 제가 생각하기
에도 가장 건전하다고 여겨지는 해석은 바로 "실로"(Shiloh)라는 단어를 "살렘"
(Salem)이라는 단어와 동일한 어근에서 나왔다고 유추하는 것입니다. 이 해석은
실로의 의미가 평화를 뜻한다고 봅니다. "평화가 이르기까지, 즉 평화를 간직한 자
혹은 평화를 주는 자가 이르기까지"로 볼 수 있는 것입니다. 또 이와는 달리 여러
분이 좀 더 나은 번역을 원한다면, "평안, 혹은 평안하게 하는 자가 이르기까지"라
고도 할 수 있습니다. 여러분이 좋아하는 해석을 선택하면 됩니다. 또는 다음과
같은 의미가 충분히 반영되어 번역될 수도 있습니다. "평안을 가져오는 자가 이르
기까지, 평안하게 하는 자가 이르기까지." 족장인 야곱의 기대는 온통 그분의 오심
에 집중되었으며, 그분이 오시는 것이 그의 바람이었습니다. 오, 사랑하는 성도
여러분, 그분께서 장차 오신다는 생각을 하면서, 우리의 핏줄 하나하나가 이런

기대로 가득 채워진다는 것은 얼마나 영혼을 황홀하게 하는지 모릅니다! 여러분은 평안이 무엇을 의미하는지 알고 있습니까? "평강이 있을지어다 평강이 있을지어다"(사 57:19)라고 이사야 선지자는 말하였습니다. 그가 이렇게 말할 수 있었던 것은 주님을 신뢰했기 때문입니다. 이런 완전한 평강을 가진 자의 영혼은 요동하지 않습니다. 여러분은 한 번이라도 자신에게 "이제 내가 바라는 것은 아무것도 없다. 이제 내가 원하는 것도 아무것도 없다. 나는 만족하다. 내 마음은 완전히 흡족한 상태이다. 나는 무서운 것도 없고, 두려운 것도 없다"라고 말해 본 적이 있습니까? 여러분은 "아니요. 저는 그런 최고의 상태에 결코 이르지 못했습니다"라고 말할 것입니다. 비록 지금까지 그런 경험을 한 번도 해보지 않았다 해도, 여러분은 천만금보다 더 귀한 존재가 될 수 있습니다. 세상에 있는 금을 모두 다 가진다 해도, 그 사람의 마음은 결코 채워지지 않을 것입니다. 빠르게 달리는 말로 서둘러 달려도 하루에 다 돌아볼 수 없을 만큼 광활한 땅을 가지고 있다 해도, 여러분에게는 만족함이 없을 것입니다. 이 세상에 있는 모든 땅을 다 소유한다 해도, 그 사람의 마음은 결코 채워지지 않을 것입니다. 설령 여러분이 사람이 누릴 수 있는 모든 아름다움과 지위와 영광과 명예를 가진다 해도, 여러분은 "아, 나는 여전히 비참한 자로다"라고 말하게 될 것입니다. 그러나 지금까지 예수님을 발견한 아주 많은 자들은 능히 "흡족하도다. 내게 필요한 것은 더 이상 없다"라고 말할 수 있었습니다. 우리는 예수님을 믿고, 모든 것을 그분의 뜻에 순복하는 법을 배우고, 그분의 영광을 위해 살아가고, 그분을 최고로 사랑하며 살아가고 있습니다. 그러면서 우리는 하나님과 평강을 누리고 있습니다. 이 평강은 "모든 지각에 뛰어난 하나님의 평강"(빌 4:7)으로서, 그리스도 예수 안에서 우리의 마음과 생각을 지켜 줍니다. 우리는 하나님의 가족이 되는 양자의 영을 받았습니까? 그 가족으로 일단 받아들여졌다면, 그분께서는 결코 그 자녀들을 가족에서 내쫓지 않으신다는 사실을 우리는 확실히 알고 있습니다. 우리는 또한 그리스도의 몸의 지체들이 되었습니까? 그렇다면 그 몸에서 절단되면 어떡하나 하고 두려워할 필요가 없습니다. 이 지체들은 몸과 완벽하고 단단하게 하나가 되었으므로, 절단되거나 나누어질 수 없습니다. 은혜로 말미암은 우리의 선한 소망은 불확실한 것이 아닙니다. 그러므로 우리는 마땅히 하나님의 천사인 스랍과 같은 토플레디(Toplady)와 함께 다음의 찬송을 부를 수 있습니다.

> "확실한 증거가 주어졌으니,
> 그래, 끝까지 견디리라.
> 영광 가운데 있는 천국의 영혼들이
> 나보다 더 행복하겠지만,
> 내가 더 확실한 보증을 받았도다."
>
> (토플레디[Augustus M. Toplady], '오직 은혜에 빚진 자'
> [A debtor to mercy alone], 3절 — 역주).

여기에 안식이 있습니다! 사람은 해야 할 일을 다 했을 때, 그리고 자신을 위한 모든 일들이 다 이루어졌을 때, 충분히 안식을 누리는 법입니다. 그 안식이 바로 복음입니다. 세상적인 구원의 길은 "행하라"는 것이지만, 하나님이 베푸시는 구원의 길은 "너를 위한 모든 것이 다 행해졌다. 그것을 받아들이고, 믿어라"는 것입니다. 세상은 "행하라"고 말합니다. 그러나 정작 세상은 아무것도 행하지 않습니다. 반면에 복음은 우리에게 "모든 것이 다 이루어졌다"라고 말합니다. 그래서 우리는 이 구원으로 큰 기쁨과 평안을 누리며, 우리를 위해 친히 자신을 주신 그분을 섬기는 것이 마땅한 줄 알아, 우리의 두 발로 일어나 기꺼이 그분을 섬기려고 합니다. 은혜의 교리로부터는 적극적이고 절대적인 순종이 나오지만, 구원받기 위해 해야 할 의무들을 규정하고 어떤 공로들을 언급하는 세상 종교에서는 기껏해야 교만이나 자기 의(義)밖에 나오지 않습니다. 구원받기로 작정된 사람들은 모두 골고다의 피 묻은 십자가 위에서 구원받았습니다. 예수님께서는 "다 이루었다"(요 19:30)고 말씀하셨습니다. 여기서 그분의 비하(卑下)는 절정에 이르렀습니다. 그분은 자기를 낮추시고 죽기까지 복종하셨습니다(빌 2:8). 그래서 모든 것이 다 이루어졌습니다. 그분께서 죽으면서까지 구원하고자 한 자들이 거기 있었으며, 그 때 그들은 모두 구속받았습니다. 이들을 위해 지불된 구속의 대가로 그들은 죄의 형벌을 면하게 되었고, 법적인 책임에서도 벗어났으며, 그들을 위해 마련된 지옥의 불타는 위험마저 모두 소멸되었습니다. 그들을 위해 그분께서 고통 받으셨기에, 이제 그들은 자신이 받아야 할 고통으로 소환될 수 없습니다. 그분께서 그들을 위한 의로운 제물이 되셨고, 그 의로 하나님은 그들을 받아주셨습니다. 여러분은 "나도 그렇게 구속받은 사람들 가운데 하나였으면 좋겠다"라고 말하고 있습니까? 여러분은 예수님을 믿고 있습니까? 그렇다면 여러분도 그 구속받은 사람들 가운데 하나입니다. 여러분은 예수님을 신뢰하고 있습니까? 그렇다면 여러분은 구원받았습니다. 죄인이 자신의 주님, 즉 십자가에 못박히신 그 주님을 믿고 신뢰하는 그 순간, 그는 즉시 죄 용서를 받고, 그리스도의 보혈로 말미암은 완전한 구원을 받게 됩니다. 여러분의 영혼으로 예수님을 신뢰하기만 하십시오. 그러면 여러분이 해야 할 일은 다 한 것입니다. 이제 평강이 여러분의 영혼에 임할 것입니다. 오, 그와 같이 깊고 복된 평강은 하늘에서 내려오지 않는 한 도저히 찾을 수 없는 평강입니다! 예수님은 평안을 주시고 평안하게 하시는 위대한 분이시기 때문입니다. 그분은 우리의 평강이십니다. 하나님께서는 우리로 하여금 그분을 알게 하시고, 그분의 중보자 되시는 직분을 깨닫게 하십니다. 지금 제 설교를 듣는 사랑하는 성도 여러분, 제가 하는 말을 믿으십시오. 여러분을 둘러볼 때, 제 영혼은 여러분 모두를 향해 심히 안타까운 마음을 느끼고 있습니다. 오, 여러분이 나의 주님과 그분께서 주시는 그 평안을 알았으면 정말 좋겠습니다. 제가 그분에게 나아간 지 수 년이 흘렀습니다. 이십 년 하고도 삼 년이나 더 지난 것 같습니다. 그분께서 저를 받아주시리라고는 꿈도 꾸지 못했습니다. 저는 제가 너무 큰 죄인처럼 느껴졌습니다. 어떻게 나 같은 사람도 은혜를 받을 수 있을까? 하는 생각을 하던 중, 저는 "땅의 모든 끝이여 나를 바라보고 구원을 받으라"(사 45:22 KJV)는 본문으로 설교하는 것을 듣게 되었습니다. 그때까지 저는 이 말씀을 깨닫지 못하고 있었습니다. 하지만 그 때 저는 내가 해야 할 단 한 가지는 바라보는 것뿐이라는 사실을 깨닫게 되었습니다. 오, 이것은 제게 얼마나 놀라운 계시의 말씀이었는지 모릅니다! 구원을 받기 위한 자격으로 감정이나 공로나 행함이나 대가 등 그 어떤 것도 필요하지 않습니다. 십자가에 달린 그리스도께서 십자가에 달린 그 모습으로 제 눈 앞에서 분명히 보여주고 계셨습니다. 저는 그분을 바라보았습니다. 그리고 나서 저는 구원받았습니다. 제가 바라본 그 순간 저는 구원받았습니다. 후에 저는 성경을 읽다가 이것이 바로 성경에서 말씀하는 것과 같다는 사실을 알게 되었습니다. 즉 "그를 믿는 자는 심판을 받지 아니하는 것이요"(요 3:18). 저는 이 말씀을 믿었고, 이 말씀을 신뢰했으며, 이 말씀에서 참된 평안을 얻었습니다. 여러 해 지속되던 거의 절망에 가까운 우울한 날들이 끝이 나고 밝은 빛이 비쳐지면서, 내 영혼에 밀려들었던 그 기쁨을 저는 결코 잊을 수 없습니다. 이 일을 행하신 하나님께 감사드립니다. 이 육신의 삶을 살면서 겪게 되는 어떤 고난 속에서도 저는 이 기쁨을 절대로 놓치지 않을

것이며, 숨 쉬는 어떤 인간이나 하나님의 보좌 앞에 있는 어떤 천사들과도 지금 제가 선 이 은혜의 자리와 바꾸지 않을 것입니다. 천사들의 지위와 특권도 성도들을 위해 예비해 두신 영원한 존귀와는 감히 비교될 수 없을 것입니다. 천사를 위해서 죽은 구속자는 아무도 없기에, 다음과 같은 찬송을 부를 수 있는 천사도 없을 것입니다. "자신의 피로 나를 씻어 정결하게 한 그분은 귀하도다." 오, 예수님의 무한한 사랑에 더할 나위 없이 큰 은혜를 입어 정결하게 된 죄인이 그분의 자녀 가운데 들게 되었습니다. 이것은 매우 황홀한 일로서, 우리는 충분히 다음과 같이 말할 수 있습니다. "아! 나는 심지어 천사도 흠모하지 않으며, 천국에 있는 많은 목회자들 중의 어느 누구와도 행복한 내 분복(分福)을 바꾸지 않을 것이다." 저는 여러분 모두가 이 생각에 공감했으면 합니다. 지금 서 있는 이 은혜의 자리에 여러분 모두가 함께 해, 서로 교제를 나누었으면 좋겠습니다. 여러분의 대다수는 하나님께 감사를 드리고 있습니다. 하지만 그러지 않는 사람들도 있습니다. 가련한 백성들이여, 여러분은 구세주도 없이 도대체 어떻게 하려고 합니까? 이 세상에서도 그리 많은 것을 취하지 못한 여러분이 왜 더 나은 기업에 대한 약속도 찾지 않는 것인지, 저는 도대체 이해할 수 없습니다. 또한 가련한 부자 백성들이여, 여러분도 구세주 없이 도대체 어떻게 하려고 합니까? 저는 여러분 모두에 대해 안타까운 마음뿐입니다. 왜냐하면 여러분의 삶은 아주 무의미하고 무미건조하게 다들 그러하듯 그럭저럭 지나가 버릴 것이기 때문입니다. 이리저리 무언가를 찾아 돌아다니면서, 우아해 보이는 사소한 것들에 신경도 써 보지만, 여러분의 이런 삶은 이 꽃에서 저 꽃으로 날아다니는 나비와 같은 삶일 뿐입니다. 가난한 사람들은 힘든 수고를 하면서 시간을 보냅니다. 하지만 여러분은 이런 힘든 일을 하면서, 어떻게 하면 여러분의 시간을 선용할 수 있을지, 어떻게 하면 힘든 일을 좀 줄일 수 있을지, 여러분 자신에게 묻기도 하고, 때로는 다른 사람들에게 묻기도 합니다. 만약 여러분이 그리스도를 생각할 수 없다면, 만약 여러분이 그 은혜 언약의 도움을 받을 수 없다면, 만약 여러분이 영원한 하나님을 바라볼 수 없다면, 그렇다면 여러분은 다음과 같이 말하십시오. "나의 아버지, 당신은 나의 아버지이십니다. 저는 당신과 함께 영원히 거하고 싶습니다." 여러분이 부하든 가난하든 저는 그저 여러분이 안타까울 뿐입니다. 하나님께서 여러분에게 은혜를 베푸시어, 예수 그리스도 안에 있는 그 충만한 보화들을 가질 뿐 아니라 그것을 누릴 수 있게 되기를 기원합니다. 그제야 비로소 여러분은 다음과 같이 찬송할 수 있을 것입니다.

> "이 세상이 좋고 위대하다 부르는 모든 것과도
> 나의 복된 이 상태를 바꾸지 않겠노라.
> 내 믿음이 살아 있는 한,
> 나는 죄인들의 황금을 부러워하지 않겠노라."
>
> (와츠[Isaac Watts], '우리가 가진 보화가 얼마나 대단한지!'
> [How vast the treasure we possess!], 4절 ― 역주).

2. 증언

사랑하는 성도 여러분, 야곱이 환상 가운데 본 실로를 이제 여러분이 믿음으로 신뢰하고 확인하였다면, 우리에게 남은 몇 분 안 되는 시간 동안, 우리는 오늘 본문에 나오는 이 족장의 증언을 묵상해 보고자 합니다. "실로가 오실 때까지 그에게 백성이 모이리로다."

히브리어 원문에는 "그에게 민족들이 모여들지어다"로 되어 있습니다. 광대한 주변의 원주(圓周)들이 이 영광스러운 중심으로 모이고 있습니다. 이 말씀에는 유대인뿐만 아니라 이방인들로 이뤄진 다른 민족들까지도 다 포함됩니다. 물론 여기에는 선택된 나라뿐만 아니라 아주 멀리 떨어진 섬들까지도 다 들어갑니다. 그렇습니다. 사랑하는 성도 여러분, 우리 모두가 여기에 다 포함됩니다. "그에게 민족들이 모여들지어다." 이 선포가 우리에게 얼마나 큰 기쁨을 주는지 모릅니다! 예수 그리스도 주위에, 위대한 표준이 되어 높이 올린 그분의 십자가 주위에 민족들이 모여들게 되다니, 여러분은 이 사실이 실감납니까? 여러분은 눈을 뜨고 똑바로 쳐다보십시오. 만약 여러분이 볼 수 있다면, 여러분의 두 눈에는 안약 (계 3:18)이 발라져 있어서 이미 진행되고 있는 이 광대한 행진을 보게 될 것이며, 이 행진을 이끄는 능력 또한 감지할 수 있을 것입니다. 저기 저 미국에서 한 가련한 죄인이 영생을 갈구하고 있습니다. 그가 바르게 구하기만 한다면, 그는 그리스도에게 모여드는 무리 가운데 낄 수 있을 것입니다. 이번에는 여러분의 고국을 바라보십시오. 아마 오늘 밤에도 수천 개가 넘는 곳에서 거룩한 하나님을 경배할 것입니다. 그곳에서도 마치 자력이 역사하는 것처럼 하나님께서 역사하고 계십니다. 모여든 모든 모임 가운데 영생을 찾고자 하는 이들이 있었으면

하는 것이 저의 유일한 소망입니다. 그런 자들이 모임 가운데 있다면, 그들은 모두 지금 예수 그리스도를 바라보고 있는 자들입니다. 이번에는 여러분의 시선을 돌려 인도, 프랑스, 멀리 호주까지 여러분이 보고 싶은 방향은 어디든 바라보십시오. 영생을 간절히 찾는 모든 영혼들은 지금도 예수 그리스도를 통해 영생을 찾고 있습니다. 제 눈에는 그들이 오고 있는 것이 보입니다. 그분이 중심에 계시고, 그들이 모두 그분께 가까이 다가오고 있습니다. 그분이 없이는 그 누구도 구원받지 못합니다. 그 백성들이 유일한 소망이신 그분에게 모여듭니다. 그분 이외의 의지할 다른 것들은 이미 모두 실패했습니다. 이들은 이미 모든 다른 것들에 소망을 걸어보았습니다. 그러고 나서야 그분에게 날아갑니다. 어디든 다른 곳으로 갈 수 있는 자는 아무도 그리스도께 나오지 않습니다. 죄인은 일기가 열악해서 아무 곳도 갈 수 없을 때 그분께 나아오기도 합니다. 때로 배들이 외부적인 장애 요인으로 속도를 낼 수 없어서 떠밀려 피난처인 항구로 들어오듯, 죄인도 어려움 가운데 있을 때 떠밀려서 예수 그리스도께 나아옵니다. 바른 곳에서 참으로 영생을 찾는 모든 영혼들은 지금도 예수님을 바라보면서 예수님께 모여들고 있습니다. 제 눈에는 가느다란 은(銀)실들이 중심되신 그리스도에게서 나와, 온 세상에 있는 모든 자들을 그분에게로 끌어당기고 있는 것이 보입니다. 바라기는, 이 실들 가운데 하나가 여러분도 끌어당기고 있었으면 합니다. 오! 이 부드러운 강제에 몸을 맡기십시오! 그 실을 따라가십시오. 거기에 여러분의 유일한 소망이 있기 때문입니다.

다시 바라보십시오. 그러면 여러분의 눈에는 구원받은 세상에 있는 모든 성도들이 예수님에게 모여들어, 그분 주위에 둘러서서 그분을 지도자와 교사와 왕으로 영접하는 모습이 보일 것입니다. 유대인들은 "가이사 외에는 우리에게 왕이 없나이다"(요 19:15)라고 말했지만, 그리스도인들은 "예수님 외에는 우리에게 왕이 없나이다"라고 말합니다. 제가 하고 싶은 말은, 예수 그리스도 그분 외에는 그 누구도 영적인 주님이나 선생이나 인도자가 아니라는 것입니다. "그에게 백성이 모이리로다." 모든 민족들 가운데서 그분의 백성들이 나아와 그분의 가벼운 멍에를 취하여 멜 것입니다. 그로 인해 그들의 영혼이 쉼을 얻을 것입니다. 지금 이 순간에도 제 두 눈에는 전 세계에 있는 허다한 무리들이 예수님께 점점 더 가까이 다가와, "주님이시여, 우리를 이끌어 주옵소서. 좀 더 당신께 가까이 가도록 우리를 이끌어 주옵소서. 그래서 우리가 좀 더 당신을 닮게 하옵소서. 우리를 도우시어 우리가 더욱더 당신의 영광을 위해 살아가게 하옵소서"라고 간절히 외치면서, 즉시 그분에게 달려가는 모습이 보입니다. 이처럼 여러분을 끌어당기는 금(金)실이 하나라도 여러분에게 있습니까? 그 금실이 여러분을 이끈다면 여러분은 달려 나가십시오. 그리고 여러분의 주님이신 그분을 사랑하려고 하고, 지금까지 그분을 섬겼던 것보다 더욱더 열심히 섬기십시오. "그에게 백성이 모이리로다"라는 말씀이 바로 이 말이기 때문입니다.

그리스도는 그의 백성들을 참으로 통합하는 유일한 중심이 됩니다. 여러분은 이 사실을 명심하십시오. 기독교권의 통합을 촉진하기 위한 교류 단체가 있는 것으로 압니다. 하지만 저는 그 단체가 크게 유익하지 않거나, 많은 협력관계를 확고히 하지 못하면 어떡하나 염려하고 있습니다. 기독교권의 통합! 이것은 지금 여러분이 세우고 있는 활 모양의 아치 그 꼭대기에 있는 쐐기돌(종석[宗石])에 전적으로 달려 있습니다. 만약 여러분이 그리스 정교회와 로마 가톨릭교회와 영국 성공회 간의 통합이 있을 것을 기대한다면, 이에 대해 저는 여러분이 기대하는 그 세 교회가 모두 통합된 그리스도인들의 통일체는 언제나처럼 요원할 것이라고 말할 수 있을 뿐입니다. 그렇게 통합되었다고 공포된 기독교권 가운데서도, 이와는 별도로 내적 기독교권이 있습니다. 즉 이렇게 큰 세속적인 교회들에 대해서는 거의 알지 못하는, 참된 그리스도인들로 이뤄진 은밀하고 거룩한 형제관계의 기독교권 말입니다. 참된 기독교 세계는 육체를 신뢰하는 것으로 이뤄지는 것이 아니라, 영으로 하나님을 예배하는 모든 자들로 이뤄집니다. 참된 교회는 주 예수 그리스도를 믿고 성령으로 소생하게 된 모든 자들로 구성됩니다. 하지만 사회에서 용인되는 유일한 단체는 위엄 있는 어떤 성직자나 다른 교역자들에 의해 치리되는 교회 연합체뿐입니다. 이것은 분명히 바람직한 것일 수 없습니다. 그리스도가 교회의 중심이며, 참된 연합체는 오직 그분에게서만 발견될 것입니다. "그에게 백성이 모이리로다."

제가 만약 여러분에게 예수 그리스도에 대한 사랑을 가득 담은 책을 주고서, 여러분이 이 책을 다 읽은 후에, 제가 이 책을 쓴 저자가 누구인지를 여러분에게 묻는다면, 여러분은 틀림없이 그 저자가 어느 교파에 속했는지 정확하게 알아맞히지 못할 것입니다. 그건 제가 장담합니다. 아마도 여러분은 "글쎄요. 이 책에는 로마 가톨릭적인 분위기가 군데군데 있긴 하지만, 그래도 아주 훌륭한 책이라서, 감히 로마 가톨릭 신자가 썼다고는 생각할 수 없겠는데요"라고 말할 것입니다. 여러분은 또한 "이 책 여기저기서 플리머스 형제단(Plymouth Brother, 영국의 저교회파 성향으로, '오직 성경'[Sola Scriptura] 원칙을 강조하는 교단 — 역주)과 관련된 인상을 조금씩 받는데, 썩 좋은 인상을 주지는 않네요. 그래도 아주 훌륭한 책이어서 그런지, 그 교파의 저자가 썼을 것이라는 생각은 들지 않아요"라고 말할 것입니다. 이렇게 이런저런 생각을 하다가, 마침내 여러분은 "누가 이 책을 썼는지 전혀 감이 오지 않아요. 당황스럽기까지 합니다"라고 말할 것입니다. 종종 저는 그리스도의 향기가 나는 책들을 읽고 난 후에, 비록 그 저자가 누구인지 알지 못해도, 또는 그 저자가 교단적으로 볼 때 저와 적대관계에 있는 사람이라고 해도, 그에 대한 사랑을 느낄 때가 있습니다. 하지만 그 점에 대해 저는 전혀 개의치 않습니다. 그 저자가 나의 주님을 사랑하려고 하고, 또한 실제로 사랑하는 자라면 그의 출신 교단이 어떠하든 저는 그를 사랑할 것입니다. 우리가 무릎을 꿇고서 그리스도의 나라를 위해 기도하거나 혹은 서서 메시아를 찬양하는 노래를 부를 때, 우리가 서로의 모습을 보고 얼마나 닮아 있는지 놀라기도 합니다. 웨슬리(Wesley)는 토플레디(Toplady)를 좋아하지 않았고, 토플레디도 웨슬리를 좋아하지 않았습니다. 그래서 토플레디는 웨슬리를 향해 "한 마리 늙은 여우"라고 부르면서, 그 여우의 털을 뜯어내어 "색칠을 해서 깃털 모양의 장식"으로 만들어 버리고 싶다고 말하기도 했습니다(철저한 칼빈주의자로서 웨슬리와 예정 논쟁 등으로 오랜 기간 서로 앙숙이었던 토플레디는, 존 웨슬리가 쓴 글의 표절 문제로, 웨슬리를 비판하는 '늙은 여우 깃털에 색칠하기'[An Old Fox tarr'd and feathered]란 24쪽 분량의 팸플릿을 썼다 — 역주). 그러나 여러분이 가진 찬송가에서 여러분이 좋아하는 찬송을 찾아보면, 찰스 웨슬리의 "내 영혼을 사랑하는 이, 예수님"("Jesus, Lover of my Soul", 21세기 찬송가 388장 — 역주)과 토플레디의 '만세반석 내게 열리니'(Rock of Ages, Cleft for Me, 21세기 찬송가 494장 — 역주) 같은 찬송을 빼놓을 수 없을 것입니다. 이 두 찬송 중에 어느 찬송이 더 좋은지 저는 아직까지 확실히 잘 모르겠습니다. 이 두 찬송은 똑같이 훌륭한 찬송입니다. 이들 두 사람은 서로에게 실수를 저질렀고 서로에 대해 오해를 했지만, 그럼에도 이 두 찬송과 마찬가지로 어쨌든 축복받은 영혼들이었습니다. 여러분이 십자가에 나아갈 때, 여러분은 그분에게 모이는 것입니다. "그에게 백성이 모이리로다"라는 말씀처럼 말입니다. 여러분이 그분에 대해 말하고, 그리고 그분께서 행하신 것들, 즉 그분의 삶과 죽음, 대속적인 희생, 우리의 모든 원수들을 멸하신 그분의 영광스러운 승리 등에 대해 말할 때, 여러분의 마음은 하나로 모이는 것입니다.

　오, 사랑하는 성도 여러분, 그러므로 우리는 그리스도를 드높이기 위해 필사적으로 싸우며 끊임없이 노력해야만 합니다. 올해에도 많은 영혼들이 모여드는 것을 보기를 원합니다. 우리가 그리스도를 드높인다면, 많은 영혼들이 모여드는 것을 당연히 보게 될 것입니다. 여기 잿더미 가운데 쇠를 줄질하다 생긴 쇳가루가 많이 있다고 가정해 봅시다. 이 잿더미 가운데서 이 쇳가루를 어떻게 분리해 낼 수 있을까요? 이를 분리해 내는 방법은 아주 많을 것입니다. 먼저 자석을 가지고 와서 잿더미 속에 넣어보십시오. 그러면 자석이 잿더미 속에 있는 쇳가루를 끌어당기는 모습을 볼 수 있을 것입니다. 이 예배당에도 아주 많은 성도들이 있습니다. 이들 가운데 누가 과연 하나님의 택하심을 받은 자인지 저는 알지 못하며, 또한 알려고 해봐야 알 수도 없을 것입니다. 하지만 저로 하여금 예수 그리스도를 전하게 해주십시오. 그러면 예수 그리스도께서 자기 백성들을 이끌어내실 것입니다. "내 양은 내 음성을 들으며 나는 그들을 알며 그들은 나를 따르느니라 내가 그들에게 영생을 주노니"(요 10:27-28). 그리스도를 전하십시오. 그것이 자석입니다. 그분께서는 자기 백성을 친히 자기에게로 이끌어 내실 것입니다. 그러므로 사랑하는 성도 여러분, 과거의 지나간 여러 해보다 올해에 더 많은 회심자들을 보기를 원한다면, 더욱더 많은 설교가 있어야 합니다. 다시 말해, 그리스도를 쉬지 않고 전하는 설교가 더 많아야 하는 것입니다. 그리스도가 모든 설교에서 전해져야 하며, 또한 전해지는 모든 신학의 정상이자 토대여야 합니다. "예수 그리스도와 그가 십자가에 못 박히신 것"(고전 2:2)만 전해야 하며, 그 외에는 아무것도 전해서는 안 됩니다. 저는 예수 그리스도와 그분이 십자가에 못 박히신 것만 전할 따름입니다. 제가 전할 말씀으로 이외에 아는 것이 없기 때문입니다. 제가 전하는 단순한 말씀이 저를 지켜 줍니다. 저는 종종 다음과 같이 말한 바울의 마음에 공감할 때가 많습니다. "내가 너희 중에서 예수 그리스도와 그가 십자가에 못 박히신 것 외에는 아무것도 알지 아니하기로 작정하였음이라"(고전 2:2). 어떤 사람들은 예언을 해석할 정도로 지혜롭습니다. 하지만 저는 그렇게 지혜롭지 못합니다. 하지만 저는 십자가에 대해 알고 있는 것으로 만족합니다. 또 어떤 이들은 별로 중요하지도 않은 사안을 마치 머리카락 한 올이라도 쪼갤 것 같은 능력으로 덤벼듭니다. 그 머리카락 한 올을 두고 그것이 북쪽을 향한 머리카락인지 아니면 북서쪽을 향한 머리카락인지 논쟁을 벌이고 있는 형

국입니다. 저는 논리에 능한 사람이 아닙니다. 저는 주님이 두려운 분임을 알기에, 사람들로 하여금 그리스도에게 달려가서 장차 올 진노를 피하도록 권할 뿐입니다. 이렇게 제 사명을 감당함으로써 저는 마음에 기쁨을 느낍니다. 복음을 전하도록 부르심을 받은 그리스도의 모든 형제들이여, 다음의 사실을 생각하십시오! 우리는 각자 복음의 첫 원칙들로 돌아가, 오래된 것들을 거듭해서 계속 가지고 옵시다. 잃어버린 죄인들과 대속하기 위해 오신 구세주, 다시 말해 맷돌 구멍 같은 지옥 속으로 빨려 들어가고 있는 죄인들과 그 모든 죄악들을 없애 주신 구세주의 오래된 이야기들을 계속해서 전합시다. 만약 여러분이 피에 대하여, 예수님의 귀한 보혈에 대하여 전한다면, 여러분은 영혼을 구원하는 위대한 복음을 제시하는 것이며, "그에게 백성이 모이리로다"라는 말씀의 그분에게 영광을 돌려드리는 것입니다.

그리고 사랑하는 성도 여러분, 우리 앞에 결정적인 운명의 순간이 다가오기까지, 우리는 일상에서 행하는 행동으로 연단을 받도록 합시다. 우리 자신이 더욱더 예수님께 다가가도록 목표를 세웁시다. 우리 힘으로는 그분에게 가까이 갈 수 없습니다. 하지만 지금보다는 조금 더 가까이 그분에게 다가갈 수 있도록 노력하십시오. 우리에게 십자가를 지는 일이 일어난다고 해도, 이 십자가로 인해 우리가 예수님께 좀 더 가까이 갈 수만 있다면, 이 십자가를 두려워하지 맙시다. 여러분이 그리스도에게 가장 가까이 다가갔을 때, 그 때 여러분은 가장 행복하며, 가장 건강하며, 가장 거룩합니다. 계속해서 "그에게 백성이 모이리로다."

그리고 오! 우리는 성도들뿐만 아니라, 죄인들도 이렇게 모여들도록 기도합시다. 다시 말해, 성도들은 예수님에게 좀 더 가까이 모여들고, 죄인들은 그분에게 구원받기 위해 모여들도록 기도합시다. 오늘 본문은 "그에게 백성이 모이리로다"라고 말하고 있습니다. 이것은 신실한 말씀이며, 우리도 이 말씀을 믿고 있습니다. 사망이나 지옥, 그 어떤 것도 주님께서 택한 자들이 나아와 그리스도에게 다가가는 것을 막을 수 없습니다. 이들은 반드시 나아와야만 하고, 또한 장차 그렇게 될 것입니다. 왜냐하면 하나님께서 명하신 이 명령은 성취될 것이며, 예수님께서 구속하기 위해 특별히 피 흘려 주신 그 백성들 한 사람 한 사람은 모든 난관 가운데서도 틀림없이 구원을 받을 것이기 때문입니다. 우리가 할 일은 이를 위해 기도하는 것밖에 없습니다. 오, 주 예수님, 주님께서 "그에게 백성이 모이리로다"라고 말씀하셨습니다. 이 말씀대로 이루어 주옵소서. 당신으로 인해 이 백성들이 모일 것이나이다. "그는 목자 같이 양 떼를 먹이시며 어린 양을 그 팔로 모아 품에 안으십니다"(사 40:11). 길 잃은 양들을 모으는 것이 그분이 하시는 일입니다. 그분은 버림받은 자들을 모두 불러 모으십니다. 확실히 그분은 불러 모으는 데 위대한 분이십니다. 그분께서 친히 그들을 모으실 때, 그들은 마땅히 그분에게로 모이게 될 것입니다. 여러분의 어린 자녀들이 모이도록 그분에게 간구하십시오. 한 집에 살고 있는 여러분의 가족들, 여러분의 종들, 여러분의 이웃들, 여러분이 사랑하는 귀한 자들이 모두 모이도록 그분에게 간구하십시오. 그들을 모두 모아 달라고 그분에게 간구하십시오. 이 큰 도시에 있는 자들을 모두 모아 달라고 그분에게 간구하십시오. 오, 이 도시가 얼마나 크게 성장했습니까! 하나님께서 도우셔서, 예수님이 이 도시를 받으시기를 기원합니다! 예수님께서 이 도시를 자신의 도성으로 말씀하신다면, 이 도시는 그리스도의 여러 보석들 가운데서도 코이누르(Koh-I-Noor, 페르시아어로 '빛의 산'이란 뜻을 가진 105캐럿 크기의 다이아몬드로, 스펄전 당시까지 세계에서 가장 큰 다이아몬드로 알려졌다 — 역주) 보석과 같은 영광스러운 자리를 차지하게 될 것입니다. 많은 도시들 가운데서 가장 큰 이 도시가 가장 거룩한 도시가 되기를 하나님께서는 원하십니다. 오, 이 도시의 이쪽 끝에서 저쪽 끝까지 온통 모든 곳이 그리스도의 것이 되기를 기원합니다. 크롬웰(Cromwell)이 다스릴 때는 언제나 치프사이드(Cheapside, 런던 중앙부를 동서로 가로지르는 큰 시장 거리 — 역주)를 거닐다 보면, 그 거리에 있는 모든 집에서 아침저녁으로 온 가족들이 둘러 앉아 기도하고 찬양하는 소리들을 들을 수 있었다고 사람들은 말합니다. 그러나 지금은 런던의 어느 거리에서도 그런 모습을 볼 수 없을 것입니다. 위대한 옛 청교도의 시대가 지난 이후로 우리는 다시 침체되었습니다. 그러나 하나님의 선한 은혜로 우리는 옛 보좌를 다시 회복할 것이며, 이 도시에도 맛을 내는 소금이 생겨, 예수님의 복음의 능력으로 속속들이 간이 맞춰져 맛을 내게 될 것입니다. 그렇게 되기를 원한다면, 그것은 오직 여러분의 무릎으로! 여러분의 꿇은 무릎으로! 여러분의 기도하는 무릎으로! 가능합니다. 여러분의 하나님께서 내려주는 이 축복을 여러분이 처음으로 받고자 한다면, 여러분은 이 사명을 여러분의 동료 시민들 가운데서 감당해야 합니다. 하나님께서 "그에게 백성이 모이리로다"라고 말씀하셨다고 그분께 고하십시오. 그리고 그분의 약속을 굳게 붙잡으며, 그분은 결코 그 약속을 취소할 수 없는 분이라는 사실을 그분께 아뢰십시오. 그러면 우리는 "그에게 백성이 모이리로다"라는 이 말씀이 이루어지는 그 날까지 살아서, 그 약속이 성취되는 것을 목도하게 될 것입니다.

　오, 지금 제 설교를 듣는 사랑하는 성도 여러분! 이제 설교를 마치려고 하는 찰나에 다음과 같은 생각이 제 마음에 떠올랐습니다. 그래서 그 생각을 여러분에게 말씀드리고자 합니다. 여러분 모두는 구원받기 위해 그리스도에게 모이든지, 아니면 다른 목적으로 장차 그분 앞에 모이게 되든지 할 것입니다. 한밤중의 공기를 가로지르는 나팔 소리가 날 것이며, 이 소리는 동과 서, 남과 북, 어디에서나 충분히 들릴 정도로 크게 울려 퍼질 것입니다. 이 소리로 잠자던 모든 자들이 깜짝 놀라 일어날 뿐만 아니라, 죽은 자들까지도 일어나게 될 것입니다. 이 소리에 무덤들도 자신이 사로잡고 있던 자들을 토해 놓을 것이며, 대양의 파도에 선잠이 든 자들도 그 몸이 흔들리면서 자기를 부르는 이 나팔 소리를 듣고 일어나게 될 것입니다. 아담의 후손인 모든 인간들과 우리의 허다한 인류들이 모두 일어나게 될 것입니다. 오, 이 많은 자들이 모여들다니, 이 얼마나 대단한 모임이 되겠습니까! 이 예배당 담장 안에 있는 많은 무리들은 장차 그 날에 모여들 무리들에 비하면 해변에 있는 모래 한 알에 불과합니다. 너희들은 모일지어다! 너희들은 모여들지어다! 지난 육천 년 동안 죽어간 뭇 인생들이여, 너희들은 모일지어다! 너희들은 모여들지어다! 노아의 홍수에서 물에 빠져 죽은 이들이여, 너희들은 모일지어다! 너희들은 모여들지어다! 애굽의 모든 무리들과 갈대아와 바벨론과 페르시아와 그리스의 모든 너희 무리들아, 너희들은 모일지어다! 로마 제국의 시민들아, 중세의 허다한 무리들아, 중국의 무수한 인민들과 가무잡잡한 인도인들아, 바다 건너 세상의 모든 거민들아, 너희들은 모일지어다! 너희들은 모여들지어다! 피부색과 말이 다른 너희 모든 족속들아! 여러분은 마땅히 모여야 합니다.

　여러분이 모두 모인 그 중간에 하늘로부터 구름이 내려올 것이며, 그 위에 점도 흠도 없으신 정의로운 그분께서 그 정의가 비쳐지는 크고 흰 보좌 위에 앉아 계실 것입니다. 그 보좌 앞에 여러분은 서게 될 것입니다. 만약 여러분이 십자가에 달린 그리스도를 바라보지 않았다면, 여러분은 보좌 위에 계신 그리스도를 바라봐야만 할 것입니다. 그리고 여러분이 지금까지 한 번도 그분을 신뢰한 적이 없었다면, 그 때 여러분은 그분으로 인해 틀림없이 두려워 떨게 될 것입니다. 나팔 소리가 어떻게 울려 퍼지는지 들어보십시오! 클라리온(clarion, 클라리넷과 같은 명쾌한 음색을 지닌 관악기의 일종 — 역주) 소리가 어떻게 해서 다시 계속해서 울려 퍼지는지 살펴보십시오! 자, 보십시오! 모든 자들이 거기에 모여 있습니다. 화려한 그 풍채를 이루 형언할 수조차 없는 그분께서 이제 오셔서 책들을 펼치십니다. 이 책들이 한 장 한 장 펼쳐지면서, 그분께서는 각 사람들의 생애를 읽어 내려가십니다. 드디어 여러분의 생애를 읽을 순서가 되어, 그분은 이 덧없는 시간들을 기록한 내용들을 읽어 보십니다. 이렇게 큰 무리들이 모여든 그 날 밤에도, 여러분은 예수님을 믿도록 청함을 받고, 평화를 주시는 이 위대한 분 앞에 경배하도록 권면을 받습니다. 그러나 여러분은 이를 거절하고, 여러분의 운명을 영원한 파국에 맡기겠다고 도장을 찍습니다. 정말 이런 일이 일어나겠습니까? 오! 실제로 이런 일이 여러분에게 일어나겠습니까? 하나님께서 도우셔서 이런 일이 여러분에게 일어나지 않기를 기원합니다.

그리고 그 날에 또 다른 책인 생명의 책이 펼쳐지고, 그 책 안에 여러분의 이름이 기록되어 있고, 여러분의 이름 밑으로, 다 이루신 예수님의 사역을 겸손히 믿었으므로 그분께서 사랑하는 자로 받아주셨으며, 이 날에 은혜를 받을 자라고 기록되어 있기를 기원합니다. 주님께서 도우셔서 여러분 모두의 이름이 이렇게 그 생명책에 기록되어 있기를 원합니다. 여러분 가운데 있는 연로한 자들에게는 이 말씀을 다시 전하지 못할 것 같기도 합니다. 그래서 여러분의 귀가 열려 제 음성을 청종하고 있는 이 때, 여러분에게 분명히 말씀드리고자 합니다. 영생을 붙잡으십시오. 예수님을 믿으십시오. 사랑하는 성도 여러분, 제가 이렇게 친밀하게 그리고 여러 번 말씀을 전하는 여러분이 제가 없을 때 세상을 떠나게 되어, 제가 돌아왔을 때는 이미 멀리 떨어진 외딴 곳의 무덤에서 여러분을 대하게 될 수도 있을 것입니다. 저는 여러분에게 부탁합니다. 청컨대 요단 강 건너에서 저와 만나십시다. 정말 여러분에게 부탁합니다. 내 주님의 오른편에서 저와 만나십시다. 여러분에게 부탁합니다. 믿음으로 속죄의 희생 제사를 붙잡으십시오. 그분께서 좌정하시어 다스리시는 그 곳에서 우리 모두가 만나게 될 것입니다. 우리가 가장 사랑하는 자이며, 예수님의 모형인 유다의 모든 형제들이 칭송한 그 유다, 실로이며 평강의 왕이신 그분께서 영광 가운데 오실 것을 모든 성도들이 볼 것이며, 영원무궁히 기쁨이 충만한 가운데 그분에게로 모든 성도들이 모여들 것입니다. 아멘, 아멘.

제

35

장

—

샘 곁

—

"요셉은 무성한 가지 곧 샘 곁의 무성한 가지라 그 가지가
담을 넘었도다." — 창 49:22

"요셉에 대하여는 일렀으되 원하건대 그 땅이 여호와께 복
을 받아 하늘의 보물인 이슬과 땅 아래에 저장한 물과 [땅 밑
에 누워 있는 깊음과, KJV]." — 신 33:13

사랑하는 성도 여러분, 우리는 회심자들이 많아지기를 갈망하고 있습니다.
하나님께서 구원 받는 사람을 날마다 더하게 하시는 교회를 우리는 행복한 교회
로 여기고 있습니다. 하지만 우리가 아주 크게 유념해야 할 것은 이 회심한 자들
의 자질에 관한 것입니다. 우리는 천박하게 신앙을 고백한 자들, 다시 말해 피상
적으로 경건을 생각하면서 의심하는 자질을 가진 자들이 많이 모인 교회를 원하
지 않습니다. 철저하게 회개하고 풍성한 체험과 함께 하나님의 깊은 것(고전
2:10)에 대해서도 충분한 교육을 받은 자들과 교제하기를 우리는 열망하고 있습
니다. 또한 감정적으로 움직이기보다는 원칙에 입각한 자들과 교류하기를 원합
니다. 그러므로 결국 우리는 요셉과 같은 인물, 즉 샘 곁에서 자라나 그 가지가
담을 넘은 풍성한 나무들 같은 신자들이 교회에 많아져서 이들과 교제하도록 간
절히 기도하고 있습니다. 야곱은 요셉을 무성한 가지로 간주하고서, 그의 무성
함을 그가 있는 위치로 설명하고 있습니다. 즉 그가 무성하게 된 것은 "샘 곁"에

있었기 때문이라고 말합니다. 항상 물이 가득한 샘 가까이에서 자라는 포도나무는 무한한 샘물을 마시기 위해 그 뿌리를 능히 아래로 내릴 수 있습니다. 그 때 그 포도나무는 아주 풍성한 열매를 맺고 무성한 가지를 내게 됩니다. 핵심은 샘 곁에 거하는 것입니다. 또는 두 번째 본문 말씀을 따라, "땅 밑에 누워 있는 깊음"(KJV)을 빨아올리는 것이라고도 할 수 있습니다. 우리가 그 은밀한 샘에 이르러 시편 기자와 함께 "내 모든 샘들이 당신 안에 있나이다"(시 87:7 KJV)라고 하나님께 말할 수 있다면, 그 때 우리는 우리의 가지와 열매를 위한 양분을 찾을 수 있고, 우리의 잎은 절대로 떨어지지 않을 것입니다. "깊음 가운데 거한다"는 것은 그리스도인들에게 아주 귀한 예언적 말씀입니다. 배수가 잘되고 때에 따라 내리는 비는 일반 식물들이 자라기에 충분한 조건입니다. 그러나 무성한 열매를 맺는 주님의 나무들은 상층에 있는 대지를 뚫고 아래로 내려가서 은혜의 은밀한 샘에 도달해야 합니다.

오늘 아침에 저는 이와 같은 주제로 말씀을 전하고자 합니다. 우리의 바람은 우리 각자가 예수 그리스도 안에 거하면서, 성령으로 말미암아 아버지와 끊임없이 교제를 나누어, 참으로 샘 곁에 뿌리를 내려 "아래 놓여 있는 깊음"으로부터 물을 마시는 것입니다. 우리는 영원한 하나님과 함께하는 생생하고 지속적인 교제와 연합 위에 기초를 내리고 정착하기를 원합니다. 또한 우리는 감추어진 생명의 비밀을 알고 싶고, 그 생명의 근본적인 원칙들과 강력한 영향력과 그 영적 능력들로 충만해지기를 원합니다. 우리는 하나님과의 은밀한 교제를 통해 그분이 공급해 주시는 것을 마심으로써, 우리의 외적 생활이 천국과 교통하는 우리의 개인적인 교제의 풍성한 증거가 되기를 원합니다.

성령님께서 은혜 가운데 우리의 묵상을 도우셔서, 첫 번째로, 이 비유가 요셉의 특성을 묘사하고 있다(요셉은 야곱이 묘사한 바와 전적으로 같은 사람이었습니다)는 사실에 주목하고, 두 번째로, 이것은 만년(晚年)의 모세에 의해서도 사용된 비유이기에, 이 비유는 그 자체로 큰 축복이었다는 사실과, 세 번째로, 이 비유와 함께 엄선된 다른 많은 은혜들이 주어진다는 사실에 주목하고자 합니다.

1. 이 비유는 요셉의 특성을 묘사하고 있습니다.

첫 번째로, 이 비유는 요셉의 특성을 묘사하고 있습니다. 그는 하나님 가까이에서 번성하였습니다. 그는 오래된 나무의 한 가지였습니다. 하지만 그에게 항상 물을 대주는 샘 곁에 깊이 뿌리내렸습니다. 어린 시절부터 죽을 때까지 보여준 요셉의 특성 중 제일 두드러진 핵심은 그가 하나님과 분명하고 끊임없는 교제를 하였다는 사실입니다. 그래서 하나님께서 그를 크게 축복하였던 것입니다. 그는 하나님을 위해 살아가는 하나님의 종이었습니다. 그리고 하나님과 더불어 살아가는 하나님의 자녀였습니다. 그는 일용할 가르침과 위로를 받기 위해 하늘을 우러러 보았습니다. 그래서 하나님께서는 그를 축복해 주기 위해서 뿐만 아니라, 그로 인해 다른 사람들까지도 축복해 주시기 위해 요셉과 함께 하셨습니다. 이에 대한 예를 들자면, 첫 번째로 보디발의 집이 있고, 그 후에는 바로, 애굽의 모든 땅, 그리고 기근에 허덕이는 모든 민족들을 들 수 있습니다. 이런 측면에서 보자면 그의 가지들은 과연 담을 넘어서 하나님의 축복들을 멀리 그리고 널리 베풀어 주었습니다. 이 모든 것이 하나님과 쉬지 않고 생생하게 교제를 나눈 결과라고 할 수 있습니다. 지금 제 설교를 듣는 사랑하는 성도 여러분, 여러분은 그리스도인이 되겠다고 고백한 자들입니다. 그런데 여러분은 지금까지 실제로 하나님과 교제 나누어 왔습니까? 저는 여러분이 세례 받았다는 것과 성찬상에 나아온다는 것을 알고 있습니다. 그런데 여러분은 과연 이 외형적인 상징들을 넘어서서 주님이신 그분 앞에 나아오고 있습니까? 여러분의 신앙에 뿌리가 있어서, 그 뿌리가 영적인 진리에까지 깊이 뿌리를 내려, 그 영적인 샘에서 나오는 생명과 능력을 받고 있습니까? 여러분은 다윗과 더불어 "나의 영혼아 잠잠히 하나님만 바라라 무릇 나의 소망이 그로부터 나오는도다"(시 62:5)라고 말할 수 있습니까? 시편에 기록된 첫 번째 축복은, 경건한 자는 "시냇가에 심은 나무가 철을 따라 열매를 맺으며 그 잎사귀가 마르지 아니함 같으니 그가 하는 모든 일이 다 형통하리로다"(시 1:3)라는 말씀입니다. 가장 중요한 것은 샘 곁에 뿌리를 내리는 것입니다. 그래야 주 예수 그리스도라는 영원한 보고(寶庫)로부터 공급되는 것들을 빨아올릴 수 있습니다. 이렇게 해서 모든 충만 가운데 거하시는 하나님 아버지를 기쁘게 할 수 있습니다. 우리가 주 예수님으로부터 우리의 생명과 그 모든 생기를 흡수한다면, 우리가 열매 맺지 못할 이유가 어디 있겠습니까? 요셉은 하나님 가까이에 살았기 때문에, 은혜로운 원칙들을 받아 간직할 수 있었습니다. 종교적인 원칙과 종교적인 감정 사이에는 큰 차이가 있습니다. 많은 사람들의 종교심은 자신이 참여하는 모임이나 감정 혹은 기분에 따라 변덕스럽게 바뀝니다. 또한 어떤 사람들은 자신이 처한 상황에 따라 선한 사람 혹은 악한 사람이 되거나, 선하지도 악하지도 않은 평범한 사람이 되기도 합니다. 그러나 주님의 임재 안에서 살아가는 사람은 자신의 마음을 다스리고 자기 삶을 인도하는 어떤 원칙들을 정하게 됩니다. 그가 하나님을 두려워하는 것은 남들이 하나님을 두려워해서가 아니라, 하나님은 "둘러 있는 모든 자 위에 더욱 두려워할 이"(시 89:7)이시기 때문입니다. 그는 계시된 진리를 믿습니다. 하지만 그것은 남들이 그 진리를 믿기 때문에 따라 믿는 것이 아니라, 주님께서 그 진리를 말씀하셨고 따라서 그 진리가 사실인 것을 알기에, 그 진리를 확신하는 것입니다. 만약 어떤 사람이 이 신앙을 부정하면, 그는 이 거부에 과감히 맞섭니다. 왜냐하면 그렇게 하는 것이 자기 마음에 귀한 일로 여겨지기 때문입니다. 그의 도덕적인 행동과 영적 삶은 올곧고, 진실 되며, 신실하고, 존경할 만합니다. 그의 이런 성품은 교육의 영향이나 모범이 되어야 한다는 압박 때문이 아니라, 주님께서 그 속에 새로운 마음과 바른 영을 넣어 주셨기 때문입니다. 그는 다른 사람의 종교적인 수원(水源)에 의지하지 않습니다. 왜냐하면 그에게는 "그 속에서 영생하도록 솟아나는 샘물"(요 4:14)이 있기 때문입니다. 성령님께서 가르쳐 주셔서 그는 복음에 대해 알게 되었고, 그로 인해 진리와 오류를 분별할 수 있습니다. 그가 거룩하신 하나님과 동행하며, 주님의 법은 그 마음 판에 새겨져 있기 때문에, 그는 거룩함을 쫓아갑니다. 성령님의 증거로 그는 주 예수님의 복음을 받아들입니다. 다른 사람들이 복음을 받아들이든 배척하든 상관없이, 복음은 그에게 참된 복입니다. 그가 붙잡고 있던 하나님의 영원한 진리를 버리느니 차라리 자신이 가진 어떤 것, 아니 모든 것을 내려놓습니다. 이것이 바로 샘 곁의 나무가 되는 것입니다. 다시 말해, 원칙에 입각한 종교를 가지는 것이며, 주님과 생생하게 교제하며 살아가는 것입니다. 오늘날 많은 사람들이 완전히 우연적인 사건, 즉 출생이나 지위 등으로 이 교단 혹은 저 교단에 속해 있습니다. 이들은 성경의 균형 잡힌 저울로 자신들의 생각을 달아보지 않습니다. 진실로 많은 자들이 자신의 원칙이 어떤 것인지 전혀 생각하지 않습니다. 저항(protestant)하는 가운데 탄생한 개신교인(Protestants)들은 오늘날 그 어떤 것에도 결코 저항하지 않으며, 유행하는 모든 것들에 순응하는(conform) 비국교도들(Nonconformists, 비순응자들)마저 볼 수 있습니다. 이 모든 것들은 잘못된 것입니다. 거룩한 하나님의 진리에 대한 무지(無知)는 너무 잘못된 결과를 양산하고 있습니다. 우리가 성도들로 하여금 열매를 맺게 하려면, 그들을 가르쳐야 할 필요가 있습니다. 우리가 이 진리를 분명하게 파악해서 오른손으로 이 진리를 붙잡지 않는다면, 그리고 이 진리를 우리 마음의 보화로 여기고 간직하지 않는다면, 우리는 평온한 낮에도 이 진리로 인한 기쁨을 알지 못할 것이며, 폭풍우 치는 밤에는 더더욱 이 진리를 지켜내지 못할 것입니다. 하나님과 연합하여 살아간 자들이 아니고는, 박해의 시기에 어디서 순교자들이 나오겠습니까? 또한 샘 곁의 나무처럼 올곧은 성품을 가진 자들이 아니면, 이런 배교(背敎)의 시대에 굳게 신앙을 지키는 자들이 어디서 나오겠습니까? 요셉처럼 하나님의 말씀이라는 깊은 진리에 뿌리내린 남녀들이 교회에 있지 않다면, 우리는 활력과 영광이 충만한 교회를 결코 보지 못할 것입니다.

　　요셉은 전 생애를 통해 자신의 성품을 보여주었습니다. 그는 어린 아이일 때부터 아버지로부터 사랑을 받았습니다. 성경 번역자들은 그 이유를 다음과 같이 말하고 있습니다. "요셉은 노년에 얻은 아들이므로"(창 37:3). 노년에 얻은 아들이라는 이 말의 의미를 좀 더 살펴보는 것이 유익할 것 같습니다. 요셉은 행동하고 생각하는 것이 성숙하고 지혜로웠습니다. 그는 대단한 사고를 하는 젊은이였으며, 그의 사고는 항상 하나님과 함께였습니다. 여러분이 깨어 있을 때 하는 생각은, 여러분이 잘 때 어떤 꿈을 꾸느냐에 따라 판단해 볼 수 있습니다. 요셉은 밤에 잘 때 하나님에 관한 꿈을 꾸었습니다. 왜냐하면 그는 낮 동안 하나님을 생각하였기 때문입니다. 그가 꾼 꿈은 틀림없이 초자연적이며 예언적인 것이었습니다. 물론 지금 제가 말하는 꿈에 대한 설명은 일반 사람들이 말하는 방식으로 말하자면 그렇다는 것입니다. 다시 말해, 꿈은 종종 깨어 있을 때 하는 사고를 반영합니다. 요셉은 젊은이로서 하나님과 아주 가까이 지냈습니다. 그래서 자기 형제들이 저지르는 악한 행동에 대해 저항할 수밖에 없었습니다. "그가 그들의 잘못을 아버지에게 말하더라"(창 37:2). 요셉은 곧 요주의 젊은이가 되었습니다. 형제들 또한 그가 자신들과는 같지 않다는 것을 느꼈고, 그래서 요셉을 싫어하며 그를 꿈꾸는 자라 부르고, 한 방에 없애려고 모의하였습니다. 요셉의 집안에는 아주 비극적인 기운이 감돌기 시작했습니다. 가장 극악무도한 죄악이 야곱의 아들들의 손에서 일어났기 때문입니다. 그로 인해 어린 요셉은 그 형제들 사이에서 얼룩덜룩한 한 마리의 새가 되었습니다. 형제들의 악행으로 요셉은 애굽에 노예로 팔려갔습니다. 하지만 그가 애굽에 이르자마자, 우리는 "여호와께서 요셉과 함께 하시므로"(창 39:2)라는 말씀을 읽게 됩니다. 보디발이 요셉을 사기는 했으나, 그를 번성하게 하려고 주님께서 이 모든 것을 준비하고 계셨던 것입니다. 종이 감히 어떤 큰 인물의 청지기가 된다는 것은 결코 쉬운 일이 아닙니다. 그런데도 요셉은 청지기가 되었습니다. 그의 주인은 가사 일과 관련해서는 일체 그에게 간섭하지 않았습니다. 즉 그는 모든 일을 요셉의 손에 절대적으로 일임하였으며, 하나님께서 요셉으로 인해 그 집을 축복해 주셨던 것입니다. 그 때 그의 행로에 큰 시험이 닥쳤습니다. 아마도 여러분은 요셉의 은혜로운 대답을 기억할 것입니다. "그런즉 내가 어찌 이 큰 악을 행하여 하나님께 죄를 지으리이까?"(창 39:9). 하나님은 분명히 그와 함께 하셨으며, 그가 순결한 길을 가도록 지켜 주셨습니다. 그는 하나님에게 불평할 수 없었습니다. 왜냐하면 그의 하나님이 그의 기쁨이었기 때문입니다. 무고(誣告)로 감옥에 갇히는 신세가 된 그였지만, 그 와중에도 우리는 다음과 같이 기록된 말씀을 읽을 수 있습니다. "여호와께서 요셉과 함께 하시고, 그에게 인자를 더하사 간수장에게 은혜를 받게 하시매"(창 39:21). 곧 그는 간수장 밑에서 죄수들의 제반 사무를 도와주게 되었던 것입니다. 요셉의 가지들은 항상 다른 사람들에게 유익함을 주는 형태로 담을 넘어가고 있었습니다. 요셉의 출현으로 그 감옥이 밝아졌습니다. 그가 이제 나라의 총리 역할을 감당하기 위한 준비가 끝나자, 감옥에서 바로의 궁으로 들어갈 수 있는 곧바른 길이 그에게 열렸습니다. 이렇게 자신의 삶이 드높아졌을 때도 그는 하나님을 잊지 않았습니다. 왕이 꾼 꿈을 해석해야 할 때도, 그는 "하나님께서 바로에게 편안한 대답을 하시리이다"(창 41:16)라고 말했습니다. 그는 재능이 많은 젊은이였습니다. 하지만 그가 자신의 종교를 전한다면, 총애를 받을 수 있는 기회를 놓칠 수도 있었습니다. 그래도 그는 이런 생각에 기죽지 않았습니다. 그는 거듭해서 "하나님이 그가 하실 일을 바로에게 보이심이니이다"(창 41:25)라고 말했습니다. 바로의 보좌 앞에서도 그의 하나님은 여전히 요셉과 함께 하셨으며, 범사에 그를 인도하셨습니다. 그래서 그는 에브라임을 낳고 나서, "하나님이 나를 내가 수고한 땅에서 번성하게 하셨다"(창 41:52)고 소리쳤습니다. 그가 나이 많은 아버지와 상봉하게 됐을 때도 그들의 대화는 항상 주 하나님에 관한 것이었습니다. 이 세상을 떠날 때가 가까워지자 그는 형제들에게 "나는 죽을 것이나 하나님이 당신들을 돌보시고"(창 50:24)라고 말했고, 자신의 해골과 관련하여 맹세하게 했습니다. 그가 비록 애굽 땅의 주인이었다 해도, 그는 애굽인이 아니기에 애굽에 묻혀서는 안 된다고 하면서, 이스라엘이 이 이방인의 땅을 떠나는 날에 약속의 땅으로 그 해골을 메고 올라가 달라고 했습니다. 그의 하나님이신 주님은 항상 요셉을 인도하는 별이었습니다. 이것이 바로 그의 성품이었습니다. 그는 평생토록 하나님을 두려워하는 자였습니다. 그는 샘 곁의 무성한 가지였으며, 그 샘은 그의 하나님이었습니다.

　이렇게 하나님을 가까이 함으로써, 요셉은 외부의 다른 것들로부터 독립할 수 있었습니다. 그의 원천은 자기 속에 있었습니다. 그래서 밖에 있는 것들로 인해 해를 입지 않았습니다. 그의 샘은 깊었습니다. 그래서 주위 환경에 영향을 받지 않았습니다.

　그는 가정환경에 따라 좌지우지되는 사람이 아니었습니다. 일찍이 집에서 아버지로부터 첫 경건의 훈련을 받았으며, 나중에 보디발의 집에서도 그는 변함없이 은혜 충만한 삶을 살았습니다. 애굽의 타락한 우상 숭배가 만연한 가운데서도, 눈에 보이지 않는 하나님을 믿는 그의 믿음은 조금도 흔들리지 않았습니다. 여러분 가운데 어떤 젊은이들은 전적으로 자신이 아닌 부모의 신앙에 의지하고 있습니다. 제가 우려하는 것은 만약 여러분이 부모를 떠나게 된다면, 여러분이 과연 스스로 신앙을 유지할 수 있을까 하는 것입니다. 저의 걱정이 단순한 기우(杞憂)일까요? 젊은이가 직업 훈련을 받기 위해 집을 떠난다거나, 이제 처음으로 사회생활을 시작할 때가 바로 우려할 만한 순간입니다. 그의 신앙이 남들로부터 빌린 신앙이라면, 그는 곧 나쁜 친구들과 짝할 것입니다. 그러나 그가 스스로 하나님 안에서 생활하고 있다면, 그는 바르게 설 것입니다. 마치 겨우살이가 오크 나무에 붙어 사는 것처럼, 자기 부모에게 의지해 살아간다면, 그것은 자신에게도 좋지 않은 일일 것입니다. 하지만 스스로 뿌리를 내리고 하나님을 의지하며 살아간다면, 모든 것이 형통할 것입니다. 부모에게서 물려받은 신앙은 그것이 자녀 자신의 신앙이 될 때 소망이 있지, 그렇지 못할 때는 전혀 소망이 없습니다. 여러분이 자신의 판단으로 하나님을 믿고 살아가지 않는다면, 여러분의 신앙은 당연히 여러분을 즉시 파멸로 이끌 것입니다. 궁극적으로 그렇게 될 것입니다.

　또 제가 우려하는 것은 신앙 고백까지 한 많은 그리스도인들이 부흥의 감정이나 경건한 모임의 분위기에 너무 많이 의존하고 있다는 것입니다. 신앙인으로서 살아가야 할 원칙이 없는 성도들에게 이런 것들이 종종 너무 강한 영향을 끼치고 있습니다. 신앙으로 번영하게 되고, 많은 이들이 교회로 몰려오고, 많은 수의 사람들이 구도자의 방(inquiry room, 잠재적인 회심자들과 함께 질문하고 상담하며 성경을 읽는 방 ─ 역주)문을 두드릴 때, 감정에 휩쓸리는 성도들은 아주 행복해하며 열정적이 됩니다. 그러나 여름 한철이 지나가면 도대체 그들은 어디에 있습니까? 이것이 바로 열정적인 모든 복음 전도자들이 짊어져야 할 큰 짐인 것입니다. 그렇게도 많은 사람들이 부흥의 열기 가운데서 하나님을 위해 새롭게 태어난 듯 싶더니, 그 뜨거운 열정이 사라지자 이내 곧 죽어 버리고 맙니다. 오, 사랑하는 성도 여러분, 여러분은 샘 곁에 심겨진 나무들이 되어 가뭄에도 결코 마르지 않기를 기원합니다! 부흥을 주신 하나님을 찬양하고, 절대로 부흥에 반대하는 말은 하지 마십시오. 하지만 여러분은 부흥에 의지해 살아가지 말며, 여러분의 영적 강건함이 이 부흥에 의해 좌우되지 말기를 바랍니다. 온실에서 자란 자들은 머지않아 거름이 되고 말 것입니다. 우리가 경계해야 할 열광주의에는 죄악의 요소들이 들어 있습니다. 여러분은 샘으로 뿌리를 내려, 그 뿌리가 신선한 양분을 마실 수 있게 하십시오. 이 양분이 바로 여러분의 생명이 활력을 얻고, 여러분이 유익한 열매를 맺는 핵심 요소입니다. 그 신선한 샘물에 이르면 여러분은 지금 자신이 어디에 있는지를 알 수 있지만, 다른 사람들은 자신이 무엇을 듣거나 하는지 모른 채 그 샘에 다녀갈 것입니다. 여러분 모두는 각자 마음속으로 다음과 같이 말하십시오. '나는 그리스도께서 내 마음 속에 계시기를 원한다. 나는 하나님의 사랑이 내 영혼 속에 흘러넘치도록 부어지기를 원한다. 나는 천국의 모든 것들을 말하고 싶을 뿐 아니라, 그것들을 알고 체험하기를 원한다. 나는 진리의 성령님께 사로잡혀서 그분의 능력을 알고자 갈망한다.' 여러분은 가끔씩 내리는 소낙비나 인공적인 강우나 어떤 특별한 도구나 기계적인 관개수로(灌漑水路) 시설 등에 만족하며 살아가지 마십시오. 하나님의 충만한 모든 것이 있는 그 큰 깊음에 이를 때까지 여러분은 여러분의 존재의 뿌리를 하나님의 깊은 곳에까지 내리십시오.

사랑하는 성도 여러분, 외형적인 예식에 의존하지 말고, 영적 생명을 간구하십시오. 여러분에게 간청합니다. 하나님의 말씀을 신실하게 전하는 자들의 설교를 듣게 되는 것은 큰 위로입니다. 만약 여러분이 그런 말씀을 들을 수 있는데, 그것을 듣지 않는다면, 여러분은 큰 축복을 놓치는 것이며, 결과적으로 심각한 손해를 보는 것입니다. 가령 여러분이 말씀이 전해지지 않는 어떤 곳에 있다고 가정해 봅시다. 그런데 그곳에서도 여러분의 경건으로 인해 그런 궁핍한 상황을 이겨낼 수 있다면, 그 열악한 상황까지도 여러분에게는 행복한 환경이 될 것입니다. 여러분이 저 멀리 남아메리카의 소를 키우는 방목지대로 가게 되어 모든 경건 생활과는 동떨어진 환경에 있게 된다 해도, 여러분이 성경을 읽고 무릎 꿇어 기도하면서 혼자라도 하나님께 더욱 가까이 다가감으로써, 여러분의 가지가 담을 넘을 수 있을 만큼 충분히 자라 다른 사람을 축복하며, 그리스도를 가르치고 전하는 일을 시작한다면, 이 또한 엄청난 일일 것입니다. 이것이 바로 강건한 생명력이 자신을 드러내는 참된 방식입니다. 저는 성찬식이 하나의 거룩한 예식인 것을 알고 있습니다. 그래서 여러분이 가능하면 자주 이 성찬상 앞으로 나아왔으면 합니다. 왜냐하면 그분께서도 "너희가 이를 행하여 나를 기념하라"(눅 22:19)고 말씀하셨기 때문입니다. 그러나 만약 여러분이 그리스도인들이 없는 곳, 다시 말해 여러분이 함께 떡을 뗄 수 없는 곳에 가게 된다면, 여러분은 예수님께서 직접 여러분을 먹여 주시도록 간구할 수 있습니다. 저는 여러분이 그와 같은 은혜를 가지기를 기원합니다! 그분의 살과 피를 상징하는 것들이 여러분에게 없다면, 여러분은 직접 예수님께 나아갈 수도 있습니다! 영적인 생명은 외적인 예식들을 사랑합니다. 하지만 이런 외적 예식들의 혜택을 받지 못한다면, 영적 생명은 이런 예식 없이도 살아갈 수 있습니다. 진실로 천국의 생명은 천국으로부터 양식을 공급받기 때문입니다. 오, 예수 그리스도를 통하여 하나님께 나아가십시오! 그분과 함께 하는 한 시간의 성만찬으로 생명이 소생하게 됩니다. 진실로 에스골 골짜기의 포도송이들은 영원히 흘러넘치는 물가 옆에서 자라야 합니다. 여러분이 하나님께 영광을 돌리기 원한다면, 하나님을 의지하며 살아가십시오.

이런 말을 하게 되어서 저도 매우 안타깝게 생각하지만, 다음과 같은 사실에 대해서 저도 믿고 있는 바입니다. 즉 너무나 많은 그리스도인들이 명목(名目)상의 그리스도인들이며, 이들은 목회자를 너무 많이 의지하며 살아가고 있다는 것입니다. 실제로 정말 그런가 하는 모든 의구심을 잠재울 정도로, 저는 이런 모습을 지금까지 많이 보아왔습니다. 어떤 훌륭한 사람이 한 교회에 와서 설교를 했을 때 그 교회가 번성하고 성장하는 것을 저는 목도했습니다. 하지만 그 하나님의 종이 떠났을 때, 성도들은 냉담해지기 시작했고 모이는 숫자도 줄었으며 비참하게 뿔뿔이 흩어지는 모습을 보았습니다. 그 믿음 약한 성도들이 훌륭한 사람의 설교에 이끌려 함께 모였던 것입니다. 하지만 더 이상 그 목회자의 설교를 들을 수 없게 되자, 그들은 다른 교역자의 설교는 아예 들으려고 하지 않았고, 교회가 텅텅 비게 되었습니다. 이와 같은 비극이 이 예배당에서는 절대로 일어나지 않기를 바랍니다. 그럼에도 이런 자들이 너무 많을까봐 저는 두렵습니다. 성경의 사사 시대를 보면, 백성들은 사사들이 살아 있을 동안에는 놀랄 정도로 선해 보였습니다. 하지만 사사가 사라지자마자, 백성들은 우상들을 쫓아 방황하기 시작했습니다. 오, 사랑하는 성도 여러분, 이 진리의 말씀이 여러분의 가슴에 새겨져, 여러분은 절대로 이 진리의 말씀을 떠나는 일이 없기를 원합니다! 복음 외에는 그 어떤 말씀도 듣지 않겠노라고 여러분은 결심하십시오. 그리스도를 충분히 사랑하십시오. 그래야 여러분을 꾀어 그분을 떠나 다른 길로 인도하는 그 어떤 거짓 목자도 따르지 않게 될 것입니다. 현재 여러분을 인도하는 목자가 잠들어 누워 있다면, 그래도 여러분은 그리스도와 십자가에 못 박힌 그분을 붙잡고 은혜의 교리에 따라 살아가십시오. 설교자가 어떤 사람이든 상관하지 말고, 여러분은 위대하신 사랑의 주님을 따라가십시오. 그래서 그 어떤 사람이라도, 다시 말해 아무리 평판이 좋은 사람이라 해도 여러분이 그를 의지하는 것이 아니라, 여러분 자신이 뿌리를 깊이 내려 영구적으로 양분을 공급받고 있다는 것을 드러내십시오.

무엇보다도 개인적으로 얻는 이득이 없다 해도, 여러분이 물이 있는 곳에 깊이 뿌리를 내려서 은혜 가운데 올곧게 살아갈 수 있다는 것이 바로 큰 축복입니다. 요셉의 경우에도 모든 것을 잃었을 때 하나님과 더 가까워진 것 같았습니다. 형들의 잘못된 습관에 눈감고서 그들의 마음을 기쁘게 한다면, 그 젊은이는 여러 형들과 잘 지낼 수 있습니다. 그러나 그가 형들에게 맞선다면, 힘든 시간들을 보내야 할 것입니다. "요셉아, 네가 르우벤 형이나 시므온 형이나 레위 형과 사이좋게 지내려면, 이 형들이 도덕적으로 자유롭게 하는 것을 보고도 너는 입을 꾹 다물어야 해. 그렇지 않으면 너는 머리에 벌집이 떨어진 것처럼 아주 곤란한 상황을 겪게 될 거야." 여러분이 가정에서 행복하려면, 여러분은 '로마에서는 로마법을 따라야 한다'는 옛 속담을 기억해야 할 것입니다. 이것이 바로 이 세상의 지혜입니다. 그런데 요셉은 이것을 비웃습니다. 아니, 그럴 수밖에 없습니다. 그는 하나님과 더불어, 거룩함과 더불어 살아가야 하기 때문입니다. 그 결과 어떻게 됩니까? 이스마엘 사람들이 그를 종으로 끌고 가 버립니다. 이 경건한 젊은이에게 작은 위로라도 해주십시오! 보디발의 집에서는 여주인의 말을 들어주는 척만 했어도 영달(榮達)과 기쁨의 길이 훤히 열렸을 것입니다. 그러나 그는 그녀의 천박한 제의에 굴복할 수 없었습니다. 그래서 그녀의 증오가 빚은 결과를 감내했습니다. 그녀는 그를 무고히 고발했습니다. 그로 인해 그는 주인의 노여움을 사게 되어 자기 자리를 잃고 감옥으로 가는 신세가 되었습니다. 그래도 그는 어쩔 수가 없었습니다. 그는 하나님께 순종해야 했기 때문입니다. 여러분도 이런 참된 사람입니까? 많은 사람들은 그리스도께서 은으로 만든 신발과 금으로 만든 띠를 띠고 다닐 때는 그분과 더불어 기쁨으로 거닐겠지만, 그리스도께서 맨발로 진흙 길을 거닌다면, 아마도 다른 분을 찾아 떠날 것입니다. 오, 여러분의 주님을 슬프게 하느니, 차라리 여러분의 상황을 포기하고, 여러분의 재물을 버리며, 여러분의 신용을 희생하고, 여러분의 친구들과 헤어지는 경건의 능력이 여러분에게도 있기를 기원합니다! 오, 요동하는 물처럼 여러분은 절대로 흔들리지 말기를 기원합니다. 여러분이 물처럼 흔들린다면, 결코 승리를 얻지 못할 것입니다! "요셉의 활은 도리어 굳세며 그의 팔은 힘이 있으니 이는 야곱의 전능자 이스라엘의 반석인 목자의 손을 힘입음이라"(창 49:24). 이 말씀처럼 여러분의 팔도 요셉처럼 전능자이신 야곱의 하나님으로 인해 강해진다면, 여러분의 활에도 능력이 있을 것입니다. 여러분은 영혼의 양식을 그 은밀한 샘에서 받아야 하며, 아무도 여러분을 보지 않는 곳에서도 주님을 섬겨야 합니다. 그러지 않으면, 여러분은 메마른 모습과 열매 맺지 못하는 모습으로 곧 드러날 것입니다. 그 어디든 여러분이 구세주께서 가시는 길을 따르기 위해서는, 날마다 그분에게서 여러분의 생명 양식을 얻어야 합니다.

저는 다음의 한 가지 사실을 말하지 않고는 이 첫 번째 대지를 마무리할 수 없을 것 같습니다. 즉 요셉은 이렇게 높은 지위에 올라 모든 것들이 풍족한 상황이 되었어도, 자신의 이 모든 것들이 하나님께서 베풀어 주신 것이라는 사실을 뼈저리게 느끼고 있었습니다. 이 샘이 사라진다면, 과연 어디서 이 무성한 가지가 물을 얻을 수 있겠습니까? "땅 밑에 누워 있는 깊음"이 없어진다면, 애굽 온 땅의 총리와 같은 위대한 자를 가능하게 하는 자원도 고갈될 것입니다. 우리는 오직 하나님과 더불어 설 수 있습니다. 그분 없이는 우리가 넘어질 따름입니다. 우리는 전우나 무기 든 자 없이도 전쟁에 나가 싸울 수 있습니다. 하지만 주님께서 우리의 머리를 감싸 주지 않으신다면, 우리는 패망하고 말 것입니다. 주님께서 함께 하실 때, 우리는 삼손과 같은 장수가 되어 블레셋 사람들을 무찌를 수 있습니다.

"주님께서 일단 물러나시면,
    우리 혼자서 이 일을 감당해 보지만,
    새로운 시련이 계속 밀려와
    우리는 연약함을 절실히 깨닫게 된다.
    (와츠, "오직 내 주님의 음성을 듣게 하옵소서," 4절).

사랑하는 젊은 성도 여러분, 여러분에게 권면합니다. 다른 사람들과 거룩하게 독립하여, 여러분 스스로 생각하고, 여러분 스스로 판단하고, 여러분 스스로 행동하십시오. 그러면서도 여러분의 힘의 원천이 어디에 있는지를 잊지 말고, 절대로 여러분 자신을 의지하지 마십시오. 주님 없이 뭔가를 해보려고 절대 결심하지 마십시오. "내 힘으로 충분하다"라고도 말하지 마십시오. 오히려 항상 여러분의 부족함을 인식하고, 결코 다함이 없는 은혜를 항상 의지하십시오. 자아는 조롱하는 자이며, 교만은 사납게 날뛰는 자입니다. 누구든 이런 것들에 속는 자는 지혜로운 자가 아닙니다. 여러분이 전적으로 여호와 하나님을 의지하기로 마음을 정하지 않는다면, 다시 말해 선한 모든 것의 시작이자 마침인 하나님을 의지하지 않는다면, 여러분의 모든 유익한 것들과 모든 신실한 것들은 모두 끝장나고 말 것입니다. 그러므로 무한한 사랑이 흘러넘치는 깊은 샘 곁에 머무르십시오. 모든 것이 충만한 샘에서 물을 길어 올리십시오. 지금부터 영원토록 주님께서 여러분을 축복해 주시기를 기원합니다!

2. 이 비유는 샘 곁에 있는 것 자체가 큰 축복인 것을 보여줍니다.

이제 두 번째로 주목하고자 하는 사실은 샘 곁에 있는 것 자체가 큰 축복이라는 사실입니다. 오늘 두 번째 본문에서 모세는 "밑에 누워 있는 깊음"(KJV)을 언급하면서 이것을 축복의 한 형태로 표현하고 있습니다. 이것은 요셉 지파에게 해당되는 축복입니다. 하나님의 깊은 것(고전 2:10)을 알고, 천국 자녀들의 지극한 안전과 기쁨과 특권들을 누리는 것도 귀한 은혜입니다.

하나님과의 깊은 연합을 통해 참된 진리와 경건한 생명을 발견하게 됩니다. 외형적인 경건에 대해 말해 봅시다. 도대체 그것이 무엇입니까? 여러분은 하나도 틀리지 않고 모든 예식들을 준수할 수 있습니다. 하지만 여러분의 영혼이 주님과 대화하지 않는다면, 여러분은 경건하지 않은 자입니다. 성경에서는 선한 자를 경건한 자라고 말하고 있습니다. 그런 자는 하나님의 사람으로, 간단히 말해 하나님께 속한 사람입니다. 그는 하나님을 위해 살며, 하나님과 더불어 살며, 하나님을 의지하며 살아갑니다. 이 땅에 있는 모든 외형적인 형식들, 하나님께서 제정하신 모든 의식들에 다 참여한다 해도, 여러분이 하나님을 믿지 않고, 하나님을 사랑하지 않고, 하나님을 영화롭게 하지 않는다면, 그것은 여러분에게 단 일 페니의 가치밖에 없는 하찮은 경건일 뿐입니다. 여러분은 교리적으로 정통 신자가 될 수 있습니다. 저도 여러분이 그러기를 소망합니다. 하지만 여러분이 정통적인 것들의 의미를 실제로 이해하거나 파악하지 못한 채, 진리 되신 하나님과 진리 되신 성령님께 나아오지 않는다면, 여러분의 정통성은 한갓 낱말들의 나열일 뿐, 그 이상은 아무것도 아닐 것입니다. 어떤 사람이 도서관에 있는 책의 목록은 가지고 있으면서, 실제로는 책이 한 권도 없는 경우가 있습니다. 이와 마찬가지로 여러분은 교리들의 목록은 알고 있으면서, 실제로는 진리에 문외한(門外漢)일 수 있습니다. 여러분의 손에는 귀한 토지가 그려진 지도가 있고, 집에는 모든 보물 목록이 있으면서도, 여러분이 발붙일 땅 한 뙈기 가지지 못할 수도 있습니다. 전문적인 신학 지식이 있어도 그것이 가리키는 진리들을 여러분이 누리지 못한다면, 그 지식은 별 소용이 없을 것입니다. 여러분은 주님을 알아야 하고, 그리스도 안에 거해야 합니다. "목사님, 저는 교회 예배에 참석했으며, 기도 모임에도 출석하였으며, 사역자들과 함께 봉사하기도 하였습니다." 여러분은 이런 말을 하지 마십시오. 사실 저도 여러분이 이렇게 교회 생활에 신실하게 참여하는 줄 알고 있습니다. 하지만 참된 경건은 이것을 넘어섭니다. 참된 경건은 하나님을 향한 회개이며, 주 예수 그리스도를 믿는 믿음이며, 성령님의 내주하심입니다. 또 어떤 사람은 "사랑하는 목사님, 저는 목사님이 하는 말씀에 다 수긍합니다. 저는 목사님이 가르쳐 주는 것에 대해 전혀 이의(異議)가 없습니다." 그렇게 말할 수 있습니다. 하지만 저는 이런 말로 만족하지 않습니다. 제가 가르치는 것을 여러분이 진리로 받아들인다면 저는 유감입니다. 저는 여러분이 그것을 하나님의 말씀으로 받아들이기를 원합니다. 여러분 스스로 성경을 읽으십시오. 그리고 성령 하나님께서 가르쳐 주시기를 구하십시오. 그리고 성령 하나님께서 하나님의 진리를 여러분의 마음속에 새겨 주시기를 간구하십시오. 그 진리가 살아 계신 하나님의 말씀의 능력으로 여러분에게 임하지 않았다면, 여러분은 아직 그 진리를 받아들인 것이 아닙니다.

어떤 사람이 뿌리를 내려 하나님과 교제하기 때문에, 요셉처럼 샘 곁의 무성한 나무에 비교된다면, 그 사람은 은밀하지만 실제적인 원천으로부터 자신이 필요한 것을 공급받는 축복을 받은 자입니다. 그의 생명은 숨겨져 있고, 그 생명을 먹여 살리는 분도 숨겨져 있습니다. 세상은 그를 모르지만, 주님의 은밀하심이 그와 함께 하고 있습니다. 나무가 있고, 열매가 있으며, 이것들은 모든 사람이 볼 수 있습니다. 하지만 열매를 맺게 하는 뿌리나, 이 뿌리가 양분을 공급받는, 밑에 누워 있는 깊음 등은 아무도 볼 수 없습니다. 하나님께서 감추신 것들은 많은 이들에게 놀라울 따름입니다. 오, 눈에 보이지 않는 그분과 함께 거하며, 우리도 그 보이지 않는 생명에 동참하게 되다니! 보이는 것은 잠깐이요, 보이지 않는 것은 영원합니다!(고후 4:18). 오, 우리가 영원한 생명을 얻어, 영원한 기업의 상속자들이 되다니! 이 내적 생명을 계발하는 것은 대단한 일입니다. 이 내적 생명이야말로 참된 생명이기 때문입니다. 하지만 사람이 은밀한 가운데 하나님과 함께 거하지 않는다면, 그는 이 내적 생명을 잊어버리고 말 것입니다. 그는 잔과 대접의 겉을 깨끗이 하는데 몰두한 나머지, 그 내면에 아주 사악한 것들을 여전히 남겨 두고 있습니다. 겉을 깨끗이 하는 것은 아무 소용이 없을 것입니다. 왜냐하면 하나님께서는 그 마음을 보시기 때문입니다. 우리는 내면을 보아야만 합니다. 그런데 우리가 하나님 가까이에 거하지 않는다면, 우리는 그 내면을 볼 수 없을 것입니다.

이런 사람에게 공급되는 것은 무진장하여 다함이 없습니다. 이 샘은 결코 마르지 않으며, 그 밑에 누워 있는 깊음은 결코 비어 있지 않습니다. 관개수로(灌漑水路)에 의존하는 식물들은 여름 가뭄에 말라비틀어지겠지만, 샘에 그 뿌리를 내린 나무는 언제 무더위가 왔는지 알지 못하며, 그 잎사귀가 푸를 뿐입니다. 이 큰 샘은 결코 마를 수 없으며, 나무가 계속해서 그 물을 빨아들여도 물의 양은 절대로 줄지 않습니다. "모든 것이 충족한 하나님"(God all-sufficient)이라는 이름은 영광스러운 이름입니다. 무한한 자비는 굶주린 이 세상에 귀한 보고(寶庫)입니다. 주님께서도 친히 말씀하셨습니다. "내 은혜가 네게 족하도다"(고후 12:9).

하나님 가까이에 거하는 자는 결코 중단될 수 없는 공급을 받을 수 있습니다. 우리는 원수들로부터 포위를 당한 채, 한 번도 공격을 받지 않았지만 항복할 수밖에 없었던 어떤 도성에 관한 이야기를 들은 적이 있습니다. 그 성을 포위한 원수들이 성에 공급되는 수로(水路)를 차단하고 수관(水管)까지 파괴했기 때문입니다. 그래서 그 성은 기갈(飢渴)로 함락되었던 것입니다. 예루살렘은 한 번도 이런 식으로 공략을 받은 적이 없었습니다. 왜냐하면 그 도성 자체 내에 쉬지 않고 흐르는 깊은 샘들이 있었기 때문입니다. 아, 사랑하는 성도 여러분! 자기 속에 생수의 샘을 가진 자는 원수의 능력을 능가합니다. 우리가 예배에 참석하지 못할 때도 우리는 하나님께 나아갈 수 있습니다. 한 사제가 어떤 어린 아이의 손에서 성경책을 빼앗자, 그 어린 아이는 "좋아요. 하지만 신부님은 제가 배워서 알고 있는 요한복음의 열두 장에 기록된 내용들은 빼앗아 갈 수 없을 걸요"라고 말했습니다(요한복음 1장부터 12장까지는 표적을 통해 예수님이 하나님의 아들임을 증언하는 내용이며, 그 이후부터는 이 하나님 아들의 교훈[가르침]이 주된 내용을 이룬다 — 역주). 악한 사람들이 예배할 장소를 막아 우리가 예배를 드리지 못하게 한다 해도, 어디서든 주님을 예배하고자 하는 우리의 마음만은 막을 수 없을 것입니다. 신자들이 은혜를 받는 은혜의 모든 방편들이 거부된다 해도, 그 방편들의 목적인 은혜는 여전히 신자들에게 베풀어질 것입니다. 우리가 질병으로, 여행으로, 침상에서 환자를 돌보는 일 등으로 예배에 참석할 수 없더라도, 하나님께서는 은혜를 베푸시어 우리가 하나님의 백성에게서 멀어지지 않도록 도와주옵소서. 설령 우리가 그 회중들에게서 멀어졌다 해도, 우리가 하나님 가운데 거하여, 위에 있는 샘물이 마음껏 흘러내려 우리 영혼의 뿌리들이 그 물로 양분을 취하게 하옵소서!

우리가 하나님을 가까이함으로써 받게 되는 그 공급은 계속됩니다. 은혜는 중단되는 법이 없습니다. 은혜는 땅 위에 있는 샘이 아니라, 땅 속 깊은 곳에 있는 우물물과 같습니다. 요셉은 늙어서도 어릴 때 받았던 은혜를 여전히 받아 누렸습니다. 썰물과 밀물처럼 많았다 적었다 하는 경건은 불쌍한 것입니다. 우리는 변화하는 달이 아니라, 변함없는 태양을 갈구해야 할 것입니다. 우리는 날마다, 모든 날 동안, 일생토록 은혜를 받을 수 있습니다. 여러분의 믿음이 땅 밑에 누워 있는 깊음에서 솟아나는 샘물과 같다면, 여러분은 평생토록 은혜를 누리게 될 것입니다. 그렇다고 해서 여러분의 뿌리가 그 생명 샘에서 항상 동일한 양의 물을 취할 수 있다는 말이 아닙니다. 여러분에게 필요하고 또한 여러분이 취할 수 있는 물이 언제나 거기에 있을 것이라는 말입니다. 저는 그 말이 하고 싶었습니다. 그리고 여러분이 쓸 수 있는 많은 양의 물이 계속해서 공급될 것이라는 생각도 하고 있습니다. 여러분의 뿌리가 항상 이 샘에 드리워져 있는 한, 여러분은 항상 충족하게 마실 수 있을 것입니다. 풍부한 물 가까이에 심겨진 나무가 어떻게 자라는지를 보면 그저 놀랄 따름입니다. 제게는 하나의 작은 소망이 있습니다. 그것은 수년 전에 제가 살고 있는 가까이에 심겨진 야자나무 한 그루가 머지 않아 어떻게 자라는지를 보는 것입니다. 그 나무는 제 친구의 정원에 길게 늘어선 여러 야자나무 중 하나였습니다. 그 야자나무들을 처음에 묘목원에서 가지고 왔을 때는 모두 같은 크기였습니다. 그 이듬해에 이 나무들은 물론 조금 자라기는 했으나, 여전히 그 크기는 다 똑같았습니다. 그런데 제가 눈여겨보는 이 야자나무만 옆에 있는 다른 나무들과는 달리 자라나는 속도가 특별히 빨랐습니다. 그래서 지금은 다른 나무들보다 월등히 커서 혼자 우뚝 솟아 있습니다. 만약 여러분도 그 모습을 본다면, 다른 나무들보다 몇 년은 더 된 나무처럼 보일 것입니다. 제가 정말 사랑하는 친구이자 그 정원의 주인인 그 친구는 "이 야자나무가 왜 다른 나무들보다 월등히 더 큰지 자네는 그 이유를 알 걸세. 이 나무는 그 뿌리를 길게 내려서, 저기 있는 저 큰 저수지까지 뿌리를 내렸더군. 그래서 이 나무의 생명력이 그렇게 왕성한 걸세"라고 제게 말해 주었습니다. 아라비아 사람들이 하는 말에 따르면, 야자나무는 뿌리는 물에 내리고, 머리는 불에 두는 것을 좋아한다고 합니다(햇볕이 뜨겁게 내리쬐는 중동에서 주로 서식하는 대추야자 나무에 관한 얘기로서, "대추야자 나무는 그 머리는 불[태양]에 두고, 그 발[뿌리]은 물에 둔다"는 속담이 있다 — 역주). 즉 야자나무는 아래로는 물이 흐르는 강을, 위로는 불타는 것 같은 태양을 좋아한다는 말입니다. 아, 사랑하는 성도 여러분! 우리도 이 야자나무처럼 자라게 되기를 기원합니다. 그래서 만약 우리도 뿌리를 하나님의 거룩한 샘에 내리고, 주님의 사랑이라는 태양 빛을 받게 된다면, 우리는 급속하게 튼튼히 자랄 것입니다.

깊음 가운데 거하는 신자들에게 제공되는 것들은 **풍성할 뿐만 아니라 순결합**니다. 여러 방편들을 통한 은혜는 쉽게 탁해질 수 있습니다. 우리가 이 은혜를 오직 하나님으로부터 직접 받을 때, 그 때 받는 은혜야말로 참된 은혜입니다. 최고의 수관을 통한 물이 맛이 좋은 법입니다. 일반적으로 대부분의 수로에는 물에 흙이 섞여 있습니다. 하지만 "땅 밑에 누워 있는 깊음"에는 오염될 요소가 전혀 없습니다. 여러분이 전혀 오염되지 않는 복음의 순결한 샘에서 물을 길어 먹을 수 있다면, 여러분은 잘하는 일입니다. 제가 알프스 산맥을 오르던 중, 저는 갈증이 나서 얼마나 자주 물을 마시고 싶었는지 모릅니다! 그 때마다 인솔자는 물을 먹지 말라고 하면서 조금만 더 참으라고 말했습니다. 드디어 우리는 물이 샘솟는 한 곳에 이르게 되었는데, 그 물은 정말 시원하고 맛있었습니다. 일반 시냇물보다 훨씬 물맛이 좋았습니다. 우리가 흔히 보는 일반 시냇물은 흐르면서 온갖 흙이 뒤섞여 오염되기 때문에 건강에도 좋지 않습니다. 영국에 있는 강들 가운데 오염되지 않은 채 일 킬로미터라도 흐르고 있는 강을 여러분은 알고 있습니까? 이와 마찬가지로, 하나님께서 친히 말씀하신 진리가 성령님께서 성경을 통해 말씀하신 것처럼, 오늘날 순결하고 오염되지 않은 교훈을 강단에서 선포하는 그런 곳은 찾아보기 힘들 것 같습니다. 우리가 오류가 없는 그 계시의 말씀을 혹시라도 우리의 생각으로 오염시키고 있는 것은 아닌지 전심으로 두려워해야 하지 않겠습니까? 오, 사랑하는 신자 여러분, 즉시 여러분의 하나님 앞으로 나아가 여러분을 가르쳐 달라고 간구하십시오! 여러분에게 다시 말합니다. 여러분은 다윗이 한 말을 기억하십시오. "나의 영혼아 잠잠히 하나님만 바라라 무릇 나의 소망이 그로부터 나오는도다"(시 62:5). 여러분에게 필요한 것을 직접 길어 오십시오. 깨끗하지 않은 우유로 병이 나 본 사람은 자신이 젖소를 기릅니다. 여러분도 이 사람처럼 행하십시오. 성경해설자들 대신에 여러분 자신이 성경을 읽으십시오. 성경이라는 빛으로 볼 때 성경은 가장 잘 보입니다. 그러면 비록 인간이 공급하는 말씀의 저수지가 마른다 해도, 여러분이 "샘 곁의 무성한 가지"라면, 전혀 문제되지 않을 것입니다.

3. 이 축복은 또 다른 축복을 가지고 옵니다.

마지막으로, 이 축복은 또 다른 축복을 가지고 온다는 사실을 여러분에게 상기시키고자 합니다. 첫째로, 여러분이 샘 곁에 심겨진 나무라면, 물가로 뻗은 뿌리로 인해 풍성한 열매가 맺히게 될 것입니다. 풍성한 열매를 맺는 나무는 정말 든든히 뿌리를 내린 나무입니다. 사랑하는 성도 여러분, 나무인 여러분이 "내가 열심히 일을 해서, 열매를 맺어 보겠다"라고 말하는 것은 결코 지혜로운 말이 아닙니다. 나무 입장에서 보자면, 열매는 나무 자신이 무슨 일을 해서 맺는 게 아닙니다. 그 어떤 포도나무도 포도를 맺기 위해 나무 자신이 수고하지 않습니다. 자연의 순리에 따라 싹이 나고 꽃이 피어 열매가 맺히는 것입니다. 우리는 오늘날 열매 없는 일들을 너무나 많이 하고 있습니다. 신앙은 기대로 흥분해 있고, 헌신은 너무 기계적으로 이뤄지고 있습니다. 경건은 인위적인 흥분으로 대체되고 있으며, 부단히 안달복달하며 하나님을 사랑하고 있습니다. 하나님을 향한 열정은

"헛소동"(Much Ado About Nothing, 셰익스피어가 쓴 희극의 제목 — 역주)으로 변질되어 있습니다. 그럼에도 불구하고 내적인 은밀한 생명이 순조롭게 자란다면, 햇빛과 달빛을 받아 귀한 열매가 맺힐 것입니다. 그러면 농부들도 "지금은 내가 포도원에 나가서 오십 킬로그램은 더 되는 포도송이들이 맺히도록 일해야 할 시간이다"라고 절대 말하지 않을 것입니다. 오, 사랑하는 성도 여러분, 농부의 이런 말은 말도 안 되는 얘기입니다! 농부는 한 해가 시작되자마자 조심조심 씨를 뿌리고, 거기서 서서히 작은 꽃이 피고 잎사귀들이 나오는 것을 보다가, 적절한 때에 이르자 마침내 포도나무에서 풍성한 포도송이를 모을 수 있다는 소망을 가지게 됩니다. 포도가 만들어지기까지 어떤 소리도 들을 수 없습니다. 여러분은 포도나무가 신음하는 소리도 들어보지 못했고, 포도나무가 땀을 흘리는 것도 보지 못했으며, 포도나무가 가지를 치려고 힘주는 것도 눈치 채지 못했을 것입니다. 포도나무가 좋은 땅에 뿌리를 내리기만 한다면, 그 포도나무는 결실을 맺습니다. 말하자면 자연히 결실을 맺게 되어 있습니다. 주님께서도 우리에게 은혜를 베푸시어, 새로워진 우리 본성의 능력을 통해 경건한 삶이 열매로 맺혀지게 하옵소서! 때가 되면 우리도 자연스럽고 기쁜 마음으로 그분을 찬양하고 그분에게 영광을 돌리는 열매를 맺게 될 것입니다.

이와 더불어 받게 된 둘째 축복은, 이기적인 마음을 버리게 된 것이었습니다. "요셉은 … 무성한 가지라 그 가지가 담을 넘었도다"라는 말씀과 같이, 그의 영향력은 자기 가족을 넘어 널리 미쳤습니다. 우리의 가지들이 자신과 친지라는 좁은 관계에만 국한된다면, 우리는 그저 작은 열매만 맺게 될 것입니다. 오직 여러분 자신만을 위하여 경건에 힘써 보십시오. 그러면 여러분은 크게 경건한 자가 결코 되지 못할 것입니다. 그러나 하나님을 위하여, 그리고 예수님께서 구원하신 사람들을 사랑하기 위하여 경건에 힘써 보십시오. 그러면 여러분은 참으로 경건한 자가 될 것입니다. 사랑하기 위해 살아가십시오. 그 사랑이 하나님을 향할 때, 사랑하기 위해 살아가기 때문입니다. 여러분도 범위를 넓혀 유익을 끼칠 수 있습니다. 아무도 그렇게 뻗어 나갈 것이라고 기대하지 않는 곳으로 그 범위를 넓혀 나갈 수 있습니다. 그래서 여러분은 여러분과 하나님에게서 멀리 떨어져 있는 많은 자들에게 하나의 복이 될 수 있습니다. 저는 어떤 사람이 인생을 마감하며 드리는 마지막 기도를 들은 적이 있습니다. 그는 지금까지 자신이 끼친 영향력들을 자신과 함께 하나님께서 땅 속에 묻어 주시기를 간구하였습니다. 이 얼마나 끔찍한 기도입니까! 이 기도는 자신이 일생 동안 저지른 죄악을 인식하는 일종의 회개의 증거일 때만 오직 선한 것이었습니다. 그런데 그가 결코 허용될 수 없는 것을 간구하고 있었던 것입니다. 왜냐하면 하나님 자신도 어떤 한 사람의 영향력을 완전히 없애시지 않기 때문입니다. 이 세상의 시인은 다음과 같이 진실을 말하고 있습니다. "사람이 저지른 잘못은 사후까지 남고"(셰익스피어가 쓴 비극「줄리어스 시저」제3막 2장, "선행은 흔히 그 뼈와 같이 묻혀 버립니다"라는 문장이 이어져 나온다 — 역주). 선한 것은 기한이 있을지 몰라도, 악한 것이 끝까지 살아 있다는 것은 아주 분명한 사실인 것 같습니다. 하지만 우리가 죽어 땅에 묻혔을 때, 우리가 지금까지 하나님을 위해 살아왔고, 또 마지막 순간까지 그렇게 하나님을 위해 살았다면, 우리의 가지들은 무덤의 벽을 넘을 것이며, 우리의 음성도 고요한 무덤 가운데서 들리게 될 것입니다. "그가 죽었으나 그 믿음으로써 지금도 말하느니라"(히 11:4)라고 기록되어 있지 않습니까?

이와 더불어 받게 된 셋째 축복은, 고정된 축복입니다. 샘 곁에 심겨져 열매를 많이 맺는 나무는 그 뿌리가 아래로 깊이 물까지 내려져 있어서, 충분히 뿌리가 깊어 그 자리에서 뽑히지 않을 수 있습니다. 나무가 견고하게 자리를 잡지 않는다면, 결코 열매 맺을 수 없을 것입니다. 살아서 단단히 뿌리를 내리지 못한 나무를 뽑으려고 한다면, 쉽게 뽑힐 것입니다. 그러나 나무가 지금 살아 있고 자라고 있으며 그 깊음으로부터 양분을 끌어당기고 있다면, 그 뿌리는 마치 배가 닻을 내려 요동치 않는 것처럼 아주 강한 힘을 지녀 쉽게 뽑혀지지 않을 것입니다. 이와 마찬가지로, 대속의 희생 교리를 자기 마음에 일단 받아들인 사람을 여러분이 과연 흔들 수 있겠습니까? 혹시라도 그가 절망하다가 이 교리 가운데서 안식처를 찾았다면, 절대로 그의 마음은 흔들리지 않을 것입니다. 논리주의자들은 그리스도의 죽음은 대속이나 화목의 죽음을 의미하는 것이 아님을 입증하려고 합니다. 하지만 그들이 논리라고 주장하는 것은 말이 안 되는 소리입니다. "우리로 화목하게 하신 우리 주 예수 그리스도"(롬 5:11)라는 말씀이 있기에, 이에 관해서는 우리가 그들보다 더 잘 알고 있습니다. 제가 여러분에게 전한 은혜의 교리는 마음과 지성을 끌어당기는 힘이 있습니다. 마치 양모에 물이 든 것처럼 색깔이 선명해서 우리의 눈길을 끄는 것과 같습니다. 이런 교리가 지금까지 충분히 설교되지 못했기 때문에, 이와 다른 교리들이 바람처럼 불어오면 우리 성도들은 쉽게 휩쓸려 버리는 것입니다. 사랑하는 성도 여러분, 이 은혜의 교리와 관련된 루터와 칼빈의 옛 복음적인 교리들은 마음에 열정을 불러일으키는 힘이 있습니다. 개혁자들의 설교를 들으면 죽게 되는 데도 불구하고, 위그노(Huguenot, 16-17세기 프랑스 개신교도 — 역주)들이 설교를 듣기 위해 어떻게 모였는지를 살펴보십시오. 심지어 제네바에서는 자기 형제들의 피로 붉게 물들었던 지역에도 무리들을 모을 수 있는 자들을 파송했습니다. 왜 이 무리들은 함께 모였을까요? '현대 사상'을 전하는 설교를 듣기 위해 목숨을 거는 위험을 감당하고 싶은 사람이 어디 있겠습니까? 사랑하는 성도 여러분, 옛 복음 안에는 들을 만한 가치가 있는 어떤 것이 있습니다. 이 복음 안에는 아주 귀한 은혜의 선택, 즉 참으로 구원하는 구속이 있으며, 궁극적 견인과 영원한 영광을 보증하는 은혜의 사역 또한 들어 있습니다. 오늘날 행해지는 시시껄렁한 설교는 그저 '광야'에서 외치는 소리일 뿐, 회중들을 전혀 끌어 모으지 못할 것입니다. 그러나 한 번도 들어보지 못한 보화들을 보여줄 때, 그 보물들에 대해 듣기 위해 성도들은 나아올 것입니다. 여러분에게 생사가 달린 이 하나님의 진리가 여러분의 마음과 영혼을 사로잡을 것이며, 여러분은 절대로 이 진리를 떠나지 않게 될 것입니다. 진리를 알고 그 진리를 참된 방식으로 믿고자 하는 참된 무리들을 보기를 저는 갈망합니다. 이들은 결코 요동할 수 없는 천국, 즉 반석 위에 기초를 세운 하나님의 궁궐을 이미 소유한 자입니다.

넷째로, 하나님을 개인적으로 가까이 하는 사람들이 갖게 되는 또 다른 특권이 있습니다. 그런 사람들은 안전함을 누립니다. 하나님을 가까이 하는 것에 대해 야곱이 어떻게 표현했는지 들어보십시오. "활 쏘는 자가 그를 학대하며 적개심을 가지고 그를 쏘았으나"(창 49:23). 만약 여러분이 하나님을 가까이 하며 살아간다면, 여러분은 경건하지 않은 자들의 표적이 될 것이며, 세상 사람들은 여러분에 대해 적개심을 가질 것입니다. 그로 인해 여러분은 슬픈 마음이 될 것입니다. 하지만 이것은 피할 수 없는 일입니다. 왜냐하면 뱀의 후손이 여자의 후손의 발꿈치를 상하게 할 것이기(창 3:15) 때문입니다. 오늘날에도 요셉은 애굽으로 팔려가고 있으며 자기 형제들과 떨어져 있습니다.

> "전쟁의 열기는 조금도 식지 않았고,
>   원수 또한 조금도 약해지지 않았다."
>
> (호레이셔스 보나르[Horatius Bonar], '여러 세대는 지금까지 내려오고'

[Far down the ages now] 3절 — 역주).

　하나님과 그분의 말씀을 가까이 하면, 여러분은 형제들 가운데서 나실인처럼 여겨질 것입니다. 그러나 이렇게 된다고 해서 여러분이 해를 받지는 않을 것입니다. 왜냐하면 앞서 언급된 야곱의 말에 다음과 같은 말씀이 이어지고 있기 때문입니다. "요셉의 활은 도리어 굳세며 그의 팔은 힘이 있으니 이는 야곱의 전능자 이스라엘의 반석인 목자의 손을 힘입음이라"(창 49:24). 요셉은 하나님으로부터 힘을 받아 사람들의 분노를 뛰어넘어 살아갔습니다. 자기 백성을 지키는 그분은 졸지도 않고 주무시지도 않습니다. 여러분은 오직 하나님만 의지하고 살아가십시오. 오직 하나님만 바라십시오. 그러면 여러분은 그 어떤 역경에도 굴하지 않게 될 것입니다. 왕들을 의지하는 자들은 그 왕들이 변덕스럽다는 것을 알게 될 것입니다. 그리고 대중을 의지하는 자들은 그 대중들도 "허무(虛無)보다 가볍다"(시 62:9 KJV)는 것을 깨닫게 될 것입니다. 그러나 주님을 의지하는 자들은 결코 수치를 당하지 않을 것이며, 영원토록 요동치 않게 될 것입니다. 그러므로 여러분도 깊이 뿌리를 내려서, 그 샘에서 여러분의 생명을 공급받으십시오.

　다섯째로, 요셉은 **부유한 축복**을 받았습니다. 모세가 이를 어떻게 표현했는지 주목해 보십시오. 그는 보석들 가운데서 아주 진귀한 보화라고 말하고 있습니다. 최고의 진주는 깊은 바다에서 나옵니다. 모세는 태양이 결실하게 하는 선물과, 달이 자라게 하는 선물과, 옛 산의 좋은 산물과, 땅의 선물과, 거기 충만한 것과, 가시떨기나무 가운데에 계시던 이의 은혜(신 33:14-16)를 말하고 있습니다. 이 모든 축복들이 샘 곁에서 열매 맺은 요셉의 머리에, 그의 정수리에 임한 것이었습니다. 경건하다고 하는 여러분의 대다수가 이런 진귀한 것들에 대해서는 아무것도 모르고 있습니다. 신앙 고백까지 한 많은 성도들이 거룩한 진리에 대해 그저 겉핥기 방식으로 살아가고 있습니다. 그들은 아직까지 그 달콤한 속 알맹이를 한 번도 맛보지 못했습니다. 작은 믿음을 갖는다는 것은 서글픈 일입니다. 왜냐하면 깊은 곳으로 내려가서 물을 마신 자만이 그 달콤함을 맛볼 수 있기 때문입니다. 많은 사람들이 스스로 비참하다고 느낄 정도의 믿음을 가지고 있습니다. 만약 그들이 지금보다 일곱 배나 더 되는 믿음을 가진다면, 그들의 삶은 기쁜 삶이 될 것입니다. 종교에서 말하는 규제나 의무, 형식적인 것들 속에는 "골수가 가득한 기름진 것과 오래 저장하였던 맑은 포도주"(사 25:6)가 전혀 들어 있지 않습니다. 하나님의 저장고 안에 있는 최고의 포도주는 지하 저장실에 있습니다. 그 지하 계단으로 내려가 보지 못한 사람은 은밀한 그 달콤한 맛에 대한 개념이 전혀 없습니다. 깊은 체험은 귀한 체험입니다. 주님께서는 때때로 백성들의 마음을 고통과 슬픔으로 가득 차게 하십니다. 이것은 그들로 하여금 그분께서 주시는 엄선된 위로를 알게 하기 위함입니다. 우리의 뿌리들은 지표면 바로 밑에 뿌리를 내리기가 너무 쉬워서, 견고한 뿌리를 잘 내리지 못합니다. 그러나 고난이 닥쳐올 때, 우리는 더 깊은 곳으로 겸손하게 뿌리를 내리게 됩니다. 그제야 우리는 암흑 속에 있는 그 보화들을 꿰뚫어 보고, 하나님의 깊은 것을 알게 될 것입니다. 만약 여러분이 이런 부유한 축복을 받는 그리스도인이 되기를 원한다면, 은밀한 가운데 하나님과 살아가면서 하나님의 거룩한 진리가 있는 깊은 곳으로 내려가는 사람을 찾으십시오. 믿음이 얕은 신자는 불쌍하고 연약한 신자입니다. 그러나 강한 그리스도인은 하나님을 의지하면서 살아가며, 성부와 성자와 성령과의 교제를 절대로 소홀히 하지 않을 것입니다. 이 축복의 말씀으로 우리의 공적 예배를 마치고자 합니다. 이 축복이 날마다 지속되기를 기원합니다.

사랑하는 성도 여러분, 저는 오늘 본문과 관련하여 수천 가지 말도 더 전할 수 있지만, 그만하고자 합니다. 그래도 이 말만은 여러분에게 꼭 하고 싶습니다. 깊은 곳으로 뛰어들어가십시오. 제가 여러분에게 간청합니다. 거룩한 것들을 지금 시작하고 있는 여러분은 깊은 곳에서 시작하여 뿌리를 굳건히 내리십시오. 건물들의 기초가 충분히 굳건하지 못할 때, 그 건물들이 얼마나 쉽게 무너지는지 보십시오! 여러분은 기초를 반석 위에 세우십시오. 오랫동안 주님을 알아온 여러분은 그분을 더욱더 알도록 노력하십시오. 더 많은 뿌리들을 더 깊고 풍성한 땅에 내리십시오. 바로 그 하나님의 마음에 더 가까이 다가가십시오. 지금과 같이 악한 때에 여러분은 하나님을 굳게 붙드십시오. 여러분의 닻을 하나님에게 내리지 않는다면, 여러분은 이 험난한 파도를 결코 헤쳐 나가지 못할 것입니다. 그렇습니다. 이런 때는 여러분이 특별히 주의해야 합니다. 평상시에는 배의 뒤쪽 고물에서 마땅한 곳에 닻을 하나 내리지만, 이때는 네 개의 닻을 내려야 할 것입니다. 오늘날과 같은 때는 배의 선수(船首)와 선미(船尾)에 닻을 내려야 할 필요가 있습니다. 우리도 쇠로 만든 갈고리에 의해 그리스도께 매여 있을 필요가 있습니다. 우리의 마음, 머리, 손, 다른 모든 힘으로 영원한 진리를 붙들어야 할 필요가 있습니다. 우리가 가진 힘만 의지한다면, 오늘날 우리에게 불고 있는 이 같은 바람은 우리를 저 언덕 아래로 마치 추풍낙엽(秋風落葉)처럼 날려 버릴 것이기 때문입니다. 하나님께서는 우리로 하여금 어느 때보다 더 그분 가까이 가게 하시며, 거기에 머무르게 하십니다. 그리하여 우리가 가진 모든 기회들이 더욱더 선용되어 우리의 전 생애가 그분의 영광을 위해 열매 맺게 하실 것입니다! 아멘.

성도들의 임종에서 얻은 교훈들

—

"야곱이 아들에게 명하기를 마치고 그 발을 침상에 모으고
숨을 거두니 그의 백성에게로 돌아갔더라." — 창 49:33

야곱은 열두 아들들에게 훈계와 축복의 마지막 말을 하기 전까지는 죽을 수 없었습니다. 그는 사명을 다 감당하기까지 숨을 거둘 수 없었습니다. 하나님께서 그를 통해 하실 말씀이 남아 있는 한, 사망 또한 그의 혀를 마비시킬 수 없었습니다. 그러나 이 강한 사람도 결국에는 고개를 떨어뜨렸습니다. 그렇게 먼 인생의 여정을 외로이 걸었던 그도 이제는 임종을 맞는 침상 위에서 두 발을 모을 수밖에 없었습니다. 그의 인생은 그야말로 파란만장(波瀾萬丈)하였으며, 극한 사건들이 줄을 이었습니다. 그 또한 우리 모두가 겪는 그 죽음의 사건을 피해갈 수 없었습니다. 어린 시절에 앞이 잘 보이지 않던 자기 아버지를 속인 그였지만, 그런 그의 재간(才幹)으로도 무덤만은 속일 수 없었습니다. 화난 형 에서를 피했던 그였지만, 그런 그에게 그 형의 발걸음보다 더 빠르고 확신에 찬 운명의 발걸음이 추적해 왔으며, 그것을 피할 수 없었습니다. 돌을 베개 삼아 누워 자면서 하늘 문이 열리는 것을 보았던 그였지만, 그런 그도 보통 사람들이 들어가는 문으로 들어갈 수밖에 없는 존재임을 알게 되었습니다. 얍복 강가에서 천사와 씨름하여 이겼던 그였지만, 이번에는 절대로 이길 수 없는 천사와 승산 없는 씨름을 할 수밖에 없었습니다. 그가 가나안 장막에 거할 때 원수들로 둘러싸여 있었으나, 하나님께서 "나의 기름 부은 자를 손대지 말며 나의 선지자들을 해하지 말

라"(시 105:15)고 말씀하심으로써, 그는 수천의 악한 원수들 가운데서 보호를 받았습니다. 그랬던 그가 이제는 마지막 원수의 손에 거꾸러뜨림을 당해야 했으며, 최후 보수자의 칼날을 의식할 수밖에 없었습니다. 비천한 자들이 죽는 것처럼, 이 족장도 그렇게 죽을 수밖에 없는 운명에 처해졌습니다.

오늘 본문 말씀에 따르면, 이스라엘로 개명된 이 야곱은 돌이킬 수 없는 이 명령에 이의를 제기하지 않았고, 그의 영혼도 여기에 불평하지 않았던 것으로 보입니다. 일찍이 그는 자기 인생이 얼마 남지 않아 악할 것이라는 것을 짐작하고 있었습니다. 그래서 지금 그 날들의 끝이 다가오자 그는 기쁨으로 그 날을 맞으며 인생을 마감하려고 하였습니다. 그는 도살장으로 끌려가는 황소와 같지 않았습니다. 오히려 자발적으로 순복함으로써 그 발을 침상에 모았습니다. 그러고는 머리를 떨어뜨리고서 숨을 거뒀습니다. 오랜 날 동안 수고하느라 지친 사람처럼 그는 기쁨으로 안식하였습니다. 이렇게 해서 그는 아주 즐거운 마음으로 위대한 아버지의 부름에 임하였으며, 평온하게 자기 백성들과 자기 하나님이 있는 곳에 참예하게 되었습니다. 이것은 장차 우리의 운명이기도 합니다. 그래서 우리는 이 능력의 종이 세상을 떠나는 장면을 묵상하면서, 우리도 이처럼 임종을 맞이하고, 우리의 여생을 기쁘게 마감할 수 있도록 간구합시다. 우리 또한

> "그렇게 살다가, 그대의 소환일이 다가와
>   저 신비로운 영토, 죽음의 고요한 홀에서
>   각자가 자기만의 방을 갖게 될 그곳으로
>   떠나는 무수한 여행 행렬에 합류하는 날,
>   그대여, 한밤에 채찍 맞으며 지하 감옥으로
>   끌려가는 채석장의 노예처럼 가지 말고,
>   확고한 신념으로 참고 견디며
>   기꺼운 마음으로 그대 무덤에 다가가라.
>   마치 침대의 주름진 옷감으로
>   몸을 감싸고,
>   누워서 즐거운 꿈을 기다리는 사람처럼."
>
> (미국 시인 윌리엄 브라이언트[William Cullen Bryant, 1794-1878]가 쓴
>
> '죽음에 관한 고찰'[Thanatopsis] — 역주).

사랑하는 성도 여러분, 성령님께서는 하나님의 책에서 임종 장면을 아주 드물게 보여주고 계십니다. 이 사실에 주목하십시오. 이런 장면은 구약에서도 아주 드물게 나오지만, 신약에서는 더더욱 드뭅니다. 그 이유를 저는 다음과 같이 생각하고 있습니다. 즉 성령님께서 우리가 어떻게 죽느냐 하는 것보다는 어떻게 살아야 할지를 더 많이 생각하라는 취지에서 그렇게 하신 게 아닐까 하고 말입니다. 왜냐하면 살아가는 것이 인생의 주된 일이기 때문입니다. 살아가는 동안 날마다 죽음에 대해 배우는 사람은, 인생의 마지막 숨을 쉴 때, 자기 영혼을 신실한 그의 창조주의 손에 맡기는 것이 하나도 어렵지 않을 것입니다. 우리가 선한 싸움을 잘 싸웠다면, 우리는 승리를 확신하며 안식하게 될 것입니다. 진리의 깃발 아래 입대하여 예수 그리스도를 의지하고서 우리의 선한 싸움을 마치고 믿음을 지켰다면, 우리가 안식에 들어가는 것을 두려워할 필요가 없을 것이며, 그것은 복된 안식이 될 것입니다. 또한 성령님께서는 우리가 죽어가는 체험을 반복해서 경험한다면 우리가 감정적으로 고통스러울 것이므로, 죽는 장면을 덜 보여주는 것이 차라리 우리에게 유익할 것이라고 생각하신 듯합니다. 그런데 어떤 설교자들은 성도들 앞에서 친구들이 관에 들어가던 장면을 회상하게 한다거나, 자기 부모의 임종 장면을 떠올리게 한다거나, 죽은 어린 유아를 감싼 수의를 풀어헤치는 듯, 또는 땅에 묻힌 친지들의 해골을 꺼내어 보여주듯 설교함으로써, 설교를 듣는 성도들이 눈물을 흘리도록 유도하는 것을 아주 좋아합니다. 물론 이런 설교에도 어떤 유익이 있을 수 있습니다. 설교자들은 인간의 자연적인 감정을 통해 더 심오한 것을 전하기 위해서 이런 임종 장면을 사용할 수도 있을 것입니다. 하지만 이것은 성령님께서 택하신 방법이 아닙니다. 복음을 가르치는 자들이 성령님의 방식을 연구한다면, 우리는 인간의 자연적인 감정에 호소하기보다 오히려 양심을 두들겨야 하고, 사람들에게 슬픔을 회상시키기보다 오히려 거룩한 원칙들을 가르쳐야 한다는 것을 알게 될 것입니다. 이런 임종 장면에 대해서 성령님께서 대단히 침묵하고 계신 것으로 인해, 저는 성령님께서 우리가 이런 것들을 과하게 많이 보지 않기를 원하신다는 점을 배우게 되었습니다. 게다가 이런 임종 장면들은 우리에게 늘 일어나는 일이기 때문에, 다시 말해 그분께서 실제로 우리 혈육의 죽음을 자주 보게 하셔서 우리의 두 눈으로 그 장면을 보게 하시고, 우리의 두 귀로 그 소리를 듣게 하셨기 때문에, 이런 임종 장면들을 성경 지면에서는 덜 보게 하시려는 게 아닐까 추측해 봅니다. 임종하는 자들이 전하는 성령 임재의 증언을, 어떤 의미에서는 성령님께서 저자가 되어 가르쳐 주시는 것으로 간주할 수도 있습니다. 성령님께서는 종이와 잉크로 기록된 저 성경책을 이미 완성하셨지만, 그분께서는 악에서 구원받아 이 세상을 떠나면서 주님을 찬양하며 나아오는 죽음을 앞둔 성도들이 한 사람 한 사람씩 하나님께 영광을 돌리는 새로운 시(詩)의 연(聯)을 지금도 쓰고 계십니다. 이 세상을 떠나는 모습이 오늘 본문에 기록된 것과 똑같지는 않아도, 이 땅에서 일생을 믿음으로 살다가, 이제는 왕이 되신 그분의 아름다운 모습과 저 멀리 있는 천국을 직접 자신의 두 눈으로 보게 된, 세상을 떠나는 자들이 하는 증거들을 어쨌든 우리는 많이 접하게 되는 것이 사실입니다.

　　여러분 대다수가 알고 있는 바와 같이, 지난 주간에는 하나님의 교회에서 위대한 자이며, 이스라엘의 왕자이며, 크게 사랑받던 자이며, 이 땅에서 탁월한 자들 가운데 한 사람이며, 상냥하며, 열정적이며, 재능 있고, 경건하며, 용감하며, 기쁜 마음으로 자신의 사역에 동참한 모든 곳에서 공적으로도 명망이 높았던 한 사람의 거처를 하나님께서 옮기기로 정하신 것 같습니다. 제임스 해밀턴(James Hamilton, 1814-1867, 영국 왕실 설교자, 본 설교는 1867년 12월 1일에 있었다 — 역주) 박사는 그 사랑하는 분께서 백합화를 가져가기 위해 종종 오시는, 달콤한 냄새가 나는 꽃들이 가득한 주의 정원에서, 가장 향기로운 꽃들 중의 하나와 같은 사람이었습니다. 그는 녹스(Knox)와 루터(Luther)처럼 보아너게의 성품을 가진게 아니었습니다. 오히려 위로의 아들인 바나바와 같은 성품으로, 믿음과 성령이 충만한 자였습니다. 그는 특별히 우아하고 정제된 스타일의 은유를 사용했으며, 그 은유(隱喩)들은 마치 햇빛이 비치는 아프리카의 샘터의 금모래처럼 가장 기발하며 풍부한 매력을 지니고 있었습니다. 유쾌한 음성으로 말하는 그의 언변(言辯)은 마치 멋진 악기에서 멋있게 연주되는 음악소리 같았습니다. 그는 시적인 표현을 할 때도 항상 음악적으로 조화롭게 표현했습니다. 그러나 그 음악적 표현들은 항상 그리스도를 찬양하는 것이었으며, 항상 대속의 보혈이 내는 향기를 감미롭게 전해 주는 것이었습니다. 그는 성경에 나오는 레바논의 백향목과 같은 사람이었습니다. 그런데, 오호통재라! 도끼가 이미 그 영광스런 나무의 밑둥에 놓였기 때문입니다. 그는 고요하게 빛을 발하는 가장 순결한 보석이었습니다. 하지만 지상 교회의 면류관에 박힌 그 보석은 이제 더 이상 빛을 발하지 않습니다. 그는 아주 많은 주님의 작은 자들을 돕는 양부(養父)였습니다. 이제는 그의 도움을 받지 못하는 그들로 인해 우리도 슬퍼하고 있습니다. 성령 하나님께서 모든 것을 충족하게 하는 은혜를 베푸시어 그들이 풍성하게 공급받기를 기원합니다. 그렇습니다. 그는 우리 곁을 떠났습니다. 비록 우리는 슬프지만, 저 하늘 너머에는 기쁨이 있습니다. 이 땅에서 잃는 것은 저 하늘에서 얻는 것입니다. 지상 교회의 수가 다소 줄어든다면, 천상 교회는 더 늘어나는 것입니다. 새 예루살렘 성전의 벽을 세우는 데 필요한 갈고 닦은 하나의 돌처럼, 천국에서 최후의 안식을 누리고 있는 그의 모습이 지금 이 순간 제 눈에 보이는 듯합니다. 여러분의 귀에는 "은총 은총이 그에게 있을지어다"(슥 4:7)라고 외치는 소리가 들리지 않습니까? 지금 이 순간 구속자의 면류관에는 새로운 보석이 박혀 있습니다. 또한 천국은 구세주의 보혈의 피로 옷을 씻은 또 한 성도의 아름다움으로 빛나고 있으며, 영원한 찬송에 또 한 목소리가 더해졌으며, 영원한 잔치를 벌이는 성도들의 할렐루야 소리에 또 한 성도의 외침이 더해졌습니다. 교회는 잃은 것이 아무것도 없습니다. 교회는 저편에 있는 개선 음악대에 합류하기 위해 물을 건너고 있는 용감한 장군들 중의 한 사람을 보고 있을 뿐입니다. 지상의 교회나 천상의 교회가, 교회는 하나인 것이 너무나 분명하기에, 교회는 성도들 중의 한 사람도 잃지 않았습니다. 천상의 승리한 교회와 지상의 전투하는 교회가 모두 동일한 하나의 교회가 확실한 것처럼, 그리스도께서 자기 백성 가운데 한 사람도 잃지 않은 것과, 교회도 성도의 사망으로 자기의 능력을 조금도 잃지 않은 것 또한 분명한 사실입니다. 우리의 친구인 제임스 해밀턴의 죽음과 이와 관련된 또 다른 사람의 상황으로 인해, 저는 이 한 주간 성도들이 임종을 맞는 침상에 대해 너무나 많이 묵상하게 되었습니다. 그래서 저는 이 세상을 떠나 아버지에게로 가는 것과 관련하여 하나님의 백성들에게 말씀하고 있는 본문을 긴급히 찾아서, 이렇게 말씀을 전하게 되었습니다. 어떤 시인은 "우리의 마지막 시간들(last hours)과 대화하는 것은 크게 지혜로운 일이다"(영국 시인 에드워드 영[Edward Young, 1681-1765]의 「야상」[Night Thoughts]. 원시에는 "지나간 시간들"[past hours]로 나온다 — 역주)라고 말하기도 합니다. 거룩한 신중함으로 우리는 이제 곧 우리와 가장 친밀하게 알고 지내야 할 무덤과 수의(壽衣)에 익숙해지도록 요구받고 있습니다. 우리가 비록 성화되지는 못했다 해도, 최소한 정신이라도 바짝 차리고 이 미지의 땅의 경계선에 대해 잠시 살펴보도록 합시다.

첫 번째로, 우리는 위대한 성도들과 특별히 하나님을 섬기던 목회자들의 임종과 관련하여 이들이 우리에게 무엇을 가르쳐 주고 있나? 하는 문제를 살펴보고, 두 번째로, 그들이 이 세상을 떠나는 다양한 모습들과 관련하여 이런 모습들이 또한 우리에게 무엇을 가르쳐 주고 있는가? 하는 것을 살펴보고자 합니다.

1. 하나님의 성도들과 특히 목회자들의 임종은 우리에게 무엇을 가르쳐 줍니까?

첫 번째로 하나님의 성도들과 특히 그를 섬기던 목회자들의 임종에서 우리가 얻는 교훈은 무엇입니까? 표면적으로 드러나는 첫째 교훈은, "이러므로 너희도 준비하고 있으라 생각하지 않은 때에 인자가 오리라"(마 24:44)는 말씀과 관련됩니다. 숲속에서 도토리가 떨어져 부서지는 소리가 들렸다면, 그것은 나무꾼이 거기 있다는 증거이며, 그로 인해 숲 전체에 있는 모든 나무들은 그 날카로운 도끼날이 혹시라도 자기에게 떨어지면 어떡하나 하는 마음으로 두려워 떨 것입니다. 우리는 모두 죽어야 할 운명이므로, 한 사람의 죽음은 우리로 하여금 사망이 우리 모두에게 아주 가까이 숨어 있다는 사실을 생각하게 합니다. 죽음에 관한 얘기를 자주 듣는다고 해서 우리가 죽음에 대해 무감각해지지는 않을 것이라고 생각합니다. 우리는 결코 교회 첨탑에 앉은 새들처럼 되어서는 안 될 것입니다. 그 새들은 교회 종이 울리는데도 자기 둥지를 짓고, 결혼을 알리는 즐거운 종소리나 엄숙한 조종(弔鐘) 소리가 모든 사람을 깜짝 놀라게 할 때도, 고요히 잠을 잘 수 있습니다. 오히려 우리는 죽음을 모든 사건들 가운데서 가장 엄숙한 것으로 받아들이고, 그 죽음이 다가오는 것을 인식하면서 정신을 바짝 차려야 할 것입니다. 옛날 덴마크 왕들의 전쟁과 관련해서 전해져 내려오는 전설이 있습니다. 해럴드(Harold, 935-986, 덴마크와 노르웨이의 고대 왕 — 역주)가 자기 동생 할리퀸(Harequin)과 전쟁을 할 때, 느닷없이 화살 하나가 공중에서 나타나, 어디로 날아가야 할지 누구를 목표로 해야 할지 갈피를 잡지 못하다가, 갑자기 그 지도자의 이마를 꿰뚫었다는 이야기입니다. 이 전설과 관련해 조금만 상상력을 발휘해 본다면, 우리도 이 덴마크의 군주와 똑같은 처지에 있다는 것을 알게 됩니다. 즉 죽음이라는 화살은 우리 위를 잠시 맴돌고 있다가, 분명히 떨어질 것이며, 그로 인해 입게 되는 상처는 치명적일 것이라는 점입니다. 목숨 줄이 한 오라기라도 이어져 있는 동안에는 우리가 희희낙락하며 즐겨야 할 필요가 있다고 그렇게 생각해서는 안 됩니다. 이미 칼이 칼집을 나와 있으므로, 우리는 사소한 것들로 시간을 허비하지 맙시다. 칼은 새롭게 준비되어 있고, 칼의 양날은 끔찍할 만큼 날카롭게 날이 서 있어 번쩍입니다. 그러므로 우리는 스스로 이 칼을 맞닥뜨릴 준비를 합시다. 죽음을 준비하지 않는 사람은 평범한 바보입니다. 아니 더 정확하게 말하자면, 바보 정도가 아니라 미친 사람인 것이 분명합니다. 다른 사람들의 죽음을 통해 하나님께서 친히 그 음성으로 우리를 부르실 때, 그 경고의 말씀을 듣지 않는다면, 이 경륜의 말씀을 거부한 자들을 하나님께서는 진노로 내리치실 것이라 우리는 예상할 수 있습니다. 왜냐하면 그분께서는 자주 이 경고의 메시지를 듣지 않으려는 자들을 끔찍한 징계의 채찍으로 즉시 치셨기 때문입니다. 목회자인 여러분이여, 당신을 위한 무덤이 곧 마련될 것이므로, 여러분이 시무하는 교회를 은혜 가운데 서게 하십시오. 부모인 여러분이여, 여러분의 자녀들은 틀림없이 곧 고아가 될 것입니다. 그러므로 이들이 하나님을 두려워할 수 있게 하십시오. 사업을 하는 여러분이여, 세상의 일로 분주한 가운데서도 여러분은 여러분이 하고 있는 일이 바른 일인지, 그리고 여러분이 온 마음을 다해 하나님을 섬기고 있는지 살펴보십시오. 왜냐하면 여러분이 이 세상에서 하는 일들이 곧 끝이 나고, 그렇게 육신 가운데 행한 일들이 선한 일이었는지 아니면 악한 일이었는지 해명하도록 부름을 받게 될 것이기 때문입니다. 오, 만왕의 왕께서 심판대에 앉으시고 우리가 행한 일들을 꼼꼼히 살피실 때, 우리 모두가 "잘 하였도다 착하고 충성된 종아"(마 25:21)라는 말씀을 상급으로 들을 수 있도록 준비하기를 원합니다.

둘째로, 의인들의 죽음은 이들의 가치를 보여줍니다. 옛 속담에 따르면, 우리는 어떤 것을 잃기 전까지는 그것의 가치를 결코 알지 못한다고 합니다. 이 말은 경건한 이들을 두고 하는 것이라 저는 확신합니다. 여기 있는 젊은 성도들에게 권면합니다. 나이든 경건한 부모들을 소중히 여기며, 그들에게 친절히 대하고, 그들의 말년을 행복하게 해주십시오. 왜냐하면 부모가 보여준 사랑에 보답하는 표시로 자식이 드리는 것을 그들이 이 땅에서 받을 날이 그리 많이 남아 있지 않기 때문입니다. 그리스도를 믿는 부모를 가진 자들은 그들이 누린 특권이 얼마나 대단한 것인지를 잘 알지 못합니다. 그러다가 그들이 부모가 되어 어머니의 역할이 어떤 것인지, 아버지의 자리가 어떤 것인지, 그리고 자녀를 향한 관심과 슬픔을 알게 되고서야 비로소 그 특권이 얼마나 대단한 것인지 알게 됩니다. 혹시 여러분 가운데 선한 말과 경건한 모범으로 여러분이 천국으로 가는 길에 도움을 준 믿음의 친구를 둔 사람이 있습니까? 그런 믿음을 가르쳐 주면서 은혜를 끼친 친구가 있습니까? 그 좋은 친구를 주신 하나님께 감사하십시오. 이들과 많은 교제를 나누고, 그들의 입술에서 떨어지는 진주들을 차곡차곡 모아 두십시오. 이 친구들과도 곧 분명히 헤어지게 될 것입니다. 그들과 작별하게 될 때 여러분은 이들의 가치를 알게 될 테니, 오늘 이 친구들의 가치를 알고 귀하게 여기십시오. 여러분은 열정적이면서도 신실한 목회자와 함께 하는 특권을 가지고 있습니까? 여러분은 사랑과 정직함으로 선포되는 복음을 듣고 있습니까? 그렇다면 이 신실한 목회자를 주신 것에 대해 여러분이 살아 있는 동안 날마다 하나님께 감사하십시오. 모든 목회자들이 다 그렇게 신실한 것이 아니며, 모든 성도들이 여러분처럼 신실한 목회자를 둔 처지에 있는 것은 아니기 때문입니다. 그러므로 여러분은 그 목회자들이 마땅히 전해야 할 바를 절대로 빠뜨리지 않고, 여러분의 열정이 부족해서, 그들이 전하는 큰 구원을 놓치지는 않을까 염려하는 마음으로 그들의 말에 열심히 귀 기울이십시오. 그들에게 감사하십시오. 이렇게 그들의 말씀에 귀를 기울이는 것이 그들에게 보답하는 것입니다. 사랑하는 성도 여러분, 여러분에게 간청합니다. 그리스도를 전하는 목회자들의 가치를 알고 그들을 귀히 여기십시오. 그렇다고 해서 제가 사람에게 영광을 돌리라는 것은 아닙니다. 사도 바울이 "내가 이방인의 사도인 만큼 내 직분을 영광스럽게 여기노니" (롬 11:13)라고 말한 것 같이, 목회자라는 그 직분에 영광을 돌리라는 말입니다. 하나님께서 한 사자를 보내시고, 그 사자가 그리스도를 대신하여 여러분이 하나님과 화목하도록 여러분을 위해 기도하는 것을 보게 되거든, 여러분은 그 사자가 간청한 것을 저버리지 말고, 즉 그의 말에 귀를 닫지 말고, 여러분을 향한 그 말에 온 마음을 다해 순종함으로써, 그 사자의 직분에 영광을 돌리고, 그를 보내신 하나님께 경의를 표하십시오.

셋째로, 이처럼 탁월하게 위대한 성도들이 이 세상을 떠나는 것은 그와 같은 종들을 더 많이 보내 주시기를 우리가 하나님께 간절히 기도하도록 가르쳐 주고 있습니다. 사실 저는 우리가 자주 가르침을 받아야 할 필요가 있다고 확신하고 있습니다. 하지만 애석하게도 목회자들을 더 많이 보내 달라는 기도를 교회에서는 거의 하지 않고 있습니다. 여러분은 목회자들을 위해 기도하고 있습니다. 그것은 합당한 일입니다. "형제들아 우리를 위하여 기도하라"(살전 5:25). 여러분은 우리 같은 목회자를 위해 기도하는 것보다 더 좋은 호의를 베풀 수 없을 것입니다. 그런데 하나님께서 목회자들을 세우시기에는 기도가 턱없이 부족합니다! 그리스도의 피로 자기 백성들이 구원받는 것이 확실한 것처럼, 그리스도의 부활도 성도들의 성화를 위한 것이 확실합니다. 이와 마찬가지로 그리스도의 승천은 인류에게 목회자들을 보내시기 위한 것이라는 이 분명한 사실을 여러분은 모르고 있습니까? 여러분은 다음과 같은 성경 말씀이 있다는 것도 알지 못합니까? "그가 위로 올라가실 때에 사로잡혔던 자들을 사로잡으시고 사람들에게 선물을 주셨다 하였도다"(엡 4:8). 이 선물이 바로 "그가 어떤 사람은 사도로, 어떤 사람은 선지자로, 어떤 사람은 복음 전하는 자로, 어떤 사람은 목사와 교사로 삼으신"(엡 4:11) 자들입니다. 자, 지금까지 여러분은 주님의 보혈로 죄 사함을 받았습니다. 그리고 그분의 부활로 의롭다 함을 얻었습니다. 그런데도 여러분은 신실한 목회자를 얻기 위해 주님의 승천을 의지하지 않고 있단 말입니까! 일부 기독교 국가에서 극심한 목회자 부족 현상을 보이고 있습니다. 제가 듣기도 하였고, 또 미국에서 나온 책들을 보기도 했지만, 미국의 많은 지역에서는, 다시 말해 미국의 삼분의 일 정도 되는 교회에서는 목회자가 공석인 상태라고 합니다. 그래서 신자들이 목회자를 얻기 위해 백방으로 노력하고 있지만, 찾을 수 없다고 합니다. 이렇게 된 원인은 분명히 기도의 실패, 즉 주여! "추수할 일꾼들을 보내 주소서"(마 9:38)라는 기도를 하지 않은 것에 있다고 봅니다. 저는 이런 목회자 부족 현상이 영국에서 일어난다 해도, 전혀 놀라지 않을 것입니다. 왜냐하면 하나님의 많은 백성들이 목회자를 위해 기도하는 수고와 그들을 양육하는 일에 마음조차 없으며, 이런 문제에 아주 게으른 모습을 보이고 있기 때문입니다. 옛날에는 누구든 조금이라도 말주변이 있으면 성도들이 그 사람을 발굴하여 교육시켰습니다. 아굴라와 브리스길라는 언변이 좋고 성경에 능통한 자(행 18:24)인 아볼로를 찾아서는 그를 데려다가 계속해서 교육을 시켰습니다. 그리고 사도 바울도 디모데가 학문에 소질이 있는 것을 보고서 그에게 계속해서 신앙교육을 시켰습니다. 복되신 우리 주님께서도 복음을 전하셨을 뿐만 아니라, 대학을 세우셔서 계속 자기 주위에 함께 있던 열두 명의 학생들(사실 이보다 더 많은 학생들이 있었습니다)을 데려다가 친히 모범을 보이시며, 다른 사람들에게 교사가 되려면 어떻게 해야 하는지 등의 목회자 양성 수업을 하셨습니다. 그런데 지금은 사실대로 말하자면, 이렇게 교육받은 목회자를 "사람이 만든 인위적인 목회자들"이라고 언급하면서, 우리의 젊은이들이 진리의 증거자가 되는 자질을 갖도록 지원하는 모든 시도들을 무시하는 자들이 있습니다. 목회자 교육을 비판하는 그런 사람들은 제대로 알지도 못하면서 아는 척 말만 하는 자들입니다. 주님께서도 제자들을 이성적으로 가르치셨고, 이들에게 상식을 주셨습니다. 모든 그리스도인들이 목회자 교육을 비판하며 재잘대는 이들의 말에 귀를 기울이지 말고, 이들이 하는 말은 단 한 마디도 듣지 마십시오. 열정적이고 신실한 자질을 갖춘 목회자들을 하나님으로부터 받도록 노력하여, 이 목회직이 계승되도록 기도할 뿐 아니라, 다른 수단들까지도 다 강구하는 등, 우리는 이 문제에 대해 간절한 마음으로 최선을 다해야 할 것입니다. 왜냐하면 하나님께서 여러분에게 목회자들을 보내 주시는 것이 교회가 얼마만큼 성공할지의 관건이 되기 때문입니다. 어떤 특별한 목회자 없이도 목회 사역을 잘 감당하고 있는 척하는 교단들이 있습니다(이런 말은 솔직히 거짓에 가깝습니다). 이런 교단들은 한동안은 부흥할 수 있을 것입니다. 모든 제자들을 교사로 삼는다는 그들의 전략은 인간의 마음이 지닌 본성적인 교만과 딱 들어맞습니다. 그래서 총체적으로 속아 넘어간 그리스도인들은 한동안 이런 전략에 수긍합니다. 그러나 이런 생각을 하는 공동체들 가운데 어느 한 교단도 한 세대를 지속해서 왕성하게 존재할 수 있는 곳은 없다고 봅니다. 정열적인 흥분상태와 불타는 열정과 더불어, 다른 교회 교인들을 꾀어 수가 많아지면서, 그들은 잠시 성장할 것입니다. 그러나 곧 서서히 쇠퇴하거나 작은 무리들로 나누어져서, 서로 합의하여 상대편 사람들을 가장 열렬히 증오하게 될 것입니다. 모두의 일이란 그 누구의 일도 아닌 법입니다. 따라서 책임을 지고 영혼들을 돌볼 사람이 없기 때문에, 그 누구도 그들을 돌보지 않게 됩니다. 흩어진 양 떼들을 모을 하나님의 장중(掌中)에 있는 목자가 없기 때문에, 이 양들은 모두 흩어지고 말 것입니다. 여러분이 교회를 아끼고, 교회에서 행해지는 예식들을 소중히 여기는 만큼, 살아 계신 하나님을 섬기는 신실한 종들은 다음과 같이 하나님께 간절히 기도하고 있습니다. 즉 하나님께서 그런 종들을 한 사람 한 사람 데려가실 때마다 우리에게 또 다른 종들을 주셔서 교회의 기준에 맞는 자들이 부족하지 않도록, 다시 말해 하나님의 마음에 합한 종들이 하나님의 양 떼들에게 절대로 부족하지 않도록 해 달라고 말입니다. 신실한 진리의 교사들이 세워져 이 땅에서 그리스도의 이름과 영광이 하나님의 역사로 계속해서 살아날 수 있도록, 여러분은 하루에 일곱 번씩 기도해 주기를 바랍니다.

    다른 측면에서 살펴보아야 할 귀중한 진리가 또 하나 있습니다. 우리는 한 질문을 두 가지 측면에서 살펴보는 게 항상 바람직할 것입니다. 하나님께서 탁월한 종들을 데려가시는 것은, 우리가 인간이라는 도구보다는 하나님을 더 많이 의지해야 한다는 점을 우리에게 가르쳐 주시기 위한 것입니다. 저는 어제 올리버 크롬웰(Oliver Cromwell)이 세상을 떠나며 한 기도를 읽었습니다. 그 하나님의 사람이 마지막 숨을 몰아쉬면서 기도한 문장들 가운데 한 문장이 제게 큰 기쁨을 주었습니다. 그 문장은 다음과 같습니다. 제가 그 문장을 제대로 기억하는지 확신이 없지만, 여하튼 이렇습니다. "당신이 주신 도구들을 너무 많이 의지하는 자들이 당신 자신을 더욱더 의지하도록 그들을 가르쳐 주옵소서." 고령이었지만 용감했던 그는 온 나라가 의지하던 인물이었습니다. 그는 다윗과 더불어 다음과 같이 말할 수 있는 자였습니다. "땅의 기둥은 내가 세웠거니와 땅과 그 모든 주민이 소멸되리라 하시도다"(시 75:3). 극심한 혼란 속의 무정부 같은 상황에서 사람들이 몽상적인 예언에 심취해 포악해지고 정치적 열정으로 과격해진 때에, 올리버 크롬웰의 강철 같은 손은 평화를 회복했으며, 난폭한 이 땅에 질서를 바로잡았습니다. 그리고 이제, 더욱더 열악해진 정세 속에서, 죽음마저 얼마 남지 않았던 그 때, 그가 이 세상을 떠나면서 드린 기도가 바로 이 기도였습니다. "당신이 주신 도구들을 너무 많이 의지하는 자들이 당신 자신을 더욱더 의지하도록 그들을 가르쳐 주옵소서." 어떤 사람의 권력이 최고 절정에 이르러서, 사람들이 "우리 모두가 잃어서는 안 될 사람이 바로 이 사람이다"라고 말하자마자, 그가 떠나가 버렸고, 그 특별한 불빛이 사라졌으며, 그 특별한 기둥이 제거되었던 경우를 여러분은 아마도 자주 보았을 것입니다. 주님께서는 자신의 이름에 모든 영광이 돌려지기를 원하십니다. 그분께서는 이를 말씀하셨습니다. 종종 우레와 같은 음성으로 말씀하셨지만, 인간들은 그 음성을 결코 들으려 하지 않습니다. "권능은 하나님께 속하였다 하셨도다"(시 62:11). 하나님께서는 도구들을 영화롭게 하기도 하고 이것들을 칭찬하기도 하십니다. 왜냐하면 이 도구는 그분께서 역사하시는 방식이기 때문입니다. 하지만 그분은 도구로 쓰임 받은 명예로운 자와 그 영광의 면류관을 나누지 않으실 것입니다. 그분은 모든 영광이 자신에게로 돌아오게 하실 것입니다. 그분께서는 자신이 전쟁에 사용하는 도끼와 무기들을 부수어 버림으로써, 자신은 아무런 전쟁 도구 없이 맨손으로 싸워도 친히 승리할 수 있다는 사실을 교회에 자주 가르쳐 주십니다.

여하튼 우리가 옛날 일들을 회상해 본다면, 탁월한 성도들이 우리 곁을 떠남으로써 우리 각자는 우리에게 남은 시간 동안 더욱더 열심히 그리고 더욱더 끈질기게 일해야 한다는 사실을 배우게 되지 않습니까? 사랑하는 성도 여러분, 전장(戰場)에 힘이 부족한 한 병사가 있다고 생각해 봅시다. 그러면 여러분은 그 병사의 부족한 부분을 채워야 합니다. 계급이 비슷한 여러분이 그에게 다가가 협력하면서 전쟁의 공백이 생기지 않도록 해야 할 것입니다. 집 안에 힘이 부족한 종 한 사람이 있다고 합시다. 그러면 다른 종들이 더 많이 일해야 할 것입니다. 우리가 이런 생각을 하는 것은 너무나 자연스러운 것입니다. 왜냐하면 우리는 주님의 일을 완수하고 싶고, 그 일은 우리의 손길 없이는 이루어질 수 없을 것이기 때문입니다. 우리가 복음을 전하지 않는다면, 천사들도 복음을 전하지 않을 것입니다. 우리가 하나님을 위해 영혼들을 인도하지 않는다면, 그룹이나 스랍들도 이 거룩한 일에 동참하려 하지 않을 것입니다. 그들의 참여를 마땅히 기대하지도 말아야 합니다. 그러면 누군가는 이 일을 감당해야 합니다. 그러므로 우리를 돕던 자들이 이 땅을 떠나게 될 때, 우리는 우리가 할 수 있는 모든 일들을 우리 힘으로 완수해야 하기 때문에, 저와 여러분은 더욱더 힘을 내 주의 일을 감당해야만 합니다. 여기에 능력이 부족한 손이 있다면, 우리가 우리의 손을 더 넓게 펴서 그 거룩한 사역을 능히 감당해야 합니다. 보십시오. 수확하는 자가 이 들판의 모퉁이에 내려오실 때, 모든 수확물들은 수확 철이 지나기 전에 한데 모아져 있어야 합니다! 사랑하는 성도 여러분, 여러분은 낫을 버리고, 온 힘을 모아 낮 동안 더 많은 시간을 수고하고, 더 많은 힘을 쏟아 애쓰십시오. 무엇보다도 완성될 이 일에 더 큰 축복이 임하도록 기도하십시오. 만약 떡이 부족하다면, 여러분은 떡이 많아지도록 더 큰 축복을 간구하여, 수만 명이 먹어도 부족하지 않게 해 달라고 해야 합니다. 또 일꾼들이 부족하다면, 주인에게 청하여 힘 있는 더 많은 일꾼들을 보내 달라고 간청해야 합니다. 그래야 이 일이 순조롭게 완성될 것이며, 힘이 부족해서 그르치는 일이 일어나지 않을 것입니다.

저는 이 말씀을 제 자신에게 전하고자 노력하였습니다. 그러면서 동시에 오늘 아침에 전하는 이 말씀이 여러분에게도 동일한 권능으로 전해졌으면 하는 바람과 함께, 그렇게 전할 만한 영육간의 능력이 있었으면 좋겠다는 생각까지 해보았습니다. 이 땅에서 활동적이고 열정적이며 노력하는 천국의 삶을 사는 법을 가르쳐 달라고 저는 주님 앞에 간구했습니다. 우리 가운데 이런 삶이 무엇인지 이해하고 있는 사람은 아주 극소수일 것입니다. 키더민스터(Kidderminster)의 백스터(Richard Baxter)는 아침부터 저녁까지 모든 시간을 주님을 섬기는 일로 사용했습니다. 횟필드(George Whitefield) 역시 때를 얻든지 못 얻든지 지속적으로, 쉰다는 생각조차 하지 않은 채, 영국과 미국 전역을 다니며 수고하고 헌신하였습니다. 이들이 바로 우리가 닮아야 할 자들입니다. 그러나 오호통재라! 우리는 너무 적게 일합니다. 그러면서 두 손을 깍지 낀 채, 어리석게도 스스로 만족하고 있습니다. 이따금씩 우리는 열정 같은 어떤 것을 자각하기도 하지만, 이내 무심한 상태로 떨어져 버립니다. 이래서는 안 됩니다. 죽음이 우리의 눈 앞에 다가온 듯, 아무도 일할 수 없는 밤의 그 시각이 우리에게 가까이 다가온 듯, 우리는 근면하고 끈기 있게 살아야 할 것입니다. 저는 이 문제를 여러분에게 맡겨야 할 것 같습니다. 이에 대해서는 제가 여러분에게 강요할 수 없기 때문입니다. 오직 성령님만이 여러분에게 강권하실 수 있습니다.

2. 하나님의 종들이 세상을 떠나는 다양한 모습들은 우리에게 많은 교훈을 줍니다.

이제 두 번째 대지로 들어가겠습니다. 하나님의 종들이 이 세상을 떠나는 모습을 통해 우리는 많은 것을 배울 수 있을 것입니다. 모든 신자들은 예수님 안에서 잠들고, 그분 안에서 모두 구원을 받습니다. 즉 그 귀한 보혈이 그들을 씻어 주며, 그리스도의 손이 그들을 보호하며, 성령의 보증이 그들과 함께 하며, 영원한 문들이 이들을 맞아들이기 위해 열려 있습니다. 하지만 이들 모두에게 그 천국 문이 열렸다고 해서, 그 풍성한 정도가 동일하게 열린 것은 아닙니다. 또한 고귀한 은혜에 의지하는 그 영광의 빛이 성도들 모두의 얼굴에 드러나는 것도 아닙니다. 비록 하나님의 친 자녀라 해도 어떤 자들에게는 임종의 침상이 보김(Bochim), 즉 통곡의 자리가 되기 때문입니다. 이런 경우를 보면 우울해지는데, 대개는 게으른 종들에게서 종종 이런 일이 일어납니다. 이들은 구원을 받되, 불 가운데서 받은 것 같은 구원을 받습니다. 그들은 고요한 항구로 들어오려고 애쓰지만, 그들의 입항은 악천후를 만난 배의 처지와 같습니다. 즉 간신히 폭풍우를 피했지만, 배에 구멍이 생겨 곧 처참하게 침몰하기 일보직전인 상태로서, 거센 파도를 피하기 위해 배 위에 있는 모든 짐들을 바다로 던져 버려서 짐은 하나도 없고, 돛도 갈기갈기 찢기고 돛대도 갑판에서 뽑혀 버린 채, 간신히 물 위에 떠 있는 모습으로 항구로 들어오고 있는 그런 배 같습니다. 수많은 사람들이 마

치 바울과 그의 일행들이 위험을 무릅쓰고 멜리데에 상륙한 것과 같이 그 영광
으로 들어가고 있습니다. 즉 어떤 이는 간신히 배를 타고, 또 어떤 이는 부서진
배의 조각을 부둥켜 안은 채, 모두 다 무사히 상륙했습니다. 그러나 말하자면 그
들은 가까스로 구원받은 것입니다. 어떤 신자들의 임종 침상에는 슬프게도 다음
과 같은 푯말이 붙어 있습니다. "의인이 겨우 구원을 받으면"(벧전 4:18). 우리는
이들이 영원에 들어가기 바로 직전에 누워서 다음과 같은 말로 탄식할 것을 알
고 있습니다. "하나님께서는 나를 용서해 주셨지만, 어떻게 내가 내 자신을 용서
할 수 있을까? 나는 구원받았다. 하지만, 오, 나는 내가 믿는 신앙을 좀 더 분명하
고 담대히 고백했어야 했는데! 내가 주님을 섬기는 일에 꾸물거리지 않도록 하
나님께서 도와주셨다면! 나는 기도도 적게 했고, 베푸는 것도 적게 베풀었으며,
행하는 것도 적게 행한, 그야말로 가장 무익한 종이다. 나에게 화로다. 나는 여기
저기 바삐 돌아다녔지만, 정작 내 인생에서 가장 중요한 일을 잊고 있었다. 나는
돈이 있었지만, 그리스도를 위해서는 보석 하나도 사지 않았다. 나는 내 가족을
위해서는 신경을 썼지만, 그러나 너무 안타깝게도 그리스도의 대의(大義)를 위
해 한 일은 거의 없는 것이나 다름없다. 이제 천국에 들어가게 되면, 하나님의 큰
뜻을 섬길 수도 없을 것이며, 가난한 자를 구제할 수도 없고, 굶주린 자를 먹이거
나, 헐벗은 자를 입힐 수도 없고, 무지한 자들에게 복음을 전할 수도 없을 것이
다. 내가 건강하고 힘이 있을 때 더 많은 일들을 해야 했는데. 이제 나는 노쇠하
여 이 침상에서 죽어가는 신세로 거의 아무것도 할 수 없는 몸이 되었다. 내가 하
나님과 더 가까이 동행했다면, 나의 안식이 내게 더 큰 유익이 되었을 텐데."

　우리가 지금까지 들은 가슴 아픈 이 비통한 고백은 때때로 다음과 같은 탄
식으로 변하기도 합니다. "하나님이 나와 함께 영원한 언약을 세우시고 만사에
구비하고 견고하게 하셨다는 사실을 내가 알았지만, 이제 나는 다윗과 더불어
'내 집이 하나님 앞에서 이 같지 아니하더라도'(삼하 23:5 KJV)라고 말할 수밖에
없게 되었으니, 내 자녀들을 하나님 앞에서 더 잘 키웠으면 좋았으련만." 가정과
사업과 교회와 이 세상에서 과거 자신이 제대로 하지 않은 실패와 부족과 방종
을 뼈저리게 인식하면서, 회개의 눈물로 그 임종 침상의 베개를 적시는 자들이
많이 있습니다. 사랑하는 성도 여러분, 이 세상을 떠나는 임종의 자리에서 회개
하는 성도들의 모습을 보는 것은 아름다운 일입니다. 여러분도 멀리 여행을 떠
나겠지만, 이보다 더 아름다운 광경은 그리 쉽게 볼 수 없을 것입니다. 저는 이

장면을 보고 다음과 같은 기도를 드렸습니다. "주님이시여, 지금 제 앞에 있는 이 사람을 저는 보고 있나이다. 제게도 이와 같이 겸손하고 회개하는 마음을 주옵소서. 저 또한 이 사람의 상한 마음을 지금 느낄 수 있도록 도와주옵소서." 하지만 이런 광경을 보면서, 이 회개가 비록 귀한 열매이기는 하나 그리 적절한 때는 아니라는 생각이 들었습니다. 하나님께서는 언제 어디서든 회개하는 자들을 결코 물리치지 않으시므로, 이 회개를 그분께서 분명히 받으시겠지만, 이렇게 임종의 순간에는 좀 더 밝은 영혼 상태로 그분께 크게 영광을 돌리는 것이 더 나을 것입니다.

우리는 형제자매들과 헤어지면서 너무 눈에 띄게 슬퍼하는 영혼을 보게 되는 것이 안타깝습니다. 그래서 인생의 마지막에 매우 분명하게 기쁨과 확신을 드러내며 떠나는 모습을 보게 되기를 갈망하고 있습니다. 우리는 어디서든 회개의 역사를 보면 기뻐할 것입니다. 왜냐하면 그 회개 사역은 성령님께서 행하시는 언제나 사랑스러운 사역이기 때문입니다. 그러나 회개가 어떤 효력이 있을 때, 다시 말해 회개로 인해 어떤 실제적인 열매가 삶의 변화로 나타날 때, 이런 회개의 모습을 우리는 더 보고 싶어 합니다. 제 말은 이것입니다. 임종을 맞는 침상에서 깊은 회개가 일어난다면, 저는 그 회개에 대해 하나님께 감사할 것입니다. 그러나 이것이 가장 최고의 혹은 가장 최선의 것은 아니라는 말입니다. 장애인이나 다리 저는 자로 영생에 들어가는 것(마 18:8)이, 이 삶을 벗어나서 천국으로 떠나는 모습 가운데 가장 위엄 있고 아름다운 모습은 아닐 것입니다. 예수님과 함께 죽음 가운데서 죽는 것도 안전합니다. 하지만 그 마지막 순간에 빛을 갖는 것은 더욱 좋은 일입니다.

우리는 어떤 한 유명한 목회자가 임종하면서 자기 주위에 있는 사람들에게 한 말을 읽은 적이 있습니다. 그 글을 읽은 우리는 마음에 큰 충격을 받았습니다. 그 내용은 다음과 같습니다. "나는 마음에 큰 아픔을 안고 죽습니다. 나는 하나님의 정원에 있는 가장 추앙받던 나무들 가운데 하나였지만, 지나온 삶을 되돌아볼 때, 내가 많은 꽃들과 잎사귀들은 내었지만, 정작 하나님께 영광을 돌리는 열매는 극히 작게 맺은 것은 아닌지 두려운 마음입니다." 아! 목회자 여러분이여, 우리도 우리의 마지막 시간에 이처럼 슬퍼한다면, 그 상황을 견디기가 힘들 것입니다. 주일학교 교사 여러분, 그리고 그리스도를 위해 수고하는 사랑하는 많은 성도 여러분, 여러분은 마지막 날에 다음과 같이 울부짖지 않을 것이라 저는 확신합니다. "우리의 추수기는 지나갔고, 우리의 여름도 끝이 났는데, 우리 자식들 가운데 구원받은 아이가 아무도 없다니. 오, 우리가 우리 자식들에게 좀 더 위엄 있게 말했다면 좋았을 텐데! 오, 장차 다가올 진노를 피하도록 눈물로 애원했다면 좋았을 텐데!" 여러분이 이 세상을 떠날 때 이렇게 애통하지 않고, 오히려 우리 각자가 영원에 합당한 삶을 하나님을 위해 살아갈 수 있도록 저는 하나님께 기도하고 있습니다.

고대의 화가인 제욱시스(Zeuxis, 기원전 5세기의 그리스의 화가 — 역주)는 그림을 그릴 때, 그리거나 칠하는 모든 것에 심혈을 기울여 많은 고생을 하면서 그렸습니다. 그러자 사람들은 그에게 왜 그렇게 꼼꼼히 그리느냐고 물었습니다. 그러자 그는 "나는 영원을 그리고 있습니다"라고 대답했습니다. 이처럼 우리도 하나님을 위해 하는 모든 일에 아주 많은 주의를 기울입시다. 그분에게 전혀 가치 없는 것을 드리지 말고, 그분을 기리는 예배에 참석할 때 그분의 축복을 바라는 기도나 그분의 사역에 적합한 준비도 없이 그냥 무턱대고 나오지 마십시오. 우리가 과연 영원히 살 수 있을지 우리는 아주 간절한 마음으로 주의를 기울입시다. 왜냐하면 우리가 이 세상을 떠날 때 우리는 영원히 살아가기를 바랄 것이기 때문입니다.

주님의 큰 용사들이 이 세상을 떠나는 임종 장면을 보면, 일종의 전쟁이 일어나는 경우가 많이 있습니다. 이런 일은 아마도 이들의 어떤 실책이나 과오 때문이 아니라, 이런 이유와는 전혀 다르게, 주님을 섬기는 그들의 용맹함 때문에 생겨나는 갈등으로 보입니다. 마르틴 루터가 자신이 받은 그 빛과 지식에 따라 살아가는 데 실패했다고, 우리 가운데 누가 감히 말할 수 있겠습니까? 그는 자신이 할 수 있는 한 최선을 다해 진리를 알려고 노력했으며, 가장 열심히 그 진리를 따라갔다고 저는 믿습니다. 그는 대부분의 사람들보다 월등히 양심에 충실했으며, 상대적으로 많은 진리를 알고 있지는 못했지만, 자신이 알고 있는 것은 모든 마음과 영혼과 힘을 다해 지켰습니다. 이 모든 것에도 불구하고, 루터 인생의 마지막 날들을 기록한 글들을 읽어 보면 우리 마음은 극도로 괴로워집니다. 흑암이 그의 주위를 둘렀으며, 짙은 구름과 폭풍이 그의 영혼을 에워쌌습니다. 마지막에 가서야 그 하늘이 청명해졌지만, 그 모든 소름끼치는 상황 가운데서 그 강한 독일인은 전쟁을 치르고 이겼습니다. 아마도 일생 중 가장 치열한 싸움을 그는 인생을 마감하면서 치렀던 것 같습니다. 그 이유에 대해 우리는 추측할 수 없겠습니까? 마귀는 이 루터가 이 땅에서 철천지원수라는 것을 알았습니다. 그래서 지옥의 적개심과 함께 극악무도한 능력으로 그를 증오하였으며, 이때야말로 그를 공격할 수 있는 마지막 기회인 것을 느끼고, 자신이 가진 악마의 힘을 총동원하여 마치 홍수처럼 그를 대적해서 쓸어 버리고자 하였습니다. 어쩌면 이 마지막 순간에는 자기가 루터의 이 강인한 마음을 이기고, 이 용맹한 영혼을 위협할 수 있을지도 모른다고 생각하면서 말입니다! 오직 하나님의 도우심으로 루터는 승리하였습니다. 그가 마귀를 이겼던 것입니다. 세상을 떠나는 이런 모습이 전적으로 비난받아야 하는 것입니까? 저는 그렇게 생각하지 않습니다. 아무리 내 경우가 아니라 해도, 이런 임종의 모습은 어떤 면에서 끔찍한 것이 사실입니다. 하지만 십자가의 군병으로서 끝까지 싸우다 죽는 것은 숭고한 일이지 않습니까? 그리스도의 병사로서 전장(戰場)에서 돌아온 후 즉시 자신의 영원한 안식처로 들어가는 것은 복된 일입니다. 스코틀랜드의 루터인 존 녹스(John Knox)의 경우도 이와 같았습니다. 담대한 영혼을 가진 그는 그 누구의 얼굴도 두려워하지 않았습니다. 하지만 그는 자신을 괴롭히는 어떤 낯선 시험으로 인해 불안했습니다. 즉 자기 의(義)라는 시험을 받았던 것입니다. 그는 공로를 전적으로 신뢰하는 것을 항상 비난했습니다. 그런데 자기 의를 드러내고자 하는 허물이 그를 마지막에 공격했습니다. 물론 그 시험은 기쁨의 승리로 끝이 나긴 했지만, 그는 오랫동안 심하게 이 시험과 싸웠습니다. "때때로 하나님께서는 자기 자녀들을 어두운 침상 위에 눕히신다"라는 말이 색다르게 들려왔습니다. 우리의 하늘 아버지께서는 이 인생의 시련이라는 학교에서 우리를 집으로 데려가기 위해서 창백한 말에 기수(騎手)를 태워 보내십니다. 그 때 기수는 말에서 내려 우리를 놀라게 하려고 말의 말발굽 소리를 요란하게 내면서 온 거리를 누비고 다닙니다. 그는 우리 아버지께서 보내신 자라는 사실을 우리가 알게 되어 기뻐할 때까지, 그렇게 돌아다닙니다. 하나님께서는 자신이 가장 사랑하는 자녀들이 요단 강을 건널 때, 이 강이 범람하여 제방을 넘도록 하십니다. 그것은 이들이 감당해야 할 믿음의 마지막 시험에서 그분의 은혜를 찬양하도록 하기 위함입니다. 이렇게 해서 사람들과 천사들과 마귀들이 지켜보는 가운데 그분의 종들이 육신과 마음이 쇠하여질 때도 그분이 어떻게 승리하는지를 보여주십니다.

　　사랑하는 성도 여러분, 지금까지 전한 이런 사례들과는 전혀 다른 사람들이 있습니다. 그들에 관해서 지금부터 말씀드리고자 합니다. 많은 성도들에게 이 세상을 떠난다는 것은 영면이라는 아름다운 항구로 평화로이 들어가는 것이었습니다. 종종 하나님의 종들 가운데 가장 연약한 자들이 이 세상을 떠나는 순간에 가장 행복해 보이는 자들이었습니다. 이런 사실을 눈여겨보았던 존 번연(John Bunyan)은 심약 씨(Mr. Feeblemind)가 강을 건너는 장면을 다음과 같이 묘사하고 있습니다. "그런데 또 여기에서 전에 볼 수 없었던 기이한 일을 보게 되었습니다. 그 강물의 깊이가 그렇게 낮아진 것은 제 평생 처음 보았으니까요. 그래서 결국 그는 무릎 높이밖에 되지 않는 강물을 건너게 되었습니다." 천국의 자비는 털 깎인 어린 양에게는 순한 바람을 주시고, 어린 아이들에게는 전쟁이 없게 해 주십니다. 왜냐하면 이들은 그것을 감당할 능력이 없기 때문입니다. 어린 양들은 고요히 예수님의 품안에 안겨 안식하며, 목자의 팔에 안겨 숨을 쉬며 살아갑니다. 우리 가운데 있는 연약한 자들에게는 이 말씀이 얼마나 큰 위로가 되는지 모릅니다! 믿음이 연약한 여러분에게 얼마나 힘을 주는 소식인지 모릅니다! 주저 씨(Mr. Ready-to-halt, 「천로역정」 제2부의 등장하는 인물로, 목발 짚은 장애인으로서 주인공과 함께 순례 길에 동참한 자 — 역주)처럼 여러분은 "저 건너편에는 내가 타고 갈 마차와 말이 있으니, 이제 이 목발은 필요 없을 것 같습니다"(주저 씨가 마지막으로 한 말 — 역주).

　몇 주 전에 여러분 중의 어떤 사람은 제임스 업턴(James Upton)이라는 이름으로 알고 있는 그가 돌아가셨습니다. 그는 코튼 가(Cotton Street)에 있는 교회의 전직 목회자였습니다만, 거의 이십오 년이 넘게 교회 사역을 쉬고 있었습니다. 왜냐하면 아주 극심한 영혼의 우울증, 다시 말해 매일 밤마다 자기 영혼이 부서지는 고통에 오랫동안 시달렸기 때문입니다. 그는 어떤 형태의 경건 체험도 할 수 없었으며, 소름끼칠 정도로 끔찍한 영혼의 침체기를 겪으면서, 분명히 정신 착란 증세까지 보였던 것 같습니다. 그러나 생애 마지막 몇 시간 동안에는, 비록 말을 할 수 없어서 구두로 증언할 수는 없었지만, 지금까지 항상 자기 얼굴을 뒤덮고 있던 그 어두운 그림자가 사라지고, 마음에서 우러나오는 심오한 평안을 누리고 있었습니다. 하나님께서 신자들의 우울증을 지금까지 없애 주지 않으셨다면, 마지막에는 없애 주실 것입니다. 비록 그분께서 자기 백성들로 하여금 수년 동안 겨울 같은 생활을 하게 하셨더라도, 그 마지막 시간에는 그들에게 여름이 시작될 것입니다. 죽기 직전에 식은땀이 짙게 흘러내릴 때, 그 때 가장 밝은 빛이 비쳐질 것이며, 비록 몸은 노쇠해 연약해지더라도, 영혼은 힘차게 일어날 것입니다.

더 나아가 많은 성도들에게 있어서, 지금까지 그들이 임종하는 침상은 강단이 되어 왔습니다. 성도들 모두에게 이런 일이 일어난 것은 아닙니다. 조지 휫필드(George Whitefield)는 이 세상을 떠날 때도 그리스도를 위해 증언하기를 바랐지만, 그는 그렇게 하지 못했습니다. 그러자 어떤 사람이 그에 대해서 "당신은 살아 있는 생생한 증언(living testimonies)을 수천 번 하였기에, 당신의 주님께서는 당신이 죽으면서 하는 증언(dying testimony)을 결코 원하지 않으신다"라고 말하기도 하였습니다. 만약 여러분이 브레이너드(David Brainerd)의 일기(Journal)를 읽는다면, 그의 마지막 생각이 온전히 영원과 장차 올 세상에 기꺼이 고정된 채, 얼마나 놀라운 것들을 말하였는지 보게 될 것입니다! 그는 자신의 일기에 다음과 같이 썼습니다. "오! 지금 이 시간 죽음이란 내게 얼마나 감미로운 것인지! 오! 내가 그리스도와 함께 있기를 얼마나 갈망하였으며, 천사들의 자유와 힘과 기쁨을 가지고서, 나도 그 천사들의 영광된 사역에 참여하기를 얼마나 갈망하였는지"(1745년 7월 26일 금요일 일기 — 역주). 또 어떤 때는 다음과 같은 내용을 기록하기도 하였습니다. "영원에 대해 생각하는 것이 내게는 정말 감미롭고, 영원히 끝이 없다는 것은 더욱 감미롭다. 하지만, 오! 악인의 영원에 대해서는 과연 어떻게 말해야 할까! 이야기할 수도 없고 생각조차 할 수 없다. 그것이 너무도 끔찍하니 말이다!"(1747년 9월 19일 토요일 일기, 「데이비드 브레이너드의 생애와 일기」[크리스챤다이제스트] 331쪽 — 역주). 그의 생각은 전적으로 신자들에게 주어지는 기쁜 영원에 사로잡혀 있었으며, 거룩하게 승리하여 그곳으로 들어갈 생각만 했습니다.

이런 생각을 한 또 한 사람이 있습니다. 그는 하나님께서 사랑하신 페이슨(Edward Payson, 1783-1827, 미국 회중교회 설교자 — 역주)이었습니다. 인생의 마지막에 대한 그의 표현들은 비중 있는 설교와도 같았습니다. 그는 "제 경우에 한정해서 말씀드리자면, 순교자들이 화형대에서 불에 타는 고통의 스무 배나 더 되는 고통을 저는 저의 질병으로 인해 겪었습니다. 그럼에도 불구하고 저는 하나님 안에 있는 기쁨으로 인해 이 고통들을 견뎠을 뿐만 아니라 오히려 이 고통들을 날마다 자주 환영할 정도까지 되었습니다"(페이슨, 「페이슨의 마지막 날들」[The Last Days of Edward Payson] — 역주). 매튜 헨리(Matthew Henry)도 친한 옛 친구인 일리지(Illidge)에게 다음과 같이 말했습니다. "자네는 지금까지 임종하는 자들이 하는 말을 유심히 들었을 것이네. 이것은 나의 말이라네. '하나님을 섬기고 그분과 교제를 나누며 보낸 삶은 이 세상에 있는 그 어느 누구도 누리지 못한 인생의 가장 큰 기쁨이었다.'" 정말 훌륭한 말입니다! 강단에서 말씀을 전하는 우리 설교자들은 자주 힘과 능력이 부족하다고 느낍니다. 왜냐하면 우리가 하는 말들은 그저 형식적이고 관례적으로 하는 말이라 생각하기 때문입니다. 하지만 사람들이 임종할 때 하는 말들은 위선적이라고 의심하지도 않고, 어떤 소기의 목적을 위해 신앙 고백을 따라 한다고도 생각하지 않습니다. 그래서 세상을 떠나가며 하는 성도들의 증언들이 그 침상 주위에 서 있던 자들에게 종종 능력 있게 들리기도 합니다. 죽음에 대해 무관심했던 자들이 감동을 받기도 하고, 잠자던 양심들이 깨어나기도 하며, 하나님의 자녀들이 이런 말을 듣고서 큰 열심을 내고 소성케 되기도 합니다.

사랑하는 성도 여러분, 임종의 침상이 심판의 보좌가 되는 것을 발견한 적은 없습니까? 또한 백발이 성성한 성도가 베개를 베고서 마치 예언자처럼 이 세상의 일들과 장차 올 세상에 대해 예언하는 것을 본 적은 없습니까? 마치 재판장이 평결을 하듯 그렇게 무게 있는 판결을 하는 것을 여러분은 들어보지 못했습니까? 그는 말합니다. "도대체, 땅에 있는 이 모든 것들이 지금 내게 무슨 의미가 있단 말인가? 이 모든 것들을 뒤로 하고 이 세상을 떠나는 마당에. 이 모든 것들은 거품과 같으며 모두 공허하다." 세상이 헛되다고 삶을 통해 말한 솔로몬도, 이 거룩한 자들이 죽음을 앞두고서 전한 이 말들만큼 도덕적인 감화를 주지 못했습니다. 그래서 이들이 손가락으로 영원을 가리키며, 장차 올 세상과 그 큰 심판의 두려운 날을 준비할 것을 역설할 때, 이들은 마치 흰 세마포 옷을 입고서 마지막 날의 그 끔찍한 심판을 미리 연습하는 것처럼 보였습니다. 그래서 목회자들의 말에 신경 쓰지도 않고, 하나님의 기록된 말씀이 증언하는 것에도 전혀 아랑곳하지 않던 많은 자들이, 영원의 문턱에 서 있는 이들의 얘기에 큰 권능을 느꼈습니다.

사랑하는 성도 여러분, 이제 말씀을 마치고자 합니다. 제가 혹시 여러분을 따분하게 하지는 않았을까 두렵습니다. 그래도 저는 아주 드문 경우, 다시 말해 절대로 일반적인 경우가 아닌 상황에 대하여 한 말씀만 더 드리겠습니다. 임종 침상이 비스가(Pisgah) 산이 되어 그 꼭대기에서 성도가 자기 기업으로 주신 것을 바라볼 때, 그 침상은 갑자기 암미나딥의 병거(아 6:12 KJV)처럼 달아올랐으며, 하나님과 영원히 거하기 위해 엘리야를 태우고 갔던 불 병거처럼 뜨겁게 달구어졌습니다. 종종 어떤 성도들은 이런 승리의 마음 상태에 이르게 됩니다. 다시 말해, 그들의 상태를 설명하기 위해서는 환희와 황홀이라는 말밖에 적절한 말이 없을 그런 상태가 되기도 합니다. 그래서 어떤 사람은 "이런 것이 죽는 것이라면, 오로지 이런 죽음만을 위해서라도 살아갈 가치가 있다"라고 말하기도 합니다. 페이슨 박사(Dr. Payson)는 이 세상을 떠나면서 자기 누이에게 다음과 같은 편지를 썼습니다. "나는 번연(Bunyan)이 사용한 비유적인 언어로 한 번 말씀드려 보고자 합니다. 나는 몇 주간 행복한 거민으로 지냈던 뿔라 땅에서 이 편지를 씁니다. 뿔라에서는 하늘의 도성이 완전히 제 시야에 들어왔습니다. 그 곳에서 내려오는 영광의 빛이 나를 비추고, 그 곳의 향기가 풍겨오고, 그 곳의 소리가 내 귀에 와 닿고, 그 곳의 영이 내 가슴에 생기를 불어넣는 것 같습니다. 죽음의 강 외에 그 어떤 것도 나를 여기서 쫓아낼 수 없습니다. 그 죽음의 강도 지금 보니, 하나님께서 허락하시면 그저 한 걸음에 건널 수 있는 그리 크지 않은 시냇가 같습니다. 공의로운 해(말 4:2)가 서서히 조금씩 가까이 떠오르면서 좀 더 밝고 좀 더 크게 우리에게 다가왔습니다. 그래서 지금 그 해는 이 도성의 전체 궁창을 가득 채우고, 하나님의 영광을 마치 홍수처럼 쏟아 붓고 있습니다. 그 속에서 저는 마치 한 마리 벌레처럼 그 햇빛 가운데서 유영하고 있는 것 같습니다. 엄청나게 밝게 빛나는 이 빛, 말할 수 없을 정도로 놀라운 이 기이함 등을 바라보노라면, 황송하게도 하나님께서 이 죄 많은 벌레 같은 나에게도 이런 빛을 비쳐 주셨구나 하는 생각에 미쳐 뛸 듯이 기쁘다가 두려워 떨리기도 합니다. 그 어떤 마음으로도, 그 어떤 말로도 지금 나의 이 상태를 제대로 표현할 수 없을 듯합니다. 이 모든 구별된 감정을 위해서는 제게 온전한 마음이 필요하며, 이 감정을 표현할 온전한 혀도 필요할 것입니다"(1827년 9월 19일에 보낸 편지 — 역주).

이런 흥분된 상태는 정신 착란이나 약물 중독으로 생긴다고 말하는 사람들도 종종 있지만, 정신 착란 증세가 전혀 없고, 전혀 약물을 복용하지 않은 수많은 사람들도 이와 똑같은 상황을 경험합니다. 토머스 할리버턴(Thomas Halyburton, 1674-1712, 스코틀랜드 성직자 — 역주)의 경우도 이와 같았습니다. 그는 다음과 같이 말했습니다. "죽음을 앞둔 많은 사람들은 독실한 체하며 광적인 모습을 보이려고 한다는 것을 나는 알게 되었습니다. 하지만 나는 하나님을 찬양합니다. 하나님께서는 내가 가진 판단력들을 지켜 주시어, 그분께서 내게 행하

시는 일들을 심적으로 평온한 가운데서 살펴볼 수 있었습니다. 나는 예전과 마찬가지로 침착하고 평온한 상태였습니다. … 여러분이 믿을지 모르겠지만, 사람들은 위험을 무릅쓰고라도 영원에 이르고자 합니다. 나는 지난밤에 영원의 비중에 대해 생각해 보았습니다. 내게는 죽음이란, 본성에 있는 모든 즐거운 것들을 제거하는 것으로 보입니다. … 이런 다양한 의견 가운데서 나는 하나님께서 섭리하는 방식이 내게 만족을 준다는 것, 다시 말해 합리적으로 만족하게 하시어 나를 기쁘게 하신다는 것을 알게 되었습니다"(「토머스 할리버턴 저작집」[The works of the Rev. Thomas Halyburton] 796쪽 이하 ─ 역주). 진실로 할리버턴은 다음과 같은 방식으로 폭발할 것 같은 그 황홀한 경험을 표현하였습니다. 저는 그가 한 말을 조금이라도 손상시킬까봐 인용하기도 두렵습니다. 그가 한 말 가운데 다음과 같은 말이 있습니다. "내 인생에서 판단과 기억에 남다른 것이 있었다면, 그것은 그분께서 그분의 손으로 나를 붙잡아 주셨기 때문입니다. 내 뼈들이 내 피부에 달라붙더라도, 나의 모든 뼈들은 하나님을 찬양할 것입니다. '오 사망아, 너의 쏘는 것이 어디 있느냐? 오 무덤아, 너의 승리가 어디 있느냐?'(고전 15:55 KJV) … 지금 나는 그리스도를 증거하고, 기독교의 실체를 증거하고 있습니다. … 나는 고통 가운데서도 평안합니다. 오! 지나간 시간 동안 내가 가졌던 평안 또한 엄청나게 많았습니다! 지금까지 내가 가진 평안은 마치 강과 같았습니다. 이 생각에는 전혀 변함없습니다. … 이 육신은 썩어 사라지겠지만, 나의 지성은 여전히 살아 있을 것이라는 말은 다소 이상한 것 같아서, 나는 판단력과 기억력이 조금도 쇠하지 않고 변함이 없다고 말할 수 없습니다. 그럼에도 불구하고 내 영혼은 하나님을 향해, 그리고 눈에 보이지 않는 것들을 향해 활기차게 활동할 것입니다"(위의 책, 805쪽 이하 ─ 역주). 그의 말이 끝마칠 때가 되자, 한 사람이 그에게 다음과 같이 말했습니다. "주 안에서 죽는 자들은 복이 있도다"(계 14:13). 그러자 그는 "내가 쓰러져 말할 수 없게 되더라도, 내가 할 수만 있다면, 당신에게 승리의 상징을 보여드리겠습니다"라고 대답하였습니다. 그리고 나서 그가 더 이상 말할 수 없게 되자, 그는 두 손을 치켜들고서 승리의 상징으로 박수를 쳤습니다. 그리고는 잠시 뒤에 지친 영혼들이 안식하는 그 땅으로 돌아갔습니다.

　　오, 이와 같이 죽는 것, 이 땅에서 미리 천국을 맛보는 것, 영원한 불멸의 식탁 위에 배설된 진수성찬에 참여하는 것, 이 땅에서 우물쭈물하느니 차라리 우리 영혼이 이 안식에 머무르는 것, 이런 것들이 모두 대단한 것들입니다. 우리가 성실히 주님을 섬기고 죽을 때까지 신실하다면, 이런 모습은 여러분의 분깃이 되고, 또 저의 분깃이 될 것입니다. 저는 여러분에게 이미 모든 것을 다 전했습니다. 우리가 그리스도를 믿는다면, 우리는 안연(安連)히 죽게 될 것입니다. 하지만 우리 모두가 이런 승리의 죽음을 맞이하는 것은 아닙니다. 이런 축복은 신실하며 열정적이며 근면한 자들에게 특별한 상급으로 주어지는 것입니다. 하나님께서는 큰 사랑을 받았던 다니엘이나, 새 예루살렘이 들어서기 이전에 미리 특별한 환상으로 그 모습을 본 요한과 같은 자들에게 이런 상급을 주실 것입니다!

사랑하는 성도 여러분, 이제 저는 그 날을 바라는 간절한 심정으로 다음과 같은 찬송을 하면서 제 설교를 마치고자 합니다.

> "오, 내 주님께서 오셔서 나를 만나 주시면,
> 내 영혼은 속히 날개를 펼쳐서
> 사망의 철문을 지나
> 아무런 두려움 없이 날아가리라."
> (와츠, '시작하는 우리는 왜 죽기를 두려워하는가?
> [Why should we start and fear to die?], 3절 ― 역주).

스펄전설교전집
창세기

초판 인쇄 2014년 4월 15일
초판 발행 2014년 4월 25일

발행처 **크리스챤**
발행인 박명곤
주소 경기도 고양시 일산동구 일산로 413번길 46
전화 031-911-9864, 070-7538-9864
팩스 031-911-9824
등록 제 396-1999-000038호
판권 ⓒ 크리스챤다이제스트 2014
총판 (주) 기독교출판유통
　　　전화 031-906-9191~4
　　　팩스 0505-365-9191